DEUTSCHE GESCHICHTSQUELLEN
DES 19. UND 20. JAHRHUNDERTS

BAND 57

DEUTSCHE GESCHICHTSQUELLEN DES 19. UND 20. JAHRHUNDERTS

HERAUSGEGEBEN
VON DER HISTORISCHEN KOMMISSION
BEI DER BAYERISCHEN AKADEMIE
DER WISSENSCHAFTEN

BAND 57

HARALD BOLDT VERLAG · BOPPARD AM RHEIN

Die deutsche Wirtschaftspolitik in den besetzten sowjetischen Gebieten 1941–1943

Der Abschlußbericht des Wirtschaftsstabes Ost
und Aufzeichnungen eines
Angehörigen des Wirtschaftskommandos Kiew

Herausgegeben und eingeleitet
von
ROLF-DIETER MÜLLER

HARALD BOLDT VERLAG · BOPPARD AM RHEIN

CIP-Titelaufnahme der Deutschen Bibliothek

Die *deutsche Wirtschaftspolitik in den besetzten sowjetischen Gebieten 1941–1943* : der Abschlussbericht des Wirtschaftsstabes Ost und Aufzeichnungen eines Angehörigen des Wirtschaftskommandos Kiew / hrsg. und eingeleitet von Rolf-Dieter Müller. – Boppard am Rhein : Boldt, 1991
(Deutsche Geschichtsquellen des 19. [neunzehnten] und 20. [zwanzigsten] Jahrhunderts ; Bd. 57)
ISBN 3-7646-1905-8
NE: Müller, Rolf-Dieter [Hrsg.]; GT

Gedruckt mit Unterstützung der Deutschen Forschungsgemeinschaft

ISBN: 3 7646 1905 8

1991

Printed in Germany · Herstellung: boldt druck boppard

Inhaltsverzeichnis

II. Teil

Einleitung

„1. Der Krieg ist nur weiterzuführen, wenn die gesamte Wehrmacht im 3. Kriegsjahr aus Rußland ernährt wird.
2. Hierbei werden zweifellos zig Millionen Menschen verhungern, wenn von uns das für uns Notwendige aus dem Lande herausgeholt wird.
3. Am wichtigsten ist die Bergung und Abtransport von Ölsaaten, Ölkuchen, dann erst Getreide. Das vorhandene Fett und Fleisch wird voraussichtlich die Truppe verbrauchen.
4. Die Beschäftigung der Industrie darf nur auf Mangelgebieten wieder aufgenommen werden, z. B. die Werke für Verkehrsmittel, die Werke für allgemeine Versorgungsanlagen (Eisen), die Werke für Textilien, von Rüstungsbetrieben nur solche, bei denen in Deutschland Engpässe bestehen. Aufmachung von Reparaturwerkstätten für die Truppe natürlich in erhöhtem Ausmaß."

Quelle: Dok. 2718-PS, IMT, Bd 31, S. 84.

Mit diesen nüchternen, in ihren Konsequenzen jedoch weitreichenden Feststellungen endete am 2. Mai 1941, sieben Wochen vor dem Überfall des „Dritten Reiches" auf die Sowjetunion, die wichtigste vorbereitende Besprechung der verantwortlichen Staatssekretäre und Generale[1]. Es ging bei dieser gemeinsamen Sitzung um die Festlegung der wirtschaftlichen Zielsetzung des geplanten Feldzuges, um die Bestimmung des Aufgabenfeldes für den bereits in Aufstellung begriffenen „Wirtschaftsstab Ost". Knapp drei Jahre später, als die Wehrmacht unter den Schlägen der Roten Armee die eroberten Getreidefelder, Bergwerke und Fabriken wieder räumen mußte und die militärische Wirtschaftsorganisation ihr Betätigungsfeld verlor, machten sich die Experten daran, Bilanz zu ziehen und ihre „Erfahrungen" auszuwerten.

Es war die Bilanz eines in der modernen Militär- und Wirtschaftsgeschichte wohl einzigartigen Experiments. Fast 20 000 Landwirte, Betriebsverwalter, Bergleute, Ingenieure, Kaufleute, Beamte und Offiziere hatten unter der Regie der Wehrmachtführung versucht, die Wirtschaft des europäischen Rußland, soweit sie unter deutsche Kontrolle geraten war, selbst in die Hand zu nehmen und nach den in Berlin entworfenen Direktiven zu lenken. Anders als in den übrigen Ländern des deutschen Machtbereichs verzichtete man von vornherein auf die Mitwirkung der einheimischen Wirtschaftsverwaltung, deren Spitzenfunktionäre entweder vor der Wehrmacht geflohen oder nach dem Einmarsch ermordet worden waren.

Dieser westliche Teil der UdSSR hatte zwar noch nicht einen Industrialisierungsgrad wie Deutschland erreicht, bot aber nach seinen gegensätzlichen ökono-

[1] Zum Hintergrund dieser Sitzung siehe Müller, Wirtschaftsallianz, S. 143 ff.

mischen und politisch-sozialen Strukturen, nach der Bevölkerungszahl, der geographischen Ausdehnung, den klimatischen Extremen sowie nach der Größenordnung seiner Bodenschätze und landwirtschaftlichen Möglichkeiten eine unvergleichliche Herausforderung für das „Dritte Reich"[2]). Zu dem kam die Notwendigkeit, nach dem ersten Besatzungsjahr das ursprüngliche Konzept einer Kolonisations- und Raubbauwirtschaft der veränderten Kriegslage anzupassen und einen allgemeinen, umfassenden Wirtschaftsaufbau in Gang zu setzen. Es war, sieht man einmal von den spezifischen Prämissen des NS-Regimes ab, auch die einzigartige Konfrontation von Wirtschaftsexperten eines hochentwickelten, kapitalistischen Staates mit einer kommunistischen Ökonomie. Dadurch bieten sich Einblicke in die Probleme der sowjetischen Wirtschaft, aber auch Lösungsansätze zur Umwandlung des Systems, die nicht in jedem Falle an die Verhältnisse des Zweiten Weltkrieges gebunden sind.

In einem Territorium, fast doppelt so groß wie das Reichsgebiet, standen damals fast 19 000 Mann (November 1942) zur Verfügung, in der Mehrzahl Landwirtschaftsführer. Die Stammbehörde, das Wehrwirtschafts- und Rüstungsamt des OKW, konnte in ihren übrigen Dienststellen im Reich sowie in den anderen besetzten Gebieten zur Lenkung der gesamten Rüstungswirtschaft dagegen nur insgesamt 16 050 Mann einsetzen[3]).

Für die Ostorganisation hatten rund 50 000 Bewerbungen und Vorschläge vorgelegen, von denen also nur ein Teil berücksichtigt werden konnte. Die Verteilung des Personals gestaltete sich nach dem Stande vom 1. 12. 1942 so[4]):

Einsatz bei	Soldaten und Offiziere	Beamte und Sonderführer
Wi Stab Ost	123	395
Wi In Kaukasus	1 785	1 810
Wi In Don-Donez	5 181	4 860
Wi In Mitte	732	2 228
Wi In Nord	375	741
	8 199	10 034

Hinzu kamen noch rund 5 300 Mann im Gebiet der Zivilverwaltung. Die Mehrzahl der Angehörigen der Wirtschaftsverwaltung arbeitete also im militärisch verwalteten Operationsgebiet. Außerhalb des behördlichen Apparats waren nach einer Schätzung vom 14. 9. 1942 weitere ca. 10 000 Deutsche in der gewerblichen Wirtschaft, davon 6 200 bei den Ostgesellschaften, eingesetzt[5]). Außerdem beschäftigte die Organisation Todt etwa hunderttausend deutsche Arbeitskräfte im Bauwesen und die Reichsbahn sowie die Reichspost eine nicht näher zu ermittelnde Zahl von

[2]) Zu den wirtschaftlichen Verhältnissen in der UdSSR siehe aus sowjetischer Sicht Čadaev, Ėkonomika SSSR, aus zeitgenössischer deutscher Einschätzung: OKW/WiRüAmt/Wi (VI) Nr. 2758/41 g, Die Wehrwirtschaft der Union der Sozialistischen Sowjet-Republiken (UdSSR), Stand März 1941, abgedr. in Fall Barbarossa, Nr. 20, sowie jetzt die umfassende Darstellung von Segbers, Sowjetunion.

[3]) Thomas, Geschichte, S. 256.

[4]) Aufstellung entnommen aus BA-MA, RW 31/180.

[5]) Angaben nach BA-MA, RW 31/260.

Beschäftigten. Insgesamt machte der Einsatz deutscher Kräfte nicht mehr als etwa ein Prozent des gesamten Arbeitskräftepotentials im besetzten Gebiet aus.

Unter wechselnden Prioritäten und stetig wachsenden Anforderungen mußte die militärische Wirtschaftsorganisation Erwartungen erfüllen, denen sie zu keiner Zeit voll gewachsen war. Schon die Hauptaufgabe, die kämpfende Truppe durch die Aufbringung von Arbeitskräften, Hilfsgütern, Nahrungsmitteln und Kriegsmaterial aus dem okkupierten Land zu unterstützen, konnte nicht in ausreichendem Maße erfüllt werden. Daneben sollte von Anfang an auch eine radikale Ausbeutung zur Unterstützung der deutschen Kriegswirtschaft betrieben und die planmäßige Besiedlung sowie Umgestaltung des künftigen „Lebensraumes im Osten" vorbereitet werden.

Nach dem Scheitern der Blitzkriegserwartungen kam die Notwendigkeit hinzu, durch die Wiederingangsetzung der Produktion sowie die Organisation von Transport und Verteilung der Destabilisierung des Hinterlandes entgegenzuwirken, die Bevölkerung für die deutsche Kriegführung einzusetzen und dafür eine ausreichende Ernährung sowie die Versorgung mit den dringendsten Bedarfsgütern zu organisieren. In der letzten Phase der Besatzungsherrschaft mußte im Rücken der zusammenbrechenden Front einerseits die Produktion bis zum Heranrücken des Feindes aufrechterhalten, andererseits ein rechtzeitiger Abtransport aller wirtschaftlich wertvollen Güter und eine Evakuierung der Bevölkerung bzw. eine gründliche Zerstörung aller zurückgelassenen Werte durchgeführt werden, um dem Feind „Verbrannte Erde" zu hinterlassen.

Dabei zeigte sich, daß Beutemachen und Plündern allemal leichter zu organisieren waren als ein systematischer Wirtschaftsaufbau. Das war aber nur eines der zahlreichen Probleme und Widersprüche, denen sich der Wirtschaftsstab Ost stellen mußte. Er bewegte sich bei seiner Tätigkeit ständig in einem Spannungsfeld politisch-ideologischer, ökonomischer und militärischer Interessen und Zielsetzungen. Das Ringen um eine einheitliche Linie blieb oft vergeblich, und auch die Festlegung klarer Prioritäten oder verbindlicher Kompromisse war nicht immer möglich – eine Situation, wie sie für die Wirkungsweise des NS-Systems nicht ungewöhnlich war.

Bei seiner Arbeit konnte sich der Wirtschaftsstab Ost zwar auf vielfältige Erfahrungen stützen – auch im Ersten Weltkrieg hatten sich weite russische Gebiete unter deutschem Einfluß befunden[6]) und im Zweiten Weltkrieg arbeiteten über ganz Europa verstreut wirtschaftliche Besatzungsstellen – aber für die Wirtschaftsverwaltung in den besetzten sowjetischen Gebieten hatte man eine völlig neuartige Organisation geschaffen. Offiziere und zivile Fachleute wurden gemeinsam unter militärischer Leitung eingesetzt. Sie hatten umfassende ökonomische Aufgaben zu erfüllen und verfügten dazu über uneingeschränkte Kompetenzen. Es war der Versuch, das Neben- und Gegeneinander verschiedener Stellen zu überwinden und eine einheitliche Wirtschaftsverwaltung aufzubauen, die sowohl für

---

[6]) Siehe dazu Borowsky, Ukrainerpolitik. Zur Auswertung und Einschätzung dieser Erfahrungen im Zusammenhang mit dem „Unternehmen Barbarossa" siehe Müller, Wirtschaftsallianz, S. 124, sowie den Überblick über die Studien der Kriegsgeschichtlichen Forschungsanstalt des Heeres vom 21. 8. 1943, BA-MA, RW 31/78, allgemein auch Salewski, Grundzüge der Militärverwaltung.

die Gebiete der Militärverwaltung als auch die zivilverwalteten Reichskommissariate zuständig sein sollte.

Hier im Osten sollte sich ein neuer Führertyp herausbilden und eine Verwaltungspraxis, bei der politische Hoheitsträger, Offiziere, Unternehmer und Beamte durch gemeinsame Arbeit und Verantwortung traditionelle Standes- und Ressortgrenzen überwanden. Für die verantwortlichen Militärs ging es dabei weniger um solche ideologischen Vorstellungen über die neue „Herrenschicht" in den künftigen „Ostkolonien", als vielmehr um die Bewährung einer Organisationsform, die sich in der Kriegswirtschaft des Reiches nicht hatte durchsetzen lassen. Das Konzept einer „militärischen Kommandowirtschaft" verfehlte freilich auch hier seine Vorbildfunktion[7]). Von Anfang an durch fast unüberwindbare Kompetenz- und Abgrenzungsprobleme ausgehöhlt, auf der einen Seite durch Bürokratismus und Schematismus der Zentrale gelähmt, durch unzureichende personelle und materielle Ausstattung behindert, und auf der anderen Seite durch Willkür, Unfähigkeit und Apathie mancher Einsatzkommandos und Stäbe pervertiert, gelang es den militärischen Führungsinstanzen nicht, ihre Organisation stets wirkungsvoll und schlagkräftig einzusetzen[8]).

Durch die Wirtschaftsorganisation Ost wurde die Wehrmacht dafür noch stärker in Hitlers verbrecherische Kriegsführung einbezogen. Das galt sowohl für die Planung und Vorbereitung einer beispiellosen Raub- und Vernichtungsstrategie als auch für die praktische Durchsetzung einer Besatzungspolitik, die gültige völkerrechtliche Bindungen ignorierte und die Wirtschaft der unterworfenen Gebiete hemmungslos für deutsche Zwecke ausschlachtete.

Die Wirtschaftspolitik bot allerdings auch den wichtigsten Ansatzpunkt, um nach der Kriegswende Ende 1941 eine „vernünftigere" Ostpolitik zu propagieren. Dabei bildete sich oft eine Koalition zwischen „gemäßigten" Kräften des Reichsministeriums für die besetzten Ostgebiete, dem die Zivilverwaltung unterstand, und manchen Heeresstellen heraus, die dann gegen die Wirtschaftsverwaltung des OKW agieren mußte[9]). Die Wirtschaftsorganisation Ost besaß allerdings nur wenig Spielraum, um durch „sanftere" Methoden der Ausbeutung die auferlegten Ablieferungszahlen erfüllen zu können. Insbesondere die Landwirtschaftsverwaltung blieb außerdem ein Hort für radikale „Neuordnungs"-Pläne und Siedlungsziele, die zum berüchtigten „Generalplan Ost" gehörten und deren Konsequenzen bereits in der Staatssekretär-Besprechung am 2. Mai 1941 angedeutet worden waren[10]).

---

[7]) Zum Hintergrund siehe Müller, Mobilisierung, S. 547 ff.

[8]) Eine scharfe Kritik am Führungsanspruch der Militärs und der von General Thomas durchgesetzten neuen Organisationsform formulierte W. Burandt, 1941 Leiter der Chefgruppe Wirtschaft der Wi In Süd; s. Burandt, Wehrwirtschafts- und Verwaltungspolitik, S. 91 ff.

[9]) Dazu die Hinweise in den Erinnerungen des ehemaligen Leiters der Grundsatzabteilung im Ostministerium: Bräutigam, So hat es sich zugetragen, in seinem jetzt publizierten Tagebuch: Biedermann und Schreibtischtäter, S. 123 ff., sowie im Erfahrungsbericht der Militärverwaltung beim Oberkommando der Heeresgruppe Mitte für die Zeit vom 22. 6. 1941 bis August 1944, BA-MA, RH 19 II/334, z. T. abgedr. in Müller, Industrielle Interessenpolitik, S. 132.

[10]) Siehe Eichholtz, Der „Generalplan Ost", und Müller, Rolle der Industrie. Editiert wurden die wichtigsten Texte von Heiber, Generalplan Ost, und Müller, Hitlers Ostkrieg.

Den meisten Angehörigen der Wirtschaftsorganisation – so die 1944 angefertigte Bilanz – waren Land und Leute unbekannt. Ihnen mußte erst mühselig beigebracht werden, daß Rußland eine alte Kultur besitzt, daß man die Menschen nicht ständig anschreien und schlagen durfte, daß „Schneidigkeit noch kein Herrentum" war (S. 366). Zu fest saß bei vielen das Vorurteil vom slawischen „Untermenschen", das von der deutschen Propaganda geschürt wurde, und die „allgemein verbreitete Neigung" erklärt, „alle Einheimischen bis zum Wissenschaftler hinauf mit ‚Du' anzureden" (S. 133).

Die Geschichte des Wirtschaftsstabes Ost ist nicht nur in die Entscheidungsprozesse und organisatorischen Probleme des „Dritten Reiches" sowie in die Methoden der Kriegführung eingebunden. Durch sie wurde auch das Leben von mehr als 55 Millionen Sowjetbürgern – davon rund 30 Millionen in den militärverwalteten Gebieten –, die nahezu drei Jahre lang unter deutscher Herrschaft leben mußten, entscheidend geprägt. Auch wenn es anfangs eine gewisse Kollaborationsbereitschaft, zumindest eine abwartende Haltung in Teilen der einheimischen Bevölkerung gegeben hatte, so überwog doch am Ende die Last der Zwangsarbeit und Ablieferungen an die neuen Herren, deren vollmundige „Befreiungs"-Parolen im krassen Gegensatz zur Verschleppung von Millionen „Ostarbeitern" ins Reich, dem Hungertod und der Ermordung von Hunderttausenden im Zuge von rassischen und politischen „Säuberungen" sowie eines gnadenlosen Partisanenkrieges standen[11]).

Diese Phase der deutschen Okkupation bedeutete auch für die sowjetische Geschichte einen tiefen Einschnitt. Nicht nur das Kriegsgeschehen selbst und seine sozialen und politischen Folgen, auch die wirtschaftlichen Konsequenzen prägten das Sowjetregime und die Entwicklung der sowjetischen Volkswirtschaft in entscheidendem Maße. Ganze Industriezweige waren vor den deutschen Truppen evakuiert worden und bildeten die Basis für die verstärkte Industrialisierung der östlichen Landesteile, besonders in Mittelasien und im Uralgebiet. Nach der Vertreibung der Wehrmacht bedeutete der mühevolle Wiederaufbau der zerstörten Westgebiete ein schweres Handikap für Stalins Weltmachtpolitik in der Auseinandersetzung mit den USA, deren vollentwickeltes ökonomisches Potential die Hauptstütze der westlichen Welt im Kampf gegen die Ausbreitung des sowjetkommunistischen Lagers wurde.

Die Arbeit des Wirtschaftsstabes Ost vollzog sich zwar nicht im Verborgenen, aber doch abseits des spektakulären militärischen Geschehens im Zweiten Weltkrieg. So ist verständlich, daß es bis heute an einer wissenschaftlichen Gesamtdarstellung fehlt. Einzelstudien zur Besatzungspolitik und die frühe Aufarbeitung der in den fünfziger Jahren greifbaren Quellen durch den amerikanischen Historiker Alexander Dallin füllen diese Lücke nicht aus, zumal sie oft auf die politischen Aspekte und einzelne Entscheidungsprozesse konzentriert bleiben[12]). Einige bereits

---

[11]) Dazu den Überblick bei Lorenz, Sozialgeschichte, Bonwetsch, Der „Große Vaterländische Krieg", Müller, „Unternehmen Barbarossa", die Dokumente in: Deutsche Besatzungspolitik, sowie speziell zur Rolle der Wehrmacht: N. Müller, Wehrmacht und Okkupation.

[12]) Siehe Dallin, Deutsche Herrschaft; Myllyniemy, Neuordnung; Czollek, Faschismus; Riedel, Bergbau; Eichholtz, Wirtschaftspolitik; ders., Geschichte, Bd 2, S. 460 ff., und Gibbons, Soviet Industry. Jüngste Studien zur Besatzungsthematik belegen vor allem ein wiedererwachtes Interesse in der angelsächsischen Historiographie. Bei Bartov, Eastern Front, wird im Rahmen einer Fallstudie herausgearbeitet, warum auch die Fronttruppen

vorliegende Quellenpublikationen bieten ebenfalls nur Ausschnitte und punktuelle Einsichten[13]). Hier vermag die vorliegende zeitgenössische Quelle eine wichtige Grundlage für weitere Arbeiten zu liefern, insbesondere durch die darin enthaltene nüchterne Zahlenbilanz, die – bei allen notwendigen Einschränkungen – doch das Ausmaß der wirtschaftlichen Ausbeutungspolitik stärker enthüllt, als es in dieser Form bislang bekannt geworden ist.

Auch wenn insgesamt der ökonomische Beitrag für die deutsche Kriegswirtschaft weit hinter den ursprünglichen Erwartungen zurückblieb und in einigen Bereichen z. B. von der französischen Volkswirtschaft übertroffen wurde[14]), so bleiben doch die konkreten Zahlen beeindruckend. Bei ihrer Beurteilung darf man außerdem nicht die Zielperspektive des „Dritten Reiches" aus dem Blick verlieren. Wenn es Hitlers Absicht war, durch seinen Lebensraumkrieg im Osten das Fundament für eine deutsche Weltmachtstellung zu schaffen und die Möglichkeit zur Realisierung seiner rassenideologischen Herrschaftspläne zu erlangen, dann mußte es der vorrangige Zweck dieses Krieges sein, durch die Eroberung der wirtschaftlichen Kraftquellen der Sowjetunion Deutschland die Aussicht auf den „Endsieg" zu verschaffen.

Hitler selbst war sich – was die spätere Historiographie, die auf seine ideologischen und strategischen Prämissen starrte, meist übersehen hat – dieser ökonomischen Bedeutung seines Kriegsentschlusses durchaus bewußt. Ende November 1941, als das Scheitern des Feldzuges bereits erkennbar war, erklärte er in kleinem Kreise, was ihn seit Monaten bewegt hatte: „Alle Kriege seien zunächst nicht völkischer, sondern wirtschaftlicher Struktur, ohne Händler sei noch kein Krieg entschieden. Der Krämer bestimme die Produktion von Kanonen, Panzern und Munition. Er müsse ein Potential für die deutsche Rüstung einsetzen, um den anderen den Atem wegzunehmen. So müsse auch der Krieg im Osten geführt werden. Den anderen die Möglichkeiten abgraben und sich selbst zueigen zu machen, das sei die Vorbedingung für den Endsieg[15])." Das macht die „Geschichte des Wirtschaftsstabes Ost" zu einem Schlüsseldokument des Zweiten Weltkrieges.

– entgegen einer weitverbreiteten Legende – den Vernichtungskrieg mit seinen Folgen für die Bevölkerung mitgetragen haben; bei Mulligan, Politics of Illusion, werden die „Reform"-Bemühungen in der Ostpolitik 1942/43 erneut untersucht, und in der Studie von Schulte, German Army, geht es am Beispiel von zwei rückwärtigen Armeegebieten um die Verantwortlichkeit im Bereich der Militärverwaltung. Ein Überblick über die Literatur findet sich bei Müller/Ueberschär, Beziehungen. Die neuere wirtschaftswissenschaftliche Dissertation von Dworok, Konventionelle Kriegführung, unterstreicht besonders den Einfluß ökonomischer Faktoren auf die Kriegführung gegen die Sowjetunion.

[13]) Neben Deutsche Besatzungspolitik s. auch Anatomie des Krieges; Anatomie der Aggression; Eine Schuld, die nicht erlischt; „Gott mit uns".

[14]) Siehe Eichholtz, Resultate, und Buchheim, Die besetzten Länder.

[15]) Heeresadjutant, S. 115 (22. 11. 1941). Die ökonomische Begründung in Hitlers Lebensraumprogramm betont jetzt auch Zitelmann, Begründung. Hitlers Einschätzung der ökonomischen Dimension und Rechtfertigung des Ostkrieges wurde auch von der Wehrmachtführung geteilt, selbst nach der Wende des Krieges; s. z. B. Vortrag Chef WFSt am 7. 11. 1943 vor den Gauleitern in München, Dok. 172-L, IMT, Bd 37, S. 639. Zur Frage, welche Vorteile sich eigentlich tatsächlich aus der Besetzung weiter russischer Gebiete für die deutsche Kriegswirtschaft ergeben hatten bzw. noch zu erwarten waren, legte die Amtsgruppe Wi Ausl/I a H, am 17. 9. 1942 eine euphorische Stellungnahme vor (BA-MA, RW 31/45). Eine überzeugende, interne Kritik an dieser Bilanz findet sich lediglich in der

Diese zeitgenössische Studie geht auf einen Auftrag zurück, den Generalmajor Hans Nagel[16]) Ende 1943 vom Chef des Wirtschaftsstabes Ost, General der Infanterie Otto Stapf[17]), erhalten hatte. Nach einem ersten Exposé vom Februar 1944[18]) konnte die Arbeit innerhalb von zwölf Monaten, bis auf den Anlagenband, im wesentlichen fertiggestellt werden. Hans Nagel war für diese Aufgabe sicher der geeignetste Mann. Vom Beginn der Planungen an hatte er die Tätigkeit des Wirtschaftsstabes Ost in wichtigen Schlüsselpositionen begleitet und geprägt. Als Generalstabsoffizier hatte er einen Schicksalsweg hinter sich, der für die militärische Führungsschicht des Dritten Reiches einige charakteristische Züge aufwies.

Als Sohn einer norddeutsch-protestantischen Juristenfamilie hatte er im Kaiserreich die Offizierlaufbahn eingeschlagen und den Ersten Weltkrieg als junger Generalstabsoffizier erlebt[19]). Nach einem Einsatz als Stabschef des Freikorps Maercker und der Verabschiedung aus der neuen Reichswehr engagierte er sich als deutschnationaler Aktivist. Als Leiter des Sicherungsdienstes in Halle gelang es ihm im Zusammenhang mit dem Kapp-Putsch 1920, ein Übergreifen des kommunistischen Aufstandes in Mitteldeutschland auf die Stadt zu verhindern und damit Verdienste im „Kampf gegen den Marxismus" zu erwerben, auf die er sich bei seiner späteren Bewerbung um Wiedereinstellung in den Militärdienst berufen konnte. Bis Dezember 1928 war er dann als persönlicher Referent des Präsidenten des Reichslandbundes und als Organisationsleiter dieser agrarischen Interessenvertretung tätig. Anschließend übernahm er die Präsidialabteilung der Deutschnationalen Volkspartei, avancierte zum Geschäftsführenden Vorstandsmitglied und zum Leiter der Parteizentrale der DNVP.

Nach der Selbstauflösung der Partei im Zuge der „Gleichschaltung" 1933 fand er in der Wehrmacht des „Dritten Reiches" rasch eine neue Verwendung. Seinem hervorragenden Organisationstalent und den vielfältigen Beziehungen zu Wirtschaftskreisen verdankte er schließlich den Einsatz als Leiter des Lehrstabes im Wehrwirtschaftsamt, der sich als wirtschaftlicher Generalstab der Wehrmacht verstand. Nagel wurde auf diese Weise einer der führenden Männer der militärischen Rüstungsorganisation und fand zeitweilig auch Gelegenheit, als Lehrbeauftragter an der Hochschule für Handels- und Sozialwissenschaften in Königsberg für seine Konzeption von „Wehrwirtschaft" zu werben[20]). Nach der Theorie konnte er sich auch in der Praxis bewähren, wiederum in höchsten Schlüsselpositionen, und zwar zunächst als Rüstungsinspekteur in Prag, dann im Generalgouvernement und 1940

Stellungnahme des Völkerrechtsexperten im OKW, James Graf v. Moltke, der zum Widerstand gehörte; s. seine Notiz vom 27. 10. 1942, BA-MA, RM 8/1313.

[16]) Hans Nagel (1882–1964), zuletzt Generalmajor.

[17]) Otto Stapf (1890–1963), zuletzt General der Infanterie; 1938 Oberquartiermeister III im Generalstab des Heeres, 1940/41 Kommandeur der 111. Infanteriedivision, Anfang 1942 Kommandierender General des XXXXIV. Armeekorps, 1942–1944 Chef WiStabOst, 1944/45 zugleich Chef des Feldwirtschaftsamtes in OKW.

[18]) Gliederung für die Materialsammlung vom 21. 2. 1944, BA-MA, RW 31/82.

[19]) Die folgenden Angaben wurden aus der Akte BA-MA, RW 19/1224, sowie der Sammlung Krug im BA-MA entnommen.

[20]) Siehe Wehrwirtschaftliches Material, H. 1, BA-MA, RW 19/1515, sowie Einzelvorträge des Chefs des Lehrstabes, 1938, BA-MA, RW 19/1293.

schließlich als Leiter der Wirtschaft beim Militärbefehlshaber Belgien und Nordfrankreich.

Im Januar 1941 erhielt er den Auftrag, einen Lehrstab für die Ausbildung von Wehrwirtschaftsoffizieren für den bevorstehenden Einsatz in Rußland aufzustellen. Nagel übernahm im März 1941 auch die Aufgabe, Richtlinien für die Wirtschaftspolitik in den zu erobernden sowjetischen Westgebieten zu entwerfen und die dazu notwendigen Absprachen mit den zivilen Ressorts zu treffen. Daß er dabei den Forderungen von seiten der Landwirtschaftsführung größtes Verständnis entgegenbrachte, ist nach seinem bisherigen Werdegang anzunehmen. Die von Herbert Backe, als Staatssekretär im Reichsernährungsministerium der eigentliche Lenker der deutschen Kriegsernährungswirtschaft mit großem Einfluß auf Hitler, vorgelegten Richtlinien und Anweisungen für die Landwirtschaftsführer der künftigen Wirtschaftsorganisation Ost[21]), die in erschreckender Deutlichkeit rassenideologische Prämissen des Nationalsozialismus mit brutalen Ausbeutungsmethoden und hemmungslosen Vernichtungsstrategien verbanden, wurden von Nagel offenbar vorbehaltlos übernommen und gebilligt.

Seine große Stunde schien im Juli 1941 zu kommen, als er nach Beginn des Überfalls auf die UdSSR seine neue Stelle als „Generalreferent für die Wirtschaft im Operationsgebiet Ost beim Reichsmarschall" einnahm. Er sollte dort die Verbindung zwischen Göring, dem formell die neue militärische Organisation unterstand, und General Thomas – als Chef des Wehrwirtschafts- und Rüstungsamtes im OKW Nagels Vorgesetzter – halten. Alle Bemühungen Nagels, im Schatten Görings einen größeren Stab aufzubauen, der nicht nur die Ostorganisation lenken sollte, sondern sich auch zur Zentrale der gesamten Kriegswirtschaft entwickeln ließ, schlugen freilich rasch fehl[22]). Die mächtige Vierjahresplan-Behörde, seit 1936 Görings eigener Wirtschaftsstab, ließ sich von den Militärs nicht beiseite drängen, die im ständigen Auf und Ab konkurrierender Ressorts und Bürokratien bereits an Einfluß und Gewicht innerhalb der Kriegswirtschaft verloren hatten. Nagels vorgesehener Einsatz als Chef der Wirtschaftsinspektion „Westfalen" für den Kaukasus zögerte sich durch die unerwartete militärische Entwicklung noch hinaus.

Obwohl kein Nationalsozialist, identifizierte sich Nagel zunächst wie allzu viele seiner Kameraden im höheren Offizierkorps der Wehrmacht mit der von Hitler gestellten Aufgabe, einen rücksichtslosen Vernichtungskrieg gegen die Sowjetunion zu führen, anscheinend auch mit den politisch-ideologischen Implikationen. Die Ermordung der politischen Führungsschicht in Sowjetrußland („Kommissar-Befehl"), die Vernichtung der jüdischen Sowjetbürger, das Massensterben der Industriearbeiterschaft und der Kriegsgefangenen – diese Ziele und Erscheinungsformen des Ostkrieges wurden zumindest in der Siegeseuphorie der ersten Kriegsphase gebilligt oder stillschweigend hingenommen[23]). Nagel selbst hatte durch seine Mitwirkung bei der Konzipierung einer radikalen Hunger- und Ausbeutungsstrate-

---

[21]) Wirtschaftspolitische Richtlinien für die Wirtschaftsorganisation Ost, Gruppe Landwirtschaft, vom 23. 5. 1941, abgedr. in „Unternehmen Barbarossa", S. 377 ff.

[22]) Siehe Besprechung Göring/Thomas am 9. 7. 1941, BA-MA, RW 31/89, und Nagels Berichte über seine Vorträge bei Göring, BA-MA, RW 31/100.

[23]) Zum Problemkreis s. den Überblick bei Streit, Behandlung, und die Beiträge in: The Policies of Genocide.

gie maßgeblichen Anteil daran, daß dieser Krieg von Anfang an einen anderen Charakter erhielt als die bisher von Hitler geführten „Normalkriege" — mit Ausnahme der Unterwerfung Polens.

Fast ein Jahr lang stand er in engem Kontakt zu Göring, ohne damit zum bloßen „Sprachrohr" des Reichsmarschalls zu werden, im Gegenteil, bei seinen Vorträgen und Besprechungen verstand sich Nagel stets als Anwalt der militärischen Interessen, die sich durch den ungünstigen Feldzugsverlauf allmählich zu wandeln begannen. Deshalb reichte er noch im Herbst 1941 Vorschläge für eine politische Kriegführung, insbesondere durch die Förderung ukrainischer Separatisten, an Göring weiter, ohne sie jedoch erkennbar zu unterstützen.

Auch die Behandlung der Einwohner im besetzten Gebiet schien ihm damals noch gleichgültig zu sein. Zunächst müsse man den Krieg gewinnen, so meinte er, gleich um welchen Preis. Ihm kam es allein darauf an, „daß die Ausnutzung des Landes baldigst in eine *ordnungsgemäße Form*" gebracht wurde. Für die Plünderungen durch die kämpfende Truppe hatte er zwar durchaus einiges Verständnis, aber zumindest die nachrückenden Einheiten und Dienststellen sollten eigentlich verstehen, daß die bestmögliche Ausnutzung eines Landes nur auf Grund einer geordneten Erfassung und Verteilung erfolgen konnte. „Die oft getätigte Willkür des Einzelnen und auch von Formationen untergräbt zudem auch die eigne Disziplin. Solches kann man schon bei dem nicht unbekannten Wehrwirtschaftler Albrecht v. Wallenstein nachlesen", schrieb Nagel in einem Bericht vom 4. Oktober 1941[24]).

Nach einer Rundreise bei den Wirtschaftsdienststellen im Osten kam er immerhin zu der Einsicht, daß eine „schonendere" Behandlung der Bevölkerung nicht nur aus politischen Gründen angebracht sein könnte. Es zeigte sich nämlich, daß die rücksichtslose Ausbeutung des Landes und die Konzentration auf den Agrarsektor zu schwerwiegenden Folgeproblemen führte. Das Konzept einer selektiven Wirtschaftspolitik, das einseitig auf die Landwirtschaft setzte und die Industriearbeiterschaft sowie die Großstadtbevölkerung vernachlässigte, zeigte, je länger der Krieg dauerte und je umfangreicher die Anforderungen der Wehrmacht wurden, seine Schwächen. „Weder mit halbverhungerten, noch mit gar nicht oder in Lumpen gekleideten Arbeitsmenschen läßt sich eine Produktion von reichswichtigen Gütern aller Art aufrecht erhalten, geschweige denn läßt sich unter solchen Umständen eine Produktionssteigerung erreichen", schrieb im Oktober 1941 ein Abteilungsleiter der Wirtschaftsinspektion Mitte[25]).

Erst im Sommer 1942, als in der Wehrmachtführung die Bedenken gegenüber einer solchen Kriegführung auch aus militärischen Gesichtspunkten größer wurden, nahm Generalmajor Hans Nagel die Anregungen der Wirtschaftsinspektionen des östlichen Operationsgebietes auf und setzte sich dafür ein, daß die *gesamte* Zivilbevölkerung „in irgendeiner Form" miternährt wurde. Das bisherige Prinzip, so führte er in einem Bericht aus, nur die für deutsche Zwecke arbeitenden Menschen zu ernähren, da „auch zu russischen Zeiten Millionen Menschen verhungert seien", ließe sich nicht länger durchsetzen, weil die Sicherungstruppen zu schwach seien,

---

[24]) Schreiben Nagels an WiRü Amt/Stab Ia vom 4. 10. 1941, BA-MA, RW 31/100.

[25]) Zit. im Schreiben Nagels an Thomas vom 29. 10. 1941, ebd.

die Befriedung des rückwärtigen Raumes mit militärischen Kräften zu gewährleisten und deshalb auch wirtschaftliche Mittel dafür aufgewendet werden müßten[26]).

Nagel brachte diese Einsicht von einer Besichtigungsreise an die Ostfront mit, die er im Juni 1942 nach seiner Ernennung zum „Generalinspekteur der Wirtschaftsinspektionen Ost" absolvierte. Sie war Teil eines umfassenden personellen Revirements in der Ostorganisation, das einer stärkeren Ausrichtung auf die unmittelbaren militärischen Bedürfnisse, unter Hintanstellung langfristiger Aufgaben, dienen sollte. Nagels Hoffnungen aber, den Wirtschaftsstab Ost übernehmen und zu einem militärischen „Diktatorstab" ausbauen zu können, scheiterten am Widerspruch der eigenen zivilen Chefgruppen, die über ihre Personalunion mit dem Reichswirtschafts-, dem Reichsernährungs- und dem Ostministerium über genügend Einfluß verfügten, um ihren Spielraum gegenüber den Militärs zu verteidigen[27]).

Neuer Chef des Wirtschaftsstabes Ost wurde schließlich Generalleutnant Otto Stapf, bisher im Generalstab des Heeres und unbelastet von den wirtschaftspolitischen Kompetenzkämpfen und Rivalitäten. Der Verbindungsstab zu Göring wurde aufgelöst und Nagel konnte immerhin die neue Wirtschaftsinspektion Don-Donez übernehmen, die im Zuge der Sommeroffensive 1942 für die neueroberten Gebiete zwischen Wolga und Kaukasus gebildet worden war. Rund die Hälfte des gesamten Personals der militärischen Wirtschaftsorganisation war hier zusammengezogen worden, um die hochgesteckten Erwartungen der obersten Führung erfüllen zu können. Das Öl des Kaukasus, Rohstoffe und Industrien des Donezbeckens sowie die fruchtbaren Felder zwischen Don und Kuban sollten die Grundlage für eine aussichtsreiche Fortsetzung des Krieges und für die Verteidigung der „Festung Europa" liefern. Unter Nagels Leitung wurden wichtige organisatorische Veränderungen und ein modifiziertes Konzept der Wirtschaftspolitik erprobt. Sie trugen den bisherigen Erfahrungen im Ostkrieg Rechnung und zeichneten sich durch ein größeres Maß an Rücksichtnahme gegenüber der Bevölkerung aus. Im Zuge des beginnenden Rückzuges nach der Wende von Stalingrad wechselte Nagel zur Heeresgruppe Mitte und stand dann zu Beginn des Jahres 1944 dem Chef des Wirtschaftsstabes Ost zur Anfertigung eines Abschlußberichtes zur Verfügung.

Neben Nagel war es vor allem General der Luftwaffe Wilhelm Schubert[28]), der als erster Chef des Wirtschaftsstabes Ost Aufbau und Ausrichtung dieser Organisation entscheidend geprägt hat. Zusammen mit Nagel war er aus der Rüstungsorganisation im besetzten Frankreich abgezogen worden, um gemeinsam die Planungen und Vorbereitungen für Rußland durchzuführen, Nagel als Theoretiker und Organisator und Schubert als designierter Chef. Beide Offiziere wiesen einige Parallelen in ihrer bisherigen Karriere auf, doch Schubert konnte als der spezielle Rußlandkenner gelten. 1918 war er Militärattaché an der diplomatischen Vertretung in Moskau gewesen und 1921 Berater des Reichswehrministers bei der Anbahnung

[26]) Aktennotiz vom 30. 6. 1942, BA-MA, RW 31/116, mit einem Auszug aus dem Bericht über den Besuch beim AOK 11 in Simferopol. Nagel bezog sich hier ausdrücklich auf eine entsprechende Anordnung des dortigen Oberbefehlshabers, Generaloberst Erich v. Manstein, der „nachdrücklich für die Ernährung aller Zivilisten" eintrete. Nagels Inspektionsberichte in BA-MA, RW 31/123–125.

[27]) Siehe Aktennotizen Stab Ia vom 7. und 21. 5. 1942, BA-MA, RW 31/198.

[28]) Dr. Wilhelm Schubert (1879), zuletzt General der Luftwaffe, 1941 Generalleutnant.

der geheimen Kontakte zur Roten Armee. Mit dem damaligen Chef der Heeresleitung, General Hans v. Seeckt, geriet Schubert aber rasch in Konflikt, weil Schubert auf den Sturz der Bolschewisten setzte und eine „konterrevolutionäre" Wirtschaftspolitik propagierte[29]), Seeckt hingegen an einer stärker realpolitischen Linie festhielt, die eine Intensivierung der geheimen Zusammenarbeit zum Ziel hatte.

Nach seiner Verabschiedung Ende 1921 war Schubert zunächst als Verbindungsmann deutscher Rüstungskonzerne weiterhin in Moskau tätig, bis er 1924 nach dem Tode Lenins wegen seiner offenen antibolschewistischen Haltung aus dem Lande gewiesen wurde. Als er im Jahre 1931 Adolf Hitler traf und ihm von seinen Rußlandeindrücken berichtete, konnte er eine weitgehende Übereinstimmung, vor allem was die antisemitische Beurteilung des Sowjetregimes anbelangte, feststellen. Nach einer mehrjährigen Tätigkeit in der Rüstungsindustrie fand er schließlich als Wirtschaftsexperte in Görings Luftwaffe wieder Anschluß an die Offizierlaufbahn, 1940 als Rüstungsinspektor im besetzten Paris.

Schubert faßte seine Ernennung zum Chef des Wirtschaftsstabes Ost im Frühjahr 1941 verständlicherweise als eine politische Berufung auf, als Chance, durch eine „konterrevolutionäre" Wirtschaftspoltik an der Umgestaltung Rußlands mitwirken zu können, einem Unternehmen, das sich nach seiner eigenen Einschätzung „nur mit dem Warägerzug vor tausend Jahren" vergleichen ließ[30]). Als er sich Anfang April 1941 bei Alfred Rosenberg, Hitlers designierten Reichsminister für die besetzten Ostgebiete, vorstellte, fand er wiederum jenen Gleichklang der Auffassungen vor, der ihn schon zehn Jahre zuvor bei Hitler beeindruckt hatte. Auf wenig Verständnis für die politisch-ideologischen Zielsetzungen traf er hingegen beim Chef des Wehrwirtschafts- und Rüstungsamtes, General der Infanterie Georg Thomas, seinem unmittelbaren Vorgesetzten, der nach seinem Eindruck das Rußland-Unternehmen zu sehr nach nüchterner Zweckmäßigkeit behandelte und ihm als angeblicher „Hitler-Feind" suspekt war.

Schubert trug die Verantwortung dafür, daß in der Anfangsphase des Ostkrieges die politischen Vorgaben in der Wirtschaftsorganisation einen hohen Stellenwert erhielten und die militärischen Aufgaben im engeren Sinne darüber allzu sehr vernachlässigt wurden[31]). Im Rahmen der Reorganisation des Wirtschaftsstabes Ost

---

[29]) Zu den nachfolgenden Angaben s. Schuberts Ausarbeitung für das Militärarchiv vom 20. 7. 1965, BA-MA, MSg 2/2558. Zu den Ansätzen für eine solche Einflußnahme auf die innere Entwicklung Sowjetrußlands zu Beginn der zwanziger Jahre s. Müller, Tor zur Weltmacht, S. 13 ff., zu Schubert speziell, ebd. S. 99. In der Bewertung dagegen abweichend Beitel/Nötzold, Deutsch-sowjetische Wirtschaftsbeziehungen. Auch Seeckt unterstützte im Prinzip diese Linie, scheute sich aber nicht vor einer Intensivierung der direkten politischen und militärischen Kontakte mit den Bolschewisten. Das lehnte Schubert rigoros ab. Er beschränkte sich schließlich auf die Vertretung deutscher Rüstungsfirmen und wurde nach Lenins Tod wegen seiner offenen, antibolschewistischen Haltung aus Sowjetrußland ausgewiesen.

[30]) Schuberts grundlegende Überlegungen vom 9. 3. 1941, BA-MA, RW 31/80.

[31]) Seine „Merkpunkte", in 1 000 Exemplaren bei den Angehörigen der Wirtschaftsorganisation Ost Anfang Juli 1941 verteilt (BA-MA, RW 31/97), stimmten, wenn auch im Tenor etwas milder, fast wörtlich mit Backes berüchtigten „12 Geboten" für Landwirtschaftsführer vom 1. 6. 1941 (abgedr. in „Unternehmen Barbarossa", S. 380 ff.) überein. Auch wenn er grundsätzlich Rosenbergs „Befreiungs"-Parolen zustimmte, war sich Schubert doch darüber im klaren, daß die Deutschen zunächst einmal als „Nehmende" und nicht

seit Anfang 1942, mit dem Einbau in die Militärverwaltung und der ausschließlichen Orientierung auf die Truppenbedürfnisse, mußte Schubert schließlich zum 1. August 1942 – nicht zuletzt auch wegen seiner nachweislichen Führungsschwäche[32]), offiziell aber aus Altersgründen – seinen Posten räumen.

Als dritter im Bunde ist General Thomas[33]) anzusehen, der in der Reichswehr als Rüstungsexperte Karriere gemacht und in den dreißiger Jahren die militärische Wehrwirtschaftsorganisation im Reich aufgebaut hatte. Er war der namhafteste Repräsentant der militärischen Kommandowirtschaft und des Konzepts einer Militarisierung der Wirtschaft im totalen Krieg. 1933 hatte er als einer der letzten Reichswehroffiziere Sowjetrußland besucht und sich für die Fortsetzung der Zusammenarbeit eingesetzt. Seit Kriegsbeginn 1939 schon versuchte er mit seinen meist düsteren Lagebeurteilungen die oberste Führung zur Ausrichtung der Kriegsführung nach ökonomischen Gesichtspunkten zu bewegen und seine Wehrwirtschaftsorganisation zur dominierenden Kraft in der Kriegswirtschaft zu machen.

Anfang 1941 schien er damit endlich Erfolg zu haben. Eine Denkschrift, mit der er Hitlers Erwartungen über den wirtschaftlichen Nutzen eines Überfalls auf die UdSSR im wesentlichen bestätigte[34]), verschaffte ihm das Wohlwollen des Diktators und den Auftrag, mit der militärischen Wirtschaftsorganisation Ost seine Vorstellungen unter Beweis zu stellen. Nach dem Scheitern dieses Versuchs und seiner Entmachtung durch den neuen Rüstungsminister Albert Speer im Herbst 1942 widmete er sich einer umfangreichen Studie über die deutsche Wehr- und Rüstungswirtschaft, die parallel zur Nagel-Studie entstand und nach ihrer Veröffentlichung im Jahre 1966 zu einem Standardwerk für dieses Thema wurde[35]). Seine zeitweiligen Kontakte zum Widerstand wurden Thomas nach dem 20. Juli 1944 zum Verhängnis. Aus der Gefängnishaft 1945 befreit, starb er 1946 in amerikanischem Gewahrsam.

Diese biographischen Skizzen gehören zum Verständnis der vorliegenden strukturgeschichtlichen Selbstdarstellung des Wirtschaftsstabes Ost, da sie die Frage nach der Verantwortlichkeit besser zu beantworten vermögen als jedes Organisationsschema. Die drei Generale, keiner von ihnen ein ausgesprochener Nationalsozialist, trugen ihren Teil dazu bei, daß die Wehrmacht tief in Hitlers rassenideologischen Vernichtungskrieg gegen die Sowjetunion verstrickt wurde. Mit den Worten Schuberts hat die Geschichte des Wirtschaftsstabes Ost gezeigt, „daß eine nützliche Zusammenarbeit zwischen NSDAP und Wehrmacht auf antibolsche-

---

als „Gebende" in Rußland auftreten würden. Auf die Deutschfreundlichkeit der Bevölkerung wollte er sich daher in dieser „chaotischen" Übergangszeit lieber nicht verlassen und forderte deshalb ein enges Netz militärischer Sicherungstruppen; s. Grundlegende Überlegungen (Anm. 30).

[32]) Siehe z. B. die schriftliche Ermahnung durch Thomas vom 11. 8. 1941, BA-MA, RW 31/156.

[33]) Georg Thomas (1890–1946), zuletzt General der Infanterie. Zu seiner Biographie s. die Einleitung von Wolfgang Birkenfeld zu Thomas, Geschichte.

[34]) Siehe Anlage 1. Zur Bewertung der Denkschrift s. Das Deutsche Reich und der Zweite Weltkrieg, Bd 4, S. 125 ff.

[35]) Siehe Thomas, Geschichte, insbesondere die Hinweise von Birkenfeld zum Schicksal der Studie am Ende des Krieges, wo Parallelen zur Nagel-Studie erkennbar werden.

wistischer Basis möglich gewesen ist"[36]. Jeder von den drei Offizieren leistete seinen spezifischen Beitrag: General Thomas, der Mann des Widerstandes, mit seinem nüchternen ökonomischen Kalkül, Schubert als antisemitischer Oststratege, Verfechter eines „Kreuzzuges" gegen den Bolschewismus, Nagel schließlich als Technokrat und deutschnationaler Agrarlobbyist.

Für seine Studie konnte sich Nagel 1944 des eigenen Archivs bedienen, das General Thomas für die wehrwirtschaftlichen Dienststellen während des Krieges eingerichtet hatte. Die laufende Auswertung von Kriegstagebüchern und Erfahrungsberichten sowie die jeweils schon nach kurzen Zeitabläufen vorgenommene Erstellung von „Geschichten" einzelner Dienststellen und Unternehmungen stand, obwohl in der Wehrmacht durchaus üblich, im Amt Thomas in besonderer Blüte. Das hatte nicht zuletzt auch mit der umstrittenen Position der Rüstungsdienststellen des OKW innerhalb der Kriegswirtschaft und der im Verlauf des Krieges zunehmenden Demontage des Wehrwirtschafts- und Rüstungsamtes zu tun.

Dieser Versuch, einerseits die spätere historische Bewertung des eigenen Handelns rechtzeitig in bestimmte Bahnen zu lenken und andererseits eine unmittelbar praktische Nutzanwendung aus der Geschichte zu filtern, darin gar das „Wesentliche" der Geschichtsschreibung, das „Überzeitliche, jederzeit wieder Einsetzbare" erkennen zu wollen, wie es Nagel in die Vorbemerkungen zu seiner Studie schreiben ließ, stand in der damaligen Tradition deutscher Militärgeschichtsschreibung[37]. Für diesen Zweck taugte aber anscheinend die Materialsammlung, die Nagel Anfang 1944 im Wehrwirtschaftsarchiv Muskau anlegen ließ, nicht[38]. Hinzu kam, daß der ursprüngliche Auftrag, „Erfahrungen" für den Fall einer Wiederbesetzung der im Osten bereits verlorengegangenen Gebiete aufzuarbeiten, angesichts des unaufhaltsamen Rückzugs der Wehrmacht im Verlaufe des Jahres 1944 seinen Sinn verlor. Außerdem wurden durch die damit verbundene Anpassung bzw. Auflösung der Wirtschaftsorganisation Ost[39] zahlreiche Verantwortliche und Fachleute abgezogen und seit Ende 1943 im besetzten Italien bzw. in Frankreich eingesetzt. Unter diesen Umständen war oft mehr als eine unprätentiöse Darstellung von Fakten und Ereignissen nicht machbar.

Hatte Nagel zunächst weniger Wert „auf eine einwandfreie Darstellung der Ereignisse" gelegt als auf die Beurteilung der von ihm vorgegebenen praktischen Fragen[40], so verschob sich der Blickwinkel allmählich doch mehr zu einer nüchternen Leistungsbilanz. Aber selbst die Bearbeitung der Statistiken schloß in Ausnahmefälllen manipulative Eingriffe natürlich nicht aus. Bei den Zahlen des „GenQu-

---

[36]) Ausarbeitung Schuberts vom 20. 7. 1965 (Anm. 29), S. 15.

[37]) Zur Auseinandersetzung mit dieser älteren Tradition deutscher Militärgeschichtsschreibung s. die Beiträge in: Militärgeschichte.

[38]) Materialsammlung, BA-MA, RW 31/81 f.

[39]) Der Wi Stab Ost wurde am 1. 11. 1944 mit dem Feldwirtschaftsamt, dem Rest des ehemaligen Wehrwirtschafts- und Rüstungsamtes im OKW, zusammengelegt; s. Rundschreiben Chef Wi Stab Ost vom 31. 10. 1944, BA-MA, RW 31/152.

[40]) Schreiben Nagels an Generalleutnant Ziegler, Chef der Wehrwirtschaftsinspektion Ostland, vom 1. 4. 1944, BA-MA, RW 31/79. Günther Ziegler, geb. 1892, im Ersten Weltkrieg Jagdflieger, Anfang der 30er Jahre stellv. Führer des NS-Fliegerkorps, beauftragt mit der Durchführung der Deutschland-Flüge Hitlers 1932, Mitglied des Reichstages, seit 1934 wieder in der Luftwaffe, 1938–41 Chef der Abteilung Inland im OKW, von Herbst 1941 bis Frühjahr 1945 Rüstungsinspekteur Ukraine, Kaukasus und Ostland.

Programms" z.B., der Fertigung von allgemeinem Heeresgerät für den Generalquartiermeister, stieß man für die letzten Monate auf ein dermaßen „arges" Mißverhältnis zwischen den Sollzahlen und den tatsächlichen Fertigungsziffern, daß man es für „zweckmäßig" hielt, nur ausgewählte Positionen aus dem betreffenden Bericht herauszuziehen[41]).

Insgesamt aber erscheinen die Ausarbeitungen der Fachgruppen als relativ sachlich und zumindest in dargelegten Fakten einigermaßen zuverlässig und schrecken oft sogar vor Kritik an Fehlleistungen nicht zurück. Dabei bestimmte die Perspektive des Jahres 1944 weitgehend das Urteil, so wie auch das Schwergewicht der Darstellung selbst stärker auf der letzten Phase der Besatzungszeit liegt. Fast regelmäßig werden die seit der Wende in Stalingrad getroffenen bzw. geplanten Maßnahmen zur Verbesserung der Wirtschaftspolitik mit fragwürdigen Erfolgsbehauptungen geschmückt und ihre Darstellung endet mit dem stereotypen Satz: Die militärische Entwicklung habe leider die Durchführung verhindert.

Das Scheitern der deutschen Besatzungspolitik war zu diesem Zeitpunkt offenkundig, so daß auch die Frage nach den Ursachen nicht völlig zu umgehen war. Hier machten es sich die Bearbeiter meist sehr leicht, indem sie immer wieder zu der damals in deutschen Führungskreisen vieldiskutierten These Zuflucht nahmen, daß man Fehler in der politischen Kriegführung gemacht habe. Das Engagement für eine „bessere" Ostpolitik zu diesem späten Zeitpunkt wird verständlich, wenn man bedenkt, daß die Angehörigen des Wirtschaftsstabes Ost bei den Rückzügen natürlich gerade mit den Kollaborateuren in engerem Kontakt waren als mit der übrigen Bevölkerung. Zudem bot die These „politischer Versäumnisse" die Möglichkeit, das eigene Weitermachen in diesem sinnlosen Krieg zu rechtfertigen und mit der Förderung der sogenannten Wlassow-Bewegung nach einem Ausweg aus der Sackgasse zu suchen.

Bei der Darstellung der Ereignisse durch die Fachabteilungen blieben solche Reflexionen aber marginal. Ihr Blick war auf die Effizienzfrage gerichtet und nicht auf die politischen, moralischen oder gar völkerrechtlichen Dimensionen ihres Handelns. Dieser Leistungsbericht wurde sicher auch gegen den möglichen Vorwurf der „Etappe" geschrieben, und daher stellte man die Erfolge und die Kriegswichtigkeit der Arbeit deutlich heraus. Es entstand dennoch nicht bloße Propaganda und Apologie, denn der Abschlußbericht war ja nicht für die Öffentlichkeit bestimmt.

Der von Nagel zu verantwortende militärische Abschnitt über Führungs- und Organisationsprobleme stellt wohl den schwächsten Teil der Studie dar. Hier ist die ursprüngliche Zielsetzung noch am deutlichsten zu erkennen, auch das Bestreben, eigene Fehler beim Aufbau und bei der Ausrichtung der Wirtschaftsorganisation Ost, für die sich in der Sammlung von Erfahrungsberichten[42]) genügend Hinweise finden ließen, möglichst zu verschleiern. Dort, wo sich Versagen nicht verbergen ließ, hatte Nagel eine Standarderklärung zu bieten: Es habe sich eben eine „ganz beträchtliche Aufgabenausweitung gegenüber der ursprünglichen Zielset-

---

[41]) Siehe Schreiben Chefgruppe W betr. Geschichtsschreibung, vom 21. 10. 1944, BA-MA, RW 31/980.

[42]) Siehe Akte Archiv/Auswertungsstelle, BA-MA, RW 19/1409.

zung" ergeben[43]). Konfliktfelder, auf denen sich in den vergangenen drei Jahren teilweise heftige Auseinandersetzungen abgespielt hatten, z.B. die Klagen des Heeres über die mangelnde Unterstützung durch die Wirtschaftsorgane[44]) oder die Auseinandersetzungen mit der SS[45]), wurden in der Studie nach Möglichkeit umgangen. Die Beteiligung bzw. Mitverantwortung an der verbrecherischen Kriegsführung, so etwa im Rahmen der Judenvernichtung, der Hungerpolitik gegenüber der einheimischen Bevölkerung und den Kriegsgefangenen, blieben verständlicherweise unerwähnt oder wurden verschleiert.

Dafür beschrieb Nagel für den Zeitraum vom Sommer 1942 bis zum Jahresende 1943 nur noch die Tätigkeit der Wirtschaftsinspektion Süd bzw. Don-Donez. Daß auf diese Weise seine persönlichen Leistungen zum Ausdruck gebracht wurden, war dem Verfasser sicher nicht unangenehm. Wichtige und bis heute wenig bekannte Informationen enthält dagegen der Abschnitt über den Abtransport von Menschen und Gütern während der Rückzüge. Das ursprünglich geplante Schlußkapitel „Lehren und Forderungen für die Zukunft" wurde vorgezogen und als Abschnitt „Produktionsfaktor Mensch" an die voranstehenden Kapitel der Chefgruppen Arbeit sowie Betriebsförderung und Berufserziehung (BB) angehängt. Hier nahm Nagel vor allem zur Behandlung der einheimischen Bevölkerung sowie zum Vorwurf der „Feindpropaganda" Stellung, Deutschland habe die besetzten sowjetischen Gebiete ausgeplündert. Er stellte demgegenüber heraus, welche Investitionen von der Wirtschaftsorganisation aus Reichsmitteln vorgenommen worden sind, meinte zusammenfassend, „daß die Bedeutung des russischen Menschen als wichtigster Produktionsfaktor verspätet erkannt worden ist. Unsere großen militärischen Erfolge hätten mit einer politischen Offensive unterbaut werden müssen. Damit hätte sie eine Schlagkraft erhalten, die den russischen Menschen in den besetzten Ostgebieten auf unsere Seite gerissen hätte und sich weit über die Front hinaus ausgewirkt hätte." (S. 353)

Nach einer Beschleunigung der Arbeit im Herbst 1944 konnte die Studie bis Januar 1945 im großen und ganzen fertiggestellt werden. Es fehlte im wesentlichen nur noch das Kapitel Verkehrswesen, das im Besatzungsgebiet zweifellos eine entscheidende Rolle gespielt hatte, für dessen Darstellung aber kein kompetenter Bearbeiter mehr zur Verfügung stand. General Nagel erhielt eine Reinschrift des Textbandes. Der geplante Anlagenband befand sich, als der Zusammenbruch des „Drit-

---

[43]) So seine Direktive in der Sitzung mit den Sachbearbeitern am 13. 6. 1944; Vermerk vom 20. 6. 1944, BA-MA, RW 31/980.

[44]) Siehe z. B. die heftige Auseinandersetzung mit dem Versorgungsbezirk Mitte im Frühjahr 1942 (Schriftwechsel dazu in BA-MA, RW 31/59) und den wiederholten Appell von Thomas an die Inspekteure, die Bedürfnisse der Truppe an die erste Stelle zu setzen, etwa im Schreiben vom 9. 1. 1942, BA-MA, RW 31/156.

[45]) Die SS hatte nicht nur im Sachbearbeiter Rußland der Wehrwirtschaftlichen Abteilung im OKW, Major Zinnemann, einen Vertrauensmann im Amt Thomas (s. Information des Chefs des SS-Hauptamtes an den Persönlichen Stab Reichsführer SS vom 22. 7. 1941, BA-MA, RW 31/99), sondern versuchte auch, im Osten eigene „Wirtschaftsinspektionen" einzurichten. Nach hartnäckigen Protesten des OKW einigte man sich zumindest auf eine Namensänderung. Die Wirtschaftsorgane der SS nannten sich nun „SS-Wirtschafter" (s. Aktennotiz WFSt/Qu II vom 9. 9. 1942, BA-MA, RW 31/59). Dabei handelte es sich vor allem um selbständige Betriebe und landwirtschaftliche Einrichtungen zur Versorgung der Waffen-SS-Verbände aus dem Lande.

ten Reiches" alle weiteren Arbeiten beendete, offenbar noch in einer Rohfassung bzw. im Stadium einer Materialsammlung[46]).

Diese Reinschrift hat Nagel vermutlich den alliierten Behörden übergeben, entweder als er 1946/7 für wenige Monate in Gefangenschaft genommen wurde oder später. Zu diesem Zeitpunkt waren einige ehemalige Untergebene und Kameraden bereits dabei, für die Historical Division der Amerikaner und gestützt auf die vorliegenden Beuteakten noch einmal Erfahrungsberichte auch über die ökonomischen Aspekte des Ostkrieges zu schreiben und ihre Erkenntnisse zur Verfügung zu stellen[47]). Die Nagel-Studie stand ihnen dabei allem Anschein nach aber nicht zur Verfügung. Sie verschwand vielmehr in der Handbibliothek der Direktoren der US-Militärregierung[48]), ohne daß man sich ihrer, z.B. bei den Nürnberger Kriegsverbrecher-Prozessen, öffentlich bediente. Die eindrucksvollen und detaillierten Daten über die wirtschaftliche Ausbeutung der besetzten sowjetischen Gebiete wären für die UdSSR sicherlich eine Hilfe gewesen, um ihren Reparationsanspruch zu untermauern, den die westlichen Siegermächte im Interesse der Lebensfähigkeit ihrer Besatzungszonen einzudämmen bemüht waren.

Nach der Auflösung der Bibliothek geriet die Studie auf Umwegen schließlich in den Besitz des Münchener Instituts für Zeitgeschichte, wo sie bislang wenig beachtet worden ist[49]). Selbst der amerikanische Historiker Alexander Dallin, der Anfang der fünfziger Jahre für seine bis heute unübertroffene Gesamtdarstellung der deutschen Besatzungspolitik in Rußland eine erstaunliche Fülle von Beuteakten auswerten konnte, mußte ebenso wie der deutsche Historiker Wolfgang Birkenfeld, als dieser 1966 die Thomas-Studie herausgab, vermuten, daß die „Geschichte" des Wirtschaftsstabes Ost nicht mehr vollendet worden ist[50]), abgesehen von einigen Teilkapiteln, die sich in den Beständen des ehemaligen Muskauer Wehrwirtschaftsarchivs fanden. Auch General Schubert, der Anfang der sechziger Jahre trotz seines hohen Alters das Bedürfnis verspürte, für das Freiburger Militärarchiv die Geschichte des Wirtschaftsstabes Ost für die Nachwelt zu dokumentieren, mußte sich auf seine eigenen Erinnerungen verlassen[51]).

Der Textband der Nagel-Studie steht heute der Öffentlichkeit und insbesondere der historischen Forschung zur Verfügung. Die darin erwähnten 82 Anlagen, größtenteils wichtige Tabellen und Statistiken, konnten bei einer zwangsläufig nur teilweise erfolgreichen Durchsicht der erhaltenen Akten des Wirtschaftsstabes Ost in der Masse ermittelt bzw. rekonstruiert werden. Obwohl in einigen Fällen ihre wichtigsten Aussagen in den Text übernommen worden waren, bilden sie einen

---

[46]) Siehe Schreiben Hauptmann Koch, dem Bearbeiter der Studie, an Nagel vom 7. 2. 1945, BA-MA, RW 31/86.

[47]) S. Ausarbeitungen von Oberst i. G. Albert Emmerich, ehemaliger Verbindungsoffizier des Wi Rü Amtes und des Wi Stab Ost beim Generalquartiermeister, im Jahre 1947 über die Wirtschaftliche Bedeutung der russischen Erdölgebiete und Eisenbahnverbindungen, sowie über Deutschlands wirtschaftliche Ziele in der Sowjet-Union, BA-MA, MSg 2/3214 f.

[48]) Entsprechende Signaturen und Bezeichnungen befinden sich auf dem Original.

[49]) Das Original wird im Institut für Zeitgeschichte unter der Signatur ED 2 verwahrt.

[50]) Thomas, Geschichte, S. 44.

[51]) Siehe Anm. 29. Die wenigen Angaben Schuberts sind daher unpräzise und lückenhaft, vor allem wegen ihrer politisch-ideologischen Rechtfertigungsbemühungen nur bedingt dienlich.

unverzichtbaren, vielleicht sogar den wertvollsten Teil der Studie. Was sich hier hinter den beeindruckenden Zahlen der Statistiker und Bürokraten an Realität und Alltag des Krieges verbirgt, soll in den als Anhang aufgenommenen Aufzeichnungen von Edwin Grützner erkennbar werden.

Der Verfasser war als Technischer Kriegsverwaltungsinspektor zunächst in Dresden, dann beim Rüstungskommando in St. Germain und schließlich als Angehöriger des Rüstungskommandos Kiew vom Beginn der Besetzung der ukrainischen Hauptstadt bis zu ihrer Räumung durch die deutschen Truppen eingesetzt[52]. Grützner betätigte sich als Referent für Panjewagenbau und als Sachbearbeiter für holzverarbeitende Betriebe. Seine Aufzeichnungen über seine Eindrücke im eroberten Land, seine Begegnungen mit den Menschen, seine Erlebnisse und Erfahrungen in der praktischen Arbeit der Wirtschaftsorganisation Ost kennzeichnen ihn als einen aufmerksamen, kritischen Beobachter, der auch bei Unrecht und Verbrechen, anders als viele seiner Kameraden, nicht wegschaute. Seine größtenteils während des Krieges entstandenen Aufzeichnungen stellen, wenn auch nur ausschnittsweise, eine Geschichte des Wirtschaftsstabes Ost „von unten" dar. Bei der maschinenschriftlichen Fassung, die in die Edition aufgenommen wurde, handelt es sich um eine vom Verfasser selbst vorgenommene, spätere Übertragung, mit nachträglicher stilistischer Formung und einigen Ergänzungen, die durch ein Studium von Originalakten im Bundesarchiv-Militärarchiv angeregt wurden. Auch wenn Grützners Aufzeichnungen daher nicht uneingeschränkt als historische Quelle angesprochen werden können, eher als ein dokumentarisch abgesicherter Erlebnisbericht, so bilden sie doch gerade in ihrem Kontrast zur „offiziellen" Generalstabsgeschichte eine wertvolle Ergänzung.

Die vorliegende Edition bietet auf diese Weise die Möglichkeit, sich ein umfassendes Bild von der Wirtschaftsorganisation Ost zu verschaffen, Anregungen zu finden für weitere Forschungen, insbesondere auch für regionale und sektorale Studien. Die fast lückenlos erhaltenen Akten der nachgeordneten Inspektionen und Kommandos bieten dafür eine hervorragende Grundlage. Das gilt auch für die andere Seite des deutschen Besatzungsregimes, der Militärverwaltung im Operationsgebiet, in die die Wirtschaftsverwaltung integriert war. Der Abschlußbericht über die Tätigkeit der Militärverwaltung im Osten, parallel zum Abschlußbericht des Wirtschaftsstabes entstanden und diesen ergänzend, ist wie dieser erst vor kurzem wieder aufgetaucht und harrt der Auswertung.

In der Edition wird die Nagel-Studie unverändert wiedergegeben. Offensichtliche Schreib- und Zählfehler wurden stillschweigend korrigiert, das Abkürzungs- und Inhaltsverzeichnis herausgenommen und für die Gesamtedition erweitert. Die Anlagen blieben ebenfalls unverändert. Lediglich die Verteiler-Angaben wurden weggelassen und Abkürzungen, dort wo es zum Verständnis notwendig erschien, in einigen Fällen aufgelöst. Eigene Anmerkungen zum Textteil konnten auf den Nachweis wichtiger Befehle und Anordnungen sowie auf Lücken, Widersprüche und Fehler, schließlich auf knappe Literaturhinweise beschränkt werden. Die Schreibweise der Bezeich-

---

[52]) Für die Überlassung seiner Personalangaben und anderer Unterlagen bin ich Herrn Grützner, der sich nach dem Krieg als Gründer und Leiter der Volkshochschule in Ahrensburg große Verdienste erworben hat, zu besonderem Dank verpflichtet. Eine Ablichtung seiner Aufzeichnungen befindet sich im BA-MA, MSg 2/2795.

nungen und Namen ist wie im Original wiedergegeben. Das gilt auch für russische Begriffe und Ortsnamen, deren moderne Transliteration aber ins Ortsregister aufgenommen wurde. Auf ein Sachregister konnte wegen der systematischen und detaillierten Gliederung des Inhaltsverzeichnisses verzichtet werden.

Neben den Mitarbeitern des Bundesarchivs, des Militärarchivs und des Instituts für Zeitgeschichte ist auch der Historischen Kommission bei der Bayerischen Akademie der Wissenschaften sowie der Deutschen Forschungsgemeinschaft für die Unterstützung dieser Edition zu danken. Der besondere Dank gilt Herrn Prof. Dr. Walter Bußmann und dem kürzlich verstorbenen Prof. Dr. Andreas Hillgruber, die mit ihrem Rat und ihrer Unterstützung die Arbeit begleitet haben.

A.
Kriegswirtschaft im Operationsgebiet des Ostens in den Jahren 1941–1943

Beitrag zur Geschichte des Wirtschafts-Stabes-Ost (Wi Stab Ost)

Nach Unterlagen der Fachgruppen bearbeitet von Generalmajor Hans Nagel

Der Chef des Wirtschaftsstabes Ost, General der Infanterie Stapf, erteilte im März 1944 den Auftrag, für eine später zu schreibende Geschichte des Wi Stabs Ost Material zu sammeln.

Unter Leitung des Generalmajors Nagel, zuletzt Inspekteur der Wirtschafts-Inspektion-Süd (Ost-Ukraine, Don-Donez-Gebiet) entstand zunächst eine „Materialsammlung" (Blaue Mappe) durch Auswertung von Kriegstagebüchern, Berichten und Befehlen. Bearbeiter war Hauptmann d.R.z.V. Finster, Mitarbeiter Major d.R.z.V. Siehr.

Organisatorische und wirtschaftliche Befehle und Anordnungen zeigen weder die Erwägungen auf, die zu ihrem Erlaß geführt haben, noch deren Ergebnis und die bei der Durchführung gesammelten Erfahrungen. Für eine geschichtliche Betrachtung sind aber gerade sie wesentlich. Diese wirtschaftlichen Erwägungen, Ergebnisse und Erfahrungen bereits jetzt in geschlossener Darstellung festzuhalten, erschien daher erforderlich, zumal sie infolge der Nähe der Ereignisse noch lebendiges Gedankengut sind. Aus diesen Erkenntnissen heraus entstand die nachstehende Arbeit. Unter Leitung von Generalmajor Nagel war Bearbeiter d.R.z.V. Koch, Mitarbeiter waren die Sachbearbeiter im Wi Stab Ost.

I. Teil

1. Ziele und Organe für die Landesausnutzung im Osten

Ostfeldzug und Wehrwirtschaft

Der Krieg gegen die Sowjetunion ist aus politischen Gründen geführt worden. Überlegungen kriegswirtschaftlicher Art mußten einen solchen Krieg eher bedenklich erscheinen lassen. Mit Sicherheit fielen damit die vertraglichen russischen Lieferungen aus, insbesondere Getreide, Ölsaaten, Erdöl und Manganerze. Ebenso sicher fielen die Transitlieferungen aus dem fernen Osten fort, insbesondere Walöl, Sojafett und Kautschuk. Diesen Ausfällen stand die höchst unsichere Aussicht gegenüber, aus den besetzten Gebieten in nicht festzubestimmender Zeit das selbst herauszuholen, was bisher geliefert worden war.

Im Februar 1941 stellte das Wehrwirtschafts- und Rüstungsamt (Wi Rü Amt) für das OKW Untersuchungen über die wehrwirtschaftlichen Auswirkungen einer Operation im Osten an, die ihren Niederschlag in einer Ausarbeitung vom 13. 2. 1941 fanden (Denkschrift Gen.d.Inf. Thomas, Anl. 1). Hierin sind die durch einen Krieg gegen die UdSSR mit Sicherheit entstehenden Ausfälle den eventuell zu erwartenden Gewinnen gegenübergestellt.

Wirtschaftliche Bedenken konnten für den Führer angesichts der von ihm erkannten politischen Gefahren, die dem Reich vom Osten her drohten, nicht ausschlaggebend sein. Dies um so weniger, als uns der mit Sicherheit zu erwartende Angriff der Sowjetunion später in einem Augenblick hätte treffen können, in dem er für uns sowohl politisch als auch kriegswirtschaftlich hätte verhängnisvoll sein können[1]).

---

[1]) Diese, an die offizielle Präventivkriegsthese angelehnte Begründung für den Ostkrieg widerspricht der zeitgenössischen internen Einschätzung. Das gilt nicht nur für Hitlers wiederholte Ausführungen über die ökonomischen Sachzwänge, die ihn – neben seinen politisch-ideologischen Motiven – zu diesem Krieg veranlaßten, sondern vor allem auch für die Beurteilung in Wehrwirtschafts- und Rüstungsamt; s. z.B. Denkschrift von General Thomas, Erfahrungen des Weltkrieges, Stand bis Anfang 1942, S. 6, IfZ, ZS 510. Bereits in seiner Rede anläßlich des Zusammentritts des Wi Stab Ost am 4. 6. 1941 (BA-MA, Wi I F 5/116), erklärte es General Thomas zur wichtigsten Aufgabe: „Der militärischen Führung muß immer wieder vor Augen gehalten werden, daß ein Feldzug gegen Rußland zum großen Teil wirtschaftliche Hintergründe hat, und daß die Forderungen der Wirtschaft in diesem Feldzug mehr als sonst berücksichtigt werden müssen." Auch Nagels anschließende Ausführungen über die langfristigen wirtschaftspolitischen Zielsetzungen machen deutlich, daß dieser Krieg keinesfalls einer spontanen strategischen Lagebeurteilung entsprang, sondern aus langfristigen Eroberungs- und Kolonisationsplänen resultierte. Zum Forschungsstand über die Präventivkriegsthese s. Hillgruber, Hitlers Strategie, S. 533, sowie über aktuelle politische Irritationen Pietrow, Deutschland, und Wette, Wiederbelebung.

Hauptaufgaben

Aus den politischen Erkenntnissen hat der Führer die militärischen Konsequenzen gezogen. Dem deutschen Soldaten stellte er die Aufgabe, die gewaltige sowjetische Angriffsmaschinerie zu zerschlagen. Nunmehr mußten auch auf wirtschaftlichem Gebiet bestimmte Ziele gesetzt werden, um die Wirtschaftskraft der besetzten Ostgebiete in höchstmöglichem Umfang in den Dienst der deutschen Kriegswirtschaft zu stellen.

Für die wirtschaftliche Zielsetzung war zu unterscheiden zwischen der Wirtschaftspolitik auf lange Sicht und der *kriegswirtschaftlichen* Ausnutzung des Landes. Auf lange Sicht mußten die wirtschaftspolitischen Maßnahmen einerseits der Durchsetzung politischer Ziele dienen, z.B. dem der späteren Eindeutschung des Ostlandes und der Schaffung weiteren deutschen Siedlungsraumes in der Ukraine. Andererseits waren sie darauf zu richten, die gesamte Wirtschaftsstruktur Europas im Verhältnis zur Weltwirtschaft auf gesunde Grundlagen zu stellen und zu diesem Zweck die besetzten Ostgebiete zum blockadesicheren Rohstofflieferanten für das übrige Europa zu machen[2]).

Aus diesem Grund mußte das Schwergewicht aller Arbeit bei der Nahrungsmittel- und Rohstoffproduktion liegen. An den Wiederaufbau und den Ausbau der weiterverarbeitenden Industrie konnte zunächst nur begrenzt gedacht werden, um das Transportvolumen zu verringern, den dringenden Reparaturbedarf im Lande zu decken und die Bevölkerung mit Verbrauchsgütern und Produktionsmitteln zu versehen. Eine nennenswerte Verbrauchsgüter- und Fertigwarenindustrie sollte in den besetzten Ostgebieten nicht entstehen. Vielmehr sollte es Aufgabe der europäischen, insbesondere der deutschen Industrie sein, die in den besetzten Ostgebieten produzierten Rohstoffe und Halbfabrikate zu veredeln und Fertigprodukte in den Osten zu liefern. Um dabei in den besetzten Ostgebieten möglichst hohe Produktionsüberschüsse zur Versorgung des Reiches und der übrigen europäischen Länder zu erzielen, sollte das in Rußland bestehende niedrige Preis- und Lohnniveau beibehalten werden unter nur langsamer Aufbesserung des niedrigen Lebensstandards der einheimischen Bevölkerung. Auf diese Weise sollte der europäische Nahrungsmittel- und Rohstoffbedarf weitestgehend gedeckt werden. Gleichzeitig sollte so eine Einnahmequelle erschlossen werden, die zur Deckung eines wesentlichen Teils der Kriegskosten in einigen Jahrzehnten dienen sollte[3]).

Für die Dauer des Krieges aber mußten die auf lange Sicht gerichteten Maßnahmen insoweit in den Hintergrund treten, als sie sich mit den kriegswirtschaftlichen Notwendigkeiten nicht in Einklang bringen ließen. Es waren daher ganz klare kriegswirtschaftliche Schwerpunkte herauszustellen. Dies waren:

---

[2]) Zur Genesis dieser wirtschaftspolitischen Konzeption, die sich bis auf die Kriegszieldiskussion in Deutschland während des Ersten Weltkrieges zurückführen läßt, siehe Müller, Tor zur Weltmacht. Daß solche tiefgreifenden Einschnitte in die Wirtschaft eines besetzten Landes dem gültigen Kriegsvölkerrecht widersprachen, war im OKW durchaus bekannt, wurde aber im Falle Rußlands nicht berücksichtigt. Zum vergeblichen Kampf von H. J. Graf v. Moltke, Völkerrechtsexperte im Amt Ausland/Abwehr, gegen diese Einstellung s. Müller, Kriegsrecht.

[3]) Zu diesem „größten Amortisationsplan der bisherigen Wirtschaftsgeschichte", wie es in einer zeitgenössischen Publikation hieß, s. weiter Müller, „Unternehmen Barbarossa", S. 184, und ders., Mobilisierung, S. 588 ff.

- Entlastung der deutschen Ernährungsbilanz durch umfassende Truppenverpflegung aus dem Lande und Abtransport aller Überschüsse ins Reich zur Versorgung der deutschen Bevölkerung (Getreide, Fleisch, Ölsaaten),
- Mineralölgewinnung als unerläßliche Voraussetzung für die notwendigen Erfolge auf dem Gebiet der stark motorisierten Landwirtschaft,
- Manganerzförderung zum Ausgleich der ausfallenden vertraglichen Lieferungen dieses für die Rüstungsindustrie kaum verzichtbaren Rohstoffs,
- Kohlenproduktion als Grundvoraussetzung für jede wirtschaftliche Tätigkeit in den besetzten Ostgebieten insbesondere für die Stromerzeugung, für den Bedarf der Bahn und für den Betrieb industrieller Anlagen,
- Ausnutzung des russischen Holzreichtums im Rahmen der gegebenen Transportmöglichkeiten sowohl für den Truppenbedarf wie für die Deckung des Holzbedarfs im Reich zur dringend notwendigen Schonung der deutschen Waldbestände.

Auch bei diesen schwerpunktmäßigen Beschränkungen schälte sich klar eine Doppelaufgabe heraus:
- Versorgung der Truppe und
- Stärkung der heimatlichen Kriegswirtschaft.

Die Notwendigkeit der Schwerpunktbildung war besonders stark herauszustellen. Bei der Eingliederung deutscher Volkstumsgebiete in das Großdeutsche Reich und bei der Besetzung feindlichen Gebiets war nämlich häufig folgende Erfahrung gemacht worden: Die eingesetzten territorialen Machthaber waren bestrebt, das gesamte wirtschaftliche Leben des von ihnen verwalteten Gebiets mit allen seinen Zweigen so schnell wie möglich in vollem Umfang wieder anlaufen zu lassen, ohne dabei auf die kriegswirtschaftlichen Gesamtinteressen immer die gebotene Rücksicht zu nehmen. Für die besetzten Ostgebiete lag ein solches Verfahren weder im Interesse der auf lange Sicht verfolgten Politik, noch schien es kriegswirtschaftlich vertretbar.

Die Praxis hat dann allerdings gezeigt, daß es gerade während des Krieges unerläßlich war, alle örtlichen Fertigungsmöglichkeiten auszuschöpfen. Schon die Erfüllung der vorbezeichneten, schwerpunktmäßig beschränkten Aufgaben erforderte die Ingangsetzung einer ganzen Reihe von Betrieben. Aber auch die Aufgabenstellung selbst erweiterte sich durch den Bedarf der Truppe, der in einem ungeheurem Ausmaß anstieg. In erster Linie mußten zur Deckung des Nahrungsmittelbedarfs der Truppe alle Betriebe der Ernährungswirtschaft wieder inganggesetzt werden, soweit dies überhaupt möglich war. Hierzu kam der Sofortbedarf der Truppe an Unterkunfts-, Pi- und sonstigen Geräten, wofür in weitem Umfang gewerbliche Betriebe wieder ingangzubringen waren[4]).

---

[4]) Siehe dazu auch einen der ersten Erfahrungsberichte von Major v. Ilberg, IV Wi/AOK 9: Erfahrungen beim Aufbau von Fabrikationsbetrieben in Rußland, vom 15. 10. 1941, BA-MA, RW 31/100. Noch am 28. 7. 1941 hatte Göring gegenüber Nagel erklärt, es sei nicht wichtig, ob die russische Industrie zerstört oder unzerstört in deutsche Hände falle. Es komme allein darauf an, ob die Inbetriebnahme Deutschland im Augenblick Nutzen bringe oder nicht. Da nach den deutschen Kriegszielen die russische Industrie ohnehin weitgehend überflüssig war und diejenigen Anlagen, die von der Roten Armee nicht zerstört worden waren, von deutscher Seite zerstört bzw. „ausgeschlachtet" werden sollten, wurde auf eine Wiederinbetriebnahme zunächst wenig Nachdruck gesetzt, zumindest von

Im Jahre 1941 lag selbst in dieser notwendigen Erweiterung noch eine Beschränkung[5]). Bereits anfangs 1942 ergab sich jedoch die Notwendigkeit einer *allgemeinen* Erweiterung der Aufgaben. Die Nährung der militärischen Operationen aus dem Lande selbst unter Entlastung der Transportmittel erwies sich als erforderlich[6]). Die Stärkung und Ergänzung der heimatlichen Kriegswirtschaft aus den besetzten Ostgebieten weit über den ursprünglich vorgesehenen Rahmen hinaus kam hinzu. Und schließlich war durch Warenzuteilungen an die Bevölkerung nicht nur deren Leistungsfähigkeit, sondern auch deren Leistungswilligkeit zu erhalten. Im zweiten Vierteljahr 1942 wurde daher die Ingangsetzung aller Betriebe und die Ausnutzung des Landes in jeder Richtung für diese Aufgaben befohlen. Diese gewaltige Ausweitung der Aufgaben umfaßte demgemäß die Aktivierung *aller* wirtschaftlichen Kräfte. Die Übersicht der aufgenommenen Betriebe in den verschiedenen Gebieten (Anlage 2) zeigt, daß fast kein wirtschaftliches Gebiet unbearbeitet blieb. An die Vielgestaltigkeit der Leistungen der eingesetzten Wirtschaftsdienststellen wurden damit Anforderungen gestellt, die über die ursprüngliche Aufgabenstellung in weitestem Ausmaß hinausgingen.

Vorbereitungen

Jede Landesausnutzung setzt die Kenntnis des betreffenden Wirtschaftsraumes voraus. Die theoretischen Vorbereitungen für eine etwaige wirtschaftliche Ausnutzung des europa-russischen Wirtschaftsraumes waren von dem Wi Rü Amt im Rahmen seiner Gesamtarbeit sehr frühzeitig in die Hand genommen worden[7]). Die Bearbeitung dieses Wirtschaftsraumes erstreckte sich auf alle Wirtschaftszweige, nicht nur auf die Untersuchung der Rüstungsbetriebe. Durch die sehr klar herausgearbeiteten Übersichten (Wirtschafts-Index) stand den eingesetzten Wirtschaftsorganisationen ein ausgezeichnetes Material zur Verfügung. Zwar konnten die statistischen Angaben nicht einwandfrei sein, da die Sowjets ihre Veröffentlichungen nur sehr vorsichtig, z.T. bewußt irreführend herausgegeben hatten. Jedenfalls hat dieses Material aber außerordentlich dazu beigetragen, daß die Wi-Dienststellen richtig angesetzt werden und an Ort und Stelle sofort abeiten konnten.

---

seiten der zentralen Dienststellen. Der Widerspruch zwischen unstillbaren Truppenbedürfnissen, die zu einer Ausnutzung der vorgefundenen Anlagen zwangen, und den wirtschaftlichen Kriegszielen wurde erst ein Jahr später beseitigt durch den Entschluß, alle noch vorhandenen Möglichkeiten auszuschöpfen. Zu Görings Erklärung s. Schreiben Nagels an Thomas vom 29. 7. 1941, BA-MA, RW 31/97.

[5]) Noch am 8. 11. 1941 legte Göring in seinen Richtlinien für eine „koloniale" Wirtschaftspolitik im Osten die alten Grundsätze ausdrücklich fest; s. zur Dokumentation Eichholtz, Richtlinien. Erst der Umschwung des Krieges Anfang Dezember 1941 förderte einen gewissen Wandel dieser Einstellung. Auch in der Nagel-Studie wird am ursprünglichen Kolonialstandpunkt vorsichtig Kritik geäußert, s. hinten S. 348.

[6]) Siehe Wi Rü Amt/Stab Ia, Übersicht der Forderungen OKH/GenQu an die Ostgebiete für die Zeit 1. 4. 42–31. 3. 43 und voraussichtliche Leistungsfähigkeit Wi Stab Ost, vom 15. 4. 1942, BA-MA, RW 31/117.

[7]) Die Arbeiten setzten bereits im August 1940 ein, unmittelbar nach Hitlers Entscheidung für den Überfall auf die UdSSR; s. Das Deutsche Reich und der Zweite Weltkrieg, Bd. 4, S. 119 ff. Die Darstellung von Schustereit, Planung, ist in dieser Hinsicht besonders unzuverlässig.

Die Schaffung dieser wirtschaftlichen Unterlagen war als wirtschaftliche Mobilmachungsvorarbeit für die Kriegsführung unbedingt erforderlich. Das Wi Rü Amt war wohl allein in der Lage, dieses *zusammengefaßte Material* bei Eröffnung des Rußlandfeldzugs für die praktische Durchführung zur Verfügung zu stellen. Gleichwertig sind diesem Material die Ausarbeitungen des Reichsernährungsministeriums an die Seite zu stellen, das in ähnlicher Weise eine umfassende Darstellung der russischen Ernährungswirtschaft vorbereitet und für die praktische Durchführung ausgearbeitet hatte[8]).

Organisatorische Erwägungen

Bei den Überlegungen, welche Form den Führungsorganen und den Organisationen für die Durchführung der Landesausnutzung zu geben war, lag es ohnehin nahe, diese Aufgabe der Stelle zu übertragen, die sich mit den Vorbereitungen am meisten und daher führend befaßt hatte. Aus diesem Grund und mit Rücksicht auf die durchaus vorherrschende Aufgabe der Truppenversorgung konnten die Organe der wirtschaftlichen Verwaltung zunächst nur militärisch entwickelt werden. Das Feld ihrer Tätigkeit lag zudem im militärischen Hoheitsgebiet (Operationsgebiet).

Wenn schon die Landesausnutzung durch militärische Organisationen zu erfolgen hatte, ergab sich die Frage, ob es überhaupt der Errichtung von besonderen Wirtschaftsdienststellen bedürfe. Möglich erschien auch, diese Ausnutzung den Oberquartiermeistern und ihren Intendanturen zu übertragen. Die Quartiermeister haben die Aufgabe der Truppenversorgung, die entweder aus dem heimatlichen Nachschub oder aus dem Lande selbst erfolgt. Die Aufgabe der Nachschubregelung ist für sich schon eine derart umfangreiche, daß die hierfür bei den Quartiermeisterabteilungen eingesetzten Organe nicht auch noch für die Landesausnutzung in Anspruch genommen werden können. Auch fehlte es an der geeigneten Zusammensetzung und Ausstattung mit Fachkräften hierfür. Eine starke Personalvermehrung, und zwar für einen nicht bodenständigen Stab, wäre notwendig gewesen. Die über die Truppenversorgung hinausgehende Ausnutzung des Landes zugunsten der heimatlichen Kriegswirtschaft liegt ferner wenig im Rahmen der Aufgaben der Quartiermeisterabteilungen; auch sie muß im Interesse der Stetigkeit der Wirtschaftsführung an eine bodenständige Dienststelle gebunden sein. Die Quartiermeisterabteilungen wechseln aber unter Umständen sehr schnell. Es erschien daher zweckmäßiger, Heeresgruppen und AOK's von der Belastung einer Landesausnutzung freizuhalten.

Die Überlegung, daß eine einheitliche und systematische Landesausnutzung um so schwieriger betrieben werden könne, je näher die Front sei, ließ an eine Ausnutzung durch die Truppe im frontnahen Gebiet denken. Wenn auch beim ersten Vormarsch der Wert einer improvisierten Landesausnutzung durch die Truppe nicht verkannt werden soll, so muß doch baldmöglichst die Improvisation einer durchdachten und systematischen Ausnutzung Platz machen. Wie weit dies gelingen kann, hängt von der Frontlage und der Tiefe der Feindeinwirkung einerseits

---

[8]) Siehe das Deutsche Reich und der Zweite Weltkrieg, Bd 4, S. 148 ff.

und dem Verständnis der Truppe andererseits ab. Mit der Tatsache, daß der Truppenführer naturgemäß immer zuerst an seine Truppe denkt und für einen Ausgleich oftmals schwer zu haben sein wird, mußte gerechnet werden. Einer nachhaltigen ordnungsmäßigen Landesausnutzung unmittelbar durch die Truppe stand die weitere Überlegung entgegen, daß der Aufenthalt der Truppe meist nur kurz ist und demgemäß die Stetigkeit, z.B. bei der landwirtschaftlichen Bestellung, infrage gestellt ist. Daher war von vornherein vorzusehen, die Truppe nur in dem unbedingt notwendigen Maß für Betriebs- und Wirtschaftsführung einzuschalten.

Schließlich war bei der Formgebung und Personalausstattung der Wi-Dienststellen zu überlegen, inwieweit eine landeseigene Wirtschaftsverwaltung und Betriebsführung eingerichtet werden könne. Im Frieden bestanden in der UdSSR folgende Organe als leitende Wirtschaftsschicht:

- Die Funktionäre in den wirtschaftlichen Kommissariaten der Union und der einzelnen Republiken, die wirtschaftlichen Hauptverwaltungen, wirtschaftlichen Behörden der Städte usw;
- die Funktionäre der Gewerkschaften, Genossenschaften;
- die leitenden Angestellten der Betriebe in Industrie, Handel, Verkehr, Banken, die wirtschaftlichen Leiter der Kolchosen, Sowchosen, Maschinen-Traktoren-Stationen usw.

Zwar war vorgesehen, daß eine Zusammenarbeit mit dieser führenden Wirtschaftsschicht anzustreben sei, abgesehen von politisch nicht einwandfreien Persönlichkeiten. Die aus militärischen Gründen gebotene Aktivierung von Wirtschaftseinrichtungen, insbesondere auch der Versorgungseinrichtungen, ließen es aber untunlich erscheinen, sich auf die Anwesenheit, Arbeitseinsatzfähigkeit und Zuverlässigkeit dieser von UdSSR-Staat und Partei eingesetzten Führungsschicht zu verlassen. Daher mußte der Ausbau der deutschen wirtschaftlichen Organisationen nach Art und Umfang sicherheitshalber so beschaffen sein, daß auch ohne die sowjeteigene Wirtschaftsschicht nur mit einer deutschen Wirtschaftsverwaltung gearbeitet werden konnte[9]).

Nach den vorstehend aufgezeigten Überlegungen wurden die Wi-Dienststellen insbesondere im Operationsgebiet ausgestaltet.

---

[9]) Die „Beseitigung" der einheimischen Führungsschicht galt – ebenso wie bereits 1939 in Polen – von vornherein als ein vorrangiges Ziel. Selbst in den ersten militärischen Planungen war man davon ausgegangen, große Teile des Landes „ausschlachten" und vernachlässigen zu können; s. Entwurf von Anordnungen des Generalquartiermeisters über militärische Hoheitsrechte, Sicherung und Verwaltung im rückwärtigen Gebiet und Kriegsgefangenenwesen vom Februar 1941, abgedr. in Müller, Kriegsrecht, S. 139 f. Bei den Entwürfen zum sog. Kommissarbefehl, die auch eine Liquidierung politischer und wirtschaftlicher Funktionäre des sowjetischen Staates vorsahen, war es der designierte Chef der Zivilverwaltung und künftige Reichsminister für die besetzten Ostgebiete Alfred Rosenberg, der energisch darauf beharrte, daß zumindest die mittleren und unteren Kader der Wirtschaftsverwaltung unentbehrlich seien; s. Das Deutsche Reich und der Zweite Weltkrieg, Bd 4, S. 437. Dieser Standpunkt wurde schließlich auch in die „Grüne Mappe" vom Juni 1941, S. 18, übernommen, wo lediglich „alle politisch kompromittierten Persönlichkeiten" ausgenommen wurden.

Der Wirtschafts-Stab-Ost

Für die bereits gekennzeichnete Doppelaufgabe mußte also eine militärische Organisationsform gefunden werden, die beiden Aufgaben gerecht werden konnte. *Die Sofortversorgung der Truppe* konnte nur in engster Verbindung mit den militärischen Kommandostellen, insbesondere den Armeeoberkommandos gesichert werden, *die Unterstützung der heimatlichen Kriegswirtschaft* nur dadurch, daß die für die deutsche Kriegswirtschaft verantwortlichen Führungsstellen des Reiches ein Weisungsrecht erhielten.

Erfahrungen aus den Kriegsabschnitten bis 1941 lagen noch nicht vor[10]). In den westlichen Gebieten erfolgte die Besetzung nach kurzem Kampf, eine Front gegenüber einem kämpfenden Gegner war nicht mehr vorhanden. Demgemäß konnte in diesen Gebieten eine Organisation zur Ausnutzung des Landes eingesetzt werden, die ohne Beeinträchtigung durch militärische Ereignisse, und demgemäß losgelöst von den Hoheitsrechten zum Kampf eingesetzter Heeresgruppen und AOK's tätig werden konnte. Eine gleichartige Entwicklung war aber für den Krieg gegen Rußland nicht zu erwarten[11]).

Für die Sofortversorgung der Truppe in engster Verbindung mit den militärischen Kommandostellen wurden Heeresgruppen- und Armeewirtschaftsführer (zunächst IV Wi genannt) eingesetzt. Für die Lenkung der zweiten Aufgabe, Unterstützung der heimatlichen Kriegswirtschaft, und zugleich für den Ausgleich beider Aufgaben wurde der „Wirtschafts-Stab-Ost" mit seinen Unterorganisationen geschaffen, in die auch die AWiFü einbezogen wurden. Entsprechend den vorstehenden Überlegungen wurde der Wi Stab Ost unter eine militärische Führung gestellt und zugleich mit führenden Fachkräften der Wirtschaft ausgestattet, denen die Bearbeitung der Wirtschaftsfragen oblag. Um eine planmäßige, im Rahmen der Gesamtwirtschaft liegende Aufgabeneingliederung sicherzustellen, empfing der Wi Stab Ost seine Führungsanweisungen vom Vierjahresplan. Grundlegend hierfür war der Führererlaß vom 29. 6. 1941[12]):

> „In den neu besetzten Ostgebieten ordnet der Reichsmarschall Hermann Göring als Beauftragter für den Vierjahresplan im Rahmen der ihm als solchem zustehenden Befugnisse alle Maßnahmen an, die zur höchstmöglichen Ausnutzung der vorgefundenen Vorräte und Wirtschaftskräfte zugunsten der deutschen Kriegswirtschaft erforderlich sind. Hierzu kann er auch den Dienststel-

---

[10]) Diese Feststellung trifft nicht zu. Dem widersprechen nicht nur die Ausarbeitungen des Wi Rü Amtes selbst, s. Thomas, Geschichte, S. 205 ff., sondern auch der Erfahrungsbericht der Abt. Kriegsverwaltung des GenQu vom 10. 2. 1941, abgedr. in Müller, Kriegsrecht, S. 142 ff.

[11]) Tatsächlich aber erwartete man in der militärischen Führungsspitze auch in diesem Falle einen kurzen Feldzug von höchstens zwei Monaten Dauer. Daher nahm die Heeresführung die Abkoppelung der Wirtschaftsorganisation ohne Widerspruch hin. Die Trennung von der Militärverwaltung des OKH war letztlich das Ergebnis interner Rivalitäten, die General Thomas für das OKW und mit Hilfe Görings für sich entschieden hatte. Die hier von Nagel versuchte sachliche Rechtfertigung ist daher nur mit Vorbehalt zu betrachten. Noch Mitte Mai 1941 hatte der Generalquartiermeister angenommen, daß die Arbeit der Wirtschaftsorgane erst nach Abschluß der Operationen beginnen werde; s. Schreiben Arbeitsstab zbV an General Thomas vom 13. 5. 1941, BA-MA, Wi/ID. 45.

[12]) Erlaß des Führers über die Wirtschaft in den neubesetzten Ostgebieten, vom 29. 6. 1941, abgedr. in KTB OKW, Bd 1, Dok. Anhang Nr. 63.

len der Wehrmacht in den besetzten Ostgebieten unmittelbare Weisungen erteilen."

Auf Grund dieses Erlasses bildete der Reichsmarschall (als V.P.) für die besonderen Aufgaben des besetzten Ostens den „Wirtschaftsführungsstab-Ost" (Wi Fü Stab Ost). Unter Führung des Reichsmarschalls lag somit die Wirtschaftsverwaltung im Operationsgebiet (über den Wi Stab Ost) und in den später eingerichteten politischen Verwaltungsgebieten (über die Reichskommissare) in der gleichen Hand wie die Leitung der deutschen Gesamt-Kriegswirtschaft.

Um eine kurzgeschaltete Einheitlichkeit in der Vorarbeit und bei der Durchführung zu erzielen, waren die wirtschaftlichen Sachbearbeiter des Wi Fü Stabes und des Wi Stabs Ost zugleich Facharbeiter in den wirtschaftlichen Ministerien und sonstigen Zentralstellen.

Durch die militärische Spitze des Wi Stabs Ost sollte die Sicherheit gegeben werden, daß die militärischen Belange in Führung und Durchführung genügend zur Geltung kamen[13]). Diese Belange mußten der militärischen Entwicklung folgen. Aus ihr ergaben sich somit die Aufgaben des Wi Stabs Ost immer wieder neu. Sie mußten dann schnell erfaßt und durchgeführt werden. Folgerichtig ergab sich die Notwendigkeit, eine Verbindungsstelle des Wi Stabs Ost bei dem Generalquartiermeister des Heeres (Gen Qu) zu schaffen, nachdem der Wi Stab Ost seinen Standort aus der Nähe des Gen Qu wieder nach der Reichshauptstadt, als dem Sitz der kriegswirtschaftlichen Führungsstellen, zurückverlegt hatte.

Im Auftrag des Vierjahresplanes hatte der Wi Fü Stab die Aufgabe, im Rahmen der gesamten deutschen Kriegswirtschaftsführung Richtlinien für die Landesausnutzung der Ostgebiete auszuarbeiten. Ausführendes Organ war in allen Operationsgebieten des Ostens der Wi Stab Ost, der wie folgt zusammengesetzt war:

Stab
Chefgruppe Landwirtschaft (La)
Chefgruppe Wirtschaft (W)
Chefgruppe Forst- und Holzwirtschaft (FH)
Chefgruppe Arbeit (A)
Chefgruppe Betriebsförderung und Berufserziehung (BB).

Unterorganisationen des Wi Stabes Ost waren sämtliche Wi-Dienststellen im Heeres- und im Armeegebiet. Nachgeordnete Dienststellen waren:

Heeresgebiet:	Wirtschaftsinspektion (Wi In) bzw.
	Heeresgruppen-Wirtschaftsführer (HE Wi Fü),
	Wirtschaftskommando (Wi Kdo),
	Nebenstellen der Wi Kdos,
	Verbindungsoffiziere (VO).
Armeegebiet:	Armeewirtschaftsführer (A Wi Fü),
	vorgezogene Wi Kdos,
	Nebenstellen der Wi Kdos, VO's.

[13]) Intern hatte die militärische „Führungsschiene" Probleme, sich gegenüber den zivilen Fachgruppen durchzusetzen, denn — wie Nagel rasch erkannte — das Reichswirtschaftsministerium und der Reichsnährstand setzten „planmäßig für leitende Stellungen nur erstklassiges Personal" ein, was für den Wehrmachtsektor nicht ohne weiteres zutraf; s. Nagels Bericht über seine Reise nach Lemberg zur Wi In Süd, vom 28. 7. 1941, BA-MA, RW 31/97.

Der Wirtschaftsinspekteur (Wi-J) war gleichzeitig He Wi Fü. Hatte er seinen Dienstsitz nicht am Ort der Heeresgruppe, so stellte er einen Verbindungsstab zur H.Gr. ab.

Die VO's wurden zur Verbindung mit den militärischen Verwaltungsbefehlsstellen (Befehlshaber im Heeresgebiet, Feldkommandanturen usw.), falls erforderlich mit kleinen Wirtschaftsgruppen, eingesetzt.

Der Gedanke, auch die improvisierte Landesausnutzung beim ersten Vormarsch und im frontnahen Gebiet möglichst nach wirtschaftlichen Gesichtspunkten zu gestalten, führte zur Einsetzung von Korps- und Divisionswirtschaftsoffizieren, die in engstem Einvernehmen mit dem AWiFü zu arbeiten hatten.

Inwieweit noch weitere wirtschaftliche Einheiten den He Wi Fü bzw. AWiFü zugeteilt werden konnten, wird bei Behandlung der Stellung und Aufgaben dieser Organe darzustellen sein. Eine Gliederungsübersicht liegt an (Anlage 3).

Die bei seiner Aufstellung beabsichtigte, ihm zu gebende Durchschlagskraft des Wi Stabes Ost lag in der engen Verbindung mit dem OKW und OKH, in der militärisch geführten Zusammenarbeit der wirtschaftlichen Fachbearbeiter, die zugleich in der allgemeinen Kriegswirtschaft tätig waren, in der Leitung der Untergliederungen nach militärischen Grundsätzen und in der Verknüpfung seiner vorgeschobenen Dienststellen mit den Inhabern der vollziehenden Gewalt im Operationsgebiet und mit den Truppen als Bedarfsträger. Der Wi Stab Ost hat in seiner Gliederung und in seiner Arbeitsweise während seiner ganzen Tätigkeit keine grundsätzliche Änderung erfahren. Umgestaltung einiger Gruppen (A, FH, BB), die zunächst keine selbständigen Chefgruppen waren, war nur formelle Änderung. Auch im übrigen bezogen sich Änderungen nur auf Vervollkommnung der Dienstanweisung, auf Ergänzung der Unterstellungsvorschriften, auf die Einführung der Bezeichnungen AWiFü und He Wi Fü und auf die Neufestlegung ihrer Aufgaben usw.

Im Jahre 1943 wurden dem Wi Stab Ost auch die Wehrwirtschafts-Inspektionen (Wwi In'en) Ostland und Ukraine unterstellt, die bis zu diesem Zeitpunkt als Rüstungs-Inspektionen (Rü In'en) dem damaligen Wi Rü Amt des OKW unterstanden hatten. Diese Wwi In'en hatten die gleichen Aufgaben wie die Rü In'en in der Heimat. Außerdem lagen die gesamten Wi-Transporte in ihrer Hand.

Der Armeewirtschaftsführer

Für die kämpfende Truppe bildet zunächst die Armee eine Bedarfsträgereinheit. Entsprechend dem Grundsatz, die Landesausnutzung nur durch Wi-Organe durchführen zu lassen, mußten die Armeen mit Wi-Organen ausgestattet werden, die in der Lage waren, aus dem Land alles herauszuholen, was für die Truppe sofort notwendig war. Daraus ergab sich die Schaffung eines „Armeewirtschaftsführers" mit den ihm zuzuteilenden Wirtschaftsfachbearbeitern. Der AWiFü wurde voll dem AOK unterstellt, allerdings mit einer Bindung an die wirtschaftlichen Führungsanweisungen des He Wi Fü. Damit war der stärkste Einfluß des AOK auf die Wirtschaftsführung im Armeegebiet gesichert. Bei mehrfacher Änderung der Dienstanweisung für den AWiFü blieb immer die Tendenz vorherrschend, daß er als Organ des Armeeoberbefehlshabers in erster Linie für die Armee zu sorgen hatte.

Grundsätzlich umfaßte diese Aufgabe: Ernährung aus dem Lande, Licht und Kraft, Schaffung von Möglichkeiten für Reparaturen an Waffen und Gerät. Außerdem war es Aufgabe des AWiFü, die Armee in allen Fragen zu beraten, welche die militärischen Maßnahmen von der Wirtschaft her berührten. Auf die engste Zusammenarbeit der Korps- und Div. Wirtschaftsoffiziere mit ihm ist bereits hingewiesen.

Gleichzeitig war es aber auch Aufgabe des AWiFü, alle wertvollen Vorräte und Erzeugungsstätten zu erkunden und zu sichern, deren Ausnutzung für die *allgemeine* Kriegswirtschaft erforderlich war. Damit tritt schon während des Vormarsches die heimische Kriegswirtschaft mit Forderungen auf. Die Doppelaufgabe der Landesausnutzung schält sich somit auch für den AWiFü klar heraus. Für die Versorgung der Armee war er ihr dienendes Organ, für die Sicherung der Landesvorräte und Erzeugnisse für die deutsche Kriegswirtschaft war er Organ der ihm hierfür übergeordneten Wi In (He Wi Fü).

Für die Durchführung seiner Aufgaben mußte der AWiFü wirtschaftliche und technische Truppen zur Verfügung haben. Zur ersten Erkundung, Erfassung und Sicherung von Vorräten und Betrieben war für ihn ein „Wehrmachtserfassungskommando" (WEK) erforderlich. Durch das „Wirtschaftskommando" (Wi Kdo) hatte er die Wirtschaft in allen in Betracht kommenden Zweigen ingangzubringen und zu betreiben. Zur sofortigen Übernahme aller ernährungswirtschaftlichen Betriebe, insbeondere beim technischen Wiederaufbau, mußte er den „Landwirtschaftlich-technischen Zug" (La-te-Zug) haben. Elektrizitäts- und Wasserwerke bedurften für ihren sofortigen Wiederaufbau und ersten Betrieb einer größeren Anzahl von Fachkräften, die dem AWiFü in dem „Technischen Batl." (TB) zur Verfügung zu stellen waren. Für Erfassung, Registrierung und Ernährung der Arbeitskräfte war er mit Fachbearbeitern auszustatten (Fachkräfte Arbeit und BB).

Die Wirtschaftsinspektion

Waren den AWiFü für ihre Aufgaben zweckmäßig zusammengesetzte Wi-Dienststellen zuzuführen, so ergab sich die Frage, welche Dienststelle die Zuführung übernommen sollte. Der anfängliche Versuch, die AWiFü an eine zentrale Stelle in Berlin, z.B. das Wi Rü Amt, zu binden[14]), mußte scheitern, da es sich als unmöglich erwies, den Einsatz und die Nährung der AWiFü von Berlin aus zu leiten. Folgerichtig ergab sich die Notwendigkeit, für mehrere Armeen, also für die H.Gr., eine Wi-Dienststelle vorzuschieben, die zunächst einmal *diese* Aufgabe hatte. So ergab sich die Bildung der „Wirtschaftsinspektion".

Der Wi In mußten naturgemäß die den AWiFü's zuzuführenden Wi-Dienststellen im Umfang des voraussichtlichen Bedarfs zur Verfügung stehen.

Der Wi-I mußte auch die Stelle sein, die den AWiFü – unbeschadet deren großer Selbständigkeit – die ersten allgemeinen wirtschaftlichen Anweisungen zu

[14]) Das entsprach der Führungsschiene des Generalquartiermeisters, der seine Oberquartiermeister bei den Armeen direkt von Berlin aus führte.

geben hatte für die Landesausnutzung zur Deckung des Sofortbedarfs der Truppe und im Interesse der heimatlichen Kriegswirtschaft. Für die letztere Aufgabe erhielt der Inspekteur seinerseits Weisungen vom Wi Stab Ost, der ihm die Schwerpunkte vom Stand der deutschen Kriegswirtschaft aus zu bezeichnen hatte.

Mit der Nährung der AWiFü war aber nur eine vorläufige Ausnutzung des Landes in den Armeegebieten in Arbeit genommen. Die Organisation der Ausnutzung in den Gebieten hinter den Armeen, also in den Heeresgebieten, war ohnehin Aufgabe der Wi In. Für diese zweite Aufgabe mußten die Wi In'en selbst Wi Kdos und gegebenenfalls besondere Einheiten zur Verfügung haben.

Somit war jede Wi-Dienststelle im Gebiet der H.Gr., jede Gesellschaft, jedes Unternehmen, die sich mit wirtschaftlichen Angelegenheiten befaßten, an die Weisungen der Wi In gebunden, soweit nicht für betriebliche oder geschäftliche Tätigkeiten übergeordnete Sonderweisungen festgelegt wurden.

Damit war die Wi In eine Dienststelle, die für die Ausnutzung des Landes auf allen Gebieten verantwortlich war. Es war also keinerlei Trennung der Landesausnutzung für den zivilen bzw. militärischen Bedarf vorgesehen. Vielmehr war die Wi In verantwortlich für die gesamte wirtschaftliche Betätigung: von der Ernährungswirtschaft bis zur letzten gewerblichen Kleinwirtschaft, vom Arbeitseinsatz bis zu den Transportaufgaben im Wirtschaftssektor, von den Finanzaufgaben bis zu den Wirtschaftswissenschaften. Mit den Verhältnissen in der Heimat verglichen, vereinigte der Wi-I unter seiner Führung Aufgaben des Reichsernährungs-, Wirtschafts-, Arbeits-, Finanzministeriums und der deutschen Reichsbank, der deutschen Arbeitsfront, des Propaganda-, des Rüstungsministeriums bzw. die Aufgaben der wirtschaftlichen Generalbevollmächtigten. Unter dem Wi Stab Ost waren die Wi In'en damit gewissermaßen die Außenstellen des Vierjahresplans.

Für diese Aufgaben war eine entsprechende Personalaustattung der Wi In'en erforderlich, um alle Voraussetzungen zu schaffen, die erforderlich waren für Erkundung, Erfassung, Sicherung, Verwendung, Transport, Betreibung von Fertigungsstätten, Besetzung mit Betriebsführern, Arbeitseinsatz, Versorgung mit Rohstoffen und Betriebsmitteln, Zuführung von Energie und Kraft usw. Außer mit einer militärischen Führungsgruppe wurden die Wi In'en daher mit allen Chefgruppen (La, W, A, FH, BB) ausgestattet, wie sie der Wi Stab Ost hatte.

Die den Wi In'en unterstellten Wi Kdos erhielten im wesentlichen die gleiche Einteilung und Zusammensetzung wie die Wi In'en selbst. Je nach der Struktur des Wirtschaftsgebietes konnten diese Wi Kdos in ihrer Stärke verschieden sein, insbesondere vermehrt um Organe, welche die erste Betriebsführung übernehmen oder die Ingangsetzung der Betriebe überwachen konnten (siehe „Das Wirtschaftskommando").

Nach Eintritt der großen Absetzbewegungen war eine systematische Landesausnutzung nicht mehr möglich; insbesondere nicht mehr die Aufrechterhaltung einer großgewerblichen und ernährungswirtschaftlichen Erzeugung, wie sie z.B. in der Ostukraine und im Don-Donez-Gebiet zugunsten der heimischen Kriegswirtschaft betrieben worden war. Die bodenständigen Großaufgaben einer Inspektion entfielen. Die Aufgaben der Sofortversorgung der Truppe, der wirtschaftlichen Zerstörung, Räumung und Bergung, sowie des Arbeitseinsatzes und des Rücktransports der Arbeitskräfte und deren Betreuung traten in den Vordergrund. Die Wi In'en wurden daher Ende 1943 aufgelöst. Bei zwei H.Gr. blieben die He Wi Fü mit einem kleinen Stab, jedoch zugleich mit der notwendigen Ausstattung von Fachkräften für die obengenannten Zwecke. Bei anderen H.Gr. wurden „Wirtschaftsabteilungen" für die vorliegenden Aufgaben belassen. Sowohl bei der H.Gr. als auch bei den AOK's verblieben außerdem „Einsatzgruppen" bzw. „Einsatzkommandos" in der jeweils erforderlichen Stärke für die Durchführung der oben erwähnten Aufgaben.

Das Wirtschaftskommando

Das Wi Kdo war die Dienststelle, die in ihrem Gebiet (meist Oblast) die praktische Ausführung der Arbeiten in allen Wirtschaftszweigen an Ort und Stelle durchzuführen hatte. Ihr direkt unterstand jede Betätigung auf land-, forst- und holzwirtschaftlichem und gewerblichem Gebiet, einerlei ob sie sich unter Leitung eigener Fachkräfte oder von Ostgesellschaften, Patenfirmen, Einzeltreuhändern usw. vollzog. Ihr direkt unterstand auch der Mencheneinsatz und die Menschenführung der einheimischen Bevölkerung. Damit war das Wi Kdo die eigentliche *Ausführungs*stelle der praktischen Landesausnutzung. Seine wesentliche Aufgabe war, für alle Voraussetzungen zu sorgen, die für einen Betrieb erforderlich sind. In diesen Aufgabenkreis fallen:

- Die Erkundung des Betriebes auf Zustand und Ausnutzungsmöglichkeit;
- die Einsetzung des Betriebsführers;
- die Zuweisung von Arbeitskräften zum Wiederaufbau und zum Betrieb;
- die Zuführung von Energie, Werk- und Rohstoffen und Betriebsmitteln;
- die finanzielle Ausstattung;
- die Sorge für die Unterbringung, Ernährung und Bekleidung der Arbeiter;
- Werkschutzaufgaben aller Art.

Für diese Aufgaben mußten die Wi Kdos mit den entsprechenden Fachkräften ausgestattet werden.

Sie erhielten im wesentlichen die gleiche Einteilung und Zusammensetzung wie die Wi In'en (als *Gruppe* La, FH, W. A, BB). Die Personalbesetzung konnte in ihrer Stärke und Zusammensetzung verschieden sein, insbesondere vermehrt, um Fachkräfte, welche die erste Betriebsführung übernehmen konnten. Maßgebend mußte immer die wirtschaftliche Struktur des Gebietes sein.

Der Einsatz des Wi Kdos oblag der Wi In, die auch die Gebietsabgrenzung bestimmte. Die erforderlichen fachlichen Weisungen, insbesondere auch die Bestimmung, welche Betriebe oder Betriebsgruppen wieder in Gang zu setzen waren, sowie der Ausgleich an Rohstoffen und Betriebsmitteln oblagen der Inspektion. Diese hatte auch das Verfügungsrecht über die Produktion selbst, die nach übergeordneten Gesichtspunkten gesteuert werden mußte.

Das Wi Kdo war somit den Betrieben gegenüber als eine auftraggebende und beaufsichtigende Dienststelle gedacht. Andererseits hatte das Wi Kdo mit seinen Fachkräften den Betrieben alles zuzuführen, was für deren „Betreiben" erforderlich war.

Den Wi Kdos oblagen weiterhin alle Wirtschafts-Transportaufgaben, die einen besonders wichtigen und breiten Raum bei der wirtschaftlichen Nutzung jeder Art einnahmen. Alle wirtschaftlichen Befehle und Anordnungen fanden hier ihre entscheidende Verbreitungsstelle. Jeder Betrieb, jede noch so kleine entfernt und einsam sitzende La-, Forst-, Arbeits- usw. -Dienststelle war durch die Wi Kdos bis in alle Einzelheiten hierüber zu unterrichten bzw. anzuweisen. Das Nachrichtenwesen einwandfrei funktionierend zu gestalten, war daher ebenfalls wichtige Aufgabe der Wi Kdos.

Der Kommandeur stand endlich vor der hochverantwortlichen Aufgabe der Fürsorge und der Wahrung der Disziplin gegenüber allen in seinem Bereich wirtschaftlich eingesetzten deutschen Personen.

Durchführungs-Richtlinien

Für die Durchführung der Landesausnutzung wurde mit Aufstellung des Wi Stabs Ost die *„Grüne Mappe"* (2 Teile) geschaffen[15]. Teil I sollte der Truppenführung und den Wi-Dienststellen zur Orientierung über die wirtschaftlichen Aufgaben in den neu zu besetzenden Gebieten dienen. Er ist zum grundlegenden Wirtschafts-Handbuch im Osten geworden. Teil II war als Nachschlagewerk für alle grundlegenden Verfügungen auf dem Gebiet der Wirtschaft und der die Wirtschaft berührenden Verwaltung unentbehrlich.

Eine Übersicht über die Wirtschaft der UdSSR mit ausgezeichneten Kartenbeilagen wurde vom Wi Rü Amt in der *„Roten Mappe"* geschaffen[16]. Die unzureichenden und zum Teil irreführenden Veröffentlichungen der UdSSR und die Schwierigkeiten, einwandfreie Unterlagen zu beschaffen, hatten naturgemäß zur Folge, daß Angaben und Statistiken z. T. unvollständig waren.

Die der Vorbereitung und einheitlichen Ausrichtung des Einsatzpersonals auf dem La-Sektor dienenden Richtlinien und Anweisungen wurden in der *„Gelben Mappe"* (Kreislandwirtschaftsführermappe) zusammengefaßt[17]. Sie enthielt u.a. Gebote für das Verhalten der deutschen La-Führer im Osten und für die Behandlung der einheimischen Landbevölkerung. Die ernährungspolitischen Ziele des Ostfeldzugs waren hier herausgestellt:

- Die Versorgung der deutschen Wehrmacht sowie der deutschen Zivilbevölkerung auf Jahre hinaus sicherzustellen und
- die Ernährungswirtschaft Rußlands auf die Dauer in den europäischen Rahmen einzubeziehen.

---

[15] Wirtschafts-Führungsstab Ost, Richtlinien für die Führung der Wirtschaft in den neubesetzten Ostgebieten (Grüne Mappe), Teil I: Aufgaben und Organisation der Wirtschaft. Berlin, Juni 1941, BA-MA, RW 31/128 D, abgedr. auch in Fall Barbarossa, Nr. 112; Teil II (2. Auflage), Ergänzungsmaterial zu Teil I, vom November 1941, BA-MA, RW 31/130, Teil II (2. Auflage), Ergänzungsmaterial zu Teil I, vom August 1942, BA-MA, RW 31/131; Ergänzungen vom November 1942 – Februar 1943, BA-MA, RW 31/133.

[16] OKW/Wi Rü Amt/Wi (VI) Nr. 2758/41 g, Die Wehrwirtschaft der Union der Sozialistischen Sowjet-Republiken (UdSSR). Teil I. Kurze Charakteristik und Gesamtbeurteilung der wehrwirtschaftlichen Lage. Stand März 1941, BA-MA, RW D 16/34, abgedr. auch in Fall Barbarossa, Nr. 20

[17] Wi Stab Ost: „Kreislandwirtschaftsführer-Mappe", vom 1. Juni 1941, BA-MA, RW 31/135.

Dienstanweisung für Kreis-La-Führer, Erfassungsrichtlinien, Übernahme- und Bewirtschaftungsrichtlinien für die verschiedenartigen sowjetischen Landbewirtschaftungsbetriebe waren in ihr enthalten.

Für die allgemeine Verwaltung wurden die allgemeinen politischen und wirtschaftspolitischen Aufgaben in den neu besetzten Ostgebieten in der *„Braunen Mappe"* zusammengefaßt[18]). Danach waren die Ostgebiete nicht für ein unabhängiges Eigenleben bestimmt, sondern als Teil des großdeutschen und europäischen Lebensraums und hatten darin ihre bestimmten Aufgaben. Auf politischem und wirtschaftlichem Gebiet wurde eine Zielsetzung für den gegenwärtigen Krieg und die ferne Zukunft unterschieden. Nahziel mit unbedingtem Vorrang war das Gewinnen des Krieges. Die für die Zukunft beabsichtigte Gestaltung des Ostraums war Fernziel und bildete die eigentliche Aufgabe des Reichsministers für die besetzten Ostgebiete.

[18]) Der Reichsminister für die besetzten Ostgebiete, III Wi 2461/42, Die Zivilverwaltung in den besetzten Ostgebieten (Braune Mappe), Teil A: Richtlinien für die Wirtschaftsführung. Berlin, April 1942, BA-MA, RW 31/134. Zur Kritik an den rücksichtslosen Ausbeutungsabsichten der militärischen Wirtschaftsverwaltung bereits im Sommer 1941 s. auch das Memorandum von Otto Bräutigam (abgedr. in Gibbons, Allgemeine Richtlinien), das weitgehend in die Arbeitsrichtlinien des RMfdbO für die Zivilverwaltung (Braune Mappe), Teil I, eingeflossen ist (abgedr. in Grüne Mappe, Teil II, 2. Auflage vom August 1942, BA-MA, RW 31/131.

2. Der Ostfeldzug – wirtschaftlich gesehen

Am 22. Juni 1941 trat die deutsche Wehrmacht zum Krieg gegen die Sowjet-Union an. Nach den vom Führer gegebenen Befehlen war das wirtschaftliche Hauptziel der Operationen „soviel wie möglich Lebensmittel und Mineralöl für Deutschland zu gewinnen"[19]. Daneben waren im Interesse der deutschen Kriegswirtschaft auch sonstige Mangelrohstoffe von Bedeutung. Für den Vormarsch waren 3 H.Gr.: Süd, Mitte und Nord aufgestellt. Die militärische Gliederung der H.Gr., die zugeteilten Armeen, deren OB, Generalstabschefs, Oberquartiermeister und VO/IV Wi sind aus der Anl. 4 ersichtlich.

Eroberung und Aufgabe von Wirtschaftsgebieten

Der Kriegsverlauf bis zum Ausgang des Jahres 1943 läßt sich militärisch und wirtschaftlich in 4 Hauptabschnitte gliedern[20].

Vormarsch 1941

Die *Heeresgruppe Süd* eroberte Ostgalizien mit dem Erdölgebiet von Drogobitsch, Bessarabien und das Schwarzerdegebiet der Westukraine, das Industriegebiet im Dnjepr-Bogen und am Asowschen Meer, die Krim mit Ausnahme von Sewastopol, das Kohlenbecken von Stalino und die Industriestädte Charkow und Rostow.

Die *Heeresgruppe Mitte* zerschlug in mehreren gewaltigen Kesselschlachten den feindlichen Widerstand und eroberte damit das forstwirtschaftlich wichtige Gebiet von Bialystok, das wald- und sumpfreiche Weißruthenien und drang, über Brjansk und Smolensk vorgehend, in Kaluga bis an die Grenze des Industriebezirks von Tula, und in Kalinin bis an die Grenze des Moskauer Industriegebiets vor.

Die *Heeresgruppe Nord* befreite die baltischen Staaten mit ihrer ertragreichen Landwirtschaft, ihrer ergiebigen Forstwirtschaft und der nicht unbeachtlichen lettischen Fertigwarenindustrie. Sie brachte das estnische Ölschiefergebiet sowie die Phosphoritvorkommen in deutsche Gewalt, entzog dem Gegner durch Einschlie-

[19]) Grüne Mappe, Teil I, S. 3 (Anm. 15).

[20]) Zum militärischen Verlauf des Ostkrieges s. Das Deutsche Reich und der Zweite Weltkrieg, Bd 4, S. 451 ff., Bd 6, Beitrag Wegner sowie für die erste Phase auch den Überblick bei Ueberschär, Scheitern.

ßung das Potential der Rüstungsindustrie in Leningrad und drang bis Tichwin mit seiner Buntmetallerzförderung und Aluminiumindustrie vor.

Der Ausfall an lebens- und kriegswichtigen Gütern, der sich aus diesen deutschen Erfolgen für die UdSSR ergab, wird durch folgende Zahlen beleuchtet[21]):

Getreide	24 000 000 jato		
Ölfrüchte	600 000 jato		
Waldfläche	19 000 000 ha		
Erdöl aus Ostgalizien	200 000 jato	=	1%
Ölschieferdestillate	200 000 jato	=	1%
Eisenerze	16 000 000 jato	=	60%
Manganerze	1 400 000 jato	=	45%
Eisen-, Stahl- und Walzwerkserzeugnisse	16 000 000 jato	=	66%
Steinkohle	85 000 000 jato	=	60%
Koks	22 000 000 jato	=	70%
Aluminium	40 000 jato		–

(etwa im Verhältnis zu 1937).

Für den Verlust an Kraftstrom ist die Jahreserzeugung der besetzten Ostgebiete von rd. 10 Milliarden kWh vor der Besetzung kennzeichnend[22]). Im Gebiet der H.Gr. Süd allein betrug der Verlust für die Sowjet-Union 1 650 000 kW installierte Leistung.

Winterstop 1941/42

Die sowjetische Winteroffensive vermochte von den in den vorangegangenen Monaten verlorenen Werten der russischen Kriegswirtschaft nichts Wesentliches zurückzugewinnen. Lediglich vorgeschobene Stützpunkte unserer Angriffsfront wie Kertsch, Rostow, Kaluga, Kalinin und Tichwin mußten geräumt werden. Allerdings ging namentlich in Kaluga und Kalinin wertvolles Beutegut an Gummi, Baumwolle, Asbest und Textilien wieder verloren. Die Pläne der Operationen gegen die Industriegebiete von Tula und Moskau, sowie zur Vereinigung unserer Streitkräfte mit den Finnen über das Aluminiumgebiet von Tichwin mußten aufgegeben werden.

Offensive 1942

Als Auftakt zur Sommeroffensive 1942 brachte die Wiedereroberung der Halbinsel Kertsch ein nicht zu unterschätzendes Industriegebiet (Eisenerz und Erdölhöffigkeit, Borax) in deutsche Hand. Gleichzeitig wurde in einer Kesselschlacht die

---

[21]) Siehe dazu auch im einzelnen die regelmäßig vom Wi Stab Ost verteilten Orientierungen über die wehrwirtschaftliche Bedeutung der neubesetzten sowjetischen Gebiete, BA-MA, RW 31/92 ff.

[22]) Die gesamte Elektrizitätserzeugung der UdSSR betrug 1940 48,3 Mrd. kWh; Segbers, Sowjetunion, S. 161.

Absicht des Feindes vereitelt, unseren Aufmarsch durch einen Großangriff im Raum südlich Charkow zu stören. Im Verlauf der Operationen des Sommers 1942 wurden 2 neue H.Gr. eingesetzt: H.Gr. Kaukasus und H.Gr. Don. Über die militärische Gliederung der deutschen Ostfront bei *Beginn der Operationen* gibt die Anl. 5 Aufschluß (Heeresgruppen, Armeen mit OB, Gen.St.Chef, O Qu und AWiFü bzw. VO/IV Wi).

Es gelang den 3 im Süden der Ostfront operierenden H.Gr. (B., Don, A) nacheinander über Kursk bis über den Don nach Woronesh vorzustoßen, den Ostteil des Donezbeckens und den großen Donbogen zu besetzen, über Rostow die Nordabhänge des Kaukasus mit der fruchtbaren Kubanniederung zu gewinnen und über Kalatsch in Stalingrad die Wolga zu erreichen. Wehrwirtschaftlich gesehen, bedeutete dieser Geländegewinn der verbündeten Armeen für die Sowjets eine weitere Einbuße an Rohstoffgebieten und Erzeugungsstätten[23]):

– Das Erdölvorkommen von Maikop mit einer Friedensförderung von 1 Million jato,
– die Kuban- und Manytschniederungen mit ihren reichen landwirtschaftlichen Erträgen (Reis, Tabak, Wein) und großen Viehherden,
– das östliche Donezbecken mit den bedeutenden Industriezentren von Kramatorskaja, Woroschilowgrad und Rostow sowie den besonders wertvollen Kohlegebieten von Tschistjakowo und Schachty (Lok-Kohle und Anthrazit),
– die hochpotentielle Rüstungsindustrie von Stalingrad.

Rückzug 1943

Panzerdurchbrüche der Sowjets durch die Fronten der nebeneinander eingesetzten verbündeten Armeen (beginnend am 18. 11. 42 bei der rumänischen 3. und 4. Armee) und die Einschließung und Überwältigung der 6. deutschen Armee in Stalingrad zwangen die deutsche Führung zunächst zu einer Zurückverlegung der südlichen Kampffront an die Flußläufe Mius, Donez und Oskol, und im Kaukasusgebiet auf die Halbinsel Taman (Kubanbrückenkopf). Verloren gingen damit das Kaukasus- und Dongebiet. Zugunsten der Truppenversorgung und der Wehrwirtschaft blieben aber zunächst die Krim und das Donezgebiet erhalten. Dem Feind gelang vorübergehend ein tiefer Einbruch, der zur Räumung von Charkow und Auflockerung der Dnjeprstädte führte, aber durch herangeführte Reserven kurzfristig wieder ausgeglichen wurde.

Durch den Verrat Italiens einerseits und die Versammlung einer englisch-nordamerikanischen Invasionsarmee in Südengland andererseits wurde die Stützung der Ostfront durch ausreichende Reserven unmöglich. Als infolgedessen die Sowjets im Juli 1943 mit weit überlegenen Kräften an Menschen und Material an der gesamten Ostfront zur Offensive übergingen, konnte der vom Gegner beabsichtigte und immer wieder versuchte Durchbruch mit seinen unabsehbaren operativen Folgen nur dadurch vermieden werden, daß große und wesentliche Teile der besetzten Ostgebiete staffelweise nacheinander geräumt wurden. Damit gingen verloren:

---

[23]) Siehe Nachrichtenblätter über die Bedeutung und den Zustand der neubesetzten Gebiete im Osten, BA-MA, RW 31/93.

– Das Donezbecken mit Kohlenbergbau, Eisen- und chemischer Industrie,
– der Dnjeprbogen mit Eisen- und Manganerzbergbau und Eisenindustrie,
– fast die gesamte Ukraine (Schwarzerdegebiet),
– mehr als die Hälfte der bisherigen Waldfläche mit rd. 10 Millionen ha.

Kampfmethoden

Abweichend von den Erfahrungen in den früheren Feldzügen dieses Krieges traten im Kampf gegen die UdSSR erstmalig zwei Kampfmethoden des Gegners hervor, die gerade bei der Betrachtung des Kriegsverlaufs vom wirtschaftlichen Standpunkt der Erwähnung bedürfen:
Die Devastierung des Landes,
die Organisierung des Bandenkrieges.

„Verbrannte Erde" (Devastierung)

Sofort nach Eröffnung der Feindseligkeiten im Osten erließ Stalin Befehl, Industriewerke und technische Anlagen zu zerstören, Vorräte aller Art – insbesondere die Ernte – unbrauchbar zu machen, Menschen und Vieh nach dem Osten abzutransportieren[24]).

In den nach 1939 von den Sowjets besetzten Gebieten gelang die Durchführung dieser Stalinbefehle wegen des Widerstands der Bevölkerung und der Schnelligkeit des deutschen Vormarsches nur in seltenen Fällen. Je weiter unsere Truppen aber nach Osten vorstießen, desto mehr gaben die befohlenen Devastierungen dem Lande das Gepräge. Anfangs, z.B. im Drogobitscher Ölrevier, wurden lediglich planlose Zerstörungen versucht; weiterhin stellten unsere Truppen systematische Lähmungen durch Beseitigung lebenswichtiger Maschinenteile fest. Später zeigte sich, daß sogar ganze Industriewerke ausgebaut und mit ihrem Facharbeiterstamm nach neuen Industriegebieten ostwärts der Wolga abtransportiert waren. Wo diese Evakuierung sich nicht mehr hatte durchführen lassen, war die Zerstörung durch Sprengstoff und Feuer meist bis zur vollständigen Vernichtung gesteigert. Jedenfalls waren die Voraussetzungen, die das Wi Rü Amt in seiner Denkschrift vom 13. 2. 1941 für die Erreichung der wirtschaftlichen Kriegsziele herausgestellt hatte (vgl. Anl. 1), durch die weitgehende Durchführung der Stalinbefehle wesentlich beeinträchtigt.

---

[24]) In seiner Rundfunkansprache am 3. 7. 1941, Übersetzung in BA-MA, RH 24–3/134, abgedr. z.T. bei Jacobsen, 1939–1945, Dok. 71. Zu den Wirkungen siehe Das Deutsche Reich und der Zweite Weltkrieg, Bd 4, S. 732 f. und zur Evakuierungspolitik Segbers, Sowjetunion, S. 90 ff.

„Für die Entwicklung des Bandenkrieges ist die Feststellung interessant, daß sich die gesamte 121. sowjetische Inf.Div., die im Frieden im Raum von Bobruisk lag, nach Ausbruch der Feindseligkeiten in den ausgedehnten Wäldern um Bobruisk vom Vormarsch der deutschen Truppen überflügeln ließ, um später im Rükken der deutschen Front den Bandenkrieg zu organisieren und Terrorakte durchzuführen". (Aus dem persönlichen Kriegstagebuch von Gen.Lt. Weigand)[25]).

Die Ausdehnung des Bandenkrieges veranschaulicht die als Anl. 6 beigefügte Karte vom Oktober 1942. Hierzu ist zu bemerken, daß sich die Intensität und örtliche Verbreitung der Bandentätigkeit im Laufe des Jahres 1943 wesentlich steigerte und zwar:

- Unter dem Eindruck der bolschewistischen Waffenerfolge,
- durch Flüchtlingszustrom infolge der notwendig gewordenen Aushebungen für den Reichseinsatz,
- durch reguläre Rekrutierungen in den terrorisierten Gebieten.

Außerdem stand die Bandenfront mit der Zentrale in Moskau in regelmäßiger Nachrichten- und Nachschubverbindung (Fallschirmspringer).

Der Wi Stab Ost hatte in Voraussicht der Bandengefahr bereits vor Beginn der Operationen den Einsatz eines deutschen Landrats und einer Gendarmeriekompanie für jeden russischen Kreis gefordert[26]). Er hat laufend alle maßgebenden Stellen (Wi Rü Amt, Gen Qu, Wi Fü Stab und den Führer) auf die katastrophalen Folgen des Bandenterrors für bestimmte Zweige der wirtschaftlichen Ausnutzung des Landes hingewiesen und um ausreichende Sicherungsmaßnahmen gebeten[27]). Die operativen Belange ermöglichten es aber nicht, die für die Befriedung der bandenversuchten Gebiete erforderlichen Kräfte zur Verfügung zu stellen.

---

[25]) Generalleutnant Wolfgang Weigand (1890–1960), 1939 Rüstungsinspekteur Prag, 1940 Chef der Rüstungskontrollinspektion Frankreich, 1941 Chef der Wi In Mitte; Auszüge aus seinem Tagebuch finden sich in der Materialsammlung zur Geschichte des Wi Stab Ost, BA-MA, RW 31/80.

[26]) Schreiben Schuberts an Thomas betr. Studie Südost, vom 7. 5. 1941, BA-MA, RW 31/185, sowie Schreiben Backes an Keitel vom 14. 5. 1941, BA-MA, Wi/ID. 45. Da die erforderlichen Kräfte nicht zur Verfügung standen, ordnete Keitel am 17. 7. 1941 die Bereitstellung von Landesschützen-Einheiten für diesen Zweck an, die aus der Bewachung der sowjetischen Kriegsgefangenen abgezogen werden sollten; s. Schreiben Keitels an Göring vom 17. 7. 1941, BA-MA, RW 31/97. Das Ergebnis waren im Gefangenenwesen Übergriffe des unzureichenden deutschen Wachpersonals und eine Beschleunigung des Massensterbens der Gefangenen, und auf der anderen Seite Keitels Forderung nach drakonischen Maßnahmen bei Widerstandshandlungen seitens der Zivilbevölkerung. Mit der Weisung Nr. 33 vom 23. 7. 1941 wurde angeordnet, daß die Besatzungsmacht einen solchen Schrecken verbreiten sollte, daß der Bevölkerung jede „Lust zur Widersetzlichkeit" genommen werde; Hitlers Weisungen, Nr. 33a. Zum Hintergrund s. auch Das Deutsche Reich und der Zweite Weltkrieg, Bd 4, S. 1037.

[27]) Siehe Abschnitt über das Bandenproblem hinten S. 148 ff.

3. Einsatz der Wirtschafts-Organisation-Ost

Aufstellung durch Arbeitsstab Oldenburg

Einer Weisung des Reichsmarschalls folgend erließ der Chef des Wi Rü Amtes im OKW, Gen.d.Inf. Thomas, am 30. 10. 1940 an die Abteilungschefs des Wi Rü Amtes folgenden Befehl:

> „Für die Aufstellung eines Wehrwirtschafts-Stabs-Ost mit der notwendigen Wehrwirtschaftsorganisation (Wi In, Wi Kdos, Wi Offz und Wi-Trupps) sind die notwendigen Vorarbeiten mobkalendermäßig nach näherer Weisung des Gen.Lt. Stud vorzubereiten. Die personelle Aufstellung des Stabes sowie der Wwi-Organisation erfolgt durch Abt.Rü im Zusammenwirken mit Ro und Wi“[28].

Nach Abschluß der Vorarbeiten im Wi Rü Amt, die unter Wahrung strengster Geheimhaltung und Verwendung von Decknamen erfolgten, trat am 21. 2. 1941 der „Arbeitsstab Oldenburg“ in Berlin zusammen[29].

Am 26. 2. 1941 befahl der Amtschef die Aufstellung der Gesamtorganisation Oldenburg durch die Rü In'en III, IV, IX und X in folgender Gliederung[30]:

1 Wi Stab (Oldenburg = Ost)
5 Wi In'en (Holstein = Leningrad, Sachsen = Moskau, Baden = Kiew, Westfalen = Baku, Hessen = Reserve)
23 Wi Kdos (Stolp = Wilna, Swinemünde = Riga, Kolberg = Reval, Görlitz = Leningrad, Hela = Murmansk, Belgrad = Minsk, Hirschberg = Moskau, Bunzlau = Tula, Schweidnitz = Gorkij, Thorn = Lemberg, Hohensalza = Kiew, Oppeln = Charkow, Öls = Kischinew, Ostrowo = Odessa, Lissa = Dnjepropetrowsk, Gnesen = Stalino, Ohlau = Rostow, Brieg = Stalingrad, Norderney = Krasnodar, Sylt = Grosny, Neiße = Tiflis, Helgoland = Baku, Borkum = Reserve)
12 Wi-Außenstellen
60 Gruppen IV Wi (VO zu den militärischen Kommando- und Verwaltungsdienststellen, darunter für jedes AOK einen IV Wi/VO Wi Rü Amt = AWiFü)

---

[28]) Der Befehl ist nicht erhalten. Zu den ersten organisatorischen Maßnahmen und Planungen im November 1940 s. Das Deutsche Reich und der Zweite Weltkrieg, Bd 4, S. 120 f. Generalleutnant Erich Stud, 1940 Abteilungsleiter für Industrielle Rüstung im Heereswaffenamt, im Oktober 1940 zur Führerreserve des OKH versetzt.

[29]) Wi Rü Amt/Rü (Ic) Nr. 574/41 g.K., betr. Arbeitsstab Oldenburg, BA-MA, Wi/VIII. 411. Danach sollte der Arbeitsstab allerdings erst am 24. 2. 1941 zusammentreten.

[30]) Wi Rü Amt/Rü (Ic) Nr. 574/41 g.K., betr. Wehrwirtschaftsstab zbV Oldenburg, vom 26. 2. 1941, BA-MA, Wi/VIII. 411.

10 Bergungstrupps

35 Rohstofferkundertrupps.

Insgesamt rd. 7 000 Köpfe, 500 Pkw, 50 Lkw, 150 Krafträdern und 16 Kraftomnibusse, wobei die große Masse von mehreren Tausend Beauftragten der Industrie und der Landwirtschaft in den Zahlen nicht enthalten sind[31]). Als Wi In Sachsen wurde die Rü In A, St. Germain, aus dem Verband des Wi Rü Stabs Frankreich gelöst und nach Auffüllung bei Rü In IV für den Osten bereitgestellt.

Am 25. 3. 1941 übernahm Gen.Lt.d.Lw. Schubert als künftiger Chef des Wi Stabes Ost die Leitung des Arbeitsstabes Oldenburg[32]).

Nach Vortrag beim Reichsmarschall und Abstimmung mit Gen Qu erließ der Amtschef Wi Rü Amt als grundlegenden Befehl über Gliederung, Einsatz und Aufgaben der Wi Org Ost die Verfügung OKW/Wi Rü Amt/Stab IA Nr. 42/41 gKdos (Anl. 7). Wi Rü Amt befahl am 27. 5. 1941 den Zusammentritt der Wi Org Ost am Standort der Aufstellungs-Rü In'en für den 9. 6. 1941[33]). Der Arbeitsstab gab am 8. 6. Mob-Kalender, Kartenmaterial und Betriebskarteien für das Unternehmen Oldenburg an die aufstellenden Rü In'en aus[34]). Dann fielen die bisher für die einzelnen Dienststellen gebrauchten Decknamen (Beginn des Ostfeldzuges).

Einsatz im Vormarsch 1941 und Maßnahmen infolge von Erfahrungen

In engster Anlehnung an die Pläne der Obersten Heeresleitung war der russische Raum bis zur AA-Linie (Archangelsk-Astrachan) in 4 Wirtschaftsstreifen geteilt:

– *Kaukasus*, d.h. der Raum südlich des Unterlaufs von Don und Wolga mit Schwerpunkt „Erdöl" für Wi In Westfalen,
– *Ukraine*, d.h. der Raum zwischen Pripjet und Asowschen Meer und ostwärts bis Stalingrad mit Schwerpunkt „Ernährung" für Wi In Baden,
– *Zentral-Rußland*, d.h. Weißruthenien und das Wolgagebiet bis Gorkij mit Schwerpunkt „Moskau" für Wi In Sachsen,
– *Nord-Rußland*, d.h. die ehemaligen baltischen Staaten und die Küstengebiete am Weißen Meer bis Archangelsk sowie am nördlichen Eismeer bis Murmansk mit Schwerpunkt „Leningrad" für Wi In Holstein.

Entsprechend dem Antreten der 3 H.Gr. am 22. 6. 1941 wurden zunächst nur 3 Wi In'en eingesetzt:

---

[31]) Damals rechnete man noch damit, daß der Personalbedarf für die Wirtschaft am Ende bis zu 500 000 Mann anwachsen würde; s. Schreiben Arbeitsstab zbV Nr. 112/41 gK, betr. Studie Südost-Personalbedarf, vom 23. 5. 1941, BA-MA, RW 31/161.

[32]) Wi Rü Amt/Stab Ia Nr. 891/41 g.K., Befehl betr. Arbeitsstab Südost, vom 25. 3. 1941, BA-MA, Wi IF 5/550, T. 2. Schuberts erste grundlegende Studie datiert allerdings schon vom 9. 3. 1941, BA-MA, RW 31/80.

[33]) Wi Rü Amt/Rü (Ic) Nr. 1781/41 g.K., betr. Wirtschaftsorganisation zbV Oldenburg, vom 27. 5. 1941, BA-MA, RW 31/161.

[34]) Der Einweisungslehrgang für das Führungspersonal fand vom 4.–7. 6. 1941 statt; BA-MA, RW 31/161. Siehe auch die grundlegende Rede von General Thomas bei dieser Gelegenheit am 4. 6. 1941, BA-MA, Wi IF 5/116.

– Wi In Baden bei der H.Gr. Süd als *Wi In Süd* unter Gen.Lt. Stieler v. Heydekampf[35]),
– Wi In Sachsen bei der H.Gr. Mitte als *Wi In Mitte* unter Gen.Lt. Weigand,
– Wi In Holstein bei der H.Gr. Nord als *Wi In Nord* unter Vizeadmiral Ancker[36]).

Der Chef Wi Stab Ost verlegte am 24. 6. 1941 seine Dienststelle von Berlin nach Ostpreußen und traf am 25. 6. in Bartenstein ein. Die Wahl dieses Einsatzortes entsprach der Aufgabe des Wi Stabes Ost, die vom WiFüStab gegebenen Anweisungen bei ihrer Durchführung mit den Notwendigkeiten in Verbindung zu bringen, wie sie vom Gen Qu für die Truppenversorgung gesehen wurden. Dafür war die räumliche Nachbarschaft des Gen Qu und des Chefs Wi Stab Ost sachdienlich[37]).

Besondere Sorgfalt mußte auf die Nachrichtenübermittlung gelegt werden. Die Verbindung des Wi Stabs Ost zu den Dienststellen im Reich spielte sich allmählich ein. Dagegen wurden die Schwierigkeiten in der Nachrichtenverbindung mit den Wi In'en, besonders aber von und zu den VO/IV Wi/AOK, mit Vergrößerung der Entfernungen während des Vormarsches immer ernster. Alle Möglichkeiten, diesen Schwierigkeiten zu begegnen, wurden erschöpft:

– Am 4. 7. 1941 wurde eine *Flugstaffel* mit 2 Aradomaschinen und 4 Fieseler-Störchen eingesetzt, die ab Mitte Juli einen regelmäßigen Kurier-Flugdienst zwischen Wi Stab Ost und den Wi In'en Süd, Mitte und Nord unterhielten;
– am 5. 7. 1941 wurden auf Befehl OKW Wi Rü Amt für die Wi Org Ost *Nachschubleitstellen* in Krakau, Warschau und Königsberg errichtet;
– am 16. 7. 1941 erhielt der Wi Stab Ost eine eigene *Fernschreibleitung*, die dem weitverzweigten Nachrichtennetz des Gen Qu angeschlossen wurde;
– ab 3. 8. 1941 wurden täglich zu bestimmten Zeiten *Fahrplangespräche* zwischen Wi Stab Ost und den 3 eingesetzten Wi In'en vermittelt.

Der Einsatz der 3 Wi In'en, besonders aber das Nachziehen der nachgeordneten Dienststellen, litten erheblich einmal unter den langwierigen Formalitäten, die bei der Einberufung des Personals für die Gruppen La und W zu erfüllen waren, zum anderen unter der peinlich beengten Kfz-Lage. So mußten z.B. die vom OKH/Ag.K. der Wi Org Ost zugewiesenen Kfz. vom Nachkommando des Wi Stabes Ost, Berlin, meist aus dem Westen des Reiches, und sogar aus den besetzten Westgebieten her-

---

[35]) Generalleutnant Hans Stieler von Heydekampf (1880–1945), bis 1934 Polizei-General, 1937 Rüstungsinspekteur IX (Kassel), 1940 Rüstungsinspekteur III (Berlin), 1941 Wirtschaftsinspekteur Süd, 1942 entlassen.

[36]) Vizeadmiral Heinrich Ancker (1886–1960), 1937 Rüstungsinspekteur X (Hamburg), 1941/2 Wirtschaftsinspekteur Nord, danach zur Verfügung gestellt.

[37]) Tatsächlich war in der Anfangsphase des Feldzuges der Wi Stab Ost rund 60 km vom Standort des Gen Qu untergebracht. Der Chef des Wi Stab Ost jedoch befand sich im Quartier des Gen Qu, so daß er seinen eigenen Stab nur täglich zu bestimmten Zeiten besuchen konnte, eine – wie man später einräumen mußte – „unmögliche" Lösung; s. vertrauliche Notizen für Generalmajor Nagel von Oberleutnant Finster, BA-MA, RW 31/154. Andererseits versuchte der Wi Stab Ost den häufig direkten Verkehr seiner Außenstellen mit dem Gen Qu zu unterbinden; s. Wi Rü Amt/Stab I a Nr. 667/42, betr. Dienstverkehr mit dem Gen Qu, vom 31. 1. 1942, BA-MA, RW 31/59. Die Ursache dafür lag offenbar darin, daß die Inspektionen sich häufig nicht um die Truppenbelange kümmerten und daher die Verbindung zu den Verbindungsoffizieren bei den Armeen vernachlässigten; s. entsprechende Ermahnung von General Thomas vom 9. 1. 1942, BA-MA, RW 31/156.

beigeschafft werden[38]. Als zusätzliche Schwierigkeit machte sich hierbei ein empfindlicher Mangel an Kraftfahrern bemerkbar. Trotzdem trafen die 3 Wi-Inspekteure mit den Führungsgruppen und dem militärischen Sektor ihrer In'en planmäßig bei der Befehlshabern der rückwärtigen Heeresgebiete ein:

Wi In Süd am 26. 6. 1941 in Lemberg,
Wi In Mitte am 4. 7. 1941 in Bialystok,
Wi In Nord am 6. 7. 1941 in Riga.

Mitte Juli waren auch die ersten *Wi Kdos* an ihren vorgesehenen Bestimmungsorten eingetroffen und hatten als bodenständige Wi-Dienststellen ihre Arbeit begonnen:

Wi Kdo Thorn in Lemberg,
Wi Kdo Belgrad in Minsk,
Wi Kdo Swinemünde in Riga,
Wi Kdo Stolp in Kauen (nicht wie geplant in Wilna).

Die anderen Wi Kdos befanden sich zu dieser Zeit auf dem Marsch ins Operationsgebiet, bzw. waren dort bereits eingetroffen und wurden nach Weisung der Wi-Inspekteure eingesetzt. Dabei zeigte sich, daß einige Dienststellenleiter anfangs mit der Auffassung belastet waren, daß sie nach der „Wirtschafts-Streifenkarte" (vgl. vorher) für einen bestimmten Bezirk vorgesehen seien. Sie fühlten sich daher in ihrem zugeteilten Bezirk gewissermaßen nur als vorübergehend anwesend und strebten gedanklich in ihrem endgültigen Raum.

Die Wirtschafts-Streifenkarte hatte bei den Vorbereitungen zur Voraussetzung gehabt, daß die Operationen sehr schnell verlaufen würden und eine Übergabe der besetzten Gebiete an die zivile Verwaltung erst nach längerer Zeit erfolgen sollte. Da beide Voraussetzungen nicht eingetroffen waren, wurde den Wi In'en durch Erlaß des Amtschefs vom 11. 8. 1941 Nr. 2921/41 g (Anl. 8) befohlen: Alle zur Verfügung stehenden Wi-Dienststellen sogleich voll einzusetzen; die Streifenkarte nur noch als Anhalt für den späteren Einsatz von Fachleuten zu betrachten; alle politischen Erwägungen gegenüber der Aufgabe zurückzustellen, den höchstmöglichen Nutzerfolg für die Versorgung der Truppe und die Unterstützung der deutschen Kriegswirtschaft in der Heimat zu erzielen. Dieser Erlaß bedeutete eine grundlegende Änderung im Einsatz der Wi Org Ost[39].

Gemäß den Erlassen des Führers über die Einführung der Zivilverwaltung in den neu besetzten Ostgebieten vom 17. 7. und 20. 8. 1941[40] wurden an die Zivilverwaltung übergeben[41]:

- Das ehemalige polnische Gebiet Galiziens um Lemberg mit dem Erdölgebiet Drogobitsch an das GG am 1. 8. 1941;
- der Bezirk Bialystok an den Gau Ostpreußen am 1. 8. 1941;
- Litauen und Lettland südlich und westlich der Düna am 1. 8. 1941, Weißruthenien und das restliche Lettland am 1. 9. 1941, Estland am 1. 1. 1942 an RKO.

---

[38]) Unterlagen dazu in BA-MA, RW 31/235 ff.

[39]) Zum Hintergrund dieses einschneidenden Wechsels s. Das Deutsche Reich und der Zweite Weltkrieg, Bd 4, S. 948.

[40]) Erster Erlaß des Führers über die Einführung der Zivilverwaltung in den neubesetzten Ostgebieten, vom 17. 7. 1941, abgedr. in Grüne Mappe, T. II (2. Aufl.), S. 13, BA-MA, RW 31/131; Zweiter Erlaß vom 20. 8. 1941, ebd. S. 13 f.

[41]) Zur Ablösung der Militärverwaltung s. Das Deutsche Reich und der Zweite Weltkrieg, Bd 4, S. 1073 ff.

Von der Ukraine an RKU:

- Die Bezirke Kamenez-Podolsk und Rowno am 1. 9. 1941;
- das Gebiet zwischen Bug und Dnjepr bis zur Linie Perwomaisk-Tscherkassy am 20. 10. 1941;
- der Industrie-Bezirk im Dnjeprbogen zwischen dem Unterlauf Bug Dnjepr am 15. 11. 1941;
- die Oblaste Nikolajew, Saparoshje, Dnjepropetrowsk, Poltawa und Kiew ostwärts des Dnjepr am 1. 9. 1942.

Mit dem Übergang in die Zivilverwaltung schieden diese Gebiete aus dem Aufgabenbereich des Wi Stabs Ost aus. Chef Wi Stab Ost blieb für diese Gebiete, soweit sie nicht an eine Rü In des Reiches oder des GG angegliedert wurden, nur noch verantwortlich für die Erfassung und den Abtransport von Rohstoffen und in rüstungswirtschaftlichen Angelegenheiten[42]. Diese Zuständigkeit wurde durch Verfügung des Wi Rü Amts vom 25. 3. 1942 nochmals beschränkt auf die einheitliche Steuerung der Osttransporte und das Recht der Unterbringung von Aufträgen[43].

Mit diesen Gebietsabtretungen an die Zivilverwaltung wurden die Wi In'en auf das Operationsgebiet ihrer H.Gr. beschränkt. Die rüstungswirtschaftliche Ausnutzung der beiden Reichskommissariate übernahmen ab 1. 9. 1941 die Rü In'en Ostland bzw. Ukraine. Erst anfangs 1943 wurden diese Rü In'en wieder dem Wi Stab Ost unterstellt und in „Wehrwirtschafts-Inspektionen" umbenannt.

Die Belange der Landwirtschaft, der gewerblichen Wirtschaft und des Arbeitseinsatzes in den Reichskommissariaten wurden von den zuständigen Abteilungen der Reichskommissare wahrgenommen. Weitgehend war an diese Personal durch die betreffenden Chefgruppen der übergebenden Wi In'en abgegeben worden. Die Leitung der Abteilungen E und L der Reichskommissare und der Chefgruppen La der benachbarten Wi In'en verblieb in Personal-Union.

Durch Befehl Chef OKW zum Führerbefehl vom 4. 11. 1941 schied

- das Gebiet zwischen Dnjestr und Bug als rumänisches Hoheitsgebiet „Transnistrien"

aus dem Operationsgebiet des Heeres aus. Zur Wahrnehmung der wehrwirtschaftlichen Belange wurde dort der „Deutsche Wehrwirtschafts-Offz. Odessa" eingesetzt. Das ursprünglich für Odessa vorgesehene Wi Kdo Ostrowo stand damit zur anderweitigen Verfügung und wurde zunächst in Nikolajew eingesetzt.

Die Gebietsbeschränkungen der Wi In'en hatten zur Folge, daß nur für die Wi In Süd infolge der fortschreitenden Operationen nach Osten ein ausgedehntes Einsatzgebiet verblieb. Wi In Mitte und Nord wurden durch das Steckenbleiben der Offensiven gegen Moskau und Leningrad auf verhältnismäßig kleine Räume beschränkt, die sich durch die Zurücknahme der Fronten im Winter 1941/42 noch weiter verengten. Damit ergab sich naturgemäß für die einzelnen Wi In'en ein verschiedenartiger Einsatz der Wi-Dienststellen.

---

[42]) Siehe Wi Rü Amt/Stab I/O Nr. 2657/41, Richtlinien für den Übergang der Wirtschaftsorganisation der neu besetzten Ostgebiete auf zivile Verwaltungsstellen, vom 25. 7. 1941, BA-MA, RW 31/188. Unterlagen zur Übergabe in BA-MA, RW 31/187 ff.

[43]) Wi Rü Amt/Stab I/O Nr. 6910/42, betr. Zuständigkeit des Wi Stab Ost in den Bereichen der Rü In Ostland und Ukraine, vom 25. 3. 1942, abgedr. in Grüne Mappe, T. II (2. Aufl.), S. 35 ff., BA-MA, RW 31/131.

Wi In Süd war bestrebt, dem Vormarsch des Heeres, der namentlich nach Überwindung des Dnjepr ein sehr rasches Tempo annahm, unmittelbar zu folgen. Trotz Mangels an normalen Transportmitteln gelang es den Einheitsführern durchweg, jeweils rechtzeitig an ihren Bestimmungsorten einzutreffen. Der Einsatz der Wi-Dienststellen erfolgte hier von vornherein unter weitestgehender Anpassung an die russischen Verwaltungsgrenzen. Für die Wi In Süd ergab sich nach Abschluß der Operationen 1941 folgendes Einsatzbild:

Standort der			
Inspektion:	Führungsgruppe und		
	Chefgruppe M		Dnjepropetrowsk
	Chefgruppe W		Kriwoi-Rog
	Chefgruppe La		Winniza
der Wi Kdos:	Hohensalza (Kiew)		Kiew
	öls (Saporoshje)		Saporoshje
	Ostrowo (Nikolajew)		Nikolajew
	Lissa (Dnjepropetrowsk)		Dnjepropetrowsk
	Oppeln (Charkow)		Krementschug
	Gnesen (Stalino)	Teil	Dnjepropetrowsk
		Teil	Kirowograd
		Teil	Lemberg
	Ohlau (Rostow)	Vorkommando	Uman
		Gros	Lemberg
	Brieg (Stalingrad)	Vorkommando	Uman
		Gros	Lemberg.

Weitere 20 Außenstellen waren im Inspektionsbereich nach wirtschaftlichen Schwerpunkten verteilt.

Zur Verstärkung des landwirtschaftlichen Personals waren der Wi In Süd die La-Führer der damals zbV stehenden Wi In'en Westfalen und Hessen zugewiesen und im Armeebereich der AOK 17 und 6 eingesetzt worden.

Bei H.Gr. Mitte lagen die Verhältnisse erheblich anders. Das Land war von Anfang an durch Bandentätigkeit von wechselnder Stärke beunruhigt. Dadurch war die wirtschaftliche Betätigung stark von der militärischen Führung und von der erfolgreichen Bekämpfung der Banden abhängig. Andererseits lagen im Gebiet der Wi In Mitte verhältnismäßig wenig Betriebe, deren Erzeugnisse für die allgemeine Kriegswirtschaft im Reich auszunutzen waren. Wi In Mitte hatte daher die Einteilung der Wi Kdos nach AOK-Gebieten beibehalten, wie sie während des Vormarsches entstanden war. Zeitweilig hatte man den militärischen Kommandostellen kleine Wi Kdos unter Einsetzung eines leitenden Wi Kdo zur Verfügung gestellt. Die Entwicklung führte aber dann zu der Maßnahme, für jedes AOK, jede OFK bzw. Sich.Div. nur 1 Wi Kdo gebietsgleich einzusetzen.

Bei der Wi In Nord gestaltete sich die Lage ähnlich wie in mittleren Frontabschnitt. Wi In Nord behielt infolgedessen im wesentlichen die Einteilung, wie sie sich im Vormarsch auf Leningrad ergeben hatte. Aus den verbliebenen 2 Wi Kdos und 8 Außenstellen waren mehrere kleine Wi Kdos gebildet worden, die gebietsgleich mit den AOK, OFK und Sich.Div. eingesetzt wurden. Nach der Winterschlacht 1941/42 war durch die Zurücknahme der deutschen Abwehrfront auf die Wolchowlinie der Raum für eine wirtschaftliche Betätigung der Wi In Nord derart eingeengt, daß die Geschäfte der Wi In durch das Wi Kdo Pleskau (Görlitz) erledigt werden konnten. Die Wi In Nord wurde daher am 1. 2. 1942 auf Befehl OKW/ Wi Rü Amt in die Heimat zurückgezogen[44]).

Im zweiten Halbjahr 1941 ergaben sich eine Reihe weiterer organisatorischer Maßnahmen als notwendig.

Nach Berlin verlegten: Chefgruppe W am 28. 8., Chefgruppe La am 7. 11., Sondergruppe Arbeit am 8. 12., Chef Wi Stab Ost der Fü/M-Gruppe am 17. 12. Für diese Verlegungen waren mehrere Gründe ausschlaggebend. Vor allem erwies sich eine bessere Nachrichtenverbindung nach vorn als unbedingt notwendig. Ausschlaggebend war weiter der Gesichtspunkt, den Leitern der Chefgruppen La, W und FH die enge Verbindung mit dem Ostministerium und den anderen Reichsressorts zu ermöglichen. Zur Sicherstellung einer einheitlichen Wirtschaftsführung in den gesamten besetzten Ostgebieten war den Leitern der Chefgruppen im Wi Stab Ost gleichzeitig die Leitung der entsprechenden Chefgruppen im Ostministerium übertragen worden. Die Leiter der Chefgruppe W (Ministerialdirektor Dr. Schlotterer)[45]) wurde darüberhinaus noch als Leiter der Hauptabteilung Ostwirtschaft im Reichswirtschaftsministerium bestellt. Der Chefgruppenleiter La (Staatsminister a.D. Riecke)[46]) und der Chefgruppe FH (Ministerialdirigent Dr. Barth)[47]) hatten die gleiche leitende Funktion in den entsprechenden Reichsressorts. Damit war auf der Ebene der Ministerien die einheitliche Steuerung der Ostwirtschaft gesichert. Außer bei den Leitern der Chefgruppen war die Personal-Union auch bei einer ganzen Reihe wichtiger Referate in gleicher Weise durchgeführt worden. Eine flüssige, reibungslose Planung und Steuerung der Ostwirtschaft war unter den gegebenen Umständen daher nur von Berlin aus möglich.

Um ausreichende Winterunterkünfte für 1,5 Mill. deutsche Wehrmachtangehörige, sowie das Schlittenbau-Programm für 75 000 Lastschlitten sicherzustellen, wurde Wi Stab Ost durch Verfügung OKW/Wi Rü Amt vom 10. 7. 1941 angewiesen, die Wi-Dienststellen in vollem Umfang hierfür einzusetzen[48]). Chefgruppe M Abt. Tru. hatte in enger Zusammenarbeit mit Chefgruppe W, Gruppe Arbeitseinsatz und Sondergruppe FH für die zweckdienliche Heranziehung aller nachgeordneten Dienststellen zu sorgen.

---

[44]) Das galt nur für die Masse des Personals. Funktion und Bezeichnung der Wi In Nord blieben selbstverständlich erhalten.

[45]) Ministerialdirektor Dr. Gustav Schlotterer (1906), Leiter der Abt. Exportförderung im Reichswirtschaftsministerium und stellv. Leiter der Hauptabteilung V, Außenwirtschaft, 1940 Leiter der Sonderabteilung „Vorbereitung und Ordnung", 1941 Leiter der Hauptabteilung VI (Wirtschaftsfragen der neubesetzten Ostgebiete), zugleich der Chefgruppe III Wi (Wirtschaftspolitische Kooperation) des RMfdbO und Leiter der Chefgruppe W im Wi Stab Ost.

[46]) Ministerialdirektor Hans-Joachim Riecke (1899), 1936 Staatsminister für Lippe-Detmold, Abteilungsleiter im Reichsministerium für Ernährung und Landwirtschaft, 1941 Militärverwaltungschef und Leiter der Abteilung Landwirtschaft im Wi Stab Ost, in Personalunion Leiter der Hauptabteilung Landwirtschaft im RMfdbO, später Staatsekretär im Reichsernährungsministerium.

[47]) Ministerialdirigent Dr. Johannes Barth, Militärverwaltungs-Vize-Chef und Leiter der Sondergruppe Forst und Holz.

[48]) Wi Rü Amt/Rü IIc Nr. 27126/41 g, betr. Winterunterkunft in Rußland, vom 10. 7. 1941, BA-MA, RW 31/291.

Zur Bewältigung dieser neuen Aufgaben und um wenigstens die wirtschaftlich wichtigsten Punkte mit einer Wi-Dienststelle besetzen zu können, wurden auf Antrag Wi Stab Ost durch OKW-Befehl 88 neue Außenstellen aufgestellt[49]). Sie waren je zur Hälfte anfangs August und September einsatzbereit.

Nachdem das La-Personal der Wi In zbV Westfalen, wie bereits erwähnt, als Verstärkung eingesetzt worden war, wurde Wi In Westfalen im September aufgelöst.

Das nach der Streifenkarte für Murmansk bestimmte Wi Kdo Hela, das sich bereits im finnischen Raum befand, wurde im August 1941 über Helsinki zurückgezogen.

Es hatte sich herausgestellt, daß in den altrussischen Gebieten fast die gesamte Rüstungsindustrie zerstört war und an einen Wiederaufbau in absehbarer Zeit nicht gedacht werden konnte. In einer Sitzung des Wi Stabs Ost am 19. 12. 1941 wurde daher beschlossen, die Chefgruppe M des Wi Stabs Ost, der Wi In'en und die Gruppe M der Wi Kdos erheblich zu verkleinern. Sie wurden mit der Führungsgruppe zu einer Chefgruppe Fü/M vereinigt, die Mitte März 1942 in „Stab" umbenannt wurde.

Die Wi In'en hatten, wie bereits ausgeführt, grundsätzlich ihren Sitz am Standort des Befehlshabers des rückwärtigen Heeresgebietes. Im Verlauf der ersten 6 Monate hatte sich aber herausgestellt, daß engste Verbindung der Wi In'en mit ihrer H.Gr. eine unbedingte Notwendigkeit war für die planmäßige Ausnutzung der Wirtschaftskapazität der eroberten Gebiete, insbesondere für die Versorgung der Truppe aus dem Lande. Im Einvernehmen OKH/Gen Qu wurde daher vom Wi Rü Amt am 3. 11. 1941 befohlen[50]):

- Die Wi In'en werden ihren Heeresgruppenkommandos angegliedert und räumlich auf den Bereich der H.Gr. angewiesen.
- Die Wi-Inspekteure sind die Berater der Oberbefehlshaber der H.Gr. auf wirtschaftlichem Gebiet. Sie leiten die wirtschaftliche Ausnutzung des Landes im Bereich der H.Gr. nach dem vom Beauftragten für den Vierjahresplan durch WiFüStab Ost ergehenden Richtlinien und Weisungen. Ihre vordringliche Aufgabe ist die Sicherstellung der Versorgung der Truppe. Sie sind hierbei zu engster Zusammenarbeit mit den O Qu der H.Gr. verpflichtet.

Wi Org im Jahre 1942 in rückwärtigen Gebieten, beim Vormarsch zum Kaukasus und nach Stalingrad

Das Jahr 1941 hatte gezeigt, daß bei der Aufstellung und dem Einsatz der Wi Org Ost, namentlich beim zivilen Sektor, Mängel in Erscheinung getreten waren. Auch die tätige Mitarbeit der mit der Aufstellung beauftragten Rü In'en hatte in Bezug auf Ausbildung und Ausstattung der Wi-Dienststellen nicht genügt. Durch

---

[49]) Wi Rü Amt/Stab I/O Nr. 2262/41, betr. Aufstellung von weiteren 88 Außenstellen zbV für die Wirtschaftsorganisation Ost, vom 15. 7. 1941, BA-MA, RW 31/165.

[50]) Wi Rü Amt/Stab I/O Nr. 5321/41, Verfügung über Änderung im Einsatz der Wirtschaftsdienststellen, vom 3. 11. 1941, abgedr. in Grüne Mappe, T. II (2. Aufl.), S. 28, BA-MA, RW 31/130.

Befehl OKW/Wi Rü Amt vom 10. 1. 1942[51]) wurde daher die „Inspektion für Wehrwirtschaftliches Ersatz- und Ausbildungswesen" (Wwi Ers In) unter Oberst Lobach mit Dienstsitz in Berlin geschaffen. Sie wurde nach fachlichen Gesichtspunkten in 5 Ersatz-Abteilungen gegliedert. Diese *Ers.Abt.* galten als zuständige Ersatztruppenteile.

Um im besetzten Gebiet selbst ein Reservoir zum Einsatz von Personal und Material zur Verfügung zu haben, wurde am 9. 3. 1942 das *„Felddepot"* der Wi In Süd in Krementschug (später Charkow) geschaffen, am 31. 8. 1942 das Felddepot der Wi In A (Kaukasus) in Rostow. In diesen Felddepots sollten gesammelt und gepflegt werden: überschüssiges Personal, überschüssige Fahrzeuge mit Reparaturwerkstätten, Wintersachen, Geräte für die Landwirtschaft und Betriebe, Schlitten und Panjefahrzeuge u.a.m.

Im Zusammenhang mit den großen operativen Plänen der Obersten Heeresleitung für das Jahr 1942 erhielt die Wwi Ers In Ende März 1942 den Befehl[52]), neu aufzustellen:

12 Wi Kdos zbV
20 VO-Stäbe für Feldkommandanturen usw.
7 Wehrmachts-Erfassungskommandos (WEK).

Die Wi Kdos wurden aufgrund der Erfahrungen des Vorjahres so klein wie möglich gehalten (80 Köpfe) und mit Kraftfahrzeugen gut ausgestattet, um sie für den Einsatz möglichst beweglich zu machen.

Die VO waren bestimmt, im Bedarfsfall bei Korps oder Divisionen usw. eingesetzt zu werden, insbesondere bei den verbündeten Armeen. Italien, Rumänien und Ungarn sollten an den neuen Operationen mit eigenen Armeen unter eigenen AOK's teilnehmen, die gesamte wirtschaftliche Ausnutzung der neu zu besetzenden Gebiete blieb aber Deutschland vorbehalten[53]).

Die WEK's sollten aus den zurückgeführten Bergungs- und Erkundungsstaffeln gebildet werden, die bisher als Vorausabteilungen der Wi Org für die Erfassung von Wi-Gütern tätig gewesen waren neben zahlreichen für den gleichen Zweck von der Truppe direkt eingesetzten Kommandos. Im Einvernehmen mit Gen Qu sollten künftig neben den WEK's keine anderen Erfassungsstäbe mehr tätig sein, um ein Nebeneinanderarbeiten vieler Erfassungsdienststellen zu vermeiden. Die WEK's gliederten sich in: Erfassungsstab, Erkunderstaffel, Feldgendarmeriestaffel, Sammelstaffel und Transportstaffel.

Durch Verfügung OKW/Wi Rü Amt wurde am 1. 4. 1942 eine „Technische Brigade Mineralöl" (TBM) aufgestellt[54]). Die *Mineralöl Brigade Kaukasus* (MBK) er-

---

[51]) Wi Rü Amt/Stab I/O Nr. 70/42, betr. Aufstellung der Inspektion für wehrwirtschaftliches Ersatz- und Ausbildungswesen, vom 10. 1. 1942, BA-MA, Wi IF 5/2539.

[52]) Wi Rü Amt/Stab I/O Nr. 2616/42, Aufstellungsbefehl vom 23. 4. 1942, BA-MA, Wi IF 5/1769.

[53]) Vereinbarung zwischen der deutschen und der ungarischen Wehrmacht über die Wirtschaftsorganisation und die Wirtschaftsführung im Gebiet der ungarischen Wehrmacht in den besetzten Ostgebieten, vom 20. 5. 1942, BA-MA, RW 31/203, Vereinbarung mit der italienischen Armee vom 11. 6. 1942, ebd.

[54]) Zum Hintergrund s. Birkenfeld, Illusionen, und Eichholtz, Geschichte, Bd 2, S. 477 f.

hielt den Auftrag, die Erdölförderungsgebiete, Verarbeitungsstellen und Mineralöl-Umschlagplätze im Osten in engster Zusammenarbeit mit der Kontinentalen Öl-A.G. in Bewirtschaftung zu nehmen. Die MBK wurde nicht dem Wi Stab Ost, sondern unmittelbar dem Chef des Wi Rü Amtes unterstellt.

Ein *„Sonderbeauftragter für die Holzversorgung im Südostraum"* (Gen.Maj. v. Majewski) wurde bestellt, der seinen Dienstsitz in Kiew nahm und dem Chef Wi Stab Ost unterstand[55]).

Nachdem die Sondergruppe Arbeitseinsatz beim Wi Stab Ost und den Wi In'en am 18. 4. 1942 zur Chefgruppe ausgebaut worden war, wurden durch Verfügung vom 13. 7. 1942 auch die bisherigen Sondergruppen FH und BB zu Chefgruppen erhoben[56]).

Zwecks beschleunigten Wiederaufbaues und bestmöglichster Ausnutzung des Donezbeckens wurde gemäß Verfügung Wi Rü Amt vom 23. 5. 1942[57]) die „Bezirks-Wi In Donez" mit dem Sitz in Stalino durch die Wi In Süd aufgestellt und dieser unterstellt. Ihr Arbeitsbereich umfaßte die Gebiete der Wi Kdos Stalino, Saporoshje und Krim.

Der Leiter der Verbindungsstelle des OKW/Wi Amtes beim Reichsmarschall, Gen.Maj. Nagel wurde gleichzeitig als Generalinspekteur der wehr- und rüstungswirtschaftlichen Dienststellen in den besetzten Ostgebieten (Gen Wi Ost) am 27. 5. 1942 eingesetzt[58]).

Am 30. 6. 1942 übergab der Chef des Wi Stabes Ost, Gen.Lt. Schubert, sein Amt an den Chef des Wi Amtes im OKW, Gen.d.Inf. Thomas[59]), der es am 3. 8. 1942 an den Gen.Lt. Stapf abgab.

Zur gleichen Zeit wurde Gen.Maj. Nagel von seinen Aufgaben als Verbindungsorgan des Wi Amtes zum Reichsmarschall und als Gen Wi Ost entbunden. Inzwischen hatte Gen.Maj. Nagel an Stelle des erkrankten Inspekteurs die Leitung der Wi In Süd anfangs Juli übernommen. In der Erkenntnis, daß der wirtschaftliche Schwerpunkt seines Gebietes im Donezbecken liege, verlegte der neue Inspekteur seinen Amtssitz sofort nach Stalino, während der Wi In im übrigen in Poltawa verblieb. In Stalino wurde der „Arbeitsstab Nagel" eingerichtet mit der besonderen Aufgabe, die wirtschaftlichen Belange des Donezbeckens, insbesondere die Kohlengewinnung und Energieerzeugung voranzutreiben.

Das Personal der Bez. Wi In Donez wurde in seiner Gesamtheit durch Verfügung vom 14. 7. 1942 zur Aufstellung der Wi In A verwendet, die sich H.Gr. A

---

[55]) Der Reichsmarschall des Großdeutschen Reiches, Beauftragter für den Vierjahresplan, V.P. 13 284/6, vom 1. 8. 1942, BA-MA, RW 31/963; Generalmajor Georg v. Majewski (1888–1945), 1941 General der Pioniere Heeresgruppe Süd, 1945 Kommandant von Pilsen, Selbstmord.

[56]) Wi Amt/Z 1/II Nr. 9470/42, betr. Gliederung des Wirtschaftsstabes Ost und der Wirtschaftsinspektionen, vom 13. 7. 1942, BA-MA, Wi/I. 46.

[57]) Wi Rü Amt/Stab I/O Nr. 3420/42 g, betr. Einsatz von Wirtschaftsdienststellen im Bereich der Heeresgruppe Süd, vom 23. 5. 1942, BA-MA, Wi/I. 129.

[58]) Chef Wi Amt/Stab I/O Nr. 8551/42, betr. Einsetzung eines Generalinspekteurs der wehr- und rüstungswirtschaftlichen Dienststellen des OKW/Wi Amtes in den besetzten Ostgebieten (Gen Wi Ost), vom 27. 5. 1942, BA-MA, RW 31/203.

[59]) Siehe hierzu auch die offenherzige Begründung bei Thomas, Geschichte, S. 319 f.

(Gen.Feldm. List) bei ihrem Vormarsch zum Kaukasus anschloß[60]). H.Gr. und Wi In Süd wurden in „B" umbenannt. Mit der Führung der Wi In'en A und B wurde Gen.-Maj. Nagel betraut, bis Gen.Maj. Niedenführ am 10. 9. 1942 die Leitung der Wi In A übernahm.

Inzwischen hatte H.Gr. B ihren Sitz von Poltawa nach Charkow verlegt, und Wi In B war ihr im Juli dorthin gefolgt. Auf Befehl des Inspekteurs siedelte die Wi In B Ende August von Charkow nach Stalino über, um eine einheitliche Führung zu gewährleisten. Bei der H.Gr. B wurde ein Verbindungsstab des Inspekteurs als He Wi Fü belassen. Die schwerpunktmäßige Entwicklung der Kämpfe um Stalingrad machte das Einschieben der H.Gr. Don mit Sitz in Rostow erforderlich. Damit hatte Wi In B die wehrwirtschaftlichen Aufgaben für zwei H.Gr. zu übernehmen. Auch bei der H.Gr. Don in Rostow (später Nowotscherkask) wurde ein Verbindungsstab des He Wi Fü eingerichtet. Die Wi In A erhielt ab 11. 9. 1942 die Bezeichnung „WiIn Kaukasus", die Wi In B die Bezeichnung „Wi In Don-Donez".

Der Einsatz der Wi-Dienststellen beim Vormarsch 1942 vollzog sich auf Grund der im Vorjahr gemachten Erfahrungen planmäßig. Durch Schulungskurse, die Wi Rü Amt und Wi Stab Ost im Frühjahr 1942 in der Heimat für AWiFü, Kommandeure der Wi Kdos und WEK's und VO durchgeführt hatten, war eine einheitliche Ausrichtung gewährleistet. Es war auch dafür gesorgt worden, daß die für den neuen Einsatz bereitgestellten Wi-Dienststellen rechtzeitig im Operationsgebiet versammelt waren.

Der bisherige „VO/Wi Rü Amt/IV Wi AOK" wurde in „Armeewirtschaftsführer" (AWiFü) umbenannt und für ihn vom Wi Rü Amt eine neue Dienstanweisung vom 25. 4. 1942 erlassen (Anl. 9). Hiernach waren dem AWiFü alle im Armeegebiet eingesetzten Wi-Dienststellen unterstellt. Die AWiFü der für den Angriff im Süden der Ostfront bereitstehenden 5 deutschen und 3 verbündeten Armeen verfügten dadurch je über 1 Wi Kdo, 1 WEK, eine Anzahl VO, und je nach Erfordernis über La-Führer, Fachkräfte für MTS, La-te-Züge und andere technische Einheiten.

Der Vormarsch im Sommer 1942 gliederte sich in 4 einander zeitlich folgende, in verschiedenen Schwerpunkten gleichzeitig gipfelnde Abschnitte:

- AOK 6, ung. AOK 2, Pz.AOK 4 und AOK 2 stießen aus dem Raum Charkow-Kursk über den Don bis Woronesh vor.
- Pz.AOK 4 und AOK 6 vollzogen eine Schwenkung nach Südosten. AOK 6 eroberte den großen Donbogen. AOK 17, Pz.AOK 1 und ital. AOK 8 besetzten das östliche Donezbecken, wobei ital. AOK 8 die Don-Linie zwischen ung. AOK 2 und AOK 6 bezog.
- Rum. AOK, AOK 17, Pz.AOK 1 und Pz.AOK 4 überschritten den Unterlauf des Don und traten zum Vormarsch gegen den Kaukasus an.
- AOK 6 setzte seinen Vormarsch über den Don in Richtung Stalingrad fort, Pz.AOK 4 drehte von der Kaukasus-Front in Richtung Stalingrad ab, und rum. AOK 3 und 4 flankierten beiderseits AOK 6.

Dementsprechend vollzog sich auch der Einsatz der Wi-Dienststellen, die den vorgenannten Armeen wie folgt zugeteilt waren:

---

[60]) OKW/Wi Amt/Z 1/II Nr. 4832/42g, betr. Einsatz von Wirtschaftsdienststellen im Bereich der Heeresgruppen A und B, vom 14. 7. 1942, BA-MA, RW 31/193.

AOK	AWiFü	Wi Kdo	WEK
2	Oberst Urbich	13	2
Pz. 4	Obstlt. Nitzschke	1	1
ung.	Oberst v. Oheimb	2	5
6	Obstlt. Maier	3	6
ital.	Obstlt. Aschoff	4	–
17	Obstlt. Collath	5	3
Pz. 1	Oberst Fach	6	4
rum.	Obstlt. Forstreuther	8	–

Das auf der Krim zum Vormarsch in den Kaukasus bereitstehende AOK 11 wurde auf Befehl der OHL zur H.Gr. Nord in den Raum von Leningrad verlegt. Die dem AWiFü Oberst Dr. Oswald unterstellten Wi-Dienststellen wurden anderweitig eingesetzt, und zwar:

Wi Kdo 7 als bodenständiges Wi Kdo im Oblast Rostow, WEK 7 zur Bergung kriegswichtiger Rohstoffe in Woroschilowgrad.

Der Wi In Kaukasus wurden die Wi Kdos 10 und 11 als bodenständige Wi Kdos zugeführt. Wi Kdo 9 wurde bodenständiges Wi Kdo im Oblast Woroschilowgrad, Wi Kdo 12 wurde als Transport-Überwachungs-Kommando eingesetzt.

Als die Fronten im Oktober 1942 am Terek, in Stalingrad und am Don zum Stillstand gekommen waren, trafen bei der Wi In Kaukasus noch die Wi Kdos 15 und 16 ein. Wi Kdo 16 wurde im Kohlegebiet von Mikojan-Schachar an den Nordhängen des Kaukasus mit Sonderaufgaben betraut. Der Wi In Don-Donez wurde das Wi Kdo 17 zugeführt, das zur Verbesserung der Kurierwege als Inspektions-Relais-Kommando eingesetzt wurde. Die Gliederung und der Einsatz der Wi Org Ost am 31. 10. 1942 ist aus der beigegebenen Übersicht ersichtlich (Anl. 10).

Nach Beendigung des Vormarsches erwies sich eine straffe Zusammenfassung und die Festlegung eines klaren Befehlswegs im Verhältnis der AWiFü zu den Wi In'en als notwendig. In einer Neufassung der Dienstanweisung für den AWiFü untersteht [er] den fachlichen Weisungen des Wi-Inspekteurs[61]; der Berichtsweg in wirtschaftlichen Fragen geht nicht mehr unmittelbar an Wi Rü Amt, sondern an Wi Stab Ost und die zuständige Wi In. Entgegen der ursprünglichen Absicht, AWi-

[61]) Wi Stab Ost/Stab I/Ia Nr. 3121/0/42, Befehl betr. Armeewirtschaftsführer, vom 21. 8. 1942, BA-MA, RW 31/286. Daß der Einsatz im Jahre 1942 trotz der Erfahrungsauswertung vom Vorjahr wiederum zu erheblichen Fehlschlägen, auch organisatorischer Art, führte, zeigt der Erfahrungsbericht der Wi In Kaukasus von Oberst Petri und die Stellungnahme der Berliner Zentrale vom 14. 4. 1943, BA-MA, RW 31/61.

Fü's nur beim Vormarsch einzusetzen, wurden nunmehr auch den Armeen der H.Gr. Mitte und Nord AWiFü's zugeteilt.

Zur Auswertung der russischen Forschung und wissenschaftlichen Einrichtungen für kriegswichtige Aufgaben wurde am 16. 3. 1942 beim Wi Stab Ost ein besonderes „Referat Wissenschaft“ gebildet, das der Abt. I beim Stab angegliedert wurde (bezüglich Aufgaben und Tätigkeit des Referats vgl. S. 361).

Die Errichtung einer Sondergruppe „Treuhandverwaltung“ im Rahmen der Chefgruppe W wurde am 2. 11. 1942 befohlen. Bei den nachgeordneten Wi-Dienststellen entstanden nach Bedarf Sondergruppen bzw. Referate (über Aufgaben und Tätigkeit vgl. S. 355).

Zur wirtschaftlichen Durchdringung und höchstmöglichen Ausnutzung des Ostraums wurden „Ostgesellschaften“ als Betriebsgesellschaften eingesetzt. (Vgl. „Grüne Mappe“ II/16), und zwar:

– Die „Zentrale Handelsgesellschaft Ost für den landwirtschaftlichen Absatz und Bedarf mbH“ (ZO).
– Die „Ostland-Berg- und Hüttenwerksgesellschaft mbH“.
– Die „Rohstoffhandelsgesellschaft mbH“.
– Die „Kontinentale Öl A.G.“.

Damit waren die für die deutsche Kriegswirtschaft zunächst als entscheidende Schwerpunkte bestimmten Wirtschaftszweige umfaßt: Ernährung, Erdöl, Erz und Eisen. Aufgaben und Tätigkeit dieser Gesellschaft sind später bei den einzelnen Fachgebieten dargestellt.

Im Rahmen der Anfang 1942 notwendig werdenden allgemeinen Erweiterungen der wirtschaftlichen Aufgaben wurde noch eine Reihe weiterer Ostgesellschaften gegründet, die bei der späteren Darstellung der einzelnen Wirtschaftszweige behandelt werden, soweit dies erforderlich ist.

Alle diese Ostgesellschaften waren, unbeschadet ihrer Unterstellung unter die zuständigen obersten Reichsbehörden, im Operationsgebiet hinsichtlich ihrer praktischen Tätigkeit an die Weisungen des Wi Stabs Ost bzw. der zuständigen Wi In'en gebunden. Infolge der weitgehenden Unterstützung, die der Wi Stab Ost mit seiner weitverzweigten Organisation den Ostgesellschaften gewährte, entwikkelte sich die Zusammenarbeit der beiden Partner schließlich gut. Ob der Einsatz der Ostgesellschaften in dieser Form der praktischste war, kann hier nicht erörtert werden.

Neben, z.T. auch durch Ostgesellschaften, wurden für Einzelbetriebe vielfach Firmen aus dem Reich eingesetzt, die als „Patenfirmen“ Betriebe ihres Wirtschaftszweiges im Osten betreuten (Vgl. hierzu „Patenfirmen“ S. 181).

Nachdem Ende Juni 1942 der Führerbefehl über die Intensivierung des Kohlenbergbaues im Donezbecken ergangen war[62]), kamen im Lauf des Sommers bei Wi In Süd etwa 2 000 deutsche Bergleute, Hauer und Steiger zum Einsatz. Als Vorarbeiter und Aufsichtspersonal im Rang von Unteroffizieren und Sonderführern wurden sie für die im Donezbergbau vorgesehenen 120 000 russischen Arbeiter

[62]) Führerbefehl über den Wiederaufbau der Kohleförderung im Donezgebiet, vom 28. 6. 1942, BA-MA, RW 31/21.

bzw. Kriegsgefangenen verwandt. Die Betreuung dieser deutschen Bergleute wurde einem eigens dafür geschaffenen „Inspektion-Regimentsstab" übertragen. Der Einsatz dieser Leute, die, entsprechend der Aufteilung des Donezbeckens in 7 Förderbezirke, in 7 Kompanien gegliedert waren, erfolgte durch die BHO.

Alle diese organisatorischen Neueinrichtungen und Änderungen dienten dem Ziel einer bestmöglichen Landesausnutzung durch straffe und zentrale Steuerung aller Wirtschaftszweige in geschlossenen Wirtschaftsgebieten nach Abschluß des Vormarsches, also unter stabilen Verhältnissen. Im Rahmen der hierfür erforderlichen Planungen entstanden verschiedene Fertigungsprogramme, insbesondere

das Gen Qu-Programm und

das Iwan-Programm.

Beide Programme und ihre Durchführung sind später eingehend behandelt (vgl. S. 198).

Bei einer Reihe von Korps und Divisionen hatte sich schon 1942 nach Stillstand der Operationen der Einsatz von „Wirtschaftsoffizieren" bewährt. Im Einvernehmen zwischen Wi Stab Ost und Gen Qu wurde daher später die Einrichtung von Korps- und Div.-Wi O allgemein befohlen. Diese Wi O, die der Truppe selbst entnommen wurden, sollten einmal eine starke Einflußnahme der kämpfenden Truppe auf die Wirtschaftsführung in den vorderen Gebieten sichern, andererseits aber auch eine weitgehende Unterstützung der Wirtschaft durch die Truppe.

Mit der Erreichung der Wolga bei Stalingrad tauchte erneut das Großstadtproblem auf, das bereits im ersten Kriegsjahr bei der Einnahme großer Städte eine Rolle gespielt hatte. Während man 1941 mit der Großstadtbevölkerung nichts rechtes anzufangen wußte[63]) (vgl. S. 300), war man sich 1942 der Bedeutung auch dieser Bevölkerung, insbesondere auch der Frauen, als Produktionsfaktor bewußt.

---

[63]) Das ist eine bemerkenswerte Verharmlosung der zumindest im Jahre 1941 ansatzweise durchgeführten Vernichtungspolitik, über die Nagel bestens unterrichtet gewesen war und die er 1944 bei der Abfassung der Studie wohlweislich verschwieg (gewisse Andeutungen s. hinten S. 326 und 347). Schon die Richtlinien vom Mai 1941, die Nagel mit zu verantworten hatte, gingen davon aus, daß die Großstadtbevölkerung „überflüssig" sein würde und entweder liquidiert oder vertrieben werden sollte. In der „Grünen Mappe" war daher das Schicksal von Leningrad und Moskau ausdrücklich offengelassen worden. Vermutlich gestützt auf diese Vorlage hatte Hitler Anfang Juli 1941 seinen Entschluß zur Vernichtung dieser Städte erklärt. Auf der militärischen Seite paßte man sich dieser Auffassung im wesentlichen nahtlos an; s. Das Deutsche Reich und der Zweite Weltkrieg, Bd 4, S. 1002 ff., Eichholtz, Geschichte, Bd 2, S. 454 ff. Dennoch trafen die untergeordneten Dienststellen der Wi Org Ost bereits Vorbereitungen zur Besetzung und Verwaltung; s. AOK 9/IV Wi, Entwurf eines Befehls für den Zusammentritt und die Tätigkeit eines verstärkten Panzerkorps für die Besetzung, Sicherung und wehrwirtschaftliche Betreuung Moskaus, vom 16. 7. 1941, BA-MA, RW 31/97, sowie AOK 18/O Qu-IV Wi, betr. Erfassung der Landesvorräte in Leningrad, vom 13. 7. 1941, BA-MA, RW 31/89. Nagel bestätigte dann im August/September 1941 die Auffassung Görings, daß die Menschen in den Großstädten verhungern sollten; s. Aufzeichnungen Nagels vom 14. 8. und 16. 9. 1941, BA-MA, RW 31/100. In einem Schreiben an Himmler beschwerte sich dann am 20. 10. 1941 der Chef der Sicherheitspolizei Heydrich (BA, NS 19/3882) über die unzureichende Beschießung von Leningrad und Moskau. Es könnten „die ergangenen strikten Weisungen hinsichtlich der Städte Petersburg und Moskau dann wieder nicht in die Tat umgesetzt werden . . ., wenn nicht von vorneherein brutal durchgegriffen wird." Es müs-

Für den Fall der Eroberung von Stalingrad wurde daher von allen beteiligten Dienststellen sehr frühzeitig daraufhin gearbeitet, möglichst viele Arbeitskräfte aus der Stadt herauszuholen[64]). Man hatte mit einem Flüchtlingsstrom von täglich 8 bis 10 000 Köpfen gerechnet. Dem AWiFü/AOK 6 war daher von der Wi In Süd ein speziell ausgerüsteter Sonderstab zur Lenkung, Sichtung und Erfassung dieser Flüchtlinge zur Verfügung gestellt worden. Die Erwartungen erfüllten sich jedoch nicht (vgl. hierzu S. 300).

Organisatorische Änderungen durch Absetzbewegungen, Stellungsbau und Räumungen

Die Preisgabe der Kaukasusfront mit Bildung des Kubanbrückenkopfes, sowie die Zurücknahme der Don-Donezfront auf die Mius-Stellung in den Monaten Januar bis März 1943 brachten eine Reihe Veränderungen im Einsatz der Wi Org Ost mit sich.

Die Wi In Kaukasus wurde gemäß Befehl vom 8. 1. nach Mariupol und Berdjansk zurückverlegt. Sie wurde zu einem Arbeitsstab verkleinert, der als He Wi Fü A am Standort der H.Gr. A Unterkunft bezog und dem Wi-I Süd unterstellt wurde. Ende Februar wurde die Wi In Kaukasus in Proskurow gesammelt und von dort zur Wwi Ers Abt nach Dresden überführt. Der Wi-I K übernahm bereits am 25. 1. die Führung der Wi In Mitte.

Die Wi In Don-Donez verlegte befehlsgemäß Ende Januar von Stalino nach Dnjepropetrowsk. In Stalino verblieben zunächst der Verbindungsstab des He Wi Fü Don, die Gruppe Donez-Kohlenbergbau und ein Teil der Sondergruppe Energie. Außerdem wurde eine Befehlsstelle der Wi In in Stalino eingerichtet, um im Kern des Donez-Industriegebietes gegebenenfalls schnelle Entscheidungen treffen zu können.

Da mit einem weiteren Einsatz der verbündeten Armeen nicht mehr zu rechnen war, wurden die dort eingesetzten Wi-Einheiten und AWiFü mit ihren VO

---

se „massenhaft“ mit Brand- und Sprengbomben „gearbeitet werden“. Heydrich regte an, „den Führer nochmals darauf hinzuweisen, daß – wenn nicht absolut eindeutige und strikte Befehle an die Wehrmacht gegeben werden, die beiden genannten Städte kaum ausgelöscht werden können.“ Erst nach dem Umschwung des Krieges im Dezember 1941 prangerte der Rüstungsinspekteur Ukraine diese Vernichtungspolitik drastisch an; s. Schreiben an General Thomas vom 2. 12. 1941, abgedr. in „Unternehmen Barbarossa“, S. 392 ff. Selbst Generalfeldmarschall v. Reichenau, einer der Generale, die sich am stärksten mit dem Nationalsozialismus identifiziert hatten, beklagte am Jahreswechsel 1941/42 den Eindruck, „daß der Hungertod oder die Vernichtung von Millionen von Ukrainern für den deutschen Eroberer keine Rolle spiele“; Denkschrift vom Januar 1942, BA-MA, RW 31/203. Auch der bald darauf ernannte Generalbevollmächtigte für den Arbeitseinsatz, Fritz Sauckel, berichtete, daß bei einem Besuch im Spätherbst 1941 in der Ukraine „alle deutschen Dienststellen auf der Überzeugung bestanden, daß im kommenden, also im vergangenen Winter, mindestens zehn bis zwanzig Millionen dieser Leute einfach verhungern würden“; Rede Sauckels am 4. 8. 1942, Berlin Document Center, Akte Sauckel.

[64]) Auch diese Feststellung gibt nur einen Teil der Wahrheit wieder; s. Anm. 252.

zurückgezogen. Auf Befehl des Wi Stabs Ost wurden die ostwärts der Linie Kursk-Sumy-Lubny-Krementschug-Dnjepropetrowsk-Slawjansk befindlichen Wirtschaftsgüter in das Gebiet westlich dieser Linie zurückverlagert.

Als Mitte Februar aus den H.Gr. Don und B eine H.Gr. Süd gebildet wurde, erhielt die Wi In Don-Donez die Bezeichnung Wi In Süd. Durch Führerbefehl wurden die Generalkommissariate Dnjepropetrowsk, Nikolajew, Kiew und weiterhin Taurien in das Operationsgebiet einbezogen und bei Aufrechterhaltung der Zivilverwaltung dem Befehl der H.Gr. Süd unterstellt. Wi In Süd wurde für den Wirtschaftssektor das Weisungsrecht gegenüber den zivilen und Rü-Dienststellen in dem zum RKU gehörigen Teil des Operationsgebietes übertragen.

Die Felddepots der Wi In'en K und Süd wurden zusammengelegt mit Standort in Kriwoi-Rog. Das Wi Kdo Krim wurde der Wi In Süd unterstellt. Damit unterstanden der Wi In Süd im Einsatz noch die Wi Kdos 6, 7, 12, 15, 102, 103, 104 und Wi Kdo Krim. Alle übrigen Wi Kdos wurden bei den Leitstellen Luzk und Kamenez-Podolsk zur Vorbereitung ihrer Überführung in die Heimat zusammengefaßt. Die WEK's und Feldgendarmeriestaffeln wurden nach Dresden-Radebeul zurückgezogen, nur WEK 2 und die Feldgendarmeriestaffeln 1 und 7 verblieben der Wi In Süd und im Einsatz.

Trotz dieser durch die militärischen Ereignisse bestimmten Umgruppierungen erfuhr die wehrwirtschaftliche Arbeit der Wi In Süd keine Unterbrechung. Ein Führerbefehl vom 5. 2. ordnete die weitere Ausnutzung des Wirtschaftsraums Donezbecken in höchstmöglichem Umfang an[65]). Anfang März arbeiteten in Stalino 80%, in Mariupol 82% der Belegschaften.

Nach Zurückziehung der Mineralöl-Brigade aus dem Kaukasusgebiet befahl der Reichsmarschall die Verstärkung der Bohrtätigkeit in den verbliebenen Ölfeldern und ölhöffigen Feldern (z.B. Romny und Kertsch).

Die Landbestellung, z.T. mit neuen deutschen Maschinen, vollzog sich in Ruhe und mit restloser Ausnutzung des bestellbaren Bodens. Die La-Dienststellen waren hierfür durch La-Führer aus den aufgegebenen Gebieten verstärkt worden.

Für die Deckung des Wehrmachtsbedarfs nach dem Gen Qu-Programm wurde der Wi In Süd das Weisungsrecht und die Verantwortung für die gesamte Ukraine übertragen. Die Energie und Beharrlichkeit in der Verfolgung auch des Iwan-Programms ergibt sich daraus, daß für die Einrichtung einer Prüfanstalt für Munitionsmetall in Dnjepropetrowsk noch am 9. Sept. Weisungen aus Berlin eingingen und Maschinen aus Stalino in Marsch gesetzt wurden.

Gleichzeitig erwuchsen der Wi Org Aufgaben aus der Vorbereitung der Abwehr zu erwartender Angriffe. Von dem Personalbestand der Wi Org wurden 50% der Jahrgänge 1908 und jünger ohne Ersatz an die Truppe abgegeben. Die kv- und gvF-Offiziere und -Mannschaften der Jahrgänge 1906 und jünger der aufgelösten Einheiten traten vollzählig zur Truppe. Ausgenommen blieben nur unersätzliche Fachkräfte in eng beschränktem Umfang. Die ausgebildeten Mannschaften wurden an Ort und Stelle der zuständigen H.Gr. übergeben, die nicht ausgebildeten über die Wwi Ers Abt in der Heimat der Truppe zugeführt. Eine Abgabe von 30% des ge-

---

[65]) Siehe dazu Eichholtz, Geschichte, Bd 2, S. 471 f.

samten Personalbestandes der Wi Org wurde befohlen und durchgeführt. Als Ersatz des Unterpersonals im Schreiber- und Bürodienst wurden den Wi In'en Süd, Mitte und Nord im Januar 122 Stabshelferinnen zugewiesen.

Die Wi Org waren überall an der Aufstellung und Ausbildung von Alarmeinheiten aus den Versorgungstruppen und technischen Tuppen beteiligt. Vielfach übernahmen Offiziere der Wi Kdos die Führung von Alarmkompanien, Bataillonen und Regimentern. Die Steigerung der Bandengefahr, die im Gebiet Mitte und Süd zur Aufstellung von 2 Sicherungskompanien zu je 5 Offizieren, 45 Unteroffizieren und Mannschaften und 400 Hi Wi's Veranlassung gab, führte vielfach zum Einsatz von Angehörigen der Wi-Dienststellen im Kampf mit der Waffe. Selbstverständlich war dies der Fall, wo feindliche Angriffe Einheiten der Wi Org an ihrem Einsatzort oder auf dem Marsch trafen.

Um die vom Führer befohlene wirtschaftliche Ausnutzung des Donezbeckens zu sichern, wurde im Januar 1943 der Bau von *Auffangstellungen,*

der „Maulwurfstellung" am Mius-Donez-Oskol und

der „Schildkrötenstellung" zwischen Mariupol und Stalino

befohlen. Die technische Leitung der Arbeiten hatte ein Festungsbaustab in Stalino. Wi In Süd übernahm die Aufgaben, die benötigten Arbeiter aus der Zivilbevölkerung bereitzustellen, sie unterzubringen, zur Arbeit zu führen, mit Schanzzeug zu versehen, zu beaufsichtigen, zu verpflegen und zu löhnen. Für 4 Baugruppen wurden Einsatzstäbe gebildet:

Maulwurf Süd (Obstlt. Peters) mit 6 Bau-Batl.

Maulwurf Nord (Obstlt. Enckhausen) mit 10 Bau-Batl.

Schildkröte Süd (Maj. Walcher) mit 8 Bau-Batl.

Schildkröte Nord (Hptm. Koch) mit 10 Bau-Batl.

Hierzu traten Teile des Insp.Rgt.Stabs, entbehrliches Personal der Inspektion, mehrerer Wi Kdos und WEK's, insgesamt 240 Köpfe als Einsatzpersonal, die rd. 25 000 einheimische Arbeitskräfte aufbrachten, beaufsichtigten und betreuten. Nachdem Ende Mai das gesamte Pionierpersonal für andere Zwecke herausgezogen worden war, übernahmen diese Einsatzstäbe auch die pioniermäßige Durchführung der Stellungsbauten.

Auch für den im Juni 1943 unter Leitung der OT in Angriff genommenen Brükkenbau bei Kertsch wurde der Wi In Süd die Aufgabe übertragen, Arbeitskräfte aus der Tamen-Halbinsel und der Krim zur Verfügung zu stellen.

Als im Herbst 1943 im Verlauf der Absetzbewegungen weitere Auffangstellungen am Dnjepr und ostwärts Shitomir gebaut werden mußten, wurden für die gleichen Aufgaben aus der Teilen der Wi In Süd gestellt

die Einsatzgruppe I (MVR Wehrenpfennig) und

die Einsatzgruppe II (Obstlt. Schrammeck),

deren Einsatz vom Hö Pi Fü als wichtigste Hilfe für die Durchführung seines Auftrags bezeichnet worden ist. Im September – Oktober waren allein bei der Einsatzgruppe II über 500 Bergleute als Rahmenpersonal tätig. Die Gesamtzahl der im Stellungsbau eingesetzten einheimischen Arbeitskräfte betrug zur gleichen Zeit rd. 210 000 Köpfe.

Mit Beginn der russischen Winteroffensive 1942/43, vor allem aber im Zug der Absetzbewegungen der deutschen Armeen im Jahr 1943, sahen sich die Einheiten und Dienststellen der Wi Org Ost vor eine neue, ihrer bisherigen Aufbauarbeit entgegengesetzte Aufgabe gestellt[66]). Es war dies die Aufgabe der *Räumung* und Bergung von Wi-Gütern aller Art und, wo dies nicht möglich war, der Unbrauchbarmachung (Lähmung) und Zerstörung.

Durch Führererlaß vom 30. 8. 1943[67]) wurde der Chef Wi Stab Ost beauftragt, die Aufnahme der aus der Räumung des Donezgebiets anfallenden zurückgeführten Bevölkerung und Wi-Güter zu organisieren und durchzuführen. Hierfür konnte er allen zuständigen militärischen und zivilen Dienststellen bindende Weisungen erteilen. Chef Wi Stab Ost ermächtigte den Wi-I Süd, im Operationsgebiet einschließlich der Gen.Bez. Nikolajew, Dnjepropetrowsk und Kiew dieses Weisungsrecht auszuüben.

Unter diesen Umständen mußte naturgemäß der Grundsatz des bodenständigen Einsatzes von Wi Kdos aufgegeben werden. Der Wi-I Süd stellte daher jedem AWiFü 1 Wi Kdo zu ARLZ-Aufgaben zur Verfügung und zwar:

Wi Kdo 102 dem AWiFü/AOK 6
Wi Kdo 7 dem AWiFü/Pz.AOK 1
Wi Kdo 15 dem AWiFü/AOK 8
Wi Kdo 103 dem AWiFü/Pz.AOK 4
Wi Kdo 13 dem AWiFü/AOK 2.

Die Verwaltung der BHO und der EVU wurden nach Kriwoi-Rog, das Felddepot nach Saksagan-Schmakowo verlegt. Die Inspektion selbst verlegte zunächst nach Kirowograd, dann zusammen mit der H.Gr. Süd nach Winniza, in Dnjepropetrowsk verblieb nur eine Befehlsstelle unter Führung von MVV-Chef Koch.

Infolge der Ablehnung einer Erweiterung des Operationsgebietes über die im Führerbefehl vom 21. 1. 1943 festgelegten Grenzen hinaus, und mit der Entscheidung, daß die Zivilverwaltung bis an die Gefechtszone heran bestehen bleiben sollte, war für die Wi In'en Süd und Mitte in ihrer bisherigen großen Zusammensetzung kein Raum mehr. Gemäß Befehl Wi Stab Ost wurde daher Wi In Mitte mit Wirkung vom 31. 10. und Wi In Süd mit Wirkung vom 7. 11. 1943 aufgelöst. Aus dem Personal der beiden Inspektionen wurden 3 He Wi Fü-Stabe bei den H.Gr. Mitte, Süd und A gebildet, die später die Bezeichnung „Abteilung Wirtschaft bei H.Gr. . . ." erhielten. Als Fachabteilung beim Befehlshaber der deutschen Truppen in Odessa wurde eine Verbindungsstelle des Wi Stabs Ost unter der Bezeichnung

---

[66]) Am Anfang stand der Führerbefehl, eine 20 km tiefe Evakuierungszone zu bilden, die nur für Kampfzwecke zur Verfügung stehen sollte. Die angespannte Versorgungslage gestattete es jedoch nicht, auf die wirtschaftliche Nutzung dieser Zone zu verzichten. Nach der Weisung Wi Stab Ost/Stab I/Ia Nr. 66437/43g, vom 7. 4. 1943, BA-MA, RW 31/203, war vor allem die landwirtschaftliche Produktion weiterzuführen, ebenso wichtige gewerbliche Betriebe. Alle anderen sollten stillgelegt, Vorräte und wichtige Maschinen geborgen werden. Darüberhinaus sorgten die militärischen Stellen dafür, daß aus den Armee- und Heeresgebieten keine Abtransporte von Lebensmitteln mehr stattfanden. Sie sollten allein für die Truppe und die Zivilbevölkerung zur Verfügung stehen; s. Fernschreiben Gen Qu Süd/IVa Nr. 471/43g, vom 10. 2. 1943, ebd.

[67]) Führerbefehl vom 30. 8. 1943 betr. Räumung des Donez-Gebietes, Dok. 317-EC, IMT, Bd 36, S. 309.

„Außenstelle Transnistrien“ gebildet. Sie wurde später mit der Abt. Wirtschaft der H.Gr. A als „Abt. Wirtschaft bei der H.Gr. Süd-Ukraine“ zusammengelegt[68]).

---

[68]) Mit diesen wenigen Hinweisen beendete Nagel die Organisationsgeschichte des Wi Stab Ost. Er überging damit die heftigen Auseinandersetzungen in der letzten Phase 1943/44, bei denen das Urteil verschiedener Stellen über den Mißerfolg bzw. den Erfolg der Wi Org Ost eine große Rolle spielte. Als bei den Rückzügen 1943 das militärverwaltete Operationsgebiet verlorenging und die rückwärtigen Einrichtungen auf der Gebiet der Zivilverwaltung übergriffen, ordnete der Wi Stab Ost die Verschmelzung der jeweiligen militärischen und zivilen Wirtschaftsorgane an – eine Umkehrung des Prozesses von 1941 während des Vormarsches. Gegen diese Anordnung erhob das Ostministerium, das damit seine Außenstellen einbüßte, sofort Protest, und der Reichskommissar Ukraine erteilte seinen Dienststellen die Anweisung, keine Befehle von militärischer Seite entgegenzunehmen; s. Schreiben RMfdbO Abt. II 1 II 1 c, vom 20. 9. 1943, BA, R 6/456, Anordnung RKU – V I 2705, vom 12. 10. 1943, BA-MA, RW 31/196. Mit ungewöhnlich energischen Interventionen versuchte der Ostminister die drohende Vereinheitlichung der Wirtschaftsverwaltung unter militärischer Führung zu verhindern und statt dessen auf eine Auflösung des Wi Stab Ost hinzuwirken; s. Schreiben Rosenbergs an Göring vom 20. 11. 1943, BA-MA, RW 31/959, Stellungnahme von General Stapf für Göring, vom 20. 11. 1943, ebd., sowie für den Vortrag bei Göring am 16. 12. 1943, ebd. Hitler hielt sich in dieser Frage eher bedeckt und verlangte, daß sich Göring und Rosenberg miteinander verständigten. Göring witterte jedoch eine Chance, einen militärischen Wirtschaftsstab für *alle* besetzten europäischen Gebiete unter seiner Leitung einrichten zu können. Damit hoffte er den Einflußverlust in der Kriegswirtschaft zu Gunsten von Rüstungsminister Speer wieder wettmachen zu können; s. Vortragsnotiz Staatssekretär Körners vom 3. 12. 1943, IMT, Bd 39, S. 453 ff. Dem Gespräch mit Rosenberg wich er deshalb aus und vertraute auf die Macht des Faktischen, da unterdessen immer größere Teile des RKU Frontgebiet geworden waren; s. Schreiben Dr. Meyer (RMfdbO) an Staatssekretär Körner, vom 15. 12. 1943, BA-MA, RW 31/959 (abgedr. in IMT, Bd 39, S. 433), ebenso vom 18. 12. 1943, BA, R 26/14, Schreiben Rosenbergs an Göring vom 24. 1., 6. 3. und 6. 4. 1944, IMT, Bd 39, S. 430 ff. Der Chef des Wi Stab Ost wies dann in einem Erfahrungsbericht noch einmal auf die Notwendigkeit hin, auch in den verbliebenen zivilverwalteten Gebieten, soweit sie Operationsgebiet wurden, eine militärisch gelenkte Wirtschaftsorganisation einzurichten; Schreiben an Göring vom 28. 4. 1944, BA-MA, RW 31/152. Als man sich endlich zu einer gemeinsamen Sitzung in der Reichskanzlei zusammenfand, verständigte man sich darauf, die Außenstellen des Wi Stab Ost nur „vorübergehend“ in die Stäbe der Heeresgruppen einzubauen. Auf Wunsch Görings sollte der Wi Stab Ost nur „auf Eis gelegt“ werden und das Personal hinter der Invasionsfront in Frankreich zum Einsatz kommen, als Ansatzpunkt für den geplanten „Wirtschaftsstab Europa“; Auszug aus dem Protokoll der Beratung am 5. 7. 1944, abgedr. in Anatomie des Krieges, Nr. 253. Nach dem Attentat vom 20. 7. 1944 entschied sich Hitler jedoch endgültig gegen die Militärs und übertrug Koch die Aufgabe der wirtschaftlichen Ausnutzung in den noch besetzten sowjetischen Gebieten; s. Telegramm Keitels vom 8. 9. 1944, IMT, Bd 26, S. 280 ff. Rosenberg bedankte sich dafür mit einer eigenen Erfolgsbilanz der Ausbeutungspolitik in den zivilverwalteten Gebieten; s. Brief Rosenbergs an Bormann vom 17. 10. 1944, IMT, Bd 25, S. 353 ff. Das offizielle Ende des Wi Stab Ost folgte am 1. 11. 1944, als General Stapf, der am 15. 10. 1944 den Feldwirtschaftsstab des OKW – den Rest des früheren Wi Rü Amtes – übernommen hatte, beide Institutionen zusammenlegte; s. Rundschreiben Chef Wi Stab Ost/Stab I a vom 31. 10. 1944, BA-MA, RW 31/152.

II. Teil
Vorwort

Die nachstehende Darstellung der Probleme und Leistungen auf den verschiedenen Wirtschafts-Sektoren befaßt sich z.T. auch mit Gebieten, die nur beim Vormarsch und Rückzug Operationsgebiete waren, im übrigen aber der Zivilverwaltung unterstanden (RKO, RKU). Eine solche teilweise Einbeziehung war notwendig. Die Unterorganisation des Wi Stabs Ost waren als erste dort eingesetzt, haben die Wirtschaft aufgebaut und erst später diese Gebiete (wirtschaftlich bereits organisiert) an die Zivilverwaltung übergeben. In weitem Maß wurde hierbei das Fachpersonal der Wi-Dienststellen in die Zivilverwaltung eingebaut. Auch nach der Übergabe bestand z.T. noch Personal-Union zwischen den Chefgruppenleitern der Wi In'en und den Hauptabteilungsleitern der Reichskommissare. Die auf der Ebene Wi Stab Ost — Reichsministerien bestehende Personal-Union wurde selbstverständlich weiterhin aufrecht erhalten. Die Führungskräfte für die Ostwirtschaft wurden also nahezu ausschließlich vom Wi Stab Ost gestellt.

Entscheidend war aber das eine, die Gesetzmäßigkeit des Wirtschaftsablaufs herausstellende „Geschichtsschreibung" wesentliche Erkenntnisse auch aus der Betrachtung der besetzten Gebiete schöpfen muß, die verwaltungsmäßig zufällig nicht zum Zuständigkeitsbereich des Wi Stabs Ost gehörten. Nicht die Leistung schlechthin, die z.Zt. nur „historisch" und insoweit nicht aktuell ist, ist das Wesentliche der Geschichtsschreibung, sondern die gelegentlich der Konstatierung der Leistung gewonnene Erkenntnis als Richtlinie für künftiges Verhalten. Diese ist das Überzeitliche, jederzeit wieder Einsetzbare, der eigentliche Gewinn der historischen Betrachtung, der verbleibt, während das konkrete Ergebnis entschwunden ist.

1. Drei Jahre Landwirtschaft zwischen Weichsel und Kaukasus

Die landwirtschaftliche Erzeugung

Aufgaben und Grundlagen der Erzeugung

Zielsetzung

Die Natur hat Rußland durch die Ausdehnung und Fruchtbarkeit seines Bodens zur Kornkammer Europas bestimmt. Es galt, diese nach der Besetzung großer Teile der Sowjetunion zugunsten des Reiches und später ganz Europas zu erschließen. Den landwirtschaftlichen Dienststellen wurde bei Beginn des Ostfeldzuges auf dem Gebiete der Erzeugung die Aufgabe gestellt, die zur Versorgung der deutschen Truppen benötigten Ernährungsgüter im Lande hervorzubringen und darüber hinaus Überschüsse an Getreide und Ölfrüchte (insbesondere Sonnenblumen) zu erzielen, um damit die Ernährungswirtschaft des Reiches zu ergänzen[69].

Nutzbare Fläche

In Erfüllung dieser Aufgabe mußte ein Raum von gewaltiger Größe erforscht, organisiert und ausgenutzt werden. Die besetzten Ostgebiete umfaßten in ihrer größten Ausdehnung die baltischen Länder, Weißrußland, Teile von Großrußland, die historische Ukraine, das Don-Donez-Gebiet, die Krim und den Kaukasus nördlich der großen Gebirgszüge. Diese Räume hatten zusammen eine Fläche von rd. 59 Mill. ha Ackerland. Das sind etwa 65% mehr als im Großdeutschen Reich, das in seinem Gebietsumfang von 1942 35,8 Millionen ha Ackerland umfaßt. Im einzelnen verteilen sich das Ackerland auf die Gebiete wie folgt:

RK Ostland	7,5 Millionen ha Ackerland
Wi In Nord	1,1 Millionen ha Ackerland
Wi In Mitte	5,4 Millionen ha Ackerland
RK Ukraine	18,4 Millionen ha Ackerland
Wi In Don-Donez	20,4 Millionen ha Ackerland
Kaukasus	6,0 Millionen ha Ackerland
Insgesamt:	58,8 Millionen ha Ackerland.

[69]) Zur deutschen Agrarpolitik in den besetzten sowjetischen Gebieten s. zusammenfassend auch Dallin, Deutsche Herrschaft, S. 332 ff., und aus sowjetischer Sicht Sinicyna/Tomin, Proval agrarnoj politiki. Długoborski, Landwirtschaft, unternimmt einen groben Vergleich der Situation im besetzten und unbesetzten Teil der UdSSR.

Boden und Klima

Die Böden und das Klima sind im Ostraum nicht einheitlich[70]).

Im *Nordteil* herrschen bei rauhem Klima mit genügenden bis reichlichen Niederschlägen Verhältnisse vor, die in weiter Ausdehnung für Wald- und Weidewirtschaft sprechen. Ausgedehnte Ackerflächen fehlen, abgesehen von örtlichen Gebieten, so daß nirgends der Getreidebau im Vordergrund stehen konnte.

Besonders im *Ostland* waren mit Rücksicht auf seine besondere Klimalage nennenswerte Getreide- und Ölfruchtüberschüsse nicht zu erwarten. Es war vielmehr in der Hauptsache auf Veredelungswirtschaft auf der Grundlage eingeführter Futtermittel eingestellt. Mit Rücksicht auf seine klimatischen Grundlagen erhielt es Richtlinien, nach den in gewissem Umfange die Veredelung der dortigen Erzeugung weiter zu betreiben war. Eine Einschränkung der Veredelungswirtschaft ergab sich jedoch von selbst, weil für die Truppenversorgung außerordentlich stark in die Viehbestände eingegriffen werden mußte.

Neben dieser Veredelungswirtschaft eignete sich das Ostland klimatisch ganz besonders für den Anbau von Sämereien, Saatkartoffeln und Faserlein. Bemerkenswert ist, daß die Erträge fast sämtlicher Kulturen im Ostland auf der Höhe der früheren Jahresdurchschnitte gehalten werden konnten. Der Samenbau verfügte bereits über fortschrittliche Anlagen, so daß er nur wiederaufgebaut und erweitert zu werden brauchte. Vor allem mußte Rotkleesaat und Grassaat erzeugt werden. Auf dem Gebiet der Saatkartoffelbaues waren dagegen sehr viel weitgehendere Möglichkeiten vorhanden als sie bis dahin im Lande selbst genutzt worden waren. Es wurde daher baldigst daran gegangen, deutsche Züchter ins Ostland zu holen und die Erzeugung von Sorten aufzunehmen, die für den russischen Raum besonders brauchbar waren.

In der *Mitte* sollten zunächst in der schwierigen Landwirtschaft der Waldzone nur die ersten Grundlagen einer geordneten ackerbaulichen Erzeugung gelegt werden. Die nähere Erforschung des Gebietes brachte jedoch die Kenntnis, daß nach Klima und Boden eine rasche Ertragssteigerung zu erreichen war, insbesondere dank einer idealen Niederschlagsverteilung. Besonders die östlichen Gebiete mit ihren Lehm- und Schwarzerdeböden brachten schon im Jahre 1942 Getreideernten bis zu 14 dz/ha. Trotz großer Schwierigkeiten wurden besonders der Hackfruchtbau und einige Sonderkulturen ständig weitergefördert. Von 1942 zu 1943 war der Anbau der Hackfrucht um 28%, der Sonderkulturen um 27% und der Hülsenfrüchte um 15% gesteigert worden. Der Flachsanbau hatte im Jahre 1942 eine höhere Anbaufläche erreicht als im Großdeutschen Reich insgesamt, mußte aber 1943 aus Saatgutmangel auf 57% zurückgehen. Durch geeignete Maßnahmen wäre er ohne Zweifel wieder auf die alte Höhe und darüber hinaus gebracht worden.

Intensive Forschungsarbeit schuf die Grundlage einer besseren Ackerwirtschaft, als Voraussetzung der Ertragssteigerung. Die Abstimmung der Tier- und Pflanzenzucht auf die Entwicklung der Bodenkultur machte sich durch höhere Erträge im Jahre 1943 bemerkbar. Das reichliche Grünlandverhältnis und die gute

---

[70]) Zum deutschen Kenntnisstand s. die Studie von Prof. Dr. W. v. Poletika, Naturverhältnisse und Agrargeographie der Sowjetunion (1941), BA-MA, RW 19 Anhang I/1550, sowie die Darstellung von Backe, Getreidewirtschaft.

Kleewüchsigkeit der Böden hätte die Futtergrundlage auch bei einem schnelleren Aufbau der Viehbestände gesichert, als die starken Viehabschöpfungen ihn zuließen.

Die schon früh entstehende Bandenbewegung hat den Aufbau und die Lenkung der Erzeugung schwer behindert.

Die *Ukraine*, das Land der besten und ausgedehntesten Schwarzerden Europas, ist boden- und klimamäßig gesehen recht unterschiedlich. Handtuchförmig durchziehen das Land von Westen nach Osten fünf Boden- und Klimazonen, die in ihrer Fruchtbarkeit und in ihren Anbauverhhältnissen große Unterschiede aufweisen.

Im Norden erstreckte sich zunächst die Waldzone (I) mit 550–600 mm jährlichen Niederschlägen und podsolierten Sand- und Lehmböden bis zur beginnenden Waldsteppe (II) mit 450–550 mm Regen und degradierten mächtigen Schwarzerden sowie grauen Waldböden. Nach Süden schließen sich an die Krautsteppe (III) mit 380–450 mm Niederschlägen und gewöhnlicher Schwarzerde, die Getreidesteppe (VI) mit 320–400 mm Niederschlägen und südlicher Schwarzerde und kastanienbraunen Böden sowie die Küstenzone (V) mit ähnlichen Niederschlägen und Bodentypen wie bei IV, zu denen sich jedoch noch die bekannten Salzböden hinzugesellen.

Waldzone und Waldsteppe unterscheiden sich in der Hauptsache nur in den Bodenverhältnissen. Beide Zonen haben als übliche Betriebsformen Getreide-Viehwirtschaften; nur beim Anbau von Spezialkulturen treten die besseren Böden der Waldsteppe gegenüber der Waldzone stärker in Erscheinung.

In der Kraut- und Getreidesteppe kommt die Auswirkung des Kontinentalklimas voll zur Geltung. Die Niederschläge sind geringer, fallen ungleichmäßiger und Trockenperioden treten öfter auf, wovon zunächst der Futterbau am meisten betroffen wird. Daher werden der Viehbesatz, mit ihm die tierische Anspannung, die Siedlungsdichte und gleichzeitig der Arbeitskräftebesatz kleiner. In der Krautsteppe herrscht die Getreide-Ölfrucht-Wirtschaft, in der Getreidesteppe die reine Getreidewirtschaft vor. In der Nähe von Verarbeitungsstätten befinden sich z.T. Sonderkulturen wie Feldgemüse, Baumwolle, Wein.

Die schmale und relativ kleine Küstenzone (30 km) ist infolge des besonders hohen Anteils an Sonderkulturen ein ausgesprochenes Sondergebiet.

Menschliche Arbeitskräfte

Alle Teile des Ostraumes, ausgenommen zwei südliche Provinzen der Ukraine und die Generalbezirke Estland und Lettland, wiesen in der Landwirtschaft ausreichende Arbeitskräfte auf. Dies ist aus der genauen Übersicht „Bevölkerungsdichte und landwirtschaftliche Arbeitskräfte je 100 ha landwirtschaftliche Nutzfläche" (Anl. 11) ersichtlich. Die natürliche Bevölkerungsdichte bot der landwirtschaftlichen Erzeugung also im allgemeinen günstige Voraussetzungen. Trotzdem waren auch nach dieser Richtung manche Schwierigkeiten zu überwinden. Der Menschenbedarf war größer als in normalen Zeiten. Der Feind hatte bei seinem Rückzug durch Wegführung und Zerstörung vieler Traktoren und sonstiger größerer Maschinen und Geräte die Mechanisierung der Betriebe von grundauf vernichtet, durch die solange Menschenarbeit gespart worden war. Das wirkte sich auf die wichtigen südukrainischen Gebiete besonders nachteilig aus. Eine Auffüllung der arbeitsschwachen Nord- und Südgebiete aus dem Menschenüberschuß des Mittelabschnitts und der Nordukraine erwies sich aus verschiedenen Gründen als unmöglich: Einmal der Bandengefahr wegen, die gerade in den Überschußgebieten in der Mitte und der Nordukraine eine Menschenerfassung nur unter starker militärischer Hilfe gestattet hätte, die aber nicht gestellt werden konnte. Dann aber auch, weil die Verkehrsmittel für zivile Menschenbewegungen großen Ausmaßes während des Vormarsches gar nicht zur Verfügung gestanden hätten. Besonders erschwerend trat hinzu, daß der Aufbau der einheimischen Industrie erhebliche Kräfte vom Lande abzog. Auch die Anforderungen der Wehrmacht stiegen ständig, besonders seit Beginn der Frontrücknahme im Herbst 1942. Den bei weitem stärksten Eingriff in den landwirtschaftlichen Arbeitskräftebesatz bedeutete aber seit 1941 die Arbeiterwerbungen und später die Arbeiteraushebung für den Reichseinsatz (Sauckel-Aktion).

Die landwirtschaftliche Führung unterstützte diese Reichswerbungen und Reichsaushebungen, soweit es gegenüber der landwirtschaftlichen Produktion überhaupt vertretbar erschien, und wies ihre nachgeordneten Dienststellen zu tatkräftiger Mitarbeit an. Trotzdem kann nicht unausgesprochen bleiben, daß den Werbekommissionen – mindestens im Anfang – schwere psychologische Fehler unterliefen, die zu einer außerordentlichen Beunruhigung der landwirtschaftlichen Bevölkerung führten. Teilweise in so starkem Maße, daß die Bauern das Interesse an ihrer Wirtschaft verloren und ihre Felder unbestellt ließen[71]).

Derartige Fehlentscheidungen mußte wirksam begegnet und überhaupt übertriebenen Anforderungen mit hieb- und stichfesten sachlichen Argumenten entgegengetreten werden. Die landwirtschaftlichen Dienststellen stellten daher für alle Gebietsteile des Ostens genaue Berechnungen des landwirtschaftlichen Arbeitskräftebedarfes an. Auf Grund von Meßzahlen, die für jede Frucht errechnet wurden, setzten sie den Arbeitskräftebedarf je nach der Intensität der Betriebe fest.

Während der Arbeitsspitzen, insbesondere in der Ernte, wurde durch besondere Verordnungen die städtische Bevölkerung zur Landarbeit herangezogen.

Agrarstruktur

Der Mensch als Produktionsfaktor war also im allgemeinen in ausreichender Zahl vorhanden. Jede Besatzungsmacht muß sich sorgen, ob die Bevölkerung ohne aktiven oder passiven Widerstand ihren Parolen folgen wird. Die volle Ausnutzung der vorhandenen menschlichen Arbeitskraft war in den besetzten Ostgebieten für die landwirtschaftliche Erzeugung um so entscheidender, als feststand, daß die unter den Kriegseinflüssen aufgeriebene tierische Zugkraft erst in langen Zeiträumen und auch die motorische nur schrittweise wiederaufzubauen sein würde. Die Gewinnung des russischen Landvolks zur freiwilligen Mitarbeit war damit eine der

---

[71]) In der Darstellung der zuständigen Chefgruppe BB (hinten S. 355) werden die Ursachen dafür in den „Fehlern" der Agrarpolitik gesehen und die Zwangsmaßnahmen bei der „Werbung" gerechtfertigt.

vordringlichsten und wichtigsten Aufgaben. Seine Arbeitswilligkeit war schon unter der ihm aufgezwungenen sowjetischen Agrarverfassung zweifelhaft. Die deutsche Landwirtschaftsführung mußte daher die bestehende Agrarstruktur im Hinblick darauf überprüfen, ob der inneren Einstellung des Landvolks durch die Herausstellung agrarpolitischer Ziele eine neue fruchtbare Richtung gegeben werden könnte[72].

Bei der Besetzung des Ostraumes wurde in den altsowjetischen Gebieten, die schon vor 1939 zur Sowjetunion gehört hatten, das Kolchossystem vorgefunden. Die Sowjets hatten nach zunächst wieder aufgegebenen Versuchen im Jahre 1919 die totale Dorfkollektivierung und die Liquidierung des freien Bauerntums ab 1929 mit großem Nachdruck und schließlich mit Erfolg betrieben[73]. Nach außen hin vollzog sich der Übergang zur kollektiven Bewirtschaftungsform freiwillig. In Wirklichkeit war der Kampf um die Beseitigung der bäuerlichen Einzelwirtschaften und um die Durchsetzung der Kollektivierung mit den grausamsten Mitteln geführt worden. Zunächst durch eine Verkleinerung des Besitzes der größeren Bauern, durch die Abschaffung der Landpacht, das Verbot der Beschäftigung von bezahlten Arbeitskräften und durch einen starken Steuerdruck. Das letzte Mittel war die völlige Enteignung und Zwangsverschickung oder die Erschließung der sogenannten Kulaken. Die Sowjets ließen sich auch durch die schlimmsten Rückschläge nicht mehr von ihrem Ziel abbringen. Diese waren durch den passiven Widerstand der Bauern, durch die allgemeine Desorganisation der Landwirtschaft und durch rigorose Getreidebeschlagnahmungen entstanden. Sie hatten besonders im Frühjahr 1933 zu schweren Hungersnöten geführt, denen in den Dörfern der Ukraine ca. 5 Millionen Menschen zum Opfer gefallen waren[74]. Freie Bauernwirtschaften gehörten bis auf verschwindende Reste auf zu bestehen. Es gab in der Sowjetunion, wie nirgends sonst in der Welt, nur noch landwirtschaftliche Großbetriebe in Form der Kollektivwirtschaften oder der Staatsgüter.

Man muß diese Entwicklung vor Augen haben, um die sowjetische Agrarstruktur voll zu begreifen und um den Widerstand der durch die Zwangskollektivierung gegangenen Bauern gegen das Kolchossystem zu ermessen. Die sowjetische Agrarverfassung war den Bauern aufgezwungen worden und erzeugte durch ihre, allen bäuerlichen Lebensgewohnheiten widersprechende Art eine stets von neuem empfundene Unterdrückung.

In ihrer Arbeitsweise waren die Kolchosen weitgehend vom Staat abhängig. Entsprechend der äußersten Zentralisierung der gesamten sowjetischen Wirtschaft arbeitete auch die Landwirtschaft nach staatlichen Richtlinien. Eine Plankommis-

---

[72] Diese Sorge um die „innere Einstellung des Landvolks" kam freilich erst nach dem Scheitern der „Blitzkriegs"-Erwartungen zum Tragen. Bei der Vorbereitung des Krieges sowie während des schnellen Vormarsches im Sommer 1941 machten sich die Verantwortlichen kaum Gedanken darüber. Damals vertraute man allein auf die „Überzeugungskraft" der eigenen Gewehre. Zur späteren Kritik an diesem Standpunkt s. hinten den Abschnitt Produktionsfaktor „Mensch", S. 347.

[73] Siehe hierzu Merl, Anfänge der Kollektivierung, sowie zeitgenössisch die Darstellung des Experten in der Chefgruppe La Otto Schiller, Die Landwirtschaftspolitik der Sowjets und ihre Ergebnisse. Berlin 1943.

[74] Zu der immer wieder auflebenden Diskussion um diese – nach 1921 – zweite große Hungerkatastrophe s. jetzt Merl, „Ausrottung".

sion gab genaue Weisungen über Art und Umfang der anzubauenden Kulturen. Die Sowjetregierung bestimmte zu Anfang jeden Jahres die abzuliefernde Menge an Getreide, Kartoffeln, Fleisch, Milch und Butter. Zur Verfolgung dieser Anweisungen mußten die Kolchose und die kleinen Nebenwirtschaften der Kolchosmitglieder den größten Teil ihrer Erzeugnisse gewissermaßen als Naturalsteuer zu sehr niedrigen Festpreisen an die staatlichen Sammelstellen abliefern. Erst nach Erfüllung ihrer Abgabeverpflichtungen konnten sie den Rest zu etwas besseren genossenschaftlichen oder zu noch höheren Preisen auf den freien Kolchosmärkten verkaufen.

Der Festigung des Kolchossystems diente die weitgehende Mechanisierung der Landwirtschaft, welche die Kolchose von den Maschinen- und Traktoren-Stationen (MTS) abhängig machte. Je eine MTS hatte 20—40 Kolchosen ihrer Umgebung mit 30 bis 60 000 ha Ackerland zu betreuen. Die unmittelbare Lenkung der Kolchose lag bei den Rayon-Agrarabteilungen und den örtlichen Parteidienststellen. Die Übertragung aller wichtigen Betriebsentscheidungen an staatliche Stellen lähmte die Privatinitiative. In Verbindung mit den die persönliche Freiheit der Bauern weiterhin einschränkenden Bestimmungen über die innere Organisation der Kolchose hielt sie die Erbitterung der Bauern gegen das ihnen aufgezwungene System wach.

Von der inneren Organisation der Kolchose ist für die Beurteilung der vorgefundenen Agrarverhältnisse folgendes wichtig: Der Boden stand im Eigentum des Staates und war dem Kolchos zu dauernder Nutzung überlassen. Die Produktionsmittel, sowohl das Arbeits- und Zuchtvieh und ein Teil des Nutzviehes als auch Maschinen, Geräte und Werkzeuge waren Eigentum des Kolchos. Ausgenommen waren die großen Landmaschinen, die den MTS überlassen werden mußten. Nur die Wohngebäude und eine kleine Nebenwirtschaft von ¼ bis ½ ha zum Anbau von Gemüse und Obst waren als privates Vermögen der Bauern zugelassen. Außerdem Kleinvieh und eine Kuh sowie die für die Hofwirtschaft erforderlichen Geräte. Die sowjetische Gesetzgebung hat der privaten Nebenwirtschaft von vornherein enge Grenzen gezogen. Ihre weitere Einschränkung wurde mit allen Mitteln betrieben, besonders durch Steuerdruck. Die Kolchosmitglieder sollten ihre Haupteinnahmen an Geld und Naturalien aus der gemeinschaftlich betriebenen Kolchoswirtschaft beziehen. Das System der Ertragsverteilung der Kolchose war sehr verwickelt und unbeliebt. Der Meßbetrag der Kolchosarbeit war der Arbeitstag (Trudoden). Das Kolchosmitglied erhielt keinen Arbeitslohn, sondern entsprechend seinen Arbeitstagen einen Anteil an den Kolchoseinnahmen. Als Maßstab zur Berechnung der Arbeitsmenge wurden für jeden nur möglichen Arbeitsvorgang Musternormen aufgestellt: Für das Pflügen von 1 ha Land, das Vermahlen von 1 to Getreide, das Melken von 1 l Milch usw. Trotz dieses raffiniert ausgeklügelten Systems ließ sich die Arbeit nicht gerecht bewerten. Wer ein schwaches Pferd zum Pflügen bekam, war z. B. benachteiligt. Die Vorschriften boten der Schikane tausend Handhaben. Die Kolchosmitglieder waren in Erzeugungsbrigaden zusammengefaßt. An ihrer Spitze stand der Brigadier, der jedem Kolchosmitglied die Abrechnung seiner Arbeitstage erteilte. Über jeden kleinen Arbeitsvorgang mußte Buch geführt werden. Ein ungeheurer bürokratischer Apparat schaltete hier zur Aufrechterhaltung des Kolchossystems über den Menschen.

In der Ukraine wurden ungefähr 90% der landwirtschaftlichen Nutzfläche auf diese Weise durch Kolchose bewirtschaftet. Der Rest entfiel auf Staatsgüter

(Sowchose). Diese wurden aus ehemaligen staatlichen Domänen und großen Privatbesitzungen gebildet. In ihrer endgültigen Form umfaßte eine Sowchose in der Ukraine eine Fläche von 2–6000 ha. Diese Staatsgüter waren kapitalistische Großbetriebe mit Tagelöhnern, die am Gewinn nicht beteiligt waren. Sie unterschieden sich von den Kolchosen ferner dadurch, daß sie ihren eigenen Maschinenpark besaßen und meistens Spezialaufgaben auf dem Gebiete der Tier- oder Pflanzenzucht zu erfüllen hatten.

Nach der Besetzung der Ostgebiete wurden von der landwirtschaftlichen Verwaltung erfaßt:

	Zahl		landwirtschaftliche	Nutzfläche
Staatsgüter	4 307	mit	6 530 800	ha
Kolchose	32 293	mit	43 489 000	ha
Betriebe im Ostland	645 000	mit	11 863 300	ha

Nähere Einzelheiten sind aus Anl. 12–14 ersichtlich.

Die sowjetische Agrarstruktur wirkte sich auf die Erzeugung der von uns begehrten Überschüsse von Getreide und Ölfrüchten durchaus günstig aus. Der Großbetrieb erbringt nach den in allen Ländern gemachten Erfahrungen eine wesentlich höhere Marktleistung an Getreide als bäuerliche Betriebe.

Die deutsche Landwirtschaftsführung durfte diese Vorteile der Agrarstrukur nicht aufs Spiel setzen[75]). Dagegen wollte sie die nachteiligen Rückwirkungen auf das Landvolk beseitigen, das sich unter diesem System enteignet und verknechtet fühlte. Es wird noch ausführlich darzustellen sein, wie dies schwierige Problem durch die neue Agrarordnung mittels des Feldstreifensystems und genossenschaftlicher Betriebsformen gelöst wurde. Es gelang, während der Besetzungszeit eine hohe Marktleistung der ehemaligen Kolchose zu erzielen. An der Getreideernte 1942, der einzigen, die voll von uns eingebracht und verwendet wurde, betrugen im RK Ukraine nach Absetzung des Saatgutaufwandes die Anteile

Futter	18,7 %	41 %
ländlicher Verzehr	22,3 %	
Marktleistung	59,0 %	

Betriebsverbrauch : Marktleistung 41 : 59.
(vgl. Anl. 15).

[75]) Hier klingt das grundlegende Dilemma der deutschen Agrarpolitik an, das bereits bei den Planungen sichtbar geworden war und bis zuletzt nicht aufgelöst werden konnte. Es war im Kern der Konflikt zwischen ökonomischem Pragmatismus und ideologischen Prämissen, wobei sich die Landwirtschaftsführung im Falle Rußlands auf die Ökonomie versteifte und damit einen Dauerstreit mit den Anhängern einer „politischen" Kriegführung, insbesondere im Ostministerium, inkaufnahm, während die Agrarpolitik im Reich selbst die bäuerliche „Blut-und-Boden"-Ideologie auch zu Lasten der Effizienz stärker berücksichtigen mußte. Mit dem Wechsel von Walther Darré zu Herbert Backe war aber auch hier ein genereller Wandel zum kriegswirtschaftlichen Pragmatismus eingeleitet worden. Zum Hintergrund s. Lehmann, Faschistische Agrarpolitik, sowie Müller, Mobilisierung, S. 396 ff.

Das entsprechende Verhältnis zwischen dem Betriebsverbrauch und der Marktleistung betrug zur selben Zeit im Reich mit seinen gemischten Betriebsgrößen bei Getreide 57 : 43. Es war also erheblich ungünstiger, obwohl die deutsche Netto-Getreideernte je Flächeneinheit die russische wesentlich übersteigt.

In Ölfrüchten erreichte bei derselben Ernte die Marktleistung 89,7% der Nettoerträge nach Abzug des Saatgutaufwandes.

Weitere Einzelheiten über das Verhältnis des Betriebsverbrauchs zur Marktleistung für 1942/43 im RKU sind ersichtlich:

Für Meis, Hirse und Buchweizen (in %): aus Anl. 16.

Je ha Nutzfläche (in kg): aus Anl. 17.

Für Gesamtgetreide (in Effektivzahlen): aus Anl. 18.

Trudoden je Arbeitskraft und je Kopf der landwirtschaftlichen Bevölkerung: aus Anl. 19.

In der Bewirtschaftung der Staatsgüter trennte man sich sofort von dem sowjetischen System einer weitgehenden Arbeitsteilung. Man begann den Wiederaufbau gemischter Betriebe mit einer vielseitigen Nutzung neben den Hauptaufgaben der Saatgutgewinnung und der Erhaltung und Förderung der tierzüchterischen Grundlagen des Landes. Die Betriebe waren durch Kriegseinwirkung stark devastiert und erforderten erhebliche Mittel zu ihrer Instandsetzung. Im wirtschaftlichen Wiederaufbau der Staatsgüter wurden schnelle Fortschritte erzielt. 1943 gab es bereits zahlreiche Betriebe, die sich mit ihren Feldbeständen, ihren Herden und dem Zustand der Höfe durchaus wieder sehen lassen konnten. Die Leistung der Staatsgüter an den Markt konnte jedoch unter den Verhältnissen des meist völligen Neuaufbaues noch nicht in Erscheinung treten.

Beschaffung der Lenkungsunterlagen

Die Erforschung der Produktionsfaktoren und ihre Beeinflussung im Sinne der für den Ostraum ausgegebenen agrarwirtschaftlichen Zielsetzung erforderte eine umfangreiche und zusammenfassende Planungsarbeit. Im altsowjetischen Raum wurde Material für Lenkungsunterlagen wesentlich spärlicher vorgefunden als z.B. im Baltikum. Eine der Hauptgrundlagen war hier der Kolchoskalender von 1939. Das vorgefundene Material genügte jedoch keineswegs, darauf die notwendigen Planungen aufzubauen.

Es mußte daher so schnell wie möglich durch neue Erhebungen eine eigene Statistik geschaffen werden. Hierzu wurde eine besondere statistische Abteilung eingerichtet, die mit Hilfe der landwirtschaftlichen Dienststellen schon verhältnismäßig kurze Zeit nach der Besetzung kreisweise statistische Erhebungen durchführte. Nach einem sorgfältig ausgearbeiteten Terminkalender wurden einheitlich im ganzen Gebiet Anbau- und Ernteergebnisse, Vieh- und Maschinenbestände ermittelt. Neben diesen statistischen Haupterhebungen liefen sogenannte Kurzerhebungen über: Saatenstand, Ernteschätzung, Arbeitskräfte, Ochsen- und Fohlenhöfe, Panjewagen u.a.m.

Die Ergebnisse der Erhebungen in den Kreisen wurden zu Gebiets- und Oblast-Statistiken zusammengefaßt. Im Laufe der Zeit wurde ein gut arbeitendes System entwickelt, bei dem durch rasche Übermittlung der Erhebungsergebnisse der Führung rechtzeitig wertvolle Unterlagen zur Verfügung gestellt werden konnten.

Um die gesamte Agrarstatistik in den besetzen Ostgebieten in ihren Hauptlinien einheitlich auszurichten, wurden die in den einzelnen Teilen hierfür verantwortlichen Statistiker zu gemeinsamen Besprechungen nach Berlin zusammengerufen. Auf diesen Statistiker-Tagungen wurden die Grundlinien festgelegt und ein System geschaffen, welches eine einheitliche Führung der Agrarwirtschaft in den besetzten Ostgebieten wesentlich unterstützte[76]).

Neben der Statistik bildete die Buchführung ein wertvolles Hilfsmittel für Planung und Lenkung der landwirtschaftlichen Erzeugung. In der Ukraine wurde eine sehr ausführliche und teilweise überspitzte sowjetische Buchführung vorgefunden. Diese wurde, sobald es die Verhältnisse gestatteten, nach deutschem Muster vereinfacht und nach einer verhältnismäßig rasch durchgeführten Umschulung bzw. Neuschulung der ukrainischen Buchhalter zur Anwendung gebracht. Diese neuen Unterlagen konnten in verhältnismäßig kurzer Zeit für 123 Kreise der Zentrale zur Verfügung gestellt werden. Wenngleich somit auch nicht aus sämtlichen Kreisen Buchführungsmaterial herbeigeschafft werden konnte, so konnten doch Unterlagen in die Hand gegeben werden.

Eine noch schnellere Unterrichtung über die innere Organisation der landwirtschaftlichen Betriebe ermöglichten die in Ergänzung der allgemeinen Buchführungsarbeiten in sämtlichen Oblasten durchgeführten Betriebsprüfungen. Ende 1942 lagen Gutachten über 140 Gemeinwirtschaften vor. Die kritische Zusammenstellung dieser Betriebsprüfungen ergab wertvolle Schlüsselzahlen über Arbeitskräftebesatz, Zugkräftebesatz, Anbauverhältnisse u.a. Die Auswertung dieser Schlüsselzahlen führte zu allgemeinen Maßnahmen in der Leitung der Gemeinwirtschaften, die sich bald günstig auswirkten.

Im Ostland, wo im Gegensatz zu der Ukraine eine bäuerliche Agrarstruktur vorherrschte, wurde noch ein anderer Weg zur Beschaffung von Lenkungsunterlagen beschritten. Buchführung konnte nur in den von der Landbewirtschaftungsgesellschaft Ostland bewirtschafteten Großbetrieben eingerichtet werden. Der weitaus größere Teil der Klein- und Kleinstbetriebe war in dieser Form nicht zu erfassen. Deshalb wurde in den 3 baltischen General-Bezirken eine Anzahl möglichst durchschnittlicher Betriebe als Richtbetriebe ausgewählt, von welchen mit Hilfe von Erhebungsbögen laufend Meldungen über alle Betriebsvorgänge, Bewegungen des Viehbestandes usw. eingeholt wurden. Bei der Auswahl der Betriebe und bei der Durchführung der Erhebungen wurden in der unteren Instanz die landeseigenen Verwaltungen weitgehend eingeschaltet. Auf diese Weise wurden aus etwa 1% der in Frage kommenden landwirtschaftlichen Betriebe repräsentative Unterlagen für die Lenkung und Beratung gewonnen, die in kürzerer Zeit anfielen als die statistischen Angaben aus dem etwas schwerfälligen Apparat der amtlichen Agrarstatistik. Ihrem Zahlenwerte nach ermöglichten sie eine Nachprüfung der statistischen Angaben und auch besser als diese einen Einblick in die Dynamik der Betriebe.

---

[76]) Die erste umfassende statistische Auswertung wurde am 26. 8. 1943 fertiggestellt; s. Wi-StabOst/Chefgruppe La 2 a 3, Die Landwirtschaft in den besetzten Ostgebieten. Statistik der landwirtschaftlichen Erzeugung 1942, BA-MA, RW 31/306.

Die monatlich eingehenden und verarbeiteten Meldungen wurden zu Berichten über alle der Lenkung wesentlichen Fragestellungen ausgewertet. Nachdem sich das Verfahren dieser Erhebungen eingespielt hatte, zeigte es aus den Zeitvergleichen, welche die Auswertung lieferte, bereits die in der Landwirtschaft wirksamen Entwicklungstendenzen. Es wird bei folgerichtiger Anwendung immer gestatten, in jedem Zeitpunkt die Auswirkung der getroffenen agrarwirtschaftlichen Maßnahmen zu erkennen und damit der Lenkung frühzeitig die Unterlagen zu liefern, nach denen Korrekturen vorzunehmen sind.

Pflanzenbau

Getreide

Im ukrainischen Getreidebau bestanden aus früherer Zeit folgende Erfahrungen: Lange hatte das Sommergetreide vorgeherrscht. Mit der allgemeinen Ungunst des Kontinentalklimas gingen von Zeit zu Zeit Sommer mit derartig außergewöhnlicher Hitze und austrocknenden Winden Hand in Hand, daß das Sommergetreide in einem bestimmten Turnus von Jahren immer wieder Mißernten erbrachte. Ganz besonders dann, wenn die Ackerwirtschaft nicht mit der genügenden Sorgfalt betrieben wurde. Der Landbau muß in diesen Gebieten mehr als sonstwo auf die Erhaltung eines günstigen Wasserhaushaltes bedacht sein. Die Sowjets hatten deswegen auch in den letzten Jahren eine rechtzeitige Boden-, vor allem eine gute Brachebearbeitung immer besser und gründlicher durchgeführt. Sie wollten den unsicheren Ernten an Sommerung durch Erhöhung des Anteils an Winterkorn begegnen und legten daher außerordentlichen Wert auf züchterische Gewinnung winterharter Weizensorten. Aber auch die Wintersaaten verlangen selbst bei bestem Saatgut mit hohen Widerstandsgraden gegen Auswinterung die Bestellung auf Flächen, die eine ausreichende Gare und den nötigen Wasservorrat im Boden aufweisen.

Die Bestellung im Herbst 1941 und im Frühjahr 1942 litt in hohem Maße darunter, daß die Boden- und Brachebearbeitung im Sommer und z.T. auch im Herbst 1941 infolge der Kriegshandlungen unterblieben war[77]).

Das traf ganz besonders die Winterung. Umfangreiche Gespannarbeiten mußten in kurzer Zeit nachgeholt werden. Da jedoch ein großer Teil der Zugtiere durch die Sowjets ausgehoben oder weggetrieben, teilweise auch durch die eigene Wehrmacht beschlagnahmt worden war, stand die Bewältigung der Herbstbestellung 1941 unter sehr ungünstigen Voraussetzungen. Von den noch betriebsfähigen Trak-

---

[77]) Diese Folgen waren vor Beginn des Krieges gegen die UdSSR in einer Studie des Stabsamtes des Reichsbauernführers: Erzeugung und Verbrauch von Nahrungs- und Futtermitteln in der UdSSR, vom 28. 3. 1941, BA-MA, Wi/ID.1645, prognostiziert worden. Man hatte deshalb angenommen, daß auf Jahre hinaus keine nennenswerten Überschüsse erwirtschaftet werden könnten. Über diese internen Bedenken setzte sich Backe jedoch hinweg; s. Das Deutsche Reich und der Zweite Weltkrieg, Bd 4, S. 148.

toren, deren Bestand gegenüber dem Frieden nur etwa ⅓ ausmachte, konnte nur ein kleiner Teil eingesetzt werden, da noch nicht einmal 5% des vor dem Kriege verbrauchten Brennstoffs bereitgestellt werden konnte. Um die Winterungsfläche nur einigermaßen ausreichend zu bestellen, griff die Bevölkerung sogar teilweise zum Spaten. Auch wurde Getreide vielfach in unbearbeitete Hackfruchtschläge eingedrillt. In weiten Teilen des Landes wurden die Böden zu spät bestellt, oder unvollkommen bzw. nur notdürftig bearbeitet. Während bei einem milden Winter auf diese Weise immerhin eine beträchtliche Bestellungsfläche an Brotgetreide für das kommende Jahr in Aussicht gestanden hätte, machte der überaus strenge Winter 1941/42 alle hierauf gesetzten Erwartungen zunichte. Die Auswinterung ging weit über das normale Maß hinaus, so daß riesige Flächen mit Sommerung neu bestellt werden mußten.

Die im Frühsommer 1942 mit großem Nachdruck in Angriff genommene Brachebearbeitung konnte ebenfalls wegen Mangel an Anspannung und immer noch völlig unzureichenden Treibstoffzufuhren wieder nicht vollständig und vor allen Dingen nicht rechtzeitig durchgeführt werden. Um diesem Mangel abzuhelfen, wurde bereits vom Frühjahr 1942 ab mit großer Energie daran gegangen, die Kühe der Kolchosniken zu Ackerarbeiten heranzuziehen. Auf diese Weise wurde die Winterbestellung flächenmäßig erweitert und qualitätsmäßig verbessert. Leider kam in größeren Landstrichen im Spätsommer eine große Trockenheit, die bei den teilweise schweren Böden die Ackerung fast unmöglich machte und die Herbstbestellung ungünstig beeinflußte. Das Winterkorn lief entweder im Herbst gar nicht auf oder vertrocknete nach dem Auflaufen, z.T. lief die Wintersaat auch erst im Frühjahr auf und litt dann noch einmal unter einer strichweise zur ungünstigsten Zeit auftretenden Trockenheit, die der Frühjahrsaussaat 1943 jedoch nicht soviel anhaben konnte[78]). Die anfänglich bei der deutschen Führung sehr weitgehende Neigung zur Aufrechterhaltung oder sogar Steigerung des Winterfruchtanbaues wurde auf Grund der praktischen Erfahrungen abgeschwächt. Vor allem für den Nordwesten war eine Wiederverstärkung des Sommerfruchtanbaues beabsichtigt.

Erfolgreich war während der ganzen Besatzungszeit der Anbau der Gerste, die trotz der 1942 und 1943 verschiedenen Einwirkungen des Klimas mehr oder weniger gleichmäßig gute Erträge brachte.

Die von der landwirtschaftlichen Führung während der beiden schweren Wirtschaftsperioden gewonnenen Erfahrungen ließen künftig einen raschen Aufbau der Getreideerzeugung erwarten. Die Anbauflächen der gesamten besetzten Ostgebiete waren allmählich wieder ausgedehnt worden.

Vorkriegsfläche	rd. 23,4 Millionen ha	
1941/42	rd. 17,0 Millionen ha	= 75%
1942/43	rd. 18,1 Millionen ha	= 79%

(Einzelheiten vgl. Anl. 20–22).

[78]) Im Bericht der Hauptabteilung Ernährung und Landwirtschaft beim RKU über die Aussichten der Frühjahrsbestellung und Ernte 1943 war bereits eine „Dürrekatastrophe" erwartet und daher eine Beschleunigung der Frühjahrsbestellung verlangt worden; s. Schreiben an RMfdbO/Abt. E. u. L. vom 15. 3. 1943, BA-MA, RW 31/248.

Die Ernten ergaben:

Vor dem Krieg	rd. 24,3 Millionen to	=	10,3 dz./ha
1942	rd. 11,7 Millionen to	=	6,9 dz./ha
1943 unvollständig (vgl. Anl. 25)			

(Einzelheiten vgl. Anl. 23–25).

Die Sowjets hatten in der Ukraine Getreideerträge von annähernd 10 dz./ha erzielt. Berücksichtigt man allerdings, daß alle vier bis fünf Jahre in der Ukraine Mißernten auftreten können, so sind 8,25 dz. je ha Anbaufläche im vierjährigen Durchschnitt einschließlich einer Mißernte anzunehmen. Bei einer Ackerfläche der Ukraine (Zivilverwaltung- und Operationsgebiet) und des Don-Donezgebiets von 38,8 Millionen ha und einem durchschnittlichen Getreideanteil von 55% kommt man also auf eine russische Normalernte von 17,6 Millionen to Getreide. Nach dem an Ort und Stelle gewonnenen Urteil können durch bessere Wirtschaftsführung in wenigen Jahren Ertragssteigerungen von 15 bis 20% erwartet werden. In erster Linie durch richtig gewählte Fruchtfolgen, durch eine geregelte Ackerwirtschaft mit gleichbleibender Erhaltung der Bodengare und des Wasservorrats im Boden, sowie durch einen Ausbau des vorhandenen Saatzuchtmaterials. Als Nahziel kann also mit einer Getreideernte von 20 bis 21 Mill. to gerechnet werden. Durch geregelte organische Düngung und durch eine mäßige Versorgung des Landes mit mineralischen Stickstoffen und Phosphatdüngern (von etwa 10 kg/ha reinem Stickstoff und etwa 16 kg reiner Phosphorsäure) würden mit Sicherheit die Durchschnittserträge auf 12 dz./ha und die Ernten auf 26 Millionen to erhöht werden können. Bei der Annahme eines etwa gleichen Viehbestandes wie in der Vorkriegszeit und einer Marktleistung in der Getreidewirtschaft von etwa 50% (vgl. Anl. 15) würde das bei einem städtischen Konsum von rd. 3 Millionen to

Überschüsse von 10 Millionen to

zugunsten des Reichs und Europas ergeben[79]).

Mais

Über die bisher besprochenen Methoden hinaus konnte ein noch erfolgreicherer Aufbau der ukrainischen Getreidewirtschaft durch die Ausdehnung des Maisanbaus erwartet werden. Dieser machte auf dem Hofland der Kolchosniken nicht nur in den Gebieten, in denen die Sowjets den Mais auf Großflächen eingeführt hatten, sondern weit darüber hinaus von Anfang an einen guten Eindruck. Überall, wo der Mais auf regelmäßig gepflegte und gedüngte Böden gebracht und gut gehackt wurde, standen während der gesamten Besatzungszeit Maisflächen von sehr gutem Ertrag. Die Maßnahmen zur Erweiterung des Maisanbaues stießen jedoch 1942 auf Schwierigkeiten in der Beschaffung von gut-keimfähigem Saatgut. 1943 verhinderten die bereits einsetzenden Schwierigkeiten mit der Arbeiterwerbung für das

---

[79]) An der Fiktion einer solchen Größenordnung, die schon im Frühjahr 1941 bei den Planungen für den Ostfeldzug von der La-Führung errechnet worden war, hielt man selbst Ende 1942 noch fest; s. Ausführungen Rieckes in der Zeitschrift „Deutsche Agrarpolitik", zit. in Ostpolitische Informationen des RMfdbO vom 5. 12. 1942, BA-MA, RW 31/233. Dabei lagen die tatsächlichen Lieferungen für Wehrmacht und Reich aus der vermeintlichen „Kornkammer" Ukraine gerade bei etwa 2,7 Mill. to; s. Anlage 27.

Reich die Ausdehnung dieser arbeitsintensiven Kultur. Es wurde jedoch allgemein die Überzeugung gewonnen, daß die Erträge bei den normalerweise vorhandenen günstigen arbeitsmäßigen und klimatischen Voraussetzungen auf die Dauer sehr viel höher und sicherer gesteigert werden könnten als die der übrigen Getreidearten.

Ölfrüchte

Die Erträge der wichtigsten Ölfrucht, der Sonnenblume, hingen in erster Linie von der Verwendung besten Saatgutes und von guter Bestellung und Pflege ab. Wie der trockene und heiße Sommer 1943 gezeigt hat, ist auch die Sonnenblume gegen Hitzeeinwirkungen besonders empfindlich. Unter den Kriegsverhältnissen mußte das jeweils vorgefundene unkontrollierte Saatgut verwandt werden. Das wirkte sich in vielen Fällen nachteilig aus. Nur besonders gesunde und kräftige Bestände überstanden die durch die Hitze eintretenden Krisen. Die Wiederbereinigung der Saatgutbestände zur Frühjahrsbestellung 1943 hatte sich noch nicht als ausreichend erwiesen. Es wurde daher allergrößter Wert auf Durchführung einer Massenauslese gelegt, um schnell wieder zu brauchbaren Saatgutbeständen zu kommen. Darüber hinaus war geplant, den Saatgutbedarf weitgehend durch Einfuhr aus den Süd-Ost-Staaten zu decken; z.T. geschah dies bereits. Während der Besatzungszeit wurden die Anbauflächen der Sonnenblumen erheblich vergrößert, ohne daß die natürlichen Grenzen der Anbauerweiterung schon erreicht waren. Die Erträge waren zufolge besonders ungünstiger Umständen weit hinter dem Sowjetstand zurückgeblieben. Dabei stellte dieser noch keinen Höchststand dar. Die mögliche Ertragssteigerung hätte jedoch Arbeit auf lange Sicht erfordert, während die hierzu getroffenen Maßnahmen erst in ihren Anfängen steckten. Auf jeden Fall bieten sich sowohl der Pflanzenzüchtung, die auch eine Steigerung des Ölgehaltes zu erstreben haben wird, wie der Ackerwirtschaft durch Düngung und bessere Pflege noch große Erfolgsaussichten auf diesem Gebiet. Das ließen die ergebnisreichen Arbeiten des Ölpflanzeninstituts in Krasnodar erkennen.

Zum Aufbau einer starken Ölfruchtproduktion waren auch die Grundlagen für den Anbau weiterer Ölfrüchte vorgefunden worden. Die Sowjets hatten diesem Gebiet bereits größte Aufmerksamkeit geschenkt und bei verschiedenen Ölpflanzen beachtliche Züchtungserfolge aufzuweisen. Besonders sind zu nennen: Soja, Lallematis, Rizinus, Perilla sowie Erdnuß und Sesam für den heißeren Südosten. Die Ölfruchternten ergaben:

	Anbaufläche	Ernte	dz/ha
Vor dem Krieg	758 000 ha	611 400 to	8
1942 (mit Ostland)	1 777 000 ha	837 500 to	4,7
1943 (mit Ostland)	1 022 000 ha	275 800 to	2,7

(Einzelheiten vgl. Anl. 26)

Abschließend ist über den Getreide- und Ölfruchtbau in der Ukraine zu sagen, daß steigende und sichere Erträge erreichbar erschienen durch intensivere Bodenbearbeitung, durch eine unbedingt notwendige Belebung der Böden, durch einen Aufschluß der brachliegenden Bodennährstoffe und durch züchterische Arbeit. Eine erhebliche Steigerung der Vorkriegsüberschüsse stand also zu erwarten.

Sonderkulturen

Zur Minderung außerordentlicher Mangellagen im Reich und zur Erhaltung der von den Sowjets eingeleiteten Anbaumaßnahmen mußten auch Aufgaben auf dem Gebiet der Sonderkulturen gelöst werden, die z.T. erheblichen Umfang annahmen. Ganz besondere Aufmerksamkeit wurde den ausgedehnten Baumwollkulturen des Süd-Ostens geschenkt. Ebenso einer Erhaltung und Erweiterung der von den Sowjets in Gang gesetzten Pflanzenkulturen Kautschuk.

Es gelang bereits im Frühjahr 1942 in den Provinzen Nikolajew, Taurien und auf der Krim 70 000 ha Baumwolle anzubauen. Fehlendes Saatgut wurde aus Bulgarien beschafft. Im folgenden Jahr wurde der Baumwollanbau noch erweitert, überstieg aber nicht 100 000 ha. Das nötige Saatgut, z.T. auch Arbeitskräfte, Maschinen usw. fehlten. Die Baumwollernte 1942 verlief in Anbetracht der Schwierigkeiten, die zu überwinden waren, befriedigend. Es wurden rd. 6000 to reine Baumwolle nach Deutschland gebracht. Die Baumwollernte 1943 erschien befriedigend, konnte aber infolge des russischen Vormarsches nur z.T. geerntet und nur zu ganz kleinen Teilen abtransportiert werden.

Kok-Sagis wurde hauptsächlich in der Waldzone und Waldsteppe in den Provinzen Podolien, Shitomir-Winniza, Kiew-Poltawa und Charkow angebaut. Die von den Sowjets übernommenen Kulturen waren zum größten Teil derart verunkrautet, daß sie kaum abgeerntet werden konnten. Die Felder wurden zunächst stehen gelassen, um Samen zu liefern. Im Jahre 1942 war durch Pflege der alten Bestände schon eine größere Ernte eingebracht, die es erlaubte, im Warthegau, im Generalgouvernement und in Wolhynien neue Kautschukpflanzenfelder anzulegen[80].

Auch auf dem Gebiet des Heil- und Gewürzpflanzenbaues wurden wegen der Mangellage in Deutschland Weisungen herausgegeben, vorhandene Kulturen zu erhalten und zu erweitern. Zentren dieses Anbaues waren Poltawa, Dnjepropetrowsk und die Krim.

Pflanzenbau im Kaukasusgebiet

Der Nordkaukasus ist von jeher bekannt für große Getreideüberschüsse. Besonders die um Krasnodar im Kubangebiet anstehenden tiefgründigen, fetten Schwarzerden sind durch das gleichzeitig günstige Klima noch wesentlich frucht-

[80]) Großes Engagement in dieser Frage zeigte von Anfang an der Reichsführer SS Heinrich Himmler; dazu Speer, Der Sklavenstaat, S. 270 ff. Bereits am 28. 5. 1941 war von verschiedenen privaten und staatlichen Stellen eine gemeinsame Gesellschaft zur Förderung des Anbaues von Kok-Sagis in Rußland gegründet worden; s. Sitzungsnotiz, IfZ, MA-255, S. 387 ff. Die Vollmacht Hitlers erhielt Himmler für sich jedoch erst am 15. 4. 1943; s. Abschrift, BA-MA, RW 31/175. Für 1943 wurde mit einer Produktion von 1000 to Pflanzenkautschuk gerechnet; s. Protokolle der Verwaltungsratssitzungen der Pflanzenkautschuk-Forschungs-Gesellschaft mbH am 27. 5. und 22. 7. 1943, BA-MA, RW 31/248. Die Industrie hielt sich hier verständlicherweise zurück, denn die kosten für 1 kg Pflanzenkautschuk beliefen sich auf 14,– bis 15,– RM, bei Naturkautschuk dagegen bei 2,– RM und für Buna bei 2,50 RM je Kilo; s. Die chemische Industrie in den besetzten Ostgebieten, vom 4. 1. 1943, BA-MA, RW 31/88.

barer, vor allem sicherer im Ertrag, als ähnliche Böden in der Ukraine. Die Ernten, die dort erzielt werden, gehen weit über die Durchschnittsernten in der Ukraine hinaus. Im Kubangebiet um Krasnodar sind 25 dz./ha Weizen und 15–18 dz./ha Sonnenblumen keine Seltenheit. Ganz ohne Mißernten geht es jedoch auch hier nicht ab. Starker Rostbefall bei Getreide und heiße Ostwinde können die Erträge in kleineren oder größeren Räumen stark herabmindern oder sogar gänzlich vernichten.

Neben Getreide und Sonnenblumenanbau können im Kaukasus alle Sonderkulturen in erheblichem Umfang angebaut werden. Baumwolle, Hanf und Kenof als Textilpflanzen, Rizinus, Perilla, Soja, Sesam und Erdnuß als Ölfrüchte gedeihen dort weit besser und sicherer als in der Ukraine. Sie finden hier überhaupt eher die ihnen am besten zusagenden Boden- und Klimaverhältnisse.

Zweifellos bestand für das besetzte Gebiet im Kaukasus hervorragende Aussicht, eine außerordentlich mannigfaltige und dabei ertragsichere Landwirtschaft aufzubauen, wie es in keinem der anderen besetzen Ostgebiete möglich gewesen wäre. Die kurze Besetzungszeit erlaubte nicht die Durchführung der Planungen.

Saatgutwesen

Zum Wiederaufbau der Erzeugung war bei dem Mangel an Betriebsmitteln aller Art die Anwendung einwandfreien Saatgutes notwendige Voraussetzung. Seine Gewinnung wurde daher intensiv in Angriff genommen.

Zur Durchführung der gesamten staatlichen Überwachung des Saatgutwesens, der Saatenkontrolle, der Saatenanerkennung wurden in der Ukraine Pflanzenbauämter eingerichtet. Um ferner die Erfahrungen der ersten Zeit auszubauen und die Ergebnisse russischer Forschung nachzuprüfen, wurde den Pflanzenbauämtern noch die Aufgabe übertragen, Sorten- und Düngungsversuche sowie bakteriologische und andere Untersuchungen durchzuführen und die Schädlingsbekämpfung zu überwachen. Die ersten Ergebnisse dieser Arbeit ergaben bereits wichtige Hinweise für die Praxis.

Aus klimatischen Gründen konnte deutsches Saatgut nur teilweise Anwendung finden. Auch Saatgut aus den europäischen Südoststaaten wurde zwar eingeführt und mit Erfolg angebaut, doch blieb die Züchtung und Vermehrung der in der Ukraine angetroffenen Sorten von allergrößter Wichtigkeit. Zu ihrer Durchführung wurde eine umfangreiche Organisation mit Hauptsaatgutstellen, Saatgutstellen und Saatzuchtringen aufgebaut. In ihrem Rahmen wurden später 28 deutsche Saatenzüchter und größere Saatgutfirmen eingesetzt, die einen großen Teil der praktischen Arbeit übernahmen[81]).

---

[81]) Diese Maßnahmen wurden vom RKU 1943 getroffen, nachdem alle Bemühungen, Saatgut aus Deutschland bzw. anderen Staaten einzuführen, unzureichende Ergebnisse erbracht hatten. Der RKU sah die Ursache dafür in der zentralen Lenkung durch die Saatabteilung der ZO, die nach seinem Eindruck das Baltikum bevorzugt bediente. Der Aufbau einer eigenen regionalen Organisation war die Konsequenz; s. Schreiben RKU/E II S an den RMfdbO vom 24. 3. 1943, BA-MA, RW 31/248.

Bereits von den Sowjets war viel interessantes Material vorhanden. Seine Sichtung und Erhaltung erforderte allein umfangreiche Arbeit. Darüber hinaus wurden für einzelne Sorten neue Ziele gesteckt.

Tierzucht und -haltung

In dem Auftrag, bei der landwirtschaftlichen Ausnutzung der besetzten Ostgebiete vor allem Getreide und Ölfrüchte zu erzielen, war die tierische Produktion nicht erwähnt. Die Aufgaben für die Tierzucht ergaben sich jedoch aus folgendem: Das vorhandene Spannvieh war durch den Krieg außerordentlich stark dezimiert und mußte daher so schnell wie möglich vermehrt werden. Die Versorgung der Wehrmacht erforderte die Bereitstellung von Fleisch- und Fettmengen, deren Lieferung die Erhaltung mindestens des vorhandenen Tierbestandes erforderlich machte. Die Armut des größten Teiles der russischen Böden an lebendigem Humus ließ sehr bald erkennen, daß für eine wirkliche Erschließung der in den Böden vorhandenen Erzeugungskräfte eine geregelte Düngerwirtschaft unumgänglich sein würde. Wenn auch eine Dungversorgung der Böden (vor allen Dingen im Süden mit Rücksicht auf den Niederschlagsmangel) niemals gleichmäßig in etwa demselben Umfang wie im Reich erforderlich gewesen wäre, so bestand doch eine begrenzte Notwendigkeit in allen Gebieten. Selbst eine krasse Herausstellung der rein pflanzenbaulichen Ziele mußte infolgedessen unter allen Umständen mit Viehwirtschaft in bestimmten Grenzen rechnen. Hieraus ergaben sich ebenfalls die dem Wiederaufbau der Viehwirtschaft zu stellenden Aufgaben. Immerhin waren der Viehhaltung enge Grenzen gesetzt. Im wesentlichen war die vorgefundene Zucht zu erhalten und zu ordnen, und die Tiere waren betriebswirtschaftlich richtig zu nutzen[82]).

Landtechnik

Mechanisierung und Maschinenbedarf

In der sowjetischen Landwirtschaft war die Mechanisierung außerordentlich weit getrieben worden. Trecker und Mähdrescher waren nicht nur dort im Großen eingesetzt, wo es an menschlichen Arbeitskräften fehlte (also innerhalb ihrer natürlichen Grenzen). Die Mechanisierung um jeden Preis ging vielmehr mit der politischen Proletarisierung des Landvolkes Hand in Hand. Infolgedessen fehlte es überall an bäuerlichen Geräten und solchen Maschinen, die dem vorhandenen Kräftebestand angepaßt waren. Der vorhandene Bestand an Maschinen und Geräten hatte unter Kriegseinflüssen und durch bewußte Zerstörungen und Wegführung so

[82]) Zur allgemeinen Problematik der Tierzucht in Deutschland während des Zweiten Weltkrieges s. den Überblick bei Lehmann, Tierproduktion.

schwer gelitten, daß die landwirtschaftlichen Betriebe teilweise fast völlig von Hand- und Spanngeräten sowie landwirtschaftlichen Maschinen entblößt waren.

Der Bedarf an technischen Betriebsmitteln für den riesigen Raum war daher bei Abschluß der ersten Übersicht so ungeheuer groß, daß viele 100 000 to Eisen erforderlich gewesen wären, um die Landwirtschaft wieder vollständig auszurüsten[83]). Mit Rücksicht auf die Erfordernisse der Rüstung und der übrigen kriegswichtigen Wirtschaftszweige mußten daher Rohstoffe möglichst gespart werden. Die Abgrenzung der Kontingente mußte daher sorgfältig mit den anderen Fachgruppen des Wi Stabs Ost abgestimmt werden.

Ostackerprogramm

Auf Grund der festgestellten ersten Kontingente wurde ein erstes „Ostackerprogramm" aufgestellt. Hiermit wurden

150 000 Zweischargespanne,
100 000 Gespanngrubber,
15 000 Getreidemäher

in Auftrag gegeben. Ihre Fertigung wurde durch ständige Zusammenarbeit mit den Herstellungsgruppen und -firmen derart vorangetrieben, daß sie z.T. bereits bei der Frühjahrsbestellung 1942 Verwendung finden konnten. Diese Lieferungen brachten neben der augenblicklichen praktischen Auswirkung eine außerordentlich erwünschte Nebenwirkung mit sich. Nämlich die einer psychologischen Einwirkung zugunsten einer positiven Haltung der Landbevölkerung: deutlicher als an allen anderen Maßnahmen glaubte die Bevölkerung hieran die erhoffte Einstellung der deutschen Führung zu ihren eigenen Wirtschaftsfragen zu erkennen.

Außer den anschließend zu behandelnden Schleppern und Schleppergeräten wurden während der Besetzungszeit insgesamt folgende Maschinen und Geräte in den Osten geliefert[84]):

Gespannpflüge	306 884
Gespanngrubber	99 620
Drillmaschinen	4 595
Hackmaschinen	6 072
Hack- und Häufelpflüge	16 460
Einradhacken	6 000
Unkrautstriegel	2 834
Vielfachgeräte	1 083
Getreidemäher	23 240
Grasmäher	8 901
Dreschmaschinen	5 497
Saatgutbereiter	969
Panjewagen-Garnituren	27 170

---

[83]) Zu den Möglichkeiten und Problemen bei der Versorgung mit Landmaschinen und Geräten in Deutschland s. Lehmann, Probleme.

[84]) Weitere Einzelheiten finden sich im Tagebuch des Abteilungsleiters Landtechnik im Reichsnährstand Dipl.Ing. Friedrich Abel (Kopie im Besitz des Verf.).

Sensenblätter	3 098 408
Sensenstiele	950 357
Wetzsteine	2 332 200
Pflanzenspritzen	4 200.

Schlepper

Während der gesamten Bewirtschaftungszeit war das entscheidende technische Problem für das Vorwärtstreiben des Ackerbaues die Beseitigung des Mangels an Zugkraft. Die Sowjets hatten allein in der Ukraine fast 100 000 Traktoren in Betrieb gehabt mit einem jährlichen Kraftstoffverbrauch von etwa 800 000 to. Von diesen Schleppern wurden etwa 40%, größtenteils in stark reparaturbedürftigem Zustand vorgefunden. Hierfür stand eine Brennstoffmenge von knapp 100 000 to jährlich zur Verfügung. Infolgedessen ergaben sich folgende dringliche Angaben für die Landtechnik:

- Wiederingangsetzung der russischen Schlepper durch Herstellung der dafür erforderlichen Ersatzteile im Reich;
- Lieferung neuer deutscher Schlepper aus dem Reich;
- Umbau der russischen und der deutschen Schlepper auf Generatorbetrieb;
- weitgehende Umstellung von der motorischen auf tierische Anspannung.

Nachdem auch für diese Aufgaben die erforderlichen Eisenkontingente in Vereinbarung mit den zuständigen Dienststellen bereitgestellt waren, konnten insgesamt bis zum Juni 1943

70 032 Schlepper
16 174 Generatoren und
5 356 Schlepperanhanggeräte

gefertigt und in die Ostgebiete geliefert werden. Die besonders dringliche Beschaffung der Ersatzteile für russische Schlepper setzte voraus, daß für die vielen Tausende von Einzelteilen die Konstruktionszeichnungen nach aufgefundenen russischen Unterlagen oder Musterstücken hergestellt wurden. Hierfür richtete die Chefgruppe W das Ersatzteilkommando beim Landmaschineninstitut der Universität Halle ein, das in kürzester Zeit diese Aufgabe löste. Schon sehr bald konnten die Aufträge für diese Ersatzteile an Hand der neuen deutschen Konstruktionszeichnungen herausgegeben werden.

Bei der Herstellung neuer deutscher Schlepper wurden besondere Anforderungen in bezug auf die technische Ausrüstung gestellt, wie z.B. Kaltstart, batterieloser Betrieb usw. Diese Forderungen führten teilweise zu Umkonstruktionen, die dann für die gesamte Fertigung der Firmen (auch im Reich) zur Grundlage wurden.

Die Hoffnungen auf eine schrittweise gesteigerte Treibstofflieferung erfüllten sich nie in vollem Umfang und wurden nach dem militärischen Rückschlag im Kaukasus aussichtslos. Die Umstellung der russischen und deutschen Schlepper auf Generatorenbetrieb trat daher immer mehr in den Vordergrund. Glücklicherweise war jedoch unabhängig von dieser Entwicklung, vorausschauend auf diesem Gebiet so viel durch die Gruppe Landtechnik vorbereitet worden, daß eine rechtzeitige, bis an die Grenzen der Fertigungsmöglichkeiten gehende Entwicklung einsetzen konnte. Bereits im Herbst 1941 hatte sich die Gruppe Landtechnik dafür entschieden eingesetzt. Die Wahl fiel auf den neu entwickelten Einheitsgenerator EG 60, von dem zunächst für die damals besetzten Waldgebiete 21 000 Stück in Auftrag gegeben wurden[85]).

Nachdem diese Gebiete durch die Kriegsereignisse sich stark verkleinerten, mußte versucht werden, diese Generatoren auch für die waldarmen Gebiete der Ukraine mit anderen festen Treibstoffen zu betreiben. In Betracht kam zunächst Braunkohle, für die sich der Generator nach gründlichen Versuchsarbeiten ebenfalls geeignet erwies. Es wurden daher für die Ukraine zur Herbstbestellung 1943 65 000 to Braunkohle angerollt und auch größtenteils verarbeitet. Auf die Dauer war die Transportbelieferung durch den Bedarf von jährlich rd. 200 000 to Braunkohle allein in den Gebieten diesseits des Dnjepr nicht tragbar. Es mußte versucht werden, einen im dortigen Raum, möglichst sogar in den Betrieben selbst vorhandenen Brennstoff zu verwenden. Diese Überlegung führte zu der Folgerung, Strohbriketts zu verwenden. Die Herstellung von Strohbriketts, die im Einheitsgenerator zu verwenden sind, mit kleinen betriebseigenen Pressen zu ermöglichen, wurde dem Ersatzteilkommando der Chefgruppe W in Halle übertragen. In mühsamen Entwicklungsarbeiten wurde die Aufgabe gelöst. Die Fertigung der Pressen sollte Ende 1944 beginnen. Sie hat über die Ostgebiete hinaus große Bedeutung für das Reich und andere europäische Gebiete. Für die Durchführung der umfangreichen Generatorversuche in den verschiedenen Schleppertypen wurde von der Chefgruppe W ein Schlepperversuchskommando geschaffen in Anlehnung an das Schlepperprüffeld Bornim des Reichsministers für Ernährung und Landwirtschaft. Bis zum Sommer 1943 konnten rd. 14 000 vorhandene Schlepper auf Holzgasbetrieb in den Gebieten von der Ostsee bis zur nördlichen Ukraine umgestellt werden. In diesen sind rd. 3000 Fordson-Schlepper der baltischen Generalbezirke einbegriffen, für die schwedische Borlinders-Generation mit den erforderlichen Motorumbauteilen fertig bezogen werden konnten. Im Winter 1943/44 waren weitere rd. 10 000 Schlepper für den Umbau in der Ukraine vorgesehen. Damit marschierten die Ostgebiete in der ganzen Generatorenaktion weitaus an der Spitze aller europäischer Länder.

Als Folgerung aus dieser Generatoraktion konnte im Mai 1943 vorgeschlagen werden, für die Ernte 1944 3 Millionen to Getreide (bwz. einen entsprechenden Anteil Ölfrüchte) mehr anzubauen durch planmäßigen Einsatz dieser technischen Hilfsmittel. Hierzu sollten z.B. rd. 40 000 to Treibstoffe, die kontingentmäßig im Winter fällig waren, zeitlich vorgezogen und schon im Herbst eingesetzt werden. Im Frühjahr sollten dann die bis dahin umgebauten Schlepper mit den zum Herbst angefahrenen Braunkohlebriketts betrieben werden. Von dieser Aktion wurden die erste Hälfte zum großen Teil planmäßig ausgeführt und hat wesentlich zu der guten Herbstbestellung beigetragen. Die entscheidende zweite Hälfte mußte leider unausgeführt bleiben.

---

[85]) Siehe dazu den Bericht des WiStabOst vom 8. 4. 1942 über die Maßnahmen zur Umstellung von Fahrzeugen auf Generatorbetrieb in den besetzten Ostgebieten, BA-MA, RW 31/145.

Panjewagenbau

Der geringe Bestand an Ackerwagen behinderte außerordentlich die Bewältigung der inneren Wirtschaftsbetriebe und die Erntetransporte zur Bahn. Er mußte erhalten und ergänzt werden. Da die durch die Chefgruppe W hergestellten Panjewagen für den Truppenbedarf vorgesehen waren, mußte die Landwirtschaft ein eigenes großes Panjewagenbauprogramm aufziehen. Mit Rücksicht auf die riesigen Transportwege vom Reich, den Mangel an Verladeraum und die Herstellungsschwierigkeiten im Osten konnte dieses Problem nur bewältigt werden durch weitgehende Normierung der Eisenteile mit geringen Gewichten und allgemeine Einführung von Hohlachsen.

Das Holz wurde z.T. in eigenen Holzbearbeitungswerken der nördlichen Ukraine vorgearbeitet.

Leider konnte von dieser Aktion nur noch ein Teil zur Durchführung gelangen.

Technisches Unterrichtsmaterial

Besondere Schwierigkeiten bestanden in der Einarbeitung des einheimischen Personals auf die neuen Maschinentypen, Ersatzteile und dergl., so daß auch hier umfangreiche Maßnahmen zur Behebung eingeleitet werden mußten. Größte Aufmerksamkeit wurde der Herstellung von Gebrauchsanleitungen, Ersatzteilen und dergl. in zweisprachiger Ausführung gewidmet. Durch besondere Fachkräfte mit langjähriger Auslandspraxis wurde den Lieferfirmen der Maschinen, Traktoren und Generatoren ausführliche Anweisung und Hilfestellung bei dem Entwurf und der Herstellung dieser Druckschriften gegeben. So ist [. .] ein vorbildliches Unterrichtsmaterial für die deutschen und russischen Fachkräfte entstanden.

Landbauforschung und Ausbildungswesen

Als 1941 der Vormarsch der deutschen Truppen nach Rußland begann, war bekannt, daß die Sowjets zahlreiche gut eingerichtete und vorzüglich arbeitende landwirtschaftliche Forschungseinrichtungen besaßen. Auf besonderer Höhe stand die Pflanzenzüchtung. Das auf den Pflanzenstationen vorhandene Material stellte für den Wiederaufbau der landwirtschaftlichen Erzeugung ein unersetzliches Hilfsmittel dar. In manchen Instituten befanden sich weltberühmte Sammlungen von Kulturpflanzen und ihren Primitivformen (Puschkin, Odessa, Magarac). Daneben höchstinteressantes, theoretisch wie praktisch gleichwichtiges Kreuzungsmaterial (Baumwollinstitut Cherson, Weizenqueckenbastarde, Obstkreuzungen in Loschitza I, Mlejew und Nikita, Kok-Sagis-Station Minsk). Seine Vernichtung hätte Werte zerstört, die z.T. erst in jahrzehntelanger Arbeit, wenn überhaupt, hätten wiedergewonnen werden können. Ein solcher Zeitverlust mußte bei der Dringlichkeit der gestellten Aufgaben vermieden werden.

Mit der fortschreitenden Dauer des Krieges und den sich daraus ergebenden Fragen einer Heranbildung geschulten landwirtschaftlichen Nachwuchses traten dann später die Fragen des landwirtschaftlichen Fachschulwesens immer mehr hervor.

Forschung

Es zeigte sich sehr bald, daß die Sicherstellung der Institute nicht durch papierne Erlasse an die Truppe oder nachgeordnete Dienststellen, sondern nur durch persönliche Erkundung und Erfassung möglichst unmittelbar hinter der Front gelöst werden konnte. Daher wurden Wissenschaftler bei den Wi In'en und Reichskommissaren eingesetzt. Dadurch konnten bereits im Herbst 1941 alle wissenschaftlichen Forschungseinrichtungen und Saatzuchtstationen aufgefangen werden.

Der Zustand, in dem die Forschungs- und Hochschulinstitute von uns angetroffen wurden, war ein äußerst verschiedenartiger. Es wurde jedes Stadium von völlig intakt bis restlos zerstört vorgefunden. In den meisten Fällen war jedoch eine Bergung wertvollen Materials, in vielen eine Wiederinbetriebnahme an Ort und Stelle möglich. Neben den Forschungseinrichtungen und dem Zuchtmaterial war hierfür ein ausreichender Stab einheimischer Wissenschaftler Voraussetzung. Nur in seltenen Fällen wurden allerdings Spitzenkräfte vorgefunden. Diese waren fast immer rechtzeitig evakuiert, oder saßen in den von uns nicht erreichten Zentralen. Wir waren daher meist genötigt, die Arbeiten mit Wissenschaftlern 2., ja 3. Ranges fortzuführen. Aus diesem Grunde mußten diese Institute, wenn sie wirklich positive Arbeit leisten sollten (und nur solche konnte überhaupt eine Weiterarbeit rechtfertigen), unter deutsche fachkundige Oberleitung gestellt werden. Hinzu kam, daß die Zahl der Institute bald so anstieg, daß eine straffe organisatorische Zusammenfassung notwendig wurde. Dies um so mehr, als die sowjetische Organisation in einer scharfen Zentralisierung auf Moskau bestanden hatte, die durch die Kriegsereignisse zerschnitten worden war, in ihrer Wirkung aber irgendwie ersetzt werden mußte. Das sowjetische Verfahren, gleichartige Forschungseinrichtungen zu großen Zentralinstituten mit zahlreichen Außenstellen zusammenzufassen, hätte zu einem ähnlichen Vorgehen verleiten können. Da die bisher in der Mittelinstanz (Wi In'en oder Reichskommissaren) eingesetzten Referenten zwar die organisatorische Arbeit leisten, nicht aber die fachliche Oberleitung auf allen Gebieten der landwirtschaftlichen Wissenschaft ausüben konnten, wurde der folgende Weg beschritten:

In Anlehnung an die Erfahrungen der letzten 10 Jahre im Reich und aus dem GG wurden für räumliche wie nach ihren natürlichen Voraussetzungen nicht zu heterogene Gebiete 4 landwirtschftliche Forschungsanstalten gegründet (Riga, Minsk, Kiew und Cherson). Sie bildeten die organisatorische Zusammenfassung aller landwirtschaftlichen Forschungseinrichtungen des betreffenden Gebietes. Diese Forschungsanstalten wurden den bisherigen Referenten (der Wi In bzw. RK) unter Beibehaltung ihrer Funktionen (schon für den Fall eines weiteren Vormarsches) als Gesamtleiter unterstellt. Sie übernahmen gleichzeitig die Oberleitung aller Institute ihres engeren Fachgebietes. Für die anderen wurden sobald als möglich weitere Wissenschaftler eingesetzt. Hierbei mußte neben der fachlichen Qualifizierung vor allem auf organisatorische und praktische Veranlagung, sowie frisches Zupacken unter schwierigen Verhältnissen geachtet werden, soweit die Beschränkung der zur Verfügung stehenden Jahrgänge dies zuließ. Im übrigen wurden die russischen Institutsleiter belassen oder solche eingesetzt. Diese Arbeit war im Sommer 1942 im wesentlichen abgeschlossen.

Den Instituten und Zuchtstationen wurde die Aufgabe gestellt, der praktischen Landwirtschaftsführung die Einarbeitung in die landwirtschaftlichen Verhältnisse des Ostens zu erleichtern durch Auswertung vorgefundenen statistischen oder Versuchsmaterials oder durch Weiterführung von Zuchten. Bei der allgemeinen Knappheit an Betriebsmitteln stellte die Anwendung hochgezüchteten Saatgutes oft fast die einzige Möglichkeit für eine Steigerung der Erträge dar.

Einzelne Institute (Gorkij) erlangten daneben bald Bedeutung als Schulungsstätten. Hier wurden die Chefagronomen der Gebiete und Kreise durch Lehrgänge auf die ihnen gestellten praktischen Aufgaben ausgerichtet und der Sinn der von der deutschen Verwaltung getroffenen Maßnahmen wurde ihnen nähergebracht.

Um trotz der regionalen Zusammenfassung zu einer straffen Steuerung zu gelangen, wurde die Fachgruppe Landwirtschaft in der Zentrale für Ostforschung geschaffen. Deren Fachringleitern oblag es, die Arbeiten ihrer Fachgebiete nach einheitlichen Gesichtspunkten auf das z.Zt. praktisch Notwendige auszurichten. Doppelarbeit war zu vermeiden, aber auch die Arbeiten eines Gebietes durch Aufnahme entsprechende Paralleluntersuchungen in den Nachbargebieten zu prüfen und zu sichern.

Damit war eine Organisationsform gefunden worden, die sehr bald zu großen praktischen Erfolgen geführt hätte. Ihre Arbeit wurde aber durch die militärischen Ereignisse jäh unterbrochen. Bei der Frontrücknahme gelang es, erhebliche Bestände an Sammlungen, wissenschaftlichen Einrichtungen, Zuchtmaterial zu bergen und wissenschaftliches Personal zurückzuführen. Immerhin sind die Einbußen aber so schwer, daß bei einer Wiederbesetzung der bereits aufgebaute Apparat nicht einfach wieder ingang gesetzt werden könnte, sondern je nach den dann vorgefundenen Verhältnissen neue Wege gesucht werden müßten.

Im Augenblick kann es nur darauf ankommen, die eingeleiteten Untersuchungen soweit als möglich abzuschließen, zusammen mit den praktischen Erfahrungen auszuwerten und davor zu bewahren, unbekannt in irgendwelchen Schubladen zu verstauben. Sobald die als Organ der Forschungsanstalten gegründete wissenschaftliche Zeitschrift „Landbauforschung im Osten" diese Aufgabe erfüllt hat, kann auch sie ihr Erscheinen bis zum Wiedereintritt eines praktischen Bedürfnisses einstellen.

Fachschulen

Der praktische Landwirtschaftsführer stellte bei seiner Arbeit sehr schnell fest, daß die ihm zur Verfügung stehenden einheimischen Hilfskräfte zur Bewältigung der gestellten Aufgaben nicht ausreichten. Vor allem genügte ihre Ausbildung den Ansprüchen nicht.

Zwar hatten die Sowjets viel zur Förderung der landwirtschaftlichen Ausbildung getan, diese Tatsache darf jedoch nur von der politischen Seite her gesehen werden. Jede Ausbildung war für die Sowjets ein wichtiges Mittel zur politischen Erziehung und Abhängigmachung der Menschen vom System. Die bewußt geförderte Spezialisierung auf jedem Gebiete war ein wichtiges Mittel dazu. Die Verhältnisse im Ostland lagen ähnlich, wenn die Entwicklung dort auch von anderen Gesichtspunkten bestimmt worden war. Das Ausbildungswesen bedurfte daher einer Umstellung unter Hervorhebung der landwirtschaftlich-praktischen Zwecke. Die Dauer des Krieges im Osten verlangte außerdem laufend Nachwuchs an Hilfskräften jeder Art. Daraus ergab sich die Aufgabenstellung für das landwirtschaftliche Ausbildungswesen. Im Vordergrund standen:

- Zurückführung des Umfangs der Schulen auf die Bedürfnisse der Praxis;
- Einschränkung der Spezialisierung auf das notwendige Maß;
- Auswahl und Ausrichtung der Lehrkräfte;
- Überprüfung der Lehrpläne und Bibliotheken;
- Durchführung von Kurzlehrgängen für Agronomen;
- Einführung einer praktischen Berufsausbildung.

Nachdem die zur Durchführung dieser Aufgabe notwendigen deutschen Landwirtschaftslehrer zur Verfügung gestellt waren, begann die Arbeit. Bereits Ende 1942 waren eine große Anzahl von Agronomenschulen, Techniken und Landwirtschaftsschulen den oben angeführten Richtlinien entsprechend umgestellt. Die Vorbedingungen für eine erfolgreiche Arbeit war somit auch hier gegeben. Mit Rücksicht auf die sich ankündigenden militärischen Ereignisse wurden diese Maßnahmen, die nicht auf unmittelbare praktische Wirkung abzielten, frühzeitig wieder eingestellt.

Erfassung, Be- und Verarbeitung, Verteilung der Erzeugnisse

Aufgaben und Probleme

Zielsetzung

Die Abteilung Erfassung hatte aus den erzeugten Nahrungsgütern und landwirtschaftlichen Rohstoffen die Anforderungen von Verpflegungs- und Futtermitteln für den Truppenbedarf zu erfüllen. Außerdem hatte sie gegebenenfalls noch Überschüsse zur Entlastung des Reichs zur Verfügung zu stellen.

Diese Aufgaben konnten nur dann hinreichend erfüllt werden, wenn die in der deutschen Land- und Ernährungswirtschaft vorhandenen Kräfte, die kaufmännischen und technischen Erfahrungen in möglichst großen Umfang planmäßig herangezogen wurden. Die im besetzten Ostraum befindlichen lebensnotwendigen Be- und Verarbeitungsstätten mußten von deutschen Fachleuten inganggesetzt und geleitet werden.

Entsprechend diesen Forderungen ergab sich im einzelnen folgende Aufgabenstellung für die Abteilung Erfassung:

- Lenkung der Ausnutzung des Landes nach den Gesamtinteressen des Reichs unter besonderer Berücksichtigung der Versorgung der Wehrmacht aus dem Lande (Versorgungsplanung).

- Erfassung, Abtransport und Verteilung landwirtschaftlicher Erzeugnisse an die einzelnen Bedarfsträger, insbesondere Wehrmacht und Reich, Vorratspflege und Lagerhaltung.
- Instandhaltung und Wiederingangsetzung der Verarbeitungsbetriebe unter Leitung besonders qualifizierter Fachkräfte. Organisierung des Nachschubs an Fachkräften und Betriebsmitteln für die Verarbeitungsindustrie.
- Sicherstellung des notwendigsten Lebensbedarfs der Zivilbevölkerung zur Erhaltung ihrer Arbeitskraft für die deutsche Kriegswirtschaft.
- Abstimmung des Zivilbedarfs auf die sonstigen Erfordernisse.
- Versorgung der landwirtschaftlichen Bevölkerung mit Produktionsmitteln, Betriebsstoffen und Bedarfsgütern.

Totale Ablieferungspflicht oder feste Umlagen

Der Ernteausfall 1941/42 und die Höhe der noch vorhandenen Bestände waren in den einzelnen besetzten Ostgebieten sehr unterschiedlich. Die verfügbaren Mengen waren im Verhältnis zum Wehrmachtsbedarf unbedeutend. Von vornherein mußte deshalb die Verwendung der eingebrachten Ernte durch einschneidende Maßnahmen zu Gunsten von Wehrmacht und Reich sichergestellt werden. Es galt zunächst, möglichst viel landwirtschaftliche Erzeugnisse (insbesondere Getreide und Ölsaaten) aus dem besetzten Raum zu gewinnen. Die Bedürfnisse der Bevölkerung mußten vorerst zurücktreten auch mit Rücksicht auf die von ihr beiseite geschafften Bestände[86]).

Bei diesem Vorgehen durften jedoch keine nachteiligen Auswirkungen auf die nächste Ernte eintreten. Für die ordnungsgemäße Wiederbestellung der Anbauflächen mußte das notwendige Saatgut zur Verfügung stehen. Darüber hinaus war für die folgenden Jahre eine Erweiterung der Anbauflächen und eine Steigerung des Viehbesatzes vorgesehen.

Leitender Grundsatz der Erfassung war im ersten Jahr der Besetzung: Sicherung der Truppenversorgung einschließlich gewisser Lieferungen ins Reich einerseits, und Bereitstellung von Saatgut andererseits[87]). Erst nach Erfüllung dieser Forderungen konnte der Landbevölkerung ein Restanteil für den Eigenverbrauch verbleiben. Die anfallenden Bodenerzeugnisse wurden entsprechend ihrer Bedeutung für die einzelnen Bedarfsträger nach folgender Reihenfolge zugeteilt:

---

[86]) In den wirtschaftspolitischen Richtlinien für die Gruppe Landwirtschaft vom 23. 5. 1941 (abgedr. in „Unternehmen Barbarossa", S. 377–399) wurde deutlich ausgedrückt, daß die „Überschüsse", die man aus Rußland für die eigene Versorgung abziehen wollte, nicht durch die Höhe der Ernte, sondern durch die Höhe des Selbstverbrauchs im Lande bestimmt würden. „Schlüsselpunkt" aller Maßnahmen sei daher die Notwendigkeit, den Eigenbedarf der sowjetischen Bevölkerung soweit herunterzudrücken, daß die erwarteten Ausfuhrüberschüsse entstehen.

[87]) Daß die La-Dienststellen von einer Gleichstellung dieser drei Bedarfsgrößen ausgingen, war aus ihrer Sicht verständlich. Für die militärische Führung des WiStabOst hingegen galt als oberster Grundsatz: Alles was an Lebens- und Futtermitteln im Besatzungsgebiet gefunden oder hergestellt wird, muß zunächst für die Ernährung der Wehrmacht bereitgestellt werden; s. Anweisung an die Inspektionen vom 21. 8. 1941, BA-MA, RW 31/143.

Saatgutbereitstellung – Truppenversorgung – Verladung (z.B. aus Ukraine) ins Reich zur Versorgung der Truppe im Nord- und Mittelabschnitt bzw. Lieferung von Überschüssen direkt ins Reich – Versorgung der arbeitenden Bevölkerung – Zuteilung an nichtarbeitende Bevölkerung.

Es zeigte sich jedoch bald, daß mit der Länge des Krieges und der Weite des eroberten Raumes eine Änderung dieser Grundsätze notwendig wurde. Mit Rücksicht auf die zur Verfügung stehenden wenigen deutschen Kräfte konnte auf die Mitwirkung der Bauern nicht verzichtet werden. Auch aus politischen Gründen war es zweckmäßig, den Bauern an einem besseren Ertrag und einer höheren Ernte zu interessieren. Im Wirtschaftsjahr 1942/43 wurde daher der Grundsatz verwirklicht, mit steigender Ernte, Erweiterung der Anbauflächen und intensiverer Bewirtschaftung dem Bauern auch mehr von seinen Erzeugnissen zukommen zu lassen.

Im Zusammenhang damit wurden 1942/43 die Erfassungsgrundsätze gegenüber dem Vorjahr insofern geändert, als man von der totalen Ablieferungspflicht des Betriebes zur festgesetzten Umlage überging. Diese war zwar je nach dem Ernteertrag verschieden gestaltet, wies aber bei zunehmendem Ertrag auch einen zunehmenden Anteil dem Betriebe zu. Durch die Einführung der Agrarordnung und durch die Fest-Umlage erhielten die Bauern den Anreiz, möglichst viel über das Ablieferungssoll hinaus zu erzeugen. Nach Erfüllung der Umlage konnten sie dann selbst mehr verbrauchen, oder Überschüsse gegen Prämienware eintauschen oder am freien Markt veräußern[88]).

Freier Markt und Prämiengewährung

Die von der Umlage nicht erfaßten und im Betrieb nicht benötigten Erzeugnisse durften aber nicht ab Hof, sondern mußten auf dem freien Markt verkauft werden. Eine Einschränkung bestand, örtlich verschieden, für Mangelwaren (meist Fleisch, Fett und Getreide). Hier sollten die umlagefreien Produkte durch Prämien erfaßt und nicht auf dem freien Markt verkauft werden. Auf diese Weise sollten die umlagefreien, aber dennoch dringend benötigten Mangelerzeugnisse über die bestehenden Erfassungseinrichtungen der Truppe oder dem Reich zur Verfügung gestellt werden.

Für die anderen Erzeugnisse wurde dem Bauern nach Erfüllung seiner Umlageleistungen der Absatz am freien Markt erlaubt, damit er seine Erzeugnisse nicht auf dem schwarzen Markt veräußerte. Die freien Märkte wurden in bestimmtem Umfang deutscherseits geduldet und organisiert. Der Absatz erfolgte in der Regel an einheimische Verbraucher im Tauschwege oder zu Preisen, die nur insoweit beobachtet wurden, als Preisauswüchse zu verhindern waren. Sie lagen erheblich höher als die amtlich festgesetzten Preise. Aber auch reichsdeutsche Käufer konn-

---

[88]) Im Ergebnis lief das auf eine Erhöhung des Lebensstandards der Landbevölkerung hinaus, was vielleicht aus politischen und militärischen Gründen nützlich erscheinen mochte, den Wirtschaftsstellen aber durchaus Kopfzerbrechen bereitete. Im Lagebericht Körners über die Ernährungs- und Landwirtschaft in der Ukraine vom 1. 4. 1943 (BA-MA, RW 31/248) hieß es abschließend: „So wird der Instinkt der einheimischen Bevölkerung der größte Konkurrent des deutschen Bedarfs sein."

ten sich am russischen Markt beteiligen. Einschränkungen bestanden aus disziplinären Gründen und hinsichtlich der Verwertung von Marketenderwaren, die aus dem Reich im Kontingentsweg beschafft waren. Kommissionshandel war untersagt. Mangelware konnte bei Aufkaufsstellen zu amtlichen Preisen veräußert werden. In Gebieten, in denen die betreffende Mangelware keine besondere Rolle spielte (so z.B. Fett im Nord- und Mittelabschnitt) wurden Ausnahmen von dem Marktverbot zugelassen.

Es war nicht immer leicht, den freien Markt zu überwachen, da die Erfüllung der Umlagen an den vom Bauern feilgebotenen Waren im einzelnen nicht immer kontrolliert werden konnte. Trotzdem erschien es richtig, bestimmte Grundsätze aufzustellen, selbst wenn sie praktisch nicht immer restlos durchführbar waren und Mängel nicht ganz abgestellt werden konnten. Immerhin kann festgestellt werden, daß Teilerfolge einer zusätzlichen Erfassung zu verzeichnen waren, die bei völlig freiem Verkauf der umlagefreien Produkte nicht erzielt worden wären.

Festlegung der Umlage und Ursachen ihrer Änderung

Die Erfahrung zeigt, daß zur Erfüllung der Auflagen die Festsetzung eines Gesamtliefersolls für Wehrmacht und Reich sich am besten bewährte. Es gab den Verwaltungen der besetzten Gebiete feste Zahlen, mit denen sie bei ihren Versorgungsanschlägen rechnen konnten. Die Grundlagen dieser Umlage bildeten bestimmte Ernteerwartungen bei einer bestimmten politischen und militärischen Gesamtlage. Dabei war der Eigenbedarf der Landwirtschaft für Saatgut und Ernährung so zu berücksichtigen, daß bei besseren Ernteergebnissen bzw. besonderen Leistungssteigerungen auch die Erzeuger besser gestellt wurden (vgl. oben).

Diese Grundlagen änderten sich im Laufe der Wirtschaftsjahre, so daß das Liefersoll immer wieder berichtigt werden mußte. So ergab sich die Notwendigkeit derartiger Abstriche insbesondere durch Gebietsverluste, die erst nach Erteilung der Auflagen eintraten. Die infolge Bandentätigkeit ständig zunehmende Unsicherheit in den rückwärtigen Gebieten, welche die Erfassung von Monat zu Monat erschwerte und z.T. unmöglich machte, verursachte weiterhin zusätzliche Minderungen.

Höhe und Erfüllung der Auflagen

Im ersten Jahr der Besetzung der Ostgebiete (Wirtschaftsjahr 1941/42) mußte die Aufbringung landwirtschaftlicher Erzeugnisse den Gegebenheiten der Lage angepaßt werden. Die von den Sowjets angebauten Ackererzeugnisse konnten von den im Aufbau befindlichen Erfassungsstellen trotz aller Anlaufschwierigkeiten in zufriedenstellendem Umfang eingebracht und entsprechend den Bedarfsanforderungen verteilt werden.

Im zweiten Jahr der Besetzung (Wirtschaftsjahr 1942/43) konnten den Reichskommissaren und Wi In'en auf Grund bekannter Richtzahlen (Anbauflächen, Durchschnittserträge usw.) rechtzeitig feste Auflagen bekanntgegeben werden. Diese Auflagen trugen der Forderung des Reichsmarschalls Rechnung, die weitestgehende Versorgung der Truppe aus dem Lande zu sichern und darüber hinaus wesentliche Überschüsse für das Reich zu gewinnen. Die Sommeroffensive 1942 mit erheblichem Gebietszuwachs (Donbogen und Kaukasus) führte insbesondere im Südabschnitt zu einer Erhöhung der Auflagen[89]). Der spätere Verlust der neugewonnenen Gebiete und die gesteigerte Bandentätigkeit, besonders im Mittelabschnitt, zwangen wiederum zu einer Herabsetzung[90]).

Im dritten Jahr der Besetzung (Wirtschaftsjahr 1943/44) konnte mit höheren Ernteerträgen als im Vorjahr gerechnet werden, da die Anbauflächen gegenüber den vergleichbaren Flächen des Jahres 1942 bei den meisten landwirtschaftlichen Erzeugnissen ausgeweitet worden waren. Aus diesem Grund und angesichts der weiter ausgebauten und verfeinerten Erfassungsorganisationen hätten daher erhöhte Auflagen an Getreide, Kartoffeln, Fleisch, Fetten und Rauhfutter für Wehrmacht und Reich erteilt werden können. Der Ablauf der militärischen Ereignisse im Sommer 1943 mit der Preisgabe wertvollster Gebiete und schwersten Substanzverlusten hat einen Strich durch die Rechnung gemacht[91]). Zudem waren durch den Ausfall größerer Kapazitäten der Be- und Verarbeitungsbetriebe Strukturveränderungen in der Ernährungswirtschaft aufgetreten, die sich bald fühlbar auszuwirken begannen.

Im Hinblick auf die Auflockerung verschiedener Gebiete sollte im Wirtschaftsjahr 1943/44 die Erfassung möglichst beschleunigt werden. Dies wurde jedoch sehr

---

[89]) Da Göring bei den Auflagen zunächst nur vom Bedarf des Ostheeres ausgegangen war, beurteilte der Gen Qu noch im August 1942 die Versorgungsmöglichkeiten als günstig; s. Gen Qu Nr. I/5131/42 g.K., Beurteilung der voraussichtlichen Bedarfsdeckungsmöglichkeiten an Verpflegungs- und Futtermitteln aus den besetzten Ostgebieten für das Winterhalbjahr (1. 10. 42—31. 3. 43), vom 9. 8. 1942, BA-MA, RW 31/286. Backe setzte jedoch bei Hitler durch, daß der Bedarf der *gesamten* Wehrmacht aus dem sowjetischen Gebiet gedeckt werden sollte; s. Stab I/Ia Nr. 92 199/42g, Vortragsnotiz für Chef WiAmt, vom 16. 8. 1942, BA-MA, RW 31/151. Die stärkere Entnahme aus dem Lande verschlechterte zwangsläufig die Versorgung der Zivilbevölkerung und verhinderte eine notwendige Vorratsbildung im Lande. Diese wäre um so notwendiger gewesen, da sich schon damals abzeichnete, daß die Truppe bei Versorgungsstörungen, insbesondere in den weit vorgeschobenen Frontbereichen im Kaukasus und an der Wolga, rücksichtslos plünderte und eine planmäßige Bewirtschaftung verhinderte; s. Befehl des OB der H.Gr.B. vom 13. 8. 1942, BA-MA, RW 31/203. Auch die extrem kritische Versorgungslage der 6. Armee in Stalingrad zeichnete sich im Herbst 1942 bereits deutlich ab; s. Das Deutsche Reich und der Zweite Weltkrieg, Bd 6, Beitrag Wegner. Doch im Führerhauptquartier blieb man davon unberührt. Dort wurde vielmehr mit dem RKU und dem OKW vereinbart, daß aus den ukrainischen Vorratslagern Urlauberpakete für die in die Heimat fahrenden Wehrmachtsangehörigen gefüllt werden sollten, als „Dank des Führers an die Kämpfer der Ostfront" und zur Verbesserung der Ernährungslage in der Heimat; s. OKW/WFSt/Qu Nr. 03337/42g, betr. Urlauberpakete, vom 21. 10. 1942, ebd.

[90]) Zur Bilanz und ihrem Stellenwert innerhalb der Gruppe der von Deutschland besetzten Länder s. Vp E 3 — 1501/43g, Abschlußbericht über die Abwicklung der Reichsmarschall-Forderungen im IV. Kriegswirtschaftsjahr für die besetzten Ostgebiete sowie für Frankreich, Belgien, Niederlande, Norwegen, Protektorat Böhmen und Mähren, Generalgouvernement, Serbien-Banat, vom 11. 5. 1944, BA-MA, RW 31/188.

[91]) Einzelheiten s. Vermerk La 3c betr. Getreidelieferungen an die Wehrmacht in den besetzten Ostgebieten, vom 11. 11. 1943, BA-MA, RW 31/295, sowie die Aufstellung der Chefgruppe La über die geplante Aufbringung landwirtschaftlicher Produkte im Wirtschaftsjahr 1943/44 (o.D.) und die Aufstellung über den Stand vom 1. 2. 1944, abgedr. in Deutsche Besatzungspolitik, Nr. 108 f.

erschwert durch den sich überstürzenden Ablauf der Ereignisse, durch die Haltung der Bevölkerung nach Bekanntgabe der Evakuierungsbefehle und durch die angespannte Transportlage[92]).

Auflagen (ohne nachträgliche Kürzungen) und tatsächliche Lieferungen (an Wehrmacht und Reich) an Getreide, Fleisch und Fett für das gesamte besetzte Ostgebiet betrugen in den 3 Wirtschaftsjahren:

Auflagen (ohne nachträgliche Kürzungen)

	1941/42	1942/43	1943/44
Getreide to	2 060 000	2 854 000	3 050 000
Fleisch to	325 000	306 000	219 000
Fett to	60 000	74 500	63 000

Lieferungen (Wehrmacht und Reich)

	1941/42	1942/43	1943/44
Getreide to	2 005 000	2 734 000	1 966 000
Fleisch to	267 302	242 560	140 000
Fett to	42 745	73 017	28 300

Genaue Einzelheiten für die einzelnen Gebiete sind aus Anl. 27 ersichtlich.

Nach dieser Übersicht wurden im ersten Wirtschaftsjahr (1941/42) die Auflagen im Südabschnitt annähernd erfüllt, bei Getreide sogar überliefert. Im Mittelabschnitt konnte das Liefersoll aus den angegebenen Gründen aber nur zu einem Bruchteil erfüllt werden. Im Wirtschaftsjahr 1942/43 konnten die Auflagen bei Getreide nur im Südabschnitt erfüllt werden, während in allen anderen Gebieten die ursprüngliche Auflagenhöhe nicht erreicht wurde.

Lebensmittel für die städtische Bevölkerung

Bei Beginn des Ostfeldzuges wurde aus der damaligen Beurteilung der Verhältnisse in den altsowjetischen Gebieten für die einheimische städtische Zivilbevölkerung ein Verpflegungsmaß angeordnet, das bei längerer Dauer des Krieges nicht mehr tragbar erschien[93]). Die Notwendigkeit, die einheimischen Kräfte auf

[92]) Zu den Planungen für das Wirtschaftsjahr 1944/45 s. OKW/VA/V 3 A, Schreiben an WiStabOst betr. Bedarf der Wehrmacht, vom 29. 7. 1944, BA-MA, RW 31/295. Hier wurden die Planer rasch von den militärischen Ereignissen überrollt.

[93]) Es ist nicht verwunderlich, daß die Ausführungen zu diesem heiklen Thema sehr knapp geraten sind. Der WiStabOst hatte zunächst bestimmt, daß eine Festsetzung von Lebensmittelrationen, die der einheimischen Bevölkerung einen Zuteilungsanspruch vermitteln würden, zu unterbleiben habe; s. Besondere Anordnung Nr. 27 vom 26. 8. 1941, BA-MA, RW 31/142. In den Städten könnten nur jene Mengen an Lebensmitteln zur Verteilung gelangen, die nicht von Wehrmacht und Reich benötigt werden. Dabei müsse man sich auf die für deutsche Zwecke tätigen Arbeiter in lebenswichtigen Betrieben konzentrieren. Mit der Besonderen Anordnung Nr. 31 vom 4. 9. 1941, BA-MA, RW 31/138, wurden dann ausdrücklich geringe *Höchst*sätze für eine solche eventuelle Freigabe von Vorräten festgesetzt. Noch Anfang Oktober 1941 beharrte die La-Verwaltung darauf, künftig keine

das äußerste für die deutsche Kriegswirtschaft einzusetzen, erforderte höhere Verpflegungssätze. Die Zuteilungen wurden in erster Linie durch Leistungszulagen für Schwer- und Schwerstarbeiter usw. verbessert[94]. Die gerechte Verteilung der zugebilligten Nahrungssätze an die städtischen Versorgungsberechtigten bereitete besonders in stark bevölkerten Industriezentren erhebliche Schwierigkeiten[95]. Sie

---

Großstädte mehr zu besetzen. Es sei besser, die Städte abzuriegeln und die Bevölkerung ihrem Schicksal zu überlassen; s. La III/411-26851, Vermerk betr. Versorgung der Städte Rußland im noch unbesetzten Gebiet, vom 3. 10. 1941, BA-MA, RW 31/310. Der Versuch des Oberbefehlshabers des Heeres, die Rangfolge bei der Verteilung zu Gunsten der einheimischen Zivilbevölkerung zu ändern, schlug am Widerspruch Backes fehl. Die Konsequenzen der deutschen Ernährungspolitik wurden daraufhin auch in der militärischen Planung berücksichtigt; s. dazu Das Deutsche Reich und der Zweite Weltkrieg, Bd 4, S. 1006 ff.

[94]) Auch hierbei blieb es bei der Festsetzung von *Höchst*sätzen, die erst nach Befriedigung der deutschen Belange Anwendung finden sollten. Für Einheimische, die dauernd schwere körperliche Arbeit leisteten, wurde z.B. eine Fleischration von 200 gr/Woche festgesetzt; Besondere Anordnungen Nr. 44 vom 4. 11. 1941, BA-MA, RW 31/142. Der deutsche „Normalverbraucher" im Reich erhielt hingegen eine *Zuteilung* von 400 gr, Soldaten im Einsatz sogar 1750 gr. Für Kinder unter 14 Jahren und Juden galten im Osten nur die Hälfte der Höchstsätze für die nichtarbeitende Bevölkerung, obwohl für die Juden, soweit sie noch nicht durch die Einsatzgruppen ermordet worden waren, eine Zwangsarbeitspflicht bestand.

[95]) Die „gerechte" Verteilung in regionaler und lokaler Hinsicht war freilich weniger problematisch – da stets die für deutsche Zwecke arbeitenden Einwohner bevorzugt wurden – als die generelle Festlegung der Zuteilung für die „unnützen Esser". Hier zeigten zumindest die Fronttrupen nach dem Schock des ersten Kriegswinters in Rußland eine großzügigere Einstellung. Der Gen Qu mußte deshalb den Klagen der La-Dienststellen nachgeben, daß in den Armeebereichen der für die Wehrmacht arbeitende Teil der Zivilbevölkerung erheblich besser verpflegt wurde, als in den übrigen Besatzungsgebieten, und die Einhaltung der strengen Erlasse anmahnen; s. Gen Qu Nr. I/26146/42g, Anweisung vom 15. 6. 1942, BA-MA, RW 31/310. Gleichzeitig jedoch wandte er sich an den WiFüStab Ost mit der Bitte, zumindest diesen Teil der Bevölkerung ausreichend ernähren zu dürfen. Es sei bisher nicht gelungen, „auch nur die notdürftigste Ernährung der Bevölkerung, die zum großen Teil für die Wehrmacht arbeitet, sicherzustellen"; Schreiben Gen Qu Nr. I/33333/42g, vom 3. 8. 1942, ebd. Göring beharrte aber auf der Entscheidung, möglichst hohe Überschüsse im Osten für deutsche Zwecke herauszuwirtschaften, und zwar vor allem dadurch, daß der Verbrauch der einheimischen Bevölkerung so niedrig wie möglich gehalten werden. Er ordnete an, daß die militärischen Befehlshaber Rationen nur im Einvernehmen mit den La-Dienststellen festsetzen durften; s. V.P. 18717/3/6g, Anordnung vom 1. 12. 1942, BA-MA, RW 31/307. Der Gen Qu entschloß sich daraufhin, künftig *allen* sowjetischen Kriegsgefangenen eine lebenserhaltende Verpflegung zu gewähren und sich dabei auf den heereseigenen Verpflegungsapparat abzustützen; s. Gen Qu/IVa(III,2) Nr. I/50470/42, BA-MA, RW 31/311. Zugleich wandte er sich an den WiStabOst mit der erneuten Bitte, wenigstens die Verpflegungssätze der im deutschen Interesse arbeitenden Bevölkerung den Sätzen für Kriegsgefangene anzugleichen. Die Verpflegung der Zivilbevölkerung sei noch immer völlig unzureichend und gefährde in ihren Auswirkungen die Erfüllung der kriegswichtigen Aufgaben. Dieser Hinweis richtete sich gegen den Vorwurf der La-Dienststellen, es handele sich um eine „verfehlte Mitleidspolitik"; s. Schreiben Gen Qu/Abt. K.Verw./Wi Nr. II/7931/42g, v. 6. 12. 1942, BA-MA, RW 31/310 und Aktenvermerk WiStabOst/Chefgr.W vom 9. 12. 1942, BA-MA, RW 31/260 mit genauen Zahlenangaben. In einer gemeinsamen Anordnung Gen Qu/RMfdbO/WiStabOst vom 16. 3. 1943, BA-MA, RW 31/311, wurde schließlich eine umfassende Neuregelung durchgeführt. Sie sah die Einrichtung von Ernährungsämtern in den Städten vor, verpflichtete die La-Dienststellen zu einer entsprechen-

wurde durch besondere Ernährungsämter gesteuert, wobei Werksverpflegung eine große Rolle spielte. Die Ernährungsämter waren von den BB-Dienststellen des Wi Stabs Ost teilweise schon aufgebaut, als ihre Organisation zur Aufgabe der Verwaltung erklärt wurde. Die fachliche Aufsicht über sie blieb jedoch stets Aufgabe der erstgenannten Dienststellen. Die Maßnahmen zur Sicherstellung der Verpflegung waren mit den Maßnahmen zum Arbeitseinsatz gekoppelt. Erfolgsziel war, durch ausreichende Ernährung hohe Arbeitsleistungen zu erreichen.

Entgegen den geschilderten Ablauf wurden in den 3 baltischen Generalbezirken beschleunigt feste Verpflegungssätze eingeführt[96]). Bald darauf wurde diesen Gebieten die Angleichung an die Rationssätze im Reich bewilligt[97]).

Die der Zivilversorgung aus den erfaßten Lebensmitteln zugeführten Mengen betrugen[98]):

---

den Versorgungsplanung für die Zivilbevölkerung, erlaubte der Wehrmacht, bei einzelnen Ernährungsnotständen mit eigenen Beständen einzugreifen. Die Verpflegungssätze waren nicht mehr Höchstmengen, sondern anspruchsberechtigte Zuteilungen. Die täglichen Kalorienmenge für Arbeiter von 1250 lag allerdings weit unter den für deutsche Verhältnisse errechneten Existenzminimum von 1800 Kalorien.

[96]) Die Zuteilung z.B. von Fleisch bewegte sich Anfang 1942 in folgender Größenordnung:

Einheimische	300 gr/Woche
deutsche Zivilisten	800 gr/Woche
Soldaten	1150 gr/Woche

(s. Stab Ia, Vermerk über die Rücksprache von General Thomas mit Keitel am 13. 1. 1942, BA-MA, RW 31/172).

[97]) Die Sätze im RKO lagen generell um 15 Prozent unter den Sätzen im Reich. Als diese zum 1. 5. 1942 gekürzt werden sollten, widersetzte sich der RKO vergeblich einer entsprechenden Anpassung in seinem Gebiet; s. Anordnung Görings vom 10. 3. 1942, BA-MA, RW 31/311. Die Sätze im Baltikum blieben aber immerhin noch rd. 50 Prozent über dem der übrigen Besatzungsgebiete. Als Anfang 1943 der Wi Stab Ost zum ersten Mal an einem Rationssystem für die *gesamte* Bevölkerung arbeitete, was auf eine Angleichung der Sätze im RKO nach unten hinauslief, forderte der GK Reval in drastischer Art sogar noch eine Erhöhung in seinem Bereich; s. Schreiben an den RKO vom 4. 1. 1943, ebd. Er führte dafür rassische und politische Gründe an und wies darauf hin, daß die Esten bereit seien, mit den Deutschen zusammenzuarbeiten, wenn man ihnen wenigstens ein Existenzminimum gewährte. „Solange wir unser Führertum durch mehr Essen dokumentieren, werden wir anstatt der erstrebten Achtung nur Verachtung und unweigerlich eine passive Resistenz ernten, die sich wirtschaftlich vernichtend auswirken muß." Litzmann forderte vor allem eine Reduzierung der hohen Auflagen für die Ablieferung an die Wehrmacht. An einer Sonderregelung zeigte sich schließlich auch Himmler interessiert, der im Baltikum Freiwillige für seine SS-Einheiten rekrutierte. Wenn man – so sein Argument – die Esten und Letten an der Front wie Deutsche behandele und den gleichen Einsatz von ihnen verlange wie von deutschen Soldaten, dann könne man der städtischen Bevölkerung im Lande nicht so kärgliche Rationen zuteilen. Seine Bitte um Erhöhung wurde von Backe abgelehnt; s. Schreiben Himmlers an Backe vom 26. 8. 1942 und Antwort Backes vom 30. 10. 1942, ebd.

[98]) Ein Vergleich mit den Lieferungen für Wehrmacht und Reich, vorn S. 89, zeigt, daß von den im Lande erfaßten Mengen der größere Teil für die Ernährung der deutschen Bevölkerung abgezweigt wurde, als Ergänzung für die unzureichende Erzeugung im eigenen Lande. Der sowjetischen Bevölkerung im Besatzungsgebiet, zahlenmäßig fast so groß wie die deutsche, blieb demgegenüber nur das an Lebensmitteln, was die Deutschen übrig ließen bzw. was den deutschen Erfassungskommandos durch Selbsthilfe entzogen wurde.

		1941/42	1942/43	1943/44
Getreide	to		1 000 000	1 600 000
Hülsenfrüchte	to		28 875	49 449
Ölsaaten	to		138 654	121 076
Kartoffeln	to		978 000	1 180 000
Fleisch	to		58 480	84 762
Streichfette	to		13 154	22 150
Eier	Stck.		69 599 000	170 182 000
Fische	to		23 060	30 510
Marmelade	to		5 016	5 201

(vgl. Anl. 29–31 Reihe „Landesbedarf").

Bedarfsgüter für die ländliche Bevölkerung

Die ersten Maßnahmen zur Verbesserung der ländlichen Bevölkerung mit Bedarfsgütern wurden in diesem Zusammenhang ebenfalls bald eingeleitet. Die Zentral-Handelsgesellschaft Ost (ZO) war ihrer Satzung gemäß dazu berufen, diese Aufgabe zu übernehmen und die benötigten Warenmengen im Reich oder in den besetzten Ostgebieten selbst zu erwerben. Sehr bald wurde jedoch auch die Gruppe Handel und Handwerk der gewerblichen Wirtschaft bei der Erfüllung dieser Aufgabe mit eingeschaltet, so z.B. auf dem Gebiet der Versorgung mit Textilien.

Ungeachtet dessen blieb die unmittelbare Ausgabe dieser Waren an die ländliche Bevölkerung der örtlichen Erfassungseinrichtungen oder Genossenschaftseinrichtungen, die von der ZO betreut und von den ernährungswirtschaftlichen Dienststellen beaufsicht wurden. Es bedurfte einer gewisen Anlaufzeit, um den Kreis der zur Verfügung stehenden Waren auf die wirklichen Bedürfnisse des russischen Raumes abzustimmen. Teilweise kamen ungeeignete Bedarfsgüter in den russischen Raum. Lenkungsmaßnahmen des Wi Stabs Ost brachten aber die rein kaufmännischen Interessen mit den Bedürfnissen der Landwirtschaft in Einklang. Von 1942/43 an ging man dazu über, die Auslieferung des wesentlichsten Teiles der zur Verfügung stehenden Bedarfsgüter an die Ablieferung der festgesetzten Mengen landwirtschaftlicher Erzeugnisse zu knüpfen. Dieses sogenannte Prämiensystem ist ständiger Wandlungen unterworfen gewesen, die sich aus den Schwierigkeiten der gerechten Durchführung eines solchen Systems ergeben. Der Forderung, nur denjenigen Bauern die benötigten Bedarfsgüter zuzubilligen, die ihre Umlage voll erfüllt hatten, stand die Schwierigkeit der gerechten Festsetzung dieser Umlage für den einzelnen Betrieb gegenüber. Man begnügte sich deshalb teilweise damit, als Voraussetzung für den Bezug von Prämienwaren eine wesentliche Teilerfüllung der festgesetzten Umlage (40–60%) zu verlangen. Bei der Ablieferung verschiedener Erzeugnisse, die laufend anfallen, wie Milch, Eier usw. genügte in der Regel jede Lieferung, um einen Anspruch auf den Bezug von Prämienware zu erlangen. Dasselbe galt von Erzeugnissen, die besonders wertvoll sind oder deren Erfassung besonders schwierig ist (z.B. Heilkräutern, Pilzen, Beeren usw.). Im Ostland wurde das Prämiensystem als eine Versorgung der Landwirtschaft mit Bedarfsgütern betrachtet, die als Gegenleistung für die Ablieferungen landwirtschaftlicher Erzeugnisse stattfand. Die Prämienwaren wurden demgemäß im wesentlichen Zug um Zug angegeben.

Im Abschnitt Mitte war zuletzt der Preis der abgelieferten landwirtschaftlichen Erzeugnisse für die Menge an Bedarfsgütern maßgebend, die bezogen werden konnten.

Ein abschließendes Urteil über den Erfolg der einzelnen Prämiensysteme und ihren Wert kann noch nicht abgegeben werden.

Organisation und Hilfsmittel

Sowjetische Sagot- und Trustorganisationen, deutsche Unternehmen

In den altsowjetischen Gebieten wurde die Erfassung und die Be- und Verarbeitung mit Hilfe der gutausgebauten sowjetischen Sagot- und Trust-Organisationen wieder aufgenommen. Einheimisches Personal wurde unter deutscher fachmännischer Leitung eingesetzt. In den baltischen Staaten standen die Genossenschaften und die staatlichen bzw. gemischtwirtschaftlichen Unternehmen zur Verfügung. Die hoheitliche Steuerung erfolgte überall durch die deutsche landwirtschaftliche Verwaltung.

Die praktische Durchführung der Erfassung und der Be- und Verarbeitung wurde von der ZO übernommen. Die anfänglich von den Landwirtschaftsführern geleiteten einheimischen Organisationen und Betriebe wurden von ihr in treuhänderische Verwaltung übernommen. In der Ukraine wurden bereits 1942 die Sagots und Truste in eine neue Organisationsform überführt: Auf allen wichtigen Gebieten wurden Gesellschaften m.b.H. zur Erfassung der landwirtschaftlichen Erzeugnisse und zum Betrieb der Be- und Verarbeitungsstätten unter deutscher Leitung gegründet. Nach einem ersten erfolgreichen Versuch innerhalb der Fleischwirtschaft wurden auch auf anderen wichtigen ernährungswirtschaftlichen Gebieten deutsche Fachfirmen als Untertreuhänder der ZO mit der Führung bedeutender Großbetriebe beauftragt. Diese Firmen stellten neben ihrer Betriebserfahrung auch Fachkräfte und Produktionsmittel aus ihren Heimatbetrieben zur Verfügung und trugen damit zur Leistungssteigerung bei. Der gleiche Weg wurde auf dem Gebiet der Erfassung mit deutschen Landhandelsfirmen beschritten.

Ingangsetzung der Verarbeitungsbetriebe

Um die Wehrmachtversorgung aus dem Land durchführen zu können, mußten die z.T. technisch überalterten und beschädigten Be- und Verarbeitungsbetriebe überholt und ausgebaut werden. Die Beschaffung der hierfür erforderlichen Maschinen, Geräte und Materialien stieß auf erhebliche Schwierigkeiten. Ergänzungsmöglichkeiten aus Betrieben des Ostraums oder des Reiches waren bald erschöpft. Ein beschränktes für die Ostgebiete zugeteiltes Rohstoff-Kontingent reichte zur Bedarfsdeckung nicht aus. Nur der vordringlichste Bedarf konnte bei Schwerpunktbildung gedeckt werden. Dabei mußten jedoch vielfach Vorhaben zurücktreten, die eigentlich im Interesse der Ernährungslage des Reichs und der Transportersparnis dringend einer Durchführung im Osten bedurft hätten. Im Reich wurde vielfach von der Möglichkeit Gebrauch gemacht, unter Anwendung des Reichsleistungsgesetzes auf vorhandene Maschinen und Anlagen in stillgelegten oder nicht voll ausgenutzten Betrieben zu Gunsten der besetzten Ostgebiete zurückzugreifen.

Durch den Einsatz von besonderen Fachkräften und besonders ausgewählten deutschen Einsatzfirmen kam sehr schnell die laufende Produktion in Gang. Die Truppe wurde mit den notwendigsten Verarbeitungserzeugnissen der Getreide-, Vieh-, Milch-, Fett-, Gartenbau-, Kartoffel- und Getränkewirtschaft versorgt.

Nur die bedeutendsten Betriebe konnten mit deutschen Betriebsleitern unter selbstverantwortlicher Tätigkeit besetzt werden. In den wichtigsten Mittelbetrieben wurden ferner deutsche Fachkräfte eingesetzt, denen als Angestellten der ZO die Leitung einzelner oder mehrerer Betriebe übertragen wurde. Viele tausende Kleinstbetriebe, die keine Bedeutung für die Ernährungswirtschaft hatten, wurden stillgelegt. Eine große Anzahl der kleinen Mittelbetriebe wurde mit einheimischen Betriebsführern besetzt, die unter Aufsicht und Überwachung der ZO oder der ernährungswirtschaftlichen Gesellschaften arbeiteten.

Lebensmittelfrischhaltung und Verpackung

Besondere Maßnahmen wurden zur Erhaltung der in großem Umfang anfallenden, leichtverderblichen Erzeugnisse getroffen. So wurden, z.T. mit Hilfe deutscher Spezialfirmen, 5 große Kühlhäuser, 4 kleinere Kühlanlagen wieder inganggebracht. Daneben auch die bei den Fleischbearbeitungsbetrieben bestehenden Kühlmöglichkeiten. Kühlbaracken und Kühlkeller mit Natureisversorgung wurden an vielen Bedarfsorten errichtet. Der Kühlraumbedarf konnte jedoch nie ausreichend gedeckt werden. Zur Ergänzung wurden in der Ukraine 4 Butterschmelzen in Betrieb genommen. Mit dem Reichsverkehrsministerium wurde der Einsatz von Kühlwagen geregelt.

Neben der Kühlwirtschaft hatte die Trockung, insbesondere bei Kartoffeln, Gemüse, Obst und Eiern besondere Bedeutung. Großtrocknungsanlagen und eine größere Anzahl von Kleintrocknern gelangten zum Einsatz.

Neben diesen modernen Verfahren der Lebensmittelfrischhaltung wurde in größtem Umfange die Naßkonservierung angewandt. Jedoch der Mangel an Verpackungsmaterial ließ eine volle Ausnutzung der Anlagen nicht zu. Der außerordentlich große Verpackungsmittelbedarf konnte nie voll befriedigt werden. Die Herstellerbetriebe für Verpackungsmaterial im Ostraum wurden zwar mit Nachdruck inganggesetzt und ausgebaut, die vorhandenen Kapazitäten reichten jedoch bei weitem nicht aus[99]). Schwierigkeiten in der Holzbeschaffung insbesondere

[99]) In seinem Bericht über Die Lage der Wirtschaft in der Ukraine nach der Ernte 1942, vom 14. 9. 1942, BA-MA, RW 31/257, hatte Landesbauernführer Körner gefordert: „Es darf im Interesse der deutschen Ernährungslage nicht wieder vorkommen, daß größere Mengen leicht verderblicher Lebensmittel zusätzlich an die Bevölkerung ausgegeben werden

beim Holzeinschlag und Transport verschärften die Lage. Da auch im Reich die Verpackungsmittel-Industrie ausgelastet war, konnte hier nur ein Teil des Bedarfs in Auftrag gegeben werden. Bis Ende 1943 wurden aus dem Reich geliefert: rd. 1 200 000 Kisten und Garnituren, 500 000 Holzkübel und 700 000 Stück Eierfaltkartons neben rd. 90 000 Stück Fässern, mehreren Millionen Stück Flaschen und anderen Verpackungsmitteln.

Landwirtschaftliche Transporte

Steuerung:

Ab April 1942 erfolgte eine regelmäßige Freigabe von Wirtschaftstransporten auf Grund von monatlichen Vorplanungen des Wi Stabs Ost. Gesteuert wurde der Transportablauf durch vom Chef des Transportwesens erteilte Fahrtnummern. Betriebliche Schwierigkeiten, Bandentätigkeit, Überlasung der Weiterleitungsstellen mit Wehrmachtgut usw. führten jedoch häufig zu Sperren für Wirtschaftstransporte. Diese mußten hinter den Nachschubtransporten der Wehrmacht zurückstehen, obwohl sie im stärksten Maße der Truppenversorgung aus dem Lande dienten und ein Vielfaches an Nachschubtransporten sparten (1 Kohlenzug = 10 Verpflegungszüge, 1 Treibstoffzug = 45 Mehlzüge). Ab Mai 1943 wurde die Steuerung der Wirtschaftstransporte von dem Reichsverkehrsministerium (RVM) übernommen. An Stelle der Fahrtnummern wurden Zulassungsvermerke auf den Frachtbriefen vorgeschrieben, die im Rahmen des vom RVM monatlich zu genehmigenden Transportplanes den Verladern durch Wi Stab Ost erteilt wurden. Lediglich Kohle und Treibstoff wurden im Ost-Westverkehr ohne Zulassungsvermerk in geschlossenen Zügen nach monatlich festgelegten Transportplänen abgefahren. Der Transportchef teilte jedoch nach wie vor die monatlichen Transportkontingente den Bedarfsträgern zu. Bei stärkster Bevorzugung des Wehrmachtsbedarfes wurde der Wirtschaftssektor noch immer unzulänglich behandelt.

West-Ostverkehr:

Der Transportraumbedarf für Landwirtschaftstransporte stieg mit den Forderungen nach Ausbau und steigender Ausnutzung der besetzten Ostgebiete erheblich.

In den Monaten April und Mai 1942 konnten nach dem *Gebiet Süd* (RKU und Wi In Süd) rd. 40%, in den Monaten April/November bis zu 60% der geplanten Transporte gefahren werden. Der Operationsverlauf und der Winter bedingten einen starken Abfall der Leistung in den Monaten Dezember 1942/Februar 1943 auf 30%. Im März wurden wiederum bis zu 70% erreicht. Insgesamt wurden in der Zeit von April 1942 bis März 1943 von rd. 2670 beantragten Zügen 1220 gefahren (46%). Die Zufuhrmöglichkeiten besserten sich im April weiterhin und schon im Mai 1943 konnte mit dem verfügbaren Transportraum die gesamte Anforderung erfüllt werden. Die erhöhten Anforderungen im Juni jedoch konnten wieder nur zu 70%

---

müssen, weil ein Abtransport, eine Verarbeitung oder Verpackung nicht durchführbar ist."

durchgeführt werden. Im Juli ergaben sich bereits vorübergehende Zulaufstörungen und gegen Ende des Monats wurden zugunsten der erhöhten Transportleistung für die Wehrmacht eine kurzfristige Zulaufsperre verhängt. Schwerwiegende Ausfälle für die Landwirtschaft in der Ukraine waren jedoch noch nicht zu verzeichnen. Im August sank die Transportleistung bereits erheblich, so daß die mit Rücksicht auf die erschwerte Betriebslage ohnehin gekürzten Anforderungen nur noch zu 60% erfüllt werden konnten. Besonders die Ostukraine konnte nur unzureichend bedient werden. Mitte September wurde der Zulauf stärkstens gedrosselt, so daß die weiterhin auf den notwendigsten Bedarf gekürzten Abfuhrprogramme nur noch zu 40% durchgeführt werden konnten. Die totale Zulaufsperre, die auch die letzten 3 Monate des Jahres anhielt, erlaubte nur eine Zufuhr von wenigen vordringlich benötigten Einzelwaren.

Bei den Zufuhren in den Dnjeprbogen einschließlich Cherson und Nikolajew, nach der Krim und in die Gebiete jenseits des Dnjepr lagen die Leistungen unter den obigen Durchschnitten.

Landwirtschaftstransporte nach dem Gebiet *Mitte* (W In Mitte und Weißruthenien) standen unter stärkstem Einfluß der Bandentätigkeit. Sie gingen außerdem mit der kalten Witterung von 50% im April/Juli und 35% im August/November auf 25% der geplanten Transporte in den Monaten Dezember 1942/Februar 1943 zurück, um dann im März wieder auf 50% anzusteigen. Hier wurden in der Zeit vom April 1942/März 1943 von 373 geplanten Zügen nur 132 gefahren (35%). Bei zunehmender Besserung der Transportleistung im April 1943 wurden im Mai 53% der geplanten Transporte durchgeführt. Die verhältnismäßig günstige Abwicklung der monatlichen Transportprogramme erfolgte auch in den folgenden Monaten bis einschl. September 1943. Im Oktober, November und Dezember sank die Transportleistung dann wieder auf ⅓ der geplanten Anforderungen.

Im Gebiet *Nord* (RKO und Wi In Nord) konnten die von April 1942/März 1943 geplanten 390 Züge mit 274 Zügen oder 70% ohne besondere Schwierigkeiten gefahren werden. Da ein Teil der geplanten Züge nachträglich auf Schiffsverladungen umdisponiert worden ist, ging die tatsächliche Verkehrsleistung noch über die angegebenen 70% hinaus.

Auch in den Monaten April bis Dezember 1943 konnten trotz kurzfristiger Zulaufsperren die Transporte im Durchschnitt zu 90% durchgeführt werden. Mit den nachträglich auf dem Seewege umdisponierten Verladungen konnten somit alle geplanten Transporte erfüllt werden.

Innergebietlicher Verkehr:

Der vordringliche Transportbedarf der Landwirtschaft im Gebiet *Süd* konnte im Sommer 1942 im wesentlichen gestellt werden. Ab November traten als Folge der militärischen Lage Schwierigkeiten auf, die sich im März 1943 in der Westukraine auflockerten. Schwierig blieb jedoch der Verkehr von der West- nach der Ostukraine. Bis Juli 1943 war die Transportlage flüssig, abgesehen von örtlichen Schwierigkeiten wegen Bandeneinwirkung u.a.m. Im Zusammenhang mit der taktischen Lage ergaben sich ab August erneut größere Schwierigkeiten auch in der Westukraine. Insbesondere wegen Anwachsen der Bandentätigkeiten verschärften sich diese von Monat zu Monat. Der Wagenumlauf für Landwirtschaftstransporte schwankte vom Herbst zum Winter zwischen 40 000 und 20 000 Waggons monatlich.

Im Gebiet *Mitte* war der innergebietliche Wirtschaftsverkehr infolge Überlastung der wenigen Eisenbahnstrecken mit Wehrmachttransporten unbedeutend.

Im Gebiet *Nord* traten nur bei Erntespitzen im Herbst Reibungen durch Lok- und Waggonmangel auf. Der Waggonbedarf für innergebietliche Landwirtschaftstransporte schwankte hier zwischen 30 000 und 20 000 Waggons monatlich.

Ost-Westverkehr:

Landwirtschaftliche Erzeugnisse wurden im wesentlichen nur aus der Ukraine ins Reich ausgeführt. Insbesondere im Herbst 1942 wurden dabei sehr gute Transportleistungen erzielt[100]). Ab November 1942 sind im Zusammenhang mit der taktischen Lage Ausfälle eingetreten, die ab März 1943 behoben waren. Insgesamt sind in der Zeit von April 1942/März 1943 3660 Züge aus der Ukraine in das Reich gefahren worden, neben 43 Zügen, die aus dem Ostland ankamen. Der geringe Transportraumbedarf in den Monaten April bis Juli 1943 konnte im wesentlichen befriedigt werden. Im August 1943 ergaben sich im Zusammenhang mit der taktischen Lage und den erhöhten Anforderungen erste Anzeichen von Schwierigkeiten in der Leerraumgestellung, die sich in den folgenden Monaten noch erheblich verstärken.

Sämtliche Beladungsmöglichkeiten wurden herangezogen: Getreide in O-Wagen; Beladung von zurücklaufenden Leerzügen mit Getreide, das in Hauptsammelpunkte an die Hauptstrecke herangeführt wurde. So konnten *neben* den Auflockerungs- bzw. Räumungstransporten allein an *Getreide und Ölsaaten* in den Sommer- und Herbstmonaten rd. *720 000 to ins Reich* abbefördert werden.

Schiffstransporte:

Die Schiffstransporte über die Ostsee, das Schwarze Meer und die Donau in der eisfreien Zeit wurden vom verfügbaren Schiffsraum, der Schleppkraft und Geleitstellung begrenzt. Die Ostseetransporte spielten bereits mit 135 000 to *nach* dem Ostland eine nicht unbedeutende Rolle. In den folgenden Monaten April bis Dezember 1943 wurde die Ausfuhr von Massengütern (Düngemittel, Salz) nach dem Ostland noch mehr als bisher auf den Schiffsweg über die Ostsee verlagert. Insgesamt wurden während dieser Monate rd. 90 000 to per Schiff verladen. Transporte über das Schwarze Meer litten stärkstens unter Schiffsraum- und Schleppmangel. Sie beliefen sich *nach* der Ukraine auf insgesamt 55 000 to und *aus* der Ukraine auf rd. 95 000 to. In den Sommer- und Herbstmonaten 1943 und auch im Frühjahr 1944 wurden von den Lagern in Nikolajew und Konstanza *außerhalb* der Wirtschaftstransportplanungen *Getreide und Ölsaaten* von rd. 72 000 to abgefahren. Sonstige Wirtschaftstransporte nach und aus der Ukraine konnten nicht berücksichtigt wer-

---

100) Das war allerdings nur möglich, weil sich die La-Führung mit Vehemenz und dramatischen Appellen dafür einsetzte, die in der Ukraine vorhandenen Mengen notfalls auch zu Lasten der militärischen Bedürfnisse ins Reich zu schaffen, um eine weitere Kürzung der Reichsrationen zu verhindern; s. Schnellbrief Backes an Göring vom 14. 3 1942, BA-MA, RW 31/285, Aufzeichnung über die Sitzung des Vierjahresplans am 6. 5. 1942, BA-MA, RW 31/116, Denkschrift Körners über die Lage der Landwirtschaft in der Ukraine unter Berücksichtigung der soeben neu aufgetretenen Schwierigkeiten, vom 10. 4. 1942, BA-MA, RW 31/142. Es ging dabei vor allem um das wilde Requirieren von Pferden und Fahrzeugen in der Ukraine für die Sommeroffensive; zu den Gegenmaßnahmen Anordnung OKW/WFSt/Qu (II) Nr. 01126/42g, vom 24. 4. 1942, BA-MA, RW 31/172.

den, da der ohnehin schon unzureichende Schiffsraum von der Kriegsmarine in Anspruch genommen wurde.

Straßentransporte:

Straßentransportmittel fehlten in den gesamten besetzten Ostgebieten in erheblichem Umfange. Besonders fühlbar war der Mangel in der Ukraine. Der dort einsatzfähige Lkw-Raum von rd. 10 000 to, der bis zu Beginn der Ernte 1942 auf 17 000 Brutto-Tonnen erhöht wurde, war gegenüber einem dringenden Bedarf von 50 000 to völlig unzureichend. Aus dem Bestand der Panjewagen von rd. 400 000 Stück konnte jeweils nur die Hälfte für die Erfassung eingesetzt werden. In den Sommer- und Herbstmonaten mußte das Panjepferd in einem solchen Umfang zu Transporten herangezogen werden, daß ungünstige Auswirkungen auf die landwirtschaftliche Erzeugung nicht zu vermeiden waren. Damit entfielen bis zu 85% der Fuhrleistungen auf Pferdefuhrwerke und nur 15% auf den unzureichenden Lkw-Raum. Auch die Gestellung der Panje-Fahrzeuge bereitete immer größere Schwierigkeiten, da nach den erheblichen Eingriffen seitens der Wehrmacht Ergänzungen nicht in der erforderlichen Höhe erfolgen konnten. Die Bereitstellung von weiteren Lkw's hätte bei der Bergung größerer Erntemengen und Räumungsgüter wesentliche Abhilfe schaffen können.

Leistungen

Getreide und Futtermittel

Die Erfassung der festgesetzten Umlagen an Getreide und Rauhfutter bereitete mit Rücksicht auf den völlig unzulänglichen Nahtransportraum und die nicht ausreichenden Lagermöglichkeiten ganz besondere Schwierigkeiten. Die Hauptlast des Transportes von den Betrieben zu den Lagern hat mit 85% auch hier das Panjepferd getragen. Seit Beginn der Besetzung bis Ende 1943 wurden folgende Mengen geliefert:

		Wehrmacht	Reich
Getreide	to	4 710 000	1 610 000
Hülsenfrüchte	to	83 600	53 900
Heu	to	1 914 000	–
Stroh	to	1 404 000	–

Weitere Einzelheiten sind aus den Anl. 28, 29 und 32 ersichtlich.

Die Be- und Verarbeitungsbetriebe des Getreidesektors waren durchweg veraltet und heruntergewirtschaftet. Sie wurden gründlich überholt und z.T. mit neuen Maschinenteilen ausgestattet. Die Beschaffung von Maschinen und Ersatzteilen bereitete erhebliche Schwierigkeiten. Der dringendste Bedarf wurde aus stillgelegten Betrieben aus Deutschland, Belgien und Holland gedeckt. Neben 2 kompletten Mühlenanlagen wurden erhebliche Mengen Betriebsmaterial und Werkzeug aus dem Reich in den Osten verbracht (im Jahre 1943 z.B. für ca. 4,9 Millionen RM). Draht- und Seidengaze konnten z.T. aus Italien beschafft werden. In Betrieb genommen wurden folgende ernährungswirtschaftliche Be- und Verarbeitungsbetriebe:

Getreidemühlen	1 041 mit	24 155 to Tagesleistung
Schälmühlen	119 mit	1 785 to Tagesleistung
Brotfabriken	671 mit	6 878 to Tagesleistung
Teigwarenfabriken	37 mit	179 to Tagesleistung
Dauerbackwarenfabriken	11 mit	29 to Tagesleistung
Kaffee-Ersatzfabriken	44 mit	77 to Tagesleistung

(Einzelheiten siehe Anl. 33).

Ende 1943 waren hiervon noch in Betrieb:

Getreidemühlen	325 mit rd.	9 500 to Tagesleistung
Brotfabriken	50 mit rd.	1 832 to Tagesleistung
Schälmühlen	27 mit rd.	477 to Tagesleistung
Teigwarenfabriken	27 mit rd.	63 to Tagesleistung
Dauerbackwarenfabriken	–	–
Kaffee-Ersatzfabriken	39 mit rd.	37 to Tagesleistung

(Einzelheiten siehe Anl. 34).

Bei den Mühlenbetrieben sind die Kleinstmühlen bis zu 5 to Tagesleistung (Land-, Kolchos- und Sowchosmühlen) nicht mitenthalten. 34 Großbetriebe im Abschnitt Süd wurden bis zum Sommer 1943 durch deutsche Einsatzfirmen mit gutem Erfolg geleitet.

Fleisch

Obwohl die Sowjets bei ihrem Rückzug im Sommer 1942 erhebliche Viehmengen abgeschlachtet oder mitgenommen hatten, konnte der Truppenbedarf an Frischfleisch und Wurst im wesentlichen aus dem Lande gedeckt werden.

Durch die sofort aufgenommene Ingangsetzung der Schlachthöfe und Fleischwarenbetriebe konnte darüber hinaus schon vom Winter 1942/43 an ein wesentlicher Teil des Bedarfs an Wurst- und Dauerwaren aus dem Lande bereitgestellt werden.

In Frischfleisch umgerechnet wurden an Fleisch und Fleischwaren insgesamt ab Sommer 1941 bis Ende 1943 geliefert:

an die Wehrmacht	537 200 to
an das Reich	63 350 to

(vgl. Anl. 28, 30 und 32).

Zur Erfassungssteigerung waren in den einheimischen Organisationen zahlreiche deutsche Viehkaufleute eingesetzt.

Die meisten Schlachtstätten und Fleischverarbeitungsbetriebe, insbesondere die Konservenfabriken, waren von den Russen unbrauchbar gemacht. Für ihre Wiederingangsetzung waren 20 deutsche Fachfirmen mit eigenem Personal und Maschinenpark erfolgreich tätig. Insgesamt wurden 950 Fleischereimaschinen, 20 Kühlanlagen und sonstiger Fleischereibedarf im Wert von 13,8 Millionen RM in den Betrieben des Ostens investiert. Wieder in Betrieb gesetzt wurden:

172 Schlachthöfe mit rd. 740 to Tagesleistung,
17 Fleischwaren- und Konservenfabriken mit
rd. 140 to Tagesleistung.
(vgl. Anl. 33).

Davon waren Ende 1943 noch in deutschem Besitz:

118 Schlachthöfe mit rd. 720 to Tagesleistung,
11 Fleischwaren- und Konservenfabriken mit
rd. 81 to Tagesleistung.
(vgl. Anl. 34).

Eier und Geflügel

Die Eier- und Geflügelerfassung erfolgte im Ostland durch einheimische genossenschaftliche Organisationen. Im Bereich Mitte errichtete die ZO 16 Eier-Erfassungsstellen und 3 Geflügelkombinate. In der Ukraine wurden 35 Geflügelkombinate mit einer Höchstleistung von 17 000 to im Jahre wieder inganggebracht und 19 Eier-Erfassungsstellen mit einer jährlichen Kapazität von 700 Millionen Stück. 7 deutsche Fachfirmen haben hier zur Erfassungssteigerung eingesetzt. An die Betriebe wurden Bedarfsgegenstände aus dem Reich im Wert von rd. 1,95 Millionen RM geliefert. Insgesamt wurden bis 31. 12. 1943 geliefert:

		Wehrmacht	Reich
Eier	Stück	760 000 000	180 000 000
Geflügel	to	10 737	6 272

(vgl. Anl. 28, 30 und 32).

Milch und Fette

An Stelle der ursprünglich angeordneten vollen Milchablieferung (mit Ausnahme des Selbstbedarfs der Erzeuger) mußte in der Ukraine mit Rücksicht auf den Rückgang der Kuhbestände ein geringeres festes Liefersoll bestimmt werden. Die Mitversorgung derjenigen Kuhhalter mußte nämlich sichergestellt werden, die ihre einzige Kuh bei der Schlachtvieherfassung hatten abliefern müssen. Im Gebiet Mitte betrug das jährliche Liefersoll 400 Liter, in der Ukraine im Durchschnitt der Gebiete 550 Liter, im Ostland bei voller Milchablieferungspflicht die Mindestnorm 30–40 kg Fett je Kuh. Die Gesamtleistungen an *Streichfetten und Ölen* betrugen bis 31. 12. 1943:

		Wehrmacht	Reich
Streichfette	to	107 600	23 600
Speiseöl	to	7 380	6 568
Ölsaaten	to	26 000	695 000

(Einzelheiten siehe Anl. 28, 30 und 32).

Die Lieferungen an tierischem Fett für Wehrmacht und Reich waren dabei infolge des vielfach schlechten Ausmästungsgrades der Tiere unbedeutend.

Während die Molkereien im Ostland im allgemeinen technisch gut in Stand waren, war dies in den altsowjetischen Gebieten kaum der Fall. Zur Leistungssteigerung wurden z.B. in den Jahren 1942 und 1943 Betriebsmittel im Wert von rd. 10,3 Millionen RM investiert. Darunter rd. 6000 Separatoren, 2900 Butterfertiger und 11 500 Milchkannen. Bei Beschaffung der Molkereimaschinen mußte im wesentlichen auf gebrauchte Anlagen stillgelegter Betriebe im Reich und in Holland zurückgegriffen werden. Die Neufertigung deckte kaum den Ergänzungsbedarf des Reiches. Besonders fühlbar war der Mangel an Milchuntersuchungsgerät, der zum erheblichen Abfall der Fettleistung durch Verwässerung führte. Wieder in Gang gebracht wurden:

2 313 Molkereien und
rd. 13 300 Rahmstationen.
(vgl. Anl. 33).

Davon waren Ende des Jahres 1943 noch 1480 Molkereien und rd. 8000 Rahmstationen in deutschem Besitz (vgl. Anl. 34). Zwei städtische Molkereien und einige Käsereien waren durch deutsche Einsatzfirmen besetzt.

Die vorgefundenen Ölmühlen wurden weitgehend stillgelegt, um die anfallenden Ölsaaten im Reich besser ausbeuten zu können. In der Ukraine wurden einige größere Betriebe weitergeführt. Die Margarinefabrik in Charkow war mit Öl zu versorgen, und gewisse Ölmengen waren zur Prämierung für die Ablieferung landwirtschaftlicher Erzeugnisse bzw. für den notwendigsten Bedarf der Wehrmacht und der einheimischen Industriearbeiter sicherzustellen. In Betrieb gesetzt wurden:

56 Ölmühlen mit 1040 to Tagesleistung
(vgl. Anl. 33).

Ende 1943 waren hiervon noch 12 Ölmühlen mit 440 to Tagesleistung in deutschem Besitz (vgl. Anl. 34). Nicht mitgezählt sind einige Kleinstölmühlen im Gebiet Mitte, die gegen anteilmäßige Ölabgabe die Übersoll-Ablieferungen an Ölsaaten für die Erzeuger quetschten.

Obst und Gemüse

Für die Erfassung der anfallenden Gemüse- und Obsternte ist wegen der leichten Verderblichkeit ein schneller Transport zum Verbraucher oder Verarbeitungsort Voraussetzung. Der Mangel an geeigneten Transportmitteln beeinträchtigte die Erfassungsergebnisse erheblich. Im Südabschnitt waren zwecks Leistungssteigerung 16 deutsche Gemüse- und Obsthandelsfirmen in der Erfassung eingesetzt. Die Gesamtleistungen bis Ende 1943 betrugen:

	Wehrmacht	Reich
Gemüse to	331 000	6 500
Obst to	14 200	1 500

(Einzelheiten siehe Anl. 28, 31 und 32).

Trotz erheblicher Gemüse- und Obsterzeugung im russischen Raum konnten nur geringe Mengen in das Reich ausgeführt werden, die leichte Verderblichkeit der Waren und das Fehlen von Verpackungsmitteln schlossen den weiten Transport aus. Die Leistungen an Marmelade betrugen bis Ende 1943:

für die Wehrmacht rd. 33 000 to
für den Landesbedarf rd. 12 500 to
(vgl. Anl. 28, 31 und 32).

Der Verarbeitung von Obst und Gemüse zu lagerfähiger Dauerware kam unter diesen Umständen besondere Bedeutung zu. In Betrieb gesetzt wurden:

81 Obst- und Gemüse-Verarbeitungsbetriebe mit 633 to Tagesleistung.
(vgl. Anl. 33).

Hiervon standen Ende 1943 noch 70 Betriebe mit einer Tagesleistung von 545 to unter deutscher Betriebsführung (vgl. Anl. 34). Die volle Ausnutzung der Betriebe scheiterte an Erfassungsschwierigkeiten (fehlender Transportraum) und an Verpakkungsmitteln. Im Südabschnitt waren 15 deutsche Verarbeitungsfirmen in Großbetrieben eingesetzt. Eine vollständige Obst- und Gemüseverarbeitungsfabrik sowie 5 Anlagen zur Herstellung von Dosenkonserven waren aus dem Reich in den Osten verlagert worden. Aus dem Reich wurden allein im Jahre 1943 Produktionsmittel im Wert von 4,7 Millionen RM geliefert.

Kartoffeln

Aus den Kartoffelerträgen der besetzten Ostgebiete konnte der Wehrmachtsbedarf im wesentlichen gedeckt werden. Schwierigkeiten bestanden laufend bei der Zufuhr an die Front und bei der Lagerhaltung in den kalten Wintermonaten. Die Herstellung von Trockenkartoffeln wurde daher gefördert. Neben der Instandsetzung von vorgefundenen Anlagen gelangten Groß- und Kleintrockner aus dem Bereich zur Aufstellung. Die Kartoffellieferungen betrugen bis 31. 12. 1943[101]):

an die Wehrmacht 2 700 000 to
für Landesbedarf 2 500 000 to
(vgl. Anl. 28, 29 und 32).

Die Herstellung von Kartoffelstärke und Stärkeerzeugnissen konnte nur schwach entwickelt werden. In Betrieb gesetzt wurden:

35 Kartoffelstärkefabriken mit 316 to Tagesleistung in Rohkartoffeln.
(vgl. Anl. 33).

Davon standen Ende 1943 noch 27 Fabriken mit einer Tagesleistung von 207 to unter deutscher Betriebsführung (vgl. Anl. 34).

Zucker

Die Ausnutzung der vorhandenen Fabrikkapazitäten wurde neben dem Bedarf an Maschinen und Kohle durch die Anfuhrmöglichkeiten von Rüben bestimmt. Eisenbahntransporte konnte nur in geringem Umfang durchgeführt werden, etwa

[101]) Zum Vergleich: Die Kartoffelernte innerhalb des Reichsgebiets von 1937 betrug:
1941 = 43 555 689 to
1942 = 50 243 776 to
1943 = 36 068 947 to
1944 = 38 645 333 to (s. Eichholtz, Geschichte, Bd. 2, S. 620).

85% der Anfuhr erfolgte auch hier mit Panjepferden. Die Leistungen der Zuckerwirtschaft betrugen bis Ende 1943:

an die Wehrmacht (Mundzucker)	rd.	133 000 to
an das Reich	rd.	46 400 to
für Verarbeitung im Lande	rd.	50 000 to

(vgl. Anl. 28 und 32).

In Gang wurden gebracht:

112 Zuckerfabriken mit 71 000 to Tagesleistung (Rübenverarbeitung).
(vgl. Anl. 33).

Davon standen Ende 1943 noch 60 Fabriken mit 52 600 to Tagesleistung unter deutscher Betriebsführung (vgl. Anl. 34). 30 Großbetriebe im Südabschnitt wurden von 10 deutschen Einsatzfirmen betreut. Aus dem Reich wurden 24 Dampfkessel bzw. Kesselanlagen, 4 Elektro-Turbo-Generatoren, 25 Elektromotoren und sonstige Produktionsmittel im Werte von rd. 5 Millionen RM beschafft.

Fisch

Der größte Teil des wertvollen Netzmaterials war von den Sowjets vernichtet oder mitgenommen worden. Das gleiche gilt von den Fangfahrzeugen. Die noch vorhandenen wurden von der Kriegsmarine und dem Zollschutz beansprucht. Die Fischerei war daher darauf angewiesen, beschädigte Fahrzeuge wieder instandzusetzen und versenkte Kutter zu heben. Der größte Teil der Teich- und Seegebiete lag in unbefriedeten Landesteilen, wodurch die Ausbeute stark gehemmt wurde. Das Gesamtlieferergebnis betrug bis Ende 1943:

an die Wehrmacht	27 650 to
an das Reich	1 663 to

(vgl. Anl. 28, 30 und 32).

Für die Fischerei wurden 16 Fahrzeuge, ca. 70 000 kg Netze aus der deutschen Loggerfischerei, 12 000 kg Beutenetze und ca. 40 000 kg sonstiges Netzmaterial aus der deutschen Produktion bereitgestellt. Der Wert der aus dem Reich eingeführten Produktionsmittel beläuft sich auf rd. 2,15 Mill. RM.

Getränke

Die Getränkewirtschaft mußte zunächst hinter wichtigeren Gebieten zurückstehen. Zwecks Entlastung des Nachschubs wurde jedoch auch hier die Produktion gesteigert. Im RKO und in der Ukraine wurden namhafte Spiritusvorräte vorgefunden, so daß der Wehrmachtsbedarf 1941/42 in diesen Gebieten zum größten Teil gedeckt werden konnte. Daneben konnten im Ostland und in der Ukraine namhafte Mengen für die Prämierung der Ablieferung landwirtschaftlicher Erzeugnisse zur Verfügung gestellt werden. Wodka- und Likörfabriken waren ausreichend vorhanden, während für die Rektifikationsanlagen der Ukraine Ergänzungen aus dem Reich beschafft wurden. Im Gebiet Mitte konnte der Wehrmachtsbedarf mit Rücksicht auf den großen Frischkartoffelbedarf nur zu einem geringen Teil gedeckt werden. Die Lieferungen betrugen bis Ende 1943:

an die Wehrmacht 230 000 hl Rohsprit (95 %)
an das Reich 90 000 hl Rohsprit (95 %)
(vgl. Anl. 28).

In Gang gebracht wurden:

397 Brennereien mit rd. 1,1 Millionen hl Jahresleistung.
(vgl. Anl. 33).

Ende Dezember 1943 waren hiervon noch 320 Brennereien mit 225 000 hl Sprit-Jahresleistung in deutschem Besitz (vgl. Anl. 34).

Im Dezember 1942 wurde im RKO und RKU ein Spiritusmonopol errichtet. Die bis dahin von der ZO und den Wirtschafts-Dienststellen wahrgenommenen Aufgaben gingen insoweit auf die Monopolverwaltung über.

Der vordringliche Bedarf der Wehrmacht an Bier konnte im Ostland aus den dort vorhandenen, technisch befriedigenden Brauereien im wesentlichen gedeckt werden. Im Süden reichten die Kapazitäten der Brauereien nicht aus. Die Braukapazität im Gebiet Mitte war unbefriedigend und auch in technischer Hinsicht nicht einwandfrei. In Betrieb genommen waren:

58 Brauereien mit rd. 2,1 Millionen hl Jahresleistung
(vgl. Anl. 33).

Hiervon waren Ende 1943 noch 50 Brauereien mit rd. 1,5 Millionen hl Jahresleistung in deutscher Hand (vgl. Anl. 34).

Der Wehrmachtsbedarf an alkoholfreien Getränken, insbesondere Selterswasser und Limonade, konnte trotz Ausnutzung der Betriebskapazitäten nirgends voll gedeckt werden. Bis Ende 1943 wurden rd. 725 000 hl erzeugt.

Weinbau befindet sich im wesentlichen nur auf der Krim. Der gesamte Weinanfall der Ernte 1941 nebst Vorräten wurde der Wehrmacht zur Verfügung gestellt. Die Ernte 1942 war mittelmäßig, der Weinanfall ging ebenfalls an die Wehrmacht. Etwa 12 000 hl wurden über die landwirtschaftlichen Dienststellen geliefert. Die gesamte Getränkewirtschaft litt Mangel an Faß- und Flaschenmaterial.

Insgesamt wurden für die Brauereien und Brennereien Betriebsmittel im Werte von 14,4 Millionen RM aus dem Reich geliefert.

Besondere Rohstoffe (Flachs, Hanf, Baumwolle, Wolle, Seide, Tabak)

Die Erfassung von Flachs und Hanf litt in den Gebieten Nord und Mitte außerordentlich unter der Bandentätigkeit, aber auch unter dem Mangel an Rücklieferungsware. Vielfach fehlte Beleuchtungsmaterial für die im Winter vorzunehmende Aufbereitung. In der Ukraine fehlte Betriebsstoff für die Schwingereien auf den Kolchosen. Bis 31. 3. 1944 wurden 31 368 to Flachsfasern und 7010 to Hanf und sonstige Bastfasern in das Reich geliefert. Infolge der rüstungswirtschaftlich bedingten besonders scharfen Leinsaaterfassung der Ernte 1942 konnte die beabsichtigte Erweiterung der Anbauflächen 1943 nicht voll durchgeführt werden[102]).

---

[102]) Zur Organisation der textilen Rohstoffwirtschaft im Osten s. auch die Darstellung bei Kehrl: Krisenmanager, S. 227 ff. Kehrl war als Generalreferent für Sonderaufgaben im Reichswirtschaftsministerium höchster Repräsentant der Textilwirtschaft und ab 1942 als Leiter des Planungsamtes im Rüstungsministerium einer der führenden Männer der

Die Baumwollerfassung litt erheblich unter dem Abziehen von Arbeitskräften während der Ernte. Im übrigen reifte die in der Ukraine verwendete bulgarische Saat zu spät. Insgesamt wurden aus der Ukraine rd. 19 300 to Baumwolle ins Reich geliefert. Die Woll- und Tierhaarerfassung litt in den Gebieten Nord und Mitte sehr stark unter der Bandentätigkeit und insgesamt unter dem Mangel an Rücklieferungsware. geliefert wurden bis 31. 3. 1944 in das Reich 12 259 to Wolle und 2937 to Tierhaare. Beim Tabakanbau fehlten Arbeitskräfte.

Die Seidenzucht wurde im Interesse der Rüstungswirtschaft gefördert. Die eigentlichen Seidenanbaugebiete waren jedoch niemals in deutscher Hand[103]). Bis 30. 9. 1943 wurden 169 to Kokons in das Reich geliefert. Über die Lieferungen von Textilrohstoffen aus den besetzten Ostgebieten in das Reich vgl. Abschnitt „Textil- und Papierindustrie“ S. 263.

Bandeneinwirkung

Verluste an Erzeugnissen bis Sommer 1943[104]):

Die Auswirkung der Bandenumtriebe nahmen von Jahr zu Jahr zu. Bereits im Herbst 1941 begannen in Weißruthenien die Banden ihr Unwesen zu treiben. Der Erfolg war, daß die für 1941/42 sehr niedrig festgesetzten Umlagen nicht annähernd erfüllt werden konnten und folgende Ausfälle eintraten:

Getreide	60% = 55 000 to
Fleisch	65% = 16 000 to
Streichfette	55% = 1 700 to

Die für das Gebiet der Wi In Mitte erteilten Umlagen konnten im Wirtschaftsjahr 1941/42 wegen erheblicher Gebietsverluste, aber auch wegen Bandentätigkeit nicht annähernd erfüllt werden.

Im Wirtschaftsjahr 1942/43 machte sich im Gebiet der Wi In Mitte der Bandeneinfluß derart geltend, daß sich das Gesamtaufkommen

bei Getreide um rd.	140 000 to	= 54% der Umlage
bei Fleisch um rd.	30 000 to	= 75% der Umlage
bei Streichfetten	1 000 to	= 20% der Umlage

verringerte.

Auch im Inspektionsbereich Nord konnten die Banden erhebliche Leistungsminderungen im Wirtschaftsjahr 1942/43 verursachen, so daß sich das Gesamtaufkommen verringerte:

bei Getreide um rd.	20 000 to	= 40% der Umlage
bei Fleisch um rd.	1 200 to	= 40% der Umlage
bei Streichfetten	340 to	= 16% der Umlage

Kriegswirtschaft. Dennoch erhielt er bei der Förderung des Anbaus von Baumwolle und Flachs in Rußland keine Unterstützung von Backe, für den die Ernährung Vorrang hatte, ebd. S. 223.

[103]) Auch die Gründung einer „Tee-Gesellschaft Kaukasus“ (s. Vermerk über die Sitzung am 20. 5. 1942, BA-MA, RW 31/296) erwies sich in dieser Hinsicht als voreilig.

[104]) Dazu ausführlicher Bericht der Chefgruppe La über die Bandeneinwirkung auf die landwirtschaftliche Versorgung im Osten vom 15. 5. 1943, BA-MA, RW 31/250.

Im Südabschnitt setzte die Bandentätigkeit erst im Winter 1942/43 in größerem Umfange ein. So sind in Wolhynien und Podolien aus der Erfassung 1942/43 etwa

215 000 to Getreide = 65% der örtlichen Umlage und
10 000 to Hülsenfrüchte = 90% der örtlichen Umlage

durch Bandeneinfluß verlorengegangen.

Im folgenden Überblick werden die im Jahre 1942/43 insgesamt eingetretenen Ausfälle an landwirtschaftlichen Erzeugnissen angeführt, die zu einem großen Teil auf Bandentätigkeit, sonst aber auch Gebietsverlust zurückgehen:

	Getreide	Fleisch	Streichfette
Nord	40	40	16% der Umlage
Weißruthenien	59	66	47% der Umlage
Mitte	54	75	20% der Umlage
Ukraine/Wi In Süd	10	9	7% der Umlage

Verluste seit Sommer 1943:

Durch zunehmende Bandentätigkeit besonders in den Hauptaufkommensgebieten der Ukraine, im Gebiet Mitte, Weißruthenien und im Nordabschnitt steigerten sich die Ausfälle. Die Lieferungsmöglichkeiten dieser Gebiete wurden stärkstens beschränkt.

In den Hauptbandengebieten der Ukraine (Gen.Bez. Wolhynien, Podolien, Winniza, Shitomir und Kiew) wären bei wirksamen Einsatz von stärkeren Sicherheitskräften folgende zusätzliche Lieferungen durchaus möglich gewesen:

400 000 to Getreide
30 000 to Ölsaaten
20– 30 000 to Fleisch
5 000 to Streichfette
60– 70 000 to Zucker

Solche Kräfte fehlten aber. Der RKU rechnete im Herbst 1943 infolge Zunahme der Bandentätigkeit in seinem Gebiet nach dem damaligen Gebietsstand insgesamt mit folgenden Ausfällen:

Getreide	500 000 to	= 28% der Gesamtumlage (einschl. Landesbedarf)
Ölsaaten	75 000 to	= 25% der Gesamtumlage
Fleisch	36 000 to	= 38% der Gesamtumlage
Streichf.	6 000 to	= 29% der Gesamtumlage
Heu	90 000 to	= 64% der Gesamtumlage
Stroh	150 000 to	= 23% der Gesamtumlage
Kartoffel	100 000 to	= 29% der Gesamtumlage

Im Mittelabschnitt einschließlich Weißruthenien hätten ebenfalls durch Einsatz stärkerer Sicherungsverbände zusätzliche Lieferungen für die Wehrmacht, insbesondere an Fleisch und Fetten erzielt werden können[105]). Der Ausfall durch Frontveränderung und Bandenlage läßt sich für dieses Gebiet

105) Mit seinem Lagebericht vom 5. 2. 1943, BA-MA, RW 31/251, hatte Riecke eine Forcierung der Bandenbekämpfung in Weißruthenien gefordert, weil anderenfalls die Versorgung der H.Gr. Mitte nicht mehr sichergestellt werden könne. Der Chef der Ordnungs-

bei Getreide	mit 160 000 to	(rd. 60% der Auflage)
bei Fleisch	mit 20 000 to	(rd. 54% der Auflage)
bei Streichfetten	mit 5 000 to	(rd. 70% der Auflage)

schätzen.

Insgesamt mußten für den Mittelabschnitt infolge der sich dauernd verschärfenden Bandenlage Auflageminderungen bis zu 40% erfolgen.

Im Nordabschnitt waren insbesondere in Litauen und Lettland infolge verstärkter Bandentätigkeit Verluste aufgetreten, die namentlich bei Fleisch und Fett ins Gewicht fielen. Z.B. betrugen die Verluste:

in *Litauen* an Fleisch	ca.	2 000 to	(Gesamte Umlage = 18 000 to)
an Fett	ca.	700 to	(Gesamte Umlage = 5 500 to)
an Heu	ca.	8 000 to	(Gesamte Umlage = 25 000 to)
an Stroh	ca.	10 000 to	(Gesamte Umlage = 50 000 to)

Die Ausfälle an landwirtschaftlichen Erzeugnissen, die infolge der sich steigernden Bandentätigkeit hingenommen werden mußten, beeinflußten die Vorratslage des Reiches ungünstig und brachten insbesondere auf dem Fett- und Fleischsektor Einbrüche in die Reichsbilanz mit sich.

Menschenverluste:

Im militärischen Osteinsatz sind von den Angehörigen der Chefgruppe La/Wi Stab Ost

	Offiziere	Beamte	Sonderführer	insgesamt
gefallen	5	10	234	249
gestorben	10	15	110	135
vermißt	1	8	110	119
	16	33	454	503

Von eingesetzten Ausländern sind 42 Niederländer gefallen.

Agrarpolitik

Die Agrarordnung

Bei der Besetzung des Ostraumes wurde in den altsowjetischen Gebieten das Kolchossystem vorgefunden, während in den von der Sowjetunion seit 1939 neu erworbenen Gebieten sich die frühere Agrarstruktur noch ziemlich unverändert er-

polizei konnte aber nicht mehr veranlassen, als ein Sonderkommando von 1000 Mann bereitzustellen, das durch den Verlust des Kaukasus freigeworden war; s. Schreiben an den Sonderbeauftragten des RFSS für die Bandenbekämpfung im Osten, SS-Obergruppenführer und General der Polizei Erich von dem Bach, vom 15. 4. 1943, BA-MA, RW 31/248.

halten hatte. Da man mit einer kurzen Dauer des Feldzuges rechnete und Produktionsstörungen vermeiden wollte, wurde zunächst die Beibehaltung des Kolchossystems in den altsowjetischen Gebieten angeordnet. Der Landbevölkerung wurden lediglich Vergünstigungen in bezug auf die kleine Eigenwirtschaft der Kolchosniken in Aussicht gestellt: Erklärung des Hoflandes zum Privatbesitz, Steuerfreiheit des Hoflandes, Erweiterung der Hoflandnutzung und Aufhebung der Beschränkungen, die bisher für die private Viehhaltung galten[106]). Erst nachdem man sich auf eine längere Dauer des Ostfeldzuges einrichten mußte, wurden agrarpolitische Maßnahmen von großer Tragweite in Angriff genommen[107]). Sie gehören zu den wichtigsten und erfolgreichsten unserer Verwaltungstätigkeiten im Osten überhaupt. Sie bezweckten, das Landvolk für eine freiwillige erhöhte Mitarbeit in der landwirtschaftlichen Erzeugung zu gewinnen. Infolge der Vernichtung vieler und der kriegsbedingten Verknappung fast aller landwirtschaftlichen Produktionsmittel mußte die deutsche Landwirtschaftsführung auf die Aktivierung der menschlichen Arbeitskraft doppelten Wert legen. Sie konnte aber nicht hoffen, dies Ziel gegen eine widerstrebende Bevölkerung nach Art der Sowjets durch einen riesigen Verwaltungs- und Kontrollapparat zu erreichen. Hierzu hätten die deutschen Führungskräfte auch nicht annähernd ausgereicht.

Beseitigung der Kolchosen

Am 26. Februar 1942 wurde die neue Agrarordnung verkündet, die grundsätzlich eine Abschaffung des sowjetischen Kolchossystems und den Übergang zur individuellen Bodennutzung vorsah[108]). Sie bezog sich nicht auf die seit 1939 von den Sowjets neuerworbenen Gebiete. Die hier erst in den Anfängen begriffene Kolchosbildung wurde bereits kurz nach der Besetzung durch örtliche Maßnahmen rückgängig gemacht. Auch Transnistrien, das in rumänische Verwaltung überging, fiel für die Anwendung der Agrarordnung aus. In diesem Gebiet ist von den Rumänen das Kolchossystem bis zur Räumung ziemlich unverändert beibehalten worden.

Für die praktische Durchführung der Agrarordnung ergab sich von vornherein ein unterschiedliches Vorgehen im Bereich der Wi In Nord und Mitte einerseits und im Bereich der Wi In Süd andererseits.

Im Bereich *Wi In Nord* und *Mitte* wurde eine sofortige und allgemeine Auflösung der Kolchose zugelassen auf Grund von Durchführungsbestimmungen zur

---

[106]) Siehe Richtlinien des RMfdbO und des WiFüStab Ost zur Behandlung der Kollektivfrage, vom August 1941, abgedr. in Grüne Mappe, T.II (2. Aufl.), vom November 1941, S. 103, BA-MA, RW 31/130.

[107]) Der Chef des OKW hatte Anfang Oktober 1941 dem vielfachen Drängen gerade von militärischen Stellen nachgegeben und Hitler die Anregungen des stellvertretenden Bürgermeisters von Smolensk zur Abschaffung der Kolchosen vorgetragen. Hitler gab daraufhin die Erlaubnis, den russischen Bauern eine „allmähliche" Änderung der Verhältnisse zu versprechen; Aktennotiz WiRüAmt/Stab Ia, vom 6. 10. 1941, BA-MA, RW 4/v. 253.

[108]) Agrar-Ordnung vom 15. 2. 1942. Wortlaut mit Präambel und Schlußwort des Reichsministers für die besetzten Ostgebiete, abgedr. in Grüne Mappe, T.II (2. Aufl.), vom August 1942, S. 174 ff., BA-MA, RW 31/131; Auszug auch in Deutsche Besatzungspolitik, Nr. 87.

Agrarordnung, die von den Wi In'en im Frühjahr 1942 erlassen wurden[109]. Diese Maßnahme ergab sich zwangsläufig. Hier machte sich bereits damals die Einwirkung der Banden so stark fühlbar, daß eine eigenmächtige Auflösung der Kolchose mit administrativen Mitteln nicht hätte verhindert werden können[110].

In der formellen Handhabung ergab sich ein äußerlicher Unterschied: Im Bereich der Wi In Nord wurde für den lockeren Verband, in dem die nach der Auflösung der früheren Kolchose nunmehr einzeln wirtschaftenden Bauern arbeiteten, die Bezeichnung Landbaugenossenschaft gebraucht. Im Bereich der Wi In Mitte hielt man dagegen an dem Begriff Gemeinwirtschaft fest. Die Bezeichnung Landbaugenossenschaft wurde hier für den geordneten Verband der Bauern nach erfolgter endgültiger Landeinrichtung vorbehalten. In der Praxis ergab sich im Bereich beider Wi In'en durch die Auflösung der Kolchose bzw. Gemeinwirtschaften eine provisorische Landaufteilung. Sie wurde unter mehr oder weniger starker Mitwirkung der deutschen und landeseigenen Organe mit primitiven Mitteln im wesentlichen von den Bauern selbst vorgenommen.

Da z.Zt. der Aufteilung die Winterung bereits bestellt war, von der auch jeder Bauer seinen Anteil erhalten mußte, ergab sich ganz zwangsläufig die auch in der Agrarordnung als allgemeine Form vorgesehene Aufteilung im sogenannten Streifensystem. Dabei erhält in jedem Felde der Fruchtfolge jeder Bauer einen Feldstreifen. Diese Form der Aufteilung erwies sich bei einer schnellen und allgemeinen Auflösung der Kolchose als die einfachste und daher praktisch allein anwendbare. Da die Bauern vielfach zum Ausgleich der Unterschiede in Bodengüte und in der Entfernung zum Hofe in jedem Felde nicht an einer, sondern an mehreren Stellen das Land zuteilten, ergab sich nach der Aufteilung eine Bodennutzung in verhältnismäßig schmalen und langgestreckten Feldstreifen.

Um von dieser provisorischen und in vieler Hinsicht unzulänglichen Landaufteilung zu einer geregelten Landnutzung zu gelangen, mußte nunmehr eine systematische Flurordnung durch die sog. Landeinrichtung in Angriff genommen werden. Die hierfür notwendigen Maßnahmen wurden von den Wi In'en sofort eingeleitet. Sie konnten jedoch nur dort durchgeführt werden, wo die Gebiete noch einigermaßen bandenfrei waren. Im Bereich der Wi In Mitte wurden für die Durchführung der Landvermessung und Landeinrichtung Schwerpunkte gebildet, in denen zunächst sicherungsmäßig die Voraussetzungen für die Durchführung der Agarordnung geschaffen werden mußten. Im Bereich der Wi In Nord hatte die Ban-

---

109) Zu den Verhältnissen bei der Wi In Nord s. auch: Zwei Jahre Kriegswirtschaft im russischen Nordraum. Ein Tätigkeits- und Leistungsbericht der Wirtschaftsinspektion Nord, vom 1. 9. 1943, Bibliothek MGFA.

110) Vor allem im Bereich der Wi In Mitte war im November 1941 bemerkt worden, daß einzelne Bauern begonnen hatten, ohne Erlaubnis und teilweise mit Unterstützung von Partisanen, eine Aufteilung der Kolchosländereien in den alten Grenzen vorzunehmen, was hier – in diesem zur „Ausschlachtung" vorgesehenen Gebiet – wegen des Mangels an deutschen Sicherungskräften und Verwaltungsstellen leichter möglich war als anderenorts. Der Chef Wi Stab Ost, der bislang die zögernde Linie seiner La-Verwaltung unterstützt hatte, drängte nun mit allen Mitteln auf eine Beschleunigung der Agrarreform; s. Schreiben Schuberts an Backe vom 30. 12. 1941, BA-MA, RW 31/314. Vorschläge, die über die „Neue Agrarordnung" hinausgingen, lehnte er jedoch ab, da er keine neuen „Kulaken-Wirtschaft" fördern wolle; s. seine Gespräche mit Prof. M. Achmeteli, dem Leiter des Wannsee-Instituts der SS im März/April 1942, BA-MA, RW 31/977.

deneinwirkung in der ersten Zeit noch nicht einen so großen Umfang angenommen. Die Landeinrichtungsarbeiten konnten daher dort in größerem Ausmaß durchgeführt werden. Dabei wurde die endgültige Landaufteilung unter Berücksichtigung der örtlichen Verhältnisse und der Wünsche der Landbevölkerung entweder im Streifensystem durchgeführt oder in geschlossenen Landanteilen (Otrub) bzw. in Streulage (Chutor).

Die Art der Durchführung der Agrarordnung, wie sie im Bereich der Wi In Nord und Mitte gehandhabt wurde, bedeutete eine radikale Lösung der Bodenfrage im Sinne der Bauern. Zweifellos war auch der politische Erfolg der Agrarordnung eindeutig positiv. Die Bauern wurden zufriedengestellt und fühlten sich durch die Landnahme mit der deutschen Sache verbunden. Diese Tatsache steht nicht im Widerspruch zu der starken Ausbreitung des Bandenwesens gerade in jenen Gebieten. Die deutschfreundliche Haltung der Bauernschaft hat den Bandenkrieg als ein systematisch eingesetztes Kampfmittel der Sowjets nicht verhindern können. Sie hat aber seine Ausbreitung erschwert und seine Bekämpfung überhaupt erst möglich gemacht. Allerdings kamen in der weiteren Entwicklung andere politische Momente (insbesondere die für das Reich notwendige Arbeiterwerbung) hinzu, die unabhängig von der Agrarordnung die politische Atmosphäre auf dem Lande verschlechterten und bewirkten, daß teilweise auch Bauern zu den Partisanen übergingen.

Auch in wirtschaftlicher Hinsicht war das Ergebnis der Agrarordnung in den Abschnitten Nord und Mitte zufriedenstellend. Trotzdem sich nach der Aufteilung eine primitive kleinbäuerliche Wirtschaft entwickelte, waren durch den vermehrten Arbeitseifer der Bauern die Erzeugungsleistungen im allgemeinen besser als unter dem Kolchossystem. Es wurden teilweise neue Flächen in Bearbeitung genommen, die während der Kolchoszeit brach gelegen hatten. Auch die Anwendung des Stalldüngers nahm zu. Die Ablieferungswilligkeit der Bauern war im allgemeinen zufriedenstellend, soweit nicht die Bandentätigkeit eine geregelte Ablieferung unmöglich machte.

Für die *Wi In Süd* war von vornherein in bezug auf die Agrarordnung eine andere Art des Vorgehens angeordnet worden[111]). Im Hinblick auf die besondere Bedeutung, die der Ukraine als wichtigstes landwirtschaftliches Überschußgebiet des Ostens und als künftiges Siedlungsland zukam, sollte die Landaufteilung in diesen Gebieten nur schrittweise erfolgen. Außerdem in einer Form, die es ermöglichte, die Vorteile der Großflächenbewirtschaftung aufrechtzuerhalten. Es war daher angeordnet worden, daß im Jahre 1942 nicht mehr als höchstens 10–20% der früheren Kolchose aufgelöst werden dürften. Auch in den aufgelösten und in Landbaugenossenschaften umgewandelten Betrieben sollte durch die gemeinsame Fruchtfolge und gemeinschaftliche Bestellung die Einheitlichkeit des Anbaues in großen Flächen aufrechterhalten werden. Im Jahre 1943 sollten dann mindestens weitere 20% der Betriebe aufgelöst werden.

Es hat sich nicht vermeiden lassen, daß in der frontnahen Zone (insbesondere bei den Wi Kdos Charkow und Kursk) die Auflösung der Gemeinschaftsbetriebe schneller vor sich ging, als in den Verordnungen vorgesehen war. Hier kam es teil-

[111]) Zur Situation in der Ukraine s. Bartoleit, Deutsche Agrarpolitik.

weise schon im Jahre 1942 zu ähnlichen Formen der individuellen Bodennutzung, wie sie sich auch in den Abschnitten Nord und Mitte entwickelt hatten. Im Großen und Ganzen konnte die Entwicklung im Bereich der Wi In Süd planmäßig gesteuert werden[112]). Im Gegensatz zu den Abschnitten Nord und Mitte erfolgte dabei unmittelbar der Übergang vom Gemeinschaftsbetrieb zu der neuen Flurordnung der Landbaugenossenschaft ohne das Übergangsstadium einer provisorischen und ungeregelten individuellen Bodennutzung.

Teilweise bildete sich als Übergangsform sowohl in Gemeinwirtschaften als auch in Landbaugenossenschaften die sogenannte Gruppenwirtschaft heraus. Diese bestand dadurch, daß sich die Bauern bei der Aufteilung des bei weitem nicht ausreichenden Inventars zu Gruppen zusammenschließen mußten. Diese Gruppen arbeiteten dann getrennt voneinander einigermaßen selbständig. Diese Betriebsform wurde von den Bauern dem Kolchos gegenüber bereits als ein wesentlicher Fortschritt empfunden. In den Landbaugenossenschaften wurde den Gruppen zur Beschleunigung der Landaufteilung auch das Land gemeinschaftlich zugeteilt. Die Unterteilung auf die einzelnen Hofstellen wurden den Bauern selbst überlassen. Es mußte jedoch unbedingt verhindert werden, daß in den Landbaugenossenschaften die Aufteilung in der Gruppe steckenblieb. Manche Landwirtschaftsführer und landeseigene Betriebsleiter neigten hierzu aus Furcht vor einer weitergehenden Auflösung in der ersten Zeit sehr stark. Im 2. Jahr der Arbeit mußte daher besonderer Nachdruck darauf gelegt werden, daß die Unterteilung des Landes auf die einzelnen Hofstellen unbedingt vorgenommen wurde und die Pflege- und Erntearbeiten in den Landbaugenossenschaften individuell durchgeführt wurden[113]). Für die Gebiete der Spezialkulturen an der Südküste der Krim wurde eine allgemeine Aufteilung angeordnet, so daß sich hier schon im Jahre 1943 eine reine Individualwirtschaft entwickelte.

---

112) Dem widerspricht das Schreiben der Wi In Süd/Chefgruppe La an Riecke vom 25. 2. 1943. Darin wurde ein Geheimbefehl der H.Gr. A vom 17. 2. 1943 moniert, in dem nicht nur eine radikale Änderung im Verhalten gegenüber der einheimischen Bevölkerung angeordnet wurde, sondern auch sehr viel weitgehendere Maßnahmen in der Agrarpolitik, u.a. die Umwandlung von 50 Prozent, statt 20 Prozent, der Gemeinwirtschaft; s. Schriftwechsel dazu, BA-MA, RW 31/196, und die Schilderung von Bräutigam, So hat es sich zugetragen, S. 582 ff.

113) Im April/Mai 1943 war es darüber zu einer heftigen Kontroverse zwischen Landesbauernführer Körner, dem die Landwirtschaft im RKU unterstand, und Riecke, dem Leiter der Chefgruppe La im Wi Stab Ost, gekommen. In seinem Lagebericht vom 1. 4. 1943, BA-MA, RW 31/352, hatte Körner gemeldet, daß seine Kreislandwirte gegen einen weiteren „Zerfall" der Landbaugenossenschaften seien und eine Vergrößerung des individuellen Hoflandes als „wirksamstes Mittel der politischen Befriedung" ansahen. Mit dem von der Chefgruppe La entsandten Sonderstab für die Agrarordnung gab es darüber heftige Reibereien. Riecke hielt Körner vor, daß die La-Führung der Ukraine offenbar nicht hinter den von Berlin aus gewünschten agrarpolitischen Maßnahmen stünde und mehr an der Erzeugung und Erfassung interessiert sei. Die eigentlichen Motive dafür sah Riecke aber nicht so sehr in den Auflagen, als vielmehr in der Einstellung der örtlichen La-Führer, die auf die künftige Bildung von deutschen Grußbetrieben setzten und daher der Entwicklung einheimischer Bauernwirtschaften mit Zurückhaltung begegneten. Riecke forderte Körner auf, die Berliner Richtlinien streng durchzuführen und bei den Zusammenkünften der La-Führer Unterhaltungen über eine deutsche Kolonisierung der Ukraine und die Bildung von deutschem Großgrundbesitz zu untersagen; s. Briefwechsel Körner/Riecke vom 20. 4. und 5. 5. 1943, BA-MA, RW 31/247.

Eine wichtige Rolle spielte im Gebiet der Wi In Süd auch die Vergrößerung der Hoflandnutzung[114]. Sie erstreckte sich im Frühjahr 1942 auf 10% der Betriebe, erfaßte im Herbst 1942 weitere 10% und wurde im Jahre 1943 als allgemeine Maßnahme durchgeführt. Während zur Sowjetzeit die Hoflandnutzung auf ¼ bis ½ ha beschränkt war, wurde sie durch diese Maßnahmen fast allgemein bis zum Umfang von 1 ha ausgedehnt.

Auch im Bereich der Wi In Süd war die politische Wirkung der Agrarordnung günstig. Infolge des langsamen Vorgehens und der größeren politischen Belastungen, die sich aus der Sonderstellung der Ukraine ergaben, war die Wirkung hier nicht so tiefgreifend wie in den Abschnitten Nord und Mitte. Die Feiern bei der Hoflandvergebung und Bildung von Landbaugenossenschaften waren ungefähr die einzigen politischen Demonstrationen, bei denen sich die deutschen Vertreter mit der einheimischen Landbevölkerung zusammenfanden. Diese Feiern haben allgemein politisch günstig gewirkt und wurden auch von der Truppenführung sehr stark beachtet.

Wirtschaftliche Ergebnisse der neuen Agrarordnung

Die wirtschaftlichen Ergebnisse der Agrarordnung stellten sich bei dem weiteren Fortgang der Agrarordnungsmaßnahmen immer deutlicher heraus. Es zeigte sich eindeutig, daß die Leute einzeln und im eigenen Interesse sehr viel besser und mehr arbeiteten, als im Kollektivverband. Überall ließ sich in den aufgeteilten Betrieben eine oft überraschende Zunahme des Inventars und Zugviehs feststellen. Auch das vermehrte Interesse an der Bodenkultur machte sich durch bessere Unkrautbekämpfung und vermehrte Anwendung des Stalldüngers bemerkbar. Infolge der günstigen Erfahrungen beschleunigte sich am Ende der Besetzungszeit das Tempo der Aufteilungsarbeiten bedeutend. Auch die örtlichen Landwirtschaftsführer, die zunächst großenteils abwartend und zweifelnd der Agrarordnung gegenüberstanden, setzten sich nunmehr für eine schnellere Durchführung ein. Es war vorgesehen, nunmehr auch in den restlichen Gemeinwirtschaften im sogenannten Schnellverfahren die individuelle Betriebsweise einzuführen. Diese Maßnahme jedoch kam infolge der Räumung der Gebiete nicht mehr zur Durchführung.

---

[114]) Der Befehlshaber des rückwärtigen Heeresgebiets Süd war Anfang 1942 bereits vorgeprescht und hatte als Belohnung für die Mitwirkung bei der Partisanenbekämpfung eine Vergrößerung des Hoflandes bis zu 2 ha versprochen. Diese über die Richtzahlen der Neuen Agrarordnung hinausgehende Großzügigkeit fand allerdings nicht die Unterstützung von Keitel. Der Chef des OKW fiel ihm in der entscheidenden Sitzung mit Hitler in den Rücken. Das Ergebnis war die Anweisung des „Führers", daß bei der Vergrößerung des Hoflandes mit Vorsicht vorzugehen sei und die Bestimmungen der Agrarordnung beachtet wurden. Auch hier setzte sich also die La-Führung mit ihrer restriktiven Haltung durch; s. Vermerk Rieckes für General Thomas vom 5. 3. 1942, BA-MA, RW 31/314.

Einführung des bäuerlichen Grundeigentums

Die Agrarordnung hatte den Bauern noch kein Eigentum an dem zur individuellen Nutzung zugewiesenen Land verliehen. Die Eigentumsdeklaration vom 3. 6. 1943 holte das nach[115]). Das ordnungsgemäß vergebene Land, Hofland sowie Anteilland im Rahmen der Landbaugenossenschaften, wurde Eigentum der Bauern. Zur praktischen Durchführung der Eigentumsdeklaration bedurfte es weiterer Rechtsvorschriften, z.B. über die Vererbbarkeit und Veräußerbarkeit des zugewiesenen Grundeigentums und über die sonstigen Befugnisse des Eigentümers. Die Chefgruppe La hatte Durchführungsbestimmungen für das Operations- und die Zivilverwaltungsgebiete ausgearbeitet. Ende Sommer 1943 war hierüber mit den beteiligten Reichszentralstellen (RMfbO, Beauftragten für den Vierjahresplan, OKH/Gen Qu, Parteikanzlei) Einvernehmen erzielt worden. Der RK Ukraine hielt jedoch die Durchführung der Eigentumsdeklaration für politisch unzweckmäßig und widersprach dem VO-Entwurf. Während noch Verhandlungen zur Beseitigung dieses Hindernisses im Gange waren[116]), hatte sich die militärische Lage verschlechtert. Der geeignete Zeitpunkt zur Verkündung der Durchführungsbestimmungen, durch die die Bauern in den vollen Genuß ihres Eigentums gekommen wären, war verpaßt und die ganze Frage mußte zurückgestellt werden. Die Eigentumsdeklaration konnte mangels Durchführungsbestimmungen auch propagandistisch kaum ausgewertet werden. Der letzte und äußerste Trumpf der Agrarpolitik, das Geschenk des Grundeigentums an landhungrige Bauern, war *nutzlos ausgespielt.* Das spätere Totschweigen der zunächst im Zusammenhang mit einer Ministerreise groß herausgebrachten Deklaration mußte geradezu den Eindruck der Unehrlichkeit erwecken.

Die Eigentumsdeklaration galt für die altsowjetischen Gebiete, in denen die von den Sowjets beseitigten Grundlagen des Privateigentums erst von Grund auf wieder neu geschaffen werden mußten. In den von der Sowjet-Union seit 1939 erworbenen Gebieten konnte das Privateigentum in dem eben erst aufgehobenen Umfang wiederhergestellt werden. In den drei baltischen Generalbezirken waren im ersten Halbjahr 1943 die rechtlichen und organisatorischen Voraussetzungen zur Reprivatisierung landwirtschaftlicher Grundstücke geschaffen worden. In Lettland und Estland wurden bis Ende 1943 ungefähr 70 000 landwirtschaftliche Betriebe (etwa 20% aller vorhandenen) wieder als Privateigentum registriert. In Litauen war

---

[115]) Deklaration über die Einführung bäuerlichen Grundeigentums vom 3. 6. 1943, Verordnungsblatt des RMfdbO II (1943, S. 83). Zum Hintergrund s. auch Dallin, Deutsche Herrschaft, S. 373 ff.

[116]) Siehe Schreiben Chef der Reichskanzlei an den RKU vom 24. 9. 1943, BA-MA, RW 31/252. Darin stellte Lammers fest, daß nach mehreren Anläufen nunmehr eine Einigung zwischen Rosenberg, Hitler und Bormann erreicht sei und bat Koch darum, seine Bedenken zurückzustellen, um zu vermeiden, „den Führer in der gegenwärtigen Lage auch noch mit dieser Angelegenheit zu befassen". Zu den Auseinandersetzungen s. Dallin, Deutsche Herrschaft, S. 373 ff. Nach dem Zusammenbruch der deutschen Herrschaft in der Ukraine beharrte Landesbauernführer Körner in seinem „Aufbauplan" für den Fall einer Wiederbesetzung des Landes darauf, eine völlig neue Bodenpolitik zu betreiben, die nicht das bäuerliche Eigentum stärken, sondern die Voraussetzungen dafür schaffen sollte, daß 13 000 neue Güter gebildet werden konnten, die deutschen Landwirten übergeben werden sollten; s. dagegen die Stellungnahme der Geschäftsgruppe Ernährung im RMfdbO vom 12. 5. 1944, BA-MA, RW 31/252.

das Tempo der Reprivatisierung langsamer mit Rücksicht auf die nachlässige Haltung der Landbevölkerung bei der Ablieferung, dem Arbeitseinsatz und der Rekrutierung. Hier wurden nur etwa 8% erledigt[117]). Insgesamt waren die Erfahrungen mit der Reprivatisierung günstig. Die Aktion wurde von der Bevölkerung begrüßt und entsprach den in sie gesetzten Erwartungen. In Weißruthenien verkündete der Generalkommissar unter Berufung auf die Eigentumsdeklaration Vorschriften zur Wiederherstellung des Privateigentums und zur Landeinrichtung[118]). Die H.Gr. Mitte ordnete nach deren Vorbild für das Operationsgebiet entsprechende Maßnahmen an. Die Absicht war, Wehr- oder Schutzmannschaftsdörfer über das Land verstreut zu schaffen. Von diesen Stützpunkten aus sollte die Macht der Banden gebrochen und die im Umkreis der Stützpunkte anzusetzenden Bauern sollten durch die Übertragung des Eigentums am Kampf gegen die Banden interessiert werden. Die Aktion kam nach guten Anfangserfolgen nicht mehr zum Abschluß.

In einem einzigen Teil der besetzten Ostgebiete war zur Wiedereinführung des Privateigentums an landwirtschaftlichen Grundstücken noch nichts geschehen: in Wolhynien. Der RKU hatte Reprivatisierungsmaßnahmen zunächst nicht für notwendig gehalten. Als sie schließlich vorbereitet wurden, bot die militärische Lage keine Gelegenheit mehr, sie zu verkünden und in Kraft zu setzen.

Erreichbarer Wirkungsgrad agrarpolitischer Maßnahmen

Die Maßnahmen zur Agrarordnung hatten ohne Zweifel die Stimmung des Landvolks günstig beeinflußt. Die agrarpolitische Arbeit trug sogar in den verlorenen Gebieten Früchte für uns. Sie bereitete den Sowjets in den von uns aufgegebenen Gebieten Schwierigkeiten. Stalin hatte sich in seiner Rede zum 26. Jahrestag der Oktoberrevolution erneut auf das Kolchossystem festgelegt. Nach zahlreichen übereinstimmenden Aussagen sowjetischer Kriegsgefangener führten die sowjetischen Behörden tatsächlich in den zurückgewonnenen Gebieten die Kollektivwirtschaft wieder ein und verkleinerten das von uns auf 1 ha vergrößerte Hofland auf 0,6 ha. Die Bevölkerung war damit unzufrieden und pflegte sich beim Einmarsch der sowjetischen Truppen sofort zu erkundigen, ob die individuelle Bodennutzung weiter bestehen dürfe. Sie zeigte, wenn das verneint wurde, regelmäßig eine ablehnende, nach einigen Aussagen sogar eine feindliche Haltung. In der Mitte soll sich die Bevölkerung trotz starken sowjetischen Propagandadrucks zu den Vorzügen der deutschen Agrarordnung bekannt haben.

Seit 1943 machte sich in zunehmendem Maße ein Stimmungsumschwung bei der Landbevölkerung zu unseren Ungunsten bemerkbar. Hiervon waren alle Gebietsteile erfaßt, auch die noch nicht unmittelbar bedrohten. Die gleichzeitig anwachsende Bandentätigkeit und die sonstige Verschlechterung der Lage legten die

---

117) Zu den Ergebnissen bei der Wi In Nord s. Zwei Jahre Kriegswirtschaft (Anm. 109), Anlage 1 B: Durchführung der Agrarordnung.

118) Eine besonders barsche Kritik an der schwankenden Linie verfaßte der Leiter der Hauptabteilung III beim Generalkommissar in Minsk in seinem Erfahrungsbericht über die politischen und wirtschaftlichen Probleme des Ostens unter besonderer Berücksichtigung des Generalkommissariats Weißruthenien, vom 28. 6. 1943, BA-MA, RW 31/252.

Frage nahe, inwiefern eine rechtzeitigere oder vollständigere Durchführung agrarpolitischer Maßnahmen diese unerfreuliche Entwicklung hätte aufhalten können. Zwei benachbarte Gebiete, Wolhynien und Galizien, die, trotz ähnlicher Bevölkerungszusammensetzung völlig ungleiche Leistungen im Rahmen der deutschen Kriegswirtschaft aufwiesen, boten sich zum Vergleich. Anfang November 1943 hatten die Bauern in Galizien durchschnittlich 70–80% ihrer Ablieferungsauflage erfüllt, in Wolhynien nur 10–15%. Galizien hatte zum Arbeitseinsatz im Reich freiwillig eine erhebliche Zahl Menschen zusammengebracht, Wolhynien dem nichts Gleiches entgegenzusetzen. Galizien war fast überall befriedet, Wolhynien durch und durch bandenverseucht. Durch Bereisung beider Gebiete wurde die Frage geprüft, worauf diese Unterschiede zurückgingen und ob durch agrarpolitische Maßnahmen die Lage in Wolhynien gebessert werden könnte. Die Erfahrung der Landwirtschaftsverwaltung in diesen beiden Gebieten zeigte, daß zur bestmöglichen wirtschaftlichen Ausnutzung des Landes Voraussetzungen gehören, die mit den Mitteln der Agrarpolitik allein nicht geschaffen werden können. In Galizien war im Mai 1943 das Eigentum an landwirtschaftlichen Grundstücken bis zur Größe von 20 ha allgemein kraft des Gesetzes wieder hergestellt worden. Dies war jedoch nur *ein* Mittel unter vielen anderen gewesen, um die Bevölkerung zur loyalen Mitarbeit zu veranlassen. Noch wichtiger waren folgende Maßnahmen:

- Die Heranziehung der vorhandenen Bildungsschicht zur Mitarbeit unter Gewährung ausreichender Existenzmöglichkeiten. Auf diese Weise brauchten in Galizien nur wenige Deutsche eingesetzt zu werden.
- Der Ausbau einer national-ukrainischen Selbstverwaltung, besonders in den unteren Verwaltungsstufen, aber auch Anerkennung des ukrainischen Nationalen Komitees.
- Die Einrichtung eines Schul- und Ausbildungswesens, das dem Bildungsehrgeiz der Bevölkerung gerecht wurde.
- Die Zulassung und Pflege des einheimischen Genossenschaftswesens, das zur Erfassung landwirtschaftlicher Erzeugnisse und zur Verteilung von Betriebsmitteln und Gebrauchsgütern unter der Landbevölkerung benutzt wurde.
- Die Durchführung eines Prämiensystems für alle landwirtschaftlichen Ablieferungen.
- Die Wiederherstellung des Privateigentums.

In Wolhynien fehlte es an ähnlichen Maßnahmen vollständig. Die ukrainische Bevölkerung in Wolhynien hätte nur dann für eine Mitarbeit gewonnen werden können, wenn zugleich die allgemeine Methode ihrer *politischen* Behandlung geändert worden wäre. Wi Stab Ost hatte auf Grund dieser Beobachtungen dem RMfbO gegenüber wiederholt Vorstellungen erhoben und davor gewarnt, agrarpolitische Maßnahmen als Allheilmittel zu betrachten. Er hatte angeregt, die agrarrechtlichen Vorhaben in ein größeres politisches Programm einzubauen, um sie voll wirksam werden zu lassen.

Land- und ernährungswirtschaftliche Treuhandverwaltung

Treuhänderische Verwaltung als Zwischenwirtschaftsform

Neben der Form der Kollektivwirtschaft gab es in den sowjetischen Gebieten die Form der Staatswirtschaft. Diese trat in der landwirtschaftlichen Erzeugung vor allem bei den Staatsgütern und den Maschinen- und Traktorenstationen in Erscheinung. In der Ernährungswirtschaft bei den Erfassungs- und Verteilerorganisationen und bei staatlichen Betrieben der Ernährungsindustrie. Auch die sowjetische Staatswirtschaft wurde entsprechend unserer Wirtschaftsauffassung umgestaltet. In Abkehr von den sowjetischen Wirtschaftsformen konnte auf diesem Gebiet allerdings nicht sofort Privteigentum der einzusetzenden Besitzer und Unternehmer begründet werden. Dazu waren die wirtschaftlichen Verhältnisse noch zu unübersehbar und schwankend. Als Zwischenwirtschaftsform wurde daher die treuhändische Verwaltung eingeführt.

Zur Sicherung und Förderung der landwirtschaftlichen Produktion regelte der Wi Stab Ost bereits durch besondere Anordnung vom 17. 7. 1941 die Einsetzung von kommissarischen Verwaltern und Beauftragten durch die Wi Kdos und Wi In'en in landwirtschaftlichen Maschinenfabriken und in Be- und Verarbeitungsbetrieben der Ernährungswirtschaft[119]).

Hilfsorganisationen der Treuhandverwaltung

Im La-Geschäftsbereich wurden zuerst geeignete Treuhandorganisationen unter möglichster Einsparung deutscher Kräfte geschaffen.

Auf dem *Gebiet der Erzeugung* ordnete der Reichsmarschall mit den Erlassen vom 12. und 17. 9. 1941 die Errichtung von Landbewirtschaftungsgesellschaften im RKO und RKU (LBGO, LBGU) an[120]). Er wies die Reichskommissare an, diesen Gesellschaften die treuhänderische Verwaltung und Bewirtschaftung der nationalisierten landwirtschaftlichen Grundstücke und Betriebe zu übertragen, insbesondere der Staatsgüter, technischen Nebenbetrieben und Motoren-Traktoren-Stationen. Die militärischen Wi-Dienststellen übergaben diesen LBG im vorgelagerten Operationsgebiet die entsprechenden Grundstücke und Betriebe zur treuhänderischen Bewirtschaftung. Lediglich die Chefgruppe La der Wi In Mitte übernahm die Treuhandverwaltung der Erzeugerbetriebe selbst.

Im *ernährungswirtschaftlichen* Bereich übertrug der Reichsmarschall durch die Geschäftsanweisung Nr. 2 vom 25. 9. 1941 der ZO die Treuhandverwaltung von Fleischwarenfabriken und Schlachthäusern, um die Versorgung der Truppe mit fri-

---

[119]) Wi Stab Ost/Fü/Ia Nr. 1361/41, Besondere Anordnungen Nr. 10, vom 17. 7. 1941, abgedr. in Grüne Mappe, T.II (2. Aufl.), vom August 1942, S. 125 ff., BA-MA, RW 31/131.

[120]) Anordnungen des Reichsmarschalls betr. Errichtung von Landbewirtschaftungsgesellschaften im RKU und RKO vom 12. und 17. 9. 1941 sowie entsprechende Gesellschaftsverträge, BA-MA, RW 31/144.

schem Fleisch und Wurst durch deutsche Fachleute sicherzustellen[121]). In den Geschäftsanweisungen Nr. 3 und 4 vom 20. 12. 1941 wurde die Treuhänderschaft der ZO auf alle ernährungswirtschaftlichen Be- und Verarbeitungsbetriebe und auf die Erfassungs- und Handelsorganisationen ausgedehnt[122]).

Wirtschafts-Sondervermögen

Für die sachliche Handhabung der treuhänderischen Verwaltung stellte der Reichsmarschall mit Erlaß vom 20. 5. 1942 Grundsätze auf[123]). Danach war beschlagnahmtes und noch zu beschlagnahmendes sowjetisches Vermögen als „Wirtschafts-Sondervermögen" des Reiches treuhänderisch zu verwalten. Endgültige Besitzregelungen waren grundsätzlich bis auf weiteres ausgeschlossen. Zur Wahrung der Belange der Kriegsteilnehmer wurde klargestellt, daß die treuhänderische Verwaltung ebenso wie die etwaige pachtweise Überlassung einzelner Vermögensobjekte kein Anrecht auf späteren Eigentumserwerb gäben[124]).

Behördliche Treuhandabteilungen

Beim Wi Stab Ost und bei den Wi In'en wurden „Sondergruppen Treuhandverwaltung" gebildet. Verwaltungsmäßig führte diese Einrichtung bei der Abgrenzung ihrer Aufgaben gegenüber dem Arbeitsbereich der Fachabteilungen zu Schwierigkeiten. Im Interesse des wirksamen und schlagkräftigen Einsatzes der Ernährungs- und Landwirtschaft im weiten Ostraum mußte die La-Führung mindestens für die Zeit des Krieges auf ihrem Fachgebiet nicht nur wirtschaftspolitisch, sondern auch vermögensmäßig-treuhänderisch die Hauptverantwortung erhalten. Sie allein war ja auch für die kriegsentscheidende Erzeugung, Erfassung und Versorgung verantwortlich. Außerdem erwies sich eine sachliche Trennung zwischen vermögensmäßig-treuhänderischen und wirtschaftspolitisch-fachlichen Fragen in der Praxis als kaum durchführbar.

Durch Befehl Wi Stab Ost vom 26. 5. 1943 wurden diese Zuständigkeitsschwierigkeiten für das Gebiet der landwirtschaftlichen Grundstücke behoben. Für die treuhänderische Verwaltung blieb die Fachabteilung allein verantwortlich. Lediglich die Grundrichtlinien für die LBG waren mit der Treuhandabteilung abzustimmen.

---

121) Geschäftsgruppe Ernährung Nr. 426/41, Geschäftsanweisung Nr. 2 für die Zentralhandelsgesellschaft Ost, vom 25. 9. 1941, abgedr. in Grüne Mappe, T.II (2. Aufl.), vom August 1942, S. 185 f., BA-MA, RW 31/131.

122) Geschäftsanweisungen Nr. 3 und 4 vom 20. 12. 1941, abgedr. ebd. S. 186 f.

123) Erlaß des Reichsmarschalls über Grundsätze für die treuhänderische Verwaltung in den besetzten Ostgebieten, vom 20. 5. 1942, abgedr. ebd. S. 123.

124) Zu den Bemühungen seitens der Wehrmacht, die Soldaten für eine spätere Ansiedlung in den eroberten Ostgebieten zu gewinnen, s. Müller, Industrielle Interessenpolitik, ders., Hitlers Ostkrieg.

Für den Bereich der ernährungswirtschaftlichen Be- und Verarbeitungsbetriebe sowie der Erfassungs- und Handelsorganisationen trug der Befehl vom 26. 5. 1943 den Forderungen der landwirtschaftlichen Führung nicht voll Rechnung. Der Chefgruppe La wurden hier im wesentlichen nur die Bestellung von Treuhändern und die Finanzierung der Betriebe hauptverantwortlich belassen.

Aufgaben der Treuhandverwaltung und ihre Durchführung

Die Treuhandverwaltung hatte zwei Ziele zu verfolgen. Ein finanzpolitisches: aus den laufenden Erträgen und aus dem Erlös des später zu verwertenden Sondervermögens die Kriegskosten decken zu helfen. Ein wirtschaftspolitisches: möglichst bald die eine Höchstleistung verbürgenden europäischen Wirtschaftsformen wieder herzustellen.

Grundsätze für die Bewertung des landwirtschaftlichen Treuhandvermögens wurden aufgestellt. Trennung dieses Treuhandvermögens vom sonstigen landwirtschaftlichen Vermögen und vom Gesellschaftsvermögen wurde vorgenommen. Darauf wurden die Folgerungen für das Rechnungswesen, die Buchführung, die Finanzierung und die Bilanzierung gezogen. Schwierige Abgrenzungsfragen zum Verwaltungsvermögen der Wehrmacht, zum Eisenbahnvermögen, zur Generaldirektion der Monopole, zu den städtischen Grundstücksgesellschaften, zur Forstverwaltung usw. wurden geregelt, wenn z.T. auch nur vorläufig. Einsatzverträge für die herangezogenen reichsdeutschen Züchter und Firmen wurden entworfen und getätigt. Im Ostland ausnahmsweise auch Pachtverträge. Die Überprüfung der Treuhandtätigkeit der LBG und die Überwachung der Betriebe des Sondervermögens durch die Reichsprüfungsgesellschaft und landwirtschaftliche Buchstellen wurde geordnet. Wegen des kriegsbedingten Mangels an Fachkräften konnte allerdings die Überprüfung nur lückenhaft durchgeführt werden.

Mustereinsatzverträge für die verschiedenen Zweige der Ernährungsindustrie und später für die Erfassungs- und Handelsunternehmen wurden aufgestellt und im Laufe der Zeit verfeinert. Die Einsatzfirmen arbeiteten im eigenen Namen, aber für die Rechnung der ZO. Sie erhielten eine feste Treuhandvergütung mit der Möglichkeit von Leistungszulagen. Im Anschluß an die Anordnung des Wi Stabes Ost vom 29. 1. und 24. 2. 1943 über die Buchführung im Operationsgebiet wurde das kaufmännische Rechnungswesen der Treuhandbetriebe im Bereich der ZO vereinheitlicht (Einheitskontenrahmen). Finanzierungsrichtlinien wurden erlassen.

Umfang der Treuhandverwaltung

Zur Zeit der größten Ausdehnung der besetzten Ostgebiete wurden mehr als 4500 Staatsgüter (mit einer Gesamtfläche von fast 10 Millionen ha) sowie über 1000 MTS treuhänderisch verwaltet.

Die ZO hat von den über 37 000 Ernährungsbetrieben (Stand vom Spätsommer 1943) rd. 4100 Ernährungsbetriebe in treuhänderische Verwaltung übernommen.

Zur Steigerung der Leistungsfähigkeit der Betriebe hat sie 230 deutsche Fachfirmen eingesetzt. Die übrigen treuhänderisch verwalteten Betriebe wurden durch etwa 1300 deutsche Fachkräfte und durch Einheimische als Angestellte der ZO zugeführt.

Der Verwaltungsapparat der Treuhandverwaltung wurde möglichst klein und unbürokratisch gehalten. Die Treuhandverwaltung wurde überhaupt auf ein notwendiges Mindestmaß beschränkt.

Abwicklung des Treuhandvermögens

Vor neuen Aufgaben wurde die La-Treuhandverwaltung im Zuge der Rücknahme der deutschen Fronten gestellt. Zur Regelung der vermögensrechtlichen Fragen der aufgegebenen Treuhandbetriebe und Verwertung der Räumungsgüter wurde durch Befehl Wi Stab Ost vom 3. 11. 1943 ein Abwicklungsstab gebildet. Entsprechende Stäbe für die Bereiche der bisherigen Wi In'en folgten. Die La-Dienststellen waren in diesen Stäben durch ihren jeweiligen Treuhandreferenten vertreten.

Schon Anfang Oktober 1943 hatten die ZO weisungsgemäß eine Abwicklungs- und Lenkungsstelle in Bromberg errichtet. Diese sollte die zurückgezogenen Geschäftsstellen und deren Treuhandbetriebe abwickeln. Diese Abwicklungsstelle wurde später mit dem Führungsstab der ZO und der ukrainischen ernährungswirtschaftlichen Gesellschaften in Bromberg vereinigt. Bisher von La-Führern verwaltete ernährungswirtschaftliche Treuhandbetriebe der Wi In Mitte wurden von einer besonderen Abwicklungsstelle Wi In Mitte La abgewickelt. Da diese ebenfalls ihren Sitz in Bromberg hatte, waren dort alle Abwicklungsarbeiten im ernährungswirtschaftlichen Treuhandbereich vereinigt. Es handelte sich hierbei u.a. um die Verwertung von über 22 400 Waggons zurückgeführter Räumungsgüter, insbesondere Getreide, Ölsaaten und sonstige Saaten. Die Abwicklung dieser Güter ist abgeschlossen. Die Abwicklung der übrigen Räumungsgüter bereitet Schwierigkeiten (5000 Waggons Landmaschinen, Maschinen und Einrichtungen der Ernährungsindustrie, 1000 Waggons Versorgungswaren und Bedarfsartikel).

Die vermögensrechtliche Abwicklung der Betriebe des landwirtschaftlichen Treuhandvermögens wurde übertragen: für den Süden der LBGU; für die Mitte der Abwicklungsstelle Wi In Mitte La in Bromberg; für den Norden der Chefgruppe La der Wi In Nord zusammen mit der LBGO/Riga.

Preisbildung

Preisgrundsätze und Preisaufbau

In den altsowjetischen Gebieten bestand beim Währungsverhältnis von 1 : 10 ein erheblich niedrigerer Preisstand als im Reich. Es galt, diesen aufrechtzuerhalten, damit das Reich Getreide und sonstige Erzeugnisse des Ostens völlig beziehen und auf diese Weise einen Teil seiner Kriegskosten abdecken konnte. Daher wurde der Preis- und Lohnstop zum Grundsatz erhoben. Durch die Niedrighaltung der Löhne sollte zugleich der Konsum von Verbrauchsgütern zugunsten der Lieferungen an das Reich eingeschränkt werden. Nur im ganzen war der Preisstand aufrechtzuerhalten. Preisverschiebungen bei einzelnen Erzeugnissen mußten möglich bleiben, ja man wollte mit ihrer Hilfe den Verbrauch beeinflussen. Die Preise der Veredelungsprodukte, insbesondere der Butter, sollten im Interesse einer Erzeugungssteigerung möglichst hoch gehalten werden. Dagegen mußten die Waren des Massenverzehrs (Buchweizen, Hirse, Kartoffeln) im Interesse der Stabilhaltung der Löhne billig sein.

Das sowjetische Preissystem war weder auf Angebot und Nachfrage noch auf den Selbstkosten aufgebaut, sondern kannte nur politische produktionslenkende Preise. Ein reger Wirtschaftsverkehr zum Reich kann auf die Dauer nur gedeihen, wenn auch in den besetzten Ostgebieten zu echten Preisen erzeugt und verkauft wird. Echte Preise müssen den Produktionskosten entsprechen und später einen genügenden Anreiz zur Privatisierung bilden. Gleichwohl konnte nicht sofort an die Einführung echter Preise gedacht werden. Ein Teil der der Landwirtschaft zustehenden Geldmittel sollte ihr vorläufig nicht allein über den Erzeugerpreis, sondern unter planmäßiger Steuerung in Form von Betriebsmitteln, Landmaschinen, Betriebsinvestitionen usw. zugeführt werden. Innerhalb der Land- und Ernährungswirtschaft der altsowjetischen Gebiete wurden Preisarten unterschieden, die am Beispiel des Roggens auch zahlenmäßig veranschaulicht werden sollen.

a) Der Erzeugerpreis von 25 Rubeln je dz wurde dem landwirtschaftlichen Betriebe bei seinen Ablieferungen vergütet. Die Erzeugerpreise waren gegenüber der sowjetischen Zeit erhöht worden, um die Ablieferungswilligkeit zu fördern. Die Erhöhung war auch mit Rücksicht auf die erheblichen Umlagen geboten. Dem Erzeuger verblieben nämlich nach Erfüllung seiner Pflichtablieferungen nur geringe über den Selbstbedarf hinausgehende Mengen, die er zu höheren Preisen auf dem freien Markte abgeben konnte. Verschiedene Erzeugnisse, wie Fleisch und Fette, wurden überdies überhaupt vom freien Markt ausgeschlossen. Der Erzeugerpreis erreichte im allgemeinen 17% der vergleichbaren durchschnittlichen Reichspreise.

b) Als echter Sagotabgabepreis, d.h. Abgabepreis der Erfassungsorganisation (Ortsbeschaffungspreis), wurde der sowjetische Sagotabgabepreis von 78 Rubeln je dz beibehalten. Er betrug 41% des durchschnittlichen Erzeugerpreises im Reich (Reichspreis). Die Spanne zwischen dem Erzeugerpreis (a) und dem Sagotabgabepreis diente nur zum kleineren Teil der Deckung der Unkosten der Erfassungsorganisationen (Sagots). In der Hauptsache war sie zur Befriedigung des öffentlichen Finanzbedarfs bestimmt. Ihr wurden entnommen:

In Form einer Umsatzsteuer die Mittel für den allgemeinen Finanzbedarf und in Form der sogenannten E. und L.-Abgabe die Mittel für Maßnahmen der landwirtschaftlichen Erzeugung.

Von dem echten Preis, als der am ehesten der Sagotabgabepreis betrachtet werden konnte, erhielt der Erzeuger also nur einen Bruchteil. Aus ihm konnten nicht alle Kosten der Erzeugung bestritten werden. Ein erheblicher Anteil ging an die landwirtschaftlichen Verwaltungen (Landbewirtschaftungsgesellschaften). Diese mußten daraus die weiteren Produktionskosten der Landwirtschaft finanzieren, insbesondere durch kostenlose oder verbilligte Stellung von Maschinen und Geräten über die MTS oder durch verbilligte Saatgutbeschaffung. Da die für diese Zwecke zur Verfügung stehenden Spannen zu gering erschienen, wurde eine weitere Preisstufe eingeführt:

c) Der unechte Sagotabgabepreis (nunmehr als Sagotabgabepreis bezeichnet) von 100 Rubeln je dz. Er entsteht aus dem echten Sagotabgabepreis und einem Pauschalzuschuß des Reiches (von 22 Rubeln je dz). In seiner Höhe verzichtete der Reichsfinanzminister bei Lieferungen an das Reich praktisch auf die Erzielung eines Einfuhrgewinnes. Nach dem neuen (unechten) „Sagotabgabepreis" rechneten die Erfassungsorganisationen (Sagots) mit ihren Abnehmern ab. Der echte Sagotabgabepreis (b) war jetzt nur noch theoretische Grundlage zur Errechnung eines fiktiven Einfuhrgewinnes. Der Pauschalzuschuß betrug etwa 11% des durchschnittlichen Reichspreises, erhöhte also die Sagotabgabepreise auf 53% der durchschnittlichen Reichspreise. Von dem Sagotabgabepreis des Roggens (100 Rubel) dienten 25 Rubel zur Bezahlung des Erzeugers (a), 20 Rubel zur Deckung der Sagotunkosten, 15 Rubel wurden als Umsatzsteuer erhoben und der Rest von 40 Rubel fiel als sogenannte E. und L.-Abgabe an die Landbewirtschaftungsgesellschaft.

d) Der russische Verbraucherpreis für Brot betrug 120 Rubel je dz. Die Spanne zwischen ihm und dem Sagotabgabepreis (c) sollte die Kosten der Be- und Verarbeitung und des Kleinhandels decken.

e) Der Preis für Roggenlieferungen an das Reich wurden entsprechend dem deutschen Erzeugerpreisstand auf RM 18 = 180 Rubel je dz festgesetzt. In der erheblichen Spanne zwischen ihm und dem echten Sagotabgabepreis (b) lag der sogenannte Schleusengewinn. Dieser war vermindert um den Pauschalzuschuß (vgl c) und um die Transportkosten und Handelsspesen der ZO, an den Reichsfinanzminister abzuführen.

f) Der Wehrmachtspreis, zu dem die ZO die Lieferungen an die Wehrmacht abrechnete, lehnte sich ursprünglich an den deutschen Preisstand an. Er lag in den altsowjetischen Gebieten etwa 10–15% unter den Durchschnittspreisen im Reich (Roggen 15,50 RM je dz = 155 Rubel). Infolge der Spanne zwischen dem Wehrmachtspreis und dem Sagotabgabepreis (b) erbrachten auch die in den besetzten Ostgebieten getätigten Lieferungen an die Wehrmacht Schleusengewinne. Da diesen Einnahmen aber entsprechend höhere Ausgaben im Wehrmachtshaushalt gegenüberstanden, lag in diesen Geschäften kein wirklicher Gewinn für den Reichshaushalt. Mit Wirkung vom 1. 1. 1943 wurden deshalb die Wehrmachtspreise in Anlehnung an die Sagotabgabepreise (c) festgesetzt. Sie lagen 5% über ihnen. Aus diesem Aufschlag waren eine Umsatzsteuer und die Geschäftsunkosten der ZO zu decken. Schleusengewinne fielen nicht mehr an.

In den drei baltischen Generalbezirken wurden die Erzeugerpreise abweichend von der Regelung in den altsowjetischen Gebieten auf durchschnittlich 60%

der entsprechenden ostpreußischen Preise festgesetzt. Dabei blieben die Preise für die Grundnahrungsmittel unter diesem Stand und die Preise für Obst und Butter lagen darüber. Nach dem Währungsverhältnis bedeutete das eine gewisse Hebung der Erzeugerpreise. Die Verbraucherpreise wurden aber wegen des Lohnstops möglichst festgehalten. Dadurch entstanden außerordentlich knappe Spannen für die Be- und Verarbeitung und den Handel. Sie reichten nur solange aus, als Steuern, Eisenbahnfrachten und andere öffentliche Tarife nicht feststanden und noch gar nicht ode erst teilweise erhoben wurden. Sobald Unkosten dieser Art wieder voll in Erscheinung traten, erlitt die Ernährungsindustrie erhebliche Verluste. Die zunächst versuchten Ausgleichsmaßnahmen konnten keine wirksame Abhilfe schaffen. Daher wurden schließlich die Verbraucherpreise für Brot, Fleisch, Milch und Milcherzeugnisse erhöht.

Ergebnisse der innergebietlichen Preispolitik

Es gelang, in den altsowjetischen Gebieten das Preisniveau in der Landwirtschaft auf einen Stand von ungefähr 40–45 % der vergleichbaren Reichspreise festzuhalten. Dadurch war eine wichtige Voraussetzung zur Niedrighaltung der Löhne geschaffen. Trotz des niedrigen Lohnniveaus konnte der Arbeiter seinen nötigen Lebensbedarf decken. Die Preise für Produktionsgüter und Betriebsmittel blieben zum Nachteil der Landwirtschaft leider nicht in demselben Umfange stabil (soweit sie nicht nur [wegen] der E. und L.-Abgabe verbilligt wurden). Gewerbliche Erzeugnisse für die Landwirtschaft kosteten bei Herstellung in den besetzten Ostgebieten häufig ebensoviel und oft mehr als im Reich. Diese Preisschere war für die Landwirtschaft noch nicht so fühlbar. Die Preisherabschleusung bei den wichtigsten Produktionsmitteln und der geringe Umfang der gewerblichen Produktion in den Ostgebieten verhinderten dies. Als Mittel zur Lenkung der Produktion und des Verbrauchs wurde die Preispolitik empfindlich beeinträchtigt durch die unverhältnismäßig hohen Preise im Schwarz- und Schleichhandel und auf den freien Märkten. Der Erzeuger fand in der Erhöhung der Erzeugerpreise gegenüber der sowjetischen Zeit nicht den bezweckten Anreiz zu höheren Ablieferungen. Der Konsum konnte bei der knappen Rationierung der Lebensmittel durch die Preisdifferenzierung innerhalb der Ernährungswirtschaft nur wenig beeinflußt werden.

Das Preissystem hat sich trotzdem bei der Finanzierung der landwirtschaftlichen Aufgaben bewährt. Durch die Beibehaltung der niedrigen Erzeugerpreise (a) und der Sagotspanne (b und c) war den LBG eine wirkungsvolle Finanzierungsquelle erschlossen. Der Einfluß auf die Betriebe und ihre Erzeugung war gesichert. Die LBGU erhob allerdings noch eine Hektarumlage von allen landwirtschaftlichen Betrieben. Sie fürchtete, daß ihre Einnahmen aus der Sagotspanne nicht ausreichen würden. Das widersprach dem Preissystem. Die landwirtschaftlichen Betriebe erhielten durch die Erzeugerpreise ohnehin nur einen Teil der aufzuwendenden Produktionskosten. Gerade die LBG sollte den fehlenden Rest aus ihren Einnahmen zuschießen. Nun schmälerte sie aber mit der Hektarumlage die Betriebseinnahmen, die sie selbst im nächsten Augenblick wieder bezuschussen mußte. Sie hätte sich unbedingt auf ihre Einnahmen aus der Sagotspanne beschränken müssen. Wären diese Mittel zu knapp gewesen und hätten andererseits die Betriebe eine Belastung mit der Geldumlage vertragen, so hätten die Erzeugerpreise herabgesetzt und dadurch die Sagotspanne automatisch erhöht werden müssen.

Der Versuch der LBG von den Betrieben Hektarumlagen zu erheben, führte zu dem verständlichen Bestreben der Steuerbehörden, nunmehr auch ihrerseits Steuerquellen unmittelbar bei den Betrieben zu erschließen. Die Chefgruppe La hatte der Einfachheit halber das Steuersystem mit dem Preissystem koppeln wollen. Sie hatte dabei die Auffassung vertreten, daß bei den primitiven Wirtschaftsverhältnissen des Ostens das einfachste Steuersystem gegenüber der Bevölkerung am wirksamsten sein würde. Es sollte die landwirtschaftlichen Dienststellen außerdem am wenigsten von ihrer Hauptaufgabe ablenken, Truppe und Heimat mit Nahrung zu versorgen. Der Chefgruppenleiter hatte daher 1941 mit dem Staatssekretär im Reichsfinanzministerium vereinbart, daß die Landwirtschaft nur eine einzige, allerdings hohe Steuer zahlen solle: die Umsatzsteuer von 15% des Ortsbeschaffungspreises (Sagotabgabepreises, vgl. b und c)[125]. Auf der Tagung der Sachbearbeiter für Finanzwesen beim Wi Stab Ost im Dezember 1941 wurde dann auch anerkannt, daß von der Landwirtschaft keine anderen Steuern erhoben werden sollten. Später wurden aber eine ganze Reihe von neuen Steuern eingeführt: Im Zivilverwaltungsgebiet der Ukraine die sogenannte Einkommensteuer der Kolchose von 6% der Bruttoeinnahmen, im Operationsgebiet die Grundsteuer. Letztere wurde eingeführt in Form einer Umsatzsteuer von 6% der Bruttoeinnahmen, in Form von festen Hektarsätzen, bisweilen auch als Abgabe der Gemeinden und Rayons, zu deren Erhebung diese generell ermächtigt waren.

Im Zivilverwaltungsgebiet der Ukraine waren ferner Zwangsversicherungsbeiträge der landwirtschaftlichen Betriebe eingeführt. Mindestens zur Hälfte wurden diese dazu verwandt, dem Gebietshaushalt Steuereinnahmen zu verschaffen und die nichtlandwirtschaftlichen Zweige des Versicherungsgeschäftes zu stützen. Zu diesen Steuern kamen eine 10%ige Steuer vom Umsatz der Be- und Verarbeitungsbetriebe. Von der im Operationsgebiet bereits eingeführten Gewerbesteuer waren die ernährungswirtschaftlichen Betriebe für das Kalenderjahr 1943 noch ausgenommen. Auf diese Weise waren (entgegen der ursprünglichen Absicht aller Dienststellen) nach und nach verschiedene neue Steuern eingeführt worden. Dagegen war kein geeigneter Ansatzpunkt gefunden worden zur Besteuerung der Einkommensbildung aus Schwarzhandel oder aus sonstigen Geschäften außerhalb des offiziellen Preissystems. Trotz seiner verhältnismäßigen Kompliziertheit war das Steuersystem also lückenhaft[126].

---

[125]) Siehe Vermerk über die Besprechung über Schleusengewinne und Steuererhebung beim Wi Stab Ost am 24. 11. 1941, BA-MA, RW 31/296 und Protokoll der Besprechung zwischen Staatssekretär Reinhardt vom Reichsfinanzministerium und Ministerialdirektor Riecke über die Gestaltung der Getreidepreise in den besetzten Ostgebieten am 5. 12. 1941, BA-MA, RW 31/294.

[126]) Das Scheitern der Erwartung großer Einnahmen im Osten veranlaßte den Reichsfinanzminister am 4. 9. 1942 zu einer mahnenden Denkschrift. Er sah die Ursache für das finanzpolitische Fiasko vor allem bei dem „Kreis beutehungriger Interessenten" der Ostgesellschaften und wies darauf hin, daß zur sowjetischen Zeit finanziell weit mehr aus dem jetzt von Deutschland besetzten Gebiet herausgeholt worden sei; die Chefgruppe La widersprach damals vehement diesen Vorwürfen (Schriftwechsel dazu, BA-MA, RW

Im Ostland zeigte sich der Vorzug einer einfachen Abgabenordnung. In den drei baltischen Generalbezirken gab es nur 2 Steuern für Bauern: Die Grundsteuer und die Personen-(Bürger-)steuer. In der praktischen Verwaltungsarbeit der La-Dienststellen hat sich das sehr bemerkbar gemacht. Im Ostland ist nach der grundsätzlichen Regelung der Steuerfrage nicht mehr ein einziger Fall an die Zentralinstanz gelangt. Im Operationsgebiet und im Zivilverwaltungsgebiet der Ukraine mußten sich die La-Dienststellen bis zur Zentralinstanz hinaus fortwährend mit Steuerfragen befassen. Der Vorteil des verhältnismäßig komplizierten Preissystems, das eine weitgehende Vereinfachung der Besteuerung ermöglicht hätte, war also z.T. wieder verloren gegangen.

Das Preisgefälle zwischen dem Reich und den besetzten Ostgebieten

Der Unterschied zwischen dem deutschen und dem russischen Preisstand sicherte dem Reich die sogenannten Schleusengewinne. Sie betrugen aus dem landwirtschaftlichen Warenverkehr:

1941	9,4 Millionen RM
1942	218,6 Millionen RM
1943	16,0 Millionen RM
	244,0 Millionen RM.

Der starke Abfall der Schleusengewinne im Jahre 1943 erklärt sich aus der geringen Wareneinfuhr infolge Gebietsverlusten. Insbesondere aber daraus, daß seit 1943 keine Schleusengewinne aus Wehrmachtslieferungen mehr anfielen.

Die Angelegenheit hatte eine Kehrseite. Das Reich versorgte die landwirtschaftlichen Betriebe in den besetzten Ostgebieten in erheblichem Maße mit Produktionsgütern und Betriebsmitteln aller Art (Maschinen, Geräten einschl. Ersatzteilen, Zuchtvieh, Mitteln der Schädlingsbekämpfung usw.). Diese Erzeugungsmittel mußten über das bestehende Preisgefälle herabgeschleust, d.h. auf den russischen Preisstand verbilligt werden. Nach der Geschäftsanweisung Nr. 6 des V.P. an die ZO vom 21. 3. 1942[127]) geschah das aus Reichsmitteln nach der Weizenrelation. Da die Weizenpreise im Osten durchschnittlich 17% der Reichspreise betrugen, wurden die aus dem Reich gelieferten Produktionsmittel auf rd. 17% der Reichs-

31/296), setzte sich dann aber mit einer eigenen Denkschrift vom 10. 7. 1943 selbst — wenn auch vergeblich — für eine Änderung des Steuersystems ein. Eine grundlegende Änderung wurde für notwendig gehalten, weil die wirtschaftliche Entwicklung durch die Ausdehnung des Schwarzmarktes und die Aufblähung der Kaufkraft völlig unerwartete Wege ging. Bei einer Besprechung der Ressorts sowie der Parteikanzlei setzte sich die Finanzverwaltung durch, die eine Änderung ablehnte und die Ursache für die Fehlentwicklung in der Landwirtschaftspolitik sehen wollte; s. Aufzeichnung über die Besprechung am 10. 8. 1943, BA-MA, RW 31/257.

[127]) Geschäftsanweisung Nr. 6 für die Zentralhandelsgesellschaft Ost vom 21. 3. 1942, abgedr. in Grüne Mappe, T.II (2. Aufl.), vom August 1942, S. 187 f.; BA-MA, RW 31/131. Bei einer Besprechung der verantwortlichen Stellen am 18. 3. 1942 war man sich darüber einig, daß eine Erhöhung der Erzeugerpreise bis zur Höhe „echter" Preise anzustreben sei; s. V.P. 5267/6/3, Protokoll der Sitzung am 18. 3. 1942, BA-MA, RW 31/296.

preise verbilligt. Hierzu wurden zugunsten der Land- und Ernährungswirtschaft aufgewandt:

im Jahre 1941		(Abschleusungen fanden noch nicht statt)
im Jahre 1942	88,7 Millionen RM	
im Jahre 1943	163,1 Millionen RM	
Insgesamt bis Ende 1943	251,9 Millionen RM	

Die Hoffnung, aus dem Preisgefälle Einnahmen für das Reich zu erzielen, war also in der Aufbauzeit der Landwirtschaft nicht zu erreichen. Im Jahre 1943 hatte sich das Verhältnis zwischen den erzielten Schleusengewinnen und den benötigten Abschleusungsmitteln so ungünstig entwickelt, daß vom 1. 1. 44 ab die Produktionsgüter nicht mehr auf den Preisstand der landwirtschaftlichen Erzeugerpreise (17% der Reichspreise), sondern auf den allgemeinen russischen Preisstand von 45% der Reichspreise verbilligt werden sollten. Bei der Kaufkraft der Landbevölkerung erschien die darin liegende Verteuerung der Produktionsmittel vertretbar. Bei dem unglaublich hohen Preisstand gewerblicher Erzeugnisse auf den freien Märkten war es auf den ersten Blick überhaupt verwunderlich, daß die Lieferung wertvoller Produktionsgüter nicht ganz anders dazu ausgenutzt wurde, die Kaufkraft abzuschöpfen oder besondere Leistungen zu prämieren. Der Grund lag in dem noch nicht recht ausgewogenen Nebeneinanderbestehen von Staat-, Gemein- und Privatwirtschaften im Ostraum. Die Staatsgüter waren auf Einnahmen zu offiziellen Preisen angewiesen und arbeiteten mit Verlusten. Dasselbe galt bis zu einem gewissen Grade noch für die Gemeinwirtschaften. Dagegen war die Kaufkraft der Bauern infolge ihren nur schwer kontrollierbaren Verkäufen von Hoflanderzeugnissen ausgesprochen aufgebläht. Bei der Verteilung der Produktionsgüter entsprechende Unterschiede zu machen und sie dem jeweilig erzielbaren Höchstpreis anzupassen, widersprach dem deutschen Gerechtigkeitsempfinden. Auch fürchtete man, Korruptionsgefahren heraufzubeschwören.

Agrarpropaganda

Die politische Propaganda im Osten setzte gleich zu Beginn des Feldzuges ein. Agrarpropaganda wurde anfangs nur sehr begrenzt betrieben, man beschränkte sich auf die Plakatierung der Anordnungen und Erlasse. Bald stellte sich heraus, daß die Erlasse an die Bevölkerung herangetragen und ihr verständlich gemacht werden mußten, daß Aufklärung und Unterrichtung notwendig war, um Erzeugung und Ablieferung zu steigern. Nach Errichtung besonderer Propagandastellen bei den Chefgruppen La schufen diese in enger Zusammenarbeit mit den Propaganda-Abteilungen und Propaganda-Kompanien ab Februar 1942 die arbeitsmäßigen Voraussetzungen. Die Aufgaben dieser Stellen waren:

- Unterrichtung der La-Führer durch Vorträge, Lehrgänge und eigene Fachzeitschriften, die zugleich ein Bindeglied zur Heimat waren.
- Propaganda und Aufklärung für die Agronomen und die Bevölkerung.

- Unterrichtung der Heimat und der Truppe.
- Propaganda und Aufklärung für das Ausland.
- Bekämpfung der Feindpropaganda und Mitarbeit bei der Propaganda in den Feind.

Zur Lösung dieser Aufgaben wurden eingesetzt:

- Etwa 80 einheimische Zeitungen, Zeitschriften, Korrespondenzen, Handzettel (agrarpolitische, agrartechnische und ernährungswirtschaftliche Glossen, Aufsätze, Bildberichte usw. für die einheimische, reichsdeutsche und ausländische Presse; Pressekonferenzen; Pressefahrten).
- Film, Bild in Zusammenarbeit mit dem Reichsministerium für Volksaufklärung und Propaganda, mit dem Beauftragten für den Vierjahresplan, mit dem Reichsministerium für die besetzten Ostgebiete, Rundfunk.
- Plakate, Broschüren, Flugblätter, Kalender, die in enger Zusammenarbeit mit den zuständigen Stellen des Ostministeriums, des Propagandaministeriums und des OKW herausgegeben wurden (vgl. Anl. 35).
- Jährliche Herausgabe des landwirtschaftlichen Kalenders von Mentzel und Lengerke-Ostausgabe im Verlag Parey. Ferner erschien das „Merkbuch für Landwirtschaftsführer". Fertig durchgearbeitete Bildbroschüren wurdem dem Propagandaministerium zugeleitet, das sie herausgab. Von Wi In Süd und RKU wurden herausgegeben die Borschüre: „Was weißt Du von der Agrarordnung?", der Kalender „Land der schwarzen Erde" und Heft 1 der Schriftenreihe des Acker- und Pflanzenbaues unter dem Titel „Schnellberater für Schädlingsbekämpfung in der Ukraine". Wi In Mitte brachte 1942, 1943 und für 1944 einen Bauernkalender heraus. Ferner in russisch die Broschüre „Gute Düngung – höhere Ernten" und „Bessere Bodenbearbeitung"; in deutsch die Zusammenfassung von Vorträgen: „Die Landwirtschaft im mittleren besetzten Ostgebiet". Es erschienen folgende fachliche Mitteilungsblätter für Landwirtschaftsführer: „Der deutsche Landwirt in der Ukraine" für RKU und Wi In Süd. „Der Landwirtschaftsführer" für die Mitte und für Nord. Für Einheimische wurden herausgegeben: „Ukrainsky Chliborob" für RKU und Süd und „Kolokol" für Mitte.
- Redner-Apparat (Deutsche und Einheimische).
- Ausstellungen.
- Feiergestaltung (Landübergabe und Staatsfeiern).
- Deutschlandreisen von Agronomen und Bauern.

Besonders wichtige Themen waren: Agrarordnung, Hofland, Erzeugung, Kuhanspannung, Erfassung, Wagenbau, Kriegsabgabe, Prämiensystem, Reprivatisierung und Arbeit des La-Führers. Die Agrarfrage war für den Ostraum von entscheidender Bedeutung, daher war die Agrarordnung für die Gesamtpropaganda das wichtigste Thema.

Menscheneinsatz und Organisation der Verwaltung

Bereitstellung des deutschen Fachpersonals

Aufgabe

In den ersten Apriltagen 1941 erhielt die spätere Chefgruppe La den Auftrag, die Vorarbeiten zur Bereitstellung ausreichender La-Fachkräfte für die Landesausnutzung bei einem möglichen Zusammenstoß mit Rußland zu beginnen. Zunächst wurde aufgrund der Schwerpunkte festgelegt, in welchen Gebieten mit ertragreicher Landbewirtschaftung (insbesondere Überschüssen an Getreide und Ölsaaten) zu rechnen sei. Ein Überschlag über die dazu notwendigen Fachkräfte ergab bei einem Vormarsch bis zum Don und Kaukasus einen Gesamtbedarf von rd. 15 000 Fachkräften. Von diesen sollten sofort 3000, innerhalb eines Jahres weitere 7000, der Rest bei auftretenden Bedarf zur Verfügung gestellt werden.

Absichten

Der Einsatz dieser Kräfte sollte schwerpunktmäßig erfolgen. Für aussichtsreiche Gebiete (Mittelukraine, Kubangebiet usw.) wurde die mehrfache Zahl an La-Führern, leitenden Beamten und Fahrzeugen vorgesehen wie in den klimatisch und anbaumäßig minderbegünstigten Gebieten (etwa des Mittelabschnitts).

Im Durchschnitt wurden für jedes Wi Kdo 3 Beamte des höheren Dienstes (Leiter, Erzeugung, Erfassung), einige Hilfskräfte für die Büroarbeit und 2 bis 3 Pkw's vorgesehen. Eine entsprechende Zahl (15 bis 500) La-Führer sollten zugeführt werden, Bezirks- und Betriebslandwirte im Verhältnis 1 : 5 : 10.

Bereitstellungsverfahren

Hier wurde eng mit dem Reichsnährstand zusammengearbeitet. Er erhielt vom Reichsernährungsminister die Anweisung, dem Arbeitsstab Oldenburg auf Anforderung geeignete Kräfte namhaft zu machen. Schwierigkeiten bereitete der absolute Zwang zur Geheimhaltung. Er führte dazu, daß zunächst vorwiegend Kräfte namhaft gemacht wurden, die für einen Einsatz in Jugoslawien und Griechenland besonders geeignet waren, für die russischen Verhältnisse aber meist nicht in Betracht kamen.

Der Reichsnährstand verteilte die Anforderungen auf die einzelnen Landesbauernschaften. Diese wurden jedoch nicht gleichmäßig herangezogen, sondern entsprechend der Eignung ihrer Bevölkerung für die vorgesehenen Aufgaben. Die Landesbauernschaften unterteilten ihr Gestellungssoll auf die Kreisbauernschaften, die je nach Größe und Eignung der Bevölkerung eine bestimmte Anzahl geeigneter Kräfte namhaft zu machen hatten.

Auswahl

Hierfür kamen nur Personen in Frage, die

- gerichtlich, polizeilich und parteiamtlich nicht vorbestraft waren und voraussichtlich die Eignung zum Offizier besaßen;
- den Jahrgängen 1913 und älter angehörten;
- in der Lage waren, einen Betrieb von mindestens 300 Viertelhektar einwandfrei und selbständig zu leiten;
- körperlich gesund waren;
- auf ihren Höfen entbehrt werden konnten.

Ein entsprechender Prozentsatz der genannten Kräfte mußte darüber hinaus die Fähigkeit besitzen, Betriebe von 300 bis 1000 Viertelhektar bzw. noch mehr einwandfrei zu leiten. Die zu benennenden Kräfte durften auch der Wehrmacht angehören, doch wurden die Angehörigen bestimmter Formationen von vornherein ausgenommen (insbesondere fliegendes Personal der Luftwaffe, schwimmendes der Kriegsmarine).

Die Meldungen der Kreisbauernführer gingen über die Landesbauernschaften und den Reichsbauernführer an den Arbeitsstab Oldenburg. Hier wurden die Meldungen gesichtet, die besonders qualifizierten Kräfte herausgesucht und auf die einzelnen Wi Kdos verteilt.

Einberufung

Die beabsichtigten sofortigen Einberufungen konnten nicht erfolgen, weil der dazu notwendige grundsätzliche Befehl an die Wehrersatz-Dienststellen zunächst nicht erlassen wurde. Auch war noch nicht geklärt, in welcher Form, zu welchen Dienststellen und in welchen Dienstrang die Einberufungen zu erfolgen hatten.

Der Arbeitsstab Oldenburg vertrat die Auffassung, daß die leitenden Kräfte als Kv-Beamte einzuberufen seien. Die La-Führer sollten keinen militärischen Dienstgrad erhalten, sondern nur durch feldgraue Uniform mit Hoheitsabzeichen und einem Ärmelstreifen „Landwirtschaftsführer" als Angehörige der Wehrmacht gekennzeichnet werden. Dieser Vorschlag wurde jedoch vom Wi Rü Amt abgelehnt, weil ungünstige Auswirkungen auf die Disziplin befürchtet wurden. Statt dessen wurde die Einberufung als „Sonderführer" befohlen. Mit Rücksicht auf die Notwendigkeit, dem La-Führer gegenüber der Truppe die nötige Autorität zu geben, wurde grundsätzlich die Einstufung als Sdf. (Z), für besonders qualifizierte Kräfte (Kreislandwirte) als Sdf. (K) angeordnet.

Die leitenden Kräfte, die in den Stäben der Wi In'en und Wi Kdos eingesetzt werden sollten, sowie das Büropersonal wurden als Kv-Beamte einberufen bzw. beliehen. Sie wurden zum größten Teil aus den ehrenamtlichen Bauernführern (Landes-, Kreisbauernführer, Landesobmänner), den Beamten des Reichsnährstandes und Reichsministerium für Ernährung und Landwirtschaft ausgewählt.

Die Einberufung bzw. Versetzung erfolgte zu 4 Heimat-Rü In'en, die sich für ihrer Aufgabe als sehr verschieden geeignet erwiesen.

Zwei Rü In'en machten wenigstens die nötigsten Vermerke über Einberufung und Inmarschsetzung. Eine hatte die gesamte Einberufung und Ausrüstung vorzüglich organisiert. Bei der letzten wurden weder Aufzeichnungen über das eingetroffene Personal noch über die ausgegebene Ausrüstung gemacht. Bei der gleichen Rü In wurde auch auf die Brauchbarkeit dieser Ausrüstung keinerlei Gewicht gelegt. Die Folge war eine mehrere Monate anhaltende Unsicherheit über die Zahl der eingetroffenen Kräfte und eine äußerst verschiedenartige, aber fast nirgends ausreichende Ausrüstung mit Waffen usw. Infolge der langen Laufzeit der Einberufungsbefehle (damals ca. 5 Wochen) trafen die beorderten kräfte erst kurz vor dem Einsatztermin ein. Eine auch nur oberflächliche Ausbildung mußte zunächst meist überhaupt unterbleiben. So gelangten damals eine große Anzahl ungedienter Leute ohne jede Anleitung über das Verhalten in Offiziersuniform und über den Umgang mit der Waffe zum Einsatz.

Vereinzelt waren auch Kräfte namhaft gemacht, die den Anforderungen weder persönlich noch fachlich entsprachen. Alle Einberufenen mußten daher fachlich und persönlich überprüft, notdürftig ausgebildet und überwiesen werden. Alle weiteren Einberufungen erfolgten daher zu *einer* Rü In, bei der durch Einsatz geeigneter Kräfte die Überprüfung und Unterweisung möglich gemacht wurde. Aus diesen Anfängen hat sich später die Wwi Ers Abt 5 entwickelt. Prüfungssystem, Ausbildung und Unterweisung wurden von ihr ständig verbessert. Trotz ständig abnehmender Güte der einberufenen Kräfte gelang es so, die Qualität des einzusetzenden Personals auf beachtlicher Höhe zu halten.

Organisation des Personalnachschubs

Nach dem ersten Einsatz von rd. 3000 La-Führern wurde mit dem Fortschreiten der Operationen dringlichst Nachschub angefordert. Jetzt bewährten sich die vorausschauenden Auflagen. Das von den Landesbauernschaften eingegangene Adressenmaterial war bereits in Vormerkkarteien verarbeitet worden, die neuen Einberufungen konnten daher ohne jeden Verzug erfolgen. Allerdings war schon eine beträchtliche Verengung der Einsatzmöglichkeiten eingetreten (Verbot der Einberufung von Offizieren, Herausnahme der Jahrgänge 1911 bis 1913). Der Bedarf konnte nicht rasch genug entdeckt werden. Die Einberufungsbefehle liefen lang und die Anschriften der Einzuberufenden wechselten häufig; für Ausrüstung, Impfung und Notausbildung war Zeit erforderlich. Namentlich die wiederholte, z.T. sogar rückwirkende Einschränkung des Personenkreises erwies sich für eine vorausschauende Planung als äußerst hinderlich.

Im einzelnen ergab sich für die Einberufungen folgendes Bild:

	Einberufungsanträge	Eingetroffene Kräfte
bis 7. 6. 1941	2 500	–
1. 7.	4 100	3 000
1. 8.	8 208	3 800
1. 9.	11 200	4 300
1. 10.	12 700	5 000
1. 11.	14 900	6 100
1. 12.	16 000	6 300
1. 4. 1942	17 200	7 900
1. 7.	17 800	9 700
1. 10.	19 000	11 300
1. 1. 1943	20 200	11 900
1. 4.	22 400	12 400

Das auffallende Mißverhältnis zwischen Anforderung und Erfüllung ist aus den oben dargestellten Umständen und deren Nichtabgabe der beorderten Leute seitens ihrer Truppenteile zu erklären.

Vom Frühjahr 1943 ab ergab sich aufgrund der erlassenen Befehle ein allmählicher Abbau der Zahl der eingesetzten La-Führer. Zahlen- wie qualitätsmäßig gleichwertiger Ersatz konnte beim Austausch der Jüngeren nicht sofort gestellt werden[128]). Während die Zahl der Einberufungsanträge bis 1. 8. 1943 auf 23 400 anstieg, sank die Zahl der eingesetzten Kräfte im Mai auf 11 200. Die an die Zivilverwaltung abgegebenen Kräfte sind bei allen Zahlenangaben eingerechnet. Außer den befohlenden Angaben an die Truppe (vom 10. 3. bis 31. 7. 1943 rd. 1500 Mann) erfolgten laufend notwendige sonstige Abgaben mit rd. 3500 Mann (wegen fachlicher oder persönlicher Nichteignung, Uk-Stellung, Krankheit, Verwendung oder Tod).

Vom 1. 9. 1943 an wurden laufend weitere Abgaben ohne Ersatzgestellung befohlen, so daß sich seit dem das Einsatzpersonal ständig verminderte. Am 31. 12. 1943 ergab sich folgendes Bild:

Bearbeitete Einberufungsvorschläge	66 000
beordert (militärisch)	23 827
ausgefallen durch Tod	399
durch Verwundung oder Krankheit	1 090
wegen Nichteignung	1 338
wegen Uk-Stellung	835
aus verschiedenen Gründen	828
ab an die kämpfende Truppe	2 289

[128]) Vor dieser Entwicklung hatte Landesbauernführer Körner in seinem Lagebericht vom 14. 9. 1942, BA-MA, RW 31/257, vergeblich gewarnt. Die durch die Einziehung von eingearbeiteten La-Führern erreichten Gewinne für die Truppe würden in keinem Verhältnis zu den Verlusten stehen, die in der Erzeugung für das Reich durch diese schematisch durchgeführten Rekrutierungen der Wehrmacht entstanden.

ab an die Zivilverwaltung	4 505
im Ostraum noch eingesetzt (militärisch)	5 400
im Ostraum noch eingesetzt (zivil)	4 450

Die restlichen Kräfte waren entweder nicht eingetroffen, an andere besetzte Gebiete abgegeben oder befanden sich noch bei der Ers.Abt.

Verwaltungsorganisation

Die La-Dienststellen

Die landwirtschaftliche Verwaltung hatte von allen Verwaltungszweigen des Wi Stabs Ost den größten Umfang. Entsprechend ihren Aufgaben mußte sie am weitesten verzweigt sein, um nach Möglichkeiten das letzte Dorf und das letzte Staatsgut im besetzten Ostraum zu erfassen.

Die Führung der gesamten La-Aufgaben lag bei der *Chefgruppe La des Wi Stabs Ost.* Bei der Weite des Raums und der Vielzahl der Probleme mußte sich die Chefgruppe von vornherein auf reine Führungsaufgaben beschränken. Demgemäß wurde die Zahl der bei ihr beschäftigten Fachkräfte auf ein Mindestmaß festgesetzt.

Bei den *Wi In'en* wurde die *Chefgruppe La* schon erheblich stärker besetzt, da hier zwar noch überwiegend Führungsaufgaben zu erledigen waren, daneben aber schon reine Verwaltungsaufgaben begannen. Je nach der Eigenart der Gebiete wurden hier bereits Spezialisten für die einzelnen Gebiete der Erzeugung und Erfassung eingesetzt. Die Chefgruppen La des Wi Stabs Ost und der Wi In'en Nord und Süd arbeiteten gleichzeitig in Personalunion mit den Abt. E. und L. des RMfdbO, der RKO und RKU. Dadurch war die einheitliche Lenkung der La-Aufgaben in den Operationsgebieten und dem Gebiet der Zivilverwaltung gesichert und der übergebietliche Ausgleich von Überschuß und Bedarf gewährleistet.

Bewährt hat sich auch, daß die Chefgruppe LA/Wi Stab Ost gleichzeitig auch die Aufgaben der Geschäftsgruppe Ernährung beim V.P. übernahm. Mitte 1943 gab der Reichsminister für Ernährung und Landwirtschaft der Geschäftsgruppe Ernährung den Auftrag, die gesamten Planungsarbeiten auf dem Gebiet der Erzeugung und Erfassung, sowie die Betreuung der La-Fachkräfte in den übrigen besetzten Gebieten zu übernehmen. Damit war auf dem La-Sektor eine Organisation geschaffen, die sämtliche La-Fragen für die gesamten besetzten Gebiete zusammenfaßte.

Der Schwerpunkt der La-Arbeiten lag jedoch bei den *Gruppen La der Wi Kdos.* Diese übernahmen die praktischen Aufgaben und waren für die Verwaltung der Gebiete verantwortlich. Je nach Größe des Raumes und seiner landwirtschaftlichen Bedeutung wurden in den Gebieten der Wi Kdos bis zu 600 La-Führer eingesetzt.

Die räumlichen Wirkungsbereiche der Wi Kdos wurden der vorgefundenen sowjetischen Verwaltungseinteilung angepaßt. Ein bis zwei Oblaste wurden einem Wi Kdo zugeteilt. Diese Regelung war notwendig, um den einheimischen Apparat reibungslos zu übernehmen und das vorgefundene Material der Oblastverwaltung zweckmäßig auszunutzen. Solange 1 Wi Kdo im Vormarsch war, galten die militärisch festgelegten Armeegrenzen. Sobald es jedoch bodenständig wurde, wurden die Grenzen den Oblastgrenzen angepaßt.

Die militärische Organisation des Wi Stabs Ost sah unter den Wi Kdos keine nachgeordneten Dienststellen vor. Für die La-Verwaltung wurde es jedoch notwendig, zur Steuerung und Beaufsichtigung der einheimischen Landwirtschaft weitere Dienststellen zu schaffen. Zur Führung eines oder mehrerer Rayons wurden daher *Kreislandwirte* eingesetzt, die *Gebietslandwirten* unterstellt wurden. Zu einem Gebiet gehörten je nach Größe und Bedeutung etwa 9 bis 15 Rayons. Unter den Kreislandwirten arbeiteten Bezirks- und Betriebslandwirte, die unmittelbar zur Führung oder Betreuung der La-Betriebe eingesetzt waren.

Neben ihren eigentlichen wirtschaftlichen Aufgaben wurden den Gebiets- und Kreislandwirten gemäß Befehl OKH/Gen Qu vom 22. 9. 1941 auch noch andere Verwaltungsangelegenheiten übertragen (z.B. Einsetzung und Beaufsichtigung der Bürgermeister in ländlichen Bezirken). Insoweit erhielten sie ihre fachlichen Weisungen von den Feldkommandanturen.

Zu den verschiedenen militärischen Dienststellen, den Sich.Div., den FK und OK wurden La-Führer als VO abgestellt. Sie hatten die Forderung dieser Dienststellen auf ernährungswirtschaftlichem Gebiet zu vermitteln oder auch unmittelbar zu bearbeiten. Insbesondere in den Armeegebieten wurde Wert darauf gelegt, daß ausreichend Verbindung zu den Korps und Divisionen bestand, um auf diese Weise das Selbstwirtschaften der Truppe nach Möglichkeit zu unterbinden. Während des Vormarsches arbeitete in den WEK's eine La-Gruppe. Mit der Truppe vorgehend erkundete sie den Stand der Ernte, die Bestellung, den Saatenstand, die Arbeiter- und Betriebsverhältnisse, die Zerstörungen an den Produktionsmitteln, insbesondere den MTS. Aufgefundene Vorräte hatte sie zu sichern und bewachen zu lassen.

Ganz besonders haben sich die La-Te-Züge bewährt. Sie wurden durch den Wi-Kommandeur unmittelbar nach Besetzung des Landes in die ernährungswirtschaftlichen Betriebe eingesetzt, um diese ingangzusetzen oder zu erhalten. Für die Unterhaltung der Mühlen, Bäckereien, Schlachthöfe, Konservenfabriken usw. haben sie Ausgezeichnetes geleistet. Auch bei den Absatzbewegungen haben sie sich bei der Versorgung der Truppe aus dem Lande hervorragend bewährt.

Bereits in der militärischen Organisation des Wi Stabs Ost wurde der Aufbau der Verwaltung so durchgeführt, daß er später ohne irgendwelche Abänderungen auf die Zivilverwaltung überführt werden konnte. Dadurch war die Stetigkeit der Verwaltung insbesondere auch zum Nutzen der einheimischen Bevölkerung gewährleistet.

Sobald die Organisation bodenständig geworden war, mußten die La-Führer nicht allein ihre fachlichen Aufgaben durchführen, sondern darüber hinaus auch Verwaltungsaufgaben allgemeiner Art übernehmen. Dazu bedurften sie einer entsprechenden Autorität. Wenn sie gegenüber der einheimischen Bevölkerung einmal durchgreifen mußten, so fehlte hierzu zunächst die Rechtsgrundlage. Nur die militärischen Dienststellen (Orts- oder Feldkommandanturen) konnten Strafen verhängen. Da diese weit entfernt waren, verging oft zu viel Zeit, um Strafen noch wirksam werden zu lassen. Durch Befehl vom 4. 2. 1943 ermächtigte OKH/Gen Qu die La-Führer, an deren Einsatzort sich keine OK oder FK befand, Ordnungsstrafen zu verhängen. Und zwar gegen Personen, deren Arbeit ihrer Aufsicht unterlag oder die Handlungen begingen, die geeignet waren, die Durchführung ihrer fachlichen

Aufgaben unmittelbar zu beeinträchtigen. Als Strafe durften sie die Einziehung von Geld- und Rezitatleistungen und sonstigen Bezügen bis zur Höhe von 30 Tagessätzen oder Zwangsarbeit bis zur Dauer von 6 Wochen verhängen.

Der einheimische Agronomenapparat

Bei der Größe des Raumes und der geringen Anzahl deutscher La-Fachkräfte mußte auf den einheimischen Verwaltungsapparat zurückgegriffen werden. Die Lenkung der Erzeugung, die Erfassung der La-Erzeugnisse, die Führung ernährungswirtschaftlicher Betriebe war nur durch die Mitarbeit der einheimischen Bevölkerung gesichert. Wenn hier auch die führenden Fachkräfte von den Sowjets mitgenommen worden waren, so war doch der einheimische Verwaltungsapparat vorhanden und schlagkräftig genug, um die vom deutschen Standpunkt erforderlichen Aufgaben zu erfüllen.

Voraussetzung hierfür war allerdings, daß der landwirtschaftliche Teil der einheimischen Verwaltung straff geführt und nach einheitlichen Richtlinien gelenkt wurde. Zunächst bestand die Absicht, über den Rayon-Chef den Agronomenapparat einzubauen. Hier bestand jedoch die Gefahr politischer Einflußnahme, die unbedingt zu vermeiden war. Im Einvernehmen mit der Militärverwaltung wurde daher der Agronomenapparat aus der Verwaltung herausgelöst und fachlich und disziplinär der La-Verwaltung unterstellt. So entstanden die einheimischen Arbeitsbüros der Wi Kdos, der Gebiets- und Kreislandwirte. Diese Organisationsform hat sich im Lauf der Zeit als zweckmäßig herausgestellt. Über sie wurden die Weisungen der deutschen Verwaltung schnell und zuverlässig bis in den letzten Betrieb durchgegeben und durchgeführt. Weniger tüchtigen La-Führern gelang es so, sich schnell einen Überblick über die Verhältnisse und Produktionsmöglichkeiten ihres Gebiets zu verschaffen und danach ihre Anordnungen zu treffen. Dort sicherte der Agronomenapparat den Fortgang der La-Arbeiten und die den örtlichen Bedingungen angepaßte Ausführung der zentral gegebenen Weisungen. Die Agronomen machten bisweilen auch auf Grund eigener Gedanken brauchbare Vorschläge zur folgerichtigen Weiterentwicklung deutscher Maßnahmen. Übereinstimmende Vorschläge von mehreren Stellen ließen erkennen, daß die Agronomen untereinander in einem Gedankenaustausch und Nachrichtenverkehr standen, dessen Art im einzelnen nicht bekannt geworden ist. Ein in eigener Verantwortung zu erledigender fester Aufgabenkreis fehlte den Agronomen, im Grunde hatten sie nur die Aufträge der deutschen Führungsstellen entgegenzunehmen. Mit der Zeit erlahmte daher ihre Arbeitsfreudigkeit teilweise. Dazu trug auch eine ungeschickte Menschenbehandlung bei, zu der insbesondere die allgemein verbreitete Neigung zu rechnen war, alle Einheimischen bis zum Wissenschaftler hinauf mit „Du" anzureden.

Bei der Räumung der Gebiete wurden zahlreiche Kräfte des Agronomenapparates zurückgeführt, in Deutschland untergebracht und für einen Wiedereinsatz bereitgestellt. Insbesondere zahlreiche Wissenschaftler, Techniker und Spezialisten aller Art, über die Sowjet-Rußland in hervorragendem Maße verfügte. Soweit sie nicht mit den Sowjets zurückgegangen waren, haben sich diese Kräfte bereitwillig der deutschen Arbeit zur Verfügung gestellt.

Landbewirtschaftungsgesellschaften (LBG)

Zur Selbstbewirtschaftung großer Landflächen und zur einheitlichen Lenkung aller Erzeugerbetriebe war der Aufbau einer besonderen Organisation erforderlich. Auf Anordnung des V.P. vom 17. 9. 1941 wurden im RKO und RKU LBG als deutsche Gesellschaften m.b.H. gegründet. Sie übernahmen auf Anordnung des Wi Stabs Ost zugleich Aufgaben in den vorgelagerten Operationsgebieten der Wi In'en Nord und Süd. Für die Wi In Mitte wurde eine LBG im Rahmen der La-Verwaltung gebildet.

Die LBG übten in 3 Geschäftszweigen eine unmittelbare eigene Verwaltung aus: Sie bewirtschafteten die Staatsgüter, verwalteten und betrieben die MTS und verwalteten und unterhielten die Saatgutstationen. Die nicht öffentlich bewirtschafteten La-Betriebe wurden von ihnen betreut. Die früheren Kolchosen bedurften auch nach einer Umwandlung in Gemeinwirtschaften und Landbaugenossenschaften einer Oberleitung. Ihr Wiederaufbau nach den sowjetischen Zerstörungen und ihre Versorgung mit Produktionsmitteln aller Art war ohne die zentrale Mitwirkung der deutschen Verwaltung undenkbar. Die LBG beantragten die Bereitstellung von Erzeugungsmitteln aus dem Bereich beim Wi Stab Ost. Hier lag die Planung für die gesamten besetzten Ostgebiete, während die Unterverteilung und der innergebietliche Ausgleich weitgehend den LBG und ihren Außenstellen überlassen blieben. Umgekehrt mußten die LBG die Produktion der La-Betriebe auf die kriegswirtschaftlichen Erfordernisse abstimmen, diese hatten daher ihre Betriebsorganisation und ihre Anbaupläne nach den Anweisungen der LBG einzurichten.

Die LBG gliederten sich in Bezirksstellen, Gebiets- und Kreisstellen. Da sie wichtige öffentliche Aufgaben zu erfüllen hatten, war eine weitgehende Personal-Union zwischen ihren leitenden Angestellten und den Trägern der Hoheitsverwaltung angeordnet. Die Organisation der LBG setzte sich auch weiter nach unten fort, damit deutsche Fachkräfte aus möglichster Nähe den La-Betrieben beratend und beaufsichtigend zur Seite stehen und für die Durchführung des staatlichen Produktionsprogramms sorgen konnten. Zu diesem Zweck unterhielten die LBG deutsche Stützpunkte, je 8 bis 10 Dörfer wurden unter Führung eines deutschen Stützpunktleiters zusammengefaßt. Dieser führte seine Aufgaben mit Hilfe eines Rentamtes und einer landwirtschaftlichen Hilfsverwaltung aus einheimischen Agronomen und Buchhaltern durch. Die Bildung der Stützpunkte wurde in den wichtigsten Gebieten während des Jahres 1942 abgeschlossen, ihre Einrichtung trug zu den Erzeugungsleistungen der Ukraine entscheidend bei.

Zentralhandelsgesellschaft Ost (ZO)

Den La-Dienststellen oblag die wirtschaftspolitische Führung auf ihrem Arbeitsbereich. Für eine kaufmännische Tätigkeit waren sie nicht geeignet, wenn sie auch vorübergehend solche Aufgaben solange übernehmen mußten, bis in ihren Räumen die notwendigen Organisationen geschaffen und eingewiesen waren. Sicherzustellen war, daß die La-Produkte in den Ostgebieten zentral erfaßt wurden und entsprechend den Erfordernissen der deutschen Ernährungslage zum Einsatz kamen. Aufgrund des Erlasses des Reichsmarschalls vom 27. 7. 1941 wurde hierfür die „Zentralhandelsgesellschaft Ost für landwirtschaftlichen Absatz und Bedarf m.b.H." (ZO) gegründet[129]).

Bei der vorgefundenen Form der Staatswirtschaft erschien es ohnehin ratsam, die kriegsmäßig vorteilhafte Konzentration der Ernährungswirtschaft in einer Hand fortbestehen zu lassen. Aber auch aus anderen Gründen war es bis zuletzt weder auf dem Gebiet der Erfassung und Verteilung noch auf dem Gebiet der ernährungswirtschaftlichen Industrie möglich, deutsche Firmen im russischen Raum auf eigenes Risiko tätig werden zu lassen. Die Unsicherheiten und Schwankungen in allen Grundlagen, die zu einer rentablen Betriebsführung gehörten, waren viel zu groß (z.B. Versorgung mit Rohstoffen, Arbeitskräften und Betriebsmitteln, Preis- und Lohngestaltung). Unter diesen Voraussetzungen erwies sich die Einrichtung der ZO als durchaus zweckmäßig, wie die späteren Erfahrungen bestätigten.

Die ZO hatte in erster Linie die landwirtschaftlichen Erzeugnisse zu erfassen und zu verteilen. Darüber hinaus wurde sie später auch mit der Führung und Verwaltung der ernährungswirtschaftlichen Be- und Verarbeitungsbetriebe beauftragt. Daneben sollte sie die Versorgung der Landwirtschaft mit Produktions- und Gebrauchsgütern durchführen. Jedenfalls solange, als die Einschaltung selbständiger Handelsunternehmungen ohne Gefährdung der Nahrungsmittelablieferung noch nicht möglich war. Auf ihren Arbeitsgebieten war die ZO allein handelsberechtigt (Monopolgesellschaft). Sie übernahm die ehemaligen sowjetischen Bereitstellungsorganistionen (Sagots) und die ehemaligen Zusammenschlüsse der Be- und Verarbeitungsbetriebe (Truste). Jedes Gebietskontor der Sagots (für Getreide, Vieh usw.) erhielt einen deutschen Leiter, der zugleich Abteilungsleiter der Geschäftsstelle der ZO auf dem betreffenden Fachgebiet war. Die Sammelpunkte, die Ortsstellungen der Sagotorganisationen, waren in der Regel mit einheimischen Kräften besetzt.

In ähnlicher Weise übernahm die ZO die sowjetischen Versorgungsorganisationen der Landbevölkerung. Die größeren Be- und Verarbeitungsbetriebe wurden von der ZO mit deutschen Firmen (Einsatzfirmen) besetzt. Diese mußten sich verpflichten, Personal, Maschinen und Material zur Wiederherstellung bzw. zum Ausbau der Betriebe gegen Entgelt aus ihren Heimatbetrieben mitzubringen. Die Firmen erhielten außer dem Ersatz ihrer Unkosten eine feste Einsatzvergütung. Das System des Firmeneinsatzes in dieser Weise hat sich gut bewährt.

Der Wi Stab Ost stellte die erforderlichen Eisen- und anderen Kontingente bereit und leistete bei den zuständigen Reichsbehörden entsprechende Hilfestellung. So konnte die ZO ihre Aufgaben des Personal- und Materialnachschubs gegenüber den Erfassungs- und Verteilungseinrichtungen, den Be- und Verarbeitungsbetrieben und den für den landwirtschaftlichen Bedarf bestehenden Versorgungseinrichtungen erfüllen.

Die Führung der ZO lag in den Händen einer Berliner Zentrale. Am Sitz jeder Wi In wurden Hauptgeschäftsstellen eingerichtet, in jedem Oblast Geschäftsstellen. Die ZO unterhielt Verbindungsstellen zu den Wi Kdos, an deren Sitz sich keine Geschäftsstelle befand. Die Wi In'en konnten den Hauptgeschäftsstellen Weisungen erteilen. Dadurch war gewährleistet, daß die La-Dienststellen über die ZO die

---

[129]) Anordnung des Reichsmarschalls über die Wirtschaft in den neu besetzten Ostgebieten vom 27. 7. 1941, abgedr. in Braune Mappe, Teil A, vom April 1942, Anlage 7, S. 56–58, BA-MA, RW 31/134.

geschäftliche Durchführung ihrer ernährungswirtschaftlichen Anordnungen erreichen konnten. Die ZO mit ihrem umfangreichen Apparat stellte also die Geschäftsabteilung der Wi-Dienststellen dar. Sie wurde nicht als endgültige Wirtschaftsform betrachtet. Die Auflockerung der Staatswirtschaft durch Einschalten von Privatunternehmen und die Dezentralisierung konnten aber nur allmählich und schrittweise in Angriff genommen werden.

In der Ukraine wurden 1943 12 ernährungswirtschaftliche Gesellschaften m.b.H. gegründet. Sie übernahmen die Aufgaben der ZO auf den einzelnen Fachgebieten der Erfassung und Be- und Verarbeitung (Getreide-, Viehwirtschaft usw.). Die Notwendigkeit der Ausgliederung aus der ZO und der Dezentralisierung war insbesondere auf dem Gebiet der ernährungswirtschaftlichen Industrie gegeben[130]. In der Erfassungsarbeit hätte man die ZO beispielsweise auf dem Getreidesektor weiterarbeiten lassen können, doch standen dem starke Selbständigkeitsbestrebungen der maßgebenden deutschen Dienststellen in der Ukraine entgegen. Die ZO faßte in ihren Außen- und Nebenstellen draußen in den Gebieten die vielfältigen kaufmännischen, personellen und organisatorischen Interessen der verschiedenen wirtschaftlichen Gesellschaften zusammen. Statt vieler einzelner kaufmännischer Stellen war nur eine einzige für die kaufmännische Durchführung der Anweisungen und den Ausgleich der mannigfaltigen wirtschaftlichen Interessen verantwortlich.

Im Ostland wurden im Zuge der Reprivatisierung die davon betroffenen Betriebe in ernährungswirtschaftlichen Marktverbänden nach dem Muster des Reichs zusammengeschlossen. Personal- und Materialnachschub, Lieferung ins Reich und Abrechnung mit der Wehrmacht blieben wie bisher unmittelbare Aufgabe der ZO.

In der Ernährungsindustrie und in den Erfassungsorganisationen der ZO und ihren Gesellschaften waren am 30. 6. 1943 beschäftigt:

3 700 Deutsche bei der ZO
800 bei Einsatzfirmen
520 000 Einheimische.

Das Verhältnis der reichsdeutschen Fachkräfte zu den einheimischen Arbeitskräften betrug 1 : 115.

Die kaufmännische Leistung der ZO wird durch die folgenden Umsatzziffern veranschaulicht. Aus den besetzten Ostgebieten wurden über die ZO ins Reich landwirtschaftliche Produkte im Werte von

43 Millionen RM im Jahre 1941
325 Millionen RM im Jahre 1942
rd. 400 Millionen RM im Jahre 1943

rd. 700 Millionen RM insgesamt eingeführt.

130) In seinem Lagebericht vom 14. 9. 1942, BA-MA, RW 31/257, hatte Landesbauernführer Körner heftig über die mangelnde Bereitschaft deutscher Firmen, im Besatzungsgebiet tätig zu werden, geklagt und die Ursache dafür in der Scheu gesehen, in einer großen Monopolgesellschaft wie der ZO unterzugehen, bzw. deren Angestellter zu werden. Seine Schlußfolgerung: „Es ist jedoch kein Ruhmesblatt für die deutschen Firmen der Ernährungswirtschaft, wenn sie sich dieses fruchtbare Gebiet mit den ungeheuren Möglichkeiten der Entwicklung entgehen lassen." In seinem „Aufbauplan" vom 18. 6. 1944 forderte er schließlich für den Fall einer Rückeroberung der Ukraine eine völlig selbständige Organisation, losgelöst von der ZO. Zu diesen Meinungsdifferenzen s. Vermerk betr. Neuplanung Ukraine vom 18. 7. 1944, BA-MA, RW 31/301.

An die Wehrmacht lieferte die ZO La-Erzeugnisse im Werte von:

	125 Millionen RM im Jahre 1941
	760 Millionen RM im Jahre 1942
rd.	980 Millionen RM im Jahre 1943
rd.	1 865 Millionen RM insgesamt.

Andererseits hat die ZO die Land- und Ernährungswirtschaft der besetzten Ostgebiete mit Betriebsanlagen und Versorgungsgütern im Werte von:

	59 Millionen RM im Jahre 1941
	259 Millionen RM im Jahre 1942
	192 Millionen RM im Jahre 1943 (z.T. geschätzt)
rd.	510 Millionen RM insgesamt geliefert.

Der Gesamtumsatz der ZO beläuft sich somit bis zum 31. 12. 1943 auf 3 125 Millionen RM.

Sächliche Hilfsmittel

Bei der Art der Vorbereitung des Rußlandfeldzuges konnte die Wi Org nicht so ausreichend mit sächlichen Hilfsmitteln ausgestattet werden, wie es im Interesse ihres schnelle und zuverlässigen Einsatzes gelegen hätte.

Die Ausrüstung der La-Führer mit *Verkehrsmitteln* war außerordentlich mangelhaft. Bei dem schnellen Vormarsch und den sofort einsetzenden La-Aufgaben war es aber nötig, die La-Führer so schnell wie möglich in die eroberten Gebiete zu bringen und sie in die Betriebe einzusetzen. Das sowjetische System hatte es mit sich gebracht, daß die Menschen nur auf Befehl arbeiteten. Da die Führer der Kolchose und der ernährungswirtschaftlichen Betriebe mit den Sowjets abgerückt waren, war niemand da, der die erforderlichen Befehle zur Weiterführung der Wirtschaften gab. Bis zum Eintreffen der La-Führer vergingen oft kostbare Wochen, in denen auf dem Lande nichts getan wurde; dadurch gingen wertvolle Vorräte der deutschen Bewirtschaftung verloren.

Für den schnellen Einsatz der La-Führer wurden daher über die ZO vom OKW 4000 bis 5000 Pkw und einige Omnibusse beschafft, die diesen Notstand beseitigen sollten. Leider kamen diese Kfz vielfach zu spät in die Wi Kdos, so daß ihr Zweck nur teilweise erfüllt wurde.

Eine weitere Voraussetzung für die Durchführung der Aufgaben war die Bereitstellung von *Nachrichtenmitteln.* Nur schnelle Befehlsdurchgabe konnte die Durchführung der Aufgaben sichern. Es fehlte an eigenen Fernsprechern, Fernschreibern oder Funkgeräten. Die von der Wehrmacht benutzten Geräte waren durch die militärischen Notwendigkeiten überlastet. Erst ganz allmählich konnten eigene Einrichtungen dieser Art geschaffen und der La-Organisation zur Verfügung gestellt werden.

Die *Ausrüstung der La-Führer* war vielfach mangelhaft, es fehlte an geeigneter Bekleidung und Schuhwerk. Mit zunehmender Unsicherheit im Lande fehlten vor allen Dingen Waffen und Munition.

Die im Lande verteilten nur auf sich angewiesenen La-Führer mußten in jeder Beziehung bestens ausgerüstet sein. Gewiß wurde im Laufe der Zeit mancher Mangel abgestellt, aber bis zuletzt fehlten insbesondere Schußwaffen in ausreichendem Umfang.

Für die Größe der Räume war insbesondere die Führung zu unbeweglich. Zur Durchführung der Aufgaben und zur Beaufsichtigung der angeordneten Maßnahmen, zur Erkundung usw. gehörten in den weiten Räumen Rußlands *Flugzeuge*. Auch diese wurden erst nach langen Verhandlungen mit dem Oberbefehlshaber der Luftwaffe bereitgestellt.

Einsatz von Ausländern

Der Aufbau der besetzten Ostgebiete sollte mit allen verfügbaren Mitteln gefördert werden. Deutsche Führungskräfte waren im Hinblick auf die gewaltigen Aufgaben sehr knapp. So entstand schon frühzeitig der Gedanke, an dieser Aufgabe auch die von uns besetzten Länder des europäischen Westens zu beteiligen. Damit war insbesondere auch der politische Zweck verbunden, die bisher nach Westen und Übersee ausgerichteten Völker Westeuropas stärker an den künftigen europäischen Großraum zu binden. Für diese Beteiligung kamen in erster Linie die germanischen Völker in Betracht. Es wurden daher zunächst Verhandlungen mit niederländischen, dänischen, später auch mit norwegischen, belgischen und französischen Stellen aufgenommen[131]).

[131]) Bei einer ersten interministeriellen Besprechung am 21. 11. 1941 (stichwortartiges Ergebnisprotokoll, BA-MA, RW 31/282) hatte die Vierjahresplan-Administration die Federführung an sich gezogen. Ministerialdirektor Schlotterer, der die Planungen für eine Großraumwirtschaft seit 1940 leitete, zugleich Leiter der Chefgruppe W im Wi Stab Ost, bestätigte auch bei dieser Gelegenheit als Leitlinie deutscher Wirtschaftspolitik: Das eroberte Gebiet solle „kolonial" verwaltet werden, daher würden Einheimische keine Führungsfunktionen wahrnehmen dürfen; der Lebensstandard solle nicht gehoben, die Fertigwarenindustrie nicht wieder aufgebaut werden. Er warnte ausdrücklich vor zu großen Zugeständnissen an ausländischen Investoren. Die Versorgung des Auslandes dürfe dabei nicht auf deutsche Kosten gehen. Da der Osten eine „Minusbilanz" habe und vorläufig nichts abwerfe, müsse man zwar um ausländisches Kapital bemüht sein, aber bei der Ansiedlung sei auf jeden Fall der „Einsatz rasseguter Menschen anzustreben". Die Federführung bei dieser Aktion wurde bald darauf vom Ostministerium beansprucht, das gegenüber den Wirtschaftsressorts die „biologische und politische Seite" stärker zur Geltung bringen sollte; s. Schreiben Rosenbergs an Göring vom 21. 1. 1942, und Protokoll über die Sitzung im RMfdbO am 10. 2. 1942, ebd. Rosenbergs Sonderbeauftragter Malletke wollte den Ausländereinsatz sogar noch stärker forcieren; s. Denkschrift vom 4. 2. 1942, ebd. Ihm wurde aber der Befehl Hitlers entgegengehalten, daß zur Vermeidung von Arbeitslosigkeit im Reich nach dem Kriege keine Industrialisierung im Osten erfolgen solle und die von ausländischer Seite zur Voraussetzung gemachte Klärung der Eigentumsfrage nicht gelöst werden könne, weil der „Führer" die Reprivatisierung zur Verhütung der Benachteiligung der Frontsoldaten bis zum Kriegsende zurückgestellt wissen wollte. Schließlich schaltete sich auch das Auswärtige Amt stärker in den Kompetenzstreit ein; s. Führeranordnung über die Zuständigkeitsabgrenzung zwischen dem AA und dem RMfdbO vom 28. 7. 1942, BA-MA, RW 31/247, sowie Schriftwechsel zwischen Ribbentrop, Lammers und Rosenberg dazu, ebd.

Niederländer

Ein erstes positives Ergebnis zeitigten Verhandlungen mit niederländischen Stellen[132]). 416 niederländische Bauern wurden angeworben und nach vorübergehender Schulung in Litzmannstadt im Laufe des Winters 1941/42 zunächst in Riga und von dort aus im wesentlichen in Weißruthenien eingesetzt. Hiervon sind 33 im Kampf gegen Partisanen gefallen. 297 wurden im Laufe der Zeit wegen nicht voller Eignung aus anderen Gründen wieder entlassen, so daß von ihnen noch 86 im Einsatz verblieben.

Zur organisatorischen Zusammenfassung des Gesamteinsatzes der niederländischen Wirtschaft in den besetzten Ostgebieten wurde im Sommer 1942 die „*Niederländische Ost-Compagnie*" in Den Haag (NOC) gegründet. Deren Aufgabe bestand insbesondere darin, die in den Niederlanden selbst erforderlichen Voraussetzungen für den Einsatz zu schaffen und die zum Einsatz gelangenden Betriebe und Personen zu betreuen und erforderlichenfalls finanziell zu unterstützen. Durch die Tätigkeit der NOC gelang es, den Einsatz der niederländischen Wirtschaft im Osten weitgehend zu intensivieren[133]). Im Ostland und Bereich Nord:

Im Bereich des Reichskommissariats Ostland und in Wi In Nord wurden außer den bereits erwähnten 416 niederländischen Bauern zum Einsatz gebracht:

42 landwirtschaftliche Betriebsführer
80 Gärtner
64 Fischer
6 weibliche Kräfte

192 Personen insgesamt.

Diese Kräfte haben sich fast durchweg gut bewährt. So wurde z.B. die Stadt Kauen im Jahre 1943 mit Gemüse völlig durch die dort eingesetzten niederländischen Gemüsegärtner versorgt.

Zur Durchführung ihrer Aufgaben wurden der NOC in Selbstverwaltung zugeteilt: am 1. 10. 1942 die Gütergruppe Waka-T und Landwarow im Gebiet Wilna-Land, Gesamtfläche 1050 ha; am 1. 4. 1943 der Gärtnereibetrieb Malpils, in der Nähe von Riga, 65 ha groß; im Juli 1943 eine Gärtnerei in Wesenberg, Gebiet Narwa in Estland, mit 4,5 ha.

Das Gut Waka-T wurde zunächst zum Musterbetrieb niederländischen landwirtschaftlichen Könnens ausgebaut und mit landwirtschaftlichen Maschinen und Geräten aus Holland versehen. Das Gut wurde insbesondere durch Nachschub aus den Niederlanden mit hervorragendem Zuchtmaterial versehen und hatte in seinem Betrieb auch schon anerkennenswerte Leistungen aufzuweisen. Da sich erwiesen hatte, daß eine Vorschulung für die einzusetzenden Niederländer von wesentlicher Bedeutung war, wurde ein Teil des Gutshauses Waka-T in einen Schulungsbetrieb umgebaut. Die NOC führte den Bau mit einigen Handwerkskräften durch. Für den Umbau hat sie einen Betrag von 600 000 RM aufgewendet. Daneben wurde im Rahmen des deutschen landwirtschaftlichen Versuchswesens unter Füh-

[132]) Aktenvermerk Rosenbergs über einen Empfang des Leiters der NS-Bewegung in Holland, Dipl.Ing. A. A. Mussert, vom 5. 1. 1942, BA-MA, RW 31/247.

[133]) Siehe dazu Aufzeichnung über das Ergebnis der Besprechungen mit der NOC am 23., 25. und 30. 10. 1942 in Berlin, BA-MA, RW 31/24.

rung der deutschen Versuchsanstalt in Riga auf Waka-T eine Versuchsanstalt mit Versuchsgarten ausgebaut und auf Kosten der NOC betrieben.

Das Gut Malpis versorgte die in der Nähe liegenden Wehrmachtteile, insbesondere die Luftwaffe, mit Ackererzeugnissen und Gemüse.

Daneben wurden in der Nähe von Kauen einige Versuchsanlagen übernommen, die von niederländischen Gärtnern verwaltet wurden.

Im Mai 1943 wurden 57 niederländische Fischer und 7 dazugehörige Spezialkräfte am Peipussee eingesetzt. Sie brachten aus den Niederlanden 18 Motorschiffe mit und errichteten eine Räucherei und eine Fischkonservenfabrik, deren Erzeugnisse an die Wehrmacht gingen.

Niederländische Molkerei- und Käserei-Fachleute wurden bei der Pienocentras in Kauen eingesetzt.

In der Ukraine:

Im Bereich des RKO und der Wi In Nord wurden zunächst drei größere Gruppen und später nur noch vereinzelte Kräfte eingesetzt. Die für die Ukraine bestimmten niederländischen landwirtschaftlichen Kräfte wurden in monatlichen Gruppen von etwa 30 Mann in Marsch gesetzt. Diese Gruppen wurden auf Kosten der NOC zunächst 2–3 Wochen auf dem Schulungsbetrieb Rogatschew geschult. Nach Abschluß dieser Schulung wurden sie LBGU zugeleitet, die sie im wesentlichen als Stützpunktleiter einsetzte. Die Schulung in Rogatschew erfolgte durch deutsche Fachkräfte der LBGU. Im übrigen wurde die Schule von niederländischen Kräften geleitet und von der NOC finanziert. Außerdem führte die NOC auf Veranlassung des Wi Stabs Ost im Jahre 1943 in Holland eine Vorschulung ein, damit nur wirklich brauchbare Kräfte zum Einsatz kamen. Die sich zum Einsatz meldenden Bewerber wurden 3 Wochen ausgebildet und charakterlich überprüft. Insgesamt wurden in der Zeit vom Oktober 1942 bis August 1943 365 niederländische Bauern in der Ukraine eingesetzt. Ihr Einsatz verteilte sich auf das ganze Gebiet der Ukraine, wobei sich als Schwerpunkte die Gebiete Kiew und Shitomir herausbildeten. Im September 1943 wurde in Alexanderstadt (Gen.Bez. Nikolajew) ein praktischer Versuch eingeleitet, mit dem Ziel, eine Anzahl niederländischer Gärtner fest anzusiedeln und ihre Betriebe als Muster-Gärtnereibetriebe für die in dieser Gegend ansässigen Volksdeutschen auszubauen.

Auch in der Ukraine wurden der NOC einige Staatsbetriebe in Selbstverwaltung überlassen, und zwar:

Das Staatsgut Usin im Kreis Skwira, Generalbezirk Kiew, mit einer Fläche von 2600 ha, das von 3 niederländischen Oberverwaltern im April 1943 in Betrieb genommen wurde.

Die Staatsgüter-Gruppe Skwira mit 6 Betrieben, zusammen rd. 6000 ha. Diese wurden von einem niederländischen Oberverwalter und 3 niederländischen Assistenten (1 Viehzüchter, 1 Gärtner und 1 Buchhalter) verwaltet. In kurzer Zeit wurde auf diesen Betrieben z.B. der Milchertrag um mehr als 200% erhöht.

Beide Betriebe sollten zum Musterbetrieb ausgebaut werden, mußten aber im September 1943 geräumt werden.

Zu erwähnen ist ferner der Einsatz niederländischer Fachleute auf dem Molkereigebiet, insbesondere der Käseherstellung, vor allem in Melitopol und im Gebiet

Kamenez-Podolsk und Shitomir. Auch in der Baumwollversuchsanstalt Cherson waren niederländische Kräfte beschäftigt.

Im Kampf gegen Banden sind in der Ukraine 9 niederländische Bauern gefallen.

Auch im Arbeitsbereich der ZO kam eine größere Zahl von Niederländern aus den verschiedensten Gebieten zum Einsatz.

Besonders hervorzuheben ist ein im Frühjahr 1943 nach sehr schwierigen und langwierigen Verhandlungen abgeschlossener Vertrag mit der Centrale Suiker Maatschappij in Amsterdam. Darin verpflichtete diese sich zur Übernahme und zum Ausbau der Zuckerfabrik Berditschew (später Schepetowka). Es handelte sich dabei darum, daß der holländische Konzern eine seiner modernsten Anlagen in Holland nach der Ukraine verbringen sollte. Mit dem Aufbau der Fabrik war bereits begonnen worden.

Ebenso wurden im Jahre 1942 Verhandlungen mit einigen holländischen Kolonialgesellschaften geführt. Die großen Erfahrungen dieser Unternehmen aus den holländischen Kolonien sollten für den Anbau von Ölsaaten in der östlichen Ukraine ausgenutzt werden. Die Verhandlungen waren bereits weit gediehen, der Einsatz war insbesondere im Raum von Kursk geplant.

Der niederländische Pioniereinsatz in der Ukraine fand in den Niederlanden guten Anklang[134]). Gerade in der letzten Zeit vor der Räumung der Ukraine war zu beobachten, daß das Interesse an einem Einsatz im Osten in der niederländischen Landwirtschaft anstieg[135]). Um die in der Ukraine eingesetzten Niederländer im Osteinsatz auch weiterhin zu halten, wurde ein Teil von ihnen nach der Räumung der Ukraine vorläufig im GG eingesetzt.

---

[134]) Dazu gehörte auch die Bereitschaft der NOC, eine Studienkommission einzusetzen, um den Plan des RKU zu prüfen, der eine Schiffahrtsverbindung Ukraine–Königsberg über den Dnjepr bauen lassen wollte. Bereits für 1943 war der Einsatz von 10 bis 20 niederländischen Baggereinheiten auf dem Fluß vorgesehen; s. Meldung in Vertrauliche Ostpolitische Informationen des RMfdbO vom 19. 12. 1942, BA-MA, RW 31/233.

[135]) Das war wohl auch auf den Einsatz der deutschen Stellen in den Niederlanden zurückzuführen. Bei einer Pressekonferenz im Sommer 1943 wurden die den im Osten eingesetzten Holländern eingeräumten Vergünstigungen derartig herausgestellt, daß die Chefgruppe La Widerspruch einlegte und darauf aufmerksam machte, daß die Arbeitsbedingungen der Ausländer in den besetzten Ostgebieten im wesentlichen den für Reichsdeutsche geltenden Grundsätzen angepaßt seien; s. interne Notiz vom 16. 6. 1943, BA-MA, RW 31/247. Das galt allerdings nicht für die erheblichen Steuerprivilegien, die zur Förderung der Siedlungstätigkeit den Deutschen im Gebiet der Zivilverwaltung eingeräumt worden waren; s. Verordnung des RMfdbO vom 17. 9. 1942, BA-MA, RW 31/968. Der Versuch Rosenbergs, diese Privilegien auch für die dort eingesetzten Ausländer durchzusetzen, weckte die Begehrlichkeit des Chefs des OKW. Keitel bestand darauf, die Steuerbefreiungen zunächst einmal auf die Wehrmachtsangehörigen im Operationsgebiet auszudehnen. Daraus entwickelte sich ein heftiger Streit der Ressorts, den Hitler schließlich zu Lasten der Wehrmacht entschied; s. Schreiben Chef der Reichskanzlei vom 18. 11. 1943, BA-MA, RW 31/281, und Schnellbrief des RMfdbO vom 15. 2. 1944, BA-MA, RW 31/968.

Dänen

Auch in der dänischen Landwirtschaft bestand zunächst starkes Interesse an einem Einsatz in den besetzten Ostgebieten[136]. Bedauerlicherweise führten die mit der dänischen Regierung darüber angebahnten Verhandlungen nicht zu fühlbaren praktischen Ergebnissen. Eine Einigung der beteiligten Dienststellen des Reichs über die Durchführung des Einsatzes war nicht zu erzielen. Hervorzuheben ist lediglich, daß die Ölfabrik Libau einem dänischen Unternehmen zur treuhänderischen Verwaltung überlassen wurde.

Norweger, Belgier und Franzosen

Der wirtschaftlichen Struktur Frankreichs und Belgiens entsprechend konnte aus diesen Ländern mit einem größeren Einsatz der Landwirtschaft in den besetzten Ostgebieten nicht gerechnet werden. Im Rahmen der nicht unerheblichen Betätigung der gewerblichen Wirtschaft dieser Länder im Osten[137] sind aber auch eine Reihe von landwirtschaftlichen Be- und Verarbeitungsbetrieben an belgische[138] und französische Firmen zur treuhänderischen Verwaltung übergeben worden. Diese Betriebe gelangten meist erst im Laufe des Sommers 1943 zum Einsatz. Sie konnten sich in ihrer Betätigung vor der Räumung der Ukraine noch nicht weiter auswirken.

Mit Norwegen waren im Sommer 1943 Verhandlungen zum Abschluß gebracht worden, die den Einsatz einer größeren Zahl von Bauern in der Ukraine zum Ziele hatten. Durch den Gang der Ereignisse ist die praktische Durchführung dieser Vereinbarung aber unterblieben[139].

---

[136] Der Leiter der Chefgruppe La bedauerte es in der Besprechung am 10. 2. 1942, daß ein Vorkommando von 50–60 Dänen im RKU herumirre, weil Koch ihren Einsatz bisher abgelehnt habe; s. Protokoll, S. 4, BA-MA, RW 31/247. In diesem Zusammenhang wurden auch interne Bedenken geäußert, daß die Ausländer bei einem sofortigen Einsatz „zu sehr Einblick in die noch bedingten Unzulänglichkeiten der Zustände" bekämen.

[137] Voraussetzung für diese Aktivitäten war die Entscheidung Görings im Juni 1943, daß bei der geplanten Verlegung von Betrieben in die besetzten Ostgebiete den Unternehmern die Möglichkeit geboten werden sollte, die Betriebe als Eigenbetriebe wiederaufzubauen; s. Rundschreiben des Wirtschaftsausschusses Ost vom 18. 6. 1943, BA-MA, RW 31/247.

[138] In Belgien war zunächst nur das „Belgisch-europäische Syndikat für Landwirtschafts- und Industrieansiedlung" gegründet worden, um die Möglichkeiten im Osten zu studieren und Material zu sammeln; eine Beteiligung des belgischen Großkapitals kam nicht zustande; s. Meldung in Vertrauliche Ostpolitische Informationen des RMfdbO vom 8. 12. 1942, BA-MA, RW 31/233.

[139] Schwedens Beteiligung war von Hitler zunächst zurückgewiesen worden, da die Schweden als neutrale Macht in einer relativ günstigen Verhandlungsposition waren und auf Klärung der Eigentumsfrage drängten; s. Mitteilung Görings, zit. in der Notiz von Gauleiter Meyer für Riecke vom 25. 2. 1942, BA-MA, RW 31/247. Schließlich erhielt Ende 1942 eine deutsch-schwedische Gesellschaft die Genehmigung, in Slonim ein Sägewerk mit angeschlossener Baracken- und Holzhausfabrikation zu errichten. Zur Sicherstellung der Verpflegung wurde den Schweden außerdem ein Staatsgut überlassen; s. Notiz in Vertrauliche Ostpolitische Informationen des RMfdbO vom 19. 12. 1942, BA-MA, RW 31/233.

2. Russischer Wald in deutscher Nutzung

Aufgaben und Organisation der Forst- und Holzwirtschaft

Vordringlichste Aufgabe der Forst- und Holzwirtschaft des Wi Stabes Ost war die Versorgung der Truppe und der ihr dienenden Wirtschaft mit Holz aller Art aus dem Lande. Für die vorgesehene Förderung des Bergbaues und den Ausbau der Eisenbahnen im Osten war ein hohes Holzaufkommen Voraussetzung. Für Landwirtschaft und Industrie im Lande war Holz Schlüsselrohstoff, der in jeder Form benötigt wurde, also bereitgestellt werden mußte. Schließlich sollte auch das Holzaufkommen des Reiches durch Ausfuhr aus dem holzreichen Osten verstärkt werden[140].

Bei dieser umfangreichen Aufgabenstellung war die Forst- und Holzwirtschaft in den besetzten Ostgebieten von besonderer Bedeutung. Der Rohstoff Holz bedurfte einer intensiven Bewirtschaftung.

Zur Durchführung der holz- und forstwirtschaftlichen Aufgaben errichtete der Wi Stab Ost zunächst eine Sondergruppe Forst-Holz (FH) im Rahmen der Chefgruppe W. Mit Rücksicht auf die zentrale Stellung als Versorgungsträger für Truppe und alle Wirtschaftszweige und nach baldigen Erfahrungen über den Umfang des gewaltigen Holzbedarfs wurde die Sondergruppe zu einer selbständigen Chefgruppe FH ausgebaut[141].

In entsprechender Organisation befanden sich bei den:

Wi In'en: Chefgruppen FH
He Wi Fü: Abteilungen FH
Wi Kdos: Gruppen FH

Leiter der Chefgruppen-Abteilungen und Gruppen waren Forstverwaltungsbeamte. Ihnen waren Fachkräfte aus der Forstverwaltung und Holzwirtschaft als MV-Beamte bzw. Sonderführer zugeteilt, deren Einsatz als Revierförster in wichtigen Außenstellen und als Holzwirtschaftler in größeren Sägewerken erfolgte. Fachliche Weisungen erhielten die unterstellten Dienststellen von der Chefgruppe FH des Wi Stabes Ost.

Der *Personaleinsatz* verzögerte sich erheblich, da das militärische Einberufungsverfahren umständlich und langwierig war. Durch die Einberufung aller jüngeren Jahrgänge herrschte Mangel an Forstbeamten im Heimatgebiet. Der Einsatz

[140]) Zur allgemeinen Zielsetzung s. auch zeitgenössisch: Buchholz, Wald- und Holzwirtschaft.

[141]) Die Holzwirtschaft erhielt erst in der 2. Auflage der Grünen Mappe vom November 1941 einen kurzen eigenen Abschnitt, BA-MA, RW 31/130.

deutschen Personals konnte sich daher nur auf die Oberführung erstrecken[142]). Bei der Durchführung der forstwirtschaftlichen Aufgaben und bei der Betriebsführung der Sägewerke mußten in weitestem Maß einheimische Kräfte herangezogen werden. Nach dem Maximalstand vom Sommer 1943 waren an deutschen Personal eingesetzt:

	höhere Forstbeamte	Revier-förster	Holzwirt-schaftler	Unter-personal	zusammen
RKO	22	26	46	31	125
RKU	36	40	62	45	183
Wi In Nord	12	31	53	24	120
Wi In Mitte	21	54	64	23	162
Wi In Süd	20	42	43	18	123
	111	193	268	141	713

Aus dem Forstschutz-Korps (FSK) stellte der Reichsforstmeister von 1941 an Einheiten zur Verfügung, deren Aufgabe war:

- die Durchführung der Forstarbeiten zu sichern und die Verwaltungseinrichtungen zu schützen;
- die russischen Waldarbeiter in der forstlichen Arbeitstechnik und Organisation sowie in der Gerätpflege und -Instandsetzung zu unterrichten.

Zur Verfügung wurden gestellt 640 Forstschützen (9 Züge), hauptsächlich durch Einberufungen zur Wehrmacht sank die Zahl jedoch etwa auf 260 (5 Züge) ab. Seit Sommer 1943 wurden diese Einheiten durch einheimische Hi Wi verstärkt im Verhältnis von etwa 2 Hi Wi auf 1 Forstschützen.

Nach dem Erlaß des Reichsmarschalls vom 2. 11. 1942 sollten die Wi-Dienststellen (ganz allgemein) nicht selbst Betriebe führen, vielmehr sollten hierfür *„Ostgesellschaften"* eingesetzt werden[143]). Dies konnte jedoch nur für technisch und besonders kaufmännisch komplizierte Wirtschaftszweige in Betracht kommen. Nicht aber für die einfache, von jeher mit größtem Erfolg vom Staat selbst durchgeführte Forstwirtschaft, die daher auch in der Hand der deutschen FH-Dienststellen verblieb.

Auch die produzierende Holzwirtschaft verblieb durchweg bei den Wi-Dienststellen. Nur für die Erzeugung von Eisenbahnschwellen wurde über das RVM die „Arbeitsgemeinschaft der deutschen Schwellenwerke" eingesetzt. Eine produktionswirtschaftliche Notwendigkeit hierfür lag nicht vor. Die Leistungen dieser Ostgesellschaft lagen, insbesondere wegen der kriegsbedingten Produktionsstörungen, niedriger als die der Wi-Dienststellen.

Dagegen war auf dem Gebiet der Holzverwertung, insbesondere der Ausfuhr nach dem Reich, der Einsatz von Ostgesellschaften von größter Bedeutung. Hier wurden eingesetzt:

---

[142]) Siehe auch Merkblatt des RMfdbO über den Osteinsatz von Forstbeamten (o.D.), BA-MA, RW 31/322.

[143]) V.P. 15975/6, betr. Wirtschaftseinsatz Ost, vom 2. 11. 1942, BA, R 7/1142, z.T. abgedr. in Anatomie des Krieges, Nr. 216.

Zellstoff-Holz G.m.b.H.
Westeuropäische Holzgesellschaft m.b.H. (Grubenholzexport)
Arbeitsgemeinschaft Nadelrundholz
Arbeitsgemeinschaft Sperrholz
Arbeitsgemeinschaft der deutschen Schwellenwerke.

Forstwirtschaft

Grundlagen

Waldflächen bis Sommer 1942:

Nach Abschluß der Sommeroffensive 1941 waren mit der Besetzung der neuen Ostgebiete rd. 19 Millionen ha Wald in deutscher Hand. Davon entfielen auf:

RKO	rd. 6 Millionen ha
RKU	rd. 5 Millionen ha
Wi In Nord	rd. 1 Millionen ha
Wi In Mitte	rd. 5 Millionen ha
Wi In Süd	rd. 2 Millionen ha

In dem Gesamtgebiet befanden sich

1 461 Sägewerke mit 2 235 Gattern.

Der geringe Verlust an Waldflächen infolge der Absetzbewegung im Winter 1941/42 hatte auf die Leistungsfähigkeit der Forst- und Holzwirtschaft keinerlei Einfluß. Der noch keineswegs voll angelaufenen Forstwirtschaft verblieb noch reichlich Wald.

Versorgung der Truppe mit Holz für Heizzwecke, Unterkunftsbau, Panjewagen- und Schlittenbau waren bis dahin die wesentlichen Aufgaben gewesen.

Änderungen bis Winter 1942/43:

Die Sommeroffensive 1942 brachte nicht nur eine wesentliche Umgestaltung der Struktur der Forstwirtschaft, sondern auch ihre Zielrichtung. Die Wälder des Kaukasus kamen in deutsche Hand, andererseits wurde das Donez-Kohlenbecken erobert, das waldlos war, aber einen sehr hohen Holzbedarf hatte. Damit ergab sich eine außerordentliche Erweiterung und Vertiefung des forst- und holzwirtschaftlichen Problems. Wegen seiner besonders verkehrswirtschaftlich schwierigen Lösbarkeit rückte er die Forstwirtschaft in den Brennpunkt des Interesses auch der außerforstlichen Stellen und gab zu besonderen organisatorischen Maßnahmen Anlaß. Die neue Lage kennzeichnete der Erlaß des Reichsmarschalls vom 1. 8. 1942[144]:

„Die Deckung des Holzbedarfs der Wehrmacht und anderer kriegswichtiger Bedarfsträger stößt infolge der ungünstigen örtlichen Verteilung der Wälder, der vielfachen Zuständigkeiten, der verschiedenen Verwaltungsgrenzen, der

[144]) V.P. 13284/6, betr. Einsetzung eines Sonderbeauftragten für die Holzversorgung in den besetzten Ostgebieten, vom 1. 8. 1942, BA-MA, RW 31/214.

Partisanentätigkeit im Einschlag- und Flößereibetrieb, mangels ausreichender Arbeitskräfte und infolge unzweckmäßig ausgenutzter Transportmöglichkeiten auf solche Schwierigkeiten, daß die Bedarfsdeckung der Wehrmacht, der Wiederaufbau des Kohlenbergbaues im Donezgebiet und die Bedarfsdeckung des Transportwesens infrage gestellt ist".

Ein „Sonderbeauftragter für die Holzversorgung im Südostraum" (SBH) wurde eingesetzt, dessen Hauptarbeitsbereich sich auf das RKU, das GK Weißruthenien und die ostwärts daran anschließenden besetzten und noch zu besetzenden Räume erstreckte. Seine Aufgaben umfaßten: Sicherstellung des Einschlags, Zufuhr an die Bedarfsorte, Deckung des Bedarfs der Wehrmacht und der Kriegswirtschaft, insbesondere des Mangan- und Kohlenbergbaues sowie der Eisenbahn. Diese Aufgaben gipfelten also in der Abgleichung von Bedarf und Deckung.

Damit war der SBH nicht etwa an die Stelle der FH-Dienststellen hinsichtlich der Aufbringung von Roh- und bearbeitetem Holz getreten. Er nahm vielmehr nach der Bedarfs- und Produktionsseite hin eine übergebietliche Stellung ein, wie sie die FH-Dienststellen nicht hatten. Zumal diese über verschiedene Verwaltungsbezirke mit unterschiedlicher Zuständigkeit verteilt waren (Militär-Zivilverwaltung). Als Bedarfsabgleicher war der SBH zweckmäßig und erfolgreich. Für die Förderung der Erzeugung, d.h. Ausräumung der Schwierigkeiten, konnte jedoch auch er mangels entsprechender Befehlsgewalt keine Hilfe gewähren[145]).

Auswirkungen des Winterfeldzugs 1942/43:

Zunächst gingen die Wälder des *Kaukasus* verloren, deren Bewirtschaftung sich aber erst in den Anfängen befand. Von der Waldfläche der Wi In Süd gingen anfänglich 28% verloren, nach Rückeroberung des Gebietes Charkow verminderte sich der Verlust auf 13%.

Sehr ins Gewicht fiel dagegen der Verlust von 45% der Waldarbeiter und ca. ⅔ der einheimischen Forstbeamten und Angestellten. Beträchtlich war auch der Verlust von 20% der Sägewerke.

Im Gebiet der *Wi In Mitte* betrugen die Verluste:

Waldfläche 12%
Holzertrag 27%
Sägewerke 15%

Der Verlust an Waldarbeitern war bei der Wi In Mitte geringfügig, da nach rechtzeitiger Evakuierung dieser Kräfte der Einschlag hauptsächlich durch Selbstwerbung der Truppe erfolgte. Dagegen zeigte sich bei den Forstbeamten eine starke Bodenverbundenheit, so daß nur einzelne mit ihren Familien zurückgebracht werden konnten.

---

[145]) In seinem Bericht über die Lage der Holzversorgung im sowjetrussischen Südostraum vom 31. 8. 1942, BA-MA, RW 31/116, stellte Majewski fest, daß alle Dienststellen zwar grundsätzlich ihre Unterstützung zugesagt haben, praktisch aber die Erfüllung seiner Anforderungen verweigerten. Das galt vor allem für die Verbesserung der Transportlage, die er als wichtigste Voraussetzung für die Beseitigung der Versorgungsengpässe ansah. Impressionen von der hilflosen Tätigkeit des „Holzgenerals" liefern die Aufzeichnungen Grützners, hinten S. 627.

Auf die Forstwirtschaft der *Wi In Nord* hatte der Winter 1942/43 keine nennenswerte Auswirkung. Von der Räumung wurden nur solche Gebiete erfaßt, in denen die FH-Dienststellen noch nicht oder noch nicht intensiv gewirtschaftet hatten.

Die Absetzbewegungen 1943:

Das Jahr 1943 brachte den Verlust des gesamten Gebietes der Wi In Süd, fast des ganzen RKU-Gebiets, goßer Teile der Wi In Mitte und beinahe des Gesamtgebiets der Wi In Nord. Unberührt blieben nur die Generalkommissariate Estland, Lettland, Litauen und Weißruthenien. Von rd. 19 Millionen ha Waldfläche verbleiben nur noch rd. 10 Millionen ha. Davon entfielen auf:

RKO	5 Millionen ha
Weißruthenien	2 Millionen ha
Wi In Nord	0,5 Millionen ha
Wi In Mitte	1,5 Millionen ha
RKU	0,5 Millionen ha

Die Zurücknahme der Front hatte eine weitgehende Rückverlegung der Holzversorgungsbasen zur Folge. Das Südgebiet war auf die Holzversorgung aus dem GG angewiesen. He Wi Fü Mitte auf Weißruthenien, Süd-Litauen auf den Raum von Bialystok, He Wi Fü Nord auf das Ostland.

Wiederaufbau der Forstverwaltungen

In Sowjetrußland wurden in Friedenszeiten die Wälder ganz einseitig den Interessen der Holzindustrie geopfert. Dem Volkskommissariat für Holzwirtschaft unterstand die forstindustrielle Verwaltung (Lespromchose). Sie hatte nur für Einschlag und Abfuhr des Holzes für die Industrie ohne Rücksicht auf forstliche Belange zu sorgen. Untergliederungen waren die Forstpunkte, die ihren Dienstsitz nach Ausschöpfung der Vorräte verlegten. Dem Volkskommissariat unterstand als weiteres Organ die Hauptverwaltung für Forstschutz und Waldanbau. Sie gliederte sich in Forstbetriebe (Leschose), die mehrere Oberförstereien zusammenfaßte. Die Oberförstereien waren in Beritte und Beläufe unterteilt.

In klarer Erkenntnis ihrer Bedeutung für den Eroberer hatten die Sowjets diese forst- und holzwirtschaftlichen Organisationen weitgehend zerschlagen. Die meisten Beamten, Betriebsmittel und Arbeitsgeräte waren mitgenommen, die festen Einrichtungen der sowjetischen Aufteilung der Forstwirtschaft in eine Erzeugungs- und Verwertungswirtschaft (Leschose und Lespromchose) stand außer Frage. Mit Erfolg konnte sich die deutsche Forstwirtschaftsführung nur auf die der Lechose angehörenden russischen Forstbeamten stützen, deren Aufgabe die forstliche Erzeugung und die Waldpflege war. Bei dem Gegensatz dieser Beamten zur bolschewistisch-jüdisch orientierten Lespromchose war deren Ausschaltung nicht schwierig. Das russische Leschos (Forstamtsbezirk von etwa der 20fachen Größe eines deutschen) wurde also beibehalten bzw. wieder errichtet. Die einheimischen Beamten führten den Betrieb durch unter Überwachung und Zielsetzung durch die deutschen FH-Dienststellen.

An einheimischen Beamten waren insgesamt eingesetzt:

Zivilgebiet	36 925
Operationsgebiet	11 454

Unter Führung von wenigen Hundert deutscher Forstbeamten haben diese russischen Forstbeamten aller Dienstgrade mit wenigen Ausnahmen loyal im Interesse der deutschen Kriegsführung gearbeitet und häufig ihren Einsatz für deutsche Belange mit Gut und Leben bezahlt.

Erkundung der Forstgebiete

In den jeweils neu besetzten Gebieten wurde zunächst durch Lufterkundung ein Überblick im Großen geschaffen über Waldverhältnisse, Vorräte an geschlagenem Holz, Floßmöglichkeiten, Sägewerke usw. (vgl. Flugerkundungsbericht Anl. 36). Durch genaue Einzelerkundung wurden anschließend festgestellt:

Personalbesetzung
Einteilung des Bezirks
Forstkarten
Waldzustand
Vorrat an eingeschlagenem Holz
Zuwachsverhältnisse
Nutzungsmöglichkeiten
Betriebswerke
Zahl der Kienöfen
Abfuhrverhältnisse
Flößbarkeit der Flüsse
(vgl. Erkundungsbericht Anl. 37).

Das Bandenproblem

Einsatz der Arbeitskräfte, Holzeinschlag, Holztransport und Flößerei, d.h. also die gesamte eigentliche Waldarbeit, standen von Anfang an und laufend immer mehr im Zeichen der Bandeneinwirkung. Es erscheint daher zweckmäßig, gerade hier das ganze Bandenproblem eingehend zu beleuchten.

Der Partisanen- oder Bandenkrieg ist ein sehr altes russisches Kampfmittel, das bereits gegen Napoleon unter weitgehender Beteiligung der Bevölkerung angewandt worden ist. Im Bürgerkrieg 1918/20 konnten sich die „Roten" durch den Bandenkrieg im Rücken der Weißen Armeen halten. Die „Weißen" haben als Banden sich noch bis 1929 und darüber hinaus betätigt.

Die Sowjets hatten für den Kriegsfall den Bandenkrieg[146]) sorgfältig vorbereitet. Die Führung lag in Händen des NKWD (Volkskommissariat des Innern), der die

[146]) Zur Geschichte des Partisanenkrieges s. Hesse, Partisanenkrieg, Pronin, Guerilla Warfare, Cooper, The phantom war, Gordon, Soviet Partisan Warfare, sowie den kritischen Überblick bei Bonwetsch, Sowjetische Partisanen.

Bandenbildung für jeden Rayon vorbereitete. Das Führerpersonal war nicht eingezogen worden, sollte nach Abrücken der Roten Armee zurückbleiben und den Bandenkrieg im Rücken der deutschen Front organisieren.

Durch die schnell fortschreitenden Ereignisse bei Beginn des Rußlandfeldzugs war auch die Organisation der Bandenbewegung in Verwirrung geraten. Zunächst traten nur kleinere Banden in Gruppen von 20 bis 30 Mann auf, die kaum Bedeutung hatten. Sehr bald setzte aber eine planmäßige Arbeit der Sowjets ein, den Bandenkrieg neu zu organisieren. Die Befehle Stalins hatten immer wieder den Inhalt:

> „Die Partisanenbewegung im Rücken des Feindes tritt als Volksbewegung in Erscheinung. Sie ist berufen, eine gewaltige Rolle in unserem vaterländischen Krieg zu spielen".

An anderer Stelle ist bereits ausgeführt, daß die breite Masse des russischen Volkes uns als Befreier begrüßt hat. Demgemäß war die Bandenbewegung keineswegs eine aus dem russischen Volk heraus geborene Abwehrmaßnahme. Auch als die planmäßige Neuorganisierung von Moskau aus einsetzte, fand die Bandenbewegung zunächst bei dem russischen Volk keinen Anklang, und erst recht keine Unterstützung. Vorhanden waren zwar zurückgebliebene Parteifunktionäre und überzeugte Bolschewisten, denen es aber zunächst keineswegs gelang, die Bandenparolen Stalins in das Volk zu tragen.

Die zunächst also politische Bandenorganisation des NKWD fand aber auch bald Zulauf aus versprengten Truppenteilen der Roten Armee. So war die gesamte 121. sowjetische Infanteriedivision beim deutschen Vormarsch überflügelt worden und hielt sich nördlich der Rollbahn Brest–Sluzk–Bobruisk versteckt. Sie hat wesentlich dazu beigetragen, im Abschnitt Mitte den Bandenkrieg zu organisieren[147]).

So ging auch die Führung der Banden immer mehr in die Hände der Roten Armee über. Ihren äußeren Ausdruck fand diese Entwicklung in der Ernennung des Marschalls Woroschilow zum Chef des „Generalstabs der Bandenbewegung" mit dem Sitz in Moskau. Schon im Jahr 1941 begannen die militärischen Operationen der Roten Armee die Banden in ihre Operationspläne einzubeziehen. So wurde aus dem Raum von Gomel über den Dnjepr durch die Pripjetsümpfe ein Kavalleriekorps angesetzt, um mit der erwähnten versprengten Infanteriedivision Verbindung aufzunehmen.

Trotzdem lehnte aber die Bevölkerung eine Zusammenarbeit mit den Banden noch ab. Für die Bandenbildung standen vorerst nur zur Verfügung die zurückgelassenen Parteifunktionäre und überzeugten Bolschewisten und die versprengten Truppenteile. Der Winter 1941/42 wurde dann aber zu einer gründlichen Reorganisation, militärischen Ausbildung und zahlenmäßigen Verstärkungen der Banden benutzt. Besondere Musterungskommissionen führten Zwangsrekrutierungen durch. Die Großräumigkeit des Landes und die ausgedehnten Wald- und Sumpfgebiete begünstigten ein Festsetzen der Banden, die von solchen Gebieten aus diese Maßnahmen durchführten. Mit Bezug auf den Großteil der Bevölkerung war es aber immer noch Zwang, freiwilligen Zuzug erhielten die Banden nur durch Juden. Hinzu kamen entlaufene Kriegsgefangene.

---

[147]) Zum Zusammenhang s. Wilenchik, Partisanenbewegung.

Bis zum Winter 1941/42 ergab die Tätigkeit der Banden im großen gesehen fast keine Behinderung der wirtschaftlichen Ausnutzung des Landes. Die Forst- und Holzwirtschaft, die während der ganzen Besetzungszeit spezieller Gradmesser der Bandenauswirkung war, konnte z.B. im August 1941 noch 90% der besetzten Waldfläche nutzen. Die Bandentätigkeit beschränkte sich im wesentlichen auf die Störung des Frontnachschubs.

Eine grundsätzliche Wandlung trat nach der Bandenreorganisation und nach den Rückschlägen der Front (Winter 1941/42) im Frühjahr 1942 ein. Den Sowjets kam dabei zu gut, daß der Großteil der Sicherungstruppen (Wehrmacht und Polizei) in den vordersten Linien eingesetzt werden mußte, die rückwärtigen Gebiete daher entblößt waren. So gelang es den Banden, große Wald- und Sumpfgebiete restlos zu beherrschen. Es entstanden regelrechte Bandenrepubliken, in denen die Banden Rekruten aushoben und die Bevölkerung terrorisierten, so daß sie sich zur Unterstützung der Banden bereit finden mußte. Allerdings war es den Sowjets jetzt schon möglich, die Frontlage zur propagandistischen Beeinflussung der Bevölkerung zu benutzen, da sie dadurch ihre Propaganda auf konkreten Tatsachen aufbauen konnten. Bereits im April 1942 konnte die Forst- und Holzwirtschaft nur noch 60% der in unserer Hand befindlichen Waldfläche nutzen[148]).

Durch regelmäßigen Nachschub (besonders auf dem Luftwege) wurden den Banden Führer zugebracht, ihre Bewaffnung und Ausrüstung auf einen immer besseren Stand gebracht. Die Bevölkerung unterstützte die Banden allmählich nicht mehr aus Zwang, sondern z.T. schon freiwillig. Gegen Ende 1942 waren die Waldungen im Bereich Nord, Mitte, Weißruthenien, Nord-Ukraine und Teile von Podolien bereits zu 70% bandenbedroht, z.T. bandenbeherrscht. Auch in Litauen und im GG zeigte sich eine bedrohliche Bandentätigkeit. Die Banden beschränkten sich nicht mehr auf Sabotageakte und Überfälle zur Störung des Frontnachschubs, sondern versuchten immer mehr, auch die wirtschaftliche Landesausnutzung nachhaltig zu stören. Einheimische Forstbeamte, abgelegen eingesetzte La-Führer wurden ermordet oder verschleppt, das forstwirtschaftliche und landwirtschaftliche Personal wagte es teilweise schon nicht mehr, auf den Arbeitsplätzen zu erscheinen und die übertragenen Arbeiten auszuführen. Nicht nur der Holzeinschlag wurde dadurch immer mehr herabgemindert, sondern auch der Abtransport des bereits geschlagenen Holzes in immer stärkerem Maß verhindert. Besonders die außerordentliche Beeinträchtigung des Wassertransports (nahezu Stillegung) auf den flößbaren Flüssen bedeutete einen wesentlichen Aufbringungsausfall. Viele hunderttausende Festmeter wertvollsten Nutzholzes lagen geschlagen im Wald, konnten

---

148) Siehe Bericht der Wi In Mitte: Entwicklung und Auswirkungen der Partisanentätigkeit (Frühjahr 1942), BA-MA, RW 31/249. Der Anstoß zur Verschärfung der Partisanenbekämpfung kam daher jetzt von den Wirtschaftsdienststellen. So forderte Genereal Thomas am 17. 3. 1942 eine Denkschrift über die ernsten Folgen der Partisanenlage für die Ausnutzung des Landes an, die dem „Führer" vorgelegt werden sollte (BA-MA, RW 31/117). Beabsichtigt war damit auch eine „ernste" Mahnung des OKH: Schubert legte eine entsprechende Ausarbeitung über „Operationen und Wirtschaft" (BA-MA, RW 31/145) vor, unterstützt von einer Notiz der Abteilung Kriegsverwaltung des Gen Qu vom 30. 3. 1942 (BA-MA, RW 31/117). Auch im Bereich der H.Gr. Mitte drängte der Wirtschaftsinspekteur nachdrücklich auf die Beseitigung der Partisanengefahr; s. Schreiben Wi In Mitte an Wi Stab Ost vom 6. 6. 1942, BA-MA, RW 31/251.

aber infolge der Bandenbehinderung nicht zu den Verbrauchsstätten gebracht werden. Sägewerke, Teersiedereien, La-Punkte und Kolchose wurden überfallen, niedergebrannt, die Belegschaft dieser Betriebe wurde getötet oder verschleppt. Als charakteristisches Beispiel, wie sehr die Holzwirtschaft durch die Bandentätigkeit betroffen wurde, mag ein Auszug aus dem KTB eines Sägewerkes dienen. Er kennzeichnet die Schwierigkeiten, wie sie in gleicher Weise auf fast allen Betrieben der Holzwirtschaft immer wieder zu überwinden waren (vgl. Anl. 38).

Weder der Terror der Banden noch die weiteren Frontereignisse des Winters 1942/43 waren die ausschließlichen Gründe dafür, daß die Bevölkerung die Banden immer mehr unterstützte und durch Überlaufen verstärkte. Nur auf einem günstigen Nährboden konnte sich das Bandenwesen zu den Ausmaßen entwickeln, die es im Jahr 1943 angenommen hatte. Notgedrungen konnte die Bevölkerung nur unzureichend ernährt und noch weniger ausreichend bekleidet werden. Der totale Krieg forderte von der Bevölkerung den Verzicht auf nahezu alle Annehmlichkeiten des Lebens und größte persönliche Opfer. Hierfür hatte die russische Bevölkerung durchaus Verständnis. Andererseits erwartete sie von uns die Wahrnehmung und Förderung ihrer *entscheidenden* Interessen an einer besseren Zukunft. In erster Linie gehörten hierzu: die politische Zielsetzung und die Zuerkennung des Eigentums. Diesen Interessen konnten wir aber z.T. überhaupt nicht entsprechen, z.T. geschah dies nur unzulänglich und zu spät. Andere Momente kamen hinzu. Die Behandlung der Bevölkerung war nicht immer richtig. Häufig wurde sie als Untermenschentum angesehen und dementsprechend behandelt. Im Zuge der Bandensäuberungsaktionen wurden ganze Dörfer abgebrannt. Die nicht mit den Banden in Verbindung stehenden Einwohner mußten eine solche Maßnahme naturgemäß als überaus grausam empfinden. Noch mehr schadete selbstverständlich das Abbrennen ganzer Dörfer als Strafe für Einzelübergriffe[149]. In diesem Zusammenhang fielen eine ganze Reihe von Problemen an, die in dem Abschnitt „Produktionsfaktor Mensch" behandelt sind und auf die verwiesen werden kann (vgl. S. 347). Nicht zuletzt waren es die Zwangsmaßnahmen für den Arbeitseinsatz von Menschen aus dem Ostraum, die das Vertrauen zu uns erheblich beeinträchtigt haben.

Insgesamt gesehen hat das erschütterte Vertrauen in unsere guten Absichten und in unsere Unbesiegbarkeit erhebliche Teile der Bevölkerung veranlaßt, die Banden zu unterstützen.

Diese psychologischen Gründe und die Rückzugsbewegungen des Winters 1942/43 ergaben ein weiteres Ansteigen der Bandentätigkeit. Nicht nur die bol-

---

[149]) Das blindwütige Vorgehen einzelner Truppenverbände mit der Einäscherung ganzer Dörfer und der Erschießung sämtlicher Familien verschärfte von Anfang an die Situation entscheidend; s. Vermerk über die Lage bei der Partisanenbekämpfung im Bereich Mitte, vom 22.5. 1942, BA-MA, RW 31/145. Während die Abt. Ernährung beim RKO sogar noch die Ausweitung solcher Kollektivstrafen forderte, lehnte der Gen Qu dieses Verfahren als unzweckmäßig ab und plädierte für Methoden, „die sich an die Einsicht der Bevölkerung" wandten. Die Agrarbehörde suchte daraufhin auf anderen Wegen nach Unterstützung und fand sie bei der SS; Schriftwechsel dazu ebd. Das OKW unterstützte schließlich die Übergabe der Partisanenbekämpfung an den Reichsführer SS mit einer Reihe von Führerbefehlen, die einen Kompromiß enthielten: schärfste Bekämpfung der Partisanen, bei gleichzeitiger Werbung um die Bevölkerung, notfalls sogar zu Lasten der wirtschaftlichen Ausbeutung; Dokumente dazu in: Deutsche Besatzungspolitik.

schewistisch eingestellte Bevölkerung war danach zu Sabotageakten bereit, sondern auch ein Großteil der Bevölkerung, die an sich gegen den Bolschewismus eingestellt war. Vom Frühjahr 1943 an handelte es sich nicht mehr um Einzelerscheinungen, sondern um einen beginnenden Volksaufstand.

Neben den von Sowjetseite organisierten Banden gab es auch national eingestellte Bandengruppen. Beide bekämpften sich gegenseitig, waren jedoch uns gegenüber gleichmäßig auf der Linie des aktiven und passiven Widerstandes eingestellt.

Die nachstehenden Ausführungen kennzeichnen die Bandenlage etwa im Mai 1943[150]). Der regelmäßige Nachschub auf dem Luftwege hatte die Bewaffnung und Ausrüstung der Banden auf einen Stand gebracht, der sie vielfach den sie bekämpfenden deutschen und verbündeten Einheiten überlegen machte. Aus dem Bericht der H.Gr. Mitte ergab sich z.B., daß in einer einzigen Nacht 172 Einflüge (davon 19 mit Lastenseglern) festgestellt worden waren. Die Beherrschung weiter Gebiete durch die Banden ging teilweise so weit, daß sie Steuern erhoben und Land an die Bevölkerung verteilten. Den Funkverkehr zu militärischen Stellen jenseits der Front hatten die Banden nach und nach ausgezeichnet organisiert. Sie waren damit Nachrichtenträger der Roten Armee zur aufmerksamen Verfolgung jeder deutschen Bewegung. Untereinander standen die Banden teilweise schon in telefonischer Verbindung, ein Zeichen für die ungehinderte Beherrschung weiter Räume. So konnte die Bevölkerung davon sprechen: den Deutschen gehören die Städte, den Banden die Wiesen und Wälder.

Zu diesem Zeitpunkt hatte sich die Tätigkeit der Banden wie folgt ausgewirkt:

– Der Nachschub für die kämpfenden Truppe erlitt schwerste Einbußen.
– Die Ausnutzung des Landes für Truppe und Kriegswirtschaft wurde immer mehr in Frage gestellt.
– Die Ausschöpfung der Arbeitskräfte gelang nicht mehr in dem für die Kriegsführung notwendigem Maß.

Wirtschaftlich gesehen drückte sich die Bandentätigkeit etwa im Mai 1943 wie folgt aus:

[150]) Ausgangspunkt für die Lageanalyse war damals der Auftrag des Gen Qu an den Wi Stab Ost gewesen, zusammen mit den anderen beteiligten Stellen Material zusammenzutragen, um Grundlagen für die Forderung nach einer Intensivierung der Bandenbekämpfung zu schaffen; s. Schreiben Gen Qu an Wi Stab Ost vom 5. 5. 1943, BA-MA, RW 31/250, und Ausarbeitung Wi Stab Ost vom 22. 5. 1943, ebd. Nachdem sich das OKW erneut außerstande sah, stärkere Heereskräfte zur Verfügung zu stellen, konnte Himmler durch die Ernennung eines „Chefs der Bandenkampfverbände" die Position der SS weiter ausbauen (s. Befehl vom 21. 6. 1943, ebd.). Hitler traf die Entscheidung, in den „bandenverseuchten" Gebieten die gesamte Bevölkerung gefangen zu nehmen und zu evakuieren. Die Männer sollten als Kriegsgefangene zur Zwangsarbeit eingesetzt, die Frauen ins Reich zur Arbeit transportiert und spezielle Kinderauffanglager gebildet werden. Die gefangenen Kinder sollten der örtlichen Landwirtschaft als Arbeitskräfte zur Verfügung gestellt werden; Geheimbefehl Hitlers vom 10. 7. 1943, BA-MA, RW 31/251. Eine Besserung der Lage trat dadurch aber nicht ein; s. Vortragsnotiz für den Gen Qu über die Auswirkungen der Bandenlage auf das Landesaufkommen im Osten, vom 7. 9. 1943, ebd.

In *Weißruthenien*[151]) betrug die landwirtschaftliche Umlage gemessen am Friedensaufkommen:

Brotgetreide	10 %
Futtergetreide	4,25 %
Fleisch	30 %.

Dieser geringe Umlagesatz war bereits mit Rücksicht auf die mangelnde Befriedung dieses Gebietes festgesetzt. Aber auch diese äußerst geringen Umlagen wurden nur erfüllt:

Getreide	mit 60 %
Fleisch	mit 64 %
Streichfette	mit 55 %
Fette einschließlich pflanzliche Öle	mit 30 %.

Der Ablieferungsertrag je ha Ackerfläche ging um *74 % zurück.* Von 967 Staatsgütern waren nur noch 312 in unseren Händen.

Im Holzwirtschaftsjahr 1942/43 konnten nur noch 44 % des Einschlags des Jahres 1941/42 eingeschlagen werden. Am 1. 4. 1943 waren 64 % des Einschlagssolls von 1942/43 noch unerfüllt. Von den Sägewerken waren 50 % zerstört oder stillgelegt.

Die Neuerfassung von Alt- und Abfallstoffen konnte nur zu 30 % durchgeführt werden. Bei Bastfaser betrug der Ausfall 50 bis 60 %, bei Wolle und Tierhaaren mindestens 60 %. Von 120 Aufbereitungsbetrieben der Textilwirtschaft waren nur noch 40 Betriebe in Gang. Entsprechendes galt von den übrigen Zweigen der gewerblichen und auch der Ernährungswirtschaft.

In *Wolhynien und Podolien* gelang zwar im wesentlichen die Einbringung der landwirtschaftlichen Ernte des Jahres 1942. Von den aufgesammelten Vorräten gingen jedoch ca. 150 000 to Getreide und 17 000 to Hülsenfrüchte verloren.

In der Forstwirtschaft betrug der Einschlag nur 55 % des Vorjahres. 35 % der Sägewerke wurden durch Banden zerstört oder stillgelegt. Im Gebiet Shitomir konnten nur 53 % des Vorjahres eingeschlagen werden und 50 % der Sägewerke waren unbrauchbar.

Im Operationsgebiet der *Wi In Mitte* verminderten sich die landwirtschaftlichen Erträge je ha Ackerfläche um 66 %. Das Gesamtaufkommen verminderte sich dadurch bei:

Getreide	um 150 000 to	= 59,6 %
Fleisch	um 30 000 to	= 75 %
Streichfetten	um 1 000 to	= 20 %
Fette einschließlich Ölsaaten	um 2 000 to	= 32 %.

In der Forst- und Holzwirtschaft waren 90 % der Waldgebiete bandenverseucht und 42 % der Sägewerke fielen aus. Bei den zur Ausnutzung noch zur Verfügung stehenden Waldflächen von 10 % handelte es sich im wesentlichen um ganz schmale Streifen an den Roll- und Eisenbahnen und den nächsten Umkreis der

---

[151]) Siehe den ausführlichen Erfahrungsbericht des Leiters der Wirtschaftsabteilung beim Generalkommissar in Minsk vom 28. 6. 1943, BA-MA, RW 31/252 (Dok. 3000-PS, IMT, Bd 31, S. 462 ff.).

deutschen Stützpunkte. In diesen verkehrsgünstig gelegenen Räumen hatten aber bereits die Russen vor Kriegsausbruch alle hiebreifen Bestände genutzt. Ein sehr großer Mangel an Starkholz für Brückenbauten, Schlammbohlen usw. ergab sich daher.

Eine empfindliche Beeinträchtigung erfuhr auch die Torfgewinnung. Eine ganze Reihe von Torfwerken mußte aufgegeben werden, die dann von den Banden genutzt wurden.

Im Bereich der *Wi In Nord* bewirkten die Banden eine Leistungsminderung von 41% je ha Ackerfläche. Das Gesamtaufkommen verringerte sich bei:

Getreide	um 20 000 to	= 40%
Streichfetten	um 400 to	= 36%
Fetten einschließlich Ölsaaten	um 350 to	= 37 %.

Der Ausfall in der Neuerfassung von Alt- und Abfallstoffen betrug bis zu 70%. ⅓ des in diesem Gebiet besonders wichtigen Flachses konnte nicht geborgen werden und die Zahl der in Gang befindlichen Aufbereitungsanlagen ging laufend zurück.

Auch im Bereich der *Wi In Süd* machte sich die Tätigkeit der Banden allmählich mehr bemerkbar. Hauptsächlich im Norden und Nordosten dieses Gebietes setzten sie sich in den dort vorhandenen Wäldern fest, insbesondere in den Bezirken der Wi Kdos Tschernigow und Ssumy. Sie verhinderten dort die Inbetriebnahme des besonders wichtigen Phosphoritvorkommens, das eine Erzförderung von 1 200 moto erbracht hätte. Auch ein großes Torfwerk mußte dort aufgegeben werden, dessen Einrichtung von den Banden sofort zerstört wurde. Im Gebiet Süd handelte es sich zwar nur um beträchtliche Einzelschäden. Die Abhängigkeit der Kohle und des Erzbergbaus von Grubenholz der bandenverseuchten Gebiete zeigt aber deutlich, wie intensiv auch die Wirtschaft des südlichen Rußland durch die Banden beeinträchtigt wurde. Die Flößerei wurde insbesondere auf dem Dnjepr und seinen Nebenflüssen durch die Banden so gut wie stillgelegt. Die Rundholzlage auf den an Wasserläufen gelegenen Sägewerken wurde dadurch sehr ernst, und die befohlenen Stamm- und Grubenholzlieferungen für die Ukraine konnten nicht ausgeführt werden.

Zusammenfassend ist zu sagen, daß die Tätigkeit der Banden die Landesausnutzung in immer steigendem Maß aufs schwerste beeinträchtigt hat. Die Bedeutung des Ausfalls an landwirtschaftlicher Erzeugung mag durch den Hinweis beleuchtet werden, daß ein Erzeugungsausfall von 15% bereits der Gesamterzeugung der Provinz Ostpreußen entspricht.

Insgesamt gesehen konnte die Holzaufkommen-Umlage nur zu 49% im Forstwirtschaftsjahr 1942/43 (1. 10. bis 30. 9.) erfüllt werden und der Holzeinschlag blieb um 26% hinter dem vorjährigen zurück.

Die Verhältnisse in der gewerblichen Wirtschaft lagen zu differenziert, um einen Gesamtüberblick geben zu können. Jedoch waren auch hier ganz erhebliche Beeinträchtigungen durch die Banden zu verzeichnen.

Auf den *Arbeitseinsatz* hatte das Vordringen der Banden ebenso starke Rückwirkungen. 1 595 000 arbeitsfähige Personen sind dadurch der Erfassung und dem Einsatz entzogen worden. Schwer war auch die Auswirkung der Bandentätigkeit auf die Arbeitswilligkeit der eingesetzten Arbeitskräfte. Durch den Terror der Banden wurde die Bevölkerung eingeschüchtert und mußte sehen, daß Wehrmacht und Polizeitruppen sie nicht schützen konnten.

Trotz Durchführung erfolgreicher Großaktionen von Wehrmacht und Polizei hat sich die Bandenlage laufend und immer mehr verschärft[152]). Die Freikämpfung einzelner Gebiete und die Vernichtung der Banden in diesen Räumen konnte keinen nachhaltigen Erfolg haben, da ein *dauernder* Schutz der gekämpften Räume erforderlich gewesen wäre. Dakfür standen aber genügend Sicherungskräfte bei weitem nicht zur Verfügung, so daß sich in Kürze neue Banden bilden konnten oder einwechselten und der alte Zustand bald wieder eintrat.

Ein Bericht der Wi In Mitte vom Mai 1943 trifft den Kernpunkt des ganzen Bandenproblems, wenn hier gesagt ist:

> „Man muß sich darüber klar sein, daß die Vernichtung der Banden nur durch die Russen selbst möglich ist. Gelingt es uns, die Begeisterung der gesamten russischen Bevölkerung des besetzten Raumes für eine nationale Idee und eine den Einsatz lohnende Zielsetzung zu gewinnen, so werden wir der Banden in absehbarer Zeit mit Hilfe der Russen Herr werden. Andernfalls werden auch die letzten noch für Deutschland eintretenden und arbeitenden Russen unter dem Druck der Verhältnisse zu den Banden übergehen".

Eine solche nationale Idee und lohnende Zielsetzung hätte nicht nur das gesamte Bandenwesen ausgeräumt, sondern hätte sich auch weit über die Front in Stalins Hinterland ausgewirkt.

Arbeitskräfte und Werkzeuge

Infolge ihres späten Einsatzes traten die FH-Dienststellen erst dann auf den Plan, als die anderen Wirtschaftszweige schon fest im Sattel saßen, sich insbesondere mit einheimischen Arbeitskräften versorgt hatten. Auch als die Sondergruppe FH bereits errichtet war, fehlte noch längere Zeit die Verbindung mit dem Wi In'en

---

152) Siehe z.B. den Bericht des Leiters der Wirtschaftsabteilung über die Bandenbekämpfung durch die Unternehmen „Hamburg" und „Altona" in der Zeit vom 10.–29. 12. 1942, BA-MA, RW 31/251. Dabei tritt auch ein wesentlicher Aspekt zutage, den die Nagel-Studie wohlweislich verschweigt, „daß die Bandenbekämpfung, die wir führten, im Endziel den Zweck hatte, das Heer dazu zu benutzen, um die rücksichtslose Liquidierung des Judentums und anderer unerwünschter Elemente zu ermöglichen"; Aussage General Röttiger, ehemaliger Chef des Generalstabs der 4. Armee, zit. nach Förster, Rückblick, S. 129. In dem o.g. Bericht wurde z.B. aufgelistet:

Feindtote: Unternehmen „Hamburg"

	3 658	Juden
	30	Zigeuner
	1 676	Banditen
	1 510	Banditenverdächtige
insg.	6 874	

Eine Untersuchung über die Zahl der blutigen Verluste auf beiden Seiten liefert für den Bereich Weißrußland: Mulligan, Reckoning the Cost of People's War. Er zählt insgesamt 52 300 getötete Deutsche und Hilfstruppen, 5 000 russische Zivilisten und 297 900 Partisanen bzw. Verdächtige.

und Wi Kdos. Aufgaben, die eigentlich in diese Außenstellen hätten verlegt werden müssen, mußten daher von der räumlich weit abgesetzten Sondergruppe beim Wi Stab Ost wahrgenommen werden. Auf diese Weise war die Beschaffung der notwendigen Arbeitskräfte naturgemäß nicht möglich. Insbesondere hatte die Landwirtschaft die einschlägigen Arbeitskräfte bereits mit Beschlag belegt. So kam es, daß die Forstwirtschaft durchweg nicht Arbeitskräfte hatte, die während des ganzen Jahres zur Verfügung standen. Die meisten kamen naturgemäß aus der Landwirtschaft, wo sie den Sommer über tätig waren. Je nach Beteiligung dieser saisongebundenen Arbeitskräfte mußte der Holzeinschlag in den einzelnen Gebieten einen ganz verschiedenen jahreszeitlichen Verlauf nehmen. Diese Tatsache war andererseits für die Planung des Einschlags und insbesondere für die Abschätzung des Bedarfs zusätzlicher Arbeitskräfte von größter Bedeutung.

Die Landwirtschaft beschäftigte forstwirtschaftliche Arbeitskräfte, die von sich aus in die Landwirtschaft abgewandert oder von den La-Dienststellen herangezogen worden waren. Wi Stab Ost und Wi In'en erließen daher entsprechende Befehle, diese Kräfte auf Dauer für die Forstwirtschaft wieder freizugeben. Darüber hinaus wurde der Landwirtschaft die saisonmäßige Gestellung (besonders für den Winter) von landwirtschaftlichen Arbeitskräften für die Forstwirtschaft befohlen. Diese Maßnahmen ermöglichten einen einigermaßen ausreichenden Arbeitseinsatz in der Forstwirtschaft.

Durchweg sehr bewährt haben sich die von den FH-Dienststellen vielfach eingerichteten Waldarbeiterlager (vgl. „Notwendigkeit, Aufbau und Leistung der Waldarbeiterlager" Anl. 39).

Bei etwa der gleichen Waldfläche in den besetzten Ostgebieten wurde gegenüber dem Einschlag im Reich nur etwa ⅓ erreicht. Neben anderen Gründen war dieser vergleichsweise geringe Einschlag auf den empfindlichen Arbeitermangel zurückzuführen. In der Holzhauerei waren eingesetzt:

	Holzhauer	
	minimal	maximal
Zivilgebiet	11 392	111 368
Operationsgebiet	4 640	51 524

Die Bewegung des Arbeitseinsatzes in der Holzhauerei ergibt sich für die einzelnen Gebiete und Monate aus der Übersicht Anl. 40. In den zivilverwalteten Gebieten wurde der Einschlag fast ausschließlich von einheimischen Arbeitskräften bewältigt, ebenso im rückwärtigen Teil des Operationsgebietes. Dagegen war in den Armeegebieten die Truppe hieran überwiegend beteiligt. In den Zahlen der Übersicht ist auch der Einsatz der Selbstwerber enthalten. Der Einsatz der Holzhauer mußte in jedem Wirtschaftsjahr sozusagen völlig neu erfolgen. Die nichtständigen Arbeitskräfte kamen nicht freiwillig, sondern mußten meist wieder neu unter erheblichen Schwierigkeiten, teilweise mit Zwang neu aufgebracht werden. In erheblichem Umfang wurden auch weibliche Arbeitskräfte beschäftigt.

Die *Versorgung der Waldarbeiter mit Nahrungsmitteln* war von Anfang an nicht einfach und gestaltete sich immer schwieriger. Sie wurde in engster Zusammenarbeit mit der Landwirtschaft durchgeführt. Trotz entsprechender Anweisungen der La-Dienststellen durch Wi Stab Ost und die Wi In'en waren die Kreislandwirte z.B. im Bereich der Wi In Mitte nicht in der Lage, die Versorgung der Waldarbeiter durchzuführen. Entweder waren die vorhandenen Bestände aufgebraucht, oder mußten für dringenden Truppenbedarf zurückgehalten werden. Eine mangelnde Versorgung mußte naturgemäß die Arbeitsfreudigkeit erheblich beeinträchtigen. Sie führte teilweise sogar zu Abwanderungen zu den Banden.

Von größter Bedeutung war es bei dieser Sachlage, daß wenigstens die russischen Forstbeamten und -Angestellten im Einvernehmen mit den La-Dienststellen je ca. 2 bis 3 ha Acker- und Wiesenland zugeteilt erhielten. Diese kleine Fürsorge wurde mit großer Freude und Dankbarkeit aufgenommen und hat sich sehr günstig ausgewirkt.

Im ganzen gesehen ist es aber kaum irgendwo gelungen, die außerordentlich wichtige Ernährungsfrage nachhaltig zufriedenstellend zu lösen.

Die Beschaffung der für den Holzeinschlag erforderlichen *Werkzeuge* bereitete lange Zeit größte Schwierigkeiten. Bei den einheimischen Arbeitern und auch sonst im Lande waren geeignete Werkzeuge so gut wie nicht vorhanden. Wenn auch neben der Fertigung solcher Werkzeuge im besetzten Ostgebiet selbst die Truppe erheblich für die Gestellung von Werkzeugen eingespannt wurde, mußten solche im wesentlichen aus dem Reich nachgeschoben werden.

Damit tauchte sofort die schwierige Frage der Ausrüstung der Forstwirtschaft mit einem entsprechenden Eisenkontingent auf. Nach dem grundsätzlichen Erlaß des Generalbevollmächtigten für die Eisen- und Stahlbewirtschaftung wurden den Bedarfsträgern im Osten nicht unmmittelbar Eisenkontingente eingeräumt. Diese mußten sich vielmehr an die ihnen wirtschaftlich entsprechenden Bedarfsträger im Reich halten. Die Forstwirtschaft also an den Reichsforstmeister. Nach langwierigen und wechselvollen Verhandlungen gelang es dem Reichsforstmeister schließlich, ein Sonderkontingent durchzusetzen. Außerdem erhielt die Forstwirtschaft ein weiteres Kontingent vom Reichsverkehrsministerium mit Rücksicht auf die Schwellenerzeugung) und über den Wi Stab Ost / Chefgruppe W vom Reichswirtschaftministerium. Auch dem Reich nachgeschoben wurden:

	Äxte	Sägen
1942	51 400	113 800
1943	59 660	128 450

Bei den Wi In'en bzw. He Wi Fü wurden Nachschubläger eingerichtet. Lagerhaltung bei Wi Kdos oder Forstämtern war verboten mit Rücksicht auf die Schwierigkeiten der Beschaffung neuen Materials und des Nachschubs; ebenso Direkt-Bestellungen im Reich. Die zentrale Steuerung des Nachschubs war damit gesichert.

Holzeinschlag und -Abgabe

Die gesamte Forstwirtschaft in den besetzten Ostgebieten war von Anfang an ausschließlich auf die Kriegserfordernisse abgestellt worden. Als Kriegs-Forstwirtschaft handelte es sich nicht um eine ordnungsmäßige forstwirtschaftliche Produktion, sondern nur um einen ungeregelten Erntevorgang. Dabei ist „Ernte" nicht mit dem Begriff Reife zu verbinden. Die Umstellung der deutschen Forstbeamten auf diese ungewohnte Aufgabe vollzog sich ohne innere und äußere Schwierigkeiten. Bei der kurzfristigen Zielsetzung der Kriegswirtschaft mußte eine zeitliche Regelung der Nutzung überhaupt ausscheiden. Die räumliche mußte rein bedarfs- und transportmäßig orientiert sein, sofern sie nicht einen von den Banden ausgeübten Zwang darstellte. Der Holzeinschlag war also nicht eine Funktion der Möglichkeiten des Arbeitseinsatzes.

Wenn auch von einer Planung des Einschlags zunäcsht überhaupt abgesehen wurde, so mußte doch gerade zu Anfang der ungesteuerten Selbstversorgung der Truppe entgegengetreten werden. Als Stellungsbau-, Pionier- und Brennholz war Holz für die Truppe von überragender Bedeutung. Zunächst mußte aber die Truppe auf die Wichtigkeit einer richtigen, gesteuerten Holzwirtschaft hingewiesen werden. Nach manchen Schwierigkeiten war die wilde Selbstversorgung der Truppe schließlich abgestoppt. Nunmehr war die Truppe immer wieder darauf hinzuweisen, die Holzanforderung auf das unbedingt erforderliche Maß zu beschränken, beim Selbsteinschlag keinen Raubbau zu betreiben und die FH-Dienststellen durch Gestellung von Werkzeugen zu unterstützen.

Überanforderungen von Holz waren eine allgemeine Erscheinung. Für die Bereitstellung von 1 fm oder 1 rm Holz mußten bereits im Wald je 1 Holzhauer und Gespannführer einen ganzen Tag arbeiten. Es erübrigt sich jede weitere Darstellung, wie sich Überanforderungen auswirken mußten. Als die starke Intensivierung des Donez-Bergbaues in der Durchführung und darüber hinaus in der Planung einsetzte, steigerte z.B. die Berghütte Ost (BHO) ihre Grubenholzanforderungen derart, daß für die anderen Bedarfsträger kaum noch Holz verblieben wäre. Die tatsächliche Abnahme erreichte die Anforderung bei weitem nicht, nicht einmal annähernd die Bereitstellung seitens der Forstwirtschaft. Dies hatte vorwiegend seinen Grund in der Verkehrslage.

Mit Rücksicht auf die winterlichen Verkehrsschwierigkeiten wollte sich die BHO mit Holz für mehrere Monate bevorraten. Ihren Anforderungen konnte in diesem Umfang natürlich nicht entsprochen werden. Ebenso mußten die Planungszahlen der BHO als Überhöhe angesehen werden. Diese Zahlen gingen von der zu erstrebenden Kohlenförderung aus. Es fehlte aber an anderen Voraussetzungen für die Erreichung dieser Förderzahlen. Die Wi In Süd griff hier wiederholt ein, so daß die BHO in der Praxis dem wirklichen Bedarf entsprechend versorgt werden konnte. Zu einer an sich erwünschten winterlichen Bevorratung der BHO ergab sich keine Möglichkeit.

Neben die Vorsorgung der Truppe mit Brennholz trat alsbald der Unterkunftsbau für das Ostheer als wichtigste Aufgabe. Unterzubringen waren 1,5 Millionen Soldaten, in neuzuerstellenden Unterkünften 500 000. Für diese große Aufgabe mußte Holz eingeschlagen und bereitgestellt werden. Die Heeresbaudienststellen wurden bei der Auswahl der Einschlag-Waldbestände, der Durchführung der Einschläge und Ausformung des Holzes beraten und unterstützt. Besonders nützlich war hierbei der Einsatz der FSK-Einheiten. Durch eigene Mitarbeit, beispielgebende Erziehung der einheimischen Arbeitskräfte und durch Beaufsichtigung und Sicherung des Holzseinschlags hat das FSK Wesentliches geleistet.

Insbesondere für den Barackenbau waren die FH-Dienststellen nach Beseitigung der ungesteuerten Selbstversorgung Holzlieferant. Die Vielzahl der Bautypen hatte eine erhebliche Holzverschwendung zur Folge. Die einheitliche Ausrichtung des Barackenbaues im Einvernehmen mit dem Beauftragten für den Holzbau schuf hier Abhilfe.

Die Holzversorgung für den Bau von Sperrholzhütten und Panjewagen und -Schlitten waren die weiteren Aufgaben für den Holzeinschlag bis etwa Sommer 1942.

Schon bald mußte der Holzeinschlag zu einer sowohl zeitlichen als auch räumlichen Schwerpunktbildung übergehen. Der zeitliche Schwerpunkt war bedingt durch die Bedarfsdringlichkeit gewisser Sortimente, etwa in der Abstufung:

Unterkunftsbau
Brennholz
Grubenholz
Schwellen

Im Lauf der Entwicklung traten öfters Umstellungen der zeitlichen Schwerpunkte ein. Für die Bildung räumlicher Schwerpunkte waren die Transportmöglichkeiten und die Lagen der Bedarfssorten maßgebend. In steigendem Maß kam als Ursache der räumlichen Schwerpunktbildung die Gefährdung des Holzeinschlags durch die Banden hinzu, deren störende Tätigkeit den Holzeinschlag schließlich auf einige engumgrenzte Teile des Gesamt-Waldgebietes zusammendrängte (vgl. das „Bandenproblem" S. 148).

Nach Überwindung der Schwierigkeiten der ersten Zeit erfolgte der Einschlag planmäßig. Die Durchführung des für das jeweilige Wirtschaftsjahr (1. 10.–30. 9.) geplanten Einschlags war die wichtigte Aufgabe. Zu 70% mußte der Einschlag im Lauf des Winters erfolgen, da später die landwirtschaftlichen Arbeiter nicht mehr zur Verfügung standen und die Holzabfuhr nicht mehr möglich war. Notgedrungen mußte der Einschlag auf Großkahlschläge entlang den Bahnlinien und den Hauptverkehrsstraßen, in der Nähe der Sägewerke und Verladebahnhöfe sowie an flößbaren Flüssen beschränkt werden. Einschlag durch deutsche Einheiten selbst bei Kontrolle durch FH und gegen Bezahlung erwies sich als zweckmäßig. Benötigt wurden im wesentlichen: Nutzholz für Unterkunftsbauten, für Panjewagen und Schlittenbau, Schwellen, Grubenholz, Generatorholz und unvorstellbare Mengen Brennholz.

Einschlag im Forstwirtschaftsjahr 1941/42:

Einschließlich des vorgefundenen russischen Einschlags betrug der Einschlag bis zum 1. 10. 1942

27,5 Millionen fm.

Statistische Aufteilung dieses Einschlags in einzelne Holzarten wurde damals noch nicht vorgenommen.

Einschlag im Forstwirtschaftsjahr 1942/43:

Als Umlage wurde ein Einschlags-Soll festgelegt von

32,3 Millionen fm.

Der tatsächliche Einschlag betrug 27,0 Millionen fm, also 84% der Umlage. Hierin sind 2,2 Millionen fm aus dem Gebiet der Wi In Mitte statistisch nicht erfaßt, so daß die Statistik nur 24,8 Millionen fm aufweist. Geschlagen wurden:

	Nutzholz	Brennholz (einschließlich Generator)
Zivilgebiet	7,1 Mio. fm	8,6 Mio. fm
Operationsgebiet	3,9 Mio. fm	5,2 Mio. fm
zusammen:	11,0 Mio. fm	13,8 Mio. fm

Die Aufteilung des Holzeinschlags in Nutzholz und Brennholz auf die einzelnen Gebiete und Monate ergibt sich aus der anliegenden Übersicht (Anl. 41). Die Sortimente an Nutzholz (Nadelstammholz, Faserholz, Grubenholz, Laubnutzholz) und an Brennholz (eigentliches Brennholz, Generatorholz) für die einzelnen Gebiete, sowie der prozentuale Anteil am Gesamteinschlag der Gebiete und der Gebiete am Gesamteinschlag der Sortimente sind aus der anliegenden Tabelle (Anl. 42) ersichtlich.

Der Brennholzeinschlag übertraf überall den Nutzholzeinschlag (Zivilgebiet 54,8%, Operationsgebiet 57,2% Brennholz). In „Brennholz" ist Generatorholz mit enthalten. RKO war der Eckpfeiler der Generatorholzaufbringung. Gebietsweise gliederte sich der Gesamteinschlag wie folgt auf:

RKO	7,6 Mio. fm = 30,7%	
Weißruthenien	1,8 Mio. fm = 7,4%	zusammen 63%
RKU	6,2 Mio. fm = 24,9%	
Wi In Nord	3,0 Mio. fm = 12,1%	
Wi In Mitte	4,2 Mio. fm = 17,1%	zusammen 37%
Wi in Süd	2,9 Mio. fm = 7,8%	

Nach Sortimenten gliederte sich der Einschlag wie folgt:

	Zivilgebiet	Operationsgebiet
Nadelstammholz	28,6%	35,2%
Faserholz	3,6%	0,1%
Grubenholz	4,5%	1,9%
Laubnutzholz	8,5% zusammen 45,2%	5,6% zusammen 42,8%
Brennholz	51,5%	53,4%
Generatorholz	3,3% zusammen 45,8%	3,8% zusammen 57,2%

Bei Nutzholz nahm Nadelstammholz den größten Raum ein. Fast nur aus Nadelstammholz bestand das Nutzholz bei Wi In Nord. Auch im Gebiet der Wi In Mitte kam zum Nadelstammholz nur wenig Grubenholz und Laubnutzholz dazu. Beim RKO war der Anteil des Nadelstammholzes am Nutzholz gering, erheblich der von Faserholz, Grubenholz und Laubnutzholz (Faserholz und Grubenholz waren wesentliche Ausfuhrgüter des RKO). Am kleinsten war der Anteil des Nadelstammholzes am Nutzholz bei RKU und Wi In Süd, wo Grubenholz und Laubnutzholz im Vordergrund standen.

Der Brennholzanteil am Gesamteinschlag war im Vergleich zum Reich außerordentlich hoch. Ursache hierfür war der hohe Brennholzbedarf der Truppe (auch

Zivilbevölkerung), der durch andere Heizmittel nur in sehr geringem Umfang entlastet wurde.

Für alle Waldarbeiten, insbesondere auch den Einschlag, wurde auf der Basis von 1,50 Rubel Stundenlohn grundsätzlich Akkordlohn durchgeführt. Volle Auswertung des Akkordsystems konnte bei der geringen Kaufkraft des Geldes aber nur durch Verbindung mit „Pensumarbeit" erreicht werden, die dem Waldarbeiter Zeit für seine eigene kleine Landwirtschaft ließ. Für wirkliche Mehrarbeit wurden außerdem Leistungsprämien in Geld bzw. Naturalien gewährt. Die einheimischen Beamten und Angestellten wurden grundsätzlich nicht schlechter bezahlt als bisher, wobei Einstufung nach Leistung und Ausbildung freistand.

Holzabgabe:

Nutzholz und Brennholz wurden den Einheiten und Betrieben von den FH-Dienststellen gegen Bezahlung zugewiesen. In erster Linie wurde das eingeschlagene Holz dem von FH selbst betriebenen Werken angeboten, die für den Truppenbedarf zu sorgen hatten. Erst nach Deckung dieses Bedarfs erfolgte Abgabe an Sägewerke der Wehrmacht, OT usw., die jedoch ihren Bedarf in der Hauptsache im Weg des Selbsteinschlags deckten. Abgabe an die einheimische Bevölkerung erfolgte nur, wenn der Käufer als Waldarbeiter mindestens 4 Wochen ununterbrochen gearbeitet hatte, bzw. wenn die Gemeinde das Einschlag-Soll und die Gestellung der Arbeitskräfte und Gespanne erfüllt hatte.

In der Zeit vom 1. 10. 1943 bis 30. 4. 1944 wurden abgegeben an:

Wehrmacht	4 323 400 fm
Reichsbahn	319 900 fm
FH-Werke	1 395 300 fm
sonstige Bedarfsträger	6 175 400 fm
Reich	446 800 fm
zusammen:	12 660 800 fm

Die genaue Aufgliederung der Abgabe nach Nutz- und Brennholz aus den einzelnen Gebieten ist mit den Abgabezahlen in fm aus der anliegenden Tabelle (Anl. 43), in Prozentsätzen der Gesamtabgabe aus der Tabelle (Anl. 44) ersichtlich.

Die Übersicht bezieht sich auf eine Zeit, wo weite Gebiete bereits verloren waren. Jedoch gewährt sie bei sinnvoller Übertragung ihrer Angaben einen ungefähren Einblick in die Aufgliederung der Abgabe in den vorher besetzten Gebieten.

Die Wehrmacht erhielt von der Gesamtabgabe der begreffenden Gebiete:

	Nutzholz	Brennholz	zusammen
Wi In Nord	81,6 %	86,5 %	84,5 %
Wi In Mitte	76,7 %	64,1 %	70,1 %
Weißruthenien	84,6 %	47,7 %	48,0 %
Lettland	36,4 %	37,7 %	37,3 %
Estland	26,8 %	29,9 %	28,5 %
Litauen	8,8 %	15,4 %	13,8 %

Mit zunehmender Entfernung von der Front nahm die Abgabe an die Wehrmacht folgerichtig ab. Die Abgabe an die Reichsbahn war unbedeutend, zu Zeiten des Ausbaues des Bahnnetzes war sie erheblich höher. Die FH-Sägewerke erhielten von der Gesamtabgabe der betreffenden Gebiete (nur die Nutzholzabgabe ist von wirtschaftlicher Bedeutung):

	Nutzholz
Lettland	36,2%
Litauen	33,5%
Weißruthenien	23,8%
Estland	22,2%
Mitte	16,5%
Nord	14,1%

Die geringen Beträge bei Mitte und Nord beruhen darauf, daß dort auch von der Truppe, OT usw. zahlreiche Sägewerke betrieben wurden.

Sonstige Bedarfsträger (weitgehend mit Industrie plus Bevölkerung identisch) erhielten:

	Nutzholz	Brennholz	zusammen
Litauen	47,6%	83,3%	74,9%
Estland	47,2%	69,2%	59,2%
Weißruthenien	20,5%	46,4%	34,6%
He Wi Fü Nord	4,3%	11,2%	8,3%
He Wi Fü Mitte	3,9%	22,5%	13,6%
Lettland	3,2%	52,3%	36,0%

Naturgemäß dominierte auch hier das frontentfernt gelegene Gebiet.

Bis zum 30. 11. 1943 wurden insgesamt ins *Reich* geliefert:

	1941/42	1942/43	1. 10.–30. 11. 43		Wert (Millionen RM)
Rundholz	172 589	103 717	8 357	fm	rd. 11,0
Faser-, Gruben-, Brennholz	1 204 154	1 040 984	145 893	rm	rd. 25,0

(Genaue Einzelheiten über die Holzsortimente vgl. Anl. 45)

Ausgeführt wurde im wesentlichen nur Gruben- und Faserholz, wobei die Grubenholzausfuhr erheblich intensiver war. Bei Faserholz war neben dem Eigenverbrauch des Landes auch die Verwendung zu anderen als Faserholzzwecken beträchtlich.

Die Ausfuhr im Wirtschaftsjahr 1943 lag gegenüber 1942 erheblich niedriger. Dies lag daran, daß bei Besetzung der baltischen Länder, die stets den größten Ausfuhranteil stellten, große Friedensbestände von ohnehin für den Export bereitgestellten Holzsorten vorgefunden worden waren. Später mußte aber die Ausfuhr zugunsten des zunmehmenden Bedarfs der deutschen Besatzungsmacht (insbesondere der Truppe) zurücktreten und auch die Erzeugung ließ nach. Bei dem für die

Ausfuhr nach dem Reich besonders wichtigen Faser- und Grubenholz sank der Export am wenigsten.

Mit Ausnahme dieser Ausfuhr ins Reich ging der gesanmte Einschlag unmittelbar und mittelbar der Truppe zu.

Bei der Holzabgabe wurde grundsätzlich an den am 22. 6. 1941 geltenden Preisen festgehalten, wo bei Barzahlung (bis zu RM 1000) bzw. Zahlung innerhalb 3 Wochen (über RM 1 000 gegen Empfangsbescheinigung) zu leisten war. Die Einzahlungen erfolgten auf ein für jede Forstverwaltung eröffnetes Bankkonto, das unter Aufsicht des He Wi Fü stand. Die Einnahmen standen lediglich für forstwirtschaftliche Zwecke zur Verfügung. Nach vierteljährlicher Abrechnung für jedes Leschos wurden die Überschüsse an die Zahlstellen der Wi Kdos abgeführt.

An Steuern hatte die Forstverwaltung lediglich Umsatzsteuer zu zahlen. Außerdem wurde die Forstverwaltung von der Gewinnabschöpfung erfaßt. Vierteljährlich hatten die Forstämter Abrechnung und Voranschläge nach vorgeschriebenem Formular vorzulegen. Die Höhe der abzuführenden Mittel wurde durch die Wi In'en bzw. He Wi Fü festgesetzt.

Holztransport und Flößerei

Trotz aller dabei auftretenden Schwierigkeiten schien sich nicht der Holzeinschlag selbst, sondern der Holztransport als das Zentralproblem der östlichen Forstwirtschaft zu erweisen. Jedenfalls enthielten die Berichte fast sämtlicher FH-Dienststellen immer wieer dringende Hinweise auf eine völlig unzureichende Transportlage.

Der umfangreiche sowjetische Holztransportapparat war restlos zerschlagen oder weggeführt. Dem großen, von den Russen zurückgelassenen und dem eigenen Einschlag, standen die FH-Dienststellen zunächst ohne jeden eigenen Transportapparat gegenüber. Schlepper, Lastwagen und Pferde waren so gut wie nicht vorhanden. Zur Verfügung standen nur die wenig leistungsfähigen landesüblichen Panjefahrzeuge der Landwirtschaft, deren Einsatz parallel dem Einsatz einheimischer Holzhauer zudem noch den größten jahreszeitlichen Schwankungen unterlag. In engster Zusammenarbeit mit dem La-Dienststellen konte durch Stellung eines bestimmten Prozentsatzes von Pferden aus der Landwirtschaft wenigstens im Winter und Frühjahr einigermaßen Abhilfe geschaffen werden.

Die sich über einen langen Zeitraum erstreckende Lage läßt sich wie folgt kennzeichnen: Beutefahrzeuge standen nicht zur Verfügung (OKH; GBK hatten abgelehnt). Die Landwirtschaft war nur zur vorübergehenden Überlassung von Beutefahrzeugen in der Lage, die Staßentransportleitung Ost (Stralo) lehnte Holztransporte ab, beförderte nur landwirtschaftliche Erzeugnisse und Mangan. Das Reichswirtschaftsministerium stellte mot. Fahrzeuge aus der Neuproduktion für die Forstwirtschaft nicht zur Verfügung. Die gesamte Neuproduktion von Ackerradschleppern wurde für die Landwirtschaft beschlagnahmt, die Neuproduktion von Raupenschleppern für die Wehrmacht. Bei größtem liegenden Holzvorrat und außerordentlichem Truppenbedarf an Holz war dies die Transportlage bis etwa August 1942.

Da der Transport über Land auf weitere Entfernungen nur mit Lkw und Schleppern erfolgen konnte, stellte die Chefgruppe FH in einer Denkschrift vom 6. 8. 1942 die katastrophale Lage, und insbesondere die Verantwortung für ein Versagen der Holzversorgung heraus[153]). Der Erfolg war grundsätzlich befriedigend. Zwischen Wi Stab Ost und dem Bevollmächtigten für das Kraftfahrwesen (GBK) wurde festgelegt, daß die Straßentransportdienststellen Lkw und Zugmaschinen erhielten, die ausschließlich für den Holztransport verwandt werden durften. Außerdem sagte der BGK im Einvernehmen mit Gen.d.Mot. die Lieferung von Schleppern an FH direkt zu Eigentum und Eigenbetrieb zu.

Nachgeschoben wurden 65 Schlepper aus Neuproduktion. Außerdem wurden ca. 150 gebrauchte Schlepper aus dem Reich nachgeschoben, die FH zum Eigenbetrieb erhielt. Der Stralo wurden für ausschließlichen Holztransport rd. 150 gebrauchte bzw. Beuteschlepper zur Verfügung gestellt.

Zu unterscheiden war:
- Transport vom Hiebsort zur abgabefähigen Ablage an Straßen, Eisenbahnen und Flüssen: *Nahtransport.*
- Transport von da zum Verbraucher oder zur Verarbeitung: *Ferntransport.*
- Holz, das an Straßen usw. aufgearbeitet wurde, war unmittelbar abgabefähig oder bedurfte nur eines geringfügigen Nahtransports.

Nahtransport war grundsätzlich Aufgabe der forstlichen Dienststellen, Ferntransport Sache der Bedarfsträger. Nur die Flößerei gehörte zur Zuständigkeit der forstlichen Dienststellen.

Das Transportproblem war statistisch schwer zu erfassen. Eine Statistik des Nahtransports, die nicht zugleich angibt, welcher Teil des Vorrats und Einschlags ohne Nahtransport abgabefähig ist, ist wertlos, da sie die wahre Transportlage nicht darstellt. Die gleiche Transportkapazität und -leistung kann viel oder wenig bedeuten, je nach der Transportorientierung des Einschlags, d.h. nach seiner Orientierung zum Ferntransport. Ist der Einschlag ferntransportorientiert, so braucht man wenig Nahtransportkapazität und umgekehrt.

Eine Transportstatistik mit Berücksichtigung der Transportorientierung erwies sich als zu kompliziert. Deshalb wurde trotz seiner großen Bedetuung von einer statistischen Erfassung des Nahtransportes abgesehen.

Statt dessen wurde die zeitliche Gestaltung des unverwerteten Vorrats an Holz verfolgt. Sank nämlich der Vorrat an Holz oder blieb er gleich, so reichte die Nahtransportleistung offensichtlich aus, um den gesamten Einschlag abgabefähig zu machen. Stieg der Holzvorrat, so war dies nicht der Fall. Für das Forstwirtschaftsjahr 1943 ergab sich folgende Bewegung des Holzvorrats:

---

[153]) Denkschrift über die Beschaffung von Nahtransportmitteln für die Forst- und Holzwirtschaft in den besetzten Ostgebieten, vom 6. 8. 1942, BA-MA, RW 31/116. Siehe ebenso Der Sonderbeauftragte für die Holzversorgung Südost, Voraussetzungen für eine Verbesserung der Holzversorgung im besetzten sowjetrussischen Südostraum, vom 10. 8. 1942, sowie dessen Lagebericht vom 31. 8. 1942, ebd.

	Anfangsvorrat	Endvorrat	% des Anfangsvorrates
RKO	3 639 000 fm	3 250 000 fm	89
Weißruthenien	739 000 fm	873 000 fm	118
RKU	2 673 000 fm	2 786 000 fm	104
Wi In Nord	234 000 fm	655 000 fm	280
Wi in Mitte	1 184 000 fm	1 025 000 fm	87
Wi in Süd	340 000 fm	431 000 fm	127

Naturgemäß ergab die Vorratsbewegung noch kein genaues Bild, da noch der Einschlag berücksichtigt werden mußte. Selbst wenn sich in zwei Gebieten Anfangs- und Endvorrat gleichstehen, kann doch die Transportlage eine sehr verschiedene sein je nach dem Zeitablauf, der zwischen Einschlag und Abgabe des Holzes liegt (Abgabeverzögerung). Diese Abgabeverzögerung ist gleich dem Verhältnis: Endvorrat zu Einschlag. Erst die Abgabeverzögerung ermöglicht die interregionale Vergleichung der Gesamtransportlage. Zwar kommen noch andere Momente hinzu, wie z.B. die statistisch nicht zu erfassende wirtschaftliche Zielsetzung. Im großen und ganzen gab aber die Vorratsbewegung ein hinreichendes Bild der Gesamttransportlage, das geeignet war, als Anhalt für eine übergebietliche Planung des Transportmitteleinsatzes (Verteilung zusätzlicher Transportmittel, Nachschub von Schleppern usw.) für die einzelnen Gebiete zu dienen.

Vom Standpunkt der Vorratsbewegung stand das Zivilgebiet nach der vorstehenden Aufstellung günstiger da als das Operationsgebiet. Dort sank der Vorrat etwas, während er hier durchweg anstieg. Bei Wi In Mitte war das erhebliche Sinken des Vorrats darauf zurückzuführen, daß unter dem Druck der Banden der Einschlag sich mehr und mehr in der Nähe von Strßen, Rollbahnen usw. konzentrierte. Hierdurch ergab sich ein günstigerer Ferntransport, was gleichzeitig eine indirekte Stärkung der Nahtransportkapazität bedeutete. Insoweit war die Wirkung der Banden auch einmal positiv. Im allgemeinen ergab sich jedenfalls das Bild, daß Gebiete mit sinkendem Vorrat eine bessere Ferntransportorientierung des Einschlags aufwiesen und damit eine Stärkung der Nahtransportkapazität.

Die Beobachtung der Nahtransportlage der besetzten Ostgebiete im ganzen ergab, daß bei einer Abgabeverzögerung des Holzes von knapp 4,5 Monaten (etwa wie im Reich) nur eine kaum merkliche Vorratssteigerung eintrat. Die Transportlage erwies sich also doch nicht so schlecht, wie die zahlreichen Berichte erwarten ließen. Zweifellos waren die Schwierigkeiten des Nahtransports von jeher erheblich. Es muß aber bei vielen Einzeldarstellungen der Transportlage beachtet werden, daß z.Z. des maximalen Holzeinschlags (also im Winter) der Vorrat außerordentlich ansteigt, daß er im Sommer aber wieder fällt, was man entweder im voraus nicht wußte oder übersah. Die genaue Vorratsbewegung in den einzelnen Monaten des Wirtschaftsjahres 1943 unter Berücksichtigung des Einschlags ist für die einzelnen Gebiete aus der anliegenden Tabelle (Anl. 46) ersichtlich. Für 1943 hatten sich offensichtlich auch schon die vorbezeichneten Maßnahmen für den Nachschub von Transportmitteln usw. ausgewirkt. Für den Holztransport wurden weiterhin auch die bei den Wi Kdos gebildeten Fahrgemeinschaften weitgehend eingesetzt.

Der Einsatz von Arbeitskräften beim Holztransport betrug maximal rd. 140 000 Arbeitskräfte.

Von größter Bedeutung war in Rußland von jeher die *Flößerei*. Für die deutsche Forstwirtschaft war der Dnjepr besonders wichtig wegen der Schwierigkeit der Holzversorgung des waldarmen Südostgebietes. Auch für das mittlere und nördliche Gebiet war die Flößerei von ungebundenem Holz (Trift) und von gebundenem Holz von ausschlaggebender Bedeutung. Die großen Sägewerke und Holzkombinate in Bobruisk und Pleskau wurden fast ausschließlich durch die Flößerei mit Holz versorgt.

Die Flößerei war Aufgabe der Flößereikontore und deren alleiniges Recht, sie brachte bedeutende Ergebnisse. Die Nahflößerei mit überwiegend örtlicher Bedeutung wurde statistisch nicht erfaßt. Der Umfang der Fernflößerei auf den größeren Flüssen betrug:

RKO (Pernau, Embach, Düna kurländisch und livländisch Aa, Windau, Memel)	ca. 1 750 000 fm im Jahr
Dnjepr	ca. 250 000 fm im Jahr.

Eine erhebliche Steigerung der Flößerei auf dem Dnjepr wäre möglich gewesen, wurde aber durch die militärischen Ereignisse verhindert.

Der Einsatz von Arbeitskräften bei der Flößerei betrug rd. 20 000 Flößer.

Was früher bereits bezüglich der Ernährung der Holzhauer ausgeführt ist, galt in gleicher Weise auch für die Flößer. Die sehr erhebliche Auswirkung der ständig steigenden Bandentätigkeit ist bei dem „Bandenproblem" bereits dargestellt (vgl. S. 148).

Nebennutzungen

Soweit nicht mit den Gruppen W der Wi Kdos und den privaten Handelsfirmen Sonderregelungen über Gewinnung und Weiterverarbeitung der Nebennutzungsprodukte getroffen wurden, erfüllten die FH-Dienststellen selbst diese Aufgaben.

Aus Kiefernstöcken wurde durch Verkohlung bzw. Destillation *Holzkohle, Holzteer und Terpentin* gewonnen. die trockene Holzdestillation erfolgte aus halb verrotteten Stubben in Kienöfen, während frische Stücke aus neuen Großeinschlägen in Meilern verkohlt wurden. Aus 1 rm Stubben wurden gewonnen:

ca. 75 kg Holzkohle
ca. 20 kg Kienteer
ca. 10 kg Kienöl,

außerdem durch kleine Veränderungen an den Anlagen Holzteeröle und Karbolineum. Holzkohle und Kienöl übernahm die Gruppe W/Chemie, Holzteer die Gruppe W/Mineralöl. In den beiden Jahren 1942 und 1943 wurden aus der Holzverschwelung gewonnen:

	Holzkohle to	Kienöl to	Kienteer to
RKO	nur geringfügige nicht registrierte Mengen		
RKU	878	249	402
Wi In Nord	920	–	21
Wi In Mitte	1 790	65	220
Wi In Süd	86	–	34
zusammen: 1942/43	3 674	314	677

Die Gewinnung von *Gerbrinde* für die Versorgung der Lederindustrie mit Gerbstoffen wurde besonders gefördert. In den Wirtschaftsjahren 1942 und 1943 wurde an Gerbrinde gewonnen:

	Eiche to	Erle to	Birke to	Weide to	Fichte to
RKO				39	5 753
RKU	1 599	165	128	24	3
Wi In Mitte					395
Wi In Süd	910				
zusammen: 1942/43	2 509	165	128	63	6 151

Aus der bei der Herstellung von Tankholz, Sperrholz und Panjewagenteilen anfallenden Birkenrinde wurde *Birkenrindenöl* hergestellt (200 fm Birkenholz = 3 to Birkenrinde = 1 to Birkenrindenöl). Birkenrindenöl fand für die Herstellung von Spindelöl zum Betrieb von Textilmaschinen, bei der Fabrikation von Juchtenleder und als Zusatz bei der Fertigung von Schuhcreme Verwendung.

Für die *Kiefernharznutzung* hatten die Russen wegen ihrer Bedeutung eine eigene Organisation (den Holz-Chemie-Trust) aufgebaut. Mit Rücksicht auf die kriegswichtige Produktion der Terpentinfabriken (Balsam, Terpentin und Kolophonium) wurde die Harznutzung mit allen Mitteln gefördert. Im Wirtschaftsjahr 1942/43 wurden gewonnen:

RKO (einschließlich Weißruthenien)	536 to
RKU	1 286 to
Wi In Nord	28 to
Wi In Mitte	250 to
Wi In Süd	183 to
zusammen:	2 283 to.

Durch die Gewinnung von Beresklet (Wurzelrinde des warzenartigen Pfaffenhütchens) hatten sich die Russen weitgehend von der Einfuhr tropischer Guttapercha freigemacht. Die Gewinnung wurde mit Nachdruck aufgenommen. Der gesamte Anfall wurde von der ZO aufgenommen, die Weiterverarbeitung erfolgte in einem Werk in Uman (Ukraine).

Holzwirtschaft

Zur Holzwirtschaft gehörte die Bearbeitung des Rohholzes zu Schnitt- und Sperrholz und der Holzhandel (besonders die Ausfuhr von Roh- und Schnittholz nach dem Reich). Demgegenüber gehörte die Verarbeitung des Holzes zu Halb- und Fertigerzeugnissen zur gewerblichen Wirtschaft. Infolge der Zusammenfassung der Produktion in Betriebseinheiten (Kombinate) z.Z. der sowjetrussischen Wirtschaft waren aber zahlreiche Sägewerke mit Fertigungsbetrieben gekoppelt (z.B. mit Tischlereien). Solche Betriebe rechneten dann ebenfalls zur Holzwirtschaft.

Erkundung und Lage der Werke

Beim Einrücken der FH-Dienststellen in ihre Gebiete lagen meist brauchbare Berichte des jeweils durchgezogenen AOK über Standort und Verfassung der Werke vor. Diese Unterlagen wurden, beginnend mit dem Betriebsfragebogen (vgl. Anl. 47), bis in kleinste Einzelheiten vervollständigt.

Die Vorräte an Rund- und Schnittholz, sowie die Möglichkeiten der Versorgung mit Rundholz und des Abtransports von Schnittholz wurden in erster Linie geprüft, um den Wert des künftigen Einsatzes des Betriebs festzulegen.

Bei der Wichtigkeit aller holzwirtschaftlichen Betriebe für die unmittelbare Versorgung der Fronttruppe wurde zunächst jeder Betrieb inganggesetzt, selbst wenn dies anscheinend nur notdürftig geschehen konnte. Hierbei erwiesen sich die russischen Fachkräfte als fähig, auch mit Mitteln zu produzieren, die nach deutschem Begriff völlig unzulänglich waren. Nach erfolgten genauen Nachprüfungen wurden dann die wegegünstigen Werke ausgesucht und hier Maschinen und Einrichtungen aus abgelegenen Werken zum Einsatz gebracht. Zu stark zerstörte Betriebe schieden von Anfang an aus. Soweit noch irgendwelche Einrichtungen vorhanden bzw. brauchbar waren, wurden sie in anderen Betrieben zum Einsatz gebracht.

Die Sägewerke lagen:

	Zivilgebiet	Operationsgebiet
Am Wasser	25%	20%
an der Bahn	45%	60%
an Straßen	30%	20%.

Die am Wasser liegenden Sägewerke des Zivilgebiets waren am Dnjepr, der Holzverkehrsader nach dem Süden, konzentriert. Der Straßentransport, sowohl des Roh- als auch des Schnittholzes spielte nach der vorstehenden Aufstellung eine erhebliche Rolle.

Betriebe und Betriebsinhaber

Zur Zeit des Einsatzes der FH-Dienste an Ort und Stelle waren bereits vielfach Werke durch Truppenteile, OT, RAD usw. in Betrieb genommen. Ursprünglich sollten alle vorgefundenen Werke von der Wi-Organisation Ost (also FH) betrieben werden, jedoch fehlte es hierzu von Anfang an an geeigneten Betriebsleitern. Zahlreiche Sägewerke wurden von den Bedarfsträgern selbst neu aufgebaut und verblieben in deren Händen. Zum Teil wurden sie jedoch von FH selbst übernommen. Soweit dies nicht der Fall war, wurde von FH mit den Betriebsinhabern meist ein Übernahmevertrag geschlossen. Hierin wurde festgelegt, daß der betreffende Truppenteil usw. das Werk nur auf Widerruf betrieb mit Weisungsrecht der FH-Dienststellen, bei voller betrieblicher Auskunftspflicht und unter Ausschluß jedes Rechts auf Abtransport von Produktionsmitteln oder Rohstoffen.

Von einer organisatorischen Einheit konnte demnach keine Rede sein. Eine einheitliche *betriebswirtschaftliche* Lenkung der Sägeindustrie war aber auch nicht notwendig. Im Gegenteil entsprach eine Vielgestalt der Organisation den wechselvollen Bedürfnissen und den verschiedenen industriellen Verhältnissen besser. Erforderlich war nur eine Zentral-Organisation, der gegenüber betriebswirtschaftliche Auskunftspflicht bestand, und die das Recht der Betriebsaufsicht besaß. Die von einzelnen Einheiten betriebenen Werke standen erfahrungsgemäß häufig einer Abgabe an andere Bedarfsträger ablehnend gegenüber. Mit dem Betriebsaufsichtsrecht mußte also gleichzeitig das Recht verbunden sein, Werke mit offensichtlich unzulänglicher betriebswirtschaftlicher Leistung an sich zu ziehen. In ausreichendem Umfang hat FH die Rolle dieser Zentral-Organisation nicht übernehmen können, was sich in vielfacher Beziehung ungünstig ausgewirkt hat.

Die Belassung der Werke bei Einheiten der OT hat sich als zweckmäßig erwiesen, da diese selbst über einen Stab deutscher Fachleute verfügten. Einheiten, die Werke selbst betrieben, wurden bei der Erhaltung der Betriebsfähigkeit der Werke laufend beraten und unterstützt. Diese Betreuung erwies sich als erforderlich, da die Einheiten wissen mußten, daß sie seitens der FH-Dienststellen nicht nur Einsprüche in ihr Programm, sondern auch laufende Betreuung zu erwarten hatten. Die Rundholzzuweisungen auch an solche Werke erfolgten ausschließlich durch FH, ebenso die Entscheidung, ob Zuweisung in aufbereitetem Zustand oder zum Selbsteinschlag zu erfolgen hatte.

Holzwirtschaftliche Werke wurden im Frühjahr 1942 betrieben:

	Werke	Gatter	
RKO	1 131	1 700	(einschließlich „Bauernsägen“)
RKU	150	250	
Wi In Nord	46	75	
Wi In Mitte	75	12	
Wi In Don-Donez	59	90	

Für Mai 1944 ergab sich folgender Stand:

	Werke	Gatter	
RKO	146	264	(ohne „Bauernsägen")
Weißruthenien	45	71	
Rest RKU	20	33	
He Wi Fü Nord	20	22	
He Wi Fü Mitte	100	144	

Hinzu kamen noch 10 Sperrholzwerke (1944).

Beim RKO wurden späterhin nur noch die Werke mit kriegswirtschaftlicher Bedeutung erfaßt, die kleinen „Bauernsägen" (siehe die große Anzahl der Werke des RKO in der ersten Tabelle) blieben unberücksichtigt.

Die Verteilung der Sägewerke auf Betriebsinhaber-Kategorien sah nach dem Stand vom Mai 1944 wie folgt aus:

	Werke	FH	Wehrmacht	OT	Reichsbahn	Treuhänder	sonstige
RKO	146	54	5	4	8	75	–
Weißruthenien	45	33	–	–	–	12	–
Rest RKU	20	11	8	1	–	–	2
He Wi Fü Nord	20	6	10	2	–	–	2
He Wi Fü Mitte	100	30	47	18	1	1	3

In der Praxis hat sich also die vorbesprochene Vielgestalt der Organisation als zweckmäßig erwiesen und durchgesetzt.

Arbeitskräfte und Maschinen

In erster Linie wurden alle früheren Arbeiter des betreffenden Werkes erfaßt, die noch in der Gegend waren (meist in der Landwirtschaft tätig). Der weitere Bedarf wurde über das zuständige Arbeitsamt gedeckt. Der Einsatz von Kriegsgefangenen bei Unterbringung in einem kleinen Lager auf dem jeweiligen Werk selbst (um einen ständigen Wechsel zu vermeiden) hat sich bewährt. Im Jahre 1943 etwa waren durchschnittlich in der Sägeindustrie eingesetzt:

RKO	13 568 Arbeitskräfte
RKU	15 175 Arbeitskräfte
Wi In Nord	811 Arbeitskräfte
Wi In Mitte	8 813 Arbeitskräfte
Wi in Süd	ohne zuverlässige Angaben.

An deutschen Verhältnissen gemessen, war der Arbeitseinsatz sehr hoch.

Die Arbeitsgänge wurden durchweg im Akkordsystem durchgeführt. Aber nur Freizeit- und Materialprämien erbrachten wirkliche Leistungssteigerungen. Ausschlaggebend für die Leistung der Werke war stets die Fürsorge der Betriebsführer für die eingesetzten einheimischen Kräfte. Dazu gehörte in erster Linie eine ausreichende Verpflegung. Ihre Durchführung erfolgte in engster Zusammenarbeit mit den La- und BB-Dienststellen vor allem in Werksküchen. Die Zuweisung von Gartenland hat sich als leistungssteigernde Maßnahme bewährt.

Wie schwer von der Bandentätigkeit auch die Holzwirtschaftsbetriebe betroffen wurden, davon ist bereits bei dem „Bandenproblem" gesprochen worden (vgl. auch Anl. 38). Allein im Bereich der Wi In Mitte wurden in der Zeit vom Mai 1942 bis Oktober 1943 22 Sägewerke mit 25 Gattern zerstört, was einen Kapazitätsausfall von 330 fm täglich bedeutete (vgl. im übrigen das „Bandenproblem" S. 148):

Die Annahme, daß man mit den vorgefundenen Sägewerken auskommen könne, erwies sich bald als irrig. Zum großen Teil waren sie veraltet, bald stand auch der größere Teil außerhalb der wichtigsten Einschlagsgebiete. *Sägewerksmaschinen*, insbesondere Gatter und Antriebsmaschinen mußten also nachgeschoben werden. Da hierfür neue Maschinen nicht zur Verfügung standen, wurden schließlich über OKW, OKH und Reichsforstmeister die Einrichtungen von 220 im Reich stillgelegten Sägewerken beschlagnahmt, deren Maschinen ab November 1942 nachgeschoben wurden.

Da aber auch diese Maschinen meistens veraltet und reparaturbedürftig waren, mußten neue Maschinen eingesetzt werden. Auf die Schwierigkeiten der Ausrüstung von FH mit Kontingenten für Eisen und NE-Metalle ist bereits früher hingewiesen worden. Auf dem Sektor Sägewerksmaschinen wurde schließlich im Endergebnis um die Jahreswende 1942/43 die Beschaffung eines Maschinenparks für 100 Sägewerke aus der Neuproduktion genehmigt.

Die im Reich beschlagnahmten gebrauchten Anlagen wurden im Operationsgebiet eingesetzt, die Anlagen aus Neuproduktion im zivilen Sektor. Maßgebend hierfür war der Grundsatz der Sicherheit, der sich auch bei den Absetzbewegungen voll bewährt hat. Neue Anlagen gingen kaum verloren (von 48 eingesetzten nur 6).

Schon bei den ersten Absetzbewegungen stellte sich heraus, daß die Gebundenheit an stationäre Sägewerke den Bedürfnissen der Front keinesfalls genügte. Dazu kamen die laufend stärkeren Bandenstörungen, die zahlreiche Werke außer Gefecht setzten. Die Beschaffung fahrbarer Gatter erwies sich daher als notwendig. Jedoch gelang es erst im Lauf des Jahres 1943 39 fahrbare Gatter und 6 fahrbare Bauholzsägen nachzuschieben. Die Melioration der holzbearbeitenden Industrie der besetzten Ostgebiete war also schließlich in bestem Zug. Die militärischen Ereignisse ließen alle diese Maßnahmen aber nicht mehr zur vollen Auswirkung kommen, bzw. machten das meiste wieder zunichte.

Dieser Nachschub aus dem Reich lief ebenfalls über die bei den Wi In'en bzw. He Wi Fü eingerichteten Nachschublägern. Lagerhaltung bei den Wi Kdos und Betrieben war ebenso wie in der Forstwirtschaft verboten, ebenso Direkt-Bestellungen im Reich.

Wirtschaftsablauf in der Sägeindustrie

Im besetzten Osten, wo es keine Rücksicht auf die Nachhaltigkeit der Waldwirtschaft gab, war die Leistung der Sägeindustrie nach oben begrenzt durch die Einschnitts-Kapazität der Werke, nach unten durch die Einsatzmöglichkeit von Arbeitskräften und Transportmitteln. Anzustreben war überall das Gleichgewicht zwischen Sägeindustrie und Forstwirtschaft und das wirtschaftliche Gleichgewicht der Sägeindustrie selbst. Gleichgewicht zwischen Sägeindustrie und Forstwirtschaft besteht dann, wenn die Anlieferungen von Rundholz im Gleichgewicht sind. Volles wirtschaftliches Gleichgewicht der Sägeindustrie liegt vor, wenn bei voller Ausnutzung der Kapazität der Werke Anlieferung und Einschnitt von Rundholz im Gleichgewicht sind, der Platzvorrat von Rundholz also (abgesehen von jahreszeitlichen Schwankungen) konstant ist. Jedoch ist nicht allein der gekennzeichnete Gleichgewichtsstand der Wirtschaft von Bedeutung, also der Verlauf des Einschlags, der Anlieferung und des Einschnitts, sondern auch der Intensitätsgrad der Vorratshaltung.

Im *RK Ostland (einschließlich Weißruthenien)* waren Waldaufkommen, Anlieferung und Einschnitt von Rundholz im Gleichgewicht. Es bestand also sowohl Gleichgewicht in der Beziehung der Sägeindustrie zur Forstwirtschaft als auch inneres Gleichgewicht bei der Sägeindustrie selbst.

Jedoch war hier die Wirtschaft sehr vorratsintensiv. Ausdruck der Vorratsintensität ist hinsichtlich des Waldvorrats die „Anlieferungsverzögerung" des Holzes, hinsichtlich des Platzvorrats von Rundholz auf den Werken die „Einschnittsverzögerung". Beide Verzögerungen waren im RKO größer als in irgend einem anderen Gebiet: Beinahe 7½ Monate brauchte das Rundholz, um vom Wald zum Sägewerk zu gelangen, etwa 4½ Monate lag es auf dem Werkplatz. Besonders der Waldvorrat an Rundholz war äußerst hoch.

Eine Schmälerung des Vorrats durch Einschränkung des Einschlags und der Anlieferung hätte vorübergehend Arbeitskräfte und Transportmittel freigemacht. Jedoch hätte für die bodengebundenen Arbeitskräfte im Land selbst keine andere Einsatzmöglichkeit bestanden, da sie nur vorübergehend im Winter hätten freigemacht werden können. Bei einer Überführung ins Reich hätten die Kräfte nicht wieder zur Verfügung gestanden, wenn nach Senkung der Vorräte die Einschlags- und Anlieferungsleistung wieder auf den früheren Stand hätte gebracht werden müssen. Bei den einheimischen Transportmitteln lagen die Dinge ähnlich. Eine Vorratsminderung hätte also nur von der Erzeugungsseite her in Betracht kommen können.

Die Einschnitts-Kapazität der ostländischen Sägewerke war nicht ausgelastet, was bei dem hohen Platzvorrat zunächst erstaunlich erscheinen mag. Auf Kosten des Platzvorrats hätte jedoch die Kapazität nur 3 Monate lang voll ausgelastet werden können. Die damit erzielbare zusätzliche Einschnittsleistung hätte nur ⅙ eines Jahreseinschnitts betragen. Das war zu wenig, um nicht für einen ganz besonderen Notfall aufgespart zu werden.

Wären über die Vollauslastung der Kapazität der stationären Werke hinaus fahrbare Gatter eingesetzt worden, so hätte die zusätzliche Einschnittsleistung den Waldvorrat erfaßt. Mit beiden Maßnahmen zusammen hätte eine zusätzliche Einschnittsleistung von 43% eines Jahreseinschnitts erzielt werden können. Die fahrbaren Gatter waren jedoch nicht zu beschaffen.

Die Möglichkeit einer vorübergehenden Leistungssteigerung des Einschnitts auf Kosten des Platzvorrats war eng begrenzt. Der Nachschub von Sägegattern usw. hätte an sich eine Kapazitäts-Erweiterung und damit Einschnittssteigerung ergeben müssen. Praktisch stellte sich jedoch dieser Nachschub nur als Ergänzung und Auffrischung der vorhandenen Kapazitäten dar.

Eine anhaltende Steigerung der Einschnittsleistung hätte letztlich eine Steigerung des Einschlags vorausgesetzt, für eine solche Möglichkeit ergaben sich aber keine Anhaltspunkte.

Im *RK Ukraine* wurde dagegen niemals weder das Gleichgewicht zwischen Forstwirtschaft und Sägeindustrie noch auch das innere Gleichgewicht der Industrie selbst erreicht. Insbesondere war das Waldaufkommen weit stärker als die Anlieferung. Für eine Produktionssteigerung wäre also Raum gewesen. Da die Kapazität der bestehenden Werke voll ausgenutzt war, hätte eine Erweiterung durch Errichtung neuer stationärer Werke erfolgen können. Dann hätten diese Werke aber vom Platzvorrat leben müssen, der aber weder hoch war noch eine Steigerungstendenz aufwies. Notwendig war also, an den Waldvorrat heranzukommen, was nur durch den Einsatz fahrbarer Gatter möglich gewesen wäre. Um das anzustrebende Gleichgewicht zu erreichen, wären 210 fahrbare Gatter erforderlich gewesen, die aber nicht zu beschaffen waren.

Somit hätte also gar keine Möglichkeit bestanden, im RKU das Gleichgewicht zwischen Sägeindustrie und Forstwirtschaft auf dem Weg über eine Produktionssteigerung der Sägeindustrie herzustellen. Hier wäre nur die Möglichkeit verblieben, dieses Gleichgewicht durch Einschlagssenkung zu bewirken. Unter allen Umständen wäre es besser gewesen, Arbeitskräfte im Winter brach liegen zu lassen, als einen, die Verwertungsmöglichkeit dauernd und fortgesetzt ansteigend übertreffenden Einschlag hinzulegen. Die Einschlagsplanung hätte sich hierauf sehr bald eingestellt, wenn die militärischen Ereignisse dieser Maßnahme nicht zuvorgekommen wären.

Im Bereich *Wi In Nord* war die FH-Erzeugung von Schnittholz sehr gering, so daß sich ein Eingehen auf den Wirtschaftsablauf erübrigt.

Im Bereich *Wi In Mitte* war der Platzvorrat stets sehr niedrig. Auch der Einschnitt erfolgte sehr schnell (Einschnittsverzögerung nur etwa 1 Monat). Trotzdem also die Rundholzanlieferung sehr labil war, hatte die Schnittholzerzeugung doch immer ihr Rundholzauskommen.

Im Bereich Wi In Süd waren Anlieferung und Einschnitt im ganzen rückläufig, was sich naturgemäß aus der laufenden Gebietsverkleinerung ergab. Außerdem zehrte der Einschnitt fast beständig vom Platzvorrat, so daß ein solcher meist nicht vorhanden war.

Ausgedrückt durch die Einschnittsverzögerung bot die Platzvorratshaltung Ende September 1943 folgendes Bild:

	Einschnittsverzögerung
RK Ostland	5,9 Monate
RK Ukraine	2,3 Monate
Wi In Nord	2,1 Monate
Wi In Mitte	0,7 Monate
Wi In Süd	–

Das RKO hatte also eine geradezu friedensmäßige Vorratshaltung. Mit Ausnahme des RKO und zeitweise auch des RKU lebte die Sägeindustrie hinsichtlich der Rundholzanlieferung durchweg von der Hand in den Mund. Daß die Schnittholzproduktion trotz dieser äußerst labilen und angespannten Lage niemals ins Stocken geriet, ist als besondere Leistung der Sägewirtschaft anzusehen.

Zwecks Herstellung des wirtschaftlichen Gleichgewichts hätte die Gesamtleitung der Forst- und Holzwirtschaft also noch vor großen Aufgaben gestanden: die krassen gebietsweisen Unterschiede waren zu beseitigen. Anlieferung und Einschnitt waren unter Einhaltung eines ausreichend einschnittssicheren Platzvorrats aufeinander abzustimmen. Hier war die Sägekapazität, dort die Anlieferung zu heben, anderwärts war der Einschlag an die Sägekapazität anzupassen usw.

Abschließend ist zu sagen: Die Sägeindustrie im Osten wies noch durchaus die Merkmale eines improvisatorischen Anfangs, eine Zufälligkeit des Ablaufs, der mangelnden Abstimmung auf die Forstwirtschaft und der Behinderung durch Unzulänglichkeit der Hilfsmittel auf. Eine baldige Änderung dieses unausgeglichenen Zustandes (der aber nur auf die Ungunst der Verhältnisse, jedenfalls nur auf Einwirkungen von außen, zurückzuführen war) war auch noch nicht zu erwarten. Trotzdem hat es die Holzwirtschaft verstanden, sich schlecht und recht durch alle Schwierigkeiten hindurchzuzwängen.

Erzeugung

Der *Einschnitt* in den Sägewerken erstreckte sich grundsätzlich nur auf Nadelholz als Vorratsware in Form von Brettern, Bohlen, Schwellen und Vorratskantholz, außerdem Schindeln und Schwarten. Laubholzeinschnitt und Spezialeinschnitte erfolgten nur auf besondere Anweisung. In Sägewerken ohne genügende Versorgung mit eigenem Rundholz wurden die freien Kapazitäten zum Lohnschnitt für die Truppe ausgenutzt.

Im Forstwirtschaftsjahr 1943 (1. 10. 42–30. 9. 43) wurden folgende Einschnittsleistungen erbracht:

	Einschnitt von Rundholz	daraus Erzeugung von Schnittholz
RKO	1 798 300 fm	1 203 800 fm
RKU	1 192 500 fm	772 900 fm
Wi In Nord	47 200 fm	28 800 fm
Wi In Mitte	704 600 fm	504 300 fm
Wi In Süd	121 100 fm	89 400 fm

Es handelt sich hier nur um die Erzeugung der FH-eigenen bzw. der von FH kontrollierten Werke. Im Operationsgebiet war der Anteil der FH-Erzeugung an der Gesamterzeugung sehr gering.

Die monatliche Gatterleistung und die Arbeitsleistung pro Mann und Tag betrugen:

	Monatliche Gatterleistung	Leistung Mann/Tag
RKO	372 fm Rundholzeinschnitt	0,45 fm bei Einschnitt
RKU	460 fm Rundholzeinschnitt	0,30 fm bei Einschnitt
Wi In Nord	143 fm Rundholzeinschnitt	0,20 fm bei Einschnitt
Wi In Mitte	367 fm Rundholzeinschnitt	0,30 fm bei Einschnitt

Über die Sägewerkserzeugung vor dem 1. 10. 1942 wurde laufende Statistik nicht geführt. Schätzungsweise betrug die Erzeugung damals knapp die Hälfte der Erzeugung des Wirtschaftsjahres 1943. In der Zeit nach dem 30. 9. 1943 stand die Erzeugung in den einzelnen Gebieten etwa auf gleicher Höhe wie im Wirtschaftsjahr 1943. In ihrer Gesamthöhe verminderte sie sich naturgemäß nach Maßgabe des Ausfalls der Gebiete.

Ins Reich wurden ausgeführt:

	1941/42	1942/43	1. 10.–30. 11. 43	Wert RM
Schnittholz	89 399	32 639	5 184 cbm	rd. 20,0 Millionen

(Genaue Einzelheiten über die Holzsortimente vgl. Übersicht Anl. 45).

Alles andere ging an die Wehrmacht und zivile Dienststellen, insbesondere unmittelbar und mittelbar an die Truppe.

Die Anforderungen an *Eisenbahnschwellen* waren ebenso hoch wie unklar. Bereits kurz nach Beginn des Ostfeldzuges wurden 4 Millionen Stück als ursprünglicher Bedarf (der zeitlich nicht begrenzt war) angegeben, später 6 Millionen, schließlich 12 Millionen Stück. Grundsatz für die Holzwirtschaft war also: Soviel Schwellen wie möglich herzustellen, Bedarf ist immer vorhanden.

In die erst zögernde, von Februar/März 1943 aber sehr stark ansteigende Erzeugung des Wirtschaftsjahres 1943 teilten sich die FH-Betriebe und die „Arbeitsgemeinschaft der Schwellenwerke" (Ostgesellschaft). Die in dem Erzeugungsprogramm für die Produktion ebenfalls vorgesehene OT stellte keine Schwellen her. Bis Ende Mai 1943 erzeugten:

	FH-Werke	Arbeitsgemeinschaft
Normalschwellen	1 343 647	576 699 Stück
Weichenschwellen	293 629	75 114 lfm
Kleinbahnschwellen	439 076	266 027 Stück

Von da an bis Ende des Wirtschaftsjahres 1943 ist die Erzeugungsstatistik der Arbeitsgemeinschaft unvollständig und unzuverlässig. Die Erzeugung der FH-Betriebe für das gesamte Wirtschaftsjahr 1943 betrug:

Normalschwellen	2 860 000 Stück
Weichenschwellen	510 000 lfm.
Kleinbahnschwellen	910 000 Stück.

Die anfänglich von den Erzeugern geführten Klagen, daß die Reichsbahn mit der Abnahme der Schwellen laufend im Verzug sei, waren für das Gesamtwirtschaftsjahr 1943 jedenfalls nicht gerechtfertigt. Abgenommen wurde nicht nur die gesamte Jahreserzeugung, sondern darüber hinaus auch noch mehr als die Hälfte des Anfangsvorrats zu Beginn des Wirtschaftsjahres.

Auch an der *Holzverarbeitung* bis zum Halb- oder Fertigfabrikat waren die FH-Dienststellen mit eigenen holzverarbeitenden Betrieben beteiligt. Neben der Produktion von Brettern, Bohlen und Kanthölzern für den Unterkunfts- und Barackenbau, die bereits vorstehend erwähnt wurde, war dies insbesondere bei dem Bau von Sperrholzhütten als Teil des Gen Qu-Programms der Fall. Hierfür waren die FH-Sperrholzbetriebe eingesetzt. Zu bauen waren 25–30 000 Hütten auf Grund finnischer Erfahrung, deren zwölfeckige Form erst draußen in der Praxis entwickelt worden war. Die Bereitstellung des Sperrholzes ging im wesentlichen glatt vonstatten. Die Sperrholzwerke Bobruisk und Witebsk konnten infolge Mangels von Kauritleim nicht voll ausgenutzt werden. Beide Werke lagen monatelang still. Im Jahre 1943 wurden geliefert:

201 255 qm Sperrholz.

Weiterhin wurden erhebliche Mengen von Truppengerät und Unterkunftsgeräten in den FH-Betrieben hergestellt. Im wesentlichen handelte es sich dabei um folgende Gegenstände:

Fertige Teile für Panjewagen
Fertige Teile für Schlitten
Doppelbetten
Einzelbetten
Hocker
Stühle
Tische
Türen
Schränke
Grabkreuze
Fenster
Holzeimer und dergleichen
Eierkisten
Särge.

Die Abgabe der Fertigfabrikate an die Truppe lief über das Wehrmachtsbeschaffungsamt (WBA). Im übrigen erfolgte die Verteilung der Produktion:

In den Armeegebieten:	durch die APiFü
Für alle im Bereich des Obkdo liegenden Werke:	durch Gen.Ing.
Für die übergebietlichen Sägewerke	durch Gen.d.Pi.

Die Produktionsmeldungen hierfür gingen an die Gruppen FH. Panjewagen und Schlitten wurden anfänglich in voller holzmäßiger Durchführung hergestellt. Erst später erfolgte weitgehende Übergabe der Fertigung an die gewerbliche Wirtschaft.

Im wesentlichen wurden die holzverarbeitenden Betriebe durch die gewerbliche Wirtschaft betreut. Über die Leistungen vgl. Abschnitt „Industrielle Holzverarbeitung" S. 270.

Für zahlreiche Bauvorhaben auf wirtschaftlichem Gebiet (Wirtschaftsausbau) lieferten die FH-Betriebe Bau- und Schnittholz. Besonders groß waren die Holzabgaben für den Ausbau der Torfwerke (allein ca. 4000 cbm Schnittmaterial) und Lagerhallen.

Allein im Abschnitt Mitte erhielt der Gen.d.Pi. im Wirtschaftsjahr 1943
ca. 5 Milionen Stück Schindeln.

Die Lieferungen der Fertigwaren erfolgte grundsätzlich nur gegen Barzahlung. Für Waggonverladungen wurden besondere Vorschriften erlassen. Jeder Betrieb hatte als Reichsvermögen ordnungsgemäß Buch zu führen, was erhebliche Schwierigkeiten machte, da fast ausschließlich nur einheimische Buchhalter beschäftigt werden konnten. Die Kassenaus- und -eingänge wurden täglich verbucht, die Kasse mindestens einmal wöchentlich abgestimmt. Jeder Betrieb hatte bei der nächsten Wi-Bank (oder auch Reichskreditkasse) ein Konto, auf das die Eingänge bei möglichst kleinem Kassenbestand einzuzahlen waren.

Während die Forstverwaltung lediglich Umsatzsteuern zu zahlen hatte, hatten die holzwirtschaftlichen Betriebe Umsatzsteuer, Gewerbesteuer und Grundsteuer zu zahlen. Treuhänderisch verwaltete Betriebe hatten außerdem Gewinnsteuer zu entrichten.

3. Industrie und Gewerbe fertigen für Truppe und Reich

Grundlagen

Wirtschaftliche Vorbedingungen

Bei Festlegung der wirtschaftlichen Aufgaben in den besetzten Ostgebieten waren WiFüStab und Wi Stab Ost davon ausgegangen, daß bei sehr schneller Abwicklung der militärischen Operationen eine im wesentlichen betriebsfähige Wirtschaft vorgefunden werden würde. Das hatte man nach den Erfahrungen der West-Feldzüge annehmen können[154]).

Bei dem Einrücken der Truppen in Sowjet-Rußland zeigte sich jedoch eine so systematische Zerstörung des wirtschaftlichen Potentials durch die abziehenden Sowjets, daß zunächst überhaupt keinerlei gewerblich-wirtschaftliche Betätigung möglich zu sein schien. Nur in den baltischen Staaten lagen die Verhältnisse günstiger. Die Zeit der sowjetischen Herrschaft von einem Jahr hatte hier nicht ausgereicht, um die sowjetischen Methoden voll durchzuführen und die Menschen zu verschleppen, die an europäisches Denken gewöhnt waren. Infolge des schnellen Rückzuges der Roten Armee war die Zerstörung hier nicht annähernd so gründlich wie in den alt-sowjetischen Gebieten, so daß die Industrie dieser Gebiete verhältnismäßig schnell wieder entwickelt werden konnte.

In der Mitte und im Süden dagegen waren alle Betriebe mit geringen Ausnahmen niedergebrannt oder gesprengt. Die wenigen, nicht fortgeschafften Maschinen waren größtenteils unbrauchbar gemacht. Lokomotiven und Waggons waren verschleppt, alle Transporte hatten also die Umnagelung weiter Strecken auf deutsche Spur und das Hineinpumpen deutscher Waggons und Lokomotiven zur Voraussetzung.

---

[154]) General Thomas selbst hatte freilich bei seiner ersten Besprechung mit Göring über die Wirtschaftsorganisation Ost am 26. 2. 1941 (s. Aktennotiz, BA-MA, Wi/ID. 1716) noch große Zerstörungen befürchtet. Göring dagegen beharrte – auch unter Berufung auf die Einschätzung Hitlers – auf der Annahme, daß beim Einmarsch deutscher Truppen in die UdSSR der ganze Staat sofort zusammenbrechen werde und deshalb nicht mit erheblichen Zerstörungen und der Vernichtung von Vorräten im Lande zu rechnen sei. Diese Annahme wurde bei den weiteren Planungen und Vorbereitungen nicht mehr infrage gestellt. Selbst in der ersten Phase des Vormarsches betrachtete man die vorgefundenen Zerstörungen nicht als alarmierend. Hitler erklärte z.B. im Gespräch mit Goebbels am 9. 7. 1941, mögen doch die Russen ruhig alles zerstören, was man brauche, werde man schon finden; Goebbels, Tagebücher, Bd 4. Für Hitlers Vernichtungspolitik und die geplante Kolonisierung Rußlands schien diese Selbstzerstörung durchaus gelegen zu kommen.

Abgesehen von den Haldenbeständen waren die Kohlenbergwerke des Donez-Beckens weitgehend zerstört. Die riesigen Kraftwerke waren vernichtet, die Maschinen – selbst größten Ausmaßes – abtransportiert worden. Die besten Fachkräfte, vom Werksleiter bis zum Vorarbeiter, waren evakuiert, soweit dies überhaupt zu bewerkstelligen gewesen war. Infolge des Mangels an Transportmitteln war die Ernährung der Bevölkerung unsicherr. Die Industriearbeiter, die größtenteils erst in den letzten 25 Jahren in die Stadt gepreßt worden waren, wanderten daher in großen Mengen schnellstens auf das Land ab. Insgesamt bot sich ein so trostloses Bild eines allgemeinen wirtschaftlichen Zusammenbruchs, daß vielfach ein Wiederaufbau zunächst ausgeschlossen schien. Gerade auf dem industriellen und gewerblichen Sektor bot sich am krassesten das Bild der „Verbrannten Erde". (Als Beispiel dafür, wie eine solche Zerstörung im einzelnen ausgesehen hat, wird eine Darstellung über den Zustand der Lederfabrik Nr. 1 Taganrog beigefügt [Anl. 48]). Hier erschienen die Voraussetzungen für eine Wiederinstandsetzung oder gar einen Neuaufbau gewerblicher Betriebe derart ungünstig, daß ein Erfolg nur bei straffster Zusammenfassung aller verfügbaren Kräfte und unter Beschreitung völlig neuer Wege erwartet werden konnte. Sie waren in jeder Beziehung sehr viel schlechter als die Voraussetzungen für die wirtschaftliche Erschließung auf landwirtschaftlichem und forstwirtschaftlichem Gebiet. Dort waren die Grundlagen für eine wirtschaftliche Betätigung – Feld und Wald, Arbeitskräfte und Arbeitsgerät – im wesentlichen vorhanden.

Wie bereits früher ausgeführt, sollte Hauptziel der wirtschaftlichen Ausnutzung der neu besetzten Ostgebiete neben der Truppenversorgung die Erweiterung der deutschen Ernährungs- und Mineralölbasis sein. Damit schien die gewerbliche Wirtschaft kein großes Betätigungsfeld zu haben[155]).

Sehr schnell zeigte sich aber, daß es ohnehin unmöglich war, große Gebiete lediglich nach wenigen bestimmten Richtungen hin auszunutzen. Weder Landwirtschaft noch Mineralölwirtschaft, noch irgend ein anderer Produktionszweig kann für sich allein betrieben werden. Landwirtschaft und Mineralölwirtschaft benötigen einerseits Werkzeuge und Maschinen, andererseits Betriebe zur Verarbeitung ihrer Produkte.

Vor allen Dingen ergab sich sehr schnell, daß die Truppe, deren Versorgung man für selbstverständlich und leicht angesehen hatte[156]), mit Forderungen auftrat in einem derart ungeheurem Ausmaß, daß geradezu jeder Betrieb wieder in Gang

---

155) Das galt aber nicht für die sowjetische Rüstungsindustrie, auf deren Ausnutzung man im OKW anfangs große Hoffnungen setzte; s. Verfügungsentwurf über die Ausnutzung, Erkundung, Zuweisung und Verwaltung der russischen Rüstungsindustrie, vom Mai 1941, BA-MA, RW 31/162, sowie Erlaß Görings über die Betreuung der Rüstungsbetriebe vom 28. 10. 1941, abgedr. in Grüne Mappe, T. II (2. Aufl.), vom November 1941, S. 86, BA-MA, RW 31/130. Entscheidend dafür, daß der gewerblichen Wirtschaft zunächst kein „Betätigungsfeld" zugewiesen wurde, war die deutsche Kriegszielpolitik, die auf die Entindustrialisierung der eroberten Gebiete hinauslief. Daher lautete die Devise des Wi Stab Ost in den ersten Monaten: Ausschlachtung und Abtransport statt Wiederaufbau.

156) Diese Einschätzung findet sich aber nicht bei dem für die Truppenversorgung zuständigen Generalquartiermeister; zu dessen Planungen und Vorbereitungen s. Das Deutsche Reich und der Zweite Weltkrieg, Bd 4, S. 248 ff., 959 ff. sowie jetzt umfassend Schüler, Logistik.

zu setzen war. Tatsächlich zeigte sich, daß die Versorgung der Truppe nur auf der Grundlage einer funktionierenden Gesamtwirtschaft möglich war.

Den gesamten Bedarf der riesenhaften Armeen auf den wenigen West-Ostlinien aus der Heimat nachzuschieben, war von vornherein ausgeschlossen. Soweit irgend möglich, sollte daher die Truppe aus dem Lande versorgt werden.

Je weiter die Front vorrückte, desto mehr ergab sich die Notwendigkeit, unmittelbar im Rücken der Truppe eine industrielle Basis zu schaffen, wo wenigstens Teile ihres gewaltigen Gerätebedarfs produziert werden konnten[157]). Außerdem waren damit die angespannten Produktions-Kapazitäten im Reich und in den besetzten Westgebieten zugunsten anderer Produktionsaufgaben zu entlasten. Die in den sowjetischen Ostgebieten vorgefundenen Wirtschaftsformen konnten wir hierfür nicht ohne weiteres übernehmen. Ein privates Eigentum an industriellen Betrieben gab es nicht. An der Spitze der einzelnen Produktionsstätten standen keine Unternehmer, die in der Lage gewesen wären, nach privatwirtschaftlichen Gesichtspunkten und eigener Initiative eigenverantwortlich ein Werk zu leiten. Die leitenden Kräfte waren Staatsfunktionäre, die – von Moskau aus gelenkt – jeweils nur die Aufgaben erfüllt hatten, die ihnen bis ins Einzelste gestellt worden waren.

Auf dem gewerblichen Sektor war gerade die Frage der Wirtschaftsreform nicht zu unterschätzen. Die Sowjets hatten zwar trotz ihres Staatskapitalismus und der fehlenden Unternehmerinitiative beim Aufbau ihrer Industrie Bedeutendes erreicht. Dennoch war es doch für uns von vornherein klar, daß wir bei dem Wiederaufbau der gewerblichen Wirtschaft an eine solche Staatswirtschaft nicht anknüpfen konnten. Die uns bekannten volkswirtschaftlichen Mängel widersprachen in jeder Weise unserem nationalsozialistischen Wirtschaftsdenken. Andererseits schien es unmöglich, einer individualistischen Wirtschaft Tür und Tor zu öffnen und etwa zahllose deutsche Betriebsführer nach dem Osten zu entsenden, um sie eigenverantwortlich ihrem Schicksal zu überlassen. Zwischen dem System des Staatskapitalismus und der freien Wirtschaft mußte ein System der staatlich gelenkten Wirtschaft gefunden werden, das den späteren Übergang zur Privatwirtschaft ermöglichte, zuerst aber die Zügel der staatlichen Wirtschaftsführung fest in der Hand behielt.

So mußte ein ganz neuartiges System geschaffen werden. Auf der einen Seite mußte vermieden werden, einen ungeheuren Verwaltungsapparat mit zahlosen Dienststellen aufzuziehen und die Wirtschaft in einem heillosen Bürokratismus ersticken zu lassen. Auf der anderen Seite war es ausgeschlossen, wahl- und ziellos deutsche Unternehmer nach dem Osten zu schicken und jedem einzelnen ohne Auswahl die Möglichkeit zu geben, wenn er wollte, Betriebe zu übernehmen[158]).

Bei der weitgehenden Ungeklärtheit der Verhältnisse konnte eine alsbaldige endgültige Übertragung von Betrieben zu Eigentum nicht in Frage kommen. Derartig ausgedehnte Maßnahmen versprachen aber ehestens wirtschaftlichen Erfolg,

---

[157]) Siehe OKH/GenQu Abt. H. Vers. Nr. I/4385 gKdos, Gedanken über die Versorgung bei Fortsetzung der Operationen mit weitem Ziel, vom 6. 7. 1941, BA-MA, AOK 17/14311/2.

[158]) Dem stand schon die ausdrückliche Direktive Hitlers entgegen, daß die Betriebe erst nach Kriegsende verteilt werden sollten, um die Frontkämpfer nicht zu benachteiligen (s. Anm. 131).

wenn hierzu Kräfte herangezogen wurden, die bereits im Reich in der gleichen Produktionssparte tätig waren und von sich aus sogar ein Interesse an einer teilweisen Verlagerung ihrer Produktionskapazitäten in die besetzten Ostgebiete hatten. Die Bereitschaft für die Aufbauarbeiten an solchen Betrieben wurde dadurch gefördert, daß eine Reihe reichsdeutscher Firmen eine Niederlassung mit Übernahme anstrebten. Dieses wirtschaftliche Eigenstreben, verbunden mit dem fachlichen Können, war daher möglichst früh in den Wiederaufbauprozeß einzugliedern[159]). Es wurde daher die Form einer vorläufigen Betriebsführung im Wege der *Patenschaft* geschaffen. Der Sinn war, reichsdeutsche Firmen alsbald mit dem Wiederaufbau, der Ingangbringung und Ausgestaltung von Betrieben derart zu betrauen, daß sie die fachlich-technische und kaufmännische Leitung übernahmen, den Maschinenpark aus ihren eigenen Beständen ergänzten und Fachpersonal aus eigenem Personalbestand zur Verfügung stellten. Diese Vorstufe sollte später zur Eigentumsübertragung unter noch festzusetzenden Bedingungen führen. Während der Patenschaft hatten diese Firmen die Betriebe als Treuhänder nach Weisungen der Wi In'en, aber auf eigene Rechnung zu führen. So wurde erreicht, daß die Militärverwaltung als Hoheitsträger nicht selbst Betriebe zu führen brauchte, sondern dies den Erfahrungen der Privatwirtschaft überließ, sich selbst behielt sie ein Weisungsrecht für die Steuerung der Produktion nach den jeweiligen Bedürfnissen vor.

Ostgesellschaften und Patenfirmen

Ostgesellschaften und Patenfirmen sind mit steigendem Erfolg seit 1942 eingesetzt worden. Der Gedanke der Schwerpunktbildung einerseits und der ordnungsgemäßen Verwaltung des Wirtschafts-Sondervermögens durch weitgehende Einschaltung der Unternehmerinitiative andererseits war in die Tat umzusetzen. Der Reichsmarschall erklärte sich daher bereits mit dem Erlaß vom 27. Juli 1941 (Grüne Mappe, Teil II, Seite 16 f.) mit der Gündung einiger „Monopolgesellschaften" einverstanden (Ostgesellschaften). Es handelt sich hierbei um Gesellschaften, an deren Gründung das Reich, die Organisationen der gewerblichen Wirtschaft und gewisse deutsche Wirtschaftskreise maßgebend beteiligt waren[160]). Ihre Aufgabe war es, jeweils einen bestimmten Wirtschaftszweig („Schwerpunkt") in den besetzten Ostgebieten zu betreuen und zwar durch treuhänderische Verwaltung der Betriebe dieses Wirtschaftszweiges selbst oder durch Steuerung des Treuhändereinsatzes[161]).

Die Ostgesellschaften wurden von vornherein nur für eine begrenzte Zeitdauer errichtet. Sie sollten nur eine Übergangslösung darstellen und spätestens zum 31.

---

[159]) Das ging auf eine Weisung Görings zurück; s. Aktennotiz von Thomas vom 26. 2. 1941, BA-MA, Wi/ID. 1716.

[160]) Siehe Liste der Ostgesellschaften vom 4. 12. 1941, BA-MA, RW 31/138.

[161]) Siehe Besprechung des Leiters der Chefgruppe W am 9. 10. 1941 mit Vertretern der Ressorts und der Ostgesellschaften über grundsätzliche Fragen ihres Aufgabenkreises, BA-MA, RW 31/392. Zu diesem Komplex s. auch Das Deutsche Reich und der Zweite Weltkrieg, Bd 4, S. 940 ff.

Dezember 1943 oder 1944 wieder aufgelöst werden. Die Entscheidung über eine etwa für notwendig gehaltene Verlängerung der Geltungsdauer der Gesellschaftsverträge hatte sich der Reichsmarschall vorbehalten. Eine Ausnahme galt nur für die in die russische Erdölwirtschaft eingewiesene Kontinentale Öl A.G. und ihre Tochterunternehmen, denen die Betriebsführung auf die Dauer übertragen worden war. Den Ostgesellschaften wurde auferlegt, die Geschäfte so zu führen, daß der Übergang zu einer vom Wettbewerb getragenen Privatwirtschaft reibungslos möglich gewesen wäre, sobald die militärischen, politischen und wirtschaftlichen Voraussetzungen dafür vorlagen.

Die Aufgabenstellung war allerdings im Einzelnen recht unterschiedlich. Die ersten Ostgesellschaften (Berg- und Hüttenwerksgesellschaft Ost GmbH, Ostfaser GmbH) stellten Betriebsgesellschaften dar. Sie hatten die Betriebe des betreffenden Wirtschaftszweiges wieder auszubauen und (sei es unmittelbar oder durch Treuhandfirmen) zu führen. In der Folgezeit entstanden auch Ostgesellschaften, die bloße Erfassungs- und oder Handelsgesellschaften waren (Ost-Erfassunsgesellschaft für Häute, Felle und verwandte Gebiete GmbH), oder denen lediglich allgemeine Betreuungs- und Förderungsaufgaben übertragen wurden (so insbesondere die Ostgesellschaft für die verschiedenen Zweige der chemischen Industrie.

Wenn insoweit der Treuhändereinsatz durch die Ostgesellschaften erfolgte, so war es daneben doch auch notwendig, in anderen Wirtschaftszweigen Einzeltreuhänder durch die zuständigen Wirtschaftsdienststellen zu bestellen.

In einer besonders geschaffenen Treuhandabteilung arbeitete der Wi Stab Ost bereits Ende 1942 ins Einzelne gehende Rechtsgrundsätze für die Ausgestaltung dieses Patenschaftsverhältnisses und seine spätere Umbildung in Eigentum aus[162]). Die Entwicklung der militärischen Lage verhinderte allerdings eine weitere Durchführung dieser Ansätze.

Die Erfahrungen haben gezeigt, daß der eingeschlagene Weg richtig war, wenn natürlich auch hier Anlaufschwierigkeiten entstanden. So waren z.B. ungeeignete Elemente auszuschalten, die lediglich ihre eigenen Geschäftsinteressen in den Vordergrund stellen wollten[163]). Im Ganzen gesehen ist aber festzustellen, daß die Aufgaben allein mit Wi-Dienststellen (Betriebsführung durch Einzelpersonen) nicht voll hätte gelöst werden können.

Besonders schwierig lagen die Verhältnisse bei der ausgesprochenen Großindustrie, insbesondere bei der eisenschaffenden und eisenverarbeitenden Industrie sowie beim Kohlenbergbau. Mit Ausschließlichkeitsrecht war hier schon 1941 die

---

[162]) Siehe dazu den Abschnitt Treuhandverwaltung, hinten S. 355 ff.

[163]) Die Klagen über das Auftreten von Angehörigen der Ostgesellschaften im Operationsgebiet, über den verschwenderischen Einsatz von Personal und Kraftfahrzeugen sowie über die zahlreichen Fälle persönlicher Bereicherung und Korruption nahmen kein Ende und veranlaßten die vorgesetzten Dienststellen immer wieder zum Eingreifen; s. Wi Rü Amt/Stab Ia betr. Reisen von Wehrmachtsgefolge in das Ostgebiet, vom 30. 1. 1942, BA-MA, RW 31/143; V.P. 12192/6g, betr. Beschränkung des Personal- und Kfz-Einsatzes bei den Ostgesellschaften, vom 30. 7. 1942, BA-MA, RW 31/296; Anordnung Chef Wi Stab Ost betr. Nebenbeschäftigung von Angehörigen des Wi Stabes Ost, vom 20. 2. 1943, BA-MA, RW 31/976; Wi Stab Ost, Besondere Anordnungen Nr. 98 über die Stellung der Wi-Dienststellen zu den Ostgesellschaften und den ihnen zugewiesenen Betrieben, vom 29. 4. 1943, BA-MA, RW 31/141; Besprechung bei Gauwirtschaftsberater v. Plessen mit den Personalreferenten der Ostgesellschaften am 6. 7. 1943, BA-MA, RW 31/158.

eine Tochtergesellschasft der Hermann Göring Werke als Betriebsführerin eingewiesen worden. Bei Gründung der BHO und ihrer Einweisung war keineswegs daran gedacht, ihr sämtliche einschlägigen Werke auf die Dauer ausschließlich zu Eigentum zu übertragen. Vielmehr sollten auch hier Firmen der reichsdeutschen Großindustrie als Paten, später als Eigentümer herangezogen werden. Die jedenfalls aber zunächst verfügte Übertragung aller dieser Werke und Anlagen an die BHO führte bald zu Schwierigkeiten. Die BHO betrachtete nämlich ihre vorläufige Einweisung als Betriebsführerin zugleich auch als eine solche als Generalpatenfirma. Andere reichsdeutsche Firmen wollte sie daher nur unter sich als Unterpaten eingesetzt wissen. Eine solche Lösung wurde durchweg von den in Frage kommenden reichsdeutschen großindustriellen Firmen abgelehnt. Diese wollten naturgemäß sofort als selbständige Betriebsführer, zunächst als Pate mit der Anwartschaft auf Eigentumsübertragung auftreten. Infolge der militärischen Entwicklung erübrigte es sich vorerst, die verschiedenen Standpunkte einer endgültigen Lösung zuzuführen[164]).

Die Ostgesellschaften erhielten ihre fachlichen Weisungen nach den Richtlinien des Beauftragten für den Vierjahresplan über den WiFüStab Ost durch den Reichswirtschaftsminister. Sie waren gehalten, bei der Durchführung der ihnen vom Reich übertragenen Aufgaben eng mit den örtlichen Dienststellen zusammen zu arbeiten. Im Operationsgebiet war den Wi In'en zur Sicherung der örtlichen Erfordernisse ein fachliches Weisungsrecht eingeräumt worden (insbesondere zur Deckung des Sofortbedarfs der Truppe und zur Abwendung drohender Gefahren)[165]).

Preisbildung

Die zur Versorgung von Truppe und Heimat und der einheimischen werktätigen Bevölkerung erzeugten Güter mußten notwendigerweise einem geordneten Preisgefüge unterliegen. Trotz Rubel-Inflation mußte eine Kalkulation bezw. ein Verkauf zu niedrigen Preisen möglich sein[166]).

Ausgangspunkt der Preispolitik des Wi Stab Ost war der sofort durch die Bestimmungen der „Grünen Mappe" eingeführte *Preis- und Lohnstop.*

Besondere Schwierigkeiten bot die Einführung von Richtlinien für die Preisbildung der gewerblichen Wirtschaft. Als einheitliche Richtlinien kamen sie erst im Januar 1943 heraus. Die nachgeordneten Wi-Dienststellen arbeiteten aber bereits bis dahin auf Grund von Einzelanweisungen und Informationen im Rahmen der später erlassenen Richtlinien. Zur gleichen Zeit wurde auch eine Anordnung über

164) Zu diesen tiefgreifenden Konflikten, die den Wiederaufbau der Eisenhüttenindustrie im besetzten Gebiet entscheidend blockierten, s. Riedel, Eisen, S. 323 ff., Gibbons, Soviet Industry, S. 154 ff. und Eichholtz, Geschichte, Bd 2, S. 462 ff.

165) In der Praxis aber verloren die militärischen Wirtschaftsstellen immer mehr an Einfluß gegenüber dem Wildwuchs dieser privaten Gesellschaften; s. Dallin, Deutsche Herrschaft, S. 400 ff.

166) Zur Preispolitik im Agrarbereich s. vorn S. 120 und insgesamt den Überblick bei Dallin, Deutsche Herrschaft, S. 415 ff.

die Buchführung im Operationsgebiet als Grundlage einer ordnungsgemäßen Kalkulation herausgegeben.

So gelang es, die Preise für gewerbliche Erzeugnisse auf einem Stand zu halten, der einerseits eine Überteuerung, andererseits aber auch eine Verlustwirtschaft, wie sie ein bedingungsloser Preisstop verursacht hätte, ausschloß. Da die Preise auf den Kalkulationen der einzelnen Betriebe beruhten, diese aber unter sehr verschiedenen Voraussetzungen arbeiten mußten, ergaben sich für ein und dieselbe Ware je nach Zustand und Führung des Betriebes häufig sehr verschiedene Preise.

Nur für die Grundstoffe der Wirtschaft (Kohle und Koks, Erz und Eisen, Treib- und Schmierstoffe, Holz und Brenntorf sowie Elektrizität) wurden einheitliche Preise festgesetzt. Dies war notwendig, da die Preise dieser Grundstoffe die Kalkulation jeder weiterverarbeitenden Industrie von vornherein beeinflußten. Die Höhe dieser Grundstoffpreise war lange heftig umstritten. Die früheren Sowjetpreise waren rein politisch ohne Rücksicht auf die Selbstkosten festgesetzt, wie sich aus nachstehendem Vergleich ergibt:

	Sowjetpreis	Reichspreis
Kohle je to	RM 3,–	RM 15,15
Stabeisen je to	RM 30,–	RM 110,–

Demgegenüber galt es vor allem für Kohle, Eisen und Erz einen echten Preis zu ermitteln, der voraussichtlich die Erzeugungskosten bei geordneter Produktion dekken würde. Bewußt wurde dabei die Finanzierung der Wiederaufbaukosten über den Preis als unorganisches Kostenelement abgelehnt. So kamen für Kohle, Koks, Erz und Eisen auf rd. 50%, für Treib- und Schmierstoffe auf rd. 45% der vergleichbaren Reichspreise.

Kohle und Mineralöl wurden aber in dem besetzten Ostraum zunächst nicht gefördert, mußten vielmehr aus dem Reich nachgeschoben werden. Wäre dies zum Reichspreis plus Frachtkosten geschehen, so wäre die Preisfestsetzung wieder illusorisch geworden. Aus Reichsmitteln wurde daher die Einfuhr derart verbilligt, daß Kohle und Mineralölerzeugnisse etwa zu den Preisen abgegeben wurden, die bei der Erzeugung aus dem Lande sich ergeben würden. Das waren 50% bezw. 45% der Reichspreise. Auf diese Weise konnte die weiterverarbeitende Industrie mit absolut einheitlich festen Grundstoffpreisen kalkulieren.

Die Preisüberwachung oblag den Feld- und Standortkommandanturen, wobei der Wi Stab Ost bezw. die Wi In'en über die O Qu der H.Gr. ein fachliches Weisungsrecht hatten.

Damit war jedoch nur der amtlich gesteuerte Warenverkehr erfaßt. Da die legale Verteilung an die Bevölkerung unzureichend war und infolge der Warenverknappung sein mußte, bestand nebenher noch der „Schwarze Markt“. Er war keine Kriegserscheinung, sondern beruhte auf dem, schon zu Sowjetzeiten üblichen, freien Markt. Durch eine Anordnung des RMfdbO vom 10. 6. 1943 wurde versucht, die Preisbildung und Preisüberwachung auf öffentlichen Märkten und im illegalen Handel zu ordnen. Der Schwarze Markt sollte geduldet werden, soweit nicht die Bekämpfung eines gewerblichen Schiebertums Eingriffe notwendig machte.

Besondere Bestimmungen wurden über die Wehrmachtpreise erlassen. Die Wehrmacht bezahlte ursprünglich an die beliefernde Zentralhandelsgesellschaft Ost die Reichspreise. Hierdurch entstanden Schleusengewinne, die aus dem Wehrmachthaushalt bezahlt wurden. Ab November 1942 trat aber eine Neuregelung ein, wonach die Wehrmacht an die ZO nur noch die Überpreise der ZO plus 8% zahlte (5% ZO-Spanne und 3% Umsatzsteuer).

Im Oktober 1943 wurde das beim Wi Stab Ost entstandene Material an Befehlen zusammen mit den Erlassen des Ostministeriums in einer Druckschrift „Preisvorschriften für die besetzten Ostgebiete“ herausgegeben.

Statistik

Wollte man die gesamte Wirtschaft in den besetzten Ostgebieten nutzbringend steuern, so durfte man es nicht einzelnen Dienststellen überlassen, sich Unterlagen über interessierende Wirtschaftsfragen nach eigenem Ermessen zu verschaffen. Sowohl für die Großplanung wie auch Rechenschaftslegung war eine einheitliche Erfassung aller Unterlagen unerläßlich.

Die Gruppe Statistik der Chefgruppe W arbeitete daher ein wirtschaftsstatistisches Programm aus, das zur Grundlage der gesamten Wirtschaftsstatistik in den besetzten Ostgebieten durch Befehl Wi Stab Ost vom 11. 11. 42 erhoben wurde[167]).

Auf diese Weise gelang es, von allen Wi In'en zunächst zweimonatlich einheitlich und vergleichbare Angaben über die Wirtschaftsentwicklung in den militärverwalteten Bereichen der gesamten besetzten Ostgebiete für die gewerbliche Wirtschaft zu erhalten. Über die Anzahl der Betriebe und der Beschäftigten, die Lohn- und Gehaltssummen, die Erzeugung und Vorräte an wichtigen industriellen Rohstoffen und Fertigwaren wurde laufend einheitlich berichtet.

Die Arbeiten konnten reibungslos und aktuell durchgeführt werden. Der von der Gruppe Statistik herausgegebene Einheitsfragebogen setzte in zweckmäßiger Weise die benötigten Angaben auf ein Mindestmaß der Berichterstattung herab und war zudem zweisprachig gehalten. Die Einheitsfragebogen bildeten in ihrer Zuverlässigkeit und Übersichtlichkeit die Unterlagen für die Wirtschaftskartei. Auf dem gewerblichen Sektor war damit eine einheitliche, auf das kriegsnotwendige Maß beschränkte, aktuelle wirtschaftsstatistische Berichterstattung gesichert.

In den zivilverwalteten Bereichen gestaltete sich die Durchführung dieses Programms infolge des langen und umständlichen Instanzenweges etwas schwieriger. Die militärverwalteten Gebiete verfügten nicht wie die zivilverwalteten über vollkommen intakte statistische Landesämter. Dennoch brachte die Chefgruppe W die wirtschaftsstatistischen Ergebnisse früher und vollständiger heraus.

---

[167]) Siehe Anlage 65.

Hauptaufgaben

Versorgung der Truppe

Was alles zur Versorgung der Truppe gehörte, könnte nur in einem umfangreichen Warenkatalog aufgezählt werden. Hier sollen für die einzelnen Industriezweige jeweils nur die wichtigsten Beispiele genannt werden:

- Der *Bergbau* lieferte: an Heizmaterial Kohle im Süden, Torf in der Mitte und im Norden. Außerdem das im Osten außerordentlich knappe Salz, das auf der Krim und im Donez-Gebiet gewonnen wurde.
- Die *Eisen-Industrie:* diente der Reparatur von Fahrzeugen, Waffen und Gerät und der Herstellung von Pi-Gerät, wobei Produktionsziffern von monatlich bis zu 80 000 Spaten, 50 000 Schaufeln, mehr als 200 000 Bunkeröfen erreicht wurden. Ferner wurden gefertigt: Automobil- und Panzerfedern (ein erheblicher Prozentsatz der Reichsproduktion) Benzinfässer, Schneeketten, Schutzschilde für Flakgeschütze, Tragtiersättel, Eimer, Schüsseln, Eßgeschirre, Bestecke usw.
- Die *Holzindustrie* lieferte: Panjewagen, Schlitten, Sperrholz-Hütten, Unterkunftsgerät.
- Von der *Leder-Industrie* wurden hauptsächlich Pferdegeschirre geliefert (660 000 bis zum 31. 10. 44). Herstellung und Reparatur von Schuhwerk war eine weitere wichtige Aufgabe.
- Die *Textil-Industrie:* sie lieferte Gewebe, Oberbekleidung, Filzstiefel (fast 1 Million Paar), Wäsche, Uniformen, Pelze, Verbandmull, Seile, Bindfaden usw. Ihre weitere Aufgabe war die Reinigung, Entseuchung und Instandsetzung von vielen Millionen Truppenbekleidungsstücken.
- Die *chemische Industrie:* versah die Truppe mit Sauerstoff, Seife und Waschmitteln (35 000 to), Kerzen, Streichhölzern, Schuhcreme, Wagenschmiere, Dachpappe, Lacken, Kitten, Farben usw.
- Die *Baustoff-Industrie* lieferte: Zement (600 000 to), Ziegel, Glas.
- Die *Tabak-Industrie:* versorgte die Truppe zu einem bedeutenden Anteil mit Zigaretten (rd. 8 Millionen Stück). Die Tabak-Anbaufläche war 1943 acht mal so groß wie die im Reich,.

Die indirekten Leistungen der gewerblichen Wirtschaft für die Versorgung der Truppe waren nicht weniger bedeutend. Hierunter fiel alles, was die Landwirtschaft brauchte, um ihre Aufgabe der Truppenernährung zu erfüllen. Vor allem handelte es sich um Reparaturen und Herstellung von landwirtschaftlichen Geräten und Maschinen, insbesondere Holzgas-Generatoren, Verpackungsmaterial (Kisten, Fässer, Holzwolle usw.). Produziert werden mußten auch Bedarfsgüter, gegen deren Hingabe als Prämie der Bauer zur Ablieferung seiner Erzeugnisse besonders bereit gemacht werden sollte.

Zu den indirekten Leistungen für die Versorgung der Truppe gehörten weiter die für den Nachschub: Waggon-Reparaturen und -Neubau, Umspurung von rollendem Material, Weichen und Kreuzungen.

Für alle diese Fertigungen war die Bereitstellung von Kohle und Energie notwendig. Die Zerstörung dieser beiden Produktionsvoraussetzungen war von den Sowjets besonders systematisch betrieben worden. Erforderlich war weiter die Produktion von Rohstoffen, vor allem Eisen, Holz, Textilfasern, Chemikalien u.a.m., sowie die Ingangsetzung zahlreicher Hilfsbetriebe, insbesondere auf dem Gebiet des Maschinenbaues. Im Ganzen gesehen durften von den im Osten vorgefundenen Werken praktisch gar nicht viel stillstehen, wenn das Ziel der Truppenversorgung erreicht werden sollte.

Sammlung und Erfassung des in Magazinen, Lagern, Betrieben und zerstörten Gebäuden verstreut liegenden Gutes war erste Aufgabe der gewerblichen Wirtschaft. Sachgemäße Einlagerung und sofortige Zuteilung an Truppe und Dienststellen mußte gleichzeitig einsetzen. Hauptbedarfsträger waren die neu aufgestellten Heeresbaudienststellen, die Material für den Bau von Winterunterkünften benötigten. Weiter die zur Truppenbetreuung eingesetzten Dienststellen und Einrichtungen wie Heeresunterkunftsverwaltung, Soldatenheime, die vielseitige Anforderungen an Werkzeugen, Baustoffen, Elektro-Installationsmaterial und an Unterkunftsgerät stellten.

Aus den sich mehrenden Nachfragen der Truppe ergab sich die Notwendigkeit der Erkundung und Ingangsetzung der vorhandenen Fabrikationsstätten. Von der Annahme ausgehend, Betriebe und Organe der Wirtschaftsführung intakt vorzufinden war die Auswahl der Mitarbeiter in der gewerblichen Wirtschaft dementsprechend getroffen worden. Da man aber zerstörte Betriebe und zerstörte Wirtschaftsorganisationen vorgefunden hatte, ergab sich, daß zuviel Verwaltungswirtschaftler und höhere Beamte, nicht aber genügend Praktiker zur Verfügung standen, um von Grund auf die Betriebe mit geeigneten Kräften zu besetzen. Anfänglich mußte man sich daher auf ein notdürftiges Zusammenflicken dessen beschränken, was die Truppe verlangte.

Diese ersten Maßnahmen oblagen den WEK's und den nachfolgenden bodenständigen Wi Kdos. Ergaben deren Feststellungen die Möglichkeit einer Wiederaufnahme der Produktion, so wurden reichsdeutsche militärische Kräfte (meist Sonderführer) mit den Aufräumungs- und Wiederingangsetzungsarbeiten beauftragt. Gewerbliche Betriebe einfacher Art konnten auf diese Weise unter Zuziehung einheimischer Kräfte vielfach erstaunlich schnell und in erheblichem Ausmaß wiederhergestellt werden. Je größer aber die Betriebe waren, um je umfangreicher und komplizierter die technischen Einrichtungen, um so schneller erreichten die Möglichkeiten dieser ersten Wirtschaftstrupps die gegebenen Grenzen. Große und größte industrielle Betriebsstätten konnten auf diese Weise auf die Dauer nicht rationell ausgenutzt werden, zumal zur Ergänzung notwendige Maschinen und Fabrikationsanlagen aus dem Reich nachgeführt werden mußten.

Die Schwierigkeiten der Beschaffung von Arbeitskräften, Transportraum, Maschinen und Rohstoffen kann nur der beurteilen, der an dieser Aufgabe mitgearbeitet hat. Man glaubte 1941 genügend Arbeitskräfte zu haben und sich um deren Ernährung, Bekleidung und Unterkunft nicht kümmern zu brauchen[168]). Es ist her-

---

[168]) Siehe auch die Kritik an dieser Einstellung im Abschnitt Produktionsfaktor „Mensch". Unklar bleibt aber dabei, wer eigentlich dafür verantwortlich war. In der Grünen Mappe, T. I vom Juni 1941 (BA-MA, RW 31/128 D) waren immerhin einige Regelungen zur Entlohnung und Ernährung der Arbeiter vorgesehen (S. 16 f.). Unter dem Einfluß Backes und seiner Ernährungspolitik trat aber auch General Thomas zunächst dafür ein, bestimmte Gebiete in Rußland „verhungern" zu lassen und „auszuschlachten". Diese Linie wurde bei

vorzuheben, daß der Wi Stab Ost sehr schnell erkannte und darauf hinwies, daß diese Annahmen falsch gewesen waren. Mit der Ernährung der Betriebsarbeiter war es nicht getan, sie mußten auch bekleidet und untergebracht werden. Gerade für die industriellen Betriebe, insbesondere den Kohlenbergbau, war eine ordentliche Bekleidung und Beschuhung durchweg Voraussetzung. Dieses Problem konnte erst nach und nach gelöst werden. Daß die Lösung gleichzeitig mit einem Prämiensystem für gute bezw. Mehrarbeit in Verbindung gebracht wurde, zeigt die Wendigkeit der Wi-Dienststellen. Die Arbeitskräfte waren keineswegs immer da, wo sie benötigt wurden. Die Umsiedlung von Arbeitern z.B. innerhalb des Donez-Gebietes schuf ganz neue Probleme für die Unterbringung. Wurden die Familienangehörigen mit umgesiedelt, so war der neue Unterkunftsraum nicht zu beschaffen. Blieben die Angehörigen an ihrem bisherigen Wohnsitz, so mußte für sie gesorgt werden. Bei der Bewältigung des Transportproblems handelte es sich nicht nur um Umspurung. Die deutschen Lokomotiven waren für den Winter nicht genügend ausgerüstet, sie waren auch nicht auf die russischen Kohlensorten eingestellt. Die Anfertigung von entsprechenden Kohlenformen durch Brikettierung und Mischung mußte zuerst in die Wege geleitet werden. Bis dahin war der gesamte Kohlenverbrauch der Eisenbahn aus Deutschland zu decken.

Alle diese Probleme zeigen die Schwierigkeiten des für die Versorgung der Truppe erforderlichen industriellen Aufbaues.

Anfänglich erfolgte die Auftragserteilung an die Wi-Dienststellen durch zahllose größere und kleinere militärische Einheiten. An Stelle dieser ungeregelten Auftragserteilung mußte eine gewisse Planung und Lenkung treten. Gen Qu übersandte daher dem Wi Stab Ost im Frühjahr 1942 ein Programm, das als Richtschnur für die Lenkung der Truppenbedarfs-Produktion dienen sollte[169]). Dies war die erste Planung auf längere Sicht. Der Bedarf des Feldheeres wurde hauptsächlich für folgende Gebiete festgelegt:

Unterkunftsgeräte
Panjewagen und Geschirre
Pioniergerät
Bekleidung
Kraftfahrzeug-Instandsetzung
Munitionszubehör.

In Durchführung dieser Planung gelang es schnell, auf dem Leder- und Textilgebiet Ordnung zu schaffen. Die Fertigung der intakt gebliebenen Lederfabriken wurde planmäßig festgelegt. Im Einvernehmen mit den sonstigen militärischen und zivilen Dienststellen wurden Kontingente verteilt, und insbesondere dringliche Aufträge für Geschirre, Lederbekleidung, Pelz- und Filzstiefel und dergleichen vergeben.

---

der Besprechung mit Göring am 16. 9. 1941 noch einmal ausdrücklich bestätigt. Insofern trägt auch der militärische Wirtschaftsapparat eine Mitverantwortung für diese zumindest 1941 offenbar weit verbreitete Einstellung, um deren Änderung sich vor allem die Dienststellen im besetzten Gebiet erst allmählich bemühten. Zum Hintergrund s. auch Müller, Scheitern, S. 1002 ff.

[169]) In der überarbeiteten Fassung vom Mai 1942: OKH/GenStdH/GenQu Abt. K. Verw. (Wi) Nr. II/736/42gKdos, betr. Heeresbedarf Ost 1942/43, vom 20. 5. 1942, BA-MA, RW 31/286.

Durch die sich schnell einspielende Organisation der Ostfaser GmbH wurde Ähnliches auf dem Textilgebiet erreicht. Durch die Einschaltung der Außenstelle des Wehrmachtbeschaffungsamtes (WBA) und die Festlegung der Produktion wurde eine befriedigend arbeitende Regelung durchgeführt.

Aufgabe der Zweigstellen des WBA war es:

- Die Beute auf dem Spinnstoff- und Ledergebiet zu übernehmen und in Sammellagern zu verwalten.
- Aufträge und Lieferung von Bekleidungs- und Ausrüstungsgegenständen für die Wehrmacht zu erteilen, und zwar als ausschließliches Recht.
- Den dringenden Sofortbedarf der Truppe aus den Sammellagern im Einvernehmen mit den Versorgungsdienststellen der Wehrmacht zu befriedigen.

Die Zweigstellen des WBA unterstanden nicht den Wi-Dienststellen im Osten, sondern erhielten ihre Weisungen unmittelbar vom OKW. Die Erfüllung ihrer Aufgaben setzte jedoch engste Zusammenarbeit mit den Wi-Dienststellen voraus. Denn während von den WBA-Zweigstellen nur die fertigen Beutestücke erfaßt wurden, erfolgte die Sammlung der Spinnstoff-Rohstoffe und der Häute durch die Wi-Dienststellen. Die Zweigstellen des WBA waren also bei Erteilung ihrer Aufträge im Osten auf die erforderliche Bereitstellung der Rohstoffe durch die Wi-Dienststellen angewiesen. Die Truppe meldete über ihre Versorgungsdienststelle ihren Sofortbedarf bei den Wi-Dienststellen an. Daraus ergab sich, daß Wi In und Wi Kdos den Zweigstellen des WBA sowohl den Umfang wie auch die Art des Sofortbedarfs der Truppe angaben. Sie mußten ihnen die hierfür in Betracht kommenden Betriebe bezeichnen und den zur Fertigung des Sofortbedarfs erforderlichen Rohstoff zur Verfügung stellen.

Schwierig war, eine vernünftige Lösung bei der Beschaffung von allgemeinen Heeresgerät, Pionier-Gerät, Unterkunftsbaumitteln und Unterkunftsgerät zu finden. Es bestanden starke Bestrebungen bei den Armeen und Divisionen, sich bei diesen Dingen in dem ihnen zur Ausnutzung zugewiesenen Raum und dem dahinter liegenden Heeres bezw. Zivilverwaltungsgebiet der Eigenhilfe zu bedienen. Demgegenüber stand die immer dringlicher erhobene Forderung des Gen Qu nach einer systematischen Lenkung der Produktion auf Grund der von ihm als Träger der Beschaffung gestellten Anforderungen.

Die Notwendigkeit einer zentralen Steuerung der Truppenbedarfsfertigung ergab sich insbesondere auch aus der Mitte 1943 in den besetzten Ostgebieten eingeführten Eisen- und Metallkontingentierung. Hier standen zunächst sehr beträchtliche, von den Sowjets zurückgelassene Vorräte zur Verfügung, von denen aber die gangbaren Sorten Mitte 1943 weitgehend aufgebraucht waren. Daneben wurde der Eisenbedarf z.T. durch Eigenproduktion bestritten. In der Ukraine war die Rohstahlproduktion in mehreren Stahlwerken angelaufen. Für 1944 wurde mit einer Produktion von schätzungsweise 1 Million Tonnen Rohstahl gerechnet, die Stahlwerke Libau hatten eine Jahresproduktion von rd. 30 000 to.

Neben dem zentral für den gesamten Osten gesteuerten Gen Qu-Programm stellen die Heeresgruppen sogenannte O Qu-Programme auf, in denen eine Vielzahl von Gegenständen aus allen Industriezweigen den Wi In'en Fertigungsauflagen erteilt wurden.

Die *Armeegebiete* blieben (abgesehen vom Süden) von diesen Regelungen frei, sie wurden durch die A Wi Fü's gesteuert. Sie waren verantwortlich für die Erfassung und Ausnutzugn aller Kapazitäten in diesen Gebieten. Sie vergaben die Beschaffungsaufträge nach den Weisungen der Heeresgruppen und regelten mit diesen Abnahme und Verteilung.

Stärkung der Reichsproduktion

Schon 1 Jahr nach der Besetzung hatten sich die Voraussetzungen für die Fertigung von Gegenständen des Truppenbedarfs beträchtlich gebessert. Der allerdringendste Bedarf der Truppe konnte bereits aus dem Lande gedeckt werden. Damit verschob sich das Schwergewicht von der unmittelbaren Fertigung von Truppenbedarfsgegenständen immer mehr zu den Rohstoff- und Produktionsmittelindustrien (Kohlenbergbau, Energiewirtschaft, Manganerzbergbau, Olschiefer- und Phosphoritgewinnung, Rohstahlproduktion usw.). Deren Ingangsetzung war Vorbedingung für eine Großproduktion zwecks Entlastung der Kapazitäten im Reich.

Vom Frühjahr 1942 ab liefen auch die Transporte besser, so daß außer dem Nachschub für die Truppe sogenannte Wirtschaftstransporte gefahren werden konnten. Mit ihnen wurden erstmals die allerwichtigsten Materialien nach vorn geschoben, die nicht direkt der kämpfenden Trupe, sondern der Wirtschaft und Landwirtschaft dienten. Allerdings bestand ein wesentlicher Teil dieser Transporte noch aus Kohle, die aus Oberschlesien über fast 2000 km nach dem Donez-Gebiet gebracht werden mußte. Daraus ergab sich, daß der Aufbau des Kohlenbergbaues erste und vordringliche Forderung im ganzen Wiederaufbauplan sein mußte. In einem besonderen Befehl gab der Führer Ende Juni 1942 den Auftrag, für eine intensive Steigerung der Kohlenproduktion im Donez-Becken Sorge zu tragen[170]). Jede Tonne geförderte Kohle trage erheblich zur Entlastung der Transportlage und des Nachschubs nach dem Osten bei. Für Ende 1943 wurde eine Tagesförderung von 30 000 to – also einer Jahresproduktion von 9 Millionen to – als anzustrebendes Ziel angenommen. Damit wären erst 10% erreicht worden, was die Sowjets aus diesem Gebiet an Kohlen herausgeholt haben. Trotzdem hätte das schon einen beträchtlichen Fortschritt bedeutet, der die Deckung des erheblichen Bedarfs an Eisenbahndienstkohle und die Durchführung bedeutender Produktionsprogramme zur Entlastung der heimatlichen Industrie ermöglicht hätte.

Die gleiche Bedeutung wie die Steinkohle im Donez-Gebiet hatte der Brenntorf in den besetzten Ostgebieten von der Ostsee bis zu nördlichen Ukraine. Er bildete in diesen Gebieten die Grundlage der Brennstoffversorgung für die Truppe, Landwirtschaft, Elt.- und Wasserwerke und sonstigen kriegswichtigen Betrieben der gewerblichen Wirtschaft.

Ein weiterer Schwerpunkt der gewerblichen Wirtschaft lag in der Energieversorgung. Infolge der Zerstörungen durch die Sowjets stand das gesamte Ostgebiet im Zeichen der Energienot. Die Kohlenproduktion des Donez-Gebietes war hauptsächlich deshalb so schwer in Gang zu bringen, weil die Energiequellen fehlten, um die Pumpen für die Sümpfung laufen zu lassen. Wegen des Kohlenmangels

---

[170]) Siehe Anlage 58 und Abschnitt Kohle, hinten S. 213 ff.

konnten andererseits die E-Werke vielflach nicht betrieben werden. Und von der Bereitstellung von Strom war jede Großproduktion zur Entlastung der heimatlichen Betriebe abhängig.

Auf Veranlassung von Reichsminister Speer wurde im Frühjahr 1942 die „Energiebau Ost" gegründet mit führenden Energiefachleuten an der Spitze, die systematisch die Kraftwerke im Osten erneuern und ausbauen sollten. Der erste wirklich bedeutende Erfolg war hier der OT zuzuschreiben. Sie hat in knapp 9 Monaten die Staumauer des Kraftwerkes Saporoshje (des größten Kraftwerkes in Europa) soweit wieder aufgebaut, daß bereits im Dezember 1942 die Energieabgabe beginnen konnte. Zuletzt war die Situation auf dem Energiegebiet so, daß das Wasserkraftwerk Saporoshje nicht nur die Industrie des Dnjeprbogens mit Energie versorgte, sondern auch noch 40 000 kW in das Donez-Gebiet lieferte. Darüber hinaus bestand noch ein erheblicher Stromüberschuß, der keine Verwendung finden konnte, weil die Hauptabnehmer-Industrien in der Entwicklung vorübergehend noch nicht nachgekommen waren.

Einer der wichtigsten Stromverbraucher war die Stahlindustrie. Die Rohstahlerzeugung war von einigen Hütten im Dnjeprbogen (Kamenzkoje, Dnjepropetrowsk) und im Donez-Gebiet (Mariupol, Makejewka, Kramatorsk) aufgenommen worden oder stand kurz vor dem Anlaufen. Walzenstraßen waren auf mehreren Hütten in Betrieb. Von Monat zu Monat kamen weitere hinzu, so daß bis Ende 1943 mit einer betriebsbereiten Walzkapazität von rd. 100 000 to monatlich gerechnet wurde. Rohstahlerzeugung und Walzenstraßen sollten die Heimat ganz wesentlich entlasten.

Ein beträchtlicher Teil dieser geplanten Stahlproduktion wurde von der Reichsbahn für Schienen beansprucht. Denaben bestand ein erheblicher Bedarf für die in Kamenzkoje hergestellten 4achsigen Großraumwagen von 60 to Ladefähigkeit. Diese sollten vor allem zum Abfahren der Eisenerze von Kriwoi-Rog und der in Nikopol gewonnenen Manganerze nach dem Reich eingesetzt werden.

Ein weiterer bedeutender Teil der Walzstahlmengen wurde für die Munitionsfertigung beansprucht, die im Dnjeprbogen angelaufen war. Hier sollte in erheblich größerem Umfang als in irgend einem Werk im Reich Munition hergestellt, die Reichsproduktion also erheblich gestärkt werden.

Von sonstigen großen Produktionsprogrammen sei die Aluminium- und Stickstofferzeugung erwähnt, deren Anlaufen für Frühjahr bezw. Mitte 1944 vorbereitet war.

Für die Rohstoffversorgung des Reiches, insbesondere für die Sicherung der Stahlerzeugung, war die Manganerzgewinnung in der Ukraine von großer Bedeutung[171]). Die Erzförderung hatte 1943 den von den Sowjets erreichten Stand von 100 000 moto bereits überschritten und reichte voll zur Deckung des deutschen Bedarfs und zu einer nicht unbeträchtlichen Bevorratung aus. Die Ölschiefer- und Phosphoritgewinnung in Estland wurde ebenfalls besonders gefördert. Eine weitere bedeutende Entlastung erfuhr die deutsche Rohstofflage bei Textilien, Leder, Holz und Tabak.

---

[171]) Siehe dazu Jäger, Abhängigkeit, S. 202 ff.

Wichtig war auch die Versorgung der Landwirtschaft mit Verpackungsmaterial, Kisten, Fässer, Holzwolle usw. Es bestand die Gefahr, daß die landwirtschaftlichen Überschüsse aus Mangel an Verpackungsmöglichkeiten verdarben. Ingesamt wurden bis zum 30. 10. 1944 rd. 14 Milllionen Kisten und 1,8 Millionen Fässer hergestellt, womit die Ansprüche der Landwirtschaft einigermaßen befriedigt werden konnten. Auch diese Produktion diente im wesentlichen einer Ergänzung der Nahrungsmittel in der Heimat.

Mit dem immer stärkeren Einsatz der einheimischen Arbeitskräfte in Industrie und Landwirtschaft war deren Versorgung mit Nahrungsmitteln und wichtigen Verbrauchsgütern unerläßlich geworden, wenn sie auf die Dauer arbeitsfähig und arbeitswillig erhalten werden sollten. Beim Einmarsch der deutschen Truppen war der sowjetische Staatshandelsapparat, über den die Versorgung der städtischen Bevölkerung mit Lebensmitteln und Verbrauchsgütern vorgenommen worden war, nicht mehr arbeitsfähig. Die Organisation war zerschlagen, die Läger und Läden zu einem großen Teil vernichtet und ausgeraubt. Die Wirtschaftsdienststellen konnten sich daher auf dem Gebiet des Handels nicht damit begnügen, vorhandene Einrichtungen wieder ingangzusetzen, vielmehr mußte eine vollkommen neue Organisation geschaffen werden. Die Beschaffung von Handelsgütern für die werktätige Zivilbevölkerung stieß auf größte Schwierigkeiten, weil die Erzeugung von Industrie und Handwerk fast ausnahmslos der Truppe zur Verfügung gestellt werden mußte. Ein großer Teil der benötigten Waren mußte aus dem Reich, den besetzten Westgebieten oder dem GG eingeführt werden. Jede Produktion im Lande erforderte also die entsprechende Produktion in der Heimat und außerdem Transportraum und -weg.

Die Ingangsetzung der Wirtschaft in den besetzten Ostgebieten war bei weitem noch nicht so weit gediehen, daß sie an die ehemalige sowjet-russische heranreichte. Dies beruhte auch auf viel primitiveren Voraussetzungen als unsere Wirtschaft in der Heimat. Immerhin war sie einerseits für die Erhaltung der Kampfkraft der kämpfenden Truppe von entscheidender Bedeutung, andererseits bedeutete sie bereits eine fühlbare Entlastung der heimischen Kriegswirtschaft und hätte diese zweite Aufgabe in immer steigendem Maße erfüllt[172]).

Gesamtbild:

Der Aufbau der gewerblichen Wirtschaft war nur unter erheblichem Einsatz reichsdeutschen Sachkapitals (Produktionsmitteln, Ersatzteilen, Hilfsmaterialien) zu bewerkstelligen. Insbesondere mußten hochwertige Spezialeinrichtungen und technisch hochkomplizierte und empfindliche Ersatzteile, die leicht zu zerstören oder zu beseitigen waren, schnellstens beschafft werden. Allein auf dem Gebiet des Bergbaues, der Energiewirtschaft und der sonstigen gewerblichen Wirtschaft wurden Produktionsmittel im Wert von etwa 1 Milliarde RM aus dem Reich in die

---

[172]) Diese Selbsteinschätzung relativiert die in der Literatur weit verbreitete Bilanz von Dallin, deutsche Herrschaft, S. 419 f., wonach es nicht gelungen sei, einen „wesentlichen Beitrag des Ostens zu den deutschen Kriegsanstrengungen herauszuholen". Dallin stützt sich dabei auf die Ausarbeitung der Forschungsstelle für Wehrwirtschaft, Arbeitsstab Ausland: Die finanziellen Leistungen der besetzten Ostgebiete bis zum 31. März 1944, vom 10. 10. 1944, BA-MA, Wi/I.50. Die nachfolgend in der Nagel-Studie verwendeten Zahlen liegen wesentlich höher.

besetzten Ostgebiete verbracht[173]). Das Reich hat den Wirtschaftsaufbau in den besetzten Ostgebieten nach Kräften mit eigenen Mitteln gefördert. Wenn also von der Feindpropaganda behauptet wird, Deutschland habe die besetzten Ostgebiete „auszuräubern" versucht, so beweist bereits diese Tatsache das Gegenteil.

Der Umfang dieser deutschen Sachleistungen wird deutlich, wenn man den Wert der deutschen Sachinvestitionen in den besetzten Ostgebieten mit dem Wert der deutschen Gesamtausfuhr im Jahre 1938 (etwa 5 Milliarden RM) vergleicht.

Wegen der Vielfalt und Vielseitigkeit der Erzeugnisse läßt sich der Umfang und die wirtschaftliche Bedeutung der gewerblichen Produktion aus einzelnen Produktionsziffern nicht ohne weiteres erkennen. Trotz mancher Bedenken wurde daher versucht, den *Brutto*wert der gewerblichen Produktion zu berechnen. Der Gesamtwert der in den besetzten Ostgebieten seit der Besetzung bis Ende 1943 erzeugten industriellen Rohstoffe beziffert sich einschließlich der Reparaturleistungen für die Wehrmacht hiernach mindestens auf 3—4 Milliarden RM[174]). Hierbei ist noch zu berücksichtigen, daß die Erzeugnisse der Nahrungsmittelindustrie sowie die handwerklichen Leistungen und die Hilfsdienste der einheimischen Bevölkerung für die Truppe, die OT und andere Einheiten in dieser Zahl nicht enthalten sind. Bei einem Vergleich mit deutschen Produktionsleistungen muß das unterschiedliche Preisniveau beachtet werden. Trotz der erheblichen Preisauftriebstendenzen gelang es (wie bereits im einzelnen dargestellt) die Preise für wichtige industrielle Erzeugnisse beträchtlich unter den reichsdeutschen Preisen zu halten. Legt man das deutsche Preisniveau der Berechnung zugrunde, so ergibt sich ein Bruttoproduktionswert von etwa 4—5 Milliarden RM[175]).

Die Aufgaben und Leistungen auf den einzelnen Gebieten der gewerblichen Wirtschaft sollen in den nachstehenden Ausführungen im Einzelnen behandelt werden. (Über die Produktionsleistungen sowie über die Anzahl der in Gang gesetzten Betriebe und die Zahl der in ihnen Beschäftigten vgl. Anl. 49, 50 und 51).

---

[173]) Dallin, Deutsche Herrschaft, S. 420, beziffert den Wert mit 535 Millionen Reichsmark.

[174]) Angabe ebd. mit 725 Milionen RM, sogar einschließlich der Industrieprodukte.

[175]) Ebd. beziffert mit 1,225 Milliarden RM. Die Nutzen-Kosten-Analyse des Wi Stab Ost sieht also so aus:

Bruttoproduktionswert (nach deutschen Preisen)		4—6 Mrd. RM
Einfuhr von Produktionsmitteln		1 Mrd. RM
Gewinn	ca.	4 Mrd. RM
außerdem:		
Netto-Gewinn landwirtschaftlicher Erzeugnisse (nach Dallin)		3,5 Mrd. RM
	Gesamt:	7,5 Mrd. RM

Neben diesen Gewinnen aus der gewerblichen Produktion müßten berücksichtigt werden:

Abtransport erbeuteter Rohstoffe, insgesamt: 5,5 Mill. to (S. 197)
Räumungsgüter, teilweise oben enthalten, mind. 250 000 Waggons (S. 382)
nicht erfaßbare Arbeitsleistungen für Truppe und Besatzungsorgane, Steuerleistungen, Requirierungen, Leistungen der Ostarbeiter im Reich usw.

Personaleinsatz[176])

Der Personalaufbau wurde Ende April 1941 befohlen und sollte möglichst am 15. 5. durchgeführt sein. Durch Einberufung heranzuziehen waren die Fachkräfte für die Chefgruppe W selbst, für 5 Wi In'en, für 23 Wi Kdos, 10 Außenstellen, für die Stellen der IV Wi bei den Feldkommandanturen, technische Kräfte für die MT-Stationen, Fachkräfte für die Bearbeitung allgemeiner Wirtschafts- und Rechtsfragen, des Geld-, Bank- und Währungswesens, der Preispolitik und der Statistik. Nach dieser Planung ergab sich insgesamt ein Bedarf von rd. 1470 Fachkräften. Für die Betriebe selbst war die Einziehung geeigneter Betriebsführer, etwa 1000 Fachkräfte als Sonderführer, vorgesehen und vorzubereiten. Die Heranziehung hatte aus der Truppe, aus Dienststellen und Betrieben in der Heimat zu erfolgen. Hierzu kam noch das erforderliche Unterpersonal des mittleren und einfachen Dienstes.

Die Benennung dieser Kräfte erfolgte durch die Behörden der Wirtschaftsverwaltung sowie durch die Industrie- und Handelskammern. Für die Spitzenstellen wurde die Versetzung einiger in den Militärverwaltungen in Belgien und Frankreich eingesetzter, besonders befähigter Kräfte beim Gen Qu beantragt. Die für die MT-Stationen vorgesehenen 400 technischen Kräfte machte der Bevollmächtigte für die Maschinenproduktion namhaft.

Die Heranziehung so vieler qualifizierter Fachkräfte war ohnehin schwierig. Die Einberufungsanträge gingen über Wi Rü Amt an Gen Qu, von dort über das AHA an die zuständigen Wehrersatzdienststellen. Infolge der Einschaltung so vieler Dienststellen war das Einberufungsverfahren sehr langwierig, so daß der anfangs gesetzte Termnin vom 15. 5. 41 nicht annähernd eingehalten werden konnte. Immerhin wurde erreicht, daß bei Beginn des Rußland-Feldzuges bei den aufstellenden Heimat Rü In'en für alle Dienststellen der gewerblichen Wirtschaft ein gewisser Kreis von Fachkräften vorhanden war, der sofort in Marsch gesetzt werden konnte.

In der Folge wurden die Einziehungsbedingungen immer schwieriger, da jahrgangsmäßige Beschränkungen des AHA und immer geringere Auswahlmöglichkeiten[177]) die Arbeit erschwerten. Etwa 60% der Anträge kamen nicht zur Durchführung. Trotz aller Schwierigkeiten gelang es, rd. 3000 MV-Beamte und Sonderführer für die gewerbliche Wirtschaft einzuberufen.

---

[176]) Ein ausführlicherer Entwurf dieses Abschnitts in BA-MA, RW 31/981. Siehe dazu auch die Erinnerungen von Wilhelm Burandt, 1941 Leiter der Chefgruppe W der Wi In Süd: Wehrwirtschafts- und Verwaltungspolitik, S. 91 ff.

[177]) Dazu gehörte auch das Verbot des Einsatzes sog. jüdischer Mischlinge 1. Grades im Osten; s. Schreiben der Parteikanzlei vom 2. 3. 1942, BA-MA, RW 341/271. Die Arbeit im Osten sei eine „Ehrenpflicht für den deutschen Volksgenossen", so hieß es dort, und müsse daher den „Mischlingen" verschlossen bleiben.

Rohstoff-Beute

Bei den Einsätzen in Polen, Norwegen und Frankreich war der Rohstoff-Organisation die Aufgabe gestellt, unter Beibehaltung der vorhandenen Staatsautorität die vorhandenen Rohstoffe schnell zu erfassen und nach erfolgter Sichtung einen Teil des Materials der deutschen Rüstungswirtschaft zuzuführen[178]). Anders lagen die Verhältnisse für den Ostfeldzug, wo die sowjetische Staatsgewalt von vornherein auszuschalten war. Für den Osten wurden den Rohstoff-Organisationen folgende Aufgaben gestellt:

- Erkundung der Industrieanlagen und Rohstoffbestände,
- schnellste Orientierung der nachfolgenden Wi-Dienststellen über den Zustand der Industrie,
- Abtransport von wertvollen Rohstoffen in das Reichsgebiet bezw. Verlagerung von Rohstoffen im Ostraum.

Zunächst wurden auch in den besetzten Ostgebieten „Erkunderstaffeln" eingesetzt, wie sie sich insbesondere in Frankreich sehr bewährt hatten.

Im ersten Halbjahr des Rußlandfeldzuges ergab sich aber, daß diese Organisationsform den russischen Verhältnissen keineswegs entsprach. Die an den einzelnen Betrieben und Lägern von den Erkunderstaffeln angebrachten Beschlagnahmeplakate gaben der Truppe und oft auch der russischen Zivilbevölkerung einen Fingerzeig, daß hier irgendwelche Dinge zum Organisieren lagen. Kurz gesagt, es fehlten der Ro-Organisation Bewachungstrupps. Außerdem konnte der Abtransport wertvoller Rohstoffe vielfach nicht durchgeführt werden, weil Lkw-Raum nicht zur Verfügung stand bzw. Betriebe und Läger weit entfernt von Bahnanlagen ihren Standort hatten[179]).

Anstelle der Erkunderstaffeln wurden daher die „Wehrmacht-Erfassungs-Kommandos" (WEK) geschaffen[180]), die sich in Erfassungsstab, Erkunderstaffel, Feldgendarmeriestaffel, Sammelstaffel und Transportstaffel gliederten. Aufgestellt und eingesetzt wurden 7 WEK's in Stärke von je ca. 100 Feldgendarmen und 80 Fachkräften der verschiedensten Wirtschaftsgebiete nebst Unterpersonal. Beigegliedert wurde je nach Bedarf ein Bergungstrupp, zusammengesetzt aus technischen Fachkräften, die in erster Linie wertvollstes Maschinengut aus frontnahen Gebieten zu bergen hatten.

Über den A Wi Fü, dem die einzelnen WEK's unterstellt waren, erfolgte die Aufteilung der einzelnen Kommandos auf die Divisionen, so daß im Zuge des Vormarsches sofort im Anschluß an die Eroberung die wehrwirtschaftlichen Aufgaben eingeleitet werden konnten.

Der Einsatz der WEK's an Stelle der anfänglichen Erkunderstaffeln wies folgende Vorteile auf:

Die Aufteiluhng der Erkundertrupps auf die Divisionen ermöglichte eine schnelle Erkundung und andererseits für die Truppe an Hand der überreichten Erkundungsberichte die Entnahme dessen, was sie dringend benötigte. Das selbstän-

[178]) Dazu die Darstellung bei Thomas, Geschichte.
[179]) Dafür gab es eine Dringlichkeitsliste für den Abtransport; s. Anweisung Generalleutnant v. Hannecken/Wirtschaftsführungsstab Ost, vom 16. 10. 1941, BA-MA, RW 31/271.
[180]) Dazu ausführlicher den Erfahrungsbericht der WEK in BA-MA, RW 31/83.

dige und wilde Herumsuchen von Truppeneinheiten in Industrieunternehmungen wurde vermieden.

Die sofort durchgeführten Sicherungen durch die Feldgendarmeriestaffeln verhinderten ein unbefugtes Ausschlachten von Unternehmungen durch Zivilbevölkerung oder Truppe. Dadurch wurde insbesondere die schnellle Wiederingangsetzung benötigter Einrichtungen gefördert.

Durch den Lkw-Raum der Transportstaffeln war es möglich, aus abgelegenen Gebieten Abtransporte durchzuführen. Die mitgegebenen Bergungstrupps kamen nicht bei jedem WEK auf ihrem Spezialgebiet zum Zug, in diesem Fall wurden sie als zusätzliche Transportstaffeln eingesetzt. Wo sie als Bergungstrupps eingesetzt waren, haben sie in vorbildlicher Form in vorderster Linie wertvolles Maschinengut ausgebaut und der deutschen Rüstungswirtschaft nutzbar gemacht.

Neben der Erkundung zurückgelassener Mineralölbestände und Bereitstellung dieser Mengen für den Sofortbedarf der Truppe hatten diese Fachkräfte auch die vorhandenen Tankanlagen, Kesselwagen und Fässer zu übernehmen und im Frontgebiet kriegswichtige Betriebe der Mineralölindustrie vorläufig in Gang zu setzen.

Die Deckung des Sofortbedarfs der Truppe ging Hand in Hand mit der Erkundung, da nicht nur Rohstoffe, sondern sämtliche Artikel des Truppenbedarfs zu melden waren. Dadurch hatte der A Wi Fü eine Grundlage für die weitere Verteilung.

Ingangsetzung und vorläufige Betreuung von kleinen Betrieben war ebenfalls Aufgabe der WEK's, die dann von den nachrückenden Wi Kdos übernommen wurde.

Die Zusammenarbeit der WEK's mit den A Wi Fü und den Wi Kdos hat sich überall gut eingespielt. Die WEK-Kommandeure arbeiteten mit den Abteilungsleitern der O Qu eng zusammen, die Truppe gewann schnell das Vertrauen, da sie von diesen Kommandos tatkräftig Unterstützung zu erwarten hatte.

Die Abtransporte wurden in engster Zusammenarbeit mit dem „Beauftragten für Schrott- und Altmetallerfassung in den besetzten Ostgebieten, Major Schu (Org.Schu)" durchgeführt, die insbesondere auf dem Schwermetallgebiet mit wenig deutschen Kräften Materialbewegungs-Leistungen vollbracht hat, wie sie im Ostfeldzug einmalig waren.

Nach Durchführung ihrer Aufgaben wurden sämtliche WEK's im Frühjahr 1943 nach dem Reich zurückgezogen und für anderweitige Aufgaben bereitgestellt. Nur WEK 2 führte in Charkow noch einen Spezialauftrag durch.

Im Einsatzjahr 1943 waren die Erkundungen abgeschlossen und für die weitere Ro-Tätigkeit lediglich Spezial-Räumungskommandos im Ostraum erforderlich. Solche wurden zusammengestellt und an industriellen Schwerpunkten als „Rohstoff-Erfassungs-Kommandos" eingesetzt (Schostka, Stalino, Taganrog, Taman-Halbinsel, Charkow). Diese Erfassungs-Kommandos bestanden durchweg nur aus 3 bis 4 Fachkräften, die den Abtransport mit russischen Arbeitskräften entweder selbst durchführten, oder die Organisation Schu in die zu räumenden Objekte einwiesen. Auf diese Weise gelang es, unter Einsatz verhältnismäßig weniger deutscher Kräfte im Sommer 1943 noch erhebliche Rohstoffbestände in das Reich abzutransportieren, bezw. westlich des Dnjepr zu verlagern. Nach der Zurücknahme der Front in das Gebiet westlich des Dnjepr verblieben nur noch einzelne Ro-Dienststellen in Schwerpunktgebieten, um in Verbindung mit der Org.Schu noch Schwermaterialien der deutschen Rüstung zuzuführen.

Insgesamt waren in der Ro-Organisation rd. 1300 Mann in den besetzten Ostgebieten eingesetzt.

Davon sind:

Gefallen oder verstorben	18
vermißt	106
verwundet	18
erkrankt	112.

Insgesamt wurden durch die *Ro-Organisationen* in den besetzten Gebieten

18 000 000 to Rohstoffe

erfaßt. Davon wurden

5 500 000 to

ins Reich abtransportiert. Für die Truppe, Rüstung und Zivilverwaltung wurden verbraucht

5 200 000 to.

Darunter befanden sich *z.B.:*

Eisen und Stahl	6 800 000 to
NE-Metalle	1 000 000 to
Chemische Rohstoffe	320 000 to
Kohle und Torf	5 000 000 to
Häute und Felle	65 000 to
Textilrohstoffe	194 000 to
Tabak	38 000 to
Mineralöle und Schmierfette	350 000 to
Schrott	3 500 000 to
Edelmetalle	2 600 kg
Bereifung (Decken und Schläuche)	200 000 Stck.
Häute und Felle	15 000 000 Stck.
Holz	4 000 000 (fm, cbm, rm)
Benzinfässer	4 100 Stck.
Kesselwagen	2 200 Stck.

Genaue Einzelaufstellung ist aus der Sammelmeldung über Rohstoffe und Materialien ersichtlich, die durch die Roh-Organisationen erkundet, abtransportiert, im Lande verbraucht oder zurückgelassen worden sind (vgl. Anl. 52).

In das Reich sind *durch die Ro-Organisationen* in Verbindung mit Org.Schu überführt worden:

Chromerz	14 000 to
Manganerz	660 000 to
Mangankonzentrat	476 000 to
Eisen und Stahl	1 094 000 to
Eisenerz	1 156 000 to
Eisen- und Stahlschrott	2 052 000 to
Stahllegierungsmetalle	22 000 to
NE-Metalle	60 000 to
Schwefelkies	10 000 to
Apatite	62 000 to
Kiesabbrände	67 000 to
Asbest	5 200 to

Braunstein	1 800 to
Altgummi	15 000 to
Baumwolle	21 000 to
Häute und Felle	7 000 000 Stck.

Truppenbedarf und Gen Qu-Programm

Planung und Lenkung der Produktion

Die in allen Zeitabschnitten im Vordergrund stehende Deckung des Truppenbedarfs war jeweils bei Besetzung neuer Gebiete auf jede nur mögliche Art in Angriff genommen worden. Naturgemäß geschah dies zunächst in der Weise, daß vorerst mit allen zur Verfügung stehenden, wenn auch primitiven Mitteln produziert und die Truppe auf jede nur mögliche Art versorgt wurde. Die einzelnen Einheiten wandten sich zunächst mit ihren Anforderungen direkt an die Betriebe oder Wi Kdos, wodurch sich natürlich eine geordnete und abgestimmte Produktion nicht ergeben konnte.

An Stelle dieser ungeregelten Auftragserteilung durch tausende größerer und kleinerer Einheiten mußte, wie bereits dargelegt, eine zentrale Planung und Lenkung einsetzen. Eine Übersicht über Fertigungsmöglichkeiten der Betriebe und der zu beschaffenden Roh- und Hilfsstoffe war hierfür zu gewinnen.

In dieser Erkenntnis übersandte Gen Qu dem Wi Stab Ost ein Programm, das als Richtschnur für die Lenkung der Truppenbedarfs-Produktion dienen sollte[181]). Dies war die erste Planung auf längere Sicht, wobei die Bedarfsanforderungen nicht mengenmäßig, sondern nur in der Produktionsausrichtung als Auftrag galten. Ferner wurde sichergestellt, daß die Vergebung von Aufträgen nur im engsten Einvernehmen und nur mit Zustimmung der Wi In'en bezw. der zuständigen Wi Kdos erfolgen durfte.

Als erstes Beispiel eines aus der Zusammenarbeit zwischen Gen Qu, Wi Stab Ost und seinen nachgeordneten Dienststellen hervorgegangenen laufenden Produktionsprogrammes für den Truppenbedarf sei das Panjewagenprogramm angeführt. Die Truppe hatte sich zunächst auch hier durch Erfassung aus dem Lande geholfen. Die Besonderheiten der Ostgebiete bedingten jedoch als Feldhilfswagen ein Fahrzeug von besonders geringem Eigengewicht und begrenzter Tragfähigkeit, das auch mit weniger zugkräftigen Pferden bespannt, auf schlechtesten Wegen, insbesondere während der Schlammperiode, vorankam. Anfangs wurden zahllos und wahllos irgendwelche Wagentypen in Auftrag gegeben. Dies führte ständig zu Schwierigkeiten und auch mangelnder Ausnutzung der Kapazität infolge Fehlens von Beschlagteilen, von Holz, Anstrichmitteln und dergleichen. Auch stieß die Beschaffung von Ersatzeilen infolge der Vielzahl der Wagentypen auf Schwierigkei-

[181]) Siehe Anm. 169.

ten. Die systematische Erfassung und der Einsatz aller größeren und kleineren Wagenbauanstalten, die zentrale Beschaffung von Achsen, Beschlagteilen usw., die kontingentmäßige Aufteilung auf die einzelnen Inspektionen und die laufende Überwachung durch Wi Stab Ost haben dann zur Herstellung eines von der Truppe erprobten und gebilligten leichten Feldwagens geführt. Bis zum 31. März 1943 erreichte die Produktion die Zahl von 84 683 Stück[182]). In der Zeit vom 1. April 1943 bis zum 31. Mai 1944 konnten der Truppe weitere 151 586 Wagen zur Verfügung gestellt werden. Insgesamt wurden rd. 260 000 Panjewagen hergestellt und weitere 21 300 Wagen repariert. Hiervon wurden 112 552 Wagen in den für die Gen Qu-Fertigung herangezogenen Betrieben des Generalgouvernements hergestellt[183]).

Auf Grund der beim Panjewagenbau gesammelten Erfahrungen wurde auch für Teilgebiete des allgemeinen Heeres- sowie Unterkunftsgeräts ein zwischen Gen Qu, ChefHRüst und Wi Stab Ost festgelegtes Programm aufgestellt. Gen Qu verbot jeden selbständigen Beschaffungsantrag auf diesen Gebieten durch die Truppe, um die Einheitlichkeit der Fertigungsmuster zu sichern. Eine Großproduktion zu ermöglichen und den Fertigungsausstoß übergebietlich verteilen zu können.

Für das *Jahr April 1943 bis Mai 1944* stellte Gen Qu erstmalig ein *zahlenmäßig ausgearbeitetes Fertigungsprogramm* auf. In dieses Programm wurden aufgenommen:

- Allgemeines Heeresgerät:
  Pferdeausrüstung, Geschirr- und Stallsachen, Bespannfahrzeuge (Panjewagen), Akjas.
- Pioniergerät:
  Schanzzeug (Schaufeln, Spaten, Hacken, Äxte, Brechstangen, Hämmer), Tragetaschen für tragbares Schanzzeug, Stiele für Schanzzeug, Dachpappe, Dachpappennägel und Klebemasse, Draht und Drahterzeugnisse, Bandeisen, Eisenteile für Behelfsbrückenbau, Bauklammern, Schrauben, Muttern und Unterlegscheiben aller Art.
- Unterkunftsgerät, Baustoffe und Baugerät:
  Unterkunftsgerät:
    Öfen und Zubehör, Kochtöpfe und Bratpfannen, Streichhölzer, Sperrholzhütten und -Ställe, Holzbottiche und Wasserfässer.
  Unterkunftsbaustoffe und Baugerät:
    Grundbaustoffe wie Holz, Zement, Kalk, Gips, Ziegeleierzeugnisse, Ton- und Zementrohre; Ausbaustoffe wie Fenster und Türen, Glas, Baubeschläge, Ölfarben und Lacke, Installationsmaterial für Heizung und Wasser, Elektro-Baustoffe, verschiedene Spezialbauhandwerkszeuge und -Geräte.
- Hufbeschlaggerät:
  Feldschmieden und Hufbeschlagmaterial.
- Kfz-Gerät:
  Federstähle und Erzeugnisse daraus, Kolben und Ringe, Elektroden, Maschinenschrauben und -Muttern, Spezialhandwerkszeug für Kfz, Azetylenentwickler, Wagenheber, Sickerfässer.

---

[182]) Dazu die Graphik Panjewagenproduktion der besetzten Ostgebiete, Anlage Nr. 5 zum Monatsbericht Wi Stab Ost für März 1943, BA-MA, RW 31/64.

[183]) Vgl. dazu die Aufzeichnungen Grützners, hinten S. 622, der im Bereich des RüKdos Kiew für das Panjewagen-Programm zuständig war.

– Waffenersatzteile:
Gleitschuhe, Buchsen und Buchsenringe, Deichseln und Achsen, Feuerwangen für Feldküchen und Backanhänger.

Dieses Gen Qu-Programm 1943/44 umfaßte insgesamt 194 einzelne Positionen[184]). In einem Zusatz bezw. Restprogramm vom November 1943 beschränkte sich Gen Qu auf das Verfügungsrecht über die nachstehenden wichtigsten Positionen; im Hinblick auf die durch die Absatzbewegungen geschaffene neue Lage wurden hierfür auch neue monatliche Fertigungsziffern festgelegt:

– Allgemeines Heeresgerät:
Sielengeschirre, Panjewagen, Panjeschlitten.
– Pioniergerät:
kurze und lange Spaten mit Stiel, Tragetaschen für kurze Spaten, Schaufeln mit Stiel, Kreuzhacken und Äxte mit Stiel, Hand- oder Klauenbeile, Schlosserhämmer, Vorschlaghämmer, Drahtscheren, Bolzen, Bauklammern und Dachpappe.

In den verschiedenen Wi In-Bereichen waren mehrfach einzelne Industriezweige auf bestimmte Gebiete konzentriert. Um eine richtige Verteilung der Produktion und dementsprechend des Nachschubs durch Gen Qu unter die Armeen zu sichern, war eine straffe Organisation der Abnahme notwendig. Über den Gen Qu wurden gewisse Versorgungseinheiten (HUV, große Heeresbaudienststellen, Pi-Parks usw.) zur bezirklichen Gesamtabnahme gewisser für Gen Qu gefertigter Erzeugnisse bestimmt. Im allgemeinen stand das Produktionsaufkommen im Rahmen des Gen Qu-Programms dem Territorialbefehlshaber zur Verfügung bis auf die Sperrprozentsätze, die dem übergebietlichen Ausgleich dienten. Über Geräte, deren vorherige Lagerung mit Transportschwierigkeiten und Ablieferungsverzögerungen an die Truppe verbunden gewesen wäre, wurde unmittelbar ab Produktionsstätte verfügt (Panjewagen).

Durchführung

Das umfangreiche Gen Qu-Programm hätte bei gleichbleibender Lage im allgmemeinen in allen Teilen erfüllt werden können. In den Bereichen der Wi In Süd und Wwi In Ukraine wurden hauptsächlich die dort vorgefundenen Vorräte an Rohstoffen und Halbzeugen für die Fertigung verwendet. Die Wi In'en Mitte und Nord hatten nur geringe eigene Vorräte zur Verfügung. Sie waren deshalb in der Hauptsache auf die Deckung ihres Bedarfs an Eisen aus dem Reich angewiesen. Die Kontingente stellte Wi Stab Ost zur Verfügung. Den Anforderungen an Eisenbezugsrechten konnte trotz der allgemeinen Beschaffungsschwierigkeiten stets voll entsprochen werden, während nach Einführung der Blechbestellrechte im Dezember 1943 der Bedarf an Blechen nicht mehr voll befriedigt werden konnte.

Ein wertvoller Ausgleich für die im Laufe des Jahres 1943 verlorengegangenen Fertigungsbereiche im Südteil der Ostfront wurde im GG gefunden. Dort wurde En-

[184]) Unterlagen dazu in BA-MA, RW 31/982.

de 1943 die Abteilung Wi Ost bei der Rü In-GG gebildet, der es gelang, die vorhandenen freien Kapazitäten für das Gen Qu-Programm einzusetzen. Die Fertigung im GG wurde derart gesteigert, daß trotz der aufgezeigten Schwierigkeiten das reduzierte Gen Qu-Programm in vollem Umfang erfüllt worden ist[185]).

Die aus diesem Programm an die Truppe abgegebenen Geräte und Gegenstände stellen einen Wert von insgesamt

RM 126 Millionen dar.

Die Einzelheiten der im Rahmen des Gen Qu-Programms gefertigten Gegenstände und Geräte sind in der Anl. 53 dargestellt.

Die größten Erfolge in der Ausführung des Gen Qu-Programms wurden im Gebiet der Wi In Süd erzielt. Auf die Planungen und Durchführungen in diesem Gebiet wird deshalb in dem nachstehenden Abschnitt näher eingegangen.

Gen Qu-Fertigung der Wi In Süd

Die im Raume der Wi In Süd durchführbaren Teile des Gen Qu-Programms für das Jahr 1. April 1943 bis 31. Mai 1944 wurden in das *Inspektionsprogramm* aufgenommen. Der im Gen Qu-Programm angegebene Bedarf wurde später noch verschiedentlich geändert und schließlich im Juli 1943 erneut festgelegt.

Die Aufträge zur Unterbringung der Forderungen des Gen Qu-Programms erteilte die Wi In Süd über die ihr unterstellten Dienststellen nach Prüfung der Unterbringungsmöglichkeit in Zusammenarbeit mit den Betriebsführern. Die Auftragserteilung konnte nicht starr gehandhabt werden und unterlag verschiedentlichen Änderungen. Abgesehen vom Materialeinsatz lag dies daran, daß über den Gen Qu-Auftrag hinaus unmittelbare Aufträge der Truppe auch jetzt noch über die Wi Kdos oder direkt an die Betriebe gegeben wurden. Mit Gen Qu Süd war zwar abgestimmt worden, daß die Aufträge der Truppe auf die Forderungen des Gen Qu-Programms angerechnet werden sollten, jedoch gingen die Anforderungen der Truppe in einzelnen Erzeugnissen nicht unerheblich über die Aufträge des Gen Qu-Programms hinaus (z.B. Spaten). Vielfach waren es auch Anforderungen, die in den Positionen des Gen Qu-Programms nicht enthalten waren. Schließlich bedingten die Forderungen der Truppe auch Spezialfertigungen, die in den Aufträgen des Gen Qu nicht enthalten sein konnten. Hinzu kam, daß das Kfz-Programm einen weit größeren Umfang annahm, als im Gen Qu-Programm vorgesehen war. Gewisse Aufträge, wie die Gesamtforderungen an Veterinärgerät, erfolgten überdies zu einem späteren Zeitpunkt.

Aus all diesen Umständen ergab sich eine Belastung der Kapazitäten und insbesondere des Einsatzmaterials in einem Umfang, der den für die Truppenfertigung festgelegten Einsatz erheblich überschritt. Abstimmungen und Änderungen in der Auftragsliste in Zusammenarbeit mit Gen Qu Süd erwiesen sich als notwendig. Sie führten zu gewissen Streichungen, im allgemeinen blieb jedoch eine über die

---

185) Zum Kampf der Rü In GG um die Durchführung dieser Aufgaben gegen die Bestrebungen der SS, die hierbei eingesetzten jüdischen Arbeitskräfte aus den Heereswerkstätten abzuziehen und zu liquidieren, s. Speer, Sklavenstaat, S. 357 ff.

ursprünglich vorgesehene Truppenfertigung hinausgehende Inanspruchnahme des Materials und der Kapazitäten.

Um in der Materialzuteilung und Auftragsgestaltung disponieren zu können, schlug die Wi In Süd dem Gen Qu Süd vor, die Versorgung der Luftwaffe, Marine, OT und RAD mit zu übernehmen. Mitbestimmend hierfür war, daß es nicht immer möglich war, über die Dringlichkeit der Anforderungen der einzelnen Wehrmachtteile zu entscheiden, wenn gleichzeitig mehrere Bedarfsträger gleichgerichtete Forderungen stellten. Eine Übergangslösung wurde gefunden, daß

- bei Pi-Geräten sich W u G bereit erklärte, bis zum 1. 10. 1943 (voraussichtlicher Beginn der Eisenkontingentierung) die übrigen militärischen Bedarfsträger aus ihrem Kontingent zu befriedigen,
- bei U-Geräten das WBA für alle Bedarfsträger gleichzeitig zuständig war,
- für verschiedene Positionen (Zement, Sauerstoff usw.) ein bestimmter Schlüssel festgelegt wurde.

Den nachstehend und in besonderen Tabellen aufgeführten Produktionsziffern muß grundsätzlich folgendes vorausgeschickt werden:

Die Zahlen verschiedener Positionen lassen klar erkennen, daß bei gleichbleibender Lage die Aufträge mindestens erfüllt, wahrscheinlich sogar über bezw. vorterminlich erfüllt worden wären. Die Zahlen, die diese Erkenntnis nicht ohne weiteres zulassen, dürfen nicht so angesehen werden, als ob für diese Positionen eine Erfüllung des Gen Qu-Programms nicht zu erwarten gewesen wäre. Zu berücksichtigen ist, daß die Produktion verschiedentlich erst im Anlaufen war, daß Umstellungen auf Gen Qu-Fertigungen mehrfach notwendig waren, und daß erhebliche Materialschwierigkeiten durch zusätzliche Aufträge auftraten, ebenso wie die Verzögerungen insbesondere im Anlaufen der Walzstraßen im Donez-Gebiet. Der für September vorgesehene Anlauf zusätzlicher Walzstraßen in Dnjepropetrowsk hätte den Materialmangel für die eisenverarbeitende Industrie auch im Donez-Gebiet behoben.

Die nachstehende Darstellung ist nicht als eine ins einzelne gehende Übersicht zu betrachten, sondern nur als Überblick über die Gen Qu-Produktion in den Anlaufmonaten und die bei gleichbleibender Lage zu erwartende Fertigung.

Eisen und Metallwirtschaft:

Das festgesetzte Monatssoll des Gen Qu-Programms zeigt anliegende Tabelle (Anl. 54). Weitere Kfz-Geräte wurden unmittelbar von Gen Qu Süd an BdK-Betriebe in Auftrag gegeben. Desgleichen fehlt das Veterinärprogramm, das erst später der Wi In Süd übermittelt und dessen Durchführung durch die militärischen Ereignisse überholt wurde.

Planmäßig sollte für die Gen Qu-Fertigung nur das Wi Kdo Stalino herangezogen werden. Die Wi Kdo Charkow und Krim sollten für den Sofortbedarf der Truppe freibleiben. Die Wi Kdos Tschernigow und Ssumy sollten in erster Linie den Bedarf der Landwirtschaft decken. Aber auch aus diesen Gebieten sind Erzeugnisse für das Gen Qu-Programm zur Verfügung gestellt worden.

Die von den Betrieben des Wi Kdos Stalino übernommenen Aufträge entsprachen ihrer Leistungsfähigkeit unter Berücksichtigung der Anlaufzeit. Bei eingespielter Fertigung konnte jedoch mit genügend freien Kapazitäten für die Deckung auch eines weiteren Bedarfs gerechnet werden.

Für Pi-Geräte lagen aus den bereits früher voll erfüllten Programm-Fertigungen im Herbst 1942 (Bergwerksgeräte) und im Winter 1942/43 (Schanzgerät für Stellungsbau) hinreichende Erfahrungen vor.

Eine bei Übernahme der Lieferungsverpflichtungen schwer abzuschätzende Schwierigkeit lag in dem laufend zunehmenden Mangel an Facharbeitern. Nachteilige Auswirkungen hieraus ergaben sich für das Gen Qu-Programm nur in Einzelfällen. So z.B. für die Schrauben- und Bolzenfertigung im Boltowwerk in Druschkowka, wo etwa die Hälfte der Arbeitskräfte abgezogen wurde.

Andererseits traten aber auch Stauungen in der Produktion durch mangelnde Abnahme ein. Verschiedentlich wurden Einheiten durch Gen Qu Süd zur Abnahme aufgefordert, führten dies jedoch nicht sofort durch. In solchen Fällen wurden andere vordringliche Aufträge der Truppe vorgezogen. Dies galt vor allem für Öfen, Ofenrohre und -kniee, die von den HUV nicht in voller Höhe abgenommen wurden.

Nach den Planungen der BHO sollte das Wi Kdo Stalino das benötigte Vormaterial, auch unter Berücksichtigung des Iwan-Programms (Munition) über das im Abschnitt „Eisen und Metall" berichtet wird, restlos aus dem eigenen Bereich zur Verfügung stellen. Die Materiallieferungen erfolgten jedoch nur unzureichend, da die Leistungen des Hüttenwerkes Makejewka nicht ausreichte, die Walzmöglichkeiten z.T. für das Iwan-Programm in Anspruch genommen wurden und die Stahlerzeugung in Feindnähe z.T. gedrosselt oder eingestellt werden mußte.

Für das Gen Qu-Programm im Bereich der Wi In Süd wurden insgesamt

ca. 15 000 to Eisen- und Stahlmaterial

benötigt, davon etwa

11 000 to Walzwerkerzeugnisse.

In den Monaten April bis Juli wurden teils aus Neuwalzungen, teils aus vorhandenen Beständen

ca. 3200 to Eisen- und Stahlmaterial

aufgewandt.

Aus dem Dnjeprbogen sollten für das Gen Qu-Programm zugeliefert werden:

Rundeisen	16—30 mm	990 to
für Panjewagen		2 871 to
Feinbleche	0,5 mm	700 to
Feinbleche	1,5—3 mm	1 400 to

(Einzelaufstellung und Bedarfszweck vgl. Anl. 55).

Von den vorstehend erforderlichen 15 000 to Walzwerkerzeugnissen waren ca. 5000 to für den Panjewagenbau vorgesehen (für ca. 40 000 Panjewagen). Diese Menge war zum größten Teil von den Walzwerken Nordmarkhütten in Dnjepropetrowsk und von dem Hüttenwerk Makejewka zu liefern. Aus dem Reich sollten außerdem Walzeisen für etwa 20 000 Panjewagen nachgeschoben werden. Tatsächlich beschränkte sich dieser Nachschub aus dem Reich auf einen geringen Anteil und lediglich auf Sorten, die mit den Walzmöglichkeiten in der Ukraine nicht hergestellt werden konnten. Da das Walzwerk Makejewka nicht planmäßig liefern konnte, mußte die Nordmarkhütte den Ausfall mitübernehmen. Ausgewalzt wurden sämtliche für den Einheitswagen Pleskau II erforderlichen Querschnitte.

In der ab 1. 10. 1943 geplanten Eisenbewirtschaftung in der Ukraine waren die Anforderungen für das Gen Qu-Programm vordringlich behandelt worden. Die im

Einvernehmen mit der Wi In Süd und mit RKU abgegebenen Vorbereitungsvorschläge für das IV. Quartal 1943 sahen im Rahmen der walzmäßigen Möglichkeiten volle Deckung des von Wi In Süd und Wwi In Ukraine übernommenen Anteils am Gen Qu-Programm vor. Klarheit bestand darüber, daß gewisse Mengen aus dem Reich zu Lasten des Reichseisenkontingents des Gen Qu nachgeschoben werden mußten.

In der Fertigung waren die Gußmöglichkeiten ausreichend vorhanden, nur an Gießereikoks mangelte es zeitweise. Auch die Blechverarbeitung war den Anforderungen gewachsen. Die Schmiedekapazität reichte anfangs nicht aus, da es an leistungsfähigen Gesenkschmieden fehlte. Weitgehend wurde daher dazu übergegangen, Schmiedeerzeugnisse nicht aus Walzmaterial zu fertigen, sondern aus Stahlgußrohlingen, die lediglich fertig geschmiedet wurden. Stahlgußrohlinge für Kreuzhacken und Beile wurden in großem Umfange im Thorezwerk, Druschkowka hergestellt. Die Qualität war ausreichend.

Über die Auslieferungen an die Truppe gibt die Tabelle (Anl. 54) Aufschluß. Vollständige Unterlagen liegen nur bis Juli 1943 vor. In einzelnen Fällen sind neben die Auslieferungsziffern die Fertigungsziffern gestellt, um klarzustellen, in welchem Verhältnis die Abnahme zur Produktion stand.

Die Auslieferung der Betriebe des BdK ist aus der Übersicht (Anl. 56) ersichtlich.

Zu den einzelnen Positionen ist zu sagen:

Die ausreichende Fertigung von *Waschschüsseln* war durch Aufstellung wirtschaftlich arbeitender Maschinen aus dem Reich und Schaffung einer Einheitsausführung gesichert. Die Herstellung von *Kneifzangen und Kreuzhacken* war mangels leistungsfähiger Gesenkschmieden unzureichend, so daß eine Produktionsverlegung in die sehr wenig ausgenutzte Anlage von Nikolajew erfolgte.

Größere Schwierigkeiten bot die Fertigung von *Ofenrohren und -knieen,* da das erforderliche Feinblech nicht planmäßig zur Verfügung gestellt wurde. Zusätzlich wurden daher alle erreichbaren Vorräte an Blech, u.a. Transformatorenbleche aus Charkow, herangezogen. Eine zweite Schicht der Feinblechstraßen in der Nordmarkhütte Dnjepropetrowsk wurde eingelegt. Der Auftrag an Kfz-Federpaketen wurde gegenüber der Anforderung im Programm erheblich vergrößert. Die Soll-Menge wurde nicht erreicht, da es an Federstahl mangelte, Federstahlbestände verschiedenster Abmessungen verarbeitet werden mußten und das vorhandene Material ungeeignet war.

Chemische Industrie:

Wesentliche Teile des Gen Qu-Programms konnten mit den zur Verfügung stehenden Kapazitäten durchgeführt werden. Inbesondere bei *Schwefelsäure, dest. Wasser, Sauerstoff, Karbid, Salzsäure und Lötwasser.* Infolge des Ausfalls von Charkow erlitt die *Seifenproduktion* einen entscheidenden Rückgang. Die *Schwefelsäure-Produktion* betrug im August 1943 noch ca. 450 to.

Dachpappe: Bei voller Ausnutzung ihrer Kapazität konnte die Fabrik in Slawjansk jährlich 3 Millionen qm Dachpappe erzeugen. Tränkmasse lagerte für ca. 1,5 Millionen qm auf Vorrat. Die Aufnahme der Produktion scheiterte aber an dem

Fehlen von Rohpappe. Schließlich gelang es, vorläufig 2 Waggons Rohpappe heranzubringen, jedoch wurde der auf den 23. 8. festgesetzte Arbeitsbeginn durch die militärischen Ereignisse überholt.

Leim: Die Auflage konnte nur z.T. erfüllt werden. Es mangelte an Rohmaterial (Knochen) infolge der ständig zurückgehenden Schlachtungen. Erst für September stand eine höhere Produktion in Aussicht, kam aber nicht mehr zur Durchführung.

Lederindustrie:

- *Treibriemen:* Das Programm-Soll mit 3000 m war bereits Ende Juli erfüllt. Die inzwischen von der Truppe zusätzlich eingegangenen Anforderungen hätten ohne Schwierigkeiten erfüllt werden können.
- *Pferdegeschirre:* Das Heereswaffenamt gab im März 1943 einen Auftrag auf 65 000 Geschirre, der dem Gen Qu-Programm gleichgestellt wurde. Außerdem sollte ein Restauftrag aus 1942 über 35 000 Geschirre gemäß Auflage Wi Stab Ost nach Möglichkeit durchgeführt werden. Von April bis Juli 1943 wurden für den Gen Qu abgegeben

	10 691 Panje-Geschirre
	15 608 Sielengeschirre
zusammen:	26 299 Ledergeschirre.

Außerdem wurden 13 589 Hanfgeschirre zur Verfügung gestellt.
Ingesamt wurden in der Zeit vom 1. 4. 1943 bis zum 31. 5. 1944 von der Wi In Süd

71 692 Geschirre

gefertigt. Eine Steigerung des Monatsdurchschnitts von 6500 auf 8–9000 Ledergeschirre war zu erwarten. Der Mangel an Beschlagteilen, Sattlergarn und Lederfetten war bereits im Sommer behoben. Die mit erheblichen Schwierigkeiten verbundene Umstellung auf Sielengeschirre war beendet. Die 65 000 Geschirre des Gen Qu-Programms wären bereits bis Jahresende geliefert, das gesamte Geschirr-Programm mit 100 000 Geschirren bis Ende April 1944 erfüllt worden. Bis zu diesem Zeitpunkt kamen jedoch zusätzlich noch 25–30 000 Hanfgeschirre hinzu. Neben dieser Programmfertigung wurden allein von April bis Juli 1943 ca. 15 000 Geschirre für die Landwirtschaft und für die Betriebe gefertigt.

Textilindustrie:

Das Gen Qu-Programm stellte nur sehr geringe Anforderungen. Der größte Teil der Produktion stammte aus WBA-Aufträgen. Restbestände von Garnen wurden zu Wehrmachthemden und -Unterhosen verarbeitet. Ungefähr 50–60 000 kg Garn aus Charkow und Poltawa dienten fast restlos diesem Zweck. Zu einem kleinen Teil wurde hieraus Nessel für Lazarettbedarf hergestellt. In Simferopol, Mariupol und in kleineren Betrieben in den nördlichen Wi Kdo-Bereichen wurden Wollsocken (Jahresproduktion ca. 120 000 Paar), Wollpullover, Schlafdecken usw. erzeugt.

Die Produktion an Seilerwaren aller Art ging im wesentlichen an die Truppe (ca. 1000 to). Die erst im Laufe 1943 durchgeführte Zentralisierung des Einkaufs durch das WBA hätte eine günstigere Verwertung und Verteilung gewährleistet.

Steine und Erden:

In das Gen Qu-Programm wurde eine *Flachglaslieferung* von monatlich 20 000 qm, ab August eine Gesamtlieferung von 150 000 qm aufgenommen. Die Reparaturen in der Glasfabrik Konstantinowka infolge Russeneinbruchs dauerten von Februar bis Juli 1943. Die Inbetriebnahme war nur noch von der ausreichenden Sodaablieferung abhängig, die aus dem Reich oder von der Sodafabrik Slawjansk erfolgen mußte. Da in Slawjansk aber die HKL in der Nähe des Werkes verlief, wurden aus dem Sodakontingent der deutschen Glasfabriken 500 to freigemacht. Die Erzeugung konnte Ende Juli aufgenommen werden. Es wurden 215 000 qm erzeugt, von denen 65 000 qm an die Truppe gingen. Mit der Abdeckung des Gen Qu-Bedarfs bereits vor Ablauf des festgesetzten Zeitraumes war zu rechnen.

Neben Flachglas wurde noch eine Reihe von Gegenständen aus Glas und Ton, vor allem für Lazarette, hergestellt:

Glasschüsseln
Feldflaschen aus Glas
Trinkgläser
Lampengläser
sonstige Glasartikel
Kaffeekannen
Milchkannen
Töpferwaren

Die Anforderungen an *Ziegelsteinen* konnten für alle Bedarfsträger in enger Zusammenarbeit mit der OT und der „Steine und Erden Ost GmbH" erfüllt werden. Mit einer Monatsproduktion von durchschnittlich 1,5 Millionen Stück wurde der Gen Qu-Bedarf wesentlich überschritten. Dagegen konnten die Forderungen des Gen Qu an *Kalk, Gips und Kreide* nicht voll erfüllt werden. Allerdings waren die tatsächlichen Abnahmen wesentlich geringer als der angegebene Bedarf. Umgekehrt war es bei *Zement,* wo die Anforderungen wesentlich höher waren als der im Programm angegebene Bedarf. Mit ca. 7100 to von April bis Juni konnte ein erheblicher Teil der Anforderungen befriedigt werden, wobei die Versorgung der OT für Heeresbauvorhaben im Vordergund stand.

Holzverarbeitende Industrie:

An *Panjewagen* wurden im Bereich der Wi In Süd von April bis August 1943
9 258 Stück
gefertigt. Die Differenz gegenüber dem Fertigungs-Soll war durch die mangelnde Holzzufuhr begründet. Fertigungsstätten von größerem Ausmaß (Stalino, Mariupol) waren auf die Holzzufuhr aus dem Gebiet der Wwi In angewiesen. Die Differenz konnte jedoch durch erhöhte Fertigung im Gebiet der Wwi In ausgeglichen wer-

den. Ab Juni wurde das Soll bereits erreicht bezw. überschritten. Die ansteigende Produktion beruhte auf der stärkeren Zufuhr von Floßholz. Weiterhin waren durch Wi Stab Ost im Protektorat Aufträge auf vorerst 10 000 komplette Panjewagenräder mit Buchsen erteilt worden, die bereits unterwegs waren. Auslieferung konnte jedoch infolge der militärischen Ereignisse nicht mehr erfolgen.

Holzstiele sollten nach dem Gen Qu-Programm im Gebiet der Wi In Süd zunächst 710 000 Stück erzeugt werden, die dann auf 1 110 000 Stück erhöht wurden. Neben Holz mangelte es vor allem an entsprechenden Holzfertigungsmaschinen. Außerdem litt die Produktion unter dem Verlust der Gebiete Kursk, Belgorod und Ssumy. Gefertigt wurden von April bis August 1943

602 585 Holzstiele.

Diese Zahlen zeigen, daß das Soll bis März 1944 bestimmt erreicht worden wäre, zumal vom November ab mit dem Einsatz von Spezialmaschinen aus dem Reich zu rechnen war.

Fertigung im Generalgouvernement

Bis zum Herbst 1943 war das GG als Fertigungsstätte für den Truppenbedarf wenig beachtet worden. Dies änderte sich, als zu diesem Zeitpunkt die bedeutende Truppenbedarfsfertigung in den großen ukrainischen Industriezentren (Charkow, Kiew, Dnjepropetrowsk) ausfiel. Im Einvernehmen mit der Rü In im GG richtete der Wi Stab Ost bei dieser eine Abteilung „Wi-Ost“ ein, um diesen Ausfall auszugleichen. Besetzt mit Fachleuten der Sachgebiete Eisen, Holz und Leder sollte sie eine Großfertigung von Pioniergerät und allgemeinem Heeresgerät im GG aufziehen.

Bei dem Einsatz der Verarbeitungswerkstätten für diese Zwecke stellte sich (zum allgemeinen Erstaunen) heraus, daß die gesamte gewerbliche Wirtschaft im GG einschließlich der Rüstungsindustrie über umfangreiche freie Kapazitäten verfügte. Die Unterbringung der Fertigung war also leicht.

Dagegen erwies sich die Beschaffung der Eisen- und Blechmaterialien als immer schwieriger. Zwar konnte ein Teil aus Rückführungsbeständen gedeckt werden, zum größten Teil mußte jedoch die Vormaterialfertigung im GG und im Reich herangezogen werden.

Noch schwieriger war die Deckung des Holzbedarfs für Pi-Gerätestiele und Panjewagen. Der Holzanfall des GG wurde bereits durch umfangreiche Lieferungen für Front, Ostbahn und den Oberschlesischen Bergbau stark in Anspruch genommen. Durch Holzeinkäufe in Ungarn und Rumänien gelang es, bis in den Herbst 1944 die Stielfertigung aufrecht zu erhalten.

Im ersten Jahr ihres Einsatzes vom 1. 11. 1943 bis 31. 10. 1944 hat Abt. Wi Ost an Pi-Geräten herstellen lassen:

553 000 kurze Spaten
451 000 lange Spaten
554 000 Schaufeln
252 000 Kreuzhacken
176 000 Äxte und Beile.

Zusammen mit kleineren Geräten handelte es sich um fast
2 000 000 aufgestielte Geräte.

Die Fertigung selbst wurde von den Betrieben und Dienststellen der Zivilverwaltung des GG ausgeführt. Zuletzt war damit das GG nahezu einziger Großlieferant für Pi-Gerät des Gen Qu. Über 500 000 Stielgeräte wurden im Herbst 1943 an die Hö Pi Fü der H.Gr. Süd und an die Träger des Stellungsbaues abgegeben. Dadurch wurde die sofortig Inangriffnahme der großen Stellungsbauarbeiten im GG ermöglicht.

Der durch den Aufstand in Warschau eingetretene Ausfall der dortigen Industrie- und Handwerksbetriebe wurde in kurzer Zeit durch Auftragsverlagerung in den Westteil der GG ausgeglichen. Bei dieser Verlagerung wurden wertvolle Vormaterialien (Bleche, Bankstahl) aus den unter Beschuß liegenden Warschauer Industrieräumen geborgen.

Im *Panjewagenbau* gelang es, durch Einsatz von Fachkräften und Material, die bei der Übernahme der Abt. Wi Ost auf 4300 Stück abgesunkene Fertigung in wenigen Monaten auf mehr als 8300 monatlich zu steigern. Insgesamt wurden im GG von Mitte 1942 bis Ende Oktober 1944
108 722 Panjewagen Pleskau II
ausgliefert.

Auch auf dem dritten Massenfertigungsgebiet, der *Lederverarbeitung*, griffen die militärischen Ereignisse mehrmals hemmend ein. Die Lederherstellung in galizischen Gerbereien mußte im Frühsommer 1944 wegen der Frontverlagerung abgebrochen werden, Ende Juli in Warschau wegen des Aufstandes. In beiden Fällen gelang es, das halbfertige Leder rechtzeitig zu bergen. Insgesamt wurden bis Ende Oktober 1944 einschließlich der Abt. Wi Ost gesteuerten Fertigung in Litzmannstadt
51 000 Ledergeschirre
279 000 Ledertaschen für Spaten
300 000 umgeänderte italienische Ledertragetaschen
hergesstellt.

Insgesamt beliefen sich die Aufträge auf serienmäßige Massenanfertigung für das Gen Qu-Programm in der Zeit vom 1. 11. 1943 bis 31. 10. 1944 auf
rd. 145 000 000 Zloty
= 72 000 000 RM.

Abt. Wi Ost bearbeitete neben dem Gen Qu-Programm auch noch den übrigen Truppenbedarf (O Qu-Aufträge). Für 119 O Qu-Aufträge wurden vom 1. 1. bis 30. 9. 1944 rd. 400 000 Stück der verschiedenartigsten Geräte geliefert (Bunkeröfen, Lazarettbetten, Eßschüsseln, Werkzeuge, Veterinärgerät usw.). Daneben liefen noch eine Unzahl kleinerer Beschaffungen ohne formelle Auftragserteilung.

Bei der Rückführung von Betrieben, Material und Menschen in das GG und das Reich war Abt. Wi Ost eingeschaltet, so z.B. bei dem Einbau von ukrainischen Betrieben in Betriebe der gleichen Fachrichtung im GG, beim Aufbau von Räumungslägern usw.

Bei ihren Arbeiten fand Abt. Wi Ost eine große Einsatzbereitschaft nicht nur der deutschen, sondern auch der polnischen Betriebsführer und bemerkenswerterweise auch der Arbeiterschaft. Die durch Abt. Wi Ost durchgeführte Verbesserung der Ernährungssicherung, der Belieferung mit Prämienwaren und andere Betreuung wurde von der Arbeiterschaft mit besonderem Dank und großem Arbeitseifer quittiert. Sabotageakte waren ausschließlich auf Sowjetagenten und die allgemeine Ausdehnung des Bandenwesens im GG, nicht aber auf die Arbeiterschaft zurückzuführen.

Bergbau

Überblick über den Gesamtbergbau[186])

Für den Bergbau der Ostgebiete waren durch die Bergbauabteilung des RWM deutsche Führungskräfte namhaft gemacht und das Schrifttum über den russischen Bergbau bereitgestellt worden.

Organisation und Kräfte:

Wi Stab Ost hatte eine „Gruppe Bergbau" gebildet, die mit Beginn des Rußlandfeldzuges in ihre Aufgaben eintrat. Sie hatte sich mit dem Bergbau auf

Ölschiefer, Kohle, Torf, Salz, Eisen- und Metallerze, Steine und Erden des Bergbaues

sowie mit Absatz und Verteilung der festen Brennstoffe zu befassen. Gleichzeitig nahm sie die Belange des Bergbaus im RMfdbO und im RWM wahr.

Der Gruppe Bergbau des Wi Stab Ost entsprachen die Gruppen bezw. Referate Bergbau bei den Wi In'en und den Wi Kdos, in deren Bereich Bergwerke lagen.

Für den Bergbau auf Kohle, Eisen- und Manganerz sowie auf Erdöl und Ölschiefer bediente sich die Wirtschaftsführung der für diese Fachgebiete gebildeten Ostgesellschaften, der

„Berg- und Hüttenwerksgesellschaft Ost GmbH (BHO), Berlin"
„Kontinentale Öl A.G., Berlin"
„Baltische Öl GmbH, Reval".

Der übrige Bergbau wurde durch deutsche Treuhandfirmen, Einzeltreuhänder und staatliche Gesellschaften oder als Regiebetrieb der Wirtschaftsverwaltung betrieben. Für Aufgaben der Materialbeschaffung im Torf- und Phosphoritbergbau wurden zwei geeignete deutsche Firmen herangezogen, die

„Deutsche Torfgesellschaft m.b.H., Berlin"
„Superphosphat GmbH, Berlin".

Das vom RMfdbO gegründete Torfinstitut übernahm wichtige Aufgaben im Torfbergbau. Wertvolle Hilfe beim Wiederaufbau der Bergwerke leistete TB (mot) 26, Bergbau. Die für die Verwaltung und Betriebe benötigten Deutschen Bergbaufachkräfte (ca. 200) wurden als MV-Beamte über OKH/Gen Qu zum Wi Stab Ost und als Sonderführer über OKW/Wi Stab eingezogen bezw. aus der Truppe dorthin versetzt. Außerdem waren noch 1700 deutsche Bergleute als Uffz. oder Sonderführer als Aufsichtspersonal eingesetzt.

---

[186]) Auszug abgedr. in Anatomie des Krieges, Nr. 260.

Die einheimische russische Belegschaft erreichte im gesamten Bergbau 184 000 Mann.

Bergbaubetriebe:

Die Bergwerksbetriebe wurden in einem vom Westen nach Osten zunehmenden Zerstörungsgrad vorgefunden. Schwerpunkte des Bergbaues lagen in der Brennstoffgewinnung für Truppe, Eisenbahn, Landwirtschaft und Industrie der besetzten Gebiete. Außerdem in der Gewinnung von Mangelrohstoffen für das Reichsgebiet (Mangan, Bergkristall, Glimmer, Phosphorit, Graphit, Zirkon und Borax) und in der Salzgewinnung zur Entlastung der Transporte aus dem Reich. Für die Gewinnung dieser Rohstoffe mußte Bergbau im Tagebau, Stollen- und Tiefbau bis zu 550 Meter Teufe betrieben werden. Die Wiederherstellung der Bergwerke und Arbeitsanlagen erforderte erheblichen Materialnachschub aus dem Reich und zeitraubende Bau- und Sümpfungsarbeiten. Vor Darstellung der wichtigsten Bergbauzweige im Einzelnen wird nachstehend eine kurze Übersicht über alle Bergwerke gegeben, die in den Ostgebieten während der Besetzungszeit betrieben worden sind.

Übersicht über die Bergwerke in den besetzten Ostgebieten 1941–1944

Bergbau auf feste Brennstoffe

Ölschieferbergbau in Estland und am Peipussee:

Tagebau und Tiefbau bis zu 90 m Teufe auf 7 Schachtanlagen. Förderung Sept. 1941 bis Sept. 1944
3 307 000 to Ölschiefer, höchste Förderung im Dezember 1943 140 000 to mit *3600 Mann.* Tiefbauanlage Slanzy am Peipussee von August 1942 bis September 1943 gesümpft, im Oktober 1943 wieder aufgegeben und zerstört. Neue Tiefbauanlagen Jeve und Ereda waren in Bau.

Seinkohlenbergbau im Donezgebiet:

Tiefbau bis 550 m Teufe auf 155 Schachtanlagen.
Förderung November 1941 bis August 1943
4 100 000 to Steinkohle, höchste Förderung im Juli 1943 455 600 to mit *60 000 Mann.*

Steinkohlenbergbau im Nordkaukasus:

Stollenbau in den Tälern des Kuban, Podkumok und Baksan. Förderung von Oktober bis Dezember 1942 etwa *8000 to Steinkohle* mit *300 Mann.*

Steinkohlengrube Beschui auf der Krim:

Stollenbau, Förderung im Herbst 1943 *130 to Steinkohle.*

Braunkohlenbergbau in der Westukraine:

Tagebau und Tiefbau bis zu 50 m Teufe auf 8 Schachtanlagen, davon 3 in Aus- und Vorrichtung. Förderung September 1941 bis November 1943

730 000 to Rohbraunkohle; höchste Förderung im Mai 1943 48 000 to mit *4500 Mann.*

Braunkohlengrube Jarzewo bei Smolensk:

Aus- und Vorrichtungsarbeiten im Frühjahr 1943.

Torfbergbau in der Ukraine, Weißruthenien, Ostland, Mittel- und Nordrußland:

Auf 800 Torfwerken Brenntorfgewinnung 1942–1944 einschließlich aufbereiteter Bestände und abgesetzter Torfförderung aus 1941

8 100 000 to Brenntorf bei Höchstbelegschaft von *90 000 Mann.*

Eisen- und Metallerzbau

Eisenerzbergbau Kriwoi Rog:

Tiefbau bis 250 m Teufe auf 20 Schachtanlagen. Förderung April bis September 1943

379 300 to Eisenerz mit 52 % Fe, höchste Förderung im August 1943 132 800 to mit *7700 Mann.*

Manganerzbergbau Nikopol:

Tiefbau bis 80 m Teufe auf 20 Schachtanlagen. Förderung Oktober 1941 bis November 1943

1 787 000 to Manganerz mit 25 % Mn; höchste Förderung im August 1943 140 860 to mit *10 990 Mann.*

Ins Reich versandt 282 000 to Mn; höchster Versand im Juli 1943 25 972 to Mn.

Quecksilberbergbau Nikitowka:

Tiefbau bis 150 m Teufe auf einer Schachtanlage und in Schürfschächten. Gewinnung Juni 1942 bis August 1943

2000 to Quecksilbererz und daraus 33 to Hg mit *350 Mann.*

Wolframbergwerk Blyb im Kaukasus:

Tage- und Stollenbau. Gewinnung im November/Dezember 1942

2250 kg Scheelit mit *40 Mann.*

Molybdän- und Wolframbergbau Tryni Aus:

Stollenbergbau. Inbetriebnahme der Grube und Wiederaufbau der zerstörten Aufbereitung im Winter 1942/43 vorgesehen.

Goldbergwerk Roschkowo im Kaukasus:

Tagebau und Wäscherei. Gewinnung November/Dezember 1942

307 kg Gold mit *20 Mann.*

Salzbergbau und Salinen

Steinsalzbergbau Artemowsk:

Tiefbau bis 200 m Teufe auf 2 Schachtanlagen. Förderung Juni 1942 bis August 1943

146 260 to Steinsalz; höchste Förderung Juli 1943 26 400 to mit *2300 Mann.*

Seesalzgewinnung auf der Krim:

aus 7 Salzseen 1942/43

100 000 to Seesalz mit *1000 Mann.*

Seesalzgewinnung in Taurien:
aus 1 Salzsee 1942/43 *15 000 to.*

Bergbau auf Steine und Erden

Bergkristallbergbau Goroschki bei Shitomir:
zahlreiche Tagebaue. Förderung Dezember 1941 bis November 1943 *174 to Morion.* Daraus Gewinnung von 836 kg für Schwingquarz geeignetes Material und 39,5 kg Schmelzquarz. Belegschaft *500 Mann.*

Parisitgrube Pawlopol im Donezgebiet:
Tiefbau in einem 15 m tiefen Schürfschacht. Gewinnung September 1942 bis August 1943
40 to Cer-Erze und *100 to Flußspat* mit *20 Mann.*

Zirkonbergbau Stretenka im Donezgebiet:
Tagebau. Gewinnung August 1942 bis August 1943
8600 to Roherz und daraus 65 to Zirkon-Konzentrat mit *175 Mann.*

Graphitbergbau Stari Krim bei Mariupol:
Tagebau. Förderung August 1942 bis August 1943
7267 to Graphiterz und daraus Gewinnung von 115 to Graphit-Konzentrat mit 70% C. Höchste Konzentraterzeugung im Juni 1943 31,5 to mit *120 Mann.*

Graphitbergbau Sawalje am südlichen Bug:
Wiederaufnahme des Bergbaues war im Herbst 1943 eingeleitet.

Borax- und Boracitgewinnung auf der Krim:
2 Tagebaue. Förderung Juni 1942 bis Oktober 1943
2,8 to Borax und *47,2 to Boracit* mit *200 Mann.*

Glimmerbergbau Jelisejewka bei Berdjansk:
Tagebau. Gewinnung August 1942 bis September 1943
15,8 to Spaltgut, 32 to Abfallglimmer, 37 to Feldspat, 58 kg Beryll; höchste Gewinnung August 1943 2 to Spaltgut mit *60 Mann.*

Glimmervorkommen in der Westukraine:
Erkundung von 8 Glimmervorkommen im Sommer 1942. Inbetriebnahme wegen Minderwertigkeit des Glimmers nicht vorgesehen.

Phosphoritbergbau der „Eesti Fosforiit" bei Reval:
Tage- und Stollenbau. Förderung Juli 1942 bis September 1944 *227 260 to Phosphoriterz* und daraus Gewinnung von *66 571 to* Konzentrat mit 28% P_2O_5; höchste Förderung im Juli 1944 19 200 to mit *1900 Mann,* davon 630 im Tief- und Tagebau.

Phosphoritbergbau Dunajewzy in Podolien:
Stollenbau. Förderung Juli 1943 bis Januar 1944
890 to Phosphoriterz (35% P_2O_5) mit *500 Mann.*

Phosphoritvorkommen in Mittelrußland:
Im Sommer und Herbst 1943 sind in Vorrichtung und in Förderung (Stollenbau) gewesen: Schtschigry bei Kursk, Raslety bei Tschernigow, Seschtschinskaja bei Roslawl, Mastislawl bei Kritschew und Polpino bei Bryansk. Es sind in Raslety *7200 to Phosphoriterz* (19% P_2O_5) mit *500 Mann* gefördert worden.

Bentonitgruben Stoshek und Marynki in der Westukraine:

Stollenbau. Gewinnung September 1942 bis Februar 1943 *346 to Bentonit.*

Kaolinbergbau in der Ukraine:

Auf folgende der zahlreichen ukrainischen Kaolingruben sind von August 1942 bis November 1943 Wiederaufbauarbeiten durchgeführt worden:
- Dermanka
- Gluchowze
- Turbow
- Prosjanaja

Gewinnung im Tagbau auf der Grube Turbow *550 to.*

Killgrube Kurzi bei Simferopol:

Stollenbau. Gewinnung Oktober 1942 bis Oktober 1943
900 to Bleicherde mit *20 Mann.*

Quarzitgruben in der Ukraine:

Betrieben wurden im Tagbau die Quarzitgruben
- Wladimirowka
- Jassinowataja
- Losowaja

Förderung *1160 to Quarzit.*

Tongruben in der Ukraine:

Betrieben wurden die Tongruben
- Tschassow Yar
- Pologi.

Gewinnung *3890 to Ton.*

Diatomitgrube Törvala bei Narwa:

Tagebau. Gewinnung 1943
19 to Kieselgur.

Schwefelgrube Tschekur-Kojasch auf der Halbinsel Kertsch:

Gewinnung von *30 to Schwefel* durch Ausklauben aus Erz- und Abraumhalden. Wiederherstellung der zerstörten Tiefbauanlagen war im Herbst 1943 vorgesehen.

Gesamtergebnis:

In den 1½ bis 3 Jahren der deutschen Verwaltung wurden insgesamt
rd. 18 830 000 to Bergbauprodukte

gefördert (für die einzelnen Produkte vgl. Anl. 57). Bei Einstellung der Betriebe während der Frontverlagerung vom Januar 1943 bis September 1943 war die Förderung im Durchschnitt 7,5 mal so hoch wie im Januar 1942. Sie war nach Überwindung der dem Bergbau eigenen längeren Anlaufzeiten in weiterem Ansteigen begriffen.

Kohle

Für den Wiederaufbau der Wirtschaft in den besetzten Ostgebieten mußte die Erfassung und Verwendung der Kohle wegen ihres hohen Heizwertes und ihrer vielseitigen Verwendbarkeit im Vordergrund aller Maßnahmen der Wirtschaftsführung stehen.

Als Kohlenquellen kamen die Steinkohlenvorkommen im Donezgebiet und die Braunkohlenvorkommen in der Westukraine in Betracht. Die Funde in den nördlichen Kaukasustälern, auf der Krim und in Mittelrußland bleiben im Verhältnis zu den erforderlichen Mengen bedeutungslos.

Steinkohlenbergbau im Donez-Gebiet:

Weder bei Beginn des Rußlandfeldzuges noch während seines Verlaufs im Jahre 1941 und anfangs 1942 war eine Ausbeutung der Kohlenvorkommen geplant. Bis dahin wurden die erforderlichen Kohlen aus dem Reich in alle Teile der besetzten Ostgebiete nachgeschoben. Bis Sommer 1942 wurde aber klar, daß die Operationen im Osten nur weitergeführt werden konnten, wenn der Truppenbedarf unter weitgehendem Wiederaufbau der gewerblichen Wirtschaft und Industrie in erheblichem Maß aus dem Lande selbst gedeckt wurde. Hierfür war Kohle zur Stromerzeugung die Grundvoraussetzung. Weiter hatte sich ergeben, daß der Kohlebedarf für die Eisenbahn, für Heiz- und sonstige Zwecke infolge der Transportlage unmöglich aus dem Reich weiter in dem bisherigen Umfang nachgeschoben werden konnte.

Die deutsche Führung sah daher in dem schnellen Wiederaufbau der Kohlenförderung im Donezgebiet eine der wesentlichen Voraussetzungen für die Weiterführung der Operationen im Osten und die Ausnutzung des russsichen Raumes für die heimatliche Kriegswirtschaft[187]). Die Auswirkung dieser Erkenntnis war ein Führerbefehl vom 28. 6. 1942 (Anl. 58). Hierin wurde der schnelle Wiederaufbau der Kohlenförderung und seine Unterstützung durch alle Dienststellen mit allen Mitteln befohlen: durch Stellung von Arbeitern, Beschaffung von ausreichender Verpflegung[188]), Zurverfügungstellung von Instandsetzungswerkstätten[189]), Beschleunigung der Materialtransporte und den Bau von Eisenbahnlinien speziell für den beschleunigten Abtransport der geförderten Kohle.

Der Donezkohlenbezirk war wegen der Vielfalt der Kohlenarten (Gasflammkohle, Gaskohle, Fettkohle, Magerkohle und Anthrazit) von sehr großer wirtschaftlicher Bedeutung.

Die Sowjets hatten die *Förderanlagen* durch Abtransport wichtiger Maschinen und vieler Fachkräfte gelähmt. Zum großen Teil waren sie durch Zerstörung der Schachtgerüste, der elektrischen und maschinellen Anlagen, der Wäschen, Kokereien, Betriebsgebäuden und zentralen Kraftwerke unbrauchbar gemacht. Mit dem Ausbleiben des elektrischen Stromes für die Pumpen waren die Tiefbauanlagen ersoffen. Keine Grube war ohne Wiederherstellungsarbeiten betriebsfähig.

---

[187]) Siehe dazu ausführlich Riedel, Eisen, S. 292 ff., und Eichholtz, Geschichte, Bd 2, S. 460 ff.

[188]) Die Gleichstellung mit den in Deutschland beschäftigten russischen Bergleuten war nur gegen den Protest des Leiters der Chefgruppe La möglich, der sich außerstande glaubte, das entsprechende Nahrungsmittel-Kontingent bereitstellen zu können. Dazu mußte eine Anordnung Hitlers beschafft werden; s. Schreiben Nagels an Thomas vom 1. 7. 1942, BA-MA, RW 31/116.

[189]) Über die Räumung dieser Werkstätten, die von der Truppe benutzt wurden, entwickelte sich ein längeres Tauziehen; s. Schreiben Chef Wi Stab Ost an Gen Qu vom 29 4. 1942, BA-MA, RW 31/117.

Mit dem Vorgehen der Front rückte der *Beauftragte für Bergbau* der Wi In Süd mit 120 Sonderführern und den vom Wi Stab Ost zur Verfügung gestellten Kraftfahrzeugen zugleich mit 2 Kompanien des TB (mot) 26 (Bergbau) in das Steinkohlengebiet ein, besetzte die Gruben und führte die ersten Aufräumungsarbeiten aus. Unter den vorgefundenen Betriebs- und Belegschaftsverhältnissen reichte das Kommando nach Stärke und Zusammensetzung nicht aus. Der deutsche Bergbau mußte auf Anforderung der BHO über die Wirtschaftsgruppe Bergbau 1700 berg- und maschinentechnische Angestellte aus dem Steinkohlenbergbau des Reiches zur Verfügung stellen, die auf den Gruben des westlichen Donezbeckens zum Einsatz kamen. Für die Durchführung der umfangreichen bergbautechnischen Arbeiten und zahlreichen Bauten wurden 50 deutsche Firmen eingeschaltet.

Infolge der Kriegshandlungen war die Zivilbevölkerung aus dem Donezgebiet zum großen Teil ausgewandert oder fortgeführt worden. Die Belegschaft von 24 000 Arbeitskräften im April 1942 konnte erst nach Überwindung der verschiedensten Schwierigkeiten bis auf 56 000 Mann gesteigert werden. Vorübergehend waren hierzu noch 36 000 Bergleute auf den nach der Sommeroffensive 1942 von TB (mot) betriebenen Gruben des östlichen Donezgebietes zu zählen. Unter der Belegschaft befanden sich 28,5% Frauen und 5,8% nicht volleinsatzfähige Leute[190]). An gelernten Bergleuten waren unter der Belegschaft 10,5% Hauer und Lehrhauer sowie 5,5% Zimmerhauer (gegenüber 44,1 bezw. 10% im Ruhrkohlenbergbau). Dies erklärt zum Teil auch die geringe Leistung im Donezbecken von durchschnittlich 0,33 to je Mann und Schicht.

Die *Förderung* des Donezgebietes erfolgte ausschließlich im Tiefbau bis zu Teufen von 550 Meter. Die Zuführung des elektrischen Stromes für die Wasserhaltung der Gruben war deshalb von größter Bedeutung. Endgültig war die Stromfrage erst mit der Inbetriebnahme des Wasserkraftwerkes am Dnjepr (Saporoshje) gelöst. Das langsame Anlaufen der Förderung im Donezgebiet war andererseits der Grund für den Mangel an elektrischem Strom.

Der Schwerpunkt des Bergbaues lag im wesentlichen Teil des Steinkohlengebietes, dessen Betriebe in 4 Gruppen zusammengefaßt waren:

- Stalino mit Gas- und Fettkohle und 48% der Gesamtförderung,
- Grischino mit Gasflammkohle und 21% der Förderung,
- Gorlowka mit Fett- und Gaskohle und 17% der Förderung,
- Tschistjakowo mit Anthrazit und 14% der Förderung.

---

[190]) Die wichtigste Gruppe stellten 60 000 sowjetische Kriegsgefangene dar. Generaldirektor Pleiger als Chef der BHO hatte bei einer Besichtigungsreise durch das Donezbecken Anfang Juni 1942 erkannt, daß der Einsatz von Kriegsgefangenen erhebliche Vorteile gegenüber der Anwerbung von Zivilarbeitern bot, denn im letzten Falle mußten stets auch die Familienangehörigen miternährt werden; s. Besprechung Gen Qu/Pleiger am 16. 6. 1942, BA-MA, RW 31/175, sowie Befehl OKH/Gen Qu über den Arbeitseinsatz von 60 000 Kriegsgefangenen im Donezgebiet vom 25. 6. 1942, ebd. Pleiger hatte also allen Grund, den „Führer" zu bitten, das Donezgebiet möglichst lange unter militärischer Verwaltung zu belassen; s. Vortragsnotiz für Chef WiAmt vom 16. 8. 1942, BA-MA, RW 31/151.

Das Steinkohlenvorkommen war gekennzeichnet durch verhältnismäßig geringen Anteil der Kohlenflöze an der Gebirgsmächtigkeit bei sehr großer Flächenausdehnung und der dadurch gegebenen Notwendigkeit vieler, kleiner Schachtanlagen. Das Einfallen der Flöze wechselte von flacher Lagerung im Westen, Süden und Osten bis zu steiler Lagerung im Sattel von Gorlowka.

Als *Abbauverfahren* kam vorwiegend Strebbau in Anwendung. Als Folge einer von den Sowjetws durchgeführten vollständigen Elektrifizierung der Gewinnungsarbeiten mußten auch die weicheren Kohlenflöze in größerem Umfange mit Hilfe von Schießarbeit gewonnen werden (der Verbrauch an Sprengstoffen betrug 15 kg je 100 to). Dies verringerte den Stückkohlenanfall und beeinträchtigte die Reinheit der Kohle. Neben dem hohen Aschegehalt vieler Kohlenflöze gelangten durch die Schießarbeit Berge aus dem Hangenden in die Förderkohle. Eine nachträgliche Trennung ohne Wäsche war nicht möglich. Die deutsche Betriebsleitung führte erfolgreiche Versuche durch, in geeigneten Flözen Abbauhämmer einzusetzen. Aus Mangel an Kompressoren und Preßluftleitungen blieben die Versuche auf wenige Betriebe beschränkt. In den Streben wurde in der Regel mit Schüttelrutschen gefördert, in den Strecken mit Seilbahnen, Lokomotiven und Pferden. Der Verbrauch an Grubenholz lag bei 4 cbm je 100 to.

Für die Wiederherstellung der Fördertätigkeit der Schachtanlage waren erhebliche Lieferungen an Maschinen, Geräten und Ausrüstungsgegenständen aus dem Reichsgebiet erforderlich. In vermehrtem Maße wurden dazu auch die inzwischen wiederhergestellten Maschinenfabriken in der Ukraine herangezogen. Besondere Aufmerksamkeit erforderte die Anfuhr von Grubenholz aus den nördlichen und westlichen Waldgebieten der Ukraine.

Die Kohle wurde als Rohkohle, z.T. auch abgesiebt und ausgeklaut, mit Lastwagen, Fuhrwerk und nach Wiederherstellung der vielfach unterbrochenen Grubenanschlußgleisen mit der Bahn zum Versand gebracht. Die Lieferungen erfolgten an die Truppe, Eisenbahn, Ernährungswirtschaft und Betriebe nach einem jeweils für einen Monat von der Wi In Süd aufgestellten Plan.

Da die Eisenbahn ganz besonders auf die Donezkohle angewiesen war, mußte der hohe und für die Eisenbahn unbrauchbare Anteil an Feinkohle durch *Britkettierung* ausgeglichen werden. Eine weniger zerstörte Brikettfabrik wurde überholt. 4 weitere Brikettfabriken wurden aus den besetzten Westgebieten und aus dem Reich herangeschafft, von denen 3 mit einer täglichen Leistung von insgesamt 620 to in Betrieb kamen. Zur Verbesserung der Kohlenqualität, insbesondere der Kokskohle für die Herstellung von Hüttenkoks, waren 5 Kohlenwäschen mit einer Gesamtleistung von 985 to/Std. im Bau. 2 von ihnen wären im Oktober 1943 in Betrieb gekommen.

Die *Koks*herstellung erfolgte zunächst in der Kokerei des Asow-Stahlwerkes in Mariupol. Im engeren Donezgebiet war eine Kokerei mit einer Leistung von 500 tato im Anlaufen. Die Wiederherstellung weiterer 4 Kokereien mit einer Kapazität von 3000 tato war im Gange.

Das von dem Beauftragten des Reiches für die Kohle verlangte Fördersoll des Donezgebietes betrug 30 000 tato. Zur Erfüllung der hierfür notwendigen Voraussetzungen waren die erforderlichen Weisungen ergangen. Kurz vor der Räumung des Gebietes wurden 20 000 tato erreicht. Insgesamt sind mit einer Belegschaft von 60 000 Mann auf 155 Schachtanlagen vom November 1941 bis August 1943

4 100 000 to Steinkohle gefördert, sowie
200 000 to Koks und
60 000 to Briketts
hergestellt worden (vgl. auch Anl. 49 und 57)[191].

Im August 1943 wurde der Donezbergbau wieder aufgegeben und nach Abmarsch der deutschen Bergleute durch Abtransport der wichtigsten Maschinen sowie durch Zerstörung der Förderanlagen betriebsunfähig gemacht.

Braunkohlenbergbau in der Westukraine:

Die ukrainischen Braunkohlenvorkommen liegen in einem etwa 300 km breiten Gebietsstreifen, der sich aus der Gegend von Shitomir in südöstlicher Richtung bis an das Schwarze Meer erstreckt. Auf einigen dieser Vorkommen wurde seit Jahrzehnten Bergbau im Tief- und Tagebau betrieben. Die geförderte Kohle wurde als Brennstoff von der örtlichen Industrie (Zuckerfabriken, Mühlen und Kraftwerke) und als Hausbrand verwendet.

Im Gegensatz zu den meisten Bergbaubetrieben der Ukraine fielen die Braunkohlengruben fast unzerstört in deutsche Hand. Von der BHO wurden wieder in Betrieb genommen die Gruben:

Alexandria und Kirowograd im September 1941
Kremianez im Februar 1942
Jurkowka und Terni im April 1942
Christorowka im Mai 1942
Shurowka im August 1942 und
Sacagan im September 1942.

Organisatorisch unterstanden die Braunkohlengruben der Bergbauverwaltung Ukraine der BHO mit dem Sitz in Kriwoi Rog. Während der Zeit der größten Entwicklung beschäftigte der Braunkohlenbergbau 4500 Arbeitskräfte.

Das Braunkohlenflöz hatte auf den einzelnen Gruben eine Mächtigkeit von 2–12 Meter. Gefördert wurde in den Gruben von Alexandria, Kirowograd, Kremianez, Jurkowka und Terni. Auf den drei anderen Gruben kam der Aufschluß über die Aus- und Vorrichtungsarbeiten nicht mehr hinaus. Auf den fördernden Gruben war die Gewinnung durch unregelmäßige Grubenholzzufuhr starken Schwankungen unterworfen. Sie erreichte ihren Höchststand im Mai 1943 mit 48 000 to.

Die Grube Alexandria verfügte über eine *Braunkohlenbrikettfabrik;* auf den anderen Gruben wurden Braunkohlenpreßsteine hergestellt. Rohbraunkohle und Braunkohlenbriketts gingen an die Truppe, an E-Werke, landwirtschaftliche Betriebe und zivile Dienststellen der deutschen Verwaltung.

Im Winter 1943/44 gingen die Braunkohlengruben wieder verloren. Die Arbeiten in Kremianez mußten wegen äußerst ungünstiger Abbaubedingungen bereits im Juni 1943 eingestellt werden.

Die *Förderung* erbrachte mit einer Belegschaft von 4500 Mann auf 8 Anlagen vom September 1941 bis November 1943 allein in der Westukraine
730 000 to Braunkohle
(vgl. auch Anl. 49 und 57).

---

[191]) Siehe auch Graphik über Förderung und Versand des Donez-Kohlebergbaus, Anlage Nr. 1 zum Monatsbericht Wi Stab Ost für März 1943, BA-MA, RW 31/64.

Sonstige Kohlenvorkommen:

Die Gruben im *Moskauer Kohlenbecken* waren infolge Entfernung der wichtigsten Maschinen und Fehlens von Strom betriebsunfähig. Aus- und Vorrichtungsarbeiten durch die BHO wurden lediglich in der Grube von Jarzewo vorgenommen. Ehe die Förderung dort anlaufen konnte, mußte die Grube geräumt werden.

Bei dem Vormarsch in den Kaukasus gewannen die *Steinkohlenvorkommen in den nördlichen Kaukasustälern* für die Truppenversorgung Bedeutung. Es handelte sich um mehrere Steinkohlenflöze mit Mächtigkeit von 0,40 bis 0,80 m im Kuban-, Laba-, Baksan- und Podkumoktal. Die Gruben wurden von Kräften des TB (mot) 26 (Bergbau), soweit sie nicht durch Sprengung der Tagesanlagen und der Stollenmundlöcher zerstört waren, in Betrieb genommen. Sie erreichten eine Förderung von 4000 moto. Mit 300 Mann wurde vom Oktober 1942 bis Anfang Dezember 1942 rd. 8000 to Steinkohle gefördert. Neben dieser Förderung standen 60 000 to Lagerbestände für den Abtransport zur Verfügung, der wegen Fehlens von Grubenanschlußbahnen mit Lkw's vorgenommen werden mußte. Im Dezember 1942 wurden die Gruben wieder aufgegeben.

Das Braunkohlenvorkommen im *Jailagebirge auf der Krim* war von untergeordneter Bedeutung. Außerdem hatten Banden im Winter 1941/42 die Tagesanlagen zerstört und die Grube in Brand gesteckt. Nach Abdämmung des Brandherdes gelang es, den Brand bis zum Sommer 1943 zu ersticken und den Abbau auf Anweisung der Heeresgruppe vorzurichten. Die Anlagen förderten 10 tato, mußten aber im Herbst 1943 wegen Überhandnehmen der Bandentätigkeit aufgegeben werden.

Kohlenzufuhr aus dem Reich:

In den drei baltischen Staaten waren Torf- und Ölschieferbergbau noch nicht weit entwickelt, um den Bedarf der Industrien in den größeren Städten bis auf unentbehrliche Spezialkohlensorten allein bestreiten zu können. Das Reich mußte deshalb die Kohlenanfuhr aus Oberschlesien wieder aufnehmen. Sie begann im September 1941 zunächst mit einer Menge von monatlich 25 000 to vornehmlich auf dem Seewege und erreichte bis 55 000 to pro Monat.

Wi In Nord und Mitte kamen im wesentlichen mit Torf aus. Hier konnten sich die Zulieferungen aus dem Reich auf Spezialsorten (Schmiedekohle, Gießereikoks) beschränken. Nach Weißruthenien mußten regelmäßig Kohlenlieferungen gehen, um den Spitzenbedarf von Minsk und das auf oberschlesische Kohle eingerichtete polnische Gebiet zu befriedigen. Die hierfür benötigten Mengen lagen zwischen 4500 und 7000 moto.

Die Ukraine sollte ursprünglich ausschließlich auf die Donezkohle und die Braunkohle der Westukraine angewiesen bleiben. Wegen der starken Zerstörung der Donezgruben mußte hier zunächst auf die im Donezgebiet und auf den größeren industriellen Werken der Westukraine vorgefundenen Lagerbeständen in Höhe von rd. 2 600 000 to zurückgegriffen werden. Bei dem geringen Bedarf der zerstörten Industrien reichten die Vorräte bis Sommer 1942. Aber auch in diesem Falle ging die Bedarfssteigerung und Wiederherstellung industrieller Kapazitäten wesentlich rascher vor sich als die Ingangsetzung des Bergbaues. Zulieferungen von Wirtschaftskohlen aus dem Reich waren nicht zu umgehen. Sie waren in ihrer Höhe jeweils von der Transportlage abhängig und erreichten im Sommer 1943 eine

Höchstmenge von 120 000 moto. Zum größten Teil gingen diese Lieferungen auf dem Bahnwege vor sich, wobei erhebliche Entfernungen bis Charkow überwunden wurden. Ein weiterer Teil benutzte den Schiffahrtsweg über Donau und Schwarzes Meer nach Nikolajew und der Krim.

Kontingente für Steinkohle, Koks und Braunkohlenbriketts wurden monatlich auf Anforderung des Wi Stab Ost festgesetzt. Die Bedarfserhebung für Wirtschaftskohle erfolgte durch die zu den einzelnen Wi In'en und Wi Kdos bezw. Reichs- und Generalkommissaren abgestellten Sachbearbeiter für die Kohlenbewirtschaftung, die der Gruppe Bergbau angeschlossen war.

Als Besteller der Kohle beim Oberschlesischen Steinkohlensyndikat traten die im Ostland und in Weißruthenien eingesetzten 5 deutschen Kohlenhandelsfirmen auf. Für die Ukraine übernahm zunächst der Wi Stab Ost, Gruppe Bergbau, diese Aufgabe bis zum Eintritt des 1942/43 gegründeten „Kohlen-Kontors Donez-Ukraine". Diese Gesellschaft war eine Gründung der Reichsvereinigung Kohle. Sie hatte die Aufgabe, die von der BHO im Donezgebiet geförderten Kohlen abzusetzen und die Lieferungen von Kohle aus dem Reich in die Ukraine und rückwärtigen Heeresgebiete zu übernehmen, solange der Bedarf in diesen Gebieten noch nicht durch die Donezkohle gedeckt werden konnte.

Insgesamt kamen aus dem Reich zum Versand:

nach dem Ostland und Weißruthenien	1 150 000 to
in die Gebiete Wi In Mitte und Nord	125 000 to
in die Ukraine	1 105 000 to
	2 380 000 to

Für die Verteilung der Kohle aus Vorräten und Förderungen des Landes waren Dringlichkeitsstufen festgesetzt. Zunächst waren Truppe und Eisenbahn, danach Versorgungsbetriebe, Betriebe der Landwirtschaft und wichtige industrielle Betriebe und Dienststellen zu befriedigen. An der Versorgung der Truppe und Eisenbahn, soweit sie aus dem Reich erfolgte, war der Wi Stab Ost nicht beteiligt. Gen Qu bezw. Reichsbahn sorgten selbst für Bereitstellung der Mengen und deren Abtransport.

Der *Preis* der deutschen Kohle in den besetzten Ostgebieten war durch die Fracht sehr hoch. Damit das verlangte niedrige Preisniveau in den altrussischen Gebieten nicht gestört wurde und nur eine kleine Preisdifferenz zwischen Reichskohle und Donezkohle blieb, wurden die entstandenen Frachtspesen auf Reichskosten übernommen. Bei dieser Regelung lag der Verkaufspreis für Reichskohle ohne Fracht und Donezkohle mit Fracht auf gleicher Höhe in einer Linie, die sich etwa mit dem Lauf des Dnjepr deckte.

Alle Ausnahmen auf dem Gebiet der Kohlenversorgung wurden im engsten Einvernehmen mit dem

Beauftragten des Reiches für die Kohle in den besetzten Ostgebieten und angegliederten Gebieten, Gruppe Ost

getroffen.

Die *gesamte Kohlenaufwendung* betrug während der dreijährigen Besatzung:

Förderung des Donezgebietes	4 100 000 to
Förderung der Westukraine	730 000 to
Vorgefundene Kohlenvorräte	2 600 000 to

Zulieferungen aus dem Reich für die Wirtschaft durch Wi Stab Ost	2 380 000 to
Zulieferungen aus dem Reich für die Truppe durch Gen Qu, OT usw.	2 100 000 to
Zulieferungen aus dem Reich für die Reichsbahn durch „Ostdienstkohle“	15 000 000 to
Insgesamt:	26 910 000 to

Torf

Der Torf hatte in Westrußland eine große Bedeutung für Wirtschaft und Kriegführung, da der europäische Teil der Sowjetunion kohlenarm ist und wegen der weiten Verkehrswege auch nur schwer in allen Teilen mit Kohle versorgt werden konnte. Die Torfgewinnung mußte deshalb mit allen zur Verfügung stehenden Mitteln gefördert werden. Bei dem Einmarsch der deutschen Truppen waren die Torfgewinnungsarbeiten des Sommer 1941 nahezu beendet. Größere Mengen nassen Torfes lagen jedoch noch auf den Feldern und konnten nicht mehr getrocknet werden. Die Sowjets hatten den größten Teil der leitenden Ingenieure, Teile der Belegschaften und der Maschinen fortgeführt. Die weitgehenden Zerstörungen waren im wesentlichen auf Torfwerke berschränkt geblieblen, die im unmittelbaren Kampfbereich gelegen hatten. Dafür hatte aber die Bevölkerung die Torfwerke heimgesucht und die leicht wegzuführenden Gegenstände und Werkzeuge für den eigenen Gebrauch entnommen.

Organisation des Torfbergbaues:

Während des Herbstfeldzuges 1941 gelangten etwa 900 Torfwerke in unseren Besitz. Für den Betrieb dieser zahlreichen Anlagen waren zunächst über die Organisation des Wi Stab Ost hinaus keine zusammenfassenden Maßnahmen getroffen. Nach den vorliegenden Entscheidungen sollte der Torfbergbau Angelegenheit der einzelnen Gebiete bleiben.

In den drei baltischen Staaten blieben die Torfwerke zunächst in Verwaltung der staatlichen und privaten Unternehmungen. Zur Wahrung der deutschen Belange wurden in diesen Gebieten eingesetzten Wi Kdos Sachbearbeiter beigegeben, die später an die Generalkommissare bezw. den Reichskommissar abgegeben wurden. Im Frühjahr 1943 wurden die Torfwerke auf Anordnung des RKO zu Torfverbänden für die einzelnen Generalbezirke zusammengeschlossen.

In den Bereichen der Wi In'en im altrussischen Gebiet blieben die Torfwerke unmittelbar Angelegenheit der Wi Kdos und der bei diesen eingesetzten Referenten für Torfbergbau. Zur Vereinfachung der verwaltungsmäßigen Betreuung wurden im Herbst 1942 die Torfwerke in den Wi Kdos der Wi In Mitte zu 10 Torfverbänden mit russischer Geschäftsführung und unter Leitung des jeweiligen Torfreferenten bei dem Wi Kdo zusammengefaßt. Diese Verbände wurden zu dem „Torfverband Mitte in Neu-Borissow“ unter Leitung des Gruppenleiters Bergbau bei der Wi In Mitte zusammengeschlossen.

In Weißruthenien und in der Ukraine wurden die Torfwerke bei Einführung der Zivilverwaltung zunächst Regiebetriebe der Gebietskommissare. Später gingen die ukrainischen Torfwerke an die „Ukraine-Torf GmbH in Rowno" und ihre 6 Zweigstellen über. Die Torfwerke in Weißruthenien wurden bis auf 6 von der OT verwaltete Betriebe gebietsweise unter Sammeltreuhänder zusammengefaßt. In einem Fall wurde auch eine deutsche Firma Treuhänder des Torfwerkes Pessotschny Moch im Bereich der Wi In Nord.

Im April 1942 wurde auf Anregung des Wi Stab Ost die „Deutsche Torf-Gesellschaft m.b.H., Berlin" geschaffen zur Übernahme der umfangreichen Materialbeschaffungen und zur Beratung in den verschiedensten Fachfragen. Sie war eine Gründung des Torfstreuverbandes und der Fachgruppe Torfindustrie.

Mitte Mai 1943 gründete der RMfdbO des „Torfinstitut in den besetzten Ostgebieten" mit dem Sitz in Ezerelis bei Kauen. Dessen Aufgabe bestand in der fachmännischen Betreuung des Torfbergbaues, der Entwicklung und Begutachtung neuer technischer Gewinnungs- und Verarbeitungsverfahren und der Unterrichtung der deutschen Torfbergwerksleiter. Das Torfinstitut war bei der Räumung von Kauen in vollem Aufbau und wurde danach in das Reich nach Uchte verlegt.

Arbeitskräfte:

Für die Leitung der Torfwerke konnte der Wi Stab Ost zuächst im wesentlichen nur auf die geringe Anzahl der zur Wehrmacht einberufenen Fachkräfte des deutschen Torfbergbaues zurückgreifen, die als Sonderführer oder MV-Beamte zur Verfügung gestellt wurden. Um das Verhältnis zwischen der Anzahl der russischen Torfwerke und den verfügbaren geringen deutschen Kräften auszugleichen, mußte der deutsche Einsatz auf wenige gute Fachkräfte beschränkt und der Torfbergbau den einheimischen Verwaltungen überlassen bleiben. In den altrussischen Gebieten übernahmen zur Entlastung des Bergbaues einige Bedarfsträger (E-Werke, OT, Luftwaffe) vorübergehend die betriebliche Betreuung verschiedener Torfwerke. Auf den übrigen Torfwerken wurden die deutschen Fachkräfte in der Weise eingesetzt, daß für mehrere Torfwerke zusammen ein Deutscher die Aufsicht über die mit verantwortlicher Arbeit betrauten russischen Fachkräfte führte.

Im Herbst und Winter 1942 konnte das deutsche Personal durch Heranziehung geeigneter Bergleute aus anderen Bergbauzweigen und durch begabte Leute aus anderen Berufen erheblich vestärkt werden. Sie wurden schwerpunktmäßig in diejenigen Torfgebieten eingesetzt, die für Kohlentransporte am schwersten zu erreichen waren (Wi In Mitte und Nord).

Nach der Räumung der östlichen Gebiete im Winter 1943 kamen die meisten der militärisch eingezogenen Torffachkräfte in Weißruthenien zum Einsatz. Dort reichten die bis dahin allein tätig gewesenen zivilen Kräfte für die erhöhte Anforderung an die Produktion nicht mehr. Weitere Kräfte kamen zur Leistungssteigerung auf die Torfwerke Litauens. Zur Zeit der stärksten Ausdehnung des Torfbergbaues waren etwa 130 Sonderführer und MV-Beamte sowie 80 deutsche Zivilpersonen einschließlich der Verwaltung tätig.

Die Anzahl der einheimischen zivilen Arbeitskräfte betrug während der Gewinnungszeit 1942 und 1943 bis zu 90 000 Mann. Eine vermehrte Zuführung von Arbeitskräften mußte im Wege der Werbung oder durch die Arbeitseinsatzdienststellen erfolgen. Dabei fielen die sehr großen zahlenmäßigen Unterschiede zwischen Winter- und Sommerbelegschaft erschwerend ins Gewicht. Die für die Erfüllung der Kriegsaufgaben notwendige Arbeiterzahl ist nur in wenigen Gebieten annähernd erreicht worden. Etwa die Hälfte der Belegschaften bestand aus Frauen und Jugendlichen.

Die Unterbringung erfolgte in werkseigenen Gebäuden und benachbarten Dörfern. Zahlreiche weitere Unterkunftsmöglichkeiten mußten durch Bau von Holzbaracken, Semljankas und Finnenzelte geschaffen werden.

Auf die Ernährung der Arbeiter wurde besondere Sorgfalt gelegt, weil ohne ausreichende Ernährung die sehr schwere Torfarbeit nicht geleistet werden kann. Die Ausgabe von Zulagen für Schwerarbeiter wurde erreicht. Die größeren Werke waren durchweg mit Werksküchen ausgestattet. Stammarbeiter erhielten ein eigenes Stück abgabefreien Ackers oder Gartenlandes zugewiesen. Für die Verbesserung der Ernährung aller Werksangehörigen wurden die zu den Torfwerken gehörigen Werksländereien bestellt.

Die Entlohnung der Arbeiter geschah grundsätzlich im Leistungslohn mit zusätzlichen Prämien (Textilien, Schuhen, Salz, Wodka und Gebrauchsgegenständen).

Betriebe der Torfwerke:

Alle Arten der Torfgewinnung wurden betrieben, soweit der Zustand der Maschinen und die Zuführung von elektrischem Strom dies zuließ. Von den 800 betriebenen Torfwerken waren etwa die Hälfte mit Gewinnungsmaschinen ausgerüstet. Elevatoren und Schrapper mit zumeist Lokomobilantrieb herrschten vor. Auf einigen holzreichen Mooren waren Hydroelevatoren eingesetzt. Frästorfgewinnung wurde auf verschiedenen Werken betrieben. Das für besonders große Leistungen entwickelte Hydrotorfverfahren wurde auf den Werken Rogawka der Wi In Nord (Kapazität 600 000 jato) und Osintorf der Wi In Mitte (Kapazität 300 000 jato) angewandt. Die in Deutschland bewährten Bagger mit selbständiger Sodenablage wurden nicht angetroffen. Bemühungen, dieses Verfahren zur Einsparung von Arbeitskräften einzuführen, scheiterete an der Unmöglichkeit, geeignete Firmen zum Bau dieser Bagger zu gewinnen. Insgesamt waren etwa 800 Torfgewinnungsmaschinen eingesetzt. Auf den Torfwerken ohne Maschinen erfolgte die Torfgewinnung im Handstich. Zu dieser Arbeitsweise mußte auch in vielen Fällen bei Zerstörung der Gewinnungsmaschinen durch Bandentätigkeit übergegangen werden.

Als Durchschnittsleistung galt eine Norm von 3–4000 Soden/Schicht je Brigade zu 3 Mann im Handstich und 30–40 000 Soden/Schicht je Maschine bei Schrappen und Elevatoren. Als Höchstleistungen sind unter besonders günstigen Betriebs- und Belegschaftsverhältnissen bis zu 10 000 Soden im Handstich und 51 000 Soden bei Maschinentorf erreicht worden.

Die stark vernachlässigte Trocknung des Torfes erforderte umfassende Kleinarbeit in der Überwachung der dafür eingesetzten Arbeitskräfte.

Für die Abfuhr des Torfes mußte in Ermanglung von Fahrzeugen mit flüssigem Treibstoff Wert auf den Bau von Anschlußbahnen gelegt werden. Die erforderlichen Transportwagen und geeigneten Lokomotiven mit Generator-Antrieb wurden aus dem Reich beschafft.

Die Weiterverarbeitung des im Frästorfverfahren gewonnenen Schwarztorfes zu Torfbriketts erfolgte in der Torfbrikettfabrik Tootsi/Estland. Für Einstreuzwecke verarbeiteten einige Torfstreufabriken im Ostland und im Bereich der Wi In Nord den gewonnenen Weißtorf.

Zur Wiederherstellung und Aufrechterhaltung der Betriebsfähigkeit der Torfwerke übernahm die deutsche Torf-Gesellschaft die gesamte Beschaffung im Reichsgebiet (Torfspaten, Verladeanlagen, Lokomotiven, Schienen, Kraftfahrzeuge, Arbeitskleidung, Werksküicheneinrichtungen usw.) und die Auslieferung nach dem Osten in engsten Einvernehmen mit Wi Stab Ost. Von der deutschen Torf-Gesellschaft kamen etwa 22 000 Einzelsendungen zur Auslieferung im Wert von RM 3 600 000.

Absatz und Preis:

Die Verteilung der Torfmengen auf die Verbraucher lag bei den Gruppen Bergbau der Wi In'en und Generalkommissare. Der Absatz erfolgte unmittelbar von den Torfwerken an die Verbraucher. Als Preis war in den altrussischen Gebieten RM 6,50 je Tonne Torf mit 25—35% Wassergehalt ab Moor festgesetzt, während die Gestehungskosten durchschnittlich etwa RM 9,— ausmachten. Der Unterschied zwischen Erlös und Gestehungskosten wurde durch verlorene Zuschüsse aus dem Staatshaushalt oder durch Kredite der Wirtschaftsbanken gedeckt.

In den drei ehemals baltischen Staaten war der Torfpreis auf RM 15,— je Tonne festgesetzt, während die Gestehungskosten durchschnittlich RM 25,— bis 30,— betrugen. Den Torfpreis zu erhöhen, um dadurch zu einer Wirtschaftlichkeit des Torfbergbaues zu gelangen, konnte mit Rücksicht auf das im Osten zu haltende allgemeine niedrige Preisniveau nicht in Betracht gezogen werden.

Das Ergebnis des Torfbergbaues:

Im Frühjahr 1942 war dem Torfbergbau der besetzten Ostgebiete eine Kriegsaufgabe von 5 400 000 jato gestellt worden. Sie wurde im Durchschnitt zu 65% erfüllt. In den drei Jahren der Besetzung stellte der Torfbergbau der Wirtschaft in den besetzten Ostgebieten aus 800 Torfwerken mit 90 000 Mann Belegschaft

8 100 000 to Torf zur Verfügung

(vgl. auch Anl. 49 und 57). Er hat damit einen wesentlichen Beitrag zur Brennstoffversorgung geleistet.

Manganerz

Reiche Manganvorkommen finden sich im ukrainischen Raum bei Nikopol und bei Schoschtschewato. Man schätzt die Vorkommen auf rund 400 Millionen Tonnen Erz. Vor dem Kriege hatten die Sowjets eine Jahresförderung bei Nikopol von 1,4 Mill. Tonnen Erz erreicht. Diese Förderung machte rd. 45% der sowjetischen Gesamtproduktion im Jahre 1938 aus. Die Ingangsetzung dieser etwa 20 Schachtanlagen in Nikopol wurde besonders beschleunigt, die Förderung konnte bereits im Oktober 1941 aufgenommen werden. Sie erreichte ihren Höchststand im August 1943 mit 140 860 Tonnen und übertraf in diesem Monat die durchschnittliche Förderung vor der Besetzung ganz beträchtlich (etwa 100 000 to).

Der Mangangehalt der Erze ist mit 25% Mn relativ hoch. Gleichwohl wurde die Aufbereitung der Erze und die Konzentratgewinnung ebenfalls sofort in Angriff genommen. Die Mangankonzentrate des ukrainischen Raumes haben für die Rohstahlerzeugung im Reich ganz besondere Bedeutung gehabt. Deutschland war von jeher auf die Einfuhr von Mangan angewiesen. Die Manganerzförderung der besetzten Ostgebiete deckte nicht nur den laufenden deutschen Manganbedarf für die stark gestiegene Stahlerzeugung, sondern führte zu einer erheblichen Bevorratung. Die Manganerzbestände im Reich aus den Lieferungen der besetzten Ostgebiete decken allein den deutschen Manganbedarf für mehr als 1 Jahr.

Von der gesamten Roherzförderung seit der Besetzung bis Ende 1943 (1,8 Millionen to) entfielen auf das Jahr 1943 allein 1,4 Millionen Tonnen (vgl. auch Anl. 49 und 57)[192]).

Die Konzentratgewinnung betrug in diesem Zeitabschnitt 325 000 to, im Jahre 1943 213 000 Tonnen.

Aus neugeförderten und aus sonstigen vorgefundenen Beständen wurden insgesamt 1 113 000 to Erz und Konzentrat mit einem Mangangehalt von 282 000 Mn in das Reich gefahren.

Nach dem deutsch-russischen Vertrag sollten in der Zeit vom 11. 2. 1940 bis 1. 8. 1942 rd. 435 000 to nach Deutschland geliefert werden. Die tatsächlichen russischen Lieferungen betrugen bis zum 11. 2. 1941 etwa 80 000 Tonnen. Deutschland hat nach der Besetzung in 27 Monaten das 2½fache der im russsichen Vertrag für 29 Monate vorgesehenen Manganerzlieferungen aus den besetzten Ostgebieten erhalten. Allein im Jahre 1943 wurden mehr als 8mal so viel Manganerz und Konzentrat in das Reich abtransportiert als die Sowjets im 1. Vertragsjahr tatsächlich geliefert hatten.

Ölschiefer

Die estnischen Ölschiefervorkommen wurden in ihrer Bedeutung oft unterschätzt. Auf relativ kleinem Raum finden sich Vorkommen von etwa 5 Milliarden Tonnen Schiefer mit einem Rohölgehalt von etwa 1 Milliarde Tonnen. Die Bedeutung dieser Vorkommen wird klar, wenn man sich vergegenwärtigt, daß die sicheren und wahrscheinlichen Erdölvorkommen des kaukasischen Raumes mit weniger als 1 Milliarde to Rohöl angenommen werden.

Allerdings war der Ausbau der Ölschieferanlagen im estnischen Raum noch nicht sehr weit vorgeschritten (jährliche Vorkriegsförderung etwa 1,7 Mill. to Schiefer mit 180 000 to Rohölgehalt)[193]). Sofort nach der Besetzung wurde die Kon-

[192]) Siehe V.St./Wi Stab Ost bei OKH/Gen Qu Nr. 277/44g, Gesamtübersicht über Manganerz-Erzeugung und -Abfuhr seit Besetzung, vom 18. 2. 1944, BA-MA, RW 31/88, und Graphik Manganerzbergbau Nikopol, Anlage 2 zum Monatsbericht Wi Stab Ost für März 1943, BA-MA, RW 31/64.

[193]) Zu den Bemühungen der Kriegsmarine, schon vor dem Zweiten Weltkrieg das estnische Schieferöl als Versorgungsbasis zu gewinnen, s. die Dokumentation bei Rasch, Mineralölpolitik.

tinentale Öl A.G. mit dem Wiederaufbau der Anlagen betreut, die ihrerseits diese Aufgabe an ihre Tochtergesellschaft, die Baltische Öl GmbH, übertrug[194]. Wie bereits ausgeführt, wurden diesen beiden Ostgesellschaften im Gegensatz zu der sonstigen Gepflogenheit die Betriebsführung der Anlagen auf die Dauer übertragen. An dem Wiederaufbau der Anlagen und an einer Erweiterung des Ausbaues haben die Dienststellen des Generalbevollmächtigen für die Chemie mitgewirkt. Arbeitskräfte wurden in erheblichem Umfang von der OT bereitgestellt.

Die Ausbaustufen sahen für 1943 eine Schieferölproduktion von 120 000 to, für 1944 von 250 000 to und für 1945 von 550 000 to vor. Die Planung für 1943 wurde mit einer Erzeugung von 107 637 to zu 90% erreicht[195]. Die Rückverlegung der Front und der damit verbundene Ausfall des Elektr.-Werkes Narwa sowie die Räumung des Werkes Sillamäe im Februar 1944 haben die Planung dann entscheidend beeinflußt. Zunächst war folgende Entwicklung vorgesehen:

Werk Kiviöli	Anfahrtermin 1. 10. 1944 Vollproduktion 90 000 to am 1. 3. 1945
Kohtla-Järve	Anfahrtermin 1. 1. 1945 Vollproduktion mit 80 000 to am 1. 5. 1945
Grube Jewe	Anfahrtermin 1. 9. 1944
Ausbaustufe I	
Jewe	Anfahrtermin 1. 7. 1945
Jewe	Endausbau Ende 1945
Kraftwerk Jewe	Anfahrtermin 1. 12. 1944.

Aufgrund eines Führerentscheides wurde durch Chef OKW noch mit Befehl vom 5. 2. und 14. 4. 1944 die volle Aufrechterhaltung der Produktion und die Weiterführung der Räumungsprogramme auch unter Gefahr des Verlustes von Material und Arbeitskräften angeordnet.

Auf den 7 Schachtanlagen konnten im Tagebau und Tiefbau von September 1941 bis September 1944 3 307 000 to Ölschiefer und 241 000 to Schieferöl gefördert werden (vgl. auch Anl. 49 und 57). Die hohe Qualität des Schieferöles war insbesondere für die Lieferungen an die Kriegsmarine (Heizöl) von Bedeutung. Mehr als 95 v.H. des Schiefers wurde im Tiefbau gefördert. Das gewonnene Schieferöl wurde weitgehend weiterverarbeitet. Im Dezember 1943 wurde die Höchstförderung mit 139 000 to Brennschiefer und 11 432 to Rohöl erreicht.

An der Brennschieferförderung waren die einzelnen Werke wie folgt beteiligt:

Werk	I	Kiviöli	mit 44 325 to
	II	Kütte-Joud	mit 17 124 to
	III	Kohtl-Järve	mit 61 772 to
	IV	Sillamäe	mit 9 613 to
	V	Kohtla-Goldfields	mit 6 456 to
Zusammen:			139 290 to

[194] Dazu auch Czollek, Raub.
[195] Siehe Graphik Ölschieferförderung und Schieferölproduktion in Estland, Anlage Nr. 4 zum Monatsbericht Wi Stab Ost für März 1943, BA-MA, RW 31/64.

Von dem gewonnenen Rohöl wurden 10 135 to weiterverarbeitet und folgende Erzeugnisse hergestellt:

Heizöl	8 666 to
Benzin	696 to
Motorpetroleum	368 to
Motortreiböl	84 to
Bitumen	59 to
Azeton	6 to
Ketonöl A	3 to
Verlust	253 to
Zusammen:	10 135 to

Ende Dezember 1943 waren 16 679 Arbeitskräfte im Betrieb tätig, davon in der Grube 5322 Mann. Die Zahl der Beschäftigten gliederte sich wie folgt:

Deutsche	1 373
Einheimische	5 521
Ostarbeiter	2 009
Russen	774
Kriegsgefangene	5 856
Juden	1 146
Zusammen:	16 679

Für den Ausbau der Anlagen waren weitere rd. 11 700 Arbeitskräfte überwiegend von der OT eingestellt worden.

Phosphorit

Für die Phosphoritversorgung des Reiches hatte das Phosphoritvorkommen bei Maardu (in der Nähe von Reval) erhebliche Bedeutung[196]). Der Umfang des Vorkommens wird mit 500 Millionen to Phosphoriterz veranschlagt, dessen P_2O_5-Gehalt durchschnittlich 10% beträgt. Vor dem Kriege wurden jährlich etwa 200 000 to Phosphorit gewonnen. Der Wiederaufbau der Anlagen konnte unter Beteiligung des G.B. Chem. so beschleunigt werden, daß die Förderung im Juli 1942 im Tag- und Stollenbau aufgenommen werden konnte. Die Planung sah eine erhebliche Steigerung der Produktion vor, insbesondere sollte die Konzentratgewinnung erhöht werden.

Die Betriebe wurden von der Eesti Fosforiit A.G. geführt. Insgesamt wurden erzeugt:

Roherz

von Juli 1942 bis Ende 1942	13 348 to
1943	83 912 to
1944 (bis September)	130 000 to

[196]) Dazu auch Czollek, Estnische Phosphate.

Konzentrat (mit etwa 28% P_2O_5

von Juli 1942 bis Ende 1942	3 788 to
1943	24 783 to
1944 (bis September)	38 000 to

(vgl. auch Anl. 49 und 57).

Im Februar 1944 konnte die für Anfang 1944 nach der Planung vorgesehene Produktionsmenge von 1000 moto P_2O_5 erreicht werden. Für Juli 1944 war eine Steigerung der Kapazität auf 3000 moto P_2O_5 vorgesehen. Wegen der erheblichen Betriebsstörungen und Lieferschwierigkeiten (vor allem fehlten Schüttelrutschmotore, Förderwagen, Lokomotiven, Bagger- und Schrämmaschinen) war jedoch diese Zahl keinesfalls vor Ende 1944 zu erreichen. Die Frontereignisse verhinderten die Fortsetzung der Pläne.

Die Eesti Fosforiit A.G. hatte im Dezember 1943 einen Stand von 1287 Arbeitskräften, davon 125 Deutsche, 472 Esten, der Rest Ostarbeiter und Kriegsgefangene.

Die übrigen in unserer Hand befindlichen Phosphoritvorkommen in Podolien und Mittelrußland waren demgegenüber von untergeordneter Bedeutung. Sie lieferten folgende Phosphoritmengen:

Rastlety (Mittelrußland)
Sommer und Herbst 1943
= 7200 to Phosphoriterz mit 19% P_2O_5

Dumajewzy in Podolien
seit Juli 1943
= 890 to Phosphoriterz mit 35% P_2O_5.

Salz und Salinen

Die Salzgewinnung der besetzten Ostgebiete war auf den ukrainischen Raum beschränkt. Für die Versorgung der Zivilbevölkerung und als „Prämienware" wurde das sehr rare Salz dringend benötigt. In dem Steinsalzbergbau Artemowsk konnte die Salzförderung auf 2 Schachtanlagen im Juni 1942 wieder aufgenommen werden. Es handelte sich um einen Tiefbau bis 200 Meter Teufe.

Es wurden gefördert:

bis Ende 1942	43 260 to
1943 (bis August)	103 000 to
Zusammen:	146 260 to

Daneben war die Gewinnung von Seesalz aus 7 Salzseen auf der Krim und einem See in Taurien von Bedeutung. Hier konnten insgesamt 115 000 to Seesalz gewonnen werden (davon auf der Krim allein 100 000 to). (Vgl. auch Anl. 49 und 57.)

Energiewirtschaft

Gesamtübersicht

Im Rahmen der Chefgruppe W war bereits im Juni 1941 die Gruppe „Energiewirtschaft" errichtet worden. Sie wurde im Juli 1942 in die „Sondergruppe Energie" umgewandelt. Um eine einheitliche Gesamtplanung zu sichern, verblieb außerdem eine Gruppe Energiewirtschaft beim Wi Stab Ost. Ebenfalls im Juli 1942 erfolgte die Gründung der „Energiebau Ost GmbH" (reichseigene Gesellschaft). Auf Anordnung des Generalinspekteurs für Wasser und Energie vom 6. 8. 1942[197]) wurde der Ausbau und Betrieb von Elektrizitäts-, Wasser- und Gaswerken in den neu besetzten Ostgebieten dieser Gesellschaft und ihren nachgeordneten Energieversorgungsunternehmen (EV Ukraine, EV Ostland, EV Kaukasus, EV Mitte) übertragen.

Die Elektrizitäts-, Gas- und Wasserwerke (Versorgungsbetriebe) wurden also von der Gruppe Energiewirtschaft, dann der Sondergruppe Energie und schließlich von der Energiebau Ost GmbH betreut. Gaswerke für die Deckung des öffentlichen Bedarfs gab es in den besetzten Ostgebieten praktisch nicht, da die Russen die Gasperiode durch sofortige Einführung der Elektrizität übersprungen hatten. Von den zur Zeit der Sowjetherrschaft im europäischen Rußland in den Kraftwerken installierten 12 Millionen kW Maschinenleistung fielen bis 1943 fast 3 Millionen kW in unsere Hand. Die Russen hatten jedoch bei ihrem Rückzug einen großen Teil der Maschinen abtransportiert oder gesprengt. Zurückgelassen waren meist nur Maschinensätze mit sehr schlechtem Wirkungsgrad. Die Zerstörungen betrugen:

in Estland	80%
in Lettland	10%
in Litauen	10%
in Weißruthenien	60%
im Gebiet der Wi In Nord	80%
im Gebiet der Wi In Mitte	78,6%
im Gebiet der Ukraine einschl. Gebiet Don-Donez	95%
im Kaukasus	82,5%

Insgesamt wurden an betriebsklarer Leistung bei der Besetzung vorgefunden:

im RK Ostland	135 000 kW
im RK Ukraine und im Gebiet der Wi In Süd	145 000 kW
im Gebiet der Wi In Nord	5 000 kW
im Gebiet der Wi In Mitte	15 000 kW
Zusammen:	rd. 300 000 kW

Bis Ende März 1943 konnte die verfügbare Leistung auf 630 000 kW gesteigert werden. In den besetzten Ostgebieten (militär- und zivilverwaltetes Gebiet) wurde seit der Besetzung weit mehr als 1 Mrd. kWh an elektrischer Energie erzeugt.

[197]) Rk 11170 A, Anordnung des Generalinspekteurs für Wasser und Energie vom 6. 8. 1942, BA, R 43/686a. Zu diesem Aufgabenbereich der Kriegswirtschaft s. Seidler, Fritz Todt, S. 273 ff., sowie ders., Die Organisation Todt, S. 100 ff.

Für die Wasserversorgung der Truppe und Bevölkerung standen nur in größeren Städten Wasserwerke zur Verfügung. In kleineren Städten erfolgte die Wasserversorgung meist durch Tiefbrunnen.

Im Frontgebiet wurden die Versorgungsbetriebe grundsätzlich von technischen Bataillonen bezw. technischen Abteilungen betrieben. Alle anderen Versorgungsbetriebe unterstanden der Sondergruppe Energie bezw. der Energiebau Ost. Der Betrieb der Kraftwerke und die Stromverteilung erfolgte durch die Energieversorgungsunternehmen (EVU, EVO, EVK, EVM).

Die Energiebau Ost (EBO) hatte ihren Sitz in Berlin. In den besetzten Ostgebieten hatte sie Außenstellen. Ihre Aufgabe war die Planung und Lenkung des Energiebaues. Außerdem oblag ihr die Vorprüfung und Begutachtung auch der Errichtung industrieller Eigenanlagen. Nur z.T. wurden betriebsgebundene Anlagen den betreffenden Betriebsinhabern selbständig überlassen. So wurde das Kraftwerk Jewe im estnischen Ölschiefergebiet der Baltöl-Gesellschaft überlassen, die Hüttenkraftwerke Mariupol, Ordshonikidse und Stalino der BHO.

Die Schwierigkeiten allgemeiner Art, wie sie in allen Wirtschaftszweigen vorlagen, behinderten auch hier den Wiederaufbau. Es mangelte an Transportraum, die Zuteilung von Eisen und Metallen war unzureichend, es fehlte an technischem Personal, Kraftfahrzeugen, Nachrichten- und Betriebsmitteln, Reparaturmaterial usw.

Hier setzte die Arbeit zunächst ein. Durch Entsendung von Personal und Reparatur- und Betriebsmitteln wurden die Außenstellen überhaupt erst in die Lage versetzt, erfolgreich arbeiten zu können.

Ostland

Mit seinem reichen Ölschiefervorkommen war das nördliche Estland das wirtschaftlich bedeutendste Gebiet. Zur Versorgung der neu erschlossenen Ölschiefervorkommen diente das Kraftwerk Püssi, wo eine 6000 kW-Turbine mit 2 Kesseln aufgestellt wurde. Der 2. Kessel kam jedoch nicht mehr in Betrieb. Eine weitere 15 000 kW-Maschine und 3 Kessel waren für dieses Kraftwerk geplant. Die Baltöl selbst errichtete das Kraftwerk Jewe mit 3 Maschinen zu je 10 000 kW, das jedoch den Betrieb nicht mehr aufgenommen hat.

Zur Versorgung der einzelnen Verbraucher wurden in Erweiterung des bestehenden Netzes mehrere 50 kV-Leitungen nebst zugehörigen Umspannungswerken gebaut. Die Leitung Narwa-Slanzy mußte aus militärischen Gründen nach Fertigstellung sofort wieder abgebaut werden.

Im Kraftwerk Reval wurden 2 Turbinen zu je 6000 kW aufgestellt. Im Kraftwerk Elamaa kamen 2 Turbinen zu je 3000 kW zur Aufstellung, im Kraftwerk Libau 1 Turbine zu 5000 kW, die jedoch nicht beendet wurde. In Wilna gelangte 1 Turbine zu 2000 kW zur Aufstellung.

Das Rückgrat der Stromversorgung von Lettland bildete das Wasserkraftwerk Kegums, in dem 3 Maschinen zu je 17 000 kW installiert waren. Der Einbau einer 3. Maschine war in Vorbereitung. Zur Versorgung der Stadt Libau mit Strom aus Kegums wurde eine 88 kV-Leitung Broceni/Libau gebaut.

Zum Ausgleich für den jahreszeitlich schwankenden Stromanfall war geplant, auf Torfbasis ein einfaches Dampfkraftwerk bei Stackeln zu errichten. 1 Kessel und 1 Turbine von 10 000 kW sollten zur Aufstellung gelangen. Zur Erschließung der Landwirtschaft und zur Stillegung der dort bisher vorhandenen Diesel- bezw. Benzinanlage wurden in großem Umfang die örtlichen Verteilungsnetze ausgebaut.

Wi In Nord

Das Kraftwerk Krasnoje-Selo erhielt einen 2500 kW Turbosatz. Wegen der Frontnähe mußte es geschlossen und in Druschnaja-Gorka wieder zur Aufstellung gelangen. Die Inbetriebnahme konnte jedoch nicht mehr erfolgen. Für den Betrieb des Torfwerkes Rogawka, für das ursprünglich eine 10 000 kW-Anlage vorgesehen war, wurde endgültig ein 4-Lokomobilenwerk mit 2500 kW projektiert. Die verschiedenen kleinen Wasserkraftwerke wurden durch Ergänzungslieferungen wieder betriebsbereit gemacht. Für Pleskau wurde ein neuer Kessel in Auftrag gegeben, der mit Brennschiefer betrieben werden sollte.

Wi In Mitte

Die Umstellung der Kraftwerke von Kohle auf Torf stand im Vordergrund der Planung. Das größte der Weißruthenischen Kraftwerke Orechi erhielt 2 neue Turbinen von 6000 bezw. 4000 kW. Größere Reparaturen an einem gesprengten Kessel wurden durchgeführt. Die Kraftwerke Smolensk, Klinzy und Kursk erhielten je einen neuen Turbosatz von 2500 kW. Im Kraftwerk Gomel wurde eine 4000 kW-Maschine aufgestellt, mußte jedoch sofort wieder abgebaut werden.

In Minsk kam eine 7000 kW/Skoda-Turbine zur Aufstellung und in Betrieb. Das Kraftwerk Sluzk erhielt eine neue 12 500 kW-Turbine, die ebenfalls kurz vor der Inbetriebnahme stand. Im übrigen bestanden die Leistungen der EBO in Weißruthenien und Mitte im Anliefern von Reparatur- und Ersatzteilen für die weitverteilten kleinen Anlagen.

Kaukasus

Zu einer eigentlichen Aufbauarbeit kam es im Kaukasusgebiet infolge der kurzen Besetzung nicht. Das Wasserkraftwerk am Bakssan bei Naltschik mit einer Leistung von 25 000 kW war zerstört. Das Großwasserkraftwerk Stawropol bei Woroschilowsk war bei Kriegsausbruch noch im Aufbau.

Das südukrainische Verbundnetz

Entsprechend der naturgegebenen Lage der bedeutendsten Industrie in den besetzten Ostgebieten überragten die Energieversorgungsbetriebe in der Südukraine bei weitem die der anderen Gebiete.

Das europäische Rußland war das einzige Land Europas, das nicht in seiner Gesamtheit von einem Hochspannungs-Verbundnetz überspannt war. Von 5 vorhandenen ausgeprägten Verbundsystemen (Leningrad, Moskau, Südukraine, Kaukasus, Ural) ist nur das südukrainische (das ausdehnungs- und leistungsmäßig größte) in unsere Hand gefallen. Die zeichnerischen und statistischen Unterlagen mußten daher von technischen Truppen oder Wi-Dienststellen in mühsamer Kleinarbeit zusammengetragen werden.

Das südukrainische Verbundnetz wurde im Westen von Nikolajew, im Norden von Charkow, im Osten von Rostow und im Süden vom Asowschen Meer begrenzt.

Organisation

Dnjeprbogen:

Bis zum 15. Dezember 1941 unterstand die gesamte besetzte Ukraine der Militärverwaltung. Mit diesem Tage ging das Gebiet rechts des Dnjepr in die Zivilverwaltung des RKU über. In Dnjepropetrowsk wurde die „Stromversorgung Südukraine, Betriebsdirektion Dnjeprbogen" gebildet, die dem Generalkommissar unterstand und ihre fachlichen Weisungen von der Wi In Süd erhielt. Ein volles Weisungsrecht der Wi In Süd bestand jedoch nur bis Juni 1942, von da an nur noch für die Lastverteilung.

Die Lastverteilung war Voraussetzung für die Wiederaufnahme des Verbundbetriebes zwischen Dnjeprbogen und Donezbecken, der bereits von den Russen durchgeführt worden war.

Der Betrieb des Großkraftwerkes Kres und Kamenskoje erfolgte ohne technische Truppen durch einheimische Kräfte unter Leitung eines deutschen kommissarischen Verwalters. Im Dnjeprkraftwerk Saporoshje (Dnjeprogres) waren eine große Anzahl deutscher Kräfte eingesetzt, insbesondere während der umfangreichen Instandsetzungen sehr viele deutsche Spezialisten.

Donezbecken:

Nach der Besetzung des Donezbeckens und des Raumes Charkow ergaben Erkundungen die überragende Bedeutung der Wiederherstellung oder Neubeschaffung der zerstörten oder verschleppten Stromerzeugungs- und Verteilungsanlagen. Die Strombedarfsanmeldung der einzelnen Wirtschaftszweige (Anl. 59) spiegeln am besten diese Bedeutung. Die Deckung dieses Bedarfs sollte nach dem anliegenden Lieferungsangebot (Anl. 60) erfolgen. Daraus ergibt sich, daß die Grundlast in den beiden ersten Jahren von dem Dnjepr-Kraftwerk Saporoshje getragen werden mußte. Späterhin sollten in steigendem Maß Dampfkraftwerke (insbesondere Kamenskoje und Sugres) herangezogen werden.

Zwecks Zusammenfassung der Energie- und Wasserversorgung in einer Verbundwirtschaft wurde daher mit Wirkung vom 2. 1. 1942 der „Energiestab Stalino" aufgestellt. Er sollte auch gleichzeitig den technischen Ausbau und die Stromlieferung besorgen. Der hierin vertretenen Wi In Süd oblag die Verteilung des Stromes auf die Bedarfsträger und die Planungsaufgabe. Von dem Donezgebiet war damals nur die westliche Hälfte besetzt, eine geschlossene Einheit lag also nicht vor.

Die zunächst dem Kommandeur der technischen Truppen übertragene technische Leitung umfaßte die schnellste Wiederherstellung der verschleppten oder zerstörten Anlagen (Hemd-Aktion), während die Wi In Süd den Wiederaufbau auf längere Sicht projektierte (Rock-Aktion).

Sehr schnell zeigte sich, daß die großen, an verschiedenen Stellen zu lösenden Aufgaben ohne eigenen Unterbau von Stalino aus nicht in Angriff zu nehmen waren. Die verschiedensten Überlegungen führten dann zur Durchführung von Patenschaften. Zunächst wurden durch Wi Stab Ost die elektrotechnischen Großfirmen AEG, BBC und SSW für die Kraftwerke Sugres, Kramatorskaja und Gorlowka als Patenfirmen eingesetzt.

Die Hüttenwerke Asowstahl und Iljitsch (Mariupol), Ordschonikidse und Stalinhütte (Stalino) wurden im August 1942 vorläufig der BHO übertragen. Diese Werke arbeiteten fast ausschließlich für die BHO.

Die Leitung des Sofortausbaus durch den Kommandeur der technischen Truppen war keine glückliche Lösung. Die technischen Truppen bereiteten sich bereits für einen weiteren Vormarsch vor. Der Kommandeur mußte daher mit seinen Interessen mehr im neu zu erobernden Gebiet sein, als im Bereich der Wi In Süd. Diese mußte daher wiederholt eingreifen, um Fehlmaßnahmen vorzubeugen.

Die Leitung solch großer Ausbauvorhaben gehörte in die Hand einer bodenständigen Dienststelle. Diese wurde in der Energiebau Ost geschaffen. Sie errichtete eine Außenstelle in Stalino. Zusammen mit der im September 1942 errichteten Tochtergesellschaft „Energieversorgung Ukraine" übernahm die Außenstelle Stalino die Weiterführung sämtlicher Arbeiten. Daneben blieb die Sondergruppe Energie bei der Wi In Süd bestehen. Damit war die endgültige und zweckmäßige Organisationsform gefunden.

Inbetriebnahme der Werke

Bei Prüfung des Zustandes der Werke zeigten sich deutlich verschiedene Methoden bezw. Phasen der russischen Zerstörungen. Bis Ende Juni 1941 waren planmäßige Zerstörungen nicht erfolgt. Unmittelbar darauf hatte der Russe sinnlose Zerstörungen mit großem Sprengstoffaufwand durchgeführt. Ab Ende Juli 1941 wurden Sprengungen nur noch selten angetroffen, aber in den Werken waren betriebswichtige Teile, später ganze Maschinensätze ausgebaut und abtransportiert. Dabei ist festzustellen, daß der Abtransport großer Maschineneinheiten bezw. von Turbosätzen bis 50 000 kW in kürzester Zeit eine beachtliche Leistung darstellt.

Bei dem Einmarsch in das Donezbecken war dann erneut die Taktik sinnlosester Zerstörungen festzustellen, ein wahrer Industriefriedhof wurde vorgefunden.

Schwer beschädigt oder zerstört waren auch die Freiluftanlagen, in denen insbesondere die Transformatoren und Ölschalter durch Beschuß oder Eingießen von Säure unbrauchbar gemacht waren.

Daß der Russe trotz dieses starken Vernichtungswillens eine völlige Zerstörung aller Kraftwerke nicht erreichte, ist auf zwei Ursachen zurückzuführen: Infolge des raschen Vordringens unserer Truppen am Asowschen Meer war es dem Russen nicht möglich, größere Zerstörungen an den Maschinenanlagen im Raum Mariupol vorzunehmen. Außerdem wurden mehrfach kleinere, ältere, außer Betrieb befindliche Anlagen nur leicht oder gar nicht beschädigt, weil deren Bedeutung von den Russen unterschätzt wurde. Solchen Anlagen ist es zu verdanken, daß immerhin nach und nach mit manchen Unterbrechungen eine Stromlieferung in bescheidenem Umfang ermöglicht werden konnte.

Auch durch eigene, insbesondere aber verbündete Truppen waren Zerstörungen vorgekommen. So wurden z.B. viele Kilometer 100 kW-Leitungen zwecks Gewinnung von Brennholz (Holzmasten) abgebaut. Soldaten einer verbündeten Armee hatten Trafo-Stationen aufgebrochen und Kupfer- und Messingteile entnommen.

Dnjeprbogen

Hier bestand zur Russenzeit ein Höchstvoltnetz mit 150 kV-Spannung, dem angeschlossen waren: das Dampfkraftwerk Kres mit 44 000 kW, das Dampfkraftwerk Kamenskoje mit 198 000 kW, die Kraftwerkgruppe Dnjepropetrowsk mit 12 000 kW und das Dnjeprkraftwerk Saporoshje mit 558 000 kW installierter Leistung.

Kres war am wenigsten zerstört. Von 3 Turbosätzen waren 2 mit je 10 000 kW unversehrt. Das Werk war von technischen Truppen in Betrieb genommen.

Im Kraftwerk Kamenskoje war von 6 Turbosätzen nur noch 1 mit 24 000 kW vorhanden, von dem jedoch der Niederdruck-Gehäusedeckel fehlte. Dieser wurde beschafft und dadurch eine Leistungssteigerung von 9000 kW auf 24 000 kW erreicht.

In Kres und Kamenskoje waren noch eine ganze Reihe mehr oder weniger unzerstörter Nebenanlagen vorhanden. In beiden Werken wurden daher auf die vorhandenen Fundamente an Stelle der verschleppten Maschinen neue Einheiten ähnlicher Bauart und Größe aufgestellt.

Die Kraftwerkgruppe Dnjepropetrowsk (4 Kraftwerke) fiel im wesentlichen unversehrt in unsere Hand.

Im Dnjeprkraftwerk Saporoshje waren die 9 Wasserkraft-Generatoren im Abbau begriffen bezw. verschleppt. Der Rest einschließlich Hilfseinrichtungen war durch Lauf ohne Öl und Inbrandsetzen unbrauchbar gemacht. Auch die Hausturbine mit 3000 kW war völlig zerstört. Der Staudamm war auf 175 m Länge gesprengt.

Die Instandsetzungsarbeiten wurden an allen Anlageteilen nach sorgfältiger Planung vorgenommen. Dieses Werk war für die Südukraine von ganz besonderer Bedeutung. Die ständige Dauerleistung in Friedenszeiten betrug 100 000 kW. Für ganzjährige höhere Leistungen mußte eine Dampfkraft die fehlende Leistung in den betreffenden Stunden ergänzen. Insgesamt war eine Leistungsaufstoppung in Dampf von rd. 195 000 kW erforderlich. Dieser Wert deckte sich mit der Leistungsfähigkeit des Kraftwerkes Kamenskoje (198 000 kW), das für diese Stützung von den Russen vorgesehen war. Auch in unserer Planung wurde dieses Werk in gleicher Weise vorgesehen.

Die Wiederherstellungsarbeiten waren der OT übertragen worden, sie verliefen planmäßig. Während der Hochwasserwelle 1942 wurde ein Probebetrieb durchgeführt. Diese ersparte nicht nur beträchtliche Brennstoffmengen bei den Dampfkraftwerken, sondern brachte auch wertvolle Erfahrungen. Nach Wiederherstellung des Staudammes und von 4 Maschinen konnte im Januar 1943 die Stromlieferung wieder aufgenommen werden.

Bis zur Inbetriebnahme des Kraftwerkes Saporoshje war das Kraftwerk Kriwoi-Rog mit 2 Maschinen zu je 10 000 kW das Rückgrat der Stromversorgung. Nach dem Anlaufen von Saporoshje konnten in Kriwoi-Rog die notwendigen Kesselreparaturen durchgeführt werden. Mit der Aufstellung eines 80 to-Kessels war begonnen worden. Die Aufstellung eines 25 000 kW-Turobsatzes war in Aussicht genommen.

Im alten Kraftwerk Nikolajew wurden alle 4 Maschinen (je 3000 kW) wieder betriebsfähig gemacht.

In gewissem Umfang gelang es, den Betrieb des Kraftwerkes Cherson und Kirowograd wieder aufzunehmen.

Donezbecken

Hier ermöglichten vor allem die Kraftwerke Rutschenkowo, Grischino, Gorlowka und Mariupol zunächst einen Notbetrieb. Im Rahmen der Hemdaktion wurde ein Programm für die Wiederherstellung der Kraftwerke aufgestellt, soweit ihr Einsatz noch im Jahre 1942 erfolgen sollte. Von März bis Oktober 1942 sollte die Leistung von 39 300 kW auf 68 400 kW ansteigen. Die vorgesehenen Termine verzögerten sich bis zu 4 Monaten. In erster Linie war dies auf den Mangel an gelernten Facharbeitern, an Material und Transportmitteln zurückzuführen.

Die Großkraftwerke Stergres und Kuraschkowka waren weitgehendst zerstört. Nur das Großkraftwerk Sugres bot die Möglichkeit einer schnellen Wiederherstellung. Bis auf einen 100 000 kW-Generator waren die Turbinen restlos abtransportiert oder zerstört. Durch Zurückgreifen auf laufende russische bezw. japanische Turbinenaufträge im Reich und der Schweiz konnte jedoch eine schnelle Neubeschaffung sichergestellt werden. Die Arbeiten wurden terminlich so vorangetrieben, daß die Inbetriebnahme zum 1. 5. 1943 hätte erfolgen können. Die militärischen Ereignisse verhinderten dies.

Außerdem wurde im Donezgebiet mit dem Wiederaufbau folgender Dampfkraftwerke begonnen:

Makejewka	(75 000 kW)
Kramatorskaja NES	(25 000 kW)
Kramatorskaja TEZ	(25 000 kW)
Charkow	(20 000 kW)
Taganrog	(6 000 kW)

Betriebsfähig hiervon wurden jedoch nur das Kraftwerk Taganrog mit 3000 kW und Kramatorskaja NES mit 12 000 kW.

Im Raum Charkow wurde zunächst das Dieselkraftwerk der Lokomotivfabrik wieder hergestellt. Weitere Wiederaufbauarbeiten wurden unterlassen bezw. eingestellt, da Charkow an das Verbundnetz im Donezgebiet angeschlossen werden sollte.

Die zum Bereich der EVU gehörenden Gebiete der Westukraine und der Krim spielten energiewirtschaftlich eine geringe Rolle. Nur die Stadt Kiew war von größerer Bedeutung. Sie wurde vom Kraftwerk Kres versorgt, wo insgesamt wieder 10 000 kW betriebsbereit gemacht werden konnten. Mit dem Näherrücken der Front stieg die Bedeutung von Kiew. Die bisherige Leistung reichte daher nicht mehr aus. Die Aufstellung einer in Deutschland freigewordenen 12 000 kW-Maschine wurde vorbereitet. Weiter sollte ein 75 t/h-Kessel eingebaut werden, der ursprünglich für Makejewka vorgesehen war. Die militärischen Ereignisse ließen die Durchführung dieser Arbeiten nicht mehr zu.

In der Westukraine hatten bereits die Russen mit dem Bau des Torfkraftwerkes Schepetowka (3200 kW) begonnen. Die Arbeiten wurden von uns weitergeführt, das Werk stand vor der Inbetriebsetzung. Im Gebiet der Krim war das Kraftwerk Sewastopol-Nord wieder betriebsfähig gemacht worden. Zwei aus Frankreich ausgebaute Kessel sollten weiter eingebaut werden. Die Wiederherstellung des Süd-Kraftwerkes, das z.T. sehr gut erhalten war, war praktisch nicht in Angriff genommen worden. Die OT konnte die erforderlichen Bauarbeiten wegen Material- und Personalmangels nicht durchführen.

Schnelle Hilfe für die Ukraine sollte die Beschaffung von Lokomobilen als Sonderaktion bringen. Aus Russenaufträgen war eine Anzahl von Lokomobilen in Deutschland vorrätig. Die BHO betonte ein lebenswichtiges Interesse. Zunächst plante die BHO Einzelaufstellung an Schächten, gab diesen Gedanken jedoch wieder auf und plante dann die Errichtung von Lokomobilkraftwerken. Schließlich gab sie ihr Vorhaben überhaupt auf. Dagegen stellte die Energiebau Ost in Kertsch, Feodosia, Jalta, Sewastopol, Simferopol, Melitopol, Snamenka, Jurkowka, Fastow u.a.m. selbst Lokomobilen auf. Jedoch haben nur einige dieser Anlagen kurzzeitig den Betrieb aufnehmen können.

Insbesondere in der Westukraine wurde die Umstellung von Dieselkraftwerken auf Gasbetrieb mit Nachdruck aufgegriffen. Zunächst wurden 35 Anlagen mit insgesamt 10 000 kW-Leistungen in Arbeit genommen.

Die Kraftwerke wurden im wesentlichen durch einheimische Kräfte betrieben. Deutsche Fachkräfte wurden nur in leitenden Stellungen verwandt oder auch als Spezialisten, die periodisch von Anlage zu Anlage reisten. Die einheimischen Fachkräfte litten anfänglich schwer unter der mangelhaften Ernährung. Sie versuchten immer wieder, aufs Land abzuwandern, mindestens aber, sich durch Wanderungen auf das Land Lebensmittel zu besorgen.

Neben der Wiederherstellung der Kraftwerke mußten auch die Übertragungsanlagen in Stand gesetzt werden. An erster Stelle stand hier die 250 km lange Leitung vom Dnjeprkraftwerk Saporoshje ins Donezgebiet und die Dnjepr-Kreuzungen. Diese Arbeiten verspäteten sich erheblich, da zunächst keine schweren Lkw's zu beschaffen waren. Sie konnten erst durchgeführt werden, als der Wi-I Süd diese Lkw's von italienischen Einheiten besorgte.

Um die Einfuhr aus dem Reich möglichst klein zu halten, mußten die im Lande bestehenden Hilfsfabriken eingeschaltet werden. So wurde die Kesselfabrik Taganrog einer deutschen Patenfirma übergeben und hat viele Kessel der Elt.-Werke in Stand gesetzt. Die elektrotechnische Fabrik Chems in Charkow wurde von der AEG als Patenfirma übernommen. Sie hat Maschinen, Transformatoren und Schaltmaterial aller Art in Stand gesetzt. Die Porzellanfabrik Slawjansk, die über ein gewisses Lager an Hoch- und Niederspannungsmaterial verfügte, wurde schnellstens in Betrieb gesetzt. Im Schwerpunkt des Donezbeckens (Stalino) sollte eine leistungsfähige Reparaturwerkstatt für elektrotechnisches Material geschaffen werden. Im Stalinwerk in Kramatorskaja sollte eine Instandsetzungswerkstatt für Zähler und Meßinstrumente der Elektrizitätsversorgung zur Nutzung übergeben werden. Das Hochspannungs-Prüffeld auf dem Dnjeprkraftwerk Saporoshje besaß einen Generator für 2 Millionen Volt, der für 4 Millionen Volt ausgebaut werden sollte.

Die geplante Vereinheitlichung und Erweiterung des Höchst- und Hochvoltnetzes ließ sich aus technischen Gründen nicht durchführen.

Geplant war der Aufbau einer einwandfreien Nachrichtenübermittlung. Die großen Entfernungen zwischen den Hauptbetriebspunkten und den wichtigen Netzknotenpunkten und Großabnehmern machten eigene Verständigungseinrichtungen notwendig. Die früheren werkseigenen Einrichtungen waren zum größten Teil zerstört oder von der Militärverwaltung in Anspruch genommen (Funknetz, Hochfrequenztelefonie, Querverbindung mit Niederfrequenztelefonie auf Draht, niederfrequente Befehlsanlagen).

Bei allen Erweiterungen und Neubauten wurde die Einführung der deutschen Norm und des deutschen technischen Gedankengutes nie aus dem Auge verloren.

Die ungeheuren Entfernungen ließen eine völlige Durchdringung des Landes mit Hochspannungsleitungen auch auf weitere Sicht ausgeschlossen erscheinen. Die von den Russen bereits energisch in Angriff genommene Ausnutzung der Windkraft wurde auch in unsere Planungen aufgenommen. Gedacht war hierbei insbesondere an eine großzügige Verwertung der Windenergie der Landwirtschaft.

Stromabgabe

Da die betriebsbereite Leistung nur 5% der früheren zur Russenzeit betrug, war die Aufteilung auf die Bedarfsträger eine der wichtigsten Aufgaben.

Die Truppe selbst und die Truppenversorgungsbetriebe mußten im Vordergrund stehen. Eine kritische Betrachtung der ungeheuren Nachfrage ließen 3 Aufgaben als vordringlich erscheinen:

- Deckung des unmittelbaren und mittelbaren Truppenbedarfs einschließlich Instandsetzungsarbeiten.
- Versorgung mit Trink- und Industrie-Wasser zwecks Verhütung von Seuchen, die Belieferung von Lazaretten und der Ernährungs-Industrie.
- Belieferung des Kohlenbergbaues (Sümpfen, Bewetterung, Förderung).

Der Energiestab stellte am 26. 1. 1942 folgende wichtige Richtlinien auf:

- Auf der *Erzeugerseite:*
  Steigerung der vorhandenen Leistung auf das technisch Mögliche, Vermeidung von Ausfällen, Heranziehung aller, auch der bisher noch nicht mobilisierten kW, und schnellstmögliche Aufstellung neuer Leistung.
- Auf der *Abnehmerseite:*
  Rücksichtslose Drosselung jedes nicht der Truppe dienenden Bedarfs, Lenkung des Verbrauchs durch Verlagerung namentlich der Großverbraucher zwecks Vermeidung von Spitzen und Herbeiführung annähernd gleichmäßiger Belastung insbesondere durch Auffüllung der Nachtsenke.

Der Bedarf der Truppe stieg dauernd an. Statistische Unterlagen sind wegen Fehlens fast jeglicher Zähl- und Maßeinrichtungen nicht möglich. Zum Teil konnten jedenfalls die Forderungen der Truppe nicht befriedigt werden. Bei dieser Sachlage mußten manche Anforderungen der Wirtschaft und alle des zivilen Sektors zurücktreten.

Den Ansprüchen des Kohlenbergbaues kam besondere Bedeutung zu. Ohne elektrische Energie konnte der Bergbau nicht fördern, ohne Kohle konnten die Elektrizitätswerke keinen Strom liefern. Von Mai bis Juni 1942 wurde der Leistungsbedarf der BHO voll befriedigt. Bis Juli 1942 sank die Leistungsfähigkeit vorübergehend. Alter und schlechter Unterhaltungszustand der Anlagen machte sich mehr und mehr bemerkbar. Hierzu kam die Schwierigkeit der Ersatzbeschaffung aus der Heimat. Bei völlig überalterten Kesseln kam es zu Störungen. Hierzu kamen noch Feindeinwirkungen durch Fliegerbomben und Beschießung von Werken. In den Kraftwerken Mariupol traten Störungen durch Anlieferung zu geringer Kohlenmengen und unzureichender Sorten auf. In Rutschenkowo durch starke Forcierung der Kesselanlage. Insgesamt traten jedenfalls Verminderungen der Leistungen in solchem Ausmaß auf, daß auch der Bergbau vorübergehend nicht voll beliefert werden konnte. Eine durchgreifende Verbesserung der Belieferung des Bergbauese trat erst im Januar 1943 ein, als das Dnjeprkraftwerk Saporoshje Energie in das Donezgebiet einspeiste.

Eisen und Metall

In den besetzten Ostgebieten lag die wesentliche wirtschaftliche Bedeutung sowohl der eisenschaffenden – als auch der eisenverarbeitenden Industrie in der Ukraine. Bereits bei Beginn des Russenfeldzuges traf daher der Wi Stab Ost im Rahmen der für diesen Raum vorgesehenen Wi In Süd die notwendigen organisatorischen und personellen Maßnahmen, um diese Industrie schnellstmöglich für die Truppe und die allgemeine Kriegswirtschaft nutzbar zu machen[198]). Die nachstehende Übersicht unterrichtet über die Anzahl der in Gang gesetzten Betriebe der Eisen- und Metallwirtschaft und über die Zahl der Beschäftigten.

Betriebe der Eisen- und Metallindustrie Anfang 1943 in den besetzten Ostgebieten:

Gebiet	Anzahl der in Gang gesetzten Betriebe	Anzahl der Beschäftigten
Wi In Süd	247	65 948
Wi In Mitte	63	3 698
Wi In Nord	6	384
militärverwaltete Ostgebiete zusammen	316	70 030
RK Ukraine	310	20 000
RK Ostland	217	13 102
	843	103 132

[198]) Dazu Müller, Scheitern, S. 940 ff., Gibbons, Soviet Industry, S. 154 ff. und Eichholtz, Wirtschaftspolitik.

Außerdem sogenannte W-Betriebe im Ostland und in der Ukraine	52	54 100
	895	157 232

(vgl. auch Anl. 51).

Eisenschaffende Industrie

Die russische Rohstahlerzeugung in der Gesamtukraine einschließlich Kertsch betrug im Jahre 1940 12 Millionen Tonnen bei einer Gesamterzeugung von ca. 21 Millionen Tonnen. Hieraus ergaben sich unzweideutig zwei Hauptaufgaben: Einmal mußte so schnell als irgend möglich eine Erzeugung wieder in Gang gebracht werden. Zum anderen war eine gerechte Verteilung der vorgefundenen Vorräte an Eisen- und Stahlmaterial, sowie deren Neuerzeugung vor allem für die kämpfende Truppe durchzuführen.

Trotz des schnellen Vormarsches der deutschen Truppen in die Ukraine hatten die Sowjets aus zahlreichen Betrieben Maschinen, Apparate, Motore usw. ins innere Rußland weggeschafft. Soweit ein Abtransport nicht möglich war, waren Gebäude und Maschinen durch umfangreiche Sprengungen unbrauchbar gemacht. So kam es, daß kein einziger Betrieb betriebsfähig, oder auch nur annähernd betriebsfähig übernommen werden konnte. Ebenso waren fast durchweg die qualifizierten Arbeiter mitgenommen worden. Mitgenommen oder verbrannt waren meist auch sämtliche Betriebsunterlagen.

Bereits die erste Erkundung der Werke ergab, daß ein Wiederaufbau in kurzer Zeit nicht möglich war. Selbst wo eine Erzeugung in kleinem Rahmen alsbald möglich gewesen wäre, fehlten Kohle und Energie als wichtigste Voraussetzung. Die weitgehende Zerstörung dieser Grundindustrie erforderte die Konzentration aller Kräfte zunächst auf diesem Sektor. Trotzdem wurden sofort die Betriebe für eine kommende Neuerzeugung vorbereitet. Zwangsläufig ergab sich, daß an Stelle der vorgesehenen Betriebsleiter solche Leute herangezogen werden mußten, die für den Wiederaufbau die notwendigen Voraussetzungen mitbrachten.

Zunächst war die Organisation der Wi In Süd/Chefgruppe W so aufgezogen, daß der Gruppenleiter eisenschaffende Industrie gleichzeitig der erste Mann für alle Betriebe seines Fachgebietes sein sollte. Dies änderte sich mit der im August 1941 erfolgten Gründung der „Berg- und Hüttengesellschaft Ost" (BHO). Nach Vertrag und Satzung hatte die BHO das ausschließliche Recht, sämtliche Kohle-, Eisen- und Manganerzbergwerke und sämtliche Hüttenbetriebe zu übernehmen. Damit wurden entsprechende Unterorgane dieser Gesellschaft der Ukraine erforderlich. Zunächst wurde eine „Hüttengruppe Dnjepr", dann im Jahre 1942 eine einheitliche „Hüttenverwaltung Ukraine" in Stalino gebildet, der sämtliche Hüttenbetriebe in der Ukraine unterstanden. Damit sollte die einheitliche Planung des Wiederaufbaues sichergestellt werden, wobei die fachliche Dienststelle der Wi In Süd es nur mit einem Partner zu tun hatte.

Der Wiederaufbau der eisenschaffenden Industrie war nicht in den Vordergrund gezogen worden, da Kohle und Energie in der erforderlichen Menge nicht zur Verfügung standen[199]. Aus diesem Grunde befahl Gen Qu unter dem 27. 2. 1942 nur den vordringlichen Aufbau der Kohle- und Energiewirtschaft in der Ukraine. Der Zusatzbefehl des Wi Rü Amtes vom 6. 3. 1942 über den Einsatz der technischen Truppen beimn Wiederaufbau der Grundstoffindustrien sah jedoch eine Einbeziehung des Hüttensektors in diese Planung vor. Trotzdem sind bis auf eine Hütte größere Einsätze von technischen Truppen auf den Hüttenwerken nicht erfolgt.

Die BHO wurde wiederholt aufgefordert, eine Planung über den Wiederaufbau der Hüttenwerke zur Entscheidung vorzulegen. Dies geschah aber aus folgenden Gedankengängen der BHO (Hütten-Verwaltung Ukraine) zunächst nicht: Auf Grund der allgemeinen Situation auf dem Kohle- und Energie-Sektor und wegen der Wiederbeschaffung fehlender oder zerstörter Maschinen, Motore, Ersatzeile usw. dachte man im Frühjahr 1942 an einen stufenweisen Wiederaufbau. Hierbei ging man von der Voraussetzung aus, daß alles in den Betrieben Fehlende möglichst aus anderen Betrieben in der Ukraine beschafft werden sollte. Mit Zulieferungen aus dem Reich war erst sehr viel später zu rechnen. Der ursprüngliche Gedanke, bei der ersten Stufe nur Werke im Donezgebiet zu berücksichtigen, wurde fallen gelassen. Als Ausgangspunkt für die erste Stufe wurden vielmehr die Betriebsteile der einzelnen Hüttenwerke in Betracht gezogen, die am besten erhalten waren. Auf Grund der vorhandenen Halbzeugbestände sollten zunächst nur einige Stahlwerke auf der Basis Roheisen und Schrott und später erst Hochöfen und Kokereien folgen.

In diesem Rahmen wurden die Arbeiten vorwärts getrieben, bis durch den Erlaß des Vierjahresplanes vom 22. 5. 1942 über die Munitionsfertigung in der Ukraine (Iwan-Programm)[200] eine neue Lage geschaffen wurde. Infolge dieses Programms mußte die eisenschaffende Industrie für die Zulieferung der Rohmaterialien für die Munitionsfertigung herangezogen werden. Die Voraussetzungen hierfür waren insbesondere bei den Hüttenwerken Kamenskoje, Petrowski, Iljitsch, Makejewka und Kramatorskaja gegeben. Diese Programme brachten es auch mit sich, daß die Stahlwerke Braunschweig GmbH in die Hüttenwerke des Dnjeprbogens und die Friedrich Krupp A.G. in das Iljitschwerk Mariupol und die neue Maschinenfabrik Kramatorskaja als Patenfirmen eingesetzt wurden[201]. Noch im Sommer 1942 war ausdrücklich festgelegt worden, daß sich diese Patenschaften

---

[199] In einem Gutachten für die Wirtschaftsgruppe Eisen schaffende Industrie vom 30. 3. 1942, z.T. abgedr. in Müller, Industrielle Interessenpolitik, S. 128 ff., war als Ergebnis die Forderung formuliert worden, die ukrainische Eisenindustrie nach Deutschland zu verlagern, bevor „Deutsche Militär- oder Verwaltungsstellen aus natürlichem Ordnungsbedürfnis oder im Wunsche, der deutschen Stahlversorgung zu dienen, auf weite Sicht falsche Wiederherstellungsarbeiten beginnen". Hinter dieser Forderung stand hauptsächlich die Sorge der rheinisch-westfälischen Montanindustrie, von der BHO und damit von ihrem schärfsten Rivalen Pleiger, in Dienst genommen zu werden. Zum Rußlandengagement Pleigers und seines Reichswerke-Konzerns siehe Müller, „Gen Ostland wollen wir reiten".

[200] V.P. 9433/6/2/4/1, vom 22. 5. 1942, abgedr. in Grüne Mappe, T. II (2. Aufl.), vom August 1942, S. 149 f.; BA-MA, RW 31/131; abgedr. auch in Deutsche Besatzungspolitik, Nr. 91.

[201] Aktennotiz über eine Besprechung beim Gen Wi Ost am 2. 7. 1942, BA-MA, RW 31/151.

nur auf die reine Munitionsfertigung beziehen sollten. Die personellen Schwierigkeiten bei der Durchführung des Wiederaufbaues der eisenschaffenden Industrie ergab jedoch zwangsläufig, daß im Spätherbst 1942 Patenfirmen auch bei den Hüttenwerken in der Ukraine eingesetzt wurden.

Mit Rücksicht auf die befohlenen Munitionsprogramme hatte die BHO eine Rohstahlplanung für 1943 aufgestellt, die mit einer Gesamterzeugung von rd. 800 000 to abschloß. Diese Hüttenplanung[202]) setzte voraus, daß folgende Forderungen der BHO erfüllt wurden: Zahl und Mindesternährung der Arbeiter, Materialzulieferungen aus dem Reich (Kontingente und Lieferfristen), Frachtraum, Stromlieferung während der Aufbauzeit, Energie und Kohle. Die Durchführung dieser Planung wurde vor allem durch eine teilweise Aufgabe des Donezgebietes im Winter 1942/43 unmöglich gemacht. Nach der Wiederbesetzung des wichtigen Gebietes in der Ost-Ukraine im Frühjahr 1943 wurde eine reduzierte Hüttenplanung Ukraine mit einer Rohstahlerzeugung von 209 500 to ausgearbeitet. Obwohl die BHO erheblich größere Forderungen stellte, war aus vielen Gründen eine umfangreichere Planung nicht möglich. Die Beschaffung der Arbeitskräfte machte immer größere Schwierigkeiten, vor allem durch die vielen Abzüge für den Reichseinsatz. Brennstoffe, vor allem in den benötigten Sorten, konnten immer noch nicht hinreichend angeliefert werden. Die Heranführung der schweren Walzenzugmotoren, die eigens in den besetzten Westgebieten für diesen Zweck sichergestellt waren, bereitete ungeahnte Schwierigkeiten. Wegen dieser und vieler anderer Schwierigkeiten war an eine höhere Eisenerzeugung nicht zu denken. Zur Zeit der Räumung der Ost-Ukraine waren jedoch die Vorarbeiten soweit durchgeführt, daß im IV. Quartal 1943 erstmalig mit einer Walzwerkserzeugung von ca. 85 000 to gerechnet werden konnte. Bis dahin waren seit Mai 1943 auf den Hüttenwerken bereits in kleinem aber laufend ansteigendem Rahmen Walzwerkserzeugnisse aus Halbzeugbeständen im wesentlichen für den Truppenbedarf ausgewalzt worden. Die Aussicht für eine laufende Steigerung im Jahre 1944 war günstig, zumal die Vorarbeiten bei den Hüttenwerken und den Grundstoffindustrien ständig Fortschritte machten. Die militärische Lage Ende August 1943 verlangte jedoch die Räumung des Gebietes östlich des Dnjepr.

Von der Übernahme der Hüttenwerke an wurden Werkstätten und sonstige brauchbare Teile der Betriebe für den dringendsten Truppenbedarf und für die Ausführung von Reparaturen ausgenutzt. Günstig war hierbei, daß den meisten Hüttenwerken umfangreiche Werkstätten angegliedert waren, die nach deutschen Begriffen besondere Betriebe darstellen würden. Die auf den Werken vorhandenen Walzwerkerzeugnisse konnten daher für derartige Fertigungen eingesetzt werden.

Mit der Erkundung der Hüttenwerke wurden auch die bei ihnen lagernden Vorräte an Eisen- und Stahlmaterial sowie an Vorblöcken aufgenommen. Schwierig war dies deshalb, weil die Läger nicht übersichtlich geordnet waren und zumeist auch jegliche Unterlagen über Menge und Güte fehlten.

Die Truppe entnahm anfangs Eisen- und Stahlmaterial ohne geordnete Zuweisungen. Schon in der ersten Hälfte 1942 zeigte sich, daß die Entnahme aus der vermutlichen kommenden Erzeugung nicht würde gedeckt werden können. Auch

[202]) Sie war Teil einer umfassenden industriellen Planung; s. Ukraine-Gesamtplan vom 10. 9. 1942, Graphik, abgedr. in Müller, „Unternehmen Barbarossa", S. 191.

mit genügenden Zulieferungen aus dem Reich war nicht zu rechnen. Am 30. 6. 1942 führte daher die Wi In Süd, ebenso wie der RKU, eine einfache Eisenbewirtschaftung ein. Danach sollte an die Bedarfsträger nur noch Material nach einer festgesetzten Dringlichkeitsscala gegen Empfangsbescheinigung abgegeben werden. Betriebe und Lagerhalter hatten monatlich die Durchschläge an die Wi-Dienststellen einzureichen, um so nachträglich eine Überprüfung der Materialverteilung und ein evtl. Einschreiten zu ermöglichen. Obwohl sich diese Bewirtschaftungsform nicht recht eingespielt hat, konnte doch für den dringenden Truppenbedarf in Zusammenarbeit mit den Wi-Dienststellen, der Hüttenverwaltung und den Betrieben meist das notwendige Material bereitgestellt werden.

Die im IV. Quartal 1943 planmäßig anlaufende größere Eisenerzeugung führte für die Gesamt-Ukraine (Mililtär- und Zivilverwaltung) zur Einführung einer einheitlichen Eisenbewirtschaftung. Durch Erlaß der zentralen Planung des V.P. vom 5. 4. 1943 wurde bestimmt, daß ab 1. 10. 1943 Lieferungen von Eisen- und Stahlmaterial nur noch gegen Übertragung von entsprechenden Bezugsrechten erfolgen sollten. Für den Sofortbedarf der Truppe waren besondere Maßnahmen vorgesehen, um hierin keinesfalls Stockungen eintreten zu lassen. Infolge der militärischen Ereignisse kamen die Maßnahmen nicht mehr zur Durchführung.

Auf Veranlassung der zuständigen Reichsstellen wurde in großem Umfang Eisen- und Stahlmaterial (insbesondere Halbzeug und Vorblöcke) unter Einschaltung der Organisation Schu ins Reich abtransportiert. Bis zur Räumung wurden im Rahmen der sogenannten Schlieker-Aktion mehr als 500 000 to ins Reich verbracht. Ebenso wurden wertvolle Metalle (Ferromangan, Kupfer usw.) durch die Abt. Ro (Rohstoffe) ebenfalls über die Organisation Schu durchgeführt.

Weiter war die Einschaltung des Einzelhandels zwecks reibungsloserer Versorgung der Bedarfsträger mit Material geplant. Diese Maßnahmen kamen nicht mehr zur Ausführung.

Neben der Eisen- und Stahlerzeugung im ukrainischen Raum war in den besetzten Ostgebieten nur noch die Stahlerzeugung in Libau von einiger Bedeutung. Das Eisenwerk in Libau hatte eine Vorkriegsproduktion von 36 000 jato. Seit der Besetzung war das Werk fast ständig in Betrieb. Die Durchschnittsmonatproduktion erreichte etwa 2500 to Roheisen und Rohstahl. Für August 1944 war eine Produktion von mehr als 3000 moto erwartet worden. Wegen der vorhandenen Stahlvorräte und vor allem zur Einsparung von Brennstoffen wurde der Betrieb zu diesem Zeitpunkt jedoch eingestellt. Der Plan, die Erzeugung in den nächsten Monaten auf das Doppelte zu heben, fiel damit weg.

Zusammenfassend kann gesagt werden, daß die Eisen- und Rohstahlproduktion in den besetzten Ostgebieten zunächst nicht sehr erheblich war. Bis Ende 1943 dürften etwa 150–160 000 to Roheisen und Rohstahl erzeugt worden sein, davon etwa 100 000 to im ukrainischen Raum (vgl. auch Anl. 49). Für 1944 war jedoch eine erhebliche Erweiterung des Erzeugungsprogramms vorgesehen. Die Pläne sahen eine Produktion von mehr als 1 Million Tonnen vor. Die Aufbauarbeiten waren insbesondere nach Einschaltung der Patenfirmen so vorangetrieben worden, daß die Voraussetzung für das Anlaufen einer größeren Eisen- und Stahlerzeugung gegeben war.

Eisenverarbeitende Industrie

Die Schwerpunkte der eisen- und metallverarbeitenden Industrie lagen eindeutig im ukrainischen Raum. Nenneswerte Fertigungsstätten bestanden daneben lediglich im Ostland (Lettland). Eine größere Zahl der intakten Betriebe wurde als sogenannte Wehrmachtbetriebe von der Truppe bezw. den Rüstungsinspektionen Ostland und Ukraine direkt betreut. Nach Umwandlung der Rüstungsinspektionen Ostland und Ukraine in Wehrwirtschafts-Inspektionen wurden auch diese Betriebe Anfang 1943 wieder dem Wirtschaftsstab Ost unterstellt.

Auf dem Sektor *Maschinenbau* waren die sowjetischen MT-Stationen der Chefgruppe La zugeteilt, die Traktorenwerke dem Bevollmächtigten für das Kraftfahrwesen (BdK). Ebenso wurde der Sektor Schiffbau im Rahmen einer Sonderaufgabe betreut. Diese Abzweigungen schränkten von vornherein die Tätigkeit der Gruppe Maschinenbau ein. Ein eigentlicher Maschinenbau kam vorläufig nicht in Betracht. Es konnte sich bei dem Umfang der Zerstörungen nur um die Aufnahme eines Reparaturbetriebes handeln. Es ist auch in der letzten Zeit der deutschen Besetzung nur bis Beginn einer Planung für Lokomotiven und landwirtschaftlichen Maschinen gekommen.

Die Betriebe der *eisenverarbeitenden Industrie* waren ebenfalls durch russische Evakuierungen in weitestem Maß nicht betriebsfähig.

Vor allem in der Gesamt-Ukraine gab es neben mehreren größeren Rüstungs- und Munitionswerken eine große Zahl von Betrieben der eisenverarbeitenden Industrie. Den großen Werken der eisen*schaffenden* Industrie waren Werkstätten angegliedert, die eigentlich für sich allein Maschinenfabriken darstellen konnten. Zwar dienten diese Werkstätten hauptsächlich dem eigenen Aus- und Aufbau sowie Reparaturbedarf der Hüttenwerke. Daneben wurden aber auch andere Betriebe beliefert. Diese bestehenden Zusammenhänge wollte man nicht zerreißen. Bei Gründung der BHO war daher festgelegt worden, daß alle solche Betriebe ebenfalls der BHO unterstehen sollten, soweit nicht begründete Ausnahmen am Platze waren. Eine Übersicht über die der BHO unterstellten Fertigungsbetriebe sowie ein Produktionsprogramm dieser Werke ist als Anl. 61 beigegeben.

Nach Übernahme der eisenverarbeitenden Betriebe erhielten die Wi-Dienststellen sofort den Befehl, in diesen Betrieben irgend eine Fertigung, insbesondere für den Truppenbedarf (Unterkunftsgerät usw.) aufzuziehen. Das war wegen des Fehlens solcher Geräte in dem eroberten Raum und wegen des schwierigen Nachschubs aus dem Reich besonders wichtig. Mit den vorgefundenen Vorräten an Eisen- und Stahlmaterial wurden in oft primitiver Weise kleine Maschinen und Apparate in einem Teilbetrieb repariert und für die Fertigung von Truppenbedarf eingesetzt. Insbesondere auch deshalb, weil anfangs an eine geordnete und abgestimmte Fertigung nicht zu denken war. Naturgemäß konnte auf diese Weise auch für die Versorgung der Truppe nicht der größtmögliche Erfolg erzielt werden. Der Wi Stab Ost bemühte sich daher bald, für den Sektor der eisenverarbeitenden Industrie ein einigermaßen abgeglichenes Fertigungsprogramm sicherzustellen. An Hand einer Bedarfszusammenstellung der Truppe, der vorhandenen Fertigungsmöglichkeiten sowie der Rohstoff- und Arbeitseinsatzlage war zu prüfen, in welchem aus dem Reich oder anderen Gebieten nachgeschoben werden mußte. Das auf diese Weise entstandene „Gen Qu-Programm“ ist bereits in einem Sonderabschnitt behandelt worden; hier sind auch die Produktionsleistungen der eisenverarbeitenden Industrie für die Deckung des Truppenbedarfs im einzelnen dargestellt.

Der für den Gesamt-Nachschub des Heeres verantwortliche Gen Qu richtete eine eigene Außenstelle Süd in Dnjepropetrowsk ein. Das Ziel war, möglichst viel von dem Bedarf in der Ukraine selbst zu decken. In enger Zusammenarbeit mit den Wi-Organisationen wurde dann jeweils für einen längeren Zeitraum festgelegt, was die eisenverarbeitenden Betriebe in der Ukraine fertigen konnten und sollten. Die Wi In Süd wollte von den direkten Einzelaufträgen der Truppe (ausgenommen dringende Reparaturen) immer mehr abkommen. Die Truppe sollte ihren Bedarf bei dieser Außenstelle Süd (Gen Qu Süd) anmelden. Dort sollte nach überrgeordneten Gesichtspunkten sowohl die Dringlichkeit geprüft, als auch der Anteil der anfordernden Dienststellen an der tatsächlichen Produktion festgelegt werden.

Bei der so abgestimmten Belegung der einzelnen Betriebe waren gewisse Kapazitäten für Aufträge anderer kriegswichtiger Bedarfsträger (z.B. Luftgau, OT usw.) freigelassen worden.

Die übernommenen Aufträge wurden in der von Gen Qu Süd festgelegten Größenordnung in das Inspektionsprogramm der Wi In Süd übernommen. In dem festgelegten Umfang waren damit gegenüber der Truppe Verpflichtungen übernommen. Das Inspektions-Fertigungsprogramm war daher der Ausführungsbefehl für die nachgeordneten Wi-Dienststellen und die Betriebe.

Am 22. 5. 1942 wurde durch Erlaß des Beauftragten für den Vierjahresplan der eisenverarbeitenden Industrie des ukrainischen Raumes die Durchführung eines Munitionsfertigungsprogramms (des sogenannten „Iwan-Programms") übertragen. Hierdurch sollten – wie bereits dargelegt wurde – die Hüttenwerke des Dnjeprbogens und des Donezgebietes als Rohstofflieferanten herangezogen werden. Das Iwan-Programm sah ursprünglich den Ausstoß von jährlich 2 Millionen Stück LFH- und 600 000 Stück SFH-Geschosse vor. Der Plan mußte allerdings wiederholt geändert werden. Zwar konnten die zeitweilig bestehenden Schwierigkeiten auf der Rohstoff- und Energieseite behoben werden, dagegen bildete das Transportproblem und die Frage der Beschaffung von Fachkräften eine Quelle ständiger Sorgen. Durch die Frontereignisse im Winter 1942/43 wurden alle Vorarbeiten teilweise erheblich gestört und im September 1943 mußte das gesamte Iwan-Programm fallen gelassen werden.

Neben diesen Fertigungen verloren die Betriebe nicht das Ziel aus dem Auge, ein eigenes Fertigungsprogramm entsprechend der ursprünglichen Bestimmung der Betriebe vorzubereiten. So lieferten zwar anfänglich die Landmaschinenfabriken unbedingt notwendige Ersatzteile für den La-Bedarf, gingen dann aber zu einem eigenen Neubau-Programm über. Im Rahmen eines Schlepperprogramms wurden z.B. bis zum Sommer 1943 rd. 14 000 Schlepper auf Holzgas umgestellt und für den Winter 1943/44 weitere 10 000 Schlepper für den Umbau vorgesehen.

Mit Rücksicht auf die Bedeutung der Landmaschinenfabriken schuf die Chefgruppe W hierfür eine Sonderorganisation, in der alle Landmaschinenfabriken der Ukraine zusammengefaßt waren. Entsprechend den Bedürfnissen der Landwirtschaft wurden verbindliche Fertigungsprogramme für alle Betriebe aufgesellt. Der bis dahin in solchen Betrieben teilweise gefertigte Truppenbedarf wurde anderweitig verlegt.

Die Betriebe der Eisen-, Stahl- und Blechwarenindustrie (etwa 700 mit ca. 20–25 000 russischen Gefolgschaftsmitgliedern) wurden über die Fertigung im Rahmen des Gen Qu-Programms hinaus für die Erzeugung einer großen Zahl von anderen metallenen Gegenständen herangezogen. So wurden für die Fleisch- und Fischkombinate Konservendosen hergestellt. In diesem Sektor waren insgesamt 6 führende Deutsche Konservendosenfabriken als Patenbetriebe eingesetzt. Im Metall- und Emaillierwerk Riga wurden neben emaillierten Töpfen, Wannen, Schüsseln, Löffeln zuletzt täglich 400 lackierte Milchkannen hergestellt.

Insgesamt verarbeiteten die Betriebe der Eisen-, Stahl- und Blechwarenindustrie (allerdings zum größten Teil im Rahmen des Gen Qu-Programms)

von 1941 bis Ende 1942	rd. 120 000 to Eisen
1943 bis einschließlich 31. 10. 44	rd. 130 000 to Eisen
insgesamt also	rd. 250 000 to Eisen.

Nur ein kleiner Teil des verarbeiteten Eisens wurde aus dem Reich zugeführt. Der größere Teil wurde in den oft sehr umfangreichen Roh- und Halbmateriallägern vorgefunden. Soweit Nachschub aus dem Reich nötig war, wurden erforderliche Kontingente vom ChefHRüst beschafft, in den Jahren 1942 und 1943 beispielsweise rd. 40 000 to.

Mit den beiden Wirtschaftsgruppen Werkstoffverfeinerung (Hagen) und Eisen-, Stahl- und Blechwarenindustrie (Berlin) bestand eine enge Zusammenarbeit. Für die Durchführung des Aufbauprogramms im Donezbecken wurden bei beiden Wirtschaftsgruppen Ostausschüsse gebildet, mit dem Ziele, 60 Betriebe der Werkstoffverfeinerung und der Eisen-, Stahl- und Blechwarenindustrie in dem genannten Gebiete einzusetzen. Diese Betriebe sollten die erwarteten Walzwerkskapazitäten der BHO-Werke übernehmen und weiter verarbeiten. Diese Entwicklung wurde allerdings durch die militärischen Ereignisse im Herbst 1943 jäh unterbrochen.

Die der BHO unmittelbar unterstellten eisenverarbeitenden Betriebe nahmen an Zahl immer mehr zu; sie wurden von der bereits erwähnten, am 15. 12. 1942 von der BHO geschaffenen eigenen „Verwaltung Fertigungsbetriebe Ukraine" mit dem Sitz in Stalino betreut.

Die BHO war bestrebt, ihrer Verwaltung Fertigungsbetriebe weitere eisenverarbeitende Betriebe anzugliedern, die nicht mit eisenschaffenden Betrieben verbunden waren. Das Ziel war aber auch diesen Bestrebungen gegenüber, eine selbständige eisenverarbeitende Industrie zu schaffen[203]). Mit interessierten Treuhändern und Paten sollte ein größerer Leistungsgrad für *alle* Bedarfskörper insgesamt erreicht werden.

Die Gruppe Eisen und Metall bemühte sich, zusätzliche Firmen aus dem Reich für die Durchführung von Reparaturen einzusetzen. Auf dem Gebiet der Elektro-Industrie waren Motoren-Reparaturwerkstätten und ähnliche Werkstätten an größeren Industrieplätzen erforderlich. Um den nicht aus dem Land zu deckenden Bedarf aus dem Reich nicht einzeln nachschieben zu müssen, wurden Spezialfirmen

[203]) Diese Politik ließ sich nur bis zum Sommer 1943 durchführen. Bis dahin wurde noch rund die Hälfte der Betriebe im Bereich der Wi In Don-Donez von der Inspektion betreut. Dann mußte die gesamte eisen- und metallverarbeitende Industrie der BHO ausgeliefert werden; s. Ord.Offz./Chef Wi Stab Ost, Aktenvermerk über die Besprechung mit Ministerialdirektor Schlotterer am 28. 6. 1943, BA-MA, RW 31/147.

für den Handel mit elektrotechnischem Material angesetzt. Der Reichsbahn wurden geeignete Betriebe als Reparatur-Werkstätten zur Verfügung gestellt. Vorbereitet wurden auch Betriebe für die Fertigung von rollendem Eisenbahnmaterial. Durch ein besonderes Feldbahn-Programm sollte der Abtransport an die Haupteisenbahnlinien vereinfacht werden. Zum Teil wurde dieses Programm auch schon durchgeführt.

Im Zuge der bevorstehenden Einführung der Eisenbewirtschaftung beabsichtigte die Wi In Süd eine „Zentrale Auftragsstelle" einzurichten. Diese sollte die gesamte Auftragsvergabe an die eisenverarbeitenden Betriebe ähnlich steuern, wie dies bereits auf dem Sektor des Truppenbedarfs eingerichtet war. Die wichtigsten Bedarfsträger sollten in Programme zusammengefaßt und an die Fertigungsbetriebe verteilt werden. Die militärischen Ereignisse ließen jedoch eine Durchführung dieser Planung nicht mehr zu.

Anfänglich wurde vielfach die Ansicht vertreten, daß in der Ukraine nur eine Rohstofferzeugung durchgeführt werden könne[204]). Die eisenverarbeitende Industrie der Ukraine hat mit ihrem Wiederaufbau und der Art der Fertigungsvorbereitung gezeigt, daß diese Ansicht nicht gerechtfertigt war. Der große Bedarf im eigenen Raum, die schwierigen Fertigungsverhältnisse im Reich und die Transportlage erforderten einen weiteren Aufbau der eisenverarbeitenden Industrie in der Ukraine. In vielen Betrieben waren die Vorbereitungen hierfür im Laufen. Infolge Verbrauchs der Vorräte konnten manche Betriebe schon nicht mehr voll ausgenutzt werden. Bei Zurverfügungstellung von genügendem gängigem Eisen- und Stahlmaterial hätte aber laufend mit einer größeren Produktion gerechnet werden können.

Zusammenfassend kann für den Sektor Eisen und Metall gesagt werden: Die Räumung des Bereiches der Wi In Süd hat einen schon in kurzer Zeit zu den besten Hoffnungen berechtigenden Aufbau sowohl der eisenschaffenden als auch der eisenverarbeitenden Industrie getroffen.

Elektrotechnik, Stahl- und Eisenbau

Dringende Anforderungen der Truppe, Reichsbahn, Energiewirtschaft und sonstiger Instanzen zeigten, daß zerstörte elektrotechnische Betriebe, Brücken- und Kesselbauanstalten, Waggon- und Feldbahnfabriken usw. nicht, wie man ursprünglich dachte, nur ausgeschlachtet zu werden brauchten. Es war vielmehr ein sofortiger Aufbau der Werke und baldigste Wiederinstandsetzung der Betriebe dringend notwendig. Die Arbeiten wurden deshalb mit Nachdruck aufgenommen und zeigten trotz beträchtlicher Schwierigkeiten verschiedenster Art alsbald Erfolge. Hier wurden auch im baltischen Raum eine Reihe wichtiger Betriebe erkundet und in Gang gesetzt.

In Riga stellte die Elektrotechnische Fabrik „Vef", ein Patenbetrieb der AEG, Spezialgeräte für die Luftwaffe, Sendeanlagen, Telefonanlagen, Kabel und Installationsmaterial her (Belegschaft 4000 Mann).

---

[204]) Siehe Anm. 199.

Die Glühlampenfabrik Osram in Riga erzeugte Glühlampen und Akkumulatoren; sie befand sich noch im Aufbau.

Eine Reihe von Fabriken waren im Ostland ebenfalls in Betrieb genommen worden:

z. B. Fahrradfabrik „Ehrenpreis", Riga
Fahrradfabrik „Omega", Riga
Fahrradfabrik „Latvello" Riga

Diese Werke produzierten Fahrräder, Holzgasgeneratoren, Freiläufe und reparierten Kraftahrzeuge (Belegschaft etwa 1000 Mann).

Die Rigaer Waggonfabrik „Vairogs" befaßte sich neben der Autoreparatur mit der Herstellung von Grau-, Temper- und Stahlguß sowie die Wiederherstellung von Eisenbahnwagen (Belegschaft durchschnittlich 2000 Mann).

Im estnischen Raum war besonders die Maschinenfabrik Franz Krull, Reval von Bedeutung. Daneben bestanden eine Reihe weiterer Betriebe des Stahl- und Eisenbaues mit zusammen etwa 5000 Beschäftigten.

Im litauischen Raum sowie im Bereich der Wi In Mitte waren neben kleinen Werkstätten für Elektroarbeiten keine Betriebe von größerer Bedeutung vorhanden.

In der Ukraine waren folgende Betriebe von Wichtigkeit:

Die *elektrotechnische Fabrik Chems in Charkow* war vollkommen zerstört, die Werkzeugmaschinen ebenfalls zerstört und verschleppt, der Bestand an Isoliermaterial und Wickelkupfer gleich Null. Mit Unterstützung der AEG, der die Patenschaft des Betriebes übertragen wurde, konnten die Arbeiten nach erfolgten Ergänzungen aufgenommen werden. Es wurden hauptsächlich Reparaturen elektrotechnischer Maschinen, Transformatoren und Apparate durchgeführt. Durch die militärischen Ereignisse wurde die zu großen Hoffnungen berechtigende Arbeit im Winter 1942/43 unterbrochen.

Das Elektrowerk *Remaschtrest in Dnjepropetrowsk* (zweitgrößtes Reparaturwerk) steigerte seine Leistungsfähigkeit nach schnellstem Wiederaufbau innerhalb eines Vierteljahres auf das Vierfache.

Die *Brückenbauanstalten Molotow in Dnjepropetrowsk, Stalinski, Nikopol, Darnitza in Kiew,* wurden namhaften Firmen gleicher Art in Deutschland zur Patenschaft übergeben. Sie wurden entsprechend dem Sofortbedarf der Truppe in kurzer Frist wieder aufgebaut und zeitigten gute Erfolge.

Die *Kesselbauanstalt in Taganrog* wurde vor allem für Reparaturarbeiten und den Aufbau der Energiewirtschaft im Donezbecken benötigt. Zunächst wurde dieses Werk benutzt, um Truppenbedarfsmaterial in großem Umfang herzustellen.

Die *Waggonfabrik Prawda in Kamenskoje* war ein Werk ungewöhnlicher Größe mit einer Jahreskapazität von 5000 Güterwagen und 500 Spezialfahrzeugen. Es war vollkommen vernichtet, wurde aber nach Heranschaffung von Arbeitskräften und Maschinen wieder in Gang gebracht. In kurzer Zeit wurden 100 vierachsige Güterwagen, 1 Behelfslazarettzug mit 700 Wagen, je 1 Küchen-, Operations-, Ärzte- und Mannschaftswagen gebaut. In der Schmiede wurden Schlammketten und Federn für Kraftfahrzeuge, in der Radsatzwerkstatt wöchentlich 150 Radsätze, in der Gießerei Bremsklötze für die Reichsbahn und Öfen für die Truppe hergestellt. In größerem Umfang wurden Umspurungsarbeiten für die Reichsbahn ausgeführt und zwar bei 1600 Waggons, 3 Loks, 8 Dampfkränen und 2 Elektrokränen. In der Reparaturwerkstatt wurden wöchentlich ca. 150 beschädigte Wagen instandgesetzt. Außerdem wurden landwirtschaftliche Maschinen wie Pflüge, Drill- und Kartoffelschürfmaschinen hergestellt.

Die *Maschinenfabrik in Druschkowka* führte hauptsächlich Reparaturen an Eisenbahnwagen aus und erbrachte besonders gute Leistungen im Weichenbau.

Das *Feldbahnbauprogramm* nahm in der letzten Zeit der Besetzung der Ukraine einen besonders großen Raum ein. Um die landwirtschaftlichen Güter aus den von den Hauptlinien entfernt gelegenen Gebieten an diese schnell und sicher heranzubringen, wurde mit dem Reichsverkehrsministerium und der Generalverkehrsdirektion in Warschau ein großzügig angelegtes Feldbahnnetz entworfen. Hierzu waren Feldbahnwerkstätten und -fabriken zu bauen, die gerade hergerichtet werden sollten, als die militärischen Ereignisse diese Pläne zunichte machten.

Kfz-Werke, -Teile, -Zubehör

Auf Grund des Erlasses des Reichsmarschalls vom Mai 1941, ergänzt durch Erlaß vom August 1942, oblag die Lenkung und technische Überwachung der russischen Kraftfahrzeug- und Traktoren-Industrie mit den dazugehörigen Werken der Teile- und Zubehör-Produktion dem Generalbevollmächtigten für das Kraftfahrwesen (ab 1942: Bevollmächtigter für das Kraftfahrwesen)[205].

Zur Durchführung dieser Aufgaben wurde im Mai 1941 der Sonderstab Ost des GBK aufgestellt. Er erhielt die Aufgabe, für die einzelnen Werke der obengenannten Industrie geeignete, mit Fachleuten der deutschen Kfz-Industrie ausgestattete, militärisch geleitete Industrie-Trupps aufzustellen. Diese sollten nach der Besetzung die Produktion der russischen Kfz-Werke wieder aufnehmen. Hier stand von vornherein fest, daß die Produktion zunächst vor allem im Interesse der Truppe durchgeführt werden mußte.

Die Einschaltung des Sonderstabes Ost in den Wi Stab Ost erfolgte in Form einer Sondergruppe GBK, die der Chefgruppe W unterstellt wurde.

Die wichtigsten Produktionsstätten der russischen Kfz-Industrie (Moskau, Jaroslawl und Gorkij) kamen nicht in unsere Hand. Für den Einsatz kamen zunächst lediglich im Südgebiet die Traktorenwerke Charkow und einzelne Werke der Teil- und Motorrad-Industrie in Frage. Der Sonderstab Ost wurde daher sofort unter Rückgabe eines Teils der Fachkräfte an die deutsche Kfz-Industrie verkleinert.

Eine sofortige Vollproduktion von Traktoren und Kraftfahrzeugen war infolge Abtransports der wichtigsten Maschinen und Fachleute aus den Werken nicht möglich. Somit erfolgte zunächst ab Anfang 1942 in den beiden Traktorenwerken in Charkow eine Montage von russischen Nati-50-PS-Raupenschleppern aus noch vorhandenen Aggregaten. Hierbei setzte im Verhältnis zur Abnahme der Lagerbestände eine Neufertigung von Teilen und Aggregaten ein. Sie sollte 1944 zu einer vollständigen Neuproduktion des Raupenschleppers führen. Die Traktoren wurden

---

[205]) Grüne Mappe, T. II (2. Aufl.), vom August 1942, S. 172, BA-MA, RW 31/131.

zum größten Teil der Truppe als Spezial-Artillerie-Zugmaschinen zur Verfügung gestellt. Ein Teil wurde der Chefgruppe La mit Otto- und Holzgasmotor geliefert. Die Fertigung von Traktorenteilen wurde, soweit sie nicht zur Montage benötigt wurden, der Chefgruppe La zur Verfügung gestellt.

Als Zulieferanten für diese Traktoren- und Teile-Fertigung wurden die früheren Motorradwerke in Taganrog und Teilefabriken in Chortiza, Rostow und Piatigorsk mit eingesetzt. Die russische Arbeiterzahl dieser fünf Werke betrug im II. Halbjahr 1942 rd. 8500 Köpfe. Der für die Produktion notwendige Maschinenbestand war in der Zwischenzeit aus der russischen Verschleppung in den besetzten Ostgebieten wieder zusammengesucht und durch einzelne wenige Spezialmaschinen aus dem Reich ergänzt worden. Das für die Fertigung benötigte Rohmaterial wurde (soweit es nicht auf den Fabriken lagerte) ausschließlich aus der östlichen Ukraine beschafft. Die Energie wurde zunächst mit werkseigenen Anlagen, später durch Anschluß an die Verbundnetze gewonnen.

Die besondere Lage der GBK-Ostwerke unmittelbar hinter der Front brachte es mit sich, daß auch anderer dringender Bedarf der Fronttruppe angefertigt werden mußte (Kfz-Teile, Waffenteile, Ausrüstungsgegenstände u.a.m.). Nach Abschluß der Montage der Traktoren Ende 1942 und während der gedachten Übergangsperiode zur Aufnahme der Vollfertigung wurden die Kapazitäten der Fabriken im wesentlichen auf die Fertigung der erwähnten Kraftfahrzeugteile sowie des direkten Truppenbedarfs umgestellt.

Die Besetzung des Traktorenwerkes Charkow durch die Russen machte die Durchführung der Pläne für die Vollfertigung von Traktoren unmöglich. Im Zuge des weiteren Vormarsches der Russen mußten die Werke in Rostow, Taganrog und Piatigorsk geräumt werden. Nach anfänglicher Konzentration des geretteten Maschinenbestandes im Werk Chortiza bei Saporoshje mußte auch dieses Werk im Oktober 1943 evakuiert werden.

Es gelang, den gesamten Einrichtungs- und Maschinenbestand (rd. 450 Stück in Chortiza) in das GG mit einer Anzahl von russischen Ingenieuren, Werkmeistern und Facharbeitern im November 1943 zurückzuführen. Dort erfolgte der Wiedereinsatz der zurückgeführten Kapazitäten in Przemysl und Deba. Die ab Ende Januar 1944 wieder angelaufene Fertigung umfaßte vordringlich Kfz-Maschinenteile, Umbau von russischen Kfz-Aggregaten auf deutsche Maße und späterhin auch wieder Truppenbedarfsartikel gem. Aufträgen des Gen Qu und Gen.d.Kraftfahrparktruppe. Die Fertigung erstreckte sich im wesentlichen auf denjenigen Truppenbedarf, der aus irgendwelchen Gründen nicht oder nicht termingerecht aus dem Reich geliefert werden konnte. Die vielfältigen Einsatzmöglichkeiten der Maschinen, die vielseitige Ausbildung der technischen Beamten und die im Spezialeinsatz gewonnenen Erfahrungen ermöglichten die Bewältigung eines verhältnismäßig großen und vielseitigen Fertigungsprogramms. Durch diese Eigenart der Betriebe war es möglich, in kurzer Zeit einzelne Fertigungssparten bei vorliegenden Dringlichkeitswünschen der Truppe auf andere Aufgaben umzustellen.

Mit voller Produktion auf beiden Werken wäre Mitte 1944 zu rechnen gewesen.

Mineralöl

Das Aufgabengebiet der Gruppe Mineralöl der Chefgruppe W des Wi Stabes Ost umfaßte nicht nur die Erkundung und Sicherstellung von Erdölvorkommen und der Bearbeitungsbetriebe, sondern auch die Sorge um die Spezialtransportmittel und die Verteilerorganisation. Ihr war weiter die Wiederherstellung und Inbetriebnahme aller mineralölwirtschaflichen Anlagen übertragen. Endlich hatte sie die Wehrmacht und Wirtschaft mit Kraft- und Schmierstoffen aus gefundenen Beständen zu versorgen, den örtlichen Bedarf festzustellen und die Kontingentierung und Verteilung des aus dem Reich kommenden Nachschubs durchzuführen.

Gewinnung

Galizisches Erdölgebiet:

Dieses Gebiet war ziemlich unversehrt in deutsche Hand gekommen. Die russische Rohölförderung betrug 1938 in den beiden Gebieten Drogobitsch und Stanislau zusammen 370 000 jato. Die deutsche Förderung betrug 250 000 to im Jahre 1942, 390 000 to im Jahre 1943 (vgl. auch Anl. 49).

Das gewonnene Rohöl wurde in sechs Raffinerien verarbeitet. Die durchschnittlichen *Monatszahlen* Ende 1943 betrugen:

Rohölaufkommen	33 000 to
Erdgasaufkommen	83 000 000 cbm
Benzinerzeugung	7 300 to
Dieselkraftstoff (einschließlich Petroleum)	13 400 to
Schmierölerzeugung	4 700 to
Paraffine und Asphalte	3 400 to
Treibgaserzeugung	110 to.

Außer der Deckung des Eigenbedarfs im GG diente diese Erzeugung vornehmlich der Befriedigung des landwirtschaftlichen Bedarfs in der Ukraine.

Kaukasus:

Zur Ausschöpfung der dortigen Erdölvorkommen waren groß angelegte Vorbereitungen getroffen worden. Durch Führerbefehl vom 12. 10. 1942[206]) war mit der Durchführung in erster Linie die „Technische Brigade Mineralöl" (TBM) beauftragt worden. Die wirtschaftlichen Betriebe sollten in die Hände der „Kontinentalöl A.G." bzw. der „Ostöl GmbH" und „Kaukasienölvertrieb GmbH" gelegt werden. Die TBM hatte einen Gesamtpersonalbestand von 7600 Mann. Zunächst war sie dem OKW/Wi Stab unterstellt, ab November 1942 dem Wi Stab Ost[207]).

Im Gebiet um *Maikop* rückte die Vorausabteilung der TBM am 15. 8. 1942 in das Erdölfeld Chadyshinskaja ein. Das Aufkommen zur Russenzeit betrug dort ca.

---

[206]) Führerbefehl über den Wiederaufbau der Mineralölindustrie im Kaukasus, vom 12. 10. 1942, BA-MA, RW 31/24.

[207]) Dazu auch Eichholtz, Geschichte, Bd. 2, S. 477 ff.

150 tato = 55 000 jato. Die ertragsreicheren Felder Schirokaja-Balka mit 735 000 jato und Asphaltberg mit 420 000 jato konnten erst später in Arbeit genommen werden.

Infolge der nachhaltigen Zerstörungen kam die Ölgewinnung nicht über 20 tato hinaus, womit nur der Eigenbedarf der TBM gedeckt werden konnte.

Die Felder um Maikop und Grosny hatten 1938 eine Erzeugung von zusammen rd. 4,8 Millionen jato. Mit Einsatz erheblicher Mittel hoffte man in Jahresfrist nach Beginn der Bohrungen auf 1,2–1,5 Millionen jato zu kommen. Die wesentlichen Felder sind nie erobert worden.

Landwirtschaft und Wirtschaft konnten aus den geringen Beutemengen von 10 000 to nur unzulänglich versorgt werden. Von den in einer Leitung festgestellten 5000 to Petroleum konnten z.B. nur 2000 to in Armawir entnommen werden, da an zahlreichen Stellen die Leitung unbefugt angezapft war. Den während der kurzen Besetzungszeit unter größten Schwierigkeiten herangeführten Nachschub erhielt restlos die Truppe.

Die Verarbeitungsanlagen waren weitgehend zerstört. Behelfsmäßige Blasendestillationen wurden aufgestellt, die 100 bis 400 tato Benzin und Diesel hätten erzeugen können. Die weitreichenden Vorbereitungen konnten infolge der militärischen Ereignisse überhaupt nicht ausgenutzt werden.

In vier Feldern der *Taman-Halbinsel* wurden als Höchstleistung 900 moto im März 1943 erzielt. Die Erzeugung ging durch Verlust verschiedener Felder bis August 1943 auf 212 moto zurück. Dann mußten alle Felder einschl. der erfolgreich niedergebrachten Neubohrungen aufgegeben werden. Die gewonnenen Mengen dienten vornehmlich der Versorgung einer Feldeisenbahn und der Deckung des unmittelbaren Wehrmachtsbedarfs (Feldbäckereien usw.).

Halbinsel Kertsch:

Die Arbeiten auf den Feldern Tschongolek und Kerleut wurden durch den Wintereinbruch der Russen 1941/42 und durch Auflockerung im Herbst 1943 unterbrochen. Von 46 moto im Juli 1942 stieg die Förderung auf 63 moto bis September 1943. Die gewonnenen Produkte wurden in der Landwirtschaft für den Betrieb von Naphtamotoren eingesetzt.

Romny:

Hier waren die Russen selbst nicht über Anfänge der Gewinnung hinausgelangt. Dieses Gebiet wurde daher zunächst liegen gelassen. Erst nach Freiwerden der Kaukasuskräfte im Jahre 1943 wurde hier die Mineralölerzeugung mit größter Intensität betrieben. Ein größeres Gebiet (bis Poltawa und Lubny) wurde unter Einsatz von 24 geophysikalischen Meßtrupps geprüft. In Romny wurde eine Blasendestillation aufgestellt. Die Förderung betrug in 1942 rd. 100 moto im Durchschnitt und erreichte im Juni 1943 240 moto. Die Produkte dienten der örtlichen Landwirtschaft.

Erdgase:

Südöstlich von *Melitopol* wurden aus 10 Bohrungen täglich ca. 3000 cbm Gas gewonnen, das vornehmlich für die landwirtschaftlichen Traktoren verwandt wurde.

Das Erdgasvorkommen in *Galizien* basierte auf 6 Gasfeldern: Stryi, Jaslo, Strachocina, Opary, Daszawa und Kalusz. Der Ausstoß betrug in Ostgalizien 65%, in Westgalizien 35%. Gesamtausstoß *monatlich:*

83 000 000 cbm

davon allein Stryi 65 000 000 cbm und Jaslo 12 000 000 cbm. Der Rest von 6 000 000 cbm verteilte sich auf die übrigen Felder.

Das Erdgas wurde in der Hauptsache für *metallurgische* Zwecke und nur zu einem kleinen Teil für Heizzwecke verwendet. Hauptabnehmer waren, neben Lemberg und den Ölbetrieben in Ostgalizien, in erster Linie die Rüstungsbetriebe: (monatlich 40 000 000 cbm).

Ölschiefer:

Unter Einschaltung der „Baltischen Öl GmbH" wurde der im estnischen Ölschiefergebiet gewonnene Ölschiefer in wiederhergestellten und neu errichteten Destillationsanlagen verarbeitet. Das erzeugte Schieferöl fand als Heizöl Verwendung. Die Erzeugung seit der Besetzung bis Ende 1943 betrug 2 160 000 to Ölschiefer mit 161 637 to Rohölausbeute (vgl. auch Anl. 49). Für 1944 war ein weiterer Ausbau geplant.

Faulschlamm:

Sapropel (Faulschlamm) wurde in Lettland festgestellt. Die Verwertung des Sapropels für die Ölgewinnung war völlig neu. Laborversuche ergaben, daß durch Trockendestillation des wasserstofffreien Sapropels ca. 20—30% eines mineralölhaltigen Teerproduktes gewonnen werden können. Durch Weiterverarbeitung dieses Teerproduktes wurden erzielt:

10% Benzin
7% Motorpetroleum
22% Mineralöl (Schmieröl)
15% Rohparaffin
18% Rohphenole
28% Pech.

Theoretisch bezifferte sich allein ein Vorkommen im Kreis Schlock auf ca. 120 Millionen to Rohsapropel = 12 Millionen to trockener Sapropel = 2,4—3,6 Millionen to mineralölhaltiges Teerprodukt. Die Forschungsarbeiten über die Größe der Vorkommen standen noch in den Anfängen. Zwei von Schweden bezogene Trippelretorten wurden als Versuchsanlagen durch eine Sapropel Tochtergesellschaft der Kontinentalöl A.G. betrieben.

Holzteer:

Holzteer wurde in den waldreichen Gebieten des Nordens und der Mitte durch Köhlereibetriebe erzeugt. Die Steuerung erfolgte durch FH, die Sammlung und Verarbeitung in Litauen und Lettland durch die „Ostlandölvertriebe GmbH", im Gebiet Mitte durch die „Teerindustrieproduktions- und Handelsgesellschaft für Stockholzverkohlung m.b.H." in Minsk. Der Anfall von ca. 114 moto wurde im wesentlichen in Deutschland verwendet (Bunaherstellung).

Benzol-, Homologen- und Teerproduktion:

Das bei der Verkokung von Kohle in den Asowstahlwerken Mariupol anfallende Benzol von ca. 50 moto wurde im wesentlichen zur Streckung von Fahrbenzin verwandt. Die dort vorhandenen Bestände an Steinkohlenteer und Teerprodukten dienten im Selbstverbrauch zur Streckung von Heizmazut.

Der in den Gasanstalten (vornehmlich des Ostlandes) mit ca. 100 moto anfallende Teer fand in der Dachpappenfabrikation Verwendung.

Alt-Öl-Regenerierung:

Zur Streckung der unzureichenden Schmieröldecke wurde mit gutem Erfolg überall Altöl gesammelt und in den Regenerieranlagen in Charkow, Riga und Reval regeneriert. In den Operationsgebieten war die Aufbringung an Altöl gering. Im RKU betrug sie in 1943 durchschnittlich 8,20 moto, im RKO 60,5 moto. Im Operationsgebiet war das Ergebnis deshalb so gering, weil der notwendige Ölwechsel mangels genügenden Frischöls nur selten durchgeführt werden konnte.

Mineralöl-Bewirtschaftung

Die Gruppen und Referate Mineralöl bei den Wi In'en und Wi Kdos hatten den Bedarf der Landwirtschaft und gewerblichen Wirtschaft zu ermitteln und für möglichst weitgehende Deckung zu sorgen.

Die Bedarfsdeckung in den Operationsgebieten konnte infolge der Bewegungen nur oberflächlich meist aus Beute erfolgen. Von Mineralöl-Erkundungstrupps wurden insgesamt ca. 350 000 to Mineralölerzeugnisse ermittelt. Noch größere Mengen dürften von der durchziehenden Fronttruppe schon vorher entnommen worden sein. Auch die ermittelten Mengen gingen größtenteils an die Truppe. Für die Wirtschaft blieben im wesentlichen nur Heizöle und industrielle Schmieröle übrig, die für die Truppe unmittelbar nicht verwertbar waren. Ca. 60 000 to Heizöle und Mazut wurden sichergestellt, davon allein 25 000 to in Mariupol. Letztere wurden für die Elektroerzeugung zwecks Energieversorgung des Donezbergbaues verwendet.

Nach sehr raschem Verbrauch der Bestände wurde für Gewerbliche- und Landwirtschaft bald ein eigener Wirtschaftsnachschub solcher Sorten erforderlich, über die aus Gen Qu-Nachschub nicht verfügt werden konnte (industrielle Schmieröle, Spezialbenzin usw.). Der Bedarf an Kraftstoff und kraftstoffgebundenen Schmiermitteln sollte grundsätzlich aus dem Gen Qu-Nachschub gedeckt werden. Da die hieraus zur Verfügung gestellten Mengen bei weitem nicht ausreichten, mußte in langwierigen Verhandlungen ein eigenes Wirtschaftskontingent für die Mineralölversorgung der Ostukraine erwirkt werden. Dieses betrug ab August 1942 924 to Otto und 1350 to Diesel. Von den bis Februar 1943 der Wirtschaftsorganisation eingeräumten Mengen wurde jedoch tatsächlich nur ⅓ ausgeliefert. Der Frontbedarf erforderte einen ständigen Rückgriff auf die bereits unterwegs befindlichen Wirtschaftsmengen. Von März bis Juni 1943 wurde die Wirtschaft der Ostukraine aus den Gen Qu-Mengen geringfügig versorgt. Erst ab Juli 1943 wurde ein der Wi In Süd bewilligtes eigenes Wirtschaftskontingent nunmehr durch die Ukraineölvertriebs GmbH nachgeschoben, damit aus der Nachschubbehinderung herausgenommen und tatsächlich der gewerblichen Wirtschaft in der Ostukraine zur Verfügung gestellt. Diese gute Versorgung konnte sich jedoch infolge der militärischen Ereignisse nicht mehr voll auswirken.

Neben der Versorgung der gewerblichen Wirtschaft und der be- und verarbeitenden Betriebe der Landwirtschaft wurden Sonderkontingente für die Bodenbearbeitung, Ernteerfassung, den Drusch und für den Abtransport landwirtschaftlicher Erzeugnisse bereitgestellt. Die Bereitstellung erfolgte aus operativen Reserven, der Transport im Wirtschafts- oder Wehrmachtsnachschub. Die finanzielle Abwicklung und technische Behandlung (Einlagerung, Umschlag, Mischungen) erfolgte durch die Ukraine Ölvertriebs GmbH, deren Leitung in Personalunion in Händen der Gruppen- bzw. Referatsleiter Mineralöl bei den Wi In'en und Wi Kdos lag.

Insgesamt wurden der Wirtschaft in den besetzten Ostgebieten (ohne zivilverwaltete Gebiete) zur Verfügung gestellt:

Wi In Süd:	
Vom 1. 8. 1942 bis 30. 9. 1943	8 150 to Otto
	2 586 to Diesel
Wi In Mitte:	
Vom 1. 1. 1943 bis 31. 12. 1943	5 297 to Otto
	1 290 to Diesel
Wi In Nord:	
Vom 1. 1. 1943 bis 31. 12. 1943	4 553 to Otto
	1 344 to Diesel.

Die Wi In Süd erhielt außerdem aus Sonderkontingent für die Bodenbearbeitung:
vom Oktober 1942 bis September 1943 rd. 37 000 to
in der Hauptsache Traktorentreibstoffe und Dieselkraftstoffe.

Für Transportzwecke wurden der Landwirtschaft aus Stralokontingent einige 10 000 to Kraftstoffe zur Verfügung gestellt.

Den Mineralölreferaten oblag auch die Bewirtschaftung aller einschlägigen Produkte wie:

Steinkohlenteer
Benzol und Homologen
Spezialbenzin
Testbenzin
Whitespirit usw.
Holzteer
Holzteerpech
Torfteer
Schieferteer
Paraffin
Vaseline.

In den besetzten Ostgebieten standen für die Bewirtschaftung intakte einheimische Organisationen nicht zur Verfügung. Die Versorgung der Wirtschaft mit Mineralölen mußte daher ausschließlich durch deutsche Fachkräfte durchgeführt werden. Dieses sachlich und räumlich sehr umfangreiche Aufgabengebiet wurde mit einer minimalen Anzahl von Fachkräften bewältigt. Abgesehen von den Ausnahmefällen höherer Gewalt ist nirgends auf dem Mineralölsektor eine Beeinträchtigung des industriellen Wiederaufbaues eingetreten. Höchstfalls waren rd. 220 deutsche Fachkräfte eingesetzt.

Lagerwesen

Transport und Lagerung des Mineralöls erforderten umfangreiche Vorarbeiten. Durch Erkundungstrupps und Sachbearbeiter der Wi Kdos wurden *alle* Läger und Transportmittel erfaßt. Bis November 1943 wurden 3 586 Eisenbahnkesselwagen sichergestellt, nach und nach umgespurt und mit zusätzlichen Einrichtungen versehen. Die Steuerung dieser Kesselwagen lag in den Händen der Kontinentalen Öltransport A.G. 45 Tankleichter wurden erkundet und sichergestellt. An Mineralöl-Wirtschaftslägern (ohne Werksanlagen, Wehrmachtsläger und MT-Stationen) wurden über 500 Läger erkundet und eingesetzt mit einem Fassungsvermögen von ca. 600 000 cbm.

Die Organisation für Transport und Lagerung spannte sich über das ganze besetzte Gebiet. Die Bewirtschaftung der Läger lag im Norden und in der Mitte in Händen der Ostlandölvertriebs GmbH, im Süden der Ukraineölvertriebs GmbH. Im Operationsgebiet selbst wurde auch dieser Wirtschaftsbetrieb durch die Mineralölgruppen bzw. Referate bei den Wi In'en bzw. Wi Kdos mitverwaltet.

Chemische Produktion

Die wichtigsten Produktionsstätten für die Ausgangsstoffe der chemischen Fabrikation in der UdSSR sind nie in unseren Besitz gelangt. Sie befinden sich im Ural, Süd-Kaukasus und auf der Halbinsel Kola.

In den von uns besetzten Ostgebieten waren von den Sowjets wohl eine ganze Reihe chemischer Fabriken eingerichtet worden, bzw. befanden sich im Aufbau. Von vornherein bestanden jedoch nur sehr begrenzte Ausnützungsmöglichkeiten. Zum Teil waren die Betriebe von den Russen bei ihrem Abzug völlig zerstört, zum Teil fehlten die Rohstoffbasen.

Die gesamte Kriegswirtschaft, besonders die Truppe, hatte aber großen Sofortbedarf an chemischen Erzeugnissen. Mit allen Mitteln mußte daher versucht werden, die Fabrikation schnellstens in Gang zu bringen[208]). Es gelang, den Bedarf von Truppe und Heimat in den verschiedensten Erzeugnissen wie:

Sauerstoff und Acetylen für Schweißzwecke, Kohlensäure zur Mineralwasser-Herstellung, Schwefelsäure, Salzsäure, Tarnfarben, Seife und Waschpulver; Dachpappe, Streichhölzer, Sprit, Gummischuhe, Reifenreparaturen, aetherische Öle, Pflanzenkautschuk, Kolophonium und Terpentinöl, Phosphorit, Heilkräuter und Arzneipflanzen, Human- und Veterinärseren usw.

---

[208]) Siehe auch die ausführlichere Darstellung dieses Bereichs in der Ausarbeitung: Die chemische Industrie in den besetzten Ostgebieten, vom 4. 1. 1943, BA-MA, RW 31/88.

zu einem nicht geringen Teil zu decken (vgl. Anl. 49 gewonnene Rohstoffe, Anl. 50 erzeugte Fertigwaren).

Die *Sauerstoff-Gewinnungsanlage von Kamenskoje* wurde mit Rücksicht auf den Bedarf der Truppe sofort wieder aufgebaut. Nach Bereinigung der schwierigen Energieversorgungsfrage lief die Anlage 1943 wieder normal an. 52 000 Flaschen gasförmigen Sauerstoffs für Schweißzwecke und 180 Kesselwagen flüssigen Sauerstoffs für die Luftwaffe wurden 1943 geliefert. Als Produktionsstätten für technische Gase sind im Norden die Anlagen von Reval, Riga, Kauen und Orscha zu nennen, aus denen 1943 insgesamt rd. 63 000 cbm Sauerstoff und rd. 21 500 cbm Acetylen gewonnen wurden. Im Süden bestritt die Carbid-Anlage in Makejewka, die bereits 1942 mit 5 tato anlaufen konnte, einen Großteil der Acetylenversorgung für Schweißzwecke. 50% der Produktion wurden dem Gen Qu zur Verfügung gestellt, der Rest der BHO und anderen Versorgungsbetrieben zugeführt. Mit insgesamt 24, allein im Gebiet der Wi In Süd in Gang gebrachten Sauerstoffbetrieben konnte der Truppenbedarf weitgehend gedeckt werden.

Die *Kohlensäure-Anlage von Makejewka* lieferte 360 000 cbm Kohlensäure zur Mineralwasser-Herstellung, konnte damit aber den Bedarf nur zum Teil decken.

Die *chemische Fabrik in Konstantinowka* produzierte ab 1942 täglich 15 to Schwefelsäure, hauptsächlich als Akkusäure; ferner pro Tag 5 to Salzsäure und in großen Mengen Tarnfarbe. Anfang September 1943 mußte das Werk gesprengt werden.

Von 83 erkundeten Seifenfabriken lieferten 65 bereits 1942 monatlich 200 to Seife und 100 to Waschpulver. Da für die Bekämpfung von Seuchen und der Ungezieferplage die Belieferung der Truppe von allergrößter Bedeutung war, wurde auf schnellste Inbetriebnahme der Produktionsstätten allergrößter Wert gelegt. Aus Fettmangel konnte die Gesamtkapazität von 4 000 moto nicht ausgenutzt werden. 20% der Erzeugung gingen ins Reich.

Dachpappenfabriken der Wi In Süd sowie in Riga, Reval, Kauen und Wilna lieferten jährlich rd. 10 Millionen qm Dachpappe, wovon 95% der Truppe abgegeben wurden. Beträchtliche Leistungssteigerungen waren für 1944 vorgesehen.

Fabriken für Streichholzherstellung waren in Borrisow, Pinsk, Riga, Reval, Fellin, Libau und Kauen. Da der Bedarf der Truppe und Heimat sehr groß war, wurden an diese Betriebe höchste Anforderungen gestellt. Sie stellten bis Ende 1943 insgesamt 620 Millionen Schachteln Streichhölzer her, wovon der größte Teil der Truppe zugute kam.

Die *Holzverzuckerungsanlage in Bobruisk* produzierte 1942 142 000 Ltr. Sprit, der hauptsächlich an die Truppe abgegeben wurde. Ebenso erhielt die Truppe den größten Teil der in den

Gummischuhfabriken von Riga und Kauen hergestellten 200 000 Paar Gummischuhe.

Eine größere Vulkanisieranstalt in Reval führte laufend Reifenreparaturen aus.

Destillationsbetriebe für aetherische Öle konnten in größerer Anzahl im Nordkaukasus und auf der Krim in Gang gebracht werden. 1943 wurden auf der Krim 6300 kg aetherische Öle destilliert (in erster Linie Lavendel- und Rosenöl), die ins Reich abtransportiert wurden. In der Südukraine befanden sich Destillationsbetriebe für Pfefferminzöl, die 1942 eine Produktion von 25 000 kg erreicht hatten.

Die *Pflanzenkautschukbetriebe* in Uman, Maikop und Krasny-Berek lieferten nach sofortigem Wiederaufbau 83 to Pflanzenkautschuk im Jahre 1943 ins Reich. Da das Produkt dem Importkautschuk mindestens ebenbürtig war, sollte die Produktion durch Vergrößerung des Kok-Sagys-Anbaues wesentlich erhöht werden.

Zahlreiche *Kienöldestillatonsanlagen* im Gebiet von Borrisow wurden, soweit es die Bandentätigkeit gestattete, in Betrieb genommen. Sie lieferten der chemischen Industrie im Reich im Jahre 1942 über 225 to Kolophonium und 100 to Terpentinöl.

Die *Phosphoritwerke in Kritschew und Maardu* halfen in großem Maße der Landwirtschaft und der Kriegsindustrie im Reich. Das in Kritschew gewonnene gemahlene Phosphorit lieferte einen wertvollen Kunstdünger für die Landwirtschaft. Ende 1943 wurden 800 to monatlich erzeugt. Die Herstellung von Phosphor selbst oblag den Phosphoritwerken in Maardu. Im Jahr 1943 wurden 83 192 to Phosphorit gefördert und aus ihnen 24 783 to hochwertiges Konzentrat gewonnen.

Wildwachsende Arzneipflanzen und Heilkräuter, als wichtiger Ersatz für pharmazeutische Präparate, wurden in allen Gebieten des besetzten Ostens in großem Maße gesammelt. 8000 to gingen davon bis Ende 1943 ins Reich.

Serum-Institute in Dorpat, Riga und Kauen konnten durch ihre Erzeugung von Human- und Veterinärseren den Bedarf der Truppe und des zivilen Sektors weitgehend decken.

Alle diese Erfolge hätten noch eine bedeutende Steigerung erfahren, wenn nicht Bandentätigkeit und eingetretene militärische Ereignisse die teilweise schon sehr weit fortgeschrittenen Aufbauarbeiten an Großbetrieben wieder zunichte gemacht hätten.

Im Zuge der Absetzbewegungen mußten aufgegeben werden:

Die *Leim- und Gelantinefabrik in Mogilew*, die nach Wiederaufbau Ende 1943 anlaufen sollte.

Die *Gewinnungsanlage von Borax, Kill, Schwefel und Weinsäure* auf der Krim.

Die *Aceton- und Butanol-Gewinnungsanlage Stary-Bychow*, die als Rohstoff Kartoffeln verwendete und eine Jahresproduktion von 200 to Aceton und 400 to Butanol hatte. Die stark zerstörten Anlagen waren 1943 wieder aufgebaut und sollten Anfang 1944 anlaufen.

Die *Sodawerke in Slawjansk* mit einer Friedensleistung von 90 000 jato Soda, 5000 jato Chlor, 5700 jato Ätznatron, großen Mengen von Sprengstoffen, Borprodukten und Kunstdünger. Da der Bedarf an Soda für den Osten sehr hoch war, wurde mit dem Wiederaufbau des wichtigsten Werkes sofort begonnen. Er wurde durch eine vorübergehende Wiederbesetzung der Russen im Februar 1943 unterbrochen.

Das *Stickstoffwerk Kamenskoje* mit einer Jahresproduktion von 50 000 to Stickstoff, hauptsächlich in Form von Kunstdünger. Mit dem Aufbau auch dieses Werkes wurde sofort begonnen. Der Aufbauplan sah für 1944 eine Produktion von 17 000 to, für 1946 von 50 000 to und für 1948 von 100 000 jato vor. Mit dem Anlaufen konnte man nach den durchgeführten Vorarbeiten im Frühjahr 1944 rechnen.

Infolge vollständiger Zerstörung und mangels Rohstoffe konnten nicht ausgenutzt werden:

Die *Schwefelsäure- und Superphosphatfabrik in Winniza*, die eine Jahresleistung von 25 000 to Schwefelsäure und 200 000 to Superphosphat vorsah.

Die *Stickstoffwerke in Lissitschansk und Gorlowka* mit Kapazitäten von insgesamt 310 000 jato Stickstoff und 150 000 jato Ammoniak.

Die *Ruß- und Potasche-Fabrik in Armavir*, die uns jährlich 4000 to Flammruß für die Gummifabrikation und rd. 50 000 to Pottasche geliefert hätte.

Die *Streichholzfabrik in Kaluga* mit einer Monatsproduktion von 120 Millionen Schachteln.

Insgesamt gesehen sind beachtliche Ergebnisse für Truppe und Heimat erzielt worden (vgl. Anl. 49 und 50).

Wiedererrichtung der Lederwirtschaft

Die Betriebe einer vor Kriegsausbruch sehr beachtlichen ledererzeugenden Industrie waren wie gewohnt weitestgehend zerstört. Ihr organisatorischer Aufbau war durch den Abzug der leitenden Persönlichkeiten gänzlich vernichtet. Die Bestände an Fertigledern, Rohhäuten, Gerb- und Hilfsstoffen waren zum größten Teil von den abziehenden russischen Truppen abtransportiert.

Die Notwendigkeit, Ordnung in diese chaotischen Zustände zu bringen, war durch den schnellen Vormarsch unserer Truppen und den dadurch stark gesteigerten Sofortbedarf gegeben. Die Deckung dieses Sofortbedarfs war daher auch die vordringlichste, mit allen Mitteln zu erfüllende Aufgabe. Unter diesem Gesichtspunkt wurde die Auswahl der für die Wiederingangsetzung geeigneten Betriebe vorgenommen. Die für diese Betriebe eingesetzten Lederreferenten der Wi Kdos, Betriebsführer und Treuhänder erhielten die Aufgabe, die ihnen anvertrauten Werke mit den im Land vorhandenen Mitteln soweit wieder aufzubauen, daß die Lederausrüstungsgegenstände qualitativ und quantitativ den Anforderungen entsprachen.

Die Arbeiten konnten aber zunächst nur in bescheidenem Umfang aufgenommen werden. Die technischen Schwierigkeiten bei der Ingangsetzung und dem Ausbau, bei Beschaffung von Materialien aller Art (Maschinenteilen, Leitungen, Kohlen, Strom-, Gerb- und Hilfsstoffe, Lederfetten und Ölen) waren auch bei der Lederwirtschaft groß und hemmten den beschleunigten Aufbau sehr.

Häuteversorgung

Zunächst einmal war es notwendig, den Betrieben den Ausgangsstoff, die rohe Haut, zur Verfügung zu stellen. Schon 1941 wurde deshalb die

„Ost-Erfassungsgesellschaft für Häute, Felle und verwandte Gebiete (OEG)" gegründet. Sie erhielt die Aufgabe, die Erfassung der anfallenden Häute und der übrigen Schlächterei-Nebenprodukte zu organisieren.

Die OEG errichtete Heereshäutesammelstellen im Operationsraum und zivile Sammelstellen in den zivilverwalteten Gebieten. Die vorgefundenen Bestände an Häuten und Fellen einschließlich der laufenden Anlieferungen der Sammelstellen sicherten im wesentlichen die Versorgung der Betriebe mit Rohware im Rahmen des Produktionsplanes. In leichten Sorten waren sogar Abtransporte ins Reich möglich. Lediglich im Sommer 1943 wirkte sich der Mangel an kräftigen Häuten nachteilig auf die Treibriemenleder-Herstellung aus.

Mit der Aufstellung eines Produktionsplanes ab Herbst 1942 wurde die Häuteversorgung durch die Wi In'en gesteuert. Mengen und Sorten wurden auf die den Betrieben erteilten Produktionsaufgaben abgestimmt. Um an den wertvolleren Rindshäuten zu sparen, wurde mit den Auftraggebern die Verwendung von Schweinshäuten speziell für Geschirrteile vereinbart. Die Häutebestände wurden auch daraufhin durchgekämmt, daß nur Häute für festgelegte Produktionsprogramme gelagert und die übrigen den Sammelstellen zum Abtransport ins Reich zugeführt wurden.

Erfaßt wurden von der OEG bis 30. 6. 1944:
insgesamt 104 034 000 kg Rohhaut, wovon
38 552 000 kg verarbeitet wurden.

Der Rest von 65 482 000 kg Rohhaut wurde ins Reich abtransportiert. Er trug dort entscheidend zur Überbrückung des Rohhaut-Engpasses bei (jährlicher inlandsdeutscher Rohhautanfall 125 Millionen kg)[209].

Lederfabrikation

Die Gründung der OEG und sonstige Maßnahmen zur schnellen Wiederingangsetzung der Betriebe ermöglichten es schon in dem harten Winter 1941/42, außergewöhnlichen Sofortbedarf an Leder und Pelzen aus den neu angelaufenen Fertigungsstätten im wesentlichen zu decken. In erster Linie waren es die großen Betriebe von Schaulen, Riga, Libau, Mogilew, Klinzy, Minsk, Berditschew, Wassilkow, Krementschug, Kiew, Taganrog, die das meiste an Leder, Geschirren und sonstigen Ausrüstungsgegenständen lieferten.

Der Vormarsch ab Mitte 1942 brachte eine bedeutende Erweiterung der bisherigen Aufgaben. Weitere Großfertigungsstätten wurden in Stalino. Konstantinowka, Woronesh, Krasnodar und Maikop errichtet. Alle frontnahen Betriebe, auch mittlere und kleine, wurden für den Sofortbedarf der kämpfenden Truppe eingespannt. Große Mengen Geschirre wurden aus dem schnell gegerbten Seremetleder geliefert. Geschirrteile, Spatentaschen, Leibriemen, Koppel, Pack- und Mantelriemen, Kosaken- und Tragtiersättel, Trensen, Fausthandschuhe für Pioniere, Sturmgepäck- und Binderiemen wurden der Truppe in ausreichendem Maße in guter Qualität und kürzester Frist zugestellt. Es wurden seit der Besetzung beispielsweise fertiggestellt:

[209]) Die OEG betrieb offenbar eine besonders zwielichtige Geschäftspolitik und konnte erst auf erheblichen Druck des RMfdbO veranlaßt werden, einen Teil der gehorteten Schleusengewinne abzuführen; s. Schreiben RMfdbO an Schlotterer, vom 30. 8. 1944, BA-MA, RW 31/275.

620 000 Panjegeschirre
(davon 469 000 im Rahmen des Gen Qu-Programmes).
413 000 Fahrhalfter
493 000 Spatentaschen
(vgl. Anl. 50).

Bewirtschaftungsformen:

Nach Durchführung der vordringlichsten Sofortmaßnahmen und Überwindung der Anfangsschwierigkeiten war das nächste Ziel die straffe Lenkung und ein bis ins einzelne festgelegter programmäßiger Ablauf der Produktion. Bis Frühjahr 1942 hatten die Wi Kdos Leder und Lederwaren in eigener Verantwortung an die Truppe gegeben. Nunmehr wurde zur Deckung des Sofortbedarfs im Einvernehmen mit Gen Qu ein festes Programm aufgestellt. Die Auftragsvergebung erfolgte jetzt durch die zentralen militärischen Stellen. Gleichzeitig wurden vom Wi Stab Ost bestimmte Häutekontingente für die militärischen Bedarfsträger festgesetzt. Auf dieser Grundlage, unter Einschluß der zur Deckung des Wirtschaftsbedarfs erforderlichen Ledermengen, erteilten die Wi In'en den einzelnen Betrieben:

Produktionsauflagen nach Ledersorten und
Verwendungszweck.

Der Sofortbedarf der Truppe in Pferdegeschirren und Reparaturleder war vordringlich. Es wurden deshalb zwei getrennte Wehrmachtsprogramme aufgestellt:

Der „Sattlerplan" für Pferdegeschirre und
der „Schusterplan" für Reparaturleder.

Die Fertigung wurde in den einzelnen Gebieten auf die jeweiligen Betriebsstätten anteilmäßig vergeben. So wurde durch Wi Stab Ost

für den Schusterplan eine Einarbeitungsmenge
von 210 moto
für den Sattlerplan eine Einarbeitungsmenge
von 124 moto

Rohhaut festgelegt. Die Einarbeitungsmenge für den Schusterplan wurde später auf 250 moto erhöht, mußte aber infolge der angespannten Rohhautversorgungslage im Reich ab 1. 4. 1944 auf 180 moto herabgesetzt werden. Insgesamt wurden im Rahmen dieses Planes 6000 to Rohhaut verarbeitet.

Die Zurichtung von Schaf- und Lammfellen für die Pelzherstellung lief neben der Lederfabrikation in einem Teil der Gerbereien. Nachdem durch die Sammelstellen der OEG ca. 3 800 000 Schaf- und Lammfelle erfaßt worden waren, konnten 680 000 Militärpelzmäntel hergestellt werden (vgl. Anl. 50). Nach Aufbrauch der Bestände und durch das Schlachtverbot für Schafe war die Produktion stark rückläufig.

Die landwirtschaftlichen Kleingerbereien mußten zunächst den Bedarf der Landwirtschaft selbst decken, da der Gen Qu vorläufig alle Großbetriebe für die Geschirrfertigung eingespannt hatte. Erst mit dem Übergang auf ein festes Gen Qu-Programm war es möglich, auch größere Gerbereien für den landwirtschaftlichen Bedarf einzusetzen. Kleinere Betriebe wurden geschlossen oder an größere angegliedert. Im Zuge dieser Konzentration konnten durch schnellen Zugriff auch viele Schwarzgerbereien erfaßt werden. Die Fortführung dieser Betriebe wurde durch Beschlagnahme der Häute, Materialien und Einrichtungen verhindert.

Mit Hilfe von Lederprämien gelang es, in beachtlichem Ausmaß sogenannte Notschlachtungshäute aufzufangen und für die Bewirtschaftung nutzbar zu machen.

Gerb- und Hilfsstoffe:

Die Extraktfabrikation zur Herstellung von Gerbextrakten (Eichenholzextrakt) stieß auf große Schwierigkeiten, da die entsprechenden Anlagen zumeist in den unbesetzten Gebieten lagen. Nur einzelne Betriebe im RKU und die der Lederfabrik Taganrog angeschlossene Anlage konnten zur Gewinnung von Gewerbeextrakten herangezogen werden. Um trotz des Mangels an pflanzlichen Gerbstoffen die gestellten Forderungen zu erfüllen, mußte der größte Teil der Betriebe auf die Seremet-Gerbung (Ammoniumsulfat und Fett) umgestellt werden.

Ammoniumsulfat für die Geschirrledergerbung wurde von der chemischen Industrie der besetzten Gebiete in ausreichender Menge hergestellt.

Maßnahmen zur Gewinnung von Tran hatten in einzelnen Fischereibetrieben einigen Erfolg.

Die Engpässe in Lederfett mußten durch Abfallfette aus Abdeckereien, Restfetten aus Schweinshäuten, Staufferfetten und mineralischen Ölen überbrückt werden.

Um Betriebsunterbrechungen zu vermeiden, wurden in der Versorgung mit Gerb- und Hilfsstoffen, ebenso mit Fetten, zwischenbetriebliche Ausgleiche mit Erfolg vorgenommen.

Lederverarbeitung

Treibriemen:

Der hauptsächliche Bedarf ergab sich für folgende Verwendungszwecke:

für die Landwirtschaft	für Dreschmaschinen, Zucker-, Sprit- und Konservenfabriken, Schlachthöfe und Kühlanlagen,
für die gewerbliche – und Forstwirtschaft	für Bergbau und Salzbergwerke, Brikettfabriken, Zementwerke, Steinbrüche, Ziegeleien, Chamott- und Elektrizitätswerke, Eisenindustrie, Hanffabriken, Naphtabasen und Sägewerke, Holzverarbeitende- und Tabakindustrie,
für die Truppe	für Stromerzeugungsanlagen, Sägewerke der Pioniere, Baumaschinen der Luftwaffe, Feldschmieden, Heupressen usw.

Der sehr früh auftretende Bedarf an Treibriemen machte es erforderlich, die Zuweisung an Riemen zentral durch die Wi In'en vorzunehmen. Das geschah sowohl hinsichtlich der laufenden Produktion als auch der vorgefundenen Bestände. So wurden z.B. in Charkow sichergestellt mehrere tausend Meter Textilriemen, sowie in der Pulverfabrik von Schostka freigewordenen Treibriemen und Förderbänder nutzbar gemacht.

Die Herstellung von Treibriemen aus Leder (Textiltreibriemenfabrikation war im Ostbereich nicht möglich) erfolgte hauptsächlich in einer der Lederfabrik in

Taganrog angeschlossenen Treibriemenfabrik. Hier wurden insgesamt 20 000 m Treibriemen hergestellt.

Sattlerwaren:

Militäreffekten-Fabriken nach deutscher Art gab es in dem besetzten Osten nicht. Zur Befriedigung der erheblichen Anforderungen mußten daher größere Sattlereien durch Zusammenfassung von Kleinbetrieben geschaffen werden. Durch Einsatz deutscher Fachkräfte und Ausbildung ungelernter Einheimischer (anstelle der bisher ausschließlich jüdischen Handwerker) entstanden bald im Anschluß an die Lederfabriken von Klinzy, Mogilew, Minsk, Winniza, Konstantinowka, Berditschew, Krementschug, Charkow, Simferopol und Taganrog ansehnliche *Großsattlereiwerkstätten*. Hier konnten die mit dem Gen Qu vereinbarten Fertigungsmengen hergestellt werden (vgl. Anl. 53).

Um eine einheitliche und zweckentsprechende Ware aus bestem Leder zu gewinnen, wurden die Betriebe laufend von Sattlerei-Sachverständigen der Wi In'en überprüft. Dadurch wurden vor allem in der äußerst wichtigen Geschirrherstellung gute Erfolge erzielt. Auch auf die einwandfreie Herstellung von Geschirrteilen, Spatentaschen, Leibriemen, Koppel, Pack- und Mantelriemen, Sattlertrensen, Handschuhen, Sturmgepäck usw. wurde besonders geachtet.

Unter Berücksichtigung der Mehrarbeit bei erforderlichen Umstellungen und Schwierigkeiten infolge Fehlens von Arbeitskräften, Handwerkzeugen, Einrichtungsgegenständen aller Art, Beschlagteilen für Geschirre, Sattlergarn usw. waren die Herstellungsergebnisse gut (Ergebnisse vgl. Anl. 50).

Schuhe:

Die Schuhfabrikation mußte von Grund auf wieder aufgebaut werden, da die Russen bei ihrem Abzug ausnahmslos jeden einigermaßen wertvollen Betrieb zerstört hatten. Aus vorhandenen Schuhmachereien und Artels und unter Zusammenfassung aller auftreibbaren Einrichtungsgegenstände wurden größere Schuhfertigungswerkstätten errichtet. Aus ihnen entstanden im Laufe der Zeit leistungsfähige Betriebe. Mit primitivsten Mitteln mußte gearbeitet werden, da es an Zutaten, Garn, Nägeln, Holznägeln, Eisen usw. fehlte und vom Reich zugesagter Nachschub in diesen Dingen nur vereinzelt eintraf.

Neben der Versorgung der Zivilbevölkerung übernahmen die neu angelaufenen Schuhfertigungsbetriebe auch die Belieferung der übrigen Großbedarfsträger. Wehrmachtselbsteinkleider, OT, Reichsbahn, Reichspost, Formationen des SD, neumobilisierte Einheimische usw. wurden mit Schuhwerk ausgerüstet. Daneben lief ein großes Reparaturprogramm für die Wehmacht.

Aufträge des WBA in Lazarettschuhen, Hausschuhen und Kriegsgefangenen-Schuhwerk war zuerst auszuführen. Erst dann durften die Anforderungen von Schuhwerk für die im Reichsinteresse arbeitende Zivilbevölkerung erfüllt werden. Vorgefundene Bestände an Gummisohlen machten es trotz Mangels an kräftigem Sohlenleder möglich, der Fabrikation von zivilem Schuhwerk nachzugehen. Nach Aufbrauch der Gummisohlen mußte die Herstellung von Schuhwerk mit Holzsohle aufgenommen werden.

Das Problem der Schuhversorgung trat 1943 in ein neues Stadium. Der Schuhbedarf der einheimischen Bevölkerung war bereits in den ersten Kriegsjahren sehr dringlich. Als immer mehr Einheimische in den Arbeitsprozeß eingegliedert wurden und auch die Stellungsbauarbeiten an Ausmaß zunahmen, gewann er große Bedeutung.

Im Zusammenarbeit mit der deutschen Schuhindustrie wurde die

„Ostschuh GmbH"

ins Leben gerufen mit der Aufgabe, Schuhfertigungsbetriebe speziell für Schuhe mit Holzsohlen zu errichten. Entsprechende Planungen wurden vorerst in Riga, Kauen, Baranowitsche und Hansewitsche in die Tat umgesetzt. In der Ukraine wurden zur gleichen Zeit 6 Betriebe errichtet. Die fehlenden Maschinen wurden von der deutschen Schuhindustrie leihweise zur Verfügung gestellt. Ebenso mußten die benötigten Holzsohlen anfangs aus dem Reich, dem Protektorat und aus Finnland beschafft werden. Später konnte zur Vermeidung langer Transporte, und um die an Ort und Stelle vorhandenen Holzbestände auszunutzen, auch dieser Fabrikationszweig nach dem Osten verlagert werden.

Zur Entlastung des Reiches wurden bereits vorhandene einheimische Schuhfertigungsbetriebe mit dem Ziel rationalisiert, die Schuhversorgung in den besetzten Ostgebieten zu verselbständigen.

Während die Verteilung des zivilen Arbeitsschuhwerks anfangs die Wi Kdos selbst vornahmen, wurde sie ab Januar 1943 zentral von der Chefgruppe BB durchgeführt. Dadurch war es auch möglich, den gebotenen Ausgleich in der Bedarfsdekkung der einzelnen Wi Kdos herbeizuführen.

Für den Reparaturbedarf der Bevölkerung konnten den Chefgruppen BB und La ab Sommer 1943 größere Posten an Gummisohlen, Ober-, Brandsohl- und leichtes Unterleder zur Verfügung gestellt werden.

Die Betriebe der Ostschuh GmbH stellten seit dem 1. 1. 1943 mehr als 1 Million Paar Schuhe her. Die Erzeugung der übrigen in Gang gesetzten Betriebe der Schuhindustrie betrug nochmals etwa 5—700 000 Paar Schuhe. Daneben wurden in den sonstigen Betrieben 200 000 Paar Gummischuhe und etwa 1 Mill. Paar Filzstiefel hergestellt (vgl. Anl. 50).

Nebenprodukte:

Die Lederfabriken und Gerbereien mußten ihre Äschereien zur Gewinnung von Rindshaaren und Schweinsborsten einrichten. Rinderhaare wurden der Filzfabrikation, Schweinsborsten der Bürstenerzeugung zugeführt.

Leimkochereien sorgten für die Herstellung von Tischlerleim aus gesammeltem und konserviertem Leimleder.

Aus Oberleder-Abfällen wurden Flechttaschen für den Zivilbedarf hergestellt.

Die Erfassung von Schlächtereinebenprodukten durch die OEG war von großer Bedeutung. Sie erbrachte an:

Knochen	18 233 870 kg
Horn	966 130 kg
Leimleder	506 050 kg
Tierkörperkaaren	338 330 kg
Schweinshaaren	310 780 kg
Schweinsborsten	293 320 kg
Federn	244 560 kg
Schweif- und Mähnenhaaren	193 270 kg

Textil- und Papierindustrie

Truppe und Heimat stellten an die Textil- und Papierindustrie große Anforderungen. Die Anlagen auch dieser Industrien waren jedoch durch gründliche Zerstörungen unbrauchbar gemacht. Dort wo die Betriebe noch einigermaßen erhalten waren, fehlten die wichtigsten Maschinen. Es mußten deshalb vielfach Fabriken zusammengelegt und der Rest stillgelegt werden. Sobald die Betriebe wieder liefen, arbeiteten sie in erster Linie wieder für die Wehrmacht, dann für die im Interesse der Wehrmacht tätige Zivilbevölkerung[210]).

Solange der Bedarf der Truppe noch aus dem Reich gedeckt werden konnte, lag der Schwerpunkt auf dem Textil- und Papiersektor zunächst mehr bei der Aufbringung von Rohstoffen als bei der verarbeitenden Industrie. Erst mit Verlängerung der Nachschubwege und dem Auftreten von Engpässen in der heimatlichen Kriegswirtschaft wurde es notwendig, alle im besetzten Lande vorhandenen Möglichkeiten auszuschöpfen.

Neben dem Abtransport der Rohstoffe ins Reich lief dann auch deren Verarbeitung zur Herstellung von Gegenständen des Truppenbedarfs (Seile, Spatentaschen, Pferdegeschirre, Winterbekleidung usw.) und zur Versorgung der Bevölkerung.

Rohstofferfassung

Als Auffangorganisationen wurden geschaffen:

am 4. 8. 1941 die „Ostfaser-Gesellschaft m.b.H.", die die Erfassung und Verteilung der Rohstoffe zu besorgen und die Aufbereitungsbetriebe zu führen hatte (nicht im Gebiet der Wi In Nord, wo eine eigene Gruppe dafür bestand).
Die Durchführung der Aufgaben des Baumwollsektors wurde der „Baumwoll-A.G. Bremen" übertragen.
Der Ostfaser GmbH wurden als Tochtergesellschaften angegliedert:

am 30. 9. 1941 die „Ostlandfaser GmbH" in Riga für Baltikum und Weißruthenien.

am 17. 8. 1942 die „Ukraine-Faser-Rohstoff GmbH" in Rowno und die „Ukraine-Faser-Industrie GmbH" in Rowno.

An *textilen Rohstoffen* lieferte der Osten vor allem Flachs, Hanf, Wolle, Baumwolle, Tierhaare und Naturseide. Es standen zur Verfügung:

---

210) Zum Textilbereich s. auch die Darstellung bei Kehrl, Krisenmanager, S. 227 ff., dem ehemaligen Aufsichtsratsvorsitzenden der Ostfaser GmbH.

	1941	1942	1943
für Flachsanbau	647 440 ha	313 400 ha	224 400 ha
für Hanfanbau	230 000 ha	96 000 ha	54 600 ha
für Baumwollanbau	468 000 ha	80 000 ha	84 000 ha

für die Wollgewinnung bis Ende 1942 zur Schur rd. 20 Millionen Schafe, für die Naturseidengewinnung 1941 rd. 7 730 000 Frischkokkons.

Erfaßt wurden bis Ende 1943 im besetzten Osten einschließlich der zivilverwalteten Gebiete:

Baumwolle	rd. 13 000 to
Flachsfaser	rd. 110 000 to
Hanffaser	rd. 35 000 to
Wolle und Tierhaare	rd. 12 000 to
Zellstoff	rd. 47 650 to
Papier und Pappe	rd. 97 000 to
Altspinnstoff bis April 1944	rd. 24 460 to

(vgl. Anl. 49). Die Bedeutung dieser Rohstofferzeugung für die deutsche Kriegswirtschaft wird klar, wenn man die Zahlen über den deutschen Jahresverbrauch, über die deutsche Inlandserzeugung und den deutschen Zuschußbedarf an textilen Rohstoffen zum Vergleich heranzieht. Im Jahre 1939 betrug:

Rohstoff	die deutsche Inlandserzeugung	der deutsche Verbrauch	der deutsche Zuschußbedarf
bei			
Flachs (Faser und Werg)	27 000 to	51 000 to	24 000 to
Hans (Weichhanf und Werg)	8 000 to	56 000 to	48 000 to
Wolle	22 000 to	88 000 to	66 000 to
Baumwolle	–	300 000 to	300 000 to

Ins *Reich* wurden bis Ende März 1944 abtransportiert:

Flachs, Flachswerg, Kotinin	31 368 to
Hanf, Hanfwerg, Kenaf, Manila, Jute	7 010 to
Wolle	12 259 to
Baumwolle, Abfälle und Linters	19 301 to
Tierhaare, Körperhaare, Roßhaare, Kamelhaare, Ziegenhaare, Schweinshaare, Kaninhaare, Fellabschnitte	2 937 to
Rinderschweife	178 456 Stück.

Ausfuhr bis Ende März 1944 nach Schweden, Finnland, Ungarn und Belgien:

Flachs	1 200 to
Werg	2 527 to

Zur *Flachs- und Hanfaufbereitung* wurden im Bereich der Wi In Nord 46 und im Gebiet der Wi In Mitte 120 Betriebe wieder in Gang gebracht. Im übrigen russischen Raum war dieser Industriezweig nicht von Bedeutung. Es lohnte keinen Wiederaufbau der zerstörten Einrichtungen.

Baumwollentkörnungsanlagen wurden erstellt in Cherson, Nikolajew, Kachowka, Genitscheck, Skadowsk und Eupatoria. Die wiederhergestellten Anlagen von Slawjansk und Budjennowsk konnten infolge militärischer Ereignisse nicht mehr anlaufen.

Spinnstoff-Industrie insgesamt

Es wurden in Gang gesetzt:

	Textilbetriebe	Papierbetriebe
Im Gebiet der Wi In Nord bis 30. 6. 1942	33	–
im Gebiet der Wi In Mitte bis 1. 5. 1943	106	2
im Gebiet der Wi In Süd bis November 1942	113	5

Im Baltikum waren im Frühjahr 1943 rd. 350 Betriebe mit 25 000 Arbeitern in Gang gebracht. Dabei mußten mitunter wichtige Umstellungen vorgenommen werden. So wurde z. B. durch die Rohstoffumstellung auf Flockenbast in der Baumwoll- und Wollindustrie die Errichtung eines Flockenbastaufbereitungswerkes in Riga erforderlich. Für das Ostland war auch das Spinnpapier ein neuer Rohstoff. Zur Herstellung von Papierbindfäden mußte in der Baumwollspinnerei Jägel in Riga eine entsprechende Einrichtung geschaffen werden, die bald mit 25 moto anlief. In Narwa wurde die Flachsmanufaktur für die Herstellung von Papiergeweben mit einer Erzeugung von 400 moto eingerichtet.

Von 32 im Baltikum vorgefundenen Fabriken der *Zellstoff-* und Papierindustrie wurden 25 betriebsfähig gemacht. Es standen dazu 25 Papiermaschinen, 41 Holzschleifer und 3 Zellstoffkocher zur Verfügung.

Die zerstörten großen Nordischen Zellstoffabriken in Kehra wurden wieder aufgebaut und lieferten 40 000 to Zellstoff.

Die halbfertig vorgefundenen, neu errichteten *Holzschleifereien* in Aiviekste und Pabrade wurden weiter ausgebaut.

Durch den schnellen Vormarsch unserer Truppen gerade im Norden konnten nicht alle Betriebe von den Russen restlos zerstört werden. Die Produktionsstätten konnten hier bald wieder laufen. Die erzielten Erfolge schafften der Truppe und Heimat schnell eine fühlbare Entlastung.

Allein die *Truppe* konnte erhalten:

rd. 5 300 000 qm	Nessel
rd. 1 275 000 qm	Einheitsstoff
rd. 3 600 000 qm	Leinengewebe
rd. 100 000 Stück	Halbwollene Decken
rd. 660 000 Stück	Trikotagen
rd. 800 000 Paar	Socken und Strümpfe
rd. 500 000 qm	Kunstseidene Futterstoffe
rd. 190 000 Paar	Filzstiefel usw.

Im Gebiet der *Wi In Nord* arbeiteten nach erfolgtem Wiederaufbau innerhalb kürzester Frist und unter Ausnutzung aller Möglichkeiten:

Flachsmanufaktur Narwa mit 4978 Spindeln und 104 Webstühlen. Erzeugung bis 1. 7. 1943 4 493 000 qm.

Tuchmanufaktur Narwa mit 4797 Spindeln und 52 Webstühlen. Erzeugung bis 1. 7. 1943 276 000 m.

Baumwollmanufaktur Narwa mit 3262 Spindeln und 422 Webstühlen. Erzeugung bis 1. 7. 1943 6 997 000 m.

Bindfadenwerk Pleskau mit 1076 Spinnspindeln, 678 Zwirnspindeln und 12 Seilereimaschinen. Erzeugung bis 1. 7. 1943 rd. 308 to Seile und Taue, sowie 100 to Wurstgarne und Schusterzwirne.

Kleine Seilereien im übrigen Gebiet der Wi In Nord stellten bis 1. 7. 1943 80 to Seile und Taue her.

9 kleinere Betriebe produzierten bis 1942 144 000 Paar Filzstiefel.

Trikotagenfabrik Puschkin wurde nach der Aufarbeitung der Vorräte geräumt.

Kunstseidenfabrik Will, Narwa nach Aufarbeitung der Bestände erfolgte Umwandlung in eine Wehrmachtswäscherei.

Papierspinnerei und -Weberei erstand in der Baumwollmanufaktur von Narwa neu.

Die Papierindustrie: Es wurde nur die Schleiferei der Papierfabrik Jamburg für eine Wiederaufnahme der Erzeugung instandgesetzt. Die in den modernisierten Papierfabriken des Petersburger Bezirkes vorhandenen Maschinen wurden abgebaut und den Fabriken des Baltikums zur Vervollständigung des Maschinenparks zugeführt.

Im Gebiet der *Wi In Mitte* wurden wieder in Gang gebracht:

In Klinzy:	eine Hanfspinnerei	mit 570 Arbeitern
	eine Trikotagenfabrik	mit 170 Arbeitern
	eine Kleiderfabrik	mit 380 Arbeitern
	eine Seilerei	mit 390 Arbeitern
	eine Papierspinnerei	
	eine Filzstiefelfabrik	

Das Tuchkombinat Klinzy arbeitete mit 2500 Mann, 10 000 Spindeln und 220 Webstühlen und schaffte im Jahre 1942 mit selbst aufbereitetem Flokkenbast 700 000 Meter Stoff, davon 450 000 Meter sogenanntes „Gefangenentuch". Es handelt sich dabei um ein besonders einfaches aber strapazierfähiges Sondergewebe, das vor allem für die Versorgung der einheimischen Bevölkerung bestimmt war.

In Witebsk: wurden 5000 Flachsspindeln in Betrieb genommen. 10 Hechelmaschinen wurden von dort nach Orscha gebracht und 400 Webstühle mit Ausrüstung sowie eine Lohnhechelei nach anderer Stelle abtransportiert.

In Roslawl: mußte eine Spinnerei verschrottet werden.

In Dubrowka: eine Spinnerei

In Wissotschany: eine Flachsspinnerei

In Borissow, Rajowka und Albertyn: eine Papierfabrik, die monatliche Leistung betrug: 25 to Holzschliff, 100 to Papier, 50 to Rohpappe.

In anderen Orten des Gebietes: 11 Seilereien
4 Trikotagenfabriken
2 Bekleidungsbetriebe.

In Jarzewo: waren in der Baumwollspinnerei 83 000 Spindeln zerstört und die Ingangsetzung unmöglich. 1500 Webstühle wurden nach Narwa abtransportiert.

In Mogilew: war die Inbetriebnahme der Kunstseidenfabrik infolge starker Gebäudeschäden nicht möglich, die Maschinen wurden verschrottet.

Papierverarbeitungswerke wurden im Gebiet der Wi In Mitte nicht vorgefunden. Um den dringlichsten örtlichen Bedarf an Papierwaren zu decken, wurde u. a. in Minsk mit Hilfe von herangebrachten Maschinen eine Kartonnagenwerkstatt errichtet.

Im ersten Halbjahr 1943 schafften die im Gebiet der Wi In Mitte errichteten Betriebe:

Woll- und Halbwollstoffe	208 012 m
Bauernleinen	220 000 m
Woll- und Baumwollsocken	67 856 Paar
Handschuhe	26 257 Paar
Wolldecken	55 179 Stück
Militärhosen	105 400 Stück
Militärröcke	7 615 Stück
Filzstiefel	35 973 Paar
Pelzhandschuhe	6 640 Paar
Zeitungs- und Druckpapier	175,6 to

In der *Ukraine* und im Gebiet der *Wi In Süd* erstanden neu:

- von ehemals 14 Wollbetrieben die Tuchfabriken Dunajewzy I und II, Streblow, Wishnowitz und Korostyschew; die Spinnweberei Bar mit insgesamt 915 Arbeitern.
- Filzstiefelbetriebe in Kiew, Kobeljaki, Lubny und Dnjepropetrowsk mit zusammen 370 Arbeitern.
- Bekleidungsbetriebe in Winniza, Poltawa, Kiew und Charkow mit insgesamt 1848 Arbeitern und eine große Anzahl kleinerer Betriebe in anderen Städten des Gebietes.
- Je eine Bandweberei und Klöppelei in Kiew.
- Eine Pelznäherei in Mariupol mit Arbeiten für das WBA.
- Die Seilerei arbeitete vorwiegend für die Wehrmacht.
- Neben 20 Großbetrieben, wie Pawlograd, Wosnessesnk, Orschowskaja, Dnjepropetrowsk und Orechow mit insgesamt 1550 Arbeitern wurden viele Kleinbetriebe wieder in Gang gesetzt.
- Von 22 ehemals vorhandenen Papier- und Strohpappenfabriken waren die größten und leistungsfähigsten Werke wie Rogan, Sijew und Malin zerstört. Ein Wiederaufbau fand wegen Material- und Transportschwierigkeiten nicht statt. Lediglich die Betriebe in Poninki, Miropol, Korostischew, Slawuta, Kiew und Buki mit einer Belegschaft von 1160 Arbeitern wurden wieder so weit hergestellt, daß produziert werden konnte.
- Von 14 vorgefundenen papierverarbeitenden Betrieben arbeiteten bald wieder 6 und zwar in Poninki, 4 Werke in Kiew und die Papierbeutelfabrik in Rowno. Insgesamt wurden hier 195 Arbeiter beschäftigt.

– Die Trikotagenfabrik I in Kiew stellte her:
38 515 Stück Pullover
895 Stück Leibwäsche
4 850 Stück Leibbinden
5 176 Paar Handschuhe
51 699 Paar Socken und Strümpfe.

Auf der *Krim* wurden nach erfolgtem Wiederaufbau in Betrieb genommen:
In Simferopol: je eine Spinnerei, Trikotagenfabrik, Weberei, Seilerei, Filzfabrik, Wäscherei- und Reinigungsanstalt, Pelznäherei, Instandsetzungswerkstatt für Uniformen.
In Baschtschissarai: je eine Spinnerei, Trikotagenfabrik und Seilerei.
In Eupatoria: eine Weberei.

Im *Kaukasusgebiet* waren nur ein paar Betriebe mittlerer Größe vorhanden. Es wurden davon wieder in Gang gesetzt:
je eine Trikotagenfabrik in Krasnodar, Pjatigorsk, Naltschik und Armavir. Je eine Baumwollspinnerei in Woroschilowsk und Budjenowsk. I Woroschilowsk außerdem je 2 Stickereien und Bekleidungsbetriebe. In Rostow eine Weberei.

Im Gebiet der *Wi In Süd* wurden vom Juli 1942 bis Juli 1043 u. a. fabriziert:

Decken	31 662 Stück
Filzstiefel	27 811 Paar
Handschuhe	32 325 Paar
Handtücher	43 707 Stück
Hemden	72 172 Stück
Knöpfe	5 960 000 Stück
Köper	24 728 m
Leinen und Handtuchstoff	6 999 m
Nesselstoff	22 121 m
Sacktuch	12 023 m
Matratzenstoff	2 322 m
Matratzen	524 Stück
Fischernetze	10 816 m
Tarnnetze	11 132 Stück
Pullover und Wolljacken	32 490 Stück
Strümpfe und Socken	225 734 Paar
Unterhosen	27 915 Stück
Wollgarn	52 786 kg.

Ergebnisse

Bei Bewertung der Erfolge muß auch hier in Betracht gezogen werden, daß die Sowjets fast im gesamten besetzten Osten die in den letzten Jahren vor Kriegsausbruch mit den neuesten Maschinen ausgerüsteten Fabriken mit wenigen Ausnahmen völlig zerstört hatten. Sie ließen nur solche Werke stehen, die mit alten verbrauchten Maschinen ausgestattet waren und unserer Fabrikation nicht nutzen konnten. In fast allen Fällen waren Erneuerungen von Grund auf vorzunehmen.

Die bestehenden Arbeitsmethoden mußten geändert werden, um mit Erfolg überhaupt rechnen zu können. Verarbeitungs-Verordnungen des Wi Stabes Ost schafften die ersten Grundlagen zum rationellen Wirtschaften. Z.B.:

In *Leinenspinnereien* wurden nur niedere und mittlere Flachsqualitäten verarbeitet, damit die für den Abtransport ins Reich übrig bleibenden Flachsmengen von guter Qualität waren.

Leinenwebereien durften nur dann in drei Schichten arbeiten, wenn sie Artikel des Wehrmachtsbedarfs herstellten. Für zivilen Bedarf durfte nur in einer Schicht gearbeitet werden.

Hanfspinnereien durften nur Seil- und Erntebindegarne erzeugen und für Hanfwebereien arbeiten, die Schläuche und Säcke herstellten.

Nähmittelfabriken und Betriebe, die technische Gewebe für Wehrmachts- und landwirtschaftlichen Bedarf herstellten, durften nur dann wieder in Gang gesetzt werden, wenn sie für ihre Arbeiten Flachs und Hanf verwendeten.

Streichgarnspinnereien durften nur geringwertige Abfälle verarbeiten, wie Flachs- und Hanfwerg, Bauhede und Reißspinnstoffe.

Baumwollspinnereien durften ebenfalls nur Abfälle verarbeiten und bei Wehrmachtsaufträgen auch nur Reißspinnstoffe verwenden.

Filzstiefelfabriken wurden nur dann von der Stillegung nicht betroffen, wenn sie von der Verwendung von Schurwolle und besseren Abfällen zugunsten von Wollabfällen und Gerberwolle, Reißspinnstoffen und anderen Tierhaaren absahen.

Bekleidungsbetriebe durften nur für die Wehrmacht unbeschränkt arbeiten.

Zellstoff-Fabriken durften nur dann die Fabrikation aufnehmen, wenn die Versorgung mit Roh- und Hilfsstoffen für mindestens 3 Monate gesichert war.

Papierfabriken mußten vorwiegend folgende Sorten fabrizieren:
Zeitungspapier (nicht über 25% Zellstoff),
Briefpapier (nicht über 35% Zellstoffgehalt),
Packpapier

Durch diese Verarbeitungs-Vorschriften wurden trotz der großen Fabrikationsschwierigkeiten seit der Besetzung bis Ende 1943 gefertigt:

Gewebe (Leinen und Baumwolle)	95 000 000 qm
Oberbekleidung	2 900 000 Stück
Trikotagen	17 235 000 Stück
Filzstiefel	780 000 Paar
Zellstoff	47 652 to
Papier und Pappe	97 000 to

(vgl. Anl. 49 und 50)[211]).

Die notdürftige Versorgung der einheimischen Zivilbevölkerung mit Bekleidung war – soweit diese Bevölkerung im deutschen Interesse tätig – unbedingt erforderlich. Nur dann konnte mit einer einigermaßen zufriedenstellenden Arbeitsleistung gerechnet werden. Neben der im Abschnitt „Lederwirtschaft" bereits erwähnten Versorgung mit Schuhzeug wurde für die gesamten besetzten Ostgebiete ein Textilversorgungsprogramm aufgestellt. Anfang 1944 wurde dieses Programm

211) Siehe auch Tätigkeitsbericht der Ost-Faser-Gesellschaft mbH für das 4. Vierteljahr 1943, BA-MA, RW 31/248.

auf die neue Lage ausgerichtet. Das ursprüngliche Programm sah für die Zeit vom 1. 4. 43 bis zum 31. 3. 44 eine Versorgung der besetzten Ostgebiete mit Textilien im Werte von 646 Millionen Punkten = 195 Millionen RM vor. Das neugefaßte Programm brachte eine Einsparung um 196 Mill. Punkte (= 59 Mill. RM), da erhebliche Gebiete für die Versorgung ausgefallen waren. Bei dem neuen Programm konnten gleichwohl die Kontingente für das Ostland um 40 Mill. Punkte (= 12 Mill. RM) und für Weißruthenien um 15 Mill. Punkte (= 5 Mill. RM) erhöht werden.

Das neue Versorgungsprogramm sah folgende Textilversorgung vor:

Gebiet	Versorgung im Jahre 1943/44	
	Mill. Punkte	Mill. RM
Rückständige Lieferungen für Ostland, Ukraine und He Wi Fü Mitte	38	11
Ostland-Erzeugung für Einheimische (Landwirtschaft)	21[1])	6[1])
Ostland Weißruthenien und He Wi Fü Mitte	148	46
Ukraine	78	23
Reserve und Sonderlieferungen	165	50
Zusammen:	450	136

[1]) Außerdem Eigenversorgung des Ostlandes mit Spinnstoffwaren aus besonders örtlicher Erzeugung (Kontingent 2850 to Rohstoff, davon 1248 to aus dem Reich).

Dieses umfangreiche Programm konnte, soweit die Kampfhandlungen dies nicht verhinderten, ohne größere Reibungen durchgeführt werden[212]).

Industrielle Holzverarbeitung

Die mögliche Ausbeute der enormen Holzvorkommen innerhalb der besetzten russischen Gebiete und die große Rolle, die der Werkstoff Holz in vielen Wehrmachtsfertigungen spielt, stellten der Holzverarbeitenden Industrie lohnende Ziele.

Die einsatzfähigen Betriebe, die angetroffen wurden, reichten allerdings bei weitem nicht aus, um den gestellten Anforderungen nachzukommen. Es war deshalb notwendig, diese Betriebe auszubauen, die Produktion nach deutschem Muster aufzuziehen und auch neue Fertigungsstätten zu schaffen. Bei der Größe der zu bewältigenden Aufgaben sollte die Hilfe reichsdeutscher Firmen in Anspruch genommen werden. Diese mußte nicht nur Arbeitskräfte, sondern auch Materialien und Maschinen zum Ausbau neuer Betriebe zur Verfügung stellen.

Das *Panjewagen-Programm* nahm im Rahmen der Aufgaben der Holzverarbeitenden Industrie einen großen Raum ein. An Stelle des, den Anforderungen in

[212]) Ein Auszug aus dem Gesamtbericht 1941–44 mit der Bilanz der Ausfuhren ist abgedr. in Anatomie des Krieges, Nr. 267.

Rußland nicht gewachsenen deutschen Feldhilfswagens war sofort serienmäßig ein anderes Fahrzeug zu schaffen. Nach Überwindung zahlloser Schwierigkeiten wurde in Anlehnung an den landesüblichen Panjewagen je ein Ein- und Zweispänner unter der Typenbezeichnung „Pleskau I und II" in kürzester Frist herausgebracht. Die Herstellungsorte waren über den gesamten besetzten russischen Raum verteilt.

Hauptbetriebe fanden sich:

Im Gebiet der Wi In Ukraine in	Saslaw, Shitomir und Luzk
Im Gebiet der Wi In Süd in	Dnjepropetrowsk, Kiew[213]) und Nikolajew
Im Gebiet der Wi In Mitte in	Bobruisk, Borissow, Mogilew und Witebsk
Im Gebiet der Wi In Nord in	Pleskau
Im Gebiet der Wi In Ostland in	Reval, Riga und Kauen
Im Gebiet der Rü In im GG in	Kielce, Sedziscow, Warschau, Radom und Lublin

Das Produktionsergebnis entsprach trotz mannigfachster Hemmnisse in der Rohstoffbeschaffung und Fabrikation fast den gestellten Forderungen. Vom März 1942 bis Sommer 1944 wurden insgesamt

260 000 Panjewagen angefertigt.

(vgl. Anl. 50 und 53)

Die Herstellung von *Schlitten und Akjas* für die Truppe war ebenfalls eine umfassende Aufgabe. Die Fertigstellung von

rund 79 000 Schlitten, RSO-Schlitten und Akjas

in den zwei dafür ausersehenen Bereichen Wi In Nord und Wwi In Ostland war unter Berücksichtigung der üblichen Schwierigkeiten eine ansehnliche Leistung (vgl. Anl. 50).

Eine weitere bedeutende Aufgabe der Holzverarbeitenden Industrie war die Herstellung von *Verpackungsmitteln.* Insbesondere Kisten und Fässer wurden für landwirtschaftliche Produkte und für die Getränkeindustrie in riesigem Umfang benötigt. Auch hier sollten deutsche Unternehmer in Form der Verlagerung ihrer Betriebe eingesetzt werden. Dazu kam es allerdings nur in bescheidenem Umfang, so daß Sonderführer des Wi Stabs Ost in weitem Maß das Verpackungsprogramm durchführten. Durch das Ausbleiben der benötigten Maschinen wurden für eine gewisse Zeit alle Vorbereitungen zunichte gemacht. Die dadurch bedingte Fertigung von Verpackungsmitteln in behelfsmäßiger Form und in anderen als den ursprünglich vorgesehenen Betrieben stellte hohe Anforderungen an alle Beteiligten. Auch die Erschwernis in der Zuteilung und Entziehung von Arbeitskräften sowie die Schwierigkeiten durch zeitweise Holzverknappung und Zubehörteilemangel wurden von den Wi-Beauftragten so gut wie überwunden. Das Fertigungssoll von 16 Millionen Kisten und 2,4 Millionen Fässer wurde mit einer Produktion von

[213]) Zu den Verhältnissen in Kiev siehe die Schilderung in den Aufzeichnungen Grützners, hinten S. 622.

13 953 959 Kisten und
1 842 850 Fässer
nahezu erreicht (vgl. Anl. 50 und 53).

Mit dem Bau von Panjewagen und Schlitten und der Anfertigung von Kisten und Fässern waren die Aufgaben der Holzverarbeitenden Industrie bei weitem nicht erschöpft. Noch eine ganze Reihe *anderer Dinge* mußte produziert werden. Die Erfüllung auch dieser Aufgaben kann als entsprechend bezeichnet werden. Durch die Holzverarbeitende Industrie wurden hergestellt:

Sperrholzhütten (rd. 40 000 Stück)
Betten
Schränke und Spinde
Tische
Stühle, Hocker und Schemel
Bastschuhe
Dachschindeln aus Holz (rd. 15 400 Stück)

(vgl. Anl. 53)
Weiterhin wurden im Rahmen des Pionierprogramms (Stiel-Produktion)
rd. 3 Millionen Stiele
für Werkzeuge und Pioniergerät aller Art produziert.

Steine und Erden

Stärkste Anforderungen brachten:

Der Baustoffbedarf der Truppe,
das Winterunterkunftsprogramm,
Straßen- und Stellungsbau,
der Eisenbahn-Unterbau,
der Wiederaufbau der Industrie und der Dienststellen.

Eine Einfuhr aus dem Reich mußte soweit als möglich vermieden werden. Abgesehen von dem langen Transportweg betrugen z. B. die Frachtkosten für eine Tonne Zement im Nachschub aus dem Reich 100 bis 150% des Zementpreises. Ziegelsteine schieden für den Transport vollkommen aus, da sie außerordentlich frachtempfindlich sind. Die einzelnen Werke mußten daher wieder aufgebaut werden, was bei den erheblichen Zerstörungen ziemlich lange Zeit in Anspruch nahm.

Im Ostland waren die Werke weniger zerstört, der Aufbau ging daher verhältnismäßig rasch vor sich und sogar eine Kapazitätserhöhung war möglich. Ursprünglich mußte z. B. das Gebiet der Wi In Nord mit Zement aus dem Reich beliefert werden. Nach Erweiterung der Werke im Ostland konnte dieser Nachschub völlig eingestellt werden. Zahlen und Größe der in Gang zu setzenden Betriebe richteten sich nach den gebietlichen Verhältnissen. Es wurden nicht nur besonders leistungsfähige Werke herausgestellt. So mußten in der Ziegelindustrie z. T. sogar kleinste Betriebe wieder in Gang gebracht werden, da die Ziegel auch den geringsten Transportweg nicht vertragen. Insgesamt wurden in den unter Militärverwaltung stehenden Ostgebieten 226 Betriebe der Industrie Steine und Erden mit 10 914 Beschäftigten (Stand 1942) wieder aufgebaut und in Betrieb genommen (vgl. Anl. 51).[214]).

Auf dem Zementsektor wurden im Ostland günstige Verhältnisse vorgefunden, da die Werke wenig zerstört und die Rohstoffe gut waren. Der Schwerpunkt lag in Riga und Brozen. In Estland war das Werk Port-Kunda leistungsfähig und im bezug auf Rohstoffe und Brennmaterial von jeder Zufuhr unabhängig.

Im Bereich der Wi In Nord war überhaupt keine Zementindustrie vorhanden, so daß der Bedarf aus dem Ostland gedeckt werden mußte.

Im Gebiet der Wi In Mitte wurde nur das Werk Kritschew trotz starker Zerstörung aufgebaut, um wenigstens den allerdringendsten Bedarf zu decken. Die Bauzeit war auf 15 bis 18 Monate veranschlagt, infolge der militärischen Entwicklung konnte das Werk nur kurze Zeit betrieben werden.

Die Verhältnisse bei der Wi In Süd waren günstiger. Das Werk Stolbunow konnte nach kurzer Zeit in Betrieb genommen und sogar erweitert werden. Dies war notwendig, da die weiter ostwärts gelegene Zementindustrie sich vorwiegend auf Zementmahlwerke beschränkte, die ihr Rohfabrikat aus dem Donezgebiet bezogen. Die Zementwerke im Donezgebiet waren besonders stark zerstört. Aufgebaut und in Betrieb genommen wurden die Zementwerke in Kramatorskaja und Artemowsk, die aber für die Bedarfsdeckung bei weitem nicht ausreichten. Besonders wichtig wäre daher das günstigste Zementgebiet von Noworossisk gewesen, wo die bedeutsamsten Rohstoffvorkommen und Zementfabriken Rußlands waren. Infolge der Kampfhandlungen kam dieses Gebiet aber nicht zur Ausnutzung.

Die Gesamterzeugung an Zement in den militär- und zivilverwalteten Ostgebieten betrug

605 000 to (vgl. Anl. 49).

Die Deckung des Bedarfs an *Kalk* war im Norden ausreichend möglich durch die großen Vorkommen in Estland und im Bereich Riga. Bei Pleskau wurde das Werk in Butirki völlig neu errichtet, da die Rohstoffvorkommen hier außerordentlich günstig waren und der Bedarf nicht anders gedeckt werden konnte. Der weitere Kalk (Bau- und Düngekalk) sollte in Slanzy hergestellt werden, da das Werk Wolossowo völlig zerstört war. Durch chemische Untersuchungen wurde festgestellt, daß die in Slanzy stark anfallenden Brennschieferrückstände ein vorzügliches Rohmaterial ergaben. Die Verwertung der Brennschieferasche hätte sehr viel Energie und Arbeitskraft erspart und ein nochmaliger Brennprozeß wäre nicht notwendig geworden. Infolge der militärischen Ereignisse konnte dieses sehr umfangreiche Projekt nicht durchgeführt werden. Immerhin hatten die Versuche ergeben, daß bei der Zementfabrikation ein erheblicher Zusatz von Brennschieferasche gegeben werden konnte, wodurch bedeutende Betriebskosten erspart und die Menge erheblich erhöht wurden. Der Kalkbedarf der Wi In Mitte konnte zum größten Teil lokal durch kleinere Werke gedeckt werden. Bei der Wi In Süd waren die Rohstoffvorkommen sehr günstig. Nur das Dolomitkalkwerk Holma-Nikitowka konnte z.T. wieder in Betrieb gesetzt werden. Der weitere Ausbau war beabsichtigt, um das ge-

[214]) Eine Ostgesellschaft für das Gebiet Steine und Erden wurde erst relativ spät gegründet; s. V.P. 7641/6, Anordnung Görings vom 24. 8. 1943, BA-MA, RW 31/141. Siehe auch die abschließende Bilanzprüfung dieser Gesellschaft durch die Reichsprüfungsgesellschaft für die besetzten Ostgebiete mbH, BA-MA, RW 31/190.

samte Industriegebiet ausreichend mit Kalk zu versorgen. Die Gesamterzeugung an Kalk in den besetzten Ostgebieten betrug

46 000 to (vgl. Anl. 41).

In der *Gips*industrie konnte die im Bereich Riga liegende Industrie rasch wieder in Gang gebracht werden. Sie versorgte den ganzen Norden und konnte noch verschiedene Gipssteinqualitäten an Nachbargebiete und für den Export abgeben. Im Süden wurde das Werk Artemowsk wieder aufgebaut, das zur Russenzeit den gesamten Gipsbedarf des Bereichs der Wi In'en Süd und Mitte gedeckt hatte. Ein Ausbau der Gipsindustrie war besonders wichtig, um die Zementfabrikation der südlichen Gebiete wieder in Gang zu bringen. Gesamterzeugung

24 600 to (vgl. An. 49).

Die *Naturstein-* und *Kies*industrie spielte in den besetzten Ostgebieten eine besondere Rolle, insbesondere mit Rücksicht auf den Ausbau des Straßen- und Eisenbahnnetzes, sowie als Betonzuschlagstoff. Im Norden konnte der Bedarf durch die estländischen und Wolossower Kalksteinbrüche in der Hauptsache gedeckt werden. Im Bereich Wi In Mitte waren die Natursteinvorkommen gering, so daß in der Hauptsache auf einige wenige Kiesvorkommen zurückgegriffen werden mußte. Eine größere Kiesgrube in Smolensk wurde ausgebaut, weitere Gruben sollten in Betrieb genommen werden. Im Gebiet der Wi In Süd beschränkte sich das Natursteinvorkommen auf die Halbinsel Krim. Die wenigen Natursteinbrüche der Südukraine hatten jedoch große Vorräte an gebrochenem Material, das weitestgehend bearbeitet wurde. Zum Ausbau der Industrie selbst ist es bis auf wenige Vorkommen auf der Krim nicht mehr gekommen.

Die *Ziegel*industrie im Ostland, in der Ukraine und im Bereich Wi In Mitte konnte in kurzer Zeit wieder in Gang gesetzt werden. Besonders wichtig war der Ausbau bei Wi In Mitte, da mangels anderer Baustoffe die Ziegelherstellung im Vordergrund stand. Es handelte sich um eine Vielzahl mittlerer und größerer Betriebe, die über das ganze Land verstreut waren und jeweils den örtlichen Bedarf deckten. Im Bereich der Wi In'en Nord und Süd waren die Zerstörungen in der Ziegelindustrie größer gewesen, so daß die Wiederingangsetzung längere Zeit in Anspruch nahm. Hier war auch ein erheblicher Nachschub aus dem Reich an Maschinen usw. erforderlich. Gesamterzeugung

226 Millionen Stck. (vgl. Anl. 49).

Die *Kalksandstein*industrie der besetzten Ostgebiete war unbedeutend. Im Nordgebiet wurden einige Werke in der Gegend von Riga und Reval wieder in Betrieb gesetzt. Bei Wi In Mitte sollte das Werk Krimowitschi wieder ausgebaut werden mit Rücksicht auf den großen Baustoffbedarf. Die Arbeiten mußten jedoch infolge der Frontlage wieder eingestellt werden. Die wenigen Kalksandsteinwerke der Wi In Süd wurden wegen der großen Zerstörungen und geringen Kapazität nicht wieder in Betrieb gesetzt.

Die *feuerfeste Industrie* konzentrierte sich weitgehend auf den Bereich der Wi In Süd. Die Zerstörungen waren hier jedoch so groß, daß die Ingangsetzung nur selten möglich war. Jedoch wurden ziemlich umfangreiche Lager vorgefunden, aus denen der Bedarf wenigstens zum Teil gedeckt werden konnte.

Glas und Keramik

Die Glasversorgung war vor allem auf dem Wehrmachtssektor von besonderer Bedeutung (Bauvorhaben, Truppenversorgung). Vor allem mußte bei Hohlglas alles daran gesetzt werden, um den Bedarf einigermaßen aus dem Lande zu decken, da Hohlglas infolge seiner Sperrigkeit frachtungünstig ist.

Bei *Flachglas* ließ sich trotz aller Bemühungen der außerordentlich große Bedarf nicht aus den Ostgebieten selbst decken, ein beträchtlicher Teil mußte aus dem Reich nachgeschoben werden.

Im Norden konnte der Bedarf an Flachglas im großen und ganzen aus der lettischen und estnischen Tafelglasindustrie gedeckt werden. Da die vorgefundenen Werke ziemlich unzerstört waren, konnte die Produktion ohne wesentlichen Zeitverlust einsetzen. Bei der Hohlglasindustrie, deren Schwerpunkte in den gleichen Gebieten lagen, waren die Verhältnisse ähnlich. Einige kleinere Hohlglasbetriebe befanden sich auch im Bereich der Wi In Nord.

Die Wi In Mitte mußte mit Flachglas völlig aus dem Reich versorgt werden. Ein bedeutendes Flachglaswerk in Gomel konnte infolge völliger Zerstörung nicht wieder in Betrieb genommen werden. Bei den Werken in Weißruthenien war dies infolge ständiger Bedrohung durch Banden nicht möglich. Auf dem Hohlglassektor wurden stark zerstörte Betriebe in Borissow, Gluscha und Swislotsch langsam wieder in Gang gebracht. Die Produktion wurde jedoch durch Bandeneinwirkung oft gestört und der weitere Ausbau verhindert.

Im Süden betrieb die Glasfabrik in Konstantinowka als bedeutendstes Werk sowohl eine Flachglas- als auch eine Hohlglashütte. Die Aufbauarbeiten waren schwierig und erforderten eine längere Bauzeit. Trotzdem konnte auf den Wiederaufbau nicht verzichtet werden, da durch diese Glasfabrik der östliche Teil der Win In Süd ausreichend versorgt werden konnte. Die Produktion in Konstantinowka war auch deswegen besonders zweckmäßig, weil hier im Donezbecken genügend Kohle zur Verfügung stand. Die Glashütten in Cherson und Simferopol befanden sich im Aufbau, konnten jedoch nicht fertiggestellt werden. Ein sehr bedeutendes Werk in Nissitschansk konnte wegen der Frontnähe nicht in Betrieb genommen werden.

Die Gesamtproduktion in den militär- und zivilverwalteten Gebieten betrug
2 765 000 qm Flachglas (vgl. Anl. 49).

Außerdem wurden große Mengen sonstiger Glasartikel hergestellt, wie:

Feldflaschen aus Glas
Glasschüsseln
Trinkgläser aller Art
Lampengläser usw.

Auf dem Gebiet der *Keramik* wurde eine umfangreiche Industrie in Riga festgestellt, die jedoch nur Luxusporzellan erzeugt hatte. Zum Teil wurde die Industrie auf Gebrauchskeramik für den Wehrmachtsbedarf umgestellt, z. T. wurde sie stillgelegt. Im Bereich der Wi In'en Nord und Mitte war die keramische Industrie verhältnismäßig unbedeutend. In der Hauptsache handelte es sich um einige kleine Töpfereien, die an Ziegeleien angeschlossen waren und den örtlichen Bedarf einigermaßen zu decken versuchten. Die bedeutendsten Keramikbetriebe lagen im Donezbecken, was vor allem auf die guten Rohstoffvorkommen und die vorhandene

Kohle zurückzuführen war. Hier konnte in erster Linie das Werk Budy in verhältnismäßig kurzer Zeit wieder in Betrieb genommen werden. Große vorhandene Vorräte konnten der Truppenversorgung sogleich zur Verfügung gestellt werden. Erzeugt wurden insbesondere:

Eßnäpfe
Kaffeekannen
Milchkannen
Sonstige Töpferwaren.

Zusammen wurden auf dem Gebiet der Industrie Steine und Erden, sowie Glas und Keramik in den besetzten Ostgebieten 974 Betriebe wieder in Gang gesetzt, in denen Ende 1942 50 786 Arbeitskräfte beschäftigt wurden (vgl. Anl. 51).

Betonschiffbau in Cherson

Im Rahmen einer Erkundungsreise des Wi Stabs Ost war die Betondockbau-Anlage in Cherson aufgefunden worden. Die Nachprüfung durch eine Kommission (Wi Stab Ost, RWM, Reichsamt für Wirtschaftsausbau, Arbeitsgemeinschaft Nußdorf für Betonschiffbau) ergab, daß die Anlage durch Verwendung der Baugrube und Ausbau der vorhandenen sonstigen Einrichtungen zum Bau von großen Eisenbetonschiffen geeignet war.

Der Generaldirektor einer deutschen Firma wurde am 23. 10. 1941 vom Wi Stab Ost als Treuhänder eingesetzt. Ein Schiffsbaukonstrukteur und zwei Firmen aus dem Reich (Arbeitsgemeinschaft Nußdorf) wurden für die betontechnischen Konstruktionen herangezogen.

Am 15. 11. 1941 wurde dem Treuhänder der Auftrag auf den Bau von 3 Eisenbeton-Tankern von je 3000 to Tragfähigkeit, einer Geschwindigkeit von 10 Kn und einem Tiefgang von 6 m erteilt. Der Bau sollte nach der Spantenbauweise durchgeführt werden. Nach organisatorischen und technischen Besprechungen der beteiligten Stellen, Zusammenstellung der Mitarbeiter und Bereitstellung eines Betriebskredits wurde die Betonwerft im November 41 übernommen. Für die Ausführung der Eisenarbeiten bei der Ausrüstung der Schiffe wurde dem Treuhänder die Maschinenfabrik Nr. 1 in Cherson (Petrowski) übergeben.

Ende November 1941 übernahm der Bauleiter der Arbeitsgemeinschaft Nußdorf die Baustelle zur weiteren Einrichtung. Die Bewachung der Werft wurde eingeführt, und mit Aufräumungsarbeiten und Anwerbung von Arbeitern begonnen. Durch das Berliner Büro der Betonwerft wurde die Bestellung der Ausrüstungsteile (Maschinen, Geräte, Inventarien) für die Schiffe vorbereitet. Ferner wurden unter Führung dieses Büros die Entwurf- und Werkstattzeichnungen durch das Schiffbaubüro van Dieren Rotterdam und die Werft Danzig angefertigt.

Die wichtigste Vorarbeit für die Baugrube, die Rammung des Fangedammes, war am 1. 8. 1942 beendet. Die Baugrube wurde leer gepumpt und das Stapelbett für das erste Schiff gelegt. Die Arbeitskräfte wurden an Ort und Stelle angeworben, im wesentlichen wurden sie aus Kriegsgefangenen gestellt. Die Baumaterialien wurden beschafft:

– Holz aus der Gegend von Tschernigow (mit Bahn und später auf der Dnjepr),
– Kies und Splitt aus der Gegend von Kriwoi-Rog und Eupatoria,
– Sand aus der Bug bei Nikolajew (Bogowlawiensk),
– Zement aus dem Reich (Rüdesdorfer Super).

Die Baugrube wurde der Länge nach durch eine Trennwand aus stählernen Spundbohlen unterteilt, um das erste Schiff unabhängig von der übrigen Baugrube herausbringen zu können. Die Trennwand war am 15. 10. 1942 beendet. Arbeitsgeräte der Betonfirmen, Moniereisen, Zement und Ausrüstungsteile für Werft und Schiffe konnten nur mit großen Verzögerungen herangeschafft werden, aber immerhin noch so rechtzeitig, daß Stockungen nicht eintraten.

Der Bau des ersten Schiffskörpers war bis auf einen Teil der oberen Bordwand und des Oberdecks am 15. 10. 1943 beendet. Der Ausbau der Werft war soweit durchgeführt, daß alle Abteilungen an der Ausrüstung arbeiten konnten. Die notwendigen Haupt- und Hilfsmaschinen, Eisenbauteile und Inventarien befanden sich auf der Werft. Der Fertigstellung des ersten Schiffes, und in Zeitabständen der weiteren inzwischen in Auftrag gegebenen 4 Schiffe, stand nichts mehr im Wege.

Die Entwicklung der militärischen Lage erzwang jedoch die Einstellung der Arbeiten am 25. 10. 1943. Der größte Teil der Werftmaschinen und der angegliederten Ausrüstungsteile konnte über das Schwarze Meer nach der Donau abtransportiert werden. Der Schiffskörper des ersten Schiffes mußte liegen bleiben, da die Öffnung des Fangedamms wegen Zeitnot nicht mehr ausführbar war.

Tabakwirtschaft

Die gesamte russische Tabakanbaufläche des Jahres 1938 betrug
104 500 ha Machorka
95 400 ha Tabak

Hiervon entfallen etwa die Hälfte auf das von uns besetzte Gebiet. Während der Besetzung konnten folgende Tabakmengen geerntet und erfaßt werden:

Ernte 1941	12,1 Mill. kg, davon 10,5 Mill. kg Machorka
Ernte 1942	33,6 Mill. kg, davon 24,2 Mill. kg Machorka
Ernte 1943	35,6 Mill. kg, davon 22,4 Mill. kg Machorka

(Die Zahlen für 1943 sind kurz vor Einbringung der Ernte geschätzt worden).

Von diesen Mengen wurden erhebliche Teile in das Reich gesandt. Im übrigen wurden aus den geernteten Tabaken in den besetzten Ostgebieten hergestellt:

rd. 400 000 000 Stück Zigaretten
rd. 4,7 Milliarden Stück Papyrossen
rd. 32 Millionen Stück Zigarren und Zigarillos

Anbaugebiete Ostland und Pogar

Trotz ungünstiger klimatischer Voraussetzungen wurde der Tabakbau im Ostland verstärkt. Die Betriebe waren nicht zerstört, Rohtabakvorräte vorhanden. 9 Herstellungsbetriebe wurden in Betrieb genommen, die umfangreiche Tabaklieferungen aus der Ukraine erhielten. In Weißruthenien errichtete eine deutsche Einsatzfirma eine Machorkafabrik, setzte Anbauleiter ein und nahm die Tabakpunkte wieder in Betrieb. Den Hauptteil der Produktion im Ostland erhielt die Wehrmacht, insbesondere Zigarren und Zigaretten. Der Rest wurde nach bestimmten Ausgabesätzen für die eingesetzten Reichsdeutschen und die Zivilbevölkerung verwandt. Nach Errichtung des RKO wurde die Tabakwirtschaft dem Tabakmonopol des RKO übergeben. Die Zahl der Belegschaft und die monatliche Durchschnittsproduktion der Betriebe im Ostland zeigt die Übersicht (Anl. 62).

Im Anbaugebiet *Pogar* wurden Zigarrentabake angebaut. Nach Wiederherstellung von 2 stark beschädigten Fermentationanstalten und einer Zigarrenfabrik wurde die Herstellung von Zigarren, Zigarillos und Rauchtabak planmäßig bis zu 120 000 Zigarren und Zigarillos und 2000 Päckchen Rauchtabak pro Tag gesteigert. Die Produktion diente ausschließlich zur Versorgung der Wehrmacht.

Krim und Kaukasus

Durch die Besetzung der *Krim* wurde erstmalig ein Gebiet erschlossen, in dem seit vielen Jahrzehnten Orienttabak angebaut wurde. Während im alten Rußland nur an dem Südhang des Jailagebirges Tabak angebaut worden ist, hatten die Sowjets auch in den nördlichen Ausläufern des Gebirges und in Steppendistrikten Orienttabak mit Erfolg kultiviert. Den besten Tabak ergaben die Anbaubezirke Jalta und Aluschta.

In den letzten Jahren vor der Besetzung betrug die Gesamtanbaufläche in 15 Anbaubezirken zwischen 6 und 8000 ha mit einem Durchschnittsertrag von 300 bis 900 kg/ha.

Nach Besetzung der Krim wurde im Dezember 1941 im Rahmen der Gruppe La ein Sonderkommando für die Tabakwirtschaft eingesetzt. Anfangs 1942 wurde ein besonderes „Tabakreferat" im Rahmen der Gruppe W errichtet mit der Aufgabe, die Bergung der Ernte 1941 durchzuführen, den Anbau für 1942 vorzubereiten und die Errichtung einer Tabakfabrik zur Deckung des dringenden Truppenbedarfs zu betreiben.

Unter schwierigsten Verhältnissen wurden auf der Krim bis November 1942 *1 Million kg* Rohtabak ins Reich verladen.

Zur Durchführung des Aufbaues wurde das sowjetische Tabakkontor in Simferopol übernommen und ausgebaut. Die zum Tabakreferat gehörigen Fermentationsanstalten in Jalta und Simferopol (moderne Werke mit großen Lägern) wurden wieder instandgesetzt und in Betrieb genommen. Für die Anbaubetreuung und Ernteerfassung wurden 12 Tabakpunkte mit zerstörten kleinen Lagerräumen, Trockenschuppen in etwa 600 Gemeinden und Frühbeetanlagen und Frühbeetrahmen wieder aufgebaut, bzw. gründlich überholt und verbessert.

Im Jahre 1942 gelang es unter Überwindung größter Schwierigkeiten, ca. 24 780 ha Ackerfläche zu bebauen. Der Anbau 1943 und die Vorbereitungen hierzu wurden der reichsdeutschen Konzessionsfirma „Krim-Orient-Tabak-GmbH" (Tochtergesellschaft der Firma Reemtsma) übertragen.

Über die Erfassung und Verteilung der Ernte 1941/42/43 gibt die nachstehende Übersicht Aufschluß:

Erntejahr	Erfassung	Lieferungen	
1941	1 626 to	Ins Reich	1 128 to
		An Krimfabriken	433 to
1942	670 to	Ins Reich	411 to
		An Krimfabriken	207 to
1943	1 280 to	Ins Reich	754 to
		An Krimfabriken	453 to
	3 576 to		3 386 to
		Verluste durch Fermention	190 to
			3 576 to

In Feodosia, später auch Simferopol wurden bald Tabakschneidemaschinen zur Herstellung von Rauchtabak in Betrieb gesetzt. Nach Wiederaufbau und Anlaufen der Zigarettenfabriken Feodosia und Simferopol wurden am 31. 10. 1942 die Tabakschneidebetriebe eingestellt.

Die zur Errichtung der Fabriken erforderlichen Maschinen sowie der gesamte Nachschub des Anbaumaterials erfolgte aus dem Reich. Bis zur Räumung der Krim wurden geliefert:

Feinschnittabak	200 000 kg
Papyrossen	169 799 000 Stück
Strangzigaretten	348 955 000 Stück

Die Tabaksteuer wurde in Form einer Warenumsatzsteuer auf das Fertigfabrikat und in Form einer Ostabgabe auf den Rohtabak erhoben. Die Steuer betrug:

	Steuersatz	Kleinverkaufspreis
1000 Stück Stary Krim	RM 12,35	RM 20,–
1000 Stück Aluschta	RM 18,75	RM 30,–
1000 Stück Jalta	RM 26,55	RM 40,–

Die Ostabgabe betrug RM 0,90 pro kg Rohtabak.

Die gesamten Steuereinnahmen betrugen:

Aus Warenumsatzsteuer	RM 9,1 Millionen
Aus Ostabgabe	RM 1,6 Millionen
	RM 10,7 Millionen

Die Steuern wurden an die H.Gr. A abgeführt. Erstmalig aus der Ernte 1943 erhob die Konzessionsfirma eine Verwaltungsabgabe von 5 % zugunsten der Wi In Süd, die hieraus die Kosten der Instandhaltung der Tabakpunkte und der Fermentationsanstalten zu bestreiten hatte. Die Einnahmen hieraus beliefen sich auf rd. RM 125 000,–.

Bei ihrer Liquidation in Deutschland rechneten die vom Tabakreferat betreuten Betriebe der Tabakwirtschaft Krim mit einem Nettoüberschuß von rd. RM 2,75 Millionen ab. Die tatsächlich erzielten Überschüsse waren wesentlich höher, da die investierten Werte bei Räumung der Krim vernichtet werden mußten. Der Wert des vernichteten Rohtabaks (ca. 404 to) belief sich allein auf ca. RM 1,2 Millionen.

Mit einer Gesamttabakanbaufläche von ca. 54 000 ha (Gebiete Krasnodar, Georgien mit Grusinien und Abchasien, Aserbeidschan, Armenien) bildete der *Kaukasus* das größte und wertvollste Tabakanbaugebiet Rußlands für *Orient*tabake.

Nur der westliche Teil des Tabakanbaugebietes Krasnodar fiel in deutsche Hand. Für Tabakanbau und Tabakverarbeitung wurde bei Wi In K ein Tabakreferat errichtet, dem unterstellt waren:

Die Fermentationsanstalten Krasnador mit einem Anbaugebiet von 12 490 ha, eingeteilt in 13 Anbaurayons mit 20 Tabakbasen. Die beiden Fermentationsbetriebe wurden fast unbeschädigt übernommen.

Die Fermentationsanstalten in Maikop mit einer Anbaufläche von 6500 ha, eingeteilt in 15 Rayons. Auch hier konnten die Fermentationsbetriebe nach kurzer Anlauffrist in Betrieb genommen werden.

Nach Ausbau der Zigarettenfabrik Rostow hatten die Sowjets die kleineren und mittleren Fabrikationsbetriebe im Kaukasus meist stillgelegt. In dem von uns besetzten Gebiet wurde nur noch die Papyrossenfabrik Armavir unbeschädigt übernommen. Sie wurde zur Truppenversorgung eingesetzt, Papyrossen und Rauchtabak wurden hergestellt (Gesamtleistung ca. 4 to pro Tag). Weitere Aushilfsbetriebe wurden in Maikop und Krasnodar neu errichtet. Die geplante Strangzigarettenfabrik in Krasnodar konnte nicht mehr verwirklicht werden.

Aus der Ernte 1942 konnten ca. 5,5 Millionen kg sichergestellt werden. Hieraus wurden die Betriebe im Kaukasus versorgt, außerdem erfolgten Lieferungen an die Zigarettenfabriken auf der Krim, in Rostow und Kiew.

Ukraine

Das zunächst von dem Tabakreferat in der Westukraine übernommene Anbaugebiet um Kremjanez wurde alsbald dem Tabakmonopol des RKU übergeben. Der Schwerpunkt der Machorkaerzeugung lag in der Ostukraine.

In Anlehnung an die russische Organisation wurde Kiew als Zentralverwaltungsstelle der Tabakwirtschaft in der Ukraine beibehalten. Zur Bewältigung der ersten Aufgaben wurde zunächst ein Sonderkommando eingesetzt. Bald ergaben sich zwei Hauptaufgaben:

Umstellung des Machorkaanbaus in erheblichem Umfang auf Edeltabake.

Aufbau der zerstörten Herstellungsbetriebe.

Zur Bearbeitung dieser Aufgaben wurde eine Außenstelle Kiew des Tabakreferats als „Tabakreferat der Wi In Süd" errichtet mit den Abteilungen: Anbau, Rohtabak, Fabrikation, Verteilung, Transport, Finanzen.

Vorhanden waren:

5 Zigarettenfabriken: in Kiew, Krementschug, Rostow, Charkow, Kursk.

5 Machorkafabriken: in Lubny, Krementschug, Priluki, Romny, Tscherkassy.

Anbau

Im Jahre 1942:

Von rd. 36 000 ha Anbaufläche der Russen in der Ostukraine im Jahre 1941 wurden rd. 28 000 ha bestellt bei Steigerung der Anbaufläche für Edeltabak (Zigarrengut) von 700 ha der Russenzeit auf 2500 ha. Der Gesamtertrag betrug:

Machorka (grün und gelb)	25 Mill. kg =	1 018 kg je ha
Bakuni	1,6 Mill. kg =	809 kg je ha
Edeltabak	1,5 Mill. kg =	62 kg je ha

Auf den Tabaksamenvermehrungsfeldern wurden gewonnen:

187 000 kg Machorkasamen
4 000 kg Edeltabaksaatgut.

Im Jahre 1943:

Zwecks Erweiterung der Anbauflächen wurden neben dem Eigenanbau der Wi In Süd 3 Einsatzfirmen eingewiesen. Diese hatten nach dem Konzessonsvertrag Tabak weisungsgemäß anzubauen, ihn einwandfrei zu fermentieren und restlos abzuliefern.

In Aussicht genommen war die Bestellung einer Anbaufläche von 35 434 ha. Infolge Frontverlegung und Partisanenbehinderung wurden jedoch nur 28 406 ha angebaut, davon 5620 ha Eigenbau, der Rest durch die drei Einsatzfirmen.

Nach dem kurz vor Einbringung der Ernte in allen Gebieten angestellten Erhebungen wurde die zu erwartende Ernte wie folgt geschätzt:

Machorka	22,4 Millionen kg =	1000 kg je ha
Bakuni	4,4 Millionen kg =	2000 kg je ha
Edeltabak	7,5 Millionen kg =	2000 kg je ha
zusammen:	34,3 Millionen kg	

Die Abteilung Anbau erhielt im Mai 1943 den Auftrag, auch die Erfassung und Fermentation der künftigen Ernten durchzuführen. Hierfür wurden ca. 180 800 qm Lagerraum benötigt, bereitgestellt werden konnten jedoch nur 82 000 qm. Es wurde daher in Aussicht genommen, 5 Millionen kg ukrainische Zigarrentabake in Deutschland zu vergären.

Der von der Abt. Anbau betreute Tabakanbau hatte etwa die doppelte Größe des gesamten deutschen Inlandtabakanbaus. Die Tätigkeit der Anbauleiter vollzog sich in einem von Banden ständig beunruhigten Gebiet. Infolge der hierdurch bedingten Schwierigkeiten verdienen die hier erzielten Erfolge eine höhere Bewertung als die in der Heimat. Neben der planvollen Anbaulenkung und Beratung sind die großen Erfolge bei der Samen- und Tabakerzeugung im Jahr 1943 vor allem auf die Prämierung der einzelnen Arbeitsphasen zurückzuführen. Das mit der Chefgruppe La abgestimmte und durch Wi Stab Ost genehmigte Prämiensystem für frühzeitiges und gutes Auspflanzen, vorschriftsmäßiges und baldiges Hacken und einwandfreies Häufeln, hat sich sehr gut bewährt.

Der Anbau der Jahre 1942/43 hat bewiesen, daß die Ukraine auch unter wechselnden klimatischen Verhältnissen hervorragend für die Erzeugung von Edeltabak geeignet ist. Nach Räumung der Ostukraine wurde die Abt. Anbau zur Einbringung der Tabakernte im Bereich des RKU eingesetzt.

Rohtabakerfassung

Das zunächst in Kiew eingesetzte kleine Sonderkommando hatte die vordringliche Aufgabe, die Tabakernte 1941 einzubringen und zu erfassen. 6 eingerichtete Hauptpunkte übernahmen in 2 Monaten 39 Tabakpunkte und verpflichteten und ergänzten das Personal. Nach Durchführung dieser Maßnahmen waren in der Zentralverwaltung ca. 100 kaufmännische Angestellte, Dolmetscher usw. eingesetzt, auf den Punkten wurden ca. 1000 Inspektoren, Punktleiter, Buchhalter, Agrotechniker und Arbeiter beschäftigt. Von der durch Kampfhandlungen und frühzeitigen Frosteinbruch zum großen Teil vernichteten Ernte konnten ca. 10,5 Millionen kg Tabak geborgen werden, woraus ca. 9,9 Millionen kg versandfertig bereitgestellt wurden.

Für 1942 wurde die Abt. Rohtabak erheblich verstärkt. Die Tabakpunkte und Fermentationsanstalten wurden in Stand gesetzt. Zur sachgemäßen Behandlung der Edeltabake der Ernte 1942 wurden 3 Naturfermentationsanstalten (Darniza, Bobrowiza, Neshin) mit zusammen 8000 qm Lagerfläche errichtet. Durch ein eingeführtes Prämiensystem wurde die Ablieferungsfreudigkeit der Pflanzer angeregt. Infolge dieser Vorbereitungen verlief die Errfassung der Ernte 1942 planmäßig. Die Fermentation der Edeltabake und der Versand der Machorka-Tabake wurde durch den feindlichen Vorstoß auf Charkow stark beeinträchtigt. Im Zug der hierbei notwendigen Räumungsverladungen wurden insgesamt 1525 Waggons Rohtabak in das Reich und an die Tabakmonopole Ostland und Ukraine zur Verladung gebracht. Nach Wiedereroberung der vorübergehend verloren gegangenen Gebiete konnte die Erfassung und Einlagerung der Ernte 1942 planmäßig beendet werden. Insgesamt wurden erfaßt:

Machorka	24,2 Millionen kg
Balkuni	1,6 Millionen kg
Edeltabak	1,6 Millionen kg
	27,4 Millionen kg.

Nach endgültiger Bearbeitung und Teilfermentation standen davon zur Verladung bereit:

Machorka	22,6 Millionen kg
Bakuni	1,5 Millionen kg
Edeltabak	1,4 Millionen kg
	25,5 Millionen kg.

Aus der Ernte 1941 und 1942 standen mithin insgesamt

35,4 Millionen kg

versandbereit. Gemäß einem zwischen RWM, RMfbO und W Stab Ost festgelegten Rohtabakplan wurden diese Tabake nach Deutschland, Ungarn, Holland, Finnland, Norwegen, Dänemark, an die Tabakmonopole Ukraine und Ostland und die Wi In Süd-Betriebe angewiesen.

Fabrikation

In den Machorka-Fabriken wurde Machorka verschiedener Sorten, in den Zigarettenfabriken vorwiegend Papyrossen, auch Strang-Zigaretten und Rauchtabak in kleineren Mengen hergestellt. Als Nebenprodukt wurde in bescheidenem Umfang Nikotin gewonnen.

Die Fabriken waren durchweg erheblich zerstört, die Machorkafabrik Tscherkassy so, daß ein Wideraufbau nicht in Frage kam. Die Baulichkeiten, Betriebsapparaturen, Transport- und sonstige technische Einrichtung der Betriebe waren außerordentlich rückständig.

Nach Einberufung geeigneter Fachkräfte wurden die nachstehenden Betriebe wieder aufgebaut und mit deutschen Leitern besetzt:

Zigarettenfabriken: Kiew, Krementschug, Charkow, Rostow
Machorkafabriken: Krementschug, Lubny, Priluki, Romny.

Die Zigarettenfabrik Kursk wurde als Zweigbetrieb stillgelegt.

An das Tabakmonopol des RKU wurden abgegeben:

Zigarettenfabrik Kiew mit 123 Mill. Papyrossen monatlich
Zigarettenfabrik Krementschug 11 Mill. Zigaretten monatlich
und 3 000 kg Rauchtabak monatlich
Machorkafabrik Krementschug mit 40 500 kg Fertigungsmachorka
Machorkafabrik Bubny mit 50 000 kg Machorka

Verteiler

Die Abt. Verteilung hatte die Wehrmacht, die Organisationen der Landwirtschaft, der gewerblichen Wirtschaft und der Eisenbahn mit Machorkatabak und Papyrossen zu versorgen.

Die Wehrmacht benötigte ukrainische Tabakwaren für die Legionen und Hi Wi, Bandenbekämpfung, V-Leute, Überläufer usw. Landwirtschaft, gewerbliche Wirtschaft und Eisenbahn erhielten die Lieferungen zur Durchführung ihrer Prämiensysteme. Die hierfür zur Verfügung stehenden Tabakmengen haben sich als ein ausgezeichnetes Mittel zur Hebung des Arbeitswillens bei der einheimischen Bevölkerung und zur Leistungssteigerung erwiesen.

Die Versorgung erfolgte im Gebiet des RKU und der Wi In Süd nach gleichen Grundsätzen. Infolgedessen standen der Abt. Verteilung die im gesamten Bereich erzeugten Tabakwaren zur Verfügung. Die Verteilung erfolgte nach einer aufgestellten Planung, in der die Änderungen der Einwohnerzahlen durch Frontbewegungen, Abtransport von Arbeitskräften usw. berücksichtigt wurden. Die Durchschnittsquote für 1943 betrug pro Einwohner 500 gr. Rohmachorka einschließlich Strunk.

In den gesamten Versorgungsbereich lieferten die Abt. Verteilung von April 1942 – August 1943:

Machorka 4 083 376 kg
Papyrossen 216 686 000 Stück.

Dieser Gesamtumsatz betrug *RM 14 516 826,02*

Abt. Verteilung übernahm die Produktion der Werke zu folgenden Fabrikabgabepreisen:

Machorkatabak 11,10 Rubel pro Kilo
Papyrossen I 0,040 Rubel pro Kilo
Papyrossen II 0,033 Rubel pro Kilo
Papyrossen III 0,025 Rubel pro Kilo

Die Preise verstanden sich ab Fabrik. Die Kleinverkaufspreise wurden wie folgt festgelegt:

Papyrossen I 0,025 Rubel pro Stück
Papyrossen II 0,020 Rubel pro Stück
Papyrossen III 0,015 Rubel pro Stück
1 Päckchen = 50 gr. Machorka 2,00 Rubel = 40,00 Rubel pro Kilo

Die Lieferung erfolgte zu einheitlich festgelegten Verkaufsbedingungen. Die Steuer wurde als Verbrauchsteuer behandelt und mit der H.Gr. Süd abgerechnet.

Finanzgebarung

Die Unterabteilung Finanzen faßte die gesamte Finanzgebarung sämtlicher Untergruppen zusammen und führte nach Räumung der Anbaugebiete und Fabriken die finanzielle Abwicklung durch. Aus der Finanzübersicht per 15. 10. 1944 ergab sich ein Gesamtüberschuß der von dem Tabakreferat betreuten Betriebe in Höhe von RM 12 196 265,56. Hiervon wurde ein Betrag von RM 5 643 353,95 lt. Anordnung Nr. 296/44 vom 19. 8. 1944 (betr. Vereinfachungen in der Abwicklung von Reichsbetrieben und militärischen Dienststellen) eingezogen. Der Rest wurde an den Abwicklungsstab Wi Stab Ost überwiesen.

Ergänzende Gewerbezweige

Handwerk[215])

Die eigentumsfeindliche Einstellung der Sowjets hatte ein selbständiges Handwerk nicht geduldet. Ein Handwerk in deutschem Sinn gab es daher in den altsowjetischen Gebieten nicht. Die sogenannten Handwerker waren in Gemeinschaftsbetrieben oder in Arbeitsgemeinschaften zusammengeschlossen, deren Führung durchweg in jüdischen Händen gelegen hatte. Nach Auflösung der sowjetischen Zwangseinrichtungen waren plözlich wieder viele kleinste Handwerksbetriebe da. Dieses „Handwerk" besaß aber keine umfassende berufliche Ausbildung, da das Sowjetsystem auch hier nur sehr einseitige Spezialisten herangezüchtet hatte.

---

[215]) Eine ausführlichere Fassung dieses Abschnitts in BA-MA, RW 31/981.

Immerhin gab es aber eine sehr große Anzahl derartiger kleinster Handwerker, deren Masse sich über das ganze Land verteilte. Hier waren viele Tausende Facharbeiter vorhanden, deren Angehörige häufig mit tätig waren. Die Einspannung für deutsche kriegswirtschaftliche Zwecke wäre daher von großer Bedeutung gewesen. Insbesondere durch Hilfsleistungen bei Reparaturen (Fahrzeuge), Herstellung von Schuhen, Unterkunfts- und sonstigem Gerät für die Truppe und durch Erzeugung von Gebrauchsgütern aller Art für die einheimische Bevölkerung.

Die Bedeutung der Einsatzmöglichkeit des Handwerks in diesem Sinn ist zweifellos erst sehr spät erkannt worden. Eine besondere Gruppe Handwerk im Rahmen der Chefgruppe W wurde erst im Mai 1943 geschaffen, bis dahin war das Handwerk nur ein Anhängsel der Gruppe Handel und wurde von deren Referenten mitbetreut. Nur leitende handwerkliche Fachkräfte wären aber in der Lage gewesen, unter weitgehender Heranziehung deutscher Meister und tatkräftiger Unterstützung der heimatlichen Organisationen das russische Handwerk für deutsche Zwecke zu erfassen und aufzubauen. Ausführungen hierüber müssen dem Abschnitt „Erfahrungen" vorbehalten bleiben. Hier soll dargestellt werden, wie die Einspannung des einheimischen Handwerks für kriegswirtschaftliche Fertigung in den besetzten Ostgebieten tatsächlich abgelaufen ist.

Mit der geringen personellen Ausstattung der Gruppe Handel und Handwerk (bestenfalls je Wi Kdo 1 Referent) war eine Erfassung und Lenkung der vielen Tausende kleinster Handwerksbetriebe von vornherein völlig unmöglich. Folgerichtig strebten die Wi-Dienststellen daher eine Zusammenfassung zu größeren Arbeitsgemeinschaften und „Betrieben" an. Daß dies nur in größeren Städten überhaupt möglich war, liegt auf der Hand. Damit konnte nur ein Bruchteil des Handwerks erfaßt werden.

Auf diese Weise entstanden durch Zusammenfassung von Kleinbetrieben im Operationsgebiet größere Sattlereien. Nach Einsatz deutscher Fachkräfte und Ausbildung ungelernter Einheimischer wurden hieraus Großsattlereienwerkstätten gebildet. Aus vorhandenen Schuhmachereien entstanden größere Schuhfertigungswerkstätten, aus ihnen mit der Zeit leistungsfähige Betriebe. Kleinste Schneiderwerkstätten wurden zu Großreparaturwerkstätten für Wehrmachtsbekleidung mit erheblicher Arbeitsleistung zusammengefaßt.

So hat das einheimische Handwerk zwar in beachtlichem Umfang deutschen Zwecken gedient, aber im Großen gesehen war es eben nur ein Bruchteil dieses Handwerks. Naturgemäß mußte die so erzielte Produktion so gut wie ausschließlich der Truppe zugeführt werden. Für eine Versorgung der Zivilbevölkerung blieb daneben kein Raum, nicht einmal für eine solche der in deutschem Interesse arbeitenden. Eine Ausnahme bildete nur die Versorgung mit Schuhwerk, die in gewissem Umfang für Bergbauarbeiter usw. durchgeführt werden konnte.

Die zahlenmäßigen Erfolge sind (soweit statistisch erfaßt) aus dem Abschnitt Lederwirtschaft usw. ersichtlich.

Die große Masse des einheimischen Handwerks arbeitete, unerfaßt und unkontrolliet, selbständig für sich, insbesondere für den schwarzen Markt und den Schwarzhandel.

Ähnlich verlief der handwerkliche Einsatz im Zivilverwaltungsgebiet, insbesondere in der Ukraine. Durch die grundlegende „Verordnung über die Erfassung der Handwerker und die Zulassung handwerklicher Betriebe in der Ukraine" vom

7. 3. 1942[216]) versuchte der RKU Ordnung in die handwerklichen Verhältnisse zu bringen. Zwei weitere Verordnungen sahen die Bildung von handwerklichen Gemeinschaftsbetrieben (Artelen) und Arbeitsgemeinschaften vor. Diese in der Ukraine üblichen Artele mußten beibehalten werden, da es das sowjetische System unmöglich gemacht hatte, einen eigenen leistungsfähigen Handwerksbetrieb aufzubauen. Außerdem fehlte es an den notwendigen Maschinen und Werkzeugen. Eine Mustersatzung für Artele sicherte diese als Instrumente der deutschen Wirtschaftsführung.

Zur Durchführung dieser Bestimmungen und anschließenden Betreuung des ukrainischen Handwerks wurden „Referate Handwerk" (beim RKU und den Generalkommissariaten) und „Gebietswirtschaftler" (in den Gebieten) vorgesehen. Besetzt wurde jedoch nur die Planstelle beim RKU. Außerdem nur noch die beim Generalkommissariat Nikolajew, jedoch erst im Oktober 1943 z. Zt. der Auflockerung. Dies lag daran, daß den Personalanforderungen einfach nicht entsprochen wurde, obwohl im Reich geeignete Handwerksreferenten bereitgestellt worden waren.

Die schleppende Behandlung der Vorschläge für neu einzustellende Mitarbeiter machten den Aufbau eines Handwerks auch in der Ukraine unmöglich. Bei verschiedenen Dienstreisen in die Generalkommissariate der Ukraine wurde von den dortigen Dienststellen immer wieder erklärt, daß nur bei Stellung der erforderlichen Referenten an eine Ordnung des Handwerks zu denken sei. Trotz geeigneter Vorschläge dauerten aber die Prüfungen und Feststellungen Monate, so daß es nur zu dem einzigen Einsatz in Nikolajew kam. Obwohl die Handwerksreferenten im Reich auf ihren Abruf warteten, konnten sie nicht in Marsch gesetzt werden, weil die erforderlichen Formalitäten noch nicht erledigt waren.

Die Folge war, daß die Erfassung der einheimischen Handwerker mangelhaft und die Überwachung ihrer Erzeugung ungenügend blieb. Da zudem nicht für einigermaßen ausreichende Lebensbedingungen gesorgt wurde, arbeitete der einheimische Handwerker auch hier schließlich nur noch für den schwarzen Markt. Von einem sinnvollen und gelenkten Einsatz des Handwerks im Rahmen der Kriegswirtschaft konnte daher auch hier nicht gesprochen werden.

Durch eine Vereinbarung vom 10. 9. 1942 mit dem Reichshandwerksmeister versuchte der RKU, sich die Mitarbeit reichsdeutscher Handwerksmeister zu sichern[217]). In Richtlinien wurde festgelegt, daß der deutsche Handwerker bei gleichzeitiger Leitung eines eigenen oder treuhänderischen Betriebs etwa die Stellung eines Gebietsobermeisters einnehmen sollte. Hiervon erfuhren die deutschen Handwerker durch Veröffentlichung in der Handwerks- und Tagespresse. Maßnahmen, um eine Auslese der sich meldenden Handwerker treffen zu können, wurden jedoch durch die Reichsgruppe Handwerk nicht ergriffen. Die sich meldenden deutschen Handwerker entsprachen daher oft nicht den notwendigen Anforderungen. So ist der verfolgte Zweck nur zum Teil erreicht worden. Infolge Fehlens von Planstellen konnten deutsche Handwerker nicht als Referenten, sondern nur als selbständige Betriebsführer oder Treuhänder Verwendung finden. Die Aufbauarbeit für den eigenen Betrieb war dann so umfangreich, daß sich diese Handwerker

[216]) Meyer, Recht, Abschnitt U III G a 3.
[217]) Dazu Dallin, Deutsche Herrschaft, S. 412.

den deutschen Dienststellen zur Durchführung fachlicher Aufgaben nur wenig oder gar nicht zur Verfügung stellen konnten.

Handelsmäßige Versorgung der Bevölkerung

Zur Erhaltung ihrer Arbeitskraft war die für uns arbeitende einheimische Bevölkerung nicht nur zu ernähren, sondern auch mit Schuhwerk, Kleidung, Wäsche usw. zu versorgen. Bei dem herrschenden Mangel war weiter die Zuteilung von Eisen, Glas und sonstigen Haushaltsgegenständen aller Art erforderlich. Und schließlich mußte die Zuteilung von über den lebensnotwendigen Bedarf hinausgehenden Verbrauchsgütern wie Machorka, Zucker, Wodka usw. oft im Wege der Prämienzuteilung zweckdienlich sein, um die Arbeitswilligkeit zu schaffen, zu erhalten und zu heben.

Anfänglich lag die Erfüllung aller aus der Praxis sich ergebenden Aufgaben in Händen der Gruppe Handel und Handwerk, die unter wesentlicher Mitwirkung der Reichsgruppe Handel ausgebaut war. Die Reichsgruppe Handel hatte bald die Wichtigkeit der Versorgungsaufgaben in den besetzten Ostgebieten erkannt. Durch das bei ihr gebildete Ostreferat wurde auf Befehl des Reichsmarschalls die „Wirtschaftseinsatz Ost (Versorgungswerk) GmbH" gegründet mit der Aufgabe, die Versorgung aller im deutschen Interesse tätigen Arbeitskräfte, sowohl in den zivil- als auch in den militärverwalteten Gebieten mit Verbrauchsgütern aller Art durchzuführen. Der Leiter der Gruppe Handel und Handwerk/Chefgruppe W/Wi Stab Ost war gleichzeitig Hauptgeschäftsführer der Wirtschaftseinsatz Ost GmbH. Die Gruppen Handel und Handwerk bei den Wi In'en wurden aus den Reihen des notleidend gewordenen Außen-, aber auch des Groß- und Einzelhandels mit fachlich geeignetem Personal ausgestattet, das als MV-Beamte, bzw. Sonderführer einberufen wurde.

Groß- und Kleinhandel (Wi In Mitte):

Die Gruppe Handel und Handwerk der *Wi In Mitte* kam als erste zum Einsatz. Die hier gewonnenen Erfahrungen wurden grundlegend für die anderen Inspektionen. Bei ihrem Einsatz fand die Gruppe den sowjetischen staatlichen Handelsapparat zerschlagen vor, die Läger und Läden waren größtenteils vernichtet oder ausgeraubt. Über das sowjetische Verteilungssystem war kaum etwas in Erfahrung zu bringen, da die maßgeblichen Stellen von Juden besetzt gewesen, diese aber sämtlich geflüchtet waren. Es wurden zwar einige staatliche Kleinverkaufsstellen vorgefunden, dagegen fehlte die Großhandelsstufe völlig.

Es galt also, einen Waren-Verteilungsapparat zu schaffen, der wenigstens eine notdürftige Versorgung der Zivil-Bevölkerung sicherstellte. Da dies zunächst auf privatwirtschaftlicher Grundlage nicht geschehen sollte, wurde die Großhandelsstufe unter zentraler militärischer Leitung geschaffen. Der Kleinverkauf im Einzelhandel wurde den Gemeinden unter eigener Verantwortung und selbständiger Geldwirtschaft, aber unter Aufsicht der Wi-Dienststellen übertragen.

Als Vorläufer der Großhandelsstufe wurden „Zentralläger" (ZL) errichtet, im Bereich der Wi In Mitte insgesamt 14 mit 5 Nebenstellen, davon 5 ZL in 1941, 9 ZL in 1942/43 und 5 Nebenstellen in 1943. Die ZL hatten rein bezirkliche Aufgaben. 1943 wurde außerdem ein „Umschlaglager" geschaffen, das den zentralen Warennachschub und die Verteilung auf die Zentralläger besorgen sollte.

Die ZL hatten nur die arbeitende Bevölkerung zu versorgen, die nicht landwirtschaftlich tätig war, insbesondere also die städtische. Versorgung der landwirtschaftlich tätigen Bevölkerung war neben anderem Aufgabe der ZO. Die ZL hatten das ausschließliche Recht, landeseigene industrielle und handwerkliche Erzeugnisse anzukaufen, mit der Verpflichtung, 80% aus diesem Aufkommen an die ZO abzugeben.

Warenbeschaffung:

Zunächst konnten den ZL nur beschlagnahmte Beuteläger zugeführt werden. Da mit schneller Erschöpfung zu rechnen war, galt es, andere Bezugsquellen zu erschließen. Die landeseigene industrielle Produktion hatte in erster Linie der Truppenversorgung zu dienen. Als Bezugsquellen kamen daher nur die landeseigene handwerkliche Fertigung und der Nachschub aus dem Reich in Frage. Mit einem Nachschub aus dem Reich konnte auf die Dauer nicht gerechnet werden. Die Einspannung des einheimischen Handwerks für diese Zwecke gelang nicht. Die Bedeutung dieses Handwerks wurde zu spät erkannt, die Gruppe Handwerk erst im Mai 1943 geschaffen (auf die Abhandlung „Handwerk" wird verwiesen).

Damit war die Warenbeschaffung auf die Einfuhr angewiesen. Hierfür wurde im Juli 1942 die Firma Fred Wilson & Co., Berlin, eingeschaltet, später auch eine Vereinigung deutscher Handelsfirmen, die als Patenfirmen zum Einsatz kommen sollten. Zunächst beschränkte sich jedoch die Mitarbeit solcher Patenfirmen auf die Entsendung von Zivilsachverständigen zwecks Unterstützung der Lagerleiter und eigener Information. Die Patenfirmen sollten später bei Übergabe von Gebieten an das Reichskommissariat die Zentralläger als Großhandelsfirmen auf eigene Rechnung übernehmen. Der Wunsch, an dem Nachschub beteiligt zu werden, führte im Juni 1943 zu einem gemeinsamen Korrespondenzbüro solcher Patenfirmen, das ebenfalls zum Ausbau des Nachschubs beitrug.

So gelang es, ein reichhaltiges Sortiment zu beschaffen und die Einfuhr aus dem Reich, Italien, Finnland, Protektorat, GG und den besetzten Westgebieten laufend zu steigern (im Monat Juni 1943 auf über 2 Millionen RM). Die Organisation bei der Gruppe Handel und Handwerk der Wi In Mitte war in Einkauf- und Verkaufsreferate geteilt. Im April 1943 wurde das Einkaufsreferat als Nachschubstelle nach Berlin verlegt, wodurch eine engere Verbindung mit den Lieferanten und den für die Bewilligung von Bezugsrechten zuständigen Behörden erreicht wurde.

Trotz dieser Einschaltung von sachverständigen Zivilfirmen arbeitete die Organisation der Warenbeschaffung zunächst nicht gut. In dem Bestreben, unter allen Umständen den Nachschub in Gang zu bringen, wurden vielfach Waren eingekauft, die später nicht abgesetzt werden konnten (wenn wichtige Bedarfsgüter, z. B. Textilien nicht beschafft werden konnten, dann wurden aus diesem falschen Streben heraus Lippenstifte, Gablonzer-Schmuck, Liegestühle und ähnliche, völlig überflüssige Sachen eingekauft und nachgeschoben). Erst mit zunehmender Erfahrung über den Bedarf und die Art der zum Einsatz geeigneten Güter konnte der Einkauf den wirklichen Bedürfnissen angepaßt werden.

Im Mai 1943 erhielt die Sondergruppe Versorgung den Auftrag, auch die ZO mit Nachschubware zu versorgen, die bisher selbst eingekauft hatte. Infolge der militärischen Ereignisse kam diese Programm jedoch nicht mehr zur vollen Auswirkung.

Warenabsatz:

Der Warenabsatz sollte grundsätzlich derart erfolgen, daß die Zentralläger nur Großhandel betrieben, während der Einzelverkauf durch die bereits erwähnten kommunalen Verkaufsstellen erfolgen sollte. Die Unzuverlässigkeit mancher kommunalen Handelsabteilungen zwang aber dazu, auch Kleinverkaufsstellen für eigene Rechnung einzurichten.

Für das Verteilungssystem war der Gedanke maßgebend, möglichst hohe Leistungen der russischen Arbeitskräfte sicherzustellen. Da außerdem die Erfassung der landwirtschaftlichen Produkte mit einem Prämiensystem gekoppelt war und durch freien Verkauf nicht gestört werden durfte, erfolgte die Abgabe der Waren grundsätzlich nur auf Bezugsnachweis als Prämie. Die Verknappung einiger besonders begehrter Waren führte dann zur Unterscheidung von Zuteilungs- und Mangelware. Die Abgabe von Zuteilungswaren erfolgte auf Abschnitte von Bezugscheinen, die Ausgabe von Mangelwaren nur gegen Bezugsausweise, die auf einen bestimmten Rubelbetrag lauteten und freie Wahl beim Einkauf erlaubten. Diese Bezugsausweise für Mangelwaren wurden nur über die Gruppe BB ausgegeben auf Grund der von ihr erfolgten Festsetzung der Zahl der Arbeitskräfte unter Zugrundlegung der tatsächlich vorhandenen Mengen an Mangelware. Durch diese Abstimmung war die Ausgabe, Einlösung und Kontrolle der Bezugsscheine geregelt. Die Anpassung an die örtlichen Verhältnisse bei der Durchführung war den Wi Kdos und ZL überlassen.

Die Durchführung dieser Prämiensysteme (auch des Punktsystems in der Landwirtschaft) brachte erhebliche Schwierigkeiten. Durchweg war nämlich der Wert der Punkte viel zu hoch eingesetzt. Die Werktätigen bzw. Ablieferungspflichtigen konnten die für eine Ware erforderliche Punktzahl durch gute Leistung oder Ablieferung nur sehr schwer oder überhaupt nicht erreichen. Infolgedessen konnten vielfach erhebliche Mengen wertvoller Verbrauchsgüter nicht abgesetzt werden, dienten also der guten Arbeits- bzw. Ablieferungsleistung überhaupt nicht. Völlig überflüssige und für den Russen unbrauchbare Sachen, die vielfach beschafft waren, konnten natürgemäß ebenfalls nicht abgesetzt werden.

Der gesamte Warenein- und -ausgang im Bereich der WI In Mitte zeigt folgendes Bild:

	1941	1942	1943
	Rubel	Rubel	Rubel
Gesamt-Eingang:	rd. 1,7 Mill.	42,2 Mill.	206,5 Mill.
Gesamt-Ausgang:	rd. 0,8 Mill.	27,6 Mill.	129,3 Mill.

Hieraus ergibt sich, daß ganz erhebliche Mengen Waren nicht der Leistungssteigerung dienten. Der Antransport der nicht abgesetzten Teile hatte die Transportmittel unnötigerweise belastet, das gleiche war bei dem Abtransport im Zug der Auflockerungen und Räumungen der Fall.

Die etwa im Frühjahr 1943 einigermaßen eingespielte Organisation zur Versorgung der einheimischen Bevölkerung mit Bedarfsgütern konnte sich durch die militärischen Ereignisse nicht mehr voll auswirken.

Abweichungen in anderen Wi In-Bereichen:

Zur Versorgung der einheimischen Arbeitskräfte in dem wesentlich größeren Gebiet der Wi In Süd wurden in kurzer Zeit eine größere Anzahl von ZL und ein Hauptumschlaglager mit einem umfassenden Warensortiment errichtet. Der Einkauf von Nachschubwaren erfolgte ebenfalls über die Firma Fred Wilson & Co., bzw. Über die eingesetzten Patenfirmen. Jedoch unterhielt die Wi In Süd kein Einkaufsreferat als Nachschubstelle in Berlin, sondern entsandte in regelmäßigen Zeitabständen eigene MV-Beamte zu diesen Firmen.

In stärkerem Umfang wurden hier auch die landeseigene industrielle und handwerkliche Produktion eingeschaltet. Innerhalb der ZL der Wi In Süd selbst und in begrenztem Umfang auch mit den ZL der Wi In Mitte wurde ein Warenaustausch vorgenommen.

Im Bereich der Wi In Kaukasus wurde erst Ende September 1942 ein ZL errichtet, mit der Errichtung von vier weiteren begonnen. Nur beschlagnahmte Beutewaren und landeseigene industrielle und handwerkliche Produkte dienten der Nährung dieser Läger. Entsprechende Verträge mit einschlägigen Einkaufsfirmen wurden geschlossen, um den Nachschub aus dem Reich sicherzustellen. Die Bestellungen kamen aber infolge der militärischen Ereignisse nicht mehr zur Durchführung. Die Aufträge wurden nicht annulliert, vielmehr die Waren den Wi In'en Nord, Mitte und Süd zur Verfügung gestellt. Die Auflösung der ZL konnte bei den geringen Warenbeständen reibungslos durchgeführt werden.

Die Gruppe Handel und Handwerk bei Wi In Nord hatte zwar Läger eingerichtet, die jedoch nur als industrielle Nachschubläger, nicht als ZL anzusehen waren. Erst im März 1943 wurde mit der Errichtung eines ZL begonnen. Zu einem Vertragsverhältnis mit einer Patenfirma kam es nicht.

Zusammenfassend kann gesagt werden: die für die Erhaltung der Arbeitsfähigkeit und Willigkeit der Bevölkerung unbedingt mit Ge- und Verbrauchsgütern aller Art ist in ihrer Bedeutung zu spät erkannt worden. Auch dann erfolgte die Durchführung noch verspätet und unzweckmäßig[218]). Die unbefriedigende Lösung dieses Problems hat ganz allgemein auch die innere Einstellung der Bevölkerung zu uns ungünstig beeinflußt.

Altmaterial-Erfassung[219])

Die Altmaterialerfassung in den bestzten Ostgebieten diente zunächst der Rohstoff-Beschaffung für die Fertigung von Truppenbedarf. Alt- und Abfallstoffe sind

---

[218]) Das Ergebnis war ein Sumpf von Korruption und Kriegsgewinnlerei unter den eingesetzten Offizieren, Beamten und Sonderführern, den der Wi Stab Ost vergeblich auszutrocknen versuchte; s. Besondere Anordnungen Nr. 121 vom 23. 5. 1944, BA-MA, RW 31/142.

[219]) Erweiterte Fassung des Abschnitts in BA-MA, RW 31/982.

kriegsgewichtige Rohstoffe. Sie dienen zur Erzeugung von Wehrmachtsdecken, Filzstiefeln, Stoffen, Dachpappen, Rohpappen, Packmaterial, Munition, Leim, Seifen, Gummi, Regeneraten, Eisen-, Stahl- und Metallfabrikaten, sowie zur Sortierung von Putzlappen für Truppenbedarf und Rüstungsindustrie. Bei der Mangellage an Rohstoffen mußte daher weitestgehend auf Altmaterial zurückgegriffen werden. Einzelne Erzeugnisse, wie z. B. Roh- und Dachpappe, Packmaterial und Papier, können nur aus Altmaterial (Lumpen und Altpapier) hergestellt werden.

Das nächste *Ziel* der auf dem Altstoffsektor eingeleiteten Maßnahmen war die Wiederbelebung der ehemaligen Altmaterialerfassungs-Organisation der UdSSR und ihr Ausbau. Die zerstörten Rayon-Sammelstellen sollten wieder als Großhandelsbetriebe neu aufgebaut werden. Letztere waren nach Möglichkeit mit deutschen Fachkräften zu besetzen. Solche Fachkräfte waren aus dem Reich schwer zu bekommen, weil dort der gesamte Altstoffhandel bis 1936 ausschließlich in jüdischen Händen gewesen war. Die Personallage war daher von Anfang an ungünstig. Sie wurde noch durch Widerstände in der Besetzung und Verzögerungen in der Einberufung erschwert. Auf die Arbeiten wirkte sich dies hemmend aus und verzögerte die Anfangstermine beträchtlich.

Die *Organisation* der Altmaterialerfassung war in den verschiedenen Teilen des besetzten Ostens unterschiedlich. Sie sah für die ehemaligen baltischen Staaten Estland, Lettland und Litauen die Privatisierung des gesamten Altstoffgroßhandels vor. In Estland und Litauen wurden diese Betriebe treuhänderisch verwaltet, während im RKO nur Deutsche herangezogen wurden. In der Ukraine wurde die Firma „Altstoff-Gesellschaft Ukraine m.b.H." eingesetzt. Von Reichs wegen wurde auch hier angeordnet, daß sich diese Firma an Vorbilder im Reich anzulehnen habe als Grundlage für eine spätere Privatisierung. In den übrigen besetzten Ostgebieten setzten die Wi In'en ihrerseits Spezialisten ein, welche die Großhandelsbetriebe treuhänderisch verwalteten. Das RKO beschäftigte darüber hinaus noch Mittelhandelsbetriebe nach deutschem Vorbild. Außerdem waren in den 4 Generalbezirken des Ostlandes 1000 selbständige Gewerbetreibende als Kleinhändler, Sammler und Agenten tätig.

Die fachliche Steuerung der Altmaterialerfassung für die gesamten besetzten Ostgebiete wurde im Jahre 1943 dem

Reichskommissar für Altmaterialverwertung

übertragen. Dieser ordnete an, daß für die *Übernahme* von Alt- und Abfallstoffen nach Freigabe durch die von ihm eingesetzten Fachreferenten zuständig waren:

- Ostfaser: für Lumpen und Altpapier.
- OEG Osterfassungsgesellschaft: für Knochen, Tierhaare, Federn, Felle, Häute und verwandte Gebiete.
- Gruppe Chemie: für Altgummi.
- Der Beauftragte für die Schrott- und Metallerfassung in den besetzten Ostgebieten, Stab Major Schu: für Schrott und Altmetalle.

Die *Erfassung* geschah nach folgenden Gesichtspunkten:

Auswertung der bei der Besetzung vorhandenen Lagerbestände in den Einkaufsstellen, Rayonbasen, Sortieranstalten, soweit diese erkundet waren.

Neuerkundung von Altstoffbeständen in den ehemaligen Einkaufsstellen, Rayonbasen usw. und Abtransport zu den Sortieranstalten.

Gewerbliche Erfassung, die im wesentlichen unter dem Mangel an Transportmöglichkeiten, Kraftfahrzeugen, Arbeitskräften und Zerstörungen litt.

Zusätzliche Erfassungsmaßnahmen durch Auflagen an die Bevölkerung, besondere Sammelaktionen nach deutschem Muster, Prämiengewährung sowie durch Schulsammel-Aktionen. 2 Spinnstoffsammlungen im Ostland erbrachten 3 725 000 kg, je eine Metallmobilisierungsaktion im Ostland und der Ukraine rd. 6500 to Metall.

Die Beschaffung von Kraftfahrzeugen, Ballenpressen, Bindedraht und sonstigen Dingen zur Ingangsetzung, Fortführung bzw. Leistungssteigerung der Altmaterial-Betriebe lag in reichsdeutschen Händen.

Die Federführung in Pressefragen oblag der Gruppe Preisbildung.

Die *Aufbringungsergebnisse* der verschiedenartigsten Altstoffe wie

Lumpen, Altpapier, Altgummi, Knochen, Flaschen, Schrott, Metalle, Roßhaare, Schweinshaare, Federn, Kleintierfelle, Glasscherben, Baumwollabgänge, Baumwollfäden, Hanffäden, Kurzwerk (Flachs), Flachsfäden, Watteline, Hornmaterial, Hufe, Schallplatten, Aprikosenkerne, Abfälle von Leder, Pelz, Filz und Baumwolle

wurden durch Evakuierungsmaßnahmen, Bandengefahr, Sabotage usw. stark beeinträchtigt. Trotzdem erbrachten die Erfassungen und Sammlungen folgende Resultate:

In den Jahren 1942 und 1943 wurden im Osten verarbeitet oder ins Reich abtransportiert:

37 487 058 kg Schrott
17 485 817 kg Lumpen
9 512 543 kg Altpapier
2 951 066 kg Knochen
1 500 500 kg Verschiedenes
713 668 kg Altgummi
465 931 Stück Flaschen

Infolge Feindeinwirkung konnten erhebliche Bestände nicht mehr verarbeitet oder ins Reich abtransportiert werden.

Bankwesen[220]

Da die Sowjets bei ihrem Abzug das ganze einheimische Bankwesen vollständig zerschlagen hatten, entstand nach dem Einmarsch unserer Truppen alsbald die Forderung nach einer Bankorganisation. In Ergänzung der vorläufig zur Geldversorgung der Truppe und zur Erledigung der ersten Bankgeschäfte gegründeten Reichskreditkassen[221] mußte sie auch an den kleineren Orten vertreten sein und alle anfallenden Bankfragen erledigen.

Die Landwirtschaft und die Gemeinden verlangten ein lückenloses Bank- und Gironetz. Betriebe mußten allerorts banktechnisch betreut und beraten werden. Die

[220] Erweiterte Fassung des Abschnitts in BA-MA, RW 31/982.
[221] Dazu Müller, Wirtschaftsallianz, S. 154 f.

Versorgung der Landwirtschaft und der gewerblichen Unternehmen mit Betriebsmitteln war geboten. Der Finanzverwaltung hatten die Banken als Annahmestellen für Steuern und Abgaben zu dienen. Die Einziehung von Wehrmachtsempfang- und -lieferbescheinigungen mußte gesichert sein. Der Bevölkerung mußte eine Gelegenheit zum Sparen gegeben werden usw. Alle diese Aufgaben konnten nicht allein den Reichskreditkassen überlassen bleiben, zumal diese als Vorläufer der künftigen Notenbanken gedacht waren und anderes zu erledigen hatten[222]).

Militärische und *zivile* Dienststellen ergriffen, vorerst jede für sich entsprechend den Bedürfnissen, die Initiative zur Gründung von Banken nach deutschem Vorbild oder zur Wiederingangsetzung sowjetischer Bankeinrichtungen[223]). Auf diese Weise entstanden Agrarbanken, Stadtbanken, Stadtkassen, Landesbanken, Kreislandwirtschaftsbanken, Kommunalbanken usw.

Das Kreditwesen sollte einheitlich gestaltet und der noch bestehenden Staatswirtschaft angepaßt werden. Personal war zu sparen, eine zweckmäßige Anlage der Gelder und die Rentabilität der Institute war sicherzustellen. Auf Anordnung des Wi Stabs Ost wurden daher diese Spezialunternehmungen durch die Wi Kdos abgeschafft und neben den Reichskreditkassen die Wirtschaftsbank als einziger Bankentyp gegründet[224]). Sie hatte die Anlage- und Kreditbedürfnisse sämtlicher Wirtschaftszweige zu befriedigen.

Während für die Reichskreditkassen entsprechendes Fachpersonal der Reichsbank abgeordert werden konnte, mußte der Wi Stab Ost die deutschen Leiter der Wi-Banken und die Referenten bei den Wi Kdos von dem deutschen Bankgewerbe anfordern.

Bei der Kreditgewährung wurden neben den deutschen Bankleitern die Wi In'en oder Wi Kdos und sonstigen fachlich zuständigen Stellen eingeschaltet.

Die Wi-Banken arbeiteten im besten Einvernehmen mit den Reichskreditkassen. Durch Eröffnung von Girokonten versuchten sie den Anschluß der gesamten Wirtschaftsorganisation an das Gironetz der Reichskreditkassen.

In den Oblast-Hauptstädten und größeren Orten wurden Kopfstellen der Wi-Banken errichtet und mit je 2 reichsdeutschen Bankleitern besetzt. An kleineren Plätzen wurden Filialen aufgebaut und mit einheimischen Kräften ausgestattet. Im Gegensatz zu den Reichskreditkassen und Wirtschaftsbank-Kopfstellen verrechneten die Filialen in einheimischer Währung und führten die Konten zweisprachig.

Die einheimische Rubelwährung wurde beibehalten. Daneben bediente sich die Truppe der Reichskreditkassenscheine, deren Umrechnungskurs mit 1 : 10 festgesetzt war. In der Ukraine wurde der Karbowanez als regionales Zahlungsmittel eingeführt. Er entsprach dem Rubelwert[225]).

---

222) Zur Arbeit der Reichskreditkassen-Filialen s. Inspektionsberichte vom 1. 9. und 30. 10. 1941, BA-MA, RW 15/45.

223) Siehe auch Dallin, Deutsche Herrschaft, S. 415 ff., und Oertel, Beteiligung.

224) Zu den Verhältnissen in der Ukraine s. Rodewald, Wirtschaftsbanken.

225) Zu dieser umstrittenen Entscheidung und den damit verbundenen Interessenkonflikten s. Protokoll der Chefbesprechung im Reichswirtschaftsministerium am 3. 10. 1941, BA-MA, Wi IF 5/655. Zunächst war auch für das RKO die Einführung einer neuen Währung, der Ostlandkrone bzw. der Ostlandmark, geplant worden. Da sich die beteiligten Stellen aber nicht über den Umtauschkurs verständigen konnten und die bereits im Umlauf befindlichen Reichsmark- und Reichskreditkassenscheine ein gewisses Vertrauen bei der Bevöl-

Im Gebiet der *Wi In Süd* wurde zuerst der Aufbau des Bankwesens der Leitung des Bankreferenten der Wi In vorbildlich für spätere Gründungen vorgenommen. Kurz nach der Einnahme durch die Truppe wurden Kopfstellen der Wi-Banken errichtet in:

Stalino, Charkow, Tschernigow, Sumy, Kursk, Simferopol, Rostow, Woroschilowgrad, Mariupol und Taganrog.

Stand dieser Banken Ende 1942:

327 Zweigstellen
1 489 Angestellte
15 728 Kontokorrentkonten
2 300 Millionen Rubel Einlagen
650 Millionen Rubel Kredite
2 600 Millionen Rubel Bilanzsumme

Im Kaukasus ging die Errichtung der Banken am schnellsten vor sich, da man die im Bereich der Wi In Süd gesammelten Erfahrungen verwerten und teilweise auch eingearbeitetes Personal von dort wegziehen konnte. Die Stadtbanken und wirtschaftlichen Verrechnungsstellen in Armavir, Krasnodar und Pjatigorsk, wurden in Wi-Banken mit der Bezeichnung „Nordkaukasische Bank" mit 75 Zweigstellen umgewandelt.

Nach der Räumung des Gebietes bestand noch bis 14. 9. 1943 im Kuban-Brükkenkopf die Wirtschaftsbank Temrjuk. Der Umfang des Bankwesens im Kaukasus war erheblich. Er betrug:

Kreditsumme = 55 Millionen Rubel
Bilanzsumme = 200 Millionen Rubel

Im Bereich der *Wi In Mitte* ging der Aufbau des Bankwesens anders vor sich. Hier wurden die alten Staatsbankfilialen an verschiedenen Plätzen wieder eröffnet. Die Banken waren ausschließlich mit russischen Angestellten besetzt und unterstanden der Aufsicht der Wi In und der Wi Kdos. Diese gaben auch die Genehmigung von Investitions- und Betriebsmittelkrediten unter anderem:

– im Betrag von 80 Millionen Rubel an die zur Versorgung der Bevölkerung mit Gebrauchsmitteln eingerichteten Zentralläger,
– im Betrag von 16 Millionen Rubel an die Torfverbände,
– im Betrag von 13 Millionen Rubel an Ziegeleien,
– in größeren Summen ferner an: Zündholzfabriken, für den Bau von Panjewagen und Schlitten und an Einheimische zur Behebung von Gebäudeschäden.

Nachdem die im späteren Generalkommissariat Weißruthenien wiedereröffneten 12 Banken Anfang August in die Zivilverwaltung übernommen waren, bestanden noch Bankinstitute in:

Borissow, Orscha, Bobruisk, Witebsk, Mogilew, Roslawl, Gomel, Polock, Klinzy, Smolensk und Orel

mit rd. 60 Zweigstellen
mit rd. 265 Angestellten

---

kerung gefunden hatten, unterblieb dieser Schritt; s. Ausarbeitung des RKO zur Währungsfrage in Ostland, vom 16. 12. 1941, BA-MA, RW 31/277, sowie Sitzungsergebnis der Staatssekretärsbesprechung über Fragen der Währung im Ostland, vom 6. 1. 1942, ebd.

mit rd. 15 500 Kontokorrentkonten
mit rd. 625 Millionen Rubel Einlagen
mit rd. 100 Millionen Rubel Kredite
mit rd. 700 Millionen Rubel Bilanzsumme

Im Gebiet der *Wi In Nord* wurden die zur Entlastung der Reichskreditkassen bestehenden Verrechnungsstellen in Wi-Banken umgewandelt. Im April 1943 bestanden Wi-Banken in:

Pleskau, Luga, Ostrowo, Dno, Gdow, Opotschka und Gatschina
mit rd. 55 Angestellten
mit rd. 1 600 Konten
mit rd. 212 Millionen Rubel Einlagen
mit rd. 54 Millionen Rubel Kredite
mit rd. 319 Millionen Rubel Bilanzsumme

Die Banken waren nicht mit Gründungskapital ausgestattet, hatten jedoch niemals Sorge um die nötigen Barmittel. Alle Betriebe und Verkaufsstellen wurden nämlich angewiesen, ihre Tageseinnahmen jeweils an die Banken abzuliefern und selbst möglichst nur balgeldlose Zahlungen zu leisten. Da die Einlagen das Kreditbedürfnis erheblich überstiegen, machte es Schwierigkeiten, die sich ansammelnden Gelder zinsbringend anzulegen. Dies war erst möglich, als die Anlage von Geldern aus dem Heeresgebiet bei der Zentralwirtschaftsbank in Rowno und den Gemeinschaftsbanken in Riga und Minsk angeordnet wurde. Seit Sommer 1943 war auch die Anlage von flüssigen Mitteln in Eisenbahnschuldverschreibungen möglich. Dadurch konnten die Spareinlagen verzinst, Kreditkosten gesenkt und von der Erhebung von Umsatzprovisionen Abstand genommen werden. Die Einstellung der einheimischen Bevölkerung zu den Wi-Banken war jedoch immer noch zurückhaltend. Bei der fehlenden Stabilität der Verhältnisse war dies nicht verwunderlich. Auch die Kommissionsgeschäfte unterhielten im allgemeinen nur unbedeutende Konten. Der Umfang der vom Bankensystem in den besetzten Ostgebieten zu lösenden Aufgaben war gleichwohl beträchtlich und ergibt sich aus den nachstehend aufgeführten Zahlen. Am 30. 6. 1943 betrugen:

Banken	die Forderungen aus dem laufenden Kreditgeschäft	die täglich fälligen Verbindlichkeiten
der		
Zentralnotenbank Ukraine	629,0 Mill. RM	342,0 Mill. RM
Zentralwirtschaftsbank Ukraine	217,2 Mill. RM	615,4 Mill. RM
Wirtschaftsbanken	78,9 Mill. RM	399,1 Mill. RM
Notenbank Ostland	83,7 Mill. RM	329,0 Mill. RM
Kreditinstitute des Ostlandes	219,5 Mill. RM	549,3 Mill. RM
Zusammen	1 228,3 Mill. RM	2 234,8 Mill. RM

Die Bilanzsumme stellte sich zu diesem Zeitpunkt
bei der Notenbank Ostland auf 1,01 Mrd. RM
bei der Zentralnotenbank Ukraine auf 10,85 Mrd. = 1,08 Mrd. RM
der Notenumlauf betrug am 31. 12. 1943 im RK Ukraine
7 Milliarden Karbowanez = 700 Mill. RM

Hierzu kommen in den übrigen besetzten Ostgebieten noch die in beträchtlicher Höhe umlaufenden Reichskreditkassenscheine und Rubelnoten. Der Gesamtbetrag der in den besetzen Ostgebieten umlaufenden Noten dürfte sich der 2 Mrd.-RM-Grenze genähert haben[226]).

[226]) Die Notwendigkeit, den Notenumlauf durch Manipulationen und eigenes Besatzungsgeld zu beeinflussen, hatte sich bereits im Sommer 1941 herausgestellt, da es weder gelang, die sowjetische Notenbank in Moskau in die Hand zu bekommen und den Geldumlauf mit Rubelnoten aufrechtzuerhalten, noch das Steuersystem so zu rekonstruieren, daß sich genügend Rubelnoten in den Kassen ansammelten; s. Stellungnahme des Reichsfinanzministers zur Neubearbeitung der Grünen Mappe, vom 19. 9. 1941, BA-MA, RW 31/127.

4. Einsatz des russischen Menschen für Front und Heimat

Arbeitseinsatz – Organisation und – Aufgaben

Bei den Vorbesprechungen über den Einbau einer Fachgruppe Arbeit in die neugeschaffene Wi-Organisation Ost wurde als deren Aufgabengebiet zunächst nur die Mobilisierung aller in Feindesland vorhandenen Arbeitskraftreserven zum Einsatz für die kämpfende Truppe, für den Nachschub und für die wirtschaftliche Landesausnutzung angesehen, und dementsprechend auch in der „Grünen Mappe" festgelegt[227]). Die Fachgruppe Arbeit wurde zunächst als eine Abteilung der Führungsgruppe angegliedert, später erst erfolgte Umwandlung in eine Chefgruppe.

Aus der ursprünglich geringen Besetzung der Wi Kdos mit 3–4 Fachbeamten wuchs die Chefgruppe Arbeit den Aufgaben entsprechend heran, und nahm die Lösung aller Arbeitseinsatz-Probleme innerhalb des östlichen Operationsgebietes auf. Neben den ursprünglich gleich erkannten Aufgaben ergaben sich im weiteren Verlauf des Ostfeldzuges viel weitgehendere Arbeitseinsatzprobleme für Truppe und Heimat.

Der Rahmen der Bedarfsträger erweiterte sich ganz erheblich. Neben der Truppe als kämpfende Formation zur Unterstützung aller Arbeiten, die sich aus dem unmittelbaren Bedarf ergaben, traten als Bedarfsträger andere militärische, OT, Eisenbahndienststellen und die wirtschaftlichen Dienststellen mit den Betrieben.

Aber auch die Aufgaben erfuhren eine gewaltige Erweiterung. Der Abtransport aller überschüssigen Arbeitskräfte in das Reich unter Anlegung eines strengen Maßstabes an den eigenen Bedarf des Operationsgebietes trat als neues, kriegswichtiges Problem auf. Die Gestaltung der Lohn- und Arbeitsbedingungen sowie die soziale Fürsorge für die im Interesse der deutschen Wehrmacht und Kriegswirtschaft Arbeitenden erwies sich als unbedingt notwendig.

Die besten Arbeitskräfte hatten die Sowjets als Soldaten einberufen oder als Facharbeiter mitgenommen. Die männlichen Jahrgänge zwischen 20 und 40 Jahren waren damit abgezogen, vorhanden durchweg nur weibliche Arbeitskräfte aller Jahresklassen und ältere Männer. Diese Qualitätszusammensetzung erschwerte grundlegend und dauernd den Einsatz der Menschen außerordentlich. Wenn schon z.B. für einen Betrieb die erforderliche Anzahl an Arbeitskräften vorhanden war, so fehlten doch die *geeigneten* Kräfte, insbesondere Facharbeiter. Die Aushilfe mit

[227]) Grüne Mappe, T. I, vom Juni 1941, S. 16 ff., BA-MA, RW 31/128 D.

Kriegsgefangenen brachte große Schwierigkeiten der Aussortierung, des Abtransportes, der Unterbringung und der Bewachung.

Die Truppe kümmerte sich zunächst kaum um die erlassenen Vorschriften für den Arbeitseinsatz. In ähnlicher Weise glaubten die Kommandanturen beim Einsatz der Arbeitskräfte autark wirtschaften zu können. Die Deckung des Arbeitskräftebedarfs ausschließlich über die Arbeitsämter mußte erst durchgesetzt werden. Dann waren Überanforderungen von Arbeitkräften in außerordentlichem Ausmaß sowohl bei militärischen Dienststellen [als auch bei Betrieben die Regel], so daß sich die Arbeitsdienststellen von vornherein bei der Bedarfserrechnung einschalten mußten. Das alles waren Schwierigkeiten, die sich aus der Praxis heraus ergaben und überwunden werden mußten.

Aus dem Gesamtaufgabengebiet entstand nach und nach eine allen Erfordernissen gerechtwerdende, schlagkräftige Arbeitseinsatzorganisation im Rahmen des Wi Stabes Ost. In ihrer Grundstruktur blieb sie dann bestehen. Infolge ihrer Beweglichkeit und ihres Anpassungsvermögens konnte sie die gestellten Aufgaben erfüllen trotz der durch die wechselvollen Kriegsgeschehnisse oft fast unüberwindlich scheinenden Schwierigkeiten.

Ende Mai 1941 wurde dem damaligen Wi Stab zbV Oldenburg eine Arbeitseinsatzverwaltung angegliedert mit einem MV-Chef als Leiter, 4 Unterabteilungsleitern und 5 weiteren Fachbeamten des höheren Dienstes als Leiter der künftigen Chefgruppen Arbeit bei den Wi In'en Westfalen, Süd, Mitte, Nord und Hessen. Der Aufgabenstellung entsprechend wurde die Chefgruppe in 4 Abteilungen gegliedert:

Arbeitseinsatz
Lohn- und Arbeitsbedingungen
Sozialverwaltung und Organisation
Personal und Verwaltung.

Die Chefgruppen Arbeit mit den Wi In'en und die Gruppen Arbeit bei den Wi Kdos nahmen mit den Heeresgruppen bzw. den Armeen den Vormarsch unmittelbar hinter der kämpfenden Truppe auf. Unter Zusammenfassung mehrerer Rayons (Kreise) wurden Arbeitseinsatzdienststellen (Arbeitsämter und Nebenstellen) eingerichtet und mit der arbeitseinsatzmäßigen Erfassung der Bevölkerung begonnen. Bei fortschreitender Besetzung des russischen Raumes durch den schnellen Vormarsch in den Jahren 1941/42 wurden in den rückwärtigen Gebieten [die] eingerichteten Arbeitsämter nach und nach der Zivilverwaltung übergeben. Gleichzeitig wurde ein Teil der dort eingearbeiteten MV-Beamten dem RMfdbO unter Ausscheiden aus dem MV-Beamtenverhältnis zugeteilt.

Im Mai 1943 wurde der Chefgruppenleiter Arbeit gleichzeitig zum Beauftragten des GBA für die besetzten Ostgebiete berufen.

Die rückläufigen Frontbewegungen bedingten einschneidende Veränderungen in den organisatorischen Aufbau des Arbeitseinsatzes. Unter starker Personalverminderung wurden die Chefgruppen Arbeit bei den Wi In'en in Abt. Arbeit bei den He Wi Fü umgewandelt. Die starken Flüchtlingsbewegungen und Evakuierungsmaßnahmen erforderten die Bildung von „Sonderkommandos" zur Erfassung und Rückführung der Evakuierten, zur Aufbringung von Arbeitskräften für Befestigungs-, Straßen- und Eisenbahnbauten und für den Reichseinsatz. Diese Sonderkommandos erfüllten ihre Aufgaben in engstem Einvernehmen mit den bodenständigen, zivilen Dienststellen des Arbeitseinsatzes und den einschlägigen militärischen Dienststellen.

In ihrer Tätigkeit für die Beschaffung von Ostarbeitern für das Reichsgebiet (Reichswerbung) wurden die Arbeitseinsatzdienststellen des Wi Stabes Ost und der Zivilverwaltung durch eine erhebliche Anzahl ziviler Werbekräfte unterstützt. Anfangs 1944 erfuhr die Organisation der Arbeitseinsatzverwaltung eine noch schärfere Zusammenfassung. Die Leiter der Abt. Arbeit in den Bereichen der 3 wichtigsten Heeresgruppen wurden gleichzeitig zu ständigen Vertretern des Beauftragten des GBA bestellt.

Die nachstehende Übersicht gibt einen Einblick in die Entwicklung der Arbeitseinsatzdienststellen und *des Personalansatzes* im Bereich der unter Militärverwaltung stehenden Ostgebiete:

Zeitpunkt	Anzahl WiKdos	der Arbeitsämter ohne Nebenstellen	Anzahl der einberufenen MV-Beamten	eingesetzten	einheimischen Hilfskräfte
Juli 41	23	25	170	110	7
Januar 42	23	130	283	220	7
Juli 42	23	150	502	355	7
Januar 43	37	174	637	600	1 789
Juli 43	27	114	762	674	3 188
Januar 44	?	30	492	492	?

Insgesamt wurden

rd. 500 Arbeitsämter mit Nebenstellen im russischen Raum eingerichtet.

Bei der personellen Besetzung der unteren Dienststellen wurde der Grundsatz verfolgt, jedes Arbeitsamt möglichst mit 2, jede Nebenstelle mit 1 MV-Beamten zu besetzen, und im übrigen einheimische Kräfte heranzuziehen. Die Höchstzahl der einberufenen MV-Beamten betrug am 1. 9. 43 insgesamt 801 Kräfte.

Die Rückführung der im Kaukasus eingesetzten MV-Beamten führte als Folge der ständig anwachsenden Aufgaben zu einer personellen Verstärkung der übrigen Arbeitseinsatzdienststellen des Operationsgebietes. Erst die weitere rückläufige Bewegung im Winter 1943 ließ eine absolute Personalverminderung zu. Angehörige jüngerer Jahrgänge wurden gemäß Führerbefehl an die Truppe abgegeben, MV-Beamte in Italien und in anderen Gebieten außerhalb des Ostraums eingesetzt, und weniger geeignete Kräfte zu Heimatdienststellen entlassen. Bis März 1944 wurden insgesamt

383 MV-Beamte

abgegeben und zwar 40 Beamte des höheren, 151 des gehobenen, 183 des mittleren und 9 des einfachen Dienstes. Am 24. März 1944 befanden sich noch im Einsatz:

367 MV-Beamte
26 weibliche Schreibkräfte
26 Kraftfahrer.

Für die *Verwaltung* und den technischen Dienstbetrieb wurden die Dienststellen im wesentlichen mit Hilfe des GBA ausgerüstet durch Bereitstellung von insgesamt:

384 Pkw
einigen Autobussen
377 Schreibmaschinen
6 Vervielfältigungsapparaten
rd. 16 Millionen Vordrucken.

Der Zahlungsverkehr der Arbeitseinsatzdienststellen (Kosten der Anwerbung von Arbeitskräften, eigene Verwaltungsausgaben der Arbeitsämter, Bezahlung der einheimischen Kräfte, sächlicher Verwaltungsaufwand) lag von Anfang an in Händen der Zahlmeistereien der Wi-Dienststellen. Die Zahlungen wurden jedoch zum größten Teil zunächst von den Arbeitsämtern aus Vorschüssen geleistet. Der Reichsstock für Arbeitseinsatz erstattete bis zum 31. 4. 1943

RM 2 132 606,–

für entstandene Ausgaben. Ab 1. 5. 1943 gingen die entstandenen Ausgaben zu Lasten des Wehrmachtshaushaltes. Vom 1. 5. bis 31. 12. 1943 sind nach den vorliegenden Berichten RM 195 634,– (Sozialversicherungsbeiträge) eingegangen und an Ausgaben einschließlich Unterstützung und Sozialversicherungsleistungen

RM 2. 356 788,–

entstanden. Die Kosten für Unterstützung der Angehörigen der Ostarbeiter im Reich gingen zu Lasten des Wehrmachtshaushaltes. In der Regel erfolgte die Auszahlung der Unterstützung von der Gemeinde unter Einschaltung der Arbeitsämter.

Planung, Erfassung

Menschenreserven

Infolge weitgehender Zerstörung der Arbeitsstätten beim Rückzug der russischen Armeen waren in den neubesetzten Ostgebieten anfangs große Menschenreserven vorhanden. Für eine schnelle Mobilisierung im Interesse der deutschen Kriegsführung wirkte sich aber die stark einsetzende Stadtflucht, die schlechten Verkehrsverhältnisse, das Bandenunwesen und andere kriegsbedingte Umstände sehr nachteilig aus[228]). Erst nach und nach gelang diese Mobilisierung durch mühevollste Kleinarbeit mit einer weitausgedehnten Arbeitseinsatzorganisation.

Alle Maßnahmen waren ausschließlich auf die Belange der Kriegsführung abgestellt. Bereitgestellt wurden große Mengen von Arbeitskräften:

---

[228]) Hier wird verschwiegen, was immerhin an anderer Stelle freimütig eingeräumt wird, daß nämlich die deutsche Besatzungsmacht zunächst überhaupt kein Interesse an der „Mobilisierung" der russischen Bevölkerung hatte, sondern im Gegenteil die sich anbietenden Möglichkeiten vernachlässigte und große Teile der Bevölkerung als „überflüssige Esser" ansah. Siehe S. 336 und Abschnitt Produktionsfaktor „Mensch".

Für das gesamte Verkehrswesen (Bahn-, Straßen- und Brückenbau), für die Schlamm- und Schneeräumung (Straßenwinterdienst), für den Ausbau von Flugplätzen für Kraftfahrzeug-Instandsetzungswerkstätten, für Holzeinschlag, Torf-, Kohle- und Mineralölgewinnung, Truppenfertigung aller Art wie Panjewagen und Schlitten, Geschirre, Unterkunftsgeräte usw. Besonders wichtig war die Einweisung von Arbeitskräften in die Landwirtschaft, die als Ersatz für die fehlenden Maschinen einen mehrfachen Menschenbedarf hatte.

Für alle diese Zwecke wurden bis Dezember 1942 im Operationsgebiet mehr als 1,5 Millionen Menschen gestellt und zwar im Bereich der:

Wi In Kaukasus	67 000
Wi In Don-Donez	715 000
Wi In Mitte	443 000
Wi In Nord	327 000
zusammen:	1 552 000

Um die Jahreswende 1942/43 hatte die Besetzung des russischen Raumes durch die deutsche Wehrmacht ihre größte Ausdehnung erreicht. In diesem riesenhaften, rd. 1,5 Millionen qkm umfassenden Gebiet wohnten mehr als 55 Millionen Menschen. Davon rd. 25 Millionen in den Bereichen der Zivilverwaltungen (RKO und RKU) und rd. 30 Millionen in den militärverwalteten Gebieten der Wi In Kaukasus, Don-Donez, Mitte und Nord.

Die Bereitwilligkeit der russischen Bevölkerung zur Arbeit unter deutscher Führung sowie zur Arbeitsaufnahme im Reich war in den verschiedenen Gebieten, insbesondere aber auch zu den verschiedenen Zeiten sehr unterschiedlich. Maßgeblich beeinflußt war die Haltung der Bevölkerung durch das wechselvolle Kriegsgeschehen und vor allem durch die sehr schlagkräftige russische Propaganda. So meldeten sich z.B. nach dem Einmarsch im Kaukasus Tausende von Männern und Frauen freiwillig zur Arbeitsaufnahme im Reich, während zu gleicher Zeit die Banden im Bereich der Wi In Mitte durch Sabotageakte aller Art die deutsche Kriegsführung bereits empfindlich störten.

Die Bandentätigkeit und die durch rückläufige Frontbewegungen und insbesondere falsche Behandlung der Bevölkerung (keine politischen Ziele, ungenügende Ernährung, Kolonialstandpunkt) verursachte Arbeitsunwilligkeit nahmen sehr schnell zu.

Die Verwirklichung der durch die Kriegsführung bedingten Maßnahmen des Arbeitseinsatzes auf freiwilliger Grundlage erwies sich mehr und mehr als undurchführbar. Unter dem Druck der Verhältnisse wurden daher auf Vorschlag des Wi Stabes Ost die

„Verordnung über Arbeitspflicht und Arbeitseinsatz im Operationsgebiet der neubesetzten Ostgebiete"

vom 6. 2. 1943 (Anl. 63) und die dazu ergangenen „Durchführungsbestimmungen" (Anl. 64) erlassen. Hiernach wurde für alle Bewohner des Operationsgebietes zwischen dem 14. und 65. Lebensjahr eine Arbeitspflicht nach Maßgabe ihrer Arbeitsfähigkeit eingeführt. Der Wechsel des Arbeitsplatzes wurde beschränkt, der Arbeitsplatztausch geregelt, und gewisse Rahmenvorschriften wurden gegeben für den Ausbau der Lohn- und Arbeitsbedingungen, die Einführung der Kranken- und sonstigen Fürsorge unter starker Herausstellung des Leistungsprinzips. Damit war die Rechtsgrundlage für eine einheitliche Erfassung und Steuerung des gesamten Arbeitseinsatzes im östlichen Operationsgebiet geschaffen. Sie hat sich in der Folgezeit für die Durchführung der Arbeitseinsatzmaßnahmen sehr günstig ausgewirkt.

Erfassungsunterlagen

Die planmäßige und zentrale Lenkung des Arbeitseinsatzes setzte eine gewissenhafte Erstellung der arbeitspolitischen Unterlagen voraus. Insbesondere mußten Erhebungen über den Bevölkerungsstand, das Wirtschaftsgefüge und den Truppenbedarf durchgeführt werden. Sehr oft war aber wegen der besonderen Verhältnisse im Osten (vor allem kurz nach dem Einmarsch) eine genaue statistische Erhebung nicht möglich. Anfänglich wurden daher die notwendigen, statistischen Übersichten schätzungsweise erstellt, gegebenenfalls unter Auswertung etwa vorgefundener russischer Statistiken. Dieses geschätzte Zahlenmaterial gab naturgemäß kein zuverlässiges Bild der nach dem Einmarsch vorliegenden Bevölkerungs- und Wirtschaftsverhältnisse. Immerhin vermittelten die ersten so entstandenen Unterlagen doch konkrete Anhaltspunkte für sofort durchzuführende Maßnahmen des Arbeitseinsatzes. Nach und nach wurden diese Unterlagen immer mehr verfeinert.

In enger Zusammenarbeit mit den Orts- und Feldkommandanturen, unterstützt durch die Wi In'en, verschafften sich die Dienststellen des Arbeitseinsatzes allmählich einen guten Überblick. Neben der Gesamtzahl der Einwohner und deren Aufteilung nach Geschlecht interessierten vor allem die Aufgliederung nach Stadt- und Landbevölkerung und die altersmäßige und berufliche Zusammensetzung. Ferner die Zahl der Arbeitsfähigen, der Arbeitslosen und der Beschäftigten, sowie deren Zugehörigkeit zu den einzelnen Wirtschaftszweigen. Wie bereits früher ausgeführt, ergab sich hierbei sofort, daß die männlichen Jahrgänge zwischen 20 und 40 Jahren, sowie die Facharbeiter durchweg überhaupt fehlten. Bei Erkundung der Wirtschaftsstruktur wurde besonderer Wert auf Feststellung über den Grad der Zerstörung und die Möglichkeit des Wiederaufbaues der Betriebe gelegt. Ferner auf Übersicht über den Beschäftigtenstand und den Bedarf an Arbeitskräften, aufgeteilt nach Facharbeitern, Hilfsarbeitern und Ungelernten, sowie nach Alter und Geschlecht. Besondere Aufmerksamkeit wurde aufgabegemäß dem mittel- und unmittelbaren Truppenbedarf gewidmet.

Im Interesse einer einheitlichen und auf die Verhältnisse des Ostens abgestellten, möglichst einfachen Berichtserstattung und Statistik schuf der Wi Stab Ost durch Erlasse und Vordrucke (Anl. 65) ein einheitliches Berichtswesen. Damit wurden für das gesamte Operationsgebiet sehr bald die Unterlagen geschaffen, die für die zentrale Lenkung des Arbeitseinsatzes unentbehrlich waren. Einige wichtige, zahlenmäßige Ergebnisse über den Bevölkerungs- und Beschäftigtenstand sind den als Anlagen beigefügten Übersichten festgehalten (Anl. 66–68). Hiernach betrug Ende Dezember 1942 die Bevölkerung in den gesamten besetzten Ostgebieten

55 898 000 Menschen.

Die Aufteilung auf die einzelnen Gebiete ergibt sich aus der Übersicht (Anl. 66). Im Juli 1943 waren in den Gebieten der 3 Wi In'en

6 391 861 Beschäftigte

vorhanden. Der Einsatz in den Hauptwirtschaftszweigen ist aus der Übersicht (Anl. 67) ersichtlich. Arbeitslos waren am:

16. 6. 1943	15. 10. 1943
156 065	12 326

davon ca. 80% weiblich. Offene Stellen waren vorhanden am:

16. 7. 1943	15. 10. 1943
124 176	36 618

Vermittelt, dienstverpflichtet oder als Kriegsgefangene eingewiesen wurden vom 16. 6. bis 15. 10. 1943

441 884 Arbeitskräfte.

(Einzelheiten vgl. Anl. 68).

Kontingentierung

Die Arbeitseinsatzlage im Jahre 1941/anfangs 42 war also durch einen erheblichen Überschuß an Arbeitskräften gekennzeichnet. Im Laufe der Jahre 1942/43 trat jedoch ein immer stärker werdender Mangel an Arbeitskräften auf. Diese Wendung war vorwiegend bedingt durch den Verlust bevölkerungsreicher Gebiete. Außerdem erhöhte sich der Bedarf innerhalb des Operationsgebietes infolge umfangreicher Befestigungsanlagen. Hinzu kam die intensive wirtschaftliche Ausnutzung des Landes, und vor allem der Abzug zahlreicher Arbeitskräfte für das Reich.

Die Verknappung an Arbeitskräften machte eine straffe Kontingentierung und Planung des Arbeitseinsatzes unter weitgehender Berücksichtigung der Besonderheiten des Operationsgebietes erforderlich. Die als Anl. 69 beigefügte Übersicht ergibt für das Jahr 1943 einen zahlenmäßigen Überblick über den im Mai 1943 veranschlagten zusätzlichen Bedarf an Arbeitskräften. Berücksichtigt sind die Hauptwirtschaftszweige, sowie die sonstigen vordringlichen Kräftegestellungen für Hi Wi, Reichsbahn, Reichswerbung usw. Insgesamt wurden benötigt:

853 731 Arbeitskräfte.

Die im Juli 1943 erneut einsetzenden Rückzugsbewegungen machten den geplanten Einsatz innerhalb des Operationsgebietes, sowie die intensiv durchzuführende Anwerbung für das Reich fast völlig unmöglich. Neue, den veränderten Verhältnissen entsprechende Maßnahmen mußten ergriffen und unter schwierigsten Verhältnissen durchgeführt werden. Drei große Aufgaben, hinter denen alle anderen Maßnahmen weit zurücktraten, waren nunmehr von den Arbeitseinsatzdienststellen des Operationsgebietes zu erfüllen:

- Die Bergung der durch die Räumung anfallenden Arbeitskräfte, größtenteils mit ihren Familienangehörigen.
- Die Aufbringung von Arbeitskräften für den Stellungsbau.
- Die Anwerbung von Arbeitskräften für das Reich.

Für die praktische Durchführung dieser Aufgaben wurden nach Umwandlung der früheren Wi In'en in Heeresgruppenwirtschaftsstäbe bei den He Wi Fü A, Süd und

Mitte „Einsatzkommandos“ gebildet, die ihren Aufgaben besonders angepaßt waren. Über den Erfolg dieser Einsatzkommandos vgl. Bericht des Oberkommandos H.Gr. Nordukraine an OKH/Gen Qu vom 22. 4. 1944 (Anl. 70).

Beschäftigtenstand

Nach der bereits erwähnten Erhebung vom Juli 1943 waren im Operationsgebiet beschäftigt:

Bereich Wi In Süd	3 236 105
Bereich Wi In Mitte	2 556 100
Bereich Wi In Nord	599 656
	6 391 861

¾ aller Beschäftigten war in der Landwirtschaft einschließlich der ernährungswirtschaftlichen Be- und Verarbeitungsbetriebe tätig. Nur rund ¼ arbeitete bei den übrigen Hauptbedarfsträgern und zwar: im Stellungsbau 4,9%, in der Truppenbedarfsfertigung 4,7%, als Hi Wi 3,6%, bei der OT 2,5%, im Eisenbahnwesen und bei landeseigenen Verbänden je 2,3%, im Bergbau und in der Torfwirtschaft 1,7% (vgl. Anl. 67).

Das Zahlenverhältnis der männlichen zu den weiblichen Beschäftigten war 2 : 3. Von 6 400 000 Beschäftigten waren 2 560 000 Männer und 3 840 000 Frauen.

Der Prozentsatz der Beschäftigten, gemessen an der Gesamtzahl der Bevölkerung, belief sich im Operationsgebiet auf 42,6% (Wi In Süd 42,8%, Wi In Mitte 41%, Wi In Nord 47,6%).

Einsatz der Landeseinwohner im Operationsgebiet

Landwirtschaftliche Arbeitskräfte

Der Reichsmarschall als Beauftragter des Vierjahresplanes hatte nochmals in seinem Erlasse vom 18. 8. 1942 die Notwendigkeit betont, die Lebensmittelversorgung des deutschen Volkes zu verbessern. Da er hierfür den russischen Raum als entscheidend bezeichnet hatte, war der Kräftebedarf für die Landwirtschaft namentlich in Südrußland ausreichend sicherzustellen. Dabei war zu berücksichtigen, daß eine intensive Bodenbewirtschaftung erforderlich war und der Mangel an Maschinen und Treibstoff durch einen erhöhten Einsatz von Menschen ausgeglichen werden mußte.

Die Versorgung der Landwirtschaft mit Arbeitskräften bereitete zunächst keine Schwierigkeiten, da die städtische Bevölkerung infolge der Kriegsmaßnahmen in erheblichem Umfang aufs Land geflohen war[229]. Dort lag daher durchweg eine Überbesetzung mit Arbeitskräften vor, während in den Städten schon bald nach Ankurbelung der gewerblichen Wirtschaft eine ernstliche Verknappung zu verzeichnen war. Erst die einsetzende Reichswerbung führte zu einer Verknappung der Arbeitskräfte in den ländlichen Bezirken.

Am 12. 11. 1942 wurde daher durch Wi Stab Ost die genaue Ermittlung des landwirtschaftlichen Kräftebedarfs in den besetzten Ostgebieten angeordnet. Der objektive Bedarf an Arbeitskräften wurde nach Anbauarten pro 100 ha Land unter Anlehnung an die in Rußland üblichen Einheitswerte (Trudoden) errechnet. Das Ergebnis war, daß durchaus genügend Kräfte in den landwirtschaftlichen Betrieben vorhanden waren, 10% konnten sogar noch abgegeben werden, ohne die Bewirtschaftung der Betriebe in Mitleidenschaft zu ziehen[230]. Die Abgabe dieser 10% für den Reichseinsatz wurde angeordnet, zur Durchführung kam es jedoch infolge der militärischen Ereignisse nur noch in vereinzelten Bezirken.

Forst- und Holzwirtschaft

Der Holzbedarf der Truppe, insbesondere an Brennholz, für Unterkunfts-, Straßen-, Wege- und Stellungsbau, für Aufbereitung von Tankholz usw. bedingte einen erheblichen Bedarf an Arbeitskräften für die Forst- und Holzwirtschaft. Nach einer Erhebung der Chefgruppe FH vom Frühjahr 1943 bewegte sich die Zahl der im gesamten Ostraum in der Forst- und Holzwirtschaft beschäftigten Arbeitskräfte zwischen 150 000 bis 200 000. Das Einschlag-Soll für das Wirtschaftsjahr 1942/43 betrug 32 Millionen fm, das Einschlag-Ist rund 25 Millionen fm, die jedoch nicht voll abtransportiert werden konnten. Dementsprechend gestaltete sich der Arbeitseinsatz in diesem Wirtschaftszweig recht umfangreich. Besonders erschwert war die Bereitstellung der Arbeitskräfte durch weitere Anmarschwege und starke Bandenverseuchung der forst- und holzwirtschaftlichen Betriebspunkte.

Im Frühjahr 1943 waren beschäftigt:

Bereich	Forstwirtschaft	Holzwirtschaft	Insgesamt
Wi In Süd	30 866	2 871	33 737
Wi In Mitte	20 865	9 848	30 713
Wi In Nord	16 147	556	16 703
Insgesamt:	67 878	13 275	81 153

Der zusätzliche Bedarf an Arbeitskräften wurde von der Chefgruppe FH wie folgt beziffert:

---

229) In diesen „unerwünschten Zuwanderern" sah der Wi Stab Ost eine Bedrohung der Ernährung von Truppe und Reich und ordnete daher an, „Mittel und Wege zu finden, um die arbeitslose Stadtbevölkerung unter möglichst produktiver Ausnutzung ihrer Arbeitskraft an die Stadt zu binden", machte aber zugleich klar, daß ein erheblicher Teil dieser Arbeiterschaft „auf lange Sicht nicht wieder in den Wirtschaftsprozeß" eingeschaltet werden könne; s. Wi Stab Ost/Gruppe Arbeit Nr. A 102/41g, Rundschreiben vom 20. 11. 1941, BA-MA, RW 31/138.

230) Siehe Rundverfügung Nr. 19 der Wi In Mitte/Chefgruppe La, vom 19. 3. 1943, BA-MA, RW 31/175.

Wi In Süd	6 000
Wi In Mitte	10 000
Wi In Nord	3 000
Insgesamt:	19 000

Durch die rückläufigen Frontbewegungen kamen die angeforderten Kräfte größtenteils nicht mehr zum Einsatz.

Kohle-, Torf- und Erdölgewinnung

Bei der besonderen Kriegswichtigkeit des Kohlenbergbaus wurde die Aufbringung von Arbeitskräften hierfür mit besonderem Nachdruck betrieben. Trotzdem ergaben sich große Schwierigkeiten. Die Bergwerke verlangten nicht nur ein Mindestmaß von gelernten Facharbeitern für die Arbeit unter Tage, sie verschlangen auch eine große Anzahl von Menschen für Wiederherstellungsarbeiten. Die Facharbeiter hatten die Sowjets aber mitgenommen, außerdem auch die gerade für den Kohlenbergbau besonders wichtigen wehr- und arbeitsfähigen Männer. Erschwerend kam die starke Stadtflucht beim Einmarsch der deutschen Armeen hinzu.

Die geplante Aushilfe mit Kriegsgefangenen schuf keine Abhilfe. Die in unzureichender Zahl gestellten Gefangenen waren überdies weder ihrer Ausbildung noch ihrem Körperzustand nach für die Arbeiten geeignet.

Da nur ein Teil der Bergbaubetriebe wieder in Gang gesetzt wurde, ergab sich für die Bedarfsdeckung von selbst die Notwendigkeit der Umsiedlung von Arbeitern aus stillgelegten Betrieben. Diese Arbeiter gingen aber nicht freiwillig, und ohne Familie schon gar nicht.

Trotzdem ist es gelungen, den einzelnen Aufbauetappen und Einsatzmöglichkeiten entsprechend die Kohlenbergwerke im großen und ganzen mit Arbeitskräften hinreichend zu versorgen. Im Hauptkohlengebiet, dem Donez-Bergbau, konnte die Zahl der Beschäftigten wie folgt erhöht werden:

im April	1943	45 522
im Mai	1943	49 231
im Juni	1943	51 219
im Juli	1943	55 000 bis ca. 60 000.

Die Produktion im Donez-Bergbau stieg durch den erhöhten Einsatz von Arbeitskräften von April bis Juli 1943 von

255 000 auf 461 000 to,

die Zahl der Betriebe von

98 auf 109.

Bei den Torfwerken waren nur besonders gesunde Arbeitskräfte brauchbar. Die Schwierigkeiten vergrößerten sich dadurch, daß insbesondere in den Abschnitten Mitte und Nord die Torfwerke in bandengefährdeten Gebieten lagen.

Dem Charakter der Torfgewinnung entsprechend erforderte die 100 Tage dauernde Saison jährlich eine größere Anzahl *zusätzlicher* Arbeitskräfte. So betrug z.B. der zusätzliche Bedarf 1942 im Bereich der Wi In Mitte 24 000 Arbeitskräfte. Hiervon konnten 22 000 nach Überwindung örtlich bedingter Schwierigkeiten abgedeckt werden. Im Frühjahr 1943 waren insgesamt 236 Betriebe mit 238 Maschinen vorhanden. Die Leistung pro Arbeitskraft betrug in der Saison 1942 20 bis 25 to, sie sollte in der Saison 1943 auf ca. 40 to gesteigert werden. Über die geplante Erzeugung für die Torfsaison 1943 und die dazu benötigten Arbeitskräfte gibt die nachstehende Übersicht Aufschluß:

Bezirk	geplante Erzeugung insgesamt	benötigte Arbeitskräfte Stamm	ab Mitte April	ab Mitte Mai
Wi In Süd	562 000	1 600	6 100	6 600
Wi In Mitte	1 100 000	6 200	11 900	14 900
Wi In Nord	440 000	1 200	3 400	4 700
Insgesamt:	2 102 000	9 000	21 400	26 200

Durch vorausplanende Maßnahmen gelang es durchweg, die benötigten Saisonarbeiter für die Torfgewinnung termingemäß zu stellen, soweit dies die militärische Lage zuließ.

Für die *Erdölausbeutung* befanden sich nach der Besetzung des nordkaukasischen Raumes im Süden das Maikoper Erdöl- und im Norden das estnische Ölschiefergebiet in deutscher Hand. Im Maikoper Gebiet waren die Erdölfacharbeiter von den Russen restlos evakuiert worden, im übrigen bereitete die Aufbringung von Arbeitskräften für den Wiederaufbau der zerstörten Anlagen keine Schwierigkeiten. Jedoch ist die Produktion infolge der kurzen Besetzung nicht in nennenswertem Umfang angelaufen.

Im estnischen Erdölschiefergebiet waren 40% der Produktionsstätten zerstört, die Facharbeiter z.T. verschleppt oder geflüchtet. Das im altsowjetischen Raum gelegene Werk Slanzy (das sich noch im Aufbaustadium befand) fiel fast unversehrt in deutscher Hand. Die Arbeitskräfte waren jedoch fast restlos mitgenommen worden. Infolge der geringen Arbeitsreserven im estnischen Raum bereitete die Aufbringung der Arbeitskräfte immer erhebliche Schwierigkeiten. Im wesentlichen gelang es aber, die Kräfteanforderungen zu erfüllen. Die Gesamtzahl der Beschäftigten wurde durch Heranführung von Kriegsgefangenen, Dienstverpflichtung einheimischer Kräfte und Einweisung von Ostarbeitern laufend gesteigert. Anfangs April 1944 betrug die Gesamtzahl der Beschäftigten

29 958.

Davon entfielen auf den OT-Einsatz 13 373, auf die Baltöl GmbH einschließlich Montagefirmen 16 585.

Als das Werk Slanzy im Herbst 1943 im Zug der Auflockerung kurz vor Anlauf der Grubenförderung geräumt werden mußte, wurde die vorhandene Belegschaft nach Estland auf die Baltöl GmbH überführt.

Eisen- und Metallarbeiter

Der Schwerpunkt dieses Wirtschaftszweiges lag im Bereich der Wi In Don-Donez. Von insgesamt in 111 Betrieben Beschäftigten 50 840 arbeiteten rd. 30 000 in den Hüttenwerken des Donez-Gebietes (Mariupol, Stalino, Makejewka, Konstantinowka und Kramatorskaja).

Der Bedarf an Arbeitskräften wurde vorwiegend durch das Gen Qu- und Iwan-Programm bestimmt. Daneben lag ein erheblicher unmittelbarer Truppenbedarf für den Einsatz bei Kfz.-Instandsetzungsarbeiten usw. vor. Der Beauftragte für die Munitionsfertigung in der Ukraine hatte anfangs Juni 1943 für die Durchführung des Iwan-Programms einen Sofortbedarf von 36 950 Arbeitskräften angefordert, davon 7820 für Bauarbeiten und 29 130 für Metallarbeiten. Von den Bauarbeitern sollten 15%, von den Metallarbeitern 20% Facharbeiter sein. Infolge des Facharbeitermangels gestaltete sich die Aufbringung sehr schwierig. Durch innerbetriebliche Umsetzungen, Anlernung von Metallhilfsarbeitern (einschließlich fachlich geschulter weiblicher Kräfte), überbezirklichen Ausgleich usw. waren die Arbeitseinsatzdienststellen bemüht, den Anforderungen nach und nach gerecht zu werden. Durch die militärischen Ereignisse sind die getroffenen Maßnahmen nicht mehr voll zur Auswirkung gekommen.

Bauprogramme

Zwecks Erfüllung der großen Aufgaben zur Erhaltung und Erhöhung der Kampfkraft der Truppe und zur Verbesserung der Ernährungslage des deutschen Volkes hatte der Führer für den besetzten Ostraum Bauprogramme größten Ausmaßes befohlen. So waren Wege, Straßen und Brücken auszubauen, anzulegen und zu unterhalten. Die Eisenbahnen waren umzuschienen und neu zu bauen. Die geschaffenen Anlagen waren betriebs- und wintersicher zu halten. So sollte ein leistungsfähiges Transportnetz geschaffen werden. Um den Umfang der Aufgaben zu kennzeichnen, mag angeführt werden, daß im Rahmen des 2. Programms u.a. auszubauen waren: 39 Bahnhöfe, 106 Bahnbetriebswerke und Betriebswagenwerke, 47 Kreuzungsstellen, 160 Wasserstationen, 25 Eisenbahnausbesserungswerke und Werkabteilungen, etwa 120 Brücken und ca. 800 km Strecke zweigleisig. Ferner mußten 9 Millionen Schwellen beschafft werden. Vorgesehen war auch der Bau von Lokomotivfabriken.

Auf das „Sofortprogramm" 1941 des Chefs des Transportwesens folgte das „Ostbau-Programm 1942", das bereits bis 1. 10. 42 abgeschlossen sein sollte. Dafür waren zusätzlich allein für den Eigenbedarf der Reichsbahn 100 000 Arbeitskräfte zu stellen.

Diese großen Arbeitseinsatzmaßnahmen für das Verkehrswesen konnten nicht des Ostbauprogramms [wegen] in der bereits eingeführten Rangordnung an erster Stelle gesetzt werden. Arbeitseinsatzmäßige Störungen und Hemmungen in anderen wichtigen Wirtschaftszweigen, die für den Truppenbedarf besondere Bedeutung hatten, mußten vermieden bzw. unterbunden werden. Die Reichswerbung war auf die Maßnahmen innerhalb der Operationsgebiete abzustimmen. Schutzmaßnahmen waren also notwendig, so z.B. die zahlenmäßige Festlegung von Gefolgschaftsstärken, die Aushändigung von Ausweisen an die Gefolgschaftsmitglieder, die namentliche Sicherstellung von Fach- und Spezialkräften bei den Arbeitsämtern und schließlich die Beschränkung des Arbeitsplatzwechsels im Verordnungswege. Mit Rücksicht auf die bezirklich stark unterschiedlichen Verhältnisse konnten diese Schutzmaßnahmen nicht für den gesamten Bereich des Wi Stabs Ost einheitlich geregelt werden. Die Wi In'en wurden daher durch Erlaß vom 28. 8. 1942 mit Weisungen versehen, die Raum für örtlich gegebene Notwendigkeit boten.

Stellungsbau

Die veränderte Kriegsführung im Osten erforderte im Lauf des Jahres 1943 den Ausbau einer großen Anzahl von Stellungssystemen und Befestigungsanlagen. Die Bereitstellung der hierfür erforderlichen sehr zahlreichen Arbeitskräfte mußte meist in kürzester Frist erfolgen, damit war der Arbeitseinsatz vor sehr schwierige Aufgaben gestellt, die durch Frontnähe und Feindeinwirkung vielfach noch wesentlich verschärft wurden.

Bei Berechnung der erforderlichen Arbeitskräfte wurden von den Bedarfsträgern vielfach maßlose Überforderungen gestellt. So war es z.B. üblich, den Bedarf für Stellungsbauten schematisch nach der Kilometerzahl anzufordern. So kamen Zahlen von 300 000 Arbeitskräften z.B. für die Adlerstellung heraus. Eine solche Zahl zu stellen oder vorzusehen, ist aber völlig abwegig, wenn nicht gleichzeitig die Gewähr gegeben ist, daß Unterkunft, Abtransport, Aufsichtspersonal, Ernährung, Löhnung, Bekleidung, Ausstattung mit Arbeitsgerät und die Frage des technischen Personals (Pioniere) *vorher* geregelt sind. Erst dadurch, daß sich die Arbeitsdienststellen bei der Bedarfserrechnung einschalteten, konnte hier Wandel geschafft werden. Der wirkliche Bedarf konnte überall gedeckt werden. Ende 1943 waren beim Stellungsbau eingesetzt:

Im Bereich des He Wi Fü A	40 000 Menschen
Im Bereich des He Wi Fü Süd	54 661 Menschen
Im Bereich des He Wi Fü Mitte	100 000 Menschen
Im Bereich der Wi In Nord	70 582 Menschen
	265 243 Menschen

(Bei He Wi Fü Mitte ist die Zahl geschätzt, sie dürfte etwas überhöht sein[231].)

[231]) Nach dem Zusammenbruch der Heeresgruppe Mitte im Juni 1944 wurden weitere 100 000 Arbeitskräfte zum Stellungsbau angefordert und, da der Chef der Zivilverwaltung in Bialystok nur 75 000 aufzubringen vermochte, auch größere Polizeikräfte bereitgestellt, um die Rekrutierung gewaltsam durchsetzen zu können; s. Schreiben der H.Gr. Mitte/O Qu vom 8. und 11. 7. 1944, abgedr. in Deutsche Besatzungspolitik, Nr. 133 f.

Berufsnachwuchs

Die stets zunehmende Verknappung an Arbeitskräften, vor allem an Facharbeitern, gebot die Heranbildung von Jugendlichen als Berufsnachwuchs zwingend. In dem grundlegenden Erlaß vom 1. 4. 1943 wurden die notwendigen Richtlinien für die Erfassung und Ausbildung der Jugendlichen festgelegt (vgl. Anl. 71).

Anschließend wurden Tausende von Jugendlichen als Berufsnachwuchskräfte gewonnen und im Interesse der deutschen Kriegsführung eingesetzt[232]). Wegen der veränderten Verhältnisse konnte eine genaue statistische Erhebung nicht erfolgen. Nach den Berichten der Wi In'en waren schätzungsweise als Berufsnachwuchskräfte beiderlei Geschlechts, als Lehrlinge, Anlernlinge oder Umschüler eingesetzt:

Wi In Süd	ca. 10 000
Wi In Mitte	ca. 4 500
Wi In Nord	ca. 3 000
	17 500

Die Richtlinien vom 1. 4. 1943 haben sich nach allgemeiner Auffassung besonders bewährt. Der GBA beabsichtigte, auf Veranlassung OKH/Gen Qu für die übrigen besetzten Gebiete gleiche Regelungen zu treffen.

Hilfswillige und Kriegsgefangene

Die unbedingt gebotene Sparsamkeit im Einsatz von deutschen Menschen veranlaßte im August 1942 den OKH-Befehl[233]) an die Kommandostellen des Ostheeres, freiwillige Landeseinwohner oder entlassene Kriegsgefangene (ausnahmsweise auch weibliche Kräfte) als *Hilfswillige* (Hi Wi) einzuberufen. Die Hi Wi wurden in eine bestehende deutsche Truppe eingereiht und gehörten nach erfolgter feierlicher Vereidigung dauernd zu dieser Truppe. Sie sollten deutsche Soldaten ersetzen, bzw. für einen anderen Einsatz freimachen. Die Dienststellen waren namentlich bezeichnet, die solche Hi Wi's als Handwerker hatten. Insgesamt kamen als erste Auflage 19 830 für das Operationsgebiet und 8230 für die Zivilverwaltung in Betracht.

Im November 1942 wurden diese Zahlen erhöht, um nunmehr den Fehlbestand des Ostheeres mit Hi Wi's aufzufüllen. Von 800 000 nichtbesetzten Planstellen sollten 500 000 mit Hi Wi's besetzt werden, und zwar 300 000 aus den Reihen der Kriegsgefangenen und 200 000 durch Anwerbung ziviler Arbeitskräfte.

Die Einweisung der Hi Wi war Sache des Wi Stabes Ost. Mit Erlaß vom 18. 2. 1942 wurden die Wi In'en angewiesen, mit den in ihren Bereichen liegenden Be-

---

[232]) Sie dazu Herzog, Besatzungsverwaltung. Im September 1942 glaubte der Reichsarbeitsdienst allerdings noch, bei seiner Rekrutierung rassische Gesichtspunkte voranstellen zu können und führte daher in den baltischen Bezirken eine rassenkundliche Musterung durch, bei der 26 Prozent der Freiwilligen ausgesondert wurden; s. Notiz in Vertrauliche Ostpolitische Informationen des RMfdbO vom 19. 12. 1942, BA-MA, RW 31/233.

[233]) Siehe Dallin, Deutsche Herrschaft, S. 556, und Verfügung OKH/GenStdH/Org.Abt. (II) Nr. 8000/42g, August 1942, BA-MA, H 1/524.

darfsträgern Fühlung aufzunehmen und die restlose Erfassung der in Frage kommenden Kräfte sicherzustellen. Gleichzeitig sollten überbezirkliche Maßnahmen vorbereitet und gegebenenfalls durchgeführt werden. Ausgewählte, aber anderweitig beschäftigte Kräfte sollten gegen ortsgebundene Kräfte ausgetauscht werden.

Die Anwerbung von Freiwilligen kam nur schleppend voran. Ein Grund dafür war die zunächst nicht vorgesehene und daher fehlende Regelung des Familienunterhalts der Angehörigen der Hi Wi. Sie wurde später in der Verordnung über landeseigene Hilfskräfte im Osten vom 29. 4. 1943 eingebaut (OKH/GenQu/Gen.-d.Osttr./Org.Abt. 11/5000/43 geh.). Bis dahin wurden die Angehörigen der Hi Wi ab 20. 11. 1942 nach Maßgabe des Erlasses vom 6. 2. 1942[234]) in die Familienunterstützung einbezogen. Im Dezember 1942 wurde eine stärkere Erfassung der städtischen Bevölkerung und der Evakuierten für die Hi Wi-Aktion durch die Arbeitsämter angeordnet. Es zeigte sich bald, daß die Gewinnung von Hi Wi's in ausreichender Zahl nur mit Hilfe einer allgemeinen Arbeitspflicht zu erreichen war. Wi Stab Ost legte daher einen Entwurf über die Einführung einer allgemeinen Arbeitspflicht der russischen Bevölkerung vor, die unterm 6. 2. 1943 durch OKH/Gen Qu[235]) als Verordnung erlassen wurde.

Im gleichen Zusammenhang mußte auch das Problem der Steuerung des Kriegsgefangeneneinsatzes aufgeworfen werden. OKH/Gen Qu erließ daher am 25. 10. 1942 Befehl über den Einsatz der *Kriegsgefangenen* im Operationsgebiet[236]). Hiernach waren Arbeitseinsatzstellen des Wi Stabes Ost bei der Bedarfsanforderung und dem Einsatz der Kriegsgefangenen weitgehend einzuschalten. Mit Erlaß vom 18. 11. 1942 wurden die Wi In'en entsprechend angewiesen. Dieser Befehl wurde auch von dem GBA ausdrücklich bestätigt. Die Durchführung dieser neuen Aufgabe durch Wi Stab Ost führte zu einer wesentlichen Einsparung von Arbeitskräften und deren Einweisung in kriegsentscheidende Arbeiten.

Lohn- und Arbeitsbedingungen

Lohn-Stop

Hierfür hatte der Reichsmarschall den Grundsatz der Stabilität der Löhne und Preise aufgestellt. Bei Gestaltung der Lohn- und Arbeitsbedingungen wurde daher grundsätzlich an den zur Zeit des Einmarsches bestehenden Preisen und Löhnen festgehalten.

---

[234]) Grüne Mappe, T. II (2. Aufl.), vom August 1942, S. 145, BA-MA, RW 31/131.

[235]) Siehe Anlage 63. Der laufenden Erhöhung der Hi Wi-Zahlen widersprach Staatssekretär Backe wegen der damit verbundenen Belastung der Ernährungsbilanz. Er setzte sich dafür ein, die Hi Wis statt dessen in den Arbeitsprozeß einzugliedern und so eine Entlastung der Heeresversorgung herbeizuführen; s. Vermerk über die Besprechung bei Rosenberg am 13. 7. 1943, BA-MA, RW 31/251. Backes Intervention dürfte mit zu Hitlers Entscheidung gegen den Ausbau der Osttruppen und ihre Verlegung in die westlichen Besatzungsgebiete beigetragen haben; s. dazu Dallin, Deutsche Herrschaft, S. 596 f.

[236]) Zu diesem Komplex s. Streit, Keine Kameraden, S. 239.

Zwei Gruppen von Betrieben und Verwaltungsdienststellen waren zu unterscheiden, die gesonderte Bestimmungen erforderten. Einerseits die in Rußland vorgefundenen Betriebe der gewerblichen Wirtschaft und die russischen Verwaltungsdienststellen, andererseits die deutschen Wehrmachts- und sonstigen Dienststellen einschließlich OT und Reichsbahn, die einheimische zivile Arbeitskräfte beschäftigten.

Für die Betriebe der russischen Verwaltungsdienststellen wurde allgemein ein Lohnstop mit den am 22. 6. 1941 geltenden Löhnen und Gehältern angeordnet.

Im Zuge des weiteren Vordringens wurden in immer größerem Ausmaß einheimische Arbeitskräfte von deutschen Wehrmachts- und sonstigen Dienststellen beschäftigt. Damit ergab sich die Notwendigkeit, die Abfindung für diese Arbeitskräfte zu regeln. Da es sich hierbei um wirtschaftliche Weisungen an die Truppe handelte, mußte die vollziehende Gewalt eingeschaltet werden. Die betreffenden Anordnungen ergingen daher von dem Befehlshaber durch OKH/Gen Qu in Zusammenarbeit mit Wi Stab Ost. Erstmalig wurden durch OKH/Gen Qu die Löhne der Arbeiter durch einen Erlaß vom 6. 9. 1941 geregelt. Auch hier wurde an dem bestehenden Lohnniveau festgehalten. Die Löhne bewegten sich vom Hilfsarbeiter bis zum Meister zwischen 1 bis 2,50 Rubel. Nachdem die Verhältnisse eine gewisse Klärung erfahren hatten, erließ OKH/Gen Qu unterm 2. 12. 1941 in Zusammenarbeit mit Wi Stab Ost eine Neufassung dieser Bestimmungen[237]). Die Lohnhöhe blieb im Grundsatz unverändert. Die hier erstmalig geregelten Gehälter wurden ebenfalls dem bisherigen Niveau angepaßt. Eine gewisse Aufgliederung der Löhne und Gehälter nach Gewerbegruppen und Tätigkeit wurde durchgeführt.

Mit Rücksicht auf die besondere Bedeutung des Transportwesen und der Zahl der dort beschäftigten Arbeitskräfte, wurde am 2. 12. 1941 eine Verordnung über die Abfindung der einheimischen Arbeitskräfte bei Bahndienststellen in Rußland erlassen.

Leistungs-Lohn und Prämien

Alle diese Lohn- und Gehaltsregelungen stellten nur auf Arbeits- und Zeitlohn ab. Vom Standpunkt der deutschen Wirtschaft aus wäre es im Interesse der Leistungssteigerung erwünscht gewesen, die vorgefundenen russischen Akkordsysteme zu übernehmen. Das war aber nicht möglich, da die Betriebe durchweg erheblich zerstört, und die Belegschaften, Spezialmaschinen und wertvollen Rohstoffe zum großen Teil von den Sowjets abtransportiert waren. Die russischen Akkordsysteme hatten aber eingearbeitete Fachkräfte an Spezialmaschinen ohne jede Störung zur Voraussetzung.

Mit zunehmender Verschärfung der Arbeitseinsatzlage mußte notwendig eine Steigerung der Leistung der noch vorhandenen Arbeitskräfte angestrebt werden, um auf diese Weise die Abgänge auszugleichen, und gegebenenfalls auch noch Kräfte für den Reichseinsatz freizumachen.

---

237) Grüne Mappe, T. II (2. Aufl.), vom August 1942, S. 111 ff., BA-MA, RW 31/131.

Zu Beginn des Jahres 1943 wurden die bis dahin bestehenden und in einzelnen Bestimmungen verstreuten Arbeitsbedingungen durch OKH-Erlaß vom 1. 2. 1943 betr. „Abfindung von einheimischen Arbeitern und Angestellten im östlichen Operationsgebiet" zusammenhängend geregelt (Anl. 72). Unter Verwertung der Erfahrungen fand hier der Gedanke der Leistungssteigerung bereits Anwendung durch weitgehende Aufstaffelung der Arbeitsgruppen nach dem Wert in ihrer Leistung, insbesondere durch Unterteilung in Facharbeiter, qualifizierte und angelernte Arbeiter. Dieser übersichtliche Erlaß fand bei allen Wehrmachts- und sonstigen deutschen Dienststellen, den Betrieben der Wirtschaft und den Dienststellen der einheimischen Verwaltung allgemeine Anerkennung und setzte sich in kürzester Zeit durch.

Die Leistungen der Einheimischen lagen aber immer noch weit hinter vergleichbarer deutscher Arbeitskräfte. Weitere Maßnahmen waren besonders deshalb schwierig, weil das Geld als normaler Leistungsanreiz infolge seiner mangelnden Kaufkraft nicht genügend Zugkraft besaß. Wi Stab Ost befahl daher, diesem Gesichtspunkt bei der Verpflegung Rechnung zu tragen. Mit Erlaß vom 30. 5. 1943 wurden Richtlinien über Verpflegungsgrundsätze herausgegeben, die eine nach Leistungsgruppen gestaffelte Verteilung der Nahrungsmengen vorsahen[238]). Den Chefgruppen Arbeit bei den Wi-Dienststellen wurde durch entsprechende Erlasse eine energische Förderung der Arbeit im Leistungslohn befohlen. Trotz Abzugs zahlreicher Arbeitskräfte für den Reichseinsatz sollte die Produktionskraft der russischen Betriebe erhalten werden. Um eine ständige Kontrolle über die auf diesem Gebiet geleistete Arbeit zu erhalten, wurde die Einreichung von monatlichen Prüfungsberichten über die in dieser Richtung überprüften Betriebe angeordnet.

Für den Stellungs- und Straßenbau wurden die Bauleistungswerte für Erd- und Felsbewegungsarbeiten vom 1. 8. 1942 als Grundlage zur Erstellung von „Leistungsnormen" ausgearbeitet und angewandt.

Die Durchführung dieser Maßnahmen brachte in ganz kurzer Zeit erhebliche Leistungssteigerungen, solche von 100 bis 200% waren keine Seltenheit. Es konnte geradezu von einem allgemeinen wirtschaftlichen Aufschwung im östlichen Operationsgebiet gesprochen werden. Diese Entwicklung wurde dann aber durch die militärischen Ereignisse jäh unterbrochen.

Arbeitspflicht

Ein weiteres Hindernis bei der Mobilisierung aller Leistungsreserven bildete die mangelhafte Arbeitsdisziplin der russischen Bevölkerung. Verstöße hiergegen wurden zunächst von den Orts- und Feldkommandanturen mehr oder weniger oh-

238) In einem Kommentar dazu für das Reichssicherheitshauptamt wies der Pressereferent der Chefgruppe La allerdings darauf hin, daß es sich hierbei wie üblich um Höchstsätze handele, deren Sicherstellung die Lieferungen an die Truppe nicht beeinträchtigen dürfte. Sollten die vorhandenen Nahrungsmittel nicht ausreichen, könnten die Rationen nicht ausgegeben werden, „was voraussichtlich in diesem Jahr wohl allgemein der Fall sein dürfte"; Schreiben vom 30. 4. 1943, BA-MA, RW 31/232.

ne gesetzliche Grundlage durch summarische Verfahren abgeurteilt. Auf Veranlassung des Wi Stabes Ost erließ OKH unter dem 6. 2. 1943 eine

„Verordnung über Arbeitspflicht und Arbeitseinsatz im Operationsgebiet der neubesetzten Ostgebiete“[239]).

Arbeitsplatzwechsel ohne Genehmigung des Arbeitsamtes und Verstöße gegen die Arbeitsdisziplin wurden darin und in Durchführungsbestimmungen unter Strafe gestellt. Die Strafbefugnisse der Orts- und Feldkommandanturen wurden festgelegt, die Arbeitsdienststellen mit einer Ordnungsstrafgewalt für normale Straffälle ausgestattet. Auch diese Bestimmungen trugen unverkennbar zu einer weiteren Ordnung des Arbeitslebens und damit zur Leistungssteigerung bei.

Bis Ende 1942 erhielten die einheimischen Arbeitskräfte keinen Urlaub. Auf die Dauer mußte sich dieser Umstand auf die Stimmung und Arbeitsfreudigkeit ungünstig auswirken. Durch OKH-Erlaß vom 19. 8. 1943 wurde ein Urlaub von 6–12 Tagen eingeführt. Da die sowjetischen Urlaubsbestimmungen erheblich günstiger gewesen waren, wurden diese Bestimmungen mit „Kriegsurlaubsregelung“ bezeichnet, um sie als vorübergehende Regelung zu kennzeichnen. Die Auswirkung auf die Leistungssteigerung war günstig. Insbesondere hat sich die Staffelung nach dem Leistungsgrad des einzelnen bewährt.

Durch OKH-Erlaß vom 19. 8. 1943 wurde die Vergütung der einheimischen Leiter und Lehrkräfte an Schulen geregelt. Unter Berücksichtigung des großen Einflusses auf die Stimmung der Bevölkerung wurden Arbeitsbedingungen gewährt, die günstiger waren als die zur Zeit der Sowjetherrschaft. Der Grundsatz der Sowjets, die qualifizierten Angestellten schlecht zu bezahlen, wurde auch hier unterbrochen.

Bei den von anderen Stellen erlassenen Bestimmungen über die Arbeitsverhältnisse deutscher und ausländischer Arbeitskräfte im östlichen Operationsgebiet wirkte Wi Stab Ost durch seine Chefgruppe Arbeit mit. So z.B. bei der Auslandseinsatzordnung, OT-Frontarbeitertarif, Anordnungen für die Ostgesellschaften usw.

Den Arbeitsbedingungen für den Stellungs-, Straßen- und Eisenbahnbau wurde besondere Aufmerksamkeit gewidmet. Auch hier wurde die Akkordarbeit zum Grundsatz erhoben. Der Stellungsbau in zivilverwalteten Gebieten erforderte besondere Abfindungsregelungen. Abfindungsbestimmungen für die Stellungsbauvorhaben in Transnistrien, RKU und GG wurden getroffen. Den aus dem russischen Raum herübergenommenen Arbeitskräften wurden im wesentlichen die gleichen Arbeitsbedingungen gewährt wie den einheimischen.

Soziale Versorgung

Die Maßnahmen auf dem Gebiet der Sozialversorgung dienten dem Zweck, die Arbeitskraft der Schaffenden zu erhalten und zu fördern. Beeinträchtigungen

[239]) Siehe Anlage 63.

der Arbeitsfähigkeit durch Unfälle und Krankheiten sollten möglichst schnell beseitigt werden. Dadurch sollte die Leistungsfähigkeit des einzelnen gefördert, und damit eine wesentliche Voraussetzung für die Steigerung der gesamten Produktion geschaffen werden. Bei dem gesteigerten Bedarf der Wirtschaft an Arbeitskräften und bei den zunehmenden Schwierigkeiten bei der Werbung kam diesen Maßnahmen erhöhte Bedeutung zu.

Eine allgemeine soziale Betreuung der einheimischen Arbeitskräfte ergab sich als zwingendes Bedürfnis. Ferner war eine Versorgung solcher Landeseinwohner und ihrer Hinterbliebenen notwendig, die sich unabhängig von einem Arbeitsverhältnis besonders für die deutschen Interessen eingesetzt hatten (z.B. bei Bandenbekämpfung). Schließlich mußte auch für die „Ostarbeiter“, die im Reich und in anderen europäischen Gebieten eingesetzt waren, eine angemessene Kranken- und Unfallversorgung geschaffen werden. Diesen Notwendigkeiten wurde durch folgende, vom Wi Stab Ost erlassenen oder von ihm angeregten Erlasse und Verordnungen Rechnung getragen:

- Erlaß OKH (GenStdH/Gen Qu über Krankenversorgung der einheimischen Arbeitskräfte und Sonderversorgung von Landeseinwohnern im östlichen Operationsgebiet vom 25. 7. 1943
- Erlaß OKH/GenStdH/Gen Qu über Unfallversorgung bei einheimischen Arbeitskräften und Sonderversorgung von Landeseinwohnern im östlichen Operationsgebiet vom 25. 7. 1943
- Erlaß Wi Stab Ost über die Durchführung der Kranken-, Unfall- und Sonderversorgung im östlichen Operationsgebiet vom 29. 5. 1943
- Verordnung des Reichsarbeitsministers über die Unfallversorgung der Ostarbeiter vom 30. 3. 1943
- Erlaß des Reichsarbeitsministers über die Unfallversorgung der im Bereich des Militärbefehlshabers in Belgien und Nordfrankreich beschäftigten Ostarbeiter vom 6. 11. 1943
- Verordnung des Militärbefehlshaber in Belgien und Nordfrankreich über die Unfallversorgung der in seinem Bereich eingesetzten Ostarbeiter vom 2. 12. 1943
- Erlaß des Reichsarbeitsministers zur Durchführung der Verordnung über die Unfallversicherung der Ostarbeiter vom 29. 12. 1943
- Bestimmungen des Reichsversicherungsamtes über die Jahresarbeitsverdienste der Ostarbeiter vom 8. 1. 1944
- Erlaß OKH/GenStDH/Gen Qu über die Erweiterung der Kranken-, Unfall- und Sonderversorgung im östlichen Operationsgebiet vom 25. 2. 1944
- Vereinbarung zwischen Wi Stab Ost und Regierung des GG über die Sozialversicherung bei Stellungsbauten im GG vom 4. 3. 1944.

Der Einheimischen im Lande

Die *Krankenversorgung* umfaßte grundsätzlich alle einheimischen Arbeiter und Angestellten bei den deutschen Wehrmachts- und sonstigen Dienststellen, den Wirtschaftsbetrieben und der landeseigenen Verwaltung.

Als Leistungen wurden gewährt: ärztliche Behandlung, Versorgung mit Arzneimitteln, Heilmitteln, Krankenhauspflege und Krankengeld in Höhe des halben Barlohnes. Außerdem wurden Lebensmittel zu amtlichen Preisen zugeteilt. Die Leistungen wurden zunächst nur bis zu 6 Wochen gewährt, evtl. bis zu 12 Wochen, falls dies zur Wiederherstellung der Arbeitsfähigkeit erforderlich war. Später wurde die Leistungsdauer auf 13, evtl. 26 Wochen ausgedehnt[240]).

Einen besonderen Fortschritt bedeutete die Ausdehnung der Krankenversorgung auf die Familienangehörigen. Diese erhielten grundsätzlich die gleichen Leistungen wie die Beschäftigten, mit Ausnahme des Krankengeldes. Der Schutz erstreckte sich auch auf die Familienangehörigen der im Reich eingesetzten Ostarbeiter sowie der Hilfswilligen landeseigener Verbände und des Ordnungsdienstes.

Beim Tode eines Beschäftigten wurde ein Sterbegeld in Höhe des 30fachen Tageslohnes oder in Höhe des Monatslohns gewährt, mindestens aber ein Betrag von 300 Rubel, beim Tode eines Familienangehörigen ⅔ der genannten Sätze (Einzelheiten der Krankenversorgung s. Anl. 72).

Die *Unfallversorgung* umfaßte denselben Personenkreis. Dem Unfallverletzten wurde ebenfalls ärztliche Behandlung, Krankenhausbehandlung sowie Versorgung mit Arzneien gewährt. Grundsätzlich erfolgte die Versorgung solange, wie es zur Beseitigung oder Minderung der Gesundheitsstörung oder Körperbeschädigung erforderlich war.

Darüber hinaus wurden den Unfall-Verletzten, die ständige Folgen zurückbehielten, eine Rente gewährt. Renten erhielten auch die Witwen und Waisen, wenn die Verletzten an den Unfallfolgen starben.

Neben den geldlichen Unterstützungen war sichergestellt, daß die Unfallverletzten bevorzugt Lebensmittel zu amtlichen Preisen erhielten (Einzelheiten der Unfallversorgung s. Anl. 72).

Eine *Sonderversorgung* mußten solche Landeseinwohner erhalten, die sich unabhängig von einem Arbeitsverhältnis besonders für die deutschen Interessen (z.B. bei Bandenbekämpfung) eingesetzt hatten, oder die als Vergeltung für ihr Eintreten im deutschen Interesse verletzt oder getötet worden waren. Diese Personen und ihre Hinterbliebenen erhielten der Art nach grundsätzlich die gleichen Leistungen wie die Unfallverletzten und deren Hinterbliebenen. Wegen ihres besonderen Einsatzes und der besonderen Gefahrenmomente waren die Leistungen der Höhe nach jedoch besser (Einzelheiten der Sonderversorgung s. Anl. 72).

Der Ostarbeiter

Die Krankenversorgung der *im Reich* eingesetzten Ostarbeiter war bereits durch einen früheren Erlaß des Reichsarbeitsministers sichergestellt worden[241]). Die Unfallversorgung wurde durch eine vom Wi Stab Ost angeregte Verordnung

---

[240]) Gen Qu/IVa Nr. I/7500/43, betr. Krankenversorgung der einheimischen Arbeitskräfte im östlichen Operationsgebiet, vom 20. 3. 1943, BA-MA, RW 31/566.

[241]) Einzelheiten zu diesem Komplex finden sich auch bei Oermann, Behandlung der Ostarbeiter.

vom 30. 3. 1943 geregelt. Hiernach erhalten die Ostarbeiter ebenfalls ärztliche Behandlung, Krankenhausbehandlung, Versorgung mit Arzneien und eine laufende Unterstützung. Diese wird sowohl während des Aufenthalts im Reich, als auch nach der Rückkehr in die Heimat gewährt.

Die Unfall- und Witwen-Unterstützungen waren auf die wirtschaftlichen Verhältnisse im Osten abgestellt. Mit Rücksicht auf das unterschiedliche Lohn- und Preisniveau erhielten die Unterstützungsempfänger während ihres Aufenthaltes außerhalb der besetzten Ostgebiete (also insbesondere im Reich) einen Zuschlag von 100%.

Auf Vorschlag Wi Stab Ost haben der Reichsarbeitsminister und der Militärbefehlshaber für *Belgien und Nordfrankreich* durch entsprechende Anordnungen dafür Sorge getragen, daß die dort eingesetzten Ostarbeiter grundsätzlich den gleichen Schutz erhielten wie bei dem Einsatz im Reich.

Ursprünglich war die Regelung der Kranken-, Unfall- und Sonderversorgung für Einheimische auf das östliche Operationsgebiet beschränkt. In dem angrenzenden *Bereich des RMfdbO* waren die Versicherungs- und Versorgungsangelegenheiten durch dieses Ministerium geregelt worden. Wenn auch grundsätzlich Übereinstimmung vorlag, so waren doch im einzelnen durch die verschiedene Entwicklung im Zivil- und Operationsgebiet gewisse Abweichungen vorhanden. Als die Truppe im Zug der Absetzbewegungen in das Gebiet des RMfdbO kam, ergab sich die Notwendigkeit, die bisher im Operationsgebiet geltenden Erlasse auch in bestimmten Gebieten der Zivilverwaltung anzuwenden.

Soweit versorgungsberechtigte Gebiete zu dem Operationsgebiet in zivilverwaltete Gebiete zurückgeführt wurden, wurde eine weitere Versorgung mit den Dienststellen des RMfdbO vereinbart.

Nachdem *Teile des Generalgouvernements* in das Kampfgebiet mit einbezogen wurden, wurden insbesondere beim Stellungsbau außer Russen auch Polen aus dem GG beschäftigt. Während die Russen weiterhin nach der Regelung für das östliche Operationsgebiet behandelt wurden, wurde hinsichtlich der Polen mit der Regierung des GG vereinbart, daß diese von den Versicherungsträgern und nach den Vorschriften des GG betreut wurden. Die Versicherungsträger erhielten von der Truppe eine Pauschalvergütung.

In *Transnistrien* wurde die Frage der Sozialversicherung unter Mitwirkung der Abt. Wi des Befehlshabers der deutschen Truppen in Transnistrien (Organ des Wi Stabs Ost) geklärt. In den erlassenen Bestimmungen wurde angeordnet, daß 10% Lohnsteuer einzubehalten und an die Rayon-Präfekturen abzuführen waren. Die rumänische Zivilverwaltung gewährte dafür Kranken- und Unfallschutz.

Ein weiterer großzügiger Ausbau der Sozialversicherung war geplant. Die ärztliche Betreuung sollte intensiviert, die Versorgung mit Arzneien und Heilmittel verstärkt, und besondere Maßnahmen zur Unfallverhütung getroffen werden. Das Werk der Sozialversicherung sollte durch die Schaffung einer „Alters- und Invalidenversicherung“ abgerundet werden. Diese Fragen wurden jedoch mit Rücksicht auf die militärische Entwicklung zurückgestellt.

Die Einrichtung der Sozialversicherungen und Sonderversorgung haben sich bereits in ihrem bisherigen Umfange politisch, stimmungs- und leistungssteigerungsmäßig günstig ausgewirkt. Die einheimische Bevölkerung und die „Ostarbeiter“ haben empfunden: Wer für das deutsche Reich arbeitet oder sich sonst besonders für deutsche Interessen einsetzt, erhält auch eine angemessene soziale Betreuung[242]).

„Ostarbeiter“ ins Reich[243])

Werbung

Bereits kurz nach Beginn des Ostfeldzuges machte Wi Stab Ost die zuständigen Stellen im Reich wiederholt darauf aufmerksam, daß in den besetzten Ostgebieten große Menschenreserven für den Einsatz im Reich zur Verfügung ständen. Von dieser Anregung wurde jedoch zunächst kein Gebrauch gemacht, abgesehen von einem, hauptsächlich aus politischen Gründen erfolgten Einsatz von 12 000 baltischen Arbeitskräften zur Erntebergung in Ostpreußen im Herbst 1941. Erst eine am 7. 11. 1941 beim Reichsmarschall stattgehabte Besprechung[244]) gab den Auftakt für den Einsatz russischer Zivilarbeitskräfte im Reich. Die Anwerbung dieser Arbeiter sollte durch die Dienststellen des Wi Stabs Ost und des Ostministeriums erfolgen. Vom Reichsarbeitsministerium wurde eine größere Anzahl Werbekommissionen zur Unterstützung zur Verfügung gestellt.

Mit Erlaß vom 4. 12. 1941 gab Wi Stab Ost den Wi In'en und Wi Kdos die ersten umfangreichen Weisungen für den sofortigen Beginn der Anwerbung. Bereits am 16. 12. 1941 ging der erste Transport mit 756 Bergarbeitern aus Kriwoi Rog nach Westfalen[245]).

Bei der Durchführung der Anwerbung im Operationsgebiet und bei der Überführung der angeworbenen Kräfte ins Reich waren große Schwierigkeiten zu beseitigen.

Es ist kein Zweifel, daß zu Anfang des Krieges die deutsche Wehrmacht von der russischen Bevölkerung als Befreier begrüßt worden ist. Der Sinn der damals herausgegebenen Parole war einfach und klar:

---

[242]) Zur Realität s. Herbert, Fremdarbeiter, S. 285 ff. Am Prinzip der Diskriminierung gegenüber anderen Gruppen ausländischer Arbeitskräfte hielt man außerdem bis zum Schluß fest. Eine Gleichstellung erfolgte, zumindest auf dem Papier, erst zu einem Zeitpunkt, wo die Rote Armee bereits vor den Toren Berlins stand; siehe Verordnung über Aufhebung der arbeitsrechtlichen, steuerrechtlichen und sozialversicherungsrechtlichen Sondervorschriften für Ostarbeiter, vom 13. 3. 1945, Reichsgesetzblatt, Teil I/1945, S. 39 f.

[243]) Zu diesem Komplex s. Dallin, Deutsche Herrschaft, S. 441 ff., Herbert, Fremdarbeiter, S. 137 ff., und den Überblick bei Müller, Zwangsrekrutierung.

[244]) V.P. 19008/2g, Protokoll über die Besprechung vom 7. 11. 1941 über den Einsatz von Sowjetrussen, BA-MA, WiIF 5/208, T. 1 (IMT, Bd 27, S. 56–60); Aufzeichnung Wi Stab Ost, abgedr. in Deutsche Besatzungspolitik, Nr. 113 (IMT, Bd 39, S. 497–501); Vermerk Rü-IV über die Sitzung, IMT, Bd 27, S. 65–69.

[245]) Von den angeforderten 10 000 ukrainischen Bergarbeitern gelangten aber bis August 1942 lediglich 800 im Ruhrbergbau an; s. Herbert, Fremdarbeiter, S. 145. Zum Stand der Maßnahmen bis Anfang Dezember 1941 s. den Bericht des Leiters der Geschäftsgruppe Arbeitseinsatz im Vierjahresplan vom 13. 12. 1941, BA-MA, RW 31/175.

„Deutschland zieht eine scharfe Grenze zwischen dem Bolschewismus und dem russischen Volk. Es kämpft nur gegen Ersteren, dem zweiten aber verspricht es die Befreiung und seine Hilfe beim Aufbau des neuen Lebens."

Daran hat die russische Bevölkerung geglaubt, und aus diesem Grunde stellten sich anfangs weit mehr Menschen für den Reichseinsatz zur Verfügung, als abtransportiert werden konnten[246]). Dieser Glaube mußte aber schwinden, als diese gute politische Parole zugunsten eines „Kolonialstandpunktes" aufgegeben wurde. Das merkte die Bevölkerung selbstverständlich[247]). Für das Ziel, im Endergebnis Kolonialarbeiter für Deutschland zu werden, stellten sich die Arbeitskräfte naturgemäß nicht mehr freiwillig für den Reichseinsatz zur Verfügung.

Bei der technischen Durchführung der Reichswerbung mußten in den Anwerbegebieten Sammellager errichtet, Entlausungsanstalten geschaffen, Transportwege festgelegt, Marschverpflegung sichergestellt und Verpflegungsstationen eingerichtet werden. Auch die Frage der Bewachung der Transporte bereitete anfänglich größere Schwierigkeiten, konnte dann aber im Benehmen mit OKH/Gen Qu gelöst werden. Bis zum 31. 3. 1942 wurden durch die Arbeitseinsatzstellen des Wi Stabes Ost bereits

61 440 Ostarbeiter (Zivilisten)

in das Reich überführt[248]).

Die am 21. 3. 1942 erfolgte Ernennung des Gauleiters Sauckel zum Generalbevollmächtigten für den Arbeitseinsatz (GBA) brachte eine gewaltige Steigerung des Ausländereinsatzes im Reich. Der GBA ordnete am 31. 3. 1942 eine Verdreifachung des bisherigen Anwerbekontingents für das Operationsgebiet auf 600 000 Kräfte an[249]). Die eingesetzten Werbekommissionen wurden verdoppelt. Da sich die Kolonialbehandlung der Ostarbeiter im Reich bereits sehr ungünstig ausgewirkt hatte, lockerte der GBA sofort die Einsatzbedingungen der Ostarbeiter im Reich. Er ordnete an: Wegfall des Stacheldrahts, Heraufsetzung der Verpflegungssätze, Familieneinsatz, Einzeleinsatz in der Landwirtschaft. Für diese verstärkte Anwerbung wurde durch diese Maßnahmen eine bessere propagandistische Grundlage geschaffen.

Die sofort tatkräftig in Angriff genommene verstärkte Anwerbung machte die Abstimmung der Interessen der Reichswerbung mit denen des örtlichen Kräftebedarfs erforderlich. Auf Anregung des Wi Stab Ost erließ OKH/Gen Qu am 10. 5.

---

[246]) Über einen solchen Fall in Kiev s. Herbert, Fremdarbeiter, S. 159. Er scheint aber eher die Ausnahme gewesen zu sein. Viel Vertrauen in die Freiwilligkeit hatten die Besatzungsbehörden von Anfang an ohnehin nicht gehabt. Sie bereiteten daher frühzeitig den Einsatz von Zwangsmaßnahmen vor; ebd. S. 157.

[247]) Zum Beispiel jene Landarbeiterfamilien, die im Winter 1941/42 nach Ostpreußen gebracht worden waren und entgegen den Bestimmungen auch Kinder unter 15 Jahren mitgebracht hatten. Während sich das Wi Rü Amt dafür einsetzte, die Familien geschlossen zum Einsatz zu bringen, wollte Himmler Männer, Frauen und Kinder getrennt einsetzen, z.B. die Männer nach Süddeutschland, die Frauen nach Brandenburg, die Kinder über 14 Jahren nach Schlesien und die Jüngeren in spezielle Lager bringen lassen; s. Notizen Stab Ia für General Thomas vom 11. und 13. 3. 1942, BA-MA, RW 31/116.

[248]) Zahlen in der Anlage 73 geringfügig abweichend, vermutlich bedingt durch unterschiedliche Erfassungsweisen.

[249]) Siehe auch Lagebericht der Geschäftsgruppe Arbeitseinsatz im Vierjahresplan vom 23. 3. 1942, BA-MA, RW 31/175.

1942 einen Befehl[250]), in dem auch die Mitwirkung der Orts- und Feldkommandanturen bei der Anwerbung angeordnet wurde.

Im Juni 1942 wurden weitere Erleichterungen der Ostarbeiterbedingungen erwirkt:

Die bis dahin sehr hohe Ostarbeiterabgabe wurde herabgesetzt, so daß den Ostarbeitern ein größerer Barlohn verblieb. Der Postverkehr zwischen den Ostarbeitern im Reich und ihren Angehörigen in der Heimat wurde zugelassen[251]).

Dem weiteren günstigen Verlauf der Anwerbung traten ab Mitte 1942 erhebliche Schwierigkeiten entgegen. Im Bereich der:

Wi In Süd war es vor allem der hohe Kräftebedarf für die Wiederingangsetzung des Donez-Bergbaues.

Wi In Mitte wurde die Werbung durch das immer mehr zunehmende Bandenunwesen aufs Schwerste behindert.

Wi In Nord mußte die Reichswerbung wegen der geringen Bevölkerungsdichte und des großen Eigenbedarfs (Torfstich, Straßenbau usw.) ausgesetzt werden.

Da die bisherigen Werbegebiete teilweise erschöpft waren, wurde die Werbung mit recht gutem Erfolg in die Armeegebiete vorgelegt. So erbrachte die Sommeroffensive 1942, insbesondere im Ostteil des Donez-Beckens (Woroschilowgrad) neue günstige Anwerbemöglichkeiten. Die Wi In Süd zog daher sofort ihre Werbestellen (Arbeitsämter und Werbekommissionen) in diese Gebiete vor. Im Nordteil des neugewonnenen Gebietes (Raum Kursk und Woronesh) hatte die Werbung wegen der verhältnismäßig geringen Bevölkerungsdichte und namentlich wegen des großen Eigenbedarfs für die Landwirtschaft nur geringen Erfolg. Immerhin konnte aus Woronesh ein größerer Teil-Transport Facharbeiter in das Reich überführt werden.

Einen wesentlich günstigeren Verlauf nahm die Reichswerbung im Gebiet Woroschilowgrad, aus dem rund 65 000 Arbeitskräfte dem Reichseinsatz zugeführt wurden. Auch im Bereich des Wi Kdos Rostow brachte die Reichswerbung ein sehr gutes Ergebnis. Trotz größter Transportschwierigkeiten wurden rund 30 000 Kräfte in das Reich überführt.

Besondere Schwierigkeiten bereitete der Abransport von Arbeitskräften aus dem Raum Stalingrad, worauf man große Hoffnungen gesetzt hatte[252]).

---

[250]) BA-MA, RW 31/145, abgedr. in Deutsche Besatzungspolitik, Nr. 118. Das Ergebnis der Anwerbung entwickelte sich zu diesem Zeitpunkt noch so befriedigend, daß Sauckel der Chefgruppe Arbeit beim Wi Stab Ost seinen ausdrücklichen Dank mitteilen ließ; s. Wi Stab Ost, Besondere Anordnungen Nr. 73 vom 16. 6. 1942, BA-MA, RW 31/141.

[251]) Verordnungen Görings über die Einsatzbedingungen der Ostarbeiter vom 30. 6. 1942, abgedr. in Ursachen und Folgen, Bd 18, S. 3296 a–c. Siehe dazu auch Herbert, Fremdarbeiter, S. 166 ff.

[252]) Anweisung Hitlers: „Stalingrad: männliche Bevölkerung vernichten, weibliche abtransportieren"; Halder, KTB III, S. 514 (31. 8. 1942). Zu diesem Mordbfehl s. auch Eichholtz, Geschichte, Bd 2, S. 455 f. Der Mangel an Arbeitskräften gab allerdings Veranlassung, diesen Befehl zu modifizieren. Die Anordnung des Gen Qu zur Evakuierung von Stalingrad ging Ende September 1942 davon aus, daß etwa 7–800 000 Menschen in deutsche Hände fallen würden. Was davon nach Deckung des Arbeitskräftebedarfs im rückwärtigen Bereich noch übrigbleiben würde, sollte „in die Steppe geleitet werden"; Vermerk Abt. La III betr. Evakuierung von Stalingrad, vom 1. 10. 1942, BA-MA, RW 31/145.

Man hatte täglich mit 8–10 000 Flüchtlingen gerechnet. Dementsprechend waren besondere Vorbereitungen getroffen worden. Das sehr enttäuschende Ergebnis war auf folgende Tatsachen zurückzuführen:

Das Stadtgebiet war nur teilweise und vorübergehend in deutscher Hand, lag außerdem dauernd unter heftigstem Feindbeschuß. Die Bevölkerung der von uns besetzten Stadtteile war z.T. nach der russischen Seite evakuiert.

Ein Teil der Bevölkerung rechnete mit der Wiedereinnahme der Stadt durch die Russen.

Die Ablehnung des Bolschewismus und das Bestreben, sich seiner Gewalt zu entziehen, war bei der Bevölkerung geringer als man geglaubt hatte.

Eine Arbeiter-*Werbung* in der heißumstrittenen Stadt erwies sich so gut wie unmöglich. Eine Überwachung der Flüchtlinge auf dem langen Weg bis zum ersten größeren Sammellager in Forschstadt war nur sehr beschränkt durchführbar[253]).

Wegen Mangel von Transportmöglichkeiten mußten die gewonnenen Kräfte zunächst im Fußmarsch bis zum Tschir herangeführt werden. Trotz weitgehender Sofortmaßnahmen der Wi In Süd gelang es nicht, auf diesem Weg auch nur einigermaßen ausreichende Unterkunfts- und Verpflegungsmöglichkeiten zu schaffen. Ein großer Teil der erfaßten Kräfte verlief sich bereits auf diesem Weg. Aus Stalingrad wurden rund 13 600 Kräfte dem Reichseinsatz zugeführt.

Die weitgestreckten Erwartungen über Arbeitergewinnung aus Stalingrad wären wohl nur erfüllt worden, wenn die Eroberung der Stadt in kürzester Frist geglückt wäre.

Am 13. Juli 1942 wurde der 500 000 te Zivilarbeiter aus dem Operationsgebiet und etwa zur gleichen Zeit auch der
500 000te Zivilarbeiter aus dem zivilverwalteten Gebiet in das Reich abtransportiert.

Im Herbst 1942 brachte verschiedene Einschränkungen auf dem Gebiet der Reichswerbung. Die Anwerbung landwirtschaftlicher Kräfte mußte für die Monate August bis Oktober wegen der Erntebergung ausgesetzt werden. Am 26. 8. 1942 verhängte der Reichsmarschall eine Werbesperre bis zum 1. 11. 1942 für die neugewonnenen Gebiete links des Don (Kaukasus).

---

[253]) Unter dem 4. 11. 1942 notierte dazu das KTB des Wi Stab Ost (BA-MA, RW 31/23), S. 69, als Zwischenbilanz:
„Arbeitseinsatz der Flüchtlinge aus Stalingrad.
Von den durch das Lager Forschstadt geschleusten Flüchtlingen aus Stalingrad haben erhalten:

a) Truppe	1 600 wehrfähige Männer
b) OT	3 700 für Bahn- und Brückenbau
c) Feldkommandantur	721 für Feldeisenbahnbau
d) HBD Stalino	6 106 für Ostbauprogramm
e) GBA	7 295 für das Reich (5 Transporte)
insgesamt:	19 422 Kräfte.

Die arbeitseinsatzmäßige Überprüfung der im Lager Forschstadt weiterhin eingetroffenen Flüchtlinge ist im Gange. Voraussichtlich können nach Behebung der jetzt wieder aufgetretenen Transportschwierigkeiten zwei weitere größere Transporte ins Reich in Marsch gesetzt werden."

Am 8. 9. 1942 wurde eine Sofortaktion zur Aufbringung von 400 000 Hausgehilfinnen aus den besetzten Ostgebieten eingeleitet, wovon 150 000 aus dem Bereich des Wi Stabes Ost aufgebracht werden sollten[254]). Wi Stab Ost versah die Arbeitseinsatzdienststellen im Operationsgebiet sofort mit Weisungen für die Abwicklung dieser Aktion. Die Anwerbung wurde zur Entlastung der deutschen Frau auch mit allem Nachdruck aufgenommen. Der erste Hausgehilfinnen-Transport ging am 30. 9. 1942 aus Stalino ins Reich ab. Da die Arbeitseinsatzlage im Reich sich in den folgenden Monaten versteifte, kam die Hausgehilfinnen-Aktion zugunsten der Rüstung zum Erliegen. Das war sehr ungünstig. Die in den einzelnen Haushalten mitlebenden Hausgehilfinnen hätten bestimmt erheblich anders lautende Berichte in die Heimat geschrieben, als es durchweg bei den in der Industrie eingesetzten Kräften der Fall war[255]).

Neben der immer wieder auftretenden Behinderung der Anwerbung durch Transportschwierigkeiten, Bandenunwesen usw. ergaben sich durch Hemmungen seitens der Truppe. So verboten z.B. zwei AOK's die Reichswerbung wegen des erheblichen Eigenbedarfs an Arbeitskräften. Wenn auch diese Werbeverbote jeweils nach einiger Zeit wieder aufgehoben wurden, so machten sich doch die Folgen stets längere Zeit für den weiteren Werbeverlauf nachteilig bemerkbar.

Weitere Einberufungen zur Wehrmacht und die notwendige Steigerung des deutschen Rüstungspotentiales zwangen den GBA, am 30. 9. 1942 neue Anwerbekontingente festzusetzen[256]). Für den Bereich des Wi Stabes Ost betrug danach das Anwerbe-Soll 450 000 Kräfte.

Am 7. 11. 1942 wurde aus dem Bereich Mitte trotz der in diesen Gebieten besonders großen Schwierigkeiten der 100 000 te Arbeiter und am 10. 11. 1942 aus dem Bereich der Wi In Don-Donez der 600 000 te Arbeiter in das Reich in Marsch gesetzt. Die Anwerbung, die zu dieser Zeit gut verlief, erhielt durch das am 5. 11. 1942 von der Heeresgruppe B befohlene Anwerbeverbot einen schweren Schlag. Dadurch fiel das Anwerbeergebnis im Bereich Süd von 81 000 Kräften im Oktober auf 33 000 im November und 13 000 im Dezember 1942. Durch Einwirkung der Wi In wurde das Anwerbeverbot eingeschränkt und auf bestimmte Gebiete begrenzt.

Die Anwerbung im Bereich der Wi In Kaukasus konnte aufgrund des Anwerbeverbotes des Reichsmarschall vom 26. 8. 1942 und wegen der starken Rücksichtnahme auf die kaukasischen Volksstämme erst verhältnismäßig spät ingangegebracht werden. Der erste Transport aus dem Kaukasus ging am 7. 12. 1942 mit 1725

[254]) Zum Hintergrund s. Herbert, Fremdarbeiter, S. 175 ff.

[255]) Noch im Frühjahr 1944 enthielten nach den Ermittlungen des Sicherheitsdienstes 90 Prozent aller Ostarbeiter-Briefe Hinweise auf ungenügende Ernährung. Eine Erhöhung der Rationen wurde dennoch vom Reichsernährungsministerium abgelehnt; s. Vermerk über die Besprechung im „Arbeitskreis zur Erörterung sicherheitspolizeilicher Fragen des Ausländereinsatzes" vom 16. 3. 1944, BA-MA, RW 31/311. Zu den Lebensverhältnissen der Ostarbeiter zu dieser Zeit s. Herbert, Fremdarbeiter, S. 287.

[256]) Im Juni hatte Sauckel noch eine Verdreifachung der Anwerbezahlen angeordnet, ebenso den Grundsatz, daß der Einsatz im Reich Vorrang vor dem Wiederaufbau der Wirtschaft im Osten habe; s. Wi Rü Amt/Rü IV, betr. Überführung von Arbeitskräften aus den besetzten Ostgebieten, vom 19. 6. 1942, BA-MA, RW 31/271.

Kräften in das Reich ab. Weitere 12 000 freiwillige Kräfte standen zu dieser Zeit für den Abtransport bereit, konnten aber wegen der eingesetzten Absetzbewegungen nicht mehr ordnungsgemäß abtransportiert werden.

Aushebung

Noch im Jahre 1942 war es gelungen, fast ausschließlich im Weg der freiwilligen Werbung[257]) insgesamt

801 757 zivile Arbeitskräfte[258])

aus dem östlichen Operationsgebiet in das Reich abzutransportieren. Die Aussichten auf einen ähnlichen Verlauf für das Jahr 1943 verschlechterten sich von Monat zu Monat in zunehmendem Maße. Der Verlust menschenreicher Gebiete, wo die Werbung bereits gut angelaufen war, außerordentliche Transportschwierigkeiten, Bandentätigkeit und Feindpropaganda, die winterlichen Witterungsverhältnisse, der Kräftebedarf für Stellungsbauten usw. wirkten sich für die Reichswerbung naturgemäß sehr nachteilig aus.

Von Heeresgruppen und Armeeoberkommandos wurden wegen des hohen Eigenbedarfs wiederholt Anwerbesperren befohlen. Bereits für den Reichseinsatz erfaßte Kräfte wurden in den Armeebereichen eingesetzt. In den Monaten Januar und Februar 1943 erreichte daher die Werbung ihren Tiefstand.

Grundsatz des Wi Stabs Ost war, die Reichswerbung nur auf freiwilliger Basis durchzuführen. Auf dieser Basis konnte jedoch ein voller Erfolg, in erster Linie wegen des Fehlens einer politischen Parole, nicht mehr erreicht werden, daher verfolgte Wi Stab Ost die Linie, eine geregelte Aushebung aufgrund von Jahrgangsfestlegungen herbeizuführen. Wenn der Reichswerbung während 1943 ein Erfolg beschieden sein sollte, mußte angesichts der vorgeschilderten Gesamtlage zu durchgreifenden Maßnahmen geschritten werden. Entsprechend der Linie des Wi Stabs Ost wurde mit der Musterung ganzer Jahrgänge begonnen, wie sie in der Verordnung vom 6. 2. 1943[259]) vorgesehen war. Erst im Juli 1943 ordnete der GBA die geschlossene Überführung der Jahrgänge 1925/26 bzw. 1927 in das Reich an[260]). Infolge der veränderten militärischen Lage kamen diese Maßnahmen nicht mehr zur vollen Auswirkung. In einzelnen Gebieten konnten lediglich noch Teilergebnisse erzielt werden. So erbrachte im Bereich der Wi In Mitte die Aushebung im August 1943 noch rund 24 000 Kräfte für den Reichseinsatz.

---

[257]) Siehe dagegen Herbert, Fremdarbeiter, S. 157 ff.

[258]) Die Summe der Monatsmeldungen in Anlage 73 liegt bei 707 357. Vermutlich handelt es sich um einen Schreibfehler.

[259]) Anlage 63.

[260]) Das Ziel Sauckels war es, mindestens 10 Prozent der gesamten Bevölkerung zum Arbeitseinsatz nach Deutschland zu bringen, wobei er sich freilich dem wachsenden Widerstand der Zivilverwaltung ausgesetzt sah, die einen weiteren Abzug einheimischer Arbeitskräfte als ausgeschlossen ansah; s. Vermerk über die Besprechung bei Rosenberg am 13. 7. 1943, BA-MA, RW 31/251.

Zwangsüberführung

In der 2. Hälfte des Jahres 1943 mußte sich die Reichswerbung, nunmehr auch bedingt durch die militärische Lage, hauptsächlich auf die Gewinnung von Arbeitskräften durch Zwangsmaßnahmen (Zwangsevakuierungen) beschränken. Hierbei ließen vielfach die Transport- und Frontlage eine rechtzeitige Aussonderung der für den Reichseinsatz geeigneten Personen in den Evakuierungsräumen nicht zu. Geschlossener Abtransport in weit zurückliegende Auffangräume war notwendig. Dabei ging häufig wertvolles Menschenmaterial verloren.

Trotz der aufgezeigten Schwierigkeiten wurden im Jahre 1943 insgesamt noch

211 977 Arbeitskräfte aus dem Operationsgebiet in das Reich abtransportiert. Davon entfielen auf:

Wi In Süd	116 195
Wi In Mitte	91 225
Wi In Nord	4 557

Seit Beginn der Reichswerbung bis Ende Dezember 1943 wurden dem Reichseinsatz zugeführt:

1 013 734 Arbeitskräfte aus dem Operationsgebiet, davon entfielen auf:

Wi In Süd	751 533
Wi In Mitte	205 931
Wi In Nord	56 270

Mit Zustimmung des Führers setzte der GBA für das Jahr 1944 neue große Anwerbekontingente für den Osten fest:

für H.Gr. A und Süd	70 000 Kräfte
für H.Gr. Mitte	75 000 Kräfte
für H.Gr. Nord	75 000 Kräfte
	220 000 Kräfte
für RKO	150 000 Kräfte
für RKU	130 000 Kräfte
	500 000 Kräfte

Von diesen Kräften sollten in einmaliger Anstrengung bereits im Februar 220 000 zuzüglich 20 000 im GG erfaßter Flüchtlinge gestellt werden. Von den Arbeitseinsatzdienststellen des Wi Stabs Ost wurden alle erforderlichen Maßnahmen sofort in die Wege geleitet. Der Leiter der Chefgruppe und sein ständiger Stellvertreter bereisten die gesamten besetzten Ostgebiete, wobei mit allen in Frage kommenden militärischen und zivilen Stellen die Aufbringung der Kräfte, der oft sehr schwierige Abtransport usw. eingehend besprochen und Schwierigkeiten aus dem Wege geräumt wurden. In den Monaten Januar bis März 1944 nahm die Reichswerbung in den einzelnen Gebieten folgenden Verlauf:

Ende Januar standen im *Südraum* (H.Gr. A, Süd, Restgebiet RKU) etwa 180 000 Menschen für den Reichseinsatz zur Verfügung, die vor allem im Wege der Zwangsevakuierung aufgebracht werden sollten. Der Abtransport wurde im Benehmen mit der Reichsbahn vorbereitet. Für die aus dem Raum Nikolajew, Transnistrien und von der Krim anfallenden Kräften wurden in Odessa und Konstanza

„Einsatzkommandos Arbeit" eingesetzt und Auffanglager errichtet. Im Raum der H.Gr. Süd wurden die Einsatzkommandos durch GBA-Werber verstärkt.

Der Abtransport nach Odessa und mittels Urlauberzug funktionierte ausgezeichnet. Dagegen war der Anfall von Arbeitskräften von der Krim in Konstanza sehr gering. Aus dem gesamten Südraum wurden
vom 1. 1. bis 31. 3. 1944
141 152 Arbeitskräfte = 70% des Jahres-Solls
abtransportiert.

Für die einheitliche Lenkung der Werbung im Abschnitt *Mitte* und in *Weißruthenien* wurde in Minsk eine Zentralstelle geschaffen. In den Bereichen AOK 2 und AOK 4 war die verstärkte Werbung bereits Mitte Februar gut im Fluß. Im Bereich AOK 3 stieß sie hingegen aus militärischen Gründen auf Schwierigkeiten. Im ersten Vierteljahr 1944 wurden aus dem Bereich insgesamt:
33 985 Arbeitskräfte
dem Reichseinsatz zugeführt.

Die Anwerbung im Bereich *Nord*, die zahlenmäßig im Februar und März einen guten Verlauf nahm, kam Mitte März durch den Verlust nahezu des ganzen ehemaligen Inspektionsbereiches fast zum Erliegen. Nach unvollständigen Meldungen wurden vom 1. 1. bis 31. 3. 1944 insgesamt
17 290 Arbeitskräfte
in das Reich abtransportiert. Hierzu kamen 17 237 im GK Litauen erfaßte russische Flüchtlinge.

Seit Beginn der Werbung im Dezember 1941 bis zum 31. 3. 1944 wurden durch die Arbeitseinsatzstellen des Wi Stabs Ost
rd. 1 170 000 zivile Arbeitskräfte
(vgl. auch Gesamt- und Einzelergebnisse Anl. 73)
dem Reichseinsatz zugeführt. Damit wurde nicht nur für die deutsche Kriegswirtschaft ein sehr wesentlicher Beitrag geleistet, sondern es wurden aus den aufgegebenen Gebieten Hunderttausende wehrfähiger Männer herausgezogen, die dem Feind als Gewehrträger nicht zur Verfügung standen.

Evakuierung ganzer Bevölkerungsteile

Bereits zu einer Zeit, als Abtransporte für den Reichseinsatz noch nicht erfolgten, tauchte die Frage auf, was mit der einheimischen Bevölkerung geschehen sollte, die nicht zum Arbeitseinsatz im Operationsgebiet selbst gelangen könne. So hat man sich tatsächlich im Jahre 1941 z.B. im Gebiet Charkow mit dem Gedanken getragen, die gesamte Bevölkerung abzüglich der wehr- und arbeitsfähigen Männer, nach dem Osten, also in Gebiete zu drücken, die in Feindesland waren[261]). Die Durchführung scheiterte wohl daran, daß die technische Möglichkeit dieses Antransportes in das feindliche Gebiet nicht vorlag. Damals war der Wert des russi-

[261]) Dazu Müller, Scheitern, S. 1012.

schen Menschen, insbesondere auch der Frauen, als Produktionsfaktor noch nicht erkannt.

Bei den hier darzustellenden Evakuierungen handelte es sich um Rückführungen von Bevölkerungsteilen größten Ausmaßes bei Feindannäherung als Aufgabe der Arbeitsdienststellen.

Zeit, Transport und Hilfe der Truppe sind Voraussetzungen einer planmäßigen Massenevakuierung. An allen drei Voraussetzungen fehlte es bei sämtlichen Absetzbewegungen, entweder völlig oder in weitem Umfang.

Winter 1942/43

Bei den Absetzbewegungen im Winter 1942/43 aus dem Kaukasus und Don-Gebiet war man geistig auf eine Massenevakuierung überhaupt noch nicht eingestellt. Über den Wert der Bevölkerung der aufzugebenden Gebiete in Feindesland hatte man sich kein Bild gemacht und konnte sich auch keines machen. Bei dieser Absetzbewegung war daher überhaupt nicht daran gedacht worden, mit irgendwelchem Zwang vorzugehen. Vielmehr wurden nur solche, bei deutschen Dienststellen und in Betrieben eingesetzte Arbeitskräfte mitgenommen, die freiwillig mitgehen wollten. Etwa ⅓ der im deutschen Interesse Arbeitenden meldete sich zunächst für den Rücktransport. Nachdem sich aber sehr schnell zeigte, daß genügend Transportmittel keinesfalls gestellt werden konnten und die Feindpropaganda äußerst wirksam tätig gewesen war, gingen von diesem Drittel nur ca. 10% mit.

Die Aufgaben der Arbeitseinsatzdienststellen bestanden hierbei darin, in Zusammenarbeit mit Abteilung VII der Kommandanturen und den einheimischen Behörden Meldestellen für die Evakuierung zu schaffen, sich um Transportmittel und erste Marschverpflegung zu bemühen. Außerdem waren die Arbeitskräfte festzuhalten, die für solche Betriebe benötigt wurden, die im Interesse der Truppenversorgung bis zum letzten Augenblick in Gang gehalten werden mußten. Entsprechende Ausweise wurden für die rückzuführenden und die verbleibenden Kräfte ausgestellt. Die landwirtschaftlichen Arbeitskräfte wurden unter Führung von La-Führern in Form von Landtrecks zurückgeführt, wobei die große Kälte einen größeren Erfolg verhinderte.

Trotzdem gelang es, aus diesen Gebieten 100 000 Menschen unter Steuerung durch die Arbeitseinsatz- und La-Dienststellen in Marsch zu setzen. Aus Angst vor den Sowjets setzten sich selbst, ohne Steuerung durch deutsche Dienststellen, etwa noch weitere 50 000 Menschen in Bewegung. Genaue Zahlenergebnisse über den Umfang der Evakuierung, die Bergung und Sicherstellung der Flüchtlinge liegen nicht vor. Schätzungsweise sind auf dem Marsch zum Dnjepr etwa 40 000 bis 50 000 Flüchtlinge in der taurischen [Steppe] versickert.

Zweites Halbjahr 1943

Die Absetzbewegungen im Winter 1942/43 hatten bewiesen, daß eine großzügige Rückführung von Bevölkerungsteilen nur dann möglich war, wenn sie rechtzeitig und planmäßig vorbereitet wurde. Die militärischen Ereignisse dieses Winters hatten aber auch die Notwendigkeit ergeben, dem Feind die wehr- und arbeitsfähige Bevölkerung zu entziehen[262]).

Im Zuge der Absetzbewegungen vom Sommer bis Ende 1943 wurden daher die Evakuierungen durch die Arbeitseinsatzdienststellen vorbereitet. Die Wi In'en ließen bereits im Zug der Auflockerungen Einzelanweisungen an ihre Arbeitseinsatzdienststellen [ergehen]. Die hier vorgesehenen Maßnahmen wurden durch Befehle der Heeresgruppen und Armeen unterstützt. Eine eigene umfassende Organisation zur Erfassung der zu erwartenden Flüchtlingsströme wurde eingerichtet[263]). Es wurden festgelegt und veranlaßt:

- Auffangstellen in den von den Heeresgruppen befohlenen Auffangräumen der Armeen.
- An den wichtigsten Durchgangsplätzen der von Armeen vorgesehenen Treckstraßen wurden Leitstellen Arbeit eingerichtet. Diese hatten die Aufgabe, in Zusammenarbeit mit den örtlichen Wehrmachts- und zivilen Dienststellen für die umgehende Weiterleitung der ankommenden Trecks zu sorgen.
- An den Flußübergängen wurden bei sämtlichen Brücken und Fähren Sonderkommandos abgestellt, die dafür zu sorgen hatten, daß unter Vermeidung jeglicher Stauung die zurückgeführte bzw. geflüchtete Bevölkerung planvoll in die befohlenen Auffangräume geleitet werden konnte.
- In die Auffangräume selbst wurden besonders starke Erfassungskommandos zur arbeitseinsatzmäßigen Sichtung abgestellt.

Der Zustrom an Flüchtlingen trat jedoch nicht in dem erwarteten starken Umfang ein. Gründe dafür waren: einmal das schnelle Nachrücken des Feindes, aber auch die Haltung der Bevölkerung selbst, die den Evakuierungsbefehlen freiwillig nicht Folge leistete.

Die sehr geschickte Feindpropaganda, daß im Falle einer Wiederbesetzung der Gebiete der Bevölkerung nichts geschehen werde, vermochte die für eine Rückführung in Betracht kommende Bevölkerung großenteils zu überzeugen. Hierzu kam [die Anhänglichkeit] der russischen Landbevölkerung zur Scholle, der arbeitenden

---

262) Der Leiter der Chefgruppe Arbeit bei der Wi In Süd berichtete seinem ehemaligen Vorgesetzten, General Nagel, in einem Brief vom 22. 3. 1944 (BA-MA, RW 19/1224) von dem Erfolg dieser Bemühungen. Allein im Februar 1944 seien über 50 000 Wehrfähige in rd. 90 Eisenbahntransporten ins Reich geschafft worden. Seit dem 1. 9. 1943 bis 1. 2. 1944 habe man allerdings auch ungefähr 1,5 Millionen Wehrfähige an die Russen abgeben müssen. „Diese 150 russischen Divisionen müssen erst mit vieler Mühe als Gefangene wieder gesammelt werden“, nur weil es der RKU versäumt habe, diese einheimischen Wehrfähigen rechtzeitig ins Reich zu schaffen.

263) Dazu gehörte auch die ausdrückliche Anweisung des RMfdbO an die Zivilverwaltung, für eine bessere Aufnahme und Behandlung der Flüchtlinge zu sorgen; Schreiben vom 27. 2. 1943, BA-MA, RW 31/244.

Stadtbevölkerung zu ihren Betrieben und Maschinen und die Notwendigkeit, die Familienangehörigen zurücklassen oder auseinanderreißen zu müssen[264]).

Der Feindpropaganda und der Heimatverbundenheit der russischen Bevölkerung konnte nur mit Zwang entgegen gearbeitet werden. Auch nur einigermaßen genügende Beitreibungs- und Bewachungskräfte waren aber nicht vorhanden. Zudem erleichterte es die Weiträumigkeit und Unübersichtlichkeit der Gebiete sowohl der städtischen als auch der ländlichen Bevölkerung sich der Erfassung durch Verbergen zu entziehen. Aus diesen Gründen gelangen geschlossene Aussiedlungen nirgends.

Auch die eigene Truppenführung behinderte teils notwendiger- teils unnötigerweise die Evakuierung. Man wollte den Evakuierungs-Maßnahmen z.T. nicht nähertreten, da man dadurch eine Beunruhigung der Bevölkerung und damit der eigenen Truppe befürchtete. Ein AOK lehnte z.B. noch am 26. 8. den Antransport der für das Reich ausgemusterten Jahrgänge aus Taganrog ab. Am 27. 8. war Taganrog bereits eingeschlossen, am 29. 8. aufgegeben. Von den in ihren eigenen Diensten stehenden Arbeitskräften trennte sich die Truppe nur sehr schwer, sorgte aber andererseits nur in wenigen Fällen dafür, daß bei Beginn der Absetzbewegung Transportraum für die Evakuierung dieser Arbeitskräfte zur Verfügung stand. Andererseits mußte die Truppenführung naturgemäß darauf bedacht sein, in den für den Stellungsbau in Frage kommenden Räumen möglichst große Teile der Bevölkerung als Arbeitskräfte zurückzuhalten. Deren geschlossener Abtransport war dann nicht möglich, wenn die militärische Räumung dieser Gebiete ohne Einsetzen eines Stellungsbaues doch noch notwendig wurde.

Die Truppenfertigungs-, und hierbei insbesondere die ernährungswirtschaftlichen Betriebe, mußten bis zum letzten Augenblick aufrecht erhalten werden. Die Arbeitskräfte hierfür durften weder evakuiert werden, noch durften sie sich selbständig in Bewegung setzen. Entsprechende Maßnahmen zum Verbleib mußten getroffen werden.

Gerade bei diesen Absetzbewegungen zeigte sich, daß es außerordentlich schwierig war, nur die wehr- und arbeitsfähigen Kräfte zu evakuieren, auf die allein man Wert legte. Von ihren Familien waren diese Kräfte nur sehr schwer, oder überhaupt nicht loszureißen. Möglich war dies nur, wenn sie ganz plötzlich aus dem laufenden Betrieb heraus zusammengenommen und sofort zum Abtransport gebracht wurden. Zum größten Teil erschienen aber die Kräfte nicht mehr zur Arbeit. Außerdem konnten unter solchen Umständen diese Kräfte die nötige Bekleidung usw. nicht mehr mitnehmen. Soweit die Arbeitskräfte mit Familienmitgliedern erfaßt wurden, war das Auseinanderreißen der Familien auch in den Auffangstellen außerordentlich schwierig. Ebenso bereitete die Frage der Unterbringung mit Familien große Schwierigkeiten.

Die in den Auffangräumen aufgestellten Erfassungskommandos erwiesen sich als nicht ausreichend, da große Teile der Flüchtlinge sich nicht auf den befohlenen Treckstraßen in die Auffangräume bewegten, sondern sich bereits auf dem Lande

[264]) Der Armeewirtschaftsführer beim AOK 4 im Raum Smolensk wies in seinem Lagebericht vom 26. 9. 1943 (BA-MA, RW 31/252) darauf hin, daß fast niemand mehr in der Bevölkerung zu den Deutschen halte und daß der Evakuierungsbefehl Haß erzeugt habe. Lieber würden die Bauern das „bolschewistische Joch“ ertragen, als Haus und Hof zu verlassen.

absetzten. Auch diese Flüchtlinge galt es zu erfassen. Es wurden daher „Flüchtlingsbergungskommandos" gebildet, z.B. in den Bereichen der Generalkommissariate Dnjepropetrowsk, Nikolajew und Kiew.

Dies alles sind nur einige Hinweise zwecks Darstellung der Schwierigkeiten, die selbst einer vorbereiteten Evakuierung entstanden. Trotz all dieser schwierigen Gesamtumstände gelang es bis Ende 1943 zu evakuieren:

Aus den Bereichen der Wi In Süd, Mitte und Nord:

	Süd	Mitte	Nord	Summe
In Marsch gesetzte Personen	520 500	885 000	260 240	1 665 740
Erfaßte Personen	375 000	541 000	225 394	1 141 394

Von der Taman-Halbinsel 77 182 Personen.

Erstes Halbjahr 1944

Als die Absetzbewegungen mit Beginn des Jahres 1944 erneut und verstärkt einsetzten, trat die Frage der Evakuierung und ihrer Durchführung wieder [in] ganz anderer Form auf. Zeit für irgendwelche Vorbereitungen stand durchweg nicht zur Verfügung. Im wesentlichen handelte es sich um die beschleunigte Auskämmung der wehr- und arbeitsfähigen Kräfte aus den Gefechtsgebieten[265]). Gerade bei dieser beweglichen Kriegsführung waren die Arbeitseinsatzdienststellen vor ganz besonders schwierige Aufgaben gestellt, die mit den bisherigen Einrichtungen überhaupt nicht zu bewältigen waren. Zudem waren die Evakuierungen durchweg aus Gebieten der Zivilverwaltung durchzuführen. Die Arbeitsdienststellen der Zivilverwaltung waren für diese Maßnahmen zuständig gewesen. Die Zivilverwaltung war aber sowohl geistig wie organisatorisch auf derartige Aufgaben nicht vorbereitet und konnte es auch nicht sein. Es standen ihr hierfür weder genügend Kräfte, noch die erforderliche Erfahrung zur Verfügung. Die bodenständige Bindung der vorhandenen Kräfte verhinderte überdies einen beweglichen und schwerpunktmäßigen Einsatz nach den wechselnden Erfordernissen der militärischen Lage.

Für die hier anfallenden, vielfach sehr schnell und unter unmittelbarer Feindeinwirkung durchzuführenden Aufgaben wurden besondere „Einsatzkommandos Arbeit" gebildet und eingesetzt. Sie waren sehr beweglich ausgestattet und führten ihre Aufgaben in engster Verbindung mit den Divisionen und Armeen, den Kriegsgefangenen-Einrichtungen und Versorgungstruppen durch. Grundsätzlich führten die Armeen die zu evakuierenden Kräfte bis zu einem bestimmten Punkt zurück, wo sie dann von den Einsatzkommandos Arbeit übernommen und (wenn irgend möglich) im Bahntransport den großen, eingerichteten Auffanglägern zugeführt

[265]) Siehe z.B. Abschlußbericht des AWiFü der 6. Armee über die Zwangsrekrutierungen in Kriwoi Rog, vom 24. 2. 1944, abgedr. in Deutsche Besatzungspolitik, Nr. 160.

wurden. Hierbei hat sich erstmals die Erkenntnis ausgewirkt, daß bei Erfassung der zu evakuierenden Arbeitskräfte an ihren Wohnorten und bei der Rückführung bis zu ersten Sammelstellen ausschließlich die Truppe selbst in der Lage ist, entscheidende Hilfe zu gewähren.

Infolge Zeitnot und Feinddruck konnten die Maßnahmen nicht immer rechtzeitig durchgeführt werden. Teilweise war es überhaupt nicht mehr möglich, die arbeitende und sonstige Bevölkerung überhaupt nur rechtzeitig zu erfassen. Der mangelnde Transportraum bedingte auch hier in erheblichem Maß Landtrecks. Plötzliche Feindeinbrüche machten Änderungen der festgesetzten Treckstraßen und Umleitungen von Bahntransporten erforderlich. So wurden einige Trecks, also bereits erfaßte und geführte Arbeitskräfte, und auch sonstige Menschentransporte noch ganz kurz vor Verlassen der Gefahrenzone von den Sowjets abgefangen. Das Bewußtsein, nunmehr russisches Gebiet überhaupt verlassen zu müssen, führte vielfach zur Flucht selbst aus Eva-Zügen. Die hierdurch eintretenden Verluste waren anfänglich beträchtlich und betrugen bis zu 40%. Durch besondere Maßnahmen der Arbeitsdienststellen konnten sie auf ca. 3% und weniger herabgesetzt werden.

Im einzelnen bedingten die Absetzbewegungen folgende große *Treckbewegungen*:

Die russische Winteroffensive 1943 veranlaßte Auflockerungen im größeren Umfange in den Generalbezirken Shitomir, Kiew, Nikolajew, Dnjepropetrowsk. Die dichte Besiedlung dieser Gebiete ließ Trecks von Hunderttausenden an Arbeitskräften vermuten. Der schnelle Vormarsch der Russen und die dadurch bedingte Abdrängung von den ursprünglichen Treckstraßen trug jedoch dazu [bei], daß ein erheblicher Teil der Kräfte versickerte. Trotzdem konnte die Treckbewegung, die schließlich *aus dem ukrainischen Raum* ostwärts und westwärts der Karpaten verlief, noch gut abgewickelt werden.

In den [in] Ost-Ungarn errichteten Durchgangslagern waren bis 1944 13 288 Zwangsevakuierte und 49 289 Freiwillige, insgesamt also 62 577 Personen eingetroffen und somit dem Zugriff des Feindes entzogen.

Für die auf rumänisches Gebiet übergetretenen und sich dort ohne Aufenthaltsgenehmigung aufhaltenden russischen Flüchtlinge wurde seitens der rumänischen Gendarmerie eine Fahndungsaktion durchgeführt. 1500 Flüchtlinge wurden ins Reich abtransportiert, während weitere 5300, die in der Landwirtschaft eingesetzt waren, mit Genehmigung der rumänischen Regierung erst nach Einbringung der Getreideernte ins Reich abtransportiert werden sollten.

Eine weitere Auflockerung wurde auf der *Krim* durchgeführt. Hier war die Tätigkeit der Arbeitseinsatzdienststellen infolge verschiedener Maßnahmen sehr beeinträchtigt worden. Räumungsbefehl von Ende 1943, der widerrufen wurde, Evakuierung der Zivilbevölkerung der Halbinsel Kertsch sowie verschiedener Küstengebiete, wilde Wanderbewegung der Bevölkerung innerhalb der Krim. Nach Eintritt einer gewissen Beruhigung wurden daher umfangreiche Vorarbeiten für Auflockerungsmaßnahmen getroffen, die zum überwiegenden Teil abgeschlossen waren, als am 10. 4. 1944 der zweite und endgültige Räumungsbefehl erging.

Auf Befehl AOK 17 wurden sämtliche Wehrfähigen zwecks Abschub von der Krim erfaßt. Ausgenommen von dem Abschub sollten nur die Facharbeiter in lebensnotwendigen Betrieben der Wehrmacht sein, sowie Arbeitskräfte für die vordringlich durchzuführenden Befestigungsbauten. Außerdem war auf Grund der befohlenen Frühjahrsbestellung ein Eingriff in die Landwirtschaft nahezu unmöglich. Während der Räumungsplan von Ende 1943 die Evakuierung aller wehrfähigen Personen (rd. 80—100 000) vorsah, rechnete man nach erneuter Überprüfung der Sachlage im Frühjahr 1944 immerhin noch mit dem Abtransport von rund 50 000 Personen einschließlich der städtischen Bevölkerung[266]). Obwohl der Abtransport dieser Flüchtlinge verhältnismäßig gut anlief, konnten auf Grund der militärischen Ereignisse auch diese neu eingeleiteten Evakuierungsmaßnahmen nicht verwirklicht werden. Trotz der sich überstürzenden Ereignisse wurden insgesamt 15 715 Flüchtlinge nach Konstanza geleitet. Weitere 2006 Flüchtlinge wurden nach Odessa befördert. Die Gesamtzahl der von der Krim seit Mitte Oktober 1943 evakuierten Personen belief sich damit auf 17 721.

Insgesamt gelang es, unter Überwindung vielfältigster und größter Schwierigkeiten zu evakuieren:

Aus dem Südraum:

Im ersten Vierteljahr 1944 wurden westlich der P-Stellung zurückgeführt

110 000 Volksdeutsche
110 000 Schutzmannschaften
10 000 landwirtschaftliche Spezialarbeiter
6 000 Kosaken
141 157 Ostarbeiter für den Reichseinsatz

insg. 377 147 Personen.

Außerdem wurden 39 911 Kriegsgefangene abtransportiert. Davon entfielen auf die H.Gr. Süd 30 672, auf den Bereich der H.Gr. A 9932.

Bereich H.Gr. Mitte:

Im ersten Vierteljahr 1944 wurde die personelle Räumung lediglich vorbereitet. Zu diesem Zwecke wurde die wehr- und arbeitsfähige Bevölkerung in Zivilarbeitsdienstabteilungen (Zada-Aktion) zusammengefaßt und kaserniert. Auf diese Weise wurden rund

95 000 wehr- und arbeitsfähige Personen

erfaßt und den Zivilarbeitsdienstabteilungen zugeführt, die den Truppeneinheiten angegliedert waren, wurden zum Arbeitseinsatz in der Hauptsache zum Stellungsbau herangezogen und sollten im Räumungsfall von den Einheiten geschlossen zurückgeführt werden[267]).

Nur ein geringer Prozentsatz konnte bei der ab Ende Juni verfolgten Räumung tatsächlich zurückgeführt werden.

---

[266]) Siehe Lagebericht der H.Gr. A vom 1. 3. 1944, abgedr. in ebd. Nr. 161.

[267]) Dazu gehörte auch die Absicht der H.Gr., rd. 50 000 Jugendliche im Alter von 10—14 Jahren aus den Armeegebieten zu verschleppen und im Reich als Zwangsarbeiter oder als Flakhelfer zu verwenden. Die Bitte des Vertreters der SS, dabei möglichst keinen Zwang auszuüben, sondern Freiwillige zu werben, lehnte der O Qu der Heeresgruppe ab, da er jegliche Schwierigkeiten bei der Aufbringung vermeiden wollte. Bei der 9. Armee war darüber hinaus schon versuchsweise ein Kinderdorf eingerichtet worden. Damit hatte man praktisch Geiseln in der Hand, um die Eltern zum Verbleib bei den Arbeitsbataillonen zu zwingen und bei eventuellen Evakuierungen von der Flucht abzuhalten; s. Besprechungsvermerke vom 1., 2. und 12. 6. 1944, abgedr. ebd. Nr. 165 f., und Anatomie des Krieges, Nr. 249.

Bereich H.Gr. Nord:

Im ersten Vierteljahr 1944 wurden insgesamt

237 426 Personen

zurückgeführt. Davon waren zweckgebunden, d.h. von vornherein für einen anderweitigen Arbeitseinsatz vorgesehen:

5 825	die mit ihren Betrieben verlagert wurden
1 836	die für die gewerbliche Wirtschaft im Ostland vorgesehen waren
2 981	die mit einer Feldeisenbahnkompanie verlegt wurden
36 000	die im Ordnungsdienst-Einsatz standen
40 000	die bei der Maßnahme P und anderen Befestigungsbauten beschäftigt waren
86 642	

Weitere 17 290 Ostarbeiter wurden unmittelbar ins Reich abtransportiert. Die restlichen 133 494 Personen sind im Ostland verblieben, so daß mit den früheren (im 4. Vierteljahr 1943) ins Ostland verbrachten Personen insgesamt über 300 000 nach Litauen, Lettland und Estland evakuiert worden sind.

Reichseinsatz russischer Wissenschaftler

Hatte man anfänglich schon den Wert der russischen Handarbeitskräfte nicht richtig erkannt, so war dies noch weniger hinsichtlich der Geistesarbeiter, und insbesondere der Wissenschaftler der Fall. Für den Sofortbedarf der Truppe wurden nur die körperlich arbeitenden einheimischen Arbeitskräfte benötigt, dazu etwa noch einheimische Betriebsleiter, Betriebsingenieure und kaufmännische Angestellte. Hinter die Bedeutung der Geisteswissenschaftler und rein wissenschaftlichen Ingenieure kam man erst, als man die wissenschaftlichen Institute in den besetzten Ostgebieten näher untersucht hatte. Dann schuf Wi Stab Ost aber auch sofort ein „Referat Wissenschaft", das die Institute auszuwerten (Bibliotheken), und die Wissenschaftler einzusetzen und zu betreuen hatte. Die Tätigkeit dieses Referats Wissenschaft ist an anderer Stelle dargestellt (vgl. S. 361). Hier soll nur die Verbringung dieser hochqualifizierten Fachkräfte nach dem Reich, ihre Betreuung und ihr Einsatz behandelt werden.

Mit Rücksicht auf die in den wissenschaftlichen Instituten vorgefundenen Arbeiten war die Chefgruppe W/Sondergruppe Chemie am meisten an diesen Kräften interessiert. Sie betraute daher im März 1942 einen besonderen Beauftragten mit der Erfassung und Auswertung solcher Kräfte. Diese Kräfte sollten für wissenschaftliche Institute im Reich, und insbesondere für die wichtigen Betriebe der Mineralölerzeugung und der chemischen Industrie eingesetzt werden. Dazu kamen noch die Rüstungsindustrie, Bergbau und Tiefbau.

Die zunächst infragekommende Industrie stellte nach entsprechenden Verhandlungen für die erste Erfassung im Reich Unterkünfte zur Verfügung (Ammoniakwerk Merseburg, Aluminiumwerk Bitterfeld, Werk Wolfen der IG-Farben-Industrie). Bald erwies sich jedoch eine ausgesprochene Auffangsstelle als erforderlich. Dies wurde das Lager Bierau der IG-Farben-Industrie in Heydebreck/Oberschlesien, wo Baracken für die Aufnahme von 6–700 Personen zu diesem Zweck zur Verfügung gestellt bzw. eingerichtet wurden.

Die Anwerbung erfolgte im Einvernehmen zwischen Referat Wissenschaft und Chefgruppe Arbeit des Wi Stabs Ost, mit dem GBA und mit den zuständigen Reichsbehörden, die hierzu ihre Einwilligung erteilten und Unterstützung gewährten.

Im Lager Bierau wurden diese hochqualifizierten Fachkräfte karteimäßig erfaßt, polizeilich gemeldet, abwehrmäßig überprüft und zum beaufsichtigten Einsatz gebracht. Der Reichsführer SS erteilte spezielle Genehmigung, diese Fachkräfte mit Familie ins Reich zu bringen, was Mitte 1942 noch Ausnahmefall war. Wi Stab Ost erhielt von den Reichsbehörden Genehmigung, Anträge auf Herauslösung aus dem Ostarbeiterverhältnis für jeden einzelnen zu stellen. Die Anträge gingen über den GBA an das Reichssicherheitshauptamt. Die Herausgelösten sollten wie Ausländer behandelt werden und Fremdenpässe erhalten. In vielen Fällen wurden als Überbrückungsmaßnahmen die folgenden Vergünstigungen schon vorher geduldet:

Bessere Verpflegung als Ostarbeiter

Kein Ostabzeichen

Steuermäßigung bis auf 25–33 % des Bruttogehaltes

Unterbringung außerhalb der Ostarbeiterlager, wo örtlich möglich auch außerhalb von besonderen Lagern.

Diese besondere Dienststelle des Wi Stabes Ost erhielt die Bezeichnung „Wi Stab Ost, Sondergruppe GB Chemie, Auffangstelle für russische Wissenschaftler und Ingenieure Heydebreck-Bierau/OS."

Der berufsrichtige Einsatz erfolgte durch diese Dienststelle direkt. Auch nach erfolgtem Einsatz wurden und werden diese Kräfte von ihr mitbetreut.

Erstmalig kam am 21. 4. 1942 ein Transport von 156 Wissenschaftlern und Ingenieuren (mit Familie) direkt nach Leuna, ihm folgten kleinere Gruppen und im Februar 1943 aus Pjatigorsk 167 Gelehrte. Insgesamt waren mit weiteren Gruppen aus Stalino, Dnjepropetrowsk usw. bis 1. 10. 1943 398 Wissenschaftler (mit Familie) durch diese Auffangstelle gelaufen, wovon 293 als Arbeitende eingesetzt wurden. Im Zuge der Absetzbewegungen kamen stärkere Gruppen aus Charkow, Dnjepropetrowsk, Kiew, der Krim, Stalino, Winniza und Lemberg. Bis einschließlich März 1944 wurden von der Auffangstelle erfaßt:

1 111 Wissenschaftler und Ingenieure (mit Familie)
davon 847 Arbeitende.

Unter diesen Arbeitenden befanden sich:

Chemiker und Physiker	140
Maschinenbau- und Elektro-Ingenieure	116
Bergbau- und Bauingenieure	112
Techniker und Zeichner	187
Ingenieur-Ökonomisten und Agronome	19
Sprachmittler und Propagandisten	77
Ärzte	46

Der Einsatz im Reich erfolgte bei:

Chemischer Industrie

Rüstungs-Industrie

Bergbau

Tiefbau
Wissenschaftliche Institute
Krankenhäuser
Propaganda-Ministerium
Ost-Ministerium
Einsatzstab Reichsleiter Rosenberg

Von dem Referat Wissenschaft waren im Zuge der Absetzbewegungen weitere Wissenschaftler und Ingenieure in das GG verlegt worden (Lemberg, Krakau, Warschau, Kriniza, Tarnow). Etwa seit 1. 4. 1944 trafen diese Kräfte gruppenweise in dem Auffanglager Bierau ein, im April und Mai ca. 570, die ebenfalls wieder zum Einsatz gebracht wurden.

Der Einsatz dieser hochqualifizierten Fachkräfte hat sich durchweg bewährt. Viele haben bereits für OKW und RLM wichtige Ausarbeitungen geliefert. In einigen Fällen wurden sie durch besondere Belohnung ausgezeichnet. Die Nachfrage nach diesen Kräften wuchs dauernd. Daraus ergibt sich, daß dieser Sondereinsatz für die deutsche Kriegswirtschaft bedeutungsvoll war und ist.

Die Bedenken mancher Abwehrstellen bezüglich Spionage, Werkspionage usw. haben sich bis jetzt nicht in einem einzigen Fall bestätigt. Ebensowenig ist ein einziger Arbeitsvertragsbruch vorgekommen. Der von Anfang an durchgeführte Gruppeneinsatz (zusammen wohnen, zusammen arbeiten) hat sich sehr bewährt. Auch nach dem Einsatz erfolgt eine weitere Überwachung durch Ältere und Vertrauensleute in jeder Gruppe, ferner Betreuung durch deutsche Sprachkurse, Umschulung, Kinderbetreuung, Konzerte usw.

5. Führung und Betreuung der Landeseinwohner

Theoretische Aufgabenstellung

Sollte die russische Bevölkerung für die deutschen wirtschaftlichen Interessen eingesetzt werden, so glaubte man die Notwendigkeit zu sehen, durch „Menschenführung" unter Zugrundelegung der im Reich gesammelten Erfahrungen[268]) die wirtschaftlichen Maßnahmen zu unterstützen. Innerhalb der Chefgruppe W wurde daher die Sondergruppe

„Beauftragter für die Berufsverbände" (BB)

gebildet. Fachkräfte des arbeits- und sozialpolitischen Gebiets der deutschen Arbeitsfront wurden zur Wehrmacht einberufen und mit ihnen die Sondergruppe besetzt. Geeignete Fachleute (Reichsamtsleiter, Gau- und Kreisobmänner, sowie weitere leitende Mitarbeiter der DAF) kamen in den Wi In'en und Wi Kdos als MV-Beamte zum Einsatz.

Träger der Menschenführung waren in Sowjetrußland die Gewerkschaften gewesen. Ihrer Organisation nach waren sie nicht demokratisch von unten nach oben, sondern autoritär von oben nach unten aufgebaut. Ihren Aufgaben nach waren sie nicht Organe ihrer Mitglieder, sondern der Staats- und Parteiführung. Sie hatten den politischen Willen der Partei bis in die kleinste Zelle und an den letzten Mann zu bringen. Durch höchste Entwicklung der Arbeitsdisziplin hatten sie menschenführungsmäßig die Erfüllung der jeweiligen Wirtschaftspläne zu garantieren. Damit waren sie bedingungslose Vollzugsinstrumente des obersten Partei- und Staatswillens. Außerdem sollten sie den Arbeiter sozialpolitisch betreuen.

Diesen Gewerkschaftsapparat glaubte man für die Menschenführung der Werktätigen unter Ausfüllung mit deutschem Gedankengut benutzen zu können. Die Sondergruppe BB erhielt daher den Auftrag, die Gewerkschaften nicht aufzulösen, sondern sie als geeignete Instrumente für die Zwecke der deutschen Raumbeherrschung und Verwaltungsführung nutzbar zu machen. Selbstverständlich unter Ausschaltung der bisherigen sowjetischen Funktionäre.

[268]) Zu diesen „Erfahrungen" s. Verwaltung contra Menschenführung.

Durchführung in der Praxis

Die baltischen Länder

Hier waren die Sowjets erst seit knapp einem Jahr daran, die Organisation der Berufstätigen dieser Länder zu bolschewisieren. Unter Ausmerzung dieser Ansätze war es daher nicht schwer, die ursprünglichen Organisationen in Litauen, Estland und Lettland wieder zum Vorschein zu bringen. Die Betriebspropaganda wurde organisiert, die Fachpresse eingerichtet, kulturelle und berufserzieherische Maßnahmen angeordnet usw. Werksküchen wurden geschaffen, aber noch nicht aus dem Ernährungsproblem schlechthin heraus, sondern mehr im Sinne der deutschen Werksküchen.

So konnten bei der Abgabe der Gebiete an die Zivilverwaltung die Berufsverbände derart organisiert übergeben werden, daß wesentliche Veränderungen nicht mehr notwendig waren.

Der sowjetrussische Osten

Anders war die Lage in den Gebieten, die seit Jahrzehnten sowjetischem Einfluß unterstanden hatten. Organisation und Einrichtungen der Gewerkschaften waren hier so gut wie völlig zerschlagen, an einen Wiederaufbau war schon aus Gründen der Sicherheit nicht zu denken. In mühevollster Kleinarbeit mußten daher zunächst die primitivsten Voraussetzungen geschaffen werden, um Einfluß auf die Bevölkerung zu erhalten. Zwar konnten noch gewerkschaftliche Unterlagen über Arbeitslohn und Preispolitik sichergestellt und gewerkschaftliche Vermögenswerte beschlagnahmt werden. Jede Auswertung mußte aber zunächst zurücktreten gegenüber einem Problem, das sich grundlegend in den Vordergrund schob: die Ernährungsfrage.

Man hatte geglaubt, bei sehr schnellem Ablauf der militärischen Operationen sich um die Ernährung der Bevölkerung nicht kümmern zu müssen. Auch nicht um die Ernährung der für deutsche Interessen Arbeitenden. Demgegenüber nahm aber die militärische Entwicklung nicht den vorausgesetzten Verlauf und die Bevölkerung hungerte.

Sehr schnell wurde dieses, allem anderen gegenüber vordringliche Problem erkannt. Um zunächst einmal die für deutsche Interessen arbeitenden Kräfte zu erhöhen, wurde schnellstens eine Werksverpflegung eingerichtet.

War die Sicherung der Ernährung für die Arbeitenden die Grundlage für eine Arbeitswilligkeit überhaupt, so fiel als weitere Aufgabe an, die Arbeitswilligkeit durch Propaganda und andere Maßnahmen zu steigern.

Da der Russe die betreffenden Kräfte mitgenommen hatte, zeigte sich alsbald ein Mangel an Facharbeitern in allen Betrieben. Als weitere Aufgabe ergab sich daher, durch Berufsumschulung und Lehrlingsausbildung dem Facharbeitermangel abzuhelfen, und die Leistung des geschaffenen Facharbeiter durch geeignete Berufsschulung zu erhöhen.

Somit hatte die praktische Entwicklung an Ort und Stelle die Sondergruppe BB vor Aufgaben gestellt, die bei ihrer Bildung gar nicht vorgesehen waren. Da sich diese Aufgaben nicht nur auf die von der Chefgruppe W betreuten Betriebe, sondern auch die Gesamtwirtschaft erstrecken mußte, wurde die bisherige Sondergruppe durch Befehl OKW/Wi Amt vom 13. 7. 1942 zur selbständigen Chefgruppe „Betriebsförderung und Berufserziehung" (BB) des Wi Stabs Ost erhoben.

Die neuen Aufgaben und ihre Lösung

Mit der dieser neuen Bezeichnung entsprechenden Aufgabenstellung war die Möglichkeit einer erfolgversprechenden Arbeit gegeben. Aus den Berichten der Wi In'en und Wi Kdos ergab sich immer mehr ein Absinken der Stimmung und ein Nachlassen der Arbeitswilligkeit der russischen Bevölkerung. Hier mußte die Arbeit einsetzen, um durch alle möglichen Maßnahmen den *Arbeitswillen*, die *Arbeitsdisziplin* und die *Arbeitskraft* der russischen Menschen zu heben und zu erhalten[269]).

Die Ernährungsfrage

Werkstätige:

Die umfangreichste Arbeit im Aufgabengebiet der Chefgruppe BB lag vordringlich auf dem Gebiete der Verpflegung der einheimischen werkstätigen Bevölkerung. Entsprechend der Aufgabenstellung beschränkten sich hier die Maßnahmen zunächst auf die Werksverpflegung, deren Einrichtung und Überwachung in die Hände erfahrener Fachleute gelegt wurde. In allen größeren Betrieben wurden in kürzester Frist – wenn auch zunächst in primitiver Form – *Werksküchen* eingerichtet. Kleinere Betriebe wurden in Gemeinschaftsküchen zusammengeschlossen.

Die Beschaffung der erforderlichen Lebensmittel erfolgte nach jeweiliger Bedarfsanforderung durch die La-Dienststellen. Die Versorgung, namentlich in den frontnahen Gebieten, bereitete vielfach große Schwierigkeiten, da es an den notwendigen Nährmitteln (insbesondere Gemüse und Kartoffeln) fehlte. Je nach den Versorgungsmöglichkeiten wurde daher volle Tagesverpflegung oder nur Mittagessen verabreicht. Um dem Mangel an Gemüse und Kartoffeln entgegen zu treten,

---

[269]) Was die DAF-Leute eigentlich im Sinne hatten, wird am besten durch die Denkschrift ihres Arbeitswissenschaftlichen Instituts vom Dezember 1941 über „Die Durchdringung des Ostens in Rohstoff- und Landwirtschaft" (abgedr. in Hepp, „Die Durchdringung") dokumentiert. Da ging es darum, durch nüchterne sozialwissenschaftliche Methoden den Widerstand der unterdrückten Bevölkerung gegen die Ausbeutung und Versklavung möglichst zu vermeiden und so das langfristige Siedlungsprogramm in Gang zu setzen. Nach einem Stufenplan sollte der Raum bis zum Ural schrittweise von Deutschen besiedelt werden, in dem nur noch „Reste" der „Ostbevölkerung" überleben sollten. Diese Planungen liefen während des ganzen Krieges weiter, obwohl die praktische Arbeit im Osten immer stärker den Kriegsbedingungen angepaßt werden mußte.

wurden die Betriebe veranlaßt, Gemüsegärten anzulegen. Außerdem wurde eine Gartenlandaktion[270]) durchgeführt, die der arbeitenden Bevölkerung die Möglichkeit gab, sich selbst durch eigenen Anbau zusätzlich zu verpflegen.

Durch diese Maßnahmen konnten in verhältnismäßig kurzer Zeit die Ernährung der werktätigen Bevölkerung als gesichert angesehen werden[271]). Für einzelne Gebiete waren besondere Maßnahmen erforderlich, wie z.B. bei Wi In Mitte, wo die Versorgungslage fortlaufend durch die Tätigkeit der Banden gefährdet war. Von Monat zu Monat wurde die Werksverpflegung ausgebaut und umfaßte schließlich – etwa zum Zeitpunkt der veränderten Frontlage – die Ernährung von:

1 116 000 Werktätigen in
2 594 Werksküchen und
164 Gemeinschaftsküchen.

(Einzelheiten vgl. Anl. 74)

Familien-Angehörige:

Hatten die Werkstätigen Familienangehörige, so versuchten sie naturgemäß vielfach, verabreichte Lebensmittel nach Hause zu verbringen. Das widersprach den grundlegenden Zielen, Arbeitsfähigkeit und -Willigkeit zu erhalten. Hier konnte nur geholfen werden durch Einbeziehung der Angehörigen in die BB-Verpflegung als Versorgungsberechtigte.

Diese Notwendigkeit ergab sich zuerst und schnell in dem industriereichen Süden. Zunächst wurde daher die Chefgruppe BB bei der Wi In Süd mit der Steuerung dieser ganz erheblich erweiterten Verpflegung und der Schaffung eines einheitlichen Verteilersystems beauftragt. Eine außerordentliche Steigerung der Arbeiten und Schwierigkeiten ergab sich damit. Organisatorisch waren in engstem Zusammenwirken mit den Arbeitseinsatzdienststellen die versorgungsberechtigten Familienangehörigen genauestens zu erfassen. Bei der Fluktuation der russischen Bevölkerung eine ungeheure Arbeit. Bei der Durchführung war ein einwandfreies Verteilersystem zu schaffen und die Nahrungsmittel über die La-Dienststellen nicht nur zu beschaffen, sondern auch in den Orten bereitzustellen. Diese Gesamtarbeiten von außerordentlichem Ausmaß wurden bewältigt, alle Schwierigkeiten überwunden. In den Städten und größeren Orten wurden Ernährungsämter errichtet, mit einheimischen Kräften besetzt und beaufsichtigt. Die Ernährungsämter erfaßten in kürzester Zeit

2 861 000 Versorgungsberechtigte,

einschließlich der im Gebiet der Wi In Mitte verpflegten Bevölkerung, wo diese Verpflegungssteuerung durch BB nach den im Süden erzielten Erfolgen ebenfalls angeordnet worden war. Der gleiche Auftrag an die Wi In Nord kam nicht mehr zur Auswirkung.

---

[270]) Wi Stab Ost/Chefgruppe LA, Anordnung betr. Überlassung von Land an gewerbliche Betriebe, vom 4. 2. 1943, BA-MA, RW 31/175.

[271]) Diese Feststellung gilt aber nur für einen Teil von rd. 6,3 Millionen Beschäftigten (Stand Juli 1943). Zu den Größenordnungen s. vorn S. 304.

Erfolge:

Durch diese auf dem Gebiet der Ernährung getroffenen Maßnahmen wurden Erfolge erzielt, die sich auf die Hebung der Arbeitsfähigkeit und Arbeitswilligkeit ganz außerordentlich auswirkten. Vor allem spürte die Bevölkerung hier eine gerechte Behandlung und eine Sorge um ihr Wohlergehen. Dem Bandennachwuchs ist damit in erheblichem Maße gesteuert worden. Gleichzeitig wurden so die größten Auswüchse des schwarzen Marktes beseitigt.

Natürlich kann nicht verkannt werden, daß damit das Ernährungsproblem für die *gesamte* Bevölkerung noch nicht gelöst war[272]).

Die Lösung des Ernährungsproblems in diesem Rahmen ist um so höher einzuschätzen, als die mit der Einrichtung, Lenkung und Beaufsichtigung verbundenen vielseitigen Arbeiten von einer geringen Zahl BB-Beamten geleistet wurden. Für die gesamte Durchführung waren ausschließlich russische Arbeitskräfte eingesetzt.

Besonders schwierig gestaltete sich die Ernährung durch die im Sommer 1943 einsetzenden Absetzbewegungen. Trotz Feindeinwirkung wurden die Ernährungsämter bis zum letzten Tag in Betrieb gehalten und die im deutschen Interesse arbeitende Bevölkerung bis zuletzt ernährt.

Betreuung der Evakuierten

Durch die im Zuge der Absetzbewegungen angeordnete Evakuierung der Zivilbevölkerung wurde der Auftrag auch auf die Verpflegung der durch die Evakuierungsmaßnahmen Betroffenen ausgedehnt. Dies erforderte besondere Sofortmaßnahmen und eine Umstellung der BB-Organisation überhaupt. Hinzu kam nämlich gleichzeitig auch die Versorgung der im Stellungsbau eingesetzten einheimischen Arbeitskräfte.

Bei sämtlichen Heeresgruppen wurden „Einsatzgruppen BB" gebildet, denen „Einsatzkommandos" in den Armeegebieten angegliedert waren. Diese Einsatzkommandos waren für die besonderen Aufgaben gebildet und gelangten schwerpunktmäßig dort zum Einsatz, wo dies jeweils erforderlich war. Auf Treckstraßen, Bahnhöfen und in Sammellägern wurden Verpflegungspunkte geschaffen, bzw. Verpflegungseinrichtungen erstellt. Überall mußte hier ohne größere Vorbereitung von den Einsatzkommandos zugegriffen werden. Die Schwierigkeiten in der Beschaffung der Lebensmittel, bei der Heranschaffung infolge der ungünstigen Transportlage waren ungeheuer. Sie sind überwunden worden. Die Verpflegung der Evakuierten konnte ausreichend gestaltet werden selbst dann, wenn vielfach ihre Zahl infolge Transportumlenkungen in den einzelnen Verpflegungsstellen weit größer war, als in Rückführungsplänen vorgesehen. Bei der Bewertung der hier erzielten Leistungen ist zu berücksichtigen, daß sich die Betreuung der Evakuierten durch die Einsatzkommandos nicht nur auf die Verpflegung beschränkte. Auch hygieni-

---

[272]) Vgl. dazu vorn Anm. 95. Bei der Wi In Mitte wurde Mitte 1943 auch die Ernährung der Insassen von Kinderheimen, Waisenhäusern und Krankenanstalten geregelt und verbessert; s. Fachliche Weisung der Chefgruppe BB Nr. 7/43 vom 25. 7. 1943, BA-MA, RW 31/311.

sche Einrichtungen wurden geschaffen, um die oft sehr bedenklichen Erscheinungen auf gesundheitlichem Gebiet zu meistern. Auf Bahnhöfen und in fast allen Durchgangslagern wurden unter Einsatz von einheimischen Ärzten, Feldscheren und Sanitätspersonal Sanitätsstationen und sogar kleine Lazarette geschaffen.

Insgesamt wurden durch die Einsatzkommandos BB auf diese Art

1 239 400 Evakuierte

verpflegt und betreut (vgl. Anl. 74).

Bei der H.Gr. Süd wurde ein motorisierter „Hilfszug Ost" und bei der H.Gr. Nord ein Verpflegungszug geschaffen, die auf Grund ihrer Beweglichkeit die Aufgabe hatten, jederzeit an Brennpunkten dringendste Verpflegungsmaßnahmen durchzuführen. Das Ausmaß dieser Aufgaben geht aus einem Einsatz des Hilfszugs Ost hervor, der auf Bahnhöfen Winniza Borki-Wielki (bei Tarnopol) und Lemberg in der Zeit von anfangs Dezember 1943 bis Mitte März 1944

135 000 evakuierte Volksdeutsche

aus dem Bereich der H.Gr. Süd fortlaufend verpflegt und betreut hat.

Versorgung und Bauvorhaben

Mit der Aufgabe bisheriger Frontlinien ergab sich für die militärische Führung die Notwendigkeit, in großangelegter Weise Auffangstellungen zu schaffen, sowie die Verkehrslinien (Bahnen und Straßen) für die Operationen und den Nachschub auszubauen. Die hierfür in außerordentlich großer Zahl eingesetzten Arbeitskräfte mußten in erster Linie verpflegt, und dann auch betreut werden. Da alle diese Vorhaben durch die Frontverhältnisse beeinflußt, z.T. sogar unter dem Druck der Feindannäherung durchgeführt werden mußten, waren Planungen und längere Vorbereitungen ausgeschlossen. Zudem änderte sich der Schwerpunkt der Kämpfe und daher auch der Schwerpunkt der Bauvorhaben ständig.

Auch hierfür wurden besondere „Einsatzkommandos BB" gebildet. Die Einrichtungen von Verpflegungsmöglichkeiten, die Beschaffung von Transportmitteln, die Durchführung der Verpflegung selbst und die Einrichtung von sanitären Betreuungsstellen mußten völlig neu unter stärkstem Zeitdruck und stärkster Widrigkeit der Verhältnisse durchgeführt werden. Auf Anforderung den Gen.d.Pi. und der Armeen im Bereich des He Wi Süd wurden verpflegt und betreut:

In der Adlerstellung rund 80 000 Menschen,

in der Blücher- und Kondor-Stellung zusammen rd. 17 000 Arbeitskräfte.

Während im Gebiet der H.Gr. Mitte die BB-Kommandos nur in geringem Maß vor derartigen Aufgaben gestellt wurden, hatten die BB-Kommandos im Bereich des He Wi Fü Nord im Stellungsbau laufend ca. 72 000 Arbeiter zu versorgen.

Bei all diesen Vorhaben kamen vorwiegend Arbeitskräfte zum Einsatz, die bisher als Werktätige oder Familienangehörige an der BB-Verpflegung und Betreuung noch nicht teilgenommen hatten. Diese Kräfte waren überhaupt zunächst einmal instandzusetzen, diese Arbeiten im Freien und bei ungünstigen Witterungsverhältnissen aufnehmen zu können. Vor allem waren sie in erheblichem Ausmaß mit Kleidung und Schuhwerk zu versehen. Diese Sachen mußten herangeführt und ausgegeben werden.

Zwecks Leistungssteigerung wurde bei allen Bauvorhaben ein Prämiensystem eingeführt. Die hierfür erforderlichen Versorgungsgüter und Genußmittel (Textilien, Zucker, Salz, Wodka, Machorka usw.) mußten ebenfalls beschafft, herangeführt und ausgegeben werden.

Insgesamt wurden auf diese Art im Stellungs-Eisenbahn- und Straßenbau im Durchschnitt täglich

317 600 Arbeitskräfte

verpflegt und betreut (vgl. Anl. 74).

Die energische Lösung dieser Aufgaben durch die Chefgruppe BB und die Leistungen der Einsatzkommandos werden am besten dadurch gekennzeichnet, daß es in einem Bericht des O Qu der H.Gr. Süd an den Gen Qu heißt:

„Gen.d.Pi. Gen.d.Trspw. haben erklärt, bei derartigen Bauvorhaben ohne die Einsatzkommandos BB nicht auskommen zu können."

(vgl. Anl. 70).

Truppenversorgung als Sonderaufgabe

Hierfür waren die BB-Dienststellen des Wi Stabs Ost niemals vorgesehen. Trotzdem hat sich aus besonderen Umständen heraus diese Aufgabe wiederholt ergeben. So haben Einsatzkommandos BB die Verpflegung von im Stellungsbau eingesetzten Bau-Pi-Batl. übernehmen müssen.

Besonders der Hilfszug Ost der Abt. BB bei der H.Gr. Süd wurde mehrfach für die Truppenversorgung eingesetzt. So hat er in einem sehr schnellen Einsatz von den aus dem Tscherkassy-Kessel befreiten Truppen 38 000 Mann verpflegt. Da er bei weiteren Absatzbewegungen nicht mehr rechtzeitig herausgezogen werden konnte, vielmehr gesprengt werden mußte, wurde er schnellstens im größeren Umfange wieder aufgebaut. Bei einem erneuten Einsatz für die Truppe (Aufnahme des Pz.AOK 1 im Raum von Stryj) stand er mit einem Leistungsvermögen von täglich 54 000 Portion Warmessen bereit. Ein Teil des Zuges wurde im Bereich der H.Gr. Süd weiterhin für die Verpflegung von SF [?] und Lazarett-Zügen eingesetzt.

Arbeits- und Sozialpolitik

Um zu einer planvollen Menschenführung zu gelangen, war eine einigermaßen angemessene Ernährung nur die – wenn auch alles andere überragende – Voraussetzung. Es galt weiter, Mittel und Wege zu finden, an die russischen Menschen einflußreich heranzukommen. Die beste Möglichkeit hierzu bot der Betrieb. Es wurden daher *Betriebsappelle* mit russischsprechenden deutschen Sprechern abgehalten. In besonderen Kursen wurden einheimische Kräfte geschult und als *Betriebssprecher* eingesetzt.

Parallel zu diesen theoretischen Einsätzen mußten praktische Maßnahmen laufen, die vom Standpunkt der BB-Aufgaben aus sich auf die Einflußnahme auf die

Lohngestaltung und die Einführung sozialer Bestimmungen wie Kranken- und Unfall-Betreuung bezogen[273]). In engster Zusammenarbeit mit den Arbeitseinsatz-Dienststellen wurden zur Sicherung der Leistungsfähigkeit der Arbeitskräfte ständige ärztliche Kontrollen eingerichtet und eine „Erste Hilfe" in den Betrieben geschaffen. Russische Ärzte wurden als Betriebsärzte eingesetzt mit dem Erfolg, daß die Zahl der angeblich arbeitsunfähigen Arbeitskräfte zum Teil um 40% sank. Der Mangel an Medikamenten, Verbandszeug usw. wurde bei der Wi In Süd dadurch behoben, daß BB-Dienststellen Fertigung von Medikamenten selbst schufen.

Die Einrichtung von *Kindergärten* gab die Möglichkeit, auch kinderreiche Mütter für den Arbeiteinsatz freizumachen.

Für die Betreuung der Familien der im Reichseinsatz befindlichen „Ostarbeiter" wurden Betreuungsstellen eingerichtet. Den betreffenden Familien wurde Rat und Hilfe gewährt. Die Betreuungsstellen überwachten aber auch die Post aus und nach dem Reich. Dadurch konnten einerseits falsche Berichterstattung unterbunden, andererseits tatsächlich bestehende Mängel durch Einschaltung der Zentralinspektion für die Betreuung ausländischer Arbeitskräfte bei der DAF behoben werden. Es genügt, darauf hinzuweisen, daß über diesen Weg die Stacheldrahtumzäunung um die Läger und eine ganze Reihe von Beschränkungen gefallen sind. Gewiß kamen die Erfolge dieser Einwirkung reichlich spät, trotzdem ist die Arbeitswerbung für das Reich dadurch günstig beeinflußt worden.

Sehr wichtig für die Schaffung der Arbeitsfähigkeit und ihre Erhaltung war die Beschaffung von Arbeitskleidung und Schuhwerk. Sie erfolgte gemeinsam mit der Chefgruppe W. Die Verteilung wurde durch die BB-Dienststellen vorgenommen. Zur Behebung des dringendsten Bedarfs wurden Handwerkerschulen eingerichtet.

---

[273]) Solche sozialpolitischen Zugeständnisse waren ursprünglich nicht vorgesehen und wurden hauptsächlich durch die Kriegslage verursacht. Zu den ersten Konzeptionen vgl. Entwurf einer vorläufigen Arbeitsordnung für die besetzten Gebiete der UdSSR (1941), BA-MA, RW 31/100. In der Dienstanweisung für die Beauftragten BB, die in die Betriebe gingen, (Wi Stab Ost, Besondere Anordnungen Nr. 11 vom 17. 7. 1941, BA-MA, RW 31/138) wurde der Aufgabenbereich auf die Propaganda und Schulung begrenzt. Als Leitgedanke sollte dabei gelten, daß „der Arbeiter sicherlich noch lange dafür büßen muß, daß auch er das bolschewistische System geduldet hat". Noch ein Jahr später konnte Hitler die Bemühungen um eine gewisse Sozialfürsorge für die slawische Bevölkerung offenbar nur widerwillig akzeptieren. Eine Gesundheitsfürsorge nach deutschem Muster einzurichten, wäre nach seiner Auffassung „heller Wahnsinn"; Hitler, Monologe (22. 7. 1942), sowie Schreiben Bormanns an Rosenberg vom 23. 7. 1942, abgedr. in Mißtrauische Nachbarn, Nr. 52. Ein Jahr später war es der Hinweis auf das „Schicksal unserer deutschen Volksgenossen in den luftgefährdeten Gebieten", mit dem Hitler Sauckel in seinen Bemühungen um eine bessere Betreuung der Ostarbeiter bremste; s. Vortrag Sauckels vor den verantwortlichen Offizieren und Beamten der Heeresgruppe Mitte am 15. 7. 1943, KTB Chefgruppe Arbeit/Wi In Mitte Nr. 9, S. 28, BA-MA, RW 31/568.

Betriebspropaganda

Nach Besetzung der russischen Gebiete hatte sich gezeigt, daß große Teile der Bevölkerung den Maßnahmen der deutschen Führung uninteressiert oder gar feindlich gegenüberstanden. Neben der gerechten Ernährung war daher durch Betriebspropaganda die Arbeitswilligkeit und Arbeitsdisziplin zu heben, um Leistungssteigerungen zu erzielen. Das Abwandern von Fachkräften auf das Land war zu verhindern. Die Maßnahmen und Anordnungen der Wehrmacht mußten der arbeitenden Bevölkerung erläutert und klargemacht werden.

Daneben wurde von der Betriebspropaganda eine großzügige politische Aufklärungsarbeit über die Verhältnisse des Nationalsozialistischen Deutschlands betrieben, wofür die DAF in großzügiger Weise den technischen Apparat zur Verfügung stellte.

Die russische Bevölkerung war wißbegierig und lesehungrig. Zahlreiche *Broschüren* wurden herausgegeben, welche die Errungenschaften auf sozialem Gebiet in Deutschland gegenüber den sozialen, wirtschaftlichen und kulturellen Mißständen in der UdSSR behandelten. Illustrierte Broschüren waren besonders wirkungsvoll.

In *Bild- und Textplakaten* trat man an die Bevölkerung heran mit Anordnungen und Hinweisen für ihre Arbeit, mit Bestimmungen über Ernährung, berufserzieherische Maßnahmen und sonstige Aufklärungsthemen.

Sehr beliebt waren bebilderte *Wandzeitungen*, die das Leben und Wirken des deutschen Arbeiters, seiner Familie, Arbeitersiedlungen, deutsche Landschaften- und Städtebilder zeigten.

Betriebsparolen, die sich mit Arbeitsdisziplin, Ordnung und Sauberkeit befaßten, wurden als Plakate gedruckt und auch an die Wand gemalt. Auftretende aktuelle Fragen und Probleme, insbesondere aktuelle feindliche Propaganda, wurden in *Flugblättern* behandelt, die in großer Menge verteilt wurden.

Über Tagesereignisse, Politik und sonstige Fragen wurde die *Bevölkerung* durch *Betriebszeitungen* unterrichtet.

In vorhandenen oder wiederhergestellten *Drahtfunkanlagen* wurden Bekanntmachungen verlesen und in den Mittagspausen Konzerte durchgegeben.

Betriebsappelle in würdigem Rahmen mit musikalischen Darbietungen vermittelten den Belegschaften das Gefühl der Zusammengehörigkeit und der Verbundenheit mit dem Betrieb.

Werkpausenkonzerte und Werkfeiern dienten der Unterhaltung und Zerstreuung. Entweder wurden Lautsprecher-Wagen eingesetzt, die Schallplattenmusik brachten, oder Kapellen aus der Belegschaft oder von Theatern gebildet, was noch wirkungsvoller war.

Betriebswanderausstellungen gaben in Serien von 30–40 Bildern Einblick in die deutschen Verhältnisse.

Die wirkungsvollste propagandistische Veranstaltung war der Einsatz von *Tonfilmwagen*. Es wurden Propaganda- und Spielfilme gezeigt, die entweder russisch synchronisiert oder mit russischen Schauspielern besetzt waren.

Die Wirkung aller dieser Propagandamittel mußte auch beobachtet werden. *Betriebshelfer* wurden eingesetzt. Sie hatten über die politische und allgemeine Stimmung der Belegschaft zu berichten. Diese Betriebshelfer mußten naturgemäß die Belegschaft genauestens kennen, ein gewisses Ansehen besitzen und charakteristisch und politisch geeignet sein. Gleichzeitig sollten sie dem russischen oder deutschen Betriebsleiter eine Hilfe sein, daß Ordnung und Sauberkeit herrschte, und um Wünsche bzw. Anordnungen zu vermitteln. Über die Betriebshelfer wurden Propagandaecken geschaffen, in denen in würdiger Art die Propagandamittel ausgegeben wurden. Die Einrichung der Betriebshelfer hat sich sehr zweckmäßig und wirkungsvoll erwiesen[274]). Streitigkeiten, Mißverständnisse und Unruhen sind durch ihr Wirken vielfach beseitigt worden.

Die schwierige, wirtschaftliche und ernährungsmäßige Lage in den Städten der militärverwalteten Gebiete veranlaßte den Wi Stab Ost, durch die Chefgruppe BB *Deutschlandfahrten* einheimischer Arbeiter durchzuführen. Der Augenschein und der persönliche Bericht von den Arbeitskameraden war ein wirklich durchschlagendes Aufklärungsmittel. Geeignete Personen mit rednerischer Begabung mußten ausgewählt werden. Naturgemäß waren dies vielfach die Betriebshelfer.

Die Teilnehmer an diesen Deutschlandreisen (jede Abordnung höchstens 15–18) wurden aus möglichst zusammenhängenden Gebieten zusammengestellt, um einen gewissen Kontakt unter ihnen herzustellen. Besucht wurden: Industrie-Betriebe mit Sozialeinrichtungen jeder Art, Handwerksbetriebe, landwirtschaftliche Betriebe, Ladengeschäfte, große Gaststätten, Theater, Konzerte, Varietés, Museen, Kirchen usw. Die Zielsetzung war, eine ehrliche Überzeugung zu erwecken, daß:

die nationalsozialistische Wirtschaft und Sozialordnung tatsächlich um vieles besser sei als die kommunistische,

selbst bei Unterstellung einiger innerer Vorbehalte für die Russen das Zusammengehen mit Deutschland immer von größtem Vorteil sein müsse,

Deutschland in diesem Kriege siegen werde.

Der Zweck ist durchweg erreicht worden. Nach Bendigung der Reise erhielten die Teilnehmer Photo-Alben, die sie bei Vorträgen und Gesprächen mit ihren Landsleuten als Beweismaterial vorlegen konnten. Besonders geeignete Teilnehmer besprachen über ihre Reiseeindrücke unter den verschiedensten Themen Schallplatten, die in Versammlungen abgespielt wurden.

Derartige Reisen wurden auch im Film festgehalten, z.B. die Deutschlandfahrt der Bergbauarbeiter aus dem Donez-Becken. Werke und Sozialeinrichtungen und das Zusammensein mit deutschen Arbeitern und Arbeiterinnen in den Werkspausen, sowie viele sonstige Momente der Besichtigungen wurden festgehalten.

Die propagandistische Wirkung dieser Reisen war hervorragend. Die in den betreffenden Städten und Betrieben nach Rückkehr der einzelnen Teilnehmer durchgeführten Versammlungen erfreuten sich einer außerordentlich starken Beteiligung.

---

[274]) In den internen Befehlen der Chefgruppe BB Nr. 5 (9. 7. 1943) und Nr. 13 (10. 7. 1943), BA-MA, RW 31/147, wurde demgegenüber darüber geklagt, daß diese Einrichtung nicht ausreichend funktioniere. Dazu gehörte u.a. die primitive Bekleidung der nach Deutschland geschickten Betriebshelfer, die dazu führe, daß sich viele Hotels überhaupt weigerten, derartige Abordnungen aufzunehmen. Das Ergebnis war die Anweisung des Wi Stab Ost vom 23. 7. 1943, BA-MA, RW 31/232, in der eine bessere Vorbereitung der Fahrten angeordnet wurde.

Im Südabschnitt wurden im Sommer 1943 mehrere *Großpropaganda-Aktionen* durchgeführt. Ein aus 8 Wagen bestehender Propagandazug der DAF wurde in den Betrieben, besonders in den Bergwerksbetrieben eingesetzt. Filme aus dem Leben des deutschen Arbeiters, die Sozialeinrichtungen für ihn und seine Familie, daneben Propaganda- und Spiel-Filme wurden gezeigt. In *Sonder-Aktionen* wirkten sich Bildserien-Ausstellungen, Arbeitsschutzmaßnahmen, Einsatz von russischsprechenden Deutschen und auch russischen Rednern für die Leistungssteigerung sehr günstig aus. In 317 Gesamt-Veranstaltungen wurden etwa 370 000 Arbeiter nebst ihren Angehörigen erfaßt.

Um einen ungefähren Einblick in den Umfang der Propaganda zu geben, seien nachstehend die Propagandamittel aufgeführt, die im August 1943 zur Verteilung usw. kamen:

Broschüren	87 000
Bild- und Textplakate	100 000
Wandzeitungen	27 000
Betriebsparolen	10 000
Flugblätter	50 000
Zeitungen	120 000
Betriebsappelle	90/16 000
Werkspausenkonzerte	24/12 000
Werkswanderschauen	16/45 000
Tonfilme	40/14 000
Führerbilder	24 000

(Einzelheiten vgl. Anl. 74).

Berufserziehung

Die Jugend-Berufserziehung und die fördernde Berufserziehung Erwachsener dienten dem Ziel, die Arbeitsleistung zu steigern und den Facharbeitermangel zu beheben. Eine umfassende Schnellausbildung war Grundsatz.

Die Lehrlingsausbildung umfaßte auch gleichzeitig die Erziehung. Lehrecken, Lehrwerkstätten und sogar Jugendberufsschulen mit Internat wurden geschaffen. Ein Lehrplan wurde aufgrund vieler Intelligenzprüfungen, sowie theoretischer und praktischer Erfahrungen aufgestellt. Lehrkräfte wurden in Ausbildungslehrgängen geistig und fachlich geschult.

Mit diesen, nun etwas vorgebildeten Lehrmeistern und Gesellen richteten die Betriebsführer in den Betrieben Lehrwerkstätten und Lehrecken ein. Der Wi Stab Ost kaufte die Werkzeuge ein und stellte sie zur Verfügung. Für Kleidung und Verpflegung wurde ebenfalls über das übliche Maß hinaus gesorgt.

Die Bedeutung der Berufsausbildung ergibt sich aus der Gesamtziffer von

52 105 Lehrlingen

(vgl. Anl. 74).

Im Mittel-Abschnitt wurde eine Jugendhandwerkerschule mit Internat für 53 Lehrlinge geschaffen. In 12 Lehrwerkstätten, die der Wi In Mitte direkt unterstanden, wurden 964 Lehrlinge beschäftigt. In 14 Berufsschulen waren 1024 Lehrlinge untergebracht. Betriebsangeschlossene Lehrwerkstätten bildeten 14 660 Lehrecken und 4251 Lehrlinge aus. Nicht alle Lehrlinge wohnten am Ort, mußten also untergebracht und betreut werden.

Im Nord-Abschnitt mit seiner geringeren Industrie betrug die Gesamtzahl 700 Lehrlinge, die in 23 Lehrwerkstätten und Lehrecken ausgebildet wurden. Außerdem bestanden 2 Internate mit Lehrwerkstätten für je 20 Lehrlinge.

Im Süd-Abschnitt waren etwa 31 500 Lehrlinge (davon 960 auf der Krim) in gleicher BB-Betreuung. Außerdem wurden Lehrgänge für Lehrgesellen und Lehrmeister in Mariupol, Tanganrog, Stalino, Artemowsk, Konstantinowka, Muschketowo, Tschistjakowo, Gorlowka, Grischino usw. durchgeführt. Sie gaben dem Aufbau einen außerordentlichen Aufschwung.

Nach Übernahme der Arbeiten in Kiviöli wurden auch dort und in Kochtla-Järwe Lehrgänge für Ausbilder, Lehrmeister und Lehrgesellen durchgeführt und Lehrwerkstätten geschaffen.

Diese großen Arbeiten wurden durch Stellung und Heranschaffung von vielfach zweisprachigen Lehr- und Ordnungsmitteln, sowie durch die Beschaffung von Handwerkszeugen unterstützt. Ausgebildet wurden die Lehrlinge in folgenden Hauptberufen:

Auto-Traktoren- und Flugzeug-Schlosser,
Schmiede und Zimmerleute,
Mechaniker, Maschinenschlosser,
Elektrotechniker, Tischler,
Gerber, Maler,
Schneider, Schuster.

6. Produktionsfaktor „Mensch“

Durch alle vorstehenden Abschnitte zieht sich immer wieder die Feststellung, daß die Landesausnutzung in den einzelnen Wirtschaftszweigen nur mit Hilfe des russischen Menschen möglich war. Vor Beginn der Operationen konnte man schon deshalb nicht zu dieser Erkenntnis gelangen, weil eine umfassende Ausnutzung auf allen Wirtschafts-Sektoren gar nicht geplant war. Auch im Rahmen der erweiterten Aufgabenstellung stellte man wohl die ungeheuren Getreideflächen der Ukraine, die Mangan- und Eisenerze im Gebiet Nikopol und Kriwoi-Rog, die Erdölquellen des Kaukasus in Rechnung. Der wichtigste, ja entscheidende Produktionsfaktor, der Mensch, ohne dessen Hilfe alle diese Schätze von uns nicht gehoben werden konnten, war übersehen worden. Die anfänglich vertretene Ansicht, das Schicksal der russischen Bevölkerung in ihrer Masse sei für uns ohne Bedeutung[275]), mußte bald der Erkenntnis weichen, daß wir die russische Arbeitskraft notwendigst brauchten[276]). Hierzu kam die Erkenntnis, daß eine wirkliche Mitarbeit der Bevölkerung nur dann zu erzielen war, wenn es uns gelang, den russischen Menschen auch innerlich für uns zu gewinnen[277]).

Bereits in früheren Abschnitten ist an verschiedenen Stellen dargestellt, wie man praktisch an das Problem herangegangen ist, den russischen Menschen in die Landesausnutzung einzuspannen. Nachstehend sollen geschlossen die Probleme

---

[275]) Diese Ansicht war innerhalb des Wi Stab Ost vor allem in der Abt. La anzutreffen und dort durch Backes Richtlinien vom 23. 5. 1941 vorgeprägt, durch verschiedene Äußerungen Görings im September 1941 zudem bestätigt. Verständnis für diese Mentalität, die das angeblich „Unvermeidbare“ für das eigene Vernichtungsprogramm zu instrumentalisieren verstand, gab es aber auch innerhalb der militärischen Führungsschicht. Ein besonders markantes Beispiel bietet General der Infanterie Erich Friederici, der es 1940 als Wehrmachtsbevollmächtigter in Prag in einer Denkschrift (v. 5. 10. 1940, BA-MA, RW 4/v. 727) bedauerte, daß das „Radikalmittel einer physischen Ausrottung“ unter „normalen Verhältnissen“ nicht anwendbar sei. Ein Jahr später, im Herbst 1941, vollzog sich in seinem unmittelbaren Verantwortungsbereich als Befehlshaber des rückwärtigen Heeresgebiets Süd das größte Massensterben der sowjetischen Kriegsgefangenen.

[276]) Dieser Erkenntnis verschloß sich selbst der Reichsführer SS nicht, wenn er in seiner berüchtigten Ansprache bei der SS-Gruppenführertagung in Posen am 4. 10. 1943 (IMT, Bd 29, S. 112) erklärte, daß der „Rohstoff Mensch“ in der UdSSR von deutscher Seite nicht so ausgewertet worden sei, wie es notwendig gewesen wäre. Das Massensterben sei zwar „letzten Endes“ nicht schade und langfristig nützlich, aber der momentane Ausfall der Arbeitskraft sei doch „bedauerlich“.

[277]) Im Umgang mit der einheimischen Bevölkerung war den Angehörigen des Wi Stab Ost allerdings – bei Androhung scharfer Strafen – „strengste Zurückhaltung“ befohlen; s. Wi Stab Ost, Besondere Anordnungen Nr. 61 vom 5. 3. 1942, BA-MA, RW 31/141.

erörtert werden, die hierbei aufgetaucht, soweit möglich gelöst oder auch nicht gelöst worden sind[278]).

Die wirtschaftliche Nutzung des Landes setzte notwendig voraus, die Arbeitskraft durch Sicherung der materiellen Lebensbedingungen zu erhalten. Daß dies im Krieg nur in knappem Rahmen möglich sein konnte, war sowohl uns als auch den einheimischen Arbeitskräften selbst von vornherein klar. Um so notwendiger war eine *Zielsetzung* für die Zukunft, und zwar sowohl eine materielle als auch eine politische. Vom OKW/Wi Rü Amt wurde am 21. 8. 1941 die Weisung gegeben, daß den Bestrebungen zur staatlichen Selbständigkeit einzelner Länder der UdSSR gegenüber alles zu vermeiden sei, was derartigen Hoffnungen Vorschub leisten könnte, die Klärung dieser Frage könne erst nach Abschluß des Krieges erfolgen. Eine Besprechung über die *Wirtschafts*politik in den Ostgebieten vom 8. 11. 1941 unter dem Vorsitz des Reichsmarschalls führte zu der Feststellung, daß diese Gebiete auf lange Sicht gesehen gewissermaßen als „Kolonie" nutzbar gemacht werden sollten[279]). Demgegenüber war aber die Gewinnung der Bevökerung für die sofortige wirtschaftliche Mitarbeit von kriegsentscheidender Bedeutung.

Der Wi Stab Ost hatte grundsätzlich nur mit wirtschaftlichen Fragen zu tun. Je länger aber der Krieg dauerte, desto stärker machte sich eine Abhängigkeit der Wirtschaft von der Politik geltend, d.h., die Arbeitswilligkeit und damit eine höchstmögliche Produktion war auch von einer politischen Zielsetzung abhängig. Tatsache ist, daß unsere Truppen zunächst als Befreier begrüßt wurden. Bereits im Herbst 1941 war jedoch ein gewisser Stimmungsumschwung festzustellen, der sich 1942 in einem steigenden Rückgang der Arbeitswilligkeit und -leistung auswirkte.

Aus den Erfahrungen seiner Unterorganisationen heraus hat der Wi Stab Ost immer wieder auf die Bedeutung der Willigkeit der Bevölkerung für die Landesausnutzung hingewiesen, insbesondere auf die menschenwürdige und gerechte Behandlung. Grundlegend war in diesem Rahmen eine die Arbeitskraft erhaltende Ernährung. Weiter mußte sich die Fürsorge auch auf Heizung, Bekleidung, Krankenversorgung und Löhne (in Verbindung mit den Preisen) erstrecken. Darüber hinaus waren die Probleme: Nachwuchsbildung, Schulwesen, Agrarfrage, Privateigentum als materielle Probleme, aber auch geistige Betreuung und insbesondere politische Zielsetzung einer Lösung zuzuführen. Mit der Forderung, dem Reich zusätzliche Arbeitskräfte zu stellen, ergab sich die Notwendigkeit, diese Maßnahmen mit den Erfordernissen für die wirtschaftliche Landesausnutzung in Einklang zu bringen. Das mit der Länge der Zeit immer bedeutungsvoller werdende Bandenproblem konnte gerade auch von der wirtschaftlichen Seite her nicht unbeachtet bleiben. Alle diese Probleme wurden vom Wi Stab Ost erkannt. Zweckmäßige Maßnahmen wurden geplant bzw. vorgeschlagen, soweit möglich, in die Tat umgesetzt und haben ihre Auswirkung nicht verfehlt, wenn auch ein voller Erfolg aus vielfachen Gründen nicht möglich war.

Gemäß der Besprechung vom 8. 11. 1941 sollten zunächst nur die im unmittelbaren deutschen Interesse arbeitenden Menschen durch uns mit Lebensmitteln

---

[278]) Auch hier wird der Komplex des Zwangsarbeitseinsatzes der jüdischen Bevölkerungsgruppe bzw. die Folgen beim Arbeitseinsatz, die aus den Mordaktionen der SS resultierten, wohlweislich verschwiegen.

[279]) Siehe Anm. 5.

versorgt werden. Die Praxis ergab jedoch, daß zunächst auch die Familienmitglieder in der Ernährung mit einbezogen werden mußten, und schließlich, daß auch irgendwie für die gesamte Zivilbevölkerung gesorgt werden mußte. Am 8. 7. 1942 befahl der Wi Stab Ost, die Versorgung der Zivilbevölkerung in Gemeinschafts- und Feldküchen durchzuführen. Bereits im Laufe des Jahres 1942 wurde die Werksverpflegung allgemein durchgeführt, die Zahl der Werks- und Gemeinschaftsküchen betrug bereits am 30. 9. 1942 mehr als 1500. Rund 846 000 Werktätige wurden hier verpflegt. Nicht in diesen Küchen verpflegt, aber durch uns mit Nahrungsmitteln versorgt, wurden auch die Familienmitglieder, so daß die Gesamtzahl der verpflegungsmäßig Betreuten Ende September 1942 rd. 3 Millionen betrug. Im Ostland erhielt die einheimische Bevölkerung erheblich weniger Lebensmittel als die dort befindlichen Reichsdeutschen[280]). Zwar wurden dadurch gewisse Mengen für das Reich herausgewirtschaftet, aber dieser Gewinn war so gering, daß er die ungünstige Auswirkung auf die innere Einstellung der Bevölkerung zu uns nicht aufwiegen konnte. Eine gleichmäßige Handhabung wäre gerade diesen Völkern gegenüber, die ja nahezu unsere Bundesgenossen waren, zweifellos richtiger gewesen.

Heizung, Kleidung und Schuhwerk waren vielfach überhaupt Voraussetzung für die Möglichkeit einer Arbeitsaufnahme. In kriegsbedingt knappem Rahmen wurde in dieser Richtung für die zur Arbeit eingesetzte Bevölkerung gesorgt. Besonderes Tuch und einfache Schuhe für diese Arbeitskräfte wurden in bedeutendem Umfang in den Betrieben der Wi-Dienststellen hergestellt. Die günstige Auswirkung auf die Leistung ergab sich nicht nur aus der physischen Vorsorge, sondern auch aus der dadurch erzielten willigen inneren Einstellung.

Die bereits früher im einzelnen behandelte soziale Versorgung (Kranken-, Unfall- und Sonderversorgung), die der Wi Stab Ost in den besetzten Ostgebieten durchgeführt hat, kann geradezu als Ruhmesblatt bezeichnet werden. Gerade diese Maßnahmen haben sich außerordentlich günstig ausgewirkt.

Die eng zusammenhängenden Probleme Löhne, Preise und Schwarzhandel haben trotz aller Bemühungen und Versuche keine befriedigende Lösung gefunden. Löhne und Preise hätten sich auf gleichem Niveau bewegen müssen, jedoch machte der völlige Warenmangel jede Preispolitik illusorisch. Gegenüber dem Waren-Index war das Geld um das Vielfache unterbewertet, auch noch großen Schwankungen unterworfen. Tauschhandel und Schwarzer Markt waren die unausbleiblichen Folgen. Wenn im Ostland die einheimische Bevölkerung erheblich niedrigere Löhne erhielt als die ins Land geholten Polen und französischen Kriegsgefangenen, so ist klar, daß die schematische Festsetzung der Löhne nicht richtig war und sich auf die innere Einstellung ungünstig auswirken mußte.

Auf dem Gebiet des Schulwesens konnten naturgemäß im Operationsgebiet die üblichen Schulen nicht offen gehalten werden[281]). Wenn aber auch im Zivilverwaltungsgebiet z.B. im RKU alle Schulen geschlossen wurden, so mußte sich die

---

[280]) Siehe Anm. 97.

[281]) Das galt aber nur für den Südabschnitt, wo Nagel 1942 selbst als Inspekteur eingesetzt gewesen war. In einigen Teilen des Nord- und des Mittelabschnitts hingegen waren bereits im Herbst 1941 die Schulen wieder eröffnet worden. Zu den heftigen Auseinandersetzungen um diese Frage s. Dallin, Deutsche Herrschaft, S. 471 ff.

Bevölkerung fragen, ob dies wirklich nötig war. Zwar hatte der Wi Stab Ost mit den zivilverwalteten Gebieten direkt nichts zu tun. Naturgemäß sah aber der Russe in den militärverwalteten Gebieten die Ordnung in den zivilverwalteten als Vorläufer für eine endgültige Ordnung nach dem Krieg an. Alle Maßnahmen in den zivilverwalteten Gebieten wirkten sich daher auch auf die innere Einstellung der Bevölkerung in den militärverwalteten aus[282]).

Die Bedeutung des Schulproblems ergibt sich aus der Tatsache, daß die Sowjets überall 10-klassige Volksschulen eingeführt hatten und 1939 1 150 „Technikums", 300 höhere technische Lehranstalten und 22 Voll-Universitäten bestanden. Das russische Volk ist zu allen Zeiten sehr bildungshungrig gewesen. Hier war jedem Bauernsohn und Arbeiterkind durch den kostenlosen Unterricht jede Aufstiegsmöglichkeit geboten. Damit war der Bildungsdrang für den Staat mobilisiert, ein ideelles Ziel war gegeben, das alle materiellen Bedrückungen und selbst den Terror aufwog: der Aufstieg zur Intelligenz.

Das Schulproblem hatte aber bei dem herrschenden Facharbeitermangel auch eine große praktische Bedeutung. In richtiger Erkenntnis dieser Tatsachen hat der Wi Stab Ost überall Lehrwerkstätten und Berufsschulen einrichten lassen, die sehr zahlreich besucht wurden. Ebenso hat er technische Institute und Universitäten wenigstens mit beschränkten Lehrgebieten wieder eröffnet und deren Arbeiten für die Kriegswirtschaft ausgenutzt. Daran glaubte der russische Mensch zu erkennen, daß wir für seinen Aufstieg sorgen wollten[283]), die Auswirkung auf die Arbeitswilligkeit und innere Einstellung der Bevölkerung war gut, mußte aber naturgemäß durch entgegengesetzte Maßnahmen beeinträchtigt werden. .

Als grundsätzlicher Gegner des Kolchossystems erwartete der russische Bauer von uns als Befreier die Rückgabe des Landes. Die Agrarfrage stand daher für die Landesausnutzung im Vordergrund, ist jedoch, wie früher bereits dargestellt, nicht durchschlagend gelöst worden. Die Bemühungen des Wi Stabs Ost um eine rasche und radikale Beseitigung des Kolchossystems hatten lange Zeit keinen Erfolg. Erst am 3. 6. 1943 wurde die vom Wi Stab Ost entworfene Deklaration über das bäuerliche Grundeigentum vom RMfbO genehmigt und durch Presse und Rundfunk verkündet. Im Bereich der Wi In'en Mitte und Nord wurde die Kolchose bereits im Frühjahr 1942 vollständig aufgelöst und das Land unter den Bauern aufgeteilt. Im Hauptagrarland, der Ukraine, wurden jedoch auch zu der Deklaration vom 3. 6. 1943 keine Durchführungsbestimmungen erlassen, so daß die Deklaration in der Luft hängen blieb. Die Teillösung der Gemeinwirtschaften und Landbaugenossenschaften haben den russischen Bauern nicht befriedigt, wenn diese Maßnahmen auch selbst in diesem Teilumfang zweifellos günstige Auswirkungen gehabt haben. Als schließlich alle Widerstände gegen die restlose Beseitigung der Kolchose überwunden waren, war der geeignete Zeitpunkt zur Verkündung der Durchführungsbestimmungen infolge der militärischen Ereignisse verpaßt und mußte wieder hinausgeschoben werden, wenn die Bekanntgabe nicht als Zeichen unserer Schwäche angesehen werden sollte.

---

[282]) Gegenüber einer solchen einseitigen Schuldzuweisung an die Zivilverwaltung vgl. die teilweise drastischen Urteile bei Bräutigam, So hat es sich zugetragen.

[283]) Siehe dagegen Anm. 295.

Ähnlich war es mit der Reprivatisierung im Ostland, wo Maßnahmen hierzu nur tropfenweise als Belohnung und unter dem Druck der immer näher rückenden Front getroffen wurden.

Die Verbringung von russischen Arbeitskräften in das Reich stieß zunächst auf keinerlei Schwierigkeiten, im Gegenteil war der freiwillige Andrang anfangs groß. Im Reich waren aber die Ostarbeiterläger mit Stacheldraht eingezäunt, der freie Ausgang und die Religionsausübung waren verboten, Erährung und Bezahlung unzureichend. Da diese Umstände sofort auch in den besetzten Ostgebieten bekannt wurden, trat naturgemäß ein radikaler Umschwung in der Freiwilligenmeldung ein. Zwar wurden die Bedingungen der Ostarbeiter im Reich durch den Generalbevollmächtigten für den Arbeitseinsatz nach seiner Einsetzung am 21. 3. 1942 erheblich verbessert, bis dahin war aber bereits das Vertrauen erschüttert[284]). Die Auswirkungen waren nicht nur bei der Werbung für den Reichseinsatz zu spüren, sondern auch ganz allgemein bei der tätigen Mitarbeit der Bevölkerung im Rahmen der Landesausnutzung.

Bei dem dringenden Bedarf an Arbeitskräften war der Weg, zu Zwangsmaßnahmen zu schreiten, unvermeidlich. Hier sind durch untergeordnete Organe Fehler gemacht worden. Demgegenüber hatte der Wi Stab Ost die Aushebung nach Jahrgängen in Anwendung des erlassenen Dienstpflichtgesetzes für das Operationsgebiet befohlen. Die dadurch erfolgte Abstellung der Mißstände stellte aber das erschütterte Vertrauen nicht wieder her.

Das Bandenproblem ist bereits früher ausführlich behandelt (vgl. S. 148). Hier soll diese Erscheinung nur als Symptom betrachtet werden, das die innere Einstellung der Bevölkerung kennzeichnet. Wenn auch die Bandenorganisation von Moskau aus zentral geleitet wurde, so konnte sich das Bandenwesen doch nur auf einem günstigen Nährboden entwickeln. Diesen Nährboden gab eine an uns zweifelnde Bevölkerung. Abgesehen von den militärischen Ereignissen mußten diese Zweifel bei der russischen Bevölkerung auftauchen, weil wir ja nicht zu sagen vermochten, warum sie eigentlich für uns arbeiten und mit uns kämpfen sollte. So berichtete die Wi In Mitte im Mai 1943:

> „Man muß sich darüber klar sein, daß die Vernichtung der Banden nur durch die Russen selbst möglich ist. Gelingt es uns, die Begeisterung der gesamten russischen Bevölkerung des besetzten Raumes für eine nationale Idee und eine den Einsatz lohnende Zielsetzung zu gewinnen, so werden wir der Banden in absehbarer Zeit mit Hilfe der Russen Herr werden. Andernfalls werden auch die letzten noch für Deutschland eintretenden und arbeitenden Russen unter dem Druck der Verhältnisse zu den Banden übergehen."

Nicht nur der Terror der Banden hat die Bevölkerung zu deren Unterstützung veranlaßt, sondern vor allem auch die fehlende nationale Idee und lohnende Zielsetzung[285]).

---

[284]) Siehe z.B. Schreiben der Wi In Süd/Chefgruppe Arbeit Nr. 51/42g, vom 16. 4. 1942, BA-MA, RW 31/245, in dem die Folgen der seit einigen Tagen laufenden Zwangsrekrutierung geschildert und dagegen geeignete Propaganda- und Fürsorgemaßnahmen vorgeschlagen werden.

[285]) Das war die Hauptthese in dem 1942/43 ausgebrochenen Denkschriftenkrieg, mit dem verschiedene militärische und zivile Dienststellen eine Änderung der Ostpolitik zu forcie-

Die in das russische Volk betriebene Propaganda war anfänglich planlos, uneinheitlich und auf die russische Psyche nicht eingestellt. Erst im Herbst 1942 war durch die inzwischen gewonnenen Erkenntnisse eine Wandlung eingetreten. Man war zur Erkenntnis gekommen, daß die russische Bevölkerung, gleich welchen Standes, mehr auf die Art der Behandlung als auf ihre materielle Lage reagierte. Man war weiter zu der überraschenden Feststellung gekommen, daß die russische Bevölkerung insgesamt gesehen keineswegs bolschewistische Untermenschen waren, sondern Menschen mit einem hochentwickelten Ehr- und Taktgefühl[286]).

Sicherlich ist ab Mitte 1942 bessere Propaganda gemacht worden durch Aufzeigung der Verhältnisse im nationalsozialistischen Deutschland gegenüber den im bolschewistischen Rußland durch Wort, Bild, Film, Deutschlandreisen usw. Gleiche oder ähnliche Verhältnisse konnte und durfte die Propaganda aber dem russischen Volk nicht versprechen. Hauptpropagandamittel war der Film. Über die Betriebspropaganda durch Zeitungen, Zeitschriften, Broschüren, Bild- und Textplakaten, Betriebsappelle, Wanderausstellungen usw. ist bereits in dem früheren Abschnitt „Betriebspropaganda" (vgl. S. 343) ausführlich gesprochen worden. Eine ganz ausgezeichnete Propaganda waren die Deutschlandfahrten russischer Arbeitskräfte. Der Augenschein und der persönliche Bericht von Russen selbst war ein wirklich durchschlagendes Aufklärungsmittel. Auch die Versorgung der Landwirtschaft mit Maschinen und Vieh aus Deutschland, die Betreuung der arbeitenden Menschen und ihrer Angehörigen durch Ernährung und soziale Fürsorge waren an sich schon Propaganda und sind propagandistisch gut ausgewertet worden. Aber das war nur Propaganda am Rande. Ohne eine positive politische Zielsetzung

---

ren trachteten; s. Dallin, Deutsche Herrschaft, S. 524 ff. Während die Abteilung Kriegsverwaltung beim Gen Qu hierbei an vorderster Front kämpfte (s. z.B. Aufzeichnung über die Ostfrage vom 3. 1. 1943, BA-MA, RW 31/289), verhielt sich der Wi Stab Ost weitgehend passiv.

[286]) Der Wi Stab Ost hatte sich in dieser Hinsicht zunächst zurückgehalten. Die für seine La-Führer geltenden „12 Gebote" (abgedr. in „Unternehmen Barbarossa", S. 380) ermunterten geradezu zu einem harten, menschenverachtenden Vorgehen. Eine Wende versuchte erst der sog. „Prügel"-Erlaß des RMfdbO vom 9. 4. 1942 (Abschrift in BA-MA, RW 31/117), mit dem für die zivilverwalteten Gebiete die Prügelstrafe untersagt wurde. Widerspruch gab es aus den Reihen der Wirtschaftsverwaltung. Bei Sonderführerkursen in der Ersatzinspektion in Kassel z.B. wurde den Teilnehmern das Prügeln als nicht nur erlaubt, sondern als sogar erwünscht dargestellt (Wi Stab Ost/Chefgrupppe La, Schreiben an den Kommandeur vom 17. 5. 1942, BA-MA, RW 31/232). Widerspruch formulierte auch der Leiter der Abteilung Landwirtschaft beim RKU, der einen bedeutenden Rückgang der Arbeitsleistung bei den Ukrainern befürchtete. Die Chefgruppe La des Wi Stab Ost teilte zwar diese Bedenken, hielt es aber für eines deutschen Offiziers oder Wirtschaftsführers für „unwürdig", die „Bevölkerung der besetzten Ostgebiete zu schlagen". Sie regte an, Bestrafungen dieser Art durch Organe der einheimischen Verwaltung durchführen zu lassen; s. Schriftwechsel vom 9. 6. und 12. 7. 1942, BA-MA, RW 31/196. Das Prügeln war also nicht aus der Mode, so daß schließlich sogar der Höhere SS- und Polizeiführer/Ukraine monieren mußte, daß Angehörige deutscher Baufirmen bei ihnen beschäftigte ukrainische Frauen „mit Stockschlägen, Fußtritten und Zerren an den Haaren" derart mißhandelten, daß die Frauen ins Krankenhaus geliefert werden mußten; s. Schreiben RMfdbO an die Firma Scheidt, Limburg, vom 1. 2. 1943, BA-MA, RW 31/334. Eigene Richtlinien für die Behandlung der Bevölkerung gab der Wi Stab Ost schließlich am 8. 2. 1943 heraus, BA-MA, RW 31/196, in denen jene Haltung zum Ausdruck kam, die sich hier in Nagels Studie wiederfindet.

konnte auch die beste Propaganda auf die Dauer nichts Durchschlagendes und Endgültiges erreichen.

Umgekehrt arbeitete die sowjetische Propaganda sehr intensiv und geschickt sowohl auf dem militärischen als auch auf dem wirtschaftlichen Gebiet. Diese Feindpropaganda hatte es erreicht, daß man schon 1942 selbst vom einfachen russischen Bauern das böse Wort vom „Weißen Neger" hören konnte, zudem die Deutschen den russischen Menschen machen wollten[287]).

Im krassen Gegensatz zu dieser Feindpropaganda steht die Tatsache, daß ganz erhebliche Sachwerte aus dem Reich in den besetzten Ostgebieten investiert worden sind. In erheblichen Mengen wurde wertvollstes Zuchtvieh aus dem Reich in die besetzten Ostgebiete eingeführt. Allein über die ZO wurden der Land- und Ernährungswirtschaft der besetzten Ostgebiete Betriebsanlagen und Versorgungsgüter im Wert von

510 Millionen RM

zugeführt, darunter allein 70 000 Schlepper (vgl. S. 137). Der Forstwirtschaft wurde der Maschinenpark von 220 Sägewerken aus dem Reich zugeleitet, außerdem erhielt sie den Maschinenpark für 100 komplette Sägewerke aus der Neuproduktion des Reiches, ebenfalls Schlepper und rd. 350 000 Äxte und Sägen. Für den Aufbau der gewerblichen Wirtschaft wurden Maschinen, Produktionsmittel, Ersatzteile, Hilfsmaterial in außerordentlichem Umfang in die besetzten Ostgebiete geliefert. Allein auf dem Gebiet des Bergbaues, der Energiewirtschaft und der sonstigen gewerblichen Wirtschaft betrug der Wert dieser Produktionsmittel

rd. 1 Milliarde RM.

Im Rahmen der handelsmäßigen Versorgung der Bevölkerung mit Ge- und Verbrauchsgütern aller Art wurden allein im Bereich der Wi In Mitte für

250 Millionen RM

derartige Güter geliefert. Zieht man den Wert der deutschen Gesamtausfuhr im Jahre 1938 mit etwa 5 Milliarden RM heran, so zeigt der Umfang dieser deutschen Sachleistungen die Unrichtigkeit der Feindpropaganda, Deutschland habe die besetzten Ostgebiete „auszuräubern" versucht[288]).

Ernährung, soziale Fürsorge, Agrarordnung und Lieferungen aus dem Reich haben zweifellos ihre gute Wirkung auf die Arbeitswilligkeit und innere Einstellung der russischen Bevölkerung zu uns ausgeübt. Die Maßnahmen in dieser Richtung liefen aber erst nach und nach an und hätten nicht die einzigen sein dürfen, um die Bevölkerung für eine freudige Mitarbeit im Rahmen der Landesausnutzung zu gewinnen. Zusammenfassend ist festzustellen, daß die Bedeutung des russischen Menschen als wichtigster Produktionsfaktor verspätet erkannt worden ist. Unsere großen militärischen Erfolge hätten mit einer politischen Offensive unter-

---

[287]) Rosenberg hielt es deshalb für angebracht, alle obersten Reichsbehörden in einem Rundschreiben darum zu bitten, öffentlich mehr Zurückhaltung über die deutschen Zielsetzungen zu üben; s. Rundschreiben vom 5. 1. 1943, BA-MA, RW 31/976. Insbesondere sollte künftig nicht mehr davon gesprochen werden, daß Deutschland im Osten Kolonien und deutsche Siedlungsgebiete errichten wolle. Auch das öffentliche Reden über die Minderwertigkeit der einheimischen Bevölkerung sollte beendet werden. Diese neue Linie unterstützte auch Goebbels in einem Rundschreiben an die Gauleiter über die Behandlung der europäischen Völker vom 15. 2. 1943, BA-MA, RW 31/196.

[288]) Siehe hierzu Anm. 175.

baut werden müssen. Damit hätte sie eine Schlagkraft erhalten, die den russischen Menschen in den besetzten Ostgebieten auf unsere Seite gerissen hätte und sich weit über die Front hinaus ausgewirkt hätte.

7. Wirtschaftliche Sondergebiete und Aufgaben

Die Treuhandverwaltung im Operationsgebiet

Im Gegensatz zu allen anderen besetzten Gebieten haben wir im ehemaligen Sowjetrußland die totale Staatswirtschaft angetroffen. Die deutsche Militärverwaltung und die ihr später folgende Zivilverwaltung mußten deshalb die Wirtschaftsbetriebe und sonstigen Vermögensmassen nach dem Grundsatz der treuhänderischen Verwaltung entsprechend dem Erlaß des Reichsmarschall vom 20. 5. 1942 übernehmen und führen[289].

Dieses als *Treuhandvermögen* bezeichnete Sondervermögen umfaßte das gesamte bewegliche und unbewegliche Vermögen der UdSSR, ihrer Gliedstaaten, Körperschaften, Verbände und Zusammenschlüsse sowie das unbewegliche und gewerbliche bewegliche jüdische, herrenlose und staatsfeindliche Vermögen. Dazu gehörte also das gesamte Vermögen der gewerblichen Wirtschaft, der Land- und Forstwirtschaft, einschließlich der verarbeitenden Betriebe, der Verkehrswirtschaft usw. Nicht dagegen das private Eigentum, z.B. das Vermögen der sogenannten Artele und ähnlicher genossenschaftlicher Einrichtungen. Zur Frage des Eigentums am Treuhandvermögen kann nur gesagt werden, daß es im Interesse des Reiches wie eines Treugebers zu verwalten war.

Zur Wahrung der Belange des Reiches, insbesondere im Sinne der sofortigen wehrwirtschaftlichen Ausnutzung der geeigneten Vermögenswerte wurden die kommissarischen und treuhänderischen Verwalter eingesetzt. Die Wi In'en und Wi Kdos, deren Aufsicht das Treuhandvermögen unterlag, haben aus den gegebenen Umständen heraus zunächst MV-Beamte und Sonderführer der eigenen Dienststellen in die *treuhänderische Verwaltung* eingesetzt. Erst mit einer gewissen Stetigkeit der Verhältnisse konnten auch zivile Einzelpersonen und -firmen aus dem Reich als Treuhänder herangezogen werden.

Ein beachtlicher Teil des Treuhandvermögens wurde durch die sogenannten Ostgesellschaften als Generaltreuhänder für ein gewisses Gebiet der gewerblichen oder der Landwirtschaft verwaltet. Diese Generaltreuhänder leiteten die einzelnen Betriebe in ihrem Sachbereich selbst oder durch ihre Tochtergesellschaften und Einsatz- oder Patenfirmen als Untertreuhänder. Als Beispiel seien die drei größten Ostgesellschaften angeführt: Berg- und Hüttenwerksgesellschaft Ost mbH (BHO), Zentralhandelsgesellschaft Ost für landwirtschaftlichen Absatz und Bedarf mbH (ZO), Ost-Faser GmbH.

Im Operationsgebiet war die Wi In bzw. der Wi-I Vertreter des Reiches (Treugeber) und damit oberstes Aufsichtsorgan. Für die Bearbeitung der Aufgaben wur-

---

[289]) Grüne Mappe, T. II (2. Aufl.), vom August 1942, S. 123, BA-MA, RW 31/131.

de wie beim Wi Stab Ost auch bei den Inspektionen eine *Sondergruppe Treuhandverwaltung* eingerichtet. Sie unterstand fachlich unmittelbar dem Inspekteur und war dem Stab angegliedert. Nach den gemachten Erfahrungen war für die Tätigkeit einer Treuhandstelle von Beginn der Übernahme der Wirtschaftsbetriebe durch die Militärverwaltung an ein Bedürfnis vorhanden. Eine solche Stelle hätte von vornherein in engem Zusammenwirken mit den Chef- und Fachgruppen unterstützende und vorbeugende Beratungs- und Überwachungsarbeit leisten können. Die Sondergruppe Treuhandverwaltung wurde aber erst verhältnismäßig spät im Frühjahr 1943 eingerichtet.

Nach den Anordnungen des Wi Stabs Ost hatte sie die einheitliche Verwaltung des Treuhandvermögens sicherzustellen. Insbesondere hatte sie die Betriebsführung und Vermögensverwaltung der Treuhänder und kommissarischen Verwalter in kaufmännischer und finanzieller Hinsicht zu betreuen und zu überwachen. Zu ihrer Zuständigkeit gehörten nicht das reine Verwaltungsvermögen, die Forsten und das landwirtschaftliche Vermögen, das von Landbewirtschaftungsgesellschaften oder gleichen Einrichtungen zu verwalten war. Im einzelnen war als ihr *Aufgabengebiet* folgendes bestimmt:

- Die vermögensmäßige Verwaltung des Treuhandvermögens, die Wahrung der Vermögensbelange dieser Vermögenswerte gegenüber anderen Verwaltungen.
- Die Erfassung des gesamten Treuhandvermögens.
- Die Erteilung grundsätzlicher Weisungen über die Vermögensverwaltung mit dem Ziel der Substanzerhaltung (Vorschriften über ordnungsmäßige Inventur, Buchführung, Bilanzierung, Bewertung, Kalkulation, Mittelabschöpfung usw.)
- Die Überwachung der Betriebe und sonstigen Vermögensverwaltungen durch eigene Prüfungen und Prüfungsaufträge an die Reichsprüfungsgesellschaft und die Auswertung der Prüfungsergebnisse.
- Die Mitwirkung bei der Bestellung von Treuhändern und kommissarischen Verwaltern oder Einsatzfirmen (Treuhandverträge).
- Die Mitwirkung bei der Finanzierung mit Fremdmitteln.
- Die Veräußerung der Vermögenswerte.

Wenn auch die technische Wiederingangsetzung und die Produktion der z.T. stark zerstörten Betriebe für den Sofortbedarf der Truppe zeitlich im Vordergrund gestanden hat, so waren doch von Anfang an auch die Erfordernisse einer sauberen und wirtschaftlichen Geschäftsführung zu beachten. Trotz der kurzen Zeit der Tätigkeit im Operationsgebiet hat sich erwiesen, daß für die erwünschte Verbindung zwischen Unternehmerinitiative und treuhänderischer Geschäftsführung die Zusammenarbeit der Chefgruppen mit der Treuhandverwaltung zweckmäßig war.

Zusammen mit den fachlichen Stellen waren in jedem Einzelfall der ordnungsmäßige *Einsatz* der kommissarischen Verwalter und reichsdeutschen *Treuhänder*, insbesondere die Auswahl, Einweisung und Bestellung oder Abberufung des Treuhänders, Einzelheiten von abzuschließenden Treuhandverträgen wie Treuhändervergütung, Vertragsdauer usw. zu behandeln. Vor dem Abschluß stand die durchgeführte *Erfassung der Betriebe* mit ihren wesentlichen vermögensmäßigen Daten. Ebenso die Erhebungen über die Treuhänder und die Nachholung der zu einem großen Teil unterlassenen Bestallung dieser Treuhänder mit Aushändigung der Bestallungsurkunden. Einige Treuhandverträge mit in größeren Betrieben eingesetzten Reichsfirmen waren nach langwierigen Verhandlungen zum Abschluß und zur Unterzeichnung gekommen. Andere derartige Verträge waren in Vorbereitung.

Im Zusammenhang mit der durch den Wi Stab Ost angeordneten Haushaltsregelung war auch mit der Abziehung von flüssigen Mitteln aus den Betrieben unter Anwendung eines vorsichtigen Maßstabes begonnen worden. Als Hauptzweck dieser Abziehung war ins Auge gefaßt, finanziell notleidende Betriebe mit den erforderlichen Finanzmitteln auszustatten und auf diese Weise einen Ausgleich in der Liquiditätsbilanz für einen gesamten Inspektionsbereich zu erzielen. Für die Zukunft vorgesehen war weiterhin die Mitwirkung der Treuhandverwaltung bei der Kreditaufnahme der Betriebe durch Überprüfung der Kreditanträge.

Mit den Anordnungen für die Wirtschaftsführung Nr. 1 und Nr. 3 waren vom Wirtschaftsstab Ost die grundlegenden Vorschriften für die zukünftige *Buchführung und Bilanzierung* für das Operationsgebiet erlassen worden. Danach waren die Betriebe verpflichtet, im wesentlichen nach den im Reich üblichen Grundsätzen ordnungsmäßig Bücher zu führen und regelmäßig Jahresbilanzen aufzustellen. Die vorgeschriebene Eröffnungsbilanz auf 1. 1. 1943 bzw. auf 1. 4. 1943 und das entsprechende Eröffnungsinventar nach den besonderen Bewertungsvorschriften war bei den meisten Betrieben in Aufstellung begriffen. Für die laufende Aufsichtsführung war angeordnet, daß die Eröffnungsbilanzen laufend unterschrieben der zuständigen Stelle einzureichen waren. Da die Betriebe für Rechnung des Reiches treuhänderisch verwaltet wurden, bestand auf die Dauer gesehen ein unmittelbares staatspolitisches Interesse an einem geordneten Rechnungswesen. Es ist Voraussetzung für eine richtige Bilanzierung und Grundlage für die Besteuerung, für die Selbstkostenrechnung, für die betriebliche und staatliche Preispolitik. Ein gutes Rechnungswesen allein kann dem Betriebsführer Aufschluß über die Wirtschaftlichkeit und die finanzielle Lage seines Betriebes geben. In Frage der allgemeinen Disposition, der Fertigungsplanung, der Betriebsfinanzierung, der Verhinderung von Kapitalfehlleitungen muß es ihm Richtlinie sein.

Alsbald nach Erlaß der Buchführungsanordnung hat sich als notwendig erwiesen, daß die Vorschriften dem einheimischen Personal in russischer Sprache zur Verfügung stehen müßten. In Zusammenarbeit mit einheimischen Kräften hat die Treuhandverwaltung der Wi In Süd eine erste Übersetzung der Bestimmungen anfertigen lassen und über die Wi In'en den größeren Betrieben zugestellt. Selbstverständlich war, daß die Verhältnisse im Osten auch in diesen Dingen einen größeren Maßstab bedingt haben. Diese Tatsache ändert aber nichts an dem Grundsatz, daß zu einer ordnungsmäßigen Vermögensverwaltung insbesondere von Wirtschaftsbetrieben auch ein ordnungsmäßiges Rechnungswesen gehört. Sie rechtfertigte aber, daß man sich zunächst mit möglichst einfachen Anordnungen begnügte. Unbedingt notwendig war auch, daß den größeren Betrieben deutsches kaufmännisches Personal zur Verfügung stand. Darüber hinaus war eine Schulung der einheimischen Buchhalter ebenso wie die laufende Beratung in der kaufmännischen Geschäftsführung zu sichern.

Erst auf einer solchen Grundlage erschien eine regelmäßige Überwachung der Betriebe möglich und die Durchführung von Bilanzprüfungen durch deutsche und einheimische Prüfer zweckmäßig. Auf dem Gebiet der *Prüfungs- und Beratungsaufgaben* stand die Reichsprüfungsgesellschaft für die besetzten Ostgebiete mbH zur

Verfügung. Für ihren Einsatz war ein eingehendes Prüfungsprogramm vorbereitet. Infolge der militärischen Ereignisse konnte jedoch nur ein kleiner Teil der ersten Prüfungsaufträge durchgeführt werden.

Zum Schluß sei noch als Anregung ein Wort zu dem Fragenkreis der optimalen Betriebsgröße gestattet. Nicht jeder Kleinbetrieb kann wirtschaftlich arbeiten und ist deshalb auf alle Fälle erhaltungswürdig. Zu prüfen ist immer unter Berücksichtigung der transport- und rohstoffmäßigen Standortbedingungen die Frage, ob jeder Betrieb, der angetroffen wird, auch in Gang gesetzt werden soll. Andererseits darf auch nicht das Gegenteil, nämlich die Zusammenfassung ganzer Industriezweige in einer konzentrierten Organisationsform, als die grundsätzlich einzig richtige und zweckmäßige Lösung angesehen werden. Es muß verhütet werden, daß solche Organisationsformen zu einem Zentralismus führen, der die Führung des Einzelbetriebes mehr hemmt als fördert und die bewegliche Entschlußfassung und Verantwortungsfreudigkeit der eigentlichen Betriebsleitung gefährdet. Bei den großen Ostgesellschaften ist mancher Anlaß zu der Überlegung gegeben, ob nicht eine größere Selbständigkeit der örtlichen Verwaltung der einzelnen Werke erfolgversprechender gewesen wäre. Bei Beschränkung der zentralen Führungsstelle im Reich auf Lenkungsaufgaben sollte nach Möglichkeit die Entschlußfreiheit und Eigenverantwortung bei den einzelnen Werken, also die dezentrale wirtschaftliche Selbständigkeit, erhalten bleiben.

Nach den Erfahrungen einer wenn auch nur kurzen Zeit des Bestehens der Treuhandverwaltung im Operationsgebiet läßt sich zusammenfassend feststellen, daß ihre Arbeit im Interesse der Erhaltung der Substanz der Vermögensmassen und einer geordneten Wirtschaftsführung zweckmäßig und notwendig gewesen ist. Angesichts der Schwierigkeiten, die es im Osten zu überwinden galt, erschien eine laufende Betreuung und Überwachung der Betriebe auch in kaufmännisch finanzieller Hinsicht besonders dringlich. Deshalb hätte diese Aufgabe auch sofort mit Beginn des Wiederaufbaues und mit der Inbetriebnahme der Betriebe in Angriff genommen werden müssen. Gerade unsere Wehrwirtschaft muß nach dem Grundsatz der Wirtschaftlichkeit ausgerichtet werden, damit eine größtmögliche Wehrkraft bei möglichster Schonung der sie tragenden Wirtschaft gesichert, d.h. auf Dauer ermöglicht wird.

Verbindungsstab Wi Stab Ost/Gen Qu

Solange sich der Wi Stab Ost am Sitz des OKH/Gen Qu befand, konnten alle zu behandelnden Fragen durch persönlichen Besuch erledigt werden. Mit der Verlegung des Wi Stabs Ost nach Berlin im Herbst 1941 ergab sich die Notwendigkeit, beim Gen Qu einen Verbindungsstab abzustellen. Zunächst war dieser Stab nur ein militärischer Führungsstab, jedoch entsandte bereits im Oktober 1941 die Chefgruppe La einen eigenen VO, die Chefgruppe Arbeit im Dezember 1941, dem im Januar 1942 ein besonderer Sachbearbeiter für Transport und Verkehr folgte. Schließlich wurde im September 1942 dem Verbindungsstab auch ein VO der Chefgruppe W zugeteilt.

Zunächst bestand die Tätigkeit des Verbindungsstabes darin, Schreiben des Wi Stabs Ost an die zuständigen Dienststellen weiterzuleiten bzw. Besprechungen der beiderseitigen Fachreferenten zu vermitteln. Sehr bald erwies es sich jedoch als zweckmäßig und notwendig, den Gen Qu und durch ihn auch den Chef des Generalstabes sowie die Leiter der einzelnen Fachabteilungen des OKH zu unterrichten über: den Aufbau der Wirtschaft in den besetzten Ostgebieten, den Stand der Landesausnutzung für die Truppenversorgung und über alle die Fragen, die einer Abstimmung der gegenseitigen Forderungen bedurften. Wesentliche Aufgabe des Verbindungsstabes war es weiter, bei militärischen Entscheidungen die wirtschaftlichen Gesichtspunkte zur Geltung zu bringen. So entwickelte sich der Verbindungsstab zu einem zweckmäßigen Arbeitsstab. Er war in der Lage, dem Gen Qu ständig bei Beschaffung aller von ihm und dem Chef des Generalstabs verlangten Güter aus den Ostgebieten behilflich zu sein. Andererseits unterrichtete er den Chef des Wi Stabs Ost laufend über alle Vorgänge, die sich aus der militärischen Lage, den Absichten der Führung und den Truppenanforderungen für die Arbeit des Wi Stabs Ost ergaben. Ab 1943 wurde der Leiter des Verbindungsstabes zu den täglichen Morgenbesprechungen des Gen Qu mit den Abteilungsleitern herangezogen, um dort die Belange der Wirtschaft im Rahmen der Versorgungsführung zu vertreten.

Aus den Arbeitsgebieten der Chefgruppen ergaben sich für den Verbindungsstab im einzelnen folgende Aufgaben:

Chefgruppe La

Laufende Unterrichtung des Gen Qu über alle Fragen auf dem Gebiet der Ernährung und Landwirtschaft. Führung der Verhandlungen in allen Angelegenheiten, die sowohl die Chefgruppe La des Wi Stabs Ost bzw. die Hauptabteilung E. und L. des RMfdbO bzw. Geschäftsgruppe Ernährung des Vierjahresplans und OKH/Gen Qu betrafen und abzustimmen waren:

Auf dem Gebiet der Truppenversorgung:

Mit OKH/Gen Qu IVa (Heeresintendantur):

Ausnutzung des Landes, Bedarfsdeckung der Truppe in landwirtschaftlichen Erzeugnissen durch die Wi-Dienststellen, Abstimmung von Bevorratung der Truppe mit Liefer- und Nachschubbedürfnissen, Einsatz und Produktionslenkung der Be- und Verarbeitungsbetriebe für die Truppenbelange, Verrechnung Wehrmacht – Wirtschaft (ZO-Gebiet).

Mit OKH/Gen Qu Abt. I und III (Versorgungsführung und Nachschub):

Regelung von Nachschuberfordernissen an landwirtschaftlichen Erzeugnissen, Ausgleich in der Betriebsstoffversorgung Truppe – Wirtschaft u.a.

Auf dem Gebiet der Kriegsverwaltung:

Mit OKH/Gen Qu Abt. II:

Angelegenheiten betr. Behandlung und Versorgung der Zivilbevölkerung in den besetzten Ostgebieten.

Abstimmung in Fragen der vollziehenden Gewalt (Gesetze auf dem Ernährungssektor).

Einsatz und Stellung der La-Führung in den besetzten Ostgebieten. Truppenunterstützung bei der Bewirtschaftung des Landes.

Wahrung der landwirtschaftlichen Belange bei der taktischen Bandenbekämpfung.

Andererseits hatte der Verbindungsstab laufend den Wi Stab Ost/Chefgruppe La bzw. RMfdbO/Hauptabt. E. und L. über die Vorgänge bei OKH/Gen Qu zu unterrichten.

Chefgruppe W

Anfänglich wurden im wesentlichen nur Einzelfragen bearbeitet. Als aber die Ostgebiete in immer größerem Ausmaß anliefen, wurde eine zentrale Regelung der wichtigsten Bedarfsanforderungen zwischen Wi Stab Ost und Gen Qu notwendig. Sie erfolgte insbesondere auf zwei Gebieten:

Auf dem Gebiet der Kohlenversorgung aus dem Donezgebiet, in Form der Unterstützung des Kohlenbergbaues durch militärische Dienststellen und in Form der Verteilung der geförderten Kohlenmengen auf die Bedarfsträger.

Auf dem Gebiet des allgemeinen Heeresgeräts, des Pionier-, Unterkunfts-, Kfz- und Hufbeschlaggeräte, der Baustoffe und Waffenersatzteile. Die zunächst für Panjewagen, Panjegeschirre und Dachpappe getroffenen Einzelregelungen wurden in dem Gen Qu-Programm vom 22. 7. 1943 zusammengefaßt und erweitert. Art, Menge und Ablieferungsbedingungen vieler Gegenstände des Truppenbedarfs wurden hier für die Zeit vom 1. 4. 1943 bis 1. 4. 1944 festgelegt. Die Räumung des Donezgebietes und später des überwiegenden Gebietes des Wi Stabs Ost ließ beide Planungen nicht mehr in vollem Umfang zur Auswirkung kommen.

Der Chef des Generalstabes und der Gen Qu wurden vor allem über die in den einzelnen Räumen vorhandenen wichtigen Industrieanlagen und Rohstoffe unterrichtet. Später über die durchgeführten Räumungs, Zerstörungs- und Lähmungsmaßnahmen (Manganerzbergbau Nikopol, Eisenerzbergbau Kriwoi Rog, Ölschiefergebiet Kiviöli).

Auf dem Gebiet der allgemeinen Wirtschaft wurden in vielen Besprechungen vor allem mit Abt. II und IVa zahlreiche Einzelfragen, insbesondere des Finanz- und Treuhandwesens bearbeitet.

Chefgruppe A

Für die zentrale Lenkung des Arbeitseinsatzes und die Regelung der Arbeitsbedingungen war die enge Verbindung mit dem Gen Qu als territorialem Befehlshaber im Operationsgebiet unerläßlich Voraussetzung. Die Anforderungen von Arbeitskräften der gewerblichen Wirtschaft im Rahmen der Truppenversorgung wuchsen mit steigendem Ausbau sprunghaft an. Die Landwirtschaft benötigte für ihre Intensivierung immer mehr Arbeitskräfte. Taktische Bauvorhaben waren laufend durchzuführen und erforderten eine sehr große Zahl von Arbeitskräften. Aufgabe des Verbindungsstabes war es daher, die gegenseitigen Auffassungen des Wi Stabs Ost und des OKH über die Grundsätze einer ausgleichenden Arbeitseinsatzpolitik und einer den Verhältnissen entsprechenden Lohnpolitik zu übermitteln und möglichst aufeinander abzustimmen.

Mit der zunehmenden Verknappung der Arbeitskräfte im Osten und dem gleichzeitig steigenden Bedarf der deutschen Kriegs- und Rüstungswirtschaft an fremdvölkischen Arbeitskräften war es besondere Aufgabe des Verbindungsstabes, die Erkenntnis der großen arbeitseinsatzpolitischen Gesamtzusammenhänge zu fördern und bei der Schaffung grundlegender Vorschriften auf dem Gebiet der Menschenbewirtschaftung im Osten mitzuwirken.

Die Anwerbung von Ostarbeitern für den Reichseinsatz warf eine Reihe von Problemen organisatorischer, militärisch-taktischer und verkehrstechnischer Art auf, die ständiger unmittelbarer Fühlungnahme und häufig raschester Klärung bedurften. Diese Tätigkeit verstärkte sich noch, als der VO der Chefgruppe A gleichzeitig auch zum Vertreter des GBA beim Gen Qu bestellt wurde.

Neben der Bearbeitung der grundsätzlichen Fragen nahm die fachlich beratende Tätigkeit auch gegenüber anderen Dienststellen des OKH/Gen Std.H. in allen Fragen des Arbeitseinsatzes und der Lohnpolitik einen breiten Raum ein.

Chefgruppe FH

Auf diesem Sektor war der Gen Qu über Holzaufkommen, Holzversorgung und Holzbedarf von Truppe und Kriegswirtschaft und über die Deckungsmöglichkeiten zu unterrichten. Die Holzbedarfsanforderungen insbesondere an Brennholz, Generatorholz und Schnittholz, sowie die Schwellenversorgung der Reichsbahn bedurften einer zentralen Regelung zwischen Wi Stab Ost und Gen Qu. Andererseits war bei Forderungen des Wi Stabs Ost und seiner Unterorganisationen auf Beschaffung von Waffen, Geräten, Werkzeugen, Ersatzteilen und Maschinen für die Sägewerksindustrie die Unterstützung des Gen Qu zu erwirken. Mit den zuständigen Abteilungen des Gen Qu waren laufend zu besprechen:

Holzpreisgestaltung, Tariffestsetzung,
Heizmittelversorgung, Holztransport,
Gatternachschub, Einwirkung der Banden auf die Holzerzeugung,
Sicherungskräfte für Einschlagsgebiete für den Truppenbedarf im westlichen Hinterland, Einsatz und Ausbau des Forstschutzkommandos u.a.m.

Auswertung der russischen Forschung und Wissenschaft

Im November 1941 befahl Wi Stab Ost, wissenschaftliche Institute aller Art, Bibliotheken, Laboratorien usw. sicherzustellen, die Bergung des wissenschaftlich wertvollsten Materials vorzunehmen und eventuell auch den Abtransport ins Reich in die Wege zu leiten. Wiederholte Vorfälle sinnloser Zerstörung und Plünderung dieser Einrichtungen gaben hierzu Veranlassung. Diese Bestrebungen wurden nachhaltigst vom Allgemeinen Wehrmachtamt[290]) (AWA) unterstützt, das schon mit Rücksicht auf den hohen Rüstungsstand der Sowjetarmee die Notwendigkeit sah, vom Gegner zu lernen und seine Instrumente und Methoden der Kriegsvorbereitung zu studieren und die Erkenntnisse auszuwerten.

Laut Befehl OKW vom 13. 2. 1942 wurde im Rahmen des Wi Stabes Ost das Referat Wissenschaft gebildet[291]) mit den Aufgaben:

Sicherstellung und Verwertung der im Operationsgebiet befindlichen wissenschaftlichen Einrichtungen sowie deren Material und ihr Einsatz für den Truppenbedarf.

Bergung, Bewahrung und Versendung von Apparaten, Maschinen und Bibliotheken.

Lösung von Forschungsaufgaben.

Bestimmung über die weitere Betreuung der wissenschaftlichen Institute sowie deren hochqualifizierter Fachkräfte und Beauftragung mit vorwiegend militärischen Aufgaben.

Generell wurde festgelegt, daß nur solche Aufgaben zur Erledigung kamen, die für die Entscheidung des Krieges von besonderer Bedeutung waren.

Die wissenschaftlichen Bearbeiter für dieses Referat wuden durch AWA einberufen und durch Wi Rü Amt zum Wi Stab Ost kommandiert, der den Einsatz regelte. Die fachlichen Anweisungen an die wissenschaftlichen Mitarbeiter ergingen vom AWA über Wi Rü Amt und Wi Stab Ost. Bei den drei Wi In'en wurde je ein „Referat Wissenschaft" eingerichtet, das dem Stab Abt. I angegliedert war.

Aus der bisherigen Beaufsichtigung und Betreuung entstand als Aufgabe die *Verwertung der Einrichung* für die Erfordernisse des Krieges auf den Gebieten:

der Naturwissenschaften (Chemie, Physik, Mineralogie, Geologie, Geographie, Biologie),
der Mathematik,
des Bergbaues,
des Maschinenbaues,
der gesamten sonsigen Technik, einschließlich des Verkehrswesens.

Hochschulen und Institute, die der praktischen Landwirtschaft dienten, unterstanden nach wie vor der Chefgruppe La. In unsere Dienste gestellt wurden u.a.[292]):

das metereologische Institut in Simferopol mit seinen 53 Tochterinstituten,
die meereskundlichen Institute in Noworossisk, Karadag, Karziweli,
die astronomischen Institute in Simeis, Charkow, Kiew,
die chemischen Institute in Simferopol und Schostka,
das botanische Institut in Nikita,
die Erdbebenwarte in Jalta.

---

[290]) Im Original „Allgemeinen Waffenamt".

[291]) OKW/Wi Rü Amt/Stab I/O Nr. 6467/42, vom 16. 3. 1942, BA-MA, RW 31/264. Parallel dazu erteilte Hitler Rosenberg für die zivilverwalteten Gebiete die Vollmacht zur Beschlagnahme und Verwendung der kulturellen und wissenschaftlichen Werte; s. Erlaß vom 1. 3. 1942, abgedr. in Eine Schuld, die nicht erlischt, Nr. 134. Dort auch weitere Dokumente zu diesem Komplex.

[292]) Im Frühjahr 1943 versuchte das Referat Wissenschaft sein Tätigkeitsfeld auch auf die zivilverwalteten Gebiete auszudehnen; s. Schreiben an die Zentrale für Ostforschung beim RMfdbO vom 10. 4. 1943, BA-MA, RW 31/264.

Die Aufgabe der *Sicherstellung* erwies sich bei wissenschaftlichen Bibliotheken und Apparaten besonders notwendig als Grundlage für die befohlenen Forschungsarbeiten. Trotz großer Schwierigkeiten wurden geborgen, ausgewertet und teilweise auch ins Reich überführt:

Ein Bücherbestand der Universität Dorpat, der von den Sowjets nach Minsk verschleppt worden war.

Die metallurgische Bibliothek der Stadt Charkow.

Die Bücher des astronomischen Observatoriums Simeis.

Wissenschaftliche Werke über Eisenhütten und Stahlveredelung aus dem Polytechnischen Institut.

Die wertvollen Apparate des Uphti-Institutes Charkow.

Die Seismographen der Erdbebenstation Jalta.

Die großen astronomischen Geräte der Sternwarte Simeis.

Das chemische und das endokrinologische Institut in Charkow.

Auch auf dem Gebiet der *Forschung* wurde das Referat Wissenschaft vor bedeutende Aufgaben gestellt. Es stellte hierbei die Mitarbeit russischer Gelehrter sicher, die ihre Kenntnisse unter dem Schutz der deutschen Wehrmacht dem Reich zur Verfügung stellten. Von 297 herausgebrachten Forschungsberichten, die der „Zentrale für Ostforschung" in Berlin über Wi Stab Ost zugeführt wurden, seien folgende Themen angeführt[293]):

Entwicklung der Sowjet-Metallurgie in den letzten 15 Jahren.

Methoden der Herstellung legierter Stähle.

Die letzten modernen Erfolge in Theorie und Praxis der Stahlerzeugung der UdSSR.

Induktive Oberflächen-Härteverfahren.

Ölfreie Kühlflüssigkeit bei Kaltbearbeitung von Metallen.

Schmelzflußmittel zum Schweißen von Panzerplatten.

Über im ehemaligen Werk „Bolschewik" hergestelltes Antifriktions-Gußeisen.

Verfahren zum Schwarzchromieren von Eisen und Buntmetallen.

Abnahmeuntersuchungen über Stahl und Stahllegierungen in der Sowjetunion.

Russische Erfindung zur Verhütung von Kesselsteinbildung.

Ausarbeitung einer Methode der schnellen Bestimmung der Härte von Kesselspeisewasser.

Zur Frage des Ersatzes des Pyrolusits in den galvanischen Elementen durch aktive Kohle.

Alkali-Akkumulator hoher Kapazität.

Arbeiten über synthetisches Kautschuk in Rußland.

Spezialkulturen zur Gewinnung aetherischer Öle.

Bericht von Prof. Korolj über aetherische Öle als Zusatz zu Treibstoffen.

---

[293]) Ein Teil dieser Schriften findet sich im ehemaligen Geheimarchiv des Wi Rü Amtes, BA-MA, RW 19/Anhang I. Eine Übersicht über die „Berichte der von AWA/Wiss zur Sicherstellung und Auswertung wissenschaftlicher Institute der Sowjet-Union eingesetzten Wissenschaftler" findet sich auch in den Amtlichen Nachrichten für die Oberkommandos der Wehrmacht, des Heeres und der Kriegsmarine, erstmals im 24. Jg. (23. 10. 1942), Bl. 43.

Heizung mit Benzinkohle in Verbrennungsmotoren.
Kondensierung von Aldehyden mit Nitroparaffinen.
Nickelvorkommen im Gebiet Dnjepropetrowsk.
Berylliumgewinnung in der Ukraine.
Vorkommen von Parisit in der Ukraine.
Aluminiumgewinnung aus ukrainischen Kaolinen.
Brom-, Jod- und Chlormagnesium in der Südukraine.
Die Erdgase auf der Halbinsel Kertsch und ihre technische Verwertung.
Erdölvorkommen in der Kalmücken-Steppe.
Erdölvorkommen in Mittelasien.
Erdölleitungen im Nordkaukasus.
Kohlenförderung im Ural.
Die Bodenschätze des äußeren Nordens von Rußland.
Bericht über die Lage der Koks- und Erzförderung sowie der Koks-, Roheisen- und Rohstahlerzeugung im Ural.
Sibirien und Kasachstan.
Übersicht der Wehrgeologie über die mineralischen Rohstoffe und Energiewirtschaft der unbesetzten UdSSR, Stand 10. 4. 1942.
Kupfer und Kupferhütten.
Gewinnbarkeit von Radium aus natürlichen Wässern.
Meterologischer Dienst in Rußland.
Die Schneedecke im Wolga-Don-Gebiet.
Eisenbahntransport und Aufbau neuer Eisenbahnen.
Sulfit-Zellstoff-Industrie.
Pest-Stationen und Nagetierbekämpfung.
Über ein Präparat als Läusebekämpfung.
Russisches Mittel gegen Krätze usw.

In Rostow schufen 2 russische Geologen im Auftrag des Referats Wissenschaft in wenigen Wochen für die OT eine Lagerstättenkarte der Bodenarten und Bodenschätze des Kaukasus. Bei der Planung einer neuen Eisenbahn wurde vom Referat Wissenschaft eine Darstellung der hydrogeologischen Verhältnisse des Gebietes Rostow gefordert. Ein russischer Hydrogeologe fertigte eine ausgezeichnete schematische Darstellung dieser Verhältnisse an mit Einzeichnungen aller Quellen-, Brunnen- und Grundwassertiefen.

Besondere Erwähnung verdient eine im Brennstoffinstitut der Universität Kiew gemachte Erfindung der Torftrocknung durch Bakterien zu besonderer Verwendung bei Generatoren. Die Versuche wurden auf Befehl OKW im Hochmoor von Stahltach in Oberbayern weitergeführt.

Die *Betreuung* der wissenschaftlichen Institute und ihrer hochqualifizierten Fachkräfte war eine Sonderaufgabe, die nach anfänglichem Zögern und Widerständen energisch in Angriff genommen wurde[294]). Der Nutzen der Institute sollte der gesamten Kriegswirtschaft zugute kommen, die Arbeitskraft der russischen hochqualifizierten Fachkräfte war für uns zu erhalten. Die Verfügung Wi Stab Ost vom 24. 11. 1942 sah vor, daß einheimische Fachkräfte, die sich zur Erfüllung

---

[294]) Dazu Dallin, Deutsche Herrschaft, S. 475 ff.

kriegswichtiger Aufgaben eigneten, dem Reich trotz finanzieller und wirtschaftlicher Opfer sowie sonstiger Zugeständnisse zu erhalten seien. Dadurch wurde erreicht, daß Universitätsstädte wie Rostow, Charkow, Kiew, Stalino und Dnjepropetrowsk Mitglieder ihrer Lehrkörper in deutsche Dienste abgaben[295]).

Eine weitere Aufgabe war die Unterbringung und Versorgung der von den Sowjets aus Leningrad nach dem Kaukasus fortgeführten Gelehrten und die seit Februar 1943 erfolgte *Überführung* hervorragender Fachgelehrter mit ihren Familien nach Deutschland über das Auffanglager Heydebreck.

Bis einschließlich März 1944 wurden von dieser Auffangstelle erfaßt:

1 111 Wissenschaftler und Ingenieure (mit Familie) davon

847 Arbeitende.

Der Einsatz im Reich erfolgte bei:

Chemischer Industrie

Rüstungs-Industrie

Bergbau

Tiefbau

Wissenschaftlichen Instituten

Krankenhäusern

Propaganda-Ministerium

Ost-Ministerium

Einsatzstab Reichsleiter Rosenberg usw.

Wirtschaftspropaganda

Die seit Beginn des Russenfeldzuges gesammelten Erfahrungen haben dazu geführt, für das räumlich und wirtschaftlich bedeutendste Gebiet der Wi In Süd im März 1943 eine „Abteilung Propaganda" (Abt.Prop.) zu errichten.

Da es sich ausschließlich um Wirtschaftspropaganda handeln sollte, war zunächst dieser Begriff scharf abzugrenzen. Naturgemäß mußten sich Wirtschaft und Politik oft eng berühren. Politische Propaganda war Aufgabe des OKW/W.Pr. und der von ihr im Lande selbst beauftragten (Prop.-Abt. U)[296]). Infolge der engen Berührung mußte mit dieser Abteilung ständige Verbindung aufgenommen werden, um sie über die wirtschaftlichen Ereignisse im Bereich der Wi In Süd laufend zu

---

[295]) Der Reichsminister für Wissenschaft, Erziehung und Volksbildung hatte zunächst nur in Ausnahmefällen den Einsatz russischer Wissenschaftler in deutschen Forschungseinrichtungen gestattet; s. Schreiben vom 25. 3. 1942, BA-MA, RW 31/117. Das OKW selbst widersetzte sich schließlich allen Bestrebungen, im Besatzungsgebiet die Universitäten und Hochschulen wieder zu öffnen. Um der „Entstehung eines politischen Führertums" entgegenzuwirken, sollten lediglich spezielle Ausbildungsanstalten eingerichtet werden; s. OKW/AWA/Wiss V Nr. 220/42 g, Schreiben vom 12. 9. 1942, BA-MA, RW 31/264. Es bedeutete daher keine Abkehr von der vorgegebenen politischen Linie, wenn Keitel schließlich die Institute im östlichen Besatzungsgebiet für die Lösung kriegswichtiger Aufgaben anbot; s. Schreiben an Speer vom 16. 12. 1942, ebd.

[296]) Siehe dazu Buchbender, Das tönende Erz.

unterrichten und ihre Mitarbeit von Fall zu Fall zu erbitten. Die Prop-Abt. U stellte daher einen ständigen Verbindungsoffizier zur Abt. Prop. der Wi In Süd ab. Ebenso wurde zur Propaganda-Abteilung des Gebietskommissars in Dnjepropetrowsk Verbindung aufgenommen und dauernd gehalten.

Für die Abt.Prop. der Wi In Süd ergaben sich nach sorgfältiger Prüfung und Abgrenzung folgende Aufgaben:

Lenkung und Erziehung aller Angehörigen der Inspektion einschließlich Ostgesellschaften und Patenfirmen (Wirtschaftssoldaten).

Aufklärung der einheimischen Bevölkerung über die Notwendigkeiten der wirtschaftlichen Maßnahmen zwecks Erreichen ihrer freiwilligen Mitarbeit.

Unterrichtung der Presse in Deutschland und in den besetzten Gebieten.

Unterrichtung der Truppe über Aufgaben und Ziele der Wirtschaftsorganisation.

Unterrichtung der deutschen Industrie.

Werbung und Unterrichtung von Patenfirmen.

Truppenbetreuung.

Einem wesentlichen Teil dieser Aufgaben sollte die eigene Inspektionszeitschrift „Der Wirtschaftssoldat an der Südfront" dienen, deren erste Nummer am 15. 5. 1943 erschien. In dem Geleitwort dazu war gesagt:

„Der Wirtschaftssoldat an der Südfront soll alle meine Mitarbeiter an der gemeinsamen Arbeit Anteil nehmen lassen. Jeder Wirtschaftssoldat, ob Stützpunktleiter oder Betriebsführer soll daraus Grundsätze, Erfahrungen und Annäherungen entnehmen. Er soll mit den Eigenschaften des Landes und den augenblicklichen Problemen vertraut gemacht werden und nicht zuletzt Kenntnis von den gemeinsam erzielten Erfolgen erhalten."

So war der „Wirtschaftssoldat" das Sprachrohr des Inspekteurs. Die geschlossene *Ausrichtung und Lenkung der Wi In und ihrer Unterorganisationen* geschah selbstverständlich durch Befehl. Solche Befehle mußten kurz und klar sein und konnten keine Erklärungen und Begründungen geben. Hier setzte die Aufgabe der Inspektions-Zeitschrift insbesondere ein.

Es gab viele Probleme, die den Angehörigen der Inspektion erst klar gemacht werden mußten und die für eine erfolgreiche wirtschaftliche Ausnutzung im Osten unendlich wichtig waren. Bei weitem [die Mehrzahl] kannten die Ukraine nicht aus eigenem Augenschein und hatten unzutreffende Vorstellungen von dem Land und seinen Einwohnern. Daß es eine alte russische und ukrainische Kultur gab, daß man den Russen und Ukrainer nicht anschreien und vor allen Dingen nicht schlagen durfte[297]), war jedem Einzelnen mit Begründung und Erklärung nahe zu bringen. Ebenso, daß jede einheimische Arbeitskraft für die wirtschaftliche Ausnutzung sehr wertvoll, daß Schneidigkeit noch kein Herrentum war usw.

---

[297]) Siehe Anm. 286. Einbezogen in diese „Aufklärungsarbeit" wurden jetzt auch die im Osten eingesetzten Betriebsführer und Unternehmer; s. Merkblatt des RMfdbO vom 16. 3. 1943 und Anschreiben dazu an die deutschen Betriebsführer vom 14. 4. 1943, BA-MA, RW 31/334. Der Chef Wi Stab Ost unterstützte diesen Appell durch die Anweisung an seine Kommandeure, die Betriebsführer in ihrer Lebensführung und Haltung zu überwachen und den häufigen Mißständen schärfstens entgegenzutreten; s. Weisung vom 13. 7. 1943, BA-MA, RW 31/147.

Da der einzelne Inspektionsangehörige ohne Radio war und Zeitungen meist nicht regelmäßig bekam, mußte er auch über die wichtigsten wirtschaftlichen Ereignisse in der Heimat unterrichtet werden. In der Zeitschrift wurde daher ein „Wirtschaftskalender“ aufgenommen.

Jeweils der erste Artikel einer Nummer unterrichtete über die Aufgaben, die Organisation und die Führung der Wi In, um den Führungsstab und seine schwierige und durchdachte Arbeit jedem nahe zu bringen.

Ein Abschnitt „Leistungsschau“ unterrichtete darüber, was der andere tat und leistete. Der Betriebsführer, der 10 000 Sensen fristgemäß geliefert hatte, sollte wissen, daß damit die Ernte (wo Treibstoff oder Maschinen fehlten) erst geschnitten werden konnte. Der Panjewagen-Hersteller sollte wissen, daß die Ernte erst geborgen werden konnte, weil er seine Panjewagen fristgemäß abgeliefert hatte. So war die Leistungsschau ein Ansporn und Vorbild, worin die wichtigsten Leistungen der einzelnen Chefgruppen aufgezeigt wurden.

Besondere Artikel unterrichteten laufend über einzelne Arbeitsgebiete. Hier konnte jeder mit eigenen Kenntnissen und Erfahrungen zu Wort kommen.

Eine Darstellung zweckmäßiger Handlungsweise mit praktischen Vorschlägen gab ein Abschnitt „Was macht der Betriebsführer, wenn“.

Ein Abschnitt „Angebot und Nachfrage“ gab Mitteilung, welche Maschinen, Maschinenteile oder irgendwelche sonstigen Sachen, Geräte usw. benötigt wurden. Die Betriebsführer sollten damit darauf hingwiesen werden, an Dingen nicht achtlos vorüberzugehen, die sie in ihrem Gebiet fanden, aber selbst nicht benötigten.

Der Abschnitt Truppenbetreuung wies an Hand von Beispielen immer wieder darauf hin, den Untergebenen die nötige Fürsorge angedeihen zu lassen und ihnen in der Freizeit Ablenkung und Erholung zu geben.

Eine „Ehrentafel“ nannte die Kameraden, die infolge Krankheit gestorben oder mit der Waffe in der Hand gefallen waren.

Die anfängliche Auflage von 1 500 Stück mußte sofort auf 4 000 erhöht werden, da der Kreis der Interessenten immer größer wurde. Während anfänglich fast alle Artikel von Angehörigen der Abt.Prop. selbst geschrieben wurden, fanden sich schnell zahlreiche Mitarbeiter in den einzelnen Chefgruppen, sodaß fast durchweg Material für 3 weitere Erscheinungen der Zeitschrift vorrätig war.

Eine weitere Aufgabe der Propaganda bestand in der Aufklärung der ukrainischen Bevölkerung über wirtschaftliche Maßnahmen und ihre Gründe. Hierfür stand die Presse zur Verfügung, die von der Bevölkerung mit wahrem Heißhunger gelesen wurde. Die „Wirtschaftsnachrichten für die Presse“ wurden geschaffen, die in deutscher, russischer und ukrainischer Sprache zweimal wöchentlich erschien. Die hierin gegebenen Nachrichten mußten von einheimischen Journalisten geschrieben werden, die den Ton trafen, der bei der Leserschaft Verständnis und Aufnahmewilligkeit fand. Aus den Artikeln mußte rein russische und ukrainische Mentalität hervorgehen. Russische und ukrainische Mitarbeiter wurden gewonnen, die Spezialisten auf wirtschaftlichem Gebiet waren. Unter Führung von deutschen Dolmetschern holten sich diese Mitarbeiter ihre Informationen von deutschen Fachkräften, schrieben dann selbständig, erst dann wurden die Artikel auf ihren fachlichen Inhalt von den Chefgruppen überprüft.

Soweit hier die Dinge der Politik im allgemeinen berührt wurden, wurden diese Artikel durch die Prop.-Abt. U zensiert.

Für die Aufklärung der Bevölkerung mußte der Rundfunk verstärkt eingesetzt werden. Eine sonntägliche Sendung „Pflug und Schwert" wandte sich bereits an die La-Führer. Dieser wurden Sendungen für die ukrainischen und russischen Bauern angeschlossen (z.B. über Frühjahrsbestellung, Kuhanspannung, Gemüsezucht, Bienenzucht, Auswertung des Hoflandes usw.). Die Durchführung erfolgte nur in ukrainischer Sprache, da der Sender „Gustav" sich in Dnjepropetrowsk befand, wo seit der Wiedereroberung von Charkow nur die ukrainische Sprache galt. Die La-Führer wurden angewiesen, ihre Bauern am Sonntag-Morgen zum gemeinsamen Empfang zu versammeln.

Da Erweiterungen über den Sender Gustav als eigentlich reinem Soldatensender nicht zu erreichen waren, war geplant, den in Stalino neu errichteten Sender „Gisela" mehr für die Wirtschaftspropaganda heranzuziehen. Infolge der militärischen Ereignisse ist es jedoch dazu nicht mehr gekommen. Die Übertragung einer Landübergabe bei Saporoshje in den Ostertagen 1943 durch den Sender Gustav war sehr eindrucksvoll.

Der mangelhafte Zustand des Drahtfunknetzes verhinderte die wirkungsvolle Verbreitung der Sendung. Obwohl Betreuung und Ausbau dieses Netzes eigentlich nicht Sache der Wi In Süd war, nahm sich die Abt.Prop. doch einer Verbesserung an. Die Nachrichtentruppe hatte 1943 infolge der militärischen Ereignisse wichtigere Aufgaben, es fehlte auch namentlich an Draht. Die Chefgruppe BB stattete aus eigenen Mitteln viele Betriebe mit Drahtfunkanlagen aus. Ein gutes Drahtfunknetz hätte bei der Rückführung der Bevölkerung im Herbst 1943 unschätzbare Dienste geleistet. Als die Rückführung in kürzester Frist durchgeführt werden mußte, war die Wi In gezwungen, sich mit Flugzetteln zu behelfen, die von eigenen Flugzeugen der Wi In abgeworfen wurden.

Als notwendig erwies sich weiterhin die *Unterrichtung der Truppe* über die Tätigkeit der Wi-Dienststellen. Den Frontzeitungen wurden daher die wirtschaftlichen Pressenachrichten zugestellt, die sie auch regelmäßig erscheinen ließen. So wurde z.B. darauf hingewiesen, daß das Verfüttern von Getreide, die Verwendung von ungedroschenem Getreide als Streu, das Wegschleppen von Drucksätzen aus Druckereien, von Maschinenteilen aus Betrieben, das Abschlachten von Vieh usw. sich immer nachteilig für die Truppe auswirkt.

Zur *Beeinflussung* der einheimischen Bevölkerung *für den Arbeitseinsatz in Deutschland* wurden unter Federführung der Chefgruppen Arbeit und BB Reisen von einheimischen Arbeitern nach Deutschland und von im Reich beschäftigten russischen und ukrainischen Arbeitern in die Heimat durchgeführt.

Die Chefgruppe Arbeit hatte eine Postüberwachung eingeführt und gab Berichte, was die Arbeitskräfte im Reichseinsatz an ihre Familien mitteilten. Zum Teil ergaben diese brieflichen Schilderungen erhebliche Mißstände in der Behandlung der Ostarbeiter. Aufgrund der so gesammelten Erfahrungen wurden diese Mißstände zum großen Teil abgestellt.

An vielen Stellen, namentlich auf Arbeitsämtern, wurden in großem Maß Bilder „Das schöne Deutschland" ausgehängt. Zum Teil waren diese zahlreich von Berlin geschickten Bilder, die den Ostarbeiter an seinem Arbeitsplatz und seine Betreuung zeigten, wertlos. Die hierauf Dargestellten waren nicht namentlich genannt, mit Angabe des Ortes usw., was unbedingt nötig war.

Geplant waren auch Reisen von einheimischen Jungbauern zum Einsatz bei der Erntearbeit in deutschen Dörfern.

Die vielfachen Plakate für die Werbung zum Reichseinsatz erwiesen sich häufig zwar mit vielem Fleiß, aber am Grünen Tisch hergestellt. Z.B. wurden große Mengen Plakate übersandt, die das Leben eines ukrainischen Dienstmädchens in Deutschland schilderten. Nach russisch-sowjetischen Anschauungen gab es aber den Begriff Dienstmädchen überhaupt nicht. Im Gegenteil wurde dieser Begriff von vornherein als degradierend angesehen. Eine deutsche Hausfrau im Pelz mit ihrem ukrainischen Dienstmädchen mit wollenem Kopftuch auf einem Spaziergang Unter den Linden mußte auf die sowjetische Mentalität als „Sklavenhalterin" mit ihrem Arbeitstier wirken.

Schöne Gebäude wirkten auf die Bevölkerung fast gar nicht, nur unendlich große und wuchtige. Ukrainische Männer und Frauen bei der Herstellung von Munition wollte die Bevölkerung nicht sehen. Sie wünschte sich fröhliche Bilder, die einen Hinweis auf ihre Arbeit, auf Sonne und eine befreite Zukunft brachten. Ausländische Mädchen in Stöckelschuhen und Seidenstrümpfen auf dem Potsdamer Platz waren als Werbebilder ungeeignet. Außerdem stellte sich heraus, daß es sich hierbei um in Deutschland verpflichtete Französinnen handelte.

Überprüfung und Aussortierung des gesamten Bildmaterials nahm Abt.Prop. vor. Das Gleiche galt für das gesamte Buchmaterial, daß dann wertlos war, wenn es nicht auf eine bessere Zukunft wies, sondern nur Darstellungen über den russischen Untermenschen brachte. Dabei fühlte sich die Bevölkerung nur selbst mitgetroffen und verächtlich gemacht.

Monatshefte „Für Mutter und Hausfrau" wurden vorbereitet, die an den mütterlichen Sinn (erste Hilfe, Krankheitsfälle, Säuglingspflege) und an die Hausfrau (Haus und Garten, Kleintierzucht, Kochrezepte) appellieren wollten.

Im deutschen Interesse tätige Arbeitskräfte, die sich besonders verdient gemacht hatten, sollten ausgezeichnet werden. Sie erhielten Lebensmittelsonderzulagen, die sicher ein Ansporn, aber in ihrer Wirkung nicht nachhaltig genug waren. Es wurde daher ein *Diplom* geschaffen, worin der Inspekteur im Namen der deutschen Wehrmacht Dank und Anerkennung für treue Mitarbeit aussprach.

Alte ukrainische und russische Volkslieder wurden zusammengestellt, die bei Kameradschaftsabenden und sonstigen Festlichkeiten gemeinsam gesungen werden konnten.

Es zeigte sich, daß kriegerische Ereignisse als Flüsterpropaganda (meist über den Schwarzen Markt) unrichtig dargestellt wurden. Abt.Prop. ließ daher täglich den Wehrmachtsbericht in russischer und ukrainischer Übersetzung anfertigen und an den Dienstgebäuden auf der Straße bis spätestens 17 Uhr aushängen.

Die Chefgruppen, die selbst eine ganze Reihe Propagandamaßnahmen aufgezogen hatten, waren zunächst mit Einrichtung der Abt.Prop. durchaus nicht einverstanden. Ihnen mußte klar gemacht werden, daß sich Abt.Prop. nicht als eine Befehlsstelle fühlte, sondern die verschiedenen Propagandaeinrichtungen der Chefgruppen im Rahmen ihrer Tätigkeit ausgleichen und unterstützen wollte. Schon durch die Aufgabenstellung mußte die Propaganda der Chefgruppen auseinanderfallen. Während die Chefgruppe Arbeit „Alles zur Arbeit nach Deutschland" propagierte, mußten die Chefgruppen W und BB „Alles in unsere Betriebe" propagieren. In regelmäßigen Propagandasitzungen wurden die verschiedensten Fragen gegeneinander abgestimmt, Anregungen vorgebracht und in die Praxis umgesetzt. Dieses System hat sich gut bewährt, [so] daß es zu keinerlei Differenzen zwischen den Chefgruppen gekommen ist.

Auch andere Dienststellen nahmen an diesen Propagandasitzungen teil (SD, Luftflotte, OFK, Prop.Abt. U, Prop.Abt. des Generalkommissariats).

Von den Wi Kdos wurde ein Propagandaoffizier benannt, der die Propaganda nach den besonderen örtlichen Verhältnissen auszurichten hatte. Sämtliche Propaganda-Offiziere wurden zu einer mehrtägigen Sitzung beim Führungsstab zusammenberufen.

Für die nach Deutschland entsandten PK-Berichter wurden Themen für Berichte und Bildberichte zusammengestellt. Schriftleiter namhafter Zeitungen kamen nach der Ukraine, um über die wirtschaftliche Entwicklung dieses Gebiets in ihren Zeitungen zu berichten. Sie wurden während ihres Aufenthalts betreut und geführt. Vorbereitungen wurden getroffen, daß sie bei den Wi Kdos dem Zweck entsprechend aufgenommen wurden und ihnen alles gezeigt wurde, was sie zu sehen wünschten. Hierbei zeigte sich mehrfach, daß diese Pressereisen der wirtschaftlichen Bedeutung dieses Gebiets nicht voll gerecht werden konnten. In der kurzen Zeit ihres Aufenthalts konnten die Pressevertreter nur Teilobjekte sehen, wobei die großen Zusammenhänge der Aufbauarbeit nicht klar zu erkennen waren. Da die Veröffentlichungen in Deutschland vor ihrem Erscheinen auch nicht mehr geprüft werden konnten, sorgte Abt.Prop. dafür, daß nicht einseitig gesehene Berichte über das Gebiet und die Tätigkeit der Wi-Dienststellen erschienen.

In großer Zahl kamen PK-Berichter, meist mit festen Aufträgen des Wi Rü Amts in Verbindung mit OKW/W Pr, zu irgendwelchen unterstellten Dienststellen, ohne vorher bei der Inspektion durchzulaufen. Die Aufträge waren häufig von Leuten erteilt, welche die Ukraine nie gesehen hatten, insbesondere die augenblicklichen Verhältnisse und Erfordernisse überhaupt nicht beurteilen konnten. Besonders gern wurden Berichte über den Donez-Kohlenbergbau gefordert, worüber aber möglichst Stillschweigen bewahrt werden sollte, da auch der Feind für die Entwicklung des Donez-Gebietes brennendes Interesse hatte. Mit den zuständigen Stellen in Berlin wurde daher vereinbart, daß die PK-Berichter nur noch unmittelbar zum Führungsstab der Inspektion abgestellt und von diesem eingesetzt wurden. Die sich meldenden Berichter wurden so eingesetzt, daß sie auch die großen Zusammenhänge sehen und vor allem über Themen berichten konnten, die besonders aktuell waren. In diesem Zusammenhang wurden „Wirtschaftsnachrichten für die deutsche Presse" vorbereitet, zu deren Erscheinen es aber infolge der militärischen Ereignisse nicht mehr kam.

Der Reichsrundfunk bediente sich ebenfalls der propagandistischen Veröffentlichungen der Inspektion für seine verschiedenen Sendungen.

Um geeignete *Patenfirmen* zu werben und an dem Wiederaufbau im Osten zu interessieren, mußten einschlägige deutsche Firmen über die Verhältnisse und Möglichkeiten aufgeklärt werden. Seitens der Industrie mehrten sich die Anfragen nach dem „Wirtschaftssoldaten an der Südfront", um authentisches Informationsmaterial über die wirtschaftlichen Verhältnisse der Ukraine zu erhalten. Eine regelmäßige Belieferung war aber nicht möglich, da diese Zeitschrift nur für den Dienstgebrauch bestimmt war. Für die Werbung und Unterrichtung von zukünftigen Patenfirmen bereitete Abt.Prop. daher „Die wirtschaftlichen Feldpostbriefe von der Südfront“ als Monatsschrift vor. Material lag bereits für 3 bis 4 Nummern vor, die erste Nummer sollte am 15. 9. 1943 erscheinen. Das Vorhaben wurde durch die militärischen Ereignisse überholt.

Im Rahmen des Rückmarsches kam es besonders darauf an, auch die einheimische Bevölkerung, insbesondere Wehr- und Arbeitsfähige, zurückzuführen. Es stand nicht genügend Zeit zur Verfügung, um die entsprechenden Befehle rechtzeitig in jedes Dorf zu bringen. Abt.Prop. wurde zurückgelassen, um durch Flugblätter die Bevölkerung entsprechend anzuweisen. Diese Flugblätter wurden Nacht für Nacht hinter und über der HKL abgeworfen. Die Wirkung zeigte sich darin, daß viele einheimische Treckführer und Rückwanderer diese Flugblätter bei den Verpflegungsstellen als Ausweis vorzeigten.

In diesem Rahmen ist auch die besondere Zeitung für Evakuierte „Brot, Arbeit, Zuflucht“ zu erwähnen, die Abt.Prop. in einem Armeebereich herausbrachte und deren Wirkung sehr günstig war.

Die Truppenbetreuung sollte den Angehörigen der Inspektion Zusammenhalt geben, da ein großer Teil weit verteilt auf einsamen und entlegenen Posten saß. Bei der Inspektion, Abt.Prop., wurde eine Abteilung für Truppenbetreuung errichtet, die einzelnen Wi Kdos setzten Truppenbetreuungsoffiziere ein. Guter Lesestoff wurde beschafft und gerade an die vorgeschobenen Posten verteilt. Von allen möglichen Quellen (Rosenberg-Spende, Propaganda-Ministerium) wurden Bücher, Zeitungen und Zeitschriften besorgt, die den Betreuungsoffizieren der Wi Kdos zur weiteren Verteilung übersandt wurden. Auch Bücher für eine Weiterbildung im eigenen Beruf wurden beschafft. Die Wi Kdos richteten Bücherkisten ein, die im Winter bei den vorgeschobenen La-Führern und Betriebsleitern zirkulieren sollten.

Radiogeräte, Musikinstrumente und Spiele wurden beschafft, Gesangstunden, Spielgruppen und Theatergruppen eingerichtet. Hierfür wurden Noten und Rollenmaterial besorgt.

Baden und Rudern wurde in Zusammenarbeit mit den Kommandanturen sichergestellt. Für die Angehörigen der Inspektion und der Wi Kdos wurde die regelmäßige Belieferung mit guten Filmen vorgenommen und weiter dafür gesorgt, daß KDF-Gruppen und einheimische Spiel- und Tanzgruppen regelmäßig auftraten. In regelmäßigen Abständen wurden Kameradschaftsabende abgehalten. Die Kameradschaftsheime wurden geschmackvoll ausgestattet, eine Bühne errichtet, Radioapparate aufgestellt und die Räume mit Bildern aus der Heimat geschmückt. Ebenso erhielten die Wohn- und Geschäftszimmer Führerbilder und Bilder aus der Heimat.

Wirtschaftliche Räumung

Begriffsabgrenzung

„Räumung" umfaßt hier nicht nur das Wegschaffen, den Abtransport von Wirtschaftsgütern jeder Art, sondern alle Maßnamen, die bei naher Feindbedrohung und im Zuge von Absetzbewegungen durchzuführen waren. Insbesondere waren dies: Auflockerung, Lähmung, Räumung und Zerstörung (ARLZ-Maßnahmen). Welche Maßnahmen zur Anwendung gelangten, richtete sich jeweils nach der militärischen Lage. Grundsatz war: dem Feind dürfen keine Betriebe, Maschinen, Einrichtungen und Bevölkerungsteile in die Hände fallen, die zu einer Stärkung seines Kriegspotentiales beitragen können; alles für die deutsche Kriegsführung, für Truppe, Rüstungsproduktion und Heimat Wichtige und Nützliche ist fortzuschaffen.

Absetzbewegungen ohne Räumung

Die ersten Absetzbewegungen im Winter 1941/42 im Raum vor Moskau (Kalinin-Kaluga), aus Tichwin, Kertsch und Rostow hatten eine wirtschaftliche Räumung nicht mit sich gebracht. Infolge der kurzen Besetzungszeit waren wirtschaftliche Maßnahmen jedenfalls insoweit noch nicht angelaufen, als es sich um Ingangsetzung von Betrieben aller Art, Erfassung der arbeitsfähigen Bevölkerung usw. handelte. Diese Gebiete waren noch nicht als „eigener" Wirtschaftsraum empfunden worden, waren vielmehr nur vorgeschobene Stützpunkte unserer Angriffsfront. Man hatte zwar verschiedentlich wertvolles Beutegut vorgefunden und z.T auch erfaßt, dessen versuchte Räumung an dem mangelnden Transportraum scheiterte. Insgesamt gesehen, waren die kleinen Absetzbewegungen wirtschaftlich von so geringer Bedeutung und wurden derart als vorübergehend angesehen, daß keine Veranlassung vorlag, sich ernstlich für die Zukunft mit Räumungsfragen zu befassen.

Räumungen im Kaukasus- und Dongebiet

Die ersten *Räumungsaktionen* begannen mit den Absetzbewegungen im Februar 1943 aus dem Kaukasus und Dongebiet. Hier handelte es sich um Gebiete, die durchweg bereits 6 Monate in unserer Hand gewesen waren. Der wirtschaftliche Ausbau und die Ausnutzung waren so energisch vorangetrieben worden, daß diese Gebiete bereits sehr wertvolle neue, eigene Wirtschaftsräume darstellten. Geistig war man bis in den Januar hinein auf die Möglichkeit einer Räumung dieser Gebiete nicht eingestellt gewesen, vorausplanende organisatorische und technische Räumungsvorbereitungen waren nicht getroffen worden.

Als dann aber die Notwendigkeit der Räumung ernstlich in den Vordergrund trat, stand immerhin noch soviel Zeit zur Verfügung, daß die örtlichen Wi-Dienststellen noch gewisse Räumungsvorbereitungen treffen konnten. Allerdings war das Problem der wirtschaftlichen Räumung damals noch nicht in dem Umfang erkannt worden wie später. Zwar war es einfachste Überlegung, dem Feind wieder aufgebaute Betriebe, organisatorische Einrichtungen usw. nicht zum ungestörten Weiterbetrieb in die Hände fallen zu lassen. Dagegen war die Rückführung zum eigenen Nutzen noch nicht erkannt. Hier dachte man nur an Maschinen aller Art, Erdölbohrgeräte usw., die von uns *neu* in diese Gebiete verbracht worden waren. Über den Wert der Bevölkerung in eigener oder in Feindeshand hatte man sich noch kein Bild machen können. Bei dieser Absetzbewegung dachte man daher in keiner Weise an Zwang in Form von Massenevakuierungen, sondern nur an die Mitnahme solcher Arbeitskräfte, die freiwillig mitgehen wollten.

Die von den Wi In'en Süd und Kaukasus gesteuerte Verlegung der Dienststellen selbst vollzog sich geordnet und planmäßig. Dagegen gelang die Rückführung von Wirtschafts-Gütern und Arbeitskräften auch nicht in dem beschränkten Umfang, an den man gedacht hatte. Mangel an Transportraum, fehlende Zusammenarbeit der Truppe mit den Wi-Dienststellen und Unklarheiten über Befehlsbefugnisse und Verantwortlichkeiten wirkten sich ungünstig aus.

Auf dem landwirtschaftlichen Sektor konnten nur Zuchtvieh, Ölsaaten und sonstiges Saatgut abtransportiert werden. Nahrungsmittelvorräte und Schlachtvieh wurden bis zur Grenze der Aufnahmemöglichkeit an die Truppe abgegeben, restliche Bestände vernichtet. Die ernährungswirtschaftlichen Betriebe mußten durchweg bis zum letzten Augenblick für die Truppe arbeiten, im Großen gesehen mußte man sich darauf beschränken, diese Betriebe durch Sprengung und Feuer zu zerstören.

Auf dem Gebiet der Forst- und Holzwirtschaft gelang es, insbesondere eine größere Anzahl Forstbeamte aus dem Kaukasusgebiet zurückzuführen. Aus den Sägewerken konnten nur wenige Gatter zurückgeführt werden, im übrigen wurden die Betriebe durch Sprengung und Feuer zerstört.

Auf dem gewerblichen Sektor wurden Fertigfabrikate im wesentlichen an die Truppe ausgegeben. Bei Maschinen mußte der Abtransport auf solche beschränkt werden, die aus dem Reich nachgeschoben worden waren. Für die wirtschaftliche Räumung der Industriestadt Rostow z.B. stand Eisenbahntransportraum überhaupt nicht zur Verfügung. Die wenigen Wi-Güter, deren Abtransport gelang, wurden auf eigenem Lkw-Raum der Wi-Dienststellen verladen. Sehr sorgfältig konnten dagegen die Zerstörungsmaßnahmen durchgeführt werden. Die Wi Kdos stellten genaue Listen her, welche Betriebe für die Zerstörung infrage kamen, und legten für jeden Betrieb genau fest, was im einzelnen zu zerstören war und auf welche Art es geschehen sollte. Die durchgeführten Zerstörungen wurden von den Wi-Dienststellen kontrolliert und gemeldet.

Bei der Menschenrückführung kamen nur Arbeitskräfte in Betracht, die in Betrieben eingesetzt waren und freiwillig mitgehen wollten. Etwa ⅓ meldeten sich zunächst freiwillig, jedoch gingen schließlich nur ca. 10% hiervon mit (vgl. hierzu „Evakuierung ganzer Bevölkerungsteile" S. 325). Rund 100 000 Menschen wurden durch Wi-Dienststellen in Marsch gesetzt, etwa 50 000 setzten sich aus Angst selbst in Bewegung. Davon gingen ca. 50 000 unterwegs, insbesondere in der Taurischen Steppe durch Verlassen der Trecks verloren.

Räumungen östlich des Dnjepr und der Pantherlinie

Die Absetzbewegungen im Winter 1942/43 hatten bewiesen, daß eine wirklich großzügige Räumung nur dann möglich war, wenn sie rechtzeitig und planmäßig vorbereitet wurde. Obwohl die Stabilisierung der Front im Frühjahr und Frühsommer 1943 ein Gefühl steigender Sicherheit hat aufkommen lassen, zog der Wi Stab Ost mit seinen unterstellten Organen doch die Konsequenzen aus den Räumungserfahrungen des Winters 1942/43. Folgende Verfügungen wurden durch Wi Stab Ost erlassen:

Am 21. 2. 1943 ein Merkblatt über Räumungs-, Lähmungs- und Zerstörungsaufgaben für Wi-Dienststellen (Anl. 75);

am 5. 8. 1943 eine „Räumungsordnung" (Anl. 76);

am 12. 9. 1943 Durchführungsbestimmungen zu einem Erlaß des Reichsmarschalls vom 7. 9. 1943 über Auflockerung und Maßnahmen zur Räumung und Zerstörung (Anl. 77)[298].

Hierin wurden die Begriffe Auflockerung, Räumung, Lähmung und Zerstörung bestimmt. Befehlsbefugnisse, Verantwortlichkeiten und Unterstellung wurden festgelegt. Als vorbereitende Maßnahmen wurde die Erstellung von Räumungskalendern, Räumungsplänen, Transportplänen, Lähmungs- und Zerstörungsplänen befohlen. Für die Durchführung der Räumung wurden organisatorische Maßnahmen befohlen (Reihenfolge der stillzulegenden Betriebe, Anweisung für die zu lähmenden Betriebe und Einweisung der Pioniere in die zu zerstörenden Objekte, Einteilung der Bevölkerung in zunächst verbleibende und sofort abzutransportierende Arbeitskräfte, Transportmittel, Rückführungswege, Übernahmestellen, Bergungsräume, Transportrichtlinien mit Dringlichkeitsstufen, Dringlichkeitsstufen für Zerstörungen, Liste der Engpaßmaschinen usw.).

Entsprechend diesen Anweisungen wurden in sämtlichen Gebieten von allen Wi-Dienststellen sorgfältige Vorbereitungen für eventuell notwendige Räumungen getroffen. Die erneuten Absetzbewegungen vom Sommer bis Ende 1943 trafen daher die Wi In'en Süd, Mitte und Nord nicht unvorbereitet.

Im Bereich der Wi In Süd wurde zunächst die Räumung des Donezgebietes erforderlich. Die im August im Raum von Charkow beginnenden Absetzbewegungen ergriffen sehr schnell das gesamte Donezgebiet. Am 30. 9. hatte der Feind den Dnjepr zwischen der Einmündung des Teterew und Saporoshje erreicht. Infolge der sorgfältigen Vorbereitungen hätte die Räumung des Donezgebietes an sich programmäßig nach den Räumungskalendern ablaufen können, jedoch konnte die Planung der Wi In Süd aus den verschiedensten Gründen nur in Ausnahmefällen verwirklicht werden. Der Räunungsbefehl wurde durch die H.Gr. so spät gegeben, daß eine vollständige Räumung schon aus Zeitmangel undurchführbar war. In vielen Fällen mangelte es an Waggons und Loks. Besonders nachteilig wirkte sich aus,

---

[298]) Eine modifizierte Fassung dieser Anordnungen wurde vom Chef Wi Stab Ost am 1. 6. 1944 erlassen, abgedr. in Deutsche Besatzungspolitik, Nr. 164. Eine weitere Klarstellung der Verantwortlichkeiten durch Weisung Chef OKW vom 6. 9. 1944, abgedr. ebd. Nr. 409. Die konsequente Fortsetzung dieser Politik der „Verbrannten Erde" endete in Deutschland selbst mit Hitlers berüchtigten „Nero"-Befehl vom 19. 3. 1945; dazu Müller, Hitler wollte aus Deutschland eine Wüste machen.

daß infolge Zeitnot die Versorgungseinrichtungen der Truppe (Reparaturwerkstätten, ZEL, AVL, ABL usw.) gleichzeitig geräumt wurden und diese Räumungen den Vorrang vor den wirtschaftlichen hatten. An zahlreichen Stellen befahlen die Kampfkommandanten die Evakuierung der gesamten Bevölkerung noch während die wirtschaftlichen Verladungen liefen, so daß plötzlich die nötigsten Hilfskräfte fehlten.

Bei der Bewertung der Räumungsarbeiten muß der Satz vorangestellt werden: der Umfang aller abzutransportierenden Wi-Güter entsprach der für die Räumung zur Verfügung stehenden Zeit. Die Zeitnot war der Machtfaktor allen Geschehens auf diesem Gebiet. Berechnungen der Wi-Dienststellen hatten übereinstimmend ergeben, daß für die planmäßige Durchführung einer vollständigen wirtschaftlichen Räumung größerer Zonen mindestens 3 Monate Zeit erforderlich seien. Darauf waren die durchaus sorgfältigen Planungen abgestellt. Was aber nach Plänen in Monaten und Wochen durchgeführt werden sollte, mußte praktisch jeweils in knapp 10 Tagen geschehen, zuweilen standen sogar nur 2 bis 3 Stunden vom Eintreffen des Räumungs- und Zerstörungsbefehls bis zum Abrücken zur Verfügung. Im Ganzen gesehen konnten die Planungen zwar nicht annähernd durchgeführt werden, immerhin blieb aber meist noch soviel Zeit, um beachtliche Räumungen durchführen zu können. Im Anschluß an das Donezgebiet wurde die Räumung der Dnjeprlinie (Dnjepropetrowsk, Saporoshje, Kamenskoje, Kiew) erforderlich[299]. Auf Grund der Erfahrungen bei der Räumung des Donezgebiets waren hier die Maßnahmen so getroffen worden, daß die von den militärischen Stellen zunächst befohlene Auflockerung auf wirtschaftlichem Gebiet bereits so angelegt wurde, daß der jeweils einige Tage später ergangene Räumungsbefehl praktisch schon in der Durchführung begriffen war. Da auch mehr Transportraum zur Verfügung stand, konnte hier ein umfangreicherer Abtransport erfolgen.

Trotz aller Zeitnot und aller Schwierigkeiten gelang es durch den sorgfältig gesteuerten, restlosen Einsatz aller Wi-Dienststellen aus dem Donezgebiet auf das Westufer des Dnjepr zu bergen:

Menschen	375 000
Getreide	267 767 to
Pferde	209 174 Stück
Rinder	279 344 Stück
Schweine	18 747 Stück
Schafe	363 016 Stück
Panjewagen	93 029 Stück
Traktoren	802 Stück
Lkw	822 Stück
Energiebetriebe	598 Waggons
Bergbau	447 Waggons
Eisenindustrie	3 908 Waggons
Chemische Industrie	593 Waggons
Textilindustrie	392 Waggons
Papierindustrie	119 Waggons

299) Zu den Verhältnissen in Kiev s. die Schilderung in den Aufzeichnungen Grützners, hinten S. 637.

Industrie Steine und Erden	439 Waggons
Lederindustrie	443 Waggons
Holzverarbeitende Industrie	202 Waggons
Tabakindustrie	393 Waggons
Zentralläger	77 Waggons
Mineralölläger	150 Waggons
Altmaterialläger	25 Waggons
Banken	5 Waggons
	7 791 Waggons

Die vorstehende Aufstellung stellt nicht etwa das gesamte Räumungsergebnis dar. Auch z.B. die FH-Dienststellen haben Gatter, Sägewerkseinrichtungen, Holzbearbeitungsmaschinen, Werkzeuge usw. geborgen. Der vorstehende Überblick soll nur den Umfang der geborgenen wesentlichen Wi-Güter umreißen (Einzelheiten vgl. „Die wirtschaftliche Räumung des Donezgebiets" Anl. 78).

Die vorstehenden Zahlen zeigen die auf dem Westufer des Dnjepr *erfaßten* Güter. An den Verladestationen bereitgestellt oder auf den Weg gebracht wurden von den Wi-Dienststellen noch erheblich mehr, die aber aus den verschiedensten Gründen nicht angekommen sind, bzw. rückwärtig nicht erfaßt werden konnten.

An Bahnstationen bereitgestellte Wi-Güter konnten nicht verladen werden, da es an Waggons fehlte. Bereits verladene Güter konnten nicht abtransportiert werden, weil keine Loks vorhanden waren. Zur Ausfahrt bereite Züge konnten nicht mehr abgehen, da Gleise zu frühzeitig gesprengt wurden oder der Feind inzwischen eingedrungen war. Unterwegs befindliche Züge mußten wegen Sprengung bzw. Unterbrechung der Bahngleise liegenbleiben. Vielfach konnten Waggons mit Wi-Gütern aus Zeitnot nur ohne Frachtpapiere und nicht ordnungsgemäß beschriftet gefahren werden, so daß sie wahllos in R-Zügen in rückwärtige Gebiete oder ins Reich rollten. So wurden z.B.

	ostwärts des Dnjepr in Bewegung gesetzt	davon überschritten den Dnjepr
Pferde	229 000	209 000
Rinder	375 000	279 000
Schweine	39 000	19 000
Getreide	307 000	268 000

	aus Ukraine in Bewegung gesetzt	in Transnistrien angekommen	in Bessarabien am Dnjestr angekommen
Rinder	84 861	63 638	44 949
Schafe	231 553	194 147	85 952

Im August 1943 wurden im Bereich der

RVD Dnjepro	6 803 Waggons
Kiew	10 921 Waggons
Minsk	2 585 Waggons
Riga	2 518 Waggons
	22 827 Waggons

mit Räumungsgütern der *gewerblichen Wirtschaft* auf den Weg gebracht. Hiervon wurden auf 8 Auffangbahnhöfen herrenlos aufgefangen

9 271 Waggons.

Da der Abtransport von anderen (z.B. rein militärischen, OT-, Reichsbahn- usw.) Gütern ähnlich verlief, wurden durch die Wehrmachtstransportleitungen Auffangbahnhöfe bestimmt, an denen „Richard-Kommissionen" (Räumungskommissionen) gebildet wurden. Sachverständige Beauftragte des Wi Stabs Ost wurden in diese Kommissionen abgestellt und leiteten herrenlose Wi-Güter an bestimmte Auffangläger und Firmen im Reich[300]).

Besondere Vorbereitungen waren auch für eine großzügige Rückführung der Bevölkerung getroffen. Die Maßnahmen wurden durch Befehle der Armeen unterstützt, die militärischen Ereignisse verhinderten jedoch auch hier die Auflockerung und Räumung in dem geplanten Umfang. Auffangstellen wurden errichtet, Treckstraßen mit Leitstellen festgelegt, an Brücken und Fähren Sonderkommandos abgestellt und Erfassungskommandos in den Auffangräumen eingesetzt. Wenn die Durchführung nicht in dem geplanten Umfang gelang, so lag dies einmal an dem schnellen Nachrücken des Feindes, andererseits an der Einstellung der Bevölkerung, die den Evakuierungsbefehlen freiwillig nicht Folge leistete. In Marsch gesetzt wurden

520 500 Personen,

von denen 375 000 auf dem Westufer des Dnjepr angekommen sind und erfaßt werden konnten (Einzelheiten vgl. „Evakuierung ganzer Bevölkerungsteile" S. 325).

Soweit Abtransport nicht möglich war, sollten Werke, Anlagen, Einrichtungen, Läger und Vorräte nachhaltig zerstört werden. Aber auch die Durchführung dieser Maßnahmen gelang infolge Zeitnot nicht in vollem Umfang. Teilweise fehlte es auch an genügendem Sprengmaterial oder auch an Sprengkommandos. Ganz besonderes Augenmerk wurde auf die völlige Zersörung der Elektrizitätswerke und Energieversorgung gerichtet, um dem Feind diese wesentliche Grundlage für nahezu jede wirtschaftliche Betätigung zu entziehen. Hier gelang die Zerstörung durchweg planmäßig. Im großen gesehen kann gesagt werden, daß Energie- und Wasserversorgung, gewerbliche, Bergbau-, ernährungswirtschaftliche Vorräte usw. zerstört wurden. Für verschiedene Betriebe in Taganrog und Amwrosiewka kamen die Zerstörungsbefehle zu spät. Die Zerstörungen wurden so durchgeführt, daß in den weitaus meisten Fällen ein Neuaufbau weniger Arbeit erfordert hätte, als die Instandsetzung der vernichteten Betriebe. Die sowjetrussische Kriegswirtschaft konn-

---

[300]) Sie wurden erfaßt durch den „Beauftragten für die Verwertung der aus dem Osten zurückgeführten Wirtschaftsgüter", Dr.Ing. Erich Kemma, der gemeinsam von Funk und Speer eingesetzt worden war; s. Erlaß vom 15. 3. 1944, BA-MA, RW 31/212. Die Verwertung selbst sollte durch die Ostgesellschaften erfolgen und der Erlös, soweit es sich nicht um Privatbesitz handelte, treuhänderisch für das Reich verwaltet werden; s. Richtlinien des Abwicklungsstabes vom 15. 11. 1943, BA-MA, RW 31/204. Bei der Steuerung der Räumungsgüter traten immer wieder Rivalitäten auf; s. Vermerk über die Besprechung beim Vierjahresplan am 30. 8. 1944, und Erlaß Görings vom 17. 8. 1944, ebd. Am Ende ließ Himmler als neuernannter Chef der Heeresrüstung alle Warenbestände für die Dekkung des dringenden Truppenbedarfs beschlagnahmen; s. Schnellbrief des Reichswirtschaftsministers vom 22. 9. 1944, ebd. Weitere Unterlagen über die Auseinandersetzungen um die Festsetzung von Preisen in BA, R 7 X/4159.

te jedenfalls durch die Inbesitznahme der aufgegebenen Gebiete auf lange Zeit hinaus keine Stärkung ihres Rüstungspotentials erhoffen.

Die Absetz- und Räumungsbewegungen im Gebiet der *Wi In Mitte* begannen im Orelbogen. Im Anschluß daran wurde die Räumung des Gebietes bis zur Desna-Wolwa-Stellung einschließlich der Städte Brjansk und Ordchonikidsegrad befohlen. Beide Räumungsbewegungen waren kalendermäßig bis in alle Einzelheiten mit Zeitfolge und Dringlichkeitsstufen festgelegt und liefen planmäßig ab. Transportraum und Verladepersonal konnte in ausreichendem Umfang gestellt werden. Die Räumung des Orelbogens begann am 12. 7. und war am 14. 8. 1943 beendet, die anschließende Räumung des Gebietes bis zur Desna-Wolwa-Stellung dauerte bis zum 11. 9. 1943. Sämtliche Rohstoffe, landwirtschaftliche Erzeugnisse, gewerbliche Maschinen usw. wurden abtransportiert. Betriebe, Staatsgüter, nichtgedroschene Getreidevorräte usw. wurden vor dem Abzug der Truppe nachhaltig zerstört.

Die Erfolge dieser Räumungsbewegungen ließen für die anschließende Räumung des Gebietes bis zum Dnjepr beträchtliche Ergebnisse erhoffen. Diese Erwartung hat sich jedoch in keiner Weise erfüllt. Der Mißerfolg aller geplanten Räumungsarbeiten war in erster Linie auf die nunmehr einsetzende außerordentliche Beschleunigung der Absetzbewegungen zurückzuführen, die jede planvolle Zurückführung von Menschen und Gütern illusorisch machte. Bereits am 13. 9. wurde die beschleunigte Räumung des östlichen Streifens und die Vorbereitung der Räumung der mittleren Teile der Armeegebiete befohlen. Nachdem hier die R-Maßnahmen gerade angelaufen waren, erzwang die militärische Entwicklung bereits am 16. 9. den Räumungsbefehl für das Gesamtgebiet bis zum Dnjepr.

Da der vorhandene Transportraum für die Truppe benötigt wurde, konnten für Wi-Güter nur gelegentlich Waggons und Lkw's bereitgestellt werden. Im wesentlichen mußten sich die Wi-Dienststellen auf das beschränken, was die in Marsch gesetzten Trecks mit sich führen konnten. Eine Räumung von Gütern und eine Evakuierung von Menschen abseits der Treckstraßen war wegen der Tätigkeit der Banden ausgeschlossen. Ein großer Teil der aufgegebenen Gebiete schied damit für eine Räumung von vornherein überhaupt aus. Unter diesen Umständen befahl die H.Gr. Mitte am 17. 9. 1943, daß die wirtschaftliche Räumung sich auf die wehr- und arbeitsfähigen Menschen mit Familie und Vieh beschränken sollte.

Im Bereich der Wi In Mitte wurden bis zur Pantherstellung in Marsch gesetzt 535 000 Menschen.

Die Pantherlinie erreicht haben und dort erfaßt wurden 417 000. Bis Ende 1943 wurden

in Marsch gesetzt	885 000
erfaßt	541 000.

Auf dem La-Sektor wurden bis 31. 10. 1943 zurückgeführt und geborgen:

Getreide	28 400 to
Futter	1 750 to
Heu und Stroh	800 to
Pferde	7 600 Stück
Rinder	28 160 Stück
Schweine	4 216 Stück
Schafe	13 169 Stück.

Außerdem 380 Waggons mit landwirtschaftlichen Maschinen und Geräten. Das Zuchtvieh war schon vor Beginn der R-Maßnahmen abtransportiert worden.

Durch FH-Dienststellen wurden 120 Waggons mit Lokomobilen und Gattern geborgen. 3 Sägewerke, 1 Sperrholzwerk und 1 Tischlerei wurden in rückwärtige Gebiete verlegt, 3 Sägewerke und 1 Hobelwerk zurückgeführt, ohne wieder eingesetzt zu werden.

Auf dem gewerblichen Sektor wurden geborgen:

28 Torfwerke mit Spezialarbeitskräften
1 Kraftwerk vollständig
3 Turbosätze mit zusammen 9 000 kWh
320 Waggons Maschinen und Geräte der eisenverarbeitenden Industrie
1 100 to Textilien, Wolle, Flachs, Hanf der Tuchindustrie.

Außerdem Maschinen, Apparaturen und Anlagen der chemischen Industrie. Ganz zurückgeführt wurden:

1 Kautschukfabrik
1 Holzspritwerk
1 Sauerstoff- und Acethylenwerk
1 Knochenextraktionsanlage.

Auch im Bereich der H.Gr. Mitte sind wesentlich mehr Wi-Güter auf den Weg gebracht worden, als rückwärtig angekommen sind und erfaßt werden konnten. Die Gründe waren die gleichen, wie sie für das Donezgebiet dargestellt sind, hinzu kamen hier noch die Einwirkungen der Banden. Die Zerstörung der Elektrizitäts-Werke, Betriebe aller Art, Läger und Vorräte wurde planmäßig durchgeführt[301]). Nicht völlig gelangen die Zerstörungen zwischen Desna-Wolwa-Stellung und Dnjepr, da sich hier die militärischen Ereignisse überstürzten.

Im Bereich der *Wi In Nord* wurde anfangs September 1943 mit der Auflockerung und Rückführung der wichtigsten Wirtschaftsgüter begonnen. Die vorher auf Grund der Räumungsanweisungen des Wi Stabs Ost vorbereiteten Maßnahmen konnten ohne Unterbrechung bis anfangs Dezember 1943 durchgeführt werden. Zu Beginn der Maßnahmen aufgetretene Transportschwierigkeiten wurden durch einen besonderen Räumungsstab beseitigt. Unter Zugrundelegung von Dringlichkeitsstufen wurden ins Ostland (zum geringen Teil ins Reich) verlagert: Zuchtvieh, Getreide, landwirtschaftliche Maschinen, gewerbliche Maschinen, im Aufbau befindliche Werkstätten und Betriebe, Fertigwaren, Halbfabrikate und Rohstoffe. Anschließend erfolgte die Verladung der nicht mehr dringend erforderlichen Betriebe ins Ostland, z.T. mit dazugehörigen Arbeitskräften und deren Familien.

Die Evakuierung der Zivilbevölkerung stieß jedoch auf große Schwierigkeiten. Die wehr- und arbeitsfähigen Kräfte, auf die allein man Wert legte, kamen ohne ihre Familienmitglieder nicht freiwillig mit. Oft gehörten die Familienmitglieder verschiedenen Gruppen an und durften nicht auseinandergerissen werden, wenn sie freiwillig mitgehen sollten. Die gleichzeitig vorgesehenen Evakuierungstrecks mußten in bandenverseuchten Gebieten eingestellt werden. Trecks wurden angegriffen und auseinandergetrieben, die Bevölkerung flüchtete in die Wälder und kam nicht wieder zum Vorschein. Der in Frontnähe wohnende Teil (besonders Finnen) ließ

---

[301]) Als Beispiel für einen solchen Zerstörungskalender s. Auszug für die Stadt Glebokie, abgedr. in Deutsche Besatzungspolitik, Nr. 163.

sich willig abtransportieren, während in rückwärtigen, bandengefährdeten Gebieten häufig zu Zwangsmaßnahmen gegriffen werden mußte. Die Evakuierten wurden beim Panther-Bau eingesetzt, z.T. ins Ostland und z.T. ins Reich befördert.

Die im Reich in Auftrag gegebenen Maschinen, Werkzeuge usw. wurden abbestellt oder nach Empfangsstationen im Ostland umgeleitet. Die Rückführungsgüter wurden in einem in Libau eingerichteten Nachschublager aufgefangen, außerdem wurden in Riga, Mitau, Kauen und Schaulen größere Auffangläger eingerichtet. Die zurückgeführten Werkstätten und Betriebe mit ihren Arbeitskräften wurden den im Ostland bestehenden größeren Werken angeschlossen.

Nachdem Ende Dezember 1943 die Wirtschaft im Gebiet Nord unter Heranholung mancher zurückgeführter Güter teilweise wieder neu aufgebaut worden war, erforderte die militärische Lage alsbald die völlige Räumung. Auch diese gelang wieder durchweg, wo dies nicht immer möglich war, wurden Bestände und Betriebsanlagen durch Feuer oder Sprengung nachhaltig zerstört.

Die Textilfabriken in Narwa konnten nur unter ständigen Feindeinwirkungen geräumt werden und wurden vor Aufgabe der Stadt gründlich zerstört. Teile des Brennschieferwerkes Kiviöli konnten infolge Landung feindlicher Truppen nur gelähmt werden, jedoch derart, daß der Feind die Anlagen jedenfalls innerhalb Jahresfrist nicht wieder betreiben konnte. Wertvolle Sägegatter wurden rechtzeitig zurückgeführt, während solche, die der Truppe bis zum Abrücken dienten, der Zerstörung anheim fielen. Rund- und Schnitthölzer wurden soweit möglich dem Hö Pi Fü zugeführt. In großem Umfang mußten geschlagene Bestände wegen Mangel an Arbeitskräften und Transportraum liegengelassen werden.

Im Bereich der H.Gr. Nord wurden geborgen

225 394 Menschen
12 000 Waggons Wi-Güter aller Art
darunter 8 000 Waggons La-Güter.

Zerstörungen wurden durchweg überall planmäßig durchgeführt. Im großen und ganzen gesehen ist die Räumung im Bereich der Wi In Nord als völlig durchgeführt zu bezeichnen[302]).

Räumungen im ersten Vierteljahr 1944

Bei den anfangs 1944 erneut einsetzenden Absetzbewegungen traten die Räumungsfragen wieder in ganz anderer Form auf. Hier handelte es sich durchweg um Gebiete der Zivilverwaltung, die weder geistig noch organisatorisch auf derartige Aufgaben vorbereitet war. Vorbereitungen waren nicht getroffen und es stand durchweg auch keinerlei Zeit zur Verfügung, solche zu treffen.

Bei diesen Räumungen mußte sich der Wi Stab Ost darauf beschränken, die großen Erfahrungen seiner noch im Osten befindlichen Dienststellen zur Verfügung zu stellen. Sowohl Räumungspläne als auch die einzelnen Räumungsbefehle der Zivilverwaltung wurden durchweg von den Wi-Dienststellen aufgestellt bzw.

---

[302]) Eine Aufstellung über das gesamte Räumungsergebnis bei der Wi In Nord bis Oktober 1944 findet sich in BA-MA, RW 31/597.

entworfen. Fachkräfte, insbesondere La-Führer wurden den zivilen Dienststellen für die anfallenden Räumungsaufgaben zur Verfügung gestellt. Durch die enge Verbindung der Wi-Dienststellen mit den H.Gr. und Armeen wurden entsprechende Befehle erwirkt, daß die Truppe alle Räumungsmaßnahmen der Zivilverwaltung zu unterstützen hatte[303]).

Als eine Hauptaufgabe ergab sich bei diesen Absetzbewegungen die beschleunigte Auskämmung der einheimischen Bevölkerung für den Reichseinsatz, insbesondere die Erfassung der Wehrfähigen. Für diese, vielfach sehr schnell und unter unmittelbarer Feindeinwirkung durchzuführenden Aufgaben wurden besondere „Einsatzkommandos" Arbeit und BB eingesetzt, die sehr beweglich waren und in engster Verbindung mit den Divisionen und Armeen diese Maßnahmen erfolgreich durchführten. Einzelheiten über die Durchführung sind in den Abschnitten „Evakuierung ganzer Bevölkerungsteile" (vgl. S. 325) und „Betreuung der Evakuierten" (vgl. S. 339) dargestellt. Auf sie kann verwiesen werden. Im ersten Vierteljahr 1944 konnten so zurückgeführt werden:

Aus dem Südraum:	420 000	Menschen
Bereich H.Gr. Mitte:	95 000	Wehr- und Arbeitsfähige (zu Zada-Aktion, spätere Rückführung gelang nur vereinzelt)
Bereich H.Gr. Nord:	237 000	Menschen.

Erfassung und Verwertung im Reich

Zur Erfassung und Verwertung der aus den Ostgebieten in das Reich zurückgeführten Wi-Güter wurde durch Erlaß des Reichsmarschalls (V.P.) vom 5. 4. 1944 beim Wi Stab Ost eine „Meldestelle für Räumungsgüter" geschaffen (vgl. Anl. 80). Durch diese Stelle wurden bis zum 30. 12. 1944 *unter anderem* folgende Wi-Güter im Reich erfaßt:

2 656	Waggons landwirtschaftliche Maschinen aller Art
1 740	Waggons Müllereimaschinen
67	Waggons der Getränkewirtschaft
423	Waggons des Gartenbausektors
622	Waggons des Milch- und Fettsektors
1 018	Waggons allgemeine La-Räumungsgüter
rd. 16 000	Waggons Getreide, Ölsaaten und sonstige Saaten.

Sonstige Räumungsgüter:

1. Erfassungsaktion 20. 8. 1943 bis 17. 6. 1944:

	39 572	Waggons (einschließlich Güter von Heer, Luftwaffe, OT, Reichsbahn)
davon	8 542	Waggons Wi-Güter

---

303) Chaotische Verhältnisse entwickelten sich um die Jahresmitte vor allem im Bereich der Heeresgruppe Mitte, deren unerwartet rascher Zusammenbruch eine „geordnete" Räumung verhinderte. Zu den Ergebnissen s. Bericht des He Wi Fü vom 4. 8. 1944, abgedr. ebd. Nr. 168 f. und als Beispiel für die Verhältnisse in der Stadt Wilna den Abschlußbericht des örtlichen Wirtschaftskommandos 22, ebd. Nr. 167.

(Einzelheiten vgl. Anl. 81).

2. Erfassungsaktion 12. 6. bis 30. 12. 1944:

92 948 Waggons (einschließlich Güter von Heer, Luftwaffe, OT, Reichsbahn)

davon 19 980 Waggons Wi-Güter

und 488 Schiffe mit 60 205 to R-Gütern

(Einzelheiten vgl. Anl. 82).

Insgesamt wurden also durch diese Meldestelle für Räumungsgüter erfaßt:

132 520 Waggons R-Güter aller Art

davon 28 522 Waggons Wi-Güter

und 60 205 to in 488 Schiffen.

Die Zahl von 132 520 Waggons stellt aber nur *herrenloses Gut* dar, d.h. solches, das an den Auffangbahnhöfen ohne Frachtpapiere, ohne Angabe von Absender und Empfänger ankam. Ganze Züge und einzelne Waggons mit ursprünglichen Versandpapieren sind ohne Eingreifen der auf den Auffangbahnhöfen eingesetzten Richard-Kommissionen ordnungsgemäß an die Empfänger weitergelaufen[304]). Die Zahl der von diesen Kommissionen erfaßten und der Meldestelle für Räumungsgüter angezeigten Waggons gibt also nur einen Teil der tatsächlichen Räumungsergebnisse wieder (schätzungsweise 50%). Hinzugezählt werden müßten die direkt gelaufenen und die durch Feindeinwirkung oder Beraubung verlorengegangenen Waggons bzw. Güter.

[304]) Allerdings nicht ohne vorherige Verzollung. Immerhin zeigte sich der Reichsfinanzminister bereit, das Verfahren zu vereinfachen, die Waren nach Augenschein begutachten und schätzen zu lassen. An Stelle des tarifmäßigen Zollsatzes wurde ein Durchschnittszollsatz von 7,– RM je dz erhoben; s. Erlaß vom 4. 2. 1944, BA-MA, RW 31/155. Auch im Untergang drehte sich also das Räderwerk deutscher „Ordnung“ und Bürokratie.

III. Anlagen

1. Anlagenverzeichnis

2. Anlagen

Anlage 1: Denkschrift des Chefs Wehrwirtschafts- und Rüstungsamt im OKW vom 13. 2. 1941 über „Die wehrwirtschaftlichen Auswirkungen einer Operation im Osten"

Wehrwirtschafts- und Rüstungsamt
Nr. 10/41 gKdos/Chef-Sache

Berlin, den 13. 2. 1941
55 Ausfertigungen

Chef-Sache
Nur durch Offizier!

Wehrwirtschafts- und Rüstungsamt 13. 2. 1941

Die wehrwirtschaftlichen Auswirkungen einer Operation im Osten.

A. *Der voraussichtliche wehrwirtschaftliche Gewinn einer Besetzung des europäischen Teils der UdSSR (ohne Uralgebiete und ohne Kaukasus.)*

I. *Landwirtschaft.*

a) *Getreide*

Der Ertrag der gesamtrussischen Getreideernte ist außerordentlich großen Schwankungen unterworfen und bewegt sich auf den Halm geschätzt zwischen 80 und 110 Mill. to. Im Jahre 1937 betrug die Gesamternte rd. 110 Mill. to. An ihr war das europäische Rußland *(ohne neuerworbene und Uralgebiete*[1]) bei einer Bevölkerung von rd. 130 Mill. (rd. 76% der Gesamtbevölkerung der UdSSR) im ganzen mit rd. 77 Mill. to = 71%,
bei Roggen mit 22 Mill. to = 83%,
bei Weizen mit 26 Mill. to = 63%,
bei Hirse, Buchweizen und Mais mit 7 Mill. to = 83%,
bei Brotgetreide insgesamt mit 56 Mill. to = 77%,
bei Hafer mit 13 Mill. to = 64%,
bei Gerste mit 7 Mill. to = 80%
beteiligt.

Die Hauptanbaugebiete des europäischen Rußlands sind bei Weizen die Ukraine, das Gebiet der mittleren Wolga und das Schwarzmeergebiet, bei Roggen in erster Linie Zentralrußland, dann Ukraine, Wolga und der Norden, bei Gerste die Ukraine und bei Hafer Zentralrußland und die Ukraine.

[1]) In die Uralgebiete sind hier alle ostwärts der Linie Wolga – Archangelsk liegenden europäischen Gebiete einbezogen.

Größere Überschüsse liefern die *Ukraine und das Gebiet der mittleren Wolga*, während die an sich großen Erträge Zentralrußlands bei Durchschnittsernten knapp für die Ernährung der eigenen, verhältnismäßig dichten Bevölkerung ausreichen. Der Norden und Nordwesten Rußlands sind ausgesprochene Mangelgebiete.

Unterlagen über Gesamtverbrauch und Überschüsse sind nicht vorhanden. Die Überschüsse lassen sich jedoch durch folgende Überlegungen einigermaßen bestimmen:

1.) Die UdSSR hat in den Jahren 1932, 33, 35, 37 und 38 durchschnittlich je Jahr rd. *1 Mill. to Brotgetreide* und *4–600 000 to Futtergetreide* ausgeführt.

    Diese Ausfuhren wurden nach oben nie wesentlich überschritten.

    Beim Abschluß des deutsch-russischen Lieferabkommens für 1941 wurde von russischer Seite ausdrücklich betont, daß die Abgabe von 2½ Mill. to Getreide nur möglich sei, wenn die nationale Getreide*reserve* angegriffen werde.

    Die Ausfuhren der Jahre 1932–38 stellen demnach anscheinend das Höchstmaß an Überschüssen der *gesamten* UdSSR dar, die für Ausfuhrzwecke freigemacht werden konnten.

2.) Die außergewöhnlich großen Ertragsschwankungen (auf dem Halm 80 : 100 Mill. to) lassen darauf schließen, daß zum Ausgleich schlechter Ernten *verhältnismäßig große Reserven* vorhanden sein müssen. Ihre Bildung ist möglich, da bei guten Ernten die Überschüsse bis zu 10 Mill. to betragen können.

    Die Fassungskraft der größeren Lagerhäuser, Getreidespeicher usw. wird auf rd. 3½ Mill. to[2]) geschätzt. Daneben gibt es eine erhebliche Zahl kleinerer Lagerhäuser, insbesondere bei den Sowjetgütern, Kolchoswirtschaften (90% der Anbaufläche) und bei den Maschinentraktorenstationen. Sowjet-Güter und Kolchoswirtschaften sind außerdem verpflichtet, zusätzlich Reserven in Höhe von 20% ihres Saatgutbedarfs einzulagern.

    Man wird infolgedessen damit rechnen können, daß die Vorräte der Kolchoswirtschaften im ganzen gesehen *nicht unbeträchtlich sind.*

3.) Die *ausgeführten Überschüsse* stammen im wesentlichen aus der Ukraine und der unteren Wolga, also aus dem *europäischen Teil der UdSSR.*

    90% der Lieferungen an Deutschland kamen 1940 aus dem Raume Kiew – Winniza – Odessa – Dnjepropetrowsk.

4.) Die zwischengebietlichen Getreidetransporte zeigen im Jahre 1937, einem besonders guten Erntejahr, daß der europäische Teil der UdSSR darüber hinaus insgesamt 0,8 Mill. to Getreide an Ural und Mittelasien abgegeben hat. Die gesamten Überschüsse (ohne die zur Einlagerung kommenden Mengen) des *europäischen Teils* scheinen demnach etwa 2½ bis 3 Mill. to zu betragen. Dazu führten die neuerworbenen Gebiete bisher jährlich 1 Mill. to Getreide aus.

---

[2]) Einschl. der neu erworbenen Gebiete auf 4,2 Mill. to.

Bestellung der Felder, Saat und Ernte werden in den bäuerlichen Kollektivwirtschaften und den Sowjetgütern weitgehend durch Maschinen durchgeführt. Diese sind in den sogenannten Maschinentraktorenstationen (MTS, 6358 in der UdSSR) vereinigt. Ersatz der Traktoren durch Zugtiere[3]) ist aus dem Lande nur in *geringem Umfange*, Ersatz der Maschinen[4]) durch andere, durch Zugtiere bzw. mit der Hand zu betätigende Maschinen usw. *überhaupt nicht möglich*. Ebensowenig kann eine ausreichende Versorgung mit deutschen Traktoren, Maschinen und Geräten erfolgen.

Das Gesamtergebnis wird deshalb *ausschlaggebend* davon abhängen, ob es gelingt, durch die Schnelligkeit der Operationen die zur Vernichtung der MTS, Getreidespeicher usw. mit Sicherheit vorbereiteten Organisationen zu zerschlagen und *damit MTS und Vorräte vor der Vernichtung zu bewahren. Eine weitere nicht zu unterschätzende Voraussetzung ist die rechtzeitige Versorgung der MTS mit Treibstoff* (die Landwirtschaft hat 1938 60% = rd. 9 Mill. to des verarbeiteten Mineralöls verbraucht).

Die Kollektivwirtschaft würde im Falle einer Besetzung die Ausnutzung des Landes erleichtern. Eine zu schnelle Änderung der Wirtschaftsform würde dagegen zu *sehr schweren Störungen* führen.

Wenn es auch ungewiß erscheint, ob es gelingt, MTS und Vorräte in großem Umfange vor der Vernichtung zu bewahren, wenn außerdem infolge der Einwirkungen eines Krieges im Höchstfalle eine 70%ige Ernte erwartet werden kann, so muß man doch berücksichtigen, daß der Russe gewöhnt ist, seinen Verbrauch schlechten Ernten anzupassen, und daß bei einer Bevölkerung von 160 Mill. auch eine *kleine Senkung* des je Kopf-Verbrauchs erhebliche Getreidemengen freimacht.

Unter diesen Voraussetzungen könnte es möglich sein, den deutschen *Zuschußbedarf* für 1941 und 1942 zu decken. Eine wesentliche *Verbesserung* der Versorgung Deutschlands und des von ihm *beherrschten Raumes mit Getreide wird jedoch voraussichtlich erst nach einem Neuaufbau der Landwirtschaft und nur bei Sicherstellung des Treibstoffbedarfs zu erreichen sein.*

b) *Viehhaltung.*

Der Anteil des europäischen Rußland (ohne Uralgebiete) an dem Viehbestand der UdSSR beträgt bei Pferden rd. 15 Mill. = 74%, bei Rindvieh rd. 43 Mill. = 71%, bei Schweinen rd. 27 Mill. = 86%, bei Schafen und Ziegen rd. 46 Mill. = 62%.

Die wichtigsten Zuchtgebiete sind bei Pferden die Ukraine (rd. 25% des Gesamtbestandes der UdSSR), dann Mittelrußland, die Ostseeländer und Weißrußland. Bei Rindvieh steht ebenfalls die Ukraine mit 19% an der

[3]) Vieh wird im allgemeinen bei der bäuerlichen Arbeit nicht verwendet und ist aus diesem Grunde an den schweren Zug nicht gewöhnt.

[4]) Die in den MTS vorhandenen Erntemaschinen usw. sind zu groß, als daß sie durch Tiere oder normale deutsche Traktoren bewegt werden könnten.

Spitze. Es folgen Mittelrußland und die Ostseegebiete. Hauptgebiet der Schweinezucht ist die Ukraine (rd. 25% des gesamten Bestandes der UdSSR) dann Weißrußland, die baltischen Länder (rd. 19%) und das westliche Mittelrußland.

Überschußgebiete an Rindvieh sind der Kaukasus, Transkaukasien, Weißrußland und die Ostseeländer (diese lieferten 1940 77 000 Schweine an Deutschland) und die Ukraine.

Die Dichte der Viehhaltung im Verhältnis zur Bevölkerungszahl ist bei Rindvieh, Schafen und Ziegen erheblich größer als im deutschen Reich. Sie wird jedoch mehr als ausgeglichen durch die sehr niedrigen Schlachtgewichte und die geringe Leistung der Tiere. Obwohl der Russe ein geringer Fleischverbraucher ist, stehen deshalb nennenswerte Überschüsse für die Ausfuhr nicht zur Verfügung. Die Vorratsbildung an Viehzuchterzeugnissen ist unbedeutend, da nur die großen Städte (an erster Stelle Moskau) Kühleinrichtungen besitzen. Butter hat die UdSSR in den letzten Jahren nicht mehr ausgeführt. Lediglich die baltischen Staaten haben im Jahre 1938 50 000 to an Deutschland geliefert.

Mit einer *Verbesserung* der Fleischversorgung Deutschlands ist mit *Sicherheit* nicht zu rechnen. Es sei denn, daß die Versorgung der Truppe aus dem Lande vorübergehend eine gewisse Entlastung bringt. Im ganzen gesehen ist jedoch zu befürchten, daß die durch die Kriegsereignisse bedingten Ausfälle an Vieh auch die Überschußgebiete zu Mangelgebieten werden lassen.

c) *Technische Kulturen*

1.) *Baumwolle.*

Rund 35% der Anbaufläche und rd. 25% der Erzeugung an Baumwolle liegen im europäischen Rußland, und in der Südukraine, im Kaukasus und im Schwarzmeergebiet. Der Ertrag an entkörnter Baumwolle der gesamtrussischen Ernte belief sich 1938 (ohne den erst später erweiterten Anbau der Südukraine mit 22,6 v.H. der Gesamtfläche) auf 835 000 to.

Rußland verfügt über verhältnismäßig große Reserven an Baumwolle, weil Verarbeitung und Produktion nicht miteinander Schritt hielten. Es hat sich deshalb verpflichtet, in den Jahren 1940–42 200 000 to an Deutschland zu liefern (1940 rd. 74 000 to).

Die *Baumwollverarbeitung* erfolgt im Gegensatz zur Erzeugung im wesentlichen im *europäischen Teil* der UdSSR. Da die Bevorratung der verarbeitenden Industrien unmittelbar nach der Ernte einsetzt, sind normalerweise die Vorräte der Werke im Sommer nicht sehr bedeutend. Es besteht jedoch die Möglichkeit, daß die umfangreichen Baumwollieferungen aus USA hierin eine Änderung herbeiführen, weil sie zum Teil der verarbeitenden Industrie wahrscheinlich erst bis zum Sommer zugeführt werden können. Die übrigen Vorräte sind in den Erzeugungsgebieten und damit in der Hauptsache im asiatischen Teil anzunehmen.

Im ganzen wird es vielleicht möglich sein, die im deutsch-russischen Lieferabkommen vorgesehenen Mengen (95 000 to) zu erhalten.

2.) *Hanf und Flachs.*

90% an Hanf und Flachs werden im europäischen Teil angebaut und zwar in Nordwestrußland, den baltischen Staaten, Weißrußland und dem Nordostteil Mittelrußlands. Die Flachserzeugung betrug 1938 635 000 t (88% der Welterzeugung), die Hanferzeugung 162 000 t (38% der Welterzeugung). Die Ausfuhr an Flachs betrug 1938 22 400 t, dazu kamen noch rd. 50 000 t Ausfuhr aus Ostpolen und Baltikum.

Für 1941 ist die Lieferung von 22 000 t Flachs an Deutschland vorgesehen. Bei der Höhe des Gesamtertrages werden die russischen Lieferungen eine *beträchtliche Steigerung* erfahren können. Ebenso kann Hanf in größeren Mengen herausgezogen werden.

3.) *Ölpflanzen.*

Die wichtigste Ölpflanze ist die *Sonnenblume* mit einem Jahresanfall von rd. *325 000 to* Öl, davon 91% aus dem europäischen Teil. Hauptanbaugebiete: Südukraine, Bessarabien, Krim, Wolga- und Schwarzmeergebiet.

Die Jahreserzeugung an Lein- und Hanföl beträgt 135 000 to, an Baumwollöl 225 000 to. Lein- und Hanföl stammen fast vollständig, Baumwollöl zu 25% (rd. 50 000 t) aus dem europäischen Teil.

Dazu kommen etwa 15 000 to Sojaöl aus Nordkaukasus, Ukraine und Bessarabien, ferner Rizinus mit einer Anbaufläche von 185 000 ha und etwa 45 000 to Öl in der Schwarzmeerzone und im Nordkaukasus. Ferner Raps, Senf und Mohn mit etwa 60 000 to Öl.

Die *Gesamternte* an Ölsaaten beträgt im Durchschnitt 3–4 Mill. to. Die russischen Ölpressereien liefern jährlich etwa *800 000 to Pflanzenöl* (6% der Welterzeugung), davon rd. 670 000 t aus dem europäischen Teil. Rußland ist damit auf diesem Gebiet autark. Es hat in den Jahren 1933 bis 1937 jährlich rd. 28 000 t Ölsaaten und 261 000 t Ölkuchen ausgeführt.

Trotz des zu erwartenden Rückgangs der Erzeugung kann man damit rechnen, daß es möglich sein wird, die aus dem Fernen Osten eingeführten Sojabohnen (300 000 to Sojabohnen = 50 000 to Sojaöl) und das Walöl (70 000 to) bei einer Einschränkung des russischen Verbrauchs *zumindest teilweise* aus der UdSSR *zu ersetzen,* zumal, da die UdSSR das aus Sonnenblumenkernen erzeugte Speiseöl zum Teil auch für technische Zwecke eingesetzt hat und außerdem das von der Landbevölkerung selbst verbrauchte Öl nicht miteingerechnet ist.

[II]. *Rohstoffe, N.E.-Metalle usw.*

a) *Allgemein:*

Die UdSSR kann sich mit fast allen mineralischen Rohstoffen bereits heute oder in absehbarer Zeit *selbst versorgen.*

Lediglich bei Wolfram-, Molybdänerz, Vanadium und Antimon kann die zur Zeit geringe Bedarfsdeckung aus dem Inlande voraussichtlich keine nennenswerte Steigerung erfahren. Die Erzeugung von Kupfer und Zinn ist mit hohen Kosten verbunden. Sie wird bei Kupfer mit der Zeit die volle Deckung des Bedarfs erreichen können, bei Zinn aber voraussichtlich geringfügig bleiben.

Die für uns wichtigen Legierungs- und N.E.-Metalle stammen mit Ausnahme von Manganerz, Nickel und Schwefelkies fast vollständig aus dem Ural und dem asiatischen Teil. In geringen Mengen kommen sie fast alle auch im Kaukasus vor.

b) *Im Einzelnen:*

1.) *Kohle.*

Die Kohleförderung betrug im Jahre 1938 rd. 133 Mill. jato (davon 113 Mill. Stein- und rd. 20 Mill. Braunkohle). Der Anteil des Donezbeckens betrug rd. 60%, des Moskauer Beckens rd. 6%. Ausgeführt wurden 1938 nur 427 000 t. Im übrigen wurde die Kohle *ausschließlich im Inland* verbraucht.

2.) *Eisenerz.*

Von der Gesamtförderung entfallen 70% (rd. 18 Mill. t) auf den europäischen Teil, und zwar 16 Mill. auf die Ukraine, rd. 1,3 Mill. auf Zentralrußland, der Rest auf die Krim.

Die Vorräte bei den Eisenhütten an Erzkalkstein sollen 40 Tagessätze betragen. Ob dieses Ziel überall erreicht ist, erscheint fraglich. *Ausfuhren sind in gewissem Umfange möglich.*

3.) *Manganerz.*

Die wichtigsten Manganerzvorkommen liegen im Kaukasus mit 1,6 Mill. to und im Donez-Gebiet mit 1 Mill. to Jahresförderung.

Es dürfte an sich möglich sein, im Bedarfsfalle die vorgesehenen Lieferungen in Höhe von 200 000 to zu *steigern.* Schwierigkeiten durch den vorübergehenden Ausfall werden sich voraussichtlich *nicht* ergeben, da die eigenen Vorräte bis zum Frühjahr 1942 reichen.

4.) *Chromerz.*

Im Ural werden jährlich 200 000 to Chromerz gewonnen. Im übrigen *europäischen Rußland* ist Chromerz *nicht* vorhanden.

Die eigenen Vorräte reichen voraussichtlich bis Anfang 1942. Nach dem Aufbrauch der russischen Vorräte werden sich deshalb *gewisse Schwierigkeiten* in der Chromerzversorgung Deutschlands ergeben, falls der Ausfall Rußlands bis dahin nicht durch griechische Lieferungen zu einem Teil ausgeglichen werden kann.

c) *N.E.-Metalle und Stahlveredler.*

N.E.-Metalle und Stahlveredler sind von Rußland *nur in geringen Mengen* und *nur* zur Verwendung bei russischen Aufträgen geliefert worden.

1.) *Aluminium.*

Bauxit wird im europäischen Teil in der Hauptsache mit 160 000 t bei Leningrad gewonnen. Dazu wird das auf der Halbinsel Kola anfallende Mineral Nephelin zur Aluminiumherstellung verwendet. Die Gesamterzeugung an Aluminium beträgt zur Zeit rd. 50 000 jato, 90% davon werden in den beiden Aluminiumhütten *am Wolchow und am Dnjepr gewonnen.*

2.) *Kupfer.*

Kupfervorkommen, ihre Aufbereitung und Verhüttung erfolgen in

der Hauptsache im Ural (Jahresförderung an Kupferkiesen 4 Mill. to) und in geringem Umfange im Kaukasus (Jahresförderung an Kupferkiesen 400 000 to).
Die kupferverarbeitende Industrie befindet sich jedoch im wesentlichen im *europäischen* Rußland (Moskau, Leningrad). Die ungewöhnlich hohen Kupfereinfuhren nach Kriegsbeginn lassen darauf schließen, daß die *Bevorratung* der Werke verhältnismäßig *hoch* sein wird.

3.) *Nickel.*
Die bedeutendsten Nickellagerstätten befinden sich im mittleren und südlichen Ural und auf der Halbinsel Kola. Die Jahresförderung betrug bisher 7000 to. Sie wird in diesem Jahre durch die Inbetriebnahme neuer Hütten auf der Halbinsel Kola eine erhebliche Steigerung erfahren und voraussichtlich 15 000 to betragen.
Die Nickelvorkommen auf der Halbinsel Kola würden zusammen mit dem bisherigen Anteil Rußlands an der Nickelgewinnung in Finnland den deutschen Kriegsbedarf an Nickel nicht nur *decken*, sondern darüber hinaus *wesentlich verbessern.*

4.) *Zinn.*
Die Verhüttung der in Sibirien gewonnenen Zinnkonzentrate (eigene Zinnerzeugung einige Tausend Tonnen) erfolgt ausschließlich in Podolsk bei Moskau, die der eingeführten Zinnerze in Leningrad.
Man wird deshalb in Podolsk und Leningrad mit *gewissen Vorräten an Zinn* rechnen können.

5.) *Wolframit usw.*
Förderzahlen sind bei Wolframit, Molybdänit, Vanadin und Kobalterz nicht bekannt. Förderstätten und Aufbereitungsanlagen liegen im wesentlichen im Ural und im asiatischen Teil.
Die Mehrzahl aller Werke, die Edelstähle und Ferrolegierungen herstellen, liegt jedoch im europäischen Teil. Gewisse Vorräte an Stahlveredlern und Legierungsmetallen wird man deshalb mit Sicherheit auch *im europäischen Teil vorfinden.*

6.) *Phosphate.*
Rohphosphate werden im europäischen Teil rd. 2,5 Mill. jato auf der Halbinsel Kola und im Moskauer Gebiet gefördert.
Der für Deutschland abzuzweigende Anteil (bisher vorgesehen 40 000 to) läßt sich bei Bedarf *erheblich steigern.*

7.) *Asbest.*
Asbest wird im europäischen Teil nur im Ural in Höhe von 100 000 jato gewonnen und aufbereitet.
Es ist damit zu rechnen, daß die für Deutschland vorgesehenen 12 000 to bei der weiterverarbeitenden Industrie vielleicht nicht in voller Höhe vorhanden sein werden, und daß damit der unentbehrliche kriegswichtige Bedarf gegen Jahresende *nicht mehr sichergestellt* werden kann.

8.) *Platin und Platinmetalle.*
Platin und Platinmetalle werden am Ural gewonnen. Mengenangaben sind nicht vorhanden. Da die weiterverarbeitende Industrie im

wesentlichen um *Leningrad und Moskau* konzentriert ist, kann man hier mit gewissen Vorratsmengen rechnen.

9.) *Holz.*

Die Holzlieferungen der UdSSR lassen sich sowohl aus den Karpathen und den Baltischen Staaten als auch aus den Waldgebieten Nordrußlands *steigern.*

III. *Industrie.*

Die UdSSR ist in der Rangordnung der großen Industriestaaten der Welt hinter USA und Deutschland an die *dritte* Stelle getreten.

Die Produktionsgüterindustrie ist bei ihr stark bevorzugt gegenüber der Verbrauchsgüterindustrie.

Der Anteil der europäischen Gebiete am Bruttowert der Industrieproduktion betrug 1937 rd. 90%. Er dürfte sich inzwischen jedoch zugunsten des asiatischen Teils verringert haben.

Rüstungsindustrie und die mit (ihr) zusammenhängende Zubringerindustrie der UdSSR sind als *leistungsfähig* anzusprechen. Sie waren in der Lage, die Friedenswehrmacht gut zu versorgen, eine gewisse Bevorratung für den Kriegsfall und einen geringfügigen Export nach asiatischen Gebieten durchzuführen.

Der mit der Besetzung der Gebiete westlich der Linie Wolga – Archangelsk (ohne Kaukasusgebiet) zufallende Anteil an der gesamtrussischen Erzeugung beträgt etwa bei:

Munition	80%
Waffen	69%
Kampfwagen	75%
Flugzeugzellen	80%
Flugzeugmotoren	75%
Pulver, Spreng- und chem. Kampfstoffe	80%
Traktoren	80%
Lokomotiven	80%
Waggon	70%
Feinmechanische und optische Industrie	99%
Erdöl	1%
Kohle	69%
Eisenerz	70%
Manganerz	36%
N.E.-Metalle	20%
Eisenhüttenindustrie	70%
Buntmetallindustrie	37%
Elektr. Erzeugung	70%
Aluminiumerzeugung	90%

Elektrizitätswirtschaft.

Kraftwerke mit einer installierten Leistung von über 20 000 Watt gibt es im europäischen Teil der UdSSR rd. 100, darunter 20 besonders große. Sie sind meist in der Nähe von Wasserkräften, Kohle- oder Erdölvorkommen errichtet. Zusammenhängende Strombelieferungsgebiete gibt es in der Ukraine, in den Gebieten um Moskau, Leningrad und in Transkaukasien. Die Industrien dieser Gebiete sind von der Strombelieferung durch die Kraftwerke im wesentlichen abhängig.

IV. *Transportverhältnisse.*

Die sowjetrussischen Eisenbahnen haben sich bei der Durchführung der Transporte auf Grund des Liefervertrages wesentlich leistungsfähiger gezeigt, als man ursprünglich angenommen hatte. Trotzdem ist während der Durchführung und auch in absehbarer Zeit nach Abschluß der Operationen mit dem Transport kriegswichtiger Güter auf der Eisenbahn nur in sehr geringem Umfange zu rechnen. Die Bahnen werden, soweit sie instandgesetzt und betrieben werden können, ausschließlich für Versorgungs-, An- und Abtransport der Truppe usw. eingesetzt.

Dagegen wird der Abschub kriegswichtiger Güter vor allem über die *Häfen* des *Schwarzen Meeres*, falls es gelingt, Störungen in größerem Umfange durch die russische und englische Flotte zu verhindern, dann über die russischen *Ostseehäfen* und ferner über Murmansk und Archangelsk bereits früher erfolgen können. *Dies setzt voraus, daß die zum Teil notwendigen Zubringerstrecken zu den Einladehäfen verhältnismäßig bald wieder benutzbar sein werden und für diese Aufgaben zur Verfügung stehen.*

Die für Deutschland wichtigen Produkte stammen in der Hauptsache aus den an die Ostsee, das Eismeer und das Schwarze Meer angrenzenden Gebiete. Zufuhren nach Deutschland werden sich deshalb voraussichtlich leichter gestalten, als die Versorgung der neu besetzten Gebiete.

V. *Der Verlust.*

Ganz oder in großem Umfange fallen für Deutschland zumindest für einen längeren Zeitraum aus:

a) aus Rußland:

Asbest, dessen kriegswichtiger Bedarf gegen Ende des Jahres nicht mehr sichergestellt werden kann.

Platin und Iridium, mit deren Ausbleiben die Fertigung von Spezialinstrumenten für die Wehrmacht *sofort* eingestellt werden muß, weil Bestände nicht vorhanden sind.

Chromerze, bei denen Ausweichmöglichkeiten zum Teil voraussichtlich gegeben sind.

Mineralöl siehe Abschnitt IX.

b) aus Ostasien:

Kautschuk siehe Abschnitt X.

Sojabohnen,

Erdnüsse,

Walöl, deren Ausfall voraussichtlich durch Rückgriff auf die russische Erzeugung von Pflanzenöl zumindest zum Teil ausgeglichen werden kann.

Wolfram. Das Ausbleiben der Wolframlieferungen[5] würde zur Einstellung der Fertigung von Panzermunition führen müssen, um mit den vorhandenen Vorräten möglichst lange die für die Waffen- und Munitions-

[5] Daneben hs.: „Katalysatoren! (chem. Reaktionsbeschleuniger!)".

fertigung unentbehrlichen Werkzeugstähle und die Herstellung der Treibstoffkontakte sicherzustellen.

Manilahanf und *Ramie*, auf deren Einfuhr die Kriegsmarine zur Herstellung von Tauen und die Luftwaffe zur Fertigung von Bespannungsstoffen angewiesen ist. Bedarfsdeckung ist nur bis Februar vorhanden.

Seide. Die zur Herstellung von Fallschirmen notwendige Seide kommt, von geringen italienischen Lieferungen abgesehen, fast ausschließlich aus Japan. Es ist möglich, daß unter Umständen auf französische Seide ausgewichen werden kann.

VI. *Was bleibt der UdSSR?*

Die Industrie des Urals und des asiatischen Teils der UdSSR kann *im wesentlichen ohne den europäischen Teil des Landes bestehen.* Es fehlen dann jedoch fast völlig feinmechanische und optische Industrie, Zinnhütten, ferner weitgehend die Aluminiumproduktion. Der Anteil an Erdöl mit 10% ist sehr gering.

Wie weit der in Gang befindliche weitere Ausbau der Industrie des asiatischen Teils das Bild in absehbarer Zeit zu verändern vermag, ist zur Zeit nicht zu übersehen.

Im einzelnen verbleiben der UdSSR etwa an:

Munition		
Kuybeschew	3%	
Nordural	6%	
Mittelural	4%	
im asiatischen Teil	5%	= 18%
Waffen		
Ishewsk	4%	
Nordural	13%	
Mittelural	10%	
Südural	2%	
asiatisches Rußland	2%	= 31%
Kampfwagen		
Nordural	5%	
Mittelural	15%	
asiatisches Rußland	4%	= 24%
Flugzeughallen		
Nordural	2%	
Mittelural	7%	
asiatisches Rußland	10%	= 19%
Flugmotoren		
Nordural	15%	
Mittelural	5%	
Südural	5%	= 25%
Pulver, Spreng- u. Kampfstoffe		
Nordural	8%	
Mittelural	7%	
asiatisches Rußland	3%	= 18%
Traktoren		
Ural	20%	= 20%

Lokomotiven		
Ural	14%	
asiatisches Rußland	4%	= 18%
Waggon		
Ural	27%	
asiatisches Rußland	2%	= 29%
Feinmechanik, Optische Industrie		
Ural u.		
asiatisches Rußland rd.	1%	= 1%
Erdöl		
Ural	6%	
asiatisches Rußland	4%	= 10%
Kohle		
Ural	6%	
asiatisches Rußland	25%	= 31%
Eisenerz		
Ural	29%	
asiatisches Rußland	1%	= 30%
Mangan		
Ural u.		
asiatisches Rußland	4%	= 4%
N.E.-Metalle		
Ural	36%	
asiatisches Rußland	40%	= 76%
Eisenhüttenindustrie		
Ural	21%	
asiatisches Rußland	9%	= 30%
Buntmetallindustrie		
Ural	32%	
asiatisches Rußland	20%	= 52%
Elektr. Erzeugung		
Ural	14%	
asiatisches Rußland	unbekannt	

VII. *Die Bedeutung des Gebietes südlich Don- und Wolgamündung.* Das Gebiet südlich der Don- und Wolgamündung einschließlich des Kaukasus hat *besondere Bedeutung* sowohl für den Verteidiger als auch für den Angreifer. Es liefert etwa an:

Erdöl	*89%*
Manganerz	*60%*

Ferner an:

Munition	1%
Pulver, Spreng- und chem. Kampfstoff	2%
Werkzeugmaschinen	4%
N.E.-Metalle	4%
Buntmetallindustrie	11%
Elektr. Erzeugung	8%

Steht dieses Gebiet weiterhin der UdSSR zur Verfügung, so tritt eine wesentliche *Verbesserung* der Versorgung mit *Mineralöl und Manganerz* ein. Der Transport nach dem Ural und den asiatischen Gebieten über das Kaspische Meer erscheint im großen als gesichert.

Dem Angreifer bleibt in diesem Falle für die Versorgung der besetzten Gebiete lediglich 1% (rd. 360 000 jato) der Mineralölerzeugung aus der Westukraine. Dies ist um so schwerwiegender, als die gesamte russische *Landwirtschaft* auf Traktoren umgestellt und damit von der *Belieferung mit Mineralöl völlig abhängig ist.* Gleiches gilt für die russische Schwarzmeerschiffahrt, die fast ganz auf den Verbrauch von Öl eingestellt ist. (Die UdSSR führte im letzten Jahr bei einer Gesamtförderung von 31,5 Mill. jato nur rd. 1 Mill. jato Mineralöl aus. Die ganze übrige Erzeugung wurde im Inland verbraucht oder den Reserven zugeführt[6]). *Allein die Landwirtschaft verbrauchte im Jahre 1938 etwa 60% = 9 Mill. to des verarbeiteten Mineralöls.*

VIII. *Die Bedeutung der asiatischen Industrie.*

Gelingt es, die gesamte Industrie der Uralgebiete im wesentlichen zu zerstören, so kommt der im asiatischen Teil verbleibenden Rüstungsindustrie keine *nennenswerte Bedeutung* mehr zu. Das Gefüge der auf Zusammenarbeit zwischen Ural und Kusnetzk aufgebauten Industrie wird durch den Ausfall der Uralgebiete *auf das schwerste erschüttert.* Der Zeitbedarf für den Ausbau der asiatischen Industrie zu einer leistungsfähigen und in sich geschlossenen Industrie läßt sich nicht voraussehen.

IX. *Mineralöl.*

1.) *Die Erzeugung des europäischen Teils.*

Rd. 90% = 27,1 Mill. jato der gesamtrussischen Förderung stammen aus dem *Kaukasus,* rd. 1% = 360 000 jato aus der Westukraine (Drohobytsch) und 4% = 2 Mill. jato aus dem Ural. Die Verarbeitung erfolgt jedoch auch für den Hauptteil der Uralerzeugung (rd. 1,2 Mill. jato) im *europäischen Teil* der UdSSR. Die Hauptverarbeitungsstätten liegen in dem Donezgebiet, an der Wolga und im Gebiet um Moskau. Von den 23 Raffinierien der Westukraine sind nur 3 in Betrieb mit einer Kapazität von 250 000—300 000 jato.

Aus der Gesamtförderung werden gewonnen:

Benzin	7 Mill. to
Petroleum	6½ Mill. to
Gas und Dieselöl	2,2 Mill. to
Heizöl	13 Mill. to
Schmieröl	2 Mill. to

Das russische Mineralöl ist verhältnismäßig benzinarm. Die wichtigsten Anlagen für die Gewinnung von Flugbenzin liegen im südwestlichen Ural.

Daneben ergibt die Destillation von Schieferteer in Estland jährlich rd. 180 000 to Schieferteeröl.

---

[6]) In der Vorlage: ausgeführt.

2.) *Bedarf und Bedarfsdeckung Deutschlands.*

Der Bedarf Deutschlands (Wehrmacht- und Wirtschaftsforderungen) an Betriebsstoffen und die Bedarfsdeckung aus Eigenerzeugung, Einfuhren und Vorräten werden sich bei der Durchführung einer größeren Operation bis zum 1. 8. 41 voraussichtlich folgendermaßen gestalten (in 1000 t):

Kraftstoffe	Bedarf	Deckung: eigene Erzeugung	Einfuhren Rumän.	Einfuhren Rußld.[7]	Vorräte
Flugvergaser	880	604	18		258
Kfz.Vergaser	1 781	826	624		331
Kfz.Diesel	1 149	567	367	79	136
Schiffsdiesel	266	8	63		195
Heizöl	1 088	575	140	72	301

Der aus den Vorräten einzusetzende Anteil kann ohne Rückgriff auf die sogenannten *nichteinsetzbaren Bestände* gedeckt werden:

Bei Flugvergaserkraftstoffen	bis Herbst 1941
Bei Kfz.-Vergaserkraftstoffen	bis Ende Juli
Bei Kfz.- und Schiffsdiesel	bis Ende August
Bei Heizöl[8])	bis Ende d. Jahres.

Von diesem Zeitpunkt an kann insbesondere der erhöhte Operationsbedarf nur aufrecht erhalten werden durch Rückgriff auf russische Vorräte oder russische Förderungen. Falls dies nicht möglich ist, müßte der Verbrauch auf deutsche Eigenerzeugung und rumänische Einfuhren gesenkt werden.

Nach Abschluß der Operationen könnte ab Herbst 1941 ein Normalverbrauch in Höhe des zur Zeit kontingentierten Bedarfs und des augenblicklichen Verbrauchs der Luftwaffe und der Marine mit Ausnahme von Dieselkraftstoffen durch Eigenerzeugung und rumänische Einfuhren gedeckt werden, falls keine erhebliche Störung in der Erzeugung durch Feindeinwirkung eintritt und der Transport aus Rumänien sichergestellt ist (Transportfrage).

Im übrigen ist die Inbetriebnahme der russischen Förderanlagen allein schon zur Versorgung der russischen Landwirtschaft erforderlich.

3.) *Transportmöglichkeiten.*

Im Jahre 1939 waren an den gesamten durchgeführten Mineralöltransporten der UdSSR beteiligt:

die Eisenbahn	mit 42 %
die Flußschiffahrt	mit 14 %
die Seeschiffahrt	mit 49 % (davon allein 80 % auf dem Kaspischen Meer)
die Leitungen	mit 15 %

[7]) Bis 1. 4. (1941).

[8]) Falls es gelingt, genügend Mischungskomponenten sicherzustellen.

Eine alte Quelle gibt die Zahl der Tankschiffe mit insgesamt 89 an (davon 25 See- und 26 Flußschiffe). Die Fassungskraft bei Seeschiffen betrug 126 000 to, bei Flußschiffen 140 000 to (hierbei ist anscheinend die Kaspische Meerschiffahrt miteingerechnet). Die Zahl der Kesselwagen kann mit 66 000 angenommen werden. Ihre Fassungskraft bewegt sich zwischen 15 und 40 to.

Mineralöltransporte mit Schiffen vom Schwarzen Meer nach Murmansk, Leningrad und dem Fernen Osten sind seit dem letzten Jahr eingestellt. Die Versorgung des Fernen Osten und zum mindesten auch Ostsibiriens erfolgt aus Sachalin und der USA. Man kann damit rechnen, daß aus diesem Grunde bei dem zur Verfügung stehenden Tankschiffraum seit der Einstellung dieser Transporte eine gewisse Entlastung eingetreten ist, und daß ferner der größere Teil der Kesselwagen für die Versorgung des europäischen Teils der UdSSR eingesetzt ist.

X. *Kautschuk.*

1.) *Die Produktion der UdSSR.*

Die UdSSR erzeugte im Jahre 1938 rd. *53 000 to synthetischen Kautschuk* und führte rd. 27 000 to Rohkautschuk ein. Der synthetische Kautschuk wurde in den Werken Jaroslawl, Wononesh, Jefremow bei Moskau und Kasan, also im *europäischen* Teil gewonnen.

Der Erzeugung von Kautschuk aus Kautschukpflanzen kommt zur Zeit noch keine Bedeutung zu.

Die Hauptwerke für die *Kautschukverarbeitung* (Reifen- und hochentwickelte Industrie zur Herstellung von Gummischuhen, Jahreserzeugung 1937: 85 Mill. Paar) liegen in Leningrad, Moskau und Jaroslawl. *Bei der geringen Zahl der weiterverarbeitenden Werke muß man bei ihnen mit erheblichen Vorräten rechnen.*

2.) *Deutschlands Bedarf und seine Deckung.*

Die Gesamteinfuhr von Kautschuk erfolgt zur Zeit über die UdSSR.

Die Versorgungslage zeigt folgendes Bild:

Deutsche Bestände 1. 2.	2200 to
Voraussichtliche Zugänge über UdSSR bis 1. 4.	6000 to
Zugänge aus Frankreich	800 to
Insgesamt	9000 to
Verarbeitung Februar u. März	6400 to
Bestand 1. 4.	2600 to Naturkautschuk.

Dieser Bestand gestattet eine Gesamtproduktion von monatlich 3300—3500 to auf die Dauer von 8—10 Monaten. Diese deckt *bei weitem nicht den dringlichsten Gesamtbedarf Deutschlands mit 8500 to (Wehrmachtbedarf 6000 to) je Monat.*

Die bisher vorgesehene deutsche Produktion war durch Käufe in Indochina sichergestellt auf der Grundlage der Durchfuhr durch die UdSSR.

In der Unterbrechung der Zufuhren über die UdSSR liegt deshalb ein erhebliches Gefahrenmoment, da große Teilgebiete des Wehrmachtbedarfs nicht aus reinem Buna hergestellt werden können, sondern eine erhebliche Beimischung von Naturkautschuk benötigen.

Schlußfolgerungen:

Eine Operation, die zur Besetzung des europäischen Teiles der UdSSR (ohne Uralgebiet) führt, bringt folgende Ergebnisse:

I. *Für die ersten Monate wird* sowohl auf dem Ernährungssektor wie auf dem Rohstoffgebiete für Deutschland *eine Entlastung eintreten*, wenn es gelingt, durch schnelles Zufassen
   a) *die Zerstörung der Vorräte zu verhindern,*
   b) *das Erdölgebiet des Kaukasus unzerstört in unsere Hand zu bekommen* und
   c) *die Transportfrage zu lösen.*

II. Für eine *längere Kriegsdauer* ist eine *wirksame Entlastung* von folgenden Voraussetzungen abhängig:
   a) *auf allen Gebieten:*
      1) *von der Lösung der Transportfrage,*
      2) *von dem Verbleib der Bevölkerung und ihrer Gewinnung zur Mitarbeit.*
   b) *auf dem Gebiete der Landwirtschaft:*
      1) *von der Verhinderung einer Zerstörung der MTS und der Möglichkeit des Ersatzes ihres Traktoren- und Maschinenparks durch Wiederaufnahme der Fertigung in der UdSSR.*
      2) *von der Versorgungsmöglichkeit mit Treibstoffen.*
   c) *auf industriellem Gebiet:*
      1) *von der unzerstörten Inbesitznahme oder raschen Wiederherstellung der Kraftwerke.*
      2) *von der Sicherstellung der Belieferung der Industrie mit den im europäischen Teil der UdSSR nicht vorhandenen Rohstoffen.*

III. *ungelöst bleibt* bis zur Gewinnung einer Verbindung mit dem Fernen Osten *die Versorgung Deutschlands mit Kautschuk, Wolfram, Kupfer, Platin, Zinn, Asbest und Manilahanf.*

IV. Die Gebiete südl. der Wolga- und Donmündung einschl. des Kaukasus müssen in die Operation mit einbezogen werden. *Das kaukasische Treibstoffgebiet ist für die Ausnutzung der besetzten Gebiete unentbehrlich.*

V. *Auf dem Gebiete der reinen Rüstungsindustrie* führt sie zu einer Inbesitznahme von rd. *75% der gesamten russischen Rüstungs- und fast 100% der feinmechanischen und optischen Industrie.*
   Der UdSSR verbleiben rd. 25% der reinen Rüstungs- und kaum 1% der feinmechanischen und optischen Industrie.

(gez.) Thomas

Anmerkung: Die amtliche russische Statistik ist in den letzten Jahren stark eingeschränkt worden. Ihre Angaben sind aus politischen Gründen oft zu hoch.
Alle Zahlenangaben sind deshalb nur Annäherungswerte. Verhältniszahlen müssen weitgehend auf Schätzung und Kombination beruhen.

Quelle: BA-MA, K 10-2/37; siehe auch Thomas, Geschichte, S. 514–532.

Anlage 2: In Gang gesetzte Industriebetriebe und Zahl der Beschäftigten in den militärverwalteten Gebieten (Chefgruppe W)

Wi In Nord

Gewerbezweige	Stand 30. Juni 1942 Anzahl der Betriebe	Stand 30. Juni 1942 Anzahl der Beschäftigten	Stand Anfang 1944 Anzahl der Betriebe	Stand Anfang 1944 Anzahl der Beschäftigten
Sonstiger Bergbau	24	4 857	13	1 288
Eisen- und Metallgewinnung	–	–	–	–
Maschinen- und Fahrzeugbau	4	280	3	107
Sonstige Eisen- und Metallverarbeitende Industrie	2	104	7	197
Chemische Industrie, Mineralöl-industrie[1])	9	280	6	19
Spinnstoffindustrie	33	6 180	9	3 368
Papierindustrie	–	80	–	–
Glas- und Keramikindustrie	8	821	5	67
Industrie der Steine und Erden	22	1 350	15	666
Holzverarbeitende Industrie	3	–	4	68
Sägewerke	43	1 320	–	–
Leder- und Rauchwaren	2	635	7	88
Nahrungsmittelindustrie (Tabakindustrie)	1	26	–	–
Sonstige Zweige der Gewerblichen Wirtschaft	1	14	3	30
Zusammen	152	15 947	72	5 898
Außerdem:				
Elektrizitätswerke	30	–	24	1 046
Wasserwerke	8	–	7	134

[1]) Außerdem mehrere Hundert Mineralöllager.

Wi In Mitte

Gewerbezweige	Stand November 1942		1. April 1943	1. Juli 1943
	Anzahl der Betriebe	Anzahl der Beschäftigten	Anzahl der Betriebe	Anzahl der Beschäftigten
Sonstiger Bergbau	74	14 527	72	31 850
Eisen- und Metallgewinnung	–	–	–	–
Maschinen- und Fahrzeugbau				
Sonstige Eisen- und Metallverarbeitende Industrie	63	3 698	42	3 771
Chemische Industrie, Mineralöl-industrie[1])	49	2 526	53	2 561
Spinnstoffindustrie	106	8 382	126	9 526
Papierindustrie	2	134	3	
Glas- und Keramikindustrie	21	2 307	4	2 126
Industrie der Steine und Erden	67	2 824	143	5 126
Holzverarbeitende Industrie	54	2 501	67	3 096
Sägewerke	–	–	–	–
Leder- und Rauchwaren	49	1 831	49	2 041
Nahrungsmittelindustrie (Tabakindustrie)	2	350	1	510
Sonstige Zweige der Gewerblichen Wirtschaft	24	890	37	435
Zusammen	511	39 970	597	61 042
Außerdem:				
Elektrizitätswerke	67	4 366	50	6 199
Wasserwerke	49	945	25	

Noch Anlage 2

<table>
<tr><th rowspan="2">Gewerbezweige</th><th colspan="4">Wi In Süd</th></tr>
<tr><th colspan="2">Stand November 1942</th><th colspan="2">Stand April 1943</th></tr>
<tr><th></th><th>Anzahl der Betriebe</th><th>Anzahl der Beschäftigten</th><th>Anzahl der Betriebe</th><th>Anzahl der Beschäftigten</th></tr>
<tr><td>Steinkohlenbergbau Don-Donez</td><td>387</td><td>101 937</td><td>109</td><td>51 219[2])</td></tr>
<tr><td>Sonstiger Bergbau</td><td>81</td><td>12 497</td><td>86</td><td>11 697</td></tr>
<tr><td>Eisen- und Metallgewinnung
Maschinen- und Fahrzeugbau
Sonstige Eisen- und
Metallverarbeitende Industrie</td><td>247</td><td>65 948</td><td>111</td><td>50 870</td></tr>
<tr><td>Chem. Industrie, Mineralöl-
industrie[1])</td><td>89</td><td>4 490</td><td>43</td><td>1 908</td></tr>
<tr><td>Spinnstoffindustrie</td><td>113</td><td>8 592</td><td>47</td><td>5 551</td></tr>
<tr><td>Papierindustrie</td><td>5</td><td>310</td><td>1</td><td>80</td></tr>
<tr><td>Glas- und Keramikindustrie</td><td>24</td><td>2 376</td><td rowspan="2">100</td><td rowspan="2">11 860</td></tr>
<tr><td>Industrie der Steine und Erden</td><td>137</td><td>6 740</td></tr>
<tr><td>Holzverarbeitende Industrie</td><td>104</td><td>5 474</td><td>49</td><td>4 459</td></tr>
<tr><td>Sägewerke</td><td>79</td><td>3 550</td><td>–</td><td>–</td></tr>
<tr><td>Leder- und Rauchwaren</td><td>76</td><td>6 442</td><td>28</td><td>5 145</td></tr>
<tr><td>Nahrungsmittelindustrie
(Tabakindustrie)</td><td>11</td><td>1 076</td><td>6</td><td>1 053</td></tr>
<tr><td>Sonstige Zweige der
Gewerblichen Wirtschaft</td><td>12</td><td>461</td><td>45</td><td>1 717</td></tr>
<tr><td>Zusammen</td><td>1 365</td><td>219 893</td><td>625</td><td>145 559[2])</td></tr>
<tr><td>Außerdem:</td><td></td><td></td><td></td><td></td></tr>
<tr><td>Elektrizitätswerke</td><td>37</td><td>–</td><td>39</td><td>10 665</td></tr>
<tr><td>Wasserwerke</td><td>–</td><td>–</td><td>28</td><td>3 331</td></tr>
</table>

[1]) Außerdem mehrere Hundert Mineralöllager.
[2]) Einschl. 7 044 Kriegsgefangener.

Beschäftigte in den in Gang gesetzten Betrieben der gewerblichen Wirtschaft bei der Wi In Kaukasus

Gewerbegruppen	Beschäftigte		
	vor der Besetzung	Mitte 1942	geplant
Energiewirtschaft	2 200	1 041	1 516
Bergbau	1 650	315	1 055
Eisen- und Metallindustrie	7 300	2 500	4 200
Chemie	1 395	1 019	2 284
Textil- und Papierindustrie	15 000	4 800	9 240
Sonstige Industrie	3 000	2 037	3 467

Quelle: BA-MA, RW 31/88

Anlage 3: Gliederung des Wirtschaftsstabes Ost im Jahre 1941

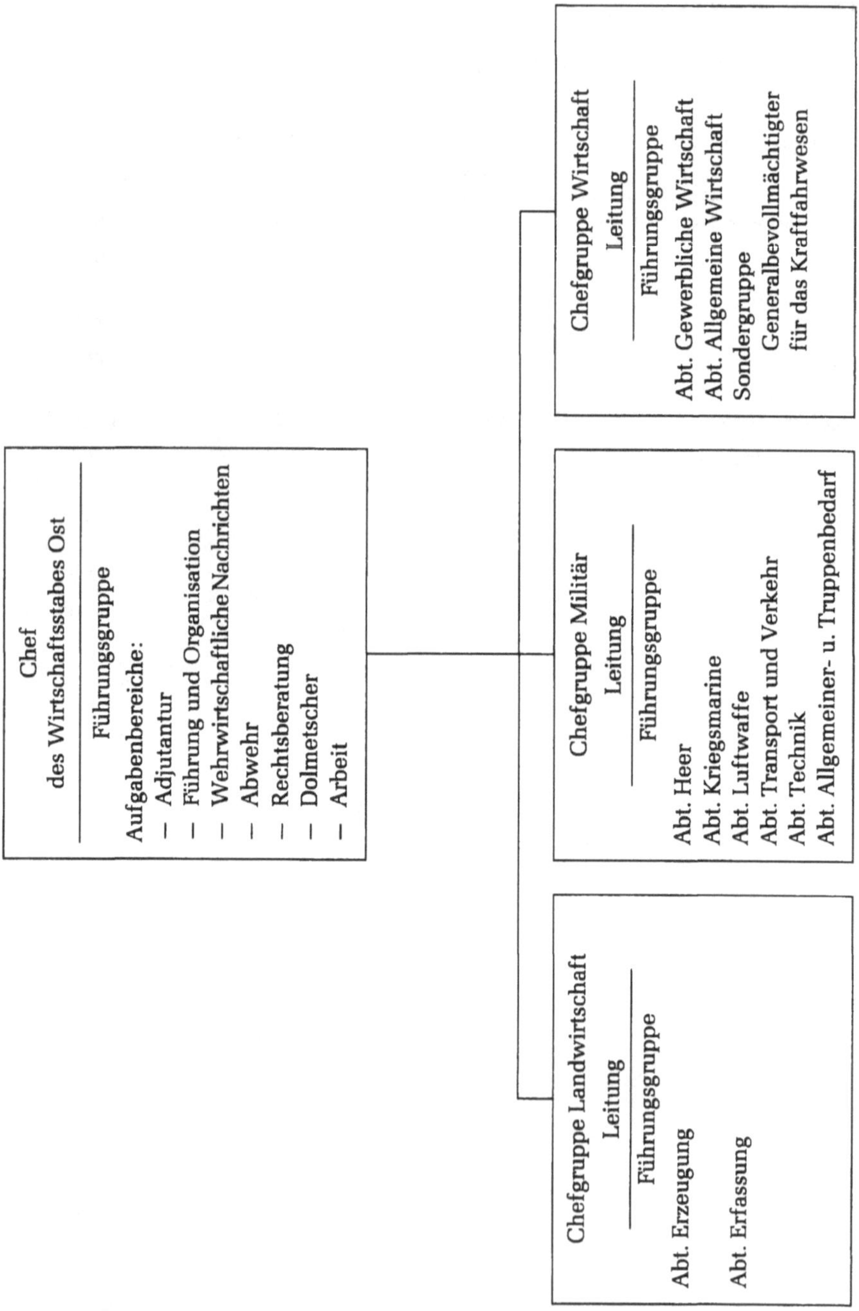

Quelle: BA-MA, RW 31/164

Anlage 4: Die Verbindungsoffiziere des Wehrwirtschafts- und Rüstungsamtes in den Oberkommandos der Ostarmeen im Sommer 1941

Heeresgruppe Nord

18. Armee	Oberbefehlshaber	Generaloberst Georg v. Küchler
	Chef d. Generalstabs	Oberst i. G. Wilhelm Hasse
	Oberquartiermeister	Oberstleutnant i. G. Bucher
	VO/IV Wi	Fregattenkapitän Angermann
Panzergruppe 4	Befehlshaber	Generaloberst Erich Hoepner
	Chef des Stabes	Oberst Walter Charles de Beaulieu
16. Armee	Oberbefehlshaber	Generaloberst Ernst Busch
	Chef d. Generalstabs	Oberst i. G. Wuthmann
	Oberquartiermeister	Oberst i. G. Gerlach
	VO/IV Wi	Oberstleutnant Nitschke

Heeresgruppe Mitte

Panzergruppe 3	Befehlshaber	Generaloberst Hermann Hoth
	Chef des Stabes	Oberstleutnant i. G. v. Hünersdorff
9. Armee	Oberbefehlshaber	Generalfeldmarschall Adolf Strauß
	Chef d. Generalstabs	Oberst i. G. Weckmann
	Oberquartiermeister	Oberstleutnant Windisch
	VO/IV Wi	Hauptmann v. Ilberg
4. Armee	Oberbefehlshaber	Generalfeldmarschall Günther v. Kluge
	Chef d. Generalstabs	Oberst i. G. Günther Blumentritt
	Oberquartiermeister	Oberstleutnant i. G. Ihno Krumpelt
	VO/IV Wi	Oberstleutnant v. Winterfeld
Panzergruppe 2	Befehlshaber	Generaloberst Heinz Guderian
	Chef des Stabes	Oberstleutnant i. G. Frhr. v. Liebenstein

Heeresgruppe Süd

Panzergruppe 1	Befehlshaber	Generaloberst Ewald v. Kleist
	Chef des Stabes	Oberst i. G. Kurt Zeitzler
6. Armee	Oberbefehlshaber	Generalfeldmarschall Walter v. Reichenau
	Chef d. Generalstabs	Oberstleutnant i. G. Heim
	Oberquartiermeister	Oberstleutnant i. G. Pamberg
	VO/IV Wi	Oberst Keil
17. Armee	Oberbefehlshaber	General der Infanterie Carl Heinrich v. Stülpnagel
	Chef d. Generalstabs	Oberst i. G. Vinzenz Müller
	Oberquartiermeister	Oberstleutnant i. G. Goth
	VO/IV Wi	Rittmeister Fromberg

11. Armee	Oberbefehlshaber	Generaloberst Eugen Ritter v. Schobert
	Chef d. Generalstabs	Oberst i. G. Wöhler
	Oberquartiermeister	Oberst i. G. Hauck
	VO/IV Wi	Oberstleutnant Oswald

Quelle: Original nicht ermittelt; Angaben zusammengestellt aus Tessin, Verbände, KTB der O Qu sowie Aufstellung der IV/Wi in BA-MA, RW 31/162.

Anlage 5: Die Verbindungsoffiziere des Wehrwirtschafts- und Rüstungsamtes in den Oberkommandos der Ostarmeen im Frühjahr 1942

Heeresgruppe Nord

18. Armee	Oberbefehlshaber	General der Kavallerie Georg Lindemann
	Chef des Generalstabs	Generalmajor Waeger
	Oberquartiermeister	Oberst i. G. Bucher
	VO/IV Wi	Hauptmann Kast
16. Armee	Oberbefehlshaber	Generaloberst Ernst Busch
	Chef des Generalstabs	Oberst i. G. Boeckh-Behrens
	Oberquartiermeister	Oberstleutnant i. G. Rauser
	VO/IV Wi	Hauptmann Dr. Sternberg-Raasch

Heeresgruppe Mitte

3. Panzerarmee	Oberbefehlshaber	Generaloberst Georg-Hans Reinhardt
	Chef des Generalstabs	Oberst i. G. Hünersdorff
	Oberquartiermeister	Major Mendrzyk
	VO/IV Wi	Hauptmann Opale
9. Armee	Oberbefehlshaber	Generaloberst Walter Model
	Chef des Generalstabs	Generalmajor Krebs
	Oberquartiermeister	Oberst i. G. Windisch
	VO/IV Wi	Hauptmann Schenk
4. Panzerarmee	Oberbefehlshaber	General der Infanterie Richard Ruoff
	Chef des Generalstabs	Generalmajor Röttiger
	Oberquartiermeister	Major i. G. v. Metzsch
	VO/IV Wi	Hauptmann Krüger
4. Armee	Oberbefehlshaber	General der Infanterie Gotthard Heinrici
	Chef des Generalstabs	Oberst i. G. v. Bernuth
	Oberquartiermeister	Oberst i. G. Krumpelt
	VO/IV Wi	Hauptmann Gerhardi
2. Panzerarmee	Oberbefehlshaber	Generaloberst Rudolf Schmidt
	Chef des Generalstabs	Oberst i. G. Frhr. v. Liebenstein
	Oberquartiermeister	Oberstleutnant i. G. Fähndrich
	VO/IV Wi	Major Kiesow

Heeresgruppe Süd

2. Armee	Oberbefehlshaber	Generaloberst Maximilian Frhr. v. Weichs
	Chef des Generalstabs	Generalmajor Harteneck
	Oberquartiermeister	Oberst i. G. Prüter
	VO/IV Wi	Oberstleutnant Urbich
6. Armee	Oberbefehlshaber	General der Panzertruppe Friedrich Paulus

	Chef des Generalstabs	Generalmajor Heim
	Oberquartiermeister	Oberst i. G. Pamberg
	VO/IV Wi	Oberstleutnant Maier
17. Armee	Oberbefehlshaber	Generaloberst Hermann Hoth
	Chef des Generalstabs	Generalmajor Vinzenz Müller
	Oberquartiermeister	Oberst i. G. Goth
	VO/IV Wi	Oberleutnant Dr. Merz
1. Panzerarmee	Oberbefehlshaber	Generaloberst Ewald v. Kleist
	Chef des Generalstabs	Generalmajor Zeitzler
	Oberquartiermeister	Major i. G. Moeller-Althaus
	VO/IV Wi	Hauptmann v. Hinke
11. Armee	Oberbefehlshaber	General der Infanterie Erich v. Manstein
	Chef des Generalstabs	Generalmajor Wöhler
	Oberquartiermeister	Oberst i. G. Hauck
	VO/IV Wi	Oberstleutnant Dr. Oswald

Quelle: Original nicht ermittelt; Angaben zusammengestellt aus Schematische Kriegsgliederung, Stand 10. 3. 42, BA-MA, III H 410/3b-9, Kriegs-Stellenbesetzung, Stand 1. 3. 42, BA-MA, RH 2/173, Liste VO Wi Rü Amt vom 19. 2. 42, BA-MA, RW 31/177.

Anlage 6: Bandengefährdete Gebiete Oktober 1942

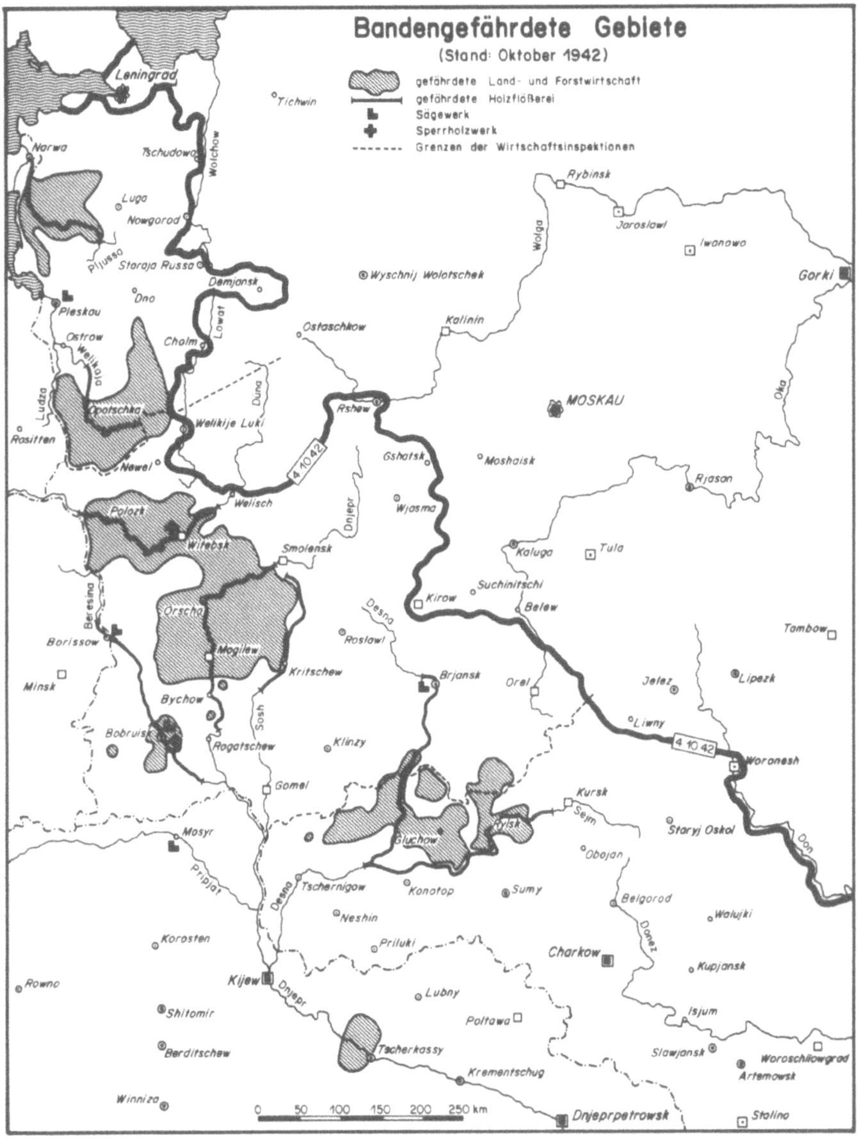

Quelle: Kartenphoto in Vortrag Oberst Dr. Musset am 6. 10. 1942 vor dem Generalstabslehrgang der Kriegsakademie, BA-MA, RW 31/153, ergänzt um Lagekarte vom 4. 10. 1942 (MGFA). Neuzeichnung.

Anlage 7: OKW/Wi Rü Amt, Befehl über Gliederung, Einsatz und Aufgaben der Wi Org Ost vom 8. 5. 1941

Oberkommando der Wehrmacht 8. 5. 1941
Wi Rü Amt
Stab Ia 42/41 g.K.
Betr.: Arbeitsstab zbV (Gen.Lt.Schubert)
Bezug: OKW/WFSt Abt. L (IV Qu) v. 13. 3. 41.
Nr. 44125/41 g.K.Chefs.

Geheime Kommandosache

Der Führer hat mit der einheitlichen Leitung der Wirtschaftsverwaltung im Operationsgebiet und in den politischen Verwaltungsgebieten den Reichsmarschall beauftragt, der diese Aufgabe einem wirtschaftlichen Führungsstab unter Federführung durch Chef Wi Rü Amt übertragen hat.

Der Aufbau und voraussichtliche Einsatz der Wirtschaftsorganisation wird wie folgt festgelegt:

Gliederung der Wirtschaftsorganisation:
Reichsmarschall
Führungsstab Ost
(Chef Wi Rü Amt federführend)
Wirtschaftsstab
(Gen.Lt.d.L. Schubert)
Wirtschaftsinspektionen
Wirtschaftskommandos
Gruppen IV Wi bei den Feldkommandanturen
VO des Wi Rü Amt als Abteilung IV Wi der AOK.

Die dem Wirtschaftsstab Schubert nachgeordneten Wirtschaftsdienststellen werden, soweit sie im Operationsgebiet tätig sind, den Kommandostellen des Heeres militärisch unterstellt.

Der Reichsmarschall erteilt seine Weisungen durch den Wirtschafts-Führungsstab Ost an den Wirtschaftsstab Schubert, der diese, soweit ihre Weitergabe auf dem Befehlsweg an die Truppe oder der Einsatz des Inhabers der vollziehenden Gewalt erforderlich ist, auf dem militärischen Befehlswege über OKH/GenQu zur Durchführung bringt.

Rein fachliche wirtschaftliche Weisungen ergehen auf dem Fachdienstweg unter gleichzeitiger Unterrichtung der entsprechenden militärischen Kommandostellen unmittelbar an die nachgeordneten Wirtschaftsdienststellen.

Die im Operationsgebiet eingesetzten Wirtschaftsdienststellen stehen den Kommandostellen des Heeres für Zwecke der Heeresversorgung zur Verfügung.

– A –

Während des Vormarsches und Verlaufs der Operationen:

I. *Im Armeegebiet:*

a) *Im Gefechtsgebiet:*

Unterstützung der Sachbearbeiter des AOK bei der Versorgung der Truppe aus dem Lande sowie Vorbereitung der späteren allgemeinen wirtschaftlichen Ausnutzung für den Vierjahresplan erfolgt durch den IV Wi des AOK (VO OKW/Wi Rü Amt).

Dem IV Wi beim AOK werden beigegeben:

1 oder mehrere Fachbearbeiter für Ernährung u. Landwirtschaft (stellt Staatssekretär Backe)

1 oder mehrere Fachbearbeiter für gewerbliche Wirtschaft und allgemeine Wirtschaftsfragen (stellt Gen.Lt. von Hanneken)

dazu das entsprechende Unterpersonal, auf das notwendigste Maß beschränkt.

Das Gebiet der Rüstungswirtschaft bearbeitet der VO selbst. Je nach den zu erwartenden Aufgaben werden VO zur Verfügung gestellt:

1 Techn. Batl.,

und auf Anforderung bei der örtlich zuständigen Wirtschaftsinspektion

Erkundungstrupps für gewerbliche Wirtschaft, insbesondere für Rohstoffe und Mineralöl bestehend aus Führerstaffel und Erkundungsstaffel

für landwirtschaftliche Erzeugnisse,

für landwirtschaftliche Maschinen, einschl. Traktoren,

für Produktionsmittel.

Bergungstrupps für landwirtschaftliche Erzeugnisse.

Alle von den Wehrmachtteilen mit wirtschaftlichen *Aufträgen* in das Armeegebiet einschl. der Erfassung von wirtschaftlicher Kriegsbeute vorgeschickten Dienststellen und Persönlichkeiten sind an die Weisungen des IV Wi gebunden.

Die techn. Batl. und die Führerstaffeln sind nicht bodenständig, sondern folgen der Truppe. Erst nach Erreichung des Endzieles können sie, falls keine anderen operativen Aufgaben vorliegen, zu Arbeiten in den rückwärtigen Gebieten verwendet werden.

Ferner werden technische Bergbau- und Mineralöl-Einheiten von Fall zu Fall eingesetzt.

Die Erkundungsstaffeln der gewerblichen Wirtschaft sind bodenständig zu verwenden, d. h. sie bleiben bei weiterem Vorrücken der AOK in den Gebieten tätig, für die sie von vornherein ausgesucht sind, und treten dann unter den Befehl des betr. Wirtschaftskommandos.

b) *Im rückwärtigen Armeegebiet:*

Unterstützung der Sachbearbeiter des AOK bei der Versorgung der Truppe aus dem Lande sowie Vorbereitung der späteren allgemeinen wirtschaftlichen Ausnutzung für den Vierjahresplan erfolgt durch den IV Wi des AOK (VO OKW/Wi Rü Amt).

Hier werden bereits die vordersten, dem AOK unmittelbar unterstehenden Feldkommandanturen des Heeres eingesetzt. Ihnen ist je eine besonders aufzustellende Gruppe IV Wi eingegliedert, die militärisch dem Feldkommandanten unterstellt ist. Ihre Aufgabe ist die Befriedigung des an die Feldkommandanturen herantretenden Sofortbedarfs der Truppe sowie die Vorbereitung der späteren wirtschaftlichen Ausnutzung des Landes im Interesse des Vierjahresplans in Fortführung der Arbeiten des IV Wi beim AOK. Ihre fach-

lichen Weisungen erhält sie auf dem militärischen Dienstwege, d. h. über den IV Wi des AOK, solange die Feldkommandantur zum rückwärtigen Armeegebiet gehört.
Der Gruppe IV Wi einer Feldkommandantur sind je nach dem Charakter des Einsatzgebietes beizugeben:

1 Offizier als Leiter, gestellt durch Wi Rü Amt, der gleichzeitig die rüstungswirtschaftlichen Belange zu vertreten hat.
1 oder mehrere Sachbearbeiter für Ernährung und Landwirtschaft, gestellt durch Staatssekretär Backe,
1 oder mehrere Sachbearbeiter für gewerbliche Wirtschaft und allgemeine Wirtschaftsfragen,
gestellt durch Gen.Lt. von Hanneken.

Dieses Personal tritt kurz vor Beginn der Operationen zu der Feldkommandantur und bleibt im allgemeinen bei ihr bis zum Abschluß der Operationen.
In besonderen Fällen kann ein Fernbleiben der Gruppe IV Wi am Einsatzort in Frage kommen.
Das Nachführen einer neuen Gruppe IV Wi zu der Feldkommandantur wird alsdann erforderlich sein.

II. *Im rückwärtigen Heeresgebiet:*
Im Bereich jeder Heeresgruppe wird beim Befehlshaber des rückwärtigen Heeresgebiets eine Wirtschaftsinspektion eingesetzt, der die Leitung der wirtschaftlichen Ausnutzung des Gebiets obliegt. Die fachlichen Weisungen hierfür erhält der Wirtschaftsinspekteur durch den Wirtschaftsstab, der seinerseits an die Weisungen des Führungsstabes gebunden ist.
Die Wirtschaftsinspektion gliedert sich:

Inspekteur mit Führungsgruppe

Chef der Gruppe La

Die Gruppe La einschl. Unterpersonal, Schreibmaschinen und Büroausstattung wird besetzt durch Staatssekretär Backe.

Arbeitsgebiet: Ernährung und Landwirtschaft
Verfügung über sämtliche landwirtschaftlichen Erzeugnisse.

Chef der Gruppe W

Die Gruppe W einschl. Unterpersonal, Schreibmaschinen und Büroausstattung wird besetzt durch Gen.Lt. von Hanneken, ausgenommen das laut Ziffer C 4 seitens Wi Rü Amt/Ro zu stellende Personal und Material.

Arbeitsgebiet: Gewerbliche Wirtschaft einschl. Rohstoffe und Versorgungsbetriebe, Forstwirtschaft, Finanz- und Bankwesen, Feindvermögen, Handel und Warenverkehr, Arbeitseinsatz.

Chef der Gruppe M

Die Gruppe M einschl. Unterpersonal, Schreibmaschinen und Büroausstattung wird besetzt durch Wi Rü Amt.

Arbeitsgebiet: Truppenbedarf, Rüstung,
Wirtschaftliches Transportwesen.

Die wirtschaftliche Ausnutzung wird ausgeführt:
Im Abschnitt jeder Sicherungsdivision werden 1 oder mehrere Wirtschaftskommandos eingesetzt, von denen ein Wirtschaftskommando gleichzeitig die Geschäfte der Gruppe IV Wi des Divisionsstabes wahrnimmt. Es ist den anderen im Divisionsabschnitt eingesetzten Wirtschaftskommandos vorgesetzt.
Für die hier eingesetzten Feldkommandanturen gelten hinsichtlich der Gruppe IV Wi die unter I b) gegebenen Anordnungen.
Die Wirtschaftskommandos sind bodenständig. Beim Vorrücken der Division wird ihr ein neues Wirtschaftskommando (Gruppe IV Wi) zugeführt.

Die Wirtschaftskommandos bestehen aus:

1 Offizier als Kommandeur,
gestellt durch Wi Rü Amt,
weitere personelle Besetzung je nach den örtlichen Bedürfnissen,

jedoch mindestens

1 Fachbearbeiter für Landwirtschaft,
gestellt durch Staatssekretär Backe,

1 Fachbearbeiter für die gewerbliche Wirtschaft und allgemeine Wirtschaftsfragen,
gestellt durch Gen.Lt. von Hanneken,
ausgenommen das laut Ziffer C 4 seitens Wi Rü Amt/Ro zu stellende Personal und Material,

1 Fachbearbeiter für Rüstung und wirtschaftliches Transportwesen,
gestellt jeweils von den betr. fachbearbeitenden Wirtschaftsdienststellen.

Dazu das entsprechende Unterpersonal.

Zur Durchführung der Bergung der erkundeten Vorräte und Maschinen sind den Wirtschaftskommandos nach Bedarf beizugeben:

Bergungstrupps für landwirtschaftliche Erzeugnisse und Maschinen,
bereitgestellt durch Staatssekretär Backe,
Bergungstrupps für Produktionsmittel,
bereitgestellt durch OKW/Wi Rü Amt,
Bergungstrupps für Rohstoffe,
bereitgestellt durch OKW/Wi Rü Amt.

Bereits bodenständig tätige Trupps treten unter den Befehl des örtlich zuständigen Wirtschaftskommandos.
Für notwendige Bergung der Vorräte hat der Wirtschaftskommandeur Arbeitskräfte (z. B. Gefangene mit Aufsichtspersonal) und Kolonnen bei den Sicherungsdivisionen anzufordern.

III. *Für das politisch abgetrennte Gebiet.*
folgt spätere Regelung durch den Reichsmarschall.

IV. *Für die Vorbereitungen der Aufstellung der Wirtschaftsorganisation*
als vorgeschobene Außenstelle des Führungsstabes des Reichsmarschalls und zur einheitlichen Steuerung aller wirtschaftlichen Aufgaben im Bereich aller Heeresgruppen ist der Arbeitsstab zbV Schubert aufgestellt.

Er besteht aus:

Chef des Wirtschaftsstabes Gen.Lt. d.L. Schubert

Chef der Gruppe La

Die Gruppe La wird einschl. Unterpersonal, Schreibmaschinen und Büroausstattung durch Staatssekretär Backe aufgestellt.

Chef der Gruppe W

Die Gruppe W wird einschl. Unterpersonal, Schreibmaschinen und Büroausstattung durch Gen.Lt. von Hanneken aufgestellt, ausgenommen das laut Ziffer C 4 seitens Wi Rü Amt/Ro zu stellende Personal und Material.

Chef der Gruppe M

Die Gruppe M wird einschl. Unterpersonal, Schreibmaschinen und Büroausstattung durch Wi Rü Amt aufgestellt.

Der Wirtschaftsstab Schubert befindet sich während der Operationen in enger Verbindung mit OKH/GenQu.

– B –

Nach Abschluß der Operationen:

Ausnutzung des Landes nach Abschluß der Operationen wird später befohlen.

– C –

Hiernach sind durch OKW/Wi Rü Amt aufzustellen bzw. bereitzustellen:

1.) *Durch Abt. Rü:*

a) die Gruppen M für:
 1 Wirtschaftsstab
 5 Wirtschaftsinspektionen
 23 Wirtschaftskommandos
 12 Außenstellen der Wirtschaftskommandos.

b) gemäß Ziffer A I a)
 8 VO-Stäbe
 10 Bergungstrupps für Produktionsmittel.

c) 50 Gruppen IV Wi gem Ziff. A Ib) I) und II
 und zwar für
 44 Feldkommandanturen,
 6 als Reserve.

d) Alle Kraftfahrzeuge und Fahrer für die gesamte Wirtschaftsorganisation außer den von Ro aus der Rohstoff- und Mineralöl-Stammabteilung zu stellenden Kraftfahrzeugen.

2.) *Durch Abt. Ro:*

Personal und Material für die Gruppen W aller Wirtschaftsdienststellen.

Außerdem:

Erkundungstrupps für gewerbliche Wirtschaft Bergungstrupps für Rohstoffe Besondere Mineralöl-Kommandos	Anzahl und Zusammensetzung je nach den örtlichen Verhältnissen.

3.) *Durch Abt. Wi:*

Das gesamte wehrwirtschaftliche Material zur Ausstattung aller vorgenannten Dienststellen.

Die Aufstellung muß am 25. 5. 1941 beendet sein.

Der Chef des Oberkommandos der Wehrmacht
I. A.
gez. Thomas

Quelle: BA-MA, RW 31/80.

Anlage 8: Richtlinien des Chefs des Wehrwirtschafts- und Rüstungsamtes für die Führung und den Einsatz der Wirtschaftsdienststellen in den neu besetzten Ostgebieten vom 11. 8. 1941

Der Chef des
Wehrwirtschafts- und Rüstungsamtes
Stab Ia Nr. 2921/41g

Berlin, den 11. August 1941

Betrifft: Richtlinien für die Führung und den Einsatz der Wirtschaftsdienststellen in den neu besetzten Ostgebieten.

Der in den Vorbereitungen für den Fall Barbarossa vorgesehene Einsatz und die Bezirkseinteilung der wirtschaftlichen Dienststellen der Wirtschaftsorganisation Ost war abgestellt auf der Grundlage, daß

1) die Operationen sehr schnell verlaufen,
2) die Übergabe der besetzten Gebiete an die zivile Verwaltung erst nach längerer Zeit erfolgt.

Beide Voraussetzungen treffen heute nicht zu. Auch haben die bisherigen Erfahrungen gezeigt, daß die in der „Wirtschaftsstreifenkarte" vorgesehenen Bereiche der Wi Kommandos raummäßig weder personell noch verkehrstechnisch zu beherrschen sind, andererseits das Zurückhalten und damit das Brachliegen wertvollster Kräfte der für den ferneren Osten vorgesehenen Wi Kommandos bei der heutigen Personallage nicht zu verantworten ist.

Hieraus ergeben sich nachstehende Folgerungen für die Führung der Wirtschaftsorganisation Ost!

1.) Der Einsatz der Wirtschaftsdienststellen und die Bezirkseinteilung hat den durch die Lage gegebenen Notwendigkeiten *wendig* zu entsprechen. Die in der „Wirtschaftsstreifenkarte" vorgesehene Bezirkseinteilung hat künftig lediglich eine Bedeutung für den Einsatz der in den einzelnen Bezirken vorgesehenen Fachleute. Im übrigen ist diese Karte nur als Anhalt zu betrachten.

2.) Die Wirtschaftsinspekteure ordnen den Einsatz der Wi Kommandos, Außenstellen usw. und die Einteilung ihrer Bereiche unter Berücksichtigung folgender Richtlinien selbständig an:

a) Die Bezirke sind so klein wie möglich zu halten.
b) Sämtliche, einer Wirtschaftsinspektion zur Verfügung stehenden Dienststellen sind voll einzusetzen. Für eine Erweiterung des Gebietes der Wi In nach Osten sind die erforderlichen Kräfte durch vorausschauende Disposition und Auslösung aus den, an die zivile Verwaltung abgetretenen Gebieten freizumachen.
c) Die für Sonderbetriebe usw. örtlich vorgesehenen Fachleute sind von den Wi In aus den Wi Kommandos herauszunehmen und entsprechend ihrem Einsatzort den hierfür zuständigen Wi Kommandos zuzuteilen.

Über den Stand des Einsatzes der Wirtschaftsdienststellen und die beabsichtigten Maßnahmen ist dem Wi Stab Ost laufend zu melden.

3.) Die Bezirkseinteilung muß sich von theoretisch vorgefaßten Meinungen freihalten und sich der Lage und der militärischen bezw. zivilen Bezirkseinteilung elastisch anpassen, da die Wirtschaftsführung für das Verordnungswesen und für die Exekutive sich der vollziehenden Gewalt bedienen muß.

Soweit nicht Sonderverhältnisse gegeben sind, gehören deshalb

a) die *Wirtschaftsinspektionen* an den Sitz des Befehlshabers des rückwärtigen Heeresgebietes,
b) das *Wirtschaftskommando* an den Sitz einer Sicherungsdivision bezw. Feldkommandantur.

Die Wirtschaftsdienststellen sind die bearbeitende Dienststelle für wirtschaftliche Angelegenheiten der militärischen Kommandostelle (IV Wi). Nur auf diese Weise ist sichergestellt, daß die Anordnungen der Wirtschaftsdienststellen auf dem militärischen Verordnungs- und Kurierwege schnell durchgesetzt werden und andererseits eine Nebeneinanderarbeit militärischer Verwaltungsstellen auf wirtschaftlichem Gebiet vermieden wird.

Bei Übergang von Teilen des Operationsgebiets in die zivile Verwaltung sind die Grenzen der Wi Kommandos so zu ziehen, daß Durchschneidung von Wi Kommandos durch die neue Verwaltungsgrenze und damit eine Doppelunterstellung von Wi Kommandos möglichst vermieden wird. Dasselbe gilt für Wi Kommandos, deren Bereiche durch die Grenze zwischen den Heeresgruppen auseinandergeschnitten werden.

4.) Die Gruppen der IV Wi der Feldkommandanturen sind voll in die Aufgaben der Wirtschaftsinspektion einzuschalten. Hierzu genügt es nicht, daß auf dem Feldpostwege die Wi In oder das Wi Kommando mit den in ihren Bereichen befindlichen Gruppen IV Wi der Feldkommandanturen Verbindung aufnehmen, sondern der Inspekteur bezw. Wirtschaftskommandeur hat durch persönliche Verbindungsaufnahme die Zusammenarbeit herzustellen und dafür zu sorgen, daß alle Anordnungen des Wi Stabes schnellstens zur Kenntnis der IV Wi der Feldkommandanturen gelangen. Ständige Überwachung der Durchführung ist geboten.

5.) Die IV Wi bei den AOK haben den Weisungen der Wi In zu entsprechen, soweit diese mit den Absichten des AOK in Einklang stehen. In strittigen Fällen ist über Wi Stab Ost Entscheidung bei OKH/GenQu herbeizuführen. Auf der anderen Seite hat die Wi In die Tätigkeit der VO durch Gestellung von angeforderten Fachleuten usw. zu unterstützen.

Alle Meldungen der IV Wi beim AOK an Wi Stab Ost gehen über die Wi In.

6.) Bei den schwierigen Nachrichtenverbindungen im Osten hat die Wi In durch geeignete Maßnahmen dafür zu sorgen, daß Befehle, Meldungen usw. im Verkehr zwischen den einzelnen Wirtschaftsdienststellen schnellstens übermittelt werden. Insbesondere haben die Wi In dafür Sorge zu tragen, daß die Wirtschaftsdienststellen nicht an einer Nebenleitung einer Nebenstelle einer Ortskommandantur angeschlossen werden, sondern auf kürzestem Wege an einer Hauptvermittlung.

7.) Den Wi In werden ab 20. 8. eine Anzahl Außenstellen zur Verfügung gestellt. Diese Außenstellen sind bis zur Ablösung durch zivile Dienststellen bodenständig einzusetzen:

a) bei den Gruppen IV Wi solcher Feldkommandanturen, die voraussichtlich bald herausgezogen werden,
b) bei größeren Ortskommandanturen, deren Bedeutung eine Wirtschaftsstelle erfordert.

8.) Der höchste Nutzeffekt kann nur erzielt werden, wenn alle personellen Kräfte und materiellen Mittel von den Führern der Dienststellen nach einheitlichen Gesichtspunkten entsprechend der Lage und der Dringlichkeit der Aufgaben eingesetzt werden.

Der Führer einer Dienststelle hat das Verfügungsrecht über den Einsatz aller ihm zugeteilten Personen und Kraftfahrzeuge, gleichgültig ob diese Kraftfahrzeuge nach den Stärkenachweisungen zur Gruppe La, W oder M gehören. Soweit z. B. das Personal der Gruppe M für das eigene Aufgabengebiet der Gruppe M keine Aufgaben hat, ist dieses Personal für andere Aufgaben einzusetzen.

Alle Kraftfahrzeuge einer Dienststelle stehen geschlossen zur Verfügung des Leiters der Dienststelle, der sie nach den gegebenen Notwendigkeiten einsetzt. Die Zuteilungen auf Grund der Stärkenachweisung auf die einzelnen Gruppen sind für den Einsatz der Kraftfahrzeuge durch den Leiter der Dienststelle nicht bindend. Die Aufgaben sind hierfür entscheidend.

Die Großräumigkeit der besetzten Ostgebiete, die Schwierigkeiten der Verkehrs- und Nachrichtenverbindungen erfordern, daß die Leiter der Wirtschaftsdienststellen in vielen Fällen eine Verantwortung selbst übernehmen müssen.
Für kleinliche Bedenken und Bürokratie ist in dem weiten Ostraum kein Raum!

Politische Erwägungen sind zurückzustellen gegenüber der Aufgabe des höchstmöglichen Nutzerfolges für die Unterstützung der deutschen Kriegswirtschaft, insbesondere für die Versorgung der Heimat.

Trotz völlig unzureichender Vorbereitungszeit ist noch keine Operation in diesem Kriege auf wehrwirtschaftlichem Gebiet personell und materiell so reichlich ausgestattet worden wie bei dem Feldzug nach dem Osten. Nur auf dem landwirtschaftlichen Sektor fehlen noch erhebliche Kräfte.

Aufgabe der Wirtschaftsorganisation ist es, die vorhandenen Kräfte richtig einzusetzen und zu führen. Nur bei richtiger, der Lage angepaßter Durchführung dieser Aufgabe kann die dem Reichsmarschall und die von ihm dem Wirtschaftsstab Ost übertragene Aufgabe zu einem vollen Ergebnis führen. Hierzu ist die Grundvoraussetzung: *Kein Schema, keine Theorie, sondern gewandte Anpassung an die Lage und Einsatz der Kräfte dort, wo etwas zu holen ist!*

(gez.) Thomas

Quelle: BA-MA, RW 19/177.

Anlage 9: Dienstanweisung für den Armeewirtschaftsführer bei einem AOK vom 25. 4. 1942

Oberkommando der Wehrmacht
Az. 11 Wi Rü Amt / Stab I/O

Berlin, den 25. April 42

Dienstanweisung
für den Armeewirtschaftsführer bei einem AOK
(IV Wi-VO/OKW/Wi Rü Amt beim AOK)

Der Armeewirtschaftsführer beim AOK leitet die Wirtschaft im Armeebereich.

I. *Stellung:*

1.) Der Armeewirtschaftsführer ist dem Chef des Generalstabes des AOK unterstellt und als Sachbearbeiter für wirtschaftliche Fragen (IV Wi) dem O Qu zugeteilt. Er ist zugleich Verbindungsoffizier des OKW/Wi Rü Amtes beim AOK und hat in dieser Eigenschaft die Wehr- und rüstungswirtschaftlichen Belange der Wehrmacht und des Wirtschaftsführungsstabes Ost beim AOK zu vertreten; er untersteht insoweit dem Chef Wi Rü Amt im OKW. Er ist an fachliche Weisungen des Wirtschaftsstabes Ost und der für den Bereich der Heeresgruppe zuständigen Wirtschaftsinspektion gebunden, soweit diese mit den Versorgungsbedürfnissen der Armee nicht in Widerspruch stehen.

Für den Armeewirtschaftsführer und seinen Stab werden Planstellen durch OKW/WH gemäß beiliegender Stärkenachweisung zugewiesen. Das Personal und Gerät wird durch OKW/Wi Rü Amt gestellt. Ersatzanforderungen regeln sich nach den Verfügungen OKW/Wi Rü Amt Stab I/O Nr. 4385/41 vom 27. 9. 41 und Nr. 72/42 vom 6. 1. 42.

Nach Bedarf werden ihm auf Anforderung durch die für den Bereich der Heeresgruppe zuständige Wirtschaftsinspektion weitere Fachkräfte zugeführt.

2.) Dem Armeewirtschaftsführer unterstehen alle im Armeebereich eingesetzten Dienststellen und Einheiten der Wehrwirtschafts- und Rüstungsorganisation und zwar je nach den wehrwirtschaftlichen Erfordernissen im Armeegebiet:

a) Wirtschaftskommandos,
b) Wehrmachterfassungskommandos,
(für gewerbliche Wirtschaft, Land- und Forstwirtschaft)
c) Landwirtschaftsführer zur Führung landwirtschaftlicher Betriebe und Fachkräfte für MTS,
d) Technische Bergbau- und Mineralöleinheiten,
e) Landwirtschaftlich-technische Züge zur Inbetriebnahme von Ernährungsbetrieben (Mühlen, Molkereien, Schlächtereien usw.),
f) Verbindungsoffiziere bei den dem AOK unterstellten Generalkommandos, Divisionen, Feld- und Ortskommandanturen.

Der Bedarf für b), d) und e) ist bei OKW/Wi Rü Amt, für a), c) und f) bei der zuständigen Wirtschaftsinspektion anzufordern. Alle in den Bereich

des AOK von der Wirtschaftsinspektion zum Einsatz im Armeegebiet zugeführten Wirtschaftsdienststellen, Einheiten und Einzelpersonen scheiden für die Dauer dieses Einsatzes aus dem Verbande der Wirtschaftsinspektion aus und stehen dem Armeewirtschaftsführer für alle Aufgaben einschließlich der Aufgaben auf dem Gebiete der Truppenversorgung zur Verfügung.
Der Einsatz der Technischen Truppen wird durch den Armeewirtschaftsführer bearbeitet und vom AOK befohlen.

3.) Der Armeewirtschaftsführer ist Truppenvorgesetzter aller ihm unterstellten Dienststellen und Einheiten (Ziffer 2, Absatz 1) mit den Befugnissen eines Regimentskommandeurs.

4.) Die Personalangelegenheiten (Beurteilungen, Beförderungs-, Auszeichnungsvorschläge usw.) des Armeewirtschaftsführers und seines Stabes werden vom AOK bearbeitet. Beurteilungen über den Armeewirtschaftsführer und die Offiziere seines Stabes sind vom AOK über OKW/Wi Rü Amt an die Personalämter der Wehrmachtteile zu leiten.
Personalangelegenheiten der ihm unterstellten Wirtschaftsdienststellen und Einheiten der Wehrwirtschafts- und Rüstungsorganisation vertritt er, soweit sie ihm über die Wirtschaftsinspektion zugeführt sind, bei dieser, im übrigen unmittelbar bei OKW/Wi Rü Amt.

II. *Aufgaben:*

1.) *Zweckdienliche Ausnutzung des Armeegebietes zur laufenden Versorgung der Truppe aus dem Lande*
und sofortige Ingangsetzung der Versorgungsbetriebe einschließlich solcher für die Versorgungsdienste nach den Anordnungen des AOK. Diese Aufgabe hat den Vorrang vor allen übrigen.
Mit den Sachbearbeitern der O Qu-Abteilung ist engste Verbindung zu halten.

2.) *Vorbereitung und Leitung der allgemeinen wirtschaftlichen Ausnutzung des Armeegebietes für die deutsche Kriegswirtschaft* nach den wirtschaftlichen Erfordernissen oder nach den auf Grund der Richtlinien des Wirtschaftsführungsstabes Ost ergehenden fachlichen Weisungen von OKW/Wi Rü Amt, des Wirtschaftsstabes Ost und der zuständigen Wirtschaftsinspektion. Die Versorgungsbedürfnisse der Truppe haben hierbei den Vorrang.

3.) Laufende Unterrichtung des Chefs des Generalstabes über die wirtschaftlichen Verhältnisse im Armeegebiet und über die gemäß Ziffer 2 ergangenen fachlichen Weisungen.

4.) *Unterrichtung des AOK über die Wirtschaft des Feindes,* insbesondere:
   a) über diejenigen wehrwirtschaftlich-wichtigen Anlagen, deren frühzeitige und möglichst unversehrte Inbesitznahme im Interesse späterer Ausnutzung für die Versorgung der eigenen Truppe und für die deutsche Kriegswirtschaft wichtig ist (vergl. Ziffer 7 Abs. 2).
   b) über die vom Feind besetzten, zur Lähmung seiner Wehrkraft zu zerstörenden wirtschaftlichen Anlagen (hierzu Verbindungsaufnahme mit Stbart und Koluft bei AOK).

c) über wichtige von der eigenen Truppe besetzten Anlagen, die bei unmittelbarer Feindbedrohung einer Ausnutzung durch den Gegner durch Zerstörung entzogen werden müssen.

Unterlagen für die Unterrichtung des AOK erhält der Armeewirtschaftsführer vom OKW/Wi Rü Amt.

5.) *Einheitliche Leitung der Erfassung wirtschaftlicher Kriegsbeute* durch Erkundung und Sicherung von Vorratslagern an kriegswichtigen Rohstoffen und Materialien sowie von Produktionsmitteln, ferner der Vorbereitung ihres Abtransportes oder Einsatzes (bei unmittelbarer Feindbedrohung auch Vernichtung, soweit rechtzeitige Bergung nicht möglich). Hierzu werden ihm außer den Wehrmachterfassungskommandos alle Erfassungsstäbe der Armee und der Wehrmachtteile einsatzmäßig unterstellt, deren Aufgabe nicht auf die Erfassung der Beute an Waffen und Kriegsgerät beschränkt ist. Der Einsatz der Verpflegungserfassungsstäbe durch den Armeeintendanten wird hierdurch nicht berührt; er ist im Einvernehmen mit dem Armeewirtschaftsführer durchzuführen. Auch Feldzeugstäbe können ihm unterstellt werden, wenn auf ihren Gebieten keine Aufgaben vorliegen.

Alle von den zentralen Beschaffungsstellen der Wehrmacht und der Wehrmachtteile mit wirtschaftlichen Aufträgen einschließlich der Erfassung wirtschaftlicher Kriegsbeute in das Armeegebiet vorgeschickten Dienststellen und Persönlichkeiten haben sich vor Aufnahme ihrer Tätigkeit beim Armeewirtschaftsführer zu melden und sind an seine Weisungen gebunden.

6.) *Erkundung und Sicherung wichtiger Versorgungsbetriebe und sonstiger wirtschaftlich besonders wichtiger Anlagen, Feststellung ihrer Ausnutzbarkeit, ihre Ingangsetzung und betriebliche Überwachung, und zwar nach den Anordnungen des AOK:*

a) Von Versorgungsbetrieben und Anlagen, die zur Deckung des Truppenbedarfs wichtig sind,

b) von Gas-, Heizungs-, Elektrizitäts- und Wasserwerksanlagen zur unmittelbaren Versorgung der Truppe und zur Versorgung von Betrieben und Einrichtungen der unter a) genannten Art.

Nach den wirtschaftlichen Erfordernissen oder nach den ihm gemäß II, 2 zugehenden fachlichen Weisungen:

c) Von sonstigen Industrieanlagen, die für die allgemeinwirtschaftliche Ausnutzung des Landes besonders wichtig sind,

d) von Gas-, Heizungs-, Elektrizitäts- und Wasserwerksanlagen zur Versorgung von Anlagen der unter c) genannten Art.

7.) *Einsatz der Technischen Truppen nach Weisung des AOK und Einsatz der sonstigen wehrwirtschaftlichen Einheiten* für die unter Ziffer 5) und 6) genannten Aufgaben.

Zur Sicherung wichtiger Betriebe und Rohstofflager kann es erforderlich werden, Offiziere des Stabes des Armeewirtschaftsführers oder der ihm unterstellten Einheiten in besonders wichtige Abschnitte mit den Vorausabteilungen vorzuschicken.

Die Versorgungsbedürfnisse der Truppe haben den Vorrang.

Der Armeewirtschaftsführer ist für ständige Einsatzbereitschaft aller ihm unterstellten Einheiten verantwortlich.

8.) *Sofortige Aufnahme und Überwachung der Arbeiten in den landwirtschaftlichen Betrieben und MTS* (hierzu Heranziehung von landwirtschaftlichen Betriebsführern und Fachkräften für MTS gemäß I, 2).

9.) *Durchführung aller allgemein-wirtschaftlichen Maßnahmen*, die zu einer geordneten Wirtschaftsführung im Armeegebiet zur Versorgung der Truppe aus dem Lande und zur wirtschaftlichen Ausnutzung des Landes für die deutsche Kriegswirtschaft erforderlich und nach der Kampflage möglich sind (z. B. Anordnungen über Festsetzung von Preisen und Löhnen, Arbeitseinsatz und Arbeitsbedingungen, Anmeldung kriegswichtiger Vorräte, notwendigste Versorgung der Zivilbevölkerung zur Erhaltung der Arbeitsfähigkeit, Weitererhebung von Steuern und Abgaben).

10.) *Wirtschaftspropagandistische Maßnahmen* gegenüber Truppe und Zivilbevölkerung.

11.) Die Arbeiten des Armeewirtschaftsführers im Armeebereich sind so rechtzeitig an rückwärtige und bodenständige Wirtschaftsdienststellen zu übergeben, daß beim Vorrücken des AOK keine Lücke in der wirtschaftlichen Ausnutzung des Landes entsteht. Hierzu sind dem Armeewirtschaftsführer durch die Wi In Offiziere der zum späteren Einsatz vorgesehenen Wirtschaftskommandos rechtzeitig zuzuführen.

12.) Der Wirtschaftsinspekteur ist angewiesen, engste Verbindung mit dem Armeewirtschaftsführer zu halten.

III. *Berichterstattung, Schriftverkehr, Kriegstagebuch.*

1.) Der Armeewirtschaftsführer berichtet:

a) sofort über besondere Vorkommnisse wirtschaftlicher Art im Armeegebiet,

b) nach dem Stand vom 1. und 15. jeden Monats über die wirtschaftliche Lage im Armeegebiet. Die Berichte sind vorzulegen:

dem Chef des Genetalstabes des AOK über den O Qu,
der zuständigen Wirtschaftsinspektion,
dem Wirtschaftsstab Ost,
dem OKW/Wi Rü Amt.

Den Berichten sind Tätigkeitsberichte der unterstellten Dienststellen und Einheiten beizufügen.

2.) Soweit von Seiten des Armeewirtschaftsführers Befehle an die dem AOK unterstellten Truppen und Dienststellen oder Anweisungen an die Zivilbevölkerung zu erlassen sind, ergehen diese durch besondere Anordnungen des AOK.

Befehle in Ausübung seiner Befehlsbefugnisse an die ihm unterstellten Dienststellen und Einheiten, ferner fachliche Anweisungen an die VO bei dem AOK nachgeordneten Kommandobehörden sowie der Schriftverkehr mit Dienststellen der Wehrwirtschafts- und Rüstungsorganisation gehen unter der Bezeichnung

„Armeewirtschaftsführer bei AOK ...“

(VO/OKW/Wi Rü Amt)

3.) Der Armeewirtschaftsführer führt ein eigenes Kriegstagebuch nach den Bestimmungen des OKH sowie den besonderen Zusätzen des OKW/Wi Rü Amt.
Er reicht dem AOK Tätigkeitsberichte als Anlagen für das Kriegstagebuch der W Qu-Abteilungen ein.

Der Chef des Oberkommandos der Wehrmacht
I.A.
gez. Hünermann

Stärkenachweisung
für den Armeewirtschaftsführer (VO/OKW/Wi Rü Amt)
bei einem Armeeoberkommando

Stellen-gruppe		Offi-ziere	Be-amte	Uffz. u. Ma.	m. Pkw.	Lkw.	Bem.
R	Armeewirtschaftsführer	1					
B	Sachbearbeiter für Führung	1					
K	Ordonnanzoffizier	1					
–	Sachbearbeiter, Beamter des höheren oder des		1				
	gehobenen technischen Dienstes		1				
–	Sachbearbeiter für Landwirtschaft (KV-Rat)		1				
–	Registratur, Beamter des mittleren Verwaltungsdienstes		1				
G	Schreiber			1 Uffz.			
M	Schreiber und Ordonnanzen (1)			4 Ma.			
M	Fahrer			5 Ma.	4	1	
	Dolmetscher	1 (Sdf.)					
	Zusammen	4	4	10	4	1	

Quelle: BA-MA, RW 31/19.

Anlage 10: Stand der Wirtschaftsorganisation Ost am 1. 11. 1942

Wirtschaftsstab Ost
Stab Abt. I/Ib
Nr. 900900/42 geh.

Berlin, 9. November 1942

Stand der Wirtschaftsorganisation Ost am 1. 11. 42

Wi In Kaukasus:	Woroschilowsk
Felddepot	Rostow
Wi-Verbindungsstab bei FK 810 (Major Rohlsen)	Umanskaja
Nachrichten-Sammel- und Auswertestelle OKW/Wi Amt bei Heeresgruppe A	Woroschilowsk
WEK-Reserve und angeschlossene Bergungstrupps	Rostow
VO 21, 22, 25, 27	Felddepot Rostow
Wi Kdo 15	Tichorezk
Nebenstelle Woroschilowsk	Woroschilowsk
Nebenstelle Jeisk	Jeisk
VO 16/FK 608	Tichorezk
Sonderstab Oberst Nagel (Wi Kdo 16)	Mikojan-Schacher
Nachschubstelle Tscherkessk	Tscherkessk
Nachschubstelle Armawir	Armawir
Gruppe Landwirtschaft/Wi Kdo 16	Tscherkessk und Armawir
A WiFü AOK 17	Krasnodar
VO/Gruppe Wetzel (Major v. Hinke)	Jastrebowski
Wi Kdo (5) Krasnodar	Krasnodar
VO 17	Krasnodar
VO 18	Noworossisk
Wi Kdo 11 (dem Wi Kdo 5 unterstellt)	Maikop
Nebenstelle Maikop z. Zt. Wi Kdo 11	zugeteilt
Nebenstelle Armawir	Armawir
Gruppe Landwirtschaft/Wi Kdo 15	Tichorezkaja bei Tichorezk
Gr.La/ehem. Wi Kdo 1	Tscherkessk
VO 19	Maikop
VO 20	Armawir (Leitung und Verstärkung der Nebenstelle A)
VO 30 a.d.M.n.	Isobilno-Pischesten (40 km nw. Noworossisk)
WEK 2	
Bergungstrupp 8	Felddepot Rostow
WEK 3	
Bergungstrupp 11	
La-Te-Zug 2	Krasnodar
TB 3	

Außenstelle der OKW/Nachschubstelle für Erdölgerät	Armawir
AWiFüPz.AOK 1	Pjatigorsk
Wi Kdo (6) Pjatigorsk	Pjatigorsk
VO 9, 11, 13, 15	Pjatigorsk
Wi Kdo 10	Pjatigorsk
WEK 4	
Bergungstrupp 9	Pjatigorsk
WEK 7	
Bergungstrupp 5	Prochladnaja
La-Te-Zug 7	Pjatigorsk
TB 8	Naltschik
Wi In Don-Donez:	Stalino
Felddepot	Stalino
Inspektions-Regiments-Stab	Stalino
VO 6/Außenstelle Süd OKH/GenQu	Stalino
VO (Meldekopf) der Wi In bei H.Gr. B	Starobelsk
Verb.Stab He Wi Fü zu H.Gr. B	Charkow
VO/Bef.H.Geb. B	Charkow
Verb.Stab He Wi Fü zu Stab Don	Rostow
Transport-Überwachungs-Kdo (Wi Kdo 12)	Stalino
Relais-Kdo (Wi Kdo 17)	Mariupol
Bergungstrupp 6	Charkow
AWiFü Pz.AOK 4	Schelestow bei Aksai
WEK 1	Simowniki
TB 13	Simowniki
VO/Korück 593	Simowniki
AWiFü AOK 6	Selenowskij b. Kalatsch
Wi Kdo 3	Popoff (15 km nördl. Surowikino)
Sicherungsgruppe 2	Kalatsch (dem Wi Kdo 3 zugeteilt)
Sicherungsgruppe 3, 4	Forschstadt (dem Flüchtlings-Auffang-Kdo Major Peters zugeteilt)
WEK 6	
Bergungstrupp 4	Kalatsch
La-Te-Zug 1	Nishne-Tschirskaja
TB 23 (mot)	
Stab und 3. Kompanie	Nishne-Tschirskaja
2. Kompanie	Morosowskaja
1. Kompanie	Kalatsch
VO 24/Stadtkommandant Stalingrad	Kalatsch
VO 26/OFK 396	Forschstadt
Deutscher Wi Stab/Rumänisches AOK 3	Morosowskaja
VO 23/AK	Tschernyschewskaja
VO 28/AK	Perelasowskij

VO 29/AK		Bokowskaja
VO 34/AK		Jewstaratowskij
VO 3a	a.d.M.n.	Morosowskaja
Deutscher Wi Stab/Italienisches AOK 8		*Woroschilowgrad*
Wi Kdo 4		Tschertkowo
Gr.La Wi Kdo 4		Mitrofanowka
Nebenstelle Rossosch		Rossosch
WEK 5		Woroschilowgrad
Sicherungs-Gruppe 1		Tschertkowo
La-Te-Zug 4		Mitrofanowka
VO/AOK		Millerowo
VO/AK		Karchinowka
VO 4/AK		Kantemirowka
VO/AK		Mitrofanowka
Deutscher Wi Stab/Ungarisches AOK 2		Nowy-Oskol
Wi Kdo 2		Budjenny
Gr.La Wi Kdo 2		Ostrogoshsk
Bergungstrupp 3		eingesetzt
VO 5/AK		Olchowo
VO 7/AK		Dolshik (12 km ostw. Ostrogoshsk)
VO 8/Div.		Ssemidessjanskaja
VO/Div.		Marki
VO 2/Div.		Nishnegniloje
VO 12/Div.		Petrowskaja
VO (60)/AK		Einarbeitung
VO 31/AK		bei VO 8
VO 32/AK		Ssemidessjanskaja
AWiFü AOK 2		Ryschkowo (10 km südl. Kursk)
Wi Kdo (13) Kursk		Kursk
Gr.La Woronesh		Nishnedewizk
Gr.La Kursk		Kursk
Nebenstelle Kastornoje (VO 10)		Kastornoje
La-Te-Zug 3		Kursk
VO 1a/Korück 580		Kursk
VO 1b/FK 239		Sowjetzki
VO 3b/FK 668		Fatesh

Im Heeresgebiet:

Wi Kdo Krim	Simferopol
Nebenstelle Kertsch	Kertsch
Nebenstelle Sewastopol	Sewastopol
Nebenstelle Jalta	Jalta
VO/OK 805	Feodosia
Wi Kdo Rostow (7)	Rostow

Gr.La (früher Wi Kdo 8)	Simowniki
Nebenstelle Taganrog	Taganrog
Nebenstelle Nowotscherkassk	Nowotscherkassk
VO/OK 442	Schachty
VO/OK 441	Kamensk
Nebenstelle Simowniki (zugl. VO/FK 200)	Simowniki
VO	Kotelnikowo
Nebenstelle Metschetinskaja	Metschetinskaja
VO	Ssalsk
VO	Morosowskaja
VO/OK 926 und VO/AOK	Millerowo
Wi Kdo Stalino	Stalino
Nebenstelle Mariupol	Mariupol
Nebenstelle Konstantinowka	Konstantinowka
Nebenstelle Artemowsk	Artemowsk
Nebenstelle Slawjansk (= VO [46])	Slawjansk
Wi Kdo Woroschilowgrad (9)	Woroschilowgrad
Nebenstelle Lissitschansk	Lissitschansk
Wi Kdo Charkow	Charkow
Bergungstrupp 7	Charkow
Bergungstrupp 10	Charkow
VO (50) Sich.Div. 403	Kupjansk
Wi Kdo Bjelgorod	Bjelgorod
Nebenstelle Rylsk	Rylsk
VO (81)/OK 731	Waluiki
VO (49) Sich.Div. 213	Bjelgorod
Wi Kdo Sumy	Sumy
Nebenstelle Romny	Romny
Nebenstelle Schostka	Schostka
Nebenstelle Konotop	Konotop
VO 33/OFK 399	Konotop
Nebenstelle Gluchow	Gluchow
Min-Öl-Kdo Romny	Romny
Wi Kdo Tschernigow	Tschernigow
Nebenstelle Schtschors (VO [87])	Schtschors (Snowsk)
Nebenstelle Priluki	Priluki
zugl. VO (44)/FK 197 Neshin	Neshin
Wi In Mitte:	Borissow
Verb.Stab He Wi Fü/H.Gr. u. Bef.H.Geb.	Smolensk
VO/LIX.AK	Witebsk
Wi Kdo 14 (Insp.Reserve)	Borissow
A WiFü Pz.AOK 2	Orel
Wi Kdo in Orel	Orel
Nebenstelle Kromy	Kromy
Wi Kdo Brjansk	Brjansk
Nebenstelle Karatschew	Karatschew
A WiFü AOK 4	Ljubun

Wi Kdo in Ljubun	Ljubun
Nebenstelle Stodolischtsche	Stodolischtsche
Nebenstelle Schumjatschi	Schumjatschi
Nebenstelle Jełnja	Jełnja
Nebenstelle Spass-Demensk	Spass-Demensk
Wi Kdo Roslawl	Roslawl
A WiFü Pz.AOK 3	Wjasma
Wi Kdo in Wjasma	Wjasma
A WiFü AOK 9	Sytschewka
Wi Kdo in Sytschewka	Sytschewka

Im Heeresgebiet:

Wi Kdo Bobruisk	Bobruisk
Wi Kdo Gomel	Gomel
Wi Kdo Klinzy	Klinzy
Wi Kdo Klimowitschi	Klimowitschi
VO (61)/OKI 304	Osipowitschi
Wi Kdo Orscha	Orscha
Wi Kdo Mogilew	Mogilew
Nebenstelle Stary-Bychow	Stary-Bychow
Wi Kdo Borissow	Borissow
Nebenstelle Tscherwen	Tscherwen
Wi Kdo Smolensk	Smolensk
Nebenstelle Potschinok	Potschinok
VO/FK 516	Tscherikow
VO (22)/OKI 844	Gorki
Wi Kdo Witebsk	Witebsk
Wi Kdo Polozk	Polozk
Wi Kdo Lepel	Lepel
VO (79)/OKI 262	Beschenkowitschi
Wi In Nord:	Pleskau
VO/Bef.H.Geb. Nord	Werro
VO/O Qu Nord	Riga
A WiFü AOK 18	Siwerskaja
Wi Kdo Krasnogwardeisk	Krasnogwardeisk
Nebenstelle Wolossowo	Wolossowo
Nebenstelle Ssiwerskaja	Ssiwerskaja
Nebenstelle Rogawka	Rogawka
Wi Kdo Narwa	Narwa
Nebenstelle Kingisepp	Kingisepp
WEK 9	Hungerburg
Berg.Tr. 12	
A WiFü AOK 16	Wybeti
Wi Kdo Dno	Dno
Nebenstelle Staraja Russa	Staraja Russa
Nebenstelle Porchow	Porchow

Nebenstelle Schimsk	Schimsk
Nebenstelle Szoltzy	Szoltzy
Nebenstelle Suchtschewo	Suchtschewo
Nebenstelle Loknja	Loknja
Wi Kdo Staraja Russa (Wi Kdo Dno zugeteilt)	Dno

Im Heeresgebiet:

Wi Kdo Pleskau	Pleskau
Nebenstelle Maslogostizy	Maslogostizy
Nebenstelle Strugy-Krasnoje	Strugy-Krasnoje
Wi Kdo Opotschka	Opotschka
Nebenstelle Krasnoje	Krasnoje
Nebenstelle Pustoschka	Pustoschka
Nebenstelle Sebesh	Sebesh
Nebenstelle Idriza	Idriza
Wi Kdo Ostrow	Ostrow
Nebenstelle Puschinsky-Gory	Puschinsky-Gory
Nebenstelle Noworshew	Noworshew
Wi Kdo Gdow	Gdow
Min-Öl-Außenstelle Slanzy	Slanzy
Wi Kdo Luga	Luga
Nebenstelle Pljussa	Pljussa
Nebenstelle Osmino	Osmino
Nebenstelle Batjetzkaja	Batjetzkaja

Der Chef des Wirtschaftsstabes Ost
I.A.
(Gulden)

Quelle: BA-MA, RW 31/24

Anlage 11: Bevölkerungsdichte und landwirtschaftliche Arbeitskräfte je 100 ha landwirtschaftliche Nutzfläche
(Stand vom Dezember 1942, in der Wi In Nord vom Juni 1943)

Gebiete	Gesamtbevölkerung je 100 ha landwirtschaftliche Nutzfläche	Landbevölkerung je 100 ha landwirtschaftliche Nutzfläche	Landwirtschaftliche Arbeitskräfte je 100 ha landwirtschaftliche Nutzfläche	Landwirtschaftliche Arbeitskräfte je 100 ha Ackerfläche
Estland	37,0	25,6	16,9	41,6
Lettland	47,7	32,8	20,1	34,2
Litauen	70,0	57,2	31,5	46,1
Weißruthenien	89,3	74,4	40,9	78,0
RK Ostland	60,7	47,2	27,1	47,9
Wi In Nord	47,4	42,0	26,1	62,0
Wi In Mitte	64,1	51,6	28,4	49,2
Wolhynien-Podolien	86,4	79,7	33,2	50,0
Shitomir	96,4	79,3	30,9	38,1
Kiew	84,3	62,1	29,6	39,9
Nikolajew	44,7	36,2	22,7	27,5
Dnjepropetrowsk	59,7	37,3	18,2	23,4
Taurien	31,5	26,7	13,2	16,7
RK Ukraine	69,9	55,4	25,7	33,8
Tschernigow	82,9	57,0	28,9	43,2
Ssumy	76,6	69,4	33,5	42,4
Kursk (Teilgebiet)	78,0	71,5	42,8	47,2
Charkow	88,9	47,0	31,0	44,7
Stalino	97,4	38,1	21,0	25,7
Krim	34,4	21,6	10,1	16,2
Wi In Süd	75,5	46,6	25,0	34,6
Gesamte besetzte Ostgebiete	66,9	50,9	26,3	39,5
Deutsches Reich (Anfang 1938)	245			

Quelle: BA-MA, RW 31/84

Anlage 12: Zahl und Größe der landwirtschaftlichen Betriebe: Staatsgüter[1])

	Zahl	Gesamtfläche ha		Landwirtschaftliche Nutzfläche insgesamt		Ackerfläche insgesamt	
		1 000 ha	Im Mittel je Betrieb ha	1 000 ha	Im Mittel je Betrieb ha	1 000 ha	Im Mittel je Betrieb ha
Wi In Nord	152	115,6	761	60,0	394	37,3[2])	246
RK Ostland	1 669	560,4	335	341,8	222	203,6[2])	121
Wi In Mitte	231	350,0	1 515	210,0	908	150,0	649
RK Ukraine	1 271[4])	2 172,0	1 708	1 904,0	1 498	1 501,0	1 181
Wi In Süd[3])	984	4 619,0	4 693	4 015,0	4 080	2 465,1	2 505
Insgesamt	4 307	7 817,0	1 815	6 530,8	1 516	4 357,0	1 012

[1]) Außer den Sowchosen wurden – vorwiegend in den seit 1939 an die Sowjetunion gefallenen Gebieten – herrenlose Grundstücke und Betriebe, die ehemals Kommunisten, Juden und deutschen Umsiedlern gehörten, als Staatsgüter bewirtschaftet.

[2]) Geschätzt.

[3]) Wi Kdos: Tschernigow, Ssumy, Kursk, Charkow, Woroschilowgrad, Stalino, Krim, Woronesch, Rostow. Dazu traten im Gebiet der Wi In Kaukasus 214 Staatsgüter mit 2,2 Millionen ha Gesamtfläche.

[4]) Davon 549 in Wolhynien.

Quelle: BA-MA, RW 31/84

Anlage 13: Zahl und Größe der landwirtschaftlichen Betriebe: Kolchose im Südabschnitt

	Zahl	Ackerfläche (1 000 ha)	landwirtschaftliche Nutzfläche (1 000 ha)	Durchschnittsgröße in ha landwirtschaftlicher Nutzfläche
RK Ukraine	16 536	16 528	21 926	1 310
Wi In Süd[1])	15 757	15 419	21 563	1 400
Insgesamt	32 293	31 947	43 489	1 370

[1]) Wi Kdos: Tschernigow, Ssumy, Charkow, Stalino, Krim, Kursk, Woroschilowgrad, Rostow.
Quelle: BA-MA, RW 31/84

Anlage 14: Zahl und Größe der landwirtschaftlichen Betriebe: Im Ostland (ohne Weißruthenien)

Größenklassen	Lettland 1939	Estland 1939 in Tausend	Litauen 1930[1])	zusammen	Lettland 1939	Estland 1939 von Hundert	Litauen 1930[1])
1– 5 ha	39,0	17,8	49,8	99,6	13,9	12,8	18,1
5–10 ha	42,6	21,3	74,7	138,6	18,4	15,2	27,2
10–20 ha	78,2	38,3	89,7	206,2	33,9	27,3	32,6
20–30 ha	37,2	27,1	33,1	97,4	16,1	19,4	12,1
30–50 ha	25,0	24,4	19,8	69,2	10,8	17,4	7,2
über 50 ha	15,8	11,1	7,7	34,6	6,9	7,9	2,8
Insgesamt	230,8	140,0	274,8	645,6	100,0	100,0	100,0

[1]) Zahl der Betriebe ohne Wilnagebiet, die auf etwa 14–15 000 aller Größenklassen geschätzt wird. Die Gesamtfläche dieser Betriebe verteilte sich auf die einzelnen Größenklassen wie folgt:

Größenklassen	Lettland 1939	Estland 1939 in Tausend	Litauen 1930[1])	zusammen	Lettland 1939	Estland 1939 von Hundert	Litauen 1930[1])
1– 5 ha	90,3	86,4	143,7	320,4	2,0	2,7	3,5
5–10 ha	324,3	219,4	558,0	1 101,7	7,1	6,9	13,5
10–20 ha	1 164,8	689,1	1 250,7	3 104,6	25,6	21,7	30,2
20–30 ha	887,4	707,2	801,0	2 395,6	19,5	22,3	19,4
30–50 ha	972,3	941,7	733,5	2 647,5	21,4	29,6	17,7
über 50 ha	1 106,9	535,7	650,9	2 293,5	24,4	16,8	15,7
Insgesamt	4 546,1	3 179,4	4 137,7	11 863,3	100,0	100,0	100,0

[1]) Ohne Wilnagebiet mit einer Gesamtfläche von 293 000 ha einschließlich der forstwirtschaftlichen Betriebe.

Quelle: BA–MA, RW 31/84

Anlage 15: Betriebsverbrauch und Marktleistung 1942/43 im RK Ukraine
Getreide: Weizen, Roggen, Gerste, Hafer, Gemenge
(Betriebsverbrauch ausschließlich Saatgut)

Boden und Klimazone	Betriebsverbrauch		Zuteilung und Futter	Marktleistung	Betriebsverbrauch zu Marktleistung
	Zuteilung an landwirtsch. Bevölkerung (Haushalt und Deputat)	Futter			
	%	%	%	%	
I	21,7	19,0	40,7	59,3	40,7 : 59,3
II	20,7	19,7	40,4	59,6	40,4 : 59,6
III	23,1	17,5	40,6	59,4	40,6 : 59,4
IV	23,9	18,5	42,4	57,6	42,4 : 57,6
Durchschnitt	22,3	18,7	41,0	59,0	41,0 : 59,0

Quelle: BA-MA, RW 31/84

Anlage 16: Betriebsverbrauch und Marktleistung 1942/43 im RK Ukraine
Mais (Betriebsverbrauch ausschließlich Saatgut in %)

Zone	Betriebsverbrauch			Marktleistung	Sonstiges	Betriebsverbrauch zu Marktleistung
	Zuteilung an landwirtsch. Bevölkerung Haushalt und Deputat	Futter	Zusammen			
I	–	–	–	–	–	–
II	37,7	29,1	66,8	8,3	24,9	89 : 11
III	17,2	38,1	55,3	34,1	10,6	62 : 38
IV	9,9	44,0	53,9	34,0	12,1	61,3 : 38,7
Durchschnitt	21,6	37,1	58,7	25,4	15,8	69,6 : 30,4

Hirse und Buchweizen (Betriebsverbrauch ausschließlich Saatgut)

I	35,1	23,3	58,4	33,8	7,8	63,3 : 36,7
II	21,0	12,4	33,4	63,5	3,1	34,4 : 65,6
III	23,2	11,3	34,5	64,1	1,4	35,0 : 65,0
IV	14,2	15,8	30,0	68,1	1,9	30,6 : 69,4
Durchschnitt	23,4	15,7	39,1	57,3	3,6	40,5 : 59,5

Quelle: BA-MA, RW 31/84

Anlage 17: Betriebsverbrauch und Marktleistung 1942/43 im RK Ukraine
In kg je ha Nutzfläche (ausschließlich Saatgut)

	Getreide	Mais	Buchweizen und Hirse	Insgesamt kg
		Trudoden		
Podolien	47	1,5	4,4	52,9
Shitomir	42	–	5,3	47,3
Winniza	39	2,0	10,7	51,7
Kiew	32	2,0	15,0	49,0
Poltawa	25	9,7	19,2	52,9
Nikolajew	32	5,5	4,9	42,4
Kirowograd	30	3,1	9,6	42,7
Dnjepropetrowsk	44	7,2	7,4	58,6
Saporoshje	40	9,8	8,0	47,8
Taurien	45	3,3	2,3	50,6
		Futter		
Podolien	45	2,7	2,6	50,3
Shitomir	37	–	3,5	40,5
Winniza	41	1,6	4,9	47,5
Kiew	30	1,6	8,8	40,4
Poltawa	24	7,5	11,3	42,8
Nikolajew	24	12,1	2,3	38,4
Kirowograd	23	7,0	4,7	34,7
Dnjepropetrowsk	34	15,6	3,6	53,2
Saporoshje	30	21,8	3,9	55,7
Taurien	35	14,6	2,5	52,1
		Marktleistung		
Podolien	134	0,7	13,4	148,1
Shitomir	111	–	5,1	116,1
Winniza	125	0,5	21,2	146,7
Kiew	91	0,5	45,4	136,9
Poltawa	72	2,1	58,1	132,2
Nikolajew	82	10,9	13,0	105,9
Kirowograd	77	6,3	26,6	109,9
Dnjepropetrowsk	112	14,0	20,4	146,4
Saporoshje	101	19,6	22,1	142,7
Taurien	107	11,3	10,8	129,1

Quelle: BA-MA, RW 31/84

Anlage 18: Marktleistung Gesamtgetreide 1942/43 im RK Ukraine
(in Effektivzahlen)

Generalkommissariat	Ernte 1943	Erfassung		Ablieferung (in Tonnen)		
	in Tonnen	in Tonnen	in Prozent	an Wehrmacht	ins Reich	an Sonstige
Wolhynien- Podolien	1 247 600	632 533	50,7	258 963	159 055	168 773
Shitomir	687 099	304 385	44,3	141 120	77 121	101 163
Nikolajew	976 173	471 492	48,3	216 301	151 229	133 637
Kiew	1 255 867	595 281	47,4	299 017	97 510	188 160
Dnjepropetrowsk	1 522 712	913 627	60,0	383 233	211 016	352 640
RK Ukraine	5 689 451	2 917 318	51,3	1 298 634	695 931	944 373

Quelle: Original nicht ermittelt; Zahlen entnommen bzw. errechnet aus der Aufstellung Wi Stab Ost/Chefgruppe La 3 b 3 und Reichsminister für die besetzten Ostgebiete III E 3 b 3, Die Ernährungswirtschaft der besetzten Ostgebiete. Wirtschaftsjahr 1942/43. Statistik der landwirtschaftlichen Erzeugung, Erfassung und ihre Verteilung auf Wehrmacht, Reich und sonstige Bedarfsträger, Tabelle A 3 vom 17. 12. 1943, BA-MA, RW 31/174.

Anlage 19: Betriebsverbrauch und Marktleistung 1942/43 im RK Ukraine

Trudoden je Arbeitskraft (in kg je Jahr)

	Getreide	Mais	Buchweizen und Hirse	Insgesamt Trudoden
Podolien	127	9,5	11,9	138,4
Shitomir	93	–	11,7	104,7
Winniza	112	5,7	30,5	148,2
Kiew	97	5,7	41,5	144,2
Poltawa	79	30,7	60,7	170,4
Nikolajew	145	24,7	22,0	201,7
Kirowograd	91	9,5	29,5	130,0
Dnjepropetrowsk	183	30,1	31,1	244,2
Saporoshje	190	46,4	37,8	274,2
Taurien	280	20,2	13,4	313,6
Durchschnitt	119	27,4	14,8	161,2

Trudoden je Kopf der landwirtschaftlichen Bevölkerung (in kg je Jahr)

	Getreide	Mais	Buchweizen und Hirse	Insgesamt
Podolien	50	3,7	4,8	58,5
Shitomir	36	–	4,6	40,6
Winniza	42	2,2	11,6	55,8
Kiew	39	2,4	18,2	59,6
Poltawa	44	17,0	33,5	94,5
Nikolajew	87	14,8	13,2	115,0
Kirowograd	60	6,2	19,3	85,5
Dnjepro	94	15,4	15,9	125,3
Saporoshje	85	21,0	17,1	123,1
Taurien	136	9,9	6,5	152,4
Durchschnitt	56	6,9	12,7	75,6

Quelle: BA-MA, RW 31/84

Anlage 20: Getreide-Anbauflächen vor dem Kriege (1939)
in 1 000 ha

	Roggen	Winter-Weizen	Sommer-Weizen	Gerste	Hafer	Buch-weizen	Hirse	Mais	Getreide insgesamt
RK Ostland[1])	976,8	266,7	189,2	493,2	971,1	45,0	–	–	2 942,0
Weißruthenien[1])	417,0	46,0	20,0	64,0	182,0	24,0	1,5	–	754,5
Wi In Nord[2])	160,0	6,2	10,5	39,8	86,5	1,5	–	–	304,5
Wi In Mitte[2])	920,0	3,2	94,8	210,6	310,5	171,8	25,7	–	1 736,6
RK Ukraine	2 468,0	4 586,0	437,0	1 954,0	1 254,0	483,0	301,0	596,0	12 110,0
Wi In Süd[3])	1 187,0	1 712,0	589,0	885,0	591,0	273,0	123,0	259,0	5 619,0
Zusammen	6 128,8	6 620,1	1 340,5	3 677,6	3 395,1	998,3	451,2	855,0	23 466,6

[1]) Z. T. geschätzt.
[2]) Geschätzt.
[3]) Wi Kdos: Tschernigow
Ssumy
Kursk
Charkow
Woroschilowgrad
Stalino
Krim.

Quelle: BA-MA RW 31/84

Anlage 21: Getreide-Anbauflächen 1941/42 in 1 000 ha

	Winter-Roggen	Winter-Weizen	Winter-Gerste	Gesamt-Winter-getreide	Sommer-Roggen	Sommer-Weizen	Hafer	Gerste
RK Ostland	848,9	101,0	–	949,9	4,5	131,7	910,8	351,4
Weißruthenien	347,0	6,0	–	353,0	1,2	32,7	146,9	68,4
Wi In Nord	161,4	9,3	–	170,7	7,4	12,1	109,2	41,3
Wi In Mitte	1 098,7	3,2	–	1 101,9	7,2	104,4	364,4	233,9
RK Ukraine	1 478,0	1 265,1	4,1	2 747,2	–	241,7	871,6	2 576,4
Wi In Süd[1])	318,3	421,2	11,8	751,3	–	140,2	160,8	486,3
Zusammen	4 252,3	1 805,8	15,9	6 074,0	20,3	663,8	2 563,7	3 757,7

	Buch-weizen	Hirse	Mais	Getreide-Gemenge	Sonstiges	Sommer-getreide insgesamt	Getreide insgesamt	% des Friedens-anbaus
RK Ostland	58,5	–	–	317,8	–	1 775,7	2 725,6	92
Weißruthenien	3,5	2,6	–	92,7	–	348,0	701,0	93
Wi In Nord	1,2	–	–	–	–	171,2	341,9	–[2])
Wi In Mitte	214,2	34,4	–	–	–	958,5	2 060,4	–[2])
RK Ukraine	520,4	1 234,2	714,6	–	–	6 158,9	8 906,1	73
Wi In Süd[1])	109,2	353,0	169,4	20,0	10,0	1 448,9	2 200,2	–[2])
Zusammen	907,0	1 624,2	884,0	450,5	10,0	10 861,2	16 935,2	–[2])

[1]) Wi Kdos: Tschernigow, Ssumy, Charkow (Teilgebiet), Stalino (Teilgebiet), Kursk (Teilgebiet), Krim.
[2]) Vergleich wegen Gebietsüberschneidungen nicht möglich.
Quelle: BA-MA, RW 31/84

Anlage 22: Getreide-Anbauflächen 1942/43 in 1 000 ha

	Winter-Roggen	Winter-Weizen	Winter-Gerste	Gesamt-Winter-getreide	Sommer-Roggen	Sommer-Weizen	Hafer	Gerste
RK Ostland	867,1	88,9	–	956,0	4,3	134,2	819,1	349,0
Weißruthenien[1]	340,0	6,0	–	346,0	1,0	30,0	140,0	65,0
Wi In Nord	157,9	4,9	–	162,8	3,7	10,4	76,4	42,2
Wi In Mitte	815,8	1,7	–	817,5	9,2	84,9	283,5	215,9
RK Ukraine	1 828,4	1 686,6	7,2	3 522,2	–	452,8	1 131,7	3 144,4
Wi In Süd[2]	725,7	349,3	56,2	1 131,2	–	224,1	242,4	698,3
Zusammen	4 734,9	2 137,4	63,4	6 935,7	18,2	936,4	2 693,1	4 514,8

	Buch-weizen	Hirse	Mais	Getreide-Gemenge	Sonstiges	Sommer-Getreide insgesamt	Getreide insgesamt	% des Friedens-anbaus
RK Ostland	49,7	–	–	321,4	–	1 677,7	2 633,7	90
Weißruthenien[1]	3,0	2,0	–	90,0	–	331,0	677,0	90
Wi In Nord	–	–	–	0,9	–	133,6	296,4	–[3]
Wi In Mitte	156,5	20,2	–	5,7	–	775,9	1 593,4	–[3]
RK Ukraine	352,2	665,0	726,8	5,4	–	6 478,3	10 000,5	83
Wi In Süd[2]	142,1	251,6	205,4	–	–	1 763,9	2 895,1	–[3]
Zusammen	703,5	938,8	932,2	423,4	–	11 160,4	18 096,1	–[3]

[1]) Geschätzt. [2]) Wi Kdos: Tschernigow, Ssumy, Charkow, Stalino, Kursk (Teilgebiet), Krim.
[3]) Vergleich wegen Gebietsüberschneidungen nicht möglich.
Quelle: BA-MA, RW 31/84

Anlage 23: Getreide-Ernten vor dem Kriege (1939) in 1 000 t und dz/ha

	Winter-Roggen		Winter-Weizen		Sommer-Weizen		Gerste		Hafer	
	1 000 t	dz/ha	1 000 t	dz/ha	1 000 t	dz/ha	1 000 t	dz/ha	1 000 t	dz/ha
RK Ostland[1])	1 348,0	13,8	370,0	13,9	202,0	10,8	581,0	11,8	1 174,0	12,1
Weißruthenien[1])	372,0	8,9	41,8	9,1	17,6	8,8	61,5	9,6	169,5	9,3
Wi In Nord[2])	126,5	7,9	5,0	8,1	10,7	10,2	44,2	11,1	81,2	9,4
Wi In Mitte[2])	810,0	8,8	3,4	10,5	77,8	8,2	237,0	11,3	295,0	9,5
RK Ukraine	2 330,0	9,5	5 589,2	12,4	307,3	7,0	2 188,5	11,0	1 112,3	8,9
Wi In Süd[3])	913,5	7,7	1 702,0	9,9	498,4	8,5	1 047,3	11,8	589,2	10,0
Zusammen	5 900,0		7 711,4		1 113,8		4 159,5		3 421,2	

	Hirse		Buchweizen		Mais		Getreide insgesamt	
	1 000 t	dz/ha	1 000 t	dz/ha	1 000 t	dz/ha	1 000 t	dz/ha
RK Ostland[1])	–	–	184,6	4,1	–	–	3 859,6	13,1
Weißruthenien[1])	1,3	8,8	8,6	3,6	–	–	672,3	8,9
Wi In Nord[2])	–	–	0,5	3,6	–	–	268,1	8,8
Wi In Mitte[2])	22,9	8,9	58,1	3,4	–	–	1 504,2	8,6
RK Ukraine	276,7	9,2	196,1	4,1	779,2	13,1	12 779,3	10,5
Wi In Süd[3])	117,2	9,5	95,1	3,5	252,2	9,7	5 214,9	9,3
Zusammen	418,1		543,0		1 031,4		24 298,4	10,3

[1]) Z.T. geschätzt.
[2]) Geschätzt.
[3]) Wi Kdos: Tschernigow, Ssumy, Charkow, Woroschilowgrad, Stalino, Krim.
Quelle: BA-MA, RW 31/84

Anlage 24: Getreide-Ernten 1942 in 1 000 t

	Winter-Roggen	Winter-Weizen	Winter-Gerste	Winterung insgesamt	Sommer-Roggen	Sommer-Weizen	Hafer	Gerste
RK Ostland	809,2	99,1	–	908,3	–	128,8	882,7	342,7
Weißruthenien	241,5	4,2	–	245,7	–	29,9	130,0	65,1
Wi In Nord	54,0	2,0	–	56,0	–	12,0	80,0	30,0
Wi In Mitte	730,0	72,0	–	802,0	–	–	242,7	171,2
RK Ukraine	748,1	662,0	–	1 410,1	–	134,6	640,5	2 205,4
Wi In Süd[1])	226,2	290,9	–	517,1	–	81,8	119,3	351,6
Zusammen	2 809,0	1 130,2	–	3 939,2	–	387,1	2 095,2	3 166,0

	Buch-weizen	Hirse	Mais	Sonstiges Getreide-Gemenge	Gesamt-Sommer-getreide	Getreide insgesamt	Durchschnitts-erträge in dz/ha
RK Ostland	26,0	–	–	342,0	1 722,2	2 630,5	9,7
Weißruthenien	1,8	–	–	89,9	316,7	562,4	8,0
Wi In Nord	20,0	–	–	30,0	172,0	228,0	6,7
Wi In Mitte	68,5	16,3	–	–	498,7	1 300,7	6,3
RK Ukraine	155,8	694,0	432,8	0,4	4 263,5	5 673,7	6,4
Wi In Süd[1])	37,7	139,5	61,4	–	791,3	1 308,4	5,9
Zusammen	309,8	849,8	494,2	462,3	7 764,4	11 703,7	6,9

[1]) Wi Kdos: Tschernigow, Ssumy, Kursk (Teilgebiet), Charkow, Krim, Stalino.

Quelle: BA-MA, RW 31/84

Anlage 25: Getreide-Ernten 1943 in 1 000 t
(Zahlen nur für RK Ostland genau, sonst geschätzt)

	Winter-Roggen	Winter-Weizen	Winterung insgesamt	Sommer-Roggen	Sommer-Weizen	Gerste	Hafer	Getreide-Gemenge
RK Ostland	864,6	96,0	960,6	3,3	119,1	332,1	738,3	323,0
Weißruthenien	238,0	4,2	242,4	–	25,8	65,0	126,0	87,3
Wi In Nord	118,4	3,9	122,3	2,4	8,3	33,7	57,3	0,7
Wi In Mitte	750,0	111,0	861,0	–	–	158,0	190,0	–
RK Ukraine	–	650,0	–	–	130,0	2 100,0	620,0	–
Wi In Süd	–	250,0	–	–	75,0	320,0	110,0	–
Zusammen	–	1 114,1	–	–	–	3 038,8	1 841,6	–

	Buch-weizen	Sommerung insgesamt	Getreide insgesamt	Durchschnitts-ertrag in dz/ha
RK Ostland	22,2	1 538,0	2 497,6	9,4
Weißruthenien	–	–	–	
Wi In Nord	–	–	–	
Wi In Mitte	–	–	–	
RK Ukraine	120,0	–	–	
Wi In Süd	25,0	–	–	
Zusammen	–	–	–	

Quelle: BA-MA, RW 31/84

Anlage 26: Ölfrucht-Anbauflächen und -Ernten

	Ölfruchtanbaufläche 1938 vor dem Kriege (in 1 000 ha)	Ölfruchtanbaufläche 1942 (in 1 000 ha)	Ölfruchtanbaufläche 1943 (in 1 000 ha)
RK Ostland	?	127,0	103,8
Weißruthenien	20[2]	27,7	27,5[2]
Wi In Nord	30[2]	44,2	13,9
Wi In Mitte	120[2]	145,8	25,9
RK Ukraine	357	1 195,9	851,0[3] (RK Ukraine und Wi In Süd zusammen)
Wi In Süd[1]	231	276,4	
Insgesamt	758	1 777,0	1 022,1

	Ölfruchternte vor dem Kriege		Ölfruchternte 1942		Ölfruchternte 1943	
	(in 1 000 t)	(dz/ha)	(in 1 000 t)	(dz/ha)	(in 1 000 t)	(dz/ha)
RK Ostland	?		35,2	2,8	27,6	5,3
Weißruthenien	10	5	6,4	2,4	6,4[2]	2,4[2]
Wi In Nord	15	5	7,6	1,7	3,5	2,5
Wi In Mitte	60	5	79,6	5,5	24,4	9,4
RK Ukraine	308,9	8,7	616,8	5,3	213,9 (RK Ukraine und Wi In Süd zusammen)	2,5
Wi In Süd[1]	217,5	9,4	91,6	3,3		
Insgesamt	611,4	8	837,5	4,7	275,8	2,7

[1]) Wi Kdos: Tschernigow, Ssumy, Charkow (Teilgebiet), Stalino (Teilgebiet), Krim.
[2]) Geschätzt.
[3]) Im verkleinerten Besetzungsraum.
Quelle: BA-MA, RW 31/84

Anlage 27: Getreide-, Fleisch- und Fettauflagen und ihre Erfüllung in den Wirtschaftsjahren 1941/42, 1942/43 und 1943/44
(in Tonnen)

	Getreide-Umlagen (ohne nachträgliche Kürzungen)			Erfolgte Getreidelieferungen (an Wehrmacht und Reich)		
	1941/42	1942/43	1943/44	1941/42	1942/43	1943/44⁶)
Wi In Nord	310 000 (Wi In Nord + RK Ostland)	50 000	–	204 000 (Wi In Nord + RK Ostland)	31 000	64 000
RK Ostland		304 000	280 000		255 000	224 000
GK Weißruthenien	450 000 (GK Weißruthenien + Wi In Mitte)	90 000	50 000	239 000 (GK Weißruthenien + Wi In Mitte)	37 000	39 000
Wi In Mitte		260 000	220 000		118 000	69 000
RK Ukraine/Wi In Süd	1 300 000	2 150 000	2 500 000	1 562 000	2 293 000	1 570 000
insgesamt	2 060 000	2 854 000	3 050 000	2 005 000	2 734 000*)	1 966 000

*) Dazu 170 000 t aus dem Kaukasus.

	Fleisch-Umlagen (ohne nachträgliche Kürzungen)			Erfolgte Fleischlieferungen (an Wehrmacht und Reich)		
	1941/42	1942/43	1943/44	1941/42	1942/43	1943/44⁶)
Wi In Nord	55 000 (Wi In Nord + RK Ostland)	3 000	2 000	59 895 (Wi In Nord + RK Ostland)	1 803⁵)	5 500⁴)
RK Ostland		50 000	50 000		46 613⁵)	50 000⁴)
GK Weißruthenien	120 000 (GK Weißruthenien + Wi In Mitte)	25 000	12 000	70 524 (GK Weißruthenien + Wi In Mitte)	3 478⁵)	5 500⁴)
Wi In Mitte		40 000	25 000		9 070⁵)	11 000⁴)
RK Ukraine/Wi In Süd	150 000	188 000	130 000	136 883	176 596⁵)	68 000⁴)
insgesamt	325 000	306 000	219 000	267 302	242 560*)⁵)	140 000⁴)

*) Dazu 20 000 t aus dem Kaukasus.

	Fettumlagen (ohne nachträgliche Kürzungen)			Erfolgte Fettlieferungen (an Wehrmacht und Reich)		
	1941/42	1942/43	1943/44	1941/42	1942/43	1943/44⁶)
Wi In Nord	30 000 (Wi In Nord + RK Ostland)	1 500	1 000	20 506 (Wi In Nord + RK Ostland)	1 260	400
RK Ostland		24 000	22 000		21 774	15 000
GK Weißruthenien	10 000 (GK Weißruthenien + Wi In Mitte)	2 000	1 500	2 780 (GK Weißruthenien + Wi In Mitte)	1 066	1 000
Wi In Mitte		5 000	3 500		3 868	700
RK Ukraine/Wi In Süd	20 000	42 000	35 000¹)	19 459²)	45 049³)	11 200
insgesamt	60 000	74 500	63 000	42 745	73 017*)	28 300

*) Dazu 2 200 t aus dem Kaukasus.

¹) Dazu 15 000 t Margarine in Charkow. ²) Einschließlich 3 456 t Speiseöl an Wehrmacht. ³) Einschließlich 2 737 t Speiseöl an Wehrmacht.
⁴) Einschließlich Lieferung von Eiern, Geflügel und Fischen an Wehrmacht in Fleisch umgerechnet. ⁵) Einschließlich Geflügel. ⁶) Zum Teil geschätzt.

Quelle: BA-MA, RW 31/84

Anlage 28: Lieferungen aus den besetzten Ostgebieten seit Beginn der Besetzung (Juli 1941) bis zum 31. Dezember 1943 (in t)

	An Wehrmacht	An Reich	Zusammen
Getreide	4 710 000	1 610 000	6 320 000
Hülsenfrüchte	83 600	53 900	137 500
Heu	1 914 000	–	1 914 000
Stroh	1 404 000	–	1 404 000
Ölsaaten	26 100	695 100[4])	721 200
Streichfette	107 600	23 600	131 200
Speiseöle	7 380	6 568[1])	13 948
technische Öle	–	2 605	2 605
Fleisch	537 208	63 356	600 564
Geflügel	10 737	6 272	17 009
Eier in Stück	760 300 000	118 100 000	872 400 000
Fische	27 650	1 663	29 313
Kartoffeln	2 677 100	15 900[2])	2 693 000
Zucker	133 000[3])	46 440	179 440
Marmelade	32 779	43	32 822
Rohsprit in hl	230 000	90 000	320 000
Gemüse	330 900	6 505	377 405
Obst	14 225	1 504	15 729

[1]) Davon 2 225 t Speiseöl für Führerpakete.
[2]) Nach Finnland.
[3]) Mundzucker, außerdem zusätzlich 50 000 t Verarbeitungszucker.
[4]) Davon 659 000 t für Ernährungszwecke und 35 600 t für technische Zwecke, hiervon 33 100 t Leinsaat.

Quelle: BA-MA, RW 31/84

Anlage 29: Ernte, Erfassung und Lieferung von Getreide, Hülsenfrüchten, Ölsaaten, Kartoffeln und Rauhfutter aus den besetzten Ostgebieten in den Wirtschaftsjahren 1941/42 und 1942/43
(Angaben in Tonnen)

		Getreide	
		1941/42	1942/43
Ernte		13,000 Mio.	11,700 Mio.[2]
Erfassung		3,000 Mio.	4,500 Mio.[3]
Lieferungen aus erfaßten Mengen an:	Wehrmacht	1,655 Mio.	2,107 Mio.[4]
	Reich	0,350 Mio.[1]	0,627 Mio.
	insgesamt	2,005 Mio.	2,734 Mio.[5]
für Landesbedarf		1,000 Mio.	1,600 Mio.

		Hülsenfrüchte	
		1941/42	1942/43
Ernte		150 000	462 300
Erfassung		54 689	134 641
Lieferungen aus erfaßten Mengen an:	Wehrmacht	20 781	44 420
	Reich	5 033	40 772
	insgesamt	25 814	85 192
für Landesbedarf		28 875	49 449

[1] Einschließlich 15 000 t nach Finnland.
[2] Zusätzlich 1,000 Mio. t aus Wi In Kaukasus = 12,700 Mio. t.
[3] Zusätzlich 0,170 Mio. t aus Wi In Kaukasus = 4,670 Mio. t.
[4] Zusätzlich 0,170 Mio. t aus Wi In Kaukasus = 2,277 Mio. t.
[5] Zusätzlich 0,170 Mio. t aus Wi In Kaukasus = 2,904 Mio. t.

Noch Anlage 29

		Ölsaaten 1941/42	Ölsaaten 1942/43
Ernte		476 000	785 500
Erfassung		260 000	665 000
Lieferungen aus erfaßten Mengen an:	Wehrmacht	9 007	16 220
	Reich	112 339[6])	527 704[7])
	insgesamt	121 346	543 924
für Landesbedarf		138 654	121 076

		Kartoffeln 1941/42	Kartoffeln 1942/43
Ernte		10,000 Mio.	11,573 Mio. [9])
Erfassung		1,767 Mio.	2,364 Mio.[10])
Lieferungen aus erfaßten Mengen an:	Wehrmacht	0,782 Mio.	1,175 Mio.[11])
	Reich	0,007 Mio.[8])	0,009 Mio.[12])
	insgesamt	0,789 Mio.	1,184 Mio.[13])
für Landesbedarf		0,978 Mio.	1,180 Mio.

[6]) Außerdem 5 982 t Ölsaaten, umgerechnet aus 1 138 t Speiseöle und 430 t technische Öle.
[7]) Außerdem 14 408 t Ölsaaten, umgerechnet aus 2 353 t Speiseöle und 1 499 t technische Öle.
[8]) Nach Finnland.
[9]) Zusätzlich 65 000 t aus Wi In Kaukasus = 11,638 Mio. t.
[10]) Zusätzlich 65 000 t aus Wi In Kaukasus = 2,429 Mio. t.
[11]) Zusätzlich 65 000 t aus Wi In Kaukasus = 1,240 Mio. t.
[12]) Davon 8 955 t nach Finnland.
[13]) Zusätzlich 65 000 t aus Wi In Kaukasus = 1,249 Mio. t.

Noch Anlage 29

		Heu	
		1941/42	1942/43
Ernte		–	–
Erfassung		770 740	1 067 634[14])
Lieferungen aus erfaßten Mengen an:	Wehrmacht	450 000	1 006 080[15])
	Reich	–	–
	insgesamt	450 000	1 006 080[15])
für Landesbedarf		–	–

		Stroh	
		1941/42	1942/43
Ernte		–	–
Erfassung		645 334	699 266[16])
Lieferungen aus erfaßten Mengen an:	Wehrmacht	610 000	492 476[17])
	Reich	–	–
	insgesamt	610 000	492 476[17])
für Landesbedarf		–	–

[14]) Zusätzlich 54 500 t aus Wi In Kaukasus = 1 122 134 t.
[15]) Zusätzlich 54 500 t aus Wi In Kaukasus = 1 060 580 t.
[16]) Zusätzlich 59 000 t aus Wi In Kaukasus = 758 266 t.
[17]) Zusätzlich 59 000 t aus Wi In Kaukasus = 551 475 t.

Quelle: BA-MA, RW 31/84

Anlage 30: Erzeugung, Erfassung und Lieferungen von Fleisch, Streichfetten, Speiseöl, Geflügel, Eiern und Fischen aus den besetzten Ostgebieten in den Wirtschaftsjahren 1941/42 und 1942/43 (Angaben in Tonnen)

		Fleisch	
		1941/42	1942/43
Erzeugung bzw. Erfassung		325 782	322 624[2])
Lieferungen aus erfaßten Mengen an:	Wehrmacht	245 925[1])	198 615[3])
	Reich	21 377	39 247
	insgesamt	267 302	237 862[4])
für Landesbedarf		58 480	84 762

		Streichfette	
		1941/42	1942/43
Erzeugung bzw. Erfassung		56 483[5])	94 822[6])[7])
Lieferungen aus erfaßten Mengen an:	Wehrmacht	34 900	54 222[8])
	Reich	4 389	16 058
	insgesamt	39 289[10])	70 280[9])[11])
für Landesbedarf		13 154	22 150

[1]) Einschließlich 33 871 t Selbstentnahme.
[2]) Zusätzlich 20 000 t aus Wi In Kaukasus = 342 624 t.
[3]) Zusätzlich 20 000 t aus Wi In Kaukasus = 218 615 t.
[4]) Zusätzlich 20 000 t aus Wi In Kaukasus = 257 862 t.
[5]) Einschließlich 4 040 t Endbestand.
[6]) Einschließlich 6 432 t Endbestand.
[7]) Zusätzlich 2 200 t aus Wi In Kaukasus = 97 022 t.
[8]) Zusätzlich 2 200 t aus Wi In Kaukasus = 56 422 t.
[9]) Zusätzlich 2 200 t aus Wi In Kaukasus = 72 480 t.
[10]) Zusätzlich 3 456 t Speiseöl an die Wehrmacht = 42 745 t.
[11]) Zusätzlich 2 737 t Speiseöl an die Wehrmacht = 73 017 t ohne Kaukasus, und 75 217 t mit Kaukasus.

Noch Anlage 30

		Speiseöle 1941/42	Speiseöle 1942/43
Erzeugung bzw. Erfassung		–	–
Lieferungen aus erfaßten Mengen an:	Wehrmacht	3 456	2 737
	Reich	1 138	2 353
	insgesamt	4 594	5 090
für Landesbedarf		–	–

		Geflügel 1941/42	Geflügel 1942/43
Erzeugung bzw. Erfassung		5 000	11 165
Lieferungen aus erfaßten Mengen an:	Wehrmacht	4 248	5 025
	Reich	224	5 647
	insgesamt	4 472	10 672
für Landesbedarf		–	–

Noch Anlage 30

		Eier in 1 000 Stück	
		1941/42	1942/43
Erzeugung bzw. Erfassung		446 739	650 363
Lieferungen aus erfaßten Mengen an:	Wehrmacht	321 610	417 816
	Reich	55 530	62 365
	insgesamt	377 140	480 181
für Landesbedarf		69 599	170 182

		Fische	
		1941/42	1942/43
Erzeugung bzw. Erfassung		35 010	46 640
Lieferungen aus erfaßten Mengen an:	Wehrmacht	9 552	15 269
	Reich	589	857
	insgesamt	10 141	16 126
für Landesbedarf		23 060	30 510

Quelle: BA-MA, RW 31/84

Anlage 31: Erzeugung, Erfassung und Lieferungen von Gemüse, Obst, Marmelade aus den besetzten Ostgebieten in den Wirtschaftsjahren 1941/42 und 1942/43
(in t)

		Gemüse		Obst		Marmelade	
		1941/42[1])	1942/43	1941/42[1])	1942/43	1941/42	1942/43
Erzeugung bzw. Erfassung		659 400	571 400	49 070	31 000	12 024	27 381[2])
Lieferungen aus erfaßten Mengen an:	Wehrmacht	239 500	91 400	5 926	8 299	7 000	21 841
	Reich	4 900	1 605	1 398	106	–	–
	insgesamt	244 400	93 005	7 324	8 405	7 000	21 841
für Landesbedarf		–	–	–	–	5 016	5 201

[1]) Ab Juni 1941–31. 12. 1942.
[2]) Einschließlich 339 t Endbestand.

Quelle: BA-MA, RW 31/84

Anlage 32: Lieferungen von landwirtschaftlichen Erzeugnissen aus den besetzten Ostgebieten vom Beginn des Wirtschaftsjahres 1943/44 bis 31. Dezember 1943

Erzeugnisse	Wehrmacht in t	Reich in t	zusammen in t
Getreide	778 000	633 000	1 411 000
Hülsenfrüchte	18 400	8 000	26 400
Heu	404 000	–	404 000
Stroh	243 000	–	243 000
Ölsaaten	2 900	55 000	57 900
Streichfette	16 300	3 100	19 400
Speiseöl	2 187	3 077	5 264
technische Öle	–	676	676
Fleisch	72 500	5 300	77 800
Kartoffeln	655 000	500	655 500
Fische	2 829	217	3 046
Geflügel	1 464	401	1 865
Eier in Stück	20,9 Mio.	0,2 Mio.	21,1 Mio.
Zucker	7 000	2 848	9 848
Marmelade	3 938	43	3 981
Gemüse	91 400	1 605	93 005
Obst	8 299	106	8 405

Quelle: BA-MA, RW 31/84

Anlage 33: In Betrieb befindliche Be- und Verarbeitungsbetriebe der Ernährungswirtschaft der besetzten Ostgebiete, Stand im Frühjahr 1943

Betriebsart	Nord *RK Ostland und Wi In Nord* Zahl der Betriebe	 Tages-leistung	Mitte *GK Weißruthenien und Wi In Mitte* Zahl der Betriebe	 Tages-leistung	Süd *RK Ukraine und Wi In Süd* Zahl der Betriebe	 Tages-leistung	*Insgesamt* Zahl der Betriebe	 Tages-leistung
Getreidemühlen[1]	118	2 840 t	62	1 150 t	861	20 165 t	1 041	24 155 t
Schälmühlen	35	110 t	–	–	84	1 675 t	119	1 785 t
Brotfabriken	38	522 t	–	250 t	631	6 106 t	671	6 878 t
Teigwarenfabriken	14	66 t	–	–	23	113 t	37	179 t
Dauerbackwarenfabriken	5	15 t	–	–	6	14 t	11	29 t
Kaffee-Ersatzfabriken	10	23 t	–	–	34	54 t	44	77 t
Schlachthöfe und Fleischwarenbetriebe	20	211 t	32	80 t	120	450 t	172	741 t
Fleisch-Konservenfabriken	7	11 t	1	–	9	130 t	17	141 t
Eierfassungsstellen	–	–	16	–	91	–	107	–
Geflügelkombinate	–	–	3	–	35	–	38	–
Molkereien	1 062	–	505	–	746	–	2 313	–
Rahmstationen	3 887	–	670	–	8 758	–	13 315	–
Ölmühlen	4	90 t	–	–	2 50 [2]	200 t 750 t	6 50	290 t 750 t } 1 040 t
Obst- und Gemüseverarbeitungsbetriebe	24	98 t	26	73 t	31	462 t	81	633 t
Kartoffelstärkefabriken	20	83 t[3]	8	–	7	233 t[3]	35	361 t[3]
Zuckerfabriken	6	6 000 t[4]	–	–	106	65 000 t[4]	112	71 000 t[4]
Brauereien	32	978 600 hl[5]	5	217 000 hl[5]	21	950 000 hl[5]	58	2 145 600 hl[5]
Brennereien	287	250 000 hl[5]	30	120 000 hl[5]	80	750 000 hl[5]	397	1 120 000 hl[5]

[1] Ohne Kleinbetriebe bis zu 5 t Tagesleistung. [2] Kleinere Ölmühlen, vorübergegend arbeitend.
[3] In Rohkartoffeln. [4] Rübenverarbeitung. [5] Jahresleistung. *Quelle:* BA-MA, RW 31/84

Anlage 34: In Betrieb befindliche Be- und Verarbeitungsbetriebe der Ernährungswirtschaft der besetzten Ostgebiete, Stand Ende 1943

Betriebsart	*RK Ostland und Wi In Nord*		*GK Weißruthenien und Wi In Mitte*		*RK Ukraine, Krim und Wi In Süd*		*Zusammen*	
	Zahl der Betriebe	Tagesleistung	Zahl der Betriebe	Tagesleistung	Zahl der Betriebe	Tagesleistung	Zahl der Betriebe	Tagesleistung
Getreidemühlen ab 10 t Tagesleistung	38	1 624 t	31	857 t	256	7 000 t	325	9 481 t
Schälmühlen	–	–	–	–	27	477 t	27	477 t
Brotfabriken	15	223 t	4	342 t	31	1 267 t	50	1 832 t
Teigwarenfabriken	11	18 t	2	2 t	14	43 t	27	63 t
Kaffee-Ersatzfabriken	27	18 t	2	1 t	10	18 t	39	37 t
Schlachthöfe und Fleischwarenbetriebe	20	211 t	18	60 t	80	450 t	118	721 t
Fleischkonservenfabriken	7	11 t	–	–	4	70 t	11	81 t
Molkereien	1 062	129 t[2])	198	31 t[2])	220	129 t[2])	1 480	289 t[2])
Rahmstationen	3 887	+ 14 t[3])	85	+ 3 t[3])	4 000	+ 12 t[3])	7 972	+ 29 t[3])
Ölmühlen	4	90 t	–	–	8	350 t	12	440 t
Obst- und Gemüseverwertungsbetriebe	22	98 t	26	73 t	22	374 t	70	545 t
Kartoffelstärkefabriken	27	207 t	–	–	–	–	27	207 t
Zuckerfabriken	6	6 000 t[4])	–	–	54	46 600 t[4])	60	52 600 t[4])
Brennereien	287	75 000 hl[1])	–	–	33	150 000 hl[1])	320	225 000 hl[1])
Brauereien	32	785 000 hl[1])	4	150 000 hl[1])	14	600 000 hl[1])	50	1 500 000 hl[1])

[1]) Jahresleistung. [2]) Butter. [3]) Käse. [4]) Rübenverarbeitung.

Quelle: BA-MA, RW 31/84.

Anlage 35: Einsatz von Propagandamitteln in den besetzten Ostgebieten

Verteilte Druckschriften			Auflagenhöhe	
		Russisch	Ukrainisch	Weißruthenisch
Plakat	13: Propagierung der Neuen Agrarordnung	245 000	225 000	50 000
Plakat	14: Propagierung der Neuen Agrarordnung	354 000	–	50 000
Plakat	15: Propagierung der Neuen Agrarordnung	225 000	225 000	50 000
Plakat	16: (Wandzeitung) Propagierung der Neuen Agrarordnung	225 000	225 000	50 000
Plakat	20: Propagierung der Neuen Agrarordnung	100 000	–	–
Plakat	96: (Wandzeitung) Landverteilung	–	100 000	150 000
Plakat	102: Zur eigenen Scholle (Fortführung der Agrarordnung 1943)	100 000	50 000	30 000
Plakat	112: Deklaration über die Einführung bäuerlichen Eigentums	–	1 240 000	1 050 000
Flugblatt	4: Adolf Hitler ist der Freund der Bauern	2 000 000	–	–
Flugblatt	6: Merkblatt zur Agrarordnung	2 820 000	–	–
Flugblatt	8: Propagierung der Neuen Agrarordnung	1 014 500	100 000	10 000
Flugblatt	22: Agrarordnung 1943	200 000	300 000	–
Broschüre	41: Bauernbroschüre	160 000	200 000	100 000

Anlage 37: Aktenvermerk über die Dienstreise des Forstverwalters Haslauer nach Strugi zur Erfassung und Besichtigung der Sowchoswälder vom 20. 1. 1943

Wi In Nord
Chefgr. Forst u. Holz
Az. Fü.Abt. II/1c

Pleskau, den 20. 1. 1943

Aktenvermerk
über die Dienstreise des Forstverwalters Haslauer nach Strugi
zur Erfassung und Besichtigung der Sowchoswälder (11.–18. 1. 43)

1. *Allgemeines:* Bei den Erhebungen über die Entstehung des Waldbesitzes der Staatsgüter bei der Nebenstelle Strugi können der derzeitige Leiter des Leschos Strugi Barschernikow und sein Gehilfe Uschakoff einwandfreie und glaubwürdige Angaben machen. Die nachstehenden Ausführungen beruhen weitgehend auf den Aussagen der Genannten.

Wahrscheinlich als Folgeerscheinung der sowjetischen Fünfjahrespläne (Einschlag und Absatzlenkung) unterschied man bis 1939

1. zwischen Wäldern staatlicher und
2. Wäldern örtlicher Bedeutung.

Der Einschlag der Wälder staatlicher Bedeutung stand ausschließlich dem Export und dem Großverbrauch staatlicher Unternehmungen zur Verfügung. Die Wälder örtlicher Bedeutung waren zur Bedarfsdeckung der örtlichen Anforderungen bestimmt. Die Bezeichnung „Wälder staatlicher bzw. örtlicher Bedeutung" bezog sich also *nicht* auf die Besitzverhältnisse – *beide Arten waren Staatswälder* sondern auf ihre Zweckbestimmung! Die Bezeichnung „Staatswald" im deutschen Sinne darf daher für russische Wälder staatlicher Bedeutung nicht verwendet werden, da sie zu Irrtümern führen könnte. Ein weiterer Unterschied beider Waldarten lag ferner in der Bewirtschaftung. Im Petersburger Gebiet galt z.B. für die Wälder staatlicher Bedeutung ein Umtrieb von 120 Jahren bei Nadelholz und 60 bei Laubholz, für Wälder örtlicher Bedeutung eine 80jährige Umtriebszeit für Nadelhölzer und eine 45jährige für Laubhölzer. Diese Bestimmungen wurden aber nicht eingehalten und sogen. Zeljewyse rubki (Zweckmäßigkeitshiebe) wurden überall dort geführt, wo die günstigsten Transportverhältnisse bestanden.

Bis 1939 unterstanden die Wälder örtlicher Bedeutung dem Rai-Leschos; aus ihnen wurden 1935 die Sowchos- und 1938 die Kolchoswälder gebildet.

Auf Beschluß des Rates der Volkskommissare mußte die Hauptverwaltung der Wälder örtlicher Bedeutung in Moskau durch die Rai Leschosen bestimmte Wälder an einige Staatsgüter abgeben. Der Übergabevertrag enthielt u.a. folgende Bestimmungen:

1. Das Staatsgut mußte die Wälder einrichten bzw. für die Evidenzhaltung der vorhandenen Einrichtungswerke sorgen und war für eine pflegliche Bewirtschaftung nach den Weisungen der Rai Leschosen verantwortlich.
2. Die Erträge kamen nicht allein *einem* Staatsgut (in dessen Bereich sich die Wälder befanden) zu, sondern auch *anderen*, die weniger oder keinen Wald hatten. Die Zuteilung erfolgte unentgeltlich durch den allgemeinen Staatstrust.

Es bestand daher kein ausschließliches Nutzungsrecht eines einzelnen Staatsgutes, in dessen Areal sich der Sowchoswald befand, sondern nur ein sehr beschränktes.
Aus diesem Grunde erklären sich teilweise auch die vielfach sehr hohen Waldanteile mancher Staatsgüter nach den Aufstellungen der Chefgruppe Landwirtschaft.
Die gen. Verträge gingen bei dem Brand des Leschoses Strugi vor dem Einmarsch deutscher Truppen verloren. Es besteht die Möglichkeit, daß sich Kopien bei Staatsgutverwaltungen befinden. Bis zur Auflösung der Rai Leschosen wurden die Sowchoswälder von diesen beaufsichtigt, nachher waren sie nur an die vertragliche Bewirtschaftung gebunden und blieben praktisch ohne Kontrolle.

Die im Bereiche des Leschos Strugi befindlichen Sowchoswälder sind in einem vollkommen ausgeplünderten Zustand. Der Vergleich mit den angrenzenden oder in ihrer Nähe liegenden eigentlichen Staatswaldungen zeigt, daß die Sowchosen noch rücksichtsloser einschlugen, als die russ. Staatsforstverwaltungen. Ähnliches muß in Zukunft unbedingt verhindert werden!

Durch das fast vollkommene Fehlen älterer als 40jährige Bestände ist in den nächsten 2 Decenien kein nennenswerter Ertrag aus den Sowchoswäldern zu erwarten und daher wird der Besitz für die Staatsgüter eher eine Belastung als eine finanzielle Hilfe bedeuten. Bei einer nur etwas auf waldbauliche Grundsätze achtenden Bewirtschaftung ist nur mit einem geringen Anfall von Durchforstungsmaterial, das sich bei der Auflösung (Lichtung) einzelner Gruppen, Aushieb von Protzen und peitschenden Nebenhölzern ergeben wird, zu rechnen.

In allen besichtigten Sowchoswäldern, die zum Großteil aus Naturverjüngung hervorgingen, sprechen alle Anzeichen für eine erfolgreiche natürliche Verjüngungsmöglichkeit bei allen Holzarten. Für die nächste Zeit wird die künstliche Bestandsbegründung weitgehend notwendig sein, da unter anderem vor allem die mannbaren Samenbäume fehlen. Der derzeitige trostlose Zustand der Sowchoswälder, die unumgängliche Notwendigkeit einer besonders pfleglichen, fachmännischen Behandlung verlangt unbedingt ihre Beförsterung durch die Forst- und Holzwirtschaft. Ihr verhältnismäßig geringes Flächenausmaß läßt die Einstellung eines besonderen fachlich vorgebildeten Beamten unökonomisch erscheinen und ein einfacher Heger ist den geforderten Aufgaben nicht gewachsen. Die Beauftragung eines Fachmannes für die Betreuung der Wälder mehrerer benachbarter Domänen nach den alleinigen Weisungen der zuständigen deutschen Forstverwaltung wäre in manchen Fällen möglich. Im allgemeinen wird die Beförsterung von den benachbarten Beamten der staatlichen Forstverwaltung mit wahrgenommen werden.

Die forstlichen Dienststellen müssen bestrebt sein, in jenen Wäldern, die vielleicht zu einem späteren Zeitpunkt den Staatsgütern in Besitz übergeben werden, einen baldigen Normalzustand herbei zu führen und sie von den derzeitigen kriegsbedingten Holzeinschlägen möglichst auszuschließen.

Die vorgefundenen Kartenwerke der russ. Forstverwaltungen erweisen sich als sehr ungenau, gestatten in manchen Fällen kaum eine einwandfreie Orientierung. Die Flächenangaben sind daher ebenfalls unzuverlässig. Die Jahreszeit macht eine eingehende Beschreibung der Wälder unmöglich.

2. *Bemerkungen zu den einzelnen Staatsgütern.*

a) *Staatsgut Bolligon (Poligon).*

Der Schießplatz und das Gut entstanden durch Enteignung mehrerer Besitzungen. Der Nordteil des Waldes war früher Großgrundbesitz, der Südteil Staatswald (Wladimirlager). Die Bolschewisten schafften hier einen 26 000 ha großen Artillerie-Schießplatz mit rd. 10 000 ha Waldanteil. Bis 1940 floß die, ohne forstliche Gesichtspunkte erfolgte Nutzung dem Militärfiskus zu. 1940 übernahm die Staatsforstverwaltung, Forstamt Strugi, den gesamten Waldbesitz in ihre Verwaltung. Eine Übergabe von Wald an das Landwirtschaftsgut, das weiterhin als Wojenschos (Militärlandwirtschaftsgut) für die Versorgung der Garnison aufzukommen hatte, erfolgte *nicht.* Der Holzbedarf des Gutes wurde aus Anfällen im Gesamtwaldgebiet unentgeltlich gedeckt; besondere Waldanteile waren dem Gut zur Nutzung *nicht* zugewiesen!

b) *Staatsgut Cholochina.*

Die Landwirtschaft von Cholochina wurde 1938 dem Sowchos Avangard angeschlossen. Im Bereich von Cholochina liegen die Abt. 27–32 der Datsche (Forstbezirk) Strugi – Wälder örtlicher Bedeutung und von der Abteilung 49 des Waldes staatlicher Bedeutung – und von der Abteilung Poligon der westliche Teil (von der Eisenbahn getrennt). Diese Wälder – schätzungsweise 120 ha – wurden im Gegensatz zu Avangard den Gutsverwaltungen *nicht* übergeben und sind somit Staatswälder. Ihre Lage (siehe Skizze), würde einer späteren Übergabe im Besitz des Staatsgutes rechtfertigen.

Es handelt sich um Wälder mit 0,5 Fi[chte], 0,4 Ki[efer] und 0,1 Pa[ppel] und Erle. Die Bestände sind sehr gering bestockt, fast Räumden. Die Mischung der Holzarten ist teils einzeln, teils gruppenweise. Die einzelnen vorwüchsigen älteren Stämme sind meist tief beastet. In annähernd gleichaltrigen Gruppen zeigen Fichte und Kiefer gute Schaftformen und gute Wüchsigkeit. Auspflanzung der Lücken ist notwendig.

c) *Staatsgut Avangard.*

Der Besitz des Gutes liegt westlich und nordwestlich von Strugi, grenzt im Südwesten an das Staatsgut Cholochina und ist im übrigen Teil von den Förstereien Strugi und Usmino umschlossen.

1935 wurden der Domäne 400 ha Wälder örtlicher Bedeutung in dauernde Nutzung durch den Rai Leschos übergeben. Sie bestehen aus 2 größeren zusammenhängenden und 2 durch landwirtschaftliche Grundstücke getrennte Waldflächen.

Vorherrschend ist die Fichte mit 0,7, dann folgt die Kiefer mit 0,3 und einige Bi[rke], Erle und Pappel.

Die sehr lückigen Bestände sind aus frühzeitig des Schirmbestandes geraubten Unterwüchsen hervorgegangen und infolge der schütteren Bestokkung, abgesehen von einigen kleineren Gruppen, sehr sperrig und tief beastet. Größere und kleinere Blößen vervollständigen das Bild des russ. Raubbaues. Besonders der größte zusammenhängende Teil nördlich Avangard ist durch Großkahlschläge nur mehr als Räumde anzusprechen. Soweit die derzeitige Schneelage eine Beurteilung zuläßt, droht in diesen Waldteilen die Gefahr der Versumpfung. Nur ganz wenige Einzelstämme weisen ein Alter der II. Altersklasse auf, ältere sind überhaupt nicht vorhanden.

d) *Staatsgut Elektropribor.* (am Schirokoje [breiten] See)
Das Staatsgut war Eigentum der Firma Elektropribor in Petersburg und als Erholungsaufenthalt für die Gefolgschaftsmitglieder eingerichtet.

Der dazu gehörige Wald von 5 ha ist Parkwald, in dem die Erholungsunterkünfte verstreut liegen. Er wurde vom einstigen Besitzer, dem Petersburger Industriellen Bloch, vor ungefähr 60 Jahren angelegt.

Dieser Parkwald verdient besonderes waldbauliches Interesse, da die dort auf lehmigen Sandboden stockenden Holzarten in der näheren und weiteren Umgebung fehlen und einen geeigneten Hinweis für ihre Verwendungsmöglichkeit im größeren Ausmaß geben.

Überraschend gute Wuchsform und Maße zeigt die Larix sibirica, die hier bei einem Alter von 60 Jahren eine Höhe von ungefähr 27 m und einen Brusthöhendurchmesser von 35–40 cm erreicht.

Die gleiche Wuchsfreudigkeit zeigt die Pinus Strobus. Ebenfalls gedeiht Pinus Gembra gut.

Der Abies pectinata entspricht dieser Standort durchaus und in ihrer Zuwachsleistung ist sie mit denen in Tannengebieten des Reiches vollkommen vergleichbar.

Der westl. Parkteil ist Kiefernbestand von hier selten schöner Wuchsform.

Von den Laubhölzern ist besonders das Vorkommen der Tilia grandifolia und Aoer pseudoplanus zu erwähnen, die sich für diese Standorte einwandfrei anbaufähig erweisen.

Aus waldbaulichen Gründen und im Interesse einer evtl. späteren Einrichtung einer Erholungsstätte für im Osten tätige Deutsche ist dieser Parkwald unbedingt zu sichern! Seine Behandlung als Schutzwald und baldigste diesbez. Verfügungen sind dringend notwendig.

e) *Staatsgut Mugodowo.*
Nach Aussagen des früheren Försters in Mogudowo und jetzigen Gehilfen des Forstamtsleiters von Strugi, Uschakoff, wurde dem Staatsgut Mogudowo *niemals Wald übergeben.* Es deckte den Holzbedarf aus Zuweisungen des Staatstrustes. Die in ihrem Areal liegenden kleineren Waldparzellen im beiläufigen Gesamtausmaße von ungefähr 20 ha sind ausgeplünderte, ehemalige Bauernwälder, denen keine nennenswerte Bedeutung zukommt. Sie der Domäne zuzuschlagen besteht selbstverständlich keinerlei Bedenken.

f) *Staatsgut Plamja u. Karjer.*
Die beiden Staatsgüter bildeten in der Sowjetzeit einen Betrieb, mit der Betriebsführung in Plamja (nordwestlich der Bahn Strugi–Luga).

1935 wurden an diesen Betrieb 450 ha Wald aus den Wäldern örtlicher Bedeutung vertraglich übergeben. Diese Fläche setzt sich aus 5 Waldkomplexen, die z.T. im Bereich des Staatsgutes Plamja liegen und z.T. in dieses einspringen, zusammen.

Die Bestände werden mit geringen Ausnahmen fast nur von Fi[chte] gebildet, an nassen Stellen zeigen sich strauchartige Erlen und Weiden. Als Bestandes Charakteristik gelten die gleichen Merkmale wie beim Sowchoswald von Avangard. Bis zu 40 Jahren sind alle Altersklassen ungleichmäßig vertreten. Das Fehlen der höheren (III +) Altersklassen ist hier, wie bei allen anderen besichtigten Sowchoswäldern, festzustellen.

g) *Staatsgut Nasurino.*
Es kann von hier aus nicht festgestellt werden, ob diesem Staatsgut Wald übergeben wurde, da es früher zum Forstamt Pliussa gehörte, wo evtl. Unterlagen vermutet werden.

h) *Staatsgut Wperjod.*
Diese Domäne erhielt 1935 durch den Rai Leschos Strugi 250 ha Wald zugewiesen. Dieser konnte aber wegen der derzeitig ungünstigen Verkehrsverhältnisse (35 km von Strugi) nicht besichtigt werden.

Nachtrag:
Zu 1. Allgemeines. Der derzeitige Leiter des russ. Forstamtes Strugi Barachernikoff war bis Ende 1935 stellv. Leiter des Rai Leschos Strugi, dann Leiter der Planungsabteilung des Lespromchos und später bis zur Eroberung Inspekteur des Forstschutzes. In seiner Eigenschaft als stellv. Leiter des Rai Leschoses führte er auch 1935 die Übergabe von Waldparzellen an die Staatsgüter durch. Der Gehilfe des Forstamtsleiters von Strugi, Uschakoff, war bis 1937 Förster in Moduwowo, dann Chef der Waldbauabteilung beim Lespromchos in Strugi und 1939, nach Schaffung des selbstständigen Leschos in Strugi, dessen Leiter bis zur Besetzung dieses Gebietes.

Quelle: Original nicht zu ermitteln. Abschrift dieses Erkundungsberichtes in BA-MA, RW 31/588.

Anlage 40: Die Bewegung des Arbeitseinsatzes in der Holzhauerei für die einzelnen Gebiete und Monate

(nicht ermittelt; die Zahlenangaben in den forstwirtschaftlichen Anlagen zu den Monatsberichten des Wi Stabes Ost sind unvollständig und beziehen sich zumeist auf die Wi In Nord; sie werden hier exemplarisch zusammengestellt)

Die Bewegung des Arbeitseinsatzes in der Holzhauerei der Wi In Nord

Monat	Männer	Frauen	Insgesamt
November 1942	5 644	4 866	10 510
Dezember 1942	6 365	5 069	11 434
Januar 1943	6 365	5 069	11 434
Februar 1943	5 911	3 256	9 167
•			
•			
•			
August 1943	1 763	767	2 530
September 1943	1 216	652	1 868

Quelle: Zahlen entnommen aus den Monatsberichten des Wi Stabes Ost, BA-MA, RW 31/60 ff.

Anlage 41: Aufteilung des Holzeinschlags in Nutz- und Brennholz auf die einzelnen Gebiete und Monate

Anlage 42: Sortimente an Nutz- und Brennholz für die einzelnen Gebiete sowie deren prozentualer Anteil am Gesamteinschlag

Anlage 43: Aufgliederung der Abgabe nach Nutz- und Brennholz aus den einzelnen Gebieten sowie Abgabezahlen in Festmetern

Anlage 44: Aufgliederung der Abgabe nach Nutz- und Brennholz in Prozentsätzen der Gesamtabgabe

(nicht vollständig zu ermitteln; Angaben für den Monat November 1942 zusammengefaßt in der Rohholz-Statistik auf der folgenden Doppelseite)

Rohholz-Statistik im Monat November 1942
in 1000 fm

Sortiment		Aufkommen						
		Vorrat (Anfang)	Einschlag	Gesamt-aufkommen	liegt am Hiebsort ungerückt	vom Aufkommen ist von FH verbracht an Land-ablage	Wasser-ablage	zu
		fm	fm	fm	fm	fm	fm	f
Stammholz	+)	647,6	347,6	995,2	626,7	44,4	37,5	8
	*)	(747,7)	504,3	1 252,0		119,3	115,5	23
Faserholz	+)	5,9	1,0	6,9	5,6	0,2		
	*)	(11,6)	1,0	12,6		0,2	0,2	
Grubenholz	+)	67,0	17,3	84,3	57,6	5,0	1,1	
	*)	(46,0)	40,4	86,4		6,5	5,6	1
Laubnutzholz	+)	211,0	93,4	304,4	203,9	24,9	12,3	3
	*)	(180,9)	194,8	375,7		48,4	34,5	8
zus. Nutzholz	+)	931,5	459,3	1 390,8	893,8	74,5	50,9	12
	*)	(986,2)	740,5	1 726,7		174,4	155,8	33
Brennholz	+)	604,3	681,0	1 285,3	994,0	47,1	29,1	7
	*)	(763,3)	960,2	1 723,5		122,3	91,0	21
Generatorholz	+)	30,3	8,0	38,3	24,1	2,2		
	*)	(12,1)	30,1	42,2		15,2		1
zus. Brennholz	+)	634,6	689,0	1 323,6	1 018,1	49,3	29,1	7
	*)	(775,4)	990,3	1 765,7		137,5	91,0	22
zus. Nutz- und Brennholz	+)	1 566,1	1 148,3	2 714,4	1 911,9	123,8	80,0	20
	*)	(1 761,6)	1 730,8	3 492,4		311,9	246,8	55

Erläuterungen

+) Diese Zahlen beziehen sich auf den Berichtsmonat (November 1942 = 2. Monat des Forstwirtschaftsjahres 1943).

*) Diese Zahlen stellen den Gesamtstand am Ende des Berichtsmonats dar.
Dazu ist zu bemerken:

a) Die eingeklammerte Zahl unter „Vorrat (Anfang)" ist der Anfangsvorrat zu Beginn des Wirtschaftsjahres
(sog. „übergehender Vorrat").

b) Die *) Zahl unter „Gesamtaufkommen" ergibt sich aus:

Anfangs-Vorrat (1. Monat)	+	seith. Gesamt-einschlag	+	seither. Gesamt-zulieferung.

c) Wird von dieser Zahl die Gesamtabgabe (bisheriger Gesamtstand) abgezogen, so ergibt sich der Vorrat am Ende des Berichtsmonats: „Vorrat (Ende)".

Sonderanlage II zum Monatsbericht
Wi Stab Ost für die Zeit vom 1. 1.–31. 1. 1943
Br. B. No 65 500/43 geh.

Abgabe																Zulieferungen für Wi In Don-Donez aus				
Innerhalb des Dienststellen-Bereichs																				
an																				
…er	Luft-waffe		Marine		O. T.		Reichs-bahn		eigene Werke		sonst. Bedarfs Träger		zus.	Vorrat (Ende)	RKO	RKU	Wi In Mitte	Wi In Nord	zus.
%	fm	%	fm	%	fm	%	fm	%	fm	%	fm	%	fm	fm	fm	fm	fm	fm	fm
													212,1	783,1		0,1	0,5		0,6
													468,9			0,1	3,6		3,7
													0,1	6,8					
													5,8						
													2,2	82,1		1,7			1,7
													4,3			1,7			1,7
													44,0	260,4			1,4		1,4
													115,3				18,7		18,7
38	34,2	13	1,8	1	43,7	17	6,6	3	50,9	20	22,2	8	258,4	1 132,4		1,8	1,9		3,7
39	64,7	11	1,8		103,3	17	24,1	4	133,2	22	43,1	7	594,3			1,8	22,3		24,1
													417,8	867,5			0,5		0,5
													856,0				5,8		5,8
													7,7	30,6					
													11,6						
68	40,0	9	2,2	1	20,2	5	10,3	2	10,8	3	51,7	12	425,0	898,1			0,5		0,5
67	87,2	10	2,8		40,0	5	24,7	3	26,1	3	101,9	12	867,6				5,8		5,8
57	74,2	11	4,0	1	63,9	9	16,9	2	61,7	9	73,9	11	683,9	2 030,5		1,8	2,4		4,2
55	151,9	10	4,6		143,3	10	48,8	3	159,3	11	145,0	11	1 461,9			1,8	28,1		29,9

Quelle: BA-MA, RW 31/28. Weitere, nicht immer vollständige Monatsmeldungen finden sich in den entsprechenden Monatsberichten des Wi Stabs Ost.

Anlage 45: Aufstellung über die im Forstwirtschaftsjahr 1942/43 aus den besetzten Ostgebieten nach dem Reich verbrachten verschiedenen Holzsortimenten
(nicht vollständig ermittelt)

Sortiment	bis 30. 9. 1942	Oktober 1942		November 1942		zusammen 1. 10.–30. 11. 42	
	Menge	Menge	Wert in RM	Menge	Wert in RM	Menge	Wert in RM
Langholz	172 589 fm	13 143 fm	438 643	13 782 fm	446 712	26 925 fm	885 355
Schichtholz Eiche, Gruben- und Brennholz	1 304 154 rm	200 535 rm	2 124 098	93 708 rm	1 004 634	294 243 rm	3 128 732
Schnittholz einschließlich Sperrholz	89 399 cbm	5 131 cbm	589 010	4 141 cbm	508 660	9 272 cbm	1 097 670
Zusammen Einfuhrwerte in RM	33 732 612		3 151 751		1 960 006		5 111 757

Quelle: BA-MA, RW 31/28.

Anlage 46: Vorratsbewegungen in den einzelnen Monaten des Holzwirtschaftsjahres 1943 unter Berücksichtigung des Einschlags für die einzelnen Gebiete

(nicht vollständig zu ermitteln; Angaben für die Monate August, September und Oktober 1942 zusammengefaßt in der Statistik auf der folgenden Doppelseite)

Quelle: BA-MA, RW 31/64. Weitere, allerdings nicht immer vollständige Monatsmeldungen finden sich in den entsprechenden Monatsberichten des Wi Stabs Ost, BA-MA, RW 31/60 ff. Tabellenteil Aufschlüsselung der Holzabgabe nach Regionen aus Platzmangel nicht aufgeführt, siehe im Original.

Übersicht über Holzeinschlag, -Verbrauch und -Vorrat im östlichen Operationsgebiet in den Monaten August, September und Oktober 1942

Gebiet	Sortiment	Anfangsvorrat			Einschlag			Zulieferung			
		Aug.	Sept.	Okt.	Aug.	Sept.	Okt.	Aug.	Sept.	Okt.	
Wi In Don-Donez	NSt	158,5	139,8	159,0	62,5	77,0	56,5	1,2		3,1	v. Wi In M
								4,8	0,2		v. R. K. U.
	Fs										
	Grh	5,7	11,2	17,3	4,7	7,7	20,4	0,7			v. Wi In M
								6,3	0,2		v. R. K. U.
	LN	145,2	131,9	130,6	30,8	29,8	84,7			17,3	v. Wi In M
	SaNH	309,4	282,9	306,9	98,0	114,5	161,6	13,0	0,4	20,4	
	BH	57,4	19,1	37,3	41,3	68,4	58,5			5,3	v. Wi In M
	Gnh				0,7	0,7	2,1				
	SaBH	57,4	19,1	37,3	42,0	69,1	60,6			5,3	
	Sa Sa	366,8	302,0	344,2	140,0	183,6	222,2	13,0	0,4	25,7	
Wi In Mitte	Nst	213,0	185,0	539,2	77,0	461,2	89,0				
	Fs			11,6		15,6					
	Grh	11,0	11,0	18,6		9,1	2,6				
	LN	95,0	53,0	50,3	18,0	1,9	16,7				
	SaNH	319,0	249,0	619,7	95,0	487,8	108,3				
	BH	259,0	212,0	840,1	123,0	852,7	193,6				
	Gnh	37,0	17,0	1,5	10,0	2,0	28,6				
	SaBH	296,0	229,0	805,6	133,0	854,7	222,2				
	Sa Sa	615,0	478,0	1 425,3	228,0	1 342,5	330,5				
Wi In Nord	NSt			49,5			11,2				
	Fs										
	Grh			10,1			0,1				
	LN										
	SaNH			59,6			11,3				
	BH			163,2			85,1				
	Gnh			11,0							
	SaBH			174,2			85,1				
	Sa Sa			233,8			96,4				
Zusammen	NH			591,5			883,5			20,8	
	BH			422,3			1 291,7			5,3	
	Sa Sa			1 013,8	+		2 175,2	*)		+ 26,1	

Erläuterungen der Sortiment-Abkürzungen:

NSt = Nadelstammholz
Fs = Faserholz
Grh = Grubenholz
LN = Laubnutzholz
SaNH = Summe Nutzholz
BH = Brennholz
GnH = Generatorholz
SaBH = Summe Brennholz
Sa Sa = Summe Nutz- und Brennholz

esamtaufkommen			Gesamtabgabe			Endvorrat			Im Walde (Hiebsort) ungerückt		
g.	Sept.	Okt.	Aug.	Sept.	Okt.	Aug.	Sept.	Okt.	Aug.	Sept.	Okt.
7,0	217,0	218,6	87,3	58,0	40,0	139,7	159,0	178,6	107,0	127,0	145,0
7,4	19,1	37,7	6,2	1,8	0,1	11,2	17,3	37,6	7,0	11,0	25,0
5,0	161,7	232,6	44,1	31,1	66,3	131,9	130,6	166,3	119,0	127,0	108,0
0,4	397,8	488,9	137,6	90,9	106,4	282,8	306,9	382,5	233,0	265,0	278,0
8,7	87,5	101,1	79,6	50,2	61,2	19,1	37,3	39,9	6,5	11,0	20,0
0,7	0,7	2,1	0,7	0,7	1,4			0,7			
9,4	88,2	103,2	80,3	50,9	62,6	19,1	37,3	40,6	6,5	11,0	20,0
9,8	486,0	592,1	217,9	149,3	169,0	301,9	344,2	423,1	293,5	276,0	298,0
0,0	646,2	628,2	105,0	107,0	205,7	185,0	539,2	422,5	148,0	350,0	296,0
	15,6	11,6		4,0	6,4		11,6	5,2		4,6	4,9
1,0	20,1	21,2		1,5	2,7	11,0	18,6	18,5	7,7	9,3	11,1
3,0	54,9	67,0	60,0	4,6	7,3	53,0	50,3	59,7	31,8	10,1	23,9
4,0	736,8	728,0	165,0	117,1	222,1	249,0	619,7	505,9	187,5	374,0	335,9
2,0	1 064,7	997,7	170,0	260,0	407,5	212,0	804,1	590,2	84,8	522,7	318,6
7,0	19,0	30,1	30,0	17,5	3,5	17,0	1,5	26,6	3,4		2,7
9,0	1 083,7	1 027,8	200	278,1	411,0	229,0	805,6	616,8	88,2	522,7	321,3
3,0	1 820,5	1 755,8	365,0	395,2	633,1	478,0	1 425,3	1 122,7	275,7	896,7	657,2
0,0	60,7		400,5	25,3		49,5	35,4		28,0	21,0	
1,6			1,6								
9,1	10,2		9,0	2,0		10,1	8,2		8,0	3,0	
0,7	70,9		411,1	27,3		59,6	43,6		36,0	24,0	
5,9	248,3		912,7	91,7		163,2	1 566,6		114,4	125,0	
4,3	11,0		2,33			11,0	11,0		3,3		
1,02	259,3		936,0	91,7		274,2	167,6		117,7	125,0	
3,09	330,2		1 347,1	117,2		23,38	213,0		153,7	149,0	
	1 495,8			563,8			932,0			637,9	
	1 719,3			894,3			825,0			466,3	
	3 215,1			1 458,1			1 757,0			1 104,2	

Angaben in Tausend Festmeter

Anmerkung: Für Wi In Nord (seitens dieser Inspektion) ist der August-Anfangsvorrat nicht angegeben sondern nur das Gesamtaufkommen (ebenso Gesamtabgabe bis einschließlich Ende August.

*) Interregional lassen sich daher nur die beiden Monate September und Oktober zusammenfassen, zumal Wi In Nord die Angaben für Sept/Okt. in einer Summe macht.

Anlage 49: Erzeugung wichtiger industrieller Fertigwaren in den besetzten Ostgebieten
(Operationsgebiete sowie Reichskommissariate Ostland und Ukraine)

Warenarten	Mengenangabe	Produktion seit der Besetzung bis Ende 1942
Walzwerkerzeugnisse (nur Ostland)	t	21 300
Sauerstoff	Flaschen	400 000
Dachpappe	qm	12 000 000
Seife und Waschmittel	t	20 000
Streichhölzer	Kisten	400 000
Schwefelsäure	t	–
Karbid	t	geringe Mengen
Kerzen	Stück	4 000 000
Gewebe (Leinen, Baumwolle, Wolle)	qm	78 350 000
Oberbekleidung	Stück	1 600 000
Trikotagen	Stück	13 350 000
Seilerwaren	t	6 000
Filzstiefel	Paar	390 000
Geschirre	Stück	147 092
Halfter	Stück	–
Nacktpelze	Stück	–
Überziehpelze	Stück	–
Pelzwesten	Stück	–
Panjewagen, neu gebaut	Stück	52 717
Panjewagen, instandgesetzt	Stück	21 316
Schlitten	Stück	24 000
Tabak-Feinschnitt	kg	400 000
Machorka	kg	12 600 000
Zigarren und Zigarillos	Stück	17 900 000
Zigaretten	Stück	82 300 000
Papyrossen	Stück	5 057 000 000

[1]) Außerdem 10–15 000 t aus Halbzeugvorräten in der Ukraine.

Quelle: BA-MA, RW 31/88.

Produktion Januar bis April 1943	Produktion seit der Besetzung bis Ende April 1943
5 578	26 878[1])
102 832	502 832
3 871 300	15 871 300
6 552	26 552
118 600	518 600
700	700
245	245
–	–
6 000 000	84 350 000
700 000	2 300 000
1 720 000	15 070 000
1 200	7 200
197 503	587 503
103 549	250 641
60 000	–
10 795	–
1 000	–
21 504	–
45 861	98 578
–	–
–	24 000
1 570	401 570
1 090 600	13 690 600
8 655 230	26 555 230
151 180 000	233 480 000
1 201 814 800	6 258 814 800

Anlage 50: Erzeugung wichtiger industrieller Rohstoffe in den besetzten Ostgebieten
(Operationsgebiete sowie Reichskommissariate Ostland und Ukraine)

Warenarten	Mengen-angabe	Seit der Besetzung bis Ende 1942	Januar bis April 1943	Seit der Besetzung bis Ende April 1943
Steinkohle	t	1 770 000	1 108 750	2 878 750
Braunkohle	t	280 000	137 697	417 697
Torf	t	2 600 000	–	2 600 000
Eisenerz	t	–	8 672	8 672
Steinsalz	t	43 260	19 571	62 831
Ölschiefer	t	864 000	344 513	1 208 513
Schieferöl	t	54 000	27 268	81 268
Mineralöl[1])	t	250 000	81 000	331 000
Manganerz	t	642 000	366 359	1 008 359
Phosphorit	t	rd. 3 000	rd. 4 560	rd. 7 560
Quecksilber	t	35	307	342
Rohstahl	t	rd. 25 000[2])	5 790	rd. 31 000[2])
Baumwolle	t	8 500	–[3])	8 500
Flachsfaser	t	110 000	–	110 000
Hanffaser	t	35 000	–	35 000
Wolle u. Tierhaare	t	12 000	–	12 000
Zellstoff	t	20 500	7 435	27 935
Papier ohne Pappe	t	52 000	14 086	66 086
Zement	t	300 000	134 000	434 000
Ziegel	Stück	134 000 000	–	134 000 000
Hohlglas	t	20 000	11 000	31 000
Fensterglas	qm	900 000	467 500	1 367 500
Fertigleder	t	4 500	1 018	5 518
Gerbung von Pelzfellen	Stück	800 000	196 300	996 300
Elektrische Energie	Kwh	750 000 000	300 000 000	1 050 000 000

[1]) Erzeugung in Ostgalizien (Drohobycz). [2]) Nur Ostland; Produktion in der Ukraine läuft im Mai an.
[3]) Aus der Ernte 1942 wurden in diesen Monaten 4 500 t entkörnt. *Quelle:* BA-MA, RW 31/88.

Anlage 51: Beschäftigte in den Industriebetrieben der besetzten Ostgebiete
(Militär- und zivilverwaltete Gebiete; Stand Anfang 1943)

Industriezweig	Anzahl der Betriebe	Anzahl der Beschäftigten
Bergbau	784	188 541
Eisen- u. Metallindustrie	843	103 132
Chemische Industrie	452	21 116
Lederindustrie	341	16 412
Textil- u. Bekleidungsindustrie	742	62 997
Holzverarbeitende Industrie[2])	649	38 606
Industrie der Steine u. Erden, Bauindustrie, Glas- u. keramische Industrie[3])	974	50 786
Sonstige Industrie	318	18 698
Energiewirtschaft	446	26 094
W-Betriebe	52	54 100
Insgesamt:	5 680	589 369

[1]) Ohne Nahrungsmittelindustrie.
[2]) Z.T. mit Sägewerken.
[3]) Einschl. Gruben u. Steinbrüche.

Hiervon entfallen auf:

Wi In Nord	190	rd. 17 000
Wi In Mitte	627	45 281
Wi In Süd	1 415	228 529
RK Ostland	1 501	152 941
GB Weißruthenien	173	8 618
RK Ukraine	1 774	rd. 137 000

Quelle: BA-MA, RW 31/88.

Anlage 52: Wirtschaftsstab Ost/Chefgruppe W/Führungsgruppe: Sammelmeldung über erkundete, abtransportierte, zurückgelassene und im Lande verbrauchte Rohstoffe und Materialien in der Zeit vom Juni 1941 bis 29. 2. 1944

Rohstoff		erkundet und erfaßt	abtransportiert ins Reich	Verbrauch für Truppe, Rüstung und Zivilverwaltung	bei Rückzügen zurückgelassene Mengen
Eisen und Stahl					
Cererz	t	40	–	–	40
Chromerz	t	16 610	14 160	162	2 288
Edelstahl	t	7 941	6 009	33	1 699
Eisenerz	t	1 846 868	1 156 265	–	690 403
Eisen, roh	t	518 097	168 039	181 395	167 357
Erze und Metalle (nicht aufgegliedert)	t	2 745	52	2 693	–
Erze und sonstige Stahllegierungsmetalle	t	1 267	102	1 039	126
Ferro-Chrom	t	827	827	–	–
Ferro-Silizium	t	20 456	4 938	9 478	6 040
Ferro-Mangan	t	16 494	16 423	76	–
Ferro-Molybdän	t	20	8	2	10
Ferro-Vanadium	t	16	16	–	–
Ferro-Wolfram	t	4	3	–	1
Gichtstaub	t	1 755 000	3 522	–	1 751 478
Granatrohlinge	St	270 550	270 550	–	–
Granatrohlinge	t	1 004	1 559[2])	–	300
Manganerzkonzentrat	t	516 245	476 084[3])	–	40 161
Manganerz, roh	t	889 427	660 037[3])	–	229 390
Manganmetall	t	16	7	9	–
Molybdänerz	t	59	59	–	–
Reinsilizium	t	4	1	3	–
Sonstige Siliziumlegierungen	t	609	101	–	508
Spiegeleisen	t	40 894	7 287	12 688	20 919
Stahl, roh	t	340 736	36 236	114 807	189 714
Titanerz	t	281	215	–	66
Wahlzwerkerzeugnisse	t	863 370	551 983	98 031	206 837
Rohre	t	27 499	13 299	14 200	–
Weißbleche und Band	t	1 471	776	318	361
Wolframerz	t	9	4	–	5

Rohstoff		erkundet und erfaßt	abtransportiert ins Reich	Verbrauch für Truppe, Rüstung und Zivilverwaltung	bei Rückzügen zurückgelassene Mengen
NE-Metalle-Vormaterial					
Antimonerz	t	3	–	–	–
Blei-Schlamm	t	255	255	–	–
Blei-Erz	t	100	–	–	100
Kupferhaltige Rückstände, roh	t	1 000 000	205	–	999 795
Kupferhaltige Rückstände, Konzentrat	t	210	60	–	150
Nickel-Erz	t	0,1	0,1	–	–
Zink-Erz	t	2 937	3	–	2 915[6])
NE-Rohmaterial					
Aluminium, rein, roh	t	261	231	–	–
Aluminium, 10%ig, roh	t	270	170	69	34
Antimon, roh	t	33	33	–	–
Blei, roh	t	882	524	193	22
Bronze, roh	t	599	221	261	87
Cadmium	kg	1,4	–	–	–
Cadmium-Elektrodenbruch	t	30	30	–	–
Elektrolytkupfer, roh	t	240	185	51	4
Kupfer, roh	t	1 161	1 047	21	16
Lagerweißmetall, roh	t	134	18	75	41
Lötzinn, roh	t	51	24	21	3
Magnesiumpulver	t	350	–	50	300
Magnesium, rein, roh	t	3	–	–	3
Magnesium, legiert, roh	t	108	102	6	–
Messing und Tombak, roh	t	432	177	160	15
Nickel, roh	t	112	104	5	3
Rotguss, roh	t	40	35	–	5
Quecksilber, roh	kg	5 641	5 341	300	300
Zink, roh	t	2 155	449	1 507	160
Zinn, rein, roh	t	58	39	1	1
NE-Metalle-Halbmaterial					
Aluminium, rein	t	64	18	44	2
Aluminium, legiert	t	176	87	40	46
Blei	t	102	71	10	20
Bronze	t	119	96	19	4
Kupfer	t	550	241	182	96
Messing und Tombak	t	774	581	67	77
Nickel	t	3	2	1	–

Rohstoff		erkundet und erfaßt	abtransportiert ins Reich	Verbrauch für Truppe, Rüstung und Zivilverwaltung	bei Rückzügen zurückgelassene Mengen
Rotguss	t	136	14	122	–
Tonerde	t	437	–	25	412
Zink	t	162	72	23	41
Zinn	t	11	8	–	1
NE-Metalle-Altmaterial					
Aluminium, rein	t	148	45	67	29
Aluminium, legiert	t	558	274	241	32
Blei	t	1 603	1 488	74	41
Bronze	t	1 071	946	–	125
Gemischter Schrott	t	1 212	373	196	732
Kupfer	t	2 222	1 698	233	291
Lagerweißmetall	t	45	4	26	–
Magnesium, legiert	t	9	9	–	–
Messing, Tombak	t	1 622	1 226	–	376
Nickel	t	5	–	5	–
Rotguss	t	113	100	7	6
Zink	t	94	71	15	8
Zinn	t	7	2	3	2
Edelmetalle					
Alt- und Bruchgold	kg	23,637	23,637	–	–
Alt- und Bruchsilber	kg	2 383,944	2 373,944	–	10
Gold in Barren	kg	0,579	0,579	–	–
Gold in Münzen	kg	0,850	0,850	–	–
Platin in Barren	kg	0,148	0,148	–	–
Platin in Fertigwaren	g	9 189	9 153	–	36
Silber in Barren	kg	0,085	0,085	–	–
Silber in Münzen	kg	85,799	85,799	–	–
sonstige Eddelmetalle	kg	73,200	73,200	–	–
Bergkristall					
Bergkristall	t	16,5	16,5	–	–
Quarz und Schmelzquarz	kg	3 793	501	30	3 262
Chemie					
Azeton	t	68	18	20	30
Aktivkohle	t	265	228	20	17
Alkohol und Spiritus	t	1 758	516	1 031	211
Aluminiumsulfat	t	1 275	–	1 160	115
Ammoniak	t	354	2	328	24
Ammoniumverbindung	t	8 132	1	4 323	5 026

Rohstoff		erkundet und erfaßt	abtransportiert ins Reich	Verbrauch für Truppe, Rüstung und Zivilverwaltung	bei Rückzügen zurückgelassene Mengen
Anilinöl	t	6,5	6,5	–	–
Antimonoxyd	kg	597	550	47	–
Antimonsalze	t	15	6	–	9
Arsen und Verbindungen	t	158	–	16	132
Bleiglätte und Mennige	t	370	140	201	29
Bora, Perporate	t	1 616	982	24	610
Boracit	t	1 553	1 553	–	–
Borsäure und Salze	t	2	2	–	–
Brom und Salze	t	27	27	–	–
Butylalkohol	t	60	60	–	–
Chinin und Chinarinde	kg	1 434	921	510	1
Coffein	kg	755	464	288	3
Collodiumwolle	t	102	102	–	–
Edelmetallsalze	kg	32	–	32	–
Essigsäure	t	49	15	–	4
Flammruss	t	7	7	–	–
Gasruss, amerikanisch	t	21	10	11	–
Gasruss, anderer	t	45	43	2	–
Glyzerin	t	397	264	43	87
Hydrochinon	kg	249	188	61	–
Jod- und Jodsalze	kg	12 000	9 000	3 000	–
Kampferöl	kg	522	522	–	–
Kieselfluornatrium	t	253	35	178	40
Kobaldoxyd und Salze	kg	92	–	23	69
Kresol	t	370	6	163	–
Kupfersulfat	t	298	77	206	14
Lithiumsalze	kg	20	10	9	–
Milchsäure	t	1	–	1	–
Morphium	kg	38	19	18	1
Naphtalin	t	322	83	109	130
Naphtol	t	2	2	–	–
Natrium	t	39	–	39	–
Natrium und Aluminiumfluorid	kg	22 399	420	21 029	950
Nickeloxyd und Salze	kg	1 738	7	1 229	500
Opium	kg	288	202	66	20
Pfefferminzöl	t	1	1	–	–
Phenol	t	82	2	35	1
Phosphate (Apatit)	t	52 387	26 073	–	750
Phosphor	t	26	5	15	1
Phosphorite	t	62 130	36 599	–	24 297
Phthalatharze	t	10	–	10	–

Rohstoff		erkundet und erfaßt	abtransportiert ins Reich	Verbrauch für Truppe, Rüstung und Zivilverwaltung	bei Rückzügen zurückgelassene Mengen
Phthalsäurehydrid	t	41	41	–	–
Pyridin, roh, rein	t	26	26	–	–
Russ, sonstiger	t	370	250	–	120
Schwefel	t	7 188	32	3 054	1 504
Schwefelkies	t	102 426	10 023	3 923	85 180
Schwefelkohlenstoff	t	66	3	13	50
Soda	t	3 314	15	2 240	1 059
sonstige chemische Erzeugnisse	t	41	41	–	–
Stronitium, Verbindung	t	0,712	0,712	–	–
Superphosphat	t	72 576	1 002	21 200	50 572
Talkum	t	7	7	–	–
Theobromin	kg	28	5	23	–
Toluol	t	35	–	35	–
Vanadium-Verbindung	kg	213	213	–	–
Weinsäure, Weinstein, weinsteinhaltiger Kalk	kg	834	–	834	–
Wismuth-Metall und Salze	t	148	40	108	–
Zitronensäure, zitronensauerer Kalk	t	2	–	2	–
Schwefelsäure	t	2 847	16	2 410	–
Industrielle Öle und Fette					
Abfallfett	t	294	34	259	1
Baumwollsaatöl	t	242	7	53	185
Corianderöl	t	1	1	–	–
Firnis	t	557	567	102	–
Hanföl	t	332	205	–	127
Holzöl	t	90	86	4	–
Kristallöl	t	5	–	5	–
Leinöl	t	2 495	3 038	145	7
Ölsäure	t	101	38	83	–
Paraffinöl	t	3 108	3 108	–	–
Rapsöl	t	83	65	13	–
Rhizinusöl	t	441	344	35	62
Rosenöl	kg	5	5	–	–
Rüböl	t	106	–	106	–
Senföl	t	25	–	31	–
Stearin	t	54	23	29	2
Tallöl	t	77	45	32	–

Rohstoff		erkundet und erfaßt	abtransportiert ins Reich	Verbrauch für Truppe, Rüstung und Zivilverwaltung	bei Rückzügen zurückgelassene Mengen
verschiedene Öle für Seifen	t	1 107	502	528	77
sonstige industrielle Öle und Fette	t	1 284	1 245	203	39
Wollfett	t	323	186	137	–
Ölsaaten					
Coriandersamen	t	5 208	340	–	4 868
Ölsaat, nicht aufgegliedert	t	13	157	50	13
Rhizinussamen	t	16 897	1 281	–	15 616
Harze, Wachse, Leime					
Agar-Agar	t	12	1,5	10,5	–
Bienenwachs	t	88	66	29	–
Blutalbumin	t	38	33	30	–
Copalharz	t	3	3	–	–
Celatine	t	29	27	–	–
Gummiarabikum	t	21	14	7	–
Gummi-Traganth	t	183	183	–	–
Hautleim, Lederleim, Kasenleim	t	82	48	335	1
Japanwachs	t	12	12	–	–
Knochenleim	t	292	101	109	22
Colophonium	t	1 084	845	153	103
Labsasain	t	315	221	94	–
Rohharz	t	356	176	202	66
Säurecasein	t	77	–	77	–
Schellack	t	4	2	2	–
Terpentinöl	t	508	326	172	10
Kasein	t	190	140	–	–
Steine und Erde					
Asbest	t	7 362	5 268	261	1 832
Bauxit	t	22 505	520	620	21 365
Blockglimmer	kg	50	–	–	–
Block- und Spaltglimmer	t	745	584	17	150
Braunstein	t	1 913	1 897	–	16
Graphit-Elektroden	St	1 465	465	–	1 000
Graphit, sonstige	t	340	177	–	106
Industriediamanten, Bort, Diamantenpulver	kg	694	–	694	–
Kaolin	t	15 741	–	15 045	696

Rohstoff		erkundet und erfaßt	abtransportiert ins Reich	Verbrauch für Truppe, Rüstung und Zivilverwaltung	bei Rückzügen zurückgelassene Mengen
Karborund	t	1 066	93	961	12
Kiesabbrände	t	344 765	67 104	990	30 000
Korund, natürlich	t	530	130	–	400
Kryolith, natürlich	t	18	–	–	18
Petrolkoks	t	4 206	4 106	100	–
Retortenkohle und Koksofengraphit	t	201	104	84	13
sonstige Steine und Erden	t	623 421	4	117 186	506 231
Zement	t	7 762	–	7 308	454
Zirkonsand	t	20	20	–	–
Kohle (nur Beute)					
Anthrazit	t	113 252	–	111 617	1 635
Braunkohle	t	200	–	200	–
Koks	t	348 445	–	340 005	8 440
Kohle, nicht aufgegliedert	t	115 023	–	141 853	13 170
Schwarztorf	t	919 520	–	914 020	5 500
Kohle und Koks, nicht aufgegliedert	t	1 654 674	–	1 654 574	100
Steinkohle	t	750 475	–	650 756	99 730
Torf, nicht aufgegliedert	t	1 003 216	–	100 216	–
Weisstorf	t	163 000	–	163 000	–
Kautschuk					
Altgummi	t	15 895	10 062	5 785	48
Kautschukmilch, Ursprung Gummibaum	t	1	1	–	–
Kautschukpflanzen	t	3 243	21	23	3 201
Kautschuksamen	kg	374	123	–	251
Kunstgummi-Buna	t	2	–	2	–
Kunstgummi Sowpren	t	297	120	169	–
Regenerat	t	95	81	14	–
Rohkautschuk, Ursprung russische Distel	t	140	140	–	–
Rohkautschuk, Urspung Gummibaum	t	333	294	39	–
Rohkautschuk, nicht aufgegliedert	t	218	42	23	153

Rohstoff		erkundet und erfaßt	abtransportiert ins Reich	Verbrauch für Truppe, Rüstung und Zivilverwaltung	bei Rückzügen zurückgelassene Mengen
Bereifung					
Autodecken, nicht aufgegliedert	St	65 315	14 342	5 567	47 809
Autodecken, nicht aufgegliedert	t	487	642	–	–
Autoschläuche, nicht aufgegliedert	St	2 006	1 500	–	506
Autoschläuche, nicht aufgegliedert	t	10	27	–	–
Fahrraddecken, neu	St	11 180	–	11 155	25
Fahrradschläuche, neu	St	17 232	–	17 232	–
Lkw-Decken, alt	St	27 948	9 097	4 604	11 547
Lkw-Decken, alt	t	65	65	–	–
Lkw-Decken, neu	St	4 877	1 459	5 627	–
Lkw-Schläuche, alt	St	139	87	50	2
Lkw-Schläuche, neu	St	499	318	181	–
Lkw-Vollgummireifen, alt	St	744	–	511	233
Vollgummireifen, neu	St	16 319	10 908	5 411	–
Pkw-Decken, alt	St	17 498	1 360	16 138	–
Pkw-Decken, neu	St	8 124	7 844	1 099	–
Pkw-Schläuche, alt	St	281	–	281	–
Pkw-Schläuche, neu	St	8 900	7 400	1 500	–
Häute und Felle[7])					
Häute, nicht aufgegliedert	St	260 350	79 924	63 455	124 343
Häute, nicht aufgegliedert	t	3 361	6 750	150	786
Kalbfelle	St	1 069 274	544 676	422 845	81 753
Kalbfelle	t	112	158	15	25
Rinderhäute	St	1 499 728	605 104	598 079	296 545
Rinderhäute	t	60 101	5 433	2 181	48
Roßhäute	St	309 915	88 449	196 656	24 810
Roßhäute	t	258	553	90	13
Schaf- und Lammfelle	St	3 138 315	328 120	1 588 644	1 221 551
Schaf- und Lammfelle	t	229	241[2])	29	31
Schaffelle (Abfälle)	t	663	83	570	10
Schweinehäute	St	1 209 920	690 600	337 221	181 817
Schweinehäute	t	429	376	545	–
sonstige Felle[8])	St	7 330 035	5 260 383	744 559	1 523 924
sonstige Felle	t	519	631[2])	13	1

Rohstoff		erkundet und erfaßt	abtransportiert ins Reich	Verbrauch für Truppe, Rüstung und Zivilverwaltung	bei Rückzügen zurückgelassene Mengen
Leder					
Blankleder	t	39	–	4	35
Leder, nicht aufgegliedert	t	1 220	453	743	24
Leder, nicht aufgegliedert	St	–	53 075	–	–
Leder, nicht aufgegliedert	dm	–	511 493	–	–
Oberleder, chromgegerbt	t	988	14	974	–
Oberleder, rohgegerbt	t	682	40	638	4
Sattlerleder	t	54	–	41	13
Unterleder	t	2 136	1	2 134	1
Gerbstoffe					
Eichenrinde	t	591	–	425	166
Fichtenrinde	t	5 614	–	5 614	–
Gerbrinde, nicht aufgegliedert	t	1 578	5	1 573	–
Quebrache	t	26	1	14	11
sonstige Gerbstoffe	t	1 069	22	947	100
Klauen, Knochen					
Hörner	t	83	106	6	12
Klauen	t	56	45	5	6
Knochen	t	8 999	1 398	292	189
Knochen, Klauen, Hörner, nicht aufgegliedert	t	1 109	1 445	42	42
Textil-Rohstoffe					
Baumwollabfälle	t	3 243	1 875	1 066	302
Baumwollgarne	t	1 023	566	717	28
Baumwolle, entkörnt	t	20 730	18 988	–	1 843
Baumwolle, nicht entk.	t	1 711	–	1 643	68
Filz	t	541	207	214	20
Flachs (Hede, Werg, usw.)	t	51 780	29 674	21 748	358
Hanf, nicht aufgegliedert	t	12 695	6 074	3 844	2 777
Jute	t	52	–	19	33
Jutesäcke	St	229 734	–	222 734	7 000
Jutesäcke	t	10	–	–	10
Leinengarn (Flachs u. Hedegarn)	t	707	707	–	–

Rohstoff		erkundet und erfaßt	abtransportiert ins Reich	Verbrauch für Truppe, Rüstung und Zivilverwaltung	bei Rückzügen zurückgelassene Mengen
Linters	t	1 194	595	570	29
Lumpen	t	11 367	4 954	5 875	538
Manila	t	321	57	5	259
Reißwolle	t	267	96	171	–
Seide	t	246	218	12	16
Sisal	t	1 488	–	62	1 426
Stangelflachs	t	8 986	360	8 103	523
Stengelhanf	t	48 895	–	36 272	12 623
Stengelkenaf	t	8 200	–	1 200	7 000
Tierische Haare	t	3 642	3 419	113	110
Wollabfälle	t	694	130	147	417
Wollgarne	t	60	–	60	2
Wolle	t	15 627	10 842	590	4 195
Zellwolle	t	197	–	197	–
Nadel-Laubholz					
Birke	fm	31 185	2 675	28 510	–
Birke	cbm	21 951	137	21 814	–
Eiche	fm	50 345	79	8 226	42 040
Eiche	cbm	7 330	–	5 330	2 000
Eiche	t	232	492[2])	–	–
Erle	fm	6 941	6 931	–	10
Erle	cbm	316	58	258	–
Erle	rm	657	657	–	–
Esche	fm	2 549	2 436	113	–
Esche	cbm	3 284	–	3 284	–
Espenrundholz	fm	6 399	3 699	–	2 700
Espenrundholz	t	16	16	8	–
Faserholz	rm	1 059 972	1 206 810[2])	29 418	12
Faserholz	t	83 845	83 845	–	–
Grubenholz	rm	353 759	414 413[2])	–	–
Laubrundholz nicht aufgegliedert	fm	569 130	162 549	317 131	89 450
Linde	cbm	26	–	26	–
Linde	rm	2 730	–	–	2 730
Nadel-Rundholz	fm	1 365 618	205 519[2])	1 082 744	77 355
Nadel-Rundholz	t	120	616	–	–
Nadel-Rundholz	rm	3 156	288	2 868	–
Rotbuche	cbm	1 762	–	1 359	403
Rotbuche	rm	38	–	38	–
Schnitt-Nadelholz	cbm	89 465	61 027	15 128	13 310

Rohstoff		erkundet und erfaßt	abtransportiert ins Reich	Verbrauch für Truppe, Rüstung und Zivilverwaltung	bei Rückzügen zurückgelassene Mengen
Schnitt-Nadelholz, nicht aufgegliedert	cbm	14 244	7 911	368	5 965
Schnitt-Nadelholz, nicht aufgegliedert	t	1 073	1 073	–	–
Weißbuche	cbm	9	–	9	–
Zellulose	fm	5 170	–	–	5 170
Zellulose	t	8 706	2 436	3 988	2 282
Überseehölzer					
Kork und Korkholz	t	81	21	59	1
Korkstopfen	St	34 561 810	5 270 550	29 291 260	–
Korkstopfen	t	11	11	–	–
Sonstiges					
Rohtabak	t	38 090	3 875	15 242	973
Traktoren	St	11 313	17	10 069	1 227
Mineralöle					
Asphalt, amerikanisch	t	45	–	45	–
Asphalt, sonstiger	t	4 438	76	4 277	85
Benzinfässer	St	4 123	–	4 123	–
Benzol	t	7 449	–	7 449	–
Bleitetraäthyl	t	117	–	117	–
Eisenbahnkesselwagen	St	2 206	–	2 206	–
Flugvergaserkraftstoff	t	13 148	–	13 148	–
Gasöl	t	4 631	–	4 531	–
Heizöl	t	59 468	–	59 468	–
Holzteer	t	175	118	57	–
Kfz-Dieselkraftstoff	t	17 742	–	17 742	–
Kfz-Vergaserkraftstoff	t	39 029	–	39 029	–
Leuchtgas	t	13 100	–	13 100	–
Montanwachs	t	60	8	52	–
Ölgoudron	t	8 716	–	8 716	–
Paraffin	t	6 852	1 523	5 317	–
Rohöl	t	10 608	–	10 608	12
Schmierfett	t	9 171	–	9 171	–
Schmieröl	t	47 921	15	47 906	–
Teer	t	20 064	–	20 064	–
Teeröl	t	14 666	–	14 666	–
Traktorentreibstoff	t	8 930	–	8 930	–
Treibstoff, nicht aufgegliedert	t	64 712	–	64 712	–

Rohstoff		erkundet und erfaßt	abtransportiert ins Reich	Verbrauch für Truppe, Rüstung und Zivilverwaltung	bei Rückzügen zurückgelassene Mengen
Vaseline, pharmazeutisch	t	28	–	25	3
Vaseline, technisch	t	97	17	79	1
Schrottaktion					
Stab Major Schu	t	3 424 078	1 885 939	–	
Altmetall Aktion Schu	t	31 074	31 072	–	

[2]) Mehr abtransportiert als erkundet. Vermutlich Unterschätzung oder entsprechende Meldung nicht hierhergelangt.

[3]) Neuförderung ist mit eingeschlossen. Zahlen sind per 29. 2. 44.

[6]) Vorwiegend Zinkblende mit ca. 45% Zink.

[7]) Von den als zurückgelassen gemeldeten Häuten und Fellen ist der weitaus größte Teil im Kaukasus zurückgeblieben. Bekanntlich war der Abtransport aus dem Gebiet südlich des Don durch das Innenministerium wegen Seuchengefahr gesperrt worden. Lediglich nach Rostow konnte ein Teil verlagert werden, der beim Rückzug verblieb; und nach Taganrog, wo Häute und Felle bis zur Räumung dieses Ortes hergerichtet wurden. In Taganrog blieben nur durch Bomben beschädigte Schweinshäute zurück.

[8]) Bei den zurückgelassenen Mengen handelt es sich vorwiegend um Fellchen von Zieselmäusen in Charkow.

Quelle: BA-MA, RW 31/83.

Anlage 53: Generalquartiermeister-Programm 1943/44
Rüstungsinspektion im Generalgouvernement, Abt. Wi Ost

Gerät	Fertigungssoll	Gefertigt	Rest des Fertigungssolls
kurze Spaten	320 000	189 030	130 970
lange Spaten	120 000	161 440	–
Schaufeln	312 000	269 878	42 122
schwere u. lange Kreuzhacken	122 000	175 606	–
lange Äxte	66 000	87 061	–
Beile	240 000	43 161	196 839
Bauklammern	1 500 000	1 287 165	212 835
Bolzen mit Muttern	10 500	10 500	–
Metallsägeblätter 25 × 0,9 × 300 mm	7 200	7 200	–
Federpakete	3 000	–	–
Quintöfen	20 000	34 730	–
Blechöfen	20 000	20 400	–
Ofenrohre 105 mm	127 200	26 636	90 564
Panjewagen (Gesamtsoll aller Fertigungsstellen)	164 500	74 620	–
RSO-Schlitten	1 000	800	200
Sperrholzhütten (einschl. Finnland u. Reich)	20 000	14 300	5 700
Sielengeschirre (Gesamtsoll aller Fertigungsstellen: 199 600)	32 800	33 477	–
Tragetaschen f. Infanteriespaten	100 000	100 000	–
Tragetaschen-Änderung	300 000	170 000	130 000

Quelle: BA-MA, RW 31/981.

Anlage 54: GenQu-Programm

Lfd. Nr.	Erzeugnisse	Programm Monatssoll	Auslieferungen April	Mai	Juni	Juli	
	I. GenQu-Programm vom 12. 5. 1943 (Angaben in Stück)						
1.	Brechstangen	4 000	602	3 034	1 927	617	
2.	Bauklammern	95 000	38 000	24 000	52 000	30 395	
3.	Beschläge für Türen und Fenster	3 000	–	–	7 700	–[1])	
4.	Dollen	1 300	200	100	400	–[2])	
5.	Winkeleisen	–	–	–	–	–	
6.	Bolzen	18 000	8 021	25 400	17 919	12 500	
7.	Unterlegeisen	45 000	71 015	70 303	63 073	81 500	
8.	Hämmer	3 000	8 137	439	2 360	11 748	
9.	Äxte und Beile	3 000	333	1 442	1 697	4 287	
10.	Waschschüsseln	4 000	3 297	4 731	4 494	2 704	
11.	Eimer	4 000	–	–	38 000	11 377	
12.	Wasserkannen	2 600	1 281	570	134	99	
13.	Kneifzangen	400	150	100	200	–[3])	
14.	Pfahlschuhe	2 500	–	–	–	315	
15.	Feldöfen	7 850	713	8 433	3 474	1 807	(9 108)
16.	Ofenrohr	23 500 m	–	–	28 660	1 225	(10 376)
17.	Knie	20 000	–	–	7 810	658	(5 130)
18.	Ofen- und Herdplatten	960	–	–	11 219	412	
19.	Ofenroste	120	–	–	6 867	527	
20.	Ofentüren	120	–	–	1 821	169	
21.	Spaten	41 500	32 797	66 212	77 630	47 239	
22.	Schaufeln	13 500	15 281	13 930	24 508	11 957	
23.	Kreuzhacken	26 000	13 770	10 838	11 098	13 453	(18 517)

Noch Anlage 54

Lfd. Nr.	Erzeugnisse	Programm Monatssoll	Auslieferungen April	Mai	Juni	Juli
24.	Kochkessel 40–60 l	850	1 167	424	1 094	733
25.	Bratpfannen	3 000	1 864	921	1 595	1 341
26.	Schlösser, verschiedene	332	5 821	4 852	3 431	8 609
27.	Türriegel	166	3 887	1 307	10	–
28.	Überwürfe	208	1 094	3 278	650	500
29.	Feuerungsschieber	417	55	90	200	–[4]
30.	Maurerkellen	42	–	37	140	540
31.	Schraubenzieher	83	–	–	600	–
32.	Schrauben	16,7 t	–	–	260 t	67 t
33.	Muttern, vierkant 3/4	0,835 t	–	–	56,8 t	23 t
II.	GenQu-Programm vom 18. 6. 1943					
34.	Federpakete für Kfz	14 000	5 644	4 998	5 940	5 295

[1]) 86% des Solls für 3 Monate.
[2]) 18% des Solls für 4 Monate.
[3]) 38% des Solls für 4 Monate.
[4]) 28% des Solls für 4 Monate.

Quelle: BA-MA, RW 31/982.

Anlage 55: Zuschußbedarf für das GenQu-Programm aus dem Dnjeprbogen

			1943				1944		
	Aug.	Sept.	Okt.	Nov.	Dez.	Jan.	Febr.	März	insgesamt
Rundeisen Ø 16–30 mm für Brechstangen, Bauklammern, Dollen	30	30	80	155	155	180	180	180	990 t
Panjewagen	421	350	350	350	350	350	350	350	2 871 t
Feinbleche 0,5 mm für Ofenrohre, Ofenknie, Eimer, Waschschüsseln	50	120	120	120	120	70	50	50	700 t
Feinbleche 1,5–3 mm für Schaufeln, Spaten, Bratpfannen, Kochkessel	175	175	175	175	175	175	175	175	1 400 t
insgesamt	676	675	725	800	800	775	755	755	5 961 t

Quelle: BA-MA, RW 31/982.

Anlage 56: Auslieferung der Betriebe des BdK für das GenQu-Programm

Für GenQu-Programm wurde in den B.d.K.-Werken hergestellt:

	1943				
	Mai	Juni	Juli	August	
Kraftfahrzeug-Teile	20 032	22 390	28 970	10 963	Stück
Truppenbedarf	2 426	3 152	4 540	9 830	Stück
Muttern, Bolzen, Schrauben und anderes	179 568	285 317	35 888	3 346	Stück
Fettpressen	2 744	667	1 654	2 800	Stück
Azetylen-Entwickler	–	–	62	50	Stück
Benzinverschraubungen	–	–	–	1 264	Stück

Quelle: BA-MA, RW 31/982.

Anlage 57: Rohstoffgewinnung des Bergbaus in den besetzten Ostgebieten 1941–1944

Förderung in Tonnen	1941 1942 1943 1944 J.A.S.O.N.D.J.F.M.A.M.J.J.A.S.O.N.D.J.F.M.A.M.J.J.A.S.O.N.D.J.F.M.A.M.J.J.A.S.	(Höchstbelegschaft)
1. Torf	8 100 000	(90 000)
2. Ölschiefer	3 220 000	(3 600)
3. Braunkohle	730 000	(4 500
4. Manganerz	1 787 000	(10 990)
5. Steinkohle	4 100 000	(60 000)
6. Bergkristall	174	(500)
7. Seesalz	115 000	(1 100)
8. Steinsalz	145 700	(2 300)
9. Borax und Boracit	50	(200)
10. Quecksilbererz	2 000	(350)
11. Phosphorit	235 600	(2 400)
12. Glimmer	48	(60)
13. Zirkonerz	8 600	(175)
14. Graphiterz	7 267	(120)
15. Cer-Erz	40	(20)
16. Wolframerz	2,2	(40)
17. Bentonit	1 246	(50)
18. Ton	3 890	(?)
19. Quarzit	1 160	(?)
20. Gold	3 079	(20)
21. Kaolin	550	(?)
22. Eisenerz	379 300	(7 700)
23. Schwefel	18	(30)
24. Diatomit	19	(4)
1941–1944	18 837 664	(184 159)

Quelle: BA-MA, RW 31/982.

Anlage 58: Führerbefehl vom 28. 6. 1942 über den Wiederaufbau der Kohlenförderung

Abschrift

Der Führer

Der schnelle Wiederaufbau der Kohlenförderung im Donezgebiet ist eine der wesentlichsten Voraussetzungen für die Weiterführung der Operationen im Osten und die Ausnutzung des russischen Raumes für die deutsche Kriegswirtschaft. Jede dort mehr geförderte Tonne Kohle trägt erheblich zur Entlastung der Transportlage und des Nachschubs nach dem Osten bei.

Ich ordne daher folgendes an:

1.) Die Heeresgruppe Süd hat die für den Wiederaufbau der Kohleförderung eingesetzten Stellen mit allen Mitteln zu unterstützen.

2.) Dem Kohlenbergbau in Donezgebiet sind im Juli 30 000 und im August und September je 15 000 Kriegsgefangene, einschließlich Bewachungsmannschaften, zur Verfügung zu stellen.

3.) Die im Donezbergbau eingesetzten Bergarbeiter sind in der Verpflegung den bei der Wehrmacht beschäftigten russischen Hilfskräften gleichzustellen.

4.) Bei der Inanspruchnahme von Instandsetzungswerkstätten ist der Bergbaubedarf dem Truppenbedarf gleichzustellen.

5.) Die Materialtransporte für die Instandsetzung und den Aufbau des Kohlenbergbaus aus dem Reich sind als Wehrmachtstransporte durchzuführen.

6.) Die Anschlüsse der Gruben an das Eisenbahnnetz sind bevorzugt fertigzustellen, um die dort lagernden Vorräte beschleunigt dem Verbrauch zuführen zu können.

gez. Adolf Hitler

28. Juni 1942

Quelle: BA-MA, RW 31/982.

Anlage 61: Die Fertigungsbetriebe der BHO in der Ukraine und ihr Produktionsprogramm im Jahre 1942

1. Werk Komintern: Feinstraßen
   Erzeugung: Stahl und Moniereisen, Verwaltung vorhandener Vorräte
2. Hütte Kamenskoje: Blechstraße
   Erzeugung: Feinbleche
   Waggonfabrik: Umspurung von Waggons und anderem rollenden Eisenbahnmaterial
   Zementfabrik: Zement für Luftwaffe sowie dringendste OT-Bauvorhaben
3. Hütte Petrowski: Werkstätten
   Erzeugung: Flakschlitten, Gußteile z.B.: Bremsklötze für Reichsbahn und Maschinenteile für Reparaturbedarf
4. Hütte Karl Liebknecht: Drahterzeugung
5. Werk Molotow: Eisenkonstruktion für Reichsbahn und Heeresbedarf (monatlich durchschnittlich 500 t)
6. Hütte Makejewka: Martin-Werk
   Erzeugung: Rohstahl (im Anlauf 1000 t/Monat)
   Blechstraße
   Erzeugung: Feinblech
   Werkstätten
   Fertigung: Spaten, Autofedern, Bolzenketten
7. Alte Maschinenfabrik Kramatorsk: Instandsetzung von Bergwerksmaschinen und Fördergerüsten
8. Hütte Asowstahl I und II:
   Erzeugung: Grob- und Mittelbleche, Wagenfedern, Panzermaterial, Winklersäe-Maschinen, Schnellbootbau, Bunkeröfen
9. Werk Spartak: Spaten, Schaufeln, Blechteile, Behälter für den Truppenbedarf
10. Maschinenfabrik Drushkowka: Muttern, Schrauben und Nägel
11. Maschinenfabrik Rutschenkowo: Grubenlampen

Quelle: Arbeitsbericht der BHO für das Jahr 1942, S. 20 BA-MA, Wi/ID. 1607.

Anlage 63: Verordnung über Arbeitspflicht und Arbeitseinsatz im Operationsgebiet der neu besetzten Ostgebiete

Zur Sicherstellung der militärischen und wirtschaftlichen Erfordernisse im Operationsgebiet wird im Einvernehmen mit Wirtschaftsstab Ost verordnet:

Abschnitt I

Arbeitspflicht

§ 1

Alle Bewohner des Operationsgebietes zwischen dem vollendeten 14. und 65. Lebensjahr unterliegen der öffentlichen Arbeitspflicht nach Maßgabe ihrer Arbeitsfähigkeit; sie haben sich nach Aufruf bei der örtlich zuständigen Arbeitsbehörde oder der sonst hierfür bestimmten Dienststelle zur Registrierung anzumelden.

Die Arbeitspflicht kann sich auch auf Arbeitsleistung außerhalb des gewöhnlichen Wohnortes oder außerhalb des Operationsgebietes erstrecken.

Der Arbeitspflichtige erhält bei Heranziehung zur Arbeitsleistung einen Verpflichtungsbescheid.

Für Juden ergeht Sonderregelung[1]).

§ 2

Die Arbeitspflicht nach Maßgabe des § 1 umfaßt auch die Verpflichtung, sich nach Aufforderung der zuständigen Arbeitsbehörde einer bestimmten Berufsausbildung, Anlernung oder Umschulung zu unterziehen.

Abschnitt II

Beschränkung des Arbeitsplatzwechsels

§ 3

Arbeitnehmer (Arbeiter, Angestellte und Lehrlinge) dürfen ihren Arbeitsplatz nur mit vorheriger Zustimmung der örtlich zuständigen Arbeitsbehörde aufgeben; desgleichen bedürfen auch Arbeitgeber zur Entlassung von Arbeitnehmern der vorherigen Zustimmung der Arbeitsbehörde. Eine Aufgabe des Arbeitsplatzes oder eine Entlassung ohne die erforderliche Zustimmung ist rechtsunwirksam.

Einer Zustimmung der Arbeitsbehörde nach Absatz 1 bedarf es nicht, wenn

a) der Betrieb (Baustelle) stillgelegt wird oder

b) die Einstellung des Arbeitnehmers von vornherein auf weniger als 1 Monat befristet war.

§ 4

Betriebe (private und öffentliche Betriebe und Verwaltungen aller Art) und Haushaltungen dürfen Arbeitnehmer nur einstellen, wenn die vorherige Zustimmung der örtlich zuständigen Arbeitsbehörde vorliegt. Die Zuweisung von Arbeitskräften durch die Arbeitsbehörde schließt die Erteilung der Zustimmung in sich.

---

[1]) Siehe Wi Stab Ost, Besondere Anordnungen Nr. 107 über den Arbeitseinsatz der Juden in den besetzten Ostgebieten, vom 6. 9. 1943, BA-MA, RW 31/141.

Eine Zustimmung ist nicht erforderlich zur Einstellung in Betriebe der Land- und Forstwirtschaft, der Binnenschifferei sowie in Betriebe des Bergbaus und der Mineralölgewinnung.

§ 5

Die Vorschriften der §§ 3 und 4 finden allgemein keine Anwendung in der Gefechtszone sowie auf Entlassungen und Einstellungen durch Einheiten der Truppe.

§ 6

Arbeitnehmer, die aus einem Beschäftigungsverhältnis ausgeschieden sind, haben sich unverzüglich bei der örtlich zuständigen Arbeitsbehörde oder der sonst hierfür bestimmten Dienststelle zu melden.

Abschnitt III

Arbeitsplatztausch

§ 7

Arbeiter und Angestellte, insbesondere gelernte Facharbeiter, die nicht ihrer beruflichen Vorbildung entsprechend (berufsfremd) beschäftigt sind, müssen auf Anforderung der örtlich zuständigen Arbeitsbehörde, soweit notwendig gegen Ersatzgestellung, entlassen und dem Arbeitseinsatz in dem erlernten Beruf zur Verfügung gestellt werden. Unabhängig davon ist der Arbeitgeber verpflichtet, berufsfremd beschäftigte Arbeitnehmer ohne besondere Aufforderung der örtlich zuständigen Arbeitsbehörde namhaft zu machen.

Sinngemäß ist hinsichtlich in Arbeit stehender lediger oder diesen gleichgestellter Personen zu verfahren, die für auswärtige Arbeitsleistung (Arbeit außerhalb des gewöhnlichen Wohnortes oder außerhalb des Operationsgebietes) benötigt werden; sie sind erforderlichenfalls durch ortsgebundene oder sonst beschränkt einsatzfähige Arbeitskräfte zu ersetzen.

§ 8

Berechtigungsscheine zur Ausübung eines stehenden Handwerks oder Gewerbes, Wandergewerbescheine, Stadthausierscheine oder ähnliche Berechtigungen dürfen nur nach vorheriger Zustimmung der örtlich zuständigen Arbeitsbehörde erteilt werden.

Bereits erteilte Berechtigungen können auf Antrag der Arbeitsbehörde entzogen werden.

Abschnitt IV

Gestaltung der Lohn- und Arbeitsbedingungen

§ 9

Die Arbeitspflichigen werden zu angemessenen Bedingungen unter weitgehendster Zugrundelegung des Leistungsprinzips entlohnt. Nur diejenigen Arbeiten, die eine Entlohnung im Akkord- oder Prämiensystem nicht zulassen, dürfen im Zeitlohn abgegolten werden.

Soweit die Beschäftigung außerhalb des Operationsgebietes erfolgt, gelten die für den Beschäftigungsort maßgeblichen Bestimmungen.

§ 10

Die wöchentliche Arbeitszeit beträgt 54 Stunden; über diese Arbeitszeit hinaus ist jeder Arbeitspflichtige zur Leistung von Mehr-, Nacht-, Sonn- und Feiertagsarbeit in angemessenen Grenzen verpflichtet.

§ 11

Soweit es die Verhältnisse des Betriebes zulassen, sind für Arbeitnehmer Werksküchen sowie Verkaufsstellen für Lebens- und Genußmittel und Gegenstände des täglichen Bedarfs einzurichten. Die Verkaufsstellen sind nach Möglichkeit auch den Angehörigen der im Betrieb tätigen Personen zur Verfügung zu stellen.

Abschnitt V

Kranken- und sonstige Fürsorge

§ 12

Arbeitnehmer, die ihrer Arbeitspflicht innerhalb des Operationsgebietes bei zivilen oder militärischen Dienststellen oder bei Betrieben der Wirtschaft einschließlich Land- oder Forstwirtschaft genügen, erhalten für den Fall der Krankheit oder für die Folgen eines Arbeitsunfalles Krankenversorgung (Krankenpflege und Krankengeld; Krankenhauspflege) nach Maßgabe besonderer Bestimmungen.

Bei Beschäftigung außerhalb des Operationsgebietes gelten die für den Beschäftigungsort maßgeblichen Bestimmungen.

§ 13

Wer der Arbeitspflicht außerhalb des gewöhnlichen Wohnortes oder außerhalb des Operationsgebietes genügt und deshalb von seiner Familie getrennt lebt, erhält auf Antrag zur Sicherung des angemessenen Lebensunterhalts seiner Angehörigen Unterstützung nach Maßgabe der besonderen Bestimmungen des Wirtschaftsstabes Ost.

§ 14

Arbeitnehmer, die ihrer Arbeitspflicht durch Arbeitsleistung außerhalb des gewöhnlichen Wohnortes oder außerhalb des Operationsgebietes genügen, werden, soweit sie nach Persönlichkeit, Können und Leistung zur selbständigen Bodenbewirtschaftung befähigt sind, bei Durchführung der neuen Agrarordnung nach den bestehenden Vorschriften in bezug auf Zuteilung von Land, Zug- und Nutzvieh und von Inventar in vollem Umfang berücksichtigt.

Abschnitt VI

Durchführungs- und Strafbestimmungen; Inkrafttreten

§ 15

Der Generalquartiermeister erläßt im Einvernehmen mit Wirtschaftsstab Ost die zur Durchführung und Ergänzung vorstehender Verordnung erforderlichen Bestimmungen.

§ 16

Zuwiderhandlungen gegen vorstehende Verordnung und die zu ihrer Durchführung und Ergänzung erlassenen Bestimmungen, insbesondere die Verweigerung und die Zurückhaltung der Arbeitsleistung sowie das pflichtwidrige Fernbleiben von der Arbeit, unterliegen strenger Bestrafung nach näherer Maßgabe der Durchführungsbestimmungen.

§ 17

Vorstehende Verordnung tritt mit sofortiger Wirkung in Kraft.

Hauptquartier OKH., den 6. Februar 1943

Der Chef des Generalstabes des Heeres
Zeitzler
General der Inf.

Quelle: BA-MA, RW 31/28 (abgedr. auch in Ursachen und Folgen, Bd. 18, Nr. 3299 c).

Anlage 64: Durchführungsbestimmungen zur Verordnung über Arbeitspflicht und Arbeitseinsatz im Operationsgebiet der neu besetzten Ostgebiete vom 6. 2. 1943

Gemäß § 15 der Verordnung über Arbeitspflicht und Arbeitseinsatz im Operationsgebiet der neu besetzten Ostgebiete vom 6. 2. 43 wird im Einvernehmen mit Wi Stab Ost folgendes bestimmt:

Zu § 1 – allgemein

Die Arbeitspflicht im Sinne des § 1 knüpft an völkerrechtlich allgemein anerkannte und in der Haager Landkriegsordnung verankerte Rechtsgrundsätze an; sie beruht somit auf allgemeinem Kriegsrecht und ist öffentlich-rechtlicher Natur. Der Arbeitspflicht wird im Rahmen eines privatrechtsähnlichen Arbeitsverhältnisses eigener Art nach Maßgabe der §§ 9 ff. der Verordnung genügt. Dabei entspricht es, wie in § 1 Abs. 2 vorgesehen, den Erfordernissen des totalen Krieges, daß die Arbeitsleistung auf Grund der Arbeitspflicht nicht nur innerhalb, sondern auch außerhalb des Operationsgebietes ohne räumliche Einschränkung verlangt werden kann.

Für die einheimische Bevölkerung bedeutet dies eine wesentliche Beschränkung der persönlichen Freiheit; der mit der Einführung der Arbeitspflicht angestrebte Erfolg ist deshalb in weitgehendstem Maße von rein stimmungsmäßigen Momenten abhängig. Die Rücksichtnahme hierauf und das Interesse des deutschen Ansehens erfordern es, daß bei der Durchsetzung der Arbeitspflicht unnötige Härten unterbleiben, daß der Eigenart des russischen Volkscharakters in gebührender Weise Rechnung getragen und allgemein nach den Grundsätzen der Menschlichkeit verfahren wird.

Zu § 1 Abs. 1

Als Bewohner des Operationsgebietes gelten alle im Operationsgebiet ansässigen Personen ohne Rücksicht auf Staatszugehörigkeit und Volkstum, soweit sie im Zeitpunkt der Besetzung durch die deutsche Wehrmacht in den neu besetzten Ostgebieten ihren ständigen Wohnsitz oder gewöhnlichen Aufenthalt hatten. Inwieweit die Landesbewohner mit Rücksicht auf ihre Volkstumszugehörigkeit praktisch zur Arbeitsleistung auf Grund freiwilliger Meldung oder auf Grund der Arbeitspflicht herangezogen werden, bestimmt sich im Einzelfalle nach den jeweiligen militärischen, politischen und wirtschaftlichen Erfordernissen.

Die Erfassung des der Arbeitspflicht unterliegenden Personenkreises – das sind alle Landesbewohner zwischen dem vollendeten 14. bis 65. Lebensjahr, ohne Unterschied, ob sie bisher eine Berufstätigkeit ausgeübt haben oder nicht, ob sie bereits in Arbeit stehen oder arbeitslos sind – erfolgt auf Grund der in § 1 Abs. 1 Satz 2 festgelegten Meldepflicht im Wege des öffentlichen Aufrufes mit anschließender Musterung.

Aufruf:

Der Aufruf wird durch den territorialen Befehlshaber gemeinsam mit der zuständigen Wirtschaftsdienststelle erlassen. Zweckmäßigerweise erfolgt der Aufruf nach Jahrgängen oder nach zusammengefaßten Gruppen von Jahrgängen, innerhalb dieser erforderlichenfalls nach Alphabet oder Geschlecht; auch der betriebsweise Aufruf kann sich je nach Lage des Falles empfehlen. Als Hilfsmittel des öffentlichen Aufrufes dienen sowohl öffentliche Anschläge, Presse, Rundfunk oder sonst geeignete Nachrichtenmittel. Die Wirtschaftsinspektionen sind dafür verantwortlich, daß der Aufruf aller der Arbeitspflicht unterliegenden Personen mit der größten Beschleunigung durchgeführt wird.

Musterung:

Die Musterung erfolgt durch die für den Wohnort zuständige Arbeitsbehörde (Arbeitsamt, Neben-, Außen- oder Meldestelle). Hiermit ist beabsichtigt, eine erschöpfende Übersicht über die einsatzfähige Bevölkerung zu gewinnen. Die zuständigen Orts- oder Feldkommandanturen entsenden zu der Musterung jeweils einen Beauftragten.

Die Orts- und Feldkommandanturen sowie die Rayon- und Gemeindeverwaltungen haben die Arbeitsbehörde weitgehendst zu unterstützen, insbesondere durch Vorbereitung der Musterung, durch Erstellung von Einwohner- bzw. Musterungslisten und der Heranziehung der Arbeitspflichtigen an den Musterungstagen. Die Termine für die Musterung eines jeweils aufgerufenen Personenkreises sind nach Tag, Uhrzeit und Ort von der örtlich zuständigen Arbeitsbehörde im Benehmen mit den zuständigen Orts- oder Feldkommandanturen bzw. den landeseigenen Verwaltungsbehörden (Rayon- und Gemeindeverwaltungen) festzulegen und rechtzeitig bekanntzugeben.

Soweit es zur Feststellung der Arbeitseinsatzfähigkeit erforderlich ist, sind während der Musterung ärztliche Untersuchungen als Kurz- oder Reihenuntersuchungen vorzunehmen, wobei die Reihenuntersuchung den Regelfall zu bilden hat. Falls deutsches Sanitätspersonal nicht hinzugezogen werden kann, können vertrauenswürdige einheimische Ärzte eingesetzt werden. Die Untersuchungsergebnisse sind auf den in der Anlage beigefügten Vordrucken festzuhalten und dann auf die Karteikarte zu übertragen.

Die Erfassung der arbeitsfähigen Dienstpflichtigen hat unter Benutzung der vorgeschriebenen Karteikarten zu erfolgen. Nach dieser Registrierung wird dem Arbeitspflichtigen als Ausweis die Meldekarte bzw., soweit bei den einzelnen Wirtschaftsinspektionen eingeführt, der Arbeitspaß ausgehändigt.

Das Musterungsergebnis ist auf der Karteikarte wie folgt festzuhalten:

1. Arbeitseinsatzfähig außerhalb des Operationsgebietes,
2. Arbeitseinsatzfähig innerhalb des Operationsgebietes,
3. Arbeitseinsatzfähig innerhalb des Amtsbereiches,
4. Arbeitseinsatzfähig am Ort.

Bei dieser Festsetzung sind die reichsüblichen Vermittlungsgrundsätze der Arbeits- und Ausgleichsfähigkeit anzuwenden. Auf die vordringlichen Belange der Hilfswilligen-Werbung ist dabei Rücksicht zu nehmen. Geeignete Musterungsteilnehmer sind auf die Möglichkeit der Anwerbung als Hilfswillige ausdrücklich hinzuweisen.

Die bei kriegswichtigen Aufgaben beschäftigten und dort unentbehrlichen Arbeitskräfte, insbesondere Spezial- und Facharbeiter der anerkannten Mangelberufe, dürfen aus ihren seitherigen Arbeitsplätzen nur gegen *gleichzeitige* Gestellung geeigneten Ersatzes abgezogen werden.

Ist mit der Musterung die Aushebung gekoppelt, so ist das Musterungsergebnis dem Arbeitspflichtigen sofort mitzuteilen unter gleichzeitiger Aushändigung des Verpflichtungsbescheides. Die damit zur Arbeit Verpflichteten sind auf die Strafbestimmungen dieser Verordnung bei Nichtbefolgen oder Fernbleiben nachdrücklichst hinzuweisen.

Den vorübergehend oder dauernd nicht einsatzfähigen Personen ist über die Teilnahme an der Musterung ein entsprechender Ausweis auszuhändigen. Den nur vorübergehend nicht einsatzfähigen Personen ist Termin für Nachmusterung zu setzen.

Aushebung:

Soweit ein freiwilliger Einsatz nicht erzielt werden kann, muß zur Dienstverpflichtung geschritten werden. Die Dienstverpflichtung erfolgt durch Aushändigung des Verpflichtungsbescheides an den Betreffenden nach Maßgabe des Musterungsentscheides und unter Hinweis auf die Strafbestimmungen bei Nichtbefolgen.

Da die schnelle Aufbringung von Arbeitskräften bei Massenbedarf, insbesondere der Reichswerbung, durch Einzeldienstverpflichtungen auf Grund von Musterungsentscheiden vorerst nicht überall möglich ist, muß in diesen Fällen die korporative Dienstverpflichtung angewendet werden. Sie erfolgt durch Erteilung von Auflagen an die Starosten und Bürgermeister bzw. an Betriebe, die listenmäßig den Personenkreis zu erfassen und zu bestimmten Terminen bereitzustellen haben.

Die Auflagen sind im Benehmen mit den Ortskommandanturen und auf dem Lande außerdem in Zusammenarbeit mit den zuständigen La-Führern, bei Betrieben mit den zuständigen Gruppen W bzw. Fo/Ho vorher festzulegen.

Bei der Aufbringung der Auflagen haben die Orts- bzw. Feldkommandanturen den Arbeitsbehörden oder Einsatzstäben des GBA, auf Ansuchen auch den landeseigenen Verwaltungsbehörden jede notwendige Unterstützung in militärischer und verwaltungsmäßiger Hinsicht zu leisten. Im übrigen sind die für die Musterung vorgesehenen Verfahrensvorschriften sinngemäß anzuwenden.

Zu § 1 Abs. 3

Ein Verpflichtungsbescheid ist grundsätzlich auszustellen:

a) bei Heranziehung zur Arbeitsleistung am Ort auf ausdrückliches Verlangen des Verpflichteten oder bei Verweigerung der Arbeitsaufnahme,
b) bei Heranziehung zur Arbeitsleistung innerhalb des Operationsgebietes im Wege des zwischen- oder überbezirklichen Ausgleiches,
c) bei Heranziehung zur Arbeitsleistung außerhalb des Operationsgebietes.

Die Verpflichtungsbescheide sind nach dem als Anlage beigefügten Muster auszufertigen. Auch die im Wege der korporativen Dienstverpflichtung gewonnenen Kräfte erhalten Verpflichtungsbescheide.

Die Aushändigung erfolgt durch die zuständige Arbeitsbehörde, durch die Arbeitseinsatzstäbe, gegebenenfalls durch La-Führer oder durch die Betriebe, notfalls auch über die landeseigenen Verwaltungsorgane.

Zu § 2

Von den Maßnahmen nach § 2 werden in der Hauptsache die Jugendlichen beiderlei Geschlechts vom vollendeten 14. bis zum vollendeten 18. Lebensjahr erfaßt; jedoch sind bei besonderer Eignung ältere Jahrgänge nicht ausgeschlossen.

Der außerordentliche Mangel an ausgebildeten Facharbeitern, sowohl im Operationsgebiet als auch im Reich, erfordert die Zuführung und Ausbildung von Nachwuchskräften auf breitester Grundlage. Bei der großen Zahl der im Operationsgebiet alljährlich ins berufsfähige Alter hereinwachsenden Jugendlichen wird daneben der Bedarf des Reiches an ausbildungsfähigen jugendlichen Kräften ohne besondere Schwierigkeiten gedeckt werden können.

Im übrigen gelten die im Erlaß des Wi Stab Ost betreffend Einsatz jugendlicher Kräfte als Berufsnachwuchs – Az. 4241/43 – vom 1. 4. 43 gegebenen Richtlinien als Durchführungsbestimmungen.

Vorbemerkungen zu Abschnitt II

Die Vorschriften des Abschnitt II über Beschränkung des Arbeitsplatzwechsels lehnen sich, unter Berücksichtigung der kriegsbedingten Ausnahmeverhältnisse des östlichen Operationsgebietes, an die geltende und praktisch bewährte reichsdeutsche Regelung an und sehen eine allgemeine Zustimmungspflicht zur Lösung von Arbeitsverhältnissen und zur Einstellung von Arbeitskräften sowie eine Meldepflicht für freiwerdende Arbeitsplätze vor. Diese drei Maßnahmen ermöglichen den Arbeitsbehörden, alle wichtigen Vorgänge im Arbeitseinsatz zu erfassen und die Arbeitskräfte nach den kriegswirtschaftlichen Erfordernissen zu lenken. Die in §§ 3 Abs. 2, 4 Abs. 2 und 5 vorgesehenen Ausnahmen von der Zustimmungspflicht tragen den besonderen Bedürfnissen des Operationsgebietes Rechnung und gewährleisten eine den Kriegsverhältnissen entsprechende lockere und elastische Handhabung der Vorschriften; eine allgemeine Durchführung scheitert bei den Weiten des östlichen Raumes schon an den organisatorischen, personellen und technischen Möglichkeiten. Ein Eingreifen der Arbeitsämter auf Grund der bezeichneten Vorschriften soll daher nur da stattfinden, wo auftretende Schwierigkeiten und Reibungen des Arbeitseinsatzes dies notwendig machen.

Zu § 3

§ 3 bezweckt die Verhinderung bzw. Erschwerung des im kriegswirtschaftlichen Interesse unerwünschten Arbeitsplatzwechsels. Bei der Beschäftigung russischer Zivilarbeiter handelt es sich nicht um Arbeitsverhältnisse mit arbeitsvertraglicher Gleichberechtigung im Sinne des deutschen AOG, sondern um Arbeitsverhältnisse besonderer Art, wobei es dem Wesen der kriegsrechtlichen Arbeitspflicht entspricht, daß dem Arbeitnehmer ein Kündigungsrecht nicht zusteht und daß er ein bestehendes Arbeitsverhältnis nur mit vorheriger Zustimmung der örtlich zuständigen Arbeitsbehörde aufgeben kann, die hierüber nach den übergeordneten Gesichtspunkten der Kriegsnotwendigkeit entscheidet. Der gleichen Beschränkung unterliegt der Arbeitgeber bezüglich der Entlassung von Arbeitnehmern.

Der Antrag auf Erteilung der Zustimmung und die Zustimmung selbst sind weder an eine besondere Form noch an ein besonderes Verfahren gebunden, jedoch sind bei Anträgen der Arbeitnehmer, falls die Arbeitsbehörde dem Antrag zu entsprechen beabsichtigt, die Arbeitgeber mit ihrer Stellungnahme formlos zu hören. Eine Beschwerde gegen die Entscheidung der Arbeitsbehörde findet nicht statt; eine allenfallsige Aufsichtsbeschwerde hat keine aufschiebende Wirkung.

Im Falle der Lösung eines Arbeitsverhältnisses ohne die erforderliche Zustimmung der Arbeitsbehörde findet auf Antrag des Arbeitgebers zwangsweise Rückführung auf den Arbeitsplatz statt, neben welcher auch auf die in den Durchführungsbestimmungen vorgesehenen Strafen erkannt werden kann.

Die in § 3 Abs. 2 vorgesehenen Ausnahmen von der Zustimmungspflicht werden einen sehr erheblichen Prozentsatz der im Operationsgebiet üblichen Arbeitsverhältnisse erfassen und daher im besonderen Maße der Geschäftsentlastung dienen.

Zu § 4

Für das Verfahren gelten die für die Durchführung des § 3 aufgestellten Grundsätze sinngemäß. Da nach Abs. 1 Satz 2 die Zuweisung von Arbeitskräften durch die Arbeitsbehörden die Erteilung der Zustimmung in sich schließt, wird ein formelles Zustimmungsverfahren in der überwiegenden Zahl der Einstellungen entfallen, zumal alle Bedarfsträger im östlichen Operationsgebiet durch Befehl OKH/GenStdH/Gen Qu/Abt.K.Verw. (Qu 5Kgf.) Nr. II/12370/42 vom 25. 10. 42 bereits angewiesen sind, sich bei Einstellung ziviler Arbeitskräfte der Arbeitseinsatzbehörden zu bedienen. Auf Erlaß Wi Stab Ost – G.Z. 5000 – vom 20. 1. 43 betr. „Stellung der Arbeitseinsatz-Organisation im Operationsgebiet" wird Bezug genommen. Praktisch werden von der Zustimmungspflicht des § 4 daher nur diejenigen Fälle erfaßt, in denen die Einstellung von Arbeitskräften ohne Inanspruchnahme der örtlichen Arbeitsbehörden erfolgen soll.

Zu § 5

Unter Gefechtszone im Sinne des § 5 ist in der Regel nur der Divisionsbereich, nicht dagegen das gesamte Armeegebiet zu verstehen; hier sind die Vorschriften der §§ 3 und 4 praktisch kaum durchführbar, weshalb auf ihre Anwendung zweckmäßigerweise allgemein verzichtet wurde. Örtliche Ausnahmeregelungen sind mit Zustimmung des territorialen Befehlshabers insbesondere an ruhigeren Fronten zugelassen.

Die Freistellung der Entlassungen und Einstellungen durch Einheiten der Truppe außerhalb der Gefechtszone von der Zustimmungspflicht der §§ 3 und 4 ist dadurch begründet, daß sämtliche militärischen Dienststellen bereits durch Befehl OKH/GenStdH/Gen Qu/Abt.K.Verw. (Qu 5 Kgf.) Nr. II/12370/42 vom 25. 10. 42 gehalten sind, sich bei Einstellung ziviler Kräfte der örtlich zuständigen Arbeitsbehörden zu bedienen. Die bisherigen Erfahrungen machen es notwendig, an diesem Befehl nachdrücklich festzuhalten. Insbesondere sind sämtliche militärischen Dienststellen verpflichtet, alle frei werdenden Arbeitskräfte, namentlich bei Quartier- oder Stellungswechsel, der örtlich zuständigen Arbeitsbehörde listenmäßig zu melden und zur Verfügung zu stellen.

Zu § 6

Die Meldepflicht des § 6 beschränkt sich auf diejenigen Arbeitskräfte (Arbeiter, Angestellte und Lehrlinge), die nach § 3 und 5 keiner Zustimmung zur Lösung des Arbeitsverhältnisses bedürfen, alle übrigen Arbeitskräfte werden bereits bei Bearbeitung des Zustimmungsantrages für einen anderweitigen Arbeitseinsatz erfaßt. Die Meldung hat persönlich oder schriftlich bei der örtlich zuständigen Arbeitsbehörde (Arbeitsamt, Neben-, Außen- oder Meldestelle) zu erfolgen. Meldestellen können bei vorliegendem Bedürfnis von den Wirtschaftsinspektionen auch bei Orts- und Feldkommandanturen sowie mit deren Zustimmung bei landeseigenen Verwaltungsbehörden (Rayon- und Gemeindeverwaltungen) eingerichtet werden.

Die schriftliche Meldung muß folgende Angaben enthalten:

a) Vor- und Familienname,
b) Wohnort (gewöhnlicher Aufenthaltsort) und Wohnung
c) Art der zuletzt ausgeübten Tätigkeit nach Berufsgruppe
-Berufsart
(allenfalls der Meldekarte bzw. dem Arbeitspaß zu entnehmen),
d) Name, Art und Ort des Betriebes, aus dem der Meldepflichtige ausscheidet,
e) Zeitpunkt des Ausscheidens.

Vorbemerkungen zu Abschnitt III

Der im Laufe des Kriegsgeschehens vielfach plötzlich auftretende Kräftebedarf und der im ersten Jahr der Operationen im Osten allenthalben vorhandene Überschuß an Arbeitskräften führten dazu, daß als Auswirkung eines zunächst mehr summarischen Arbeitseinsatzes auch heute noch eine große Anzahl qualifizierter Fachkräfte bei nachgeordneten und der Berufsausbildung bzw. der früheren Tätigkeit nicht entsprechenden Arbeitsverrichtungen beschäftigt werden; dies trifft insbesondere für die bei den Truppeneinheiten und in der Landwirtschaft, im geringen Umfange bei den in der gewerblichen Wirtschaft beschäftigten Arbeitskräften zu. Letzten Endes bedeutet dies eine unwirtschaftliche Verschwendung wertvoller qualifizierter Arbeitskraft, die bei der gegenwärtig gespannten Lage des Arbeitseinsatzes und bei dem außerordentlichen Mangel an ausgebildeten Arbeitskräften aller Art keinesfalls vertretbar ist.

In ähnlicher Weise werden vielfach bei Arbeiten am Ort, die ebensogut von ortsgebundenen, nicht ausgleichsfähigen älteren Arbeitskräften oder von Frauen verrichtet werden könnten, jüngere ledige oder diesen gleichstehende Personen beschäftigt, während für auswärtige Arbeitsleistung, insbesondere für den Reichseinsatz, nicht einmal der allervordringlichste Bedarf gedeckt werden kann.

Diesen Mißständen muß durch einen vernünftigen Arbeitsplatzaustausch und ähnliche innerbetriebliche Maßnahmen alsbald mit allem Nachdruck abgeholfen werden. Soweit dies nicht im Zusammenhang mit den auf Grund des § 1 durchzuführenden Musterungen und Aushebungen geschehen kann, sind nach reichsdeutschem Muster sogenannte Auskämmaktionen durchzuführen. Nähere Weisungen hierüber ergehen durch Sondererlaß.

Zu § 7

Unbeschadet des Grundsatzes, daß mit Rücksicht auf die Kriegsbedürfnisse jeder Bewohner des östlichen Operationsgebietes, der der Arbeitspflicht unterliegt, ohne Rücksicht auf seine berufliche Ausbildung und seitherige Tätigkeit zur Arbeitsleistung jeder Art verpflichtet ist, muß im Hinblick auf den außerordentlichen Mangel an Fachkräften aller Art mit Hilfe des § 7 der Verordnung der Versuch unternommen werden, alle berufsfremd beschäftigten Arbeitskräfte im Wege des Arbeitsplatzaustausches wieder einer Beschäftigung in den vordringlichen Mangelberufen zuzuführen. Soweit nach sorgfältiger Prüfung des Falles Ersatzgestellung für notwendig erachtet wird, sind die frei werdenden Arbeitsplätze durch Kräfte geringerer Qualität oder durch ungelernte zu besetzen; bei der vielseitigen Verwendbarkei und Leistungsfähigkeit der russischen Frau sind zur Ersatzgestellung insbesondere geeignete weibliche Arbeitskräfte weitgehendst heranzuziehen. Unabhängig davon sind alle Arbeitgeber, auch die Truppeneinheiten als Arbeitgeber, verpflichtet, in eigener Zuständigkeit ihre Belegschaften unter dem Gesichtspunkt der berufsfremden Beschäftigung zu überprüfen und berufsfremd beschäftigte Arbeitskräfte der örtlich zuständigen Arbeitsbehörde ohne besondere Aufforderung namhaft zu machen.

Die vorstehenden Grundsätze sind sinngemäß zwecks Gewinnung von Arbeitskräften für den zwischen- und überbezirklichen Ausgleich sowie für den Einsatz außerhalb des Operationsgebietes anzuwenden, wobei ledige oder diesen gleichstehende Personen gegen ortsgebundene oder sonst beschränkt einsatzfähige Kräfte auszutauschen sind.

Soweit in den Fällen des § 7 die Lösung bestehender Arbeitsverhältnisse notwendig ist, gilt diese durch eine diesbezügliche Entscheidung der Arbeitsbehörde oder der Auskämmkommission als vollzogen. Eine Beschwerde gegen diese Entscheidung findet nicht statt, eine allenfallsige Dienstaufsichtsbeschwerde hat keine aufschiebende Wirkung.

Zu § 8

Um sich einem geordneten Arbeitseinsatz zu entziehen, haben den Erfahrungen zufolge im östlichen Operationsgebiet vielfach Angestellte, gelernte Fach- und Spezialarbeiter, Hilfsarbeiter und ungelernte Arbeiter ihre seitherigen Arbeitsplätze in der Land- und Forstwirtschaft, in der gewerblichen Industrie und im Handwerk aufgegeben und sich nach Beschaffung eines einschlägigen Berechtigungsscheines als selbständige Gewerbetreibende, Handwerker, Händler, Hausierer usw. betätigt.

Es liegt ebensosehr im Interesse der Bereinigung der genannten Wirtschaftszweige als der Sicherung des Bedarfes an ausgebildeten Arbeitskräften, die Ausübung eines stehenden Handwerks oder Gewerbes, des Wander- und Stadthausiergewerbes künftig an die Erteilung eines amtlichen Berechtigungsscheines zu knüpfen und die Erteilung von der vorherigen Zustimmung der örtlich zuständigen Arbeitsbehörde abhängig zu machen. Darüber hinaus müssen aber zur Sicherung des gewünschten Erfolges auch bereits erteilte Berechtigungen nachträglich gewissenhaft überprüft werden.

Die Arbeitsämter sind gehalten, in allen denjenigen Fällen, in welchen die beabsichtigte oder bereits vollzogene Abwanderung aus einer Arbeitnehmertätigkeit erwiesen ist und die Belange des Arbeitseinsatzes den Einsatz in dem erlernten Berufe, der früher ausgeübten oder einer anderen entsprechenden Tätigkeit erfordern, die Zustimmung zur Erteilung eines Berechtigungsscheines zu versagen, bzw. die Entziehung einer bereits erteilten Berechtigung bei der zuständigen Stelle zu beantragen. Die für die Entziehung des Berechtigungsscheines usw. zuständigen Behörden haben den diesbezüglichen Anträgen der Arbeitsbehörden zu entsprechen, wenn nicht gewichtige andere Gründe entgegenstehen.

Vorbemerkungen zu Abschnitt IV und V

Während in den vorhergehenden Abschnitten die den Bewohnern des Operationsgebietes im einzelnen obliegenden arbeitseinsatzmäßigen Verpflichtungen erörtert werden, behandeln die beiden nachfolgenden Abschnitte die ihnen als Ausgleich für ihre Arbeitsleistung eingeräumten Vergünstigungen auf dem lohn- und sozialpolitischen Gebiet. Der Mentalität des Ostarbeiters entsprechend müssen sich diese in der Richtung einer zielbewußten Mobilisierung der Einsatz- und Leistungsreserven sowie der Erhaltung und der Sicherung der Arbeitskraft bewegen. Die Verordnung begnügt sich hier mit der Aufstellung von Rahmenvorschriften, die ihren konkreten Inhalt durch die zu erlassenden Einzelvorschriften bekommen werden.

Zu § 9

Die Arbeitspflicht begründet ein Arbeitsverhältnis besonderer Art (s. hierzu D.B. zu § 1 allgemein und zu § 3), welches die Arbeitskräfte zur Arbeitsleistung auf Grund öffentlich-rechtlicher Rechtsnorm verpflichtet und ihnen als Gegenleistung eine angemessene Entlohnung gewährleistet.

Die Entlohnung erfolgt entweder im Zeit- oder Leistungslohn. Die Zeitlöhne sind durch OKH/Gen Qu-Erlaß, betr. Abfindung von einheimischen Arbeitern und

Angestellen im östlichen Operationsgebiet, vom 1. 2. 43 geregelt. Die tariflich, also überbetrieblich geregelten Zeitlöhne bilden die Errechnungsgrundlage für die Akkord- oder Prämienlöhne, die betrieblich zu regeln sind. Grundsätzlich wird durch die Verordnung Arbeit im Akkord- oder Prämienlohn zur Pflicht gemacht. Hierdurch wird den Arbeitspflichtigen die Möglichkeit geboten, ihrer Leistung entsprechend entlohnt zu werden. Für Arbeiten, die sich nicht für Akkord- oder Prämiensystem eignen, bilden die Zeitlöhne zugleich Mindest- und Höchstlöhne. Arbeiten, die im Leistungs- oder Prämiensystem ausgeführt werden können, bieten bei überdurchschnittlicher Leistung der Arbeitskraft höhere Verdienstmöglichkeit. Von diesen beiden Systemen ist wiederum der Arbeit im Akkord der Vorzug zu geben, da sie der besseren Leistung des Einzelnen oder bei Gruppenakkord der Gruppe am weitesten gerecht wird. Wo Akkordarbeit nicht möglich ist, können Prämien gewährt werden, wenn hierdurch die Leistung nach Menge, Güte, Rohstoffersparnis, Zeitgewinn oder dergl. gesteigert wird. Dabei kann der Arbeitskraft ein Mehrverdienst im Einzelfalle bis zu 50 v.H. über den Zeitlohn gewährt werden.

Da zur Zeit infolge des Mangels an Verbrauchsgütern das Geld nur einen verhältnismäßig geringen Anreiz zur Leistungssteigerung bietet, können an Stelle des Geldes bei Akkord- oder Prämienarbeit Naturalien gewährt werden. Aufgabe der Chefgruppen Arbeit der Wirtschaftsinspektionen ist es, bei den Chefgruppen La und W die für diese Zwecke erforderlichen Naturalien frei zu bekommen und alsdann mit den Betrieben darüber zu beraten, wie diese am zweckmäßigsten an die Arbeitskräfte durch Akkord- oder Prämiensysteme zur Verteilung gelangen. Um den Erfolg zu sichern, sind die Betriebe laufend zu überwachen sowie die erzielte Leistungssteigerung festzuhalten. Arbeitskräfte von Betrieben, die sich besonders bewähren, sind gegebenenfalls von Fall zu Fall auszuzeichnen.

Zu § 10

Besondere Zuschläge für Mehrarbeit, Nacht-, Sonn- und Feiertagsarbeit dürfen gemäß Erlaß OKH/Gen Qu Nr. 2000/43 vom 1. 2. 43 zu III B 3 neben den Grundlohnvergütungen nciht gewährt werden.

Zu § 11

Gemäß § 11 ist die Einrichtung von Werksküchen sowie Verkaufsstellen für Lebens- und Genußmittel und Gegenstände des täglichen Bedarfes für die Arbeitnehmer vorgesehen. Während die Werksküchen allen Arbeitskräften zur Verfügung stehen, soll die Zuteilung von Lebens- und Genußmitteln sowie von Gegenständen des täglichen Bedarfes nur gegen Gutschein an Arbeitskräfte, die überdurchschnittliche Leistungen aufweisen, erfolgen. Nur der Fleißige und Fähige erwirbt im Rahmen der betrieblichen Akkord- und Prämienregelung einen Anspruch auf eine bessere Lebenshaltung für sich und seine Familie.

Einzelregelungen über Einrichtung von Werksküchen und Werksmagazinen durch die hierfür zuständigen Chefgruppen BB, La und W bleiben vorbehalten.

Zu § 12

Den Arbeitnehmern der in § 12 bezeichneten Dienststellen und Betriebe wird zwecks Erhaltung ihrer Arbeitskraft bei Krankheiten und Unfällen eine angemessene soziale Betreuung gewährt. Im Zuge der hierzu erforderlichen Maßnahmen ist unter dem 20. 3. 43 (OHK/Gen StdH/GenQu IVa (III, 3) Az. 985a Nr. I/7500/43) bereits eine einschlägige OKH-Regelung über die Krankenversorgung der einheimischen Arbeitskräfte im östlichen Operationsgebiet ergangen, die in Verbindung mit dem noch zu erwartenden Ausführungserlaß als Durchführungsbestimmung zu § 12 gilt.

Danach erhalten die Arbeitnehmer im Falle einer Krankheit ein Krankengeld in Höhe von 50% des Lohnes vom vierten Tag der Erwerbsunfähigkeit an, ferner unentgeltliche ärztliche Behandlung sowie Versorgung mit Medikamenten und erforderlichenfalls Aufnahme in ein Krankenhaus. Die gleichen Leistungen werden gewährt, wenn der Arbeitnehmer einen Arbeitsunfall erleidet. Die Leistungen werden zunächst bis zur Dauer von 12 Wochen gewährt. Ein Ausbau der Leistungen gemäß den zu erwartenden praktischen Erfahrungen bleibt vorbehalten. Näheres über die Durchführung enthalten die einschlägigen Spezialerlasse.

Eine Sonderregelung für Arbeitsunfälle, die für den Unfallverletzten weitergehende Leistungen, z.B. längere Krankenbehandlung und im Falle einer ständigen Minderung der Arbeitsfähigkeit laufende Geldleistungen (Unterstützung) vorsieht, befindet sich in Vorbereitung.

Zu § 13

§ 13 dient der Sicherstellung des Familienunterhalts bei auswärtiger Arbeitsleistung (außerhalb des gewöhnlichen Wohnorts oder außerhalb des östlichen Operationsgebietes) und soll einen besonderen Anreiz zur Aufnahme staatspolitisch und militärisch besonders bedeutsamer Arbeiten bieten. Auf diesem Grunde fallen unter die Regelung des § 13 auch die Hilfswilligen und die Angehörigen landeseigener Verbände.

Für die Gewährung der Familienunterstützung sind im einzelnen die Bestimmungen in dem Erlaß des Wi Stab Ost, Chefgruppe Arbeit, vom 6. 2. 42 – Az. L 8 –, die Verfügung OHK/GenQu vom 4. 6. 42 Az. 928 Nr. I/27114/42 sowie Anordnung des Wi Stab Ost, Chefgruppe Arbeit, vom 12. 6. 42 – Az. L 8 – maßgeblich.

Zu § 14

Die Einführung der neuen Agrarordnung im östlichen Operationsgebiet, insbesondere die in ihr vorgesehene Landverteilung, hat sich vielfach hemmend auf die Bereitwilligkeit zur Aufnahme auswärtiger, staatspolitisch wichtiger und bedeutsamer Arbeit (außerhalb des gewöhnlichen Wohnorts oder außerhalb des östlichen Operationsgebietes) ausgewirkt. § 14 schreibt daher ausdrücklich vor, daß die benannten Arbeitnehmer bei Durchführung der Agrarordnung so zu behandeln sind wie diejenigen Landesbewohner, die sich z.Zt. am Orte der Landnutzung befinden.

Bezüglich der Hilfswilligen und der Angehörigen der landeseigenen Verbände ergeht hinsichtlich der Landzuteilung besondere Regelung.

Die Bearbeitung der für die im § 14 angeführten Arbeitnehmer reservierten Flächen übernehmen die am Heimatort verbliebenen Angehörigen. Sofern arbeitsfähige Angehörige nicht vorhanden sind, ist sicherzustellen, daß diese Flächen durch Nachbarschaftshilfe ordnungsgemäß bestellt und bewirtschaftet werden, bis der Landberechtigte zurückkehrt. Im übrigen gilt der Runderlaß vom 1. 5. 42 – Az. 5700 – nebst Anlagen als Durchführungsbestimmung zu § 14.

Zu § 16

Arbeitnehmer und Arbeitgeber, die gegen die Verordnung über Arbeitspflicht und Arbeitseinsatz in den neu besetzten Ostgebieten vom 6. 2. 43 oder gegen vorstehende Durchführungsbestimmungen vorsätzlich oder fahrlässig verstoßen oder sie umgehen, werden für jeden Fall der Zuwiderhandlung mit Geldstrafe in unbegrenzter Höhe und Haft bis zu 3 Monaten oder einer dieser Strafen, in schweren Fällen, insbesondere bei wiederholten Verstößen, mit Geldstrafe und Gefängnis bestraft, soweit nicht auf Grund anderer Strafbestimmungen, insbesondere wegen Sabotage, höhere Strafen verwirkt sind.

Daneben kann gegenüber Arbeitnehmern auf Einweisung in ein Arbeitserziehungslager erkannt werden.

Der Versuch ist strafbar. Strafverfolgung tritt auf Antrag der örtlich zuständigen Arbeitsbehörde ein.

Die Bestrafung erfolgt durch die Orts- und Feldkommandanturen. An deren Stelle können die Leiter der Arbeitsämter bei Verstößen geringerer Art als Ordnungsstrafen Geldstrafen bis zu 500 Rubel und bzw. oder Einweisung in ein Arbeitserziehungslager bis zu 4 Wochen verhängen. Bei Vollstreckung der verhängten Ordnungsstrafen haben die Orts- und Feldkommandanturen die notwendige Hilfe zu leisten. Die ergangenen Ordnungsstrafbescheide sind den Orts- und Feldkommandanturen in beglaubigter Abschrift zuzufertigen.

Eine Sonderregelung über die Strafbefugnisse der Arbeitgeber gegenüber Arbeitnehmern bei Verstößen gegen die Arbeitsdisziplin bleibt vorbehalten.

Anl. 1: Formblatt
Ärztliches Gutachten (Reihenuntersuchung)
Anl. 2: Formblatt
Ärztliches Gutachten (Kurzuntersuchung)
Anl. 3: Formblatt
Verpflichtungsbescheid

Quelle: BA-MA, RW 31/334.

Anlage 65: Befehl des Chefs Wi Stab Ost über die einheitliche Wirtschaftsstatistik vom 11. 11. 1942

Der Chef des Wirtschaftsstabes Ost — Berlin, den 11. November 42
Tgb.Nr. 59 436/42

An
Verteiler

Betr.: Einheitliche Wirtschaftsstatistik bei den Chefgruppen W der Wirtschaftsinspektionen
Anlage: Wirtschaftsstatistisches Programm

Zur Ermittlung eines Gesamtüberblickes über Wirtschaftslage und -entwicklung und zur Bereitstellung der für die Wirtschaftsplanung und -lenkung unentbehrlichen Größenordnungen sind bei den Inspektionen die wirtschaftsstatistischen Arbeiten der Chefgruppe W nach einem einheitlichen Plan durchzuführen.

Es wird daher angeordnet:

1.) Die Gruppen Statistik der Chefgruppe W bei den Wirtschaftsinspektionen ermitteln ab 1. 1. 1943 monatlich für den Bereich ihrer Chefgruppe die in beiliegendem wirtschaftsstatistischen Plan vorgeschriebenen Größenordnungen.
2.) Die bei der Chefgruppe W der Inspektionen bereits laufenden wirtschaftsstatistischen Umfragen sind nach diesem Programm auszurichten.
3.) Die Gruppe Statistik der Chefgruppe W bei der Wi In Don-Donez führt auch die Arbeiten bei der Chefgruppe Donezkohlenbergbau ihrer Inspektion durch.
4.) Die wirtschaftsstatistischen Ergebnisse sind in monatlichen Abständen von den Gruppen Statistik der Wirtschaftsinspektionen an Wi Stab Ost, Chefgruppe W, zu melden.
5.) Wirtschaftsstatistische Erhebungen außerhalb des beiliegenden Planes dürfen nur im Einvernehmen mit Wi Stab Ost, Gruppe Statistik der Chefgruppe W, durchgeführt werden. Auf die Erlasse des Wi Stabs Ost, Chefgruppe W, AW 58 193/42 vom 31. 7. 42 und 58 242/42 vom 6. 8. 42 wird hingewiesen.
6.) Die Gruppen Statistik der Chefgruppe W bei den Wirtschaftsinspektionen übermitteln wie bisher der Gruppe Statistik bei der Chefgruppe W des Wi Stabs Ost laufend die bei ihnen eingehenden Betriebsfragebogen und melden betriebliche Veränderungen auf den vorgesehenen Betriebsblättern.

I. V.
gez. Dr. Musset

Quelle: BA-MA, RW 31/24

Wirtschaftsstab Ost
Chefgruppe W
W VI Gruppe Statistik

Wirtschaftsstatistische Größenordnungen
die laufend in monatlichen Abständen von den Inspektionen
an die Gruppe Statistik der Chefgruppe W zu melden sind.

Gegenstand	Gliederung der Angaben
I. *Industriewirtschaft*[1])	
1. Anzahl der arbeitenden Betriebe am Monatsende	
2. Anzahl der Beschäftigten am Monatsende	
a) Angestellte	
darunter technische Angestellte	unterschieden nach männlichen und weiblichen Beschäftigten
b) Arbeiter	
darunter gelernte Arbeiter	
angelernte Arbeiter	
ungelernte Arbeiter und Hilfspersonen	
c) Lehrlinge	sämtliche Angaben unterteilt nach anliegendem Gewerbegruppenverzeichnis *(Anlage 3)*
d) Kriegsgefangene	
3. Arbeitsleistung im Berichtsmonat	
a) Anzahl der geleisteten Arbeitsstunden	
4. Lohn und Gehaltssummen im Berichtsmonat (in Rubeln einschließlich des Entgeltes in naturaler Form)	
a) Gehaltssummen der Angestellten	
b Lohnsummen der Arbeiter und Hilfspersonen	
c) Entlohnung der Kriegsgefangenen	
5. Produktions- und Verbrauchsangaben für den Berichtsmonat	
a) Anfangsbestand der Vorräte	wichtige industrielle Rohstoffe nach dem beiliegenden Rohstoffverzeichnis
b) Erzeugung	
c) Bezug	
e) Verbrauch	
e) sonstige Abgänge	
f) Endbestand der Vorräte	
g) Produktion wichtiger industrieller Fertigungserzeugnisse – *Anlage 1* – (Gliederung wird den dortigen Dienststellen freigestellt; mindestens sind für jeden Gewerbezweig die im Warenverzeichnis *(Anlage 2)* aufgeführten Erzeugnisse zu melden)	

[1]) Einschließlich der von Wehrmacht, SS, OT, Reichsbahn, Ostgesellschaften usw. betreuten Betriebe.

Gegenstand	Gliederung der Angaben
II. *Energiewirtschaft (Versorgungswirtschaft)*	
1. Anzahl der Betriebe am Monatsende	
2. Installierte Leistung am Monatsende (in kW bezw. cbm Jahresleistung) a) ursprünglich installierte Nennleistung b) gegenwärtig zur Verfügung stehender Teil	
3. Anzahl der Beschäftigten am Monatsende a) Angestellte darunter technische Angestellte b) Arbeiter und Hilfspersonen c) Kriegsgefangene	unterschieden nach männlichen und weiblichen Beschäftigten
4. Arbeitsleistung im Berichtsmonat a) Anzahl der geleisteten Arbeiterstunden	gegliedert nach: Elektrizitätswerken Gaswerken Wasserwerken
5. Lohn und Gehaltssummen im Berichtsmonat (in Rubeln einschließlich des Entgelts in naturaler Form) a) Gehaltssummen der Angestellten b) Lohnsummen der Arbeiter und Hilfsangestellten c) Entlohnung der Kriegsgefangenen	
6. Produktions- und Verbrauchsangaben im Berichtsmonat (nach *Anlage 1*) a) Vorräte, Bezug und Verbrauch wichtiger Rohstoffe b) Erzeugung, Bezug, Abgabe und Eigenverbrauch von Energie	
III. *Handwerk* (laufende Registrierung in Zusammenarbeit mit Abt. VII der Heeresgruppen und mit den Gruppen Handwerk der Wi In) 1. Anzahl der Betriebe 2. Anzahl der Beschäftigten darin mithelfende Familienangehörige	Abgrenzung gegenüber Industrie wird durch Mitgliedschaft bei einem Handwerksverein oder Eintragung in die Handwerkerrolle entschieden. Fachgliederung nach den örtlichen Gegebenheiten.
IV. *Binnenhandel* 1. Anzahl der Betriebe und Verkaufsstellen am Monatsende 2. Anzahl der Beschäftigten am Monatsende 3. Umsätze zu Verkaufspreisen im Berichtsmonat (in Rubeln) 4. Bestand der Vorräte am Jahresanfang und Jahresende (in Rubeln) 5. Wareneingänge aus dem Reich im Berichtsmonat (in Rubeln)	Unter Verwendung der Betriebsstatistiken der Zentrallager, der Dehag und der übrigen staatlichen Handelsfirmen. Die ZHO wird durch die Chefgruppe W in Berlin befragt, örtliche Umfrage erübrigt sich daher. Aufgliederung nach Handelszweigen soweit möglich.

Anlage 1

zum Verzeichnis der laufend zu meldenden wirtschaftsstatistischen Größenordnungen.

Verzeichnis der Roh- und Hilfsstoffe.

Gütergruppe	Mengen-angabe	Anfangs-bestand (am Monats-anfang) ...	Zugang im Berichts-zeitraum ... durch Neupro-duktion	Zugang im Berichts-zeitraum ... durch Bezug	Abgang im Berichts-zeitraum ... durch Ver-brauch	Abgang im Berichts-zeitraum ... sonsti-ger Abgang	Endbestand (am Monats-ende) ...
Steinkohle und Anthrazit	t						
Braunkohle	t						
Koks	t						
Brenntorf	t						
Ölschiefer	t						
Manganerz (Manganinhalt)	t						
Roheisen	t						
Rohstahl	t						
NE-Metalle	t						
Mineralöl und Mineralölprodukte	t						
Kautschuk	t						
Flachsfaser	t						
Hanf	t						
Hartfasern	t						
Baumwolle	t						
Wolle (Basis gewaschen)	t						
Tierhaare	t						
Rohseide	kg						
Zellwolle und Kunstseide	t						
Lumpen	t						
Holz getrennt nach:							
Stammholz	1000 fm						
Schnittholz	1000 cbm						
Sperrholz	1000 cbm						

		Erzeugung im Berichtszeitraum ...	Bezug im Berichtszeitraum ...	Eigenverbrauch im Berichtszeitraum ...	Abgabe im Berichtszeitraum ...
Elektrische Energie	in kW				
Gas	in cbm				

Anlage 2

zum Verzeichnis der laufend zu meldenden wirtschaftsstatistischen Größenordnungen.

Warenverzeichnis

Warengruppe	Mengenangabe	Erzeugung im Berichtszeitraum
1) *Erzeugnisse der Eisen schaffenden sowie der Eisen und Metall verarbeitenden Industrie.*		
darin Walzwerkserzeugnisse	t	
Gießereierzeugnisse	t	
2) *Chemische Erzeugnisse.*		
darin Seife	kg	
Waschpulver	kg	
Kerzen	kg	
Verschiedene Sera	Liter	
Sauerstoff	Flaschen	
Firnis	t	
Terpentin	t	
Zündhölzer	1000 Schachteln	
Dachpappe	Rollen	
Karbit	t	
3) *Textilwaren.*	.	
4) *Papier und Pappen.*		
darin Zeitungspapier	t	
sonstige Papiere	t	
Pappen	t	
5) *Baustoffe und Erzeugnisse der Glas- und keramischen Industrie.*		
darin Zement	t	
Ziegel	1000 Stück	
Flachglas	qm	
Hohlglas	t und Stück	
6) *Leder und Lederwaren.*		
darin Oberleder	t und qdm	
Unterleder	t und qdm	
technischer Leder	t und qdm	
Pferdegeschirre	.	
Schuhwaren	.	
sonstige wichtige Lederwaren	.	
7) *Erzeugnisse der Holz verarbeitenden Industrie.*		
darin Panjewagen	Stück	
Wehrmachtsschlitten und Schlittenteile	Stück	
Möbel (nach wichtigen Arten getrennt)	Stück	
Fenster und Türen	Stück	
sonstige wichtige Holzwaren	Stück	
8) *Güter für den Truppenbedarf.*		
9) *Sonstiges.*		
darin Zigaretten	1000 Stück	
Machorka	t	

Anlage 3

zum Verzeichnis der laufend zu meldenden wirtschaftsstatistischen Größenordnungen.

Verzeichnis der Gewerbegruppen und -zweige für Industriestatistik.

1) *Bergbau*
   - Steinkohlenbergbau
   - Braunkohlenbergbau
   - Torfgräberei
   - Ölschieferbergbau
   - Manganerzbergbau
   - Eisen- und Metallerzbergbau
   - sonstiger Bergbau einschließlich Salzgewinnung
2) *Eisen- und metallschaffende Industrie*
3) *Eisen- und metallverarbeitende Industrie*
   - Elektroindustrie
   - Werftindustrie
   - Maschinenbau
   - sonstige Eisen- und metallverarbeitende Industrie
4) *Mineralölindustrie*
   - darunter Mineralölläger
5) *Chemische Industrie einschließlich Kautschukindustrie*
6) *Spinnstoffindustrie*
   - Aufbereitung von Flachs und Hanf sowie Baumwollentkörnung
   - Spinnerei und Weberei
   - weiterverarbeitende Textilindustrie
7) *Papiererzeugende und -verarbeitende Industrie*
8) *Steine und Erden* (mit Glas und Porzellan und mit Steinbrüchen und Granitwerken)
9) *Holz- und Schnitzstoffindustrie*
10) Leder- und Rauchwarenindustrie (Ledergewinnung und -verarbeitung, Pelzverarbeitung)
11) *Tabakindustrie*
12) *Sonstige Industrie*

Anlage 66: Fläche und Bevölkerung der besetzten Ostgebiete
(Gebietsstand März 1943)

Gebiet	Fläche in qkm	Bevölkerung (in Mill.)			
		vor der Besetzung	gegenwärtige		
			insgesamt	davon in	
				Stadt	Land
RK Ostland	241 000	rd. 10	8,51	rd. 2	rd. 6,5
RK Urkaine	339 000	etw. 20–25	16,91	–	–
Wi In Nord	81 000	1,92	1,26	0,14	1,12
Wi In Mitte	rd. 150 000	7–8	rd. 5	1,5	3–3,5
Wi In Süd	rd. 140 000	etw. 10	etw. 6	–	–
besetzte Ostgebiete zusammen: (ohne Drohobycz, Bialystok und Transnistrien)	rd. 950 000	50–55	rd. 40	–	–

Quelle: Aufstellung der Chefgruppe W AW VI/Statistik vom 8. März 1943, BA-MA, RW 31/260.

Anlage 67: Anzahl der Betriebe und der Beschäftigten in der gewerblichen Wirtschaft, Stand Ende 1942

(ohne Wehrmachtbetriebe, Verkehrswesen und Nahrungsmittelindustrie)

Gebiete		Anzahl der Betriebe	Anzahl der Beschäftigten
I. Industriebetriebe			
RK Ostland	(Stand 30. 6. 1942)	1 588	rd. 120 000
RK Ukraine	(Stand 30. 6. 1942)	1 600	100–150 000
Wi In Nord	(Stand 30. 6. 1942)	152	16 000
Wi In Mitte	(Stand Nov. 1942)	511	40 000
Wi In Don-Donez (einschl. Kohlenbergbau)			
	(Stand Nov. 1942)	1 365	220 000
I. zusammen:		5 216	500–550 000
II. Energiewirtschaft			
RK Ostland	(Stand 30. 6. 1942)	100	rd. 7 000
RK Ukraine	(Stand 30. 6. 1942)	148	–
Wi In Nord	(Stand 30. 6. 1942)	38	–
Wi In Mitte	(Stand Nov. 1942)	116	5 300
Wi In Don-Donez (nur Elt.Werke)			
	(Stand Nov. 1942)	37	–
II. zusammen:		439	rd. 25 000
I. und II. zusammen:		5 655	525–575 000

Quelle: Aufstellung der Chefgruppe W AW VI/Statistik vom 8. März 1943, BA-MA, RW 31/260.

Anlage 69: Übersicht über den Bedarf an zusätzlichen Arbeitskräften für die Wirtschaftsprogramme 1943
(Stand: Mai 1943)

Bereiche und Zeitabschnitte	Kohlenbergbau	Ölschiefer Mineralöl	Torf-gewinnung	Landwirtschaft
Wi In Süd:				
Mai–Juni	15 225	250	2 600	34 580
Juli–September	5 000	–	1 770	–
Oktober–Dezember	5 000	–	200	–
insgesamt:	25 225	250	4 570	34 580
Wi In Mitte:				
Mai–Juni	–	–	14 000	–
Juli–September	–	–	–	–
Oktober–Dezember	–	–	–	–
insgesamt:	–	–	14 000	–
Wi In Nord:				
Mai–Juni	–	900	5 700	2 000
Juli–September	–	500	3 000	20 000
Oktober–Dezember	–	–	–	–
insgesamt:	–	1 400	8 700	22 000
Inspektionen Süd, Mitte, Nord insgesamt:	25 225	1 650	27 270	56 580

(Für sonstige vordringliche Maßnahmen, z. B. Befestigungsarbeiten, sind über 660 000 Arbeitskräfte angesetzt. Dieser Bedarf rangiert noch vor dem Ansatz für die Wirtschaftsprogramme.)

Quelle: Entnommen aus der Aufstellung des Wi Stabes Ost/Chefgruppe Arbeit vom 20. 5. 1943, BA-MA, RW 31/257.

Noch Anlage 69

Bereiche und Zeitabschnitte	Forstwirtschaft	sonstige gewerbliche Wirtschaft für Truppenbedarf	Eisenhütten-programm	Zusammen
Wi In Süd:				
Mai–Juni	13 500	5 000	10 000	81 155
Juli–September	4 000	600	–	11 370
Oktober–Dezember	2 600	240	–	8 040
insgesamt:	20 100	5 840	10 000	100 565
Wi In Mitte:				
Mai–Juni	6 000	–	–	20 000
Juli–September	3 000	5 840	–	8 850
Oktober–Dezember	6 000	–	–	6 000
insgesamt:	15 000	5 840	–	34 850
Wi In Nord:				
Mai–Juni	19 800	2 500	–	30 900
Juli–September	–	1 500	–	25 000
Oktober–Dezember	–	1 000	–	1 000
insgesamt:	19 800	5 000	–	56 900
Inspektionen Süd, Mitte, Nord insgesamt:	54 900	16 690	10 000	192 315

Anlage 70: Bericht des Oberkommandos der Heeresgruppe Nordukraine vom 22. April 1944 über die Erfahrungen beim Einsatz der militärischen Wirtschafts-Organisation

Oberkdo. Heeresgr. Nordukraine, O Qu Nr. (F/O) 1099/44 geh.

Als die Heeresgruppe in zivilverwaltete Gebiete (RKU) kam, mußte angenommen werden, daß die Organe der Zivilverwaltung in der dortigen Landesausnutzung seit langem eingespielt und erfahren, die Aufrechterhaltung einer milit. Wi-Organisation daher überflüssig sei.

Inzwischen hat sich aber bei der Ausnutzung des Landes für die Truppenversorgung und bei der wirtschaftlichen Räumung im Zuge der Ausweichbewegungen gezeigt, daß diese Auffassung nicht zutreffend war. Die Erfahrungsgrundsätze, die sich hierbei herausgebildet haben, lassen sich kurz dahin zusammenfassen, daß die auf Befehl Wi Stab Ost vom 24. 1. 44 bei OKH/Gen Qu/Aust.Ukr.(O Qu,HGr. Süd) im Einvernehmen mit Gen Qu eingesetzte Abt.Wi mit ihren Fachabteilungen als unentbehrlich bezeichnet werden muß.

1.) Die Zivilverwaltung hatte das Land zwar erfolgreich genutzt, aber naturgemäß mit bodenständigen Kräften und unter örtlich beschränkten Erfahrungen. Ebenso standen der zivile und der Rüstungssektor bei der Planung, Erzeugung und Verteilung sowie sonstige regionale Interessen im Vordergrund.

Mit der Einbeziehung in das Operationsgebiet und im Zuge der durch die Ausweichbewegungen notwendigen Räumungen traten die milit. Erfordernisse an erste Stelle. Für eine schnelle und entschlossene Zusammenfassung, Ausrichtung und Steuerung der Landesausnutzung nach diesen Erfordernissen erwiesen sich die Organe der Zivilverwaltung als zu unbeweglich, da ihnen hierfür weder genügend Kräfte noch die erforderliche Erfahrung zur Verfügung stand. Die bodenständige Bindung dieser Kräfte verhinderte einen beweglichen und schwerpunktmäßigen Einsatz nach den wechselnden Erfordernissen der milit. Lage. Der von der Zivilverwaltung geforderte Weg der Anforderung bei ihren Zentralinstanzen und deren Erfüllung nach deren Ermessen hat sich für die bei der milit. Lage erforderliche schnelle Umstellung des gesamten Wirtschaftsraumes und seine Heranziehung für den Sofortbedarf nicht bewährt. Noch so gute örtliche Erfahrungen erwiesen sich als nicht ausreichend.

Die durch die milit. Notwendigkeiten auf dem Gebiet des Transport- und Betriebsmitteleinsatzes bedingten Erschwerungen in der Fertigung und Lieferung konnten von der Zivilverwaltung mit eigenen Kräften nicht überwunden werden. Ihre Verbindungen zu den verschiedenen Stufen der Kommandostellen waren schon aus räumlichen Gründen zu schwach, um eine schnelle Abstimmung zwischen den milit. Erfordernissen und dem zivilen Leistungsvermögen herbeizuführen.

Masseneinsätzen von einheimischen Kräften für große, plötzlich anfallende milit. Stellungs-, Bahn- und Straßenbauvorhaben, für Räumungen, Evakuierung und Katastrophenfälle haben sich die Organe der Zivilverwaltung nicht gewachsen gezeigt. Sie konnten bei näherem Einblick in die Struktur der Zivilverwaltung auch nicht von ihr erwartet werden.

2.) Die vielseitigen Aufgaben einer planmäßigen wirtschaftlichen Landesausnutzung auch bei wechselnder milit. Lage und der wirtschaftlichen Räumung bei Ausweichbewegungen können auch von der Truppenorganisation mit Rücksicht auf ihre eigentlichen Aufgaben mit eigenen Kräften weder aus personellen noch auch aus fachlichen Gründen in einem Umfang wahrgenommen werden, wie ihn die gesamte kriegswirtschaftliche Lage erfordert. Die Truppenführung kann hierfür lediglich Hilfestellung geben.

3.) Die Umsetzung milit. Forderungen und Notwendigkeiten in wirtschaftlich zweckmäßige Maßnahmen und die Berücksichtigung berechtigter Interessen der bodenständigen Zivilverwaltung in ihrer Produktionsführung konnten nur dadurch sichergestellt werden, daß der milit. Führung durch die Abt.Wi Fachkräfte zur Verfügung standen, die diese Fragen in zweckentsprechender Weise bearbeiten und abstimmen konnten. Diese grundsätzliche Erfahrung wird immer Geltung haben, da es sich immer um Aufgaben handelt, die weder nach rein militärischen noch allein nach politischen, wirtschaftlichen oder sonstigen zivilen Gesichtspunkten entschieden werden können.

4.) Die bei der bisherigen Struktur der Zivilverwaltung für Masseneinsätze im Truppeninteresse nicht ausreichende personelle Ausstattung hat den Einsatz besonderer truppengebundener Fachkräfte für Aufgaben im Stellungsbau, in der Erfassung, Rückführung und Räumung usw. als notwendig erwiesen.

5.) Insbesondere bei Absetzbewegungen war die Truppe auf die Heranziehung rückwärtiger Gebiete und auf Ausgleichs- und Verlagerungsmöglichkeiten für den Sofortbedarf angewiesen. Auch die Organisierung der wirtschaftlichen Räumung erforderte eine fachliche Steuerung, die nur auf Grund der Erfahrungen aus anderen Gebieten die Bergung und Aufnahme zweckmäßig durchführen konnte.

6.) Die Erfahrungen auf den einzelnen Sachgebieten ergeben sich aus der nachstehenden Zusammenstellung.

a) *Stellungs-, Eisenbahn- und Straßenbau.*

Mit der Aufgabe bisheriger Frontlinien ergab sich für die milit. Führung die Notwendigkeit, in großangelegter Weise Auffangstellungen in rückw. Gebieten zu schaffen sowie die Verkehrslinien (Bahnen und Straßen) für die Operationen und den Nachschub nach den durch die Kampflage gegebenen Notwendigkeiten auszubauen.

Hierfür wurden in erster Linie einheimische Arbeitskräfte in großer Zahl benötigt, deren Aufbringung bei den bisherigen Planungen der zivilen Arbeitseinsatzbehörden niemals vorgesehen war. Längere Vorbereitungen für die Gestellung dieser Kräfte waren nicht möglich, da alle diese Vorhaben durch die Frontverhältnisse beeinflußt, z.T. sogar unter dem Druck der Feindannäherung durchgeführt werden mußten. Eine Planung nach zivilen Methoden schied aus, da der Schwerpunkt der Kämpfe und daher auch der Schwerpunkt der Bauvorhaben sich ständig änderte. Die auf eine Bedarfsbefriedigung unter normalen Verhältnissen zugeschnittenen Mittel der Zivilverwaltung konnten naturgemäß bei solchen Arbeitsbedingungen nicht genügen. Ihre Verwendungsmöglichkeit wurde noch dadurch verringert, daß ihre Verwaltung in den frontnahen Gebieten, in denen der Schwerpunkt der milit. Aufgaben lag, weitestgehend aufgelockert hatte und die verbliebenen schwachen Kräfte ohne milit. Rückhalt sich der arbeitsunwillig werdenden einheimischen Bevölkerung gegenüber nicht mehr durchzusetzen vermochten.

Nachdem sich die Zivilverwaltung aus diesen Gründen in den meisten Fällen außerstande erklärt hatte, auch nur einen Teil der geplanten Maßnahmen zu übernehmen, wurde die Abt.Wi mit der Durchführung dieser Aufgabe betraut. Durch ihre Fachabt. Arbeit hat sie sofort bewegliche Arbeitseinsatzkdos. gebildet, die überall an Schwerpunkten zum Einsatz kamen und allein für den Stellungs- und Eisenbahnbau laufend 63 000 einheimische Arbeiter aufgebracht und bei der Arbeit gehalten haben. Ihre unmittelbare Verbindung mit den milit. Kommandostellen ermöglichte ihr, den milit. Nachrichtenapparat für ihre Aufgaben einzuspannen und bei der Truppe selbst die Bereitstellung der erforderlichen Hilfsmittel, Fahrzeuge und Treibstoffe durchzusetzen. Die milit. Uniform gab ihren Angehörigen zugleich die Autorität gegenüber der einheimischen Bevölkerung.

Gleichzeitig mit der Aufbringung war die Frage der Verpflegung und Unterbringung der Arbeitskräfte zu lösen. Die Lösung dieser Aufgabe war nur dadurch möglich, daß die hiermit betrauten Organe der Wirtschaftsabteilung (Einsatzkdos. BB und Arbeit) eng zusammengeschaltet wurden und darüber hinaus die Hilfeleistung der Truppe an den entscheidenden Brennpunkten sichergestellt werden konnte. Der organisatorische Aufbau der Einsatzgruppen nach milit. Gesichtspunkten und der Einbau in die zentralen milit. Kommandostellen war hierfür Voraussetzung. Die Einschaltung der zivilen Dienststellen bei der Durchführung der notwendigen Maßnahmen war so gut wie überhaupt nicht möglich, da in den zivil verwalteten Gebieten die Versorgung der einheimischen Bevölkerung mit Nahrungsmitteln nur für wenige größere Städte organisiert war, während nunmehr der Hauptbedarf gerade abseits der großen Städte entstand.

Die Einrichtung von Verpflegungsmöglichkeiten, die Beschaffung von Transportmitteln, die Durchführung der Verpflegung selbst, die Einrichtung von sanitären Betreuungsstellen, die Ausgabe von Versorgungsgütern und Genußmitteln (Textilien, Zucker, Salz, Butter, Wodka, Machorka) mußten daher völlig neu unter stärkstem Zeitdruck und stärkster Widrigkeit der Verhältnisse durchgeführt werden. Besondere Schwierigkeiten bereitete die Heranschaffung der nicht im Lande aufzubringenden Textilien und Schuhe, ohne die ein großer Teil der Arbeitskräfte unter den Witterungsverhältnissen des Ostens nicht einsatzfähig gewesen wäre. Die Beschaffung dieser Mangelwaren war überhaupt nur über den Wi Stab Ost und dessen Möglichkeiten im Reich und in den übrigen besetzten Gebieten (Holland, Frankreich usw.) durchzuführen.

Gen.d.Pi. und Gen.d.Trspw. haben erklärt, bei derartigen Bauvorhaben ohne die Einsatzkdos der Abt.Wi nicht auskommen zu können.

b) *Holzversorgung der Truppe.*

Die neuen Stellungsbauten hatten eine erhebliche Erhöhung des Holzbedarfs der Truppe zur Folge. Dieser plötzlich auftretende erhöhte Bedarf konnte von der Zivilverwaltung nicht sichergestellt werden, da ihre bisherige Holzwirtschaft im wesentlichen nach privatwirtschaftlichen Gesichtspunkten aufgebaut und nur mit wenigen deutschen Fachkräften besetzt war. Zur Verstärkung und Aktivierung der zivilen Dienststellen wurden daher von Abt.Wi Sägewerks-, Flößerei- und Forstfachleute für vordringliche Aufgaben der Truppenversorgung insbesondere in frontnahen Gebieten eingesetzt. Außerdem wurde für die Intensivierung und den Schutz der Holzabfuhr zu den Sägewerken das Holzbeschaffungskommando des Wi Stabes Ost in Stärke von 180 Mann durch Abt.Wi zur Verfügung gestellt. Auf Wunsch der Regierung des GG hat dieses Kommando vor kurzem den Schutz von Sägewerken und Waldbahnen sowie die Beitreibung von Gespannen und Arbeitskräften für Holzeinschlag und Abfuhr übernommen. Innerhalb eines Monats wurden 2400 Gespanne aufgebracht, mit denen 16 000 fm wertvolles Nutzholz an Bahnanlagen geführt wurden.

Zwecks Verhinderung jeglichen nicht gerechtfertigten Holzverbrauchs wurde von Abt.Wi/Fachabt.FH auch die Verteilung der anfallenden Holzmengen übernommen. So wurde die Berücksichtigung der Hauptbedarfsträger nach einer den übergeordneten Gesichtspunkten der Gesamtkriegsführung entsprechenden Dringlichkeitsfolge gesichert.

c) *Aufbringung der Verpflegung aus dem Lande.*

Da die leitenden Stellen der Zivilverwaltung im RKU in Personalunion von den Angehörigen der Abt.Wi verwaltet wurden und somit eine enge organisatorische Verbindung zur Truppe bereits bestand, ergaben sich bei der Aufbringung der Verpflegung aus dem RKU keine Schwierigkeiten. Die Verwertung der großen landw. Vorräte konnte daher in ständiger Übereinstimmung mit der Kampflage und den milit. Notwendigkeiten entweder durch Zuweisung an die Truppe zum Verbrauch oder zum Rücktransport ins Reich erfolgen. Zur Verstärkung des Unterbaues der landw. Organisation im RKU wurden dieser mehr als 400 militärisch erfahrene Landwirtschaftsführer zugeführt, die auch für Räumungs- und Auflockerungsaufgaben eingesetzt wurden und infolge ihrer milit. Autorität wesentlich zu den erzielten Erfolgen beigetragen haben.

Im GG lagen die Verhältnisse insofern anders, als hier der Unterbau an deutschen landwirtschaftlichen Kräften fehlte. Abt.Wi mußte daher stärker eingeschaltet werden. Auf Wunsch der zivilen Dienststellen wurden von ihr die notwendigen organisatorischen Vorbereitungen für eine Ausrichtung der Verwaltungsführung im La-Sektor auf milit. bedingte Aufgaben getroffen. Etwa 400 La-Führer, in Räumungskommandos zusammengefaßt, wurden zur Verstärkung der einheimischen Verwaltung für diese Zwecke eingesetzt. Es ist bereits geplant, weitere geschulte Kräfte dafür frei zu machen. Zur Sicherung der Verpflegung der Truppe werden z.Z. die Verpflegungsmöglichkeiten der Heeresgruppe überprüft und die Erzeugungspläne den Bedürfnissen der milit. Führung angepaßt. In Galizien konnte bereits im Zuge dieser Maßnahmen eine entscheidende Steigerung der Kapazität der Betriebe für die Versorgung des Heeres erreicht werden (z.B. Brotversorgung in Lemberg von 50 auf 120 to täglich, Kaffee-Ersatz von 50 auf 150 to monatlich).

In Transnistrien ließen die politischen Verhältnisse eine unmittelbare Ausnutzung dieses Raumes für die Versorgung des Ostheeres zunächst nicht zu, jedoch wurde auch hier durch rechtzeitige Maßnahmen des Wi

Stabes Ost die Wi-Organisation eingeschaltet. Ihrem in enger Zusammenarbeit mit Abt.Wi durchgeführten Einsatz ist es zu verdanken, daß für die Versorgung und Lagerung des nach Transnistrien zurückgebrachten Viehes und Getreides gesorgt und deren Weiterleitung nach Westen organisiert wurde.

d) *Steigerung der Gen Qu- und O Qu-Programme.*
Die Durchführung der in den Gen Qu- und O Qu-Programmen festgelegten Fertigungen für den Truppenbedarf war durch die Zurücknahme der Front nahezu ganz in Frage gestellt. Um diese für die Truppenführung untragbaren Folgen zu vermeiden, wurden von Abt.Wi die bereits von der Zivilverwaltung aufgelockerten Fertigungsstätten wieder für den Truppenbedarf zusammengefaßt und in Betrieb gesetzt.

Der Truppe wurde ferner ein neues Versorgungsgebiet für gewerbliche Erzeugnisse im GG erschlossen, wodurch eine der Rü In angeschlossene Abteilung des Wi Stabes Ost bedeutende, bisher ungenützte Kapazitäten nunmehr voll ausgenutzt wurden. In Zusammenarbeit Abt.Wi ist dorthin ein größerer Teil der ausgefallenen Fertigungen verlagert worden. Bereits jetzt sind aus diesen Fertigungen der Truppe, insbesondere den aus dem Tscherkassy-Kessel befreiten Verbänden, erhebliche Mengen an Ausrüstungsgegenständen und Gerät zugeführt worden.

In gleicher Weise war geplant, trotz der entgegenstehenden politischen Schwierigkeiten die gewerbliche Wirtschaft Transnistriens für die Truppenversorgung heranzuziehen. Die organisatorischen Vorbereitungen waren soweit gediehen, daß bei Abzug der rumänischen Dienststellen die Betriebe von der dortigen Abt.Wi übernommen werden konnten. Infolge der milit. Entwicklung ist es nicht mehr dazu gekommen.

e) *Räumung, Evakuierung.*
Neben den bereits erwähnten Räumungsaufgaben auf land- und forstwirtschaftlichem und gewerblichem Gebiet ergab sich bei den Absetzbewegungen als eine Hauptaufgabe, die beschleunigte Auskämmung der einheimischen Bevölkerung für den Reichseinsatz, insbesondere die Erfassung der Wehrfähigen durchzuführen. Die Zivilverwaltung war so hinreichend mit ihren eigenen Räumungsmaßnahmen beschäftigt, daß für die Wahrnehmung der Truppenbelange auf diesem Gebiet weder das erforderliche Personal zur Verfügung stand noch hinreichend geschulte Kräfte dafür gestellt werden konnten. Auch für diese, vielfach sehr schnell und unter unmittelbarer Feindeinwirkung durchzuführenden Aufgaben wurden Einsatzkommandos der Fachabt. Arbeit eingesetzt, die in engster Verbindung mit den Divisionen und Armeen, den Kgf.-Einrichtungen und Versorgungstruppen diese Maßnahmen erfolgreich durchführten. Die Kenntnis dieser Zusammenhänge und das Eingespieltsein auf die unmittelbare Zusammenschaltung waren überhaupt Voraussetzungen für die Inangriffnahme dieser Aufgaben. Das Ergebnis der von Abt.Wi organisierten Erfassungen und des ebenfalls von ihr organisierten Abtransports der Wehrfähigen unmittelbar aus dem Gefechtsgebiet in das Reich belief sich in den ersten 3 Monaten 1944 bereits auf 145 000 männliche Arbeitskräfte (davon 95 % Wehrfähige), die damit dem Zugriff der Russen entzogen worden sind.

Die Evakuierung der sonstigen Bevölkerung, ihre Verpflegung und Unterbringung auf Treckstraßen, insbesondere im transnistrischen Raum, wäre ohne die Tätigkeit der Abt.Wi/Fachabt. A und Fachabt. BB von vornherein gescheitert. Die auf diesem Gebiet tätigen Einsatzkommandos dieser beiden Fachabteilungen haben hier überall bis zum letzten Augenblick auf Grund ihrer früheren Erfahrungen eine entscheidende Arbeit geleistet, die von Zivildienststellen nicht einmal hätte in Angriff genommen werden können.

Bei der Verpflegung von 155000 Volksdeutschen (Evakuierung erfolgte durch die Volksdeutsche Mittelstelle) mußte Abt.Wi/Fachabt. BB zur schnellsten Beseitigung von bedenklichen Notständen eingeschaltet werden, da sich die hierfür zuständigen zivilen Dienststellen außerstande erklärt hatten.

Bereits bei dieser Aufgabe war ein Teil des Hilfszuges Ost eingesetzt. Der durch Abt.Wi/Fachabt. BB durchgeführte Aufbau des Hilfszuges Ost hat sich auf bei weiteren Einsätzen für die Truppe als sehr wertvoll erwiesen. So hat er sich in einem sehr schnellen Einsatz von den aus dem Tscherkassy-Kessel befreiten Truppen 38000 Menschen verpflegt. Z.Z. ist ein Teil des Zuges für die Verpflegung von SF-Zügen und Lazarettzügen in Styri eingesetzt (vom 25. 3. – 16. 4. Ausgabe von 176000 Port. Warmessen, 60375 Port. Kaffee), weiter ist ihm die Mitwirkung bei der Aufnahme des Pz.AOK 1 im Raum von Styri übertragen, wo er mit einem Leistungsvermögen von tägl. 54000 Port. Warmessen bereitsteht.

Auch für die Evakuierungen im GG sind in Übereinstimmung mit der Regierung Maßnahmen getroffen, deren Organisation im wesentlichen in Händen der Abt.Wi liegt. Bei der Durchführung wird sie ebenfalls weitgehend eingeschaltet.

Zusammenfassend kann gesagt werden: Die aus den Notwendigkeiten der Lage im Südabschnitt von Wi Stab Ost geschaffene Organisationsform in Gestalt der dem O Qu zur Verfügung stehenden Abt.Wi mit ihren Fachabteilungen und den Einsatzgruppen (La, Arbeit, BB, Versorgung) hat sich bewährt. Solange Operationen geführt werden, wird eine solche milit. Wi-Organisation, und zwar in dem jetzigen Rahmen, immer notwendig sein, obwohl im Sinne der Kampf- und Versorgungsführung, als auch zur Unterstützung im Sinne der Kampf- und Versorgungsführung, als auch zur Unterstützung der bodenständigen zivilen Verwaltung, die diese Aufgaben nicht übernehmen kann.

gez. Finckh

Quelle: BA-MA, RW 31/40; abgedr. auch in Deutsche Besatzungspolitik, Nr. 110.

Anlage 72: Erlaß des OKH über die Abfindung von einheimischen Arbeitern und Angestellten im östlichen Operationsgebiet vom 1. 2. 1943

Erlaß des OKH über den Unterhalt der Angehörigen der aus den neubesetzten Ostgebieten in das Reich vermittelten Arbeitskräfte vom 19. 2. 1943

Erlasse des OKH betr. die Überweisung von Lohnersparnissen einheimischer Arbeitskräfte an ihre Familienangehörigen vom 8. 4. und 17. 11. 1942

Oberkommando des Heeres
GenStdH/Gen Qu/IVa (III)
Nr. 2000/43

H.Qu. OKH, d. 1. 2. 1943

Abfindung
von einheimischen Arbeitern und Angestellten im östlichen Operationsgebiet

I. Geltungsbereich.

1. Dieser Erlaß gilt für alle Beschäftigungsverhältnisse einheimischer Arbeiter und Angestellten im östlichen Operationsgebiet, die bei Wehrmachtdienststellen, SS-, Polizei-, OT.- oder sonstigen deutschen Dienststellen, Betrieben der Wirtschaft einschl. Ostgesellschaften sowie Dienststellen und Betrieben der einheimischen Verwaltung beschäftigt sind.
   Er gilt nicht in solchen Gebieten der Reichskommissariate, die Operationsgebiet sind.
2. Der Erlaß findet keine Anwendung auf
   a) Reichsdeutsche,
   b) Angehörige des Protektorats Böhmen und Mähren, des Generalgouvernements und Ausländer, die am 21. 6. 1941 nicht im altsowjetischen Gebiet gewohnt haben,
   c) Arbeitskräfte, die ihren ständigen Wohnsitz in den Generalbezirken Estland, Lettland oder Litauen haben und von dort zu Arbeitsleistungen außerhalb dieser Generalbezirke angeworben oder entsandt werden,
   d) Hilfswillige, Angehörige des Ordnungsdienstes und der landeseigenen Sicherungsverbände, die nach Erlaß OKH/GenStdH/Org.Abt. (II) 8000/42/geh.,[1])
   e) Dienststellen der Reichsbahn, deren Arbeitskräfte gem. Erlaß OKH/GenStdH/Gen Qu/IVa (III,3) Az. 985 (Bahn) Nr. I/39174/41 vom 2. 12. 1941 abzufinden sind,[2])
   f) Arbeiter und Angestellte bei Staatsgütern, Landbaugenossenschaften und Gemeinwirtschaften sowie MT-Stationen. In diesen Betrieben sind bis auf weiteres grundsätzlich die vor dem 22. 6. 1941 geltenden Lohn- und Gehaltssätze weiter zu gewähren – im Bereich der Wi In K gilt als Stichtag der 1. 8.

[1]) Verfügung über die landeseigenen Hilfskräfte im Osten, vom August 1942, BA-MA, H 1/524. Die Abfindung dieser Kräfte wurde mit Erlaß OKH/GenStdH/Gen Qu/IVa (III, 3) Nr. I/14124/43 vom 29. 5. 1943 (BA-MA, RH 3/v. 361) neu geregelt.
[2]) Grüne Mappe, T. II (2. Aufl.), vom August 1942, S. 111, BA-MA, RW 31/131.

1942 –, soweit nicht Sonderregelungen getroffen sind oder getroffen werden. Sind diese Sätze nicht zu ermitteln, so ist die Entscheidung der zuständigen Wirtschaftsinspektion – Chefgruppe Arbeit – herbeizuführen. Überschreitungen der früher gezahlten Lohn- und Gehaltssätze sind nur mit vorheriger schriftlicher Zustimmung der zuständigen Wirtschaftsinspektion zulässig.

II. Arbeitszeit.

1. Die regelmäßige Arbeitszeit beträgt mindestens 54 Stunden wöchentlich. Ausnahmen bestimmt das Wi Kdo.
2. Wird in einem Betrieb oder einer Betriebsabteilung verkürzt gearbeitet, so ist nach Ablauf der ersten 2 Wochen im Falle der Fortdauer der Arbeitszeitverkürzung den zuständigen Wi Kdos die Zahl der betroffenen Arbeitskräfte, nach Berufsgruppen und Geschlecht gegliedert, sowie die Zahl der etwa ausfallenden Arbeitsstunden schriftlich anzuzeigen.
3. Über die regelmäßige wöchentliche Arbeitszeit gem. Abs. 1 hinaus ist jeder Arbeiter und Angestellte zur Leistung von Mehr-, Nacht-, Sonn- und Feiertagsarbeit in angemessenen Grenzen verpflichtet.

III. Abfindung der Arbeiter.
A. Akkord- und Prämienlohn, Leistungszulagen.

1. Grundsätzlich sind alle Arbeiten im Leistungslohn (Akkord- oder Prämienlohn) auszuführen. Im Zeitlohn (vergl. B) dürfen nur solche Arbeiten ausgeführt werden, die sich für Akkord- oder Prämienlohn nicht eignen.
2. Die russischen Leistungsnormen sind nach Möglichkeit sinngemäß anzuwenden.
3. Akkorde sind in der Regel so festzusetzen, daß Arbeiter durchschnittlicher Leistung unter normalen Arbeitsbedingungen im Durchschnitt einen Verdienst erzielen können, der dem Zeitlohn (vergl. B) ihrer Tätigkeitsgruppe und Altersstufe entspricht (Akkordrichtsatz).
4. Eine Begrenzung des Akkordverdienstes ist unstatthaft, um dem Akkordarbeiter höchste Leistungsmöglichkeit und damit höchste Verdienstmöglichkeit zu eröffnen.
5. Eine Prüfung des Akkordes zum Zwecke der Neufestsetzung ist vorzunehmen:
   a) bei offenbar unrichtiger Festsetzung des Akkordes,
   b) bei wesentlicher Änderung des betrieblichen Arbeitsablaufs oder Arbeitsvorganges,
   c) bei Änderung der technischen Bedingungen,
   d) bei Verwendung anderen Materials, anderer Werkzeuge oder eines anderen Musters,
   e) bei wesentlicher Änderung der Anzahl gleichzeitig anzufertigender Stücke.
   Soweit in den Betrieben bereits Akkorde und Prämien bestehen, sind die Akkord- bzw. Prämiensätze mit dem Ziel weitgehendster Leistungssteigerung zu überprüfen.
6. Für Arbeiten, die sich ihrer Natur nach für den Akkord nicht eignen und daher mit Zeitlohn abzugelten sind, sind Leistungsprämien zu gewähren, wenn hierdurch die Leistung nach Menge, Güte, Rohstoffersparnis, Zeitgewinn oder dergleichen gesteigert wird. Die Leistungsprämien sind so festzusetzen, daß bei

besonders gutem Leistungsergebnis im Einzelfalle bis zu 50 v.H. über den Zeitlohn verdient werden kann.

Die Einführung von Prämienarbeit ohne Leistungssteigerung lediglich zum Zwecke der Erhöhung des Arbeitsverdienstes (Scheinprämie) ist verboten.

7. Ist Akkord- oder Prämienarbeit nicht möglich, so dürfen an Arbeiter, die sich durch überdurchschnittliche Arbeiten auszeichnen oder besonders schwierige oder verantwortungsvolle Arbeiten verrichten, Leistungszuschläge zum Zeitlohn (vergl. B) gewährt werden, die nach Haltung und Leistung zu staffeln sind und im Einzelfall bis zu höchstens 50 v.H. des Grundlohnes betragen dürfen.
8. Die Gesamtsumme der von einer Dienststelle bzw. einem Betrieb gewährten Prämien und Leistungszuschläge dürfen 25 v.H. der zulässigen Gesamtlohnsumme nicht übersteigen. In besonders gelagerten Fällen kann das Wi Kdo Ausnahmen zulassen.
9. Bei Minderleistung, insbesondere bei Zurückhaltung mit der Arbeitsleistung sind entsprechende Abzüge von den Grundlöhnen vorzunehmen.

B. Zeitlohn.

1. Lohnsätze.

Die Entlohnung der Arbeiter erfolgt nach folgenden Lohngruppen:

a) Meister	3,00 Rbl. je Std.
b) Fachvorarbeiter, hochqualifizierte Spezialfacharbeiter	2,50 Rbl. je Std.
c) hochwertige Facharbeiter	2,00 Rbl. je Std.
d) Facharbeiter durchschnittlicher Leistungsfähigkeit und solche angelernte Arbeiter, die auf Grund mehrjähriger handwerklicher Tätigkeit entsprechende Fertigkeiten aufweisen	1,70 Rbl. je Std.
e) Angelernte Arbeiter, d.s. Arbeitskräfte, die zur Ausübung ihrer Tätigkeit eine kurzfristige Anlernzeit benötigen	1,40 Rbl. je Std.
f) ungelernte Arbeiter (Hilfsarbeiter), Lehrlinge und Anlernlinge	
über 18 Jahre	1,00 Rbl. je Std.
von 16–18 Jahren	0,80 Rbl. je Std.
unter 16 Jahre	0,60 Rbl. je Std.

2. Meister.

Meister, die als selbständige Werkstättenleiter eingesetzt sind und auf Grund ihrer Fachkenntnisse in der Lage sind, die Aufsicht über vorzunehmende Arbeiten (z.B. Reparaturen) selbst zu führen und beispielsweise in Kraftfahrzeugwerkstätten die zu reparierenden Fahrzeuge wieder betriebsfähig machen, können zu den Lohnsätzen für Meister je nach Zahl der ihnen unterstellten Facharbeitskräfte folgende Zuschläge erhalten:

wenn mind. 6 Facharb. unterstellt sind, wöchentlich 25 Rbl.
wenn mind. 13 Facharb. unterstellt sind, wöchentlich 50 Rbl.
wenn mind. 20 Facharb. unterstellt sind, wöchentlich 75 Rbl.

Daneben können Werkstättenleiter, die sich durch deutsche Sprachkenntnisse auszeichnen, Zuschläge gem. Abschn. IV Ziff. 3c erhalten.

3. Mehrarbeit, Sonn- und Feiertags- sowie Nachtarbeit.

Die Arbeiter werden nach der Zahl der von ihnen geleisteten Arbeitsstunden entlohnt. Besondere Zuschläge für Mehrarbeit, Nacht-, Sonn- und Feiertagsarbeit dürfen neben den Grundlohnvergütungen nicht gezahlt werden.

IV. Abfindung der Angestellten.

1. Allgemeines.
   Die Vergütung der Angestellten regelt sich nach den anliegenden Gehaltsordnungen.
2. Arbeitszeit, Mehrarbeit, Sonn- und Feiertags- sowie Nachtarbeit:
   a) Die Gehaltssätze gem. Anlagen gelten für eine wöchentliche Arbeitszeit bis 54 Stunden in der Woche.
   b) Für angeordnete Mehrarbeit kann für jede über 54 Stunden in der Woche hinausgehende Mehrarbeitsstunde eine Vergütung von 1/200 des Monatsgehaltes gewährt werden.
   c) Für Arbeit an Sonn- und Feiertagen werden besondere Zuschläge nicht gezahlt.
3. Zulagen und Kürzungen.
   a) Angestellten können bei besonderer Verantwortung und Leistung Zuschläge bis zu 50 v.H. ihres Grundgehaltes nach Ermessen des Leiters der Verwaltung oder des Betriebes gewährt werden.
      Die Gesamthöhe der Leistungszulagen wird auf 15 v.H. der nach diesem Erlaß zulässigen Gesamt-Grundgehaltssumme der Dienststelle oder des Betriebes begrenzt. Diese Begrenzung gilt nicht für die nach Anlage 4 abzufindenden Lehrkräfte und Mitarbeiter wissenschaftlicher Institute.
      Für Rayonleiter, Bürgermeister und Ortsälteste gilt an Stelle vorstehender Bestimmungen Sonderregelung nach Anlage 3.
   b) Bei Minderleistung, insbesondere bei Zurückhaltung mit der Arbeitsleistung ist das Gehalt entsprechend zu kürzen.
   c) Für Kenntnisse in der deutschen Sprache dürfen zusätzliche Zuschläge in folgender Höhe gewährt werden:
      ist die Verständigung in deutscher Sprache möglich . . . . 10 v.H.
      wird die deutsche Sprache in Wort und Schrift auch in bezug auf Fachausdrücke weitgehend beherrscht . . . . 25 v.H.
      für vollständige Beherrschung der deutschen Sprache in Wort und Schrift . . . . 40 v.H.
      Dies gilt nicht für die nach Anlage 5 abzufindenden hauptberuflichen Dolmetscher, Übersetzer und Sprachkundigen.

V. Gemeinsame Abfindungsbestimmungen für Arbeiter und Angestellte.

1. Frauen.
   Frauen erhalten den gleichen Lohn bzw. das gleiche Gehalt wie Männer.
2. Kinderzuschläge.
   Kinderzuschläge werden nicht gezahlt.
3. Frontzulage.
   Frontzulage wird nicht gezahlt.
4. Lohn- und Gehaltszahlung.
   a) Löhne und Gehälter werden jeweils für den Kalendermonat abgerechnet.
   b) Am 16. eines jeden Monats oder, falls dies ein Sonntag ist, an dem darauf folgenden Werktag kann auf den zustehenden Lohn bzw. auf das Gehalt eine Abschlagszahlung bis zur Höhe des bis zum 15. zustehenden Lohnes oder Ge-

haltes gewährt werden. Die Gesamtabrechnung des Lohnes bzw. Gehaltes einschl. Zuschläge und Abzüge erfolgt jeweils am 1. oder 2. des folgenden Monats.

5. Abzüge.
Die Löhne und Gehälter sind Bruttovergütungen. Die vorgeschriebenen Steuern sind abzuziehen.

6. Abfindungen bei Krankheit und Unfall.
Wegen der Abfindung bei Krankheit und Unfall ergeht Sonderregelung[3]).

7. Höchstbegrenzung.
   a) Die in Abschn. III u. IV (mit Anlagen) dieses Erlasses festgelegten Löhne- und Gehaltssätze einschl. Leistungszulagen und sonst. Abfindungen sind Höchstsätze. Jede Überschreitung ohne vorherige schriftliche Zustimmung des Wi Kdo ist verboten.
   Für Mehrausgaben ist der Verantwortliche erstattungspflichtig.
   b) Die Wi In können für einzelne Betriebe oder Gewerbezweige eine von den vorstehenden Bestimmungen abweichende Regelung treffen, soweit dies aus betrieblichen Gründen zwingend geboten ist.
   c) Dienststellen der Wehrmacht, SS, Polizei, OT oder sonstige deutsche Dienststellen, Betriebe der Wirtschaft einschl. Ostgesellschaften sowie Betriebe der einheimischen Verwaltung, die bisher niedrigere Löhne oder Gehälter zahlten, dürfen diese mit Zustimmung des Wi Kdo auf die in diesem Erlaß festgelegten Sätze erhöhen. Dienststellen der Wehrmacht, SS, Polizei, OT oder sonstige deutsche Dienststellen, Betriebe der Wirtschaft einschl. Ostgesellschaften sowie Betriebe der einheimischen Verwaltung, die bisher höhere Löhne und Gehälter zahlten oder sonstige günstigere Abfindungsbestimmungen gewährten, haben dieses dem Wi Kdo anzuzeigen. Bei Dienststellen der einheimischen Verwaltung entscheidet die örtlich zuständige Dienststelle der Mil.-Verw. im Einverständnis mit dem örtlich zuständigen Wi Kdo. Anzeigen nach Buchstabe c Abs. 1 Satz 2 sind über die zuständige Dienststelle der Mil.-Verw. an das örtlich zuständige Wi Kdo zu leiten.

VI. Sonderbestimmungen für Volksdeutsche.

Volksdeutsche sind, soweit ihre Haltung dies rechtfertigt, bevorzugt einzustellen und ihren Leistungen entsprechend zu fördern. An Volksdeutsche können Leistungszulagen bis zu 50 v.H. des Grundlohnes gewährt werden. Diese Zulagen bleiben bei Errechnung der für eine Dienststelle (Betrieb) zulässigen Gesamthöhe der Leistungszulagen außer Ansatz.

VII. Verpflegung

Für Verpflegung gelten die hierfür ergangenen besonderen Bestimmungen. Soweit nach den geltenden Bestimmungen Verpflegung gewährt werden darf, kann dies nur gegen Bezahlung geschehen. Es sind vom Lohn abzuziehen:

---

[3]) OKH/GenStdH/Gen Qu/IVa (III, 3) Nr. I/22000/43, Unfallversorgung der einheimischen Arbeitskräfte und Sonderversorgung von Landeseinwohnern im öst. Operationsgebiet, vom 25. 7. 1943, BA-MA, RH 3/v. 361.

a) für Tagesverpflegung . . . . 3,00 Rubel
b) für Teilverpflegung, und zwar Mittagskost . . . . 1,50 Rubel
c) Morgen- und Abendkost je . . . . 0,75 Rubel

Der Einrichtung und Verbesserung der Werksverpflegung sowie der Versorgung der Angestellten und Arbeiter und ihrer Angehörigen mit Lebens- und Genußmitteln sowie Gegenstände des täglichen Bedarfs ist erhöhte Aufmerksamkeit zuzuwenden (Errichtung von Werksküchen und Arbeiterverkaufsstellen).

VIII. Familienunterhalt.

Werden Arbeitskräfte außerhalb ihres heimatlichen Wohnortes beschäftigt, und müssen sie deshalb von ihrer Familie getrennt leben, so erhalten die Familienangehörigen Familienunterhalt nach Anl. 6 dieses Erlasses.

IX. Überweisung von Lohnersparnissen.

Arbeitskräfte, die ständig außerhalb ihres heimatlichen Wohnortes beschäftigt werden, können ihre Lohnersparnisse nach Anlage 7 dieses Erlasses an ihre Familienangehörigen überweisen.

X. Überwachung und Durchführung.

Die Überwachung und Durchführung der Lohn- und Gehaltsfestsetzung sowie der sonstigen Abfindungsbestimmungen obliegt dem Wi Kdo, bei Dienststellen der einheimischen Verwaltung der örtlich zuständigen Dienststelle der Mil.-Verw. unter fachlicher Beteiligung des zuständigen Wi Kdo.

XI. Sonstiges.

1. Dieser Erlaß tritt am 1. 3. 1943 in Kraft.
2. Mit dem gleichen Zeitpunkt treten außer Kraft:
   a) Erlaß OKH/GenStdH/Gen Qu/IVa (III, 3) Az. 985 Beih. Ost Nr. I/39468/41 v. 2. 12. 41.[4])
   b) alle entgegenstehenden oder gleichlautenden Regelungen des OKH oder unterstellter Dienststellen.

I.A.
Kleberger

[4]) S. Anm. 2.

Anlage 1

Abfindung der bei Dienststellen der Wehrmacht, SS, Polizei, OT oder sonstigen deutschen Dieststellen sowie bei der einheimischen Verwaltung beschäftigten Angestellten.

Die Vergütung der vorgenannten Angestellten regelt sich nach folgenden Gehaltsgruppen:

a) Gehaltsgruppe 1 . . . . monatlich 1200 Rbl.
Tätigkeitsmerkmale:
Angestellte mit abgeschlossener Hochschulbildung sowie gleichwertige Angestellte, die sich durch besonders hochwertige Leistungen auszeichnen und eine leitende Stellung bekleiden.
Beispiel:
Hauptärzte, Rayonärzte, Rayontierärzte, Hauptapotheker, Leiter größerer Krankenhäuser, Forstdirektoren, Chefagronomen, Leiter von Verbänden ernährungswirtschaftlicher Betriebe, Geschäftsführer von Erfassungskontoren, Abteilungsvorsteher von Erfassungszentralen, Chefingenieure.

b) Gehaltsgruppe 2 . . . . monatlich 950 Rbl.
Tätigkeitsmerkmale:
Angestellte mit abgeschlossener Hochschulbildung und entsprechend verantwortlicher Tätigkeit sowie gleichwertige Angestellte mit entsprechender Leistung.
Beispiel:
Leiter von städtischen Versorgungsbetrieben, Ärzte, Tierärzte, Zahnärzte mit Hochschuldbildung, Apotheker mit abgeschlossener Hochschulbildung, Leiter der Finanzabteilung bei der einheimischen Verwaltung mit Hochschulbildung, Finanzinspekteure mit Hochschulbildung, Leiter kleinerer Untersuchungsämter, Oberförster, Leiter von Kreisbauämtern, Hauptagronomen, Geschäftsführer von Erfassungskontoren und Verbänden ernährungswirtschaftlicher Betriebe, soweit nicht ihrer Bedeutung nach in die Gruppe 1 fallend, Diplomingenieure (Hauptingenieure), Vermessungsingenieure und beeidete Landmesser 2. Klasse in leitender Stellung.

c) Gehaltsgruppe 3 . . . . monatlich 900 Rbl.
Tätigkeitsmerkmale:
Angestellte mit abgeschlossener Hochschulbildung in der Stellung von Sacharbeitern, soweit nicht unter Gehaltsgruppe 2 fallend; Angestellte im Büro-, Buchhaltungs-, Kassen- usw. Dienst in besonders verantwortlicher Stellung, Angestellte mit abgeschlossener Fach- oder Mittelschulbildung sowie Angestellte mit nicht abgeschlossener Hochschulbildung, die sich durch umfassende Fachkenntnisse oder besondere Leistung aus der Gehaltsgruppe 4 herausheben.
Beispiel:
Finanzinspekteure, Rayonrevisoren, Apotheker, Förster auf gehobenem Posten, beeidete Landmesser 1. Klasse, Feldmesser, Leiter von Fischzuchtanstalten, Oberbuchhalter, leitende Revisionsbuchhalter, Oberagronomen, Leiter von bedeutenden Erfassungsstellen, Leiter von bedeutenden Untersuchungsstationen, Oberingenieure.

d) Gehaltsgruppe 4 . . . . monatlich 750 Rbl.
Tätigkeitsmerkmale:
Angestellte im Büro-, Buchhaltungs-, Kassen- und sonstigen Innen- und Außendienst mit selbständiger Tätigkeit in Stellen von besonderer Bedeutung, Leiter von Registraturen größeren Umfangs, Angestellte mit abgeschlossener Fach- oder Mittelschulbildung, die sich durch besondere Leistung auszeichnen, sowie sonstige Kräfte gleichwertiger Leistung.
Beispiel:
Kassierer, Revisionsbuchhalter, Feldschere, Veterinärfeldschere in gehobener Stellung, Apothekerassistenten, Zahntechniker, geprüfte Vermessungstechniker, Förster, Werftinspektoren, Agronomen, Leiter von Erfassungskreisstellen und bedeutenden Erfassungspunkten, Leiter von Untersuchungsstationen, Leiter von größeren Teichwirtschaften, Seekapitäne, Bauführer mit langjährigen Erfahrungen und Spezialkenntnissen auf Großbaustellen in besonders verantwortlicher Stellung.

e) Gehaltsgruppe 5 . . . . monatlich 600 Rbl.
Tätigkeitsmerkmale:
Angestellte mit abgeschlossener Fach- oder Mittelschulbildung und durchschittlichen Leistungen sowie technische Angestellte mit gründlichen Fachkenntnissen, sofern sie in Laboratorien und dergl. tätig sind, Angestellte mit gründlichen Fachkenntnissen im Innen- und Außendienst, die sich aus Gehaltsgruppe 6 herausheben.
Beispiel:
Kanzleivorsteher, sofern mindestens 5 Kanzleikräfte beschäftigt werden, Buchhalter, wenn sie das Memorial und Journal oder Hauptbuch führen, Straßenmeister, Strommeister, Vermessungstechniker, Meliorationsbaumeister, Steueragenten, Baggermeister, Operationsschwestern und Hebammen, leitende medizinische technische Assistenten und Laboranten, landwirtschaftliche Verwalter, Leiter von Erfassungspunkten, Fischmeister, Kapitäne, Veterinärfeldschere, Bauführer in verantwortlicher Stellung auf größeren Baustellen.

f) Gehaltsgruppe 6 . . . . monatlich 450 Rbl.
Tätigkeitsmerkmale:
Angestellte mit schwieriger Tätigkeit im Innen- und Außendienst.
Beispiel:
Entwerfen von Schreiben nach Angaben, Führung von Karteien, Kontenführung, qualifizierte Stenotypisten und Stenotypistinnen, technische Angestellte und Zeichner mit schwieriger Tätigkeit wie Anfertigung einfacher Pläne auf Grund von Angaben oder vorhandener Unterlagen und Anfertigung einfacher technischer Berechnungen, forstliches Hilfspersonal, Sekretäre, Rechner, Hausverwalter, Medizinal- und Spital-Schwestern, Säuglingsschwestern, Kindergärtnerinnen, Krankenpfleger, ärztliches und zahnärztliches Hilfspersonal, Schiffsführer, Baggerführer, Leiter von einfachen Erfassungspunkten, vet. Sanitätspersonal.

g) Gehaltsgruppe 7 . . . . monatlich 350 Rbl.
Tätigkeitsmerkmale:
Angestellte mit einfacheren Arbeiten im Büro-, Registratur-, Kassen-, Buchhalterei-, Kanzlei- u.ä. Dienst, Stenotypisten und Stenotypistinnen, Angestellte an

Buchungs- und Rechenmaschinen, technische Angestellte mit einfacher Tätigkeit wie Berechnungen einfacher Art, einfache Analysen in chemischen und bakteriologischen u.ä. Betrieben.
Beispiel:
Trichinenbeschauer ohne Fleischbeschauerausbildung, Heger, Hausmeister, Hilfsschwestern, Straßenwarte, Schleusenwärter, Gestütsaufseher.

h) Gehaltsgruppe 8 . . . . monatlich 300 Rbl.
Tätigkeitsmerkmale:
Angestellte mit vorwiegend mechanischer Tätigkeit im Büro-, Registratur-, Kassen-, Buchhalterei- und sonstigem Dienst, technische Angestellte mit vorwiegend mechanischer Tätigkeit wie Anfertigung von Lichtpausen und Anfertigung von Zeichnungen einfachster Art.
Beispiel:
Apothekenhelfer, Krankenträger, Gestütswärter, Angestellte für den Gefängnisaufsichtsdienst.

Anlage 2

Abfindung der Angestellten in den Betrieben der Wirtschaft.

Die Vergütung der Angestellten regelt sich nach folgenden Gehaltsgruppen:

a) Gehaltsgruppe S . . . . monatlich 1800 Rbl.
Leiter von größeren Betrieben, die sich durch ihre Tätigkeit aus Gehaltsgruppe A herausheben.

b) Gehaltsgruppe A . . . . monatlich 1500 Rbl.
Leiter größerer Betriebe mit in der Regel abgeschlossener Hochschulbildung in besonders verantwortungsvoller Vertrauensstellung.
Zu a) und b):
Die Einstufung von Angestellten in die Gehaltsgruppen S und A ist der zuständigen Wi In, Chefgruppe Arbeit, anzuzeigen; sie kann der Einstufung widersprechen.

c) Gehaltsgruppe B . . . . monatlich 1200 Rbl.
Leitende Angestellte mit selbständiger Tätigkeit und Weisungsbefugnis in Stellen von besonderer Bedeutung.

d) Gehaltsgruppe C . . . . monatlich 900 Rbl.
   aa) Angestellte in besonders verantwortungsvoller Stellung, die sich aus Gehaltsgruppe D herausheben,
   bb) Angestellte mit abgeschlossener Hochschulbildung,
   cc) Angestellte mit abgeschlossener Mittelschulbildung sowie Angestellte mit nicht abgeschlossener Hochschulbildung, die sich durch umfassende Fachkenntnisse oder Spezialtätigkeit aus der Gehaltsgruppe D herausheben.

e) Gehaltsgruppe D . . . . monatlich 750 Rbl.
   aa) Angestellte in besonders verantwortungsvoller Stellung,
   bb) Angestellte mit abgeschlossener Mittelschulbildung, die sich in mehrjähriger Berufstätigkeit bewährt haben sowie sonstige Kräfte gleichwertiger Leistung.

f) Gehaltsgruppe E . . . . monatlich 600 Rbl.
   aa) Angestellte mit gründlichen Fachkenntnissen und selbständigen Leistungen, z.B. Kanzleivorsteher mit mindestens 5 Fachkräften, Magazin- und Lagervorsteher,
   bb) Technische Angestellte mit abgeschlossener Fach- oder Mittelschulbildung,
   cc) Operationsschwestern.

g) Gehaltsgruppe F . . . . monatlich 500 Rbl.
ausgebildete Krankenschwestern.

h) Gehaltsgruppe G . . . . monatlich 450 Rbl.
   aa) Angestellte, die sich durch ihre Tätigkeit aus der Gehaltsgruppe H herausheben, z.B. durch Entwerfen von Schreiben nach Angabe, Materialverwaltung, kanzleimäßige Erledigung von Verfügungen,
   bb) Stenotypisten(-innen),
   cc) Technische Angestellte und Zeichner, soweit sich ihre Tätigkeit aus Gehaltsgruppe H heraushebt, die einfache Pläne auf Grund von Angaben oder Unterlagen nach Anleitung anfertigen und Zeichnungen in anderen Maßstab übertragen können.

j) Gehaltsgruppe H . . . . monatlich 350 Rbl.

aa) Angestellte mit einfachen oder vorwiegend mechanischen Arbeiten wie Führung von Tagebüchern, Listen, einfachen Karteien, Postabfertigung, Hilfsarbeiten in der Registratur, Schriftwechsel nach Vordruck,

bb) Maschinenschreiber(-innen),

cc) Technische Angestellte mit vorwiegend mechanischer Tätigkeit z.B. einfache Zeichen- und Pausarbeiten, Anfertigung von Umdrucken, Lichtpausen,

dd) Fernsprechangestellte,

ee) Hilfskrankenschwestern.

Anlage 3

Abfindung der Rayonleiter, Bürgermeister und Ortsältesten.

Die Vergütung der vorgenannten Angestellten regelt sich nach folgenden Gehaltsgruppen:

1. Überwiegend hauptamtlich tätige Personen.
   a) Gehaltsgruppe 1 . . . . monatl. 1800 Rubel
   Rayonleiter in städtischen und ländlichen Rayons mit über 30 000 Einwohnern, Bürgermeister in Städten von über 50 000 Einwohnern.
   In Städten von über 80 000 Einwohnern wird das Gehalt der Bürgermeister durch die zuständige Dienststelle der Mil.-Verw. im Einverständnis mit der zuständigen Wi In festgesetzt.
   b) Gehaltsgruppe 2 . . . . monatl. 1500 Rubel
   Rayonleiter in städtischen und ländlichen Rayons mit über 20 000 Einwohnern,
   Bürgermeister in Städten mit weniger als 20 000 Einwohnern.
   c) Gehaltsgruppe 3 . . . . monatl. 1200 Rubel
   Rayonleiter in städtischen und ländlichen Rayons mit weniger als 20 000 Einwohnern,
   Bürgermeister in Städten mit weniger als 20 000 Einwohnern.
   d) Gehaltsgruppe 4 . . . . monatl. 900 Rubel
   Bürgermeister in Gemeinden mit über 5000 Einwohnern.
   e) Gehaltsgruppe 5 . . . . monatl. 750 Rubel
   Bürgermeister in Gemeinden mit weniger als 5000 Einwohnern.
   Zu Gehaltsgruppen 1–5:
   Stellvertretende Rayonleiter und stellvertretende Bürgermeister erhalten 80 v.H. der auf Grund dieses Erlasses zulässigen Gehaltsätze der Rayonleiter bzw. Bürgermeister.
2. Überwiegend nebenamtlich tätige Personen:
   Leiter einer Gemeinde (Bürgermeister, Ortsälteste, Dorfschulen usw.) und Sekretäre erhalten, soweit sie überwiegend nebenamtlich tätig sind, mit Genehmigung des örtlich zuständigen Orts- bzw. Feldkommandanten eine Entschädigung bis zu folgender Höhe:

In Gemeinden mit einer Einwohnerzahl über	Leiter einer Gemeinde monatlich Rubel	Sekretäre monatlich Rubel
5 000	500	400
1 000–5 000	350–500	250–400
500–1 000	250–350	200–250
weniger als 500	bis zu 250	bis zu 200

3. An vorstehenden Personenkreis kann als Anerkennung besonderen Einsatzes für die deutschen Interessen durch die zuständige Dienststelle der Mil.-Verw. eine Zulage bis zu höchstens 50 v.H. des Grundgehaltes gewährt werden.

Anlage 4

Wissenschaftliche Institute und Schulverwaltung.

A. Wissenschaftliche Institute und Hochschulen.

Die Einstufung und Gehaltsfestsetzung für Mitarbeiter wissenschaftlicher Institute und Lehrkräfte an Hochschulen regeln sich nach folgenden Gehaltssätzen:

a) Gehaltsgruppe 1 . . . . monatlich 1200 Rbl.
Institutsleiter, ordentliche Professoren.

b) Gehaltsgruppe 2 . . . . monatlich 1000 Rbl.
Abteilungsleiter, sonstige Professoren und Dozenten.

c) Gehaltsgruppe 3 . . . . monatlich 800 Rbl.
Wissenschaftliche Mitarbeiter mit abgeschlossener akademischer Bildung.

d) Gehaltsgruppe 4 . . . . monatlich 700 Rbl.
Wissenschaftliche Mitarbeiter ohne Hochschuldiplom.

e) Gehaltsgruppe 5 . . . . monatlich 4–600 Rbl.
Gehobene Laboranten in wissenschaftlichen Instituten je nach Leistung und Verantwortung.

f) Gehaltsgruppe 6 . . . . monatlich 3–400 Rbl.
Laboranten und Mechaniker je nach Leistung und Verantwortung.

B. Schulverwaltung.

Grund- bzw. Volksschulen, Berufs-, Fach- und Mittelschulen.

Die Festsetzung der Abfindung der Lehrkräfte erfolgt durch besonderen Erlaß. Bis dahin sind an Lehrer die am 21. 6. 1941, im Bereich der Wi In K die am 1. 8. 1942 geltenden Gehaltssätze weiter zu gewähren.

Anlage 5

Abfindung der Dolmetscher, Übersetzer und Sprachkundigen.

Die Vergütung der Vorgenannten – soweit nicht als Hilfswillige gem. Erlaß OKH/GenStdH/Org.Abt. (II) Nr. 8000/42 geh. v. Aug. 42 abzufinden – regelt sich nach folgenden Gehaltsgruppen:

a) Gehaltsgruppe 1 . . . . monatlich 900 Rbl.
Dolmetscher (gem. AHM. 40 Nr. 605) für besonders schwierige Aufgaben.

b) Gehaltsgruppe 2 . . . . monatlich 750 Rbl.
Dolmetscher, die nicht unter Gehaltsgruppe 1 fallen und Übersetzer (gem. AHM. 40 Nr. 605)[1]) für besonders verantwortungsvolle Arbeiten.

c) Gehaltsgruppe 3 . . . . monatlich 650 Rbl.
Übersetzer, soweit nicht unter Gehaltsgruppe 2 aufgeführt.

d) Gehaltsgruppe 4 . . . . monatlich 450 Rbl.
Sprachkundige (gem. AHM. 40 Nr. 605).

---

[1]) Anordnung betr. Wehrmachtdolmetscher vom 15. 5. 1940, Allgemeine Heeresmitteilungen 1940, Nr. 605.

Anlage 6

Oberkommando des Heeres
GenStdH/Gen Qu/IVa (III, 3)
Az. 985 Beih. Ost Nr. I/7400/42

H. Qu. OKH., den 19. 2. 42

Wi Stab Ost
Chefgruppe Arbeit
Akt.Z. L. 8

Berlin, den 6. Februar 1942

Betrifft: *Unterhalt der Angehörigen der aus den neubesetzten Ostgebieten in das Reich vermittelten Arbeitskräfte.*

1. Der Unterhalt der Angehörigen der in das Reichsgebiet vermittelten Arbeitskräfte ist gemäß Anlage zu Erlaß V.P. 19008/2g vom 14. 11. 41 des Herrn Reichsmarschall des Großdeutschen Reiches, Beauftragten für den Vierjahresplan, grundsätzlich sicherzustellen.
2. Die Sicherung des Unterhaltes der Angehörigen, insbesondere soweit sie über 16 Jahre alt sind, hat in erster Hinsicht durch Zuweisung bezahlter Arbeit zu erfolgen. Die in Arbeit eingewiesenen Angehörigen nehmen an der Lebensmittelzuteilung im Rahmen der Anordnung 44 des Wirtschaftsstabes Ost teil. Sie sind bevorzugt bei der Zuteilung von Lebensmitteln zu berücksichtigen.
3. Kann Arbeit nicht nachgewiesen werden, oder ist die Arbeitsaufnahme nach Auffassung der Arbeitsbehörde nicht zumutbar, ist der Unterhalt sicherzustellen durch Gewähren einer Unterhaltsbeihilfe in bar und bevorzugte Berücksichtigung bei Verteilung von Lebensmitteln zu amtlichen Preisen an die Zivilbevölkerung. Die bevorzugte Berücksichtigung erfolgt im Rahmen der Versorgung der nichtwerktätigen Bevölkerung gemäß der obengenannten Anordnung Nr. 44.
   Soweit Sammelverpflegung der Bevölkerung eingerichtet ist, sind die Angehörigen der in das Reich vermittelten Arbeitskräfte bevorzugt zuzulassen.
4. Die Unterhaltsbeihilfe beträgt im Regelfall insgesamt monatlich 130 Rubel (Höchstbetrag) für die gesamte Familie einer in das Reich vermittelten Arbeitskraft (Arbeiter oder Arbeiterin), unabhängig von der Kopfzahl der Angehörigen. Der Wirtschaftsinspektion bleibt es unbenommen, unter Würdigung der Gesamtlage von der Zahlung der Unterhaltsbeihilfe in bar abzusehen.
5. Zum Bezuge von Unterhaltsbeihilfe sind Angehörige der in das Reich vermittelten Arbeitskräfte berechtigt, wenn nachstehende Voraussetzungen erfüllt sind:
   a) die vermittelte Arbeitskraft muß rechtlich oder sittlich verpflichtet sein, den Angehörigen Unterhalt zu gewähren,
   b) sie muß zu ihrem Unterhalt tatsächlich erheblich beigetragen haben,
   c) sie soll in der Regel mit ihnen bis zur Vermittlung in das Reich in Hausgemeinschaft gelebt haben.
   Die Wirtschaftsinspektion ist ermächtigt, zu bestimmen, inwieweit in begründeten Einzelfällen Unterhaltsbeihilfen bei Vorliegen einzelner der hier unter a–c aufgeführten Voraussetzungen gewährt werden dürfen.
6. Ein Anspruch auf eine Unterhaltsbeihilfe in bar, auf Lebensmittelzuteilung oder Sammelverpflegung besteht nicht. Im Falle der Arbeitsverweigerung oder

unerlaubter Auflösung des Beschäftigungsverhältnisses oder sonstiger Disziplinwidrigkeiten der in das Reich vermittelten Arbeitskraft oder deren Angehörigen kann die Unterhaltsbeihilfe gekürzt, zeitlich befristet oder für dauernd entzogen werden. Das gleiche gilt bei anderen schwerwiegenden Verstößen der in das Reich vermittelten Arbeitskraft oder ihrer Angehörigen, die den Fortbezug der Unterhaltsbeihilfe wegen Unwürdigkeit ausschließen.

7. Mit dem Abtransport oder der Unterbringung in einem Sammellager der zum Einsatz in das Reich bestimmten Arbeitskraft erhalten die zum Empfang der Unterhaltsbeihilfe berechtigten Angehörigen eine Bescheinigung. In dieser ist ihnen eine bevorzugte Lebensmittelzuteilung zu amtlichen Preisen im Rahmen der Versorgung der Zivilbevölkerung ausschließlich für den eigenen Bedarf bzw. bevorzugte Berücksichtigung im Falle einer Sammelverpflegung zuzuerkennen.
8. Um eine Notlage der zurückbleibenden Angehörigen bis zum eigenen Arbeitseinsatz bzw. bis zum Empfang der ersten Unterhaltsbeihilfe zu vermeiden, kann den Angehörigen mit dem Abtransport der Arbeitskraft oder ihrer Unterbringung in einem Sammellager ein Übergangsgeld ausgehändigt werden. Die näheren Einzelheiten bezgl. Auszahlung des Übergangsgeldes bestimmt die Wirtschaftsinspektion; es darf die Höhe von 130 Rubel nicht übersteigen. Vom Anrechnen auf später auszuzahlende Unterhaltsbeiträge kann abgesehen werden.
9. Die vorstehenden Bedingungen gelten für Volksdeutsche in gleicher Weise wie für die übrigen einheimischen Bevölkerungsteile, soweit und solange ein regelmäßiger Lohntransfer von den in das Reich vermittelten Volksdeutschen noch nicht möglich ist. Die Wirtschaftsinspektion wird ermächtigt, Übergangsgeld und Unterhaltsbeihilfe für Volksdeutsche bis zum Betrag von 260 Rubel monatlich festzusetzen.
10. Die erforderlichen Durchführungsbestimmungen, insbesondere über die Einschaltung der Bürgermeister oder anderer geeigneter Dienststellen, ihre Zusammenarbeit mit den Arbeitsbehörden, das Bereitstellen und Verrechnen der Mittel und Vorschüsse erlassen die Wehrmachtsbefehlshaber im Einvernehmen und auf Vorschlag der Wirtschaftsinspektionen. Die beabsichtigten Durchführungsbestimmungen sind dem Wi Stab Ost, Chefgruppe Arbeit, vor Erlaß vorzulegen.
11. Über die Verbuchung der von den Wehrmachtsbefehlshabern bzw. Wirtschaftsinspektionen verausgabten Beträge für Unterhaltsbeihilfe und Übergangsgeld ergeht gesonderte Weisung.
    Die Wirtschaftsinspektionen werden aufgefordert, im Einvernehmen mit den Wehrmachtsbefehlshabern Vorschläge über die Verrechnung dem Wi Stab Ost, Chefgruppe Arbeit, vorzulegen.

Zusatz des OKH:

Soweit die Wirtschaftsdienststellen zur Durchführung dieses Erlasses der Unterstützung militärischer Stellen bedürfen, ist diese weitgehend zu gewähren.

I.A.
Kleberger

Anlage 7

Oberkommando des Heeres
GenStdH/Gen Qu/IVa (III, 3)
Az. 985 Beih. Ost Nr. I/1940/42
gKdos

H. Qu. OKH, den 8. 4. 1942

Betr.: *Überweisung von Lohnersparnissen russischer Arbeitskräfte an ihre Familienangehörigen.*

2 Anlagen.

I. Es hat sich das Bedürfnis herausgestellt, den russischen Arbeitskräften, die bei deutschen Dienststellen außerhalb ihres Wohnortes eingesetzt sind, die Überweisung von Geldbeträgen an Familienangehörige zu ermöglichen.

1. Für Arbeitskräfte, die ins Reichsgebiet vermittelt werden, ist Regelung mit OKH/GenStdH/Gen Qu/IVa (III, 3) Az. 985 Beih. Ost Nr. I/7400/42 vom 19. 2. 42 (nicht an alle Stellen ergangen)[1]) bekanntgegeben worden.
2. Für russische Arbeitskräfte, die bei deutschen Truppenteilen und Dienststellen in Rußland eingesetzt sind, können Geldüberweisungen, da unmittelbare Postüberweisungen nicht durchführbar sind, auf dem in Ziffer II festgelegten Wege in den Besitz von Familienangehörigen in Rußland gebracht werden.

II.

1. Jede russische Arbeitskraft, die sich bei deutschen Truppenteilen und Dienststellen befindet, kann einmal im Monat Lohnersparnisse bei der Beschäftigungsstelle (Rechnungsführung oder Zahlmeister) unter Angabe des Empfangsberechtigten einzahlen.
2. Werden solche Lohnersparnisse beim Rechnungsführer eingezahlt, hat dieser den Geldbetrag bei der Zahlstelle einzuliefern.
3. Die Zahlstelle bucht den eingezahlten Lohnbetrag bei As 4 (rot) und schickt an die für den Wohnort des Empfängers zuständige Feldkommandantur eine Mitteilung nach Muster Anlage 1.
4. Welche Feldkommandantur für den Wohnort des Empfängers zuständig ist, ist von der absendenden Zahlstelle an Hand des beiliegenden Verzeichnisses der Feldkommandanturen (Anlage 2 – vgl. Vermerk am Schluß) festzustellen.
5. Für die Weitergabe des Geldes von der Feldkommandantur an den Empfänger können folgende Wege in Frage kommen:
   a) Befindet sich Empfänger am Sitze der Feldkdtr., ist der Empfänger durch Anschlag oder auf sonstige Weise zur Abholung des Geldes zu beordern. Auszahlung nur gegen entsprechende Legitimation.
   b) Befindet sich der Empfänger am Sitze einer Ortskommandantur, ist das Geld dahin auf dem Post- oder Kurierweg zu überweisen und dann nach a) weiterzuverfahren.
   c) Befinden sich am Wohnort des Empfängers weder eine Orts- noch Feldkommandantur, ist das Geld an den Bürgermeister zur Aushändigung an den Empfänger zu überweisen. Dies geschieht entweder durch eingerichte-

[1]) Siehe Anlage 6.

te Kurierverbindungen, unter Einschaltung von Rayonbanken, Wirtschaftsbanken oder auf sonstige Weise.

d) Die nach Ziffer 5a–c einzuschlagenden Wege müssen, da die Verhältnisse überall anders sind, von den zuständigen Befehlshabern z.T. von den Feldkommandanturen selbst, je nach den besonderen Verhältnissen besonders geregelt werden.

6. Zur Weitergabe des Geldes gem. Ziffer 5 zahlt die Zahlstelle der Feldkdtr. den Betrag aus, bucht ihn bei Kap. VIII E 230 As. 4 in Ausgabe und heftet dem Auszahlungsbeleg die Mitteilung nach Muster 1 bei.

7. Liegt der Wohnort des Empfängers in dem Bereich einer anderen Feldkommandantur, ist das Auszahlungsersuchen dorthin weiterzugeben und dem absendenden Truppenteil hiervon Kenntnis zu geben, um spätere Fehlleitungen zu vermeiden.

8. Können Beträge wegen Tod, Wegzug oder aus sonstigen Gründen dem Empfänger nicht ausgezahlt werden, sind sie bei der Zahlstelle der Feldkdtr. wieder zu vereinnahmen; der absendenden Zahlstelle ist hiervon Mitteilung zu machen, die den Betrag dann an den Einzahler zurückgibt.

III. Das Verzeichnis der Feldkommandanturen (Anl. 2 – vgl. Vermerk am Schluß) enthält nur die in den Reichskommissariaten Ostland und Ukraine und den Heeresgebieten Nord, Mitte und Süd z.Zt. eingesetzten, da die Feldkommandanturen in den Armeegebieten nicht bodenständig genug sind und daher keine Gewähr für sichere Überweisungen bieten.

IV. Erfahrungsberichte zum 1. 9. 42

I.A.
Kleberger

Vermerk:

Anl. 2 (Verzeichnis der Feldkommandanturen) ist bei der nächsten Orts- oder Feldkommandantur und bei den höheren Kommandobehörden einzusehen.

Ohne Anlage 2 ist obiger Erlaß offen zu behandeln.

Anlage 1 zu OKH/GenStdH/Gen Qu/IVa (III, 3)
Az. 985 Beih. Ost Nr. I/1940/42 gKdos
vom 8. 4. 1942

Muster.

Dienststelle Feldpost-Nr. . . . .
Zahlstelle rechnet ab mit
Abr.Int. der W.V. . . . . An

Dienststelle Feldpostnummer . . . .

Betr.: *Lohnüberweisung.*

Für den . . . . aus . . . .
(Vorname, Zuname) (Heimatort)
sind an Lohnersparnissen . . . . RM (wörtlich
. . . . RM) bei Kap. VIII E 230 As 4
am . . . . im G.A.N. unter lfd. Nr. . . . . . .
(Datum)
als Einzahlung gebucht worden. Es wird gebeten, diesen
Betrag an . . . .
(Vor- und Zuname des Empfängers)
in . . . . bei . . . . auszuzahlen
(Wohnort)
und bei Kap. VIII E 230 As 4 endgültig in Ausgabe zu buchen.

O.U., den . . . . 194 . . . .

(Dienststempel)

. . . .)[1])
Unterschrift, Dienstgrad

[1]) Unterschrift eines Zahlmeisters oder Offiziers.

Oberkommado des Heeres
GenStdH/Gen Qu/IVa (III, 3)
Az. I/985a/42

H.Qu. OKH, den 17. 11. 1942

Betr.: *Überweisung von Lohnersparnissen einheimischer Arbeitskräfte an ihre Familienangehörigen*

Bezug: *1. OKH/GenStdH/Gen Qu/IVa (III, 3) Az. 985 Beih. Ost Nr. I/1940/42 gKdos. v. 8. 4. 42*
2. OKH/GenStdH/Gen Qu/IVa(III, 3) Az. 985a Nr. I/7352/42 gKdos. v. 17. 10. 42

Auf Grund der Bezugserlasse können einheimische Arbeitskräfte, die bei deutschen Truppenteilen und Dienststellen in den neu besetzten Ostgebieten eingesetzt sind, Geldüberweisungen an ihre Familienangehörigen durchführen.

Da die angespannte Arbeitseinsatzlage dazu zwingt, in wachsendem Umfang einheimische Arbeiter und Angestellte außerhalb ihres Wohnortes in Betrieben der Wirtschaft und Dienststellen der landeseigenen einheimischen Verwaltung einzusetzen, ist es notwendig, auch diesen Arbeitskräften die Überweisung von Geldbeträgen an Familienangehörige zu ermöglichen.

Es wird daher folgendes angeordnet:

1. Jede einheimische Arbeitskraft, die außerhalb ihres Wohnortes in einem Betrieb der gewerblichen Wirtschaft, der Forst- oder der Landwirtschaft oder bei einer Dienststelle der landeseigenen einheimischen Verwaltung beschäftigt ist, kann einmal im Monat Lohnersparnisse bei dem Leiter des Betriebes oder der Dienststelle bzw. dessen Beauftragten unter Angabe des Empfangsberechtigten einzahlen.
2. Der Leiter eines Betriebes oder einer Dienststelle bzw. dessen Beauftragter hat den gemäß Ziffer 1 eingezahlten Betrag bei der für den Betriebs-(Dienststellen)ort zuständigen militärischen Zahlstelle einzuliefern.
3. Im übrigen sind die Bestimmungen des Bezugserlasses 1 Abschnitt 1 sinngemäß anzuwenden.
4. Dieser Erlaß tritt mit Wirkung vom 1. Dezember 1942 in Kraft.

I.A.
Kleberger

Vermerk:

Bezugserlaß 2 ist nicht beigenommen, da er nur eine Berichtigung des Verzeichnisses der Feldkommandanturen darstellt.

Quelle: BA-MA, RH 3/v.361

Anlage 73: Gesamt- und Einzelergebnisse der Arbeitseinsatzwerbung des Wirtschaftsstabes Ost für den Einsatz im Reich (Januar 1942–Juni 1944)

Monat	aus dem Operationsgebiet abtransportierte Arbeitskräfte insgesamt	davon entfallen auf Wi In Süd	Mitte	Nord	Kaukasus
1942					
Januar	8 889	8 889	–	–	
Februar	16 995	7 837	659	8 499	
März	39 063	26 649	5 985	6 429	
April	91 893	72 242	11 857	7 794	
Mai	147 915	118 523	15 446	13 946	
Juni	163 998	131 404	20 956	11 638	
Juli	96 235	69 404	25 861	970	
August	47 033	35 191	11 277	565	
September	47 616	41 715	5 901	–	
Oktober	83 331	81 375	1 677	279	
November	41 632	33 510	8 122	–	
Dezember	20 536[1])	9 864	6 965	370	3 337
1943					
Januar	4 475	842	925	300	2 408
Februar	5 384	1 633	3 471	280	
März	17 516	12 657	4 441	418	
April	23 269	18 337	4 506	426	
Mai	23 875	19 805	3 960	110	
Juni	17 358	11 384	5 830	144	
Juli	13 302	9 801	3 501	–	
August	28 424	4 411	24 013	–	

Noch Anlage 73

Monat	aus dem Operationsgebiet abtransportierte Arbeitskräfte				
	insgesamt	davon entfallen auf Wi In			
		Süd	Mitte	Nord	Kaukasus
1943					
September	8 611	1 238	7 373	–	
Oktober	13 032	504	11 124	1 404	
November	34 978	21 947	11 769	1 262	
Dezember	21 746	11 221	10 312	213	
1944					
Januar	35 718	28 901	5 122	1 695	
Februar	78 645	56 147	11 262	11 236	
März	103 907	56 104	22 115	25 688	
April	40 124	18 897	12 653	8 574	
Mai	65 036	32 298	24 921	7 817	
Juni	57 995	19 055	25 923	13 017	
Insgesamt:	1 398 531	961 785	307 927	123 074	5 745

[1]) Geringfügiger Summierungsfehler im Original der Monatsmeldung korrigiert.

Quelle: Original nicht ermittelt; Zahlen zusammengestellt aus den Monatsberichten und dem KTB des Wi Stabes Ost, ab Januar 1944 einschließlich der zivilverwalteten Gebiete.

Gesamtzahl der bis 30. 6. 1944 ins Reich transportierten „Ostarbeiter": 2 792 669 (siehe Dallin, Deutsche Herrschaft, S. 465). Nach einer anderen Quelle betrug die Gesamtzahl der am 30. 9. 1944 noch vorhandenen Zivilarbeiter aus den ehemals besetzten sowjetischen Gebieten 2 174 644; Aktenvermerk Feldwirtschaftsamt vom 4. 12. 1944, abgedr. in Müller, Besatzungspolitik, Nr. 135.

Anlage 74: Übersicht über die Tätigkeit der Chefgruppe Betriebsförderung und Berufserziehung (Stand: März 1943)[1])

	Wi In Mitte	Wi In Nord	Wi In Süd	Insgesamt
Zahl der betreuten Betriebe	700	480	2 950	4 130
Verpflegung:				
Zahl der Betriebe mit eigener Werksverpflegung	401	180	1 860	2 441
Zahl der Gemeinschaftsküchen	53	4	96	153
Zahl der Werksverpflegten	120 000	26 000	870 000	1 016 000
Zahl der Hauptbetriebsernährungsämter	–	–	9	9
Zahl der Ernährungsämter	–	–	102	102
Zahl der allgemein Verpflegten	–	–	2 584 000	2 584 000
Betriebspropaganda:				
Bild- und Textplakate, Wandzeitungen	18 690	20 000	22 500	61 190
Broschüren und Flugblätter	74 930	35 000	24 000	1 339 930
Führerbildpostkarten	16 000	–	–	16 000
Betriebsparolen	15 000	10 000	32 000	57 000
Zeitung (eigene Herausgabe)	70 000	70 000 (2 Ausgaben)	–	140 000
Zeitungen und Illustrierte	175 000	–	–	175 000
Theater- und Varietévorstellungen	58	34	12	104
Rundfunkveranstaltungen	24	4	8	36
Betriebsappelle	181	76	278	535
Tonfilmveranstaltungen	44	58	–	102
Werksbüchereien	–	100	–	100
Werkspausenkonzerte	–	4	–	4

Noch Anlage 74

	Wi In Mitte	Wi In Nord	Wi In Süd	Insgesamt
Berufserziehung:				
Eingerichtete Berufsschulen/Teilnehmer	14/1 520	4/380	24/2 290	42/4 190
Eingerichtete Lehrwerkstätten/Teilnehmer	14/ 255	6/190	21/ 480	41/ 925
Eingerichtete Lehrecken/Teilnehmer	3/ 31	2/ 21	14/ 190	19/ 242
Zahl der untergebrachten Lehrlinge	2 347	680	4 860	7 887
Zahl der in Umschulung genommenen Fachkräfte	1 214	510	2 140	3 864

[1]) Die im Textband zitierte Übersicht vom August 1943 konnte nicht ermittelt werden.

Quelle: KTB Wi Stab Ost 1. 1. – 31. 3. 1943, BA-MA, RW 31/27.

Anlage 75: Merkblatt des Wi Stab Ost über Räumungs-, Lähmungs- und Zerstörungsaufgaben von Wi-Dienststellen vom 21. 2. 1943

Wirtschaftsstab Ost — Berlin, den 21. 2. 1943
Stab Abt. I/Ia
B.Nr. 107/43 gKdos — 110 Ausfertigungen

Merkblatt
über Räumungs-, Lähmungs- und Zerstörungsaufgaben von Wi-Dienststellen

Nachstehende Richtlinien sollen den Kommandeuren von Wi-Dienststellen Anhaltspunkte dafür geben, was sie im Falle einer Zurückverlegung der Front oder einer Feindbedrohung ihres Gebietes zu veranlassen haben. Die zu treffenden Maßnahmen werden sich im allgemeinen in Vorausmaßnahmen und endgültige Maßnahmen einteilen lassen. Alle Maßnahmen sind unter dem Gesichtspunkt der

weitmöglichsten Erhaltung von Wirtschaftsgütern und Arbeitskräften für die deutsche Kriegswirtschaft, und der

Schwächung des feindlichen Kriegspotentials durch Lähmung und Zerstörung der Produktionsanlagen und ihrer Produkte sowie durch Rückführung der Arbeitskräfte

zu treffen.

A. *Grundsätzliches.*

1.) Engste und dauernde Verbindung mit den zuständigen militärischen Kommandostellen zur Abstimmung der Räumungs-, Lähmungs- und Zerstörungsarbeiten mit der jeweiligen militärischen Lage.
Den Befehl zur Durchführung vorbereiteter Maßnahmen gibt *stets* der zuständige *Truppen*-Kommandeur.

2.) Klare Festlegung der Befehlsgebung hinsichtlich der Auslösung von Räumungs-, Lähmungs- und Zerstörungsmaßnahmen.

3.) Klare Aufgabenteilung zwischen Wi In, V Stb He Wi Fü, A Wi Fü, Wi Kdo und Festlegung der Verantwortlichkeit für die Vorbereitung und Durchführung von Räumungs-, Lähmungs- und Zerstörungsarbeiten.

4.) Sicherstellung rascher Befehlsübermittlung. Dies gilt insbesondere für kurzfristig gegebene Befehle bei Veränderung der militärischen Lage.

5.) Sicherstellung einer einheitlichen Steuerung aller Wi-Dienststellen in feindbedrohten Gebieten.

6.) Sachliches und zeitliches Abstimmen der einzelnen Räumungs-, Lähmungs- und Zerstörungsarbeiten, da falscher Ablauf die Durchführung der Aufgaben verzögern oder unmöglich machen kann.

7.) Fortsetzung der Räumung wirtschaftlicher Güter und Inganghalten truppenwichtiger Betriebe solange, wie es Transportmittel und militärische Lage zulassen.

8.) Sofortiges und schärfstes Einschreiten gegen jegliche Disziplinlosigkeit.

B. *Räumungsmaßnahmen.*

Beschränkung der zurückzuführenden Güter auf die wirtschaftlich wichtigsten muß oberster Leitsatz bei der Vorbereitung und Durchführung von Räumungsmaßnahmen sein. Dies gilt besonders für diejenigen Gebiete, für die voraussichtlich nur geringe Zeit und geringe Transportmittel zur Verfügung stehen.

Abstimmung, in welche Dringlichkeitsfolge und in welchem Umfang ein Abtransport durchzuführen ist.

I. *Maßnahmen hinsichtlich der eigenen Dienststelle.*

1.) Verlegung *entbehrlicher* Teile (personell und materiell) der Dienststelle je nach Lage in einen rückwärts gelegenen Ort (Ausweichstelle), wo auch deutsche Betriebsführer und russische Mitarbeiter zu sammeln und in die Betreuung der Dienststelle zu nehmen sind. Ausweichort und Zeitpunkt bestimmt die vorgesetzte Dienststelle.
Der Kommandeur verbleibt stets in dem der Front zugewandten Einsatzort.

2.) Erforderliche Standort*veränderung* nur auf Befehl der vorgesetzten Dienststelle. Kein Kommandeur hat ohne Befehl seinen Einsatzort zu verlassen. Solange noch Aufgaben und Möglichkeiten bestehen, die Versorgung der Truppe zu unterstützen, solange noch Räumungs- usw. Aufgaben vorliegen, solange noch Landwirtschaftsführer im Einsatz sind und Betriebe für die Truppe arbeiten, besteht für den Kommandeur die Pflicht der Menschen- und Betriebsbetreuung zu Gunsten der Truppe. Unterkunftsschwierigkeiten sind kein Grund zum Standortwechsel. Ortskommandanturen sind keine entscheidende oder befehlsgebende Stelle für Wi-Dienststellen.

II. *Auf landwirtschaftlichem Gebiet.*

1.) Sämtliche für die Truppe notwendigen Lebens- und Futtermittel sind sofort der Truppe zur Verfügung zu stellen. Hierzu ist es notwendig, daß die La-Dienststellen sich unverzüglich mit den militärischen Kommandostellen (Intendanten, Verpflegungsdienststellen) in Verbindung setzen und ihnen laufend die Orte und Plätze, an denen landwirtschaftliche Vorräte gestapelt sind, benennen und sie in der Erfassung und Flüssigmachung unterstützen.

2.) Die für die verbleibende Zivilbevölkerung dringend benötigten Mengen sind an diese zu verteilen, soweit sie nicht geborgen werden können.

3.) Was von der Truppe nicht abgenommen werden kann, ist in rückwärtige Gebiete abzutransportieren, insbesondere Getreide und Vieh, ferner diejenigen landwirtschaftlichen Erzeugnisse und Betriebsmittel (wertvolles Saatgut, besonders wertvolle Maschinen der be- oder verarbeitenden Betriebe, Ersatzteile), die für die Landesausnutzung unentbehrlich sind.
Zuchtvieh ist auf jeden Fall zurückzubringen.

4.) Alle übrigen für das Reich besonders wertvollen landwirtschaftlichen Erzeugnisse und Betriebsmittel sind in das Reich zurückzuführen. Dies gilt insbesondere für diejenigen Erzeugnisse, für die eine Auflage zur Lieferung ins Reich besteht. Hierbei ist folgende Dringlichkeitsfolge einzuhalten:
a) Engpaßmaschinen
b) Ölsaaten
c) wertvolle Sämereien und Saaten
d) Zucker.

Über die Ergänzung (nicht Änderung) dieser Folge entscheidet die Wi In.

III. *Auf wirtschaftlichem Gebiet.*

1.) Abtransport von wertvollen Vorräten, Halbfabrikaten und Fertigerzeugnissen.

2.) Abtransport von
   a) für die Heimat wichtigen Maschinen (Engpaßmaschinen nach bekannter Liste) und von Werkzeugen (Meßwerkzeuge, Qualitätsstähle, Hartmetall) möglichst in geschlossenen Waggons.
   *Mehr*zweckmaschinen zuerst räumen!
   b) Elektromotoren und Ölverteilungsapparate,
   c) allen wichtigen Betriebsmaterialien wie Treibriemen, Spezialölen, Schleifscheiben, Zinn und ähnlichem.

3.) Sorgfältige Verladung der Maschinen (Versteifung gegeneinander und Schutz gegen Verrostung durch Einfetten) ist unbedingt erforderlich. Bei mangelnder Zeit Durchführung dieser Pflegearbeiten erst auf dem Transport.

4.) Mitnahme oder Vernichtung von Geschäftspapieren, Zeichnungen, Kontingentslisten.

5.) Mitnahme von Geldbeständen, desgleichen Rezepten und Verfahrensvorschriften.

6.) Für die Truppe verwendbare Güter, die nicht mehr abtransportiert werden können, sind dieser anzubieten.

IV. *Auf dem Gebiet des Arbeitseinsatzes.*

1.) Möglichst frühzeitige und geschlossene Rückführung aller Facharbeiter und Arbeiterinnen im Alter von 18 bis 50 Jahren.
   Rückführung wird in folgender Dringlichkeitsfolge durchgeführt:
   a) Metallfacharbeiter und Spezialarbeiter,
   b) Facharbeiter aller Art (Bergbau, Ölgewinnung, Baugewerbe, Holz, Leder usw.)
   c) Landwirtschaftliche Arbeitskräfte: landwirtschaftliche Fachkräfte (Traktorenführer, Agronomen, Melker, Gespannführer), landwirtschaftliche Handwerker, Stellmacher, Schmiede, Schlosser, alle übrigen Landarbeiter und Arbeiterinnen,
   d) Sonstige Arbeitskräfte.

2.) Festlegung bestimmter Sammelplätze.
   Für die Sammlung, Einteilung und Rückführung der Arbeitskräfte müssen transportweise Kolonnenführer und Bewachungsmannschaften (einheimisches Personal der Arbeitsämter, Ordnungsdienst und Miliz) bereitgestellt werden. Größere geschlossene Transporte sind möglichst unter deutsche Leitung zu stellen. Wenn es die Umstände erfordern, ist die Rückführung der Arbeitskräfte ohne Rücksicht auf Familienbindungen durchzuführen.

3.) Die Rückführung erfolgt
   a) mit öffentlichen Verkehrsmitteln (geschlossene Transportzüge der Eisenbahn oder auch mit einzelnen oder mehreren Waggons),
   b) Transportmitteln der wirtschaftlichen und militärischen Dienststellen (Lkw's, Pkw's, Panjewagen, Schlitten),
   c) in geregelten Landtrecks (Kolonnen-Relais System) vorwiegend bei ländlicher Bevölkerung unter Mitnahme von Fahrzeugen, Großvieh, Hausrat, Lebensmitteln,
   d) in ungeregelten Trecks einzeln und in kleineren Gruppen.

4.) Einrichtung von Unterkunfts-, Verpflegungs- und Kontrollstationen an geeigneten Knotenpunkten. Die Bewegungslinien sind im Einvernehmen mit den zuständigen militärischen Kommandobehörden festzulegen.

V. *Auf forstwirtschaftlichem Gebiet.*

1.) Abtransport aller Flößerei dienenden Mittel,

2.) Wenn Zeit und Transportraum vorhanden, Abtransport schwer zu beschaffender Spezialeinschnitte.

C. *Lähmung und Zerstörung.*

1.) Zerstörung aller zurückbleibenden Wirtschaftsgüter.

2.) Festlegen der einzelnen Betriebe, die zu lähmen, bzw. zu zerstören sind und wie ihre Lähmung bzw. Zerstörung durchzuführen ist.

3.) Verbindungsaufnahme mit den zuständigen Kommandostellen zwecks Einschaltung der Technischen Truppen und Gestellung von Pionier-Zerstörungskommandos.

4.) *Lähmung der energiewirtschaftlichen Anlagen.*

Maßnahmen im Maschinenhaus:

Ablassen des Öles der Maschinen, während sie in vollem Betrieb gehalten werden; Zerstörung der Lagerschilder von Pumpen und Motoren, insbesondere der Kesselspeise- und Kühlwasserpumpen; Zerstörung des Maschinenhauskranes, insbesondere der Zahnradantriebe durch Hammerschläge.

Kesselhaus:

Zerstörung der Kohlezuteiler durch Hammerschläge oder Sprengung; Sprengung oder Zerstörung der Kesselberohrung mittels Schneidbrenner; Zerstörung der Rostantriebe bei Wanderrosten; Zerstörung der Kohlenstaubbrenner bei Staubkesseln.

Kohlentransportanlage:

Zerstörung der Motoren durch Beschädigung der Lagerschilder; Zerstörung der Antriebsstationen, ebenfalls durch Zerstörung der Motoren oder durch Zerstörung der Zahnradgetriebe usw.

Schaltanlagen, Warte usw.: (Dies gilt nicht nur für elektrische Einrichtungen der Kraftwerke, sondern auch für alle Abspannwerke, Schaltstationen usw.)

Ablassen des Öles der Transformatoren, möglichst Durchschießen des Transformatorenkessels. Es ist darauf zu achten, daß sämtliche Eigenbedarfstransformatoren dabei mit erfaßt werden; Zerschlagen der Isolatoren; Zerstörung von Relais und Meßinstrumenten; Durchschießen der Ölkessel der Schalter. Zerstörung aller Kran-Anlagen, die geeignet sein könnten, Transformatorenkerne aus den Transformatoren herauszunehmen.

Allgemeine Gesichtspunkte:

Es ist darauf zu achten, daß Reservematerialien weitgehendst zerstört werden, damit vermieden wird daß hieraus ein Ersatz für die zerstörten Anlagenteile genommen wird.

Um den Ab- bzw. Antransport von Materialien zum Kraftwerk zu erschweren, ist es vorteilhaft, Weichen, Drehscheiben, kleine Brücken, die im Zuge der Gleisanlagen zum Kraftwerk liegen, zu zerstören.

Beseitigung bzw. Vernichtung sämtlicher verfügbarer Zeichnungen, Betriebsunterweisungen, Betriebsaufschreibungen, Betriebsbücher, Schaltpläne usw.
Es ist besonders wichtig, daß das gesamte mit der Anlage besonders vertraute Betriebspersonal und Fachkräfte evakuiert werden.

5.) *Völlige Zerstörung der energiewirtschaftlichen Anlagen.*
Als wirksamste Maßnahme hat sich auf Grund der Erfahrungen im besetzten Ostgebiet herausgestellt, daß starke Sprengungen am sichersten und nachhaltigsten zu dem gewünschten Erfolg führen. Bei elektrischen Anlageteilen hat sich das Fahren im Kurzschluß als besonders wirksam erwiesen.

Maschinenhaus:
Einbringen von Sprengladungen durch die Schaudeckel in den Abdampfstutzen bzw. durch die Lagerschilder in die Generatoren; Anbringung von Sprengstoffen bei den Lagern zwischen dem Hoch- und Niederdruckteil der Turbine bzw. zwischen Turbine und Generator. Sprengungen an Steuerungen; Zerstörung der Antriebsmaschinen und Pumpen wie unter 4 beschrieben oder noch besser durch Sprengung; Zerstörung der Krananlagen durch Herabsprengen des Kranes, wobei insbesondere darauf zu achten ist, daß auch die Laufkatze mit Triebwerk zerstört wird.

Kesselhaus:
Sprengen der Kesseltrommeln, wobei möglichst starke Sprengladungen einzubringen sind, so daß nicht nur die Trommelenden, sondern besser die Trommeln in der Mitte zur Zerstörung gebracht werden. Sprengungen des Kesselstuhles (Stützen). Durch diese Maßnahme allein wird jedoch nur eine, wenn auch nur langwierige Außerbetriebsetzung der Kesselanlage bewirkt. Bei Kesseln, die bis zum Schluß in Betrieb gehalten worden sind, bei denen man daher die Trommeln nicht sprengen kann, empfiehlt es sich, das Wasser abzulassen und möglichst stark für Nachschub von Brennstoff zu sorgen, so daß der Kessel möglichst stark zum ausglühen kommt. Zerstörung sämtlicher Kesselantriebe der Kohlezuteilungseinrichtungen wie unter 4 beschrieben; Zerstörung der Saugzüge wie Unterwindventilatoren und der Kohlenmühlen, möglichst durch Sprengung. Bei den Kohlenmühlen ist besonders wirksam die Zerstörung der Getriebe.

Kohlentransportanlage:
Auch hier ist das Augenmerk auf Zerstörung der Antriebsmotoren und Antriebsstationen zu richten, wie bereits unter 4 beschrieben. Wirksamer wird sich auch hier die Sprengung erweisen.

Schaltanlagen, Warte usw.:
Ablassen den Öles an den Transformatoren möglichst mittels Durchschießen der Transformatorenkessel; Übergießen des auslaufenden Öles mit Benzin und Entzündung desselben; Sprengung der Fundamente, auf denen der Transformator steht; im übrigen sind die Zerstörungen der Schaltanlage durchzuführen wie unter 4 bereits beschrieben. Es empfiehlt sich wichtige Portalmasten bzw. Abspannmasten in Freiluftanlagen durch Sprengung unbrauchbar zu machen. Sämtliche Meßinstrumente und Relais sind durch Hammerschläge zu zerstören. Die Akkumulatorenbatterie ist ebenfalls durch Hammerschläge zum Auslaufen zu bringen.

6.) *Lähmung der Großwasserversorgungsanlagen.*

Groß-Stauanlagen:

Die Wehranlagen der Stauwerke sind zu sprengen.

Wasserwerke und Pumpstationen:

Bei den Pumpen und Motoren sind die Lagerschilder zu zerschlagen. Das gleiche gilt für die Groß-Armaturen (Schieber).

Schaltanlagen:

Ablassen des Öles der Transformatoren, möglichst mittels Durchschießen der Transformatorenkessel, Zerschlagen der Isolatoren, Zerstören von Relais und Meßinstrumenten, Durchschießen der Ölkessel der Schalter.

7.) *Völlige Zerstörung der Großwasserversorgungsanlagen.*

Groß-Stauanlagen:

Die Staudämme sind mittels Sprengstoff soweit aufzureißen, daß das Wasser freien Durchfluß erhält und dadurch die Dämme auf eine große Strecke wegspült.

Wasserwerke und Pumpstationen:

Die Zerstörung der Pumpen und Motoren ist zweckmäßig durch Einbringung von Sprengladungen durchzuführen, da dies eine nachhaltigere Zerstörung ergeben wird, als das Zerschlagen der Lagerschilder. Die Groß-Armaturen sind nach Möglichkeit so stark zu zerschlagen, daß nicht nur einzelne Risse entstehen, die evtl. durch Schweißung wieder gedichtet werden könnten.

Schaltanlagen:

Ablassen des Öles aus den Transformatoren möglichst mittels Durchschießen der Transformatoren-Kessel. Übergießen des auslaufenden Öles mit Benzin und Entzündung desselben, Sprengung der Transformatorenfundamente. Im übrigen sind die Zerstörungen der Schaltanlagen durchzuführen, wie unter 6 beschrieben.

Sämtliche Meßinstrumente und Relais sind durch Zerschlagen zu zerstören. Akkumulatorenbatterien sind durch Zerschlagen der Glasbehälter zum Auslaufen zu bringen. (Handgranaten).

Da Wasserwerksanlagen und Pumpstationen durch Heranschaffen von Maschinen aus ähnlichen Betrieben (Bergwerken, sonstigen Wasserhaltungsanlagen usw.) verhältnismäßig schnell wieder in einen verwendungsfähigen Zustand gebracht werden können, sind im großen Umfang hier auch Gebäudesprengungen vorzunehmen, was insbesondere auch für die Filterbecken und Hochbehälter zutrifft.

Eine besonders wirksame Maßnahme ist die Sprengung der Tiefbrunnen. Da zu großen Wasserwerken jedoch eine größere Anzahl von Brunnenanlagen gehört, wird diese Maßnahme nur durchzuführen sein, wenn genügend Zeit zur Verfügung steht. Es sind hierzu die Brunnenschächte zu öffnen und Sprengladungen möglichst tief in den Schächten anzubringen.

Allgemein, auch bei den Wasserversorungsanlagen ist darauf zu achten, daß Reservematerial weitgehendst zerstört wird.

Besonders wichtig ist, daß das gesamte, mit der Anlage besonders vertraute Betriebspersonal evakuiert wird.

8.) *Mineralöl:*
Tanklager in Brand setzen oder Inhalt unbrauchbar machen. Pumpen und Rohrleitungen und Gebinde zerstören. Handpumpen, Meßgefäße, Abfüllschläuche abtransportieren. Kesselwagen, Autotankwagen der Truppe zur Verfügung stellen oder abtransportieren; soweit nicht mehr möglich, durchlöchern und Verschlüsse wegnehmen. Fundamente von Tanks sprengen, Tanks durchschießen.
In Pumpenhäusern Pumpen vernichten, Schieber und Absperrventile verschleppen. Zufahrtstraßen und Gleisanschlüsse, Weichen unbrauchbar machen.

9.) *Chemie:*
Vernichtung von Chemikalienlager durch Fachkräfte. Hochdrucköfen, Kompressoren und Umlaufpumpen in Stickstoffwerken sprengen.
Elektroden in Karbidfabriken zerstören, Kompressoren und Kontakte in Schwefelsäuefabriken ebenfalls.

10.) Soweit Maschinen nicht zurückgeführt werden können, sind die wichtigen Teile (Spindeln, Getriebe, Steuerungsteile usw. auszubauen und (wenn Abtransport unmöglich) mit Holz gemischt mit Brennstoff zu übergießen und durch Feuer unbrauchbar zu machen.

D. *Transportmaßnahmen für Räumung und Bergung.*

1.) Festlegung der Bergungsräume durch die Wi In im Benehmen mit der Heeresgruppe.
2.) Auffangorganisation schaffen für zurückgeführte Arbeitskräfte und Viehtrecks. Bewachung, Sicherstellung der Unterkunft und Verpflegung.
3.) Laufende Verbindung mit Räumungskommissar, Bahnhofsoffizier und der Transportkommandantur, Aufstellung von Verlade- und Abtransportplänen im Benehmen mit diesen Stellen.
4.) Laufende Verbindung mit Feld (Orts)-Kommandantur wegen Gestellung von Lkw und Gespannen zur Anfuhr an die Bahn.
5.) Bildung von Verladekolonnen aus Einheimischen. Schnellste Beladung der gestellten Waggons ist wichtig.
6.) Bildung möglichst artreiner Wagenladungen.
7.) Wenn entschieden, daß Wirtschaftsgüter nicht lediglich nach einem weiter rückwärts gelegenen Ort, sondern in die Heimat verbracht werden sollen, sind Räumungswagen und Räumungszüge nach einem der Auffangbahnhöfe für R-Züge

Lemberg,
Cholm,
Malaszewice,
Prostken

zu senden. Alle Wagen sind entsprechend zu bezetteln (Vorder- und Rückseite).

gez. Stapf

Quelle: BA-MA, RW 31/28

Anlage 76: Räumungsordnung des Wi Stab Ost vom 5. 8. 1943

Wirtschaftsstab Ost
Stab Abt. I/Ia
Br.Nr. 326/43 gKdos

Berlin, den 5. 8. 43

Betr.: Befehlsbefugnisse und Maßnahmen bei Räumung innerhalb der Wi-Organisation

1.) Der Verlauf der Räumung im Süd- und Mittelabschnitt der Ostfront hat gezeigt, daß eine planmäßige Rückführung von Wirtschaftsgütern, Arbeits- und Fachkräften bezw. planmäßige Zerstärungen nur unter einheitlicher Befehlsführung und bei *rechtzeitiger* Vorbereitung möglich ist. Auf Grund der gewonnenen Erfahrungen ist es erforderlich,

a) die Befehlsbefugnisse in der Wi-Organisation für den Fall einer Räumung im *voraus* festzulegen und die enge Verbindung mit der taktischen Führung für die Dauer der Räumung sicherzustellen,

b) die Weisungen für die Durchführung der wirtschaftlichen Räumung so vorzubereiten, daß eine planmäßige Eingliederung in die Oganisation der Gesamträumung unter weitmöglichster Berücksichtigung der wirtschaftlichen Belange jederzeit gewährleistet ist.

Die beiliegende Räumungsordnung gibt die Richtlinien dafür. Das mit Nummer 107/43 gKdos v. 21. 2. 43 herausgegebene Merkblatt über Räumungs-, Lähmungs- und Zerstörungsmaßnahmen von Wi-Dienststellen[1]) wird aufgehoben; es ist zu vernichten.

2.) Mit der Anlage der in der Räumungsordnung befohlenen „Räumungskalender" ist unverzüglich zu beginnen; sie sind bis Anfang September abzuschließen. Die Inspektionen melden die Fertigstellung (Einschl. A Wi Fü) zum 15. 9. 43. Ich werde mich bei meinen Reisen von dem Stand der kalendermäßigen Vorbereitungen überzeugen.

gez. Stapf

---

[1]) Siehe Anlage 75.

Räumungsordnung

Gemäß Befehl OKH (Chef des Gen St) Nr. II/1960/43 geh. vom 30. 3. 43 sind für planmäßige Rückführung oder Bergung von Personal und Material die OB der Heeresgruppen verantwortlich. Sie sind dabei zu bindender Befehlserteilung an alle militärischen und zivilen Dienststellen befugt.

Für die Einordnung von Maßnahmen zur Vorbereitung und Durchführung wirtschaftlicher Räumung in die Organisation der Gesamträumung unter dem Befehl der Heeresgruppen wird befohlen:

I. *Begriffsbestimmungen.*

1.) *Auflockerung.*
Ihr Ziel ist, die Räumung vorzubereiten und zu erleichtern. Um dies zu erreichen, werden in ihr personelle Kräfte und Güter, die für die Kampfführung am ehesten entbehrlich sind, nach rückwärts befördert und nicht benötigte Nachschubgüter angehaltten. Die Befehlswege für die Durchführung einer Räumung werden festgelegt und zusammengefaßt. Die zeitliche Abgrenzung der Auflockerung von der eigentlichen Räumung ergibt sich aus der taktischen Lage. Sie muß daher von der taktischen Führung befohlen werden.

2.) *Räumung.*
Sie hat folgende Ziele:
a) Möglichst alles im Räumungsgebiet wichtige Personal und Material für die eigene Kampfführung und Kriegswirtschaft in neuen Räumen zu sichern,
b) dem Zugriff des Gegners alles zu entziehen, was seine Kampfführung und seine Kriegswirtschaft stärkt,
c) in ihrer zeitlichen Durchführung stets die kämpfende Truppe bis zum letzten Augenblick (auch zur Entlastung der Nachschubwege) zu unterstützen.

Sie umfaßt:
a) *Die Zurückführung und Bergung.*
Sie bezweckt den Abtransport aller in der Wirtschaft eingesetzten personellen Kräfte einschl. der einheimischen Bevölkerung, ferner aller Rohstoffe, Bestände an Vieh, Vorräten aller Art, Maschinen, Geräten, Fertigwaren usw., um diese personellen und materiellen Kräfte zu erhalten und für weiteren Einsatz sicherzustellen.
Ihre Mittel sind der Eisenbahntransportraum, Lkw, landesübliche Fahrzeuge und Trecks in Landmarsch.
b) *Die Lähmung*
bezweckt die Verhinderung der Inbetriebnahme lebenswichtiger Anlagen, Betriebe und Maschinen durch den Gegner bei vorübergehender Aufgabe eines Gebietes und soll die Möglichkeit der späteren Inbetriebnahme bei Wiederbesetzung offen halten. Ihre Mittel sind der Ausbau von Maschinenteilen oder Teilen von Anlagen. Die Wi-Dienste und Betriebsführer müssen in der Lage sein, sie ohne Mithilfe der Truppe durchzuführen.
c) *Die Zerstörung*
hat zum Ziel, dem Gegner die Kampfführung und wirtschaftliche Ausnutzung im Räumungsgebiet mit allen Mitteln möglichst lange Zeit zu er-

schweren. Ihre Ausführung kann nur durch die taktische Führung befohlen und von der Truppe (Pioniere) durchgeführt werden. Aufgabe der Wi-Dienste ist die Hilfeleistung dabei.

II. *Befehlsbefugnisse, Verantwortlichkeiten und Unterstellung.*

1.) Den Befehl für Auflockerung und Räumung gibt grundsätzlich die taktische Führungsstelle.
Sie legt hierbei, soweit möglich, nach den Vorschlägen des Wi-Führers fest: Zeit, räumliches Ausmaß, zeitlichen Ablauf, Dringlichkeitsfolge von Transporten, Zeitpunkt und Umfang von Lähmung und Zerstörungen, Bergungsräume.

2.) Für die *Einordnung* von Maßnahmen zur Vorbereitung und Durchführung einer wirtschaftlichen Räumung innerhalb der Gesamträumung eines Gebietes sind die jeweils bei den Kommandobehörden oder Dienststellen eingesetzten Wirtschaftsführer (He Wi Fü, AWiFü, VO's bei den Befehlshabern im Heeresgebiet) verantwortlich. Für die Durchführung bedienen sie sich der Wirtschaftskommandeure.

3.) Mit dem Zeitpunkt einer für ein bestimmtes Gebiet befohlenen Auflockerung oder Räumung werden alle dort bodenständig oder vorübergehend eingesetzten Wi-Dienste einschl. Einzelbeauftragter der Ostgesellschaften, Patenfirmen usw. unbeschadet ihrer sonstigen Unterstellungsverhältnisse, dem jeweils zuständigen Wirtschaftsführer militärisch und einsatzmäßig unterstellt und erhalten ihre Weisungen ausschl. über ihn. Er regelt ihr Zusammenwirken mit der militärischen Befehlsorganisation.
Ausnahmen von der Unterstellung sind durch den zuständigen He Wi Fü zu Beginn einer befohlenen Räumung festzulegen. Die ausgenommenen Stellen oder Personen sind jedoch zu ständiger Fühlung mit dem zuständigen Wirtschaftsführer und seiner laufenden Unterrichtung über ihre Tätigkeit verpflichtet.

III. *Allgemeine Grundsätze.*

1.) In allen Heeresgruppen bezw. Inspektionsbereichen sind die für den Fall einer planmäßigen Auflockerung oder Räumung erforderlichen *fachlichen Weisungen* im *voraus* durch die Inspekteure zu erteilen. Die Art der Durchführung von Räumungsmaßnahmen (Zeit- und Dringlichkeitsfolge für Abtransport von Vorräten, Rohstoffen, Maschinen, wertvollen Betriebsmitteln, Arbeits- und Fachkräften usw.) ist bis zu den örtlich eingesetzten Wi-Diensten in Zusammenarbeit mit den Wirtschaftsführern weitmöglichst festzulegen. Hierzu wird die Anlage und Führung von Räumungskalendern für alle Wi-Dienste einschl. Ostgesellschaften und Patenfirmen befohlen.

2.) Voraussetzung für das Gelingen einer wirtschaftlichen Räumung ist die *enge und dauernde Verbindung aller Wirtschaftsführer* (He Wi Fü, AWiFü, VO bei den Bef.H.Geb., Wi Kdeure) mit den *taktischen* Führungsstellen (H.-Gr., AOK, Bef.d.H.Geb., OFK, FK usw.), insbesondere ihre laufende Unterrichtung über die militärische Lage. Dies gilt auch in Fragen der Einordnung von Abtransporten in die Dringlichkeitsfolge, der Ausnutzung des landeseigenen Transportraumes, der Zeitfolge aller Auflockerungs-, Lähmungs- und Zerstörungsmaßnahmen, ebenso wie der offene Darlegung und Abstimmung der notwendigen zahlenmäßigen Unterlagen über die sowohl bei der Wi-Organisation als auch bei den Wehrmacht-Dienststellen und den für die Wehrmacht arbeitenden Organisationen, z.B. OT, NSKK usw., vorhandenen Landesgüter, Betriebsmittel, Arbeitskräfte usw.

3.) Die taktischen Führungsstellen können die Verantwortung für eine sachgemäße Berücksichtigung der Wirtschaftsbelange bei der Befehlsgebung für die Räumung nur erfüllen, wenn sie über die Bedeutung und den Umfang der in ihrem Bereich *vorhandenen* wirtschaftlichen Werte und Kräfte und den Stand ihrer Entwicklung im wesentlichen unterrichtet sind. Die Verantwortung für die laufende Unterrichtung der militärischen Befehlshaber und Kommandanten haben die Wirtschaftsführer.

4.) Die Wirtschaftskommandeure und die im gleichen Bereich eingesetzten Leiter der Ostgesellschaften sind verantwortlich für die ständige Bereitschaft aller für die planmäßige Durchführung der Räumungsmaßnahmen erforderlichen Unterlagen, über Stand und Entwicklung der Wirtschaft ihres Bereiches oder Betriebszweiges (Vorräte, Betriebe, Inventar, Arbeitskräfte usw.) und deren Verarbeitung in den Räumungskalendern.

5.) Von ausschlaggebender Bedeutung ist die Sicherstellung und Festlegung der *Nachrichtenverbindungen* für den Fall der Räumung. Sie erfolgt im *voraus* durch die Wirtschaftsführer in Zusammenarbeit mit den Nachrichtenführern der Armeen, Feldnachrichtenkommandanturen usw. Sie veranlassen erforderlichenfalls die Einrichtung besonderer Relaisdienste zu Außenstellen der Wi-Dienste und legen die Verantwortlichkeiten für die Weitergabe von Räumungsbefehlen, Tarnbezeichnungen dafür, usw. fest. Die lückenlose Verbindung der Wi-Dienststellen bis zum La-Führer, zu allen Einsatzfirmen, Ostgesellschaften usw. muß gewährleistet sein.

6.) Eine planmäßige Räumungsaktion erfordert außerdem eine straffe und einheitliche Unterrichtung, Behandlung und Führung der *einheimischen Bevölkerung,* unter Umständen unter Einsatz der erforderlichen Machtmittel. Der Erfolg der Einwirkung auf sie durch Truppe, Verwaltungs-, Propaganda- und Wirtschaftsdienste ist abhängig von der Einheitlichkeit der Befehle und der Organisation. Engste Zusammenarbeit und Fühlung mit den militärischen Verwaltungsdienststellen (Ortskommandanturen usw.), die nicht erst mit Beginn der Räumung einsetzen darf, kann allein zum Ziele führen.

7.) Jeder Wi-Führer muß wissen, daß bei der Räumung die gleichen *Aufgaben zu lösen sind wie beim Vormarsch,* nur im umgekehrten Ablauf. Was zuerst im Interesse der kämpfenden Truppe aufgebaut wurde, wird zuletzt abgebaut. Diese Aufgabe für den Kämpfer erfordert den Einsatz der Wi-Dienste auch unter Opfern bis zum letztmöglichen Augenblick. Der Truppe muß klar gemacht werden, daß gerade für ihre Versorgung die Wi-Dienste weiter arbeiten müssen und keinesfalls aus Dienst- und Unterkunftsräumen verdrängt werden dürfen.

Wie beim Vormarsch ist auch hier die Verbindung mit der taktischen Führung und zur kämpfenden Truppe, der Blick zum Feinde, die soldatische Einsatzbereitschaft und kameradschaftliches Zusammenwirken notwendig.

IV. *Maßnahmen zur Vorbereitung einer Räumung.*

In den Räumungskalendern ist festzulegen:

1.) Die persönliche *Benennung der verantwortlichen Sachbearbeiter* bei allen beteiligten Wi-Dienststellen, Ostgesellschaften und die Regelung ihrer Zusammenarbeit durch Wi-Führer im Einvernehmen mit den Inspektionen.

2.) Die Sicherung des *Geheimschutzes* aller Arbeiten, vor allem auch gegenüber der einheimischen Bevölkerung, Tarnbezeichnungen für den zeitlichen Ablauf bei Auflockerung oder Räumung.

3.) Führung von *Einsatzkarten der Wi-Dienste* nach Armee- und rückwärtigen Heeresgebieten.

4.) Führung von Karteien über

a) Betriebe und Läger mit genauer Lagebezeichnung, Zahl der Arbeitskräfte, Erzeugungsart und Kapazität einschl. des benötigten Transportraumes,

b) Erfassung der *Bevölkerung* für den Arbeitseinsatz,

c) vorhandenen Transportraum aller Art in der Wirtschaft.

5.) Aufstellung eines *Räumungsplanes* für die Wirtschaft nach Armeegebieten und rückwärtigen Heeresgebieten.

Er umfaßt:

a) Festlegung der zu räumenden Betriebe und Läger, Bezeichnung der für den Abtransport verantwortlichen Stellen.

b) Richtlinien für die Art der Erfassung der Bevölkerung bei der Rückführung (Einberufungen auf Grund der Arbeitspflicht für Truppenteile, Zusammenstellung von Arbeitseinheiten, Zusammenstellung von Flüchtlingszügen und Trecks, Rückführung der Fachkräfte aus Betrieben).

c) Herauslösen der Wi-Dienststellen:

Richtlinien für die Zeitfolge der Ablösung und für die Übergabe von Betrieben und Gütern an die Truppe (Zeitfolge der Ablösung muß im Hinblick auf die Sicherstellung der Versorgung der Truppe und auf die Einheitlichkeit in der Rückführung der Bevölkerung mit dem Herausziehen der Verwaltungs- und Propagandadienste in Übereinstimmung gebracht werden.

Festlegung neuer Unterkunftsräume.

d) Festlegung von Sammelpunkten für Vieh, Gespanne, Trakoren, Lkw, Flüchtlingszüge, Arbeitseinheiten usw. und von Bergungsräumen in rückwärtigen Gebieten.

e) Richtlinien für die Abwicklung des Geld- und Kreditwesens in Ablauf der Auflockerung und Räumung.

6.) Aufstellung eines *Transportplanes* nach Armee- und rückwärtigen Heeresgebieten.

Er umfaßt nach wichtigsten Orten Art und Menge der Bergungsgüter, Ort der Lagerung, für Abtransport erforderliche Zeit, begleitendes Fachpersonal, Art des Transports, (Eisenbahn, Lkw usw.), Verteilungsplan für Transportmittel und Wi-Treibstofflager. Abgangs- und Zielort.

7.) Vorbereitung eines *Lähmungs- und Zerstörungsplans* nach Armeegebieten und rückwärtigen Heeresgebieten.

Er umfaßt nach Orten

a) Für den Fall der Lähmung Liste der zu lähmenden Betriebe und Objekte, Festlegung der Lähmungsart, ausführende Stelle.

b) Für den Fall der endgültigen Räumung Liste der zu zerstörenden Objekte mit Lageplan und Angaben über Verfahren nach Zeit und Strengstofflage und erforderliche Vorbereitungszeit.
Einweisende Wi-Dienststellen und durchführende Truppe.

V. *Durchführung der Räumung.*

A. Organisatorische Maßnahmen.

Für den Fall einer Auflockerung und Räumung sind durch den verantwortlichen Wirtschaftsführer folgende Maßnahmen in der der Lage angepaßten Dringlichkeit zu veranlassen:

1.) *Einordnung* der wirtschaftlichen Auflockerung und Räumung in den Befehl des taktischen Führers gemäß Ziff. II,1. Dabei Unterrichtung der taktischen Führungsstellen über alle eingesetzten Wi-Dienste, Gesellschaften und Einzelbeauftragte, sowie über Stand der Wirtschaft (Betriebe, Vorräte, Anlagen usw. gemäß Unterlagen aus Ziff. IV,4a, nach dem neuesten Stand).
Regelung der Zusammenarbeit mit der Truppe.
2.) Befehl über *Tarnbezeichnungen* für Zeitfolge in der Auflockerung oder Räumung zur Abschirmung gegenüber der Bevölkerung im Benehmen mit Ic der militärischen Kommandobehörden (siehe Ziff. IV/2).
3.) Festlegung der Wi-Bedürfnisse bei Erhaltung oder Abbau von *Nachrichtenverbindungen* mit Nachrichtenführer.
4.) Festlegung *der Reihenfolge* in der Stillegung von Betrieben nach den Erfordernissen der Truppenversorgung in Zusammenarbeit mit der Verwaltung.
5.) Anweisung für die zu *lähmenden* Betriebe und Einweisung der Pioniere in die zur *Zerstörung* vorzubereitenden Objekte nach Korpus- und Divisionsabschnitten und rückwärtigem Armeegebiet.
Festlegung der einweisenden und hilfeleistenden Wi-Kräfte mit Pi-Führer.
6.) Einberufung von Arbeitskräften gem. Arbeitsdienstpflicht zum Arbeitseinsatz bei der Truppe und Arbeitseinheiten (siehe IV,5b).
7.) Einteilung der *Bevölkerung* in den Ablauf der Rückführung, soweit sie nicht in Betrieben für die Truppenversorgung oder für die Kampfführung (Stellungsbau) noch weiter arbeiten muß, zum
   a) Abtransport auf Räumungszügen,
   b) Abzug mit landeseigenen Transportmitteln, im Treck nach Dorfgemeinschaften, Altersklassen usw. Dabei Einsatz von V-Männern in die Rückführung mit Ic der militärischen Kommandobehörden.
   Engste Zusammenarbeit aller Rückführungsmaßnahmen mit Truppe und Verwaltung geboten.
8.) Befehl für *Sammeln des Viehs*, der Gespanne, Tranktoren zu den Sammelpunkten mit Festlegung der Rückführungswege, Einrichtung von Futter- und Rastplätzen, Übernahmestellen, Marschziel.
9.) Einteilung von *Aufsichtspersonal* für Sammelpunkte, Rast- und Unterkunftsplätze, Verpflegungsstellen, Bahntransporte, Ordnungsdienst usw. mit zuständigen Kommandostellen.
10.) Befehl über Rückführung der *Kassen* und Abwicklung der Geldgeschäfte.

11.) a) Beantragung der *Fahrtnummern* für Abtransporte auf der Bahn und Einteilung der Verladekommandos gem. IV,6.

b) Zusammenfassung von Transportkolonnen und Einrichtung von Relaisstrecken mit Landestransportmitteln für vordringliche Abtransporte.

12.) Entsendung von *Vorkommandos* in die neuen Unterkunftsräume mit Meldung über die Rückführungsabsichten. Dabei Festlegung der Rückmarschwege und Meldeköpfe.

Beginn der Auswertung der Räumungsmaßnahmen.

B) *Technische Maßnahmen.*

I. Zurückführung und Bergung.

1.) *Dringlichkeit.*

Zeit und Transportraum werden selten ausreichen, alles zurückzuführen. Geborgen werden können daher oft nur unersetzliche und die für die Kampfführung und Kriegswirtschaft wichtigen Güter (Maschinen, Vorräte usw.). Oberster Grundsatz für die Reihenfolge der Rückführung ist, daß Vorräte und Produktionsmittel zur Deckung des Truppenbedarfs zuletzt zurückgeführt werden.

Deutsche Maschinen nach der anliegenden *Engpaßliste* sind vorweg zu räumen, wie auch Werkzeugmaschinen englischer oder amerikanischer Herkunft. Russische Maschinen sind nur in neuwertigem Zustand abzutransportieren.

Im übrigen ist bei den einzelnen Sparten der Wirtschaft im Folgenden aufgeführt, was zurückgeführt werden soll. Durch die Wi In sind an Hand dieser Unterlagen, durch die Wi Kdos auch für jeden Betrieb und innerhalb des Betriebes (für Maschinen, Vorräte und Betriebsmittel) *kalendermäßig*

Dringlichkeitsstufen

für die Rückführung festzulegen.

2.) *Transportrichtlinien.*

Anlagen und Maschinen sind möglichst in sich geschlossen auf die Waggons oder Lkw zu verladen; Ladeverzeichnis beigeben.

Lebensmittel und sonstige gegen die Witterung zu schützende Vorräte, empfindliche Maschinen und leicht rostende Gegenstände sind möglichst in geschlossenen Waggons unterzubringen. Auf gute Verpackung, sowie Schutz durch Versteifung und Festnageln bezw. Verkeilen der Maschinenteile gegen Rangierstöße ist zu achten.

Die Transporte müssen durch Begleiter gesichert werden.

3.) *Besondere Maßnahmen bei:*

a) *Wi-Dienststellen.*

Zurückzuführen sind: Dienstakten, Kraftfahrzeuge und Bespannfahrzeuge, Fernsprechereinrichtungen, Lichtaggregate, Kocheinrichtungen.

Nicht mitzuführen sind: Gegenstände und Einrichtungen, die der persönlichen Bequemlichkeit dienen (z.B. Hausrät u.a.).

b) *Landwirtschaft.*

1) Sämtliche für die Truppe notwendigen Lebens- und Futtermittel sind sofort der Truppe zur Verfügung zu stellen. Hierzu mit den mi-

litärischen Kommandostellen (Intendanten, Verpflegungsdienststellen) in Verbindung setzen und ihnen laufend die Orte, an denen landwirtschaftliche Vorräte gestapelt sind, benennen und sie in der Erfassung und Wegschaffung unterstützen.

2) Die *zurückführende* Zivilbevölkerung ist mit den Lebensmitteln (Marschverpflegung) zu versehen, die sie voraussichtlich für die Tage der Räumung braucht.
Die *zurückbleibende* Zivilbevölkerung kann mit den lebensnotwendigsten Verpflegungsmitteln versehen werden, soweit diese nicht geborgen werden können.

3) Was von der Truppe nicht abgenommen werden kann, ist in rückwärtige Gebiete abzutransportieren, insbesondere Getreide und Vieh, ferner diejenigen landwirtschaftlichen Erzeugnisse und Betriebsmittel (wertvolles Saatgut, besonders wertvolle Maschinen der be- und verarbeitenden Betriebe, Ersatzteile), die für die Landesausnutzung unentbehrlich sind.
Zuchtvieh ist auf jeden Fall zurückzubringen.

4) Alle übrigen für die Kriegswirtschaft besonders wertvollen landwirtschaftlichen Erzeugnisse und Betriebsmittel sind zurückzuführen. Dies gilt insbesondere für diejenigen Erzeugnisse, für die eine Auflage zur Lieferung ins Reich besteht. Hierbei ist folgende Dringlichkeitsfolge einzuhalten:
   a) Engpaßmaschinen,
   b) Ölsaaten,
   c) wertvolle Sämereien und Saaten,
   d) Zucker.

c) *Gewerbliche Wirtschaft.*

1) In erster Linie sind alle für das Reich wichtigen Maschinen (nach der Engpaßliste) und Werkzeuge bezw. Materialien wie Meßwerkzeuge, Hartmetalle, Qualitätsstähle, Spezialöle, Schleifscheiben, Treibriemen, Zinn usw. sowie Krafterzeugungsanlagen, Elektromotoren und Stromerzeuger einschl. Schaltanlagen abzutransportieren. Wichtige Zeichnungen, Versuchsergebnisse und Geschäftspapiere sind mitzunehmen.
Vordinglich zurückzubringen sind alle Mehrzweckmaschinen, welche rückwärts besonders für den Aufbau von Instandsetzungsdiensten benötigt werden.

2) Im besonderen sind zu bergen:
   a) *im Bergbau*
   Fördermaschinen, Haspel, ungebrauchte Förderseile, Lokomobile, Lokomotiven, Grubenlampen- und Grubenbilder, Pumpen,
   b) *in der Eisenindustrie*
   Sauger, Kompressoren, Laborgeräte, Legierungsmetalle,
   c) *im Maschinenbau*
   Hochleistungswerkzeugmaschinen usw. wie vor [allem] Konstruktionszeichnungen, Prüfeinrichungen, Ölreinigungsanlagen, Qulitätsstahl in Stangen,

d) *in der chemischen Industrie*
Kontakteinrichtungen, Umlaufpumpen, Kompressoren, Temperaturmeßeinrichtungen, Elektroden,

e) *in Mineralölbetrieben*
Handpumpen, Meßgefäße, Abfüllschläuche, Kessel und Tankwagen, Verschlüsse, Absperrventile,

f) *in Berieben für Steine und Erden*
Steinsägen, Mischer- und Knetmaschinen, Mühlen, Thermometer, Segerkegel, Transportanlagenteile, Generatoren- und Saugzeugeinrichtungen,

g) *in Textilbetrieben*
Entkörnungsmaschinen, Aufbereitungsmaschinen, Wirk- und Strickmaschinen,
Bestände an Textilien, an Saaten und Spezialölen bezw. Chemikalien,

h) *in Holzverarbeitungsbetrieben*
Furniermesser, Sägeblätter, Bearbeitungsmaschinen wie Zinkenfräsen, Nagelmaschinen, Lokomobile, fahrbare Gatter, Drahtseile, Taue und Ketten für Flössereizwecke,

j) *in Lederfabriken*
Chemikalien und Gerbextrakte, Messer und Werkzeuge, Ladevorräte.

d) *Arbeit.*

1) Möglichst geschlossene Rückführung aller Facharbeiter und Arbeiterinnen im Alter von 18 bis 50 Jahren. Rückführung wird in folgender Dringlichkeitsstufe durchgeführt:
   a) Bergbau- und Metallfacharbeiter,
   b) Fach- und Spezialarbeiter aller Art (z.B. Ölgewinnung, Baugewerbe, Holz, Leder usw.),
   c) Landwirtschaftliche Arbeitskräfte:
      landwirtschaftliche Fachkräfte, (Traktorenführer, Agronomen, Melker, Gespannführer)
      landwirtschaftliche Handwerker, Stellmacher, Schmiede Schlosser,
      alle übrigen Landarbeiter und Arbeiterinnen,
   d) sonstige Arbeitskräfte.
2) Die Rückführung erfolgt
   a) mit öffentlichen Verkehrsmitteln (geschlossene Transportzüge oder mit Einzelwaggons),
   b) Transportmitteln der militärischen und Wi-Dienststellen (Lkw, Panjewagen, Schlitten),
   c) in geregelten Landtrecks (Kolonnen-Relaissystem). Vorwiegend bei ländlicherr Bevölkerung unter Mitnahme von Fahrzeugen, Großvieh, Hausrat, Lebensmitteln,
   d) in ungeregelten Trecks einzeln und in kleineren Gruppen.
3) Mitzuführen bezw. zu vernichten sind alle Karteimittel über Arbeitseinsatz der einheimischen Bevölkerung.

e) *Forst und Holz.*

1) Abtransport aller der Flößerei dienenden Mittel.

2) Wenn Zeit und Transportraum vorhanden, Abtransport schwer zu beschaffender Spezialeinschnitte.

II. Lähmung.

1.) *Allgemeines.*

Vordringlich sind zu lähmen: Schlüsselmaschinen durch Ausbau wichtiger Steuerungs- und Getriebeteile oder von schwer zu ersetzenden Maschinenteilen, wie Supporte, Kupplungsteile und Kugellager. Auch wichtige Betriebsmaterialien, die aus dem Lande schwer zu ersetzen sind, wie Getriebeketten, Treibriemen, Schleifscheiben, Hartmetall, Spezialöle, Werkzeuge, sind bei dieser Aktion fortzuschaffen. Ist für Wegschaffen nicht genügend Zeit, so sind die Gegenstände je nach Art des Materials zu verstecken, zu vermauen oder zu vergraben. Von Verstecken ist eine genaue Ortsbeschreibung mitzunehmen.

Besonders ist auch darauf zu achten, Reservematerialien zu zerstören, um zu vermeiden, daß die zerstörten Anlagenteile hieraus ersetzt werden. Um den Ab- bezw. Antransport von Materialien zu Werken zu erschweren, ist es vorteilhaft, Weichen, Drehscheiben, kleine Brücken, die im Zuge der Gleisanlagen zum Kraftwerk liegen, zu zerstören.

Notwendig ist auch die Beseitigung bezw. Vernichtung sämtlicher verfügbarer Zeichnungen, Betriebsunterweisungen, Betriebsaufschreibungen, Betriebsbücher, Schaltpläne usw.

Das gesamte, mit den Betrieben vertraute Personal, sowie Einheimische, die u.U. um die Verstecke von ausgebauten Teilen wissen, sind nach rückwärts abzuschieben.

2.) Besondere Maßnahmen bei

a) *Landwirtschaftlichen Betrieben.*

1) *Mühlen.*

Entfernen der Walzen aus den Stühlen (Entfernung der Spindeln und Spezialzahnräder), der Schwingsiebe und Plansichter, Unbrauchbarmachen der Reinigungs- und Aspirationsanlagen, Ausbau der Schläger von Hammermühlen, Entfernen der Antriebe von Fördereinrichtungen und der Elevatorengurte mit Becherwerk.

2) *Brotfabriken.*

Entfernen der Türen und Temperaturregelung an Backöfen, Ausbau von Teilen der Teigknetmaschinen und der Schnecken in Teigwarenpressen.

3) *Zuckerfabriken.*

Abtransport der Hauptwasserpumpe für die Schwemm- und Waschanlage sowie der Luft- und Kohlensäurepumpen, mindestens Entfernung der wichtigsten Pumpenteile. Mitnahme der Meßinstrumente, der Polarisationsapparate und analytischen Waagen aus den Laboratorien. Mitnahme der Bestände an Säcken und Filtertüchern. Entfernung der automatischen Beschickungsvorrichtungen bei modernen Kalköfen.

Entfernen der Zentrifugen (Zentrifugensiebe) oder Ausbau der Lagerungen, Unbrauchbarmachen der Rübenschneidemaschinen.

b) *Gewerbliche Wirtschaft.*

1) *Tabakfabriken.*
Entfernen von Ventilatoren, Luftbefeuchtern, Thermometern, wichtiger Teile wie Schnecken, Messer, Triebräder aus Wickelmaschinen, Tabakschneidemaschinen und Zigarettenmaschinen.

2) *Energiewirtschaftliche Anlagen.*
Maßnahmen im Maschinenhaus:
Ausbau der Lagerschilder von Pumpen und Motoren, insbesondere der Kesselspeise- und Kühlwasserpumpen; Zerstören der Laufschienen des Maschinenhauskranes einschl. der Pfeiler, Entfernung der Motore der Laufkatze und des Fahrwerks.
Kesselhaus:
Entfernung der wichtigsten Teile (wie Förderbänder, Motore, Elevatoren) für die Brennstoffzufuhr, Ausbau der Lagerschilder sämtlicher Antriebsmotoren, Zerstörung der Kesselberohrung mittels Schneidbrenner, Entfernen der Antriebsmotore der Wanderroste, Ausbau der Kohlenstaubbrenner bei Staubkesseln.
Kohlentransportanlage.
Ausbau der Lagerschilder der Motoren und der wichtigsten Teile der Antriebsstationen.
Schaltanlagen, Warte usw. (dies gilt nicht nur für elektrische Einrichtungen der Kraftwerke, sondern auch für alle Abspannwerke, Schaltstationen usw.) Ablassen des Öles der Transformatoren. Es ist darauf zu achten, daß sämtliche Eigenbedarfstransformatoren dabei mit erfaßt werden; Zerschlagen der Isolatoren; Entfernen von Relais und Meßinstrumenten; Durchschießen der Ölkessel der Schalter. Unbrauchbarmachung der zugehörigen Krananlagen wie unter Pos. 2, Abs. 1.

3.) *Großwasserversorgungsanlagen.*

a) *Groß-Stauanlagen.*
Die Wehranlagen der Stauwerke sind zu sprengen.

b) *Wasserwerke und Pumpstationen.*
Bei den Pumpen und Motoren sind die Lagerschilder zu entfernen. Das Gleiche gilt für die Großarmaturen (Schieber).

c) *Schaltanlagen.*
Ablassen des Öles der Transformatoren, Zerschlagen der Isolatoren, Entfernen von Relais und Meßinstrumenten, Durchschießen der Ölkessel der Schalter.

III. Zerstörung.

1.) *Dringlichkeit.*

Anzustreben ist, alle für die Kampfführung und Kriegswirtschaft des Feindes brauchbaren personellen und materiellen Mittel, die nicht zurückgeführt werden können, zu zerstören.

Da Zeit und Mittel und eigene Kräfte auch dafür meist nicht voll zur Verfügung stehen werden, müssen auch für die Zerstörung *Dringlichkeitsstu-*

fen für die einzelnen Objekte und innerhalb dieser für die wichtigsten Teile festgelegt werden.
In erster Dringlichkeit sind *landwirtschaftliche Vorräte jeder Art* und Instandsetzungsbetriebe zu zerstören.
Bei Anlagen sind die funktionswichtigen Teile zuerst zu zerstören wie Kraftmaschinen, Schaltanlagen, Gaserzeugung, Wasserversorgung und bei diesen wiederum wichtige Teile wie Zylinder, Kessel, Pumpen usw. vorweg.

2.) *Allgemeines.*
Die Zerstörung ist so gründlich vorzunehmen, daß jede Weiterverwendung oder mindestens die Instandsetzung in absehbarer Zeit ausscheidet. Wo Sprengmittel nicht zur Verfügung stehen, sind die Maschinen durch Zerschlagen mit schwersten Vorschlaghämmern und Schrottmeißeln in ihren wichtigsten und schwer ersetzbaren Teilen unbrauchbar zu machen. An die Vernichtung aller wichtigen Reserveteile – meist an besonderen Stellen abgestellt – muß gedacht werden. Durch Brandlegung ist nicht immer eine völlige Unbrauchbarmachung von Anlagen zu erreichen. Auf sie muß als Mittel bei Mangel an Zeit vielfach zurückgegriffen werden, wenn sie nicht zusätzlich zu den Sprengmaßnahmen angeordnet werden kann. In Verbindung mit Zerstörungen ist wichtig, daß das gesamte, mit den Anlagen vertraute Betriebspersonal evakuiert wird.

3.) *Besondere Maßnahmen bei*

a) *Wi-Dienststellen*
Hier ist alles zu zerstören, was dem Feinde die Weiterbenutzung der Unterkunft ermöglichen oder Einblick in die Dienstvorgänge geben könnte (Akten). Brandlegung im Dachgeschoß und im Erdgeschoß werden meist zum Ziele führen.

b) *Gewerbliche Wirtschaft.*
Wichtige Geschäftspapiere, besonders die Listen von Beschäftigten und deutschfreundlichen Personen sind zu verbrennen und zur völligen Vernichtung vorher aufzulockern. Bei einer Brandlegung am Gebäude ist nicht immer die gleichzeitige Vernichtung eingeschlossener Papiere gewährleistet. Letztere geschieht daher besser gesondert von anderen Maßnahmen.
Bezüglich der in Industrieanlagen vorhandenen Einrichtungen für Kraft- und Lichterzeugung, Wasserbeschaffung, Gaserzeugung und Transporteinrichtungen, Versuchs- bezw. Prüfstände und Laboratorien ist allgemein folgendes zu beachten:
Der Größe und der Stabilität einer Maschine usw. muß auch der anzuwendende Sprengsatz entsprechen, um die angstrebte Zerstörung zu gewährleisten. Ein bis zwei Sprengsätze an der *richtigen* Stelle angelegt, sind besser wie mehrere auf unwichtigen Stellen der Maschine verteilt.
Erfahrungsgemäß schädigen Einsturz des Daches oder der Mauern wie auch Brand nicht immer alle Maschinen oder Anlagen so stark, daß dadurch allein die völlige Unbrauchbarmachung eines Betriebes erreicht wird. Daher vorher *Einzelzerstörungen.*

Kraftanlagen sind erst zu zerstören, wenn die von ihnen betriebenen Stromerzeuger durch *Laufen in Kurzschluß* durchgebrannt sind. Die letzteren sind dann noch durch Sprengung weiter zu beschädigen. Explosionsmotoren und Dampfmaschinen sind durch Sprengen der Zylinder unbrauchbar zu machen und auch in den Fundamenten Sprengkörper zur Entladung zu bringen. Kesselanlagen müssen durch starke Ladungen in der Mitte der Kesseltrommeln und unter den Stützen zum Auseinanderfallen gebracht werden. Auch durch Ablassen des Wassers und gleichzeitiges Hochheizen ist eine sichere Zerstörung zu erzielen.
Wasserpumpen sind mit ihren Antriebsmaschinen zu sprengen, ebenso Gaserzeuger.
Krananlagen sind durch Sprengung der Pfeiler zum Absturz zu bringen, nachdem die Motoren derselben durch Kurzschlußfahren zerstört worden sind. Drehscheiben und Weichen sind zu sprengen. Bei Transportanlagen wie Seilbahnen, Förderbänder, Becherwerke usw. sind die Antriebsmotore und die Triebwerke zu vernichten, sowie die Traggerüste umzulegen.

2.) *Im besonderen sind zu zerstören:*

a) *im Bergbau:*
Antriebsmaschinen, Fördermaschinen, Wasserhaltungsanlagen und Grubenventilatoren, Schaltwarten und Grubenbilder, Übertageanlagen wie Fördergerüste, Kraftwerk, Schachtöffnungen, Stollenmundlöcher.

b) *in der Eisenindustrie:*
Hochöfen, Stahlöfen, Kraftwerk, Kesselanlagen, Wasserturm, Trafos, Presen und Schmidehämmer, Modelltischlerei, Versuchseinrichtungen bezw. Materialprüfanlage.

c) *im Maschinenbau:*
Werkzeugmaschinen schwieriger Konstruktion wie Universalbearbeitungsmaschinen, Automaten, Zahnräder, Fräs- und Schleifmaschinen, Meßgeräte, Konstruktionszeichnungen und Modelle.

d) *in der chemischen Industrie:*
Kompressoren, Pumpen, Temperaturmeßanlagen, Kontaktanlagen, Elektroden, Hochdrucköfen.

e) *in Mineralölbetrieben:*
Pumpen, Rohrleitungen, Gebinde, Bohrlöcher, Bohrwerkzeuge, Tanks anzünden oder Inhalt unbrauchbar machen, durchschießen, Fundamente sprengen.

f) *in Betrieben für Steine und Erden:*
Öfen, Transportanlagen, Pressen, Generatoranlagen, Schornsteine, Ringöfen, Steinbrecher, Zementsilos, Mühlen, Glaswannen, Kammer- und Tunnelöfen.

g) *in Textilbetrieben:*
Spinn- und Webmaschinen, Wirk- und Strickmaschinen, Luftbefeuchtungsanlagen, Aufbereitungsmaschinen.

h) *in Holzbearbeitungsbetrieben:*
Gatter und Hochleistungssägen, Holzwollemaschinen, Furniermesser-

maschinen, Zinkenfräsen, Nagelmaschinen, Radmaschinen, Trockenanlage. Bei Gattern sind die Hauptsprengladungen am Fundament über der Grundplatte — unter dem Schwungzeug — und je eine Ladung unter den Hauptlagern möglichst gleichzeitig zur Entzündung zu bringen. Bei Wasserkraftanlagen ist das Sperrschloß an mehreren Stellen gleichzeitig zu sprengen. Durch *Brandlegung* wird schnellste Zerstörung erreicht, wenn Anzündung unter Verwendung von Öl- oder Brennstoff an mehreren Stellen gleichzeitig erfolgt (Windrichtung ausnutzen!).

i) *in Lederfabriken:*
Gerbfässer, Extraktionsanlagen, Trocknungseinrichtungen.

k) *in Tabakfabriken:*
Fermentationsanlagen, Trocknungs- und Klimaanlagen, Zigarettenmaschinen, Schneidemaschinen, Sortiereinrichtungen.

l) *in Betrieben der Ernährung:*
  a) *Mühlen*
  Sprengung der Hauptsilos, Sprengung der Walzenstühle oder des gesamten Walzenbodens.
  b) *Zuckerfabriken*
  Vernichtung sämtlicher Transportanlagen und Pumpen, Zerstörung der Zentrifugen.

m) *völlige Zerstörung der energiewirtschaftlichen Anlagen:*
Maschinenhaus
Einbringen von Sprengladungen durch die Schaudeckel in den Abdampfstutzen bezw. durch die Lagerschilder in die Generatoren; Anbringung von Sprengstoffen bei den Lagern zwischen dem Hoch- und Niederdruckteil der Turbine bezw. zwischen Turbine und Generator. Sprengungen an Steuerungen. Zerstörung der Antriebsmaschinen und Pumpen. Zerstörung der Krananlagen durch Herabsprengen des Kranes, wobei insbesondere darauf zu achten ist, daß auch die Laufkatze mit Triebwerk zerstört wird.
Kesselhaus
Sprengung der Kesseltrommeln, wobei möglichst starke Sprengladungen einzubringen sind, so daß nicht nur die Trommelenden, sondern besser die Trommeln in der Mitte zur Zerstörung gebracht werden. Sprengen des Kesselstuhles (Stützen). Durch diese Maßnahme allein wird jedoch nur eine, wenn auch nur langwierige Außerbetiebsetzung der Kesselanlage bewirkt. Bei Kesseln, die bis zum Schluß in Betrieb gehalten worden sind, bei denen man daher die Trommeln nicht sprengen kann, empfiehlt es sich, das Wasser abzulassen und möglichst stark zu heizen, so daß der Kessel ausglüht. Zerstörung sämtlicher Kesselantriebe, der Kohlezuteilungseinrichtungen, Zerstörung der Saugzüge der Unterwindventilatoren und der Kohlemühlen, möglichst durch Sprengung. Bei den Kohlenmühlen ist besonders wirksam die Zerstörung der Getriebe.
Kohlentransportanlage
Auch hier ist am wirksamsten, die Antriebsmotoren zu zerstören.

Schaltanlagen, Warte usw.

Ablassen des Öles an den Transformatoren möglichst mittels Durchschießen der Transformatorenkessel; Übergießen des auslaufenden Öles mit Benzin und Entzündung desselben; Sprengung der Fundamente, auf denen der Transformator steht; im übrigen sind die Zerstörungen der Schaltanlagen durchzuführen. Wichtige Portalmasten bezw. Abspannmasten in Freiluftanlagen sind durch Sprengung unbrauchbar zu machen. Sämtliche Meßinstrumente und Relais sind durch Hammerschläge zu zerstören. Die Akkumulatorenbatterie ist ebenfalls durch Hammerschläge zum Auslaufen zu bringen.

n) *Zerstörung der Großwasserversorgungsanlage:*

Groß-Stauanlagen

Die Staudämme sind mittels Sprengung soweit aufzureißen, daß das Wasser freien Durchfluß erhält und dadurch die Dämme auf eine große Strecke wegspült.

Wasserwerke und Pumpstationen

Die Zerstörung der Pumpen und Motoren ist zweckmäßig durch Einbringung von Sprengladungen durchzuführen, da dies eine nachhaltigere Zerstörung ergeben wird, als das Zerschlagen der Lagerschilder. Die Groß-Armaturen sind nach Möglichkeit so stark zu zerschlagen, daß nicht nur einzelne Risse entstehen, die evtl. durch Schweißung wieder gedichtet werden können.

Schaltanlagen

Ablassen des Öles aus den Transformatoren möglichst mittels Durchschießen der Transformatoren-Kessel. Übergießen des auslaufenden Öles mit Benzin und Entzündung desselben. Im übrigen sind die Zerstörungen der Schaltanlage durchzuführen. Sämtliche Meßinstrumente und Relais sind durch Zerschlagen zu zerstören. Akkumulatorenbatterien sind durch Zerschlagen der Glasbehälter zum Auslaufen zu bringen (Handgranaten). Da Wasserwerksanlagen und Pumpstationen durch Heranschaffen von Maschinen aus ähnlichen Betrieben (Bergwerken, sonstigen Wasserhaltungsanlagen usw.) verhältnismäßig schnell wieder in einen verwendungsfähigen Zustand gebracht werden können, sind in großem Umfang hier auch Gebäudesprengungen vorzunehmen, insbesondere die Filterbecken und Hochbehälter. Eine besonders wirksame Maßnahme ist die Sprengung der Tiefbrunnen. Da zu großen Wasserwerken jedoch eine größere Anzahl von Brunnenanlagen gehört, wird diese Maßnahme nur durchzuführen sein, wenn genügend Zeit zur Verfügung steht. Hierzu sind Sprengladungen möglichst tief in den Schächten anzubringen.

Anlage

Liste der Engpaßmaschinen.

a) *Hobel- und Stoßmaschinen:*
Langhobelmaschinen
Senkrecht-Stoßmaschinen über 400 mm Hub
Räummaschinen

b) *Drehbänke:*
Drehbänke über 200 mm Spitzenhöhe
Hinterdrehbänke
Blockdrehbänke
Kurbelwellendrehbänke
Nockenwellendrehbänke
Vielstahldrehbänke
Karusselldrehbänke
Plandrehbänke (Kopfdrehbänke)

c) *Revolverdrehbänke und Automaten:*
Revolverdrehbänke ab 36 mm Durchlaß
Einspindel- und Mehrspindel-Automaten

d) *Bohrmaschinen, Bohr- und Fräswerke:*
Bohrbänke und Waagerecht-Tieflochbohrmaschinen
Lehrenbohrmaschinen
Feinstbohrmaschinen mit mehr als 4 Spindeln
Radialbohrmaschinen ab 40 mm Bohrleistung
Waagerecht-Bohr- und Fräswerke

e) *Fräsmaschinen:*

Einfach-Waagerecht-Fräsmaschinen	ab etwa 250 × 950 T Gr.
Universal-Waagerecht-Fräsmaschinen	ab etwa 250 × 950 T Gr.
Senkrecht-Fräsmaschinen	ab etwa 250 × 950 T Gr.
Planfräsmaschinen	ab etwa 300 × 1200 T Gr.

Langtischfräsmaschinen
Langgewindfräsmaschinen
Kopierfräsmaschinen
Universal-Werkzeugfräsmaschinen
Nuten- und Langlochfräsmaschinen

f) *Schleifmaschinen:*
Außenrandschleifmaschinen ab 300 mm Schleiflänge
Innenrundschleifmaschinen
Gewindeschleifmaschinen
Führungsbahnen-Schleifmaschinen
Kurbelwellenschleifmaschinen
Nockenwellenschleifmaschinen
Langtisch-Flächenschleifmaschinen ab 300 × 1000 mm

g) Zahnradbearbeitungsmaschinen:
Stirn-Schrauben- und Schneckenradfräsmaschinen

Kegelradfräsmaschinen
Stirn- und Schraubenrad-Hobel- und Stoßmaschinen
Kegelrad-Hobel- und Stoßmaschinen

h) *Hämmer:*
Schmiedehämmer über 5000 mkg
Hon- und Läppmaschinen
Kaltkreissägen

Quelle: BA-MA, RW 31/576.

Anlage 77: Durchführungsbestimmungen vom 12. 9. 1943 zu einem Erlaß des Reichsmarschalls vom 7. 9. 1943 über Auflockerung und Maßnahmen zur Räumung und Zerstörung

Der Chef des Wirtschaftsstabes Ost — Berlin, den 12. 9. 1943
Nr. 457/43 gKdos II.Angel.

Betr.: Auflockerung und Maßnahmen zur Räumung und Zerstörung
Bezug: 1) Erlaß des Reichsmarschalls v. 7. 9. 43 V.P. 11207/6 g.RS.
2) Befehl Chef Wi Stab Ost v. 1. 9. 43 Br.Nr. 418/43 gKdos (nur Wi In Süd)

I. Ab sofort sind in Durchführung des Bezugserlasses zu 1) in den gemäß Ziffer I zu bestimmenden Abschnitten und im Anschluß an die für die Wi In Süd mit Bezugsbefehl zu 2) für das Donezgebiet bereits befohlene Regelung folgende Maßnahmen zu treffen:

1. *Sämtliche Bestellungsarbeiten sind ostwärts der bekannten Linie einzustellen.*
2. *Sämtliche Nahtransportmittel der Ernährung und Landwirtschaft sind für Erfassung und Abtransport landwirtschaftlicher Erzeugnisse einzusetzen.* Das gleiche gilt von den Transportmitteln der Straßentransportorganisation Ost und der gewerblichen Wirtschaft, soweit diese nicht nach gegebenen Bestimmungen für dringlichere Transporte einzusetzen sind. Die Truppe ist ebenfalls angewiesen, ihre Fahrzeuge im Rahmen der militärischen Möglichkeiten zur Verfügung zu stellen.
3. Sämtliche erfaßbaren landwirtschaftlichen Erzeugnisse, einschließlich Saatgut, *sind für die Wi In Süd westlich des Dnjepr, für die Wi In Mitte in das rückwärtige Heeresgebiet und für die Wi In Nord in das Gebiet des Reichskommissariats Ostland mit Ausnahme von Weißruthenien abzutransportieren, soweit nicht Auflagen für Verladung ins Reich vorliegen oder aber aus Gründen der Sicherheit aus der eigenen Verantwortung der genannten Dienststellen die Verbringung ins Reich geboten erscheint.* Der landwirtschaftlichen Bevölkerung ist, abweichend von den bisherigen Bestimmungen (Normen etc.) nur der dringlichste Eigenbedarf zu belassen. Ausgenommen vom Abtransport ist der Wehrmachtbedarf für 3 Wochen unter Berücksichtigung der vorhandenen Bestände und ein 3-Wochenbedarf für die einheimische städtische Bevölkerung.
4. *Die nicht für die Erfassung und den Abtransport eingesetzten landwirtschaftlichen Maschinen sind auf den MT-Stationen zu sammeln,* soweit sie nicht von der Truppe benötigt werden. In diesen Fällen sind sie der Truppe leihweise gegen Empfangsbestätigung zur Verfügung zu stellen, die damit die Verantwortung für die Zurückführung oder erforderlichenfalls Vernichtung übernimmt. Der Rest ist nach Möglichkeit mit eigener Kraft, *möglichst* in geschlossenen Transporten *nach den vom RKU, der Wi In Mitte bezw. dem RKO* aufzugebenden Stationen zurückzuführen. Eine Zerstörung der nicht eingesetzten oder zurückgebrachten Maschinen ist erst im Falle II. vorzunehmen.
5. *Die Heeresgruppen und Armeen sind angewiesen, aus ihren Beständen, sowie aus der Produktion ihres Gebietes zu leben.* Das gilt insbesondere auch für das Schlachtvieh. Ein Nachschub an die Armee kommt nur insoweit in Betracht, als Bestände und Landesaufkommen nicht mehr für 3 Wochen ausreichen.

II. Über die zu I. getroffenen Anordnungen hinaus sind *abschnitts*weise folgende Maßnahmen vorzubereiten, wobei die *Abschnitte* von der Heeresgruppe und der Zeitpunkt der Durchführung dieser Maßnahmen entsprechend der militärischen Lage durch die jeweils verantwortliche taktische Führungsstelle befohlen wird.

1. *Erfassung und Abtransport der Eigenbestände der rückzuführenden landwirtschaftlichen Bevölkerung,* soweit diese ihre Vorräte nicht selbst mitführen kann.
2. *Zurückführung von Vieh in sichergelegene rückwärtige Räume, die unter diesen Gesichtspunkten von den Wi In im Benehmen mit den Reichskommissariaten zu bestimmen sind, soweit das Vieh nicht für die laufende Truppenversorgung bezw. die 3-wöchentliche Bevorratung benötigt wird.* Das zurückgeführte Nutzvieh ist der Landwirtschaft in den Aufganggebieten, das Schlachtvieh, soweit für die Truppenversorgung erforderlich, den HV.-Dienststellen unter Anrechnung auf die Truppenverpflegung anzudienen, *sonst auch der Landwirtschaft zuzuweisen.*
   Die Rückführung von Vieh erfolgt, soweit es nicht durch die Bevölkerung mitgenommen wird, im Landmarsch in durch die Landwirtschaftsführer zusammenzustellenden und von deutschen Bewachungskräften zu sichernden Trecks. Marschwege, Rast- und Futterplätze, sowie Kontrollstellen sind im Voraus festzulegen und nach Möglichkeit mit den militärischen Kommandostellen abzustimmen.
3. *Vernichtung* aller nicht abzutransportierenden landwirtschatlichen Erzeugnisse.
4. *Abtransport* aller wertvollen Maschinen und *Einrichtungen,* Ersatzteile, Roh- und Hilfsstoffe aus den ernährungswirtschaftlichen Betrieben.
5. *Zerstörung aller für die Versorgung von Wehrmacht oder Stadtbevölkerung wichtigen ernährungswirtschaftlichen Betriebe* nach Maßgabe der Räumungsordnung vom 5. 8. 43 Br.Nr. I/Ia 326/43 gKdos In erster Linie sind die Betriebe zu sprengen und durch Brand zu vernichten.
6. Vernichtung der Erfassungsorganisation insbesondere ihrer Lagereinrichtungen durch Abbrennen.
7. *Vernichtung aller schriftlichen Unterlagen und Belege, die für den Feind von Bedeutung sein können,* soweit ihre Mitführung nicht möglich ist. Wichtige Unterlagen über Erzeugung und Vorräte sind rechtzeitig zurückzuführen.

Sämtliche unter II. befohlenen Maßnahmen sind so vorzubereiten, daß bei Bekanntgabe der einzelnen Abschnitte und des Zeitpunktes der Durchführung dieser Maßnahmen die Rückführung bezw. Vernichtung und Zerstörung schnellstens erfolgen kann.

Die sofortige Räumung der ersten etwa 100 km tiefen Zone hinter der HKL ist bei den zuständigen militärischen Kommandostellen beschleunigt zu erwirken.

Nähere Weisungen über Rückführung bezw. Zerstörung landwirtschaftlicher Vorräte und Maschinen sowie über den Abtransport von Vieh werden *nach Bedarf* erlassen, *soweit sie nicht* bereits aus dem in der Anlage beigefügten Merkblatt zu entnehmen sind.

III. *Die Zurückführung der in der Land- und Ernährungswirtschaft sowie in den übrigen Zweigen der Wirtschaft tätigen Bevölkerung.* Sie erfolgt in Auffanglager in

rückwärtigen Gebieten sobald ein Befehl der Heeresgruppe zur Gesamtevakuierung eines bestimmten Abschnitts ergeht, unter Eingliederung in die durch die Heeresgruppe geplante und gesteuerte Rückführungsbewegung. Soweit irgend möglich, hat die Rückführung in geschlossenen Familien (bei landwirtschaftlicher Bevölkerung unter Mitnahme von Nutzvieh und Fahrzeugen) unter ausreichender Verpflegung und für alle Betriebe in Betriebsgemeinschaften zu erfolgen. Es ist besonders darauf zu achten, daß die zugehörigen Handwerker, Facharbeiter und angelernten Kräfte geschlossen mitgeführt werden.
Die Landwirtschaftsführer, das deutsche Personal der Betriebe und besonders die Dienststellen des Arbeitseinsatzes, sind in engster Zusammenarbeit mit den militärischen Kommandostellen bei Organisation und Abtransport einzusetzen. Hierbei wird auf den in der Anlage 2 beigefügten Erlaß des GBA verwiesen. Ausreichende Bewachung ist durch die Wi In seitens der militärischen Kommandostellen zu erwirken. Für die Unterbringung sind in erster Linie schon vorhandene Lager (Stalag u.ä.), besonders Staatsgüter und andere landwirtschaftliche Betriebe zu verwenden. Soweit die Verpflegung nicht durch die Wi-Dienststellen bezw. den entsprechenden Stellen der Reichskommissariate aus dem Lande bereitgestellt werden kann, hat sie durch die HV-Dienststellen zu erfolgen. Verantwortlich für die Verpflegung der Trecks wie auch der Läger sind die Heeresgruppen bezw. die Wehrmachtsbefehlshaber. Die erforderlichen Marschwege, Rastplätze und Auffanglager sind rechtzeitig im Zusammenwirken der beteiligten Wi-Dienststellen (Gruppe La, BB u. Arbeit) mit den militärischen Kommandostellen zu erkunden. Auch sind alle Vorbereitungen dafür zu treffen, daß die Verpflegung in den Auffanglagern zu gegebener Zeit sichergestellt ist.
Über die Sichtung der rückgeführten Bevölkerung in den Auffanglagern zum Zwecke des Arbeitseinsatzes erfolgen noch nähere Weisungen. Sie hat nach Eintreffen in den Auffanggebieten nach folgenden Gesichtspunkten zu erfolgen:
Stellungsbau, Verstärkung der Betriebe in den betreffenden Gebieten, Abtransport ins Reich möglichst in Betriebsgemeinschaften, Verstärkung der Landwirtschaft in Anbetracht des vorgerückten Jahres.
Alle Maßnahmen der Planung und Durchführung haben im engsten Einvernehmen mit den zuständigen militärischen Kommandostellen zu erfolgen.

IV. *Für alle sonstigen Zweige der Wirtschaft* sind, den gemäß Bezugsbefehl zu 1) befohlenen Maßnahmen in der Land- und Ernährungswirtschaft entsprechend, in den von den Heeresgruppen zu befehlenden Abschnitten gleichlaufende Vorbereitungen und Maßnahmen zu treffen, soweit diese nicht bereits für das Donezgebiet durch Bezugsbefehl zu 2) befohlen sind. Hinsichtlich der Durchführung ist dabei nach den Richtlinien der Räumungsordnung des Wi Stabes Ost Nr. 326/43 gKdos v. 5. 8. 43 in Zusammenarbeit mit den militärischen Kommandostellen zu verfahren. Die fachlichen Einzelanweisungen ergehen durch die Inspektionen. Es sind insbesondere folgende Gesichtspunkte zu beachten:

1) Der Zeitpunkt der Einstellung der Fertigung und der Bergung der Betriebseinrichtungen ist jeweils in Abstimmung der Erfordernisse der Kampfführung und des für den Ausbau und die Bergung notwendigen Zeitmaßes im Benehmen mit den Truppendienststellen zu bestimmen. Die Bergung für

Wiedereinsatz der besonders wichtigen Torfgewinnungsmaschinen, Sauerstofferzeugungsanlagen, Motoren, Sägegatter, Arbeitsgeräte usw. muß, soweit irgend möglich, gewährleistet sein.

2) Alle wichtigen Rohstoffe, insbesondere Wolle, Flachs, Werg, Leinsaat, Häute, Leder, Gerbrinde, NE-Metalle usw. sind, soweit sie nicht zur Verarbeitung in rückwärtigen Gebieten eingesetzt werden können, nach Weisungen der Wi In in das Reich zu verbringen.

3) Die aus den befohlenen Abschnitten zu bergenden Maschinen und Betriebseinrichtungen sind in erster Linie für den Ausbau und die Verstärkung der Truppenversorgung in den rückwärtigen Gebieten einzusetzen. Inwieweit bei einzelnen besonders wertvollen Maschinen oder Einrichtungen ein Abtransport in das Reich oder das GG. geboten erscheint, unterliegt der Entscheidung der Inspektion.

V. Es ist grundsätzlich sicherzustellen, daß alle wichtigen Unterlagen über die Wirtschaft der geräumten Abschnitte, die Räumungsmaßnahmen und -ergebnisse und den Umfang der Zerstörungen auf der Grundlage der Meldungen der verantwortlichen Wi-Dienststelle durch die Wi In gesammelt werden. Über die Auswertung der Unterlagen und Meldungen ergehen spätere Weisungen.

Im 1. Entwurf gezeichnet Stapf

Quelle: BA-MA, RW 31/33

Anlage 78: Rohstoff-Bilanz Donez-Gebiet per 24. 9. 1943

Rohstoff		Insgesamt erkundet	Abtransportiert in das Reich durch Organisation Schu	Organisation Ro.	Abgabe an Truppe	zurückgelassene Bestände
Eisen und Stahl						
Manganerz	t	52 695	–	28 301	–	24 394
Eisenerz	t	211 318	–	–	–	211 318
Gichtstaub	t	605 000	–	–	–	605 000
Chromeisenerz	t	463	–	–	–	463
Cererz	t	40	–	–	–	40
Chromerz	t	685	–	290	–	395
Titanerz	t	80	–	80	–	–
Ferro-Mangan	t	11 856	–	9 992	–	1 864
Ferro-Silizium	t	2 315	–	826	–	1 489
Ferro-Chrom	t	102,5	–	63	–	38,5
Ferro-Molybdän	t	2,339	–	0,5	–	1,839
Ferro-Vanadium	t	0,14	–	–	–	0,14
Ferro-Wolfram	t	0,714	–	–	–	0,714
Sonstige Silizium-Legierungen	t	250	–	–	–	250
Manganmetall	t	7	–	7	–	–
Silizium-Mangan	t	11,7	–	11,7	–	–
Eisen, roh	t	174 748,8	57 288	2 910	41 512	73 038,8
Spiegeleisen	t	9 033	–	634	326	8 073
Stahl, roh	t	110 176	–	–	46 902	63 274
Edelstahl	t	6	–	6	–	–
Walzwerk-erzeugnisse	t	280 637,78	210 525	228	6 310	63 574,78
Schrott	t	480 000	277 735	–	–	202 265
NE-Metalle						
Rohmaterial						
Kupfer	t	0,963	–	–	0,363	0,6
Bronze	t	117,99	–	–	92,824	25,166
Messing	t	5,304	–	–	–	5,304
Lagerweißmetall	t	3,548	–	–	0,145	3,403
Blei	t	10	–	–	–	10
Zink	t	21,066	–	–	0,025	21,011
Aluminium, rein	t	5,348	–	–	0,048	5,3
Nickel	t	1,129	–	–	0,534	0,595
Lötzinn	t	0,331	–	–	0,331	–
Zinn, rein	t	0,516	–	–	0,516	–

Rohstoff		Insgesamt erkundet	Abtransportiert in das Reich durch Organisation Schu	Organisation Ro.	Abgabe an Truppe	zurückgelassene Bestände
NE-Vormaterial						
Zinkrückstände (Cu.-Gehalt 3%)	t	1 000 195	–	250	–	999 945
Zinkblende	t	2 500	–	–	–	2 500
Cadmium-Elektroden-Bruch	t	30		30	–	–
NE-Altmaterial						
Kupfer	t	137,99		6,258	115,945	15,787
Bronze	t	49,662		–	32,999	16,663
Lagerweißmetall	t	4,564		–	4,03	0,534
Zink	t	1		–	–	1
Zinn	t	0,15		–	0,15	–
Aluminium	t	12,812		–	10,19	2,622
Blei	t	34,958		5	23,325	6,633
Messing	t	7,8		–	7,8	–
NE-Metallschrott	t	533,847		499	1,5	33,347
NE-Halbmaterial						
Kupfer	t	11,167		–	11	0,167
Bronze	t	0,45		–	–	0,45
Blei	t	7,5		–	7,5	–
Aluminium	t	2		–	–	2
Tonerde	t	200		–	–	200
Chemie						
Aktivkohle	t	1,98		–	–	1,98
Ammoniak	t	20		–	3	17
Ammoniumkarbonat	t	34		–	–	34
Ammoniumsulfat	t	5 100		–	1 465	3 635
Ammoniumnitrat	t	325		–	–	325
Ammoniumverbindungen	t	185		–	185	–
Arsen und Arsenverbindungen	t	132		–	–	132
Berylerze	t	0,09		–	–	0,09
Borazit	t	2 455		2 455	–	–
Natronlauge	t	2		–	–	2
Naphtalin	t	94,015		40	34,015	20
Natriumfluorid	t	21,5		–	21	0,5

Rohstoff		Insgesamt erkundet	Abtransportiert in das Reich durch Organisation Schu	Organisation Ro.	Abgabe an Truppe	zurückgelassene Bestände
Kupfersulfat	t	255,05		77	166	12,05
Kieselfluornatrium	t	15,5		–	–	15,5
Phosphor	t	0,738		–	–	0,738
Pyridin	t	6,49		6,49	–	–
Salpetersäure	t	5		–	–	5
Schwefelsäure	t	1 473		–	1 264	209
Schwefelkies	t	39 260		–	738	38 522
Schwefel	t	125		–	100	25
Soda	t	1 134,546		–	611	523,546
Superphosphat	t	59 363		–	9 000	50 563
Rizinussamen	t	100		–	–	100
Vaseline	t	5,39		–	5,39	–
Steinkohlenteer	t	250		–	250	–
Kolophonium	t	3,2		–	0,4	2,8
Magnesiumpulver	t	300		–	–	300
Steine und Erden						
Asphalt	t	44		–	44	–
Apatit	t	400		–	–	400
Asbest	t	1 255		1 255	–	–
Bauxit	t	875		530	–	345
Graphit, sonstiges	t	71,5		7,5	64	–
Graphit-Elektroden	t	12,8		–	12,8	–
Kohle-Elektroden	t	88,6		–	88,6	–
Korund	t	8		–	8	–
Kaolin	t	40		–	–	40
Spaltglimmer	t	82		75	–	7
Pech	t	600		–	600	–
Sonstige Steine und Erden	t	602 662		–	112 371	490 291
Kautschuk						
Regenerat	t	58		58	–	–
Sowprem	t	6,66		6,66	–	–
Altgummi	t	15,3		–	15,3	–

Rohstoff		Insgesamt erkundet	Abtransportiert in das Reich durch Organisation Schu	Organisation Ro.	Abgabe an Truppe	zurückgelassene Bestände
Gummireifen	St	85		85	–	–
Lkw-Decken, alt	St	147		147	–	–
Kohle						
Steinkohle (Beute)	t	1 500 000		–	1 500 000	–
Koks (Beute)	t	300 000		–	300 000	–
Häute und Felle						
Rinderhäute	St	31 206		25 028	4 697	1 481
Rinderhäute	t	508		508	–	–
Schaffelle	St	10 781		8 511	2 270	–
Schaffelle	t	60,5		60,5	–	–
Schweinehäute	St	2 326		1 525	801	–
Schweinehäute	t	91,5		91,5	–	–
Kalbfelle	St	4 226		4 226	–	–
Häute, nicht aufgegliedert	St	756		–	–	756
Roßhäute	St	2 297		2 169	128	–
Roßhäute	t	26		26	–	–
Sonstige Felle	St	95		95	–	–
Sonstige Felle	t	0,33		0,33	–	–
Textilien						
Flachs	t	1,416		–	1,416	–
Tierische Haare	t	2,668		0,44	2,228	–
Hanf	t	11,5		1,5	10	–
Wolle	t	5,008		–	5,008	–
Wollgarn	t	0,233		–	0,233	–
Baumwollgarne	t	0,291		–	0,291	–
Wollabfälle	t	7,044		–	7,044	–
Baumwollabfälle	t	17		17	–	–
Lumpen	t	6		–	6	–
Knochen	t	31		31	–	–

Quelle: BA-MA, RW 31/83.

Anlage 80: Erlaß des Reichsmarschalls zur Schaffung einer Meldestelle für Räumungsgüter vom 5. 4. 1944

Der Reichsmarschall des
Großdeutschen Reiches
Beauftragter für den Vierjahresplan
V.P. 3041/6.

Berlin, den 5. April 1944

Betr.: Erfassung der aus den besetzten Ostgebieten und dem Generalgouvernement infolge von Räumungsmaßnahmen zurückgeführten Wirtschaftgüter

Zur Erfassung der infolge von Räumungsmaßnahmen aus den besetzten Ostgebieten und dem Generalgouvernement zurückgeführten Wirtschaftsgüter ordne ich an:

1. Der Chef des Wirtschaftsstabes Ost wird ermächtigt, die aus den besetzten Ostgebieten und aus dem Generalgouvernement anläßlich von Räumungsmaßnahmen zurückgeführten Wirtschaftsgüter durch Beauftragte zu erfassen und an bestimmte Empfangsstellen weiterzuleiten, um ihre zweckentsprechende kriegswirtschaftliche Verwertung durch die zuständigen Obersten Reichsbehörden zu sichern. Die Befugnis erstreckt sich auf alle Wirtschaftsgüter, die zum wirtschaftlichen Sondervermögen (Treuhandvermögen) gehören oder für die ein Eigentümer nicht nachgewiesen werden kann (Räumungsgüter).
2. Zur Durchführung der Aufgaben zu Ziff. 1 können die Beauftragten sämtliche auf den Auffang- und Verteilerbahnhöfen ankommenden Züge auf Räumungsgüter untersuchen und Einsicht in alle Beförderungspapiere nehmen. Sie können in bestehende Frachtverträge eingreifen und für Räumungsgüter eine andere Empfangsstelle bestimmen.
3. Alle Empfänger von Räumungsgut sind verpflichtet, den Empfang unverzüglich, spätestens nach Ablauf eines Monats, dem

   WiStab Ost (Meldestelle für Räumungsgüter)
   Berlin-Dahlem, Kronprinzenallee 18–22

   schriftlich anzuzeigen. Der Anzeige ist ein ordnungsgemäßes Bestandsverzeichnis beizufügen.
4. Wird dem Empfänger gestattet, die Räumungsgüter zu Eigentum zu erwerben, so hat dieser den Gegenwert an die von der Meldestelle des Wirtschaftsstabes Ost benannte Stelle abzuführen.
5. Die Regelung zu Ziff. 3 und 4 gilt rückwirkend ab 1. September 1943.

In Vertretung
gez. Körner

Quelle: BA-MA, RW 31/41

B.
Aufzeichnungen des Technischen Kriegsverwaltungsinspektors Edwin Grützner vom Rüstungskommando Kiew, 1941–1943

Weit nach Mitternacht setzt sich ein Zug in Bewegung[1]). Neunundzwanzig Waggons, beladen mit Fahrzeugen und besetzt mit 340 Mann: 250 Offiziere und Wehrmachtsbeamte, Dolmetscher und Spezialisten und 90 Mannschaften. Der Transportführer schreibt diesen denkwürdigen Moment einer beginnenden Epoche sofort ins KTB, ins Kriegstagebuch: „Das ‚Kdo Hohensalza' hat seinen bisherigen Standort Kassel am 15. 7. 41 um 1 Uhr 20 verlassen."

Nachmittags 16 Uhr 30 hat unser Zug Dresden erreicht. Heimat — die vielleicht nie wieder erreicht wird. Der Zug darf nicht verlassen werden. 18 Uhr, Weiterfahrt Richtung Görlitz. Den folgenden Abend verbringen wir im Gleisgewirr eines Krakauer Bahnhofes. Niemand darf aussteigen. Um 20 Uhr Weiterfahrt. Im Westen versinkt hinter uns die Sonne zwischen Wolkenbergen. Die Türme der Stadt stehen als dunkle Silhouetten im Dunst des Abends und als dunkle Kulisse der Wawelsberg. Die Nacht vergeht. Ein neuer Tag ersteht und weiter und weiter gen Osten rollt der Zug. An beiden Seiten der Bahn stehen bettelnde Kinder und Frauen. Kilometerweit begleitet uns ihr „Bitte Broot!" Beiderseitig zieht sich ebenes, weites Land. Es schleicht ein wehes fremdes Gefühl hoch. Es ist, als ob wir erst richtig begreifen, so tief wie nie zuvor — wir fahren in den Krieg!

Vor uns tobte der Krieg. Wir fuhren hinter ihm her. Immer weiter rollte der Zug ostwärts, durch die weiten Ebenen, in Unbekanntes, Fremdes, Bedrohliches.

Allerdings — so ganz unbekannt war das auf uns zukommende nicht. Bei zugeteilten, russisch sprechenden Sonderführern hatten wir Russisch zu lernen. Aus Geheimhaltungsgründen gab es erst kurz vor der Abfahrt Gewißheit über Ziel und Aufgabe. Das Ziel hieß Kiew. Noch hatte kein deutscher Soldat dort Fuß gefaßt. Die Aufgabe hatte General Thomas, Chef des Wehrwirtschafts- und Rüstungsamtes des OKW, so formuliert: „Begleitung des Vormarsches unmittelbar hinter der vordersten Front, um die Zerstörung von Vorräten zu vermeiden und den Abtransport wichtiger Güter sicherzustellen . . ." Das bedeutete zugleich, die russische Wirtschaft nach den Folgen der Kriegshandlungen zum Nutzen der Eroberer wieder aufzurichten, denn die deutschen Truppen hatten sich „aus dem Lande zu verpflegen".

Über die Hälfte des Transportes waren Landwirtschaftsführer, Bauern, die der NSDAP oder den örtlichen Bauernorganisationen angehörten. Sie waren zum Wirtschaftsstab Ost befohlen und nun dem Kdo unterstellt. Diese La-Männer, „Soldaten hinterm Pflug", sollten die Ost-Landwirtschaft „auf Schwung" bringen.

---

[1]) Zum Verfasser und zum Quellenwert seiner Aufzeichnungen s. Einleitung S. 17. Bei den in Klammern gesetzten Textteilen handelt es sich um erkennbare, vom Verfasser selbst vorgenommene, spätere Einschübe.

Gegen 5 Uhr morgens hält der Zug. Endgültiger Halt. Ankunft in Zuravice, ein kleiner Ort, 6 km vor Przemysl. Aussteigen! Schluß der Fahrerei an einer neugebauten Laderampe neben dem breiten russischen Geleise. Antreten. Der Transportführer verkündet eine Weisheit: „Es ist Krieg! Meine Herren – wir sind im Osten!" – dann führte er die zusammengewürfelte Schar weiter, Richtung Lemberg.

Am nächsten Tag, spät am Abend, sind wir im dunklen Lwow, wie die Russen die Stadt nennen. Brandgeruch weht durch die Straßen. Im Zentrum Halt und warten und warten. Wir sitzen im Pkw und erhoffen eine gute Unterkunft, dösen schlafend vor uns hin. Dann schimpft einer grollend los: „Was sollen wir eigentlich hier?" Der begleitende Dolmetscher Harder beruhigt: „Eile nicht! Gasportin! Eile nicht! Jeder Tag, den du warten mußt, geht vom Krieg ab!"

Ein Landwirtschaftsrat steckt seinen Kopf zum Fenster herein und kommentiert: „Genießet den Krieg!"

Nun – wir „genossen" den Krieg, bis zum bittren Ende, in allen Variationen. Zuvor aber wurde uns in dieser Stadt eine Ouvertüre aufgespielt, die uns niemals zuvor in unserer stärksten Phantasie erstanden wäre.

Zu Dritt bummeln wir vormittags über den Markt. Keiner hat einen rechten Dienstauftrag und so haben wir Zeit. Kaufen wollen wir eigentlich nichts, außer etwas Butter. Doch gerade sie ist nicht vorhanden. Als Ersatz werden Eier eingekauft. Der Markt bietet alles in Hülle und Fülle, was der Sommer gedeihen ließ. Gemüse, Obst, Beeren aller Sorten, Fleisch, Hühner, Enten, Gänse, Milch, Sahne, Quark, Blumen in der schönsten Farbenpracht.

Jeder kann kaufen und verkaufen was er mag. Halt! – So ganz stimmt dies nicht. Seit kurzem müssen die Juden in Lemberg eine weiße Binde tragen. Nun sind sie gekennzeichnet und bekommen auf dem Markt überhaupt nichts zu kaufen. Damit sind sie praktisch zum Verhungern verurteilt. Entsetzlich, daran zu denken. Entsetzlich, so etwas auszudenken.

Wer keinen Marktstand hat, breitet seine Waren auf dem Boden aus. So hat das gesamte Marktgetriebe den besonderen Reiz des Fremden, den wir in Deutschland nicht kennen. Jeder neue Tag erschließt neue Bilder. Da kauern die Weiber auf dem Boden, inmitten ihrer Gemüseberge. Oft sind die größeren Söhne und Töchter dabei. Da sitzt so ein großer, kräftiger Bengel, den Kopf zwischen den Knien und erbricht seinen Mageninhalt über den neben ihm liegenden Zwiebeln. Dort sitzt ein Bursche neben einem Berg Johannisbeeren und kaut mit vollen Bakken sein Schwarzbrot. Den Riesenlaib des Brotes benutzt er als Sitzgelegenheit. Neben ihm protestiert ein vom Wetter und Alter braungebranntes Bauernweib, das nur noch einen Zahn im Munde hat, gegen unser Preisangebot.

Verkaufen wollen sie zwar alle; doch alle über dem angeordneten Höchstpreis. Die Not und die Nachfrage steigert die Preise enorm. Alle Käufer werden mit überhöhten Preisen belegt. Was nützt der amtlich verordnete und auf einer Tafel am Rathaus ausgehängte Höchstpreis. Für ein Ei werden 15 Pfennige verlangt, dabei ist der amtliche Höchstpreis 5 Pfg. Überall wo wir auftauchen, lösen wir bei den Kauflustigen eine besondere Art Anziehungskraft aus. Die Frauen aller Bevölkerungsschichten umringen uns, als erwarteten sie von uns eine Entscheidung gegen den Preiswucher. Die mich begleitenden Dolmetscher sind wahre Volksredner geworden. Man beklagt sich bei uns über die Unverschämtheit der Bauern, die an die Zivilbevölkerung nur zu ganz hohen Preisen verkaufen wollen.

Irgendwie fühlen wir uns moralisch angesprochen, obwohl wir auf dieses Geschehen doch überhaupt keinen Einfluß ausüben können. Eine jüdische Ärztin spricht uns an. Sie möchte Kartoffeln kaufen, bekommt aber keine. Wir kaufen unter Protest und Geschrei der Händler und mit unseren Drohungen für sie zum Höchstpreis. Alle Interessenten im Umkreis werden gleich mit bedacht. So machen wir einige wenige Notleidende glücklich.

An einer anderen Marktecke fast die gleiche Szene. Eine Mutter mit Kind jammert, weil sie den geforderten Kartoffelpreis nicht bezahlen will oder kann, denn die Frau hat – wie wir hörten – nur zehn Pfennige. Die Kartoffeln sollen 20 Pfg. pro Kilogramm kosten. Der amtliche Höchstpreis beträgt fünf Pfennige. Um der Frau zu den gewünschten und benötigten Kartoffeln zu verhelfen, sagen die Dolmetscher der Bauersfrau ihre Meinung und drohen zum Schein sogar mit ihrer Pistole. Doch die Bäuerin läßt sich nicht einschüchtern. Furchtlos und frech erklärt sie: „Dann bin ich eben tot, – aber meine Kinder leben noch!" Sie spürte natürlich ganz genau, daß sie nicht umgebracht werden sollte. Als es endlich gelingt sie zu täuschen und ihr verständlich zu machen, daß die Kartoffeln nur für uns gekauft werden sollen und nicht für die Frau, bekommen wir sofort die umstrittene Ware. Die Bäuerin bekommt den Groschen, die wenigen Kartoffeln schenken wir der Mutter, die sich unter dem Geschimpfe des Marktweibes immer wieder bedankt.

Man könnte den ganzen Tag hier verbringen und Vermittler sein. Ja – die Not ist groß unter der vom Kriege überraschten Bevölkerung. Die Bolschewisten haben alles mitgeschleppt oder verbrannt. Jetzt wollen die Bauern kein Geld nehmen. Was soll's? Sie wollen Gebrauchtgegenstände, sie wollen Schuhe, Stoffe, Möbel; Werte, Schmuck, Silber, Gold und Edelsteine.

Noch laufen die Menschen mit ihren weißen Binden umher, ohne scheinbaren anderen Zwang von der Obrigkeit und den Besatzern. Zwar dürfen sie die Stadt nicht verlassen und aus anderen Orten nicht nach hier zuziehen. Es erscheint alles – bis auf die weiße Binde – formell in Ordnung. Sie sind schon keine Menschen mehr, die mit der weißen Binde, die Juden. In Wahrheit ist die Ordnung nicht in Ordnung, denn sie sind Freiwild, das ohne Jagderlaubnis zu erlegen ist. Selbst noch weniger als Freiwild sind diese Menschen. Auch Freiwild ist jagdgemäß zu erlegen. Doch hier gibt es kein Gesetz mehr, kein Recht mehr: auch nicht mehr das Recht des Menschen, das Menschenrecht.

Furchtbar die Lüge, der Welt ein Spiel der Ordnung, des Rechts, der Ehrlichkeit vorzutäuschen.

Harder, der am anderen Morgen mit mir zusammentrifft, hat auch Judenmißhandlungen erlebt. Er räsoniert auf offener Straße über diese Gott verachtende Brutalität.

„Mein Bericht, meine Meldung von gestern ist schon fertig. Sie sollen jetzt mal Farbe bekennen. Sollen mal zeigen, ob sie für Menschlichkeit und Befreiung vom Joch des Bolschewismus kämpfen. Ich lasse nicht locker . . . und wenn ich bis zum Stadtkommandanten gehe . . ."

Inzwischen sind wir bis zum Café Lux, dem Sitz des Kdos, gekommen. Dort staut sich eine Volksmenge vor einem Plakat. (Doch unser Kdo hatte damit nichts zu tun.) Kontributionen: 1 Million Mark sind aufzubringen von allen Angehörigen der jüdischen Rasse. Grund: Als Vergeltungsmaßnahme für die Zerstörungen in der Stadt. Damit eröffnet sich eine neue Leidensperiode für diese armen, schon genug Geplagten.

Harder hat seine Meldung abgegeben. „Sie haben mich dumm angesehen", berichtet er trotzig, als er das Zimmer seines Vorgesetzten verließ. Sie wären nicht zuständig für Angelegenheiten in der Stadt. Im übrigen würde am 1. August die Militärverwaltung von der Zivilverwaltung abgelöst. Die an den Exzessen beteiligten Soldaten seien ja auch nicht mehr feststellbar ... Na, – der Adjutant wolle sehen, wie er es mache ..."

Major Schlutig, ein Herr von fast 65 Jahren, Reserveoffizier, dreht die Meldung, die er in seiner Gutmütigkeit nun doch angenommen hat, lange in seinen Fingern. Er denkt nach: Wie soll er es machen? Unangenehme Geschichte!

Der Hauptmann ist kein „Scharfmacher", aber ihm paßt die ganze Geschichte auch nicht in den Kram, er hat keine Lust sich zu äußern; vielleicht hat er auch gar keine eigene Meinung zur Angelegenheit. Er sagt nur immer wieder: „Jawohl! Jawohl! ..."

Der Major übergibt dem Hauptmann das Schriftstück, die Meldung des Sonderführers Harder über Judenmorde. „Nun Ziegler, da nehmen Sie doch mal die ganze Geschichte in die Hand. Lassen Sie eine Abschrift für die Akten fertigen, das Original bekommt die Stadtkommandantur. Erwähnen Sie die Angelegenheit nur kurz im Lagebericht."

Inzwischen ist der 1. August gekommen. Mit ihm die Zvilverwaltung. Damit wird dieses Gebiet Generalgouvernement. Mehrere große Gebäude werden beschlagnahmt. Die braune Uniform ist nun fast so zahlreich wie die graue. Dazu kommen noch viele zahlreiche andere: Bahn, Post, Arbeitsdienste, Sicherheitsdienste und ein riesiges Aufgebot Polizei. Warum? Wegen Gauleiter Koch, der nun hier regieren will. Wegen der Juden? Sie müssen bis zum anderen Tag 1 Million Mark Kontribution aufgebracht haben. Bis zum Abend des 1. August war es ihnen noch nicht gelungen. Dann sperrte die Sperrstunde die Menschen von der Straße.

Tagsüber waren die breiten Bürgersteige belebt von den Bewohnern, oft sich ballend zu Gruppen und Ansammlungen. Hier in dem Getümmel werden Gold, Edelsteine, Ringe, Schmucksachen, Tafelsilber verkauft. Ein herrlicher Ring aus Gold und edlem Gestein wird zu 50,– Mark angeboten. Ein deutscher Landser wirft unter frechsten Reden sechs Mark in die offene Hand der Verkäuferin, nimmt den Ring und der Handel ist für ihn erledigt.

Ein kritischer Beobachter könnte stundenlang gebannt stehen und würde bald die Speie bekommen. Die Demütigung des Menschen muß nicht immer in Blut und mit Blut sichtbar werden. Hier im Osten erleidet die Seele ewige Tortur, in der Angst und Mitleid, Hilflosigkeit und Ekel und Ironie ein satanisches Spiel treiben. Frauen sitzen am Straßenrand und stillen mit leeren Brüsten halbverhungerte Kinder, die in schäbigste Stoffbündel gehüllt sind. In einer Seitenstraße liegen 20 alte Frauen dicht nebeneinander auf der Straße, ein Bild des Jammers und Ekels. Der Tod schaut aus ihren welken, knochigen Gesichtern. Keine von den hier liegenden kann mehr sitzen, kauern oder gar laufen, fortlaufen ... fort vom Ort des Grauens. So wie sie da hingetan wurden, so liegen sie, um dort zu sterben. Schmierige Gestalten drücken sich vorbei. Andere stehen herum und gaffen.

Unfern steht ein Propagandawagen und tutelt herüber: „Die Männer sind alle Verbrecher, ihr Herz ist ein finsteres Loch ..." Dann ertönt die andere Seite der Schallplatte: „Puppchen, du bist mein Augenstern ..."

In dem Augenblick bekommt ein daherkommender Jude einen Tritt, daß er lang auf die Straße schlägt. Die Brieftasche fliegt davon. Er darf sie nicht holen, ein Kind bringt sie ihm zurück.

Dort klirrt es. Wir eilen hin. Ein Mann, betrunken, schreit und tobt und will alles kurz und klein schlagen. Über unser plötzliches Auftauchen wohl erschrocken, wird die riesenhafte Gestalt stumm. Aus seinem Arm spritzt Blut. Übers Handgelenk ist ein tiefer Schnitt, die Sehnen liegen bloß. Ich halte die Wunde zusammen. Der Kerl sagt nicht einen Ton mehr. Nachbarn eilen herbei und nehmen ihn mit.

Ein Mann kommt auf uns zugestürzt. Er hat sich von zwei Ukrainern, welche die gelbblaue Binde der Miliz tragen, losgerissen. Hilferingend fleht er uns an: „Helfen Sie mir! Helfen Sie mir!" Doch wir können kein Machtwort sprechen. Armer Mann! Noch während die Dolmetscher versuchen Klarheit zu gewinnen, kommt ein dreckiger Kerl daher und erzählt uns viel im gebrochenen Deutsch. Auf polnische Ansprache redet der Fremde hastig weiter. Aus all dem Unverständlichen ist zu entnehmen: irgendwo sollen Juden ein weißes Pulver aus einem Fenster geschüttet haben, um zwei vorübergehende Passanten zu treffen. Diese seien gleich umgefallen und ins Spital gekommen.

Das klingt märchenhaft, phantasievoll, aber so unglaublich, daß wir es für richtig halten gleich mit ihm zu gehen. Wir werden zu einem Haus mit dem Schild: Wesola III Zolkieswskie geführt. Die Tür ist versperrt. Aufgeregte Menschen, von denen wir nicht wissen, sind sie uns feindlich gesinnt oder nicht, umringen uns. Nun wird auch die Tür von innen geöffnet. Ein düsteres Treppenhaus empfängt uns. Mehrere wildaussehende Kerle, Knüppel in den Händen, begrüßen uns. Einige tragen die Schleife der Ukrainer im Knopfloch, einige die gelbblaue Binde.

In der finstersten Ecke des Hausflurs entdecken wir die Opfer. Ungefähr 20 Judenfrauen, Mädchen, Kinder und ein alter Mann stehen da. Angst und Schrecken blickt aus ihren Gesichtern, der sich jetzt bei unserem Erscheinen noch verstärkt. Man hat die Bewohner des Hauses mit Knüppelhieben in die Ecke getrieben. Etliche bluten.

Die Sache klärt sich schnell auf. Beide Dolmetscher befragen zuerst die anwesenden Männer. Keiner von ihnen kann etwas Positives für ihre Anschuldigungen erbringen. So wenden wir uns den verängstigten Hausbewohnern zu. Um einen objektiven Sachverhalt zu ergründen, müssen auch sie befragt werden. Kaum das eine der Angesprochenen einen Satz berichtet, brechen alle in Tränen aus. Mühselig erfahren die beiden Dolmetscher (Suwald und Lehmann), daß bei den Beschuldigten alle Fenster geschlossen waren. Wir gewinnen immer mehr den Eindruck, daß es sich hier um progromähnliches Geschehen handelt.

Da kommt ein Milizionär die Treppe herunter, die Hände voll mit Medizin, Büchsen, Schachteln. Aus einem beiliegenden Rezept ist ein schmerzlinderndes Mittel dabei. Die Knüppelgarde begreift, daß wir nicht auf ihrer Seite stehen. Wir fordern Ausweise und die Anordnung zu der Haussuchung, die oben in den Wohnungen vorgenommen wird. Als wir beginnen, ihre Adressen aufzuschreiben, verschwindet einer nach dem anderen. Die Bewohner atmen auf, knien nieder, küssen unsere Hände und mögen es kaum fassen, daß sie aus einer kritischen Situation errettet waren. Oben in den Wohnungen war alles verwüstet, die Bücher aus den Schränken gerissen, die Betten auseinandergefleddert. Aber die Menschen lebten.

Einige Tage darauf wurde mir ein Brief zugesteckt.

Sehr geehrte unbekannte Engel!

Ich habe von diesem Ereignis erfahren und fühle mich verpflichtet als Tochter meines alten zerschlagenen Vaters / der aber doch beim Leben geblieben / Ihnen meinen Dank auszusprechen und Ihnen zu versprechen, daß ich mein ganzes Leben lang Gott anflehen werden, daß Sie, meine guten unbekannten Freunde, keine Ungerechtigkeit in diesem Falle zugelassen haben. Ich bin zwar Jüdin, aber der Segen einer Jüdin kann auch mal was wert sein.

Nur Ihnen ist es zu verdanken, daß die Einwohner dieses Hauses dem Tode entgangen sind, darum wäre es vielleicht nicht zuviel verlangt / natürlich wende ich mich in heißer Bitte zu Ihnen / wenn es Ihnen möglich wäre, fernerhin diese unschuldigen Menschen unter Ihre Obhut zu nehmen. In welcher Form überlasse ich es Ihrem Gutachten.

Mein Großer Wunsch ist, Ihnen persönlich die Hand zu drücken. Aber wie mir das ermöglicht wäre, weiß ich nicht.

In Ergebenheit

Brand Roso

Lemberg 27. VII 1941[2])

Heute war ich mit Harder im Gefängnis.

Das Untersuchungsgefängnis der Stadt liegt inmitten von Wohnhäusern. Das Äußere entspricht dem Aussehen einer Fabrik. Vom Posten, der vor dem Tore Wache hielt, erfuhren wir, alle seine Insassen seien beim Heranrücken der deutschen Truppen spurlos verschwunden. Ein Gebäudeteil ist ausgebrannt und in sich zusammengebrochen. Unter dem Mauerschutt liegen Leichen. Maurer waren dabei, die Öffnungen zu schließen. Dieses Gefängnis mit seinen Insassen war kurz vor der Flucht der Bewacher von ihnen angezündet worden.

Wir wandten uns dem vom Feuer verschonten Teil des Gebäudes zu. Es roch nach Brand, Moder, Chlorkalk und Verwesung. In dem Flur des Hauses zertraten unsere Füße ausgebreiteten Machorka, krümeliger, grüner Tabak, den die Leute im Osten zu Zigaretten drehen. Wie eingewebt in einem Teppich liegen roten Tupfen: Blut! Dann sehen wir die Zellen. Kahle, graue Räume mit hochgelegenen vergitterten Fenstern. In einigen stand kein einziges Stück Möbel. Auf dem Boden ein wüstes Gemenge von Kleidungsstücken, in denen Männer und Frauen wühlten. Sie suchten in diesen Lumpen nach einem Beweisstück, nach irgend etwas Bekanntem, das als einziger Nachlaß der verschwundenen Angehörigen noch hier sein könnte. Harder, der auch etwas Polnisch sprechen kann, kam mit einer Frau ins Gespräch und erfuhr, daß diese Zelle, die Raum für zwanzig Menschen bot, das drei- und vierfache bergen mußte.

In anderen Räumen standen die Feldbetten so dicht beieinander, daß kein Mensch hatte stehen können. In allen diesen Zellen lagen als einziger Nachlaß die Kleidungsstücke der Verschwundenen: Stiefel, Hosen, Hemden, Mäntel, Strümpfe, Mützen, Pelze, verschimmeltes, zusammengeschrumpftes Brot, Eßnäpfe der Häftlinge und Holzlöffel.

---

[2]) Hier ist die Reihenfolge der Aufzeichnungen offenbar durcheinander geraten. Die Schilderung der Ereignisse in Lemberg war bis zu diesem Vorfall bereits bis zum 1. 8. 1941 fortgeschritten. Der Pogrom und der hier wiedergegebene Dankesbrief müssen also zeitlich vorher liegen. Das Kommando war bereits am 20. 7. 1941 in der Stadt eingetroffen.

Dann sahen wir, wie vor der Türe Gestalten mit Kerzen vorüberzogen. Wir folgten ihnen. Auf schmaler, gewundener Treppe stiegen wir, stolpernd, den Leuten in den Keller nach. Naßkalte, ätzende Luft stieg uns entgegen. Es roch nach Verwesung. Der Raum, in dem wir uns befanden, war fußhoch mit blutiger Schmiere belegt: geronnenes, verwesendes, stinkendes Menschenblut, untermischt mit Chlorkalk, schmatzte da unter unseren Stiefeln, so daß der Ekel uns davontrieb und das würgende Gefühl des Erbrechens uns peinigte. Angewidert verließen wir die Stätte des Grauens, an deren Wänden die Einschüsse sichtbar waren und blutverklebte Haare hafteten. – Wer hatte hier gewütet? Polen, Russen[3])?

Die Nachrichten aus dem Osten begeistern keineswegs. Die Wälder stecken noch voller abgesprengter Russen und Banden. Sie besitzen noch Panzer und schwere Waffen. So berichten die Informationen des Kommandos.

Vorgestern ist eine Nachschubkolonne von Partisanen überfallen worden. 30 000 Brote sind ihre Beute geworden. Das Begleitpersonal der Deutschen ist niedergemacht worden.

Im Gefangenenlager ist ein getötetes Pferd innerhalb fünfzehn Minuten von den Gefangenen, nur mit Händen und Mäulern bearbeitet, roh, aufgefressen worden.

Alles, was die Russen hinter sich lassen, ist eine Wüste. In Fabriken arbeiteten Zerstörungskommandos, um alles systematisch zu vernichten.

In den Bauernhäusern, die der Vernichtung durch Feuer entgangen sind, ist jeder Teller, jeder Löffel, jedes Messer, jede Kaffeekanne zerstört. Die Sofas sind zerschnitten, die Stühle zerbrochen. Aus den Trümmern ihrer Behausungen gehen die Bauern nicht heraus zur Feldarbeit, weil dann die Banden kommen und ihnen die letzte Kuh wegholen, – dabei steht das Getreide goldgelb auf den Feldern. Da, wo die Bauern arbeiten wollen, sind keine Geräte vorhanden. Alle Maschinen und Traktoren sind fortgeschleppt oder zerstört, alle Sensen zerbrochen. Mit Sicheln werden Riesenfelder abgeerntet.

Durchziehende Truppen haben die Kühe auf der Weide erschossen. Statt Geld geben die Soldaten den Bauern Zigarettenschecks oder Zettel, auf denen steht geschrieben: „Der liebe Gott bezahlt's" oder „Leck mich am Arsch!"

Dem untätigen, wenn auch aufregenden Etappenleben in Lemberg wurde durch den Verlegungsbefehl: „Abmarsch am 8. August 1941. 7 Uhr morgens Verladung" kurzerhand ein Ende geboten. Letzte Nacht im Hotel Bristol, in dem die Ratten frech am Tage durch die Gänge huschen und die Wanzen die Schläfer nachts peinigen.

Der nächste Morgen war erfüllt vom Transporttrubel. Eilfertig ging es zum Güterbahnhof und dann – dann begann das Warten. Das Warten auf den Zug, auf die weiteren Geschehnisse.

„Jetzt ist es acht Uhr, siehst du etwas?" spottet Harder. „Genau acht Uhr und drei Minuten", erwidert der Angesprochene, „. . . und noch kein Zug da."

---

[3]) Nach der Ereignismeldung des Sicherheitsdienstes Nr. 11 vom 3. 7. 1941 hatten die Russen vor ihrem Abzug in Lemberg 30 000 Einwohner, zumeist polnische Nationalisten, ermordet. Die SS nutzte diese Vorgänge, um mit Hilfe der polnischen Bevölkerung einen Pogrom zu inszenieren und auf diese Weise ihre eigenen Mordtaten als Racheakte kaschieren zu können; s. Krausnick/Wilhelm, Die Truppe des Weltanschauungskrieges, S. 186 ff., 301.

„Meckert nicht, meine Herren Kollegen. Seht ihr denn nicht, der weite Bahnhof ist voller Züge."

Inzwischen wird es neun Uhr. Vereinzelt pfeift eine Lokomotive, auf dem Nebengleis werden Waggons verschoben, doch das Verladegleis bleibt leer. Gegen 11 Uhr wird der erwartete Zug eingeschoben. Noch darf niemand einsteigen. Gefangene werden herbeikommandiert zum Reinigen der verdreckten Wagen.

Endlich ist das Kommando: Verladen. Die Uhr geht ihre Runde. Niemand kümmert sich mehr um den längst verladenen Transport. Da zerschneidet ein wütender Pfiff den aufgestapelten Unmut. Die Lok kommt. Der Zug ruckt an; die bekannten Geräusche, das Stoßen der Puffer, das stoßhafte Rucken, das durch die Wagenreihe bis zum letzten Mann stolpert. Das Pfeifen der Begleitschaffner wird von den Männern im Inneren freudig begrüßt. Wir fahren! Wir fahren . . .

Doch die Fahrt dauert keine zehn Minuten, da steht die ratternde Wagenschlange wieder. Längst ist es abends 10 Uhr geworden. Der Unwille wird müd, wie die Menschen. Man richtet sich zur Nacht ein und auf die Zeit, die noch kommen wird.

Der Zug fährt, – der Zug hält, – doch nicht mehr auf dem Bahnhofsgebiet von Lwow. Ein Zugschaffner wird befragt: „Was ist das für ein Kaff?" Der Bahner ist verschlafen und mürrisch: „Weiß ich nicht!" Den Ort kennt er nicht, er weiß nur, von hier bis Lemberg sind 15 km Entfernung.

„Fünfzehn Kilometer in einer Nacht? Das kann ja heiter werden." Eine Zigarette fördert die Gesprächigkeit. „Da kann man nichts machen. Das ist der Osten! Sie müssen verstehen . . .", versucht er uns zu erklären. „Alle Bahnlinien Rußlands, die in Richtung Ost–West verlaufen, sind eingleisig. Aus diesen Gleisen muß alles befördert werden, hin und her. Dabei darf nicht übersehen werden, das ukrainische Eisenbahnnetz ist das dichteste in Rußland."

Weiter geht die Fahrt, und wieder Halt. So reiht sich ein Tag an den anderen, Kilometer an Kilometer. Immer weiter von der Heimat fort. Nach einigen Tagen blieb der Zug endgültig stehen. Es geht auf der Landstraße dem neuen Ziel entgegen. Am 16. August wird die Stadt Shitomir erreicht. Hier wird Quartier gemacht und eine Dienststelle errichtet.

18. 8. 1941. Nun sind wir am vorläufigen Ziel, es heißt: Shitomir. Die Ouvertüre, mit der wir hier empfangen wurden, war wirkungsvoll genug für den Einzelnen, um ihm verständlich zu machen, daß er in der Zukunft noch allerhand erleben wird.

Wir sind in zwei Marschkolonnen nach hier gekommen. Ich gehörte zur zweiten. Freitag, den 15. 8. morgens, ging es los. Etliche Lkw und Pkw. Nach etlichen Pannen geriet am Nachmittag der Verpflegungswagen wegen Steuerbruch in den Straßengraben. Eine Stunde später verbrannte ein Motorrad, und gesellte sich als technische Leiche zu den anderen Autowracks an der 200 km langen Straße. In der Nacht wurde dann der verunglückte Wagen abgeschleppt. Nach einigen Kilometern brannte der Abschleppwagen und der Russe schmiß Bomben in der Nähe ab. Also – ein Prolog, ganz der Zeit entsprechend.

Am Sonntag ist dann die zweite Abteilung abgefahren. Dazu gehörte ich. Es war ordentlich eine Wohltat aus dem erbärmlichen Drecknest Starakonstantinov herauszukommen. Die Landschaft gleicht manches wieder aus. Herrliches, fruchtbares Land wellt sich in langen Hügeln. Riesige Felder und Weiden, auf denen sich Herden mit Hunderten von Rindern und Pferden tummeln.

Doch neben diesem friedlichen Bild steht auch das andere, des Krieges mit seinen Spuren. Zerschossene russische und deutsche Panzer, Grabkreuze. Getreidefelder mit goldgelbem Korn von Panzern zerfurcht, niedergewalzt, die Büsche geknickt, Artillerie, Schlepper, Feldküchen stecken in Moor und Sumpf. Stinkende Leichen von überfahrenen Fohlen, Kälbern oder Kühen, schwarz, voller Schmeißfliegen liegen mit aufgeblähten Leibern, Aasgeruch verbreitend. Dann wieder holpern die Fahrzeuge über Bohlen, zugeschüttete Granattrichter, Notbrücken.

Nach 6 Stunden Fahrt waren wir am Ziel. Das Quartier ist eng. Doch Wasser- und Feuerstelle machen es heimlich. Kaum erfrischt und beim Essen sitzend, kracht es, die Ballerei geht los. Russische Flieger „beehren" uns. In der Nacht erneut russischer Bombenangriff. In der Nähe ging ein Haus zu Schutt. Am Morgen ¾ 8 Uhr sind wieder russische Flieger da. Eine halbe Stunde später, hoch am Himmel, ein russischer Beobachter.

Shitomir: 21. 8. 1941. Sonderführer-Dolmetscher Hans Harder wurde im gleichen Quartier untergebracht. Die Unterkunft versöhnt uns mit den Umständen. Die Ukrainer sind zu uns besonders liebenswürdig. Da Harder, als Wolgadeutscher, perfekt russisch spricht, wird er von den Einheimischen für einen Russen gehalten. Es muß noch erwähnt werden, daß er schon einige Bücher geschrieben hat, in denen er dem Leben in Rußland nachgegangen ist[4]). Bald erscheinen hier alle möglichen Leute, um mit ihm zu sprechen, ihre Nöte zu klagen, oder auch nur aus reiner Neugier. Eines Tages erscheint ein russischer Pope. Väterchen Peter nennt er sich. Er erzählt von seinen Erlebnissen und Leiden in russischen Gefängnissen und im Lager. Er erzählt auch mit großer Begeisterung, wie erfreut er und das Volk sei, daß wir Deutschen gekommen sind und das Volk der Ukrainer befreit haben. Der Dank Gottes und die Ehrfurcht seien bei uns vom Antlitz bis zur kühlen Erde, weil wir dem Volk die Religion wiedergegeben haben.

Aber – erzählt er weiter, schon begännen die Deutschen etwas, das er nicht gutheißen könne und das bereits erneut böses Blut erzeuge. Warum – so fragt er uns – züchten die Deutschen einen ukrainischen Chauvinismus. Er werde von den Deutschen gezwungen, einen politischen Auftrag zu übernehmen und als Russe für einen ukrainischen nationalen Chauvinismus zu werben. Schon schreien die ukrainischen Zeitungen: „Wir brauchen keine Leute, die nur beten!"

Der Pope sagt uns nichts Neues, doch aus dem Munde des russischen Pfarrers, durch die Schlichtheit seiner Sprache, bedrückte es uns.

Finstere Wolken ziehen am Horizont des Denkens auf. Lange schon ist der Pope wieder fort, wir aber problematisieren weiter. Immer mehr Perspektiven erscheinen, doch keine ist hell und klar. Wir sehen hier Dinge, die die Menschen daheim nicht sehen und wohl lange nicht oder überhaupt nicht erfahren werden. Durch unseren Kopf geht – so sehr wir den Krieg hassen – er muß gewonnen werden von den Deutschen, oder wir gehen unter. Man wird uns ausrotten, das ahnen wir und denken dabei an unsere Eltern, Kinder und Frauen.

Aber wir ahnen auch, wenn die Deutschen den Krieg gewinnen, sind wir genauso verloren. Die Nationalsozialisten werden uns knechten, werden uns herumkommandieren und immer wieder aufs Neue zu Dingen zwingen, die wir nicht mögen und nicht wollen.

---

[4]) Der wolgadeutsche Schriftsteller hatte in den dreißiger Jahren acht Romane und Erzählungen veröffentlicht, die von tiefer Religiosität geprägt waren.

Was kann man bloß tun? Was und wer kann uns helfen? Dabei muß man bei all dem Elend ruhig sein, den Mund halten, sich in Schweigen hüllen, wo man doch aufschreien möchte und um sich schlagen, um seine Freiheit und die des eigenen Volkes zu erringen. – Vielleicht ist es zweckmäßig ein Tagebuch zu führen. Doch das kann verhängnisvoll werden. Briefe sind wohl angebrachter, mag auch manch Banales dabei sein.

23. 8. 1941. Endlich einmal eine Arbeit, doch der Anfang war wieder nichts als Ärger. Na ja, „Hohensalza"! Um neun Uhr sollte es losgehen, der Fahrer sollte mich im Quartier abholen; doch es kam und kam kein Fahrer. Da wollte ich mit dem Motorrad fahren. Ich durfte nicht selber fahren. Endlich, am Nachmittag gelang es dann loszukommen. Befehl: Zuerst zum Beutesammellager, anschließend ins Munitionslager. – Die Straße nach Korosten war gesperrt. Sie war unsicher und durch versprengte Russen bedroht. Truppen und Fahrzeuge, Sturmartillerie und Panzerjäger fuhren nach vorn. Stundenlang rollen die Kolonnen, in Staubwolken gehüllt, nach vorn. Man will uns nicht weiterlassen. Doch wir brauchen ja nur noch wenige Kilometer zu fahren. Schließlich können wir passieren. Plötzlich haben wir uns verfahren. Ein merkwürdiges Gefühl schleicht hoch. Ich muß an meine Pistole mit 4 Schuß Munition denken. Der Fahrer ist ohne Waffe und die des Dolmetschers ist ebenfalls ungenügend. Wir hätten wenigstens eine Maschinenpistole mitnehmen sollen.

Unwillkürlich werde ich an ein Gespräch mit Leutnant Bl. erinnert. Er hatte einen Major zum Lager gefahren und plötzlich hatten sie aus allen Ecken und Kanten Feuer erhalten. – War's ein Wunder? Kroch hier nicht noch allerlei Gesindel umher, vom Fallschirmspringer bis zum bolschewistischen Partisanen?

Endlich sind wir richtig. Das Lager wird am Mittag bewacht. So kann ich wenigstens eine positive Nachricht mitbringen.

27. 8. 1941. Mein Rat hat mich mitgenommen zur Mitarbeit, zur Inbetriebsetzung der Porzellanfabrik Marchlewsk zwecks Herstellung von Schnabeltassen für Lazarette. Nun stecken wir und der Fahrer in einem 1800 Seelen großen Dorf und der einzigen Fabrik, inmitten eines 100 km langen und 70 km tiefen Waldes.

Die Landschaft ist schön, – was nützt's, wenn dahinter das heimtückische Treiben der Partisanen steckt. Vorige Woche wurden hier 1200 von ihnen gefangen. Über 200 Soldaten haben hier in den letzten 14 Tagen den Tod gefunden. Wir drei Abkommandierten sind jetzt die einzigen deutschen Soldaten im Ort und der Umgebung. Nachts bellen die Schüsse in den Wäldern und schrecken uns auf.

Da sagt man immer verächtlich: „Verwaltung!" Was ist das schon? – Papierkrieg! Bürokratie! Etappe! Druckposten!

Seit einer Woche sind wir von „der Welt" abgeschnitten, ringsum feindliches Gesindel, bringen wir tagsüber die Fabrik in „Schwung". Organisieren, lassen reparieren, die kleine Feldbahn zur Feuerungsbeschaffung, das ist Torf, wird in Betrieb genommen. Ein Brennofen angezündet . . .

Beim ersten Rundgang durch den Betrieb entdecken wir, daß einige Leute hier etwas Deutsch sprechen. Ich hatte sie mit einem „Dubroje utro!" begrüßt. Eine Frau überschüttet uns nun mit gestenreichem Wortschwall. Einiges übersetzt der Meister. Sie ist froh, daß die Deutschen da sind. Sie – die Frauen hätten es schwer gehabt unterm Sowjetregime. Es stellt sich heraus, sie ist Polin. Sie drückt unsre Hände und küßt die Hoheitsabzeichen an der Uniform. Uns ist es etwas peinlich.

Die Frauen hier liefen fast alle barfuß, auch dort wo Scherben lagen. Eine kommt und frug nach Schuhen. Jede hat einen anderen Wunsch. Schuhe können sie haben. In dem Ort sind viele Juden „umgelegt" worden. Ihr ganzer Hausrat und Besitz ist in einem Gebäude untergebracht. Nun wird damit der Bedarf des Ortes gestillt. Von der Zimmereinrichtung, über Nähmaschine, Flick- und Stickkasten, Schallplattenapparat, Schreibgerät und Kinderspielzeug ist alles da. Alles einstiger Besitz erschlagener, ermordeter Juden; Einwohner des Ortes. Jetzt verteilen Günstlinge an Günstlinge und Willfährige.

Eines Tages, so gegen Mittag, war der Kommandeur zur Inspektion erschienen. Gemeinsam besuchten wir das Ortsverwaltungshaus im Dorfe. Der Staros ist abwesend. In der Tür tritt uns ein deutscher Soldat entgegen. Hochgekrämpelte Hemdsärmel, aufgeknöpfter Waffenrock. Braune Zivilschuhe an den Füßen. Ein unrasierter, dreckiger Kerl. Umgehängt das Gewehr, im Koppelriemen steckend eine Pistole. Soldat der deutschen Wehrmacht? Partisan des Feindes? Räuber in eigner Macht?

Der Kommandeur stürzte auf ihn los: „Was machen Sie hier?" „Ich! – Ach! Ich habe heute vier Juden umgelegt!" „Wieso Juden umgelegt?" „Das mache ich schon über drei Wochen." „Wer gibt Ihnen denn den Befehl dazu?" „Befehl? – Wieso Befehl? Die Juden sind doch am Elend der Welt schuld! – Heute habe ich vom Staros, dem russischen Gemeindevorstand, den Befehl erhalten, die vier umzulegen."

„Seit wann hat Ihnen denn ein Russe Befehle zu erteilen?" frug der Oberst weiter. „Zeigen Sie mir mal Ihr Soldbuch!" „Hab keines mehr", antwortete der merkwürdige Soldat. „So, – dann geben Sie mal Ihr Gewehr dem Herrn Inspekteur."

In den Taschen des Entwaffneten waren Ringe, Broschen, Ketten, goldner Schmuck und Geld. Später erfuhren wir dann noch mehr über den sonderbaren Fang. Brauchte er eine Braut, verschenkte er die Habe, die geraubten Besitztümer der Getöteten.

Jetzt aber war es aus für den Räuber, für den Deserteur, der beim Weitermarsch seiner Truppe einfach in dem Dorf geblieben war. Tags darauf ward er, gemäß Befehl, in die hundert Kilometer entfernte Kommandantur gebracht.

So boten die Untaten eines wildernden Soldaten willkommene Gelegenheit, einmal aus der Dorfeinsamkeit herauszukommen. Schnell hatte sich im Dorf herumgesprochen, daß ein Lastauto nach Shitomir fährt. Frauen und Männer erschienen, um die Mitfahrt zu erbitten. Es ward eine merkwürdige Fuhre. Zwischen den Mitfahrern, ein lebendiges Schaf, vielhundert Eier, Gemüse, Kraut, Gurken, süße Melonen, Hühner. Alles für's Kommando als zusätzliche Verpflegung, versorgt und herbeigeschleppt durch die Einwohner des Ortes. Der Milizkommandant von Marchlewsk, ein ukrainischer Fahrer und ich fuhren los, und brachten die Fuhre, Nahrung und Menschen, durch die Unsicherheiten der Zeit, heil und unversehrt ins Ziel.

Gerade zur Mittagszeit fuhr das Auto in den Hof des Kommandos. Die Gulaschkanone dampfte, es roch nach frischem Essen. Der hungrige Magen begehrte Anteil. Doch da stellte sich heraus: Russen dürfen von Militärküchen nicht verpflegt werden! Ich selbst war von der Verpflegungsliste gestrichen worden. Das Kdo hat eine Verpflegungsstärke von 92 Mann.

Die Ukrainer zeigen auf die vollgeladene Fuhre mit den nahrhaften Gütern. Mit Ach und Krach war endlich ein Essen für die Zivilisten zusammengekratzt. – Auch das war und ist ein „Stückchen Herz des Volkes erobern", wie der Herr Kommandeur von uns verlangt.

30. 8. 1941. Das Nachbardorf Kamen-Prod liegt 10 km von hier entfernt. Dort ist eine Steingutfabrik. Diese haben wir heute aufgesucht und wird nun auch mit der Arbeit beginnen. Teller und Schüsseln. Auf dem Fabrikhof riesige Berge von Scherben. Wir konnten nicht feststellen, war es Ausschußware oder wegen des deutschen Vormarsches zerstört. – Im Panjewagen fuhren wir dahin, durch eine herrliche Naturwildnis.

2. 9. 1941. Am Morgen, kurz nach 8 Uhr, begannen heute schon die Schießereien. Es schoß im Westen und im Osten. Unser Ort war von zwei Seiten in Gefahr. Die Milizen wurden verstärkt. Wir bereiten unser Zimmer auf Verteidigung vor. Berge von russischer Munition auf dem Tisch. Es ging aber wieder alles gut aus. Deutsche Soldaten marschieren durch das Dorf. Sie sollen über Nacht im Nachbarort bleiben. Es beruhigt.

Am Mittag, will gerade in die Fabrik, kommt ein Kurier. „Sofort zurück!" Der Herr Rat kommt nach Odessa.

3. 9. 1941. So rasch ändert sich alles hier. Nun wieder in Shitomir. Im Sonderlazarett liegen 850 Mann an Ruhr erkrankt. 20 von unsrer Einheit. Heute haben wir unseren ersten Toten. Leutnant Seemann, aus Kassel, (61 Jahre) ist an der Ruhr gestorben.

6. 9. 1941. Mit einem Lächeln habe ich gesehen, wie bei dem Gefangenenlager in Shitomir alle Wege und Öffnungen mit Stacheldraht abgedichtet werden und bei der geringsten Fluchtvermutung sofort geschossen wird, doch die Gefangenen sind alle ungefährlich. Sie „können nicht mehr" und wollen auch nicht mehr, sie sind kaputt, hungernd und krank. – Ganz allein schon bin ich durch die gefangenen Russenmassen gegangen. Kein einziger hat auch nur die geringste drohende Haltung eingenommen oder Unmut geäußert. Inzwischen habe ich auch schon genug deutsche Typen kennengelernt. Es rollt und wirbelt ja im großen Geschehen alles durcheinander.

9. 9. 1941. Im kommenden Winter wird kein Weg uns zurückführen, ich wüßte nicht, wie man heimkommen könnte. Der Krieg läßt uns nicht los und dann – die Verkehrsverhältnisse sind uns völlig neu und unbekannt.

Von Lemberg bis Proskurow hat unser Kommando 6 Tage gebraucht, von da zwei Tage im Auto bis Shitomir. Aber das war Sommer. Mag sein, daß der Vormarsch der kämpfenden Truppe dazu beitrug. Im Winter mag es vielleicht bei Frost mit dem Straßenverkehr besser sein. Doch sobald jezt Regen ist – wie die ganz verflossene Woche – dann ist der Straßenverkehr bis zu 75 % unmöglich. Die Russen nennen diese Zeit die „Wegelosigkeit".

Gestern bin ich wieder in Korosten gewesen. Wir brauchten für 92 km drei Stunden. In Deutschland oder Frankreich hätte eine gute Stunde ausgereicht.

10. 9. 1941. Als „Offizier" lebt man in diesem grausigen Geschehen, das von der Front als „Etappe" verschrien ist, wie im Himmel. Man schläft in einem richtigen Bett, ohne Flöhe und Wanzen, ohne Pistole auf dem Kopfkissen, ohne nächtliches Aufschrecken. Unsere Soldaten in der Gefechtslinie schlafen in Löchern, in Nässe und frierend und in steter Gefahr, erdolcht oder erschossen zu werden.

15. 9. 1941. Harder und ich, wir unternahmen einen gemeinsamen Spaziergang. Es war der erste Spaziergang überhaupt. Jetzt weiß ich, daß Shitomir gar keine Stadt im westlichen Sinne ist. Nur eine Asphaltstraße ist da und wenige Pflasterstraßen mit der früher fahrenden Straßenbahn. Das ist alles an Stadt. Alles andere ist Dorf – echtes russisches Dorf mit verstreuten Häusern inmitten grünen Wachstums. Überall wächst es, Mais, Kartoffeln, Gurken Möhren, Gemüse aller Art, dazwischen Obstbäume. Alles wächst neben- und miteinander, gute, fruchtbare Erde, schwarze Erde der Ukraine mit der ihr innewohnenden großen Kraft von Wachstum und Verjüngung. Tschernozem, berühmte schwarze Erde, Kornkammer Rußlands. Jetzt: Ziel Hitlerscher Habgier und Gewaltpolitik.

Vor einem Haus eine Gruppe Menschen. Eine Frau heizte den Samowar = Teekessel. Nach einigen Worten werden wir sofort zum Tee eingeladen. Man ist freundlich und will uns bewirten.

Dieses abendliche Erlebnis hat wieder einmal das Gesicht des „östlichen Menschen" gezeigt. Es ist uns städtischen Menschen aus Deutschland unbekannt. Alles ist hier anders als im Westen, weiter, breiter, offener. Das ist mein Eindruck. Doch ich bin kein Rußlandkenner, ich bin nur ein vom Schicksal hierher gespülter Fachmann und spreche nur „einen Mundvoll" russisch. Durch Harder als Dolmetscher erfahre ich dies und das. Unter den Leuten ist auch einer, der etwas deutsch spricht. Die hier versammelten Ukrainer sind bemüht, es uns angenehm zu machen. Wie wir es auch bei unseren Quartiersleuten wiederholt bemerkten, sie geben und teilen das letzte mit dem Fremden, dem „Gast" – mit uns, die wir hierher geschickt wurden, um ihre Arbeitskraft, ihre wirtschaftlichen Möglichkeiten zu nutzen für die Deutschen. Wo in Deutschland würde eine solche Gastfreundschaft möglich sein? Mir kommen beim Teetrinken die Gedanken an unsere Quartiersleute, arm wie eine Kirchenmaus, die Bolschewisten haben ihnen alles weggenommen, sie aber geben für uns ihr letztes Fett, das letzte Petroleum, um für uns ein bljudo = Gericht zu machen.

Hier, in dieser kleinen, zufälligen Gemeinschaft, konnte man in der Haltung unserer Gastgeber noch etwas von der grenzenlosen überströmenden Gastfreundschaft des ukrainisch-russischen Charakters erblicken.

Auf dem späteren Rückwege von dieser gastlichen Begegnung versucht Harder, mir den russischen Menschen begreiflich und verständlich zu machen. Er muß es ja wissen, er hat in Rußland studiert, hat hier seiner Wehrpflicht Genüge tun müssen, hat hier gelebt und die Politik, die Wirtschaft, die Kunst und die Seele dieses Volkes kennengelernt.

Nun ist er „in Fahrt" und doziert: der russische Mensch ist für die westliche Welt seit jeher nicht allein vom Rationalen her zu begreifen. Melancholisches und Unbeherrschtes liegen dicht beieinander. Schwermut, überschäumende Freude und spontane Feindseligkeit wechseln so rasch, daß oberflächliche Beobachter immer wieder von einer „Mischung europäischer und asiatischer Mentalität" sprechen.

An diesem Abend diskutieren wir beide bis spät in die Nacht hinein. Am anderen Tage hat Harder einen Nervenzusammenbruch bekommen. „Wie glücklich seid ihr, daß ihr nicht alles erfahrt!"

In der Tat, durch ihn, der ich mit ihm zusammen wohne, erfahre ich vieles, was anderen entgeht. Es gibt hier nicht ein Haus, nicht eine Familie, die nicht irgendwie vom Leid belastet ist. Nach kurzer Zeit des Berichtens brechen die Frauen in Tränen aus und alles geht ans Herz. Der Mensch hier in Rußland hat das Lachen verlernt, alle haben Schauriges erlebt. Irgendein Mitglied der Familie ist fort, oft mehrere, sind verschleppt, gemordet, in Gefängnissen, in Lagern, in Sibirien, oder jetzt in der Roten Armee. Wieder wußte man nichts von seinen Lieben und den Mitmenschen.

Unsere Quartiersleute waren auch im Gefängnis, zuerst der Mann, dann die Frau. Als der Mann fort war und sie alleinstand, hat sie sich ein Schwein gemästet um nicht hungers zu sterben, Grund genug, als Konterrevolutionärin angesehen zu werden. Dafür bekam sie drei Jahre Arbeitslager im Steinbruch.

Kein Wunder, daß solche Art Belohnung für Individualität zum Tod jeglicher Art von Eigeninitiative wurde, wenn sie nicht aus kollektiver Triebfeder kam. Jeder Alleingang erweckt tiefes Mißtrauen. Jeder, der irgendwie über den Durchschnitt hinausstrebte und ragte, ob durch Intelligenz, Willen, Kraft oder Sauberkeit oder berufliche Leistung, konnte dies nur ungestraft, wenn es allein ins Kollektive, ins Gemeinsame führte. Aber die Ukrainer sagen: „Was allen gehört, gehört dem Teufel!" Kein Wunder, daß Stalins Bemühungen in der Ukraine auf verzweifelten Widerstand stießen. Kein Wunder, daß hier die Menschen ernst und geduldig waren und in jeder Familie sich Tragödien abgespielt hatten. Die Art der lenistischen Botschaft: Land den Bauern! und der stalinistischen Art der Verwirklichung konnte Harder trefflich aus den Berichten und Leidgeschichten der Frauen heraushören, konnte es mit aller Hellhörigkeit eines Menschen, der im Wolgagebiet aufgewachsen war.

Ich weiß nicht, ob meine Überlegungen richtig waren: wenn ich hier die verfallenen Häuser sah und mir das Leben primitiv und verkommen erschien, hatte dies wohl viel Ursache im kommunistischen Regime. Dabei stand bei all dem ein widerliches Gespenst: die Nationalsozialisten hatten so viel Gemeinsamkeit mit dem hier zur Schau gestellten.

Wie oft ging es mir durch den Kopf: wie sich doch die Systeme gleichen, die russischen und die deutschen. Der Bolschewismus und der Nationalsozialismus, Diktaturen da und da. Der Mensch als Person wird immer mehr in Unfreiheit gezerrt und durch Schlagworte, Phrasen gefüttert, gelenkt und unter Druck gehalten.

Mit Harder stromere ich durch alle Schichten der Bevölkerung, höre durch ihn die Worte der Pastoren und Popen, Bauern und Städter, Bettler und Musikanten.

Die Erzählungen des verflossenen Tages waren so erschütternd wie die Erlebnisse von Lemberg. Schon vor Tagen haben wir durch unsere Quartiersleute etwa von den Hungernöten in Rußland gehört. Dabei konnten wir auch vernehmen, daß die Hungernden hier die Verhungernden, Kinder bis zu vier Jahren, aufgegessen haben. Es schien mir unmöglich, so etwas für wahr zu halten. und doch – es scheint wahr zu sein.

Gestern, bei einem Besuch in der Spiegelfabrik, kamen wir mit dem Wächter und einigen anderen Leuten ins Gespräch. Hier erfuhren wir Einzelheiten über diese Menschenfresserei.

Vor mir stand ein kleiner Junge bei seinem Vater und da erzählten die Erwachsenen, auf den Kleinen weisend: ... „solche Kinder wurden aufgegessen!" ... Vier Männer umringen uns, eine Frau und auch ein paar Kinder. Es sind Ukrainer. Der Wächter ist ein Russe, ein alter, bärtiger Russe mit witzigen Reden. Er war einst ein

Bauer mit Hof und Land und Vieh. Die Bolschewisten haben ihn davongejagt, ohne alles, und ihn hier in die Ukraine in die Spiegelfabrik versetzt. „Ja, sehen Sie, wenn Sie einer Fliege auf das Bein drücken, läßt sie das Bein und fliegt fort. Genauso ist es mit mir. Ich mußte lassen was mir gehörte. So, wie ich hier stehe, so bin ich hergekommen."

Der andere Mann ist vierzehn Jahre in der Verbannung gewesen. Als er dann entlassen wurde, kehrte er in sein Heimatdorf in der Ukraine zurück. Doch da hat ihm der ukrainische Milizkommandant zu verstehen gegeben, daß er in dem Dorf nichts mehr zu suchen habe. So ist er mit seiner Familie nach Shitomir gegangen und hat ein zerfallenes Haus zugewiesen bekommen.

Am Freitag bekam ich den Auftrag, 400 t Baumwolle aus der Strumpffabrik Shitomir abzutransportieren bzw. den Abtransport zu überwachen. Kriegsgefangene Russen hatten 3 Tage zu arbeiten. Essen konnte ich ihnen nicht liefern. So ließ ich sie jede Viertelstunde eine Pause einlegen. Sofort bekam ich Krach mit dem Feldwebel, der die Bewachungssoldaten kommandierte. Statt Essen ließ ich die im Fabriksgelände befindlichen Obstbäume plündern. Arme Kerle! – Was wird die Folge gewesen sein?

Unsere Wirtsleute haben ein Schwein geschlachtet, da sie für das Borstenvieh kein Futter mehr beschaffen können. Wir sind zum Mittagessen eingeladen.

Eines Abends waren wir bei einem blinden Musiker in seiner elenden Behausung, die noch vor ein paar Wochen Juden gehörte. Auf dem Tisch stand der große Messingsamowar. Die Petroleumlampe rußt und gespenstisch huschen Schatten, wenn jemand aufsteht, um in einer dunklen Ecke zu verschwinden und zu kramen. Im Bett liegt eine Frau. Dann singt der blinde Musiker, und sein blinder Bruder begleitet ihn. Dieser Mann gibt uns eine Extravorstellung. Er gilt hier als ein gewisses Original, ein Schatzkästlein, das sich öffnet und all die alten russischen Lieder wieder ins Volk trägt. Nun hören wir es selbst, Heimatlieder vom „ukrainischen Goethe", dem Dichter Sostschenko. Es ist so wunderbar und feierlich in dieser elenden Hütte und ergreifend. Dann hören wir Bolschewistenlieder, das Marschlied der Rotgardisten (so etwas wie bei uns die „Erika") erklingt. Hier ist es die „Katherina". Schließlich das Lied, das alle Russen immer wieder ergreift und rührt: das Lied vom verlorenen Sohn.

Diese Musikant hat uns am Sonntag besucht, sehr zum Ärger unserer Quartiersleute. Der Musiker spielt auf. Als er das Lied „Die Verbannten" spielt, brechen alle Anwesenden in Tränen aus. Auch den Männern werden die Augen feucht. Warum? Dieses Lied war von den Bolschewisten verboten und da jede Familie irgendwie ein Familienmitglied in Verbannung hat, hatte der blinde Musikant das Leid der Familie angerührt.

24. 9. 1941. Kiew ist in deutscher Hand. Damit war der eigentliche Sitz unseres Einsatzes frei. Schon am Tage nach der Einnahme fuhr der Kommandeur zur Erkundung dahin. Ein Vorkommando folgte. Die anderen sollen morgen folgen.

25. 9. 1941. Da kommen erschreckende Nachrichten aus Kiew zu uns heran. Vorgestern die Zitadelle mit 100 Offizieren, dabei ein Oberst, in die Luft geflogen.

Aus der Geschäftsstelle kommend, tritt der Schreiber Koppelt an mich heran und erzählt: „Wir fahren erst am Sonnabend. In Kiew sind schon wieder Sprengungen gewesen. Die Feldkommandantur ist in die Luft geflogen. Die Hauptpost durch Zeitzünder gesprengt worden. Von den in Kiew eingesetzten La-Führern seien einige vermißt." – Na, das sind ja „schöne Aussichten".

26. 9. 1941. Der Befehl zum Abmarsch liegt vor. In zwei Stunden soll das Gepäck abgeholt werden. Die Akten sind schon „reisefertig". Da kommt plötzlich Gegenbefehl. Der alte „Papa Schlutig", seines Zeichens Major, kommt aus Kiew zurück und bestätigt des Schreibers Nachrichten. Nein, er schildert noch viel schlimmere Dinge. Ein Haus nach dem anderen fliegt in die Luft. Kein Strom, kein Wasser. Die Brände können nicht gelöscht werden. Auch nicht genug Löschgeräte. – Die Bevölkerung hat schon über acht Tage kein Fleisch und Brot. Die Maschinen sind von den Bolschewisten mitgenommen. Die Facharbeiter dazu[5]).

Am Nachmittag hatte ich unverhofft nach Marchlewsk zu fahren. Der Fabrikdirektor dort hat mich freudig begrüßt. Bei der Rückfahrt wünscht er mir alles Gute, ich soll sie nicht vergessen. Dolmetscher Harder hat zu seinem neuen Buch: „Der verschollene Walja"[6]) die Korrektur erhalten und ich bin kritischer – von ihm ernannter – Korrektor.

Per Draht kamen die ersten Situationsberichte. Bald gingen auch die ersten Betriebsberichte ein. In einem stand: 29. 9. 41 Usma – Ukrainische Schiffs- und Maschinenbauanstalt. Werft und Flottenstützpunkt. Jenseitiges Ufer des Hafens: mittelmäßig. Auf dem Gelände wird noch auf deutsche Soldaten geschossen.

Am 1. Oktober wurde das gesamte Kommando von Shitomir nach Kiew verlegt. Die Unterkünfte wurden in der Timofejewstraße eingerichtet. Mit Harder erhielt ich in einem fast menschenleeren Stockwerkhaus Quartier. Die ehemaligen Bewohner des Hauses waren, wie wir erfuhren, Juden. Sie wurden, wenn sie nicht fliehen konnten oder evakuiert waren, vom Sicherheitsdienst (SD) des Reichsführers SS umgebracht. Im jetzigen Quartier lebte nur noch eine alte Babuschka. Sie war nun Behüterin des gesamten Nachlasses des getöteten Wohnungsinhabers.

Szenerien, wie wir sie in Lemberg sahen und erlebten, kamen uns hier nicht vor die Augen. Die einstmals hier lebenden Juden waren vor unserem Kommen restlos ausgerottet worden. Die Juden waren durch List und Täuschung ahnungslos in ihr Verderben geraten. Durch Bekanntmachungen wurden sie aufgefordert, sich an den genannten Sammelstellen einzufinden. Da sie, so hieß es, umquartiert würden, sollten sie alle ihre Wertsachen, Schmuck und Geld mitbringen. Das „Umquartieren" war für die Ahnungslosen durchaus glaubhaft annehmbar, denn der Stadtkern war ein riesiges Feuermeer geworden. Zudem waren die Deutschen ja gekommen als „Befreier". Die Betrogenen wurden aus der Stadt hinausgeführt, dorthin, wo sich die tiefen Schluchten im Erdreich befanden. Da wurden sie – so berichtete mir später ein Feldwebel vom Vorkommando – mit Maschinengewehren reihenweise ermordet. Sie stürzten, tot oder verwundet, erschossen oder noch halb lebend, in die Tiefe. Durch Sprengungen wurde Erde über sie gebracht, indem die Hänge über sie hereinbrachen. Später gab es noch einmal Aufregung in der Stadt, denn der Regen hatte die Leichen bloßgespült[7]).

---

[5]) Eine Schilderung der Zustände in Kiew findet sich auch in dem Bericht von Oberst Dr. Petri aus dem Stab des Wi Rü Amtes über seine Dienstreise nach Kiew vom 22. bis 27. 9. 1941, BA–MA, RW 31/122.

[6]) Vermutlich: Hans Harder, Die vier Leiden des Adam Kling. Eine wolgadeutsche Geschichte. Buchhandlung der Berliner evangelischen Missionsgesellschaft 1942.

[7]) Zu den Vorgängen um die größte Mordaktion in der Schlucht von Babij Jar bei Kiew, dem über 30 000 Juden zum Opfer fielen, s. auch Das Deutsche Reich und der Zweite Weltkrieg, Bd 4, S. 1046.

Zum Dienstschluß erreicht mich, vom Kommandeur persönlich unterschrieben, der Befehl: „Südlich Jagotin (östlich Kiew) sofort erkunden und sofortigen Abtransport veranlassen."

Als wir am anderen Morgen — es ist der 2. Oktober 1941 — abfahren, regnet es in Strömen. Wir — das ist der Fahrer: Harder, der mir als Dolmetscher zugeteilt wurde, und ich, als Befehlsempfänger. Wir sind froh „raus zu kommen" aus dem Bürogetriebe und Schreibtischleben der letzten Tage.

Um 10 Uhr war es dann endlich so weit. Auch der Ausweis zum Passieren der Dnjeprbrücke ist inzwischen versorgt.

Abenteuerlust erfüllte mich. Zu der Zeit war mir noch nicht „aufgegangen", daß Sonderkommandos zumeist eine „faule Sache" sind, die eine Menge Unannehmlichkeiten bringen können. Wir sollten es bald erfahren. Jetzt erfüllte mich sogar ein wenig Stolz. Ein Sonderauftrag, der weit nach vorn führte, in die Gegend, wo noch vor kurzem die Schlacht tobte, war noch niemandem beim Kdo zuteil geworden. Das Gefahrvolle des Unternehmens reizte. — Gefahrvoll! ... Reizt! ... Wie lächerlich das klingt. Ist die Stadt nicht gefahrvoll? Ist die Stadt nicht voller Reize? Ist nicht vor wenigen Tagen die Zitadelle mit Offizieren in die Luft geflogen? Ist nicht die Feldgendarmerie durch Fernzünder in die Luft gesprengt worden und hat Unzählige unterm Schutt begraben? Ist nicht unser Hotel, unsere Dienststelle den Minen zum Opfer gefallen und durch den Brand vernichtet worden? Brennt die Stadt nicht nächtlicherweile an allen Ecken? Konnte nicht jede Minute die Erde bersten, konnten die Sprengkammern aufdonnern und die „Himmelfahrten" beginnen?

Das ist wohl alles richtig, und trotzdem, der Reiz des Unbekannten wirkt stärker, kraftvoller, romantischer. Doch davon redete ich jetzt nicht. Wohlweislich schweige ich Harder gegenüber. Er würde sofort zu schimpfen beginnen und mich „zurechtrücken".

Schon seit morgens regnet es ununterbrochen. Das Tal und die östliche Ebene des Dnjeprbogens ist in milchigen Dunst gehüllt, als wir die Kehre der Straße zur Notbrücke hinunterfahren. Der Blick, der sonst das Auge ergötzt, ist gehemmt durch Nebel und Nässe. Fahrzeug hinter Fahrzeug fährt ostwärts über die schmale Pontonbrücke, die als schmaler Steg den 600 m breiten Fluß überspannt. Schon sind wir eingekeilt in die lange Wagenreihe und müssen warten ehe es weitergeht. Beim Anfahren streikt unser Motor. Wir sperren den folgenden Verkehr. Es gibt Geschrei. Schließlich geht es doch weiter. Der Verkehrsstrom wird umdirigiert und unser Fahrzeug eilt als zweites über die soeben freigegebene Doppelbrücke. Für die Dauer der deutschen Anwesenheit trug sie den Namen des Feldmarschalls von Reichenau. Die von ihm kommandierten Truppen der 6. Armee und Divisionen des XXIX. Armeekorps hatten Kiew am 19. September 1941 genommen. Am 26. September war die große Kesselschlacht zu Ende. 665 000 Gefangene, 3818 Geschütze, 884 Panzerwagen und unübersehbares Kriegsmaterial waren die Bilanz. Jetzt, am 2. Oktober, sollten wir nun nachsehen, ob an den wirtschaftlichen Objekten noch etwas Brauchbares und Nützliches vorhanden ist. Von Interesse ist die Zuckerfabrik von Jagotin. Ein Wegweiser am Ostufer: Browary 20 km, Gomel 250 km, Dnjepropetrowsk 400 km, Kursk 470 km, Moskau 990 km.

Es regnet ununterbrochen ... aus dem Regen wird Schnee. Der erste Schnee des kommenden Winters. Noch einmal rasch einen Blick zurück. Auf steiler, lehmiger Klippe steht das vieltürmige, vom 90 m hohen Glockenturm überkrönte Lavrakloster. Das älteste Kloster Rußlands, das jährlich über 150 000 Pilger in seinen Mauern sah, bevor die Bolschewisten den Kampf gegen die Kirche eröffneten. Kulturgeschichtliche Fresken und Bilder sind durch den Krieg hindurch gerettet worden, da die Russen dieses Kloster als Gottlosenmuseum erhalten hatten und vor ihrer Flucht nichts mehr dem deutschen Zugriff entziehen konnten oder wollten. – Noch ahnen wir nicht, daß einige wenige Tage später das Lavrakloster sich nicht mehr in seiner alten vieltürmigen Gestalt den Blicken bieten wird. Eines Tages flog es in die Luft. Gesprengt. Noch wissen wir nicht, daß einige Tage später Männer in einem Militärauto erschienen, dem Posten einen deutschen Ausweis vorzeigten und aus dem Schutt die wertvollsten Sachen herausklaubten. Erst viel später stellte es sich heraus, daß die Papiere und Ausweise gefälscht waren und irgendeine Diebesbande gearbeitet hatte. Aber – vielleicht war auch das nur Tarnung.

Doch wir können unseren Gedanken nur kurz nachhängen. Das Fahrzeug hatte sich festgefahren. Raus aus dem Wagen und schieben und schaufeln! Es wehte ganz gehörig und die Kälte packt nach uns und läßt uns einen kleinen Vorgeschmack des kommenden Winters spüren. Doch wir kommen rasch weiter, sind froh, wieder in der schützenden Karosserie Platz vorm Wetter zu finden. Nun fahren wir über Wiesen und durch Gärten und wühlen uns mühselig den Hang zur Nawodnyzker Chaussee hinauf. Gute gepflasterte Straße reizt den Motor zur Eile. Aber schon liegen vor uns die Trümmer der gesprengten Brücke über einen Arm des Dnjepr, der so breit wie die Elbe bei Dresden ist. Mehr rutschend als fahrend geht es zur Schlauchbrücke hinunter, hinüber – die Straße führt gen Osten.

Nun beginnt eine Fahrt, die ihre Spuren fürs ganze Leben in die Seele brennt mit ihrer tiefen Wucht der allseitig erschütternden Eindrücke und Empfindungen durch die nüchterne Tatsache, daß wir uns an den Markierungsenden des Todes entlang bewegen ...

In den Flußniederungen wölben sich riesige Sandhügel, von Stacheldrahthindernissen durchzogen. Eingerammte Pfähle als Tankhindernisse überqueren die Straßen und Täler. Dann nimmt der Wald uns auf.

Von vorn her bewegt sich ein endloser erdbrauner Gestaltenzug. Tausende von Gefangenen ziehen jetzt für Stunden kilometerlang uns entgegen und an uns vorüber. Ein entsetzlicher Zug des Elends, der sich da vorüberschleppt. Es näßt und schneit und die Reste einer geschlagenen Armee ziehen daher, kraftlos vorwärts taumelnd. Halb angezogen, oft nur im Hemd, viele barfuß. Die Kräftigsten tragen Holzstämme fürs wärmende Feuer im Lager. Vorn an der Spitze trabt der deutsche Wachtposten. Sein Maschinengewehr trägt einer der Gefangenen. Nie wird er die Waffe gegen seinen Wächter erheben. Fanatismus oder Leidenschaft ist ausgelöscht vom dumpfen Ausdruck der Resignation. Das erdhafte Braun ihrer zerfetzten Uniformen gleicht ihrem ungewissen Schicksal und verleiht ihnen allen etwas Begrabenes.

Vorm Gefangenenlager in Darnizza drängen sich die Frauen mit weißen Kopftüchern, die meisten einen Sack über dem Rücken, schauen sie durch den Drahtzaun, der vielleicht auch ihre Männer oder Söhne birgt. Von überall her sind sie gewandert, als die Nachricht zu ihnen drang, daß hier ein Lager Gefangene vor ihrem Abtransport ins Hinterland sammele. Jetzt stehen sie und hoffen, einen der Ihren noch einmal zu sehen und damit zugleich die Gewißheit zu erhaschen, daß er noch unter den Lebenden weilt und irgendwann und irgendwie doch noch zu ihnen zurückkehren wird.

Immer neue Transporte kommen dahergezogen, vorn ein Posten und hinten einer, der die Nachzügler, die zusammenbrechenden Kranken, nach vorwärts treibt. Immer das gleiche erschütternde Bild. Müde, sich nach vorwärts schleppende Gestalten, die sich im Walde gegen die hellen Stellen als dunkle Phantome abzeichnen.

Das zerschossene Borispol taucht auf. Neben den Trümmern der Häuser stehen die verbrannten Fahrzeuge des Feindes in langen Reihen zu beiden Seiten der Straße, in einem kleinen Wäldchen die erbeuteten Russenautos, die Geschütze, das Material. Gasmasken liegen zu Haufen geschüttet und Munition zu Bergen getürmt. Als schwarze verkohlte Skelette säumen verbrannte Bäume die Stätte der Vernichtung und der Ruinen.

Nun liegt die Pflasterstraße hinter uns. Die Steppe nimmt uns auf. Immer weiter geht es nach vorn, über Schlammstraße, die mein Auge noch nie geschaut und meine Phantasie noch nie geahnt. Wir fahren nicht mehr, sondern rutschen durch Schlamm und Pfützen wie ein Motorboot. Hoch auf spritzt Dreck und Wasser, rauscht, als ziehe ein Schiff durch wogende Wellen. Die Scheiben sind vom Dreck verkleistert. Die Wischer schaben mühsam einen halbwegs sauberen Kreisbogen aus der schmutzbedeckten Windschutzscheibe. Der Motor erstickt im Dreck und beginnt wieder zu muckern. Beim Aussteigen versinkt man im fußhohen Schlamm. Rutschend und balancierend wird der Wagen umkreist. Der scharfe kalte Wind macht den Aufenthalt im Freien höchst unbehaglich. Rasch klettert man wieder in den Wagen, froh über die Wärme, die der Motor durch das Bodenbrett ausstrahlt.

Mühselig geht die Fahrerei weiter. Der Motor rast und wir kommen doch nur langsam vorwärts. Beim Ausweichen müssen die Beifahrer die Fahrzeuge wie Schiffe voneinander wegdrücken, da ein kurzes seitliches Lenken unmöglich geworden ist. Die Schlammfurchen zwingen den Fahrern einfach die ungewollte Richtung auf.

Nun ist die Straße verstopft. Nirgends steigt jemand von den Fahrzeugen. Nur vorn, für uns unsichtbar, wird an einem steckengebliebenen Fahrzeug gearbeitet. Jeder hat hier die bange Frage: „Wann werden wir im Schlamm steckenbleiben?“ Mit viel Glück und noch mehr Geschicklichkeit gelangt unser Fahrer an die Spitze der sich stauenden Wagen. Doch der Dreck wird immer zäher und höher und schon sitzen auch wir fest. Es ist aus! Rettungslos festgefahren! Der Wagen sitzt mit seiner ganz unteren Fläche auf und alles Schieben und Drücken und alles Aufheulen des Motors bewegt unser Fahrzeug nicht einen Zoll von der Stelle.

Die Stiefel kleistern im quatschenden Schlammpfuhl. Bei jedem Schritt droht man wegzurutschen und wegzuschlagen. Da — schon wars geschehen. Die Finger voll Schlamm, Stiefel und Mantel kleben. Im Auto sind die Polster vermistet. Die Gummimatten sind schon längst nicht mehr in ihrem Aussehen zu erkennen. Ein verdreckter Spaten liegt griffbereit neben dem Feldstecher. Munition, Fotoapparate, Landkarten, Brot, Wurst und geöffnete Konserven sind mit frischem und altem Dreck auf den Sitzen zum herrlichsten Landserstilleben vereint.

Die Stunden sind verronnen und das Ziel scheint immer ferner. Doch es gibt keine Pause. Unser Ziel heißt: Jagotin, und das muß unter allen Umständen erreicht werden. Schlamm aufwühlend, Morastpfützen durchklatschend geht es weiter.

Bald rutscht der Wagen nach links, bald nach rechts. Ein großer Omnibus liegt schräg im Graben. Ein Stück weiter steht mitten auf der Schlammstraße auf einsamer Steppe ein Melder mit seiner Beiwagenmaschine und müht sich, sein Fahrzeug flott zu bekommen. Räder, Motor, Beiwagen – alles ein einziger Dreck und keines der Räder dreht sich auch nur ein wenig. Unmöglich, ihm zu helfen mit unserer schwachen Maschine. Wir können ihn nicht abschleppen, müssen selber kämpfen, um durch den Morast zu kommen. Unser Wagen ist zu niedrig gebaut und schiebt wie ein Schneepflug alle paar Meter den Schlamm vor sich hoch, um dann wieder festzufahren und uns zum Schaufeln zu zwingen. Unvermittelt kommt eine Pflasterstrecke, die jedoch ebenso plötzlich wieder endet.

In einem Dorf, in Pogosow, ist ein riesiges Gefangenenlager. Tausend Hände strecken sich einer Frau entgegen, die Brot an die Gefangenen austeilt. Wieder sind wir festgefahren. Wir schauen zur Seite – da liegt ein Toter. Neugier zwingt die Blicke hin und zugleich überfällt un ein gruseliges Schütteln. Mit dem Gesicht zur Erde liegt er auf der linken Straßenseite. Sein Kinn ist zerschlagen und das Blut fließt aus einer klaffenden Rückenwunde. Der Ekel treibt uns weg. Ein großer Fernlastwagen kommt und kurvt um unser Fahrzeug. Der Mammutwagen schiebt es zur Seite und schon ist er über die Füße des Toten gefahren, die in den Schlamm gequetscht unsichtbar geworden sind.

Weiter vorn liegen noch zwei, drei Leichen, nein – viele, viele mehr und mehr. Links liegen welche, rechts liegen welche, zusammengebrochene, zusammengeschlagene, Gestorbene. Wir begreifen mit entsetzlicher Deutlichkeit den Krieg. Das Grauen springt uns an. Ein würgendes Gefühl steigt im Hals hoch und schnürt die Kehle zu. Wieder einer, und dort und da, im Felde, im Graben, an jenem Hause, zehn oder zwölf auf einem Haufen. An einem Baumstumpf sitzen zwei und es sieht aus, als ruhten sie ein wenig aus. Doch ihr Gesicht ist eklig gelb, es sind Tote. Der eine hat den Wanderstecken in der Hand, den Kopf ein wenig zur Seite gedreht. Er schläft den ewigen Schlaf.

Über eine Stunde fahren wir schon. Zwanzig Kilometer sind wir gefahren, noch immer liegen die Toten, die Mahnzeichen der Vergänglichkeit zu unseren Seiten. Längst schon ist ein unheimliches Schweigen zwischen uns. Der Tod wirft seine Schatten. Das Glück des Lebens steigt eigenartig in mir hoch. Doch die Gedanken irren nur ganz kurz, wie ein Blitzschlag nur, zur Heimat zurück. Das Denken ist überlastet von einem nie gekannten, stumpfen Gefühl der Ohnmacht gegen den Tod. In diesen blutigen Wegzeichen erscheint uns das Leben des Menschen unscheinbar und klein.

Zur ersten Stunde Fahrt reiht sich eine weitere. Noch immer harrt der Tod am Straßenrand. Da schreit der Fahrer auf. Wir sind über eine Leiche gefahren. Mich schüttelts. Doch schon werden die Sinne von neuen Eindrücken überfallen. Da liegt rechts am Rand einer mit zerspaltetem Schädel. Der halbe Kopf fehlt, das Hirn liegt in mehreren Stücken einige Meter von der Leiche entfernt. Während sich die Empfindungen noch um dieses blutige Wegzeichen mühen, springt schon wieder ein Totenmahl in unser geistiges und sinnliches Erfassen. Eine Leiche hängt mit dem Kopf über dem Hang, das Gesicht zur Erde. Die Hände blutigrot, leuchten schon von ferne. Die Mütze ist aufgeschwollen, voll von geronnenem Blut. Noch in der folgenden Nacht quälen mich die blutigen roten Hände, die über den Straßenrand langten, als griffen sie zu neuen Opfern.

Ein grauenhafter Tod hat die Menschen hier überrascht und die mißhandelten Körper auf mißhandelter Erde hilflos verscheiden lassen. Schwer und einsam ist ihre Sterbestunde gewesen, in weiter, kalter Steppe, in Wildnis, fern allen Trostes, aller helfenden Menschennähe. Das Verhängnis menschlichen Hasses hat die Opfer gerichtet, ohne Sterbebeistand, ohne noch einmal ein vertrautes Antlitz, in Menschenaugen blicken zu können.

Plötzlich hat Harder sein Testament, das ihn überallhin begleitet, hervorgezogen und liest mit einer seltsamen und verstörten Stimme: „Diejenigen, die des Herrn sind, die sollen dauern!“ Dann ist wieder für lange Minuten das Schweigen zwischen uns. Ein entsetzliches Würgen quält die Brust. Erneut erklingt die geisterhafte Stimme hinter mir: „ — so will es der Schöpfer. Um fortzuwirken, wurde der Mensch geboren und der Tod findet an ihm keine Handhabe . . .“

Doch wie verschieden ist der Schöpfer in der Handhabung seines Willens, seines Planes. Die einen dürfen ihr Alter erarbeiten am Werktisch, die anderen nimmt er in der Knospe ihres Lebens aus dem Diesseits. Die einen läßt er einschlafen, die anderen im Kot der Erde im eigenen Blut verkommen. Sie sind das Mittel, dessen Gott sich bedient, um den Nach und Mitlebenden einzuprägen, daß ihr Leben und Sterben, ihr Schicksal schlechthin, eine Aufgabe erfüllte.

So steht der Tod dreißig, vierzig Kilometer neben uns, um uns diese Tage nie mehr zu verlassen, um uns immer wieder aufs Neue zu erschüttern, um uns immer wieder aufs Neue zu peinigen, um uns still zu machen, um uns an die Sünde des Menschen, an die Vergänglichkeit und die kommende Vergeltung zu gemahnen.

Zwischendurch bannt uns ein ausgebranntes, zusammengeschossenes Kraftwagenlager. Hundert oder zweihundert, vielleicht auch dreihundert Russenfahrzeuge sind hier von der deutschen Waffe zerschlagen worden. Da waren Sanitätsautos, Panzer, Aufklärer, Transportmaschinen, Schlepper, Traktoren, Personenwagen und Lastwagen, Omnibusse und Munitionswagen, Feldküchen und Operationsfahrzeuge, Werkstattautos mit Maschinen und Schweißgeräten, Benzintanks und Feuerlöschgerätefahrzeuge. Hunderte von ausgebrannten, explodierten, verglühten, verborgenen und übereinander geworfenen, zerfetzten, eisernen Fahrzeuggerippen stehen schwarzgeräuchert, rot gebrannt an unserer Wegstrecke.

Der Wind pfeift entsetzlich kalt. Wir frieren. Meine Stiefel sind irgendwo gerissen, naß die Füße und ohne wärmenden Pullover am Körper. Der Hunger quält. Die Stimmung für Neues ist längst dahin. Selbst die Berge, die am Horizont rechts von uns den Lauf des Dnjepr verkünden und in den kurz scheinenden Sonnenstrahlen wundervoll beleuchtet sich den Augen bieten, können nichts mehr zur Auffrischung der seelischen Verfassung tun.

Jämmerlich frierend erreichen wie Pjeresjaslaw. In der Ortskommandantur weist man uns ein Privatquartier zu. Als wir hinkommen, sitzt ein Unteroffizier dort. Das erhöht die Allgemeinstimmung keinesfalls. Doch man tröstet uns und weist uns ins Offiziersquartier, das auch geheizt sei. Nun, wir versuchen es. Wir kommen hin. Geheizt? — Ja, vielleicht gestern einmal. Heute ist der Ofen jedenfalls furzlau. Das Fenster steht sperrweit offen und die herrliche Landluft kann im Augenblick nicht die geringste Sympathie erzeugen. Als Bettstatt steht da ein eisernes Gerippe. Ich fluche wie ein Bierkutscher und besinne mich zugleich, daß ich mich damit bei Harder, dem „Dichter“, dem tiefreligiösen Manne, sehr unbeliebt mache. Das Fluchen löse ich ab durch Schimpfen, irgendwie muß man ja seinem Zorn Lauf lassen. Dabei unterstützt mich allerdings Harder wesentlich.

Als wir etwas zu Essen holen wollen, stellen wir fest, daß es nichts mehr gibt. Irgendein ukrainischer Theaterverein, von einem Leutnant geführt, hat alles aufgezehrt.

Auch diese Nacht geht hin. Es wird wieder Morgen. Etwas Herrliches, Befreiendes ist um die Geburt des Tages, der uns mit Frührot ersteht und doch auch zugleich etwas unerbittlich Strenges birgt. Die Pflicht des Tages befiehlt aufs neue.

Ich muß den Fahrer wecken, damit er den Wagen repariert. Ich stelle mich dazu, es ist kalt. Über Nacht hat es gefroren. Ich hoffe, auf dem gefrorenen Boden gut übers Moor zu kommen, das wir am Ortsausgang zu überqueren haben, da die Brücke gesprengt ist. Doch das Fehlersuchen dauert länger als vermutet, da Motor und Kühler vollständig verschlammt sind und der Schlamm festgefroren ist. Es wird acht Uhr und der Wagen rührt sich immer noch nicht. Bei diesen Versuchen ist auch der letzte Rest Benzin verlorengegangen.

Rettungslos sitzen wir fest. Niemand gibt uns Benzin, nirgends gibts Benzin. Benzin ist rarer als Wasser in der Wüste. Inzwischen steigt die Sonne hoch. Das Eis auf den Pfützen schmilzt. Der Sumpf taut auf. Bis hierher hat uns ein Fahrzeug gebracht, doch hinduch schleppt uns niemand. Schon an die zwanzig Fahrzeuge aller Art stecken drin und können nicht mehr weiter.

Ich fühle mich wie zwischen zwei Welten gestellt, zwischen Technik und Natur. Was nützt mir das technische Fahrzeug mit den blinkenden Chrombeschlägen, mit der präzisen Reihe seiner Meßinstrumente am Armaturenbrett, mit der Bequemlichkeit der Bedienungshebel. Am liebsten hätte ich das Wunderwerk der Technik stehen gelassen und mich auf einen der vorüberfahrnden Panjewagen gesetzt. Doch wir Jünger der Technik, wir Menschen der Stadt mit der Hetze unseres Daseins haben zu aufgepeitschte Nerven, um die Langsamkeit, die tiefe, zeitlose Ruhe der östlichen Welt ertragen zu können.

Schon ist es zehn Uhr und wir sind noch immer nicht weiter als am Morgen. Niemand gibt Benzin, niemand kann uns abschleppen. Niemand kann uns mitnehmen. Alle fahren weiter ostwärts, während ich jetzt nach Norden abzubiegen habe. Da kommt ein Raupenschlepper, ein Zweimanntank. Sofort steigt die Hoffnung. Einige Fahrzeuge schleppt er nach Jenseits und dann kommt er zurück, sämtliche Raupen voller Schlamm und kann selbst kaum noch weiter. Hilflos rennen wir nun schon stundenlang herum und versuchen, irgendwie weiterzukommen. Da kommt ein Polizeiauto aus Wien. Dort können wir mitgenommen werden. Sie wollen nur Schneeketten anlegen. Doch es dauert lange, da sie noch nie mit Schneeketten zu tun hatten und damit nicht zurecht kommen. Inzwischen hüllen sie uns in warme Schafspelze.

Eine rollende Einheit mit allen möglichen Fahrzeugen kommt angebrummt. Sofort springen die Werkstattmänner hilfsbereit herbei. Unter den Soldatenfäusten wird unser Wagen gewendet und an einen Omnibus gehängt. Dann geht es mit Volldampf den Hang hinunter mitten durchs Maisfeld. Aber – da sitzt der Omnibus schon fest. Der Pkw wird abgehängt. Den Omnibus zieht eine große Raupenmaschine heraus. Wir bleiben im Sumpf stecken. Unsere Lage ist trostloser denn je. Niemand hat jetzt Zeit für uns. Um uns brüllen die Menschen, brummen die Maschinen, heulen die Motoren, fluchen die Fahrer, toben die Vorgesetzten, jammern die eingeborenen Bauern, zerfetzen die Zugseile, ächzen die Achsen, bricht Eisen, berstet Stahl, zersplittern Hölzer. Es riecht nach verbranntem Gummi, Öl und Auspuffdunst, nach Pferdeschweiß und modriger Erde.

Niemand ist jetzt bereit, auch nur die kleinste Hilfe für uns zu gewähren. Jeder hat vollauf mit sich zu tun, Wut und Ohnmacht steigt abwechselnd zu mir hoch. Dazu quält der Hunger, da ich seit morgens noch nichts gegessen habe. Durch die zerrissenen Stiefel rinnt das Sumpfwasser. Es ist als sei ich barfuß. Der Wind dringt durch die Kleider. Die Stimmung ist zum wahren Jammergefühl erstorben.

Harder tobt und mault und will umkehren. Er redet und schimpft und will nicht mehr mitmachen. Er will heim. „Mit dem nächsten Fahrzeug fahre ich zurück nach Kiew!" – „Das ist doch Unsinn!" Maulend steht er da. Er hat recht, doch was soll's. Wir haben den grauen Rock an und sind damit Soldat und müssen Befehle ausführen. Es heißt: nach Jagotin! Befehl ist Befehl! Unmöglich, hier zu kapitulieren. Nein – lieber lasse ich den Personenwagen im Dreck verkommen, aber nach Jagotin wird gemacht...

Eine Sanitätsstaffel hat sich durch den Sumpf gearbeitet und sammelt sich jenseits, Richtung Jagotin. Ich hätte mögen aufschreien vor Freude über diese Chance, die sich uns jetzt bot. Es dauert zwar ein Weilchen, bevor ich den Führer der Einheit, einen dicken Assistenzarzt, gefunden habe. Hinten am letzten Fahrzeug traf ich ihn doch. Unsere Bitte um Mitnahme und Unterstützung lehnt er patzig ab. Da könne jeder kommen. – Er sei sowieso schon überlastet. Ich fühle mich rot werden wie ein gescholtener Schulbub. Eine derartige Antwort hatte ich nicht erwartet. Um ihm zu beweisen, daß ich nicht „jeder" bin, halte ich ihm meinen Ausweis vom OKW unter die Augen. Doch er nimmt kaum Notiz und rafft sich zu einer konventionellen Entschuldigung auf. Diese „Verzeihung" klingt merkwürdig hohl und unangebracht in dieser Situation. Ich drehe mich salutierend kaltschnäuzig um und bemühe mich, meinen Zorn zu verbergen. Just in diesem Moment fällt mir der Sanitäterspruch ein: „Zu jeder Zeit – hilfsbereit!"

Selbst wenn er uns hätte mitnehmen wollen, wäre ich im Augenblick in Druck gekommen. Der Dolmetscher ist weg. Teufel! Wo ist er? Hat er sich schwach gemacht? Mich im Stich gelassen? Hat er vollends den Kopf verloren? Nach langen Stunden finde ich ihn in einer Kate. Wir sind restlos fertig. Erschöpft sinke ich auf einen Stuhl und könnte wie ein kleines Kind, vor Ohnmacht, Wut und Ärger, heulen. In diesen Augenblick ist man jenseits von Vater, Mutter, Freund, Bruder, Schwester und Geliebten. Auf steigt jenes seltene Gefühl des schattenlosen Ichs, wo es keine Verwirrungen eigenen Blutes gibt.

Nach wenigen Minuten tiefster Trostlosigkeit steigt das Ziel wieder im Bewußtsein hoch und erscheint und lebt wieder als Mittelpunkt der Pflicht. Es ist, als sei man plötzlich weit vom Sein weggetrieben worden und käme nun in ein anderes Land, fast in ein anderes Leben zurück. Plötzlich ist die Liebe zum Leben erwacht, oder was dasselbe ist, die Angst vor dem Tode erstiegen... Denn Leben und Tod liegen hier auf den Schalen der Waage – wohin sinkt die Schale? Da kann nur der Mut helfen, der ungebeugte, unbeugsame Sinn. Man leugnet die Gefahr und geht drauf los.

Ist es möglich, zu Fuß zu dem 35 km entfernten Ort aufzubrechen? Daß die Gegend voller Partisanen steckt, hat Dolmetscher Harder längst aus den Gesprächen mit den Einheimischen herausgeholt. Nun erklärte er meinen Plan für verrückt. Doch ich nehme in stummer Verbissenheit mein Gewehr auf den Buckel. Munition habe ich mir von unterwegs von den Schlachtfeldern mitgebracht. Die Aktentasche in der Hand – so geht es los. Der Fahrer bleibt bei seinem Auto, das noch im Morast steckt. Endlich kommen zwei Lastwagen. Wir finden Platz.

Bald hat sich die feste Straße mit den letzten Häusern eines Dorfes verloren. Die Steppe nimmt uns wieder auf. Eine Fahrspur führt ins Weite. Wir schwanken dem Horizont entgegen, der flieht und doch zugleich bleibt und endgültiges Ziel ist. Es verschwindet der Übergang vom schneegrauen Land zum schneegrauen Himmel, denn Wolken sind herausgezogen und sausender Wind peitscht stiebenden Schnee. So dicht fällt der Schnee, daß man sich wundern möchte, wie der Wind das Flockengewimmel durchbricht und nicht darin erstickt. Für wenige Augenblicke tauchen phantastische, vermummte Gestalten auf. Schlachtfeldhyänen, Leichenfledderer, Bauern, Partisanen oder Flüchtlinge? Man weiß es nicht und merkt es nicht, ist selber froh, nicht beschossen zu werden.

Plötzlich hält der Fahrer. Wohin? Die Richtung ist verloren. Geht der Weg rechts, oder links, oder geradeaus? Der Kompaß kann uns jetzt nicht viel helfen. Irgendwo in dem wirbelnden Schnelldunkel muß der See von Jagotin sein. die Furcht, in die davorliegenden Sümpfe zu geraten, ist bei allen gleich groß und nimmt den Mut, den Fahrer zu beraten. – Weiter! Auf gut Glück. Etwas anderes blieb uns ja auch nicht übrig. Noch viele Male bleiben wir stecken.

Unterdessen ging der Tag hin, von dem man nichts sah und den man in dem Schneegewirbel nur als Helligkeit ahnte. Hin und wieder wurde es auch etwas lichter. Dann wurden die Kornpuppen auf den riesigen Feldern sichtbar, die als große Schneehaufen zwischen Pferdeleichen, Geschützstellungen und Kriegsgerät standen.

Spätabends erreichten wir das Ziel. Hier, wo Natur noch ungebrochene Seeligkeit und ungebrochenes Grauen sein kann, wo die menschliche Siedlung, ein Ort wie eine Insel in einem Meer fast unberührter Erde schwimmt, erstand uns endlich selige Geborgenheit. Wie ein gütiger Stern leuchtete aus der Nacht der Hilflosigkeit die Hilfe des Ortskommandanten. Ein junger Leutnant, erfreut über unser Erscheinen, berichtet freundlichst und sorgt für uns.

Wir finden ein gutes Quartier bei Russen, die uns in aller Fastfreundschaft empfangen und uns Speise und Trank bereiten. Wir schlafen mit ihnen auf dem Ofen.

Im Hof der Zuckerfabrik war viel Material, das erfaßt werden sollte. Des Leutnant's Wache hatte alles gesichert. Die Einrichtung der Zuckerfabrik konnte von den Russen nicht mehr planmäßig abgefahren werden und war nun vollständig vorhanden. Zwar war das Werk demontiert, doch da alle Einzelteile bestens numeriert und bezeichnet waren, konnte eine Wiedererrichtung in Kürze möglich werden.

Zwei Tage später kam der Fahrer an, ohne Auto. Das war unterwegs endgültig „verloren" gegangen.

Ein Lastwagen der hier liegenden Einheit fährt nach Shitomir. Mit ihm treten wir die Rückreise an. Zwischen allem möglichen Kram der Funkeinheit, zwischen Isolatoren, Funkgeräten, leeren Batterien, Öl- und Treibstoffkanistern, bei Werkzeugkisten, Hölzern, Ketten und Waffen finden wir und noch ein Urlauber Platz.

Inmitten dieser Ladung wird die Fahrt zur fürchterlichen Qual. Auf der völlig verschlammten Fahrspur ist Loch an Loch. Von einem ins andere torkelnd schlagen jedesmal die Federn durch und die gesamte Ladung schlägt auf und ab. Haltlos werden wir mitsamt den Kisten hochgeworfen. Der Kopf schlägt hart ans Verdeck, dann stürzt man wieder herunter, um sofort aufs neue hochgerissen zu werden. Von ewigen Schlägen und Vibrationen wird Mensch und Gut durchgeschüttelt und geschlagen. Einmal ist der Wagen in eine tiefe Furche geraten. Von der Schräglage herausgefordert, stürzen Kisten und Kannen durcheinander. Mein Arm wird eingeklemmt. Im selben Augenblick wird der Körper hochgerissen. Der Handschuh wird von der Hand gezogen. Von der verletzten Hand sickert Blut. Noch bevor die rechte Sitzlage erreicht ist, erhalte ich einen Stoß, der mich fast auf die Straße schleudert. Die beiden anderen werden in die Ecke gestaucht. Der Fahrer stoppt, um aber gleich wieder anzufahren. Eine Kiste war zwischen uns und auf uns gestürzt. So geht es stundenlang auf und nieder, Schlag auf Schlag, Staub und Dreck und Kälte. Die Glieder schmerzen. Der Kopf dröhnt, als sei das Gehirn losgeschüttelt. Der Leib schmerzt, als seien alle Gedärme zusammengestoßen. So geht es stundenlang. Die Kälte erstarrt die Glieder und vergrößert die Leibschmerzen ungemein. Das Schreckgespenst der ukrainischen Krankheit ersteht.

Endlich wird es besser. Es geht über sandige, waldbestandene Heide. Wieder übers Schlachtfeld, durch das Kesselgebiet der Kiewer Schlacht. Links am Horizont steht ein zerschmetterter Panzerzug. Aus einem Wald lugen Beton- und Erdbunker. Die Stämme des Waldes ragen als zerschossene Säulen empor, das weiße gekappte Holz in zersplitterter Verwundung zeigend. In den verlassenen Unterständen fault das Wasser. An verreckten Pferden fraß ein Rudel wildernder Hunde. Überall lagen nicht krepierte Granaten und Minen. Starr, steif, eklig, zwei im Sumpf liegende Leichen. Hinter ihnen die aufgehäuften Erdhügel, rings von sumpfigem Wasser umgeben. Russengräber. Zerbrochene Geschütze liegen da mit verbeulten Schilden, das verkohlte Holz der Protzen ragt zwischen Tierleichen. Zerfetzter Stacheldraht wuchert übers Gelände. Das ist ein Gelände, in dem eine deutsche Division von den eingechlossenen Russen zwei Tage lang eingeschlossen und von Stukas herausgehauen wurde. Hier stampfte, donnerte der Krieg vorüber.

Mit zerrissenem Mantel, kaputten Stiefeln und Handschuhen, jämmerlich zerfroren, von furchtbaren Leibschmerzen gequält, mit aufgeschlagenem Schädel und einen Bluterguß in der Hand gelangen wir spät wieder in Kiew an.

Blutrot leuchtete der nächtliche Himmel im Westen. Dort liegt unser Quartier. In der Stadt wütete ein Brand. Saboteure haben den schönsten Bau neben dem Zarenschloß angezündet. Haushoch schlagen die Flammen. Schauriger Katafalk unserer Rückkehr.

Einige Tage darauf erreicht uns dann das Gerücht: im Lavra-Kloster sei ein Pulvermagazin in die Luft geflogen. Wieso? noch vor kurzem waren Harder und ich dort, hatten die Mumien in ihren Grabkellern und die berühmte Kirche bewundert. Für Granaten, Sprengstoff, war hier kein Platz.

Und doch – als wir jetzt dort angelangten, merkten wir, daß hier auch Platz für Sprengstoff gewesen war. Wir standen beschämt vor den Trümmern eines Kulturdenkmals. Die SS hatte wieder einmal deutsche Gründlichkeit bewiesen.

Viel später war zu erfahren, daß die Kirche auf Befehl des Reichskommissars für die Ukraine, Erich Koch, gesprengt worden war. Ein Sinnbild des ukrainischen

Nationalstolzes sollte beseitigt werden. Koch war vielen in unserem Kommando schon in Lemberg unangenehm erschienen. Doch sei hier darüber hinweggegangen. (Jahre nach Kriegsende erfuhr die Nachwelt dann, daß der treue Diener Hitlers bei Kriegsende in Flensburg angekommen, ein U-Boot forderte, um sich nach Südamerika „absetzen" zu können.)

In einem Schuppen des Güterbahnhofs II am Ende des Wassylkiwska besaß unser Kdo ein kleines Lager für aus Deutschland angerolltes Material der Aktion Pleskau. Bei meiner dienstlichen Tätigkeit dort – ein Sonderführer hatte die Aufsicht – entdeckte ich Glockentrümmer, die nach Deutschland gebracht werden sollten. Die Trümmer waren angefahren worden, damit sie in den leer gewordenen Waggons untergebracht werden konnten. Niemand von unserem Kdo hatte mit dieser ganzen Angelegenheit etwas zu tun. Weil bei uns ein leerer Waggon anfiel, war eine Transportnummer nach Deutschland erteilt worden. Ein russisch sprechender „Volksdeutscher", der hier arbeitet, wußte über die Herkunft der Glockenteile Bescheid, aber nicht über Ursache und Anlaß der Glockenzerstörung. Da das Einschmelzen von Glocken in Kriegszeiten kaum Beachtung findet, so verschwanden auch die Glocken einer berühmten Andachtsstätte der Lavra fast unbemerkt.

6. 10. 1941. Gerücht geht um: die Zivilverwaltung kommt nach Kiew. Die Gruppen Wirtschaft und Arbeit (Männer vom Arbeitsamt) werden vom Reichskommissar f. d. Ukraine übernommen.

16. 10. 1941. Bei uns haben einige Beamte Schiebereien begangen. Die Folge ist: Päckchen-Kontrolle durch Hauptmann Ziegler.

Wir sind in unser neues „Heim" in Kiew eingezogen. Von meinem Fenster aus sehe ich die ganze Dnjeprlandschaft vor meinem Auge liegen. Aus einem merkwürdig geologischen Grunde ist das westliche Ufer des Flusses weit höher als das östliche. So hat Kiew einen langen Hügel. Von da aus bieten sich prächtige Aussichten über den Wasserlauf und die weite östliche Ebene. Auch im Winter zeigt sich der Dnjepr breit und voller Wasserfluten; fast gleicht er einer Kette verschiedener Seen. In der Nähe sieht dies alles unüberbrückbar aus. Dieser Eindruck wird noch verstärkt, da die frühere Brükke von der russischen Truppe gesprengt wurde. Die deutsche Behelfsschwimmbrücke liegt wie ein krummer Pfahl über der Strömung.

Der Umzug nach hier, inmitten der kalten Tage, brachte viel Arbeit. Kaum aber ist alles leidlich hergerichtet, geht die „Umquartierung" schon wieder aufs neue los. Wahrscheinlich werden wir wieder zurück nach Shitomir kommen.

An einem Nachmittag war ich in einer Akademikerfamilie. Es war sehr eindrucksvoll. Bei solchen Einblicken in das gesellschaftliche Leben der Bevölkerung erfährt man am besten, was die Leute denken, wie es früher war und was sich heute so entwickelt. Die alte Dame war Schauspielerin und ist „Volksdeutsche". Zu Gast war auch noch ein Professor. Sein Sohn starb in der Verbannung. Als Mitglied der Russischen Wissenschaftlichen Akademie hatte er eine Arbeit über „die Kohle" geschrieben. Für seine wissenschaftlichen Arbeiten erhielt er eine goldene Verdienstmedaille. Doch diese verschonte ihn nicht vor dem Mißfallen der regierenden Machthaber. In der Verbannung ist er verhungert. So verlor Rußland wieder einen Wissenschaftler, einen ausgezeichneten.

Bei diesen Gesprächen bricht auch einmal der Humor durch, als der Professor unter Hinweis auf die „Weisheit des Ostens" aus dem „Notizbuch eines Diplomaten" verweist und die nun folgende Anekdote erzählt:

Ein reicher Russe lag im Sterben. Seine Frau weinte verzweifelt. Da tröstete sie der Mann. – Weine nicht, du bist jung und schön und wirst bald wieder einen Ehemann finden. Die Frau antwortete schluchzend: Nie wieder werde ich heiraten, ich schwöre es Dir! Schwöre nicht, sagte der Sterbende. Versprich mir nur, daß du dich nicht eher verheiraten wirst, bevor der Kalk an meinem Grab vollständig vertrocknet sein wird. Die Frau, noch immer tief schluchzend, versprach es feierlich. Der Mann starb. Kurze Zeit danach sah man die Frau ganz nahe am Grab ihres Mannes auf der Erde sitzen. Sie hielt einen Fächer in der Hand. Mit diesem Fächer fächelte sie und machte Wind, damit der Kalk an dem Grabe schneller trockne.

29. 10. 1941. Es ist unbeschreibbar, wie schlecht die Wege hier sind. 350 km war die heutige Wegstrecke. Zum Glück konnten wir weitgehendst feste Straßen benutzen und weite Strecken der „Rollbahn". Aber, nach Fastow, 30 km von Kiew entfernt, eine halbe Autostunde von hier dahin zu kommen, war mit dem Auto unmöglich. Mit einem Panjewagen wohl, doch nicht mit einer Maschine, die Räder treibt. Wir sind keine hundert Meter von der Hauptstraße auf den Landweg gefahren, und schon versanken wir im Schlamm. Wir gaben es auf und waren heilfroh über unseren Entschluß. Schon am Mittag setzte Schneewetter ein und hörte den ganzen Nachmittag und die halbe Nacht nicht auf. Es war eine anstrengende Fahrt über Bjelaja-Zerkow-Shitomir nach hier. Abends gegen 9 Uhr waren der Fahrer und ich wieder im Quartier.

13. 11. 1941. Es ist schon sehr kalt geworden. An meinem kaputten Fenster sind die Eisblumen tagsüber überhaupt nicht verschwunden. Durch die Fensterritzen pfeift der Schneesturm. Ein armseliger Heizkörper versucht vergeblich ein bißchen Wärme zu spenden. Mit viel Raffinesse habe ich ihn mir aus einer zerbrochenen Heizplatte eines elektrischen Kochers zusammenrepariert. So habe ich wenigstens etwas Wärme an den Füßen.

Zuerst habe ich bei Harder drüben gesessen. Da ist es wärmer, da er ein Doppelfenster hat, das nur geringfügig beschädigt ist. Wir haben diskutiert, dann hat er uns ein wenig vorgelesen. Uns – das sind Dolmetscher Harder, Soldat Koppelt aus der Schreibstube und ich.

Das Diskutieren und Vorlesen vertreibt ein wenig die Hoffnungslosigkeit, in die man sich verbannt fühlt. Eine grenzenlose Gleichgültigkeit nimmt immer mehr Besitz von jedem Einzelnen. Man wird uninteressiert an dem, was über das kleine eigene Ich hinausgeht. Man friert nicht nur körperlich. Die Verhältnisse hier, die bewußte Zerstörung einer zivilisierten Organisation, wie sie jede Gesellschaftsordnung aufweist – und sei sie noch so grausam – erzeugen eine Verworrenheit und Verworfenheit aller menschlichen Werte.

20. 11. 1941. Man sitzt in einem Zimmer im dritten Stockwerk eines riesenhaften Wohnblocks, der von Zivilisten geräumt ist. Das Zimmer ist das „Büro": Schreibtisch, Stuhl, ein Gestell für die „Vorgänge". Es ist kalt hier und alles häßlich.

Unser Kdo „Hohensalza" ist längst in viele Teile zerrissen. Die Landwirte waren die ersten, die abgingen. Dann entstand eine Abteilung „Rüstung/Allgemeines und Transport". Dann kamen die Außenstellen, die auch besetzt werden mußten. Mit unserer Seßhaftigkeit entstand Streit und gegenseitiger Kampf, Unsachlichkeit. Wenn die Parole: „Heim ins Reich! in Frankreich umgebogen wurde in „Reich ins Heim", so sagt man jetzt hier in neuer Form: „Heim – mir reichts's!" Wir leben in einer Welt derart gesteigerter Spannung, daß man das Gefühl bekommen kann „alle sind verrückt geworden". Es gibt nichts Vernünftiges zu tun. Für Leerarbeit gilt es seine ganze Kraft einzusetzen, man wird „auf Touren gehalten" und mit lächerlichen Aufträgen bedacht, praktisch zu 95% zum Nichtstun verurteilt. Plötzlich wird „verrückt gespielt", dann heißt es bis nachts 12 Uhr irgendeine Sache erledigen.

Unser Vorgesetzter ist ein einfältiger, ewig brüllender, nörgelnder Hauptmann. Er trägt ebenfalls viel zur „Arbeitsfreude" bei, es ist Kickeriki!

Einziger Lichtblick: sobald Harder und ich „loskommen", gehen wir auf Entdeckungen. Doch das wird zunächst sein Ende finden. Mir wird die Durchführung der Rückquartierung nach Shitomir auferlegt. Als Dolmetscher ist Sonderführer Schmidt zugeteilt.

20. 12. 1941. Jetzt sind wir wieder in Shitomir. Das neue Dienstgebäude des Kdo, zugleich Wohnung und Unterkunft der Soldaten und Unteroffiziere, ist eine fast neue einstöckige Schule. Mir ist die Aufgabe übertragen worden, die Büroräume herzurichten. Das bedeutet, daß zwei große Schulzimmer durch eine zu errichtende Zwischenwand verkleinert werden und so den Status „Dienstzimmer" erhalten. Aber noch ist es nicht soweit. Zuerst müssen in die Dienstzimmer Öfen hineingebaut werden. Noch ist beides nicht soweit. Auf dem Schulhof sollen zwei große Garagen entstehen. Zu all dem bekomme ich auch noch die Holzversorgung, die Bereitstellung des Brennholzes, verantwortlich aufgedrückt.

Noch vor kurzem vor Nichtstun und jetzt mit Arbeit überschüttet. So bin ich urplötzlich „Bauinspektor" geworden. Wo ich die Arbeitskräfte hernehmen soll oder herbekomme, das verrät mir niemand, auch nicht mein Herr Vorgesetzter, Oberstleutnant Gartzen.

Es gibt ja das Gefangenenlager, das ist die erste Möglichkeit. Das macht erstaunlicherweise keine Schwierigkeiten. Ein Unteroffizier und ein Lastwagen kommen bald mit diesen Unglücklichen hier an. Irgendwie komme ich auch zu einigen Bauhandwerkern, Ukrainern, die der Krieg nicht weggespült hat. Sie alle haben natürlich die Hoffnung, daß die Deutschen ihnen zu Lebensmitteln verhelfen können, oder daß ihre Arbeitsleistung auch durch Essen belohnt wird. Aber auch Geld zur Entlohnung muß sein. Mit dem Hauptmann, unserem Adjutanten, ist jetzt über diese Fragen nicht zu reden, er hat „Angst vor seiner eigenen Courage".

Weitere Schwierigkeiten: Bretter, Steine, Zement, Ziegel, Sand, Lehm müssen her, Werkzeuge, Äxte, Sägen, Beile, Motoren für die Kreissägen, weitere Werkzeuge, Nägel, Schrauben. „Woher nehmen und nicht stehlen", sagt ein sächsisches Wortspiel. Doch es gibt hier noch nicht einmal etwas zum Stehlen, fast alles kaputt, was als wertvolles Gut zu gebrauchen wäre.

Vieles muß aus Kiew herbeigeholt werden. Das gibt Laufereien zur „Transportkolonne", die uns Dachpappe und sonstiges Material mitbringen soll. Zur Aushändigung dieser Sachen und Geräte bedarf es besonderer Bescheinigungen vom Zivilkommissar. Dort aber muß man sich mit den braunen Bürokraten herumärgern. Es wird deutlich, daß es geheime Reibereien zwischen Militärverwaltung und Zivilverwaltung gibt. Es wird deutlich, daß es keine Gemeinsamkeiten und gemeinsame Führungsprinzipien im ausführenden Wirtschaftsbereich gibt[8]). Diese Auswirkun-

---

[8]) Zu diesen Reibungen mit der Zivilverwaltung, die schließlich damit endeten, daß die Wehrmacht in Kiew wieder die wichtigsten Betriebe in eigene Betreuung nahm, s. den Bericht RüKdo Kiew/Rü/A u. T vom 16. 4. 1942 über die Entwicklung der Abt. A u. T

gen bekomme ich jetzt zu spüren. Mal ist kein Auto da, mal kein Benzin. Währenddessen schleicht der Fortschritt der Arbeiten im Außenbereich. Frost und Kälte machen das Arbeiten für die schwachen, ausgemergelten Gefangenen keineswegs zur Freude. Sie sollen mit Hacken den Boden außreißen, damit ein Fundament entsteht und Pfosten für die Garage in den Boden kommen. Es ist Schwerarbeit, der Boden ist steinhart gefroren. Da die als Aufpasser bereitgestellten Soldaten die Kälte auch nicht lieben, ist es nicht verwunderlich, daß nichts geschieht, wenn die Aufpasser den Rücken kehren. Es passiert auch, daß die Landser die Gefangenen für ihre Zwecke einspannen: Auto putzen, abladen, Holz in die Stube schaffen.

Für zwei Tage bin ich nach Kiew gefahren, um mir selbst Material zu besorgen und mitzubringen. Von unserem Kdo sind noch 3 Mann als sogenanntes Außenkdo dort.

In einem größeren Haus, das auch einen sauberen Eindruck machte, bin ich untergekommen. Aber am ersten Tag schon fraßen mich die Wanzen und Flöhe an. Oh, wie ich diese Viecher hasse, wie sie mich anekeln. Wenn man sie erwischt und wütend unterm Fingernagel zermalmt, hinterlassen sie einen ekelhaften Geruch, der das ganze Zimmer verstänkert.

Einen Abend und eine lange Nacht hatte ich einen besoffenen, dahergelaufenen Sonderführer bei mir aufgenommen, weil ich nicht mochte, daß er grölend und torkelnd herumlärmte. Es tut sich so schon Beschämendes genug. Es war der Sohn des Kommerzienrates Stierl aus Berlin. Einer seiner Brüder hängt mit in dem Fememordprozeß Schulz[9]) drin, erzählte er unter anderem in seinem Suff.

21. 12. 1941. Es schneit und schneit. Das Feuerholz gefriert am Boden fest und es gefrieren Steine ans Holz. Die Steine ruinieren die Säge. Die Gefangenen haben begreiflicherweise kein Interesse daran, die Säge zu schonen. Ist sie kaputt, brauchen sie nicht zu arbeiten und haben eine Pause. Die können sie dann benutzen, um ungehindert in der Nachbarschaft nach etwas Eßbarem nachzusuchen und nachzufragen. Schon ertönt der Ruf: „Die Säge ist kaputt! Herr Inspektor . . .!" Es ist jeden Tag dasselbe Theater. Wo sind die Werkzeuge? Diese sind bei dem Kraftfahrer im Wagen, die Wagen aber sind unterwegs. Das interessiert die Herren Kommandeure nicht. Sie wollen Holz für den Ofen. Wände in den Zimmern, elektrisches Licht an bestimmten Stellen und Garagen auf dem Hof. Alles andere ist Sache des Befehlsempfängers. Schließlich habe ich einen Ukrainer ausfindig gemacht, der eine Feile hat, mit der man die Kreissäge schärfen kann. Er will sie natürlich nicht hergeben, denn sie kostete ihm 50 Rubel und hier soll er sie stumpf machen. Diese Schwierigkeiten werden mit einer Flasche Wodka, die sich in meinem Besitz befindet, überwunden.

Inzwischen sind die Gefangenen fortgeholt worden und es wird auch kein Holz gehackt. Noch über dem Nachforschen ihres Verbleibens kommt der Glaser und will Glas. Du lieber Gott — wo soll ich hier Glas hernehmen? Ich will ihn abwimmeln, doch da stellt sich heraus, daß er das Glas im Quartier des Kommandeurs braucht. Auch in den Mannschaftsstuben sind Scheiben entzwei.

---

vom einrücken des RüKdo Kiew in Kiew am 23. 9. 1941 bis zum 1. 4. 1942, Kopie im Besitz des Verfassers.

[9]) Der Oberstleutnant Schulz stand 1923 im Mittelpunkt mehrerer Fememorde, wurde 1927 zum Tode verurteilt, aber nicht vollstreckt; s. Gumbel, Fememord, S. 54 f.

Nun kommt zum Überfluß auch noch der Petschnik, der Ofensetzer, und will Lehm. Das leuchtet mir ein und ich weiß es auch, daß beim Ofenbau Lehm gebraucht wird. Aber – „Schwarze Katz". Wie komme ich zu Lehm?

So reden alle vier gleichzeitig auf mich ein. Es bleibt mir nichts übrig als sie verzweifelt anzusehen und zu stammeln: „Nje panimaschu" – ich verstehe nichts! Nun muß der Dolmetscher her.

Ein großer Lastwagen bringt Bretter und Balken. Die Zimmerleute stehen umher und zeigen keine Lust, beim Abladen zu helfen. „Golodna!" Es ist kalt! meinen sie. Nun ja, es stimmt. Es sind 28° minus. Auch ich friere jämmerlich. Unser oberster Kriegsherr war ja so klug, seinen Krieg schon im Herbst am Ende zu sehen und hat deshalb seine Krieger nicht für den Winter ausgerüstet. – Doch was soll's? Eben deshalb muß die Garage schnell fertig werden. Mit einer Schachtel Zigaretten werden die Zimmerleute „aufgewärmt". Na – nun geht es schon besser.

Da alle Lastwagen unterwegs sind, ziehen ein halbes Dutzend Gefangene mit einem zweirädrigen Karren durch die Stadt zu einer anderen Schule, um einen Ofen zu holen. Ich trotte nebenher, bin sozusagen ihre Wache, aber auch ihr Chef. Hie und da bekommen sie von den Einwohnern etwas zugesteckt, ans Flüchten denkt keiner.

Kaum sind wir zurück, kommen die Maler und wollen Brot. Einer möchte eine Bescheinigung, daß er hier arbeitet. Da höre ich, daß arbeitsfähige Ukrainer von Leuten des Arbeitsamtes zur Arbeit „eingesammelt" werden. Ich hatte mir meine Handwerker durch Mund-zu-Mund-Propaganda angeworben: sie sind also Freiwillige. Jetzt fürchten sie, ihre Freiheit zu verlieren. Also: Bescheinigung in die Hand gedrückt mit der Hoffnung, daß ich die Leute wiedersehe.

Nach dem Mittag jammern mir einige Gefangene vor, daß sie nichts zu essen bekommen. Also hin zur Küche und „Krach schlagen". Nun bekommen die Gefangenen ihr Essen.

Die Zimmerleute wollen Nägel. Ich weiß, daß es bei einem Ukrainer welche gibt. Ich kenne seinen Vorrat nur zu gut, denn ich hatte den Auftrag gehabt, alles zu beschlagnahmen (damit es dem Schwarzmarkt entzogen wird). Doch heute will er nicht einen einzigen Nagel herausrücken. Warum?

Shitomir ist inzwischen in die Hände des Reichskommissars übergegangen. Jetzt sind seine Dienststellen die Beschlagnahmer. Es sind genaue, förmliche Anweisungen zur Ausgabe nötig, die von der Zivilverwaltung ausgestellt werden und zwar nach ihrem Gutdünken. Der Ukrainer hat natürlich längst die deutschen Methoden erfahren, die bei etwaigen Übertretungen gegen Anweisungen eintreten. Er hat schreckliche Angst, ohne Bescheinigung etwas zu tun. Da ich die Nägel aber heute brauche – am nächsten Tage habe ich einen Fahrbefehl nach Kiew und kann nicht hierherkommen. Auch sollen die Zimmerleute während meiner Abwesenheit arbeiten können. Mit einer List komme ich, ohne den Mann zu belasten, zu Nägeln. Die ganze Angelegenheit beweist, daß wir Militärs hier keineswegs mehr die Herren sind.

Schon erfahre ich eine neue Schreckensbotschaft. Der Motor zur Kreissäge ist nur ausgeliehen und soll am nächsten Tag zurückgegeben werden. Also auf – Motor beschaffen! Aber wo? Wo soll in Shitomir ein Motor übrig sein? Ich finde natürlich auch keinen. Motore gibt es in Kiew, doch das braucht Zeit. Es gelingt mir, die Leihfrist zu verlängern – wenigstens ein Erfolg.

So geht es weiter. In einer Offizierswohnung sollen Maurer kommen, in einer anderen heizt der Ofen nicht, der Dritte will Feuerholz.

„Pan!" – „Pan" – „Inspektor", so geht es den ganzen Tag. Jetzt kommt ein Ukrainer, er fragt, ob er ein paar Bretter bekommen kann. Bretter . . . zu was? Dann erzählt er: ein alter Mann ist gestorben und er will ihm einen Sarg zimmern. Sarg! – Hm! – Nackt, ohne Wohnung in der Erde liegen, ist bestimmt nicht schön. Also bleibt mir nichts übrig als ihm – aus Wehrmachtsbestand – die berühmten „6 Bretter" zu überlassen. Hierbei stelle ich erstmals fest, daß man mit 6 Brettern gar keinen Sarg bauen kann. Also – zehn.

Beim Major fällt das Haus ein, er braucht Handwerker. Ach ja – nächstens werde ich wohl noch dem oder jenem den bekannten „Fahrschein" reichen müssen.

Als dann die Garage, bis auf die Türen, fertig ist, spendiere ich zum „Hebefest" eine Flasche. Das bewirkt, daß ich die nächsten Tage bestürmt werde, für ihr Geld Wodka zu kaufen.

Wieder ist Not am Manne. Der Riemen zur Kreissäge ist zu lang. So eine Kreissäge inmitten der russischen Winter ist wie ein Herz, das gepflegt und geschont sein will. So muß ich selber ran und flicke den Riemen, damit ja nicht wieder ein neues Malheur passiert.

25. 12. 1941. Heute mit dem Adjutanten nach Kiew. Hier wurde am 1. Feiertag die Oper eröffnet. Leider bekamen wir keine Karten.

1. Januar 1942. Das neue Jahr ist da. Es ist alles wie immer. Kälte, Schnee, das tägliche Werkeln, das den Eindruck erweckt, als würden die Deutschen sich hier für immer niederlassen.

Zum Neujahrstag, die Herren Landser, die zu jedem Frühstück einen Inspektor verzehren möchten, schlafen noch ihren Rausch aus. Der Inspektor steht mit „seinen Ukrainern" im Schuppen und schärft die Kreissäge. Damit mir warm wird, säge ich eine halbe Stunde, sozusagen als Morgengymnastik. Die Arbeiter staunen: „Die deutschen Offiziere bringen aber auch alles und machen alles selber", sagen sie.

Jetzt, nachdem alles fertig ist, ziehen wir wieder um. Zwar bleiben wir in Shitomir, aber – es wird wieder mal „verlegt". Wieder wird eine Garage gebaut. Alles läuft noch einmal so ab, „wie bereits gehabt". Ich bestelle 6 Gefangene mehr. Sie sollen den Fußboden planieren. Als die Gefangenen erscheinen, bekommt jeder sein „Instrument" (= Werkzeug), einen Spaten. Wie sie damit den gefrorenen Boden auf das Auto bringen sollen, ist mir im Moment auch nicht klar. Doch Befehl ist Befehl. Hauptsache, jeder hat sein Instrument.

Als endlich die Türen genagelt werden sollen, kommt der nächste Schlag. Aus der Werkstatt sind 30 kg Nägel weg „organisiert". Der noch verbliebene schäbige Rest ist nicht zu gebrauchen. Wieder eine Erfahrung reicher.

Geblieben sind die früheren Probleme: wo Schlacke hernehmen? Woher Schutt zum Ausfüllen der Unebenheiten, damit die Autos im Frühjahr nicht im Schlamm versinken. Woher die Fahrzeuge bekommen, die die erforderlichen Transporte durchführen, Material herbeischaffen: Dachpappe, Schrauben, Schlösser, Eisen – wo gibt es so etwas?

Zu Hause, – ja, zu Hause. Da ging man in die nächste Eisenwarenhandlung oder der Lehrjunge wurde fortgeschickt. Selbst wenn er genug bummelte, in einem halben Tag war er bestimmt zurück, denn er wollte ja das Mittagessen nicht versäumen. Hier . . . sollte man alles selber riechen, selber holen und sich noch darauf setzen, sonst war es einmal.

Nitschwewo! sagen die Russen. „Macht nichts!" Der russische Mensch ist eben für die westliche Welt seit jeher nicht allein vom Rationalen her zu begreifen. Wir können uns einfach nicht daran gewöhnen. So steht man eben frühmorgens in windiger, eisiger Kälte: fertigt die Fahrer ab, die zum Holzholen fahren, Benzin bringen sollen. Dienstfahrten vorhaben, empfängt die Gefangenen, teilt Arbeiten und Aufsichten ein, stürzt sein Mittagessen hinunter und wird dabei schon wieder von fünf anderen Ereignissen gepeinigt. Schließlich darf man als Letzter Schluß machen, um endlich zu seinem Quartier zu kommen. Immer mit der Peitsche: „Wenn es ihnen nicht paßt, bitte – gehen sie zur Front!" In seinem Quartier kann man dann noch einen Grundriß des neuen Quartiers zeichnen.

Inzwischen fährt ein Soldat nach dem anderen in den Urlaub. Die Herren Offiziere spüren ein altes Kriegsleiden und müssen in die Heimat zur Erholung. Der Inspektor, der Wehrmachtsbeamte bleibt in der Etappe, er hat ja nichts auszustehen: Goroscho! Gut, gut!

So vergehen die Tage, manchmal auch mit etwas Freude. Die Arbeit ist gut vorangekommen und am Ende des Arbeitstages habe ich jedem Arbeiter einen Kloben Holz überlassen. Es war ein seltsames Bild. Acht Mann zogen mit einem Meter großen Rundholz über der Schulter heimwärts, mit vergnügtem Lächeln. Sie freuten sich wie die Kinder über diese Extragabe. Als sie dann noch die ihnen zustehenden zwei Brote pro Kopf bekamen, war die grimmige Kälte des Arbeitstages vergessen.

6. 1. 1942. Heute war der Herr General von Nostiz-Wallwitz[10]), Inspekteur der Wi In Süd, aus Rowno hier in Shitomir. Der Kommandeur führte ihn überall umher und ich hatte ihm die fertigen Arbeiten zu zeigen. Die Obrigkeit war zufrieden.

Mit dem Erscheinen des Generals stieg auch die Hoffnung auf Heimaturlaub. Bevor unser Quartier nicht eingerichtet war, konnte man ja nicht an Urlaub denken, nur träumen. Doch der General brachte eine Schreckensbotschaft mit: Urlaubssperre für Urkaine! Dazu die Warnung: Nicht ohne Treibstoff nach Kiew. Dort ist seit Januarbeginn die Ausgabe von Benzin, selbst auf Tankschein, gesperrt.

4. 2. 1942. Es zeigt sich immer mehr, daß die Ukrainer keine große Lust haben, bei den Deutschen zu arbeiten. Man kann es ja verstehen. Doch die militärische Disziplin, der wir befehlsgemäß unterliegen, kann so etwas nicht dulden. Was kann gegen die Unlust unternommen werden? Jetzt, wo die Zivilverwaltung hier regiert, ist ein ukrainischer Widerstand spürbar. Das ist zwar nicht offiziell sichtbar. Doch der enge Kontakt mit den ukrainischen Helfern, den meine Aufgabe mit sich bringt und die Funktion meines guten Dolmetschers Harder läßt es deutlich merken, am deutlichsten auf der Baustelle. Heute werden sie vom Arbeitsamt gesandt, morgen sind sie längst über alle Berge. Die Bolschewisten, die Russen, sind sie los geworden und schon haben sie neue Bedrücker auf dem Halse. Denen können sie sich leichter entziehen.

Am besten arbeiten noch die Frauen. Sie arbeiten mehr als die Männer. Es herrscht ein enorm großer Mangel an Facharbeitern. Das ist ja, durch den Krieg be-

[10]) Generalmajor Gerhard v. Nostitz-Wallwitz (1885–1966), 1938 Rüstungsinspekteur XVIII (Salzburg), 1942 Wrtschaftsinspekteur Süd, 1943 erneut Rüstungsinspekteur XVIII, 1944 Führerreserve, 28. 2. 1945 entlassen.

dingt, eine ganz logische Sache. Man muß eigentlich staunen, daß bei der Gründlichkeit der Russen, alles Wichtige mit hinter ihre Frontlinien zu nehmen, überhaupt noch arbeitsfähige Männer hierbleiben konnten.

Auf meinem Bau arbeitet nur noch ein einziger Maurer. Alle anderen sind auf und davon, vorm Arbeitsamt geflohen. Sie fürchten, nach Deutschland geschickt zu werden. Ein einziger, noch anwesender Zimmermann ist oder stellt sich dumm. Er will oder kann keine Türen ausschlagen, „Ich nicht Spezialist!“ Damit bringt er zum Ausdruck, daß er keine Tischlerarbeiten macht. Dieses Dilemma zeigt sich auch beim Elektriker. Er soll am Eingang eine Klingel anbringen und die dazugehörigen Leitungen legen, praktisch zwei dünne Drähte von der Stromquelle zur Klingel und zum Klingelknopf anbringen. Er tut es nicht, obwohl er Elektriker ist. „Ich nicht Spezialist!“ Er ist Starkstromelektriker und kein „Schwachstromer“.

15. 2. 1942. Wegen Kohlenmangel muß das Elektrizitätswerk die Kraftversorgung einstellen.

Am 18. 2. 1942 trifft beim Kdo ein Fernschreiben ein. Es sollte auch für mich noch bedeutsam werden. Es lautet: die Schlittenfertigung ist sofort zu stoppen. Dafür ist der Bau leichter Bespannfahrzeuge und Herstellung von Geschirr für Panjepferde unter Ausnutzung aller Möglichkeiten aufzunehmen.

Damit erhielt die Dienststelle eine neue Aufgabe. Die entscheidende Förderung konnte nur von Kiew aus gesteuert werden. Jetzt strebten die Verantwortlichen danach, Kiew wieder zum Sitz des Kdo zu machen.

10. 3. 1942. Inzwischen macht sich der Frühling bemerkbar. Es taut kräftig. Unsere Hoffnung: so wird der Schnee weggehen und die Urlaubssperre. Doch: Urlaubssperre aufheben, daraus wird nichts. Im Gegenteil, man eröffnet mir, daß ich für einige Monate nach Südrußland fahren soll.

13. 3. 1942. Adresse ist noch immer: Rü Kdo Shitomir, Leitstelle Lemberg II.

24. 3. 1942. Doch wieder einmal kommt es anders. Mitte März heißt es für mich: ab nach Kiew, Büros und Quartiere einrichten. Als Helfer wird ein Fahrer mit einem Lkw plus 10 Liter Benzin im Reservekanister zugeteilt.

Der Herr Kommandeur und das dortige Restkdo waren bereits als Quartiermacher tätig. Ein Häuserblock an einer Straßenecke, vier aneinander gebaute Einzelhäuser, sind für das Kdo beschlagnahmt worden. Der in Besitz genommene Komplex war von Künstlern und Schauspielern bewohnt. Dort ist auch ein geologisches Institut untergebracht. Jetzt liegen die wissenschaftlichen Bücher und Werke, aus den Fenstern geworfen, auf dem Fußweg, dem Wetter ausgesetzt. Die Sicherstellung dieser Werte wird mir befohlen. Ein Sonderkdo unter Leitung von Prof. zur Mühlen übernimmt Ordnen und Auswerten, vorerst in Shitomir.

Bis auf drei Familien waren in „unserem“ Block alle Zivilpersonen schon ausquartiert oder als Juden dem damaligen Schicksal verfallen.

Mein Auftrag lautete: Die erforderlichen Bauarbeiten zur Einrichtung von 35 Büroräumen und 40 Mannschaftswohnungen durchzuführen. Es galt neue Wände zu errichten, an vielen Stellen neue Türen zu erstellen, um einen ungehinderten Durchgang durch alle vier Häuser zu ermöglichen. Dazu kam noch die Erstellung einer Kommandeurs- und Generalswohnung, sowie die Einrichtung der Küche im Erdgeschoß. Zusätzlich: Bau von Garagen im Hofgelände.

Nun ging die ewige Schererei mit der Materialbeschaffung wieder los. Wo und wie sollte man in einer fremden, vielfach zerstörten Stadt, die über einen Meter unter Schnee begraben liegt, all das beschaffen, was für eine solch große Brauerei erforderlich ist. Mit dem kleinen Lkw, jetzt ohne Benzin, standen wir vor den Problemen, hinter uns die Befehle. Auch der sehr findige Fahrer kann nicht zaubern, doch er war und blieb eine wertvolle Hilfe. Es ist vielfach erstaunlich, was Landser aufzuspüren wissen.

Der Herr Kommandeur aber scheint sehr nervös zu sein. Täglich ruft er oder die Ordonnanz aus Shitomir hier an und will wissen, wie weit alles gediehen ist. Und er hat Wünsche, er braucht ein Badezimmer, vordringlich, denn das Kdo will bald erscheinen. Immer wieder seine Frage: „... fertig? ... fertig? ..." Einmal wünscht der Chef morgens 7.30 Uhr angerufen zu werden, ein andermal abends um 9 Uhr. Er treibt und treibt. Erscheint auch persönlich, scheut den weiten Weg nicht. Es paßt ihm dies nicht und jenes. Sein Bad ist zu schmal, die Wanne zu kurz. Die neue Wanne hat eine schadhafte Stelle in der Emaille. Wieder eine neue Wanne suchen ...

Es bleiben die ewigen Schwierigkeiten der Materialbeschaffung. Bürokratismus und Frost sind ausgezeichnete Bremser. Zu dieser Zeit sind immer noch 19 Grad minus. Tageweise geht die Arbeit von morgens 6 Uhr bis nachts 12 Uhr. „Wenn es ihnen nicht paßt? – Bitte! – Sie können sich jederzeit zur Front abkommandieren lassen!"

Es ist Krieg! Krieg, den die Deutschen angezettelt haben. Dann noch die verfluchte Kälte. Mich friert entsetzlich. Keine Unterwäsche, keine dicken Strümpfe, keinen Schal, keinen Pelz, ein Hemd, das bis zum Nabel reicht. Da muß ja ein Mensch krank werden – aber Menschen spielen ja keine Rolle.

27. 3. 1942. Ich baue noch immer, stecke in Schutt und Baudreck. Habe schon den Spitznamen „Mauerbrecher" erhalten, die Herren Offiziere sagen ironisierend „Baurat". Doch amtlich bin ich es nicht. Mein Leben lang habe ich nichts mit „Bau" zu tun gehabt.

Am 31. 3. 1942 verlegt das Kdo seinen Dienstsitz erneut nach Kiew. Nun geht das Einräumen los. Die Schreibstuben gehören zum angenehmen Teil dieser Angelegenheit, denn die Schreiber halten an ihren Möbeln, Schreibtischen und Regalen fest und schleppen alles hin und her, wie befohlen.

Generalsbesuch ist angesagt. Diese Mitteilung bringt, wie überall beim Militär, den „Laden in Schwung". In Shitomir hat ein General meinen „Bau" besichtigt. Hier in Kiew will ein anderer meine Arbeiten in Augenschein nehmen. Es soll für eine weitgehendste Beendigung der Bauarbeiten gesorgt werden.

Der Generalsbesuch hatte zur Folge: Sofortige Einstellung aller Bau- und Umbauarbeiten. Dafür Einsatz bei der „Aktion Fuhrmann", dem Panjewagenbau. Das bedeutete von einem Tag zum anderen Aufgabenwechsel. Auch dies war und wurde kein Druckposten, sondern eine höchst aufregende Angelegenheit. Nunmehr galt es, wie befohlen: ... „unter Ausnutzung aller Möglichkeiten ..." leichte Bespannfahrzeuge und Geschirre für Panjepferde zu produzieren. Daß dies alles „lief", wurde und war nunmehr meine Bürde[11]). Zwischendurch zweimal zum Kriegsgericht, vorgeladen als Zeuge. Es handelte sich um „Plünderung". Ein Luft-

[11]) Zum Hintergrund s. vorn Nagel-Studie, S. 270.

waffenzahlmeister war angeklagt. Er hatte aus einem Betrieb in größerer Zahl Spiegel für seine Einheit „organisiert". Die ganze Sache „lief noch mal so ab". Alle Beteiligten waren froh darüber. Das Kriegsgericht hatte seine Pflicht erfüllt, die Luftwaffe hatte ihre Spiegel.

Was sollten wir aber auch tun? Geriet ich doch oft genug hart an die Grenze der Legalität. Das Gericht hatte in der „Spiegelaffäre" die Nöte der Nachgeordneten wohl erkannt. Nur so war vieles überhaupt erst möglich und einer Lösung zuzuführen.

Längst war man ja dahintergekommen, daß das „Organisieren" hier fast zum Überleben gehörte. Amtlich hieß dies: „Die Truppe versorgt sich aus dem Lande!" Je weiter es nach oben ging, desto sicherer wurde organisiert. Es hieß dann eben nur „Sicherstellen" oder „Beschlagnahme".

In dieser Art verstand sich auch unser Chef sehr gut. Er hatte immer besondere Wünsche: Möbel, Lampen, Gardinen, Radioapparate. Das alles hatten wir vielfach kennengelernt. Selbst bei seinen Rundgängen durch die Mannschaftsstuben sah und fand er dann auch manchen Gegenstand, den die Landser „sich unter den Nagel gerissen hatten". Hier war die Sache sehr einfach. Der Chef befahl nur: „Das schaffen sie zu mir ins Zimmer!" Aus! – Widerspruch gibt es nicht beim Militär. So durfte dann der Betroffene den Besitzwechsel persönlich vornehmen.

Von Tag zu Tag vergrößert sich der Zustrom von Zivilisten aus dem „Reich". Manche Männer lassen ihre Frauen nachkommen. Einige von ihnen haben sogar Dienste und Pflichten angenommen, nur um in der Nähe ihrer Ehemänner zu sein. Eine Frau hat sogar die Führung eines Betriebes übernommen.

Für diese Zivilisten hat der Reichskommissar ein Geschäft einrichten lassen. Dort gibt es alles zu kaufen. Nur die Wehrmacht darf da nichts kaufen, doch jeder Zivilist aus Deutschland, der von irgendeiner Firma nach hier gesandt wurde. Nur nicht die Soldaten, das Geschäft ist ja keine Marketenderei. So sieht also die Volksgemeinschaft aus. – Na, was denn – Zivilisten können doch auch nicht in den Kasernenkantinen begehrte Sachen kaufen. Ordnung muß sein! Überhaupt „deutsche Ordnung".

Neuerdings hat es hier auch Personalwechsel gegeben. Einige Herren sind fort; nur noch wenige gehören zum alten Stamm. Zwei neue Kameraden sind als Ergänzung hinzugekommen. Die beiden „Neuen" sind prima Kerle. Einer ist ein Techniker, Rudolf H. aus Dresden, der andere ein Möbelfabrikant aus Thüringen. Er bekam den Auftrag, die Fertigung von „Finnenzelten", leichte Unterkünfte für die Truppe, durchzuführen.

Anfang Juli 1942. Hier wird die Nachricht verbreitet, daß ein General in die Ukraine kommen soll, um bei den rückwärtigen Diensten eine Durchkämmungsaktion durchzuführen. Diese Überprüfung soll feststellen, ob sich dort frontdiensttaugliche Soldaten „herumdrücken". Dienstlich ausgedrückt: „ohne nachweislichen Grund sich da aufhalten". Es bedeutet: ab Jahrgang 1906 und jünger sollen sofort zum Truppendienst abgestellt werden. Wenig später bewahrheitet sich das Gerücht. Der General hieß Unruh, und verbreitete Unruh. Nun hatte er auch mich erfaßt.

Am Sonntag kamen 25 Waggon Material für die Panjewagenfertigung angerollt. Sie mußten sofort entladen und an die entsprechenden Verarbeitungsbetriebe weitergeleitet werden.

Inzwischen meldet General Unruh dem OKW-Stab zbV am 11. 6. 42, daß „die Rüstungsinspektion Ukraine, wie der General der Rüstungsinspektion selbst ausführt, zu 80 Prozent überflüssig [sei], da es dort keine Rüstungsbetriebe gibt und die anderen Betriebe der Reichskommissar bereits übernommen hat . . ." Es mag schon zutreffend sein, daß es keine Rüstungsbetriebe in der Art wie im Deutschen Reich gab, es gab eine Vielzahl – oft primitiver Art – Werkstätten und Einrichtungen für den Truppenbedarf. Die ständigen Reibereien zwischen Wehrmacht und Zivilkommissaren mögen wohl zur abgefaßten Meldung beigetragen haben.

Die Zahl der Betriebe, die jetzt für die „Aktionen Fuhrmann" und „Pleskau" arbeiten, ist inzwischen auf 22 gestiegen. Mein Dresdner Kollege Hartmann hat Geschirre und Zugseile übernommen und fährt auch gelegentlich hinaus in die Wälder.

Um die Holzversorgung sicherzustellen, werden wir vom Wi Stab Ost mit einem Stabskommando beglückt, an der Spitze ein General, der dem Wi Stab Ost als Teil des OKW direkt untersteht. Er soll dafür sorgen, daß die Holzbeschaffung für die kämpfende Truppe schneller und sicherer wird[12]).

Zunächst bestand dieser Stab aus 6 Schreibern, 2 Unteroffizieren und einem Feldwebel. Der General hatte sichtbar die Sympathien seiner Soldaten. Er zeigte sich tatsächlich menschlich, keineswegs überheblich und hatte noch viel eines Zivilisten an sich. So waren auch wir zufrieden. Mit der Zeit bildete sich unter den „Herren" ein „Gut Holz" heraus.

Damit war eine neue Dienststelle entstanden, eine neue Verbindungszentrale zwischen Zivilverwaltung und Militärverwaltung.

Bald folgte diesem Stabe eine Kompanie, die für den Einsatz am Ort bestimmt war. Diese Truppe wurde auf die einzelnen Betriebsstellen auf dem Lande verteilt. Auch mir wurde ein Teil der Leute als „Holzkommando" zur Verfügung gestellt und auf die entfernten Betriebsstätten verteilt.

23. 8. 1942. In Smela, südlich Kiew, bei Tscherkassy, ist eine Maschinenfabrik für uns tätig. Von Zeit zu Zeit müssen wir dort hin. Durch die 250 km lange Autofahrt über russische Straßen sehen wir aus wie die Erde. Hinter unserem Fahrzeug weht eine hundert Meter lange Staubfahne. Im Auto selbst ist alles genauso verstaubt wie außerhalb. Nein, Autofahren ist hier kein Genuß. Dabei wird man noch durcheinander geschüttelt, so daß man am Schluß ganz benommen ist.

Kurz vor Ankunft Halt an einem Wasserlauf. Ein Bad soll uns erfrischen. Schnell sind wir Nackedeis geworden: Hauptmann Kickeriki, ich, Fahrer und Dolmetscher Schmidt. Wir bleiben nicht ungestört. Die Dorfjugend erscheint, um uns anzustaunen. Nackte Deutsche können sie wohl auch nicht sogleich wieder sehen. Erst wollten wir die Bengels wegjagen. Doch sie vollführen, nun selber im Wasser, uns zu Ehren allerlei „Kunststückchen". Sie tauchen nach Fischen und haben innerhalb weniger Minuten acht große Fische gefangen, werfen sie einfach aufs Land, wo sie im prallen Sonnenschein zappeln. Wir erbarmen uns und werden zum Schlächter.

Wieder in der Dienststelle, wird mir eine Vorladung zum Kriegsgericht überreicht. Beschuldigung: Beihilfe zur Desertion. – Was soll's? Ich wußte nicht wann,

---

[12]) Siehe dazu ebd. S. 51.

wo, wer dem Kommiß oder der Front den Rücken gekehrt haben sollte. Ich selbst — war ja hier.

Die Gedanken suchten nach möglichen Gründen. Was im Kopf vorging, darüber zu schweigen, beherrschte man seit 33. — Man hatte mir schon einmal vorgeworfen, ich hätte die Flucht eines kriegsgefangenen Russen begünstigt. Hm! — Ich stehe ja nicht mit einem Gewehr als Wache bei den Arbeiten dabei, dafür ist die Bewachung verantwortlich. Das aber ist Aufgabe des Adjutanten, des Ia. Bei der Ablieferung der Gefangenen stimmte die Zahl trotzdem, da irgend einer vor dem Gefangenenlager dazugelaufen war.

Was konnte es sonst noch sein? War da ein Giftpfeil von der Zivilverwaltung abgeschossen worden? Im Zivilkommissariat war man an einer Stelle über mich ärgerlich geworden. Für die Arbeiter des Kdo brauchte ich Lebensmittel: Grütze, Hirse, Fleisch, Wurst, Brot. Die offiziellen Zuteilungen schienen mir zu ungenügend und ich hatte meine „Zunge nicht im Zaume gehalten". Irgendwie war meine Antipathie gegen die Braunen durchgebrochen und der Beamte fühlte sich desavouiert und hatte sich beim Kdo über mich beschwert. Es war dumm von mir, denn ich hatte allen Grund, bei meiner früheren politischen Situation und meiner Gesinnungslage keinen Ärger zu provozieren.

Es konnte sich natürlich jederzeit die Möglichkeit zu Fehlverhalten ergeben, aber die hier herrschenden Ungerechtigkeiten können doch auf die Dauer nicht hingenommen werden durch eisiges Schweigen. Wer arbeiten muß, muß auch essen!

Unser Kdo hatte, als es in der Stadt auftauchte, eine „Preisverordnung" erlassen[13]):

> „Mit sofortiger Wirkung werden für das Gebiet des Wirtschaftskommandos Kiew folgende vorläufige Kleinverkaufspreise festgesetzt. Die Nichteinhaltung der festgesetzten Preise wird kriegsgerichtlich bestraft."

Nach der Kdo-Preisverordnung durften kosten:

> (jeweils 1 kg in RM) Roggenmehl 0,13; Weizenmehl 0,16; Linsen 0,09 — Jawohl, 1000 Gramm für 9 Pfg. Hochwertiges Rindfleisch 0,74—0,94; Brot 0,08; Butter 2,50; Kartoffeln 0,03; Äpfel 0,40; schwarzer Tee 5,00—11,00 RM.

Die wirklichen Preise aber waren ganz anders. Die bei uns beschäftigten Arbeiter bekamen 0,15 RM Lohn pro Stunde. Für 1 kg Brot auf dem Markt hatten sie zu bezahlen 4—6,00 RM. Zehn Kartoffeln kosteten 2,50 RM. Wo sollte da auch die Lust zur Arbeit herkommen?

In der kleinen, im Zentrum der Stadt liegenden und gut arbeitenden Fabrik „die Mechanische" ist wieder ein Schmied gestorben: verhungert. Es ist der dritte. Wo soll das hinführen? Ich bin ganz ratlos. „Arbeiten, arbeiten" ist der Befehl, doch Brot und Nahrung?

Der Stundenlohn für den Meister beträgt 0,22 RM, ein einziger Apfel aber kostet 1,00 RM!

Wie soll dieser Unsinnigkeit ein Ende bereitet werden? Was kann ich tun, wenn man weiß, daß diesen Menschen nur durch Brot und Wärme geholfen werden kann, um den Tod zu vertreiben? Aber weder das eine noch das andere ist für sie vorhanden, nur Zwang, Gewalt, Brutalität, Tod.

---

[13]) Zur Preispolitik ebd. S. 120.

Manchmal mußte ich mich fragen: wovon haben wir die Menschen befreit? Sie hungerten bei den Bolschewisten, sie hungern bei den deutschen Nazis. Und wir wurden, gegen unseren Willen, gegen unsere Gesinnung, Vollstreckungsgehilfen. Man konnte sich schon schämen. Doch wie ist Hilfe möglich? ... Durch die Beschaffung von Nahrungsmitteln für diese Geplagten erhoffte ich meinen Teil erfüllen zu können. Dabei also war ich bei den „Braunen" wohl irgendwie aufgefallen.

Vieles war hier problematisch. Die Beschaffung von Material war oft genug an der Grenze der Legalität. „Man durfte sich nur nicht erwischen lassen" war die Rechtfertigung hierfür. Vornehmerweise wurde solches Tun als „organisieren" bezeichnet. Dadurch wiederum wurde ein Schein von Legalität erweckt.

Im Kommandobereich regierten nach der Übernahme des Gebietes durch die Zivilverwaltung die „Goldfasanen". Es waren Gebietskommissare, die hier eingesetzt waren als oberste Verwaltungsbeamte des Reiches. Die goldenen Schulterstücke und viel Gold an Kragen und Ärmel ihrer braunen Uniformen brachten ihnen die Bezeichnung „Goldfasanen" ein. Es waren junge Parteimänner, ausgebildet auf den Nazi-Ordensschulen. Sie waren Vollstrecker Hitlerscher Politik und in dieser Eigenschaft harte, parteigewaltige Funktionäre. Zugleich waren sie in ihrer staatlichen Eigenschaft Vollstrecker staatlicher Gewalt. Sie waren allmächtig: Herren über Besitz und Eigentum, über Leben und Tod. Es galt stets bedacht zu sein, ja nicht in ihre Komplizenschaft zu geraten.

Täglich wurden kleine Geschehnisse, menschliche Katastrophen bekannt, die die Verantwortlichen der Kriegsmaschinerie nicht zur Kenntnis nahmen. Die ukrainische Bevölkerung aber hatte die Meinung des Reichskommissars Erich Koch, verantwortlich für die Verwaltung der Ukraine, zur Kenntnis zu nehmen. Öffentlich sprach er in Kiew aus: „Ich werde das Letzte aus diesem Lande herausholen. Ich bin nicht gekommen um Segen zu spenden. Die Bevölkerung muß arbeiten, arbeiten, arbeiten ..." (Dieser Abschnitt ist von mir erst nach Kriegsende eingefügt worden. Gr.)

Längst rollen die Züge mit den „freiwilligen" Ukrainern ins Reich, um dort deutsche Männer für die Rüstung freizustellen, für den „Dienst mit der Waffe". Die ersten gingen wirklich freiwillig, junge Burschen und Mädchen, die noch hier waren und dem Hungerleben entfliehen wollen.

Ich selbst habe einmal, am 11. 5. 42, einen solchen Zug benutzt. Als „Transportbegleiter" getarnt, kam ich so zum nächsten Urlauberzug nach Dresden. Zwanzig Monate hatte ich keinen Urlaub gehabt. Als dann später die Werbung von freiwilligen Arbeiskräften ins Leere ging, wurde immer stärkerer Druck ausgeübt. Die Methoden, die Arbeitsämter und Gebietskommissare anwendeten, gleichen denen der Sklavereizeiten Afrikas. Das alles geschah unter dem Stichwort „Aktion Saukel"[14]).

Auch die Betriebsleiter von „Fuhrmann-Betrieben" brachten Klagen vor. So war im Sägewerk Motowilowka die Tochter eines Arbeiters geflohen, weil sie nicht nach Deutschland wollte. Der Gebietskommissar von Wassilkow ließ daraufhin — als abschreckendes Beispiel — des Vaters Haus abbrennen.

---

[14]) Zur Anwerbung einheimischer Arbeitskräfte siehe ebd. S. 318.

Wer sich beim Arbeitsamt zu melden hatte, wurde gleich dabehalten, „damit kein Verlust eintritt". Das sprach sich schnell herum, schreckte ab. Viele Ukrainer flohen lieber in die Wälder, gingen zu den Partisanen, als einem ungewissen Schicksal entgegen. So kamen immer neue Schwierigkeiten. Wo waren die Deutschen hingekommen? Einst wurden sie umjubelt!

So kann es nicht weitergehen! Aber wie soll es weitergehen? Das allerdings war nicht meine, nicht des Kdo's Sache. Wir konnten nur feststellen. Die Substanz wird immer geringer, und alle wollen immer mehr, mehr Material, mehr Eisen, mehr Holz, mehr Wagen, mehr Geschirre, mehr Nahrung, mehr Särge.

Eisen und Holz ist jetzt wichtiger Rohstoff. Das OKW befiehlt von Berlin her: „Noch mehr Holz!" Unser „Holzgeneral" leitet die Befehle weiter. Aber da sind auch noch andere Kommandeure und Dienststellen, die Holz und Eisen brauchen: Armeekorps, Divisionen, Pioniere, Panzertruppen, Infanterie, Flieger, Transportkolonnen.

Zuerst die kämpfende Truppe, befehlen die Heerführer. Zuert OKW und OKH, befehlen die Stäbe. Zuerst die OT, zuerst der Nachschub, zuerst die rückwärtigen Verbindungen. Erst die Belange, die wir festlegen! Der Generalkommissar. Zuerst, zuerst, — jeder zuerst!

Alle wollen sie zuerst das dringend benötigte Material in ihrem Besitz haben. Dieser Besitz ist Sicherheit, kann Leben retten, schafft Grundlage zur Erfüllung neuer Befehle.

Holz ist knapp geworden, es muß von weit her geholt werden. Aus den Sumpfgebieten von Mosyr, von Fastow, von Tscherkassy. Es diktiert die Landschaft. Es diktiert der „Holzgeneral", der Stadtkommissar, die Abteilung Forst und Holz. Die Wälder in der Nähe der Stadt gehören zum Stadtgebiet und sind damit nur für die Zwecke des Stadtkommissars reserviert.

Trotz all dieser Bürokratie, trotz Partisanen, trotz Transportschwierigkeiten: es rollt Holz herbei und es bleibt auch über, für den Gräberoffizier. Särge, Särge! war eine der letzten Forderungen des WBU an unser Kdo. Die Herstellung von 120 Särgen je Woche war befohlen. Särge und Grabkreuze gehörten fortan auch zu unserer Produktion. Hochgestapelt stehen diese hohlen Kästen nicht lange in Betriebsstellen der Schlittenfabrik Obolowskaja 13 und in der I. Mechanischen. Schon längst sind sie nicht mehr vorschriftsmäßig. Die neuesten Ausführungen sind nur noch viereckige längliche Kisten von 1,50 m Länge. Es muß Holz gespart werden. Also sind die Särge kleiner zu machen. — Macht nichts, zu Lebzeiten liegt der Schläfer auch mit gekrümmten Beinen im Bett, warum nicht auch bei seinem letzten Schlaf?! Diese kleine Unbequemlichkeit ist sicher zu verzeihen.

Der Geruch der ungehobelten, unpolierten Bretter verbreitet würzigen Harz- und Kieferduft und läßt die Sehnsucht nach Wald wachsen. Nach Wald ohne Partisanen, ohne Krieg, ohne Angst.

Die zugesagten Ersatzleute für die „abgestellten" Jahrgänge treffen nicht ein. Es kommt ein Invalide mit nur einem Arm. Dann kommen Mädchen und Frauen mit dem schönen Namen „Stabshelferinnen". Die Damen stellen Ansprüche. Sie unterstehen zwar dem Militärrecht, doch sie lassen nicht so „mit sich umspringen", wie es beim Militär üblich ist. Das Durcheinander wächst. Die Neuen finden sich noch nicht zurecht. Ihnen fehlt die „Osterfahrung". Zudem häufen sich die Meldungen von Störungen bei den Arbeitsstätten, Partisanentätigkeit und Sabotage in den Sägewerken.

20. 10. 1942. Übernahme von großen Aufgabenteilen des RüKdo Kiew durch die Zivilverwaltung, die sich in einem großen Gebäude einrichtet.

2. 12. 1942. Auf dem Fußboden liegt eine MP, eine Maschinenpistole. Dies ist das Zeichen, daß wieder eine Reise bevorsteht. Es beruhigt solcher Besitz. Die Zeiten und die Gegenden um Kiew sind sehr unsicher geworden.

Im Sägewerk Roschew und Motowilowka waren wieder Partisanen. Wir wollen nachsehen, welcher Schaden entstanden ist. Wenn sie gnädig sind, werden sie uns nicht beschießen. Sie können uns, ein Einzelfahrzeug, abschießen wie die Figuren auf dem Rummelplatz. Es wimmelt überall von Partisanen.

Trotzdem durfte der persönliche Besuch gerade solcher Stellen nicht vernachlässigt werden. In Smela war ein Soldat zur Koordinierung der Arbeiten abgestellt. Mitte November bei einem dortigen Besuch hatten sich die Besprechungen im Betrieb und bei der Kommandantur über den ganzen Tag hingezogen. Der frühe Winterabend brachte starken Schneefall. Ein bereitgestellter Schlitten fuhr mich zu dem weit außerhalb gelegenen Bahnhof. Die Fahrt dahin brachte mir neues Erleben und nie gekannte Eindrücke. Der Schimmel trabte munter in die Finsternis hinaus. Während ich nichts vom Wege entdeckte, lenkte der Kutscher das Gefährt durch die stille winterliche Nacht. Dabei ging die Schlittenfahrt beinahe vorzeitig zu Ende, denn plötzlich steckten wir in einer Senke. Ringsum war Finsternis und Schnee. Doch aus der Ferne blinkte ein Lichtlein wie ein Leuchtfeuer. Das Pfeifen einer Lokomotive signalisierte den Bahnhof, er war dann schnell erreicht.

Bald kam auch ein Zug. Er führte einen Dienstwagen der Reichsbahn-Transportleitung-Kiew und ich konnte darin zwischen RB-Räten einen herrlichen warmen Platz bekommen.

Meine Rückholung zur Truppe schmort auf kleiner Flamme weiter. Eigentlich sollte ich schon fort sein. Doch mein Nachfolger – von Haus aus Käsehändler in Holstein – konnte oder wollte sich nicht recht einarbeiten. Er war wohl nicht der rechte Mann für technische Improvisationen. Aber warum darüber ärgerlich sein. Wie so oft beim Militär, irgendwer sollte versetzt, ersetzt oder befördert werden.

Der Nachfolger war bald wieder fort. Was nun wohl kommt? Als erstes kam eine Abkommandierung für mich zur Teilnahme an einem Ingenieurlehrgang beim Heereswaffenamt in Berlin. Es war typisch für den Kommiß. Innerhalb acht Tagen sollte ich zur kämpfenden Truppe abgestellt werden – jetzt war sogar Zeit für einen Lehrgang. Ob das eine mit dem anderen verknüpft war? Jedenfalls hatte ich dabei Gelegenheit nach Ahrensburg zu kommen.

Als zweites kam die Nachricht von der Niederlage der 6. Armee, die am 30. Januar 43 in Stalingrad kapitulieren mußte. (Diese militärische Katastrophe sollte das gesamte Kriegs- und Zeitgeschehen wenden. Von jetzt an ging alles rückwärts, alles kam in Bewegung.)

Zwei Wochen danach wurden auch wir in Kiew beunruhigt. Es trafen die Kameraden des Charkower Kdo ein. Der Russe stand vor Charkow. Am 16. Februar 1943 hat er die Stadt erobert, die ihm die 6. Armee in der Zeit zwischen dem 24. Oktober und 2. November 1941 abgenommen hatte.

13. März 1943. Die Deutsche Heeresgruppe Süd hat Charkow wieder zurückerobert. Das Charkower Kdo zieht wieder dorthin.

20. 3. 1943. Wie es auch sei und war, noch blieb ich beim Wirtschaftskommando. Es war für mich noch kein entsprechender Ersatz eingetroffen. Für die Abge-

henden wurde ein Abschiedsfest gefeiert. Der früher zum Kdo gehörende Landwirtschaftsführer hatte tief in seine Vorräte gegriffen, um die Verbundenheit mit uns zu bestätigen. Den Rest des Bedarfs hatte der „Deutsche Laden" geliefert. Für die anderen Genüsse sorgt Hauptmann „Kickeriki". Zur allseitigen Überraschung hatte er die Damen des ukrainischen Theaters engagiert.

Nun schwang sich das Lachen durch die Räume. Das Casino ward erfüllt von Scherzen und Witzen, von Parfüm und Bratenduft, von Schweiß und Tabakrauch. Man sang einzeln und in Gemeinschaft, deutsch und ukrainisch. Alles war lustig, fidel. Der Chor der Angeheiterten forderte: „Der Major soll singen." Da schmetterte der alte Herr aus Wien unter Beifall das Wiener Fiakerlied in den Trubel.

8. 4. 1943. Seit langem erstmals wieder russische Flieger. Sie warfen einige Bomben. Eine davon in die Kiewer Oper. Habe soeben den Schaden gesehen. Die Oper ist ja unweit unserem Quartier. 35 Verletzte. 3 Tote.

10. 5. 1943. Um 8 Uhr ging das Licht aus. Russische Flieger waren da. Unmengen von Leuchtschirmen am Himmel, die Gebäude beleuchtend. Und dann ging es runter mit den Bomben. Zuerst haben wir uns das Schauspiel vom Balkon aus betrachtet. Als das Rauschen aber näher kam, ab in den Keller. Kaum waren wir unten, kam das Kellerfenster herein.

Die kriegsgerichtliche Vorladung beruhte auf einem langen Hintergrund, dessen Ursprung in den ersten Tagen unsres Kdos in Kiew lag. Damals schickte der Abt.Ltr., der Hauptmann, mir einen Soldaten „auf den Hals". Er war mit einem Lkw aus Roschew hergekommen, um von uns Diesel und Eisen zugewiesen zu bekommen. Er benötige dies zur Reparatur von Wagen für die Truppe. Hm! Er bekam für das Gewünschte einen Entnahmeschein.

Im Laufe der nächsten Woche erschien Schmidt, so sein Name, des öfteren, um wiederum Nachschub zu erhalten. Bald war er bei uns ein bekannter, vertrauter Helfer, denn so wurde bekannt, er ließ in der Roschewer Werkstatt auch neue Wagen herstellen. Ganz automatisch wuchs das Interesse für die Schmidt'sche Arbeit. Am 26. 3. 42 besichtigte die Obrigkeit die Werkstätten, die im handwerklichen Betrieb täglich 4 Wagen produzierten. Beschluß: Voll für die „Aktion Fuhrmann einsetzen!" Damit gelangte der Betrieb unter meine Betreuungsdienste. Roschew wurde eine feste Zahl im Fertigungsprogramm mit guter, handwerklicher Arbeit.

Schmidt brauchte nur Diesel und Eisen. Alles andere wurde von dort prompt erledigt. Später wurden dann noch Butterfässer und gelgentlich Schlitten hergestellt. Es war ein kleiner Musterbetrieb. Schmidt kannte seine Sache, denn sein Vater hatte eine Stellmacherei. Mehr und mehr geriet er mit Roschew in den Blickpunkt der Öffentlichkeit, d.h. der übergeordneten Dienststellen. Sogar aus Berlin kamen Stäbe zur Besichtigung. Kriegsberichterstatter, Presse, Fotografen folgten. Doch Schmidt war bescheiden und ließ sich nie fotografieren, auch nicht von uns.

Allmählich wurde natürlich die Art der Betriebsführung auch uns bekannt: sie beruhte auf grober Gewalt. Erstaunlich, daß er sich hielt. Brauchte er Pferd und Wagen zum Holztransport, so befahl er dem Staros Anzahl und Abfahrtszeit. Schlamperei duldete er nicht. Hatte der Staros nicht seinen „Anordnungen" entsprochen, sperrte er ihn kurzer Hand in der Fabrik ein. Konnten im Winter die Schlitten die Dorfstraße nicht passieren, trommelte er die Bewohner zum Schippen heraus. Kurz: Keiner wagte oder ging gegen seine Art an. Er bekam vom Kdo was der Betrieb brauchte, das Kdo bekam pünktlich die angeforderten Panjewagen. Vieles besorgte er sich in Kiew auf dem Markt. Dort war er eines Tages mit Unteroffizier-Rangabzeichen von der Militärpolizei aufgegriffen worden. Es sei, so sagte er mir vorm Kriegsgericht, wegen einer Wette gewesen. Die Festnahme war sein Pech. Ich hatte Mühe, ihn bei Gericht „herauszupauken", denn er wurde im Betrieb gebraucht.

Doch keine Woche später, die Nachricht: Schmidt verschwunden! Der Betrieb ohne deutsche Leitung. Ersatz hin: Sonderführer Hartung. Er hatte den Vorteil, daß er die russische Sprache beherrschte. Nun wurde Schmidt gesucht. Er war zu den Partisanen übergelaufen, mit Pferd und Wagen und Waffen. Er blieb unauffindbar.

In größeren Abständen kam von Berlin her ein Kontrolleur, um die „Aktion Fuhrmann und Pleskau" zu überprüfen. Ein solcher Hauptmann hatte natürlich die Schmidt'sche Geschichte von uns erfahren. Der „Kontrolleur-Hauptmann" ging am Abend in das nahegelegene Soldatenheim. als er die Tür öffnet, sieht er Schmidt dort sitzen und schreit in den Raum: „Festnehmen! . . . Festnehmen!" Nun war Schmidt gefunden, gefangen. Monatelang gesucht, nicht entdeckt – ein Berliner Hauptmann kommt her, und . . . hat ihn.

Nun stellte sich heraus: Schmidt war beim Vormarsch auf die Irpenstellung vor Kiew von seiner Einheit zur Wagenreparatur herangezogen worden. Beim Weitermarsch blieb er einfach da. War es Eigenmächtigkeit? War er von seiner Einheit vergessen worden? – Nun ließ ihn der Kriegsrichter nicht mehr frei.

13. 7. 1943. Das Frühjahr verging, der Sommer kam. Noch immer bin ich bei „meinem Haufen". Eine Fertigungskontrolle in Smela ist nötig geworden. Gleichzeitig soll festgestellt werden, wie weit der Abtransport des befohlenen Ausbaues eines großen Elektrogenerators aus der Maschinenfabrik ist.

Um Benzin zu sparen, muß die Hinreise per Schiff auf dem Dnjepr erfolgen, der Rückweg über Land. Um 7 Uhr morgens wird das Auto auf den Dampfer „Spanien" verladen. Die Abfahrtszeit ist auf 8 Uhr festgesetzt. Doch Geduld gehört zum Osten. Wir wissen es: „Osterfahrung!"

Gegen Mittag ging es dann endlich los. Immer und immer wieder war etwas nicht in Ordnung. Immer wieder wurde noch etwas Neues zum Verladen angefahren. Nun aber ging es doch noch los, stromabwärts, Richtung Tscherkassy. Dort sollten wir an Land gehen. Die Schiffssirene ertönt. Das Schiff stoppt. Es fehlt noch jemand – der zweite Kapitän. Also zurück. Er wurde nun aufgenommen.

Erst nach Stunden Fahrt verschwinden im Dunst der Turm des Lawraklosters. Regen und Regenwolken sind verschwunden, die Sonne brennt sogleich sommerlich heiß aufs Deck. Das ganze Schiff gehört uns: dem Dolmetscher, dem Fahrer und mir, noch einem deutschen Zivilisten und drei Ukrainern als Passagiere. Eine Dampferfahrt ist wohl immer etwas Schönes. Doch eine Fahrt auf dem Dnjeprstrom ist etwas besonderes reizvolles. Die Weite und die Verzweigungen der Wasserläufe gibt es nur hier. Der Strom ist zerfranzt, zerrissen, auseinanderfließend. Dazu schafft der niedere sommerliche Wasserstand für die Schiffsleute laufend Schwierigkeiten, für uns interessierte Laien aber fortwährend neue Szenerie. Hier muß das Schiff von einem erfahrenen Kapitän geführt werden. Die Fahrrinne, der richtige Wasserarm muß gewissermaßen erspürt werden, denn während des Krieges sind keine Baggerungen und Markierungen erfolgt. Der Strom konnnte sich austoben. Dazu kommen noch Schiffswracks von zerschossenen Schiffen. Das alles ist wie eine abenteuerliche Trampfahrt, die dazu verleitet, den Krieg zu vergessen.

Oft fahren wir nur einen Meter vom Ufer entfernt, während auf der anderen Seite sich eine unbefahrbare Wasser- und Sandwüste dehnt. Einmal geraten wir auch auf Grund und hellbraun quirrlen die aufgewühlten Fluten. Wir kommen wieder flott und die Schiffssirene brüllt zornig einem entgegenkommenden Dampfer zu. Einmal versperrt uns ein Holzfloß die Weiterfahrt.

Da die Abfahrt einen halben Tag zu spät erfolgte, erreichten wir unser Ziel Tscherkassy nicht. Eine Weiterfahrt in der Nacht verboten die Umstände. Deshalb legt das Schiff vor einem Dorf Anker aus. Oben im Kommandostand wird auf dem blanken Bretterboden die Nacht verbracht. Um 1 Uhr nachts ist für mich Wachwechsel. Wir waren vorsichtig und mißtrauisch geworden. Bei einem kurzen Landgang am Abend hatte der Dolmetscher erfahren, daß am Tage vorher sechs dort stationierte deutsche Soldaten von Partisanen ermordet wurden. – Es blieb alles ruhig. Matt schimmerte der Strom, in dessen Mitte auch das Floß, das uns am Nachmittag aufgehalten, ebenfalls geankert. Weit hinten am Horizont wetterleuchtete der Feuerschein einer Flak.

Weit vor Tscherkassy werden wir an Land gesetzt, in Kanew. In Tscherkassy sei das Ausladen des Autos nicht möglich. In Kanew wollten wir gestern Abend sein und übernachten. Hier im Ort herrscht munteres Treiben. Marktfrauen waren erschienen um Früchte, Gemüse, Eier zu verkaufen oder zu tauschen. Doch welche Preise: ein halber Liter Milch kostet 3,50 RM. Ein Wasserglas voll Kirschen 1,00 RM. Salz als Tauschobjekt war am begehrtesten. An Bord des Schiffes waren mehrere Säcke Salz als Transportgut aufgestapelt. Dort hatte sich die Schiffsbesatzung durch Beschädigen der Säcke das nötige „Kleingeld“ beschafft. Was sollten wir uns da hineinmischen?

*

Der Major knurrt. Ein handgeschriebenes Schriftstück ärgert ihn. „Da – schaun's her! Da – was is dös? Lesen's!“

Ja, man muß „rätseln“ und mühselig den Inhalt aus der undeutlichen Schrift herauslesen. Es ist eine „Doktorschrift“, manche nennen so etwas eine „ausgeschriebene Handschrift“. Der Major war außerordentlich anspruchsvoll an Schrift, Stil und Gestaltung von Briefen und Berichten. In dieser Richtung habe ich noch manches von ihm mitbekommen, was ich im späteren Leben noch nutzbringend verwenden konnte.

Jetzt aber schimpft er los: „Dös is ka Schrift net, dös is a Schmarrn. Dös is an Beleidigung! . . . I, hoab mal ein Leitnant eingesperrt wegen so einen Schmarrn . . .“

Er kann sich lange nicht beruhigen. Diese Schmiererei ärgert ihn sehr. Ich muß ihm recht geben. Dies mit der Beleidigung war gut. Ich muß ihm recht geben, bekomme ich auch heute so einen „Schmarrn“ in die Hand, ich muß an den Major denken. Seither bemühe ich mich, nicht auch solche Schmarrn zu produzieren.

Als er sich beruhigt hat, teilt er mir mit, daß ich in die Heimat in Urlaub fahren kann.

Vor kurzem war neuer Ersatz für mich gekommen, ein Hauptmann. Wir haben Freundschaft geschlossen. Gestern hatte er mich zum Essen eingeladen. Trotzdem wurde ich noch nicht abgestellt, weil der „Neue“ sich eine längere Einarbeitung zur Bedingung machte. Ich durfte also rechtens Heimaturlaub antreten. Es ist Anfang August 1943.

In Brest-Litowsk am 12. 8. 43 „Entlausung". Offiziere, Wehrmachtsbeamte haben keine Läuse. Der Entlassungsschein bestätigt es. Der Urlauberzug nach Hamburg wartet schon. Es war keine Vergnügungsfahrt, dafür sorgen die Partisanen. Der Schienenweg ist lang, die Wälder sind groß. Ich wage nicht die Stiefel auszuziehen. Es könnte ja sein . . . Dieser Zug wurde nur einmal angegriffen.

Schutzwagen, Lokomotive, Tender und ein Personenwagen waren über die gelegte Mine gefahren. Direkt unter dem von mir benutzten Wagen zwischen beiden Radsätzen, war ein etwa meterlanges Schienenstück herausgerissen worden. Sonst war nichts passiert. Wütendes Geschieße in den Wald, doch wir saßen fest, fünf km vom letzten Bahnhof entfernt. Das Warten auf die Weiterfahrt knabberte den Urlaub an.

Nun war ich im Urlaub. „Weißt du, Lieber", hatte Ellen gesagt, „wir wollen gar nicht vom Krieg sprechen. Wir wollen so tun, als ob es keinen Krieg gäbe!" Das war ein frommer Wunsch. Schon am ersten Tag in der Heimat jagte uns das tückische Brummen der Flugzeuge, das Heulen des Luftalarms in den Keller.

Der Urlaub war noch nicht zu Ende. Wir beschlossen eine Wanderung zu unternehmen. Arm in Arm schlendern wir zur Bahn. Da kommt der Depeschenbote und übergibt ein Telegramm: „Sofort aus Urlaub zurückkommen. Wi Kdo Kiew. 8. Sept. 43."

Peng! Das haute hin. Der Schuß saß. Alle Freude war jählings weg. Fort! Aus! Sofort zurückkommen! Was ist los?

Ellen drückt meinen Arm und seufzt. Ihr Wahlspruch: „Man muß bei allem Geschehen stets das Positive sehen", läßt uns die Dinge wieder nüchtern betrachten. Das Telegramm kam zum Urlaubsende, es hätte auch am Anfang kommen können.

Während der Vorbereitungen zur Rückfahrt kommt der Briefträger. Harder schreibt: „. . . Heil dir, Du wackrer Urlauber! Genieße die Freiheit und festige Dich für neuen Zwang. Sei einmal Mensch und vergiß die Unmenschen. Des Teufels Treiben bringt neue Tollheiten . . . Drum ist hier auch ein bewegtes Leben. Die wildesten Gerüchte gehen um. Russische Bombenangriffe haben wir noch nicht wieder erlebt. Dafür fliegen die unsrigen eifrig Einsatz. Den ganzen Tag dröhnt die Luft von dem Starten und Landen der Staffeln.

Der Iwan kommt, — immer näher! Man spricht nicht mehr vom Absetzen, sondern von Rücknahme der Front. Flüchtlinge, Flüchtlinge treiben durch die Lande. Russen, Ukrainer, Rumänen, Österreicher, Deutsche, Wehrmachtsgefolge, Dienststellen, Zivilisten der Deutschen Handelsgesellschaft Ost, Eisenbahner, OT-Leute und die Braunen. Eingeengt an des Dnjeprs Brücke strömen die Massen des Leids und der Furcht inmitten kriegerischer Truppen und Maschinen ans diesseitige Ufer. Ach, diese armen Narren glauben ihr Heil in der Flucht zu finden, um ihr armseliges Leben zu retten. So nehmen sie die Tragik und das Elend der Flucht auf sich, als menschlicher Schaum vor der Vernichtungswelle hergetrieben, bis sie eines Tages „überrollt" werden. Ihnen geht die Sonne unter, die anderen aber sind jetzt die Treiber. Ihnen geht die Sonne auf. So regt sich Widerstand und Druck gegen die Gewalt.

Vier vom Holzkdo sind bei einem Überfall erschossen worden, sieben verwundet. In einem anderen Betrieb, in Chlawdiewo, ist die Dampfmaschine von Partisanen zerstört worden, das Maschinengebäude in Brand gesteckt.

Du siehst also, glücklicher Urlauber, wenn du mit Deinem lauten Organ den Ostraum nicht mehr füllst, sind andere Lärmmacher am Werk. Paß auf der Rückreise auf, daß Du Deine Knochen beisammen hälst. Eisenbahnreisen sind jetzt keine risikolose Vergnügung mehr. Glück zu, mein Lieber, im heimatlichen Gefilde. Wir haben schon Postsperre, Dein Brief reist mit einem Dienstreisenden."

Nach vier Tagen bin ich wieder bei „meinem alten Haufen". Nach der offiziellen Meldung beim Major Keßtele meint er: „Jetzt heißt es stillhalten und spüren, was wir, nicht nur einer Stadt, nicht nur einem Lande und nicht nur einem Volk angetan haben . . ."

In den Schreibstuben geht es wie immer erregt und bewegt zu. Doch jetzt hat die Fülle der Ereignisse eine nervöse Gereiztheit beigesteuert. Ein nie dagewesener „Publikumsverkehr" trägt viel dazu bei. Ratsuchende, Hilfesuchende aller deutschen Dienststellen sprechen vor. Abgesandte der verschiedensten Truppen kommen und gehen. Männer von motorisierten Einheiten suchen Spannfahrzeuge. Fahrer von bespannten Kolonnen brauchen Ersatz, Nachschub, Verstärkung. Feldwebel und Gefreite, Offiziere und Mannschaften füllen die Zimmer, alle Material und Geräte fordernd.

Zwischendurch gelingt es Hartmann, mich notdürftig zu informieren. Ja — der Russe kommt! Charkow ist gefallen. Lubny wird geräumt. Unteroffizier [. . .] ist mit dem Auftrag zum Abtransport unterwegs. Zum lange Überlegen bleibt keine Zeit. Die Neueintretenden bestätigen nur das flüchtig mitgeteilte. Seit der Wiedereinnahme Charkows durch die Russen liegt eine Beklemmung über Kiew. Bei Stalingrad hatte das Verhängnis seine Wende genommen; das war tief im weiten Rußland. Nun aber — näherte sich der einst vertriebene Feind mit Riesenschritten.

Alle haben Eile. Fordernd und bittend, kommandierend oder diplomatisch vorfühlend ist aller Streben danach gerichtet, Pferdewagen und Geschirre für ihre Einheiten und Dienststellen, oder vielleicht auch für persönliche Zwecke, zu erreichen. Wer kann in diesem Durcheinander genau erkennen was das rechtens ist. Doch so locker ist der Apparat des Militarismus noch nicht, daß einfach jeder Uniformierte sich an eine Beschaffungsstelle wenden kann. Nicht umsonst hat ein Militärverwaltungsapparat seine Rädchen laufen.

Am nächsten Morgen Besprechung. Thema ist eine eingegangene Meldung: „Sägewerk und Werkstätten in Chlawdiewo abgebrannt. Von Partisanen angesteckt." Sofortige Fahrt zur Stätte des nächtlichen Partisanenüberfalles. Es ist nichts mehr zu retten. Der Betrieb, das dritte Mal überfallen, war ein Betrieb. An einem unverkohlten Pfahl ist ein Blatt aus einem russischen Ausweis angenagelt, darauf steht in kyrillischer Schrift: „Vergeude nicht unnütz Kräfte. Laß Dich bis auf den Grund nieder. Ob Ihr baut oder nicht, sowieso werden wir es niederreißen. Im Auftrag. Abt. Kommandeur. Partisan Serotasin."

Wieder ein Betrieb weniger, gerade jetzt, wo das OKH die Versendung von 5000 Panjewagen befohlen hat.

In der sommerlichen Turbulenz wurden die Partisanen immer frecher. Doch die Bandenlage wurde streng geheimgehalten. Wir wurden in die Partisanengebiete kommandiert und wußten vielfach nichts von ihrer Anwesenheit. Noch heute bin ich meinem Schöpfer dankbar, daß ich stets ungeschoren aus solchem Dilemma herausgekommen bin. Da wir jedoch mitten in dem Geschehen uns bewegten, blieb uns doch Vieles nicht verborgen. So konnte bei den Betriebsbesuchen immer wieder erneut festgestellt werden, daß die Partisanentätigkeit sich im ganzen Bezirk verstärkte. Sie bedrohten Ortschaften, die großen Güter, Sägewerke, den Verkehr[15]).

Nachdem sie das Holzbearbeitungswerk Chlawdiewo erneut zerstört hatten, suchten sie bald danach ein neues Vernichtungsobjekt. Dazu waren die Wagenfabrik Roschew auserwählt. Da der dortige Leiter, Sonderführer Hartung, Kosaken zur Hilfe holte, konnte die Bande zersprengt werden. Auf dem Kampfplatz blieben 4 tote Partisanen, 4 Schwerverletzte. Zwei Gefangene wurden gemacht und 5 Panjewagen mit Pferden, mehrere Gewehre sowie ein Maschinengewehr wurden Beute.

Die Beschädigungen und Zerstörungen von Verkehrseinrichtungen nahmen immer stärker zu. Fast täglich und oft zugleich auch an mehreren Stellen wurden die von Kiew ausgehenden Strecken durch Sprengungen beschädigt. In der Nacht vom 16./17. August wurde die strecke Browary-Neshin an 25 Stellen gesprengt (nach KTB S. 105, Anlage 5, BA–MA, Wi/ID. 629).

Es blieb nicht aus, daß die forcierte Panjewagenfertigung darunter leiden mußte; hinzu kam Material- und Arbeitermangel. Im Februar waren 702 Wagen hergestellt worden, im März sogar 1508.

Fernschreiben aus Berlin befiehlt: „Wagen, Geschirre nur auf Befehl OKH ausgeben. Jede andere Abgabe verboten!„ So – da ist es, schwarz auf weiß. Nichts zu wollen! Im Zimmer brodelt es, Schimpfen, Bitten, Drohen, Fluchen.

Der Blick durchs Fenster auf die Straße zeigt das Ungewisse der nächsten Zukunft. Ein nicht abreißender Heerwurm zieht sich seit Wochen schon westwärts. Schließlich gewinnt auch Mitleid mit den Betroffenen und mit einigen Zugleinen, Strickhalftern wird den einen geholfen, mit Abfalleder den anderen, da einige Schrauben, dort etwas Eisen für die Reparatur zerbrochener Fahrzeuge. So wird die Situation – wenigstens zu einem kleinen Teil – überbrückt, zur Zufriedenheit aller Beteiligten.

Alles was mit militärischer Verwaltung zu tun hat, flüchtet zunächst zu unserem Kdo. Der große Hof gleicht einem Heerlager. Landwirtschaftsführer aus dem Gebiet ostwärts des Dnjepr erinnern sich plötzlich, daß sie, bevor sie die braune Uniform anzogen, einen grauen Waffenrock der Wehrmacht trugen und von diesem Kdo ihre Wege ins Land führten. Sie kamen jetzt mit ihren Fahrzeugen, mit Pferd und Wagen, mit Lkw und Pkw mit Dolmetscherinnen und Fahrern, mit MTS-Fachleuten und Buchhaltern, mit Vieh und Mensch, mit Brot und Benzin, mit Wodka und Sonnenblumenöl, mit allem, was sie noch erreichen konnten und was mit ihnen vorm russischen Bären floh.

Immer neue Massen schieben sich über die Dnjeprbrücke. Das Gerücht verbreitet sich, die Brücke wird gesprengt. Die Stadt ist überfüllt mit Menschen und mit Tieren. Alles was Leben in sich trägt, kommt über den Fluß herüber. Militär und Zivil mit Fahrzeugen aller Art. Tiere in großen Herden, lahmend, auf wund gelaufenen Pfoten, Pferde, Rinder, Schafe, Schweine, Geflügel. Was nicht selbst laufen kann, wird zusammengepfercht weggefahren.

---

[15]) Zu den Auswirkungen des Partisanenkrieges siehe ebd. S. 148.

Die Stadt ist erfüllt mit allem Trubel irrsinniger Menschenhast, ist gefüllt mit allen begehrenswerten irdischen Dingen: Fleisch und Wurst, Butter und Eier, Wodka, Bier. Ein fettes Leben breitet sich ins Ungewisse, Gefürchtete.

Die Menschen starren aufgeregt und ängstlich nach Osten, die Zivilisten aus Angst vor den zurückkehrenden Bolschewisten, die Soldaten fürchten die Wucht der roten Armee. Sie alle sehen die Gefahr mit schicksalhafter Unerbittlichkeit und zermalmender Kraft näher kommen.

Bereits am 20. Februar hatte der Bef.H.Geb. H. Befehl zur Auflockerung und Rückführung deutscher Zivilpersonen erteilt. Solche Rückführungen wurden auch tatkräftig von den noch vorhandenen Zivilstellen unterstützt. Nur in Lubny – der dortige Gebietskommissar war wohl ein besonders fanatischer Parteihänger – wurde die Herausgabe von Maschinen verweigert, obwohl der Russe bereits bis auf 60 km an Lubny vorgestoßen war (KTB).

Ein Unteroffizier wurde nach Lubny in Marsch gesetzt. Als es ihm dort zu „mulmig" wurde, rückte er ab und tauchte beim Kdo wieder auf. Das war bei uns noch nicht da gewesen. Das war Feigheit, die sich der Herr Unteroffizier zuschulden kommen ließ. Es war eine Art Desertion. Diese Missetat durfte nicht ungestraft bleiben, aber – erschießen? Es wurde jetzt jeder Mann gebraucht.

In Lubny war inzwischen ein anderer. Nachdem der Deserteur die Woche „abgebrummt" hatte, kam er wieder zu seinem früheren Platz: zum Transport. Nun machte er wieder dieselben Handgriffe, füllte dieselben Formulare aus, holte vormittags die Fahrtnummern für leere Waggons, teilte nachmittags diese Nummern den Dienststellen und Bedarfsträgern zu. Als erstes kamen die Munizüge, dann die Anfuhr der Versorgungsgüter: Lebensmittel, Öl, Sprit, dann Verwundetenzüge. Der Krieg verlangt aber noch mehr als Munition, Sprit und Lebensmittel. Er verlangt Geräte, Waffen und nochmals Geräte, auch Panjewagen, Geschirre, Holz und Eisen und mehr und mehr. Jetzt verlangte der Krieg auch: Rückführen! Sicherstellen!

Die Brücke über den Dnjepr ist gesprengt worden. In der Nähe der Brücke arbeiten noch die Eisenbahnpioniere unter Leitung des Leutnant Gränert, um für unser Kdo Holzteile und Räder für die Wagenproduktion zu liefern.

Nun rückte der Russe immer näher heran! Von einer auch nur einigermaßen geregelten Fertigung der Dinge für den Truppenbedarf konnte in dieser Situation nicht mehr gesprochen werden. Am besten klappte es noch in der Stadt selbst. Die „Mechanische" war noch in Ordnung. Aber auch hier verschwanden schon Arbeiter.

1. September 1943. Eine Waggonsperre ist verhängt worden. Dadurch ist jede Materialanfuhr, auch für die Wehrmachtsbetriebe unterbrochen. Zugleich wurde für die Stadt Kiew der Räumungsbefehl erteilt. Ostwärts des Dnjepr heißt es jetzt: Abräumen, Sicherstellen, Rückführen!

„Der Generalkommissar ist fort!" Irgend jemand hat die Nachricht mitgebracht. Es ist kein Gerücht, das schnell durch die Räumlichkeit eilt. Die Zivilverwaltung hat tatsächlich die Stadt verlassen. Merklich still hat sich diese gewaltige Machtorganisation davongemacht. Die Regierungsstelle der NSDAP hat das Feld geräumt.

„Der Generalkommissar ist fort! Die Braunen sind getürmt!" rufen die Fahrer. „Die Goldfasanen haben sich abgesetzt!" „Geht hin und holt was ihr braucht!" verkündet Inspektor Helterhoff in seiner angebenden Art und gestikuliert mit seinen Händen. „Als ob er, wer weiß was für Herrlichkeiten zu verschenken habe", glossiert Hartmann bissig.

Inzwischen kommt Sonderführer Schmidt an, die Arme voller neuer Makkohemden und Unterhosen, mit einem Kasten herrlicher Tassen und seine Taschen gefüllt mit Künstlerkarten. „Der Generalkommissar ist fort!" schreit er: „Holt euch, was ihr braucht!" Alles ist da: Strümpfe, Wäsche, Geschirr, Papier, kniehoch liegt das Zeug umher. Alle Zimmer sind offen, überall wird geplündert. Hartmann und ich, wir staunen nur. Wo will er denn hin mit all dem Kram?

In diesen Tagen hatte das Kdo einen neuen Deserteur. Max ist weg! Hat die Waffenkammer im Keller mit Nachschlüssel geöffnet und geplündert.

Max war ein russischer Kriegsgefangener, der seit den Shitomirer Tagen beim Kdo „hängengeblieben" war. (Vielleicht war oder ist er gar derjenige, der mir damals fehlte.) Seitdem hieß er Max. Er war ein findiger Mann, der von Autos viel verstand. Bald hatte er durch den täglichen Umgang mit den Fahrern Deutsch sprechen gelernt. Von allen anerkannt und bei den Mannschaften wegen seiner Gefälligkeit beliebt. Im Laufe der Zeit hatte er mehr und mehr Freiheiten erhalten und konnte sich frei in der Stadt bewegen.

Nun hatten die Partisanen einen tüchtigen Mann gewonnen. Der Kommandeur hat seine Herren rufen lassen, zehn Minuten später sitzen wir alle um ihn herum. Auf dem Kalenderblatt steht: 4. September 1943. „Wir bleiben!" eröffnet der „Alte", Oberstleutnant Bischoff mit seiner ruhigen Stimme die Besprechung. „Wir bleiben, bis die Stadt endgültig geräumt ist! Verstanden? Ich sehe so viele zweifelhafte Gesichter. Daher noch einige Worte mehr . . . Meine Herren! Auch mir gefällt die Lage nicht, doch danach geht es nicht. Ich bin soeben vom Herrn Stadtkommandanten zum Kampfkommandanten ernannt worden, weil er andere Aufgaben zu übernehmen hat." „Der haut auch ab!" flüstert mir Hartmann zu.

„Meine Herren! Sie kennen ja meinen Standpunkt und wissen, daß hier so manches vermasselt. Es ist versäumt worden, am Dnjepr eine Auffangstellung zu bauen. Aber lassen wir das. Er ist nicht da, der starke Bundesgenosse aus Stahl und Beton, so müssen wir es eben ohne ihn schaffen. Die neue 6. Armee mit neuen Panzern ist im Anrollen und wird hier eingesetzt. Die neue wird die alte übertreffen. Die Stadt wird Frontstadt. Eine drei Kilometer breite Kampfzone wird geschaffen. Die Bewohner müssen heraus. Die Zivilisten müssen räumen. Die SS sorgt dafür, daß die Kampfzone innerhalb drei Tagen von den Bewohnern geräumt wird. Die Feldgendarmerie wird die Kampfeinheiten zusammenstellen. Es gilt nur noch ein Gesetz: ‚Halt dem Russen!' Die Stadt ist nicht mehr das Reich der Zivilverwaltung, sie ist Frontgebiet. Hier bestimmt der Soldat." „Was die Braunen versackt haben, muß die Wehrmacht wieder heraushauen!" stichelt Hartmann mir zu.

„Nun – meine Herren, an die Arbeit. Sie kennen jetzt die Situation. Wir bleiben! – Sonst noch eine Frage? Ich muß mich für die nächsten Tage entschuldigen, wenn ich mich im Einzelnen nicht um Sie kümmern kann . . . Meine anderen Aufgaben zwingen mich dazu." Mit den Worten: „Jetzt wird's Ernst! Blutiger Ernst!" versuchte ich den Major zu einer Meinungsäußerung zu bewegen. Er knurrt mich an: „Was heißt hier Ernst, blutiger Ernst?" höhnt er. „Sind nicht die ganzen Jahre daher blutiger Ernst?!"

„Das wohl, im allgemeinen, aber nicht im besonderen für uns. Das Bewußtsein zu sterben ist jetzt größer als vorher . . ." Doch der Alte will nichts hören. Er knurrt noch immer: „ . . . ist die Möglichkeit." Dann aber poltert er los.

„Halt dem Russen, am Dnjepr!" – Wer soll ihn denn aufhalten? Wenn der Iwan wüßte, was sich hier herumtreibt, morgen früh stünde er schon mitten in der Stadt. Wo sind denn die Verteidigungsanlagen, die Panzergräben, die Wälle, die Waffen, die Munition? Wo das Heer, die Flieger, die Panzer, die Flak, die schweren Waffen? Wo das Material? Wo das Heer . . .? Das Heer ist noch nicht da, aber der Russe. Die Panzer sollen noch kommen, aber der Russe kommt schneller. Neue Waffen! – neue Mätzchen, das wäre ehrlicher. Geheimwaffen – Wunderwaffen? Ha! Wenn die Gottlosen hilflos werden, beten sie, wenn die Hilflosen gottlos werden, erwarten sie Wunder . . ." Schnauze!" Das hieß Schluß! Nicht mehr darüber reden! – Weitermachen!

Das Ostufer des Dnjepr wird am 27. September 43 militärisch aufgegeben. Der Dnjepr wird Front. Jetzt steht nur noch reißendes, wildes Wasser trennend zwischen den Feinden. Die Brücken sind gesprengt. In der Nähe der Eisenbahnbrücke arbeiten noch die Eisenbahnpioniere unter Leitung des Leutnant Gränert, um Holzteile und Räder für die Wagenproduktion zu liefern. Nun werden sie aus der Räderfabrik zurückgezogen. Die einheimischen Arbeiter sind – begreiflicherweise – gar nicht mehr zur Arbeit erschienen.

Von meiner Abstellung zur kämpfenden Truppe redet beim Kdo niemand mehr. Der Kommandeur ist froh, einen Mann mehr zu haben und außerdem ist die Front vor der Tür. Also kann er vorn an der HKL die Betriebe räumen. So fällt mir die Aufgabe zu, in der verlassenen Fabrik alle dort vorhandenen fertigen, halbfertigen Räder, das Material und noch brauchbare Betriebseinrichtungen „sicherzustellen". Bald wird unsere Fahrerei vom Iwan unter Feuer genommen. Infanterie und Artillerie nimmt uns zum Ziel. Fast einen Monat hielten wir durch. Den Rest schafften wir nicht mehr, es wurde zu gefährlich. Bisher waren alle Beteiligten ohne Schaden davongekommen.

Die deutsche Sicherung bestand hier, auf zwei Kilometer Uferlänge, aus 35 Mann mit entsprechenden Unteroffizieren, einem Maschinengewehr und einem Leutnant als Führer. Dieser dünne Ring der Infanterie hatte zu halten und die sowjetischen Versuche der Übersetzung an der Fabrik zu vereiteln. Noch in derselben Nacht schieben sich schwere Geschütze in die Feuerstellungen zwischen Höfe und auf Höhen. Gegen Morgen zittern die Fensterscheiben. Die ersten Salven donnern gen Osten.

Warum schoß der Russe nicht zurück? Will er seine Stadt schonen? Will er sie umklammern? Ob die Deutschen die Stadt schonen? Wie lange noch? Fragen – die die erschreckten Schläfer packen und doch im Leid der nächsten Tage untergehen werden.

Das Ungewisse der letzten Tage ist verschwunden, ist untergegangen im Lärm der Front. Die donnernden Kanonen stärken das Kraftgefühl der Deutschen. Die Räumung der Kampfzone beginnt.

Die aufgeschreckten Zivilisten hasten durch die Straßen. Ihre Blicke fallen auf die auffallenden Plakate mit den deutschen und russischen Buchstaben. Von Entsetzen, Schreck und Hilflosigkeit gepackt entflieht ihren verbitterten Mündern Stöhnen und Fluchen.

Die Arbeitsstellen sind heute verwaist. Die meisten Betriebsstellen sind schon seit geraumer Zeit ohne Betriebsamkeit. Schon längst sind die vielen deutschen Treuhänder und Verwalter aus der unsicheren Stadt, haben die Stätte ihres Waltens hinter sich gelassen. Soldaten, Einheiten, militärische Kommandos haben sich in den verlassenen, ausgeräumten Betrieben einquartiert, froh willkommene Werkstätten. Da werden Panzer repariert, Geschütze und Waffen überholt, Autos instandgesetzt, Pferde beschlagen, Eisen geschmiedet, Lager eingerichtet. Einheimische Frauen und Männer waren helfende Kraft. Nun sind die Deutschen ohne fremde Hilfe.

Die Männer und Frauen der Stadt sind aufgescheucht in der ständigen Sorge um ihr Leben und ihre Bleibe. Sie irren hilflos umher; trostlos, verzweifelt sich in ihr neues Schicksal ergebend. Haß im Herzen und die Hoffnung auf baldigen Frieden. Eine dreitausend Meter tiefe, unbewohnte Zone entlang des Flusses entsteht. In Gruppen und einzeln verlassen Gesunde und Kranke, Alte und Junge die Häuser. Wer nicht geht, den jagt die SS hinaus. Gekrümmt unter riesigen Packen keuchen sie aus dem Stadtteil Podol, die Uferstraße hinauf. Überladene Karren und Gefährte aller Art helfen Notdürftiges zu bergen und rollen über den Kretschatik, neuen Zielen zu. Da zerrt eine alte Frau eine Nähmaschine hinter sich her, eine andere benutzt ein Stück Sperrholz als Wagenersatz für den erbärmlichen Hausrat und Plunder.

In den kommenden Tagen wird das chaotische Treiben der Ausgetriebenen immer hilfloser, verzweifelter, Panzergräben, Schützenlöcher, Pflastersteinbarrikaden sperren die Straßen. Stacheldrahtverhau windet sich trennend durch die steinernen Schrüfte der Stadt, überklettert Zäune, Mauern, quert Straßen, Höfe, Plätze, überwindet Höhen und Klüfte, trennt gebieterisch die Kampfzone von dem übrigen Häusermeer.

Unser Kommando liegt jetzt 2000 Meter hinter der vordersten Linie als einzige Dienststelle in der Kampfzone, Mittelpunkt vielen Geschehens.

Es hat sich längst überall herumgesprochen, daß es beim Wirtschaftskommando noch verschiedene Geräte für die Truppe gibt. Keine Minute vergeht, ohne daß jemand Wagen und Geschirre haben will. Dabei habe ich Anforderungen des OKH vorliegen, die fast an das Unmögliche grenzen. So soll ich in diesem Trubel zum Versand bringen oder zur Abholung bereitstellen: 130, 100, 600, 400, 80, 50, 30 und 20 Wagen vom Typ Fuhrmann und Pleskau. Auch der Bedarf der hier nachfragenden Einheiten ist erheblich. Selbst vor gewaltsamer Aneignung wird nicht zurückgeschreckt. Man braucht sich nur umzudrehen, da ist etwas weg. Gestohlen wird, was nicht niet- und nagelfest ist. Im Frankowerk sind 100 Wagen gestohlen, in Stankostroi 135, in der Elektromechanischen 50, bei Landmaschinen 10 und 10 Stück auf der Dnjeprwerft.

Sonderführer Schmidt kommt, rot im Gesicht berichtet er stotternd: „Man hat mir das Auto gestohlen!“ Es ist das Dienstauto, mit dem er zu den Betrieben im Podol gefahren wurde. Völlig hilflos und unverständlich steht er da, mit fragenden, hilflosen Augen.

Hartmann tobt: „Dieser Idiot! – Diese Dolmetscher – sind selber halbe Russen . . .!“ „Aber laß man! Wir haben ja noch das Pferd. Einen Wagen werden wir uns aus der Fertigung besorgen. Dann geht es damit los, wenn es brenzlig wird. Vorläufig ist ja noch Zeit!“

Plötzlich fragt er mich: „Du – ich weiß etwas. Kannst du Auto fahren? Ich hab ein Auto. Hat allerdings Federbruch, aber das kriegen wir hin. Es steht in der Niederlassung der Hant GmbH. Sie haben den Wagen nicht mehr mitbekommen und ihn quasi mir zum Schutze anvertraut.“

Wir suchen das Auto. Vollbereift steht es noch. Doch infolge des Federbruchs schleift der linke Kotflügel den Reifen. Wir kutschern damit los, zur Usma AG. Dort arbeiten noch Ukrainer. „Nix Stahl, Pan!" Wir schauen uns alle drei verloren an. „Ich bringe Stahl!" erklärt Hartmann. „Den Lohn bring ich", ist meine Ergänzung. „Goroscho!" die Zustimmung. Eine Stunde später ist Stahl und Salz zur Stelle. Vorsprache am anderen Vormittag. Wagen ist da, es wird daran gearbeitet. Nachschau am Nachmittag: Auto ist fort! Geklaut! Gestohlen aus einem von der Wehrmacht bewachten Betrieb. Wir haben eine Stinkwut!

Seit einigen Tagen ist Kampfstille. Die deutschen Geschütze sind aus der Stadt verschwunden. In der Stadt ist eine merkwürdige Stille, aber sie ist nicht erlösend nach all der Unruhe, sie ist bedrückend. Alles bisherige Flüchten und Rückwärtsziehen, das Kommandieren und Durcheinander war durchzogen vom lebendigen Geschehen, vom Pulsen der Zeit. Jetzt aber lastet das Bewußtsein des Ungewissen. Was wird? Wann wird der Iwan angreifen? Wann werden die Schreiber und Verwaltungsmänner den Schreibstift mit der Waffe vertauschen?

Ich nutze die Gelegenheit, um noch einmal in den Stadtteil Podol zu fahren. Es ist das Arbeiterviertel unten am Hafen. Dort sind auch die Betriebe. Es ist der 6. Oktober 1943. Obwohl niemand von den Zivilisten auf die Straße darf, haben sich doch vereinzelte Frauen hierher gewagt, um noch Kleidungsstücke aus ihren Wohnungen zu holen. Uns geht das nichts an. Unsere Aufgabe heißt: Wirtschaftsgüter, technische Einrichtungen sichern.

Mit dem Dolmetscher betrete ich das Stempelwerk. Dieser Betrieb hatte für „mich" gearbeitet: Schnallen und Ringe für Halfter, außerdem für die Gruppe Metall: Töpfe und Ofenrohre. Einem Mann in der Praxis, einem Techniker, tut es weh, einen verlassenen, ausgeplünderten Betrieb zu sehen. Werkzeuge, Nieten, Schrauben, Splinte, Schmirgelscheiben, alles Dinge, die nicht zu bekommen waren, liegen hier verstreut umher.

Dasselbe ist im Stempelwerk. Hier stehen noch Posten davor, es ist noch nicht geplündert worden.

In der Frunsestraße 40 fährt die Truppe gutes, kostbares Eschenholz zum Stellungsbau. Nun – es muß sein. Doch – wie habe ich mich placken müssen, um endlich in diesen gut arbeitenden Betrieb das Material heranzubekommen.

Im Frankowerk wollte ich vor kurzem vier Buchsen, Muster, gedreht haben. Es ging nicht. Ausrede: es sind keine Drehstähle da. Jetzt gehe ich durch das Werk: Drehstähle, Bohrer in Menge. Nun – man wollte nicht, ist ja verständlich.

Mir ist zumute, als nehme ich Abschied von dieser Szenerie, die viele Tage meines Lebens füllte. Nie mehr in meinem Leben – wenn ich es in diesem Kiew und später behalten sollte – werde ich hierher kommen. Ich kann mich mit gutem Gewissen wenden.

Am nächsten Tag, am 7. Oktober 1943, beginnt der Russe mit seiner groß angelegten Offensive um Kiew und bringt die 4. Pz.-Armee in eine zugespitzte Lage. Die deutschen Truppen konnten dem Russen noch den ganzen Oktober widerstehen. Doch allmählich gewann der Iwan beiderseitig der Stadt Brückenköpfe, die gegen Ende Oktober wesentlich erweitert wurden.

Ganz plötzlich ging meine Zeit in Kiew zu Ende und sollte nur noch – als Erinnerung eingeprägt – weiter bestehen. Am 8. Oktober 1943 wurde mein Schicksal für die nächste Zeit gewendet. Mit einem Teil des Kdo wurde ich in das von mir ausgekundschaftete Ausweichquartier in Marsch gesetzt. Meine Erkundungen hier in Schamarajewka hatten ergeben: ein winziger Elektrogenerator für eine Stromerzeugung war vorhanden und eine Dorfschmiede. Das genügte, um vorübergehend seßhaft zu werden. Der Major wurde Chef im Ausweichquartier. Später folgte noch der Adjutant mit seinem Büro, das in der Schule eingerichtet wurde. Jeder spürte den Beginn einer Auflösung. Was sollte in dieser Wirtschaftsleere hier getan werden?

Mit dem Major war ich im Försterhaus untergekommen, doch zog ich es vor, nebenan im Nachbarhäuschen einen kleinen, aber warmen Raum zu beziehen. Mit meinen Wirtsleuten, Vater, Mutter, Sohn, entstand durch die Übergabe eines Gastgeschenkes bald gutes Einvernehmen. Er bekam einen Tabaksbeutel, sie einen Schöpflöffel voll Salz, Junior erhielt Zigaretten. Salz ersetzte in dieser Zeit Geld und war sehr begehrt und rar. Der Erfolg trat schnell ein. Ein Topf voll warmer Milch erlabte mich morgens, denn die Leute hatten noch eine Kuh, ihre „Grabenkuh", bis jetzt durch den Krieg gerettet. Um die Kuh vor durchmarschierenden Truppen zu sichern, heftete ich eine vom Major unterschriebene und abgestempelte Schutzerklärung an die Stalltür. So ward die Kuh als Eigentum des Kommandos deklariert. Das war gut, denn bald danach wollte die hier eingesetzte SS das Tier schlachten.

Unsere Verbindungen zum Restkommando in Kiew waren nicht abgebrochen. Unser Chef war ja dort Kampfkommandant. Vier Tage später nahm mich der Major für zwei Tage mit nach Kiew. Ich übernachtete in dem früher von mir benutzten Zimmer. Der Blick aus dem Fenster bot ein einmaliges Bild. Die große östliche Himmelskuppel erstrahlte im wunderbaren Rot, das sich vom Dunkeln zum Zarten färbte, um sich mit dem nachtdunklen Blau des Himmels zu mischen. Mit Hartmann zog es mich zur Dnjeprhöhe, zur Kirowa, Uliza, die in Dr. Todtstraße umgenannt worden war. Hier in dieser Gegend, etwa 50 m über dem Flußufer, bot sich dem Beschauer ein grandioses Bild, das wenige der Lebenden je gesehen. Vom Wasser des großen Flusses bis weit in die dunkle Ferne des nächtlichen, nur geahnten Horizontes, bot sich dem Auge ein riesiges, kilometerweites Feuermeer, erfüllt von glühenden Wogen brandenden Funkengestiebes. Von Norden nach Süden, vom Wasser bis zur östlichen Ferne war ein zerstörendes Feuermeer der Vernichtung.

Die Werften im Norden brennen, die Mühlen am diesseitigen Ufer, die Fabriken, das Elektrizitätswerk, die Lagerschuppen am Ufer, die große Insel Truchanow ist ein feuerspeiendes, schwimmendes Flammenreservoir; jenseits die Hütten am Ufer, weiter dann die Kasernen an der Rollbahn. Noch weiter östlicher, erfaßt von den zuckenden Flammen der Ort Browary und die Spinnerei, weiter rechts die Seidenspinnerei Darnizza, das Sperrholzwerk, ds Gummiregenerierwerk, alles vom Feuer erfaßt und angezündet von Brandkommandos, breite, mächtige Feuerherde, stetig um sich fressend, sich ausbreitend und weitergreifend. Südlich, dem Ufer näher, die Wohnungen der Einwohner, die Stroh- und Maisstapel, die Ställe und Schuppen, die ganze Ärmlichkeit der Vertriebenen nur noch ein grausiger, feuriger Brandherd.

Flußabwärts, wo die Berge des Hochufers den Blick verwehren, brennen die Sägewerke mit Holzvorräten, Werkstätten, Wohnhäuser und Baracken. — Feuer, Feuer, Feuer! Sturmboote flitzen, leuchtenden Kometen gleich, durch die erleuchteten Fluten. Jede einzelne Welle spiegelt sich in Licht und Dunkel, im Feuerschwall der Verheerung. Ein überwältigendes Bild grausiger Faszination, ein Höllenfeuer teuflischer Intriganten. Aufbrand der Vernichtung! Aufbrand für Haß und Rache!

Gespenstisch steht am diesseitigen Ufer das Denkmal des heiligen Wladimir, der wie beschwörend sein Kreuz vor den blutigroten Himmel, über jenes Brandmal menschlichen Irrsinns hält.

Zunächst geschah in unserem Ausweichquartier nichts Aufregendes. Natürlich war auf der teilweise „katzenkopf"-gepflasterten Straße nach Skwira und Kasatin ein reger Verkehr. Truppen aller Art. Fluchtkolonnen begegneten sich, Sturmeinheiten, die nach vörn rückten. Es lief und rollte Tag und Nacht. Es war ein beruhigender Lärm. Stille ist unheimlich drohend – Lärm deckt Schwächen, Ängste, übertönt das klopfende Herz. Solange des rollte und sich bewegte, war für uns noch keine Gefahr. In diese militärischen Bewegungen mengten sich große Viehherden, die nach rückwärts, westwärts getrieben wurden: Rindvieh, Schafe, Ziegen. Es gab Fleisch in Hülle und Fülle. Der Koch verstand es, von diesen Tierherden die Nachzügler, die lahmenden, wegzufangen. Die Verschwendung war so groß, daß die Köpfe einfach abgeschnitten liegenblieben. Die Bewohner des Dorfes hatten so auch ihren Anteil.

In diesen Tagen hoffte ich in Urlaub fahren zu können, da ich doch sowieso zur Truppe abzustellen war. Mit etwas Verzögerung wurde er auch genehmigt. Urlaub! – Welch herrlichen, zauberhaften, magischen Glanz umgibt dieses Wort. Urlaub! Das heißt fort von allem Häßlichen des Krieges. Urlaub ist Entspannung, bedeuet Wiedersehen! Heimat! Eigenes Leben!

Den Urlaubsschein hatte ich wohl in der Tasche, doch der Major ließ mich nicht fahren. Erst noch dies, dann das und dann noch etwas. So ging es weiter bis in die Weihnachtstage, wo uns die Russen endgültig aus Rußland davonjagten. Doch noch ist es nicht soweit.

Ständig waren wir unterwegs. Am 5. November 1943 nahm mich der Major mit nach Schepetowka. Irgend etwas war da wichtig. Bei der Rückkehr erfahren wir: die Russen sind in Kiew! Sie brachen von rückwärts in die Stadt ein. Nur eine Straße ist noch frei und diese liegt unter Beschuß. Schon am Nachmittag konnte kein Deutscher sie mehr benutzen. So erwarten wir den Rest unseres Kdos aus Kiew mit Bangen. Wird es allen gelingen herauszukommen? Es gelang. Gegen Mittag hatte das Kdo das brennende Kiew verlassen, auf der Straße nach Wassilkow. Auch Hartmann war dabei, er hatte noch einen Verwundeten aufgeladen. Von Hartmann erfuhr ich Einzelheiten. Unser ehemaliges Kdo-Gebäude ward der Zerstörung geopfert, Einrichtungsgegenstände, Radioapparate aus den Fenstern geworfen, das Funkgerät zertrümmert.

Der nächste Tag, es ist der 6. November, führt mich wieder ostwärts nach Biala-Zerkow. Dort sind die aus Kiew gekommenen Reste unseres Kdo und der Herr Kommandeur. Von ihm bekomme ich Befehl, nach dem 15 km entfernten Wassilkow zu fahren, um dort einen Elektrogenerator auszubauen und die Rückführung durchzuführen. Es war 11 Uhr, als mir der Befehl erteilt wurde. Doch zuvor mußte ich nochmals zu unserem 24 km entfernten Ausweichquartier zurückfahren. Hier galt es alles für den Aufbruch fertig zu machen. 12.30 Uhr mußte ich wieder beim Kommandeur sein. Pünktlich meldete ich mich. Inzwischen ist Wassilkow von den Russen besetzt. Unteroffizier Krause war dort im Landmaschinenwerk abgestellt, um die Wagenfertigung zu überwachen. Wir haben ihn nie wieder gesehen.

Nun hieß es auf weitere Befehle warten. Gegen 15 Uhr taucht das Gerücht auf, die Russen sind 10 km hinter Wassilkow. Hartmann hatte den Befehl erhalten, in dem entfernteren Fastow Holzvorräte zu sichern und rückzuführen. 15.30 Uhr verbreitet irgendwer die Nachricht: die Russen sind 4 km vor Fastow. Verbindung mit Fastow ist nicht zu erreichen. Die Eisenbahn ist unterbrochen, es kommen keine Transporte mehr hier an. Um 17 Uhr haben die Russen Fastow besetzt, zurückerobert, von den Deutschen „befreit". Von Hartmann ist zunächst nichts zu hören. Am Abend kommt er zurück und berichtet, beinahe wäre es schief gegangen.

Nach einer Besprechung wird sofortiges „Fertigmachen" der aus Kiew zurückgekommenen Männer befohlen. „Alarmstufe zwei" ist durchgegeben. Jeden Augenblick können die Feindtruppen im Ort auftauchen. Doch noch bleibt alles ruhig, sehr ruhig sogar, das ist direkt bedrohlich.

Um 20 Uhr können der Major und ich in unser Quartier zurückfahren. Wir sollen sofort packen und 70 km zurück, nach Kasatin, verlegen. Um 24 Uhr ist erneute Lagebesprechung. Bis gegen 4 Uhr morgens wird gepackt. Todmüde schlafe ich bis gegen 6 Uhr, dann ist Aufladen befohlen. Fast verschlafe ich diese wichtige Angelegenheit.

Auf der Dorfstraße ist ein gewaltiges Treiben. SS-Männer von der Leibstandarte sind in Stellung gegangen. Geschütze, Panzer fahren auf. Am Tage vorher waren über ein Dutzend Panzerattrappen in den Seitenstraßen des Dorfes aufgestellt worden. Sie sollten die Feindaufklärung täuschen und Kräfte zeigen, die nicht da waren.

Endlich brausen wir als Quartiermacher davon. Es regnet und die Straßen sind echt russisch geworden. Dicker nasser Nebel nimmt die Sicht. Wir verfahren uns und fahren, ohne daß wir es wissen, direkt auf die vorstoßende russische Panzerspitze zu. Ich schlage trotz der Sprünge des Wagens und ahne nichts von der Gefahr. Nachdem wir wieder die richtige Richtung und die richtige Straße gefunden hatten, stauten sich hinter Skwira die in dichter Reihe fahrenden Fahrzeuge zu einer unübersehbaren Wagenschlange: Richtung Westen. Überholen unmöglich. Eingekeilt, Dreck und Schlamm und Pfützen beidseitig, schon stockt der Betrieb.

Wenn der Iwan eine starke Luftwaffe hätte, er würde hier alles vernichten. Keiner könnte ausbrechen. „Wir würden hier verrecken", schimpfen die Fahrer. „Die Russen werden uns schnappen", stöhnt unser Baurat. Dann empfahl er: „Wir werden mal ein Stück zu Fuß vorgehen müssen." Doch keiner hatte Lust, in dem Schneetreiben loszustapfen. Wenn es plötzlich weitergehen konnte, was dann ... lieber bleiben und warten. Wir warteten und warteten. Ab und zu ließ der Fahrer den Motor anspringen. Als das Schneegestiebe etwas nachließ, ging der Baurat doch einmal hinaus. „Will mal sehen, was eigentlich los ist", sagte er und stiefelte davon.

Der Baurat am zurück: Weiterkommen hier unmöglich. Die Kolonne ist 7 km lang. An der Spitze der Wagenschlange ist die Straße nur einseitig befahrbar, daher die Stockung. Entgegen kommt die Leibstandarte Adolf Hitler, sie wollen Kiew zurückerobern. Die Fahrzeuge, in deren Reihe wir stecken, wollen westwärts, die SS will ostwärts. Gerade an der schmalsten Stelle begegnen sich beide, also ...

Die Zuhörer lauschten interessiert. Also, die SS rückt an: „Wenn das nicht hinhaut!" meint der Fahrer. „Was heißt hier hinhauen?" brummt einer los. „Seit Stalingrad haut es hin. Bloß nicht bei den anderen ..."

Es geht weiter, alles rennt zu den Fahrzeugen. Dann sind wir vor der schmalen Stellen. Die SS-Truppe kommandiert und rangiert, um mit ihren Fahrzeugen und Panzern durchzukommen. Endlich ist für die SS eine freie Bahn entstanden. Kommt doch da ein Heeres-Lkw auf der eben frei gemachten Stelle der SS entgegengefahren. Bevor der Verstand alles richtig fassen konnte was da geschah, hörte man nur ein Kommandieren, Schnauzen, Brüllen, Motorenlärm. Ein SS-Panzer rollt an und schiebt den Lkw glatt von der Straße in den Graben. So, da lag er, umgeschmissen voller Nachrichtengeräte. Die SS tobte. „Man muß es euch mal zeigen, ihr feige Bande!" schimpfte irgendein Chargierter.

Jetzt haben auch wir wieder freie Fahrt, Vollgas und ab. Mühsam wühlen wir uns durch den Schlamm voran und erreichen endlich Kasatin, gerade vorm Dunkelwerden. für die 70 km Entfernung benötigten wir 12 Stunden – im Auto.

Auf dem Kasantiner Bahnhof ist die SS noch immer beim Entladen. Die SS-Männer haben alle Pelze, ihre Geschütze werden von Schleppern gezogen. Ihre Panzer sind „Tiger", die neuesten Modelle der Kriegsmaschinerie. Sie rollen nach vorn, ostwärts, welche Beruhigung.

Frierend, hungrig, suchen wir Unterkunft. Quartier? Nein – gibt es nicht. Die Stadt ist überbelegt. In einer Baubude finden wir für einige Nächte Unterkunft. Ich schlafe herrlich. Es ist warm. Doch schon am frühen Morgen jagt uns eine Hiobsbotschaft aus dem Schlaf. Die russische Panzerspitze ist bis auf 10 km herangekommen. In Popelnja ist der Bahnhof besetzt. Alles bricht auf. Gegen 10 Uhr beruhigt sich die Lage wieder.

Ein Kurier trifft ein. Ich soll sofort nach Schamarajewka zurückkommen. Das ist gut gesagt, aber wie?

Mit einer Kolonne geht es zurück. Im Lkw sitzt neuer Einsatz. Bevor ich mich von dieser Gruppe trenne, bekomme ich noch eine MP.

Da in Schamarajewka mein Quartier während meiner Abwesenheit inzwischen von anderen Soldaten belegt wurde, mußte ich eine andere Bleibe suchen. Als die bisherige Quartiersfrau dies erfuhr, brachte sie mir eine Schüssel mit Sahne in die neue Unterkunft. Hier erfuhr sie, daß ich wieder für einige Tage fort bin. Wenig später erhielt ich von ihr eine gebratene Ente für die Reise. Wie soll man dies jemals belohnen? – Ein paar Tage später war ich wieder bei ihnen im Haus, und wieder bekam ich „meine" tägliche warme Milch. Unser Schutz hatte die Kuh bisher gerettet. Auch duldete der alte Vater nicht, daß ich meine Stiefel selber putzte. Doch alles andere ist „großer Mist".

Das dunkle Gefühl einer großen Schutzlosigkeit wurde man nicht mehr los. Partisanen konnten eine Handgranate durchs Fenster werfen, uns alle, einen nach dem anderen „kassieren", „umlegen". Kürzlich war in der Nachbarschaft ein landwirtschaftlicher Stützpunkt durch die Partisanen ausgehoben worden und von unseren 3 La-Führern konnte sich nur einer durch Flucht, in Hemd und Unterhose, zu uns retten. Die SS hatte sich aus dem Ort wieder verzogen. Das war gut und schlecht zugleich. Vom genauen Verlauf der Front war nichts zu hören. Es änderte sich dauernd. Nachts fuhren Muni- und Spritkolonnen. Nur noch vereinzelt kommen Panzer, wahrscheinlich aus der Reparatur. Doch es ist, als spüre man, daß etwas in der Luft liegt.

Die Russen sollen Kasatin erreicht haben. Diese Nachricht wird hier am 11. November verbreitet. Dorthin hatten wir das persönliche Gepäck unseres Kdo gebracht. Ob es noch da ist? Das sind wir sicher los. Da in der jetzigen Zeit nicht mehr genügend Fahrer vorhanden sind, „darf" ich seit einiger Zeit selber Autofahren. Erst hatte ich einen Mercedes, später einen Adlerwagen. Doch ist der letztere so niedrig gebaut, daß man damit nicht über Land fahren kann. Wegen des Eintritts der Schlammperiode ist es mit der Fahrerei sowieso aus. Die Straßen sind ein einziger Morast.

So geht es vielfach zu Fuß weiter. Bepackt mit meinem Rucksack und der unvermeidlichen Aktentasche geht es als „Anhalter" durch die Gegenden, auf die Gnade und Barmherzigkeit meiner Mitkrieger angewiesen. Der Kälte wegen trage ich noch einen Übermantel (den ich in Kiew aus einem durch Partisanen „verunglückten" Zug „organisiert" hatte). Er dient des Nachts als Decke. So bin ich unbeholfen wie ein Bär.

Im Soldatenheim in Bjelala-Zerkow, das noch immer in deutschem Besitz und Betrieb ist, gibt es für 20 Pfg. eine Suppe und ein paar Stücke Brot. Die Leiterin ist, welch ein Zufall, aus Ahrensburg.

Es ist der 1. Dezember 1943. Der Winter setzt mit Kälte und Schnee der Schlammperiode ein Ende. Es kann wieder ins Auto gestiegen werden. Dennoch sind die Straßen schlimmer als ein gefrorener Acker. Die Kriegsfahrzeuge haben die Straßen und Wege ruiniert. Jetzt sind die tiefen Rinnen und Furchen gefroren. Der Fahrer muß versuchen auf den Erhöhungen zu bleiben, damit er sich nicht die Ölwanne oder den Getriebekasten zerschlägt. Schließlich brechen wir mittags gegen 2 Uhr doch in ein tiefes, aufgetautes Wasserloch ein und wühlen uns grundlos fest. In 2 km Entfernung, genau vor uns, verläuft die feste Straße, unser Ziel. Im eisigen Schneewind versuchen wir, die Räder freizubekommen. Wie gescheuchtes Wild schauen wir uns dauernd um, es wimmelt ja überall von Partisanen. Diese Gegend ist dafür bekannt, und wir wissen nicht, wie weit der Russe schon heran ist. Uns ist mulmig. Von der Straße versuche ich Hilfe zu holen. Da stoße ich auf zwei Ukrainer mit Pferden, die Stroh „organisiert" haben. Es dämmert schon. Mit ihrer Hilfe kommen wir frei. Mit Kerzen werden sie entlohnt.

Auf der Rückfahrt wollen wir im Zerkower Soldatenheim noch ein Essen erstehen. Aus. Sie sind im Aufbruch. Ziel unbekannt. Die noch im Ort untergebrachten Kdo-Leute, die „Kiewer", die seit ihrer Flucht hier steckenblieben, werden in die Gegend von Zakopane dirigiert. Sie werden Rußland nicht mehr sehen.

Inzwischen kommt die Weihnachtszeit heran. Es ist der 18. Dezember. Der Major will wissen, was er machen soll. Er möchte in die Tatra, ins Ausweichlager des Kdo fahren. Nach langem Hin und Her: Los! Natürlich mit seinem Schatten, das bin ich.

Gutgelaunt begleite ich ihn. Er hatte mir drei Tage Sonderurlaub versprochen. Von Krakau aus konnte ich in 15 Stunden in Hamburg sein. Aber der Mensch denkt und Gott lenkt. Als wir in der Ausweichstelle in Szczawniza (Polen) erschienen, war der Kommandeur schon fort. Wir erfuhren nur: unser Kdo fliegt auf! Alle Jahrgänge 06 und jünger sind beschleunigt ihren Truppenteilen zuzuführen zwecks Eingliederung in die kämpfende Truppe.

Auf der Rückreise zu unserem Standquartier trafen wir den ersten Teil der „abgestellten" Leute, die in Urlaub fuhren, um dann in Dresden zur Abstellung zu kommen. Jetzt will der Major mich noch immer nicht fortlassen[16]).

Am 6. 1. 44 erging laut Fernschreiben der Wehrwirtschaftsinspektion Ukraine der Befehl zur Auflösung und Abwicklung des Kdo. Die Frontlage machte jede weitere Arbeit, auch des verkleinerten Kdo, unmöglich. Erstes Absetzziel: Winniza. Von dort fuhr ich mit dem letzten von dort abfahrenden Zug in Urlaub. Die Gleisanlagen hinter uns wurden zerstört. Diese letzten Sätze im KTB beschrieben das Kdo-Ende.

Quelle: Kopie der Abschrift in BA–MA, MSg 2/2795.

---

[16]) Grützner wurde am 11. 3. 1944 aus dem Wehrmachtsbeamtenkorps entlassen und als Soldat zur Raketenwaffe (V 2) versetzt. Er geriet 1945 in amerikanische Gefangenschaft.

Abkürzungsverzeichnis

A	Chefgruppe Arbeit
abgedr.	abgedruckt
ABL	Armeebekleidungslager
Abs.	Absatz
Abt.	Abteilung
Abt.Ltr.	Abteilungsleiter
Abt.WiOst/RüIn GG	Abteilung Wirtschaftsstab Ost für Truppenbedarfsfertigung bei der Rüstungsinspektion im Generalgouvernement
a.d.M.n.	an der Marschstraße nach
AEG	Allgemeine Elektrizitäts-Gesellschaft
A.G.	Aktiengesellschaft
Ag.K.	Amtsgruppe Kraftfahrzeuge im OKH
AHA	Allgemeines Heeresamt
AK	Armeekorps
Anl.	Anlage
Anm.	Anmerkung
AOG	Gesetz zur Ordnung der nationalen Arbeit
AOK	Armeeoberkommando
APiFü	Armee-Pionierführer
ARLZ	Auflockerung, Räumung, Lähmung, Zerstörung
Aufl.	Auflage
Aust	Außenstelle
A u. T	Allgemeines und Truppenbedarf
AVL	Armeeverpflegungslager
AWA	Allgemeines Wehrmachtsamt
AWiFü	Armee-Wirtschaftsführer
Az.	Aktenzeichen
b.	bei
BA	Bundesarchiv
Baltöl	Baltische Öl-G.m.b.H.
BA–MA	Bundesarchiv–Militärarchiv
Batl.	Bataillon
BB	Beauftragter für die Berufsverbände ab 1942: Chefgruppe Betriebsförderung und Berufserziehung
BBC	Brown, Boveri & Cie. AG
Bd	Band
B.d.K.	Bevollmächtigter für das Kraftfahrwesen

Bef.H.Geb.	Befehlshaber des Heeresgebiets
BfB	Beauftragter für die Berufsverbände
Bem.	Bemerkung
betr.	betreffend
bezw./bzw.	beziehungsweise
Bez.Wi In	Bezirks-Wirtschaftsinspektion
BHO	Berg- und Hüttenwerksgesellschaft Ost mbH
cbm	Kubikmeter
ChefHRüst	Chef der Heeresrüstung
DAF	Deutsche Arbeitsfront
Div.	Division
DNVP	Deutschnationale Volkspartei
Dok.	Dokument
d.R.z.V.	der Reserve, zur Verfügung
dz.	Doppelzentner
E	Abteilung Ernährung
E. und L.	Abteilung Ernährung und Landwirtschaft
EBO	Energiebau Ost
Elt.	Elektrizität
Erk-Staffel	Erkunder-Staffel
Ers.Abt.	Ersatz-Abteilung
Eva	Evakuierung
EV	Energieversorgungsunternehmen
EVK	Energieversorgungsunternehmen Kaukasus
EVM	Energieversorgungsunternehmen Mitte
EVO	Energieversorgungsunternehmen Ostland
EVU	Energieversorgungsunternehmen Ukraine
E-Werk	Elektrizitätswerk
FH	Chefgruppe Forst- und Holzwirtschaft
FK	Feldkommandantur
fm	Festmeter
FSK	Forstschutzkommando
Fü/M	Militärische Führungsgruppe
GBA	Generalbevollmächtigter für den Arbeitseinsatz
GBK	Generalbevollmächtigter für das Kraftfahrwesen
Gen.Bez.	Generalbezirk
Gen.Feldm.	Generalfeldmarschall
Gen.ing.	Chefingenieur

Gen.Lt.	Generalleutnant
Gen.Maj.	Generalmajor
Gen Qu	Generalquartiermeister
Gen.d.Inf.	General der Infanterie
Gen.Lt.d.Lw.	Generalleutnant der Luftwaffe
Gen.d.Mot.	General der Heeresmotorisierung
Gen.d.Pi.	General der Pioniere
Gen.d. Trspw.	General des Transportwesens
Gen Wi Ost	Generalinspekteur der wehr- und rüstungswirtschaftlichen Dienststellen in den besetzten Ostgebieten
gez.	gezeichnet
GG	Generalgouverment
GK	Generalkommissar
gKdos,g.K.	geheime Kommandosache
GmbH	Gesellschaft mit beschränkter Haftung
gvF	garnisonsverwendungsfähig Feldheer
ha	Hektar
hl	Hektoliter
He Wi Fü	Heeresgruppenwirtschaftsführer
H.Gr.	Heeresgruppe
Hi Wi	Hilfswilliger
HKL	Hauptkampflinie
Hptm.	Hauptmann
Hö Pi Fü	Höherer Pionierführer
HUV	Heeresunterkunftsverwaltung
H.Vers.	Heeresversorgung
H.V.-Dienststelle	Heeresverpflegungsdienststelle
IfZ	Institut für Zeitgeschichte
Inf.Div.	Infanterie-Division
IG-Farben	Interessengemeinschaft Farbenindustrie AG
i.G.	im Generalstab
IMT	Internationales Militärtribunal
Insp.Rgt.Stab	Inspektions-Regiments-Stab
ital.	italienisch
jato	Jahrestonnen
KDF	Kraft durch Freude
Kdo	Kommando
Kfz	Kraftfahrzeug
kg	Kilogramm

Kgf.	Kriegsgefangener
km	Kilometer
Korück	Kommandant des rückwärtigen Armeegebiets
KTB	Kriegstagebuch
kv	kriegsverwendungsfähig
kV	Kilovolt
K.Verw.	Kriegsverwaltung
kW	Kilowatt
kWh	Kilowattstunde
L, La	Landwirtschaft
La-te-Zug	Landwirtschaftlich-technischer Zug
LBG	Landbewirtschaftungsgesellschaft
LBGO	Landbewirtschaftungsgesellschaft Ostland
LBGU	Landbewirtschaftungsgesellschaft Ukraine
Lfd.	laufend
LFH	leichte Feldhaubitze
Lok	Lokomotive
lt.	laut
Ltr.	Liter
M	Militär
Ma.	Mannschaften
Maj.	Major
m.b.H.	mit beschränkter Haftung
MBK	Mineralölbrigade Kaukasus
milit.	militärisch
Mill., Mio.	Millionen
mm	Millimeter
Mob.	Mobilmachung
moto	Monatstonnen
Mrd.	Milliarden
MTS	Motoren- und Traktorenstation
MV-Beamter	Militärverwaltungs-Beamter
MVV-Chef	Militärverwaltungs-Vizechef
N.E.	Nicht-Eisen
NKWD	Narodnyi Kommissariat Vnutrennych Del (Volkskommissariat des Innern)
NOC	Niederländische Ost-Compagnie
NSDAP	Nationalsozialistische Deutsche Arbeiterpartei
NSt	Nebenstelle
Nr.	Nummer

OB	Oberbefehlshaber
Obkdo	Oberkommando
Obstlt.	Oberstleutnant
OD	Ordnungsdienst
OEG	Ost-Erfassungsgesellschaft für Häute, Felle und verwandte Gebiete
OFK	Oberfeldkommandantur
OHL	Oberste Heeresleitung
OK	Ortskommandantur
OKH	Oberkommando des Heeres
OKH/GenQu Abt I u. III	Versorgungsführung und Nachschub
OKH/GenQu Abt II	Kriegsverwaltung
OKH/Gen Abt IVa	Heeresintendantur
O Qu	Oberquartiermeister
Ord.Offz.	Ordonnanzoffizier
Org.Abt.	Organisationsabteilung
Org.Schu	Beauftragter für Schrott- und Altmetallerfassung Major Schu
OT	Organisation Todt
Pi-Park	Pionier-Park
PK-Berichter	Propagandakompanie-Berichter
Pkw	Personenkraftwagen
Port.	Portion
Prop.	Propaganda
Prop.Abt. U	Propaganda-Abteilung beim Reichskommissariat Ukraine
P-Stellung	Panther-Stellung
Pz.AOK	Panzerarmeeoberkommando
qdm	Quadratdezimeter
qkm	Quadratkilometer
qm	Quadratmeter
Qu	Quartiermeister
RAD	Reichsarbeitsdienst
RAM	Reichsarbeitsministerium
rd.	rund
Rk	Reichskanzlei
RKK	Reichskreditkasse
RKO	Reichskommissariat Ostland
RKU	Reichskommissariat Ukraine
RLM	Reichsluftfahrtministerium
rm	Raummeter
RM	Reichsmark

R-Maßnahmen	Räumungsmaßnahmen
RMfdbO	Reichsministerium für die besetzten Ostgebiete
Ro	Abteilung Rohstoff
ROA	Russkaja Osvoboditel'naja Armija (Russische Befreiungsarmee)
Roges	Rohstoffgesellschaft
RSO	Raupenschlepper Ost
Rü	Rüstungswirtschaftliche Abteilung
rückw.	rückwärtig
Rü In	Rüstungsinspektion
Rü-I	Rüstungsinspekteur
RVM	Reichsverkehrsministerium
RWM	Reichswirtschaftsministerium
R-Züge	Räumungszüge

s.	siehe
S.	Seite
SBH	Sonderbeauftragter für die Holzversorgung im Südostraum
SD	Sicherheitsdienst
Sdf.	Sonderführer
SFH	Schwere Feldhaubitze
Sich.Div.	Sicherungsdivision
SSW	Siemens-Schuckertwerke AG
Stck.	Stück
Stralo	Straßenverkehrsleitung Ost

t, to	Tonne
T.	Teil
TA	Technische Abteilung
tato	Tagestonnen
TB	Technisches Bataillon
TBM	Technische Brigade Mineralöl
Trafo	Transformator
Tru.	Abteilung Truppenbedarf
T u. V	Transport und Verkehr

u.a.m.	und anderes mehr
UdSSR	Union der Sozialistischen Sowjetrepubliken
Uffz.	Unteroffizier
U-Gerät	Unterkunftsgerät
uk	unabkömmlich
ung.	ungarisch

v.	von
Verb.Stab	Verbindungsstab
VO	Verbindungsoffizier, Verordnung
VO/IV Wi	Verbindungsoffizier des WiRüAmtes und Sachbearbeiter Wirtschaft im Armeeoberkommando
V.P.	Vierjahresplan
V.St.	Verbindungsstelle
W, Wi	Wirtschaft
WBA	Wehrmachtbeschaffungsamt
WEK	Wehrmachterfassungskommando
W-Betrieb	Wehrmachtbetrieb
WFSt	Wehrmachtführungsstab
WiFüStab Ost, WFStO	Wirtschaftsführungsstab Ost
Wi-I	Wirtschaftsinspekteur
Wi In	Wirtschaftsinspektion
Wi Kdo	Wirtschaftskommando
Wi Kdr	Wirtschaftskommandeur
Wi O, Wi Offz	Wirtschaftsoffizier
Wi Org Ost	Wirtschaftsorganisation Ost
Wi Rü Amt	Wehrwirtschafts- und Rüstungsamt
Wi Stab	Wirtschaftsstab
Wi Stab Ost	Wirtschaftsstab Ost
Wi-Trupps	Wirtschaftstrupps
W.Pr.	Wehrmachtspropaganda
W u G	Waffen und Gerät
Wwi	Wehrwirtschaft
Wwi Ers Abt	Wehrwirtschaftliche Ersatzabteilung
Wwi Ers In	Inspektion für Wehrwirtschaftliches Ersatz- und Ausbildungswesen
Zada	Zivilarbeitsdienstabteilung
z.B.	zum Beispiel
zbV	zur besonderen Verwendung
ZEL	Zentral-Ersatzteil-Lager
Ziff.	Ziffer
ZL.	Zentrallager
ZO	Zentrale Handelsgesellschaft für landwirtschaftlichen Absatz und Bedarf m.b.H.
z.T.	zum Teil
zus.	zusammen

Literaturverzeichnis

Anatomie der Aggression. Neue Dokumente zu den Kriegszielen des faschistischen deutschen Imperialismus im zweiten Weltkrieg, herausgegeben und eingeleitet von Gerhart Hass und Wolfgang Schumann, Berlin (Ost) 1972

Anatomie des Krieges. Neue Dokumente über die Rolle des deutschen Monopolkapitals bei der Vorbereitung und Durchführung des zweiten Weltkrieges, herausgegeben und eingeleitet von Dietrich Eichholtz und Wolfgang Schumann, Berlin (Ost) 1969

Backe, Herbert: Die russische Getreidewirtschaft als Grundlage der Land- und Volkswirtschaft Rußlands, Berlin 1941

Bartoleit, Ralf: Die deutsche Agrarpolitik in den besetzten Gebieten der Ukraine vom Sommer 1941 bis zum Sommer 1942 unter besonderer Berücksichtigung der Einführung der „Neuen Agrarordnung". Eine Studie über die strukturelle Durchsetzung nationalsozialistischer Programmatik. Magisterarbeit Universität Hamburg 1987

Bartov, Omer: The Eastern Front, 1941–45. German troops and the barbarisation of warfare, London 1985

Beitel, Werner/Jürgen Nötzold: Deutsche-sowjetische Wirtschaftsbeziehungen in der Zeit der Weimarer Republik. Eine Bilanz im Hinblick auf gegenwärtige Probleme, Baden-Baden 1979 (= Internationale Politik und Sicherheit, Bd 3)

Biedermann und Schreibtischtäter. Materialien zur deutschen Täter-Biographie. Herausgegeben von Götz Aly u.a., Berlin 1987 (= Beiträge zur Nationalsozialistischen Gesundheits- und Sozialpolitik, Bd 4)

Birkenfeld, Wolfgang: Illusionen am Kaukasus 1942/43, in: Wissenschaft, Wirtschaft und Technik. Studien zur Geschichte, herausgegeben von Karl-Heinz Manegold, München 1969, S. 85–91

Bonwetsch, Bernd: Sowjetische Partisanen 1941–1944. Legende und Wirklichkeit des „allgemeinen Volkskrieges", in: Partisanen und Volkskrieg. Zur Revolutionierung des Krieges im 20. Jahrhundert, herausgegeben von Gerhard Schulz, Göttingen 1985, S. 92–124

Bonwetsch. Bernd: Der „Große Vaterländische Krieg": Vom deutschen Einfall bis zum sowjetischen Sieg (1941–1945), in: Handbuch der Geschichte Rußlands, herausgegeben von Manfred Hellmann u.a., Bd. 3, VII, Stuttgart 1984, S. 900–1008

Borowsky, Peter: Deutsche Ukrainepolitik 1918 unter besonderer Berücksichtigung der Wirtschaftsfragen, Lübeck 1970 (= Historische Studien, H. 416)

Bräutigam, Otto: So hat es sich zugetragen. Ein Leben als Soldat und Diplomat, Würzburg 1968

Buchbender, Ortwin: Das tönende Erz. Deutsche Propaganda gegen die Rote Armee im Zweiten Weltkrieg, Stuttgart 1978 (= Militärpolitische Schriftenreihe, Bd 13)

Buchheim, Christoph: Die besetzten Länder im Dienste der deutschen Kriegswirtschaft während des Zweiten Weltkriegs. Ein Bericht der Forschungsstelle für Wehrwirtschaft, in: Vierteljahreshefte für Zeitgeschichte 34 (1986), S. 117–145

Buchholz, Erwin: Die Wald- und Holzwirtschaft des Ostraumes, Berlin 1943 (= Bücherei des Ostraumes)

Burandt, Wilhelm: Wehrwirtschafts- und Verwaltungspolitik von 1933 bis 1945. Eine Erinnerungsschrift, 1970 (maschinenschriftliches Manuskript, BA–MA, MSg)

Čadaev, Ja. E.: Ėkonomika SSSR v period Velikoj Otečestvennoj vojny (1941–1945gg.) (Die sowjetische Wirtschaft während des Großen Vaterländischen Krieges [1941–1945]), Moskau 1965

Cooper, Matthew: The phantom war. The German struggle against Soviet partisans 1941–1944, London 1979

Czollek, Roswitha: Estnische Phosphate im Griff der IG Farbenindustrie AG, in: Jahrbuch für Wirtschaftsgeschichte 1966/IV, S. 201–214

Czollek, Roswitha: Zum Raub estnischer Ölschiefervorkommen für die deutsche Kriegswirtschaft 1941 bis 1944, in: Jahrbuch für Wirtschaftsgeschichte 1969/II, S. 107–115

Czollek, Roswitha: Faschismus und Okkupation. Wirtschaftspolitische Zielsetzung und Praxis des faschistischen deutschen Besatzungsregimes in den baltischen Sowjetrepubliken während des 2. Weltkrieges, Berlin (Ost) 1974 (= Schriften des Zentralinstituts für Geschichte, 39)

Dallin, Alexander: Deutsche Herrschaft in Rußland 1941–1945. Eine Studie über Besatzungspolitik, Düsseldorf 1958 (2. Aufl. Königstein 1981)

Deutsche Besatzungspolitik in der UdSSR 1941–1944. Dokumente, herausgegeben von Norbert Müller, Köln 1980 (= Kleine Bibliothek, Bd 194)

Das Deutsche Reich und der Zweite Weltkrieg. Bd. 4: Horst Boog u.a., Der Angriff auf die Sowjetunion, Stuttgart 1983
Bd 5/1: Bernhard Kroener u.a., Organisation und Mobilisierung des deutschen Machtbereichs, 1. Teilband: Kriegsverwaltung, Wirtschaft und personelle Ressourcen 1939–1941, Stuttgart 1988
Bd. 6: Horst Boog u.a.: Die Ausweitung zum Weltkrieg, Stuttgart 1990

Dlugoborski, Waclaw: Die Landwirtschaft in der Sowjetunion 1941–1944. Ein Vergleich der Situation in den besetzten und den unbesetzten Gebieten, in: Bernd Martin/Alan S. Milward: Agriculture and Food Supply in the Second World War. Landwirtschaft und Versorgung im zweiten Weltkrieg. Ostfildern 1985, S. 143–160

Dworok, Eckehard: Konventionelle Kriegführung und kriegswirtschaftliche Zwänge. Eine Analyse ökonomischer Aspekte der deutschen Kriesgführung im Zweiten Weltkrieg; insbesondere gegen die Sowjetunion, Diss. Kassel 1985

Eichholtz, Dietrich: Der „Generalplan Ost". Über eine Ausgeburt imperialistischer Denkart und Politik (mit Dokumenten), in: Jahrbuch für Geschichte 26 (1982), S. 217–274

Eichholtz, Dietrich: Geschichte der deutschen Kriegswirtschaft 1939–1945, Bd. II: 1941–1943, Berlin (Ost) 1985 (= Forschungen zur Wirtschaftsgeschichte Bd 1)
Eichholtz, Dietrich: Die Richtlinien Görings für die Wirtschaftspolitik auf dem besetzten sowjetischen Territorium vom 8. November 1941, in: Bulletin des Arbeitskreises „Zweiter Weltkrieg" (1977) H. 1/2, S. 73–111
Eichholtz, Dietrich: Kriegswirtschaftliche Resultate der Okkupationspolitik des faschistischen deutschen Imperialismus 1939–1944, in: Militärgeschichte 17 (1978), S. 133–151
Eichholtz, Dietrich: Wirtschaftspolitik und Strategie des faschistischen deutschen Imperialismus im Dnepr-Donez-Industriegebiet 1941–1943, in: Militärgeschichte 18 (1979), S. 281–296

Fall Barbarossa. Dokumente zur Vorbereitung der faschistischen Wehrmacht auf die Aggression gegen die Sowjetunion (1940/1941), ausgewählt und eingeleitet von Erhard Moritz, Berlin (Ost) 1970 (= Schriften des Deutschen Instituts für Militärgeschichte)

Gibbons, Robert Joseph: Allgemeine Richtlinien für die politische und wirtschaftliche Verwaltung der besetzten Ostgebiete, in: Vierteljahreshefte für Zeitgeschichte 25 (1977), S. 252–261
Gibbons, Robert Joseph: Soviet Industry and the German War Effort, 1939–1945, Phil. Diss., Yale University 1972
Gordon, Gay H.: Soviet Partisan Warfare, 1941–1944: The German Perspective, Phil. Diss., The University of Iowa 1972
Goebbels, Joseph: Die Tagebücher. Sämtliche Fragmente, herausgegeben von Elke Fröhlich im Auftrag des Instituts für Zeitgeschichte und in Verbindung mit dem Bundesarchiv, T. 1: Aufzeichnungen 1924–1941, Bd 4, München, London 1987
„Gott mit uns". Der deutsche Vernichtungskrieg im Osten 1939–1945, hrsg. von Ernst Klee und Willi Dreßen. Frankfurt a. M. 1989
Gumbel, Emil J.: Vom Fememord zur Reichskanzlei, Heidelberg 1962

Heeresadjutant bei Hitler 1938–1943. Aufzeichnungen des Majors Engel, hrsg. und kommentiert von Hildegard v. Kotze. Stuttgart 1974 (= Schriftenreihe der Vierteljahreshefte für Zeitgeschichte, Bd. 29)
Heiber, Helmut: Der Generalplan Ost, in: Vierteljahreshefte für Zeitgeschichte 6 (1958), S. 281–325
Herbert, Ulrich: Fremdarbeiter. Politik und Praxis des „Ausländer-Einsatzes" in der Kriegswirtschaft des Dritten Reiches, Berlin, Bonn 1985
Herzog, Robert: Besatzungsverwaltung in den besetzten Ostgebieten – Abteilung Jugend. Insbesondere HEU-Aktion und SS-Helfer-Aktion, Tübingen 1960
Hesse, Erich: Der sowjetische Partisanenkrieg 1941 bis 1944 im Spiegel deutscher Kampfanweisungen und Befehle, Göttingen usw. 1969 (= Studien und Dokumente zur Geschichte des Zweiten Weltkrieges, Bd 9)
Hillgruber, Andreas: Hitlers Strategie. Politik und Kriegführung 1940–41, Frankfurt a. M. 1965, 2. Aufl. 1982
Hitler, Adolf: Monologe im Führerhauptquartier 1941–1944. Die Aufzeichnungen Heinrich Heims, herausgegeben von Werner Jochmann, Hamburg 1980

Hitlers Weisungen für die Kriegführung 1939–1945. Dokumente des Oberkommandos der Wehrmacht, herausgegeben von Walther Hubatsch, Frankfurt a. M. 1962

IMT siehe Der Prozeß gegen die Hauptkriegsverbrecher vor dem Internationalen Militärgerichtshof

Jacobsen, Hans-Adolf: 1939–1945. Der Zweite Weltkrieg in Chronik und Dokumenten, Darmstadt 1959, 5. Aufl. 1961

Jäger, Jörg-Johannes: Die wirtschaftliche Abhängigkeit des Dritten Reiches vom Ausland. Dargestellt am Beispiel der Stahlindustrie, Berlin 1969 (= Internationale Wirtschaft)

Kehrl, Hans: Krisenmanager im Dritten Reich. 6 Jahre Frieden, 6 Jahre Krieg. Erinnerungen, Düsseldorf 1973

Krausnick, Helmut/Hans-Heinrich Wilhelm: Die Truppe des Weltanschauungskrieges. Die Einsatzgruppen der Sicherheitspolizei und des SD 1938–1942, Stuttgart 1981 (= Quellen und Darstellungen zur Zeitgeschichte, Bd 22)

Kriegstagebuch des Oberkommandos der Wehrmacht (Wehrmachtführungsstab) 1940–1945. Geführt von H. Greiner und P. E. Schramm. Im Auftrag des Arbeitskreises für Wehrforschung herausgegeben von P. E. Schramm, Bd. 1: August 1940–31. Dezember 1941. Zusammengestellt und erläutert von H.-A. Jacobsen, Frankfurt a. M. 1965

Lehmann, Joachim: Faschistische Agrarpolitik im zweiten Weltkrieg: Zur Konzeption von Herbert Backe, in: Zeitschrift für Geschichtswissenschaft 28 (1980), S. 948–956

Lehmann, Joachim: Probleme der Versorgung der deutschen Landwirtschaft mit Landmaschinen und Geräten im zweiten Weltkrieg, in: Jahrbuch für Wirtschaftsgeschichte 1981/I, S. 55–78

Lehmann, Joachim: Tierproduktion in Deutschland unter den Bedingungen des zweiten Weltkrieges. Zu den ökonomischen Voraussetzungen für die Nachkriegsentwicklung, in: Wissenschaftliche Zeitschrift der Wilhelm-Pieck-Universität Rostock 30 (1981), H. 1, S. 39–48, 31 (1982), H. 1/2, S. 11–18

Lorenz, Richard: Sozialgeschichte der Sowjetunion, Bd. 1: 1917–1945, Frankfurt a. M. 1976 (= edition suhrkamp 654)

Merk, Stefan: Die Anfänge der Kollektivierung in der Sowjetunion. Der Übergang zur staatlichen Reglementierung der Produktions- und Marktbeziehungen im sowjetischen Dorf 1928–1930, Wiesbaden 1985

Merl, Stefan: „Ausrottung" der Bourgeoisie und der Kulaken in Sowjetrußland? Anmerkungen zu einem fragwürdigen Vergleich mit Hitlers Judenvernichtung, in: Geschichte und Gesellschaft 13 (1987), S. 368–381

Meyer, Alfred (Hrsg.): Das Recht der besetzten Ostgebiete. Estland, Lettland, Litauen, Weißruthenien und Ukraine. Sammlung der Verordnungen, Erlasse und sonstigen Vorschriften über Verwaltung, Rechtspflege, Wirtschaft, Finanzwesen und Verkehr mit Erläuterungen der Referenten, München, Berlin 1943

Mißtrauische Nachbarn. Deutsche Ostpolitik 1919/1970. Dokumentation und Analyse, herausgegeben von Hans-Adolf Jacobsen unter Mitwirkung von Wilfried v. Bredow, Düsseldorf 1970

Müller, Norbert: Wehrmacht und Okkupation 1941–1944. Zur Rolle der Wehrmacht und ihrer Führungsorgane im Okkupationsregime des faschistischen deutschen Imperialismus auf sowjetischem Territorium, Berlin (Ost) 1971

Müller, Rolf-Dieter: Industrielle Interessenpolitik im Rahmen des „Generalplans Ost". Dokumente zum Einfluß von Wehrmacht, Industrie und SS auf die wirtschaftspolitische Zielsetzung für Hitlers Ostimperium, in: Militärgeschichtliche Mitteilungen 29 (1981), S. 101–141

Müller, Rolf-Dieter: Kriegsrecht oder Willkür? Helmuth James Graf v. Moltke und die Auffassungen im Generalstab des Heeres über die Aufgaben der Militärverwaltung vor Beginn des Rußlandkrieges, in: Militärgeschichtliche Mitteilungen 35 (1987), S. 125–151

Müller, Rolf-Dieter: Hitler wollte aus Deutschland eine Wüste machen, in: Gerd R. Ueberschär/Rolf-Dieter Müller: Deutschland am Abgrund. Zusammenbruch und Untergang des Dritten Reiches 1945, Konstanz 1986 (= Wegweiser zu Zeitfragen, Bd 5), S. 53–64

Müller, Rolf-Dieter: Von der Wirtschaftsallianz zum kolonialen Ausbeutungskrieg, in: Das Deutsche Reich und der Zweite Weltkrieg, Bd 4, S. 98–189

Müller, Rolf-Dieter: Das Scheitern der wirtschaftlichen „Blitzkriegstrategie", in: Das Deutsche Reich und der Zweite Weltkrieg, Bd 4, Stuttgart 1983, S. 936–1029

Müller, Rolf-Dieter: Die Mobilisierung der deutschen Wirtschaft für Hitlers Kriegführung, in: Das Deutsche Reich und der Zweite Weltkrieg, Bd 5/1, S. 347–689

Müller, Rolf-Dieter: Die Rolle der Industrie in Hitlers Ostimperium, in: Militärgeschichte. Probleme–Thesen–Wege, Stuttgart 1982, S. 383–406

Müller, Rolf-Dieter: Das Tor zur Weltmacht. Die Bedeutung der Sowjetunion für die deutsche Wirtschafts- und Rüstungspolitik zwischen den Weltkriegen, Boppard 1984 (= Wehrwissenschaftliche Forschungen, Bd 32)

Müller, Rolf-Dieter: Das „Unternehmen Barbarossa" als wirtschaftlicher Raubkrieg, in: „Unternehmen Barbarossa", S. 173–196

Müller, Rolf-Dieter: „Gen Ostland wollen wir reiten" – Zur Partnerschaft von Industrie und Nationalsozialismus beim Griff nach der Weltherrschaft, in: Salzgitter Forum H. 15 (1988), S. 11–19

Müller, Rolf-Dieter: Die Zwangsrekrutierung von „Ostarbeitern" 1941–1944, in: Der Zweite Weltkrieg. Analysen, Grundzüge, Forschungsbilanz, hrsg. von Wolfgang Michalka, München, Zürich 1989, (= Serie Piper, Bd 811) S. 772–783

Müller, Rolf-Dieter: Die Konsequenzen der „Volksgemeinschaft": Ernährung, Ausbeutung und Vernichtung, in: ebd. S. 240–248

Müller, Rolf-Dieter: Die Mobilisierung der Wirtschaft für den Krieg – eine Aufgabe der Armee? Wehrmacht und Wirtschaft 1933–1942, in: ebd. S. 349–362

Müller, Rolf-Dieter: Hitlers Ostkrieg und die deutsche Siedlungspolitik, Frankfurt a. M. 1991 (= Fischer Taschenbuch, Geschichte, Bd 10573)

Müller, Rolf-Dieter/Gerd R. Ueberschär: Die deutsch-sowjetischen Beziehungen und das Unternehmen „Barbarossa" 1941 im Spiegel der Geschichtsschreibung. Eine kommentierte Auswahlbibliographie, in: „Unternehmen Barbarossa", S. 271–291

Mulligan. Timothy P.: Reckoning the Cost of People's War: The German Experience in the Central USSR, in: Russian History 9 (1982), S. 27–48
Mulligan. Timothy P.: The Politics of Illusion and Empire. German Occupation Policy in the Soviet Union, 1942–1943, New York, Westport, London 1988
Myllyniemi, Seppo: Die Neuordnung der Baltischen Länder 1941–1944. Zum nationalsozialistischen Inhalt der deutschen Besatzungspolitik, Helsinki 1973 (= Historiallisia Tutkimutesia, 90)

Oermann, Josef: Die arbeitsrechtliche und steuerrechtliche Behandlung der Ostarbeiter, Berlin 1944
Oertel, Manfred: Zur Beteiligung der Deutschen Reichsbank an der faschistischen Agression gegen die Sowjetunion, in: Militärgeschichte 20 (1981), S. 579–586

Pietrow, Bianka: Deutschland im Juni 1941 – ein Opfer sowjetischer Aggression? Zur Kontroverse über die Präventivkriegsthese, in: Geschichte und Gesellschaft 14 (1988), S. 116–135
The Policies of Genocide. Jews and Soviet Prisoners of War in Nazi Germany, ed. by Gerhard Hirschfeld, London usw. 1986
Pronin, Alexander: Guerilla Warfare in the German-Occupied Soviet Territories, 1941–1944, Phil. Diss., Georgetown University (Washington, D. C.) 1965
Der Prozeß gegen die Hauptkriegsverbrecher vor dem Internationalen Militärgerichtshof (International Military Tribunal), Nürnberg 14. Nov. 1945–1. Okt. 1946, 42 Bde, Nürnberg 1947–1949

Rasch, Manfred: Zur Mineralölpolitik der Kriegsmarine. Dokumente aus dem Jahre 1935, in: Militärgeschichtliche Mitteilungen 37 (1985), S. 71–101
Riedel, Matthias: Eisen und Kohle für das Dritte Reich. Paul Pleigers Stellung in der NS-Wirtschaft, Göttingen, usw. 1973
Riedel, Matthias: Bergbau und Eisenhüttenindustrie in der Ukraine unter deutscher Besatzung, in: Vierteljahreshefte für Zeitgeschichte 21 (1973), S. 245–284
Rodewald, Hans: Wirtschaftsbanken in der Ukraine, in: Ost-Europa-Markt 22 (1942), H. 1/2, S. 6–10

Salewski, Michael: Grundzüge der Militärverwaltung, in: Deutsche Verwaltungsgeschichte, hrsg. von Kurt G. A. Jeserich u.a., Bd 4, Stuttgart 1985, S. 888–911
Schiller, Otto: Die Landwirtschaftspolitik der Sowjets und ihre Ergebnisse, Berlin 1943
Schüler, Klaus A.: Logistik im Rußlandfeldzug. Die Rolle der Eisenbahn bei Planung, Vorbereitung und Durchführung des deutschen Angriffs auf die Sowjetunion bis zur Krise vor Moskau im Winter 1941/42, Frankfurt a. M. usw. 1987 (= Europäische Hochschulschriften, R. III, Bd 331)
Eine Schuld, die nicht erlischt. Dokumente über deutsche Kriegsverbrechen in der Sowjetunion, Köln 1987 (= Kleine Bibliothek 389)
Schulte, Theo: The German Army and Nazi Policies in Occupied Russia, Oxford 1989
Schustereit, Hartmut: Planung und Aufbau der Wirtschaftsorganisation Ost vor dem Rußlandfeldzug-Unternehmen „Barbarossa“ 1940/41, in: Vierteljahrsschrift für Sozial- und Wirtschaftsgeschichte 70 (1983), S. 50–70

Segbers, Klaus: Die Sowjetunion im Zweiten Weltkrieg. Die Mobilisierung von Verwaltung, Wirtschaft und Gesellschaft im „Großen Vaterländischen Krieg" 1941–1943, München 1987 (= Studien zur Zeitgeschichte, Bd 32)
Seidler, Franz W.: Die Organisation Todt. Bauen für Staat und Wehrmacht 1938–1945, Koblenz 1987
Seidler, Franz W.: Fritz Todt. Baumeister des Dritten Reiches, München, Berlin 1986
Sinicyna, N. I./V. P. Tomin: Proval agrarnoj politiki gitlerovcev na okkupirovannoj territorii SSSR (1941–1944gg) (Das Scheitern der nazistischen Agrarpolitik in den besetzten sowjetischen Gebieten [1941–1944], in: Voprosy istorii 1965, H. 6, S. 32–44
Stock, Jürgen: Der deutsche Landwirtschaftsführer als Pionier des Fortschritts, in: Deutsche Agrarpolitik 1 (1943), Nr. 7/8, S. 234–236
Speer, Albert: Der Sklavenstaat. Meine Auseinandersetzung mit der SS, Stuttgart 1981
Streit, Christian: Die Behandlung der sowjetischen Kriegsgefangenen und völkerrechtliche Probleme des Krieges gegen die Sowjetunion, in: „Unternehmen Barbarossa", S. 197–218

Tessin, Georg: Verbände und Truppen der deutschen Wehrmacht und Waffen-SS im Zweiten Weltkrieg 1939–1945, Bd 3, [2]Osnabrück 1974
Thomas, Georg: Geschichte der deutschen Wehr- und Rüstungswirtschaft (1918–1943/45), herausgegeben von Wolfgang Birkenfeld, Boppard 1966 (= Schriften des Bundesarchivs, Bd 14)

Ueberschär, Gerd R.: Das Scheitern des Unternehmens „Barbarossa". Der deutsch-sowjetische Krieg vom Überfall bis zur Wende vor Moskau im Winter 1941/42, in: „Unternehmen Barbarossa", S. 141–172
Ukraine during World War II. History and its aftermath. A symposium, ed. by Yuri Boshyk with the ass. of Roman Waschuk and Andriy Wynnyckij, Edmonton, Canadian Institute of Ukrainian Studies, University of Alberta 1986 (= The Canadian Library in Ukrainian Studies)
„Unternehmen Barbarossa". Der deutsche Überfall auf die Sowjetunion 1941. Berichte, Analysen, Dokumente, herausgegeben von Gerd R. Ueberschär und Wolfram Wette, Paderborn 1984 (Sammlung Schöningh zur Geschichte und Gegenwart)
Ursachen und Folgen. Vom deutschen Zusammenbruch 1918 und 1945 bis zur staatlichen Neuordnung Deutschlands in der Gegenwart. Eine Urkunden- und Dokumentensammlung zur Zeitgeschichte, herausgegeben und bearbeitet von Herbert Michaelis und Ernst Schraepler unter Mitwirkung von Günter Scheel, Bd 18: Das Dritte Reich. Die Wende des Krieges, Berlin 1973

Verwaltung contra Menschenführung im Staat Hitlers. Studien zum politisch-administrativen System, herausgegeben von Dieter Rebentisch und Karl Teppe, Göttingen 1986

Wette, Wolfram: Über die Wiederbelebung des Antibolschewismus mit historischen Mitteln. Oder: Was steckt hinter der Präventivkriegsthese, in: Gernot

Erler u.a., Geschichtswende? Entsorgungsversuche zur deutschen Geschichte, Freiburg 1987, S. 86–115

Wilenchik, Witalij: Die Partisanenbewegung in Weißrußland, 1941–44, in: Forschungen zur osteuropäischen Geschichte 34 (1984), S. 129–297 (= Historische Veröffentlichungen des Osteuropa-Instituts an der Freien Universität Berlin)

Zitelmann, Rainer: Zur Begründung des „Lebensraum"-Motivs in Hitlers Weltanschauung, in: Der Zweite Weltkrieg, hrsg. von Wolfgang Michalka, München, Zürich 1989, S. 551–567

Ortsregister

Die Auflistung erfolgt nach der Schreibweise im Originaltext. Sofern die heute gültige Transliteration davon abweicht, wird sie angefügt. Ortsangaben, die sich nicht eindeutig identifizieren ließen, sind nach Möglichkeit durch weitere Hinweise aus dem Text erläutert.

Personenregister

FSC
www.fsc.org
MIX
Papier | Fördert
gute Waldnutzung
FSC® C083411

Kolibri 360 GmbH
Ferdinand-Jühlke-Straße 7
99095 Erfurt, Deutschland
produktsicherheit@kolibri360.de